国際経済法

小室程夫 著

信山社
3343-01011

小室程夫

国際経済法

INTERNATIONAL ECONOMIC LAW, 2011, BY NORIO KOMURO

はしがき

WTOの毀誉褒貶

国際経済法をめぐって毀誉褒貶が絶えない。

国際経済法は，ひろい意味では，世界貿易から金融・通貨に跨る国際経済分野をカバーする。しかし，狭義には国際貿易に関するGATT/WTOルールをさす。そのWTOの存亡を問う議論が沸き起こっているのである。

いっぽうにWTOの無力化を指摘する声があれば，たほうにWTOの改善・強化策を説く声がある。WTO軽視派から支持派・強化派にいたるまでニュアンスはさまざまである。

◆ WTO批判派

WTO批判派の論拠は大別してふたつに分かれる。

ひとつはWTOが貿易の自由化とそれにともなう貧富格差の是正を謳いながら，実際には南北格差が増大してきたことにある。貿易は古代から現在にいたるまで，富をもたらす源泉であった。貿易を制した国は，貿易利益により競争力のある産業を生みだす。強固な輸出産業をバックにして，貿易立国は貿易利益から生ずる富を築きあげる。ところが，産業が立ち遅れている国は貿易利益に与ることができない。そのけっか，富める国はますます富み，貧しい国はますます貧困にあえぐことになる。南北格差は縮小するどころか，拡大の一途をたどっているのである。

WTOはこの現実を打開するための処方箋作りに奏功しなかった。これが貧困国のWTO不信を呼び，テロの引き金となった。この悪循環をWTOはいまだ断ち切ることができない。

またWTOが貿易の自由化を促進するため開催したWTOラウンド交渉は2011年半ばに頓挫した。いわゆるドーハ開発ラウンドの失敗である。さらに貿易関連のイシューをめぐり，WTOは袋小路にはいった。それは一連の既存分野の交渉（ダンピング関連の迂回防止策，原産地規則の調和作業，サービス分野の自由化）と先端分野の交渉（医薬品特許の強制実施，クローン・バイオ・生命倫理）の停滞にあらわれている。WTOは青写真を描いては捨て，それに莫大なコストを注いだのである。

こうした現実をみるならば，WTO不信が生ずるのは当然といえるかもしれない。そしてWTO不信ムードに煽られて，WTO軽視論も登場してきた。もっとも，WTO軽視派の論理を追うと，そこには微妙なニュアンスの違いがある。軽視派の最右翼はラウンド交渉の停滞からWTO無力論・破綻論を安易に引き出す。しかし軽視派のなかにも醒めた目で現状をみつめる慎重派もみられる。交渉停滞からただちにWTO無用論を結論づける論調は，むしろ少数派に属する。事実，WTOを批判する国が，WTOに見切りをつけて脱退した例は耳にしない。それはWTOの途上国優先条項や新世代の自由貿易協定に，途上国が新しい活路をみいだしているからである。途上国は，WTOに不満を抱きつつ，WTOに留まる利益がWTOから脱退する不利益を凌ぐことを十分にわきまえているのである。

◆ WTO支持派

WTO批判派とは対照的に，WTO支持派は，ラウンド交渉の失敗を「過渡的な流れ」の一部とみる。むしろ長期的な視点に立って，ラウンド交渉や関連交渉のさらなる推進を強調する。そしてWTOが達成した紛争解決の実績に着目するのである。

たしかにWTOは歴史上例をみない紛争解決手続を導入し，数多くの貿易摩擦に対処してきた。国際連合の国際司法裁判所が築きあげた判決のうち本案にまで立ちいった事例は，40を超えない。他方，GATT/WTOの司法審査が解決した紛争は数百におよぶ。

ではWTOの紛争解決実績は，WTO批判派がいう

はしがき

WTO無力化を帳消しにするのかというと，そうではない。

WTOはときに無力化し，政治的圧力に屈するからである。WTOは貿易の自由化と無差別原則を標榜しながら，げんじつには，保護貿易主義・差別主義・経済ブロックの台頭を抑止できなかった。先進国は途上国に市場開放を迫る一方で自国農業を手厚く保護している。また差別的な地域貿易主義はあらたに差別を生んだ。WTOはまた貿易にインパクトを与える隣接領域に立ち入ることができない。隣接領域は，文化・宗教・風俗から人権・労働・環境・競争・通貨等を包摂する。しかもWTOは隣接領域でとられる国家の貿易規制措置を裁断するため十分なツールをそなえていない。経済格差についても同じことがいえる。WTOは貿易促進による各国所得の向上を謳いながら，じっさいには，先進国の多国籍企業を富ませ，南北格差の拡大を抑止できなかった。

こうしたWTOの自家撞着と無力化はよく知られている。それを覆い隠すことは徒労に過ぎず，むしろ冷徹な判断を損なうことになる。なぜ，WTOは自家撞着に陥り，ときに無力化したのかを問いなおす必要がある。その要因はWTOの外と内にあるといって差し支えない。外部要因は加盟国の保護的エゴイズムであり，内部要因はWTOの政治である。WTOが国際組織である以上，政治的配慮から逃れることはできない。WTOの政治の底に国家主権尊重原則があることは否定しがたい。また国家間対立を打開する過程でWTOが政策の失敗に陥ることもある。WTOの自家撞着と無力化は組織体に共通してみられる不可避的な現象であり，紛争解決メカニズムもじつはこの宿命から逃れていない。

平易な解説と本書のターゲット

本書はWTOの相矛盾する現実を認めたうえで，現代国際経済法をすこし掘り下げて，しかし平たく解説するものである。そのため，法令や判例にみられる難解で回りくどい表現をきっぱりと排除した。厳めしいものはすべて噛み砕いた言葉でいいかえた。とくに判例法の解説にあたっては，センテンスを分割し，論理構成を簡明にした。

本書は，ターゲットを研究者や産官の専門家に絞らない。ひろく学生や門外漢も対象としている。現代法が社会の変化と技術進歩を反映して広範な領域をカバーしているように，国際経済法のスコープもひろい。国際経済や金融通貨はもちろん，バイオ技術・環境・化学・医学・動植物・微生物・生命倫理等にもおよぶ。法律を含む文系分野にくわえ，理系分野にも国際経済法は，腕を伸ばしているのである。

本書の用途は多岐にわたるであろう。入門書としてもつかえるし，実務書や専門書としても，また理系の参考書としても利用できるよう工夫をこらした。

国際経済法の全体像

では，国際経済法とはなにか，まず森の全体像をみることからはじめてみよう。

国際経済法は，ひとことでいえば，国際経済に関するルールの総称である。それは，広義には，国際貿易のためのルールから，通貨金融・投資・国際課税のルールをふくむ。したがって，国際経済法の輪郭はとてつもなくおおきい。しかしながら，これら広範なルールのなかで，中心を占めるのは，国際貿易ルールであり，その変容が世界の注目を集めてきた。

過去十数年にかぎっても，国際貿易ルールの変容は尋常ではない。じゅうらい，国際貿易ルールは1947年のGATTのもとでほぼ半世紀にわたって運営されてきた。このGATTルールを引き継いだ1995年のWTO（WorldTrade Organization 世界貿易機関）はじゅうらいのルールをおおきく塗り替えた。GATTは，もっぱら商品に着目し，その貿易自由化にとりくんできた。これに対し，WTOはサービス貿易の自由化と知的所有権の保護にも目を向け，さらに貿易摩擦を解消するための強力な紛争解決手続をそなえた。GATTからWTOへの変遷は，文字どおり戦後の国際経済システムの大変革であった。

WTOの発足と歩調をあわせて，貿易の自由化と規制緩和がさまざまな領域で促進されている。それは，世界各地での多様な自由貿易協定の締結，情報技術（IT）品目の関税引下げ，電気通信や金融サービス市場の自由化，非市場経済国のWTO加盟と市場開放の推進，バイオ技術や新化学への挑戦にあらわれている。

国際経済法は，貿易分野で，国家がもつ権利と義務を定めた。国家が商品貿易やサービス貿易を規律したり，知的所有権を保護するために守るべきルールをおりこんだ。これらルールは国家に適用され，国家はこのルールに従って輸出入をコントロールしている。

とすれば，国際経済法は，個人の日常生活からかけ離れたルールかというと，けっしてそうではない。国際経済法は，国家をとおして個人の日常生活に決定的な影響をあたえているからである。

国際経済法が個人に与えるインパクト

国際経済法が個人の日常生活にあたえるインパクトは，大別して3つに分けることができる。

● 貿易自由化と日常生活への恩典

ひとつは，国際経済の自由化ルールがもたらす日常生活への恩典である。うえにみたように，国家はWTOの貿易自由化ルールに従って商品やサービスの輸出入を自由化する義務を課せられている。それゆえ，国家が国際経済法に基づいて行う貿易の自由化は，個人の日常生活や経済活動にダイレクトに恩恵をもたら

すのである。日本人が豊富な輸入品に囲まれ，多様なサービス（海外旅行，電気通信，海外送金等）を享受し，また海外で自由な経済活動に従事できるのは，国際経済の自由化を背景としている。

● 保護貿易主義と日常生活への打撃

国際経済法が個人にあたえる第2のインパクトは，日常生活への打撃である。国際経済法は，経済の自由化ルールとならんで，経済の規制ルールを含んでいる。国家はこうしたルールに基づいて，国内産業の保護・育成のために，商品やサービスの輸入を制限することができる。国家が国際経済法のルールと条件に従ってとる輸入規制は合法である。したがって，この場合，輸入業者が輸入利益を失い，また消費者が安価な輸入品を入手する機会を奪われても，これら個人への打撃は国際経済法上是認される。

しかし，問題は，国家が国際経済法の定める条件に基づかずに恣意的な輸入規制を行う場合である。たとえば，国家が不況業種や衰退産業をかかえていたり，または幼稚産業をもつ場合，国際経済ルールから逸脱して輸入規制が行われる例は枚挙に暇がない。欧米先進国や開発途上諸国が頻繁にとってきたセーフガード措置，対抗措置，ダンピング防止措置，報復関税，非関税措置はその典型例といえよう。こうした保護貿易主義は世界経済を縮小させ，他国の保護貿易主義を誘発する点で深刻な論争をひきおこしてきた。

● 経済格差とテロ

さいごに，国際経済法の動きが個人にあたえるインパクトとして指摘しておかなければならないのは，国際経済法がもつ陰の部分である。国際経済法は，他の法律と同様，光と影をもっている。経済の自由化が国際経済法が放つ光であるとすれば，経済格差の拡大は国際経済法がひきずってきた影にほかならない。

国際経済法のルール作りは歴史的にみると先進国主導ですすめられてきた。そのけっか，国際経済ルールは先進国企業のみに利益をあたえて，開発途上国は貧困の一途をたどった。貿易や金融の自由化は，競争力のある先進国企業が外国市場に参入するためのツールを提供したからである。このため開発途上国の側からみれば，国際経済法は，先進国が開発途上国の資源を搾取するために考案され，国際経済ルールの進化にともなって先進国と開発途上国の経済格差は増大したとされるのである。

経済格差の要因は多岐にわたるが，そのひとつが国際経済体制にあることは否定しがたい。そして問題は，経済格差がテロや局地紛争の温床となり，けっきょくは個人と国家に対して壊滅的な効果をあたえることである。それゆえ焦眉の急とされるのは，先進国主導の国際経済体制を是正し，また経済格差是正のための開発途上国援助をいかに推進するかにある。

ここにみてきたように，国際経済法は，雲の上の深遠な学問ではない。それは地上の実生活に密着したプラクティカルなルールであり，その趨勢しだいで，実生活はおおきく左右される。本書は，こうした国際経済法のプラグマティズムを，直截簡明に，しかも論点によっては深く突っ込んで，解説するものである。

本書の特色

本書は，基本的に国際経済法の解説書としての性格をもっている。しかし，それだけではなく，実務書としても，また専門書としても活用できるように，最新の情報をもりこんだ。

● 解説書としての性格

本書は，解説書として，国際経済法を初心者にも分かりやすく説き起こすことに注意を払った。このため，各章のはじめに「要約と視点」をかかげ，何がエッセンスで，視点をどこにおくのか，新しい視点はなにかを端的にしめした。枝葉末節をはぶき，骨格のみをつかみだして提示することに意を用いた。短期間にてっとり早く核心を知りたいビジネスマンや学生には，これらスケルトンは最適といえよう。このため，スケルトンの記述にあたっては，難解な専門用語をさけ，法律解釈の結論のみを示した。

本書がターゲットを門外漢にもひろげた理由はここにある。日常とりあげられる国際貿易や通貨・金融・投資等についての疑問は，本書によって氷解するであろう。たとえば，狂牛病汚染国からの牛肉の輸入規制，遺伝子組換え食品の扱い，バイオ医薬品の規制，先発医薬品メーカーの特許戦略，化学物質規制，動物実験禁止法，動物権，日本酒税法，自由貿易協定の矛盾，インターネット規制，テロ規制といった論点である。

● 実務書としての性格

本書は解説書としての性格のほか，実務書としての特色もおびている。本書の叙述は，製造業（法務部門，渉外部門，知的所有権部門）とサービス業（輸入販売業，電気通信業，金融業，運輸業等）の実務担当者も対象としているからである。実務家が業務の過程で必要とする国際経済ルールは，輸出入規制，輸入関税率の計算，原産地確定・通貨為替・知的所有権・国内規制から，主要国通商法規の詳細（ダンピング防止法，セーフガード措置，非関税措置，サービス貿易規制等）におよぶ。本書は，実務面で必要とされる国際経済ルールを簡明に叙述して，実務家の要請に応えた。

● 専門的解説と事例研究

本書は，さらに研究者を想定して，専門的な情報を随所におりこんだ。このため，本書は，いくつかの重要課題や紛争事例にふみこんだ分析をくわえた。とくに紛争事例の解説にあたっては，事実関係・争点・当事者見解を明確にし，また主要争点についてのWTOや各国裁判所の判断を要約した。したがって読者は，それぞれの章ごとに，「要約と視点」を読んだのち，くわしい解説と事例に目をとおすことで，入門段階から専門段階までを一気に駆けあがることもできる。とくにGATT/WTO判例法は2006年9月現在までの

ケースをすべて扱った。WTO判例法の動きは迅速で複雑なため，本書は時代の節目ごとに版を改め，最新判例を収録するものである。研究者・専門家のほか，法科大学院の学生も，本書から必須の最新データをひきだすことができよう。

● **日本の再検討**

以上にくわえて，本書は，国際経済法の視点から日本を再点検することもねらいとしている。日本の通商政策，対日摩擦，日本の自由化の動向にふれたのはこのためである。

摩擦とならんでみのがせないのは，日本をまきこんだ自由化の潮流である。日本とASEANとの自由貿易協定の交渉，中国の投資障壁の削減，ASEAN（東南アジア諸国連合）での投資優遇策といった一連の動きは，アジア地域での自由化の予兆といえよう。

謝　意

本書は，筆者の研究と講義の総決算である。しかし，過去の業績によりかからずに，原点に立ち帰って書き下ろした。誰にでも分かるように，要諦を押さえ，過去の常識や定説を疑いつつ，書き進めた。

筆者は多くの先達から長年にわたりご指導を受けた。大学・大学院をとおしてお教えいただいた京都大学法学部名誉教授・香西茂先生，立命館大学法学部名誉教授・山手治之先生，神戸大学法学部名誉教授・小原喜雄先生に心よりお礼を申しあげたい。そして今は亡き田畑茂二郎先生，大壽堂鼎先生，高林秀雄先生にも学恩を負っている。学生時代に拝聴した先生方の声はいまも耳に鮮やかである。さらに筆者は神戸大学で根岸哲教授，泉水文雄教授という異才からおおきな影響をうけた。防衛大学と神戸大学の同僚諸氏からもつねに励まされた。

筆者はまた実務界からのご支援・ご教示に浴した。長い間，最先端の研究プロジェクトを与えつづけてくださった日本機械輸出組合（関嘉勝理事，今村哲男氏，衣笠和郎氏，谷口正樹氏，藤井俊彦氏，河合洋一氏，斉藤由紀子氏，江川育美氏）には格段の謝意を表したい。また経済産業省，財務省，外務省，公正取引委員会，公正貿易センター，三井物産貿易奨励会，日本商工会議所に深甚の謝意を表する。さらに専門家会合でご教示いただいた企業500社と30団体にこの場を借りて感謝申しあげたい。とくに松下電器・シャープ・リコー・東芝・ソニー・トヨタ・日産・富士写真フィルム・日本電気・三菱電機・日本精工・富士通・日本時計協会ほか企業や業界団体の専門家にお世話になった。企業と団体のご海容を得て，筆者は国際経済の現状を垣間みることができた。本書が他の著作と異なるのは，本書が30年にわたる企業とのコンタクトを基礎にしていることである。理論は，実務界の実践に裏付けされなければ，絵に描いた餅にすぎない。筆者は，世界の実務現場をくまなく訪ねた。日本国内の工場（自動車，ベアリング，家電，半導体，事務機等）のほか，北米，メキシコ，中南米，EU，中東欧諸国，アジア諸国の工場にしばしば足を運んだ。日本企業や外国企業のハイテク産品は，どのような主要部材から，どのような工程をへて製造されるのか．それら産品の原産地はどこか．それらは輸入先国でどのような通商摩擦をひきおこしのか．摩擦は，国際経済法上どのように解決されたのか．また欧米の自由貿易協定の恩典をうけるため，海外企業はどのように部材を調達してきたのか．こうした企業戦略の一部始終をつぶさにみてきた。くわえて創薬メーカー，後発品メーカー，特許担当の実務家から貴重な知見をいただいた。このいみで，長年にわたり海外調査の便宜をご提供いただいた企業法務部門のご支援にあらためて感謝したい。さらに北米，南米，欧州，アフリカ，ロシア，ASEAN，中国，韓国でご指導いただいた先生方（William Clinton, Paul Hegland, Mark Nguyen, Pierre Didier, Edwin Vermulst, Folkert Graafsma, Paul Waer, Bart Driessen, Gary Horlick, Jacques Werner, Petros Mavroidis, Ernst-Ulrich Petersmann, Frieder Roessler, Moshe Hirsch, Rag Bhala, Terence Stewart, William J. Davey, Barnard Hoekman, Michel Kostecki, Thomas Cottier, David Palmeter, Marco Bronckers, Jon Johnson, Debra Steger, Philip Ruttley, Florentino Feliciano, Dukgeun Ahn, Patrick Messerlin, Jerom Reichman, Simon Lester, 于志剛, 姜承先, 朴栽亨）から強い刺激をうけた。

本書の企画・編集にあたり信山社の社長袖山貴氏と編集部稲葉文子・今井守氏から身に余るご配慮をいただいた。軽くて薄い書籍が溢れるこの時代に，本格的な著書の出版をご快諾いただいた信山社に畏敬の念を払いたい。そして執筆のあいだ，筆者を励ましつづけてくれた妻道子，娘朝子そして両親の霊に本書を捧げる。

2011年8月30日　　　　　　　　　　小室程夫

英文略語

ATC Agreement on Textiles and Clothing（繊維衣服協定）
BISD Basic Instruments and Selected Documents（GATT/WTO・BISD 文書）
DSB Dispute Settlement Body（紛争解決機関）
DSU Dispute Settlement Understanding, Understanding on Rules and Procedures Governing the Settlement of Disputes（紛争解決了解）
EC European Community（欧州共同体）
EU European Union（欧州連合）
GATS General Agreement on Trade in Services（サービス貿易一般協定）
GATT General Agreement on Tariffs and Trade（関税と貿易に関する一般協定）
GPA Government Procurement Agreemen（t 政府調達協定）
GSP Generalized System of Preferences（一般特恵制度）
IMF International Monetary Fund（国際通貨基金）
ITO International Trade Organization（国際貿易機関）
MFA Multifiber Arrangement, Arrangement Regarding International Trade in Textiles（多角繊維取決め）
NAFTA North American Free Trade Agreemen（北米自由貿易協定）
OECD Organization for Economic Co-operation and Developmen（経済協力開発機構）
SPS Sanitary and Phytosanitary (Measures（衛生植物衛生検疫措置）
SSG Special Safeguards（農業特別セーフガード措置）
TBI Trade Barriers Instrumen（EC・貿易障壁手段）
TBT Technical Barriers to Trade（貿易に対する技術的障害）
TMB Textiles Monitoring Body（繊維・繊維製品監視機関）
TPRM Trade Policy Review Mechanism（貿易政策検討制度）
TRIMS Trade-Related Investment Measures（貿易関連投資措置）
TRIPS Trade-Related Aspects of Intellectual Property Rights（知的所有権の貿易関連側面）
TSB Textiles Surveillance Body（繊維監視機関）
WIPO World Intellectual Property Organization（世界知的所有権機関）
World Bank International Bank for Reconstruction and Development（国際復興開発銀行，世界銀行）
WTO World Trade Organization（世界貿易機関）

表 一 覧

- 表 1-1　国際経済法のハード・ローとソフト・ロー　(3)
- 表 1-2　GATT ラウンド交渉　(11)
- 表 1-3　WTO 協定の受諾・種類・対象　(12)
- 表 1-4　2007 年の WTO 貿易統計（単位 10 億ドル billion US dollars, 括弧内は世界の輸出・輸入総額に占める比率）(16)
- 表 1-5　新ラウンドの機構　(20)
- 表 1-6　WTO 閣僚会議　(22)
- 表 2-1　EC バナナ輸入制度　(42)
- 表 2-2　関税割当制度に基づく低関税輸入枠の配分　(43)
- 表 2-3　輸入時に徴収される内国間接税の国別比較　(49)
- 表 2-4　日本の蒸留酒税率（1997, 2006）(59)
- 表 3-1　日本の非特恵関税率　(74)
- 表 3-2　インドの関税率・追加税・特別追加税と実質負担総合税率 (%)　(77)
- 表 3-3　発泡性酒類の基準・内国税・関税　(114)
- 表 4-1　EC のゼロ計算　(164)
- 表 4-2　EC の GATT 時代・WTO 時代のダンピング価格差算定方式　(165)
- 表 4-3　米国のゼロ計算と対象産品ダンピング率　(167)
- 表 4-4　WTO 体制下での EC の迂回防止措置　(201)
- 表 6-1　農産品暫定セーフガード措置　(252)
- 表 7-1　現行 WTO 原産地規則協定の構成　(259)
- 表 7-2　附属書 III の構成（概観・詳細）(278)
- 表 7-3　調和原産地規則案の構成　(279)
- 表 7-4　再整理（Appendix 2 Rule 2）(281)
- 表 7-5　対立一覧表　(283)
- 表 7-6　対立図　(284)
- 表 7-7　対立模様　(284)
- 表 7-8　対立点　(284)
- 表 7-9　対立概要　(285)
- 表 7-10　汎欧州原産地規則の 2 基準（コラム 3 とコラム 4）選択方式　(304)
- 表 7-11　アジア系自動車メーカーの自動車ネットコスト　(317)
- 表 8-1　相殺関税協定と農業協定の補助金の相違　(340)
- 表 8-2　迂回防止の対象品目　(342)
- 表 8-3　カナダの酪農品輸出　(343)
- 表 8-4　輸入砂糖の旧関税と調整金　(348)
- 表 8-5　日本の農産品の輸入国家貿易　(348)
- 表 8-6　主要国の酪農品の輸出国家貿易　(348)
- 表 8-7　MFA の期間，参加国および対象品目　(350)
- 表 10-1　WIPO 関連年表　(378)
- 表 11-1　主要国の調達機関　(419)
- 表 11-2　主要国の基準額　(421)
- 表 11-3　GATT/WTO へ通報された有効協定数（2009 年 1 月）(430)
- 表 11-4　GATT/WTO での協定審査（2009 年 1 月）(430)
- 表 12-1　国際紛争解決手続の比較　(434)
- 表 12-2　WTO 紛争解決手続の期限規定　(442)
- 表 12-3　WTO での紛争申立件数（1995 年 – 2010 年末）(456)
- 表 12-4　WTO での報復の要請と許可　(461)
- 表 12-5　カラー・フィルムの出荷数量(本数)によるシェア　(472)
- 表 13-1　炭素税の導入経緯　(492)
- 表 13-2　特定外来生物と未判定外来生物のリスト（植物にかぎる）(494)

国際経済法

目　次

目　次

はしがき (1)
英文略語 (5)
表　一　覧 (6)
はじめに (7)

第1部　国際経済法の輪郭 (1)

［要約と視点］
- **第1章　国際経済法のコンセプトと特色** …… 3
  - 第1節　国際経済法のコンセプト …… 3
  - 第2節　国際経済法の特色 …… 5
- **第2章　国際経済法の歴史** …… 8
  - 第1節　戦前体制 …… 8
  - 第2節　IMF/GATT体制 …… 9
  - 第3節　GATTシステム …… 10
  - 第4節　WTOレジーム …… 12
  - 第5節　WTOの成果と新ラウンドの失敗 …… 18
- **第3章　保護貿易主義とブロック経済** …… 23
  - 第1節　保護貿易主義と自由貿易主義 …… 23
  - 第2節　無差別主義と差別ブロック主義 …… 26

第2部　商品貿易と無差別原則 (29)

［要約と視点］
- **第1章　最恵国待遇原則と例外** …… 30
  - 第1節　最恵国待遇原則の歴史 …… 30
  - 第2節　最恵国待遇原則の内容 …… 31
  - 第3節　最恵国待遇原則の例外 …… 35
  - 第4節　GATTの事例 …… 40
  - 第5節　WTOの事例 …… 42
- **第2章　内国民待遇原則と例外** …… 45
  - 第1節　内国民待遇原則の歴史 …… 45

目次

第2節　内国民待遇原則の内容 ··· 46
第3節　内国間接税に関する内国民待遇原則 ································ 48
第4節　国内規制に関する内国民待遇原則 ···································· 50
第5節　混合規制と内国民待遇原則 ··· 52
第6節　内国民待遇原則の例外 ·· 53
第7節　GATTの事例 ··· 54
第8節　WTOの事例 ·· 58
第9節　同種性と競合性の判定 ·· 64

第3部　商品貿易と自由化ルール (67)

[要約と視点]

第1章　関税障壁 ·· 70
第1節　関税第一主義と関税障壁 ··· 70
第2節　関税引下げ交渉 ·· 78
第3節　関税譲許とその停止・修正・撤回・運用 ························· 81
第4節　輸出規制 ·· 84
第5節　関税評価 ·· 85
第6節　関税分類と原産地決定 ·· 88
第7節　原産地決定 ··· 91

第2章　数量制限 ·· 91
第1節　数量制限の一般的禁止 ·· 91
第2節　例外 ··· 92
第3節　主要国の輸入数量制限 ·· 96

第3章　基準認証 ·· 99
第1節　基準認証のコンセプトと貿易制限効果 ···························· 99
第2節　WTO加盟国の義務 ··· 104
第3節　将来の課題 ··· 107

第4章　衛生植物検疫措置 ·· 114
第1節　衛生植物検疫措置協定の内容 ·· 115
第2節　EUホルモン牛肉事件，日本リンゴ検疫事件および狂牛病事件 ··· 121
第3節　遺伝子組換え体の輸入規制 ··· 126

第5章　貿易関連投資措置 ·· 132
第1節　貿易関連投資措置とWTO協定 ···································· 132
第2節　インドネシア自動車事件 ·· 133

第6章　通商政策措置 ··· 136
第1節　通商政策措置のコンセプト ··· 136
第2節　通商政策措置の比較 ··· 137

第4部　ダンピング防止措置 (139)

[要約と視点]

第1章　ダンピング防止法の歴史と構成 ···································· 141
第1節　ダンピング防止法の歴史 ·· 141
第2節　ダンピング防止法の構成 ·· 142

第2章　ダンピングのコンセプトと再検討 ································ 143
第1節　ダンピングのコンセプト ·· 143
第2節　ダンピングの再検討 ··· 148

第3章　ダンピング防止措置の要件 ·· 150
第1節　3要件と公益テスト ·· 150

第2節	正常価額と輸出価格の算定	151
第3節	価格比較・調整	160
第4節	ダンピング価格差の算定	161
第5節	損害認定と因果関係	172

第4章　ダンピング防止手続と措置 … 175
第1節　ダンピング防止手続 … 175
第2節　ダンピング防止措置 … 177
第3節　非市場経済国に対するダンピング防止措置 … 178

第5章　ダンピング防止措置の司法審査と救済 … 180
第1節　GATT/WTOの司法審査 … 180
第2節　GATT/WTOの救済と実施 … 184
第3節　国内裁判所の救済 … 188

第6章　ダンピング防止措置の効果と見直し … 189
第1節　ダンピング防止措置の効果 … 189
第2節　WTOダンピング防止協定の見直し … 190

第7章　迂回防止措置 … 191
第1節　迂回の概念と迂回防止規定 … 191
第2節　ECと米国の当初の迂回防止措置 … 192
第3節　迂回防止ルールをめぐるGATT交渉 … 195
第4節　ECと米国の新迂回防止措置 … 198
第5節　迂回防止措置のWTO整合性とWTO交渉 … 205

第8章　反吸収税 … 208
第1節　旧規定の内容とGATT整合性 … 208
第2節　新規定の内容とWTO整合性 … 209

第5部　補助金相殺措置 (211)

[要約と視点]

第1章　補助金の認定 … 212
第1節　財政的貢献または価格支持の存在 … 212
第2節　利　益 … 214
第3節　特定性 … 214

第2章　補助金の分類と救済措置 … 215
第1節　赤の補助金と救済措置 … 215
第2節　黄色の補助金 … 216
第3節　緑の補助金 … 217
第4節　市場経済移行国と開発途上国 … 218

第3章　相殺措置 … 220
第1節　協定規定 … 220
第2節　相殺関税の算定 … 220
第3節　相殺措置と因果関係 … 221
第4節　相殺関税の迂回防止措置 … 222

第4章　WTOの事例 … 222
第1節　減免税による補助金事件 … 222
第2節　民営化後の相殺措置事例 … 224
第3節　ブラジルとカナダの航空機事件 … 227
第4節　米国・カナダ産木材事件 … 230
第5節　サンセット見直しのための補助金僅少基準に関する事例 … 231
第6節　ECエアバス事件Ⅰと米国ボーイング事件 … 232

第5章　WTO相殺措置協定の見直し … 236
第1節　見直しの背景 … 236

第2節　各国の見直し提案………………………………………………………… 236
第3節　相殺関税とダンピング防止税の同時賦課………………………………… 236

第6部　セーフガード措置 (239)

[要約と視点]
第1章　GATTのセーフガード規定と輸出自主規制 ……………………… 240
第1節　輸出自主規制の援用………………………………………………… 240
第2節　GATT時代の輸出自主規制の概念と蔓延 ………………………… 241
第3節　輸出自主規制とGATT …………………………………………… 242
第4節　輸出自主規制の功罪………………………………………………… 243
第2章　WTOセーフガード協定の内容 …………………………………… 243
第1節　セーフガード措置の種類…………………………………………… 243
第2節　WTOセーフガード協定の骨格 ………………………………… 244
第3章　WTO協定に基づくセーフガード措置の発動 …………………… 245
第1節　セーフガード措置の発動要件……………………………………… 245
第2節　セーフガード措置…………………………………………………… 247
第3節　補償と対抗措置……………………………………………………… 248
第4章　主要国のセーフガード措置 ………………………………………… 251
第1節　日本の農産品暫定セーフガード措置と中国の対抗措置………… 252
第2節　主要国のセーフガード措置………………………………………… 253

第7部　原産地規則 (257)

[要約と視点]
第1章　非特恵原産地規則 …………………………………………………… 258
第1節　非特恵原産地規則の目的と問題点………………………………… 258
第2節　非特恵原産地規則の国際的調和とWTO協定 ………………… 274
第3節　原産地規則の調和作業の動向と各国提案………………………… 276
第4節　調和原産地規則案の概要…………………………………………… 278
第5節　影響問題の詳細……………………………………………………… 286
第6節　全体設計の詳細……………………………………………………… 293
第2章　特恵原産地規則 ……………………………………………………… 300
第1節　WTO協定の附属書 ……………………………………………… 300
第2節　GSP原産地規則 ………………………………………………… 300
第3節　FTA原産地規則 ………………………………………………… 303
第4節　特恵原産証明と検査制度…………………………………………… 314
第5節　日本が締結したFTAの原産地規則 …………………………… 321
第6節　総　　括……………………………………………………………… 321
第7節　FTA原産地規則の争点 ………………………………………… 324
第3章　原産地表示 …………………………………………………………… 325
第1節　原産地表示に関する国際規定……………………………………… 325
第2節　主要国の原産地表示ルール………………………………………… 326

第8部　農業貿易と繊維貿易 (331)

[要約と視点]
第1章　農業協定 ……………………………………………………………… 332
第1節　ウルグアイ・ラウンド交渉までの問題点………………………… 332

第2節　WTO農業協定	334
第3節　日本の国家貿易と価格支持	345
第4節　新ラウンドとFTA	349

第2章　繊維貿易　　349
第1節　繊維貿易規制の歴史	349
第2節　WTO繊維協定の内容	351
第3節　対中繊維特別セーフガード措置	353
第4節　日本の繊維規制	353

第9部　サービス貿易 (355)

[要約と視点]

第1章　WTOサービス貿易協定の内容　　356
第1節　サービス貿易の類型と手段	356
第2節　サービス貿易の規律	358
第3節　サービス貿易と最恵国待遇原則	360
第4節　サービス貿易と内国民待遇原則・市場アクセス	363
第5節　紛争解決	366

第2章　WTOの分野別サービス交渉と第4・第5議定書　　366
第1節　金融サービス市場の自由化交渉と第5議定書	366
第2節　電気通信サービス市場の自由化と第4議定書	368
第3節　その他サービス市場の自由化	371

第10部　知的所有権 (373)

[要約と視点]

第1章　知的所有権法の体系　　374
| 第1節　日本法 | 374 |
| 第2節　WIPOの知的所有権条約 | 376 |

第2章　知的所有権とGATT/WTO　　381
| 第1節　知的所有権と貿易 | 381 |
| 第2節　知的所有権とGATT/WTO規定 | 382 |

第3章　TRIPS協定の内容　　383
第1節　協定義務	383
第2節　無差別原則	384
第3節　権利消尽	387
第4節　知的所有権の取得・範囲・使用	390
第5節　知的所有権の侵害に対する救済手続と経過措置	405
第6節　紛争解決	408
第7節　新しい課題	408

第11部　政府調達と地域統合 (413)

[要約と視点]

第1章　政府調達　　413
第1節　政府調達協定の締結経緯	413
第2節　政府調達協定の無差別原則	415
第3節　協定の適用範囲	418
第4節　調達手続	421

第5節　苦情申立手続と紛争解決手続 ·· 424
　第6節　FTA の政府調達条項 ··· 427
第2章　地域統合 ·· 427
　第1節　地域統合の種類 ··· 427
　第2節　地域統合の WTO 整合性 ··· 428
　第3節　地域統合の効果と新ラウンド ··· 430

第12部　紛争解決手続 (433)

[要約と視点]

第1章　GATT 紛争解決手続 ··· 435
　第1節　GATT 本体と東京ラウンド協定の手続 ··································· 435
　第2節　GATT 紛争解決手続の欠陥 ··· 437
　第3節　GATT 手続の特徴 ··· 439
第2章　WTO 紛争解決手続の新機軸 ·· 439
　第1節　GATT 手続の原則の維持 ··· 440
　第2節　WTO 紛争解決手続の新機軸 ··· 440
第3章　WTO 紛争解決手続のルールと慣行 ·· 443
　第1節　手続の申立 ·· 443
　第2節　適用法 ··· 448
　第3節　審査基準 ·· 454
　第4節　救済 ··· 455
　第5節　審査・実施審査・報復の3段階手続 ····································· 455
第4章　違反申立と非違反申立 ··· 466
　第1節　違反申立手続 ··· 466
　第2節　非違反申立手続 ··· 468

第13部　隣接領域と WTO (475)

[要約と視点]

第1章　貿易と競争 ·· 477
　第1節　企業の私的障壁 ··· 477
　第2節　シンガポール閣僚宣言と WTO 作業部会 ································ 477
　第3節　国際競争協定の締結構想 ·· 478
　第4節　開発途上国への配慮 ··· 480
　第5節　国際協定締結のメリットと批判的見解 ·································· 480
　第6節　国際競争協定の締結形態と内容 ·· 481
第2章　貿易と環境 ·· 482
　第1節　貿易が環境にあたえるインパクト ······································· 482
　第2節　貿易と環境破壊 ··· 483
　第3節　WTO の規定と活動 ··· 483
　第4節　国家の環境関連貿易措置と WTO 整合性 ································ 484
　第5節　GATT 一般例外条項の解釈 ·· 488
　第6節　WTO 枠外の環境保全 ·· 490
第3章　貿易と金融通貨 ··· 496
　第1節　ブレトン・ウッズ体制の樹立 ·· 496
　第2節　IMF の変容 ··· 497
　第3節　為替レートと輸出企業 ·· 498
　第4節　IMF と GATT/WTO ·· 499
第4章　貿易と国際課税 ··· 500

第 1 節　二重課税の排除と租税条約……………………………………………… 500
　　第 2 節　租税回避の規制…………………………………………………………… 501
　　第 3 節　企業のプライシングと法規制…………………………………………… 502
む　す　び………………………………………………………………………………… 503

（巻末表）WTO 紛争事例（巻末）
（巻末参考表）GATT 紛争解決事例（巻末）
主要参考文献と WEB サイト（巻末）

(詳細)目　次

はじめに (7)

- **1** 国際貿易ルールの種類 (7)
  - (1) 多角的協定と複数国間協定 (7)
  - (2) 地域協定と2国間協定 (7)
  - (3) 国家の通商法 (7)
- **2** 国際貿易ルールの適用対象 (7)
  - (1) 国家措置への適用 (7)
  - (2) 国家措置の類型 (7)
- **3** 国際貿易ルールの内容 (7)
  - (1) 無差別原則 (7)
  - (2) 貿易自由化ルール (8)
  - (3) 多角的な紛争解決手続 (8)
- **4** 国際貿易ルールの実益 (8)
  - (1) 私人にあたえられる実益 (8)
  - (2) 私人への実益の例 (8)
- **5** 隣接領域のルール (9)
- **6** 本書の構成 (9)

第1部　国際経済法の輪郭 (1)

［要約と視点］(1)
　要　約 (1)
- **1** 国際経済法の概念と特色 (1)
- **2** 国際経済法の沿革と発展 (1)
  - (1) 戦前体制と戦後体制 (1)
  - (2) GATTの設立と成果 (1)
  - (3) WTOの樹立と新ラウンド交渉 (1)
- **3** 保護貿易主義とブロック経済 (2)
  - (1) 自由貿易主義と保護貿易主義 (2)
  - (2) 無差別主義と差別ブロック主義 (2)

　視　点 (2)
- **1** 歴史的視点 (2)
- **2** 日本の再検討 (2)

第1章　国際経済法のコンセプトと特色 …………………………………… 3
　第1節　国際経済法のコンセプト …………………………………… 3
- **1** 国家の国際経済規制に適用されるルール (3)
- **2** 国際経済法と国家の措置 (3)
- **3** 国内経済法との相違点 (4)

(1) 国家措置に適用される国際経済法　(4)
　　(2) 私企業と国際経済法　(4)
　4 国際経済法のソース　(4)
第2節　国際経済法の特色……………………………………………………………5
　1 政治経済と国際経済法　(5)
　2 科学進歩と国際経済法　(5)
　3 国際経済法の柔軟性　(6)
　4 経済と法　(6)
　　(1) 経済が法にあたえる影響　(6)
　　(2) 経済発展のひずみと法　(6)
　　(3) 経済利益の追求と法　(6)
　　(4) 法が経済にあたえる影響　(6)
　　(5) 政策的法規が経済にあたえる影響　(7)
　　(6) 経済と法の調整　(7)

第2章　国際経済法の歴史…………………………………………………………8
　第1節　戦前体制……………………………………………………………………8
　　1 保護貿易主義　(8)
　　2 ブロック主義　(8)
　　3 孤立主義　(8)
　第2節　IMF/GATT体制 ……………………………………………………………9
　　1 自由・無差別・多角主義の発案　(9)
　　2 戦時中の米国政策　(9)
　　3 ブレトン・ウッズ会議とIMF／世銀体制　(9)
　　4 ITO創設提案　(9)
　　5 GATTの樹立　(9)
　第3節　GATTシステム ……………………………………………………………10
　　1 GATTの原則と正当化　(10)
　　2 GATTの原則と例外　(10)
　　3 GATTの成果　(11)
　　　(1) 貿易自由化と紛争解決　(11)
　　　(2) GATTのラウンド交渉　(11)
　　4 GATTの欠陥とWTOの創設　(11)
　第4節　WTOレジーム ………………………………………………………………12
　　1 協定の受諾　(12)
　　　(1) ア・ラ・カルトのGATT　(12)
　　　(2) WTO協定の一括受諾　(12)
　　　(3) WTO協定の俯瞰　(12)
　　2 活動範囲の拡大　(13)
　　3 GATT規定の扱い　(13)
　　4 機構面の特質　(14)
　　　(1) 法人格　(14)
　　　(2) 機関　(14)
　　　(3) 意思決定手続　(14)
　　　(4) WTOの加盟国と分担金　(15)
　　5 紛争解決手続の強化　(17)
　第5節　WTOの成果と新ラウンドの失敗…………………………………………18
　　1 WTOの成果　(18)
　　　(1) 紛争解決と新議題　(18)
　　　(2) 中国のWTO加盟　(18)
　　2 新ラウンドの交渉と機構　(18)
　　　(1) 新ラウンド交渉　(18)
　　　(2) 新ラウンドの争点　(19)

(3) 新ラウンドのための機構　(20)
　　3 新ドーハ開発ラウンドの決裂　(20)
　　　(1) カンクン閣僚会議の決裂　(20)
　　　(2) 香港閣僚会議　(20)
　　　(3) 開発途上国グループ　(21)
　　　(4) 先進国グループ　(21)
　　　(5) 南北合同グループ　(21)
　　　(6) ドーハラウンドの頓挫　(22)
第3章　保護貿易主義とブロック経済……………………………………23
　第1節　保護貿易主義と自由貿易主義…………………………………23
　　1 重商主義の保護貿易主義　(23)
　　2 産業革命後の自由貿易主義と保護貿易主義　(23)
　　　(1) 英国の自由貿易主義と新しい経済学説　(23)
　　　(2) フランス重商主義の失敗と重農主義　(24)
　　　(3) ドイツ重商主義の失敗　(24)
　　　(4) 米国の独立と重商主義　(24)
　　3 19世紀半ばからの自由貿易主義と保護貿易主義への復帰　(25)
　　4 第1次大戦後の保護貿易主義　(25)
　　5 第2次大戦後の自由貿易主義と保護貿易主義　(25)
　　6 保護主義の波及効果　(26)
　第2節　無差別主義と差別ブロック主義………………………………26
　　1 近世の無差別主義　(26)
　　2 第2次大戦前夜の差別ブロック主義　(26)
　　3 戦後の無差別主義とブロック主義　(26)

第2部　商品貿易と無差別原則 (29)

［要約と視点］(29)
　要　約　(29)
　　1 最恵国待遇原則と例外　(29)
　　2 内国民待遇原則と例外　(29)
　視　点　(29)
　　1 国家の差別措置と企業　(29)
　　2 差別の概念　(29)
第1章　最恵国待遇原則と例外……………………………………………30
　第1節　最恵国待遇原則の歴史…………………………………………30
　　1 最恵国待遇原則の黎明期　(30)
　　　(1) 近世初期の相対的最恵国待遇原則　(30)
　　　(2) 近世後期の片務的最恵国待遇原則　(30)
　　2 国際連盟時代の最恵国待遇原則　(30)
　　　(1) 国際連盟規約と平和条約の最恵国待遇原則　(31)
　　　(2) 無条件最恵国待遇原則への転換　(31)
　　　(3) 最恵国待遇原則に対する例外　(31)
　　3 ITO憲章草案とGATTの最恵国待遇原則　(31)
　　4 WTOの最恵国待遇原則と対中差別措置　(31)
　第2節　最恵国待遇原則の内容…………………………………………31
　　1 GATT・WTOの規定　(31)
　　　(1) GATTの最恵国待遇原則　(31)
　　　(2) GATT個別条項の最恵国待遇原則　(32)
　　　(3) 国家貿易と最恵国待遇原則　(32)
　　2 最恵国待遇原則の概念　(33)

(1) GATT 規定　(33)
(2) GATT/WTO の加盟国と非加盟国に対する最恵国待遇　(33)
　3 差別の態様　(34)
(1) 法的または事実上の差別　(34)
(2) 関税率や関税割当の差別　(35)

第3節　最恵国待遇原則の例外 …………………………………………………………… 35
　1 例外の分類　(35)
　2 祖父特恵関税と一般特恵制度　(35)
(1) 祖父特恵関税　(35)
(2) 開発途上国への一般特恵制度　(35)
(3) 追加的特恵　(36)
　3 地域経済統合　(37)
(1) 関税同盟　(37)
(2) 自由貿易地域　(37)
　4 義務免除　(37)
　5 報復措置　(37)
　6 ダンピング防止税, 相殺関税　(38)
　7 選択的セーフガード措置と選択的対抗措置　(38)
(1) GATT と選択的セーフガード措置の禁止　(38)
(2) WTO セーフガード協定の無差別原則と逸脱　(38)
(3) 対抗措置と GATT/WTO　(38)
　8 対中特別セーフガード措置と対中貿易転換防止措置　(39)
　9 関税再交渉に際しての選択的対抗措置　(39)
　10 GATT 一般例外条項　(39)
(1) 一般例外条項の正当化目的と差別禁止　(39)
(2) 一般例外条項に基づく差別的措置　(39)
　11 GATT の安全保障条項　(39)
　12 特定加盟国間での GATT/WTO ルールの不適用　(39)
(1) GATT ルール不適用　(39)
(2) 対日 GATT 35 条と日欧協定の差別条項　(40)
(3) WTO ルール不適用　(40)

第4節　GATT の事例 ………………………………………………………………………… 40
　1 EEC・カナダ産牛肉輸入事件と事実上の差別　(40)
　2 スペイン未焙煎コーヒー豆事件　(40)
　3 日本・針葉樹材輸入関税事件　(41)

第5節　WTO の事例 ………………………………………………………………………… 42
　1 EU バナナ事件Ⅲ　(42)
(1) 経　緯　(42)
(2) バナナ事件Ⅲのパネル・上級委員会判断　(42)
(3) コトヌ協定と義務免除違反事件　(43)
　2 カナダ自動車協定事件　(43)
(1) 事実関係　(43)
(2) パネル・上級委員会報告　(44)
　3 異なる文脈のなかでの同種性・競合性の判定　(44)

第2章　内国民待遇原則と例外 ……………………………………………………………… 45
第1節　内国民待遇原則の歴史 …………………………………………………………… 45
　1 起　源　(45)
　2 GATT/WTO と政府調達協定　(45)
第2節　内国民待遇原則の内容 …………………………………………………………… 46
　1 内国民待遇原則のコンセプトとねらい　(46)
(1) コンセプト　(46)
(2) ねらい　(47)

(3) 内国民待遇原則の範囲と内外差別の手段　(47)
　2 内外差別の形態と認定　(47)
第3節　内国間接税に関する内国民待遇原則……………………………………48
　1 差別的内国税の禁止　(48)
　　(1) 内　容　(48)
　　(2) 内国間接税の判定　(48)
　　(3) 商品の同種性の判定　(48)
　　(4) 同一課税の有無　(49)
　2 保護的内国税の禁止　(49)
　　(1) 内　容　(49)
　　(2) 商品の競合性の判定　(49)
　　(3) 同等課税の有無　(50)
　3 間接税国境調整ルール　(50)
第4節　国内規制に関する内国民待遇原則……………………………………50
　1 輸入国の法令と要件　(50)
　2 輸入品を輸送段階で差別する輸入国の法令・要件　(51)
　3 輸入品を使用段階で差別する輸入国の法令・要件　(51)
　4 輸入品を販売・購入段階で差別する輸入国の法令・要件　(51)
　　(1) EUバナナ事件Ⅲ　(51)
　　(2) 韓国牛肉事件　(51)
　　(3) ドミニカ共和国煙草事件　(51)
　5 輸入品をハンドリング・流通段階で差別する輸入国の法令・要件　(52)
　6 国内規制に関する内国民待遇原則と同種性　(52)
　　(1) 同種性判定のための4基準　(52)
　　(2) EUアスベスト事件　(52)
第5節　混合規制と内国民待遇原則……………………………………………52
　1 混合規制　(52)
　2 日本の混合規制　(53)
第6節　内国民待遇原則の例外…………………………………………………53
　1 GATTの例外規定　(53)
　2 差別的な政府調達とGATT/WTO政府調達協定　(53)
　　(1) GATTが認める差別的な政府調達　(53)
　　(2) GATT/WTOの政府調達協定　(54)
第7節　GATTの事例……………………………………………………………54
　1 EC迂回防止税事件　(54)
　　(1) 事実関係　(54)
　　(2) パネル判断　(55)
　2 米国スーパーファンド事件　(56)
　　(1) 事実関係　(56)
　　(2) パネル報告　(56)
　　(3) 内国間接税の国境調整ルール　(57)
第8節　WTOの事例………………………………………………………………58
　1 差別的・保護的内国税に関する事例　(58)
　　(1) 日本酒税事件Ⅱ　(58)
　　(2) 韓国酒税事件，チリ酒税事件，フィリピン酒税事件　(59)
　　(3) カナダ雑誌事件　(62)
　　(4) メキシコ・ソフトドリンク税事件　(62)
　　(5) 事実上の差別の判定方法　(62)
　2 国産部材の使用奨励に関するパネル報告　(63)
　　(1) インドネシア自動車事件　(63)
　　(2) カナダ自動車協定事件　(63)
　3 差別的内国税と差別的国内規制の双方に関する事例　(64)

(1) 中国自動車部品輸入事件の事実関係　(64)
　　(2) パネルと上級委員会の判断　(64)
　第9節　同種性と競合性の判定……………………………………………………64
　　1　EC 司法裁判所の判断　(65)
　　2　GATT/WTO パネルの判断　(65)
　　(1) 税差別上の同種性と競合性　(65)
　　(2) 国内規制差別上の同種性とアスベスト事件　(65)
　　(3) メキシコ・ソフトドリンク税事件　(66)
　　(4) 総　括　(66)

第3部　商品貿易と自由化ルール　(67)

［要約と視点］　(67)
　要　約　(67)
　　1　関税障壁の引下げ　(67)
　　2　非関税障壁の規制　(67)
　　(1) 数量制限　(67)
　　(2) 基準認証，検疫措置，貿易関連投資措置　(67)
　　(3) 通商政策措置　(67)
　　(4) その他の非関税障壁　(67)
　視　点　(68)
　　1　関税障壁　(68)
　　2　非関税障壁　(68)
　　3　通商政策手段　(68)
　　4　日米 EC の貿易障壁　(68)
　　5　税と国際経済法　(69)
　　(1) 税の分類と国際経済ルール　(69)
　　(2) 商品に課される関税と内国間接税　(69)
　　(3) 収入に課される直接税　(69)
　　(4) 電子商取引課税　(69)
第1章　関税障壁………………………………………………………………………70
　第1節　関税第一主義と関税障壁…………………………………………………70
　　1　関税第一主義　(70)
　　2　関税の種類　(70)
　　(1) 通常関税と特恵関税　(70)
　　(2) 通常関税の分類　(70)
　　(3) 輸入品に対し輸入時点で課される輸入税と内国税　(71)
　　3　保護主義の手段としての関税　(73)
　　(1) 高関税　(73)
　　(2) タリフ・エスカレーション　(74)
　　(3) 関税割当制度の恣意的適用　(74)
　　4　主要国の関税法体系　(74)
　　(1) 日本の現行関税率　(74)
　　(2) EC と米国の関税率　(75)
　　(3) インドの関税率　(75)
　第2節　関税引下げ交渉……………………………………………………………78
　　1　GATT レジーム下の関税引下げ交渉　(78)
　　(1) 2国間の品目別リクエスト・オファー方式　(78)
　　(2) 一括関税引下げ方式　(78)
　　2　WTO レジーム下の関税引下げ交渉　(79)
　　(1) WTO 枠内の分野別関税引下げ交渉　(79)

(2) WTO 新ラウンド・関税引下げ交渉　(80)
　　(3) WTO 枠外での関税引下げ交渉　(80)
　第 3 節　関税譲許とその停止・修正・撤回・運用……………………………………81
　　1 関税譲許　(81)
　　(1) 関税譲許の原則　(81)
　　(2) 譲許関税率よりも低い関税率をあたえる制度　(81)
　　2 譲許関税の停止・修正・撤回
　　(1) 関税再交渉による譲許関税の修正・撤回　(82)
　　(2) 特定の理由に基づく譲許関税の停止・修正・撤回　(83)
　　3 関税の運用と WTO ルール　(83)
　　4 日本の関税法の歴史と現行関税率　(83)
　　(1) 不平等関税条約の改正と条約改正後の関税引上げ　(83)
　　(2) 第 2 次世界大戦後の関税法の確立・発展　(84)
　第 4 節　輸　出　規　制………………………………………………………………84
　　1 GATT の輸出規制　(84)
　　(1) GATT の輸出関連規制　(84)
　　(2) GATT の輸出税規制　(84)
　　(3) 日本の輸出税廃止　(84)
　　2 WTO の輸出規制と中国の稀少金属輸出規制　(84)
　　(1) WTO 体制下の輸出数量制限と輸出税　(84)
　　3 中国の WTO 加盟議定書　(85)
　第 5 節　関税評価………………………………………………………………………85
　　1 GATT/WTO 関税評価協定　(85)
　　(1) 課税価額の決定方式　(85)
　　(2) 関連者間の取引と課税価額　(87)
　　2 手続規定　(87)
　　(1) 国内手続　(87)
　　(2) 国際手続　(87)
　　3 主要国の関税評価法　(88)
　　(1) 関税評価協定　(88)
　　(2) 韓国の関税評価と韓 EU 摩擦　(88)
　第 6 節　関税分類と原産地決定 ………………………………………………………88
　　1 関税分類のための HS 条約　(88)
　　2 関税分類の重要性　(88)
　　3 関税分類ルール　(88)
　　4 WTO の事例　(89)
　　(1) EC コンピュータ機器関税分類事件　(89)
　　(2) EU 冷凍鶏肉分類事件　(89)
　　(3) EU 関税分類行政事件　(89)
　　(4) EU・IT 品目関税事件　(90)
　第 7 節　原産地決定……………………………………………………………………91
第 2 章　数　量　制　限……………………………………………………………91
　第 1 節　数量制限の一般的禁止………………………………………………………91
　第 2 節　例　　　外……………………………………………………………………92
　　1 国内農水産品の生産制限と国内過剰生産の除去　(92)
　　(1) 国内農水産品の生産制限を理由とする輸入数量制限　(92)
　　(2) 国内過剰生産の除去　(92)
　　2 国際収支の擁護　(92)
　　(1) GATT 12 条の国際収支擁護条項　(92)
　　(2) 開発途上国のための国際収支擁護条項　(93)
　　3 セーフガード措置の発動 (19 条)　(93)
　　4 一般的例外条項　(93)

(詳細) 目 次

　　(1) 正当化理由とただし書き　(93)
　　(2) GATTパネル判断　(93)
　　(3) WTOパネル判断　(94)
　5 安全保障条項　(94)
　6 義務免除　(95)
　7 対抗措置と報復措置　(95)
　　(1) セーフガード措置に対する対抗措置　(95)
　　(2) 義務違反国に対する報復措置　(95)
　8 歴史的社会的事情　(95)
　9 例外規定に基づく輸入数量制限と無差別原則　(96)
第3節　主要国の輸入数量制限……………………………………………………96
　1 日本の輸入数量制限　(96)
　　(1) 日本の輸入規制と外為法・輸入令規制　(96)
　　(2) 輸入割当制度　(96)
　　(3) 輸入承認制度　(97)
　　(4) 輸入割当制度と輸入承認制度のWTO整合性　(97)
　　(5) 塩の輸入自由化　(97)
　　(6) 北朝鮮に対する輸出入数量制限　(98)
　2 米国とECの輸入数量制限　(98)
　　(1) 米国の輸入数量制限　(98)
　　(2) ECの輸入数量制限　(98)
　3 開発途上国の輸入数量制限　(99)

第3章　基 準 認 証……………………………………………………………99
第1節　基準認証のコンセプトと貿易制限効果……………………………99
　1 基準認証のコンセプト　(99)
　　(1) 基準規格　(99)
　　(2) 検査認証制度　(100)
　2 基準認証制度の貿易制限効果　(100)
　　(1) 基準の貿易制限効果　(100)
　　(2) 産品の特性・製法に関する規格の貿易制限効果　(100)
　　(3) 検査認証制度の貿易制限効果　(103)
　　(4) 中国の基準認証制度　(104)
第2節　WTO加盟国の義務………………………………………………… 104
　1 基準の立案・制定・適用にあたっての義務　(104)
　　(1) 輸入品に対する最恵国待遇と内国民待遇の確保　(104)
　　(2) 国際貿易に不必要な障害をあたえないこと　(104)
　　(3) 国際任意規格に準拠した国内基準の制定　(105)
　　(4) 基準の相互承認　(105)
　2 任意規格の立案・制定・適用にあたっての義務　(106)
　3 適合性評価手続の立案・制定・適用にあたっての義務　(106)
　　(1) 加盟国の義務　(106)
　　(2) 検査認証結果の相互承認協定
第3節　将来の課題………………………………………………………… 107
　1 化学物質規制　(107)
　　(1) EU化学物質規制法　(107)
　　(2) 日本の化学物質審査規制法　(108)
　2 動物保護のための規制　(108)
　　(1) EUの化粧品指令と動物実験禁止規定　(108)
　　(2) 残酷猟具により捕獲された動物の加工品に対する規制　(109)
　　(3) 残酷な飼育方法で生産される食品の規制　(109)
　3 薬事法と薬局方の規制　(109)
　　(1) 日本薬事法が定める医薬品　(109)

(2) 薬事法の規制　(110)
　　(3) 各国薬事法規制の調和　(111)
　4 日本酒税法の発泡性酒類の基準　(111)
　　(1) 当初の酒税法　(111)
　　(2) 2003年改正法　(111)
　　(3) 2006年改正法　(111)
　　(4) 2006年改正法の効果　(112)
　　(5) 海外メーカーへの影響　(112)
　　(6) WTO 整合性　(113)

第4章　衛生植物検疫措置　114

第1節　衛生植物検疫措置協定の内容　115
　1 協定と措置　(115)
　　(1) 協　定　(115)
　　(2) 検疫措置の目的　(115)
　　(3) 検疫措置の内容と要件　(115)
　　(4) 衛生植物検疫措置協定とスタンダード協定の相違　(116)
　2 基本的な権利義務　(116)
　　(1) 権　利　(116)
　　(2) 比例原則と科学的証拠に基づく措置　(116)
　　(3) 恣意的・不当な差別の禁止　(117)
　　(4) 適合性の推定　(117)
　3 各国措置の調和原則と例外　(117)
　　(1) 各国措置の調和　(117)
　　(2) 国際標準よりも高い保護水準の措置　(118)
　4 同等原則　(118)
　5 危険性評価に基づく適切水準の検疫措置　(119)
　　(1) 危険性評価　(119)
　　(2) 危険性評価に基づく検疫措置　(119)
　　(3) 予防原則に基づく暫定検疫措置　(121)
　　(4) 輸出入国間の協議　(121)
　6 地域状況に対応した調整措置　(121)

第2節　EU ホルモン牛肉事件，日本リンゴ検疫事件および狂牛病事件　121
　1 EU ホルモン牛肉事件　(121)
　　(1) 事実関係　(121)
　　(2) パネルと上級委員会の判断　(121)
　　(3) 米加・ホルモン報復継続事件　(122)
　2 日本リンゴ検疫措置事件　(122)
　　(1) リンゴ事件Ⅰ　(122)
　　(2) リンゴ事件Ⅱ　(123)
　3 狂牛病事件　(124)
　　(1) 狂牛病　(124)
　　(2) EC 司法裁判所の牛肉輸入禁止事件　(124)
　　(3) 米国モンタナ地方裁判所判決　(124)
　　(4) 日米牛肉事件　(125)
　4 豚肉事件と鶏肉事件　(126)
　5 放射能汚染と被爆食品輸入禁止措置　(126)

第3節　遺伝子組換え体の輸入規制　126
　1 遺伝子組換え食品と危険評価　(126)
　　(1) 遺伝子組換え技術と食品　(126)
　　(2) EU の環境放出規制指令と改正指令案　(127)
　　(3) WTO パネル報告　(127)
　2 日本の流通管理・表示制度　(128)

(1) 安全性審査の義務化　(128)
　(2) 分別生産流通管理制度　(128)
　(3) 表示制度の対象　(128)
　(4) 義務表示と任意表示　(128)
　(5) 安全性審査　(128)
3 カルタヘナ生物多様性議定書と SPS 協定の予防原則　(128)
　(1) カルタヘナ議定書　(128)
　(2) カルタヘナ議定書の衝突回避条項　(129)
　(3) 議定書と SPS 協定の重複適用とウィーン条約法条約　(130)
　(4) カルタヘナ議定書関連の国際スタンダードと SPS 協定　(131)
4 最近の展開　(131)
　(1) 遺伝子組換え医薬品　(131)
　(2) 遺伝子組換え芝　(131)
　(3) クローン動物肉の安全性と流通　(131)

第5章　貿易関連投資措置 …… 132
第1節　貿易関連投資措置と WTO 協定 …… 132
1 貿易関連投資措置　(132)
2 内国民待遇原則に違反する TRIMs　(132)
　(1) ローカルコンテント要求　(132)
　(2) 輸出入均衡　(133)
3 数量制限禁止原則に違反する TRIMs　(133)
4 例外と通報・廃止　(133)
5 インドネシアの通報　(133)
第2節　インドネシア自動車事件 …… 133
1 事実関係　(133)
　(1) 1993 年減免税制度　(134)
　(2) 国民車計画　(134)
2 パネルの設置・裁定と紛争解決機関・勧告の実施　(135)
　(1) 単一パネルの設置　(135)
　(2) パネル判断　(135)
　(3) 紛争解決機関・勧告の実施　(136)

第6章　通商政策措置 …… 136
第1節　通商政策措置のコンセプト …… 136
第2節　通商政策措置の比較 …… 137
1 措置の要件　(137)
　(1) それぞれの措置の要件　(137)
　(2) 共通した要件　(137)
2 措置の適用　(137)
　(1) 適用形態　(137)
　(2) 適用対象　(137)
　(3) ダンピング防止税と相殺関税の同時適用　(137)
3 措置の効果　(138)

第4部　ダンピング防止措置　(139)

［要約と視点］　(139)
　要　約　(139)
　　1 ダンピング防止措置の濫用　(139)
　　2 ダンピング防止措置の効果　(139)
　　3 迂回防止措置　(139)
　視　点　(139)

- **1** 通商政策手段に占めるダンピング防止措置の比重　(139)
- **2** ダンピング防止措置の発動国と被発動国　(139)
- **3** 日本のダンピング防止措置　(140)
- **4** 日本産品に対するダンピング防止措置　(141)

第1章　ダンピング防止法の歴史と構成 ……………………………………………… 141
第1節　ダンピング防止法の歴史 ……………………………………………………… 141
- **1** 第2次大戦前の各国ダンピング防止法　(141)
- **2** GATTのダンピング防止ルール　(142)
- **3** ケネディー・ラウンド協定と東京ラウンド協定　(142)
- **4** ウルグアイ・ラウンド交渉とWTOダンピング防止協定　(142)

第2節　ダンピング防止法の構成 ……………………………………………………… 142
- **1** GATTダンピング防止法の構成　(142)
  - (1) GATT専門家グループ報告書　(142)
  - (2) GATTパネル事例　(143)
  - (3) GATTダンピング防止措置委員会の文書　(143)
- **2** WTOダンピング防止法の構成　(143)
  - (1) WTOダンピング防止協定　(143)
  - (2) GATT1994第6条　(143)
  - (3) WTOパネル報告　(143)

第2章　ダンピングのコンセプトと再検討 …………………………………………… 143
第1節　ダンピングのコンセプト ……………………………………………………… 143
- **1** 現行の概念　(143)
- **2** 非価格ダンピング　(143)
  - (1) ソーシャル・ダンピング (social dumping)　(143)
  - (2) 為替ダンピング (exchange dumping)　(143)
  - (3) サービス・ダンピング (service dumping) と運賃ダンピング (freight dumping)　(144)
  - (4) 環境ダンピング　(144)
- **3** 価格ダンピングの類型　(144)
  - (1) 国内経済法上のダンピング　(144)
  - (2) GATT/WTO上のダンピング　(144)
  - (3) GATT/WTOがカバーする多様な価格ダンピング　(144)
  - (4) 入札ダンピング　(145)
  - (5) 価格ダンピングに該当しないもの　(145)
  - (6) 価格ダンピングに該当するかどうかについて議論があるもの　(146)
  - (7) 日本独占禁止法の差別対価と不当廉売　(146)

第2節　ダンピングの再検討 …………………………………………………………… 148
- **1** 市場からみた見直し　(148)
  - (1) 非独占ダンピング　(148)
  - (2) 独占ダンピング　(148)
- **2** ダンピングの発生メカニズムからみた見直し　(148)
  - (1) 伝統的な考え　(148)
  - (2) ダンピングの発生メカニズムからみた批判的検討　(149)
- **3** 競争法からみた見直し　(149)
  - (1) 見直し論　(149)
  - (2) 見直し論の限界　(149)

第3章　ダンピング防止措置の要件 …………………………………………………… 150
第1節　3要件と公益テスト …………………………………………………………… 150
- **1** ダンピング・損害・因果関係の3要件　(150)
- **2** 公益条項　(151)
  - (1) WTO協定　(151)
  - (2) EUの公益条項　(151)

第2節　正常価額と輸出価格の算定 …………………………………………………… 151

1 正常価額の種類と優先順位　(151)
　(1) WTO協定　(151)
　(2) 米国法　(151)
　(3) EU法　(152)
2 第1優先の正常価額——通常の商取引の現実販売価格　(152)
　(1) 通常の商取引の現実販売価格とEUの単一経済体理論　(152)
　(2) EUの単一経済体理論と選択的正常価額　(152)
　(3) 輸出国内の販売量と5％ルール　(153)
　(4) 市場の特殊な状況　(154)
　(5) 輸出国での原価割れ販売と正常価額　(154)
　(6) 経費算定と正常価額　(155)
3 第2優先の正常価額——構成価額　(156)
　(1) WTO協定　(156)
　(2) 米国法　(157)
　(3) EU法　(157)
4 関連者の概念　(158)
　(1) WTO協定　(158)
　(2) 米国法　(158)
　(3) EC法　(159)
5 輸出価格　(159)
　(1) WTO協定　(159)
　(2) 米国・日本産熱延鋼事件と輸出価格の算定　(159)
第3節　価格比較・調整　………………………………………………… 160
1 価格の比較と調整　(160)
　(1) WTO協定　(160)
　(2) 米国法・EU法　(160)
　(3) 欧米の非対称的な経費控除とWTOルール　(160)
第4節　ダンピング価格差の算定　………………………………………… 161
1 WTO協定　(161)
　(1) 原則と例外　(161)
　(2) 協定規定の沈黙　(162)
　(3) ゼロ計算の概要　(162)
2 ECのゼロ計算とGATT　(162)
　(1) GATT時代のECダンピング防止基本規則　(162)
　(2) ECの慣行　(163)
　(3) 取引ごとの方式によるゼロ計算の問題点　(163)
　(4) EC司法裁判所のミニチュア・ボールベアリング判決　(163)
3 WTOとEUのゼロ計算　(164)
　(1) GATT時代のECモデル内段階ゼロ計算　(164)
　(2) WTO時代のEUモデル間段階ゼロ計算　(165)
　(3) インド産ベッド用品事件　(165)
　(4) EU法慣行とWTOダンピング防止協定の解釈　(166)
4 米国法　(166)
　(1) ゼロ計算　(166)
　(2) 米国当初調査のモデル内加重平均対加重平均方式と総合段階ゼロ計算方式　(167)
　(3) 取引対取引方式とゼロ計算　(167)
　(4) 加重平均対取引方式と米国のゼロ計算　(168)
　(5) 米国見直し手続のゼロ計算　(168)
　(6) 米国のゼロ計算政策と新しいWTOパネル手続　(169)
　(7) 総　括　(170)
5 米国のマルチ平均方式 (multiple averaging) と加重平均対加重平均方式　(170)
　(1) 事実関係　(170)

(2) パネルの判断　(170)
　6　為替レート　(171)
　　(1) WTO 協定　(171)
　　(2) 欧米法　(171)
　　(3) 為替レート規定の解釈　(171)
　7　僅少ダンピング価格差　(171)
　　(1) WTO 協定　(171)
　　(2) サンプリング　(171)
第5節　損害認定と因果関係……………………………………………172
　1　損害認定と損害価格差　(172)
　　(1) 損害認定　(172)
　　(2) EU の損害価格差　(173)
　　(3) アジア・ダンピング防止法と損害価格差　(174)
　2　因果関係　(174)
　　(1) 因果関係　(174)
　　(2) WTO と EC の事例　(174)
第4章　ダンピング防止手続と措置………………………………………175
　第1節　ダンピング防止手続……………………………………………175
　　1　調査申立と調査開始　(175)
　　　(1) 調査申立　(175)
　　　(2) 調査開始　(176)
　　2　措置の発動と見直し　(176)
　　　(1) 暫定措置の発動　(176)
　　　(2) 確定措置と約束　(176)
　　　(3) 確定措置の見直しと還付　(176)
　　　(4) 日本のダンピング防止措置と見直し　(177)
　第2節　ダンピング防止措置……………………………………………177
　　1　ダンピング防止措置の形態　(177)
　　2　ダンピング防止税の額　(177)
　　　(1) ダンピング価格差と低額課税方式　(177)
　　　(2) 課税形態　(178)
　第3節　非市場経済国に対するダンピング防止措置………………178
　　1　GATT と非市場経済国　(178)
　　　(1) 代替国方式による正常価額の算定　(178)
　　　(2) 一律の輸出価格と課税率　(178)
　　　(3) 正常価額の市場経済国扱いと輸出価格の個別扱い　(178)
　　2　WTO と中国加盟議定書　(179)
　　　(1) 正常価額の算定　(179)
　　　(2) 代替国規定の廃止　(179)
　　　(3) 輸入加盟国の非市場経済国規定の完全終了　(179)
　　　(4) 非市場経済国規定の部分的不適用　(179)
　　3　代替国方式と作業部会報告書　(179)
　　　(1) 中国の WTO 加盟作業部会報告書　(179)
　　4　中国の WTO 加盟後の展開　(180)
　　　(1) ASEAN 等による中国市場経済の承認　(180)
　　　(2) 他の非市場経済国に対するダンピング防止措置　(180)
第5章　ダンピング防止措置の司法審査と救済…………………………180
　第1節　GATT/WTO の司法審査………………………………………180
　　1　ダンピング防止法令の司法審査　(180)
　　　(1) 米国バード修正条項事件　(181)
　　　(2) 米国担保制度事件　(182)
　　2　ダンピング防止措置の司法審査　(182)

(1) WTOダンピング防止協定の審査基準　(182)
　　(2) パネルによる国家主権の尊重と紛争回避　(183)
　　(3) 国内救済完了の原則とパネル手続　(183)
　第2節　GATT/WTOの救済と実施 …………………………………………………… 184
　　1 GATT/WTOの一般的な救済とダンピング分野に固有の救済　(184)
　　2 違法ダンピング防止税とGATTの救済　(184)
　　(1) 違法な税の停止　(184)
　　(2) 違法な税の撤回と払戻し　(184)
　　(3) ダンピング認定の再検討　(185)
　　(4) ダンピング課税の見直し調査の開始　(186)
　　3 違法ダンピング防止税とWTOの救済　(186)
　　(1) 紛争解決了解の一般的な救済勧告　(186)
　　(2) パネル・上級委員会の勧告と勧告実施方法の示唆　(186)
　　(3) WTOの実行　(187)
　第3節　国内裁判所の救済 …………………………………………………………… 188
　　1 EC司法裁判所の救済　(188)
　　(1) WTO勧告の効果　(188)
　　(2) EC法に照らした救済　(188)
　　2 他のWTO加盟国　(188)

第6章　ダンピング防止措置の効果と見直し …………………………………………… 189
　第1節　ダンピング防止措置の効果 ………………………………………………… 189
　　1 ダンピング防止税の反競争的効果　(189)
　　2 ダンピング防止措置と輸入国国内産業の没落　(189)
　　3 日本産TVに対する米国ダンピング防止措置の経緯　(189)
　　(1) 日本製TVに対する米国1921年ダンピング防止法ケース　(189)
　　(2) 米国1916年法と反トラスト法手続　(190)
　第2節　WTOダンピング防止協定の見直し ………………………………………… 190

第7章　迂回防止措置 ……………………………………………………………………… 191
　第1節　迂回の概念と迂回防止規定 ………………………………………………… 191
　　1 迂回の概念と迂回防止措置　(191)
　　(1) 迂回の概念　(191)
　　(2) 迂回防止措置　(192)
　　2 迂回防止規定の沿革　(192)
　第2節　ECと米国の当初の迂回防止措置 …………………………………………… 192
　　1 ECの迂回防止措置　(192)
　　(1) 原産地規則に基づく第3国迂回防止措置　(192)
　　(2) 輸入国迂回と部品ダンピング規則　(193)
　　2 米国の包括通商法　(193)
　　(1) 輸入国迂回の防止措置　(193)
　　(2) 第3国迂回の防止と原産地判定　(193)
　　(3) 包括通商法の迂回防止規定　(193)
　　(4) 米国迂回防止規定の問題点　(194)
　第3節　迂回防止ルールをめぐるGATT交渉 ………………………………………… 195
　　1 米国のGATT提案　(195)
　　2 ダンケル・ドラフト　(196)
　　(1) 輸入国迂回の要件と防止措置　(196)
　　(2) 第3国迂回とcountry hoppingに対する措置　(197)
　　3 GATT交渉の決裂　(197)
　　(1) 米国の改正提案　(197)
　　(2) マラケシュ閣僚決定　(198)
　第4節　ECと米国の新迂回防止措置 ………………………………………………… 198
　　1 ECの新迂回防止措置　(198)

(1) 措置の導入理由　(198)
　　(2) 限定的迂回防止措置 (13条2)　(199)
　　(3) 包括的迂回防止措置 (13条1)　(199)
　　(4) 新規定の適用　(199)
　　(5) その他のEU迂回防止措置　(202)
　　(6) 関税分類による迂回防止措置とEU判例　(203)
　2 米国の新迂回防止措置　(204)
　　(1) 輸入国迂回に対する措置　(204)
　　(2) 第3国迂回に対する措置　(204)
　　(3) 主要改正点と問題点　(204)
　　(4) その他の迂回防止措置　(205)
　　(5) 実　行　(205)
第5節　迂回防止措置のWTO整合性とWTO交渉 …………………… 205
　1 迂回防止措置とWTOとの抵触　(205)
　　(1) 迂回防止規定のWTO整合性　(205)
　　(2) 迂回防止規定の適用措置とWTO整合性　(205)
　　(3) ダンピングされた産品と同種産品　(205)
　2 WTO迂回防止規定の交渉　(206)
　　(1) 迂回の概念と種類　(206)
　　(2) 迂回の認定要件　(207)
　　(3) 迂回防止措置　(207)

第8章　反 吸 収 税 ……………………………………………………… 208
第1節　旧規定の内容とGATT整合性 ……………………………… 208
　1 旧規定の背景と内容　(208)
　2 税吸収の形態　(208)
　3 税吸収の調査　(208)
　4 ECの実践　(209)
　5 旧規定のGATT整合性　(209)
第2節　新規定の内容とWTO整合性 ……………………………… 209
　1 新規定の内容　(209)
　2 新規定のWTO整合性　(210)

第5部　補助金相殺措置　(211)

［要約と視点］　(211)
　要　約　(211)
　　1 補助金と相殺関税　(211)
　　2 輸出国の補助金　(211)
　　3 救済手続　(211)
　視　点　(211)
　　1 補助金　(211)
　　2 GATTとWTOの規律　(211)
　　3 補助金の認定　(211)
　　4 相殺関税措置の発動国と被発動国　(211)
第1章　補助金の認定 ……………………………………………………… 212
第1節　財政的貢献または価格支持の存在 ……………………………… 212
　1 財政的貢献　(212)
　　(1) 資金移転または債務保証　(212)
　　(2) 税の減免　(212)
　　(3) 商品・サービスの提供　(213)
　　(4) 資金調達機関への支払または民間団体への助成委託　(213)

2 価格支持　(214)
　第2節　利　益……………………………………………………………………………214
　　　1 利益の付与　(214)
　　　2 民営化と利益の移転の有無　(214)
　第3節　特定性………………………………………………………………………………214
第2章　補助金の分類と救済措置………………………………………………………215
　第1節　赤の補助金と救済措置……………………………………………………………215
　　　1 赤の補助金の種類　(215)
　　　(1) 輸出補助金　(215)
　　　(2) ローカルコンテント補助金　(215)
　　　2 赤の補助金に対する救済手続　(215)
　　　(1) 多角的手続——特殊パネル手続と対抗措置　(215)
　　　(2) 一方的手続——相殺措置　(216)
　第2節　黄色の補助金………………………………………………………………………216
　　　1 黄色の補助金の禁止と種類　(216)
　　　(1) 3種類の黄色補助金　(216)
　　　(2) 重大損害補助金　(216)
　　　2 黄色の補助金に対する救済措置　(217)
　　　(1) 多角的手続——パネル手続と対抗措置　(217)
　　　(2) 一方的手続——相殺措置　(217)
　第3節　緑の補助金…………………………………………………………………………217
　　　1 緑の補助金の種類　(218)
　　　2 救済手続　(218)
　　　3 緑の補助金の失効　(218)
　第4節　市場経済移行国と開発途上国……………………………………………………218
　　　1 市場経済移行国　(218)
　　　(1) 市場経済移行国の補助金と猶予期間　(218)
　　　(2) 非市場経済国に対する相殺措置　(218)
　　　(3) ロシアと中国に対する相殺措置とWTOパネル手続　(218)
　　　2 開発途上国優遇条項　(219)
第3章　相　殺　措　置…………………………………………………………………220
　第1節　協定規定……………………………………………………………………………220
　　　1 手　続　(220)
　　　2 相殺関税　(220)
　　　3 約　束　(220)
　第2節　相殺関税の算定……………………………………………………………………220
　　　1 補助金額の算定方法　(220)
　　　2 損害価格差の算定方法　(220)
　第3節　相殺措置と因果関係………………………………………………………………221
　　　1 補助金つき輸入と損害の間の因果関係　(221)
　　　2 ECムカンド事件と因果関係　(221)
　　　(1) 事実関係　(221)
　　　(2) EC第1審裁判所の判決　(221)
　第4節　相殺関税の迂回防止措置…………………………………………………………222
　　　1 沿　革　(222)
　　　2 韓国DRAM補助金事件　(222)
第4章　WTOの事例……………………………………………………………………222
　第1節　減免税による補助金事件…………………………………………………………222
　　　1 輸入関税免除とカナダ自動車協定事件　(223)
　　　(1) 事実関係と争点　(223)
　　　(2) パネル報告書　(223)
　　　2 直接税免除と米国・外国販売会社税制事件　(223)

(1) 事実関係　(223)
　　(2) パネル・上級委員会報告　(224)
　　(3) 勧告の実施と報復措置　(224)
　第2節　民営化後の相殺措置事例…………………………………………………………………… 224
　　1　米国・有鉛棒鋼相殺関税事件　(224)
　　(1) 事実関係　(224)
　　(2) パネルと上級委員会の判断　(224)
　　(3) 民営化の経緯　(225)
　　(4) 米国商務省の移転理論と補助金算定　(225)
　　2　米国・EC産鉄鋼製品補助金事件　(226)
　　(1) 事実関係　(226)
　　(2) 民営化と米国商務省の補助金認定方法　(226)
　　(3) パネルと上級委員会の判断　(226)
　第3節　ブラジルとカナダの航空機事件………………………………………………………… 227
　　1　輸入者に対する輸出補助金とブラジル航空機事件　(227)
　　(1) 事実関係　(227)
　　(2) 原審査段階のパネル・上級委員会報告　(228)
　　(3) 実施審査段階のパネル・上級委員会報告　(229)
　　(4) 報復措置の申請と許可　(229)
　　(5) 2回目の実施審査　(229)
　　2　カナダ航空機事件Ⅰ・Ⅱ　(229)
　　(1) カナダ航空機事件Ⅰ　(229)
　　(2) カナダ航空機事件Ⅱ　(230)
　第4節　米国・カナダ産木材事件……………………………………………………………………… 230
　　1　第1次紛争：米国の相殺措置調査と不賦課（1982—83年）　(230)
　　2　第2次紛争：GATTパネル・木材事件Ⅰ　(230)
　　3　第3次紛争：GATTパネル・木材事件Ⅱ　(230)
　　4　第4次紛争：1996年輸出自主規制協定　(231)
　　5　第5次紛争：米加WTOパネル事件Ⅲ・Ⅳ・Ⅵ　(231)
　　(1) 米国・カナダ産木材事件Ⅲ　(231)
　　(2) 米国・カナダ産木材事件Ⅳ　(231)
　　(3) 米国・カナダ産木材事件Ⅵ　(231)
　　(4) 2006年合意と仲裁　(231)
　第5節　サンセット見直しのための補助金僅少基準に関する事例……………………… 231
　　1　背　景　(231)
　　2　サンセット見直しに僅少基準は適用されるか　(232)
　　(1) パネル判断　(232)
　　(2) 上級委員会判断　(232)
　第6節　EUエアバス事件Ⅰと米国ボーイング事件…………………………………………… 232
　　1　EUエアバス事件Ⅰ　(232)
　　(1) 事実関係　(233)
　　(2) パネル・上級委員会判断　(233)
　　2　米国ボーイング事件Ⅱ　(235)
　　(1) 事実関係　(235)
　　(2) パネル判断　(235)
第5章　WTO相殺措置協定の見直し…………………………………………………………… 236
　第1節　見直しの背景………………………………………………………………………………………… 236
　　1　信号方式の部分的変更　(236)
　　2　審査基準　(236)
　　3　相殺措置と反競争的効果　(236)
　第2節　各国の見直し提案…………………………………………………………………………………… 236
　第3節　相殺関税とダンピング防止税の同時賦課………………………………………………… 236

- **1** EUの慣行 (237)
  - (1) 対トルコ措置 (237)
  - (2) 対米バイオ燃料ダンピング防止税・相殺関税 (237)
- **2** 米国の対中確定ダンピング防止税と相殺関税 (237)

第6部 セーフガード措置 (239)

[要約と視点] (239)

要　約 (239)
- **1** 緊急輸入制限としてのセーフガード措置 (239)
- **2** GATT時代の輸出自主規制とWTOセーフガード協定 (239)

視　点 (239)
- **1** WTO紛争解決事例 (239)
- **2** セーフガード措置と対抗措置の反競争的効果 (239)
- **3** セーフガード措置の発動国 (239)
- **4** 実　践 (239)

第1章　GATTのセーフガード規定と輸出自主規制 … 240

第1節　輸出自主規制の援用 … 240
- **1** 輸入国がセーフガード措置を回避し輸出国に輸出自主規制を要請した理由 (240)
  - (1) セーフガード措置の無差別適用原則 (240)
  - (2) セーフガード措置のための損害認定 (240)
  - (3) セーフガード措置にあたっての補償の提供と対抗措置 (240)
- **2** 輸出国が輸出自主規制の要請を応諾した理由 (240)
  - (1) 次善の策としての輸出自主規制 (240)
  - (2) 一方的輸入規制の貿易制限効果 (240)
  - (3) 輸出自主規制の地代収入 (241)
  - (4) 輸出国政府の裁量 (241)
- **3** セーフガード措置の代わりにダンピング防止措置が援用された理由 (241)

第2節　GATT時代の輸出自主規制の概念と蔓延 … 241
- **1** 概　念 (241)
  - (1) 通商摩擦の回避を目的とすること (241)
  - (2) 輸入国の要請におうじて設定されること (241)
  - (3) 政府または業界が設定する輸出規制 (241)
  - (4) 輸出規制の形態とGATT整合性 (241)
- **2** 輸出自主規制の歴史 (242)
  - (1) 戦前の日本製綿製品輸出自主規制措置 (242)
  - (2) GATT体制と輸出自主規制の蔓延 (242)
  - (3) 世界貿易と輸出規制 (242)

第3節　輸出自主規制とGATT … 242

第4節　輸出自主規制の功罪 … 243
- **1** 輸出自主規制の迂回 (243)
  - (1) 品質向上迂回 (quality-upgrading-circumvention) (243)
  - (2) 輸入国での完成車組立による迂回 (importing-country circumvention) (243)
  - (3) 第3国での完成車組立による迂回 (third-country circumvention) (243)
- **2** 輸出自主規制の効果 (243)

第2章　WTOセーフガード協定の内容 … 243

第1節　セーフガード措置の種類 … 243
- **1** WTO体制のセーフガード措置 (243)
  - (1) WTOセーフガード協定に規定された一般セーフガード措置 (general safeguard measures) (243)
  - (2) 特定産品のための特別セーフガード措置 (special safeguard measures) (243)
  - (3) 対中特別セーフガード措置 (243)

(4) 特恵上のセーフガード措置　(243)
　2 日本法令のセーフガード措置　(244)
　　(1) 一般セーフガード措置　(244)
　　(2) 繊維セーフガード　(244)
　　(3) 農業特別セーフガード　(244)
　　(4) 対中経過的セーフガード措置　(244)
　　(5) 特恵関係のセーフガード措置　(244)
　　(6) 一般特恵関税上のセーフガード措置　(244)
　第2節　WTOセーフガード協定の骨格……………………………………………………… 244
　1 要件に合致したセーフガード措置のみの許容　(244)
　2 セーフガード措置以外の輸出入制限措置の禁止　(244)
　　(1) 違法措置の要請・導入・維持の禁止　(244)
　　(2) 既存の違法措置の廃止　(244)
　3 民間輸出規制の奨励・支持の禁止　(245)
第3章　WTO協定に基づくセーフガード措置の発動……………………………………… 245
　第1節　セーフガード措置の発動要件……………………………………………………… 245
　1 輸入の急増　(245)
　　(1) 輸入の増加　(245)
　　(2) 事情の予見されなかった発展の結果としての輸入増加　(246)
　2 損害の発生　(246)
　　(1) 重大な損害　(246)
　　(2) 輸入品と同種産品または直接競合産品の輸入国国内産業　(246)
　3 因果関係　(247)
　4 必要性　(247)
　第2節　セーフガード措置……………………………………………………………………… 247
　1 手　続　(247)
　2 関税措置と数量制限　(248)
　　(1) 関税措置　(248)
　　(2) 数量制限　(248)
　　(3) 措置の期間と自由化　(248)
　第3節　補償と対抗措置………………………………………………………………………… 248
　1 GATTが定めた対抗措置　(249)
　　(1) 確定セーフガード措置および事前の協議ののちとられる暫定セーフガード措置に対する差別
　　　的対抗措置　(249)
　　(2) 暫定セーフガード措置に対する無差別対抗措置　(249)
　2 WTOセーフガード協定が定める対抗措置　(249)
　　(1) 差別的対抗措置　(249)
　　(2) 対抗措置のモラトリアム　(249)
　　(3) 暫定セーフガード措置に対する無差別対抗措置　(251)
第4章　主要国のセーフガード措置…………………………………………………………… 251
　第1節　日本の農産品暫定セーフガード措置と中国の対抗措置…………………………… 252
　1 日本の農産品暫定セーフガード措置　(252)
　2 中国の対日対抗措置　(252)
　3 日中覚書による解決と競争制限　(252)
　第2節　主要国のセーフガード措置…………………………………………………………… 253
　1 インドのセーフガード措置　(253)
　　(1) 緊急関税の算定方法　(253)
　　(2) 措置緩和原則　(253)
　　(3) 公益テストに基づく調査終了　(253)
　2 米国のセーフガード措置　(253)
　　(1) GATT時代のセーフガード措置　(253)
　　(2) WTO敗訴例　(253)

(3) 米国鉄鋼セーフガード事件　(253)
(4) 対中差別セーフガード措置　(254)
　3　EUのセーフガード措置　(255)
(1) EUセーフガード措置法　(255)
(2) 鉄鋼暫定セーフガード措置事件　(255)
(3) EU対抗措置事件　(255)
　4　中国のセーフガード措置　(255)

第7部　原産地規則　(257)

[要約と視点]　(257)
　要　約　(257)
　　1　原産地規則の概念と種類　(257)
　　2　非特恵関係の原産地規則　(257)
　　3　特恵関係の原産地規則　(257)
　　4　原産地表示　(257)
　視　点　(257)
　　1　非特恵原産地規則の通商政策的運用と国際的調和　(257)
　　2　特恵原産地規則の産業政策目的　(257)
　　3　日本企業とFTA原産地規則　(257)
　　4　特恵制度の形骸化と非特恵原産地規則の重要性　(257)
　　5　原産地表示とWTOとの抵触問題　(258)
第1章　非特恵原産地規則 258
　第1節　非特恵原産地規則の目的と問題点 258
　　1　非特恵・原産地規則の目的　(258)
　　2　非特恵・原産地規則の問題点　(258)
　　3　完全生産基準と実質的変更基準　(258)
　　　(1) 基本2基準　(258)
　　　(2) 実質的変更の目安　(259)
　　4　各国原産地決定基準のバラツキ　(259)
　　5　EU原産地規則の内容・慣行・判例法　(259)
　　　(1) 内　容　(259)
　　　(2) 慣　行　(261)
　　　(3) 判例法　(261)
　　6　米国原産地規則の内容・慣行・判例法　(263)
　　　(1) 概　要　(263)
　　　(2) 内　容　(263)
　　　(3) 関税法上の原産地規則　(266)
　　　(4) 通商規制のための原産地規則運用　(267)
　　　(5) NAFTA非特恵原産地表示規則　(267)
　　7　日本原産地規則の内容・慣行・判例法　(268)
　　　(1) 関税法上の原産地規則　(268)
　　　(2) 通商法上の原産地規則　(269)
　　　(3) 競争法上の原産地規則　(270)
　　　(4) 適用慣行　(270)
　　8　時計に関するスイスと香港の原産地規則　(271)
　　　(1) スイスの原産地規則　(271)
　　9　原産地証明と検査制度　(272)
　　　(1) 2種類の証明制度　(272)
　　　(2) 証明書の検査制度　(273)
　　　(3) OLAFの独自性と権限　(273)

第2節 非特恵原産地規則の国際的調和とWTO協定 …… 274
1 WTO原産地規則協定の骨子 (274)
(1) 原産地規則の国際的調和と手続 (274)
(2) 調和手続 (274)
(3) 原産地規則に関する規律 (274)
2 原産地規則の調和作業のスケジュールと調和基準 (275)
(1) 調和作業のスケジュール (275)
(2) 調和基準 (275)

第3節 原産地規則の調和作業の動向と各国提案 …… 276
1 WCOとWTOでの調和作業 (276)
2 調和作業の争点 (276)
3 将来の調和原産地規則 (276)
4 2007年6月以降現在にいたるまで，WTO原産地規則委員会の議長提案は妥結をみていない。非特恵原産地規則の交渉が開始されて十数年をへた現在の課題を整理しておきたい。 (277)
(1) 議長提案の評価 (277)
(2) 議長提案が採択された場合のメリット・デメリット (277)
(3) 議長提案が採択されない場合のメリット・デメリット (277)
(4) 対策 (278)

第4節 調和原産地規則案の概要 …… 278
1 調和原産地規則の位置付け (279)
2 調和原産地決定基準の適用順位 (279)
3 1次的ルールの原産地決定・適用順位 (279)
(1) 自然・未加工状態/特定生産工程ルール (279)
(2) 1次的ルール (primary rule) の適用順位 (280)
(3) 直前加工国ルール (280)
4 2次的ルールの原産地決定・適用順位 (280)
(1) 5 parts rule (280)
(2) 新機能ルール (280)
(3) 4 plus 1 ルール (280)
(4) 単一国材料ルール (280)
(5) 複数国材料ルール (281)
5 横断的原産地決定ルール (282)
(1) 組み立てられていない状態の部品集合 (collection of parts without assemblying them) の原産地決定方法 (282)
(2) 一括輸入される部品の組立 (Assembly of unassembled components) の場合の原産地決定方法 (282)
(3) blankからの完成品の加工製造に関する原産地決定方法 (282)
(4) 未完成品 (blank以外の未完成品) からの完成品の製造に関する原産地決定方法 (282)
(5) 付加価値の計算方法 (282)
6 主要産品に関する調和原産地規則案 (282)
(1) 最終生産基準・最終生産プラス部材製造基準・付加価値基準の対立 (282)
(2) 最終生産基準と付加価値基準の対立 (282)
(3) 最終生産基準と部材生産基準の対立 (282)
(4) 部材生産基準と付加価値基準の対立 (283)
(5) 繊維衣服に関する基準の対立 (285)

第5節 影響問題の詳細 …… 286
1 影響問題の概要 (286)
2 インプリケーションの検討方法 (286)
(1) 主要なWTO協定からみたインプリケーションの検討 (286)
(2) 生産段階基準からみたインプリケーションの検討 (286)
3 生産段階基準からみたインプリケーション問題 (286)
(1) 最終生産基準のインプリケーション (286)

          (2) 部材生産基準のインプリケーション　(287)
          (3) 最終生産プラス部材生産基準のインプリケーション　(287)
          (4) 付加価値基準のインプリケーション　(288)
          (5) 2次的ルールに関するインプリケーション　(288)
       4 WTO 諸協定ごとにみたインプリケーション　(288)
          (1) WTO ダンピング防止協定と補助金相殺関税協定へのインプリケーション　(288)
          (2) WTO 繊維協定へのインプリケーション　(289)
          (3) WTO セーフガード協定へのインプリケーション　(289)
          (4) 政府調達協定へのインプリケーション　(289)
          (5) GATT 規定へのインプリケーション　(290)
          (6) その他諸協定へのインプリケーション　(290)
       5 新分野へのインプリケーション　(291)
          (1) 法律上の迂回防止措置が交渉されている間の問題　(291)
          (2) 法律上の調和迂回防止措置の交渉が妥結するときの問題　(291)
       6 主要国ごとにみたインプリケーション　(291)
          (1) EU からみたインプリケーション　(291)
          (2) 米国からみたインプリケーション　(292)
          (3) 日本からみたインプリケーション　(292)
       7 結　論　(293)
          (1) 有害インプリケーションの克服　(293)
          (2) 調和原産地規則の再検討　(293)
    第6節　全体設計の詳細…………………………………………………………… 293
       1 概　要　(293)
       2 調和原産地規則の適用範囲　(293)
       3 1次的ルール　(293)
          (1) trace back 方式　(293)
          (2) non-trace back 方式　(294)
       4 2次的ルール　(294)
          (1) 米国提案　(294)
          (2) 他の提案　(295)
       5 各国の現行原産地規則のなかの2次的ルール　(298)
       6 補足ルール　(298)
          (1) デミニミス・ルール（de minimis rule）　(298)
          (2) 中間財ルール（intermediate materials）　(299)
          (3) 代替可能産品ルール（fungible goods and materials）　(299)
第2章　特恵原産地規則………………………………………………………………… 300
    第1節　WTO 協定の附属書…………………………………………………………… 300
    第2節　GSP 原産地規則……………………………………………………………… 300
       1 主要国の GSP 原産地規則　(300)
          (1) GSP 原産地規則　(300)
          (2) 追加的特恵制度の原産地規則　(300)
       2 日本の GSP 特恵関税と原産地規則　(301)
          (1) 特恵受益品目　(301)
          (2) 特恵原産地規則　(301)
          (3) 特恵供与の停止　(302)
          (4) 日本 GSP 特恵の受益国　(302)
    第3節　FTA 原産地規則……………………………………………………………… 303
       1 FTA 原産地規則の特色　(303)
          (1) FTA 原産地規則の厳格性　(303)
          (2) 関税同盟との比較　(303)
          (3) 旧 EC トルコ関税同盟　(303)
       2 FTA 原産地規則の厳格基準　(303)

(1) 厳格な原産地決定基準　(304)
　(2) 主要FTAの原産地決定基準　(304)
　(3) 付加価値の概念　(306)
　(4) 付加価値の計算方式　(306)
　(5) 中間部材の付加価値計算　(307)
 3 FTA厳格基準を緩和するための累積基準　(308)
　(1) 累積基準の必要性　(308)
　(2) 累積基準の種類　(308)
　(3) 第3国累積の禁止　(309)
 4 厳格な関税番号変更基準を緩和するための寛容基準　(310)
　(1) 寛容テストの内容　(310)
　(2) 寛容テストの適用　(310)
　(3) NAFTAの関税番号変更基準と寛容ルール　(311)
 5 域外加工ルールの厳格適用と例外　(311)
　(1) 初期のルール　(311)
　(2) 米国・シンガポールFTAの統合部材調達制度　(312)
　(3) 韓国FTAのケソン工業団地規定　(312)
 6 その他ルール　(313)
　(1) 還付の可否　(313)
　(2) 直接輸送原則　(314)
第4節　特恵原産証明と検査制度……………………………………………314
 1 CCC京都規約附属書の一般ルール　(314)
　(1) 附属書D.2の原産地証明ルール　(314)
　(2) 附属書D.3の証明検査ルール　(314)
 2 欧州協定の特恵原産証明・検査制度　(315)
 3 NAFTAの特恵原産証明・検査制度　(316)
　(1) 概　要　(316)
　(2) ホンダ事件　(316)
　(3) NAFTA自動車企業の特恵原産証明に対する立入検査　(317)
 4 ASEANの原産証明検査制度　(317)
　(1) AFTAの非特恵・特恵原産地規則と証明・検査　(317)
　(2) AFTA特恵原産地規則と機関　(317)
　(3) 旧AFTA-CEPT原産証明制度　(318)
　(4) 新ASEAN-ATIGA原産証明制度　(319)
　(5) その他協定の特恵原産証明・検査制度　(319)
　(6) 政府証明と認証輸出者証明　(319)
 5 罰　則　(319)
　(1) NAFTAの罰則　(319)
　(2) 汎欧州協定の罰則　(320)
　(3) AFTAの罰則　(320)
　(4) 日本の罰則　(321)
第5節　日本が締結したFTAの原産地規則……………………………………321
 1 ASEAN（東南アジア諸国連合）地域との8協定　(321)
 2 アジア・太平洋諸国との1協定　(321)
 3 中南米諸国との3協定　(321)
 4 欧州との1協定　(321)
第6節　総　括………………………………………………………………321
 1 関税同盟の総括　(321)
　(1) EUの変遷　(321)
　(2) 中東欧関連関税同盟　(322)
　(3) 湾岸関連関税同盟　(322)
　(4) アフリカ関連関税同盟　(322)

(5) ラテンアメリカ関連関税同盟　(322)
　　2 FTA 原産地規則の総括　(322)
　　　(1) EU 関連 FTA の原産地決定基準　(323)
　　　(2) EFTA 関連 FTA の原産地決定基準　(323)
　　　(3) ユーラシア中東欧露関連 FTA の原産地決定基準　(323)
　　3 アジア関連 FTA の原産地決定基準　(323)
　　　(1) ASEAN　(323)
　　4 NAFTA 関連 FTA の原産地決定基準　(324)
　　5 南米関連関連 FTA の原産地決定基準　(324)
　　6 太平洋関連 FTA の原産地決定基準　(324)
　　7 アフリカ関連 FTA の原産地決定基準　(324)
　　8 途上国関連 FTA の原産地決定基準　(324)
　第7節　FTA 原産地規則の争点 ·· 324
　　1 域内特恵品目の範囲　(324)
　　2 域内特恵関税の導入スケジュール　(324)
　　3 特恵原産地規則　(324)
　　4 WTO 整合性　(324)
第3章　原産地表示 ··· 325
　第1節　原産地表示に関する国際規定 ·· 325
　　1 WTO 規定　(325)
　　　(1) GATT 規定　(325)
　　　(2) WTO スタンダード協定　(325)
　　　(3) TRIPs 協定　(325)
　　2 WIPO 関連規則　(325)
　　　(1) 虚偽の原産地表示に関するマドリッド協定　(325)
　　　(2) 工業所有権の保護に関するパリ条約　(326)
　　3 国際任意規格　(326)
　　4 WTO 紛争解決事例　(326)
　第2節　主要国の原産地表示ルール ·· 326
　　1 米国法令　(326)
　　2 カナダ法　(327)
　　3 EU 法令　(327)
　　　(1) 域内貿易　(327)
　　　(2) 対外貿易　(327)
　　4 日本の原産地表示ルール　(328)
　　　(1) 3種類のルール　(328)
　　　(2) 例外的に原産地表示を義務づける法律　(329)

第8部　農業貿易と繊維貿易　(331)

［要約と視点］　(331)
　要　約　(331)
　　1 農業貿易　(331)
　　2 繊維貿易　(331)
　視　点　(331)
　　1 妥協の産物　(331)
　　2 産業の特性　(332)
　　3 日本の農業・繊維政策と WTO 協定　(332)
　　4 農業と非貿易的関心事項　(332)
第1章　農業協定 ··· 332
　第1節　ウルグアイ・ラウンド交渉までの問題点 ····································· 332

1 農業貿易に関する既存 GATT 規定の不備　(332)
　　　(1) 農水産物の数量制限　(332)
　　　(2) 農水産物の輸出補助金　(333)
　　2 輸入制限　(333)
　　　(1) 日本の非関税措置　(333)
　　　(2) EU の課徴金制度と輸入数量制限　(333)
　　　(3) 米国の輸入制限　(333)
　　3 国内支持　(333)
　　4 輸出補助金　(334)
　第2節　WTO 農業協定 ……………………………………………………………… 334
　　1 協定の適用対象と骨格　(334)
　　　(1) 適用対象　(334)
　　　(2) 骨格　(334)
　　2 市場アクセス（Market access）　(334)
　　　(1) 既存の関税化品目の関税引下げと牛肉セーフガード措置　(334)
　　　(2) あらたな関税化品目の関税引下げ・アクセス機会・セーフガード措置　(335)
　　　(3) 日本の農産物関税制度　(335)
　　3 関税化の原則と例外　(336)
　　　(1) 非関税措置の廃止と関税化　(336)
　　　(2) 関税化品目のための関税相当量　(336)
　　　(3) 関税相当量の削減　(336)
　　　(4) アクセス機会　(336)
　　　(5) 関税化品目に関する特別セーフガード措置　(337)
　　　(6) 関税化原則に対する例外　(338)
　　4 国内補助金　(339)
　　　(1) 削減対象となる国内補助金の計算　(339)
　　　(2) 削減義務　(340)
　　　(3) ドーハ新ラウンド香港閣僚会議　(340)
　　5 輸出補助金　(340)
　　　(1) 既存の輸出補助金の部分的削減　(340)
　　　(2) 輸出補助金の新設の禁止　(341)
　　　(3) 迂回の禁止　(341)
　　6 米国外国販売会社事件と農業輸出補助金　(342)
　　　(1) 事実関係　(342)
　　　(2) パネル・上級委員会報告　(342)
　　7 カナダ牛乳事件と農業輸出補助金　(343)
　　　(1) 事実関係　(343)
　　　(2) 原審査段階のパネル・上級委員会報告　(343)
　　　(3) 実施審査段階のパネル・上級委員会報告　(344)
　　8 農業協定上の補助金の概念　(345)
　　9 平和条項　(345)
　第3節　日本の国家貿易と価格支持 ………………………………………………… 345
　　1 穀物の国家貿易と価格支持　(346)
　　　(1) 米の国家貿易　(346)
　　　(2) 小麦・大麦の輸入　(346)
　　2 生糸の輸入　(346)
　　　(1) 旧事業団の一元輸入・国家貿易　(346)
　　　(2) 生糸輸入調整法に基づく民間輸入　(346)
　　3 砂糖の輸入　(347)
　　4 バター・粉乳・普通牛乳の輸入　(347)
　　5 農産物の輸出入手続　(348)
　　　(1) 輸入と国家貿易　(348)

(2) 輸出と国家貿易　(349)
　第4節　新ラウンドとFTA ……………………………………………………… 349
　　1 ドーハ開発ラウンドと農業　(349)
　　2 FTAと農業　(349)
第2章　繊維貿易 ……………………………………………………………………… 349
　第1節　繊維貿易規制の歴史 …………………………………………………… 349
　　1 GATT時代の繊維貿易　(350)
　　(1) 輸出自主規制　(350)
　　(2) 綿織物取決め　(350)
　　(3) 多角繊維取決め（MFA）　(350)
　　2 WTO繊維協定と繊維貿易のGATT統合　(351)
　　3 中国のWTO加盟作業部会報告と対中繊維セーフガード措置　(351)
　第2節　WTO繊維協定の内容 ………………………………………………… 351
　　1 MFA対象品目のGATTへの段階的統合　(351)
　　2 MFA対象品目のためのセーフガード措置　(351)
　　(1) GATT統合品目と一般セーフガード措置　(351)
　　(2) GATT未統合品目と経過的セーフガード措置　(351)
　　3 残存MFA規制の存続　(352)
　　4 MFA一方的措置の扱い　(352)
　　5 非MFA品目についての規制　(352)
　第3節　対中繊維特別セーフガード措置 ……………………………………… 353
　　1 米中合意と中国のWTO加盟作業部会報告　(353)
　　2 中国の輸出自主規制　(353)
　　3 経済産業省の規程　(353)
　　4 対中繊維特別セーフガード措置　(353)
　第4節　日本の繊維規制 ………………………………………………………… 353
　　1 GATT統合スケジュール　(353)
　　2 綿糸・綿織物事件　(353)
　　(1) GATT時代の韓国綿糸事件　(353)
　　(2) パキスタン産綿糸事件　(353)
　　(3) 中国産綿織物事件　(353)
　　(4) 中国産タオル事件　(354)
　　(5) 韓国・台湾産ポリエステル短繊維事件　(354)

第9部　サービス貿易　(355)

［要約と視点］　(355)
　要　約　(355)
　　1 GATSの導入　(355)
　　2 GATSの内容　(355)
　　(1) サービス貿易の類型　(355)
　　(2) GATSの適用対象　(355)
　　(3) 無差別原則（最恵国待遇と内国民待遇）と自由化　(355)
　　(4) 紛争解決　(355)
　　3 分野別サービス交渉と第4・第5議定書　(355)
　　(1) 金融サービス市場の自由化と第5議定書　(355)
　　(2) 電気通信サービス市場の自由化と第4議定書　(355)
　視　点　(355)
　　1 サービス産業　(355)
　　2 サービス貿易と自由化　(356)
　　3 新ラウンド交渉　(356)

（詳細）目　次

第1章　WTOサービス貿易協定の内容 …………………………………………………… 356
第1節　サービス貿易の類型と手段 …………………………………………………… 356
1 サービス貿易の類型　(356)
- (1) 第1モード　(356)
- (2) 第2モード　(357)
- (3) 第3モード　(357)
- (4) 第4モード　(357)

2 サービスの提供手段とGATSの技術中立性　(357)
- (1) サービスの提供手段　(357)
- (2) GATSの技術中立性　(357)

3 デジタル・コンテンツの分類　(358)

第2節　サービス貿易の規律 …………………………………………………………… 358
1 適用対象と構成　(358)
- (1) 適用対象　(358)
- (2) 構　成　(358)

2 GATSの規律　(358)
- (1) GATTよりも緩やかな規律　(358)
- (2) GATTとGATSの重複適用　(359)

3 加盟国の規律適用対象と原産地問題　(359)
- (1) サービスの原産地　(359)
- (2) サービス提供者の原産地　(359)
- (3) サービス提供拠点の原産地　(360)

第3節　サービス貿易と最恵国待遇原則 ……………………………………………… 360
1 最恵国待遇原則　(360)
- (1) 無条件の最恵国待遇　(360)
- (2) 差別の2形態　(361)

2 最恵国待遇原則に対する例外　(361)
- (1) 免除登録　(361)
- (2) 義務免除　(361)
- (3) 地域統合例外　(361)
- (4) 労働市場統合協定　(362)
- (5) 政府調達　(362)
- (6) 相互承認協定　(362)

第4節　サービス貿易と内国民待遇原則・市場アクセス ……………………………… 363
1 特別約束表　(363)
- (1) 約束表の内容と役割　(363)
- (2) 約束表による漸進的自由化　(363)
- (3) 約束表の解釈ノート　(363)

2 市場アクセス　(363)
- (1) 市場アクセスの制限　(363)
- (2) 事　例　(363)

3 内国民待遇　(364)
- (1) 内国民待遇と逆差別　(364)
- (2) 法的差別と事実上の差別　(364)

4 国内規制と資格承認　(364)
- (1) 国内規制　(364)
- (2) 資格承認　(365)

5 セーフガード　(365)

6 約束表の修正撤回と補償的調整　(365)

第5節　紛争解決 ………………………………………………………………………… 366
1 違反申立と非違反申立　(366)

2 報復措置　(366)

(詳細)目　次

第2章　WTOの分野別サービス交渉と第4・第5議定書 …… 366
第1節　金融サービス市場の自由化交渉と第5議定書 …… 366
- **1** 継続交渉　(366)
- **2** 第5議定書　(366)
  - (1) 発効　(366)
  - (2) 内容と課題　(366)
- **3** 日米保険協議と第5議定書　(367)
  - (1) 日米保険協議の開始と94年の激変緩和措置　(367)
  - (2) 1996年合意　(367)
  - (3) 第5議定書の約束表への日米保険協議結果の挿入　(368)
- **4** 日本保険市場の自由化　(368)
  - (1) 4大生保時代　(368)
  - (2) 日本郵政公社の民営化と郵貯・簡保　(368)

第2節　電気通信サービス市場の自由化と第4議定書 …… 368
- **1** 継続交渉　(368)
- **2** 第4議定書の参照文書　(369)
  - (1) 参照文書の規律　(369)
  - (2) 参照文書の競争ルール　(369)
  - (3) 私的当事者のための救済手続　(370)
  - (4) 国家間の紛争解決手続　(370)
  - (5) 参照文書とWTO競争協定　(371)

第3節　その他サービス市場の自由化 …… 371
- **1** 自由職業　(371)
  - (1) 弁護士業務に関する日本の約束表　(371)
  - (2) 米国の対日批判　(372)
- **2** 教育健康社会サービス　(372)
- **3** 郵便配達サービス　(372)
- **4** スポーツ賭博サービス　(372)

第10部　知的所有権　(373)

[要約と視点]　(373)
- 要　約　(373)
  - **1** WIPOとWTOのルール　(373)
  - **2** WIPO所管ルール　(373)
  - **3** TRIPS協定の内容　(373)
    - (1) 協定の実施義務　(373)
    - (2) 無差別原則　(373)
    - (3) 権利消尽　(373)
    - (4) 知的所有権の取得・範囲・使用　(373)
    - (5) 知的所有権侵害に対する救済手続と経過規定　(373)
    - (6) 紛争解決　(373)
- 視　点　(374)
  - **1** 知的所有権ビジネス　(374)
  - **2** 国家と企業の戦略　(374)
  - **3** 南北対立と特許の強制実施　(374)
  - **4** 主要国特許法の相違　(374)
  - **5** FTAのWTOプラス・アプローチ　(374)
  - **6** 現行法の構造　(374)

第1章　知的所有権法の体系 …… 374
第1節　日本法 …… 374

国際経済法

         1 知的所有権法　(374)
           (1) 創作を保護する法律　(375)
           (2) 営業上の信用を保護する法律　(375)
         2 不正競争防止法　(375)
           (1) 不正競争行為と救済　(375)
           (2) 知的所有権法と不正競争防止法　(376)
           (3) 知的所有権の範囲　(376)
     第2節　WIPO の知的所有権条約 …………………………………………………… 376
           (1) WIPO の歴史と発展　(376)
           (2) 著作権関連条約　(377)
           (3) 工業所有権パリ条約　(377)
           (4) 特許法条約（Patent Law Treaty. PLT）　(378)
           (5) 商標・標章関連条約　(378)
           (6) 虚偽・誤認原産地表示防止マドリッド協定と標章国際登録マドリッド協定議定書　(378)
           (7) WIPO 新模倣防止条約案　(378)
           (8) インターネット時代の WIPO 条約　(378)
           (9) 国際登録制度とサービスに関する8条約　(379)
           (10) 工業所有権の分類に関する4条約　(380)
           (11) WIPO 仲裁調停センター　(380)
           (12) TRIPS 協定との関係　(381)
  第2章　知的所有権と GATT/WTO ……………………………………………………… 381
     第1節　知的所有権と貿易 ………………………………………………………………… 381
         1 知的所有権法の政策的運用と市場アクセス制限　(381)
           (1) 物質特許の否定と市場アクセス制限　(381)
           (2) 特許権の均等論と市場アクセス　(381)
           (3) 新技術に関する広い特許と市場アクセス　(382)
         2 知的所有権侵害商品の貿易と有害効果　(382)
           (1) 輸入国の知的所有権法にあたえる損害　(382)
           (2) 知的所有権の保護国の貿易上の利益に対する損失　(382)
           (3) 有害効果の存続　(382)
     第2節　知的所有権と GATT/WTO 規定 ………………………………………………… 382
         1 GATT 規定と東京ラウンド交渉　(382)
           (1) GATT 規定　(382)
           (2) 東京ラウンド交渉　(382)
         2 ウルグアイ・ラウンド交渉　(382)
           (1) 南北対立　(383)
           (2) 米国固有の問題　(383)
         3 紛争解決手続　(383)
  第3章　TRIPS 協定の内容 ……………………………………………………………… 383
     第1節　協定義務 ………………………………………………………………………… 383
         1 協定の実施義務　(383)
         2 既存条約プラス・アプローチ　(384)
         3 TRIPS 協定と私企業　(384)
     第2節　無差別原則 ……………………………………………………………………… 384
         1 内国民待遇原則　(384)
           (1) 同等待遇と逆差別　(384)
           (2) GATT の内国民待遇原則との相違　(384)
           (3) 米国特許判例ヒルマー理論の扱い　(385)
           (4) 内国民待遇原則に対する例外　(385)
         2 最恵国待遇　(385)
           (1) GATT 時代の2国間協定　(385)
           (2) TRIPS 協定の最恵国待遇原則　(386)

(3) 最恵国待遇原則の効果　(386)
　(4) 最恵国待遇原則の例外とFTA　(386)
　(5) ハバナクラブ商標事件と無差別原則　(386)
第3節　権利消尽 …………………………………………………………………… 387
　1　知的所有権の国際的消尽　(387)
　2　TRIPS協定と国際的消尽　(388)
　(1) 国際消尽　(388)
　(2) 2件の最高裁判決　(388)
　3　BBS事件と特許権の黙示的実施許諾理論　(388)
　(1) 事実関係　(388)
　(2) 東京地裁判決と高裁判決　(388)
　(3) 最高裁判決　(388)
　(4) GATTとの関連　(388)
　4　キヤノンインクカートリッジ事件と特許権行使　(388)
　(1) 事実関係　(389)
　(2) 地裁判決　(389)
　(3) 知財高裁判決　(389)
　(4) 最高裁判所　(389)
　5　米国2国間FTAの並行輸入規定　(390)
第4節　知的所有権の取得・範囲・使用 …………………………………………… 390
　1　著作権と関連する権利（Copyrights and related rights）　(390)
　(1) 著作権の内容と保護対象　(390)
　(2) 著作権の制限と例外　(391)
　(3) 音楽ファイルの無料ダウンロード　(391)
　(4) 音楽著作物の放送と米国著作権法110.5条事件　(392)
　(5) 既刊書籍のネット配信と米国Google Book事件　(393)
　2　特許権以外の工業所有権　(393)
　(1) 商　標　(393)
　(2) 地理的表示　(394)
　(3) 意　匠　(395)
　3　特許権　(395)
　(1) 特許の対象　(395)
　(2) 特許保護の例外　(395)
　(3) バイオ関連の例外規定　(396)
　(4) 人・動物の治療のための診断・治療・外科的方法　(396)
　(5) 微生物以外の動植物　(396)
　(6) 動植物の生物学的生産方法　(397)
　(7) 遺伝資源と特許　(397)
　(8) 方法特許と物質特許　(398)
　(9) 結晶特許・被覆特許・製剤特許・用途特許・用法用量特許・代謝物特許・リサーチツール特許・DNA配列特許　(398)
　(10) 特許の効力　(401)
　(11) 特許権者の排他的権利に対するボラー例外とカナダ医薬品特許保護事件　(402)
　(12) 特許の強制実施　(403)
　(13) 特許実施許諾の反競争的行為に対する規制　(405)
　4　その他の知的所有権　(405)
　(1) 半導体回路配置　(405)
　(2) 非公開情報　(405)
第5節　知的所有権の侵害に対する救済手続と経過措置 ………………………… 405
　1　救済手続　(406)
　(1) 民事上の救済手続　(406)
　(2) その他　(406)

(3) 主要国の紛争　(406)
　　　(4) 中国知的所有権法執行事件　(406)
　　2 経過措置　(407)
　　3 開発途上国の出願受理制度と排他的販売権付与制度　(407)
　　　(1) 物質特許の出願受理制度　(407)
　　　(2) 排他的販売権制度(70条9)　(407)
　第6節　紛争解決 …………………………………………………………………………… 408
　　1 違反申立手続　(408)
　　2 米国スペシャル301条　(408)
　第7節　新しい課題 ……………………………………………………………………… 408
　　1 還流CDの水際取締　(408)
　　2 植物新品種の保護と育成者権　(408)
　　3 遺伝資源と特許権　(409)
　　　(1) 1980年代の植物遺伝資源協定　(409)
　　　(2) 国連の生物多様性条約と名古屋議定書　(409)
　　　(3) TRIPS協定の特許保護対象規定　(409)
　　4 特許海賊と伝統的知識　(409)
　　　(1) 特許海賊と南北対立　(409)
　　　(2) 伝統的知識と南北対立　(410)

第11部　政府調達と地域統合　(413)

［要約と視点］　(413)
　要　約　(413)
　　1 商品・サービス分野の政府調達と地域統合　(413)
　　2 政府調達協定　(413)
　　3 地域統合　(413)
　視　点　(413)
　　1 政府調達と日本　(413)
　　2 地域統合と日本　(413)
第1章　政　府　調　達 ………………………………………………………………… 413
　第1節　政府調達協定の締結経緯 ………………………………………………… 413
　　1 政府調達市場の差別性・閉鎖性　(413)
　　2 政府調達協定の締結経緯　(414)
　　　(1) ITO憲章とGATT　(414)
　　　(2) OECD政府調達草案とGATT政府調達協定　(414)
　　　(3) WTO政府調達協定　(414)
　　　(4) 協定の改正交渉　(414)
　　3 WTO政府調達協定の締約国　(415)
　第2節　政府調達協定の無差別原則 ……………………………………………… 415
　　1 無差別原則　(415)
　　　(1) 内国民待遇と最恵国待遇　(415)
　　　(2) 無差別原則の補足　(415)
　　　(3) WTO政府調達協定の非締約国との関係　(416)
　　2 連邦バイ・アメリカン法とWTO　(416)
　　　(1) 連邦バイ・アメリカン法の規定　(416)
　　　(2) 連邦バイ・アメリカン法の割増ルール　(416)
　　　(3) 連邦バイ・アメリカン法と米国商品基準　(416)
　　　(4) 連邦バイ・アメリカン法の適用と日本企業　(417)
　　　(5) 鉄鋼バイ・アメリカン規定　(418)
　第3節　協定の適用範囲 ……………………………………………………………… 418

（詳細）目　次

　　1 調達機関　（418）
　　（1）3種類の調達機関　（418）
　　（2）附属書Ⅰからの調達機関の削除　（418）
　　（3）調達機関についての訂正または修正　（418）
　　2 対象調達　（419）
　　（1）協定附属書のなかで除外されていないか明記されている産品とサービス　（419）
　　（2）基準額以上の産品とサービスの調達　（420）
　第4節　調達手続 ……………………………………………………………… 421
　　1 入札手続　（421）
　　（1）3種類の入札手続　（421）
　　（2）選択入札手続　（421）
　　（3）限定入札手続　（422）
　　2 供給者の資格の審査　（422）
　　（1）協定規定　（422）
　　（2）マサチューセッツ州法の制裁条項　（422）
　　3 米加地方政府調達への米加企業参入に関する2国間暫定合意　（424）
　　4 その他　（424）
　第5節　苦情申立手続と紛争解決手続 ……………………………………… 424
　　1 苦情申立手続　（424）
　　（1）協定規定　（424）
　　（2）日本の苦情申立手続　（424）
　　2 WTO 紛争解決手続　（425）
　　3 米国政府調達制裁条項と WTO　（425）
　　（1）旧制裁条項の手続と適用　（425）
　　（2）修正制裁条項の手続と適用　（426）
　　（3）復活条項　（426）
　　（4）電気通信制裁条項　（427）
　第6節　FTA の政府調達条項 ………………………………………………… 427
　第2章　地域統合 ……………………………………………………………… 427
　第1節　地域統合の種類 ……………………………………………………… 427
　第2節　地域統合の WTO 整合性 …………………………………………… 428
　　1 争　点　（428）
　　2 商品貿易に関する GATT 整合性　（428）
　　（1）域内自由化　（428）
　　（2）対外差別強化の禁止　（428）
　　（3）対外差別緩和のための補償的調整　（428）
　　（4）逆補償の禁止　（429）
　　（5）妥当な期間内の設立　（429）
　　3 地域貿易協定の GATT/WTO 通報と審査　（429）
　　（1）通　報　（429）
　　（2）審　査　（429）
　第3節　地域統合の効果と新ラウンド ……………………………………… 430
　　1 地域統合の効果　（430）
　　2 新ラウンドと地域貿易協定　（431）
　　3 地域貿易協定の評価　（431）

第12部　紛争解決手続　（433）

　［要約と視点］　（433）
　　要　約　（433）
　　　1 GATT 紛争解決手続　（433）

（詳細）目　次

　　　2 WTO 紛争解決手続　（433）
視　点　（433）
　　1 経済摩擦の発生と要因　（433）
　　　(1) 企業間紛争から生ずる政府間摩擦　（433）
　　　(2) 企業対政府紛争から生ずる政府間摩擦　（433）
　　　(3) 国家政策の衝突から生ずる政府間摩擦　（433）
　　　(4) 産業格差や経済格差から生ずる摩擦　（433）
　　2 WTO と一般国際法の紛争解決手続　（433）
　　　(1) 一般国際法の制度　（433）
　　　(2) WTO の制度　（434）
　　3 国際司法裁判所と WTO パネル・上級委員会の比較　（434）
　　　(1) 国際司法裁判所　（434）
　　　(2) WTO パネル・上級委員会　（435）
　　4 FTA 紛争解決手続　（435）
　　　(1) NAFTA 分層解決手続　（435）
　　　(2) 日 ASEAN 包括協定の N 紛争解決手続　（435）
　　　(3) WTO 手続と FTA 手続の相関関係　（435）

第 1 章　GATT 紛争解決手続 ……………………………………………………… 435
第 1 節　GATT 本体と東京ラウンド協定の手続 ……………………………… 435
　　1 GATT 本体の手続　（436）
　　　(1) GATT 本体と補足文書　（436）
　　　(2) GATT 本体と補足文書の紛争解決手続　（436）
　　2 GATT 東京ラウンド協定の紛争解決手続　（436）
　　　(1) GATT 本体手続とダンピング防止協定手続の関係　（436）
　　　(2) ダンピング防止協定の紛争解決手続　（436）
　　3 GATT 時代の慣行　（437）
　　　(1) GATT 23 条に基づく紛争解決事例（197 件）　（437）
　　　(2) GATT 東京ラウンド協定に基づく紛争解決事例（23 件）　（437）
第 2 節　GATT 紛争解決手続の欠陥 ………………………………………… 437
　　1 パネル設置の遅延とブロッキング　（437）
　　2 パネル手続の遅延とブロッキング　（438）
　　3 パネル報告の内容　（438）
　　4 GATT 勧告の実施遅延と不十分な実施　（438）
　　5 報復許可と一方的報復　（438）
第 3 節　GATT 手続の特徴 ……………………………………………………… 439
　　1 協議と準司法的審査の 2 面性　（439）
　　2 準司法審査の限界　（439）

第 2 章　WTO 紛争解決手続の新機軸 ……………………………………… 439
第 1 節　GATT 手続の原則の維持 …………………………………………… 440
　　1 GATT 手続の基本原則の踏襲　（440）
　　2 国家主権の尊重　（440）
　　3 協議・準司法審査の 2 面手続　（440）
第 2 節　WTO 紛争解決手続の新機軸 ……………………………………… 440
　　1 実体面の新機軸　（440）
　　　(1) 紛争解決手続の一本化と紛争解決了解の採択　（440）
　　　(2) 紛争解決了解　（440）
　　2 手続面の新機軸　（440）
　　　(1) ネガティヴ・コンセンサス方式と手続の自動性　（440）
　　　(2) 勝訴国の専横に対する歯止め　（441）
　　　(3) その他の手続的新機軸　（441）
　　3 機構面の新機軸　（443）

第 3 章　WTO 紛争解決手続のルールと慣行 …………………………… 443

(詳細) 目 次

第1節 手続の申立 ……………………………………………………………… 443
- **1** 申立理由 (443)
  - (1) 利益の無効侵害と協定目的の阻害 (443)
  - (2) 他国の措置と状態 (443)
  - (3) 利益バランスのための申立 (444)
  - (4) GATT/WTO 申立手続の導入経緯 (444)
  - (5) 民間の参考意見 (444)
- **2** 申立の対象となる国家措置の範囲 (444)
  - (1) 中央政府と地方政府の措置 (444)
  - (2) 法律, 行政措置および不作為 (445)
  - (3) 私的当事者の行為 (446)
- **3** 申立の対象となる国家措置の効力と改正 (446)
  - (1) 措置の効力 (446)
  - (2) 措置の変更 (446)
  - (3) 措置の正当化理由の変更 (447)
- **4** 申立の条件 (447)
  - (1) 申立と法的利益 (447)
  - (2) 国内的救済 (448)
- **5** 申立と WTO 非加盟国 (448)

第2節 適用法 …………………………………………………………………… 448
- **1** 法 源 (448)
- **2** WTO 協定 (448)
- **3** 慣習法 (449)
  - (1) ウィーン条約法条約の条約解釈ルール (449)
  - (2) 他の国際慣習法 (449)
- **4** パネル報告と上級委員会報告 (450)
  - (1) 先例拘束の欠如 (450)
  - (2) 既判力 (450)
- **5** 法の一般原則 (451)
  - (1) 法の一般原則 (451)
  - (2) その他の原則 (452)
- **6** 関連国際協定 (452)
  - (1) WTO 協定に引用された国際協定 (452)
  - (2) WTO 加盟国間の国際協定 (453)
  - (3) WTO が当事者である国際協定 (453)
  - (4) ソフトロー・タイプの国際文書 (453)
- **7** ルールの衝突 (454)
  - (1) WTO レジーム内のルール衝突 (454)
  - (2) WTO ルールと非 WTO ルールの衝突 (454)

第3節 審査基準 ………………………………………………………………… 454
- **1** 一般の審査基準 (455)
- **2** ダンピング防止法上の特別の審査基準 (455)

第4節 救 済 …………………………………………………………………… 455
- **1** 一般国際法上の損害賠償義務 (455)
- **2** GATT の慣行 (455)
- **3** WTO の慣行 (455)

第5節 審査・実施審査・報復の3段階手続 ………………………………… 455
- **1** 紛争申立の件数 (456)
- **2** 申立領域 (456)
- **3** 申立国と被申立国 (456)
- **4** 立証責任 (457)
  - (1) WTO 原則規定の違反ケース (457)

(2) WTO 例外条項の援用ケース　(457)
　(3) 国際標準からの離反　(457)
　(4) 一般特恵制度　(457)
　(5) 非違反申立　(457)
5 上　訴　(457)
　(1) 上訴の件数と比率　(457)
　(2) 相互上訴　(457)
6 パネル・上級委員会報告の採択に要した期間　(458)
　(1) パネル設置からパネル報告・上級委員会報告採択までの期間　(458)
　(2) 上級委員会報告の加盟国送付から採択までの期間　(458)
7 交渉解決，迅速仲裁，斡旋，調停，仲介，裁定　(458)
　(1) 交渉解決　(458)
　(2) 迅速仲裁　(458)
　(3) 斡旋，調停，仲介　(458)
8 紛争解決機関の勧告の実施　(458)
　(1) 紛争解決了解が定める原則的手続　(458)
　(2) 実　行　(459)
　(3) 勧告の実施審査手続　(459)
9 相殺措置協定が定める補助金撤回期限　(460)
10 報　復　(460)
　(1) 手　続　(460)
　(2) 報復規模仲裁　(460)
　(3) パラレル報復とクロス報復　(460)
　(4) 報復事例と経緯　(462)
　(5) 報復の形態　(463)
11 紛争解決了解の欠陥　(465)
　(1) 報復の要請時期をめぐる論争　(465)
　(2) 紛争解決了解22.6条と21.5条　(465)
　(3) 実施審査パネル手続と報復規模仲裁　(465)

第4章　違反申立と非違反申立　　466

第1節　違反申立手続　　466

1 違反申立手続のメカニズム　(466)
2 加盟国の法律に対する違反申立と強制法・任意法理論　(466)
　(1) 理　論　(466)
　(2) GATT パネル事件　(466)
　(3) WTO パネル事件　(467)
3 加盟国の法令と措置に対する国内裁判所での提訴　(467)

第2節　非違反申立手続　　468

1 GATT/WTO の非違反申立手続　(468)
　(1) GATT/WTO の非違反申立と状態申立　(468)
　(2) 一般国際法と自由貿易協定の非違反申立　(468)
2 GATT 非違反申立手続の創設　(468)
　(1) 手続の創設　(468)
　(2) GATT への導入　(469)
3 GATT 非違反申立のメカニズム　(469)
　(1) 非違反申立の目的　(469)
　(2) 非違反申立の要件　(469)
　(3) 非違反申立の認容事例　(469)
4 WTO の紛争解決了解と慣行　(470)
　(1) 紛争解決了解と対象協定　(470)
　(2) 紛争解決了解の非違反申立規定　(470)
　(3) 対象協定の個別手続　(472)

（詳細）目　次

5 日米フィルム事件と非違反申立　(472)
　(1) 事実関係と争点　(472)
　(2) パネル判断　(472)
　(3) パネル報告の採択と課題　(473)

第13部　隣接領域とWTO　(475)

［要約と視点］　(475)
　要　約　(475)
　　1 貿易と競争　(475)
　　2 貿易と環境　(475)
　　3 貿易と通貨金融　(475)
　　4 貿易と国際課税　(475)
　視　点　(475)
　　1 国際競争協定の締結構想　(475)
　　2 環境保全と貿易の促進　(475)
　　3 日本とIMF・世界銀行　(475)
　　4 国際課税制度と輸出入価格　(476)
　　5 文化，人権その他　(476)
　　　(1) 文化と公益保護　(476)
　　　(2) 人　権　(476)
　　　(3) 宗　教　(477)
　　　(4) 労　働　(477)
　　　(5) WTO governance　(477)

第1章　貿易と競争　477
　第1節　企業の私的障壁　477
　第2節　シンガポール閣僚宣言とWTO作業部会　477
　第3節　国際競争協定の締結構想　478
　　1 既存アプローチの限界　(478)
　　　(1) 一方的アプローチ　(478)
　　　(2) 2国間協力アプローチ　(478)
　　　(3) 地域統合アプローチ　(479)
　　　(4) 複数国間アプローチと多国間アプローチ　(479)
　　2 国際的な反競争的行為のタイプ　(479)
　　3 既存アプローチの限界と弱点　(479)
　　　(1) 一方的・2国間・地域的アプローチの限界　(479)
　　　(2) 開発途上国の救済　(479)
　　　(3) 貿易・投資の自由化と規制緩和から生ずる利益　(479)
　第4節　開発途上国への配慮　480
　　1 国境横断的な競争制限行為が開発途上国にあたえる影響　(480)
　　　(1) 国際市場に反競争的効果をもたらす慣行の影響　(480)
　　　(2) 市場アクセスを阻止する慣行の影響　(480)
　　　(3) 輸出カルテル等の影響　(480)
　　2 開発途上国の救済　(480)
　　　(1) 技術支援　(480)
　　　(2) 人材養成　(480)
　　　(3) 国際競争協定と開発途上国の救済　(480)
　第5節　国際協定締結のメリットと批判的見解　480
　　1 国際競争協定締結のメリット　(480)
　　　(1) 国内競争政策原則の国際化　(480)
　　　(2) 競争当局間の広範な協力関係の構築　(480)

(3) 国内競争法の衝突の回避　(480)
　　　(4) WTO 統一競争政策の推進　(481)
　　2 WTO の貿易・競争 WG の検討　(481)
　　3 国際競争協定締結に対する批判的見解　(481)
　第 6 節　国際競争協定の締結形態と内容 ……………………………………… 481
　　1 ドーハ閣僚会議宣言　(481)
　　　(1) 作業・交渉日程　(481)
　　　(2) 第 5 回閣僚会議後の交渉　(481)
　　　(3) 基本方針　(482)
　　2 国際競争協定の締結形態と内容　(482)
第 2 章　貿易と環境 ……………………………………………………………… 482
　第 1 節　貿易が環境にあたえるインパクト ……………………………………… 482
　第 2 節　貿易と環境破壊 ………………………………………………………… 483
　　1 市場の失敗　(483)
　　2 規制の失敗　(483)
　　3 不可避的な環境破壊　(483)
　第 3 節　WTO の規定と活動 …………………………………………………… 483
　　1 WTO の環境関連規定　(483)
　　2 WTO 貿易環境委員会　(484)
　第 4 節　国家の環境関連貿易措置と WTO 整合性 …………………………… 484
　　1 環境保護のための基準規格　(484)
　　2 包装容器規制とラベル規制　(485)
　　3 共通環境資源を保護するための貿易措置　(485)
　　4 環境保護のための輸出制限措置　(485)
　　5 環境税　(486)
　　　(1) 雛型と発展　(486)
　　　(2) WTO の要件　(486)
　　　(3) 環境税と相殺関税協定　(487)
　　6 環境補助金　(487)
　　　(1) OECD と環境補助金　(487)
　　　(2) WTO と環境補助金　(488)
　　7 環境ダンピングと環境補助金に対する措置　(488)
　　　(1) 環境ダンピングと環境ダンピング防止措置　(488)
　　　(2) 環境補助金と相殺措置　(488)
　　8 環境改善産品へのダンピング防止税・相殺関税の賦課　(488)
　第 5 節　GATT 一般例外条項の解釈 …………………………………………… 488
　　1 GATT パネル　(488)
　　2 WTO パネル・上級委員会　(488)
　第 6 節　WTO 枠外の環境保全 ………………………………………………… 490
　　1 多国間環境協定と WTO　(490)
　　2 国連の地球環境保護政策　(490)
　　　(1) リオ宣言　(490)
　　　(2) 気候変動枠組条約　(491)
　　3 京都議定書の国際的ガス排出量取引制度と主要国の実施措置　(491)
　　　(1) 京都議定書の国際的ガス排出量取引制度　(491)
　　　(2) 主要国の国内排出量取引制度　(491)
　　　(3) 炭素税の導入　(491)
　　　(4) その他の新世代環境保全措置　(492)
　　4 国連生物多様性条約と遺伝子資源　(492)
　　5 生物多様性条約と特定外来生物法　(493)
　　　(1) 生物多様性条約と日本の特定外来生物法　(493)
　　　(2) 種類名証明書の提出制度　(493)

(3) 世界の外来生物規制　　(494)
　　　(4) 侵略可能性の判定とWTO　　(495)
第3章　貿易と金融通貨　……………………………………………………　496
第1節　ブレトン・ウッズ体制の樹立　………………………………………　496
　　1 IMF　(496)
　　2 世界銀行　(496)
第2節　IMFの変容　…………………………………………………………　497
　　1 ブレトン・ウッズ固定相場体制　(497)
　　2 固定相場制度の崩壊とブレトン・ウッズ体制の終了　(497)
　　3 キングストン体制による変動相場制の採用　(497)
第3節　為替レートと輸出企業　……………………………………………　498
　　1 為替相場と日本の輸出企業　(498)
　　2 為替相場と欧米のダンピング提訴　(498)
　　3 人民元の操作　(498)
第4節　IMFとGATT/WTO　………………………………………………　499
　　1 IMF融資条件とGATT/WTO　(499)
　　2 WTOとIMFの衝突と協力　(499)
　　　(1) 衝　突　(499)
　　　(2) 協　調　(499)
　　3 人民元操作とGATT・IMF　(499)
第4章　貿易と国際課税　……………………………………………………　500
第1節　二重課税の排除と租税条約　………………………………………　500
　　1 二重課税の発生　(500)
　　2 モデル条約の二重課税排除方式　(500)
　　3 間接税額控除　(500)
　　4 外国減免税額控除　(500)
　　5 補足規定　(500)
第2節　租税回避の規制　……………………………………………………　501
　　1 移転価格税制　(501)
　　2 タックス・ヘイブン対策　(501)
　　3 過少資本税制　(501)
　　4 トリーティ・ショッピング　(502)
第3節　企業のプライシングと法規制　……………………………………　502
むすび　………………………………………………………………………　503
　　1 南北問題　(503)
　　2 保護貿易主義と自由貿易主義の境界　(503)
　　3 WTOと国家主権　(504)
　　4 WTO法の改正　(504)
　　5 WTO判例法の進展　(505)
　　6 パーセプション・ギャップ　(505)

(巻末表) WTO紛争事例　(507)
(巻末参考表) GATT紛争解決事例 (1948–1994)　(565)
主要参考文献とWEBサイト　(577)

はじめに

国家は国際経済を規律するために，さまざまな規制措置（貿易規制，通貨金融措置，国際課税措置，投資規制等）をとっている。これら国家の規制措置に適用されるルールを総称して国際経済法と呼んでいる。

国際経済法は，狭義には，貿易ルールをいうが，広義には，金融通貨，投資，課税，環境，知的所有権等のルールをカバーしている。ここではとくに国際経済法の中枢を占める国際貿易ルールについて，その種類・適用対象・内容・実益を概観し，さらに金融通貨・投資・課税等の隣接領域にもふれておきたい。

1 国際貿易ルールの種類

国際貿易ルールは，WTO［世界貿易機関］（およびその前身であるGATT）の多角的協定，複数国間協定，地域協定，2国間協定および国家の通商法から成る。

(1) 多角的協定と複数国間協定

WTOの多角的貿易協定は，すべてのWTO加盟国（2007年1月現在で150カ国）が受諾したもので，大別して，商品貿易ルール，サービス貿易ルール，知的所有権ルールにわかれる。これに対し，WTOの複数国間協定は，WTOの一部加盟国が任意に受諾した協定であり，政府調達協定と民間航空機協定が代表例である。

(2) 地域協定と2国間協定

WTOレベルの協定とならんで，地域レベルの協定や2国間の協定も数多く存在する。地域協定としては，ECと中東欧諸国の欧州協定，北米3カ国間のNAFTA（北米自由貿易協定），南米4カ国間のMERCOSUR（メルコスール「南米共同市場」），東南アジア10カ国間のASEAN自由貿易協定（AFTA）等がある。2国間協定も枚挙に暇がないが，日本が締結した2国間協定として，日米通商航海条約，日中貿易協定，日ソ協定，日韓投資協定，租税条約があげられる。

(3) 国家の通商法

国家間の諸協定と対比されるのは，個別国家が一方的に導入した通商法規である。その大半は，国家がWTO協定を実施するため定めた多様な通商法令である。WTO加盟国は自国の通商法令と措置をWTOルールに合致させなければならず，ルール違反には制裁が課される。しかし，現実には，WTO加盟国の通商法令や措置がWTOルールに違反する例は跡を絶たない。また，ルール違反に対する制裁も数を増してきた。

2 国際貿易ルールの適用対象

(1) 国家措置への適用

WTOの国際貿易ルールは原則として国家の措置に対して適用される。これは，各国の経済法が企業の行為に適用されるのと対照的である。一般に，国際貿易を制限する障壁には，国家の措置（輸入を制限する関税障壁や非関税障壁）と企業の行為（たとえば輸入国企業が輸入品を排除するために行う競争制限行為）があるが，WTOルールは国家の措置に適用されるのである。

もっともWTOルールのなかには，企業の行為を規律しているようにみえるものもある。たとえばWTOのダンピング防止ルールは，企業が海外市場に産品を安売りするダンピングを「非難すべきもの」と認めており，企業の行為を規律しているようにもみえる。しかし，このWTOルールは，むしろ輸入国政府が企業のダンピング行為を防止するためにとる輸入規制（つまり国家の措置）を規律しているのである。輸入国のダンピング防止措置は国家の非関税措置であるため，こうした国家措置が国際貿易を不当に制限することがないように，WTOはさまざまな規律を国家に課した。このように国家に課される規律がWTOルールの核をなしている。

(2) 国家措置の類型

WTOルールを適用される国家の措置は，大別して商品貿易，サービス貿易，知的所有権に関する措置に分けることができる。商品貿易に関する措置は，輸入関税とそれ以外のいわゆる非関税措置から成る。非関税措置は多種多様であり，数量制限（年間の小麦輸入量を一定トンに制限したり，自動車の輸入台数を一定数に制限すること），基準認証制度，検疫措置（肉・野菜・植物等の衛生検疫），通商政策措置（ダンピング防止措置，セーフガード措置等），差別的内国税等を含む。

サービス貿易に関する措置のうち問題となるのは，外国のサービスやサービス提供者を差別したりそれらの市場参入を阻止する措置である。外資銀行や外資保険会社の支店開設または資本参加についての規制，外国電話会社の市場参入をはばむ規制，外国法律事務所の活動を制限する要件等が争点となる。さらにWTOルールに関係する国家措置として，知的所有権を保護するため偽ブランド商品の輸入を禁止する措置や真正商品の並行輸入を制限する措置があげられる。他方，WTOルールが十分に整備されていない領域の国家措置も増加している。環境保護のための輸入制限，電子商取引への課税，遺伝子組替体の輸入規制はその典型例であり，これらは新ラウンドの課題とされている。

3 国際貿易ルールの内容

WTOルールの本質は，自由・無差別・多角的な貿易システムに尽きる。

(1) 無差別原則

無差別原則は，商品貿易についていえば，2つにわかれる。1つは，WTO加盟国からの輸入品（つまり外国産品）を同等に扱う最恵国待遇（つまり外外無差別）原則であり，もう1つWTO加盟国からの輸入品と国

産品を同等に扱う内国民待遇（つまり内外無差別）原則である。したがって，たとえば日本に自動車が輸入されるケースを例にとれば，日本は最恵国待遇原則に従って，WTO加盟諸国（米国，EU，アジア諸国等）からの輸入自動車を課税や手続面等で同等に扱わなければならず，また内国民待遇原則に従って，WTO加盟諸国からの輸入車と国産車を課税面等で同等に扱うよう義務づけられている。

無差別原則は，サービス貿易と知的所有権の領域にも適用される。ただし，サービス貿易の内国民待遇原則は，国家が約束した範囲でしか適用されない。それゆえ，WTO加盟国は，約束した条件と範囲でのみ，WTO加盟国のサービス提供者（たとえば米国やECの電気通信会社・銀行・保険会社等）に対し自国サービス提供者よりも不利でない待遇をあたえるにとどまる。またWTO加盟国は，WTOに登録をしているかぎり，WTO発足後10年間（2004年末まで）にかぎって他国のサービス提供者のあいだに差別をもうけ特定国のサービス提供者のみを優遇することもできる。

(2) 貿易自由化ルール

WTOの第2のルールは，貿易自由化である。商品貿易を例にとれば，WTOは，輸入関税の引下げ，数量制限の一般的禁止，その他非関税措置の規制をつうじて，保護貿易主義をよくせいし，自由貿易をそくしんしている。

商品貿易の自由化とくらべて，サービス貿易の自由化は，WTOの発足後開始されたばかりであり，各国は国内のサービス提供者を保護するためさまざまな規制を温存させている。しかし，1990年代後半に電気通信と金融サービスの自由化交渉が妥結し，さらに2002年1月からの新ラウンドで個別サービス分野の自由化交渉がすすめられている。

以上の商品・サービス貿易の自由化ルールは，しかしながら絶対的なものではない。知的所有権保護の観点から，知的所有権を侵害する産品の輸入は制限されるからである。WTOが商品・サービス貿易の自由化ルールとともに知的所有権の保護ルールをあわせもつのはこのためである。

WTOは，このように無差別原則，貿易自由化，知的所有権保護という画期的なルールをかかげているが，これらルールは，実効性がなければ，意味をもたない。ルールは，拘束力という牙をもたなければ，張子の虎にすぎないからである。

(3) 多角的な紛争解決手続

WTOはこの点，国家がルールに違反して商品やサービスの貿易を制限したり，知的所有権を保護しない場合，こうしたルール違反に対する多角的な紛争解決手続を定めた。この手続は，2国間の協議手続と協議が奏功しない場合のパネル（紛争処理小委員会）と上級委員会の2審手続から成る。WTOには裁判所がないため，準司法的な機能を果たすパネルや上級委員会が設置され，これら第3者機関に国家措置がWTOルールに違反しているかどうかの判定を委ねたのである。パネルや上級委員会がルール違反を認定するときは，WTOは違反国に対して措置を是正するよう勧告する。違反国がこの勧告に従わない場合，WTOは勝訴国に報復措置をとることを許可することもできる。違反国は，けっきょく，パネル手続と報復システムによって違反措置をWTOルールに合致させることを強いられるのである。したがって，WTO加盟国の目からみれば，WTOルールは憲法的性格をもっている。

4 国際貿易ルールの実益

(1) 私人にあたえられる実益

WTOの国際貿易ルールは，原則として国家間でのみ適用される。それゆえ国家がWTOルールに違反するときは，ルール違反に対してWTOに提訴できるのは国家にかぎられる。私人はWTOルールを適用されないし，それをWTOで援用することもできない。

しかし，WTOルールは私人に無関係というわけではない。WTOの仕組みを仔細にみると，WTOルールほど私人と密接なかかわりをもつ国際法規は存在しないのである。しかもWTOルールは究極的には私人に対して決定的な実益をあたえる。

その理由はいたって簡明である。

WTOの自由無差別な貿易ルールにより，国家は国内産業を保護するための輸入規制をはばまれている。また約束した範囲を超えて外国サービス提供者の市場参入を制限することもできない。さらには，知的所有権法の適用にあたって自国企業にのみ知的所有権の保護をあたえることもできない。もしもこれらWTOルールに対する違反があるときは，WTO紛争解決手続が開始され，他国の報復を受ける可能性がある。したがってWTO加盟国はWTOのルールと紛争解決手続をとおして自国の保護貿易主義を是正することを強いられているのである。

こうしたWTOシステムから実益を受けるのは最終的には私人である。たとえば，輸出国の輸出生産者（日本の部品メーカー）は，輸入国の輸入制限（米国のセーフガード措置）がWTOに違反すると考えるときは，本国政府（日本政府）にパネル手続を開始するよう要請することができる。そして，もしもパネルが輸入国の輸入制限をWTO違反と判定するならば，輸入国は輸入制限を撤回せざるをえず，その結果，輸出生産者は輸出を再開することができる。輸出生産者と同様，輸入国の輸入者，ユーザー（日本製部品から中間財を製造する米国生産者等），消費者も，WTOシステムの恩恵を受けている。WTOの貿易自由化ルールは，輸入者・ユーザー・消費者に良質で安価な輸入品へのアクセスを保証するからである。同じように，WTOのもとでのサービス貿易の自由化も，国内サービス提供者と外国サービス提供者の競争をそくしんし，ユーザーや消費者にサービス価格の低下という利益をもたらす。

(2) 私人への実益の例

はじめに

WTO システムが私人にあたえる実益は身近なところにいくらでもみいだすことができる。

その1つは，WTO の日本酒税事件［巻末表14-1］が日本の消費者にもたらした恩恵である。一昔前，日本の蒸留酒価格は，国産の焼酎が安く，輸入されるウイスキー，ブランデー，ウオッカ等が高かった。この価格差は蒸留酒への酒税の格差から生じていた。過去の酒税法のもとでは，酒税は，焼酎に低く，ウイスキー等に高く定められていたからである。WTO のパネルと上級委員会は，日本の酒税法が，国産品に低く輸入品に高い酒税を定める点で，差別的であるとして，酒税法の改正を勧告した。日本はこの勧告を受けて，輸入蒸留酒への酒税を引き下げた。このため，1990年代後半からウイスキー等の価格は顕著に低下した。以前は高価で手の届かなかったスコッチ・ウイスキーが急速に庶民生活のなかに浸透した背景に，WTO ルールがあったことをみのがしてはならない。

また外国が日本企業を差別したり，日本産品や日本のサービス提供者の市場参入をはばむときに，WTO は外国の保護貿易主義から日本企業を救済することができる。カナダが日本の自動車会社を差別し，米国自動車会社のみを優遇した事件やインドネシアが韓国自動車会社のみを優遇した事件では，WTO の裁定によって，日本企業は救済された。また米国や EC のダンピング防止措置を WTO 違反と判定したパネル・上級委員会報告は，日本の輸出業者にとっての朗報であり，輸出業者はこうした判定を援用することができるのである。さらには WTO システムをつうじた世界的な貿易自由化と知的所有権の保護は，日本のハイテク企業の海外投資を促進し，企業の技術と生産を向上させる実益をもつといえよう。

5　隣接領域のルール

WTO の国際貿易ルールに対して，国際経済法の隣接領域でさまざまなルールが形成されている。IMF（国際通貨基金）と世界銀行の国際通貨金融ルール，2国間・地域間・多国間の投資ルール，国際課税ルール，知的所有権ルール，競争政策ルールである。これらは WTO ルールと相関関係にたち，また将来，WTO の新ルールにくみいれられる可能性も論議されている。本書は，これら隣接領域のルールにも必要におうじて言及した。

6　本書の構成

本書は以上の認識のうえにたって，国際経済法をつぎの13部に分けて検討する。

第1部「国際経済法の輪郭」は3つの章から成る。第1章では，国際経済法とはなにか，またそれはどのような特色をもつのかを概観する。このアウトラインのうえにたって，第2章では，WTO の前身である1947年の GATT から現行 WTO への変遷をたどる。GATT の成立経緯，功績，弱点をみたあと，WTO が GATT の弱点を克服するため，どのような新ルールを導入したのかを明らかにする。また WTO の活動領域を拡大させるため，2002年1月から3年間の予定で開始された新ラウンドの課題と動向を探る。さいごに第3章では国際経済法が自由貿易主義と保護貿易主義のあいだで，また無差別主義とブロック主義のあいだで，振り子のように揺れ動いた経緯をたどる。

第2部から第11部までは，商品貿易・サービス貿易・知的所有権に関する貿易ルールを扱う。

まず第2部「商品貿易と無差別原則」は，商品貿易に関する2つの無差別原則——最恵国待遇原則と内国民待遇原則——をおさえたうえで，それらの例外を検討する。

第3部「商品貿易と自由化ルール」は，商品貿易のための自由化ルールをみたのち，各国の関税障壁・非関税障壁（数量制限，基準認証，検疫措置）・通商政策措置を概観する。

第4部から第7部までは，個別の通商政策措置（ダンピング防止措置，相殺措置，セーフガード措置）と原産地規則を詳細に解説する。第8部は，自由化が難航している農業貿易と繊維貿易という主要国のアキレス腱に焦点をあてた。

第9部「サービス貿易ルール」は，サービス貿易の類型，無差別原則，自由化にふれる。商品貿易ルールと同様，サービス貿易ルールは，今後のサービス貿易の自由化と競争の激化に照らして，企業の関心をひくであろう。

第10部「知的所有権」は，知的所有権保護のための原則と細則を検討する。WTO がカバーする知的所有権は，従来の著作権や工業所有権のほか，新しい権利（コンピュータソフト，データ集積物，営業秘密等）を含んでいる。また知的所有権をめぐる WTO パネル報告と国内判決は増加の一途をたどってきた。このため，知的所有権関連の WTO ルールは技術立国を標榜する日本にとって死活的な重要性をもつのである。

第11部「政府調達と地域統合」は，商品貿易，サービス貿易および知的所有権にまたがる課題と新分野を扱う。このため，商品・サービスの公共調達市場に適用される WTO 政府調達協定の内容と争点を明らかにする。また地域統合，とくに関税同盟と自由貿易協定の論点を再整理する。過去10年間に急増した多種多様な自由貿易協定について，WTO と整合するための要件を再論してみたい。

第12部「紛争解決手続」は，貿易摩擦を解決するための紛争処理メカニズムにとりくむ。GATT 時代の手続の欠陥を明らかにしたうえで，WTO の手続の新規性と適用および問題点を指摘する。

第13部「WTO の隣接領域」は，WTO 貿易ルールと緊密な関係にたつ隣接領域の課題にふれる。競争，環境，金融通貨，国際課税といった領域である。

巻末には巻末表「WTO 紛争解決事例」と巻末参考表「GATT 紛争解決事例」を列挙した。本文中に［巻末表 X］とあるのは，巻末表の WTO 紛争事例の番号をさす。

第1部 国際経済法の輪郭

[要約と視点]

要 約

国際経済法の輪郭を，その概念と特色，沿革と発展，変動の3つの章に分けて概観するとつぎのとおりである。

1 国際経済法の概念と特色

国際経済法は，国際経済を規律するための国際ルールの総称であり，国際貿易ルールから金融通貨・投資・国際課税ルールにいたるまで多岐にわたっている。それは主に国家に適用され，国家は国際経済法に従って貿易や金融通貨を規律するよう義務づけられている。GATT/WTO の国際貿易ルールの場合，ルールに反する国家の措置（輸入制限措置等）は違法であり，ルールはあたかも憲法的な性質をおびている。国際経済法は，基本的に国家間の条約から成り，この点で国際法の一部（特別国際法）をなしている。

国際経済法の特色は，それが戦争抑止のために構想されたこと，国際経済と科学技術の発展に対応し，柔軟な構造をもつことにある。したがって国際経済法は，経済活動の展開（電子商取引の出現，遺伝子組換え食品の流通等）につれてちかい将来さらに拡充されることが予想される。

2 国際経済法の沿革と発展

国際経済法は，第2次世界大戦前の体制，大戦後の IMF/GATT 体制，GATT システム，WTO レジームの4段階をへて発展してきた。

(1) 戦前体制と戦後体制

第2次世界大戦前の国際経済体制は，保護貿易主義・差別ブロック主義・孤立主義に陥り，これが世界を2大陣営に分離させ，未曾有の戦禍を招いた。このため戦後の IMF/GATT 体制は，戦争の再発を防止するため，自由貿易主義・無差別主義・多角主義をかかげた。これは国際貿易を扱う GATT にも，金融通貨を扱う IMF／世界銀行にもいうことができる。IMF/GATT 体制の功績はおおきく，IMF の通貨為替安定，IMF と世銀の国際融資，GATT の保護主義抑圧によって，戦後の復興と発展がもたらされた。とくに国際経済の中心を占める国際貿易についていえば，国際貿易ルールは，戦後の GATT システムから95年以降の WTO レジームへと著しい発展をとげた。

(2) GATT の設立と成果

GATT のポイントは，設立目的・成果・弱点の3点につきる。

GATT は1948年に暫定的に設立され，貿易から雇用までの広範な経済領域を扱う ITO（国際貿易機関）が発効すれば，使命を終えるはずであった。しかし現実には ITO が頓挫したため，戦後の半世紀にわたって国際貿易を規律してきた。そのねらいは，商品貿易の分野に，自由・無差別・多角的な貿易システムを樹立し，貿易の自由化をとおして経済発展をうながし，大戦の再発を回避することにあった。

GATT の成果の1つは，商品貿易のおおはばな自由化にある。GATT は戦後8回の貿易ラウンド交渉をつうじて各国の輸入関税率をひきさげた。また，関税以外のさまざまな非関税障壁（ダンピング防止措置等）のために詳細な国際ルールをつくるため東京ラウンド協定の締結に奏功した。GATT はさらに，手探りで紛争解決のためのパネル手続を創設し，貿易摩擦の処理にあたった。

しかし，GATT には弱点があった。それは，ルールの効力が弱かったこと，紛争解決機能に欠陥をかかえていたこと，対象範囲が商品貿易分野（とくに工業産品）にかぎられたことにあった。そこでこれら弱点を克服するため，ウルグアイ・ラウンド交渉のすえ樹立されたのが，WTO という空前の新組織であった。

(3) WTO の樹立と新ラウンド交渉

WTO は，GATT をひきついでいるが，GATT とは異なるいくつかの新機軸をそなえた。1つは，対象範囲の拡大であり，WTO は，GATT とは対照的に，商品貿易分野のほかに，サービス貿易と知的所有権を対象とした。また，紛争解決手続が強化され，国家は WTO ルールに違反して措置をとる場合，WTO パネル手続のもとで，違反措置を是正するよう強いられることになった。GATT ではパネル手続のみの一審制がとられ，パネル判定は国家の拒否権の対象となった。これに対し，WTO ではパネルと上級委員会の2審制がとられ，国家の拒否権は廃止された。したがってパネルまたは上級委員会の判定は，WTO の機関によって自動的に採択され，WTO は，違反国に対して違反措置の撤回を勧告することができるのである。しかも，違反国が WTO の勧告に従わないときは，WTO は違反国に対する報復措置を関係国に許可することができるようになった。こうした2審制度と報復制度によって，WTO ルールに対する違反は是正され，抑止されるのである。

WTO の功績は，紛争解決手続の活発な活用，サービスの個別分野（とくに電気通信や金融サービス分野）での自由化の促進，情報技術品目の関税引下げ，各国知的所有権法の整備，開発途上国の発言権の増大，南北問題への取組みにみられる。

WTO の目下の課題は，新ラウンド交渉の行方である。2001年11月のカタール・ドーハ閣僚会議は，新ラウンドをたちあげ，交渉期間を，2002年1月から

2005年1月までの3年間とした。新ラウンドの交渉議題は，WTOの既存ルールの深化・改善から，新分野でのルール作りにいたるまで多岐にわたっている。新分野のテーマは，競争政策・投資・環境・電子商取引をカバーしており，合意結果は加盟国により一括して受諾される。しかし，交渉の成否と形式をめぐって，各国の見解は厳しく対立しており，今後の交渉の展開が注目される。

3 保護貿易主義とブロック経済

国際経済法は時代の流れにおうじてたえず揺れ動いている。自由貿易主義と保護貿易主義のあいだを揺れ動いているし，無差別主義と差別的なブロック経済主義のあいだを揺れ動いている。

(1) 自由貿易主義と保護貿易主義

歴史的にみるならば，近世の国際経済法は，重商主義者の保護貿易主義からはじまった。これはそののち自由貿易を唱えるアダム・スミスやリカードによって批判され，19世紀半ばには自由貿易主義が西欧で開花した。しかしそれも束の間，第2次大戦前夜には近隣窮乏化のための保護貿易主義（高関税・数量制限政策）が世界を席捲した。戦後のIMF/GATT体制のもとでも，自由化原則とは裏腹に保護貿易主義が折にふれて台頭しげんざいにいたっている。WTO発足後も保護主義の潮はひいていない。保護主義はあからさまな国内産業保護措置（米国鉄鋼セーフガード措置等）から健康保護や環境保全のための措置（検疫措置，ホルモン投与食肉の輸入制限，遺伝子組換え食品の規制，空気清浄化のための輸入ガソリン規制等）にいたるまで多様化している。これら措置のうちのどれが国際経済法ルールに適合しているのか，判定が困難をきわめている。この意味で自由貿易主義と保護貿易主義という色分けが難しい局面にはいっている。

自由貿易のみが至上の政策とはいえない。開発途上国が幼稚産業を育成するためには，かつて日本が行ったように国内産業確立までのあいだの貿易規制が不可欠であろう。また先進国であれ開発途上国であれ，防衛政策上，緊急時に自給体制をとるため輸出入規制が必要となる場合もある。しかし，先進国が成熟産業を存続させるため規制措置をとることは，過去の「政策の失敗」例にみるように経済厚生にはつながらない。

(2) 無差別主義と差別ブロック主義

国際経済法はまた近代の無差別主義の時代から戦前の差別ブロック主義（英連邦特恵，日本大東亜共栄圏）へ変動した。さらに戦後はGATT/WTOの無差別原則のもとでさまざまな差別主義が例外的に認められた。なかでも注目に値するのは，WTO発足と前後して，巨大な自由貿易協定のブロック（NAFTA, MERCOSUR, AFTA, 欧州協定）があいついで形成されてきたことである。自由貿易協定は，域内の自由化を推進する反面，域外に対する差別を残す点で無差別原則と真正面から衝突する。しかし，現在では，自由貿易協定を増やすことで，地域レベルの自由化の輪をひろげていき，WTOレベルの世界的自由化を容易にする考えが定着している。また新時代の自由貿易協定は商品・サービス・知的所有権・電子商取引・投資・環境・労働といった広範な国際経済の課題を扱うため，第2次大戦を招いた古いブロックとは異なるのである。

視 点

国際貿易ルールの歴史を追うときの視点として，2つをあげることができよう。

1 歴史的視点

1つは歴史的な観点である。国際経済法のルールを正確に知るためには，ルールの歴史をふりかえらなければならない。ルールの意味は時代とともに変化するからである。戦後の瓦礫のなかから，どのような経緯でGATTがうまれたのか，1960年代以降の経済復興期からいかなる貿易ルールが付加されたのか，1980年代からどのような交渉をへてWTOがデザインされたのか，新ラウンド交渉で扱われる新ルールはなにか。ルールの考察にあたって，時代の流れを読む歴史的視点が不可欠となっているのである。

2 日本の再検討

また国際貿易ルールを回顧することは，日本の近現代を再体験することを意味する。日本が幕末期に最初に遭遇した大事件は，欧米列強との不平等条約の締結であった。日本はこの条約によって関税を自主的に決定する権利を奪われ，また欧米列強から差別待遇を受けることになった。言葉を換えれば，日本が近代化にあたって最初に受けた洗礼は，関税自主権の剥奪と差別待遇という国際経済法上の問題であった。

また日本の戦後史は，GATT/WTOと緊密な関係にたっている。日本は，1955年にGATTに加盟したあと，さまざまな困難（対日差別，対日貿易摩擦）にあいながら国際社会での足場を固めていった。GATT/WTOのプリズムをとおして，過去の日本を再検討し，将来の日本を展望することが問われているといえよう。

第1章
国際経済法のコンセプトと特色

第1節　国際経済法のコンセプト

1　国家の国際経済規制に適用されるルール

　国際経済法は，国家が国際経済の分野で守るべきルールの総称であり，国際貿易ルール，国際通貨金融ルール，国際課税ルール，国際投資ルール等にわかれる。これらルールは，国家に適用される点で共通している。

　一般に国家は，国際経済を規律するため，膨大な措置を運用している。それは，国際貿易の自由化や規制のための措置（密輸の取締り，知的所有権の侵害商品の規制，農産物輸入への関税の賦課等）から通貨金融の規制措置（為替レートの設定，貿易金融の規制，国際収支の擁護等），国際課税措置（移転価格税制等），投資規制（外国資本による国内企業の買収・資本参加の規制等）にいたるまでさまざまである。これら措置は，国境を超えた経済取引（貿易，投資）を規制するため不可欠であり，自由開放経済をとる国家（シンガポール，ニュージーランド，香港等）でさえ，必要最低限の規制措置を講じている。また規制緩和の動きと併行して，テロ対策，知財強化，環境保護，国内産業の保護・育成といった名目で，あらたな規制措置が世界各国でとられている。

　国際経済法は，これら国家の規制措置に適用される一連のルールからなりたっており，経済活動のグローバル化にともない拡大の一途をたどっている。

2　国際経済法と国家の措置

　国際経済法は，国家のためのルールであるから，国家が国際経済分野でとる措置（関税，非関税措置，通貨金融措置，投資規制等）は，すべて国際経済法に従って，その適否を判定される。たとえば日本が輸入食品に対して行う検疫措置が，違法な輸入制限措置にあたるのか，それとも健康保護のための合法的措置にあたるのかは，WTOの国際貿易ルールに基づいて判断される。そしてこの判断はWTOのパネル手続をとおして行われ，WTOの最終判定（紛争解決機関の勧告）は国家を拘束する。この意味で，WTOの貿易ルールは国家に対して憲法的性格をもつといわれる。WTOのもとでは，国家は国内措置をWTOルールに適合させるよう強いられているのである。

　しかし同じことが他の国際経済ルールについていえ

表1-1　国際経済法のハード・ローとソフト・ロー

国際経済法の ルール	ハード・ロー	ソフト・ロー
貿易ルール	WTO設立条約と附属書 地域貿易協定（関税同盟，自由貿易協定） 通商協定（日米通商航海条約，日中貿易協定等） WIPO所管知的所有権関連協定	GATT第4部「貿易および開発」 原産地規則協定附属書II「特恵原産地規則共同宣言」 国際標準化機関の国際任意規格
金融通貨ルール	IMF協定 世界銀行協定	公的輸出信用ガイドラインOECD取決め
投資ルール	多数国間投資保証機関設立条約（MIGA） 投資紛争解決条約（ICSID） 2国間投資保護協定（日中投資保護協定，日韓投資保護協定等）	OECD理事会決議「多国籍企業行動基準」
国際課税ルール	2国間租税条約 多国間租税条約	OECD二重課税回避モデル条約 国際連合二重課税回避モデル条約 OECD移転価格税制ガイドライン
環境ルール	オゾン層保護ウィーン条約 オゾン層破壊物質モントリオール議定書 気候変動枠組条約 京都議定書 ワシントン野生動植物条約 生物多様性条約 原子力事故援助条約 バーゼル有害廃棄物規制条約 ユネスコ世界遺産保護条約	人間環境宣言 リオ環境開発宣言 国際標準化機関の国際任意規格

るわけではない。とくに通貨金融，開発途上国，投資，国際課税の分野では，ルールは，場合により，拘束力をもたないからである。それは，OECD文書や国際連合と専門機関の宣言・決議にみられる。これら非拘束的なルールは，拘束的なハード・ロー（hard law）に対してソフト・ロー（soft law）と呼ばれる。もっともソフト・ローの定義は国際的に一致していない。国際機関の決議・宣言・勧告のうち，一定期間の国家の慣行をとおしてなんらかの拘束力をもつにいたるものをソフト・ローと呼ぶこともある。また国際標準化機関の国際任意規格が，大多数の国家の技術仕様として採用され，事実上の拘束力をおびる可能性もある。さらに動植物検疫の分野では，国際任意規格に準拠する国内法はWTO整合性を推定される（衛生植物検疫措置協定3条2）。同様に安全性や環境保護等のために国家が採用する拘束的基準（ガス器具の安全基準等）は，関連する国際任意規格に合致していれば貿易に対して不必要な障害をもたらさないものと推定される（スタンダード協定2.5条）。おおまかにいえば，国際経済法のうち，貿易ルールは主にハード・ローから成るが，金融通貨，投資，国際課税等のルールはハード・ローとソフト・ローから混成されている（表1-1）。

3 国内経済法との相違点

(1) 国家措置に適用される国際経済法

国際経済法は，原則として国家の措置に適用される点で，各国の経済法（日本の独占禁止法，米国反トラスト法，EU競争法等）が企業の行為（カルテル等の競争制限行為）に適用されるのと異なっている。これが国際経済法と競争法の決定的な相違点であり，また国際経済法の弱点でもある。

この弱点がもっとも顕著にあらわれるのは貿易の分野である。国際貿易ルールの目標は，貿易の自由化をつうじた資源の最適配分と価格の低下である。国家が国際貿易の自由化原則に従って貿易障壁を撤廃していけば，国産品と輸入品との競争が促進され，価格は下がるはずである。しかし，そうとはかぎらない。

TVを例にとって説明しよう。いま，国家がTVについて，関税をゼロにし非関税措置を廃止しても，国産TVと輸入TVの競争がすすみ，TVの価格が自動的に下がるわけではない。なぜならば，国家が自由化のために公的な障壁（関税，非関税措置）を廃止しても，国内のTV生産者が流通業者と共謀して輸入TVの国内流通を阻止するためのカルテルを結ぶならば，輸入TVの市場参入はさまたげられるからである。ひるがえっていえば，企業は，カルテル等の競争制限行為によって，外国産品の輸入をはばむ私的障壁をつくることができる。

ここに国際貿易ルールの弱点がひそんでいる。国際貿易ルールは，貿易を規制する国家の障壁にのみ適用され，私的障壁には適用されない。私的障壁は国内法（競争法等）の管轄に属している。

では，国際経済をさまたげる私的行為は国内手続で効率的に摘発されているのかというと，けっしてそうではない。輸入品を排除する私的カルテルをとりあげると，国内の競争当局によるカルテルの摘発は国によりまちまちだからである。とくに多くの開発途上国は，競争法をもっていないか，またはもっていてもそれを十分に執行していない。このため，WTO新ラウンドでは，企業の国際カルテルを抑圧するためのWTOルール（国際競争協定案）を導入すべきかどうかが討議される予定である。

(2) 私企業と国際経済法

国際経済法が例外的に私企業に適用される場合がないわけではない。後述するように，私企業に対し義務を課す規定（政府調達協定，船積み前検査協定），私的当事者の反競争的行為に関連する規定（TRIPS協定，サービス協定の参照文書），行為に関連して国家当局に措置をとる権限をあたえる規定（ダンピング協定，TRIPS協定），WTO紛争解決手続への私人の関与（友誼的書簡［amicus brief］）がある。

4 国際経済法のソース

国際経済法のソース（source 法源）は，主に国家間の条約（合意）である。WTOの国際貿易ルールについていえば，それは，WTO設立条約とその附属書から成り，これら条約ルールは，原則としてWTO加盟国（2011年現在153カ国）にのみ適用される。それゆえ，WTOルールは，特定国間のいわゆる特別国際法といった性格をおびている。それはすべての国家に適用される普遍的国際法ではない。同じことは，金融通貨・投資・国際課税・環境のルールについても妥当する。

これは戦争と平和のための一般国際法と対照的である。一般国際法は，条約と慣習法から成る。条約が関係諸国間の合意に基づく拘束的な明文法であるのに対し，慣習法はひろく国家一般に適用される拘束的な不文法である。慣習法は同じ慣行がおおくの国によって長期間繰り返され，その過程でこの慣行を拘束的なものとみる考え（法的確信）が国家の間に浸透したときに成立する。たとえば外交官が赴任先でさまざまな特権（赴任先で職務遂行中に官憲によって逮捕されない特権等）をもつというルールは，長い国家慣行をとおして形成され，すべての国家に適用される普遍的な国際慣習法となった。

慣習法は不文法であるが，国連（国際法委員会）で法典化され条約のなかにもりこまれる場合がある。外交関係・領事関係・条約法等の条約は，法典化作業の成果である。こうして条約のなかに成文化された慣習法規は，ルーツが普遍国際法であるため，すべての国家を拘束する。条約は上述のように，原則として条約締結国のみを拘束するのが原則であるが，慣習法を明文化した条約規定は，その条約を締結していない国も拘束することに注意を払う必要がある。

では，国際経済法の条約ルールは，慣習法を含まないのかどうか。WTOの条約ルールをとりあげるならば，その大部分はWTO加盟国のみを縛る特別国際

法としての色彩をおびている。WTOパネル手続で，パネルや上級委員会がWTO規定のなかに普遍的な慣習法ルールをみいだした例はない。しかしWTOの特定規定が慣習法に由来するかどうかは，将来のパネル・上級委員会の判断に委ねられている。

第2節　国際経済法の特色

国際経済法は，国際経済のさまざまな領域（貿易，通貨金融，投資，知的所有権等）をカバーした生きた法律である。したがって，それは政治経済や科学進歩の動きに機敏に対応している。国際経済法はまた各国経済の多様性に対応するため，よくしなる柔軟な構造をもっている。

1　政治経済と国際経済法

国際経済法は政治経済と切り離して考えることができない。たとえば，GATT/WTOの貿易ルールや国際通貨基金（IMF）／世銀の通貨金融ルールは，世界大戦や武力紛争の再発を防止するため，政治的な観点から考案された。第2次世界大戦の前夜，国家は，不況に対処し国内の雇用を確保するため，さまざまな輸入制限や為替操作を行って貿易を管理し，保護貿易主義の道を走った。管理貿易と保護主義は，軍事独裁政権をうみ，軍事政権の侵略を機に，世界は一気に第2次大戦の渦中にまきこまれた。したがって，大戦の要因の1つは，経済（貿易政策，通貨金融政策等）にあった。

この認識のうえにたって，戦争抑止のための国際経済体制（IMF/GATT体制）が戦後創設された。もっとひろい視点からみるならば，戦後の国際システムは，戦争の抑圧と防止のため，政治軍事面では国際連合を，経済面ではGATT/IMFを創設したということができる。第2次大戦が1945年9月に終結してほぼ半世紀以上の歳月が経過したが，この間に第3次世界大戦が勃発しなかったのは，国際連合の功績や大国（米国，ロシア，EU，中国）の政治力のほかに，GATT/WTOによる保護主義の抑圧とIMF/世銀による金融通貨の安定があった。

では，国際経済法は，国家による戦争のほか，テロに対しても抑止力をもつのかどうか。第2次大戦後，1940年代末からはじまった米ソ間の冷戦は，1989年のベルリンの壁の崩壊によって終結した。冷戦後，大国間の紛争は後退し，世界はむしろ局地紛争やテロに見舞われている。局地紛争とテロは，民族・宗教対立や経済・貧富の格差を背景として発生する。これら対立要因のうち，貧富の格差が果たす役割は，上述のようにきわめておおきい。しかし，現行のWTOやIMF／世銀は，格差是正のための有効な処方箋を提示することができない。

WTOを取り上げるならば，WTOがめざす貿易の自由化は，資源の効率配分，所得の上昇，産業の発展，貿易の拡大をもたらしたが，北の富める先進国と南の貧しい開発途上国の格差をさらに拡大させたとする批判がある。WTOのグローバリズムは，先進国（貿易に従事する多国籍企業等）の収益を増大させたが，逆に開発途上国の貧困を深めたとされるのである。たしかに経済発展がもたらす恩恵は，世界のすべての国に平等に分配されていない。WTOによる貿易の自由化は，富をもたらす一方，貧困を増幅させたことも事実である。そしてこうした貧富格差がテロをうむ苗床となっている。

WTOやIMF／世銀がこれからとりくむべき課題の1つは，南北格差を縮小し，またテロを根絶するための国際経済システムをどのようにつくるのかにあるといえる。そのためには，開発途上国の経済開発に先進国がもっと真剣にとりくみ，開発援助と貧困地域撲滅のための実効的なスキルを考案する必要がある。

国際経済法はその確立以降，現在にいたるまで，紛争抑圧という政治的使命から開放されていないことを知るのである。

2　科学進歩と国際経済法

国際経済法は，また経済社会の進歩や科学技術の進展に即応するため，発展してきた。たとえばWTOの知的所有権条約（TRIPS）はコンピュータ・プログラムやデータ編集物の保護規定を含んだ。またWIPO（世界知的所有権機関）はインターネット関連のルールを創設している。目下の課題として，電子商取引の対象となるデジタル・コンテンツ（digital contents）や遺伝子組換え食品をWTOでどう扱うかがある。

またハイテク産品の出現も国際経済法のさまざまな領域で困難な問題を提起してきた。1つには新しいハイテク産品をWCO（世界関税機関 World Customs Organization）の商品分類体系のなかでどの関税番号に分類するのかという関税法上の問題がある。商品はどの関税番号に分類されるのかにおうじて関税率が異なり，通商措置（ダンピング防止措置，セーフガード措置等）に服する可能性もあるからである。またハイテク産品の原産地決定も困難な課題の1つである。各国が関税率決定等のために定めた（いわゆる非特恵）原産地規則はもちろん，自由貿易協定のなかで特恵待遇のために定められた原産地規則も，新産品がうまれると陳腐化したり，機能しなくなる場合があるためである。

さらに貿易の新しい領域で，科学がものをいう時代になっている。種苗法の分野では，新育成品種の同定はDNA判定によって行われる。環境部門の特定外来生物（後述・第13部2章）の同定には，最新の動植物分類に基づくラテン語学名がつかわれる。化学物質審査規制法の適用にも危険化学物質の分類学名がもちいられている。貿易分野の商品分類基準にDNA構造や危険性審査の最新科学が採用されているのである。

3 国際経済法の柔軟性

　国際経済法を特徴づける第3の要素は柔軟性である。国際経済法は原則的なルールを定めるかたわら，さまざまな例外をおいた。建前だけではなく，例外と逸脱も明記した。国際貿易ルールにそれがよくあらわれている。GATT/WTOは，建前として貿易の自由化や無差別原則をかかげた。こうしたルールのもとで，国家は関税率を引き下げ，非関税障壁を削減し，またすべてのGATT/WTO加盟国を同等に扱った。しかし，国家はまたGATT/WTOの例外規定に基づいて，セーフガード措置として関税率をひきあげたり，特定国を標的とした差別的なダンピング防止措置をとる権利も認められた。

　GATT/WTOルールは原則を縦糸とし，例外を横糸とする織物に似ている。こうした柔軟構造によってGATT/WTOは崩壊を免れているのである。

4 経済と法

　経済の動きと法は緊密にリンクしている。法は経済の動きに対応するため進展するがひとたび政策を誤ると法は経済に悪影響をあたえる。法と経済は相互に影響しあう関係にたっている。

(1) 経済が法にあたえる影響

　経済の発展は法をつくり進展させる。ちょうど国内法（競争法社会法労働法金融法民商法等）が市場経済の発展に対応して形成されてきたように国際経済法も国際経済の進展と拡大にあわせて顕著な変貌をとげてきた。

　国境を越えた経済活動は古代から発展してきた。商品貿易が国家間で活発に行われるようになるとこうした貿易はテクニカルな関税法をうみだした。関税法は国際経済法のなかでもっとも古い歴史をもっておりそれは近世以来急速に整備されてきた。関税法は商品別に異なる関税率の設定方法（従価税従量税）から商品の課税価格の算定方法（関税評価法），商品に関税番号をつける商品分類にいたるまで詳細な展開をみせた。そしてGATT/WTOのもとではこれら通常関税の確定方法にくわえて特殊関税（ダンピング防止税相殺関税セーフガード関税報復関税）の計算方法がくわしく定められている。同様に最近のサービス貿易（輸送・金融・通信）や電子商取引の発展は国際経済法の再点検と修正をもたらしつつある。新しい形態の経済活動に対してどのような規制が必要不可欠でまたどのような自由化措置が要求されるのかが議論されている。したがって電子商取引やその他新しい形態の経済活動にふさわしい国際経済法ルールがちかい将来形成されることになる。経済活動の進展はこのように法をつくり発展させるのであり法はこの意味で経済の変化を映す鏡であるといえる。

(2) 経済発展のひずみと法

　国際経済はつねに正常に発展するとはかぎらない。それは社会にひずみをもたらす場合もある。一般に経済の自由化は資源の最適配分をうながし国家の経済格差や貧富格差を縮小するとみられていた。しかし現実はこうしたシナリオどおりには動いていない。GATT/WTOの貿易自由化は先進国の大企業（多国籍企業）に利益をもたらした反面開発途上国の資源を減少させてきたからである。先進国と開発途上国のあいだの経済格差・貧富格差・デジタル格差（digital divide）は国際経済の発展とともに拡大しつつある。また一国のなかでも富める地域と貧しい地域の格差は増大の一途をたどっている。

　これは1つの盲点であった。理論的には経済の自由化は格差是正を導くと考えられていたが現実は異なった。経済の自由化が行われると世界の各地域に発展の極が形成されその周辺で経済が活性化される。しかし過疎地や辺境地域の経済はますます後退する。これは資源や富が経済発展につれて発展地域や一部大企業に集中することを意味する。

　憂慮されるのは経済格差や貧富格差がテロと局地紛争の温床となることである。2001年9月11日のニューヨーク同時多発テロは先進国主導ですすめられてきた国際経済の自由化に警鐘を鳴らした。GATT/WTOを支配してきた先進諸国はこれを契機に自省を強いられたといってすこしも過言ではない。歴史的にみるならばGATTはOECDと同様先進国グループによるルール作りに励んでいた。WTOもこの遺風をひきずってきた。WTOでのルール作りは主要先進諸国の密室（green room）のなかで行われてきたからである。国際経済法はこうした経済のひずみに対処するため修正をうながされている。

(3) 経済利益の追求と法

　いくつかの法律は多国籍企業の利益追求のために利用されてきた。世界の一握りのバイオ産業は，食料増産のため遺伝子組換えやターミネーター技術を促進させ，特許使用料で莫大な富を築いている。英国酪農業も生産拡大のため人為的な飼育方法で狂牛病を発生させた。森林伐採，生物多様性の破壊，地球温暖化も，汚染物を分解する微生物を死滅させ，人動植物の免疫力を低下させた結果，さまざまな疫病を発生させた。経済利益を食品安全や環境保護に優先させると，そのつけは人にまわるのである。安全環境を確保する段階になると，あまりにもおおくの科学的不確定が噴出して，適正な改正法規を作成することができないからである。国ごとに安全基準や環境基準が異なる現状がそれを説明している。そして各国間の法令の相違が経済摩擦をひきおこし世界経済を縮小させるのである。この意味で，現在の遺伝子組換え食品や牛肉をめぐる貿易摩擦は，経済利益の過度の追求が結局は経済と法律にダメージをあたえることを示唆している。

(4) 法が経済にあたえる影響

　経済があたえる影響とならんで法があたえる影響も関心をひいている。法はその内容しだいで経済に良い影響をあたえることもあれば悪影響をあたえることもあるからである。たとえば国際経済法のなかの自由化ルールは経済活動をそくしんさせるポジティヴな役割

を果たしている。国家が自由化ルールに反して輸入品を差別するときは国際経済法は国家の差別措置を糾弾し撤回させる効果をもつからである。

しかし逆に国際経済法のなかに含まれた規制ルールは経済の動きにとって足枷となることがある。それは経済の動きを抑制し市場を停滞させるおそれすらある。

問題は法がひとたびつくられると容易には修正されない難点をもつことである。要するに法は融通がきかないのである。たとえば半世紀前にできたGATTのダンピング防止法は当初は外国輸出者による安売り行為に対処するための政策手段と考えられていた。こうした廉売行為は外国の生産者が近隣諸国の同業者を窮乏化させるための行為であるからこれを規制することは理にかなっていると判断された。ところがダンピング防止法はダンピングの認定に関して輸入国当局に広範な裁量をあたえたため輸入国は国内産業の保護手段としてダンピング防止措置を乱発するようになってきた。そしてダンピング防止措置はとられると輸入品にダンピング防止税が課され輸入品の価格を上昇させる。輸入品は競争力を失い輸入国市場からしめだされる。すると輸入国の生産者は輸入品との競争から解放されて国産品の価格をいっきょに引き上げる。消費者は高価格の商品を購入せざるをえなくなる。これがおおかたのダンピング防止措置がもたらしてきた効果である。ダンピング防止措置は国内から競争をなくし消費者に犠牲を強いるのである。

国際経済法にはダンピング防止法のように経済的にみて問題をもつルールが含まれている。こうした法は経済に悪影響をあたえつづけている。しかし法の改正は容易ではない。経済はたえず動くが法は人間が定めるルールであるため簡単には変えられない。ここに法がもつ弱点がある。

国際経済法の再点検が必要とされるのは経済厚生をさまたげる悪法を極力改正するためである。経済の側にたって法を客観的にみなおしそれを是正する作業が不可欠とされるのである。各国競争法の分野で政府が「規制の失敗」を認めて規制緩和を推進しているように国際経済法の分野でも主要国政府が不合理な規制を改廃する動きがうまれつつある。国際経済法上の規制も国内規制と同じように「市場の失敗［market failure］」（市場が競争的で自由でも公共財や情報の不備のため資源配分が効率的に行われないこと）を理由に導入されてきたが規制が不要または不適切となった領域では規制の緩和や是正（他の制度による代替等）が検討されている。

(5) 政策的法規が経済にあたえる影響

国際経済法のなかには数おおくの政策的法規が含まれている。その最右翼は自由貿易協定のなかに挿入された原産地規則である。自由貿易協定は締約諸国間の域内貿易を自由化するため域内に特恵制度を創設することを目的の1つとしている。北米3カ国間のNAFTA（北米自由貿易地域）を例にとればNAFTAは域内特恵制度をつくりあげそのための特恵原産地規則を定めた。NAFTA特恵原産地規則は北米3カ国のいずれかで生産される産品が域内でゼロ特恵関税を受けるための条件を定めている。たとえばメキシコで生産されるTVがNAFTA原産（NAFTA-origin）を認められ米国にゼロ関税で輸入されるためにはTVの基幹部品であるブラウン管や印刷回路（Printed Circuit Board）がNAFTAで生産されなければならない。こうした原産地規則がメキシコのTV生産者に基幹部品をアジアからではなく北米から調達することを強いるのは当然である。逆にいえばTVのNAFTA特恵原産地規則はNAFTAに基幹部品の製造産業を育成するねらいをもっている。部品産業の育成とそのための投資誘致が特恵原産地規則の背後にある。かくしてNAFTA創設後北米にTV部品企業が設立されていった。これは特恵原産地規則という政策的法規が投資経済に決定的な影響をあたえた一例である。

同様にダンピング防止税や迂回防止措置も投資誘致をもたらす点で経済に影響をあたえる政策的法規の例に数えられよう。つうじょう輸入国が外国のハイテク輸入品に高率のダンピング防止税を賦課するとダンピング防止税は輸入品価格に転嫁されるため輸入品は課税後輸入国への輸入を事実上禁止される。ここが輸入国ダンピング防止当局のねらいであって当局は外国産品への高率ダンピング防止税の賦課をつうじて外国生産者に製品輸出を断念させ代わりに輸入国での生産を強いるのである。しかも外国生産者が大量の部材を外国からもちこんで生産するときは製品へのダンピング防止税の迂回行為とみなして輸入される組立用部材にダンピング防止税を拡張適用する。輸入国はこれらダンピング課税と迂回防止措置によって外国生産者の生産活動を外国から輸入国へ移転させ輸入国経済の活性化をはかることになる。欧米の慣行にみるように日本企業へのダンピング課税と迂回防止措置は有力日本企業の欧米現地生産をうながすことに成功した。

さらに各国が補助金をつかって行う産業政策もみとすことはできない。主要国が農業分野で穀物生産の一部を他産業（たとえば油糧種子生産）に転換させるため補助金をつかったり特定産業の保護育成のために補助金をあたえる例は政策的措置の一例である。ここにみた原産地規則，ダンピング防止税，迂回防止措置，補助金供与は経済の動きに影響をあたえる政策的法規であり法規の内容しだいで社会と経済の仕組みがおおきく変わるのである。

(6) 経済と法の調整

複雑に変動する経済と法をどうやって調整するのか。これが永遠の課題である。

たとえば現在地球上で多数の自由貿易協定（NAFTA 日シンガポール協定等）が締結されている。世をあげて自由貿易協定ばやりであり日本もメキシコ・チリ・ペルー・スイスやアジア近隣諸国とのあいだに協定を結んだ。自由貿易協定は国際経済法が認めるブロック経済でありブロックの仲間同士の貿易は自由化されるが

ブロックの外部のよそ者はブロックからはじきとばされる。したがってブロックができるとブロック域内にあらたに貿易がうまれるがブロック域外からの貿易は差別されることになる。つまりブロック経済は域内貿易を創出するポジティヴな効果をもつはんめん域外貿易を差別するネガティヴな効果をもつ。こうしたブロックを法的にどう評価してどのようなチェックを法の側から行うべきかはきわめて重要な課題である。このように評価が困難な経済の動きが増えているげんざい経済と法の調整は緊急の課題となっている。

第2章
国際経済法の歴史

国際経済法の歴史は，4つの時期にわけることができる。第2次世界大戦までの戦前体制，戦後のIMF/GATTシステム，GATT時代，そしてWTOレジームである。現代の国際経済法は戦後のIMF/GATT体制に基礎をおいており，WTO発足とともに飛躍的な発展をとげた。

第1節　戦前体制

戦前の国際経済体制は，保護貿易主義，ブロック主義，孤立主義の三重苦に陥り，その総決算が第2次世界大戦にほかならなかった。

1 保護貿易主義

保護貿易主義（protectionism）の嵐が世界に吹き荒れたのは第1次大戦後であった。主要国は，1920年代から，近隣窮乏化政策（beggar-my-neighbor policies）をとり，数多くの輸入品に対して数量制限を課した。そして1929年に世界大恐慌（Great Depression）が発生すると，各国は恐慌対策としていちように保護貿易主義を強化した。その引き金をひいたのは，建国以来一貫して保護主義を維持してきた米国であった。米国は，1930年にスムート・ホーレー関税法（Smoot Hawley Act）を採択し，輸入額のほぼ6割にあたる外国産品に高関税を適用した。米国の政策は他国にも波及し，各国は，高関税・数量制限を柱とする輸入規制を行った。さらに各国は輸入制限と同時に，為替操作（平価切下げ）によって輸出を促進し，自国利益のために近隣諸国を窮乏に陥れた。

問題は，近隣窮乏化政策が，軍事独裁政権をうむ温床となったことである。日独伊の軍事独裁政権は，近隣窮乏化をふりかざして，輸出促進と輸入制限が国内の雇用を創出し不況を解消させると喧伝した。この喧伝が民意をつかむのに長い時間を要しなかった。

こうして近隣窮乏化のための保護貿易主義は，差別ブロック主義と結びついて，軍事独裁政権を武力行使へとかりたてたのである。

2 ブロック主義

ブロック（block）とは，特定諸国間に形成される排他的・閉鎖的な経済領域をいう。ブロックがつくられると，ブロックに参加する国同士の貿易は自由化されるが，ブロック参加国への第三国からの輸入は制限される。ブロック主義（block doctrine）はこのように，ブロック域内の貿易を自由にする一方，域外からブロックへの貿易を制限する点で，差別的であった。域内の仲間同士の交易は自由化されるが，域外の第三国は，差別されるからである。

ブロック主義を最初に導入したのは，英国であった。英国は1931年，大英帝国を緩やかな英連邦（Commonwealth）に改編したあと，1932年のオッタワ会議で，英連邦諸国（カナダ，豪州，インド，南ア等）とのあいだに英連邦特恵（Commonwealth preferences）を形成した。英連邦特恵のもとでは，連邦諸国間の貿易のみが低い特恵関税（preferencial duties）を適用された。具体的にいえば，英連邦諸国（たとえばカナダ）から英国へ輸入される産品は，低率の特恵関税（たとえば1％）に服するが，第三国（たとえば日本）から英国へ輸入される産品は高率の通常関税（たとえば15％）に服した。英国があえてブロック主義を導入したのは，1つには米国の高関税政策（スムート・ホーレー法）に対抗するためであった。

類似の差別ブロックは，他の地域にも伝播した。ドイツは南東欧州諸国とのあいだに広域経済圏（Grossraumwirtschaft）を形成し，フランスは金本位ブロックを築いた。また日本は満洲・台湾・朝鮮とのあいだにブロック圏を導入し，さらに日本の大東亜共栄圏プランも，差別的な経済ブロックをめざしていた。これらブロックはけっきょく世界を枢軸国（ドイツ，イタリア，日本）と連盟国（英国，フランス，米国，ソ連，中国等）の2大陣営に分裂させ，第2次世界大戦に導いたのである。

3 孤立主義

第2次大戦を招いた第3の要因としてあげられるのは孤立主義（isolationism）である。とくに米国は，伝統的に孤立主義をとり，それは第1次大戦後もさまざまな形（国際連盟への非加盟，中立法の制定）で保持された。その結果，第2次大戦の勃発を許したのである。

第2節　IMF/GATT体制

　第2次大戦後の国際経済体制は，戦前の保護貿易主義・ブロック主義・孤立主義とは一線を画した。保護貿易主義に対しては自由貿易主義が，差別ブロック主義に対しては無差別主義が，孤立主義に対しては多角主義が，戦後の国際経済体制の理念とされた。これら自由・無差別・多角主義は，戦後のIMF/GATT体制の支柱とされ，現在のWTOにもひきつがれている。

1　自由・無差別・多角主義の発案

　戦後の自由・無差別・多角主義を発案したのは，米国であった。米国は，戦時中に武器援助をつうじて富を蓄積し，この経済力を背景に戦後の国際経済制度をデザインしたのである。米国の目からみれば，自由・無差別・多角主義は，米国が，金ドル体制のもとで自国産品を自由に他国に輸出し，世界市場を支配するために不可欠であった。言葉を換えれば，自由・無差別・多角主義は，戦前制度の欠陥に対する反省からうまれただけではなく，米国の国益を増大させるために考案されたことをみのがしてはならない。以下にみるように，戦後体制は，米国の強い指導力と政策のもとに，4段階をへて樹立された。戦時中の米国政策，ブレトン・ウッズ会議とIMF/世銀体制，ITO設立提案とハバナ会議，GATTの樹立である。

2　戦時中の米国政策

　米国は，第2次世界大戦が1939年9月（ドイツのポーランド侵攻）に勃発したあとも，孤立主義と中立政策を維持し，この間に武器援助を行う一方，戦後の経済体制を検討していた。検討の末表明されたのは，米国国務次官サムナー・ウェルズ（Sumner Wells）の「戦後通商政策」（Post-War Commercial Policy）と題する1941年の演説であった。この演説が現在でも注目をひくのは，このなかに米国の歴史認識と戦後体制に関する考えが集約されているからである。
　演説は，各国が過去にとってきた保護貿易主義と差別主義が愚行にすぎなかったことを指摘している。これら保護主義と差別主義は，他国の貿易と生活物資に打撃をあたえただけではなく，「皮肉にも」自国の輸出貿易を縮小させたからである。そして，こうした他国の窮乏化と自国経済の破綻は，軍事独裁の勃興と大戦への突入を準備したと演説はのべた。

3　ブレトン・ウッズ会議とIMF／世銀体制

　米国は，1941年演説と同様の立場にたって，1944年7月，ニューハンプシャー州の保養地ブレトン・ウッズ（Bretton Woods）で，通貨金融に関する国際会議を開催した。この会議には連合国側44カ国の経済金融大臣が出席し，その結果，戦後のIMF／世銀という国際通貨金融制度が樹立された。
　IMF／世銀体制は，第2次世界大戦が，保護主義・差別主義のほか，平価切下げ競争からも生じたことをふまえて，為替安定と戦後復興を一大目標にかかげた。このため，IMF（International Monetary Fund 国際通貨基金）をつうじた各国為替相場の安定と世界銀行（World Bank, International Bank for Reconstruction and Development, IBRD, 国際復興開発銀行）による経済復興融資が行われることになった。

4　ITO創設提案

　ブレトン・ウッズ体制とならんで，貿易面ではITO（国際貿易機関 International Trade Organization）が構想された。もっともこの構想はつぎにみるように頓挫し，代わってGATTが誕生することになる。
　ITOの創設も米国の発案である。米国は，1945年9月（日本の降伏文書調印）に第2次大戦が終結したあと，同年12月，ITOの創設提案を発表した。この提案を叩き台として，1946年から3回にわたり検討会議（ロンドン，ニューヨーク，ジュネーブ）が開かれ，その結果，1948年，キューバのハバナで「ITOの設立に関するハバナ憲章」（Havana Charter）が53カ国間で調印された。
　ITO憲章は，しかしながらあまりにも意欲的であった。それは，貿易の自由化と雇用消費の拡大をはかるため，国際貿易のほかに，雇用政策，国際商品取決め，経済開発，企業の制限的取引慣行（Restrictive Business Practices）もカバーしていた。後述するように，企業の反競争的慣行（カルテル等）は，国家の輸入障壁とならんで貿易を制限する私的障壁をつくるため，現行WTO体制のもとでどのように扱うかが2002年以降の新ラウンドの課題とされている。WTOの新交渉議題がすでに半世紀前にITO憲章のなかにもりこまれていたことは注目に値しよう。
　他方，機構面からみると，ITOは国際連合の下部機関として位置づけられていた。したがって国連を中心に，下部機関・ITOの貿易制度と専門機関・IMF/世銀の分業体制が発足するはずであった。
　しかし，ITO憲章は，発効しなかった。憲章が発効しITOが成立するためには，参加国の一定数の批准が必要であったが，憲章の批准国は2カ国（リベリア，オーストラリア）にとどまったからである。提案者の米国は，議会の批准拒否により，憲章不採択の結論に達した。かくして，米国国務省は，1950年12月の声明で，ITOは死滅したとのべた。米国は自ら発案したITOを自らの手で葬り去った。これは米国が第1次大戦後，国際連盟の創設を提案しながら，ヴェルサイユ条約の批准を拒否し連盟に参加しなかった顛末を想起させる。

5　GATTの樹立

　流産したITOと創設されたGATT（「関税および貿易に関する一般協定」General Agreement on Tariffs and Trade）の関係はややこみいっている。それは，ITOが流産したあとでGATTが交渉され成立したわけではないからである。ITO憲章の交渉・調印過程とGATTの交渉・成立過程はじつは時間的に平行していた。ITO憲章が1948年に調印される前に，GATTはすでに起

草され1947年10月にジュネーブで作成されていた。

GATTを起草したのも米国であった。米国はITO憲章草案の作成と併行して，関税と貿易に特化した協定草案を作成していた。この草案は，ITO憲章草案のなかの関税・貿易規定をベースとしていた。

ではなぜITO憲章とGATTを併行して起草しなければならなかったのか。それは，ITO憲章の発効が容易ではないことが予測されたためであった。ITOは貿易から雇用にわたる広大な領域をカバーし，各国がITOを批准するためには，広範囲の国内法を改正する必要があった。したがってITOが主要国で批准され発効するために長期を要することは自明であった。とうぜん米国と欧州諸国はITOの批准・発効手続が終了するのを待っていられなかった。そこで考案された仕組みがGATTであった。

GATT草案は，米国の1945年提案（「世界貿易と雇用の拡大のための提案」）にまで遡る。この草案は，関税引下げと特恵関税（英連邦特恵等）の廃止に主眼をおいていた。これに基づいて，1947年にジュネーヴで23カ国間の関税引下げ交渉が行われ，交渉結果は，商品貿易の自由化ルールとともにGATTのなかにもりこまれた。交渉国のうち8カ国（米国，英国，カナダ，フランス，ベルギー，オランダ，ルクセンブルク，オーストラリア）は，GATTを1948年から暫定的に適用することに合意した。この合意文書がGATTの暫定適用に関する議定書であった。（それゆえGATTは法的に・正式に発効したわけではなく，GATT暫定適用議定書に基づいてあくまでの急場凌ぎに仮設されたにすぎなかった）。

GATTはこのように，本命のITOが創設されるまでのあいだ暫定的に設立されたつなぎ役の機関にすぎなかった。GATT（29条2項）が明記したように，GATTはITOが将来成立すれば消滅するはずであった。しかし，皮肉にも，本命のITOは流産し，暫定的なGATTが戦後半世紀の国際貿易を実効的に規律したのであった。

第3節　GATTシステム

1947年10月に成立したGATT（「GATT1947」と呼ばれる）は，1995年のWTO創設まで余命を保った。GATTの原則，成果および欠陥はつぎのように整理することができる。

1 GATTの原則と正当化

GATTは商品貿易の自由化をはかるため，自由・無差別・多角的な貿易システムを創設した。これら自由・無差別・多角主義（free trade, non-discrimination, multilateralism）は，戦前の保護主義・差別ブロック主義・孤立主義に対するアンチ・テーゼであり，第3次世界大戦の抑止メカニズムでもあった。

米国はこうしたGATTの原則を経済学上の比較優位費説（または比較生産費説）によって正当化した。比較優位説（comparative advantage）によれば，国家は他国と貿易を行う場合，低コスト産品を相互に交換するのがもっとも得策であるとされる。国家は他国よりも低いコストで生産できる商品をもっている。工業国は特定の工業産品を他国よりも低コストで生産することができるであろう。他方，農業国は特定農産品を工業国よりも低いコストで生産できるかもしれない。この場合，工業国は工業産品の生産に関して，また農業国は農産品の生産に関して，他国よりも優位にたつ。したがって，国家はそれぞれ優位性をもつ低コスト商品（比較優位産品）の生産に専念し，高コスト商品の生産は他国に委ねるのが賢明である。そして国家はそれぞれの比較優位商品を相互に交換すればよい。したがって，適当な為替レートのもとでは，比較優位商品の自由貿易が，国家に利益をあたえることになる。

自由貿易主義は，経済学的に正当化されるだけではなく，米国の国益にもかなうものであった。米国は第2次大戦中に武器輸出等をつうじて莫大な富を蓄え，終戦後は経済的な覇者となっていた。このため米国は自国の低コスト産品を他国に輸出し，また他国から安価に原料を輸入するため，自由貿易体制を樹立しようとしたのであった。もっとはっきりいえば，米国はGATTの自由無差別システムをつうじて世界市場を制覇しようとしたのであり，GATT原則は，この意味で米国という強者の理論にほかならなかった。GATT成立の背景にはこのように米国の政治的動機があったが，GATT体制は現実には米国の世界市場制覇に歯止めをかけてきたこともみのがしてはならない。

2 GATTの原則と例外

GATTの3原則（自由・無差別・多角主義）には多様な例外が定められた。どんなルールも原則だけではいけない。場合によっては原則からの逸脱や例外を柔軟に受けいれるようでなければ，ルールは長持ちしないのである。ここにGATTが半世紀にわたって寿命を保った秘訣がある。

GATTの原則の1つは，無差別原則である。これは，締約相手諸国の産品を同等に扱う最恵国待遇原則と締約相手国の産品を国内産品よりも不利に扱うことを禁止する内国民待遇原則からなりたっている。しかし，これら2種類の無差別原則に対していくつかの例外が条件つきで認められた。とくに最恵国待遇原則に対しては，特恵関税，地域貿易協定，義務免除，ダンピング防止措置，対抗措置といった広範な例外が規定された。

無差別主義と同様，自由貿易主義も原則と例外をともなっていた。GATTは貿易自由化のため，関税引下げルールと数量制限の禁止を明記した。しかしこれらルールはさまざまな例外（関税率の引上げ・再交渉，セーフガード措置等）をともなっていた。

さらに多角主義のため，全締約国代表からなる締約国団が設置され，締約諸国による関税引下げ交渉や締約国団の全会一致による紛争解決手続が規定された。こうした柔軟な法システムのもとで，GATTは半世紀の活動をとおしてめざましい成果をあげた。

3　GATTの成果

(1) 貿易自由化と紛争解決

GATTの成果は，商品貿易の自由化の促進と貿易摩擦の解決にみいだすことができる。

貿易の自由化は2つの方策をつうじて行われた。1つは，政府間の多角的貿易交渉（ラウンド）による関税の漸進的引下げであり，もう1つは非関税措置の規律であった。

貿易を制限する国家の障壁は大別して関税障壁と非関税障壁にわかれるが，GATTはこれら2つの障壁に果敢な戦いを挑んだ。GATTは政府間のラウンド交渉をつうじて各国関税率の漸進的引下げをはかった。ラウンド交渉は1947年のジュネーブ交渉から1986-94年のウルグアイ・ラウンドまで8回におよび，交渉のすえ，主要国の関税障壁は，センシティヴ品目（先進国の農業・繊維・化学品目等）を除き，おおはばに削減された。

しかし厄介なのは非関税障壁であった。各国は国内産業を保護するため多種多様の非関税障壁を維持していた。それは，数量制限から，基準認証制度，通商政策措置（ダンピング防止措置，相殺関税措置等）にいたるまでさまざまであった。それゆえ，これら一連の非関税障壁は，輸入関税率の引下げにともなって，貿易を制限する主要な要因となり，GATT締約国の関心をあつめた。

GATTが非関税障壁を規律するため最初に作成したルールは，1967年に作成され68年7月に発効したケネディー・ラウンド協定（ダンピング防止協定等3協定）であった。つづいて，1979年の東京ラウンド文書は，基準認証・ダンピング・相殺措置・輸入許可・関税評価等の非関税障壁について，詳細なルールをもりこんだ協定を含んだ。

GATTが果たした第2の成果は，貿易摩擦の解決であった。GATTにははじめから裁判所がなかったため，国家の措置がGATTルールに違反するかどうかを判定する手続は，慣行によっていわば泥縄式につくられた。それがパネル手続であり，独立の専門家から成るパネルに紛争解決の役割が割り当てられた。GATT時代に，パネルが扱った紛争事例は220件に達した。

(2) GATTのラウンド交渉

GATTのラウンドは，年を追って，参加国数を増し，成果も関税引下げから非関税障壁の規律，新課題の処理におよんだ（表1-2）。参加国数は，第1回ジュネーブ・ラウンドの19カ国から，第6回ケネディー・ラウンドでは74カ国に，また第7回東京ラウンドでは85カ国に増え，さらに第8回ウルグアイ・ラウンドでは128カ国に達した。日本は1956年にGATTに加盟し，その年の第4回ジュネーブ交渉からラウンドに参加している。第4回ラウンドでは，米国とスウェーデンとのあいだに2国間の関税引下げ交渉を行った。

8回のラウンドのうちもっとも顕著な成果を収めたのは第6回から第8回までの交渉である。第6回ケネディー・ラウンドと第7回東京ラウンドは従来の関税引下げラウンドと異なり関税障壁のほかに非関税障壁にとりくみ，また第8回ウルグアイ・ラウンドは史上最大の国際交渉となり，WTO創設に導いた。

4　GATTの欠陥とWTOの創設

GATTは商品貿易の自由化という面で成果をあげたが，発足以来さまざまな欠陥を露呈した。それは，協定，機能，機構，紛争解決の分野で生じたほころびであり，これらを繕うための大改修の成果がWTOにほかならなかった。それゆえ，GATTからWTO

表1-2　GATTラウンド交渉

順番	ラウンド名称	開催年	参加国数	成果
第1回	ジュネーブ（Geneva）	1947	19（中華民国参加）	関税譲許（引下げ約束）
第2回	アネシー（Annecy）	1949	27	関税譲許
第3回	トーキー（Torquay）	1950	33	関税譲許
第4回	ジュネーブ	1956	36（日本初参加）	関税譲許
第5回	ディロン（Dillon）	1960-61	43	関税譲許
第6回	ケネディー（Kennedy）	1963-67	74	関税譲許 ―ダンピング・相殺措置協定等
第7回	東京	1973-79	85	―関税譲許 ―基準認証・ダンピング・相殺措置・輸入許可・関税評価・政府調達・民間航空機協定等
第8回	ウルグアイ（Uruguay）	1986-94	128	―関税譲許 ―WTO協定

注：ラウンドの名称は，交渉開催地（ジュネーブ，フランス・アネシー湖畔，英国南西部トーキー［現Torbay］等），発議者（米国国務次官ダグラス・ディロン［Douglas Dillon］，米国大統領ケネディー［1963.5開催合意，63.11暗殺，64.5開催発効］），開始宣言地（東京，ウルグアイ）に由来する。

への変容は，国際経済制度の革新のための必然的な動きであった。

WTO を創設するウルグアイ・ラウンド最終文書は，1993年12月15日に実質妥結し，1994年4月15日にモロッコのマラケシュ会議（Marrakesh）で調印された。文書は1995年1月に発効し，ここに WTO レジームが創設された。

第4節 WTO レジーム

WTOは，GATTの遺産のうえにたちつつ，GATTの欠陥を克服するため，独自の国際貿易システムを樹立した。1995年1月に発足したWTOの新機軸をGATTの欠陥と対比させながら整理してみよう。

1 協定の受諾

(1) ア・ラ・カルトの GATT

GATT は GATT 本体と東京ラウンド協定からなりたっていた。GATT 本体は全締約国によって適用されたが，東京ラウンド協定は GATT 締約国のうちの一部諸国のみによって締結されていた。東京ラウンド協定の受諾は締約国の自由であり，各国は自国に都合のよい協定のみをつまみ食いすることができた。たとえば東京ラウンドの改正ダンピング防止協定をとりあげると，協定の受諾国は GATT 締約国 123 カ国（1979年）のうちわずか 24 カ国（日本，米国，EC，カナダ，オーストラリア等）にとどまった。俗に GATT システムを「ア・ラ・カルトの GATT」と呼ぶのは，GATT 諸協定のつまみ食い現象を的確に表現したものにほかならない。

(2) WTO 協定の一括受諾

A 多角的貿易協定の一括受諾

WTO は協定のつまみ食いを禁止した。国家は WTO への加盟にあたり，WTO 設立協定と 3 つの附属書を一括して受諾するよう義務づけられた（シングル・アンダーテイキング）。これら一括受諾協定は，極地に浮かぶ氷山に似ている。水面に顔をだした氷山が WTO 設立協定であり，これは機構・組織・意思決定手続に関する全文 16 条の基幹規定である。しかし，氷山は水面下に途方もなく巨大な氷塊を隠している。この氷塊が 3 つの附属書であり，そこに実質的な貿易ルールが規定された。

附属書は，商品貿易・サービス貿易・知的所有権関連の附属書 1，紛争解決に関する附属書 2，貿易政策検討に関する附属書 3 から成る。これらのうち，貿易自由化のための実体規定を定めているのは，附属書 1 であり，これが WTO の拘束的な憲法規範にあたる。国家はこの規範に従って国際貿易を規律するよう義務づけられた。附属書 2 は，国家が附属書 1 の貿易ルールに違反したときの紛争解決手続を定め，附属書 3 は各国通商法の定期的な点検制度を導入した。これら附属書 1 から 3 のルールは WTO の全加盟国を拘束し，多角的貿易協定（つまり全メンバーを多角的に縛る協定 multilateral trade agreements）と呼ばれる。

B 複数国間貿易協定

もっとも，WTO は，附属書 4 に複数国間貿易協定（民間航空機貿易協定，政府調達協定）を定めた。これらは一括受諾の対象とならない。協定を受諾するかどうかは国家の自由である。したがって複数国間貿易協定（plurilateral trade agreements）は，GATT 時代の東京ラウンド協定と同じ「つまみ食い協定」である。複数国間協定のなかでもっとも重要な政府調達協定を例にとると，協定の受諾国は，WTO 加盟国のうちの北半球諸国の一部（EU，EU・EFTA 諸国，日韓アジア諸国，米加，イスラエル等）にとどまっている。

(3) WTO 協定の俯瞰

WTO の協定は，表 1-3 のようにまとめることができる。これから明らかなように，WTO 貿易ルールの核は，WTO 設立協定の組織・手続ルール，附属書 1 の実体ルール，附属書 2 の紛争解決手続である。

附属書 1 のうち，附属書 1 A に含まれた 13 の商品貿易協定は内容からみればつぎの 3 系列に分類することができる。

① 従来の GATT1947 とその他諸文書から成る

表1-3 WTO 協定の受諾・種類・対象

受諾範囲	協定の種類		協定の対象
一括受諾協定	WTO 設立協定		組織・手続規定（機構・地位・意思決定手続・改正・加入脱退等）
	附属書1-3の多角的貿易協定	附属書1	商品貿易に関する 13 の協定（附属書1A）
			サービス貿易に関する国際通商協定（附属書1B）
			知的所有権に関する TRIP 協定（附属書1C）
		附属書2	紛争解決手続に関する了解
		附属書3	貿易政策検討制度
つまみ食い協定	附属書4の複数国間貿易協定	政府調達協定	政府調達の原則と細則手続
		民間航空機協定	航空機と部品の輸入関税率撤廃

GATT 1994。

② 従来のGATT体制下で扱われていたルールを改正・強化した諸協定，たとえば，スタンダード協定，ダンピング防止協定，補助金・相殺関税協定，セーフガード協定等。

③ 従来GATTが扱わなかったルールを定める諸協定，すなわち，原産地規則協定，農業協定，植物検疫衛生協定，繊維協定，船積み前検査協定等。

このようにWTOの商品貿易協定の1つにGATT 1994があり，これは既存のGATT 1947を含んでいる。GATT 1947の中身は変わっていない。GATTと他の個別商品協定（セーフガード協定，ダンピング防止協定等）が抵触するときは，個別商品協定がGATTに優先する。附属書1はサービス貿易協定1本である。これはGATS（General Agreement on Trade in Services）と略称され，商品貿易分野のGATTと対をなしている。

附属書1Cは知的所有権の貿易関連側面を扱い，これによって各国知的所有権はおおはばに調和された。

附属書2の紛争解決了解は，商品・サービス・知的所有権に共通して適用される紛争解決手続を定めた。この手続により，商品・サービス・知的所有権分野のルールは加盟国に対して実効性をもつことになった。ルール違反に対するWTO裁定は拘束力をもち，加盟国はルール違反の措置を是正するよう強いられるからである。

附属書3の貿易政策検討制度は，各国の貿易政策や慣行を定期的に検討するメカニズムである。これによると，4大貿易国（日米ECカナダのQuad）は2年ごとに，16加盟国は4年ごとに，開発途上国は6年ごとに，後発開発途上国はそれ以上の周期でWTOの点検を受ける。ただしこれは点検どまりであって，通商政策とWTOルールとの整合性を審査するものではない。

附属書4の複数国間協定はWTO発足当初は4つあったが，そのうち国際牛肉協定や国際酪農品協定は1997年末に失効した。このため，現在は政府調達協定と民間航空機協定のみが効力をもっている。政府調達協定は，公共調達分野の自由化をめざし，民間航空機協定は30カ国間で民間航空機と部品の輸入関税率を撤廃するねらいをもっている。

2 活動範囲の拡大

GATTの活動範囲はもっぱら商品貿易（とくに工業産品貿易）の分野に限られていた。これに対し，WTOは，活動範囲を従来の商品貿易からサービス貿易や知的所有権の分野にも拡大した。WTOがサービス貿易と知的所有権を対象にとりいれたのは，世界貿易の現実に照らして当然のなりゆきであった。世界貿易は，大別して商品貿易，サービス貿易および知的所有権使用料にわかれるが，サービス貿易と知的所有権使用料の比率は年を追って増加しているからである。WTO統計によると，2005年の世界貿易は約13兆ドル（13 trillion US$）強であった。その内訳は，商品貿易10兆ドル，サービス貿易2.5兆ドル，のこり知的所有権使用料である。世界貿易全体に占める商品貿易の比率（8割弱）はいぜんとして高く，その額（約1200兆円）も日本の国家予算（約80兆円）の15倍に達する。しかし，サービス貿易と知的所有権使用料（その正確な数値はかならずしも明らかでない）の比率は，先進国（米国，日本，EU）になればなるほど漸増している。こうした商品貿易からサービスと知財へのシフト現象にWTOは対処したのである。

3 GATT規定の扱い

WTOはうえにみたように，商品貿易協定の1つにGATTルールを含んでいる。では昔のGATTとげんざいのGATTはどこが違うのか。両者は字面は同じであり，GATT 1947の条文は無修正でげんざいも適用されている。しかし，両者は，効力が異なる点で，天と地ほどの違いをもっている。

昔のGATTは，GATTの暫定適用に関する議定書（1947年10月30日署名）に基づいてITOが発効するまでのあいだ，暫定的に適用されたにすぎない。それは確定的に適用されたわけではなかった。

しかも昔のGATTは，効力が弱かった。なぜか。

第1に，GATT規定のなかで国内法に優位して適用されたのは，第1部（1-2条）と第3部（24-35条）の諸規定にとどまった。第1部は，最恵国待遇原則（1条）と関税引下げ約束に関するいわゆる関税譲許（2条）を定め，第3部は地域貿易協定（24条），義務免除（25条），譲許修正（28条），加盟手続（33条），協定不適用（35条）等をカバーしている。

他方，GATTの第2部（3条以下23条まで）の実体ルール——たとえば内国民待遇原則（3条），ダンピング防止税（6条），数量制限禁止（11条），セーフガード措置（19条）等——は，既存の国内法と抵触しない範囲で最大限適用されるにとどまった。換言すれば，GATT第2部と既存の国内法（米国1930年関税法等）が食い違うときは，既存の国内法がGATTに優位したのである。これを祖父条項（grand father clause）と呼ぶのは，GATTよりも前に制定された各国国内法を祖父に見立てて祖父規定をGATTに優先させる考えに基づいている。

WTOはGATT時代の祖父条項を廃止した。したがってGATTレジームのもとでは，GATT規定はすべて国内法に優位して適用されることになった。ただし，例外が1つだけあって，米国の1920年ジョーンズ法（Jones Act）の差別的条項のみは祖父条項によりカバーされている。ジョーンズ法は，国家安全保障を理由に，沿岸貿易に従事する船舶に関し，米国船舶（米国人所有・米国建造・米国人船員の米国籍・旅客貨物輸送用船舶）による貿易を義務づけた。それゆえ沿岸貿易用の船舶を外国から米国に輸入しリースすることは禁止された。この禁止はGATTに違反するが，ジョーンズ法は祖父規定としてGATTの内国民待遇規定に優位して適用されるのである。ジョーンズ法を祖父条項に

よって免責することが今後も継続されるかどうか，米国と他国のあいだに論争が生じている。

4 機構面の特質

(1) 法人格

WTOは機構面でもGATTとくらべ格段の進歩をとげている。GATTの機構は，きわめて未熟であった。それは国際組織としての法人格をもっていなかった。またGATTは機関として全メンバーから成る締約国団をそなえていたにとどまる。

これに対し，WTOは国際法人格をもつ国際組織として設立された。このためWTOは国家や他の国際組織と条約を締結したり，特権免除を受けることができるようになった。

(2) 機関

WTOはまた高度に組織化された機関をそなえ，機関の意思決定手続を明確に定めた。WTOの最高の意思決定機関は，2年にすくなくとも一度開催される閣僚会議（MinisterialConference）であり，これがWTOの基本政策を定める。閣僚会議の下に全加盟国の大使（駐ジュネーヴ代表）から成る一般理事会・紛争解決機関・貿易政策検討機関がおかれる。これら3つの機関は同じメンバーから成るが，機能別に3役をこなしている。一人3役であって，①商品貿易・サービス貿易・知的所有権を扱うときは一般理事会（General Council）として，②貿易摩擦の処理にあたるときは紛争解決機関（Dispute Settlement Body. DSB）として，③各国通商法の点検を行うときは貿易政策検討機関（Trade Policy Review Body, TPRB）として会合する。一般理事会の下には，分野別の3つの理事会（物品貿易理事会，サービス貿易理事会，貿易関連知的所有権理事会），特別下部機関（貿易と環境委員会，地域協定委員会，貿易と開発委員会，加盟作業部，貿易と投資作業グループ，貿易と競争作業グループ，政府調達透明性等）および複数国間協定委員会が配置された。紛争解決機関の下には常設の上級委員会がおかれ，また紛争ごとにパネルが設置される。なおWTOは事務局（Secretariat）を主要機関の1つとはしなかった。これは国連が事務局長（Secretary-General）が率いる事務局（Secretariat）を，総会や機能別理事会とならぶ主要機関の1つとしたのと対照的である。WTO設立協定（6条）は事務局について，閣僚会議が事務局長を任命し，事務局長の権限・任務・勤務条件・任期を定めるものとし，さらに事務局は政府から独立に行動するよう定めた。事務局長は紛争解決の実践過程（たとえばECバナナ事件Ⅲ［巻末資9-2］）で，黒子として動き，国家の対立を調停したり，政治的緊張を妥協案によって緩和する重要な役割を果たしている。

(3) 意思決定手続

A コンセンサスと表決復帰

閣僚会議と一般理事会は原則として伝統的なコンセンサス方式により意思決定を行う。WTOはGATT時代のポジティヴ・コンセンサス方式を踏襲した。コンセンサスは会議に出席する加盟国が1国でも反対しないときに成立する（WTO設立協定9条1）。しかし，加盟国が拒否権を発動してコンセンサスの成立をさまたげるときは，表決手続がとられる（WTO設立協定9条）。これを表決復帰方式（fall back）という。こうしたコンセンサスの追求と表決復帰の手続は，閣僚会議と一般理事会の意思決定を困難にし，ある場合にはラウンド閣僚会議の崩壊（シアトル・カンクン・香港閣僚会議の失敗）を招き，また一般理事会の決定を長期化させる。

B 多数決表決

表決は1国1票の多数決により行われる。多数決制度は閣僚会議と一般理事会のみで採用され，一般理事会に従属する下部機関（物品貿易・サービス貿易・TRIPS理事会等）には適用されない。下部機関は，コンセンサス方式のみに従い，表決に走ることができない。それゆえコンセンサスが成立しないときは，事案の解決を上位の一般理事会に委ねる。一般理事会は，従属機関から解決を委託されたのちも，適宜，技術的審議を従属機関に依頼し，従属機関の審議結果を受けてコンセンサスをめざす。それでもコンセンサスが形成されないときに，一般理事会は表決を行う。

閣僚会議と一般理事会の表決には3種類がある。原則は単純多数決である（WTO設立協定9条1最終段）。しかし，WTO協定の解釈や義務免除（waiver）といった重要議題は4分の3の厳格多数決方式に服する。またWTO協定の改正や予算問題については3分の2の多数決方式がとられる。

1国1票制度は独立関税領域が1票をもつことをさまたげない。中国の場合，本土が1票をもつほか，独立関税領域（台湾，香港，マカオ）もそれぞれ1票をもつ。

EUについては，固有の表決制度が導入された（WTO設立協定9条1注2）。旧ECはWTO加盟にあたり構成諸国とは別個独立の加盟国資格をあたえられた。しかし，構成諸国とは別に1票を認められたわけではない。EUは，その権限事項（とくに商品貿易に関する排他的権限事項）に関する投票にさいし，「WTOに加盟しているEU構成諸国」の総数と同じ数の票数を一括行使する。それゆえWTO発足後，EUは当時の15加盟国の総数15票を一括行使していた。2004年5月にEU25カ国へ拡大したあとは，新規加盟国10カ国（バルティック3国，中東欧5カ国，キプロス，マルタ）もすでにWTOに加盟していたため，投票にあたり25票を投じた。そして2007年にブルガリアとルーマニアがEUに加盟してEU27カ国が成立したのちはECは27票を一括投票している。ただし，2009年12月1日，ECはWTOでの正式名称をEU（European Union）に変えた。他方，将来のEU拡大時に新規加盟国がWTOに未加盟であるときは，ECの一括投票数のなかにWTO未加盟国の票数はとうぜん含まれない。しかしながらECが経済通貨統合を超えて政治統合を果たし「欧州合衆国」（United States of Europe）になったときはどうなるのか。欧州合衆国は，ほかの連邦国家（米国，カナ

ダ，オーストラリア等）と同じようにWTOで1票をもつにすぎなくなるのか，将来のおおきな課題となるであろう。

閣僚理事会や一般理事会とは異なり，紛争解決機関は，固有のネガティヴ・コンセンサス (negative consensus) 方式に基づいて意思決定を行う（WTO設立協定9条1注3）。これは紛争解決機関が，コンセンサス方式にも多数決投票にも訴えないことを意味する。ここにWTO紛争解決手続の独自性が凝縮されている。

C WTO協定と附属書の改正手続き

協定と附属書の改正手続は厳格である。まず協定の改正提案は，加盟国または関連する理事会が閣僚理事会に提出することができる。つぎに閣僚会議は改正提案を加盟国に受諾のために送付するかどうかを，提案受領後コンセンサス方式により決定する。したがって1カ国でも改正提案に反対すれば，改正手続は進まない。閣僚レベルでの全会一致決定が改正手続の引き金となる。

もしも閣僚会議がコンセンサスにより改正提案を加盟国に受諾のため送付することを決定するならば，以下の改正手続が進行する。

第1に特定の最重要条項の改正案件は，加盟国に送付され，すべての加盟国が批准したときに発効する（WTO設立協定10.1条，10.2条）。これら最重要事項には，WTO設立協定の表決手続［9条］，GATT1994の最恵国待遇条項［1条］・関税譲許条項［2条］，GATSの最恵国待遇条項［2.1条］，TRIPSの最恵国待遇条項［4条］がある。

第2に，最重要事項以外の改正案であっても，加盟国の権利義務を変更するものは，加盟国の3分の2以上が受諾したときに，受諾国のみに対して効力を生ずる。ただし，閣僚会議は4分の3以上の多数決で，閣僚会議の定める期間内に，非受諾国がWTOを脱退するか，または閣僚会議の受諾をえてWTOに残留するかを決定することができる（10.3条）。後述するようにTRIPS協定の改正（AIDS薬規定31条bisの挿入）がWTO体制下で最初の試みとなっているが，改正案の受諾数が3分の2に達していないため，2010年現在で実現していない。

第3に，加盟国の権利義務を変更しない改正案は，加盟国の3分の2以上が受諾すれば，発効し，すべての加盟国を拘束する（10.4条）。

(4) WTOの加盟国と分担金

A WTO加盟国

WTOのメンバーは，国家，EU（欧州連合）および独立の関税領域 (customs territory) である。国家に該当しないEUが，WTO発足当初からEU加盟諸国（当時15カ国）とならんで特別に加盟資格を認められたことはすでにのべた（WTO設立協定9条）。GATT時代，ECは正式の締約国ではなかったが，1970年以降，EC構成国から通商権限を移譲されたのちは構成国に代わってGATT活動（紛争解決手続，東京ラウンド協定の締結，WTO協定の交渉等）に参加してきた。このようにGATT時代にすでに事実上のメンバーであったECは，WTOのもとで正式のメンバー資格を認められた。

関税領域は対外通商関係その他WTO管轄事項について完全な自治権をもつ独立の関税地域をいう。GATT時代と同様，WTOでもその加盟資格を承認された。典型例として，GATT時代から加盟資格を認められてきた香港とマカオのほか，WTO体制下で加盟を承認された台湾がある。これらは主権国家・中国とは別個独立の関税領域として固有のメンバー資格をもつ。

2011年現在のWTOメンバー数は153であり，WTO創設メンバー123カ国と加盟メンバー30カ国からなる。その内訳は，つぎのとおりである。

① 独立国家146カ国（2001年12月11日加盟の中国，2003年2月5日加盟のアルメニア，2003年4月4日加盟の旧ユーゴ共和国マケドニア，2004年5月加盟のネパール，2004年10月加盟のカンボジア，2005年11月加盟のサウジアラビア，2007年1月加盟のベトナム，2007年7月のトンガ，2008年6月のウクライナ，2008年7月のカーボヴェルデをふくむ）

② 3関税領域（1986年GATT加盟の香港，1991年GATT加盟のマカオ，2002年1月1日WTO加盟の台湾）

③ 1国際組織，EC/EU（EC27カ国とは別個独立の地域的国際機関）

未加盟諸国のうち，ロシアの加盟が難航している背景には複雑な要因が横たわっている。それは，ECとの交渉で輸出税を原則的に廃止したウクライナに先を越されたこと，ウクライナとの交渉に天然ガス供給問題があること，親欧米のグルジアの反対があること，貿易関連法の整備が遅れていることである。とくにグルジアは国内2地域の独立をロシアが承認したのちいっそうロシアのWTO加盟に反対した。しかしグルジア（2000年6月加盟）とロシアは，2011年10月，スイス提案（国際監視団による2地域貿易管理案）をうけいれた。かくしてロシアの最期の2国間加盟交渉は終了しつつある。はやければ2011年12月のWTO閣僚会議でロシアのWTO加盟が実現する可能性もないとはいえない。

加盟国を経済力によって分類すると，4大貿易国（日米加EUのQuad），16貿易国，開発途上国，後発開発途上国（LDC）にわかれる。先進国と開発途上国の識別基準はWTOに規定されていない。加盟国は自己宣言によっていずれに属するかを決定することができる。ただし加盟国が開発途上国優遇条項（過渡期間，義務軽減等）を利用するために開発途上国の自己宣言を行うと，他国はその宣言に対して異議を申し立てることができる。後発開発途上国は自己宣言によらず，国連が国民1人あたり収入等を基準に指定している。現在国連が指定した後発開発途上国50カ国のうち32カ国（カンボジア，ミャンマー，ネパールほかアフリカ諸国）がWTOに加盟している。WTOの多数派はこのように開発途上国・後発開発途上国であり，途上国への配慮

なしにWTOは進展しない。

加盟国はまた加盟の経緯から分類すると，原加盟国と加入加盟国にわけられる。原加盟国は，WTO発効時にGATT1947の締約国でありWTO協定を受諾した国とECをいう（WTO設立協定11条）。加入加盟国は，加入交渉，閣僚会議による加入承認，加盟国による加入議定書の受諾によりWTOに加入した国（中国等）と関税領域（台湾）をさす（WTO設立協定12条）。加入交渉は，加入申請国と加盟諸国とのあいだの2国間交渉とWTOレベルの多国間交渉から成り，閣僚会議は，全加盟国の3分の2の多数決で加入を承認する。加入は加入加盟国が憲法上の手続によって加入議定書を受諾した時点で効力を生ずる。

なおWTO加盟国の大半を占める原加盟国（128カ国）は，GATT作成時の原締約国（23カ国），GATT発足後に加入した締約国（GATT33条），旧宗主国宣言に基づいてGATT締約国となった新興独立諸国（GATT26条5c）に分類された。日本，韓国，フィリピン，タイ，イスラエル等はGATT成立後，加入交渉をへてGATTに加盟したいわゆる加入締約国である。これに対し，欧米の植民地（インドネシア，マレーシア，シンガポール，アラブ首長国連邦，カタール等）は，加入交渉なしに，独立を契機として，旧宗主国（GATT締約国）の「宣言による提唱」を受けてGATTに加わった独立諸国である。なお香港やマカオは，独立関税領域として，旧宗主国（英国，ポルトガル）の属領時代に，旧宗主国宣言に基づきGATT締約国となった。

B WTOの予算

WTOの予算は事務局と上級委員会の事務経費を賄い，国連と同様，加盟国の分担金から成る。分担金の滞納国に対しては措置がとられる。各国の予算分担率は，前年度の商品貿易・サービス貿易・知的所有権使用料の合計を基礎に算定される。2003年度の分担率は，EC15カ国38.35%（ドイツ8.9%，英国5.7%，フランス5.3%等），米国16%，日本6.4%，カナダ3.9%，中国3.2%，香港3.2%，台湾2.0%となった。中国の分担率は香港・台湾・マカオをあわせれば8.4%となり，日本の率を凌駕した。なおEUの場合，分担金を支払うのは加盟諸国であり，EUが1単位として負う分担金はない。ちなみに2010年度分担率は，米国13%，ドイツ8.9%，中国6.5%，フランス5.3%，英国5.1%，日本5.1%，カナダ3.2%であり，中国本土が世界第3位の分担国となり，日本を抜いた。2010年予算総額は約2億スイスフラン（2.4億ドル，200億円弱）であった。

C 世界貿易の推移

EC域内貿易を含む世界の商品貿易は，輸出・輸入ともそれぞれ，2001年当時の約6兆億ドルから2007年には約14兆ドル，2008年には約16兆ドルに達した。おおまかに1ドル900円で換算すると，2007年の商品輸出総額は約1400兆円に相当する。これは日本の国家予算（約88兆円）・GDP（約500兆円）・GNP（約800兆円）のそれぞれ14倍・3倍・2倍弱にあたる。他方，2007年の世界サービス貿易は，EU域内貿易含めば3兆3000億ドル，知的所有権使用料（推定）を含めば，商品・サービス・知的所有権の世界貿易総額は年間ほぼ20兆ドル前後となる。地域統合をみると，統合が深化するほど域内貿易の比率が高く，EU（68%），NAFTA（51%），ASEAN（25%），MERCOSUR（14%）となっている。

表1-4 2007年のWTO貿易統計（単位10億ドル billion US dollars，括弧内は世界の輸出・輸入総額に占める比率）

地域	地域	輸出	輸入
ヨーロッパ	EU27カ国	5320	5574
	域外（域外比率）	1697.8（32%）	1952（35%）
	域内（域内比率）	3622（68%）	3622（65%）
	ドイツ	1326.4	1058.6
	フランス	553.4	615.2
	オランダ	551.3	491.6
	イタリア	491.5	504.5
	英国	437.8	619.6
	ベルギー	430.8	413.2
	EFTA4カ国	313.2	248.2
北米	NAFTA3カ国	1853.4	2684
	域外（域外比率）	901.8（49%）	1779（66%）
	域内（域内比率）	951.6（51%）	905（34%）
	米国	1162.5	2020.4
	カナダ	419.0	389.6
	メキシコ	272.0	296.3

中南米	Mercosur 4 カ国	223852	184367
	域外（域外比率）	191409（86％）	150450（82％）
	域内（域内比率）	32443（14％）	33917（18％）
	アンデス共同体 4 カ国	76222	70086
	域外（域外比率）	70315（92％）	62834（90％）
	域内（域内比率）	5907（8％）	7252（10％）
	CACM	27.1	47.3
	CARICOM	21.4	25.2
アジア	中国全体	1813.6	1545.1
	中国本土	1217.8	956.0
	香港	349.4（再輸出 331.3）	370.1（国内消費 93.3）
	台湾	246.4	219.6
	日本	712.8	621.1
	韓国	371.5	356.8
	ASEAN	864	774
	域外（域外比率）	649（75％）	584（75％）
	域内（域内比率）	216（25％）	190（25％）
	シンガポール	299.3（再輸出 143.3）	263.2（国内消費 119.9）
	インド	145.3	216.6
	SAPTA	185.1	283.6
オセアニア	オーストラリア	141.3	165.3
CIS	ロシア	355.2	223.4
中近東	GCC	549.9	295.5
アフリカ	CEMAC	29.4	13.7
	COMESA	97.0	88.5
	ECCAS	72.2	30.0
	ECOWAS	85.7	59.3
	SADC	139.2	140.9
	WAEMU	14.5	18.6
地域間	ACP	310.8	301.1
	LDC	123.6	120.7
WTO	加盟 153 カ国	13193.2	13717.0
世界	EU 域内貿易算入，域外加工貿易算入	13950.0（13 兆 9500 億ドル）[注1]	14244.0（14 兆 2440 億ドル）
	EU 域内貿易除外，域外加工貿易算入 [注2]	10328.0（10 兆 3280 億ドル）	10622.0（10 兆 6220 億ドル）

注 1) 当時の 1 ドル 90 円台の為替レートを用いると，1260 兆円に達する。この輸出総額は，日本の 2009 年度国家予算 88 兆円（約 1 兆ドル］）のほぼ 14 倍，日本の 2010 年累積債務（882 兆円，約 10 兆ドル）の 1.4 倍にあたる。
注 2) 半製品再輸出と完成品輸入をふくむ。

5 紛争解決手続の強化

WTO 新機軸の目玉は，紛争解決手続の強化である。GATT（23 条）の時代は，国家の措置が GATT に抵触するかどうかについて紛争が発生する場合，専門家から成るパネルが設置され，パネルが措置と GATT との抵触について判断をくだした。ただしパネル報告が効力をもつためには締約国団の全会一致によって採択されなければならなかった。パネル報告の採択には全メンバーのコンセンサスが必要とされたため，報告採択手続は，ポジティヴ・コンセンサス方式と呼ばれた。このため，パネルの設置やパネル報告の採択が，紛争当事国の拒否権によってブロックされる例が跡をたたなかった。

WTO 紛争解決了解はこうした弊害を克服するため，パネル報告の採択手続を一変した。WTO では，パネル報告は WTO の紛争解決機関で自動的に採択されるようになった。なぜならば，パネル報告は紛争解決機関の全会一致で否決されないかぎり採択されることになったからである。全員がノーというときにだけパネル報告は否決される。このため報告採択手続は

ネガティヴ・コンセンサス方式と呼ばれるようになった。

ただし，パネル報告に対して不満をもつ敗訴国は，上級委員会に上訴することができる。もっともこの場合も，上級委員会の報告も紛争解決機関のネガティヴ・コンセンサス方式に委ねられるため，報告は自動的に採択されることになる。

WTO紛争解決了解は，パネル・上級委員会報告の採択手続を刷新しただけではなく，報告の履行体制を強化した。パネル手続の結果，敗訴国がパネル報告を実施しない場合，勝訴国は敗訴国に対して紛争解決機関の許可をえて報復措置をとることができるからである。したがって逆にいえばWTOの許可なしにとられる一方的な報復措置は禁止されることになった。また報復措置は一定の条件がそろえば違反が生じた分野（たとえば商品貿易分野）と同じ分野で平行してとられるだけではなく，異なる分野（たとえば知的所有権やサービス貿易分野）で交叉してとられることも認められた。パラレルな報復のほかにクロス報復も可能になった。

第5節　WTOの成果と新ラウンドの失敗

1　WTOの成果

(1) 紛争解決と新議題

WTOは発足後，顕著な成果をとげた。とくに紛争解決手続の分野では，1995年以降，2006年7月までのほぼ11年間で，総計348件のWTO申立が行われた。また紛争解決機関は，EUのバナナ事件III［巻末表9-2］やホルモン牛肉事件［巻末表9-3］等で，米国がECに対し報復措置をとることを許可し，さらにバナナ事件IIIでは，エクアドルがECに対して知的所有権分野で交叉報復措置（クロス・リタリエーション）をとることを許可した。さらにWTOは鉱工業製品の関税引下げ，情報技術産品の主要国間での関税引下げに奏功し，グローバルな自由化を促進した。他方，サービス分野でも，ウルグアイ・ラウンド中に各国の利害が対立した分野で継続交渉が行われ，金融サービス（保険を含む）に関する第5議定書（1999年3月）や基本電気通信に関する第4議定書（1998年2月）が発効した。WTOはさらに最高の意思決定機関である閣僚会議の隔年開催をつうじて未決事項や新課題にとりくんできた（表1-6）。まず第1回のシンガポール閣僚会議では，投資・競争・貿易円滑化・政府調達透明性等の新課題（シンガポール・アジェンダ）の確認と日米EC等主要国による情報技術産品の関税引下げ宣言が行われ，第2回ジュネーヴ閣僚会議では電子商取引という新課題についての取組み宣言が採択された。そして第3回シアトル閣僚会議の失敗ののち，カタールのドーハで2001年11月，第4回ドーハ閣僚会議が開催された。ドーハ閣僚会議は，念願の新ラウンド（Doha Development Round）のたちあげに奏功し，同時に中国と台湾のWTO加盟を承認した。

(2) 中国のWTO加盟

ドーハ閣僚会議は，うえにみた新ラウンド開始のほか，中国のWTO加盟を承認し，中国WTO加盟議定書と作業部会報告書を採択した。これら中国の加盟文書は，従来の加盟文書とは様相を異にしている。それは，中国のWTO加盟にともなう義務（基本義務，商品貿易・サービス貿易・知的所有権に関する国内法規の改正）を定めただけではなく，WTOの対中特別措置を規定しているからである。対中措置は，WTO加盟国が中国産品に対してとる差別的な特別セーフガード措置や対中ダンピング防止制度をカバーした。また中国がWTO加盟後にとる措置や制度がWTOに適合しているかどうかを経過期間のあいだ（加盟後8年間）審査し，さらに加盟後10年後，10年目（または一般理事会が定めるそれ以前の時点）の最終審査を行うための対中経過審査制度も定められた。

これらは中国のWTO加盟がもつインパクトの大きさを物語るものといえよう。中国は世界最大の人口を擁する低コスト国であるため，欧米主要国は中国がWTOへの加盟後，輸出攻勢を行ったり，WTO違反措置をとることを警戒したのであった。そこで，WTO加盟国は，対中差別措置の導入・維持（対中差別セーフガード措置の新設，既存の対中差別ダンピング防止措置の維持）を中国のWTO加盟の条件とした。これは，かつて日本がGATTに加盟したときに，欧州諸国が行った対日差別措置（GATT35条に基づくGATTルールの日本産品に対する不適用）を想起させる。しかし，対日差別措置（GATT35条の援用）の大半が数年で撤回されたのと異なり，対中差別措置は長い経過期間のあいだ維持される。対中措置は，中国に進出した日本企業の輸出品にも影響をあたえるため，日本の問題でもある。

中国のWTO加盟議定書はWTO協定と不可分の一体を成している。議定書はWTOの憲法ルールのなかにくみこまれているのである。

2　新ラウンドの交渉と機構

(1) 新ラウンド交渉

ドーハ閣僚宣言によれば，新ラウンドの交渉対象は，既存協定の実施問題，農業・サービスといった合意済み交渉議題（built-in agenda），非農産品の市場アクセス，TRIPS協定の一部，第2回シンガポール会議アジェンダ（投資，競争，貿易円滑化，政府調達透明性），WTOルール（ダンピング防止協定，補助金相殺関税協定，地域貿易協定），紛争解決了解，貿易と環境，電子商取引におよぶ。交渉期間は2005年1月までの3年間とされ，交渉結果はウルグアイ・ラウンド交渉と同様，一括受諾方式により発効する。

新ラウンドの交渉議題に既存協定の実施や開発関連問題が含まれたのは，WTOでの開発途上国の発言力

の昂揚を意味している。WTO の加盟国の大半が開発途上国でありながら，WTO は先進国の立場からルール作りを行ってきた。このため WTO の発足後，開発途上国が望んでいた農業・繊維分野の市場開放ははすすまなかった。他方，途上国市場は先進国の商品・サービスに対して開放された。WTO は先進国に利益をもたらし途上国に不利益をもたらし，これが先進国と途上国の経済格差（南北対立）と途上国と後発途上国の経済格差（南南対立）を拡大させた。また知的所有権分野では，TRIPS 協定は途上国優遇規定を挿入しつつ，途上国に過大な権利保護義務を課した。このため，途上国による義務の実施は困難となった。それゆえ WTO 既存協定の実施問題を新ラウンドの課題としなければならない。こうした途上国の主張が最終的に受けいれられ，新ラウンドの課題とされたのである。

新ラウンド交渉のための組織もつくられた。交渉の統括機関として貿易交渉委員会（Trade Negotiation Committee. TNC）が 2002 年 2 月に設置された。貿易交渉委員会は新ラウンド交渉の詳細を一般理事会に報告しなければならない。貿易交渉委員会の議長は WTO 事務局長が務め，委員会の下に 7 つの分野別交渉グループがおかれた。交渉グループは，新設のグループ（市場アクセス交渉グループ，ルール交渉グループ）と既存の WTO 常設機関の特別会合（農業委員会特別会合，サービス貿易理事会特別会合，TRIPS 理事会特別会合，紛争解決機関特別会合，貿易と環境に関する委員会特別会合）からなりたっている。

(2) 新ラウンドの争点

新ラウンドが扱う上記議題のうち，当初，主要国が重視したのは，投資，競争，環境，電子商取引，ダンピング防止協定，地域貿易協定，農業等であった。

(i) 投　資

WTO は投資について部分的な規律（貿易関連投資措置協定の禁止措置，GATS 第 3 モード規定）をもつにとどまり，包括的なルールを含んでいない。包括的なルールは 1990 年代後半に OECD で多国間投資協定（Multilateral Agreement in Investment. MAI）として策定されたが，主要国の反対や投資保護水準の高さを理由に挫折した。しかし，最近の 2 国間投資保護協定（日韓投資保護協定等）は MAI 草案の新ルールを導入しており，それには，投資前の内国民待遇（外国企業に投資の許認可をあたえるときに投資受入国が国内企業と同等の待遇をあたえること），パフォーマンス要求（外国投資企業に現地調達を要求すること等）の禁止，透明性（投資関連法令と運用に関する公表義務）の確保等がはいっている。そこで将来の WTO 投資協定のなかで，投資後の無差別待遇のほか投資前の内国民待遇（および最恵国待遇）をもりこむべきかが争点の 1 つとなる。また投資の範囲を直接投資にかぎるべきか，WTO 投資ルールを警戒する途上国と高水準の投資保護ルールを要望する米国の対立をどのように調整するのか，GATS の積極約束方式を踏襲すべきか，例外と国際収支に関するセーフガードをどのように規定するのか，加盟国間（投資家対国家ではない）の紛争解決手続をどのように定めるのか等をめぐって，新ラウンドの交渉が開始されている。

(ii) 競　争

GATT/WTO が国家措置に適用され，私人の競争制限行為に適用されないことはすでにのべた。ここに WTO の弱点がある。EU が強調するように，企業間の国際的な競争制限行為は，既存のいかなるアプローチ（競争法の域外適用，2 国間競争法執行協定，地域統合競争規定等）によっても効果的に規制できず，これが国際貿易の流れをさまたげている。これら競争制限行為の典型例は，国際市場に反競争的効果をあたえる慣行（2 以上の多国籍企業による価格設定または市場分割に関する国際カルテル，合併，支配的地位の濫用等），輸入品の市場アクセスをさまたげる慣行（市場を分割する輸入カルテル，支配的地位の濫用，並行輸入の阻止，外国競争者に対して市場を閉鎖する垂直的制限等），外国市場に反競争的効果をもたらす輸出カルテルや合併である。そこで，ドーハ第 4 回閣僚会議（宣言 23-25 項）は，貿易と競争の関係の検討を新ラウンドの 1 テーマとし，WTO の作業日程と基本方針を定めた。これによると，第 5 回閣僚会議がメキシコのカンクン（Cancun）で 2003 年秋に開催されるまでのあいだ，貿易競争政策作業部会は，4 つのテーマを検討する。それは，透明性，無差別性および手続の公正性を含めた中核的な原則，ハードコア・カルテルに関する規定，任意協力の形態，人材育成（capacity building）をとおした途上国競争機関の強化支援である。これら検討にさいして，開発途上国と後発開発途上国のニーズが十分に考慮される。第 5 回閣僚会議では，まず，明確なコンセンサスにより，交渉形態をどのようにすべきかが決定される。これは全会一致で交渉形態を決定することを意味し，一国でも反対があれば，決定は成立しない。この決定を基礎に，2003 年秋以降，交渉が行われる。交渉議題として WTO 国際競争協定が取り上げられる場合，協定の形態と内容としてはさまざまな選択肢が考えられる。まず協定の形態としては，非拘束的な宣言形式か拘束的な協定形式か，カルテル禁止とコア原則のみを拘束的とし協力規定等を非拘束的とするかが考えられる。また取決め内容を加盟国の競争法執行にあたっての協力（情報交換，積極的礼譲，開発途上国支援等）に絞り，取決めを非拘束的とする代案も否定できない。さらに協定を加盟したい国のみが任意に加盟する複数国間協定とするか WTO 全加盟国を拘束する多角的協定とするかの選択もある。くわえて上記 4 テーマと他の必要テーマをいっきょに定めるべきかどうか，それとも，第 1 段階でまず，カルテル（国際カルテル，輸出カルテル，輸入カルテル）の禁止とコア原則を規定し，第 2 段階で垂直的制限や合併等の規制を導入する方法も考えられる。さいごに，協定に拘束力をもたせるときは，協定違反があるときの紛争解決手続をどのように定めるのかも問題となる。協定違反に対してパネル・上級委員会手続

表1-5　新ラウンドの機構

```
閣僚会議（Ministerial Conference）
        │
一般理事会（General Council）────紛争解決機関（DSB）────貿易政策検討機関
        │
貿易交渉委員会（TNC）　　3理事会
        │            （物品貿易・サービス貿易・TRIPS理事会）
        │                         │
7分野別交渉グループ　　各種委員会・加盟作業部・各種作業部
```

が適用されるのかどうかをつめる必要がある。

　(iii)　環　境

　貿易を阻害する要因には，国家の規制措置と私人の競争制限行為に大別されるが，国家措置はさらに貿易制限措置（関税措置，非関税措置等）と非貿易的措置に分けることができる。国家の非貿易的措置は，げんざい非貿易的関心事項の枠内で扱われており，環境を保護するための貿易規制措置，人動植物の健康保護のための検疫措置や遺伝子組換え食品規制，労働関連措置などをカバーしている。これらのうち，とくに環境に着目して，ドーハ閣僚会議宣言(31項)は，3つの検討テーマを指定した。それは，既存のWTOルールと多国間環境協定(Multilateral Environmental Agreements, MEAs)が規定する具体的な貿易上の義務との関係（とくに協定当事国間での既存WTOルールの適用可能性），協定の事務局とWTOとの協力（情報交換手続，オブザーバー資格の付与基準），環境関連の商品とサービスについての関税・非関税障壁の削減・撤廃である。また環境目的のラベリング（商品の製造・廃棄プロセスに関するラベリング）のWTO整合性と透明性確保の方策，科学的根拠が不十分な場合でも環境保護等のために貿易規制を許す予防原則の是非も交渉議題として提案されている。

　(iv)　電子商取引

　WTOは1998年5月のジュネーブ第2回閣僚会議以降，電子商取引に関する作業計画を継続している。電子商取引は，電子的手段による商品・サービスの取引をさし，インターネットという国境のない仮想空間のなかで行われている。第2回閣僚会議宣言は，米国提案を受けて，電子商取引に関税を賦課しないという慣行を維持したが，ドーハ第4回閣僚会議もこの慣行を第5回閣僚会議まで継続することを宣言した。電子商取引については，取引されるデジタル・コンテンツ(digital contents)を商品・サービス・その他いずれに分類するのか，WTOでの規制ルールをどのように定めるべきかについて検討が行われている。

　(v)　既存の未決着課題

　ドーハ・ラウンドは，新課題にくわえて既存の課題を扱う。1つは20世紀末から急速に締結されてきた地域貿易協定であり，もう1つは農業という古くてつねに新しい課題である。前者がWTOの無差別原則を揺るがす差別的取決めであるとすれば，後者はWTOの自由貿易原則に対する各国共通の保護主義（農産物輸入に対する高関税，国内農家保護のための補助金交付）に関係している。

　(3) 新ラウンドのための機構

　WTOは新ラウンドに対応して表1-5にみるように機構を整備した。新ラウンド対応機関は，一般理事会の下の貿易交渉委員会（TNC）とその下の7つの分野別交渉グループである。分野別交渉グループのうちの5つは，既存の常設機関——紛争解決機関，一般理事会の下のサービス貿易理事会・TRIPS理事会，物品貿易理事会の下の農業委員会，一般理事会の下の各種委員会のなかの貿易と環境委員会——の特別会合であり，これら常設機関は，①既存WTO業務を扱うときは本来の名称で，②新ラウンド課題を扱うときは特別会合（special sessions）の看板をかかげて開催される。1人2役をこなすことになる。WTOは新ラウンドのために柔軟に対応したということができる。

3　新ドーハ開発ラウンドの決裂

　(1) カンクン閣僚会議の決裂

　新ドーハ開発ラウンドの争点は農業と開発途上国配慮にあった。農業分野では，農産物の市場開放をめぐって先進国が対立し，農業委員会議長が，関税引下げのため上限関税を設定し，一部限定品目をその例外とする提案を行った。しかし，日本は上限関税提案に反対し交渉は停滞した。シンガポール議題（競争，投資）については，南北対立が氷解せず2004年7月交渉は決裂した。開発途上国は競争協定，投資協定の締結に反対しつづけたからである。かくして2005年1月に予定されていた新ラウンドの終結は絶望的となった。そこで2005年2月，新ラウンド交渉グループを更新し，2005年5月のパリOECD会議と併行してWTO新ラウンド交渉が再開された。2005年7月までに枠組み合意を終える目標をもって，米国は国内補助金の削減にとりくむ書簡を主要国に送付した。EUは条件つきで農業補助金の廃止に関する書簡を配布した。他方，ブラジル等開発途上国G20と農産物輸出国ケアンズ・グループは関税の引下げ新方式を検討したが，各国見解は収束をみなかった。

　(2) 香港閣僚会議

　香港会議に先立ち，エイズ薬規定をTRIPS協定にもりこむ合意が成立した。しかし農業（関税引下げ，国内補助金の見直し），非農業市場アクセス（NAMA）をめぐって加盟国は対立し，2005年12月の香港閣僚会議

は，成果をうまなかった。香港会議後も，農業対立は縮小せず，TNC議長・ラミーは2006年7月末ドーハ開発ラウンドの失敗（setback）を表明し，これが一般理事会で了承された。

(3) 開発途上国グループ

この間に，開発途上国はいくつかのグループを結成し先進国に対抗した。

(i) G3とG4

カンクン閣僚会議（2003年9月）に先立って，ブラジル・インド・南アフリカの3カ国はG3を結成し，2003年6月，ブラジル宣言（Brasilia Declaration）を採択した。宣言は，主要先進のセンシティヴ分野の保護貿易主義を指摘し，先進国の保護貿易主義と貿易歪曲慣行の抑止規定を新設する必要性を説いた。G3はそののち中国をくわえてG4となった。

(ii) G20とG23

G3を母体として，2003年8月に誕生したG20は，同年9月のカンクン閣僚会議に臨んだ。G20は，世界人口の60％，世界農家の70％，世界農産物輸出総額の26％を占める大農産国グループであった。現在のG20は23カ国からなるG23に拡大した。そのうちわけはつぎのとおりである。

① ラテンアメリカ12カ国，すなわちメキシコ，メルコスール5加盟国（アルゼンチン，ウルグアイ，パラグアイ，ブラジル，ヴェネズエラ），アンデス共同体5カ国のうちの4カ国（エクアドル，コロンビア，ヴェネズエラ［メルコスール加盟国でもある］，ボリヴィア）およびキューバ，チリ，グァテマラ

② アフリカ5カ国，すなわちエジプトとサハラ以南の4カ国（南アメリカ，タンザニア，ナイジェリア，ジンバブエ）

③ アジア6カ国，すなわちアセアン10のうちの3カ国（インドネシア，フィリピン，タイ）とインド，パキスタン，中国

そしてG20のほかに，主要開発途上国・準先進8カ国グループ（中国，韓国，インド，インドネシア，ブラジル，アルゼンチン，メキシコ，サウジアラビア，トルコ）が併存する。

(iii) G77，G90とG15

以上にくわえて，1964年に第1回UNCTAD会議で設立された開発途上国グループが存続している。そのメンバーは当初77カ国であったが，WTO時代にはいって130カ国に膨れあがった。

G77とならんでWTO交渉に臨んでG90が活動している。メンバーは後発開発途上国（LDC）とアフリカ・カリブ海・太平洋諸国（ACP）からなる。2004年6月にはメンバー数は79カ国（G90閣僚会議出席国）に増加した。

またG15（Group of Fifteen）も余命を保っている。1989年9月の第8回非同盟諸国首脳会議（分裂前のユーゴスラビアのベオグラードで開催）は，先進Gに対抗して，G15を設立した。G15は現在18カ国を擁するが，G15の名称は変わっていない。現行18カ国は，ラテンアメリカ7カ国（アルゼンチン，ブラジル，メキシコ，チリ，ペルー等），アフリカ6カ国（エジプト，アルジェリア，セネガル等），アジア5カ国（インド，インドネシア，マレーシア，イラン，スリランカ等）からなる。

(iv) G33

途上国のうち，WTO農業交渉で途上国に対する特別品目・特別セーフガード措置（SSM）を要求するグループをG33として知られる。インドネシア・インド・中国等が主導し，メンバーは当初33カ国を数えたが，2007年3月のG33閣僚会議では46カ国に増大した。

(4) 先進国グループ

(i) G8

途上国の結束を先進国は受けて立った。それはGATT時代の1975年にフランスで成立したG6（日米英仏独伊），1976年にカナダを迎えたG7を母体とする。WTO発足後の1997年にはロシア（WTO未加盟）がくわわり現行のG8（Group of Eight）となった。G8にはEUも参加するが，EUの1組織体は会議の主催資格と議長資格をもたない。

(ii) Outreach Five

G8はそののち，開発途上国の主要5カ国（G4とメキシコ）をゲストに招いた。開発途上国に賓客待遇を与え，南北間のパイプ役を期待したのである。これら5カ国は南北対話の橋渡しとなり，俗にOutreach Five（O5）ともPlus Fiveとも呼ばれる。

(5) 南北合同グループ

(i) ケアンズ・グループ

先進国と開発途上国の合同グループとして，農産物輸出国からなるケアンス・グループ（Cairns group）がある。ウルグアイ・ラウンド交渉中の1986年に，豪州のケアンズで結成された。構成員は，先進3カ国（オーストラリア，カナダ，ニュージーランド）と途上国16カ国（メルコスール4加盟国［アルゼンチン，ブラジル，パラグアイ，ウルグアイ］），アンデス共同体5カ国のうちの4カ国（エクアドル，コロンビア，ヴェネズエラ［メルコスール加盟国でもある］，ボリヴィア）チリ，コスタリカ，グァテマラ，インドネシア，マレーシア，フィリピン，南アフリカ共和国，タイ，パキスタン，ペルー（19カ国）。

(ii) G10

ケアンス・グループとは対照的に，食料輸入国はG10を結成した。メンバーは当初10カ国であったが，現在は先進・中進4カ国（日本，韓国，スイス，ノルウェー）と途上国5カ国（台湾，アイスランド，イスラエル，モーリシャス等で当初のブルガリアを除く）をあわせた9カ国を数える。農業交渉にあたり，非貿易関心事項への配慮，とくに上限関税と関税割当に関係する提案への反対，関税削減方式の柔軟適用を主張している。

(iii) 世界経済フォーラム専門委員会

世界経済フォーラム（World Economic Forum）は，WTOの枠外で南北合同の専門委員会（High Level Trade Experts Group）を設置した。委員会のメンバーは

先進2カ国（独英）・途上2カ国（インド，トルコ）の専門家からなる。専門委員会は，ドーハラウンドの打開策を検討し，2011年1月，中間報告 (Interim report) をスイス・ダヴォスで開催された世界経済フォーラムに提出した。この報告書はドーハラウンドの2011年中の妥結目標を示し，英国首相の支持を受けた。

(6) ドーハラウンドの頓挫

以上の南北対立と分野別対立は，ドーハラウンドを決裂させた。

2011年3月末，WTO貿易交渉委員会は，分野別関税引下交渉をめぐる対立を前にしてり，暗礁にのりあげた。鉱工業分野では，とくに化学品の関税撤廃を主張する米国と中国・ブラジルの対立がとけなかった。また農産物分野では自由化に消極的な先進国と自由化に積極的な途上国右派（ブラジル等の）確執が先鋭化した。このため2011年6月，多分野の一括合意は断念され，合の対象は途上国支援に絞られた。しかし部分合意分野をめぐって米中が立したため交渉は行き詰まった。この状況を前にして，WTO2011年7月，ドーハラウンドの中断を宣言した。しかしながら，事務局長は，交渉を白紙撤回したわけではなく，交渉中断後を認めつつ，交渉を仕切りなおし継続する意向を表明している。

表1-6　WTO閣僚会議

順番	閣僚会議名称	開催日時	成　果
第1回	シンガポール（Singapore）閣僚会議	1996.12.9–1996.12.13	－ WTOの最初の2年間の活動評価 － WTO協定の実施問題 －シンガポール・アジェンダ（投資・競争等新課題） －情報技術産品（IT）関税引下げ閣僚宣言
第2回	ジュネーヴ（Geneva）閣僚会議	1998.5.18–1998.5.20	－ GATT発足50周年記念 －電子商取引宣言採択
第3回	シアトル（米国ワシントン州都 Seattle）閣僚会議	1999.11.30–1999.12.4	新ラウンド開始交渉失敗
第4回	ドーハ（カタール首都 Doha）閣僚会議	2001.11.9–2001.11.14	新（ドーハ開発）ラウンド（Doha Development Round, DDR）の開始合意 中国・台湾の加盟承認 EU・ACP諸国間のコトヌ協定（Cotonou Agreement）の義務免除（ECバナナ事件III）
第5回	カンクン（メキシコ Cancún）閣僚会議	2003.9.10–2003.9.14	新ラウンド議題の交渉農産物市場開放をめぐり先進国対立，シンガポール議題（競争，投資）に関し南北対立し決裂。ネパール・カンボジア加盟承認。
	交渉叩台草案	2004.6	July 2004 Package
第6回	香港閣僚会議	2005.12	Trips協定改正（公衆衛生一般理事会決定2003年8月決定の協定への挿入）合意 2004年7月，シンガポール・アジェンダの検討放棄 農業（関税引下げ，国内補助金見直し），非農業市場アクセス（NAMA）につき対立先鋭化
	交渉叩台草案	2006	2006 Modalities
	ジュネーヴ一般理事会	2006.7	2006年7月協定改正草案（package）の提示 WTO事務局長と主要国による「ドーハ開発ラウンドの失敗（setback）と新ラウンド討議の当面の凍結」の承認
	交渉叩台草案	2008	July 2008 Package
	ジュネーヴ関連閣僚グループ協議	2008.7	2008年7月協定改正草案（package）をめぐる南北対立（米印中）により交渉決裂
第7回	ジュネーヴ閣僚会議	2009.11.30–2009.12.2	ラウンド交渉ではなく，ドーハラウンドを含む諸課題の再検討会議
	WTO枠外・世界経済フォーラムダヴォス専門委員会	2011.1	独英インドネシア・トルコ4カ国政府が設立したハイレベル専門家委員会はスイス・ダヴォス［Davos］で開催世された世界経済フォーラム［World Economic Forum in Davos］でドーハラウンドの年内妥結草案を中間報告
	WTO事務局長	2011.7	ドーハラウンドの中断宣言

第3章
保護貿易主義とブロック経済

国際経済法はすべての法律と同様，時代の波に洗われて変動を繰り返している。長期的・巨視的にみれば，国際経済法は一定の周期で保護貿易主義と自由貿易主義のあいだを揺れ動いてきた。またそれは無差別主義と差別的なブロック経済のあいだを揺れ動いている。2つの対立する理念のあいだをゆっくりと往復する振り子が国際経済法であるということができる。

第1節 保護貿易主義と自由貿易主義

国際経済法の歴史は，保護貿易主義と自由貿易主義の相克の歴史であった。近世からふりかえると，重商主義の保護貿易主義からはじまり，それに自由貿易主義がつづき，また保護貿易主義と自由貿易主義のあいだの相克が繰り返され，現代につづいている。この観点からみれば，保護貿易主義と自由貿易主義は，国際経済法の永遠のテーマであるといえる。しかし，それぞれの時代の保護貿易主義は様相を変えているし，自由貿易主義の相貌も時代によって異なっている。ここで保護主義と自由主義の相克と変動の歴史を簡単に概観し，現代の保護主義と自由主義を客観的にみすえてみよう。

1 重商主義の保護貿易主義

近代国家の保護貿易主義が先鋭化したのは，17世紀の英国であった。英国は当時の大国であり，重商主義（mercantilism）を国策としていた。重商主義は，国富（金銀）の追求を国是とし，それゆえ国富をもたらす輸出のみを最善の政策とみなした。これに対し，輸入は，支払いをうながし国富を減らすため，愚策にほかならなかった。このように輸出を善とし輸入を悪とする考えは，つまるところ貿易を収支ゼロ活動（zero-sum activity）とみることを意味する。重商主義の見方では，輸出をしても輸入が多ければ，輸出利益は輸入支払いによって相殺され，貿易決済はゼロになりかねないからである。

したがって，重商主義者は，輸出を増やして国富を蓄え，これを基礎に国内産業を確立すべきこと，そして国内産業を輸入品から保護するため輸入をきょくりょく規制すべきことを説いた。それゆえ，国内産業を保護するため輸入を制限する「保護貿易主義」（protectionism）は，重商主義からうみ落とされたのである。重商主義からうまれた保護主義立法の例は，英国の穀物法（Corn Law），キャラコ法（Calico Act），航海法（NavigationActs）にみることができる。これらのうちもっとも古い歴史をもつのは中世以来の穀物法であり，これは，国産穀物を保護するため輸入穀物に対して高い関税を課し，国産穀物の輸出には補助金を交付するものであった。また18世紀のキャラコ法（1720-1774年）は，国内繊維産業（毛織物産業，絹織物産業）を保護するため，インド産綿織物（インドの積出港カリカットCallicutの名をとってキャラコCalicoと呼ばれた平織綿織物）の輸入を禁止した。さらに17世紀半ばからの航海法は，英国の海運貿易サービスを保護し，オランダの中継貿易に損害をあたえるため，英国と英領植民地への海運サービスを英国船舶に独占させた。これはサービス貿易分野の保護主義立法であり，航海法のもとでは，問題の海運サービスは英国船のみが英国経由で行うよう定められた。

もっとも，これら保護主義は，国内産業の保護と強化には役立たなかった。このため，キャラコ禁止法は1774年に，穀物法は1846年に，また航海法は1849年に廃止された。たとえばキャラコ禁止法を取り上げるならば，この法律は英国毛織物産業をインド産綿産業から保護するねらいをもったが，じっさいにはインド産綿織物の輸入禁止によって，毛織物産業は蘇生しなかった。それどころか，インド産綿織物の輸入禁止は，綿織物の代替産業（綿麻混紡fustian）を促進した。

重商主義はこのように19世紀半ばには終息したかにみえたが，それは現在でも折にふれて蘇生している。米国の鉄鋼セーフガード措置や主要国のダンピング防止措置は，輸出を善とし輸入を悪とする重商主義の延長線上にあるからである。また重商主義に基づく輸入制限措置が国内産業の保護に貢献しなかったように，現代の輸入制限措置，とくにダンピング防止措置も国内産業を保護するどころか，逆に国内産業の衰退を加速させている。産業は人間と驚くほどよく似ている。ひとたび競争から保護されると弱体化するからである。

2 産業革命後の自由貿易主義と保護貿易主義
(1) 英国の自由貿易主義と新しい経済学説

英国が重商主義の悪夢から覚めて自由貿易主義に転じたのは18世紀にはいってからであった。その背景には2つの要因があった。

1つには，当時，英国が，産業革命によって工業化をとげ，競争力を獲得したことがあげられる。英国はその競争力によって，自国市場を輸入品との競争から保護する必要がなくなったのである。この競争力は，技術革新の成果であり，保護主義の結果ではなかった。また英国にあらわれた新しい経済思想が自由主義への

転換をうながしたことも否定できない。とくに18世紀後半からあいついで公表された経済学説は、重商主義に基づく保護主義の欠陥を指摘した。まず、アダム・スミス（Adam Smith）は1776年の国富論（An Inquiry into the Nature and Causes of the Wealth of Nations）によって、国家は自国産品よりも安い外国産品を輸入するほうが得策であり、したがって輸入は悪とはみなされないことを明らかにした。つづいてデーヴィッド・リカード（David Ricardo）も、1817年の主著『経済学と課税の原理』（On the Principles of Political Economy and Taxation）のなかで、比較生産費説（theory of comparative cost）に基づく自由貿易主義を強調した。比較生産費説によれば、国家はそれぞれ他国よりも低いコストで生産できる産品の製造に集中し、それらを相互に輸出するのが賢明であるとされる。たとえば、国の鉄鋼が国産鉄鋼よりも低コストで生産されるならば、国は鉄鋼生産に特化すればよい。しかし、国の小麦が国の小麦よりもコスト高ならば、国は小麦生産を国に任せるべきである。そして2国間で、国産鉄鋼と国産小麦の貿易取引が行われれば、双方にとって利益となる。このように国家はそれぞれコスト安の産品の生産に集中し、コスト高の産品の生産は他国に委ね、相互に低コスト産品を交換するのが国家の利益にかなう、とリカードは説いた。こうしたリカードの考えは、米国が第2次世界大戦後、GATT創設に際して唱導した比較優位説の原型となった。

もっとも自由貿易主義は、いつの時代でも強者の論理であることに変わりはなかった。英国の自由貿易主義に他国がただちに追随したわけではないからである。英国とは対照的に、工業化で遅れをとったフランス・ドイツ・米国は、国内の幼産産業を英国産品から保護するため、関税引上げなどの保護貿易主義を維持した。

(2) フランス重商主義の失敗と重農主義

フランスは太陽王ルイ14世（Le Roi Soleil-Louis XIV. 1663-1715）のアンシャン・レジーム（封建時代）のもとで重商主義を採用していた。財務長官コルベール（Colbert. 1665-）は、経済財政の破綻を切っ掛けとして、特権的独占商人や奢侈品産業の保護育成をねらったフランス型重商主義政策（Le Mercantilism）を採用した。これにしたがい、高関税輸入規制が敷かれた。英国はただちに報復措置をとり、フランス商人を国外へ追放し、またオランダはフランス産ワイン蒸留酒・塩に対し報復関税を課した。これは仏蘭戦争（1667-68年、1672年）を生み、フランスは戦後、関税を引き下げた。

フランス重商主義は国内の重農主義（physiocracy, la physiocratie）によって批判された。重農主義は、自由貿易を支持し、国富は重商主義者のいう金銀ではなく、農産物にほかならないとした。この考えはケネー（François Quesnay）の「経済表」（Tableau économique 1758）と重農主義（La Physiocratie. 1767）によって理論化され、ルイ15王朝によって是認された。ケネーの出発点は、社会を3階層に区分する観点であった。地主階級、生産階級の農業者、不生産階級の商工業者階級である。3階級のうち、農業生産者だけが剰余価値つまり〈純生産物〉を生みだし、それが地主階級に地代として支払われる。これが封建的土地所有支配のもとでのブルジョア的生産を可能にする。それゆえ、貿易に対する国家の統制は無益であり、自由放任主義（laissez-faire, lassez-passer）こそが望ましいとされた。ケネーの理論はテュルゴーによって継承された（Anne-Robert-Jacques Turgot, "Réflexions sur la formation et la distribution des richesses" [1770]）。こうした重農主義に基づく貿易自由化の考えは、1786年の英仏通商条約（Anglo-French commercial treaty）と1989年のフランス革命法（Revolutionary decree of Aug. 29, 1789）にとりいれられ、穀物貿易自由化の潮流をつくった。そして、重農主義は、英国のアダム・スミスによって採用され、さらに精緻な理論に統合された。東洋でも農業重視論が、同時代の江戸幕府と清帝国の鎖国体制下で支持された。それは宮崎安貞の「農業全書」と徐光敬の「農政全書」にみることができる。

(3) ドイツ重商主義の失敗

ドイツも英国やフランスと同様、重商主義の失敗を経験した。神聖ローマ帝国時代のドイツは青色顔料用の国産大青（Isatis tinctoria, the woad）を保護するためインド産蓼藍（Polygonum tinctorium, Indigo）の輸入を禁止した。ヨーロッパは古代より青色顔料として大青を栽培していた。東洋からの輸入蓼藍は青色成分が濃く古代・中世ヨーロッパにとり奢侈品であった。ところがヴァスコダガマによる東西海運ルートの開発（1498年）により、大量の蓼藍がヨーロッパに低価格でもたらされ、欧州産大青に打撃を与えた。帝国政府は法律（1577, 1594, 1603年）によりいくどか輸入蓼藍の使用を禁止した。しかし、30年戦争（1618-48年）のすえ神聖ローマ帝国が事実上瓦解しプロイセン王国が1701年に成立すると、合成無機顔料「ベルリン藍」（Berlin blue, Prussian blue, 「ベロ藍」）が製造され、つづいて近代の有機顔料が開発されはじめた。この時点で、国産大青の保護は無用となった。巨視的にみれば、大青保護は、英国キャラコ事件の場合と同じように、新代替産品（合成無機顔料と有機顔料）の開発をうながし、大義名分を失ったのである。

(4) 米国の独立と重商主義

米国の独立（1767年）が、英国の対米徴税政策に端を発していることは周知のとおりである。ボストン茶会事件は英国の対米課税に対する植民地米国の報復であった。しかし米国は独立後、英国型の高関税政策をとった。それが南北戦争時の1861年モリル Justin Moririll（関税法）である。モリルは南北戦争による財政赤字を補填し、国内産業を外国競合産品から保護するため、高関税政策をとった。高関税の対象は輸入綿製品であった。綿花の生産輸出に携わる南部諸州は、綿製品の輸出国であった英国の報復を懸念し、高関税

に反対したが，脆弱製造業者を抱えた北部諸州は関税引上げを支持した。以後，米国の通商政策は一時期を除き，高関税制度に傾いた。

3 19世紀半ばからの自由貿易主義と保護貿易主義への復帰

欧米諸国から保護主義の波が後退し，代わりに自由貿易主義が定着しはじめたのは，19世紀後半からであった。この時期になってようやく，米国と欧州大陸諸国は，英国につづいて工業化を達成し，保護主義から自由貿易主義に移行した。この自由化は，一方的・部分的に行われたり，また2国間の通商協定により推進された。1860年に英仏間で締結されたコブデン・シュヴァリエ条約（Cobden-Chevalier Treaty）は，2国間レベルで貿易障壁を引き下げる通商協定のモデルとなった。英仏はこの協定によって，相互の関税をひきさげ，最恵国待遇を相手国産品にあたえた。関税面では，フランスは英国産品に対する高率関税（銑鉄60%，機械40-50%，ウール毛布600-800%等）を5年間で最高25%までに引き下げ，英国はワインを除くすべてのフランス産品を自由化することに合意した。同様の2国間協定は他の欧米諸国間に締結され，その数は20世紀初頭までに100ちかくに達した。したがって，20世紀初頭までの自由化は，主に2国間の通商協定網によって推進された。

もっとも自由貿易主義は長くはつづかなかった。欧米諸国は，国内に多様な産業を確立し，また投資を誘致するため，国内産業保護のための高関税政策をとりはじめたからである。ドイツは19世紀後半をとおして幼稚産業保護を理由に保護関税（ビスマルクの1878年高関税）を導入した。米国も南北戦争後，関税をおおはばに引き上げた。1890年マッキンリー関税法（McKinley Tariff Act of 1890）はその到達点であった。フランスもメリンヌ関税法（Méline tariffs）で複関税という保護主義関税を1892年に創設した。カナダについては，外資を誘致し，外資と自国幼稚産業を保護するねらいで，高関税政策がとられた。高率の保護関税は，カナダが自国産業（製造・化学・医薬品業）を育成しまた外資撤退を防ぐために不可欠であった。米国の3大自動車メーカーがカナダに1904年以降子会社を設立したのは，カナダが高関税政策によって米国の投資企業を保護したからである。主要国は，さらに高関税にくわえて，ダンピング防止税を新設し，国内産業を輸入品との価格競争から保護した。その先鞭をつけたのは1904年のカナダ法であり，カナダは，低価格産品の輸入から国内産業を保護するため歴史上はじめて廉売規制ルールを導入した。このダンピング規制はまたたく間に他国（南ア，欧州諸国）に飛び火した。

こうした保護貿易主義の流れは，列強の政治的対立（とくにドイツ・オーストリア・イタリアの同盟国と英国・フランス・ロシアの協商国の対抗）と経済進出摩擦（建艦競争，資本主義的躍進）とともに，第1次世界大戦の一因ともなった。

4 第1次大戦後の保護貿易主義

第1次大戦後の保護貿易主義が，近隣窮乏化政策に基づくもので，高関税・数量制限措置の形をとったことはすでにのべた。従来自由貿易主義をかかげてきた英国でさえ1915年マッケナ（McKenna tariff）関税法により，奢侈品（自動車，楽器，時計，映画フィルム）に対する関税率を33%に引き上げた。フランスも1918年までに関税率を5%から20%に引き上げた。大恐慌が米国の高関税政策をうみ，多数の国が保護貿易主義に走った。またこうした輸入制限にくわえて平価切下げによる輸出ドライブが行われ，第2次大戦を誘発したこともすでに指摘したとおりである。

5 第2次大戦後の自由貿易主義と保護貿易主義

第2次大戦後の国際経済体制は，戦前の保護主義を抑圧するため，自由貿易主義を基調とした。そしてIMF/GATTのもとで，為替の安定と貿易の自由化が促進された。

しかし，1970年代にはいって米国の経済力が低下すると，IMF/GATT体制はおおきく揺らいだ。とくに1970年代のドル・ショック（1971年8月）と石油危機（1973年，79年）は1980年代の不況を招き，日米ECの3極間に通商摩擦を生じさせた。このため，アジアの輸出諸国（日本，中国，韓国等）は，輸出自主規制に走り，他方欧米輸入国はダンピング規制やセーフガード規制に訴えた。1990年代にはいると，バブル経済がはじけベルリンの壁の崩壊によって冷戦が終結し，各国の保護貿易主義はいっそう増幅された。

WTOが1995年に発足したのちも，保護貿易主義は後退していない。1990年代末のアジア経済危機は，開発途上国のダンピング規制を誘発した。また各国の国内産業保護政策は，セーフガード摩擦（日本の農産物セーフガード暫定措置，米国の鉄鋼セーフガード措置と日EC等の対抗措置）や補助金摩擦（米国外国販売会社事件［巻末表20-6］，カナダ航空機事件II［巻末表4-7］，ブラジル航空機事件［巻末表3-2］，カナダ自動車協定事件）をひきおこした。さらに健康保護のための検疫措置（輸入果実・野菜の検疫）や輸入禁止措置（遺伝子組換え食品・ホルモン投与食肉の輸入制限），環境保全のための輸入制限（ガソリン輸入の規制，鮭本体の輸入規制等）も数おおくの摩擦を生じさせている。

以上みてきたように，保護貿易主義は，WTOレジームのもとでも不可避的に生じている。それは，関税引下げと数量制限の撤廃をつうじた自由化が支払う代償でもある。その動機も多岐にわたる。米国のように重商主義に根ざす例もある。カナダが19世紀末から維持してきた投資保護を理由とするものもある（カナダ自動車協定事件巻末表4-5）。ベトナム（2007年1月加盟）の日系企業（日系オートバイ産業・電子産業等）を保護するための先行投資保護政策もある。アジア・アフリカ企業の幼稚産業保護のためのものもある。さらには健康保護や環境保全を名目とする保護主義もある。

さいきんの保護貿易主義は新しい衣装をまとってい

る。それは関税引上げや数量制限といった伝統的な保護貿易主義ではない。それはもっと手がこんでいて，WTO上認知された合法的規制（検疫措置，基準認証，環境保護措置，ダンピング防止措置等）の外観を呈している。

問題は，1つには，WTO加盟国の規制が，国際経済ルールにそくしているかどうかにあるといえよう。ルールに反する規制（たとえばWTO違反の検疫措置，基準認証，セーフガード措置，ダンピング防止措置）は国際経済法上，違法な保護貿易主義の烙印をおされる。この意味で国際経済法は，国家の規制措置がルール違反の保護貿易主義かルールに適合した合法的規制にあたるのかを識別する役割を果たしているといえる。

では，ルールに適合する合法的規制はすべて許容されるのかどうか。またルールに整合する自由化は無条件に許されるのかどうか。これらの場合も，経済厚生の観点からみて，経済厚生をもたらさない規制（長期的には国内市場を反競争的にする規制，国内生産者と消費者・ユーザー産業に最終的に打撃をあたえる規制等）や自由化措置（何世代かあとの国民の生命健康に害をもたらすおそれのある輸入自由化等）は，たとえルールに合致していても，問題としなければならないであろう。このためルールそのものを時代の変化にあわせて変えていく必要がある。

保護貿易主義と自由貿易主義の対立はうえにみてきたようにけっして単純ではない。自由化と輸入規制はどちらが良い悪いという視点ではなく，どちらがルールに整合しているか，また経済厚生に資するかという視点からみる時代にきている。

6 保護主義の波及効果

2008-2009年の世界的大不況下で各国がとった保護主義は多様な波及効果をもたらした。米国の自動車3社補助策・鉄鋼バイアメリカン条項・対中タイヤ特別セーフガード関税，EUの穀物関税再導入・乳製品輸出補助・自動車産業支援案，米国とEUの報復合戦（EUの米国産ホルモン飼育牛肉禁輸続行，米国の対EU報復品目拡大，EUの対米バイオ燃料［biodiesel］ダンピング防止税・相殺措置調査），中国の豆粕豚肉輸入関税引上げ・地方政府バイナショナル措置，インドの大豆自動車輸入関税引上げ，日本の政策投資銀行出資政府保証案である。一国が特定産業を保護するためとる施策は他国の関連産業から非関連産業におおきな余波をおよぼす。米国の自動車産業保護策は，米国車に部品を供給してきた日系企業や日本車の対米輸出に損失を与える。主要国の農業保護は，農産品価格を高め，農家の収入を支持するが，農産物を購入する製造業者の賃金を高め，工業産品の価格競争力は低下する。

同様に開発途上国がさらに困窮すれば，途上国向けに融資してきた先進国金融業界は資金を回収できずに破綻するであろう。グローバル化した相互依存の国際社会では，ある国または地域の経済危機と保護主義は他国に甚大な悪影響を与える。第2次世界大戦後さいだいの新世紀初頭の不況と保護主義に対処するためには，WTOと他の国際機関（IMF，世界銀行等）の連携と現行WTOルールの改善見直しが不可欠となっている。

第2節　無差別主義と差別ブロック主義

国際経済法はさらに無差別主義とブロック主義のあいだでおおきく動揺している。それは，近世の無差別主義から第2次大戦前夜の差別ブロック主義への変動であり，また戦後の無差別主義原則から現代のブロック主義への変動である。

1 近世の無差別主義

国際経済の世界に無差別主義が導入されたのは，近世からであった。とくに17世紀以降，近代国家は2国間で数おおくの友好通商航海条約を締結し，貿易について無差別主義をかかげた。たとえば英仏間の1860年協定は2国間の関税引下げのほか，最恵国待遇原則を定めていた。

2国間条約によって導入された無差別主義は，最恵国待遇原則と内国民待遇原則から成り，これらは歴史的にみるならばGATT/WTOの無差別原則の原型となった。しかし，無差別主義の流れは，1930年代の差別ブロック主義によって断ち切られた。

2 第2次大戦前夜の差別ブロック主義

差別ブロック主義の波は，大恐慌と保護貿易主義をきっかけにして主要国を襲った。それは，英国による英連邦特恵の形成であり，類似のブロックが，日本，ドイツ，フランスに波及したことはすでにのべた。

3 戦後の無差別主義とブロック主義

戦後のGATTシステムは無差別主義を原則としつつ，その例外の1つに地域貿易協定を条件つきで認めた。地域貿易協定には，関税同盟と自由貿易協定があるが，これら経済ブロックの例は1980年代まではさほどおおくなかった。1950年代のEU（欧州共同体），60年代のEFTA（欧州自由貿易協定），70年代のAFTA（ASEAN自由貿易協定），80年代のANZCERTA（オーストラリア・ニュージーランド協定）やALAD（Iラテン・アメリカ統合連合）は当時の代表的ブロックであった。

ところが，1990年代以降，ブロックの形成は加速された。91年のMERCOSUR（南米南部共同市場），92年のEU・中東欧諸国間欧州協定（Europe Agreements）94年のNAFTA（北米3カ国間自由貿易協定）とEEA（EU・北欧間欧州経済領域），2000年のEUメキシコ自由貿易協定，2002年の日シンガポール経済連携協定等であり，戦後GATT/WTOに通報された地域貿易協定は増加する一方である。

現在WTOがかかえる問題は，増加する自由貿易協定がWTOのルール（後述するGATT24条とGATS 5条）

に合致するかどうかの判定が困難であること，個別協定のWTO整合審査にさいして整合意見と非整合意見の両論が併記されていること，NAFTAでさえWTOに整合するお墨付を得ていないこと，開発途上国間の協定は開発途上国優遇条項（いわゆる授権条項）により大目にみられWTO審査を事実上免れていることである。これは世界貿易の大部分を占めるようになった差別ブロック経済がWTO審査の枠外におかれていることを意味する。

では，ブロック経済の蔓延はWTO無差別原則の後退をもたらすのかというと，それは未知数である。かつてEUやNAFTAの形成に批判的であった日本も，地域貿易協定の肯定派に回った。日本は政策の転換をはかって，自由貿易協定は，地域内の自由化をつうじてグローバルな自由化に貢献するとみなした。さらにWTOレベルの関税引下げが情報技術協定（ITA）によってすすんでいる現在，おおかたの電子製品の非特恵関税はゼロに近くなっており，FTA域内の特恵関税は意味を失ってきている。また現代の自由貿易協定は，商品貿易・サービス貿易・知的所有権・電子商取引・投資・環境・労働をカバーする新時代協定に変貌しており，戦前のブロック経済とは一線を画している。しかし，自由貿易協定が域内の自由化をそくしんするかたわら，さまざまな領域で対外差別を保持していること（たとえば農業・繊維等のセンシティヴ品目の関税，サービス分野の規制，投資規制，原産地規則）も事実である。この観点から協定とWTOルールとの整合性を今後どのようなメカニズムで確保するかが問われている。

第2部 商品貿易と無差別原則

[要約と視点]

要 約

商品貿易に関する大原則の1つとして無差別原則があり、これは最恵国待遇原則と内国民待遇原則にわかれる。

1 最恵国待遇原則と例外

最恵国待遇原則は、国家がWTO加盟国からの同種の輸入品を、関税や輸入手続などの面で同等に扱う原則をいう。日本を例にとれば、日本の当局は、WTO加盟諸国からの同種の輸入品を同等に扱わなければならない。したがって日本が米国やECから輸入される特定食品に10%の関税を課し、輸入手続を軽くする一方、中国やタイからの同種の食品に15%の関税を課し、輸入手続を厳しくすることは禁止される。この場合、日本は米国・EC産品を中国・タイ産品よりも優遇し、WTO加盟諸国からの同種の輸入品を差別的に扱っているからである。

最恵国待遇原則に対してはさまざまな例外（特恵関税、ダンピング防止税、義務免除等）があり、現在では例外のほうが貿易量がおおくなっている。しかしこれは最恵国待遇の崩壊を意味しない。最恵国待遇原則の例外は、厳格に解釈されているからである。ポイントは例外がどのような条件のもとに許されるのかにある。

2 内国民待遇原則と例外

内国民待遇原則は、国家がWTO加盟国からの輸入品を、内国税や国内規制の面で、同種の国産品と同等（以上）に扱う原則をさす。日本にあてはめて考えれば、日本は、たとえば国産自動車に一定の内国税（消費税、自動車税等）を課しているならば、米国やECからの輸入自動車にも同一の内国税を賦課しなければならない。また日本は、国産自動車に対して適用している国内規制（流通・販売規制等）よりも厳しい国内規制を輸入自動車に課すことはできない。国産自動車と輸入自動車が同種である以上、輸入品は国産品と同等の待遇を保障されるのである。

言葉を換えれば、最恵国待遇原則が、外外無差別を意味するとすれば、内国民待遇原則は内外無差別を意味している。内国民待遇原則に対しても一定の例外（政府調達等）が認められている。

視 点

1 国家の差別措置と企業

国家の措置はさまざまな差別を含んでいる。それは外外差別（ECバナナ事件Ⅲ）から内外差別（日本酒税事件等）まで広範であり、また差別のいくつか（自由貿易協定の特恵待遇、ダンピング防止措置等）はGATT/WTOの例外規定の条件を満たすかぎり正当化されている。

国家の差別的措置の直接の被害者は企業である。輸入者は外国産品（たとえば中国産品）の輸入にあたり、他の外国産品（たとえば米国産品）よりも高い関税を課されたり、また国産品よりも高い内国間接税を課される場合がある。また海外の投資受入国に進出した企業が、現地で輸入部品の代わりに国産部品の使用を強いられることもある。これらの場合、企業は本国政府に対し、本国が外外差別や内外差別を行う国と交渉するよう働きかけることができる。差別の是正は国家間の交渉やWTO手続をとおして行われるが、差別の存在を自国政府に通報するのは企業である。このため、国際取引に従事する企業は、外国政府の差別的措置について通暁することが望ましい。多様な差別的措置（関税・内国税の差別、政府調達手続の差別等）のうちなにが違法でなにが正当化されるのかを知悉することが企業に求められているといえよう。差別的措置が是正されれば、企業は余計なコスト負担を免れるからである。

2 差別の概念

WTO全体を巨視的にみると、国家の差別は商品貿易分野にしぼってもGATTの2大無差別原則（最恵国待遇原則、内国民待遇原則）につきるわけではない。差別は、GATT一般例外条項（20条柱書き）にも衛生植物衛生検疫措置協定、スタンダード協定、原産地規則にも規定されている。しかし差別の概念は協定規定の文脈や目的におうじて異なる。また同種産品間の差別もあれば、異種産品間の差別、同様の条件のもとでの差別、異なる状況下での差別もある。差別の態様も法律上の差別や事実上の差別から、合法的差別、恣意的・不当な差別までさまざまである。このため差別をめぐる国家間のパーセプション・ギャップも大きい。これを念頭において、GATTの2大差別を検討する必要がある。

国際経済法

第1章
最恵国待遇原則と例外

第1節　最恵国待遇原則の歴史

　最恵国待遇原則は歴史的には中近世の通商協定のなかで導入され，国際連盟のモデル規定として結実した。戦後のITO憲章草案とGATTの最恵国待遇規定は，連盟モデル規定に基づいている。GATTの最恵国待遇原則は，現行のWTOでも踏襲された。ただし，WTOでは，最恵国待遇原則は，GATTとは異なり，商品貿易のほかに，サービス貿易と知的所有権分野にも適用されている。最恵国待遇原則は，商品・サービス・知的所有権関連のすべての越境取引を規律する基本的なルールとなっている。したがって，最恵国待遇原則の歴史は，黎明期，国際連盟時代，ITO憲章草案・GATT時代，WTO時代に分けることができる。

1 最恵国待遇原則の黎明期

　商品貿易に関する最恵国待遇原則の雛型は，16-17世紀の2国間通商協定のなかにみいだすことができる。これら通商協定では，協定当事国のいずれか一方が，将来第3国に対してあたえる貿易上の恩典や特典は，他方の当事国にも適用されることが明記された。こうして協定の当事国が，第3国よりも不利な待遇を受けない制度がつくられたのである。かくして，最恵国待遇原則は，1860年には欧州列強諸国の通商協定に共通の原則となった。

(1) 近世初期の相対的最恵国待遇原則

　しかし，初期の最恵国待遇原則は，米国の規定（とくに1922年までの原則）にみるように，基本的には，条件付きの原則であった。条件付きの最恵国待遇のもとでは，たとえば米国が通商相手国Xとの通商協定で最恵国待遇を約束し，そののち米国が第3国Yとの新協定でY国にX国よりも有利な待遇をあたえても，米国は特定の条件がみたさないかぎり，Y国に与えた貿易上の恩典を，X国に自動的に適用する義務を負わない。米国はこの場合，X国が米国に対して相応の補償をあたえなければ，米国がY国にあたえる恩典をX国にも拡張する必要はないのである。たとえば米国がX国との通商協定のなかでX国産の茶に対し20％の輸入関税率を約束したあとで，米国がY国産の茶に対し10％の低関税率を定めても，米国はX国産の茶に対して10％の低関税率を無条件に適用する義務を負わない。米国は，X国が米国に相応の補償を提供するときにかぎって，たとえばX国が米国産綿糸に対する関税率を従来の25％から15％にひきさげる場合にかぎって，X国産の茶に対し，Y国産の茶に約束した10％の低関税率を適用するにとどまるのである。したがって，このような条件付き最恵国待遇原則のもとでは，補償の交渉が成立しないかぎり，米国は協定相手国の問題の産品（茶）を第3国産品よりも不利に扱うことができた。この意味で条件付きの最恵国待遇は，相対的であり，補償交渉が頓挫すれば，差別待遇を許した。こうした条件付きの最恵国待遇原則は，現代のいわゆる無条件の最恵国待遇原則とは異なっていた。

(2) 近世後期の片務的最恵国待遇原則

　19世紀半ば以降，欧米列強は，アジア諸国（日中韓ベトナム）の門戸開放を求めて，一連の和親条約と通商条約のなかで，アジア諸国に片務的最恵国待遇原則をおしつけた。その嚆矢は1854年（安政元年）の日米和親条約（ペリー・林全権間の神奈川条約）であり，これにより，日本は，他国に対し権益を与えると，同様の権益を米国にも無条件に与えるよう義務づけられた。しかし，米国は他国に対する権益を日本に拡張する義務を負わない。したがって日本側の片務的な対米最恵国待遇義務のみが（武力の威嚇を背景にして）定められた。米国はつづいて1858年（安政5年）の日米修好通商条約（ハリス・下田奉行間の下田条約）のなかに通商面での同様の規定を挿入することに奏功した。これをうけて欧州列強（英仏蘭露）も対日通商条約のなかに同じ規定をいれた。いわゆる1958年・安政五カ国条約の片務的最恵国待遇レジームが樹立された。

　もっとも広義には，欧米の対日差別は，片務的最恵国待遇にくわえて，日本に定率の輸出入関税（輸出税5％，輸入税5％［英国綿製品］，20％か35％［他産品］）を課すようおしつけ，日本の関税自主権を奪い，さらには日本に欧米側の一方的領事裁判権（ただし日露和親条約の双務的治外法権規定を除く）を認めさせることを含んだ。そして1966年（慶応2年）の米英仏蘭との改税約書で，日本は輸出入関税を一律5％に引き下げる屈辱をのんだ。この関税率は1899年（明治32年）に改正条約が成立するまでつづいた。そもそもこうした不平等条約は，欧米列強が近代的法制度をもたないアジア諸国への進出にあたり，輸出品が高関税等を課されたり，他の輸出国より不利に扱われたり，自国民が現地で残虐刑をうけたりすることがないようにするために締結された。したがって，欧米列強は，日本のほか，中国，韓国，ベトナム等に対しても不平等条約を受諾させた。そして日本も韓国に対し不平等条約をおしつけた。

2 国際連盟時代の最恵国待遇原則

　最恵国待遇原則は，国際連盟時代に，条件付最恵国

待遇原則から無条件最恵国待遇原則に変容した。

(1) 国際連盟規約と平和条約の最恵国待遇原則

最恵国待遇原則は，さらに第1次世界大戦後，先進諸国間の貿易上の原則にまで発展した。米国大統領（Woodrow Wilson）が第1次大戦を終結させるために提案した14カ条は，関税に関する最恵国待遇原則を含んだ。そしてこれに基づいて，国際連盟規約と1919年の平和条約も最恵国待遇原則をおりこんだ。しかし，これら原則も条件付きの最恵国待遇原則であった。

(2) 無条件最恵国待遇原則への転換

最恵国待遇原則を条件付のものから無条件のものに転換させるきっかけをつくったのは，連盟への加盟を拒否した米国であった。米国は1922年の関税法により，通商協定のなかで無条件の最恵国待遇をあたえる政策に転じた。それゆえ，米国はひとたび通商協定のなかで協定相手国に対して最恵国待遇を約束すれば，米国がのちに第3国にあたえる有利な恩典・利益は，無条件かつ自動的に（つまり補償の成否と無関係に），協定相手国に適用されることになった。

米国の政策転換に国際連盟は追随した。連盟は，無条件の最恵国待遇原則を，1936年の国際連盟モデル規定のなかに導入した。モデル規定は，連盟加盟国が通商協定の締結にあたって最恵国待遇を協定相手国に約束する場合，無条件の最恵国待遇規定を挿入するよう勧告した。

(3) 最恵国待遇原則に対する例外

しかしながら最恵国待遇原則に対する重大な例外が第1次大戦後，導入された。米国は，無条件の最恵国待遇政策をとった反面，1930年代の高関税法（スムート・ホーレー法）により，関税引上げ政策を導入し，国内産業の保護をはかった。米国のこのような高関税政策に対する報復が，英国の差別的な英連邦特恵制度（Commonwealth Preferences）であった。この制度に基づき，英連邦諸国は連邦諸国からの輸入品（たとえばカナダやオーストラリアから英国に輸入される産品）に対しては通常関税よりも低い特恵関税を適用し，他方，第3国からの輸入品には通常関税を適用し，関税面で第3諸国産品を英連邦諸国産品よりも不利に扱った。英連邦特恵は，米国が採用し国際連盟が勧告した無条件の最恵国待遇原則に対する重大な例外を構成したが，同様の経済ブロックが日独仏によっても形成されたことは上述のとおりである。

3 ITO憲章草案とGATTの最恵国待遇原則

戦後米国は通商政策の主要目的の1つに最恵国待遇原則をかかげ，英連邦特恵の廃止を要求したが，英国を説得するにはいたらなかった。そこで米国はITO憲章草案に最恵国待遇原則を挿入する米国提案を作成した。これは，国際連盟のモデル規定を下敷きにし，米国は1946年のロンドン会議でITOの5大原則の1つに最恵国待遇原則をかかげた。しかしITO憲章草案はけっきょく英連邦特恵を潰すことができなかった。こうした対英政策の失敗が，米国議会によるハバナ憲章批准拒否の一因となった。

ITOの規定はGATTに挿入された。それゆえGATTも最恵国待遇原則（1条1）をかかげながら，その例外の1つとして英連邦特恵（1条2，附属書）を認めた。またGATTは特恵関税以外にもさまざまな例外を含んだ。しかしながらGATTが定めた最恵国待遇は以下にみるように広範で実効的な内容をもった。

4 WTOの最恵国待遇原則と対中差別措置

WTOは，最恵国待遇原則をサービス貿易と知的所有権の分野に拡張したが，その原則・画期性・例外はのちにみるとおりである。WTO加盟国は原則として無差別原則を享受するが，例外が1つだけある。それは中国に対する差別的措置が中国のWTO加盟議定書のなかで条件つきで容認されたことである。これは商品分野での対中差別措置である。議定書によると，WTO加盟国は，中国産品の輸入急増に対して中国産品のみをねらいうちにした差別的セーフガード措置をとることができる。またWTO加盟国は中国の繊維製品に対して差別的な経過セーフガード措置を適用することもできる。さらにWTO加盟国は中国産品の輸入に対し差別的な方法でダンピングを認定し措置を適用することもできる。日米加EC4大国とその他WTO加盟諸国はすでに国内実施法のなかで対中差別措置を規定している。

第2節　最恵国待遇原則の内容

WTO最恵国待遇原則は，商品貿易・サービス貿易・知的所有権分野の原則にわかれるが，ここではもっぱら商品貿易の原則についてのべる。

1 GATT・WTOの規定

GATTは1条で最恵国待遇の基本原則を定め，さらに個別条項のなかにも原則を挿入した。さらにWTO諸協定も個別分野の最恵国待遇を定めている。

(1) GATTの最恵国待遇原則

GATT（1条1）の規定によると，加盟国（たとえば日本）は，下記の事項に関して，ある加盟国の産品（たとえば米国産品）にあたえる利益・特典・特権免除を，他のすべての加盟国の同種の産品（ECやアジア諸国の産品）に対して，即時かつ無条件にあたえなければならないとされる。

① 輸出入関税，輸出入課徴金，関税課徴金の徴収方法，
② 輸出入に関する規則と手続，
③ 輸入に対して直接または間接に課される内国税，内国課徴金
④ 輸入品の国内での販売輸送分配使用に関する法令要件

このように最恵国待遇原則は，すべてのWTO加盟国の産品を同等に扱うことを意味する。この同等扱

いは，産品の輸入（他のWTO加盟国からの輸入）のほか産品の輸出（他のWTO加盟国産品の輸出）にも適用される。もっとも，GATT/WTOが力点をおくのは，輸入であって，WTO加盟国からの輸入品を，関税賦課や輸入手続等に関して同等に扱うことを義務づけているのである。

ただし「無条件（unconditionally）」の意味をめぐって判例法は確立していない。少数のパネルはこれを「いかなる条件もつけずに，またはすくなくとも関連産品に関係しない条件をつけずに」(no conditions at all (or at least no conditions that are unrelated to the product at issue))と解釈した。しかし他のパネル判断は無条件を制限的に解釈している。これによると，WTO加盟国の間に差別を設けないかぎり，無差別待遇は，無条件待遇の要件を満たすとされる。上級委員会はまだこの解釈論争に決着をつけていない。

(2) GATT個別条項の最恵国待遇原則

GATTの個別条項はさらに特定事項についての最恵国待遇原則を以下のように明記した。

(i) 数量制限と関税割当の無差別適用

加盟国はGATT上一般に禁止された数量制限（quota. quantitative restriction）を一連の例外条項（農水産品のための数量制限，セーフガード措置等）に基づいてとる場合，すべてのWTO加盟国の産品に無差別に数量制限を適用しなければならない。したがってすべての供給諸国からの輸入を完全に禁止するか，一定輸入数量をすべての供給諸国に無差別に配分しなければならない。これは数量制限の無差別適用原則と呼ばれる（13条1・2）。

加盟国が関税割当（tariff quota. tariff rate quota）を行う場合も同様に無差別原則に従う（13条5）。関税割当は，一定輸入数量にはゼロまたは低率の1次関税率（in quota tariff）を適用し，この数量を超える輸入には高率の2次関税率（out-of-quota tariff. over quotatariff）を適用する関税制度である。関税割当のもとで1次関税率を適用される輸入数量を供給諸国に配分する場合，その配分はすべての供給諸国に対して無差別に行われなければならない。数量制限が供給諸国に無差別に配分されるように，関税割当の1次関税数量枠（in quota）も供給諸国に無差別に配分されるのである。

(ii) 映画フィルム映写時間の無差別割当

WTO加盟国は，露出済映画フィルムの映写時間を最恵国待遇原則に従って割り当てなければならない（4条）。もっともそのさい，加盟国は，まず国産映画フィルムを輸入フィルムよりも有利に（したがって内国民待遇原則に反して）扱うことができる。加盟国は国産映画フィルムのために「最小限度の一定割合の時間」を配分することができるからである（4条）。そのうえで，加盟国は，国産フィルムに配分された上映時間を除く残りの総国内上映時間を，WTO加盟国からのすべての輸入映画フィルムに対して無差別に割り当てなければならない。それゆえ，たとえばインドが国内の総上映時間を配分する場合，まずインド国産映画フィルムに一定時間を確保したうえで，残りの上映時間を外国産映画フィルムに無差別に割り当てなければならない。それゆえたとえば米国映画フィルムにのみ過大な上映時間を配分することは禁止される。

(iii) 原産地表示の無差別要件

加盟国はまた輸入品に対して要求する原産地表示の要件（9条）に関し，すべてのWTO加盟国の産品を同等に扱う義務を負う。特定国産品に厳しく他の国の産品に緩い原産地表示の要求は差別的とみなされる。

(3) 国家貿易と最恵国待遇原則

(i) 国家貿易企業に関する無差別原則

貿易に従事する企業は大別して純粋な私企業と国家貿易企業にわかれる。国家貿易企業には，加盟国が設立し維持する国家企業と加盟国が排他的な権利または特別の特権をあたえた私企業がある。国家貿易企業は，国家から独占的地位をあたえられているため，場合により原産地におうじて差別的な措置（数量制限等）をとるおそれがある。このためGATTは加盟国に対し国家貿易企業を無差別原則に従わせるよう義務づけた（17条）。カナダ小麦輸出事件［巻末表4-8］の上級委員会（2004年8月）は，カナダの小麦輸出に携わる国家企業（Canadian Wheat Board）に関連して，GATT規定は国家貿易企業の無差別義務を定めているが，これは包括的競争法タイプの義務（comprehensive competition-law-type obligations）を含まないとのべた。

(ii) 国家貿易の対象品目

国家貿易の対象品目は多岐にわたり，国ごとに異なる。

第1は，日本の場合，主要穀物（米，小麦，大麦），生糸，粗糖（甘蔗糖，甜菜糖），酪農品（バター，粉乳，普通牛乳）等である。日本のセンシティヴ品目が国家貿易制度により保護されているのである。

第2は特定のケシから抽出されるアヘン，アヘンのアルカロイド［チロシン］から作られるモルヒネ（Morphine），コカの木（coca plant）から得られるアルカロイドコカイン（Cocaine）である。アヘン等の国家貿易制度を定めたのは，1912年の万国アヘン条約（International Opium Convention）の補足協定であった。1924年から1925年の国際アヘン会議は，まず第1アヘン会議協定（1926年発効）でアヘン等の輸出入を国家貿易のもとにおいた。第2アヘン条約は加盟国にアヘン等の生産・貿易の規制法規を採択するよう義務づけた。日本はこの条約とは無関係に，戦後GHQの要請にしたがい，1949年，アヘン法を制定した。法はアヘンの輸出入権を国家の手に委ねた（2条）。それゆえ経済産業省の輸入公表は非自由化品目のひとつとして大麻を指定している。ただし，国の委託を受けるかぎり，私人も例外的にアヘンの輸出入を行うことができる（6条1）。またアヘンが抽出できる芥子殻（種子を除く）について，私企業の輸出入を禁止するかたわら，私企業が厚生労働大臣の許可を受けて輸出入する例外

を認めた (6条2)。大麻 (Cannabis sativa), 麻薬 (Narcotic Drugs), 向精神剤 (Psychoactive drug) も輸出入を禁止された非自由化品目である。ただし, 特定の私人は所定の条件にしたがい政府の貿易許可を得ることができる。ちなみに日本が2004年9月にWTOに通報した国家貿易品目 (G/STR/N/10/JPN) は, 以上のほかに, 煙草 (leaf tobacco), アルコール (Ethyl alcohol, Denatured alcohol) をふくむ。

2 最恵国待遇原則の概念

(1) GATT規定

GATT (1条) の最恵国待遇原則は, すこしくわしくみるとつぎの要素に分解することができる。

(i) 同種産品に関する最恵国待遇

加盟国は他の加盟諸国からの同種の輸入品を, 同等に扱わなければならない。たとえば日本が米国自動車に対して輸入手続や国内販売面の恩典をあたえたときは, 同じ恩典を同種のEC車やアジア車にも拡張しなければならない。

他方, 加盟国は他の加盟諸国からの異種の輸入品を同等に扱う必要はむろんない。たとえば日本が米国自動車にある恩典をあたえても, アジア製オートバイに同じ恩典を拡張することは不要である。自動車とオートバイは同種の産品ではないからである。したがって後述するように, 何が同種の産品にあたるのかが差別を認定する決め手の1つとなる。

(ii) 課税・手続・販売等についての最恵国待遇

加盟国はすべてのWTO加盟国の産品を, 関税・課税徴収・輸入手続・内国税・国内販売輸送・国内分配使用等について同等に扱わなければならない。したがって輸入品の通関時点だけではなく, 通関後の輸送・販売・使用の時点でも最恵国待遇が適用される。

(iii) 無条件の最恵国待遇

加盟国は他のWTO加盟国産品に対し最恵国待遇を即時かつ無条件にあたえなければならない。相手国が自国産品に市場を開放することを条件として, 相手国産品に最恵国待遇をあたえるという相互主義 (reciprocity) の考えはとられていない。これは, GATTの最恵国待遇が, 相手国による最恵国恩典へのただ乗りを許すことを意味する。give and take ではなく, give, but not take の思想が支配している。相手から同等の見返りを求めずに, 相手に第3国への恩典をふるまうというのがGATT最恵国待遇の基本精神である。

(iv) 非加盟国産品への恩典を加盟国産品に適用する義務

GATTは加盟国が「他国の産品」にあたえた利益や特典をすべてのWTO加盟国の産品に適用するよう求めている。ここでいう「他国の産品」は, WTO加盟国の産品のほかにWTO非加盟国の産品を含む。したがって, たとえば米国がWTO非加盟国 (ラオス, ロシア等) に対してなんらかの利益をあたえた場合には, 米国は同等の利益を日中EC等のWTO加盟国にもあたえなければならない。それゆえ, 米国がたとえばラオスに繊維その他の分野で特典をあたえるときは, 中国は米国に対し同様の特典を要求することができる。もしも, 米国が中国の要求におうじないときは, 中国はWTOパネル手続を開始することができる。GATTの最恵国待遇原則が, このように非加盟国に対する特典をカバーしたのは, GATT創設当時, GATTへの各国の加盟を容易にするためであった。GATTに加盟すれば, 新規締約国は, 他の締約諸国がGATTの非締約国や締約国にあたえた恩典を自動的に受けることができるからである。新規締約国はこれら非締約国や締約国との個別交渉なしに, これら諸国が既存の締約国から受ける恩典を享受することができたのである。

(v) 法的差別と事実上の差別の禁止

最恵国待遇原則はWTO加盟国産品のあいだに生ずるすべての差別を禁止する。したがって原産地に基づく明白な法的差別 (de jure discrimination) のほか, 原産地に基づかない事実上の差別 (de facto discrimination) も禁止される。ある国が米国産品のみに有利な待遇をあたえることは法的差別となる。しかしある国が原産地におうじた差別をしなくても, 客観状況から特定国産品のみが有利な待遇を受けるときは, 事実上の差別が認定され最恵国待遇違反を宣言される場合がある。

(2) GATT/WTOの加盟国と非加盟国に対する最恵国待遇

GATT/WTO加盟国は, 他の加盟国に対しGATT/WTO上の最恵国待遇をあたえる義務を負っている。他方, 加盟国は, 非加盟国に対しては, 2国間協定に基づいて, または一方的に最恵国待遇をあたえている。

A 加盟国に対するGATT/WTO上の最恵国待遇義務

WTOは, 商品貿易・サービス貿易・知的所有権に関し, 最恵国待遇の原則と例外を定めている。これら原則に基づいて, WTO加盟国は, 他国の商品・サービス (またはサービス提供者)・知的所有権者にあたえた待遇・恩典を, 他のすべてのWTO加盟国の同種の商品・サービス・知的所有権者にもあたえるよう義務づけられている。最恵国待遇がカバーする特典は, 加盟国が他国にあたえた恩典であり, この他国はWTO加盟国であるか非加盟国であるかを問わない。それゆえ米国がWTOに加盟していないラオスに対し2国間協定のなかである恩典をあたえると, 日本は米国に対して同等の恩典をあたえるよう要求することができる。

B 非加盟国に対する最恵国待遇

(i) 2国間協定に基づく最恵国待遇

GATT/WTO加盟国が非加盟国とのあいだに2国間協定を締結し, そのなかに最恵国待遇条項を挿入する例はかなり多い。かつて日本は, GATTから脱退した中国 (1947-50年のGATT原締約国) とのあいだに日

中貿易協定（1974年1月署名，6月発効）を締結し，相互に最恵国待遇（1条）をあたえることを誓約した。日本はこれによりGATT/WTO非加盟国であった中国の産品に対しGATT/WTOの譲許税率を適用しつづけた。また日本は旧ソ連・現ロシアの産品に対し日ソ通商条約（1957年12月署名，1958年5月発効）に基づいてGATT/WTO譲許税率を適用してきた。これら非加盟国との2国間協定に基づく最恵国待遇は，非加盟国がWTOに加盟すれば，WTOの最恵国待遇原則のなかに吸収され実質的な意味を失う。このため日本は，中国がWTOに加盟した2001年12月11日以降は，中国に対し，商品・サービス・知的所有権の分野で，WTO協定と中国加盟議定書に基づく最恵国待遇をあたえている。

なお2国間協定のなかには商品貿易以外に人の扱いについて最恵国待遇を定めるものがある。たとえば日米通商航海条約は，日米両国民の財産の保護，事業活動，財産権の取得処分等について最恵国待遇を規定している。これら人の扱いに関する最恵国待遇は，GATT/WTO上の最恵国待遇とは区別される。

(ii) 非加盟国に対する一方的な最恵国待遇

① 日本の便益関税制度

日本は，たとえGATT/WTO非加盟諸国とのあいだに2国間協定を締結していなくても，いくつかの非加盟諸国の産品に対し一方的にGATT/WTO譲許税率を適用してきた。これは日本が一方的にあたえた便益であるため，便益関税（関税定率法5条 beneficial duty）と呼ばれる。2006年現在で便益関税を適用されている国は，ブータン，ラオス，特定中近東・アフリカ・太平洋諸国等である。かつてはWTO加盟（2002年1月）前の台湾も便益関税を適用されていた。

② 米国ジャクソン・ヴァニック条項の一方的な最恵国待遇

米国は，1974年通商法のジャクソン・ヴァニック条項（Jackson-Vanik．議案提出者である2名の民主党議員の名前に由来する）によって，GATT/WTO非加盟の旧共産圏諸国を差別してきた。ただしこれら非市場経済国は一定の条件と手続に基づき最恵国待遇を付与された。第1に米国は，キューバと北朝鮮を除き，特定国，たとえばグルジア共和国（Republic of Georgia）を条項から卒業（graduation）させ恒久的な最恵国待遇をあたえた。第2に米国は問題の非市場経済国が，i 自由な移民政策を実施し，ii 頭脳流出を制限していなければ，1年単位で条項の適用を免除しその国に暫定的な最恵国待遇をあたえてきた。また米国が最恵国待遇をあたえればその国の移民政策が自由化されると判断されるときも，同様の免除が行われた。こうして米国はWTO加盟前の中国とベトナムに対して1年きざみで条項を免除し最恵国待遇をあたえた。条項免除の基準は，移民政策の自由化のほか，人権尊重，民主化，武器拡散，通商政策その他特殊事情（台湾問題，宗教迫害等）にわたった。もっとも，条項はWTOに明白に抵触するため，WTO加盟を目前にした非加盟国（中国，ベトナム）は議会法によって条項からの卒業を正式に認められる。げんざいの課題は，ロシアのWTO加盟を促進するためロシアをWTO加盟前に条項から卒業させるべきかどうかにある。なおECは，米国とは対照的にWTO非加盟国の産品に対しても一方的にWTO譲許税率を適用している。

3　差別の態様

(1) 法的または事実上の差別

A　法的差別

EUバナナ事件Ⅲ［巻末表9-2］ではEUがバナナ輸入に関し，原産地におうじた法的・形式的な差別と原産地に基づかない事実上の差別を行ったことがパネルにより最恵国待遇違反と認定された。EUの法的差別は，原産地におうじて異なる関税率を適用する形をとった。EUは旧植民地のACP諸国産のバナナにゼロ関税を適用し，他方，ラテン・アメリカ産バナナに高い関税率を適用した。EUはこの法的差別を合法化するためドーハ閣僚会議で多数決投票による義務免除を受けた。しかし2005年のWTO仲裁は，EUが義務免除の条件に違反したことを確認した。またEUが2006年1月から導入した改正バナナ輸入制度はいぜん差別的であり，WTOで協議にふされている。改正制度は，ラテン・アメリカ産バナナに一律176ユーロ／トンの関税率を定める一方，ACPバナナには関税割当制度を採用した。関税割当は，割当枠内（775000トン）の輸入に対する1次関税率をゼロとし割当枠外の輸入にのみ176ユーロ／トンの2次関税率を規定した。EUのバナナ輸入に関する法的差別はそれゆえ2006年末現在でも未解決である。

EUのバナナ制度はまた後述するように事実上の差別をともなっていた。この差別もパネル手続で最恵国待遇原則違反と判定された。

B　事実上の差別

加盟国の措置は字面のうえでは原産地に基づく差別を定めていなくても，事実上の差別をともなう場合がある。つまり措置は，特定国の産品を名指しして不利に扱っていなくても，換言すれば原産地中立的（origin-neutral）であっても，客観状況から事実上，特定国産品を差別するケースがあるのである。GATT/WTOパネルは数件の事例で，こうした事実上の差別を摘発した。

事実上の差別は，加盟国の通商措置（関税率，関税割当の配分方法その他）が，特定国Xからの輸入品の全部または大部分（たとえば80％）に有利で，他国Yからの輸入品の全部または大部分に不利である場合に認定される。この場合，Y国産品の一部が有利な待遇を受けても，事実上の差別は状況に照らして確定される。ただし，いうまでもなく，X国産品とY国産品は同種産品でなければならない。

C　輸入自主拡大と事実上の差別

事実上の差別のなかには，米国が日本に要求した輸

入自主拡大がはいるであろう。1980年代後半，米国は日本市場の閉鎖性を理由に，日本が米国産4品目（半導体，自動車，自動車部品，板ガラス）の輸入を自主的に拡大するよう求めた。輸入自主拡大（Voluntary Import Expansions. VIEs）は，輸入数値目標の達成を輸入国に強制し，達成できないときは輸入国に制裁を科す点で，GATT違反は明らかであった。輸入国は米国産品を第3国産品よりも優先的に購入するよう強いられ，GATT加盟国を同等に扱うよう求める最恵国待遇原則にそむいたからである。

(2) 関税率や関税割当の差別

差別はまた関税率の差別（スペイン未焙煎コーヒー豆事件，カナダ自動車協定事件）であることもあれば，関税割当制度の割当配分の差別（EUバナナ事件Ⅲ）であることもある。また将来，輸入手続，国内販売・輸送面の差別が摘発される例もあるであろう。

第3節　最恵国待遇原則の例外

現行WTOの最恵国待遇原則に対する例外は，多岐にわたっている。貿易額（世界）でみるかぎり，原則のもとでの貿易量（たとえば特恵貿易量）と例外に服する貿易量（たとえば非特恵の日米ECカナダ4極貿易量）は拮抗している。

1 例外の分類

WTO最恵国待遇原則に対する例外は，大別して商品貿易・サービス貿易・知的所有権の各分野での例外に分けることができる。サービス貿易・知的所有権分野の例外は後述するため，ここでは商品貿易分野の例外を列挙する。
① 祖父特恵関税と一般特恵制度
② 地域経済統合すなわち関税同盟と自由貿易地域
③ 義務免除（waiver）
④ 報復措置
⑤ ダンピング防止税と相殺関税
⑥ 選択的セーフガード措置と選択的対抗措置
⑦ 対中特別セーフガード措置と対中貿易転換防止措置
⑧ 関税再交渉にさいしての選択的対抗措置
⑨ GATT一般例外条項（20条）
⑩ GATT安全保障条項（21条）
⑪ 特定締約国間のGATT不適用

2 祖父特恵関税と一般特恵制度

関税率は，すべての国に無差別に適用される通常関税率（最恵国待遇関税率，MFN関税率とも呼ばれる）と特定国に有利に適用される特恵関税率にわかれる。特恵関税率はさらにつぎの4種類に細分される。
① GATT成立前から存在していた祖父特恵関税
② 先進国が開発途上国に対し1970年代から適用している一般特恵制度（GSP. Generalized System of Preferences）のための特恵関税（GSP関税）
③ 先進国が最貧国に対しあたえている追加的な一方的特恵待遇，たとえば米国のサハラ以南諸国に対する特恵（AGOA）
④ 自由貿易協定（FTA）に基づき協定相手国に適用する特恵関税

これらのうち祖父特恵関税は現在では歴史的意味をもつにすぎない。したがって重要なのはGSP特恵関税，追加的特恵関税およびFTA特恵関税である。これらは通常関税よりも有利であるため，差別的であり，最恵国待遇原則に反するが，GATT/WTOはこの差別を例外的に承認した。つぎに祖父特恵とGSP特恵を概観し，FTA特恵は地域経済統合の枠組みのなかで扱うことにしよう。

(1) 祖父特恵関税

GATT成立時に存在していた既存の経済ブロックはブロック域内の関税をゼロまたは低率にしていた。こうしたブロック特恵関税（1条2-4，附属書）は祖父条項扱いで例外的に正当化された。米国の反対にもかかわらず英連邦特恵は存続したため，フランス連合特恵関税と米国フィリピン特恵関税も例外的に正当化された。ただし，既存の輸入特恵関税のみが正当化された。特恵関税の新設は禁止され，また輸出入制限や輸出関税等についての差別は認められないことになった。またGATT成立時の特恵関税と最恵国税率の差（特恵マージン）を拡大することも禁止された。

(2) 開発途上国への一般特恵制度

一般特恵制度（GSP）は，北の富める先進国と南の貧しい開発途上国のあいだの南北格差を是正し，開発途上国の経済発展をそくしんするために導入された制度である。この制度に従い，先進国は開発途上国の特定産品に対してゼロまたは低い輸入関税率を適用する。他方，先進国の産品には通常の関税率が適用されるため，GSPは開発途上国に有利で先進国に不利な差別的性質をもっている。

GATTは1971年にGSPを導入する先進国に対し，最恵国義務からの免除（waiver）をあたえ，この差別制度をGATT上例外的に正当化した。GATT理事会はまた1979年11月，東京ラウンド交渉のさいごに，いわゆる授権条項・決議（enabling clause）を採択して，開発途上国に対していっそう有利な待遇をあたえることを誓った。この授権条項により，差別的なGSPはGATT上認知された。その基本的な考えは，開発途上国と先進国は同等でないから，「同等でないものを同等に扱うことは不公平である」というロジックにあった。同等でないものは，むしろ強者を不利に弱者を有利に扱わなければならない。それゆえげんざいのGSPは，開発途上国のあいだにも格差があることを認め，通常の開発途上国のためのGSPと後発開発途上国のための特別GSPからなりたっている。一般のGSP関税率は非特恵関税率よりも低いかゼロである

が，特別GSP関税率は一律ゼロである。

GSPは日米EUカナダなど主要国によって導入されている。しかしGSP特恵は，先進国が一方的にあたえる恩典であり，開発途上国からの見返りを求めないため，先進国は，GSP特恵の受益条件・受益国・対象品目を一方的に定めることができる。したがってGSP制度の内容は特恵供与国ごとに異なる。日本は中国・ベトナム等の社会主義国家も受益国としている。しかし米国は，共産主義国の中国・ラオス・ベトナムはもちろん，資源カルテル参加国，米国知的所有権の非保護国，テロ支援国，労働権無視国を受益国の対象からはずしている。

開発途上国産品がGSP特恵を受益するための条件は，先進各国のGSP原産地規則のなかに詳細に定められている。またGSPを受益する開発途上国は先進各国が定める一定の所得水準国に限定される。このため所定の所得水準（国民一人あたりGNP）に達した国（シンガポール，香港，韓国，台湾等）は各国GSP制度から卒業させられる（graduation）。さらに開発途上国産品の特恵輸入から国内産業（とくに農水産業，繊維産業）を保護するため，先進各国は特恵対象からセンシティヴ品目を除外し，重要産品のための特恵限度輸入枠（シーリング）を設定し，輸入量がシーリングに達すると特恵関税の適用を停止している。

ECをとりあげると，ECは，GSP特恵を開発途上国にあたえる基準として，特恵受益国が麻薬撲滅・労働権保護・環境保全のための特別取決めに協力することを要求した。このためいくつかの国がECのGSP特恵を受益できなくなった。インドはECの措置がGATTの最恵国待遇原則と授権条項に違反すると主張して2003年12月，パネル手続［巻末表9-11］を開始した。上級委員会は，2004年4月の報告で，授権条項の無差別待遇規定はすべての開発途上国を同等に扱うよう義務づけてはいないとのべた。それは同様の状態におかれた（similarly situated）開発途上国を無差別に扱う義務を先進国に課している。ところがEC麻薬取決めは同様の状態におかれた開発途上国に特恵待遇をあたえるための客観的で透明な基準をおいていない。ECは特定途上国12カ国が同様の状態にあり特恵待遇を受けるという基準を立証できなかった。それゆえECは授権条項の無差別原則に違反していると上級委員会は結論した。

(3) 追加的特恵

EUと米国は，通常のGSPにくわえて，さまざまな一方的特恵待遇を創設した。

A EU

ECは3種類の追加的特恵を運営している。

(i) GSPプラス制度（GSP plus scheme）

EUは2008年末現在で，開発途上国176カ国の特定品目に通常の特恵を与えているが，このほかに，人権保護・労働者権利・持続的開発・善政統治等の分野で一定水準を満たす開発途上国に対し，6400品目の輸入にゼロ関税特恵を認めている。これをGSPプラス制度という。この恩典は2009-2011年度につき16カ国（アルメニア，アゼルバイジャン，ボリビア，コロンビア，コスタリカ，エクアドル，エルサルバドル，グルジア，グアテマラ，ホンジュラス，モンゴル，ニカラグア，パラグアイ，スリランカ，ベネズエラ）に与えられた。

(ii) EBA特恵

EUはさらに2001年3月から「武器以外のすべての特恵制度」（Everything But Arms. EBA）を後発開発途上国のためにたちあげた。ただし特恵除外品目が3つある。バナナ，米，砂糖である。バナナは2006年末までに，米と砂糖は2009年までに特恵対象品目となる。

(iii) OCT特恵

EU加盟27カ国のなかで4カ国のみは，旧植民地に対してEC設立当初から一方的特恵を与えてきた（EC条約182条）。これら旧植民地は海外諸国領域（OCT. Overseas Countries and Territories）と呼ばれ，EUとの間に連合（Association）を形成している。連合の目的はOCT領域の経済発展とEUとの経済連携の促進にある。OCT領域は21を数え，英国領12（バミューダ，ヴァージン諸島，ケイマン諸島，フォークランド諸島等），仏領6（仏領ポリネシア，ニューカレドニア，グリーンランド等），オランダ領2，デンマーク領1（Greenland）となっている。OCTゼロ特恵関税は，すべてのOCT原産品に対して適用される。この点でACP特恵が一部ACP原産品に適用されないのと異なる。

(iv) 旧ACP特恵

アフリカ・カリブ海・太平洋諸国（ACP）のための特別特恵制度である。この制度は1963-75年のヤウンデ協定（Yaoundé）にはじまり，1975-99年のロメ協定（Lomé）をへて，2000年からのコトヌ協定（Cotonou）に発展した。協定上のACP諸国は79カ国であり，そのうちわけはサハラ以南アフリカ諸国48，カリブ海諸国16，太平洋諸国15である。協定によれば，7年の経過期間（2000-2007年）中はGSP特恵よりも有利な特恵があたえられるが，2008年からECの一方的特恵は，相互的なACP-EU自由貿易協定に切り替わる。後述するように（バナナ事件Ⅲ）コトヌ協定はWTOの義務免除をうけたが，WTOはEUの義務免除違反を理由としてWTOの紛争解決を求めた。

B 米国

米国の追加的特恵制度は4種類におよぶ。

(i) 1983年からのカリブ海諸国のためのCBI特恵（Caribbean Basin Initiative. CBI），すなわち(i) 1993年カリブ海経済復興法（Caribbean Basin Economic Recovery Act.CBERA），(ii) 2000年カリブ海貿易連携法（Caribbean Basin Trade Partnership Act.CBTPA）(iii) 2002年貿易開発法（Trade and Development Act），(iv) 2006年ハイチ法（The Haitian Hemispheric Opportunity through Partnership Encouragement Act.HOPE）

ii 1991年からのアンデス諸国（ボリビア，コロンビア，エクアドル，ペルー）特恵(Andean Trade Preference Act.

第1章　最恵国待遇原則と例外

ATPA）とこれをひきついだ 2002 年アンデス諸国麻薬撲滅特恵（Andean Trade Promotion and Drug Eradication Act. ATPDE）。ただし米国は，2008 年 10 月，コロンビア，ペルーにつぐ世界第 3 位のコカ栽培国であるボリヴィアがコカイン製造に用いられるコカの栽培を規制していないと判断し，ボリヴィアのみを特恵対象から除外した（2008 年の期限付き条件付きの改正特恵制度）。

iii サハラ以南アフリカ諸国（Sub-Saharan African. SSA）48 カ国のうち所定基準を満たす 39 カ国のための 2000 年アフリカ成長機会特恵法（African Growth and Opportunity Act. AGOA）

iv 太平洋諸国 3 カ国のための自由連合諸国特恵（Freely Associated States Act）

ただしこれら特別特恵は，特恵付与のため，多様な条件（原産地規則，麻薬撲滅，労働権，知的所有権保護，市場経済基盤等）を定めている。

3　地域経済統合

関税同盟と自由貿易協定は地域経済統合の典型であり，これら差別的制度も一定の条件のもとに正当化されている。GATT と GATS はそれぞれ商品貿易とサービス貿易に関して最恵国待遇原則を定めているが，地域経済統合は，GATT と GATS の最恵国待遇原則に対する例外となっている。

(1) 関税同盟

関税同盟は，参加国同士の域内貿易を自由化する一方，対外的には共通関税率を設定する制度である。このため関税同盟の参加国は，域内の関税と数量制限の撤廃をとおして域内貿易を自由化するかたわら，それぞれの異なる対外関税率を漸進的に接近させ最終的には共通の対外関税率を採用しなければならない（したがって関税同盟が形成されると域内関税は消滅し対外共通関税率のみが適用される）。たとえば関税同盟の典型例である EU を例にとると，EU 域内は障壁（関税，数量制限）のない単一の市場となっているが，EU 加盟国は対外的には共通の関税率を適用している。したがって自動車貿易の場合，たとえばドイツ製の 2500cc 普通乗用車はフランスや英国に無関税で自由移動するが，日本製や米国製の乗用車は EU 加盟諸国の港で共通関税率 10％（2002 年末現在）を適用される。域内製品は無関税で輸入されるが，域外製品は共通関税率に服する（ただし域外製品は EU への輸入にあたりひとたび共通関税と内国税を徴収されると，EU 域内で自由流通状態におかれ，域内産品と同様に域内を無関税で自由移動する）。関税同盟はこのように域内産品を有利に域外産品を不利に扱う点で差別的であり，最恵国待遇原則にそむく。

(2) 自由貿易地域

自由貿易地域も同じように差別的である。自由貿易地域の締約国は他の締約国の産品に対して一定の条件のもとにゼロまたは低率の特恵関税率を適用するが，第 3 国の産品に対してはそれぞれ通常の関税率を適用するからである。域内産品のうち，特恵関税率を適用されるのは，FTA 原産地規則を満たす産品に限定され，この規則を満たさない産品は域外産品と同様，通常関税率に服する。

北米 3 カ国から成る NAFTA を例にとれば，たとえばカナダで生産される普通乗用車は NAFTA 原産地規則を満たせば米国に無関税で輸入される。これに対し，日本車や EC 車は 2.5％（2002 年末現在）の通常関税率に服する。自由貿易地域はこのように域内貿易にのみ一定の条件のもとで特恵関税を適用する点で差別的であり，最恵国待遇原則と衝突する。

4　義務免除

GATT（25 条 5）は，加盟国が最恵国待遇その他の GATT 義務に違反する場合であっても，そうした義務違反を例外的に免脱し正当化する手続を定めた。平たくいえば，ルール違反を例外的に認める手続であり，これを GATT 用語で義務免除（waiver）と呼んでいる。ここに清濁あわせのむ GATT の包容力がある。

昔の GATT は，締約国団が加盟国に義務免除をあたえる手続として 3 分の 2 の多数決を要求していた。かつて米国は広範な農産物（綿花，ピーナッツ等）の輸入制限を，締約国団による義務免除決定によって正当化し，この正当化を WTO 発足の直前まで維持していた。EC も旧植民地である ACP 諸国とのあいだに結んだロメ協定（旧仏領トーゴ・ロメ Lomé）の差別条項を，締約国団の義務免除決定によって正当化した。ロメ協定は開発途上国のうち ACP 諸国産のバナナに特恵待遇（ゼロ関税）をあたえ他の開発途上国（ラテンアメリカ諸国）を差別した点で最恵国待遇原則に違反していた。このため，EC は 1994 年 12 月，WTO 発足前夜に締約国団による義務免除決定をとりつけた。

WTO 設立協定（9 条 3）は，閣僚会議が 4 分の 3 の多数決で義務免除決定を行うことを定めた。4 分の 3 の多数決は WTO 閣僚会議の表決のなかでもっとも厳格な手続であり，WTO では解釈と義務免除の場合だけにとられる。ただし，閣僚会議の義務免除は，無制限ではなく，免除の条件・例外的状況・終了期日を明記しなければならない（9 条 4）。このため，2001 年 11 月の第 4 回ドーハ閣僚会議は，ロメ協定を継承するコトヌ（旧仏領ダオメー・ベナンの政府機関所在地 Cotonou）協定に条件付きの義務免除をあたえた。これによると，EC がコトヌ協定に基づいて ACP 諸国産品にあたえる特恵関税制度は，ACP 諸国産バナナのみに有利で他の WTO 加盟諸国に不利である点で最恵国待遇原則に違反するが，この違反は例外的状況（協定が後発開発途上国を含む ACP 諸国の経済発展をそくしんする目的をもつこと等）に照らして例外的に 2007 年末まで免除されると定められた。

5　報復措置

GATT/WTO の紛争解決手続が報復措置をともなうことは繰り返しのべた。この報復措置は，WTO では，パネル・上級委員会手続ののちに，勝訴国が敗訴国に対して紛争解決機関の承認をえてとることができる。報復措置はこのように特定国に対してとられる点

で差別的であり最恵国待遇原則に反するが，WTO手続に従っているかぎり，正当化されるのである。GATT時代には1件の報復措置（オランダの対米報復）が許可されたにすぎないが，WTOでの報復措置は，ECバナナ事件III（米国とエクアドルの対EC報復），ECホルモン牛肉事件（米国・カナダの対EC報復），ブラジル航空機事件（カナダの対ブラジル報復），カナダ航空機事件II（ブラジルの対カナダ報復）で許可されている。

6　ダンピング防止税，相殺関税

輸入国は，外国からの不当廉売品に対してダンピング防止税を課すことができる。また輸入国は外国からの補助金付き輸入品に対して相殺関税を課すこともできる。これら措置は特定国に対してとられるため差別的であり，最恵国待遇原則に違反するが，GATT/WTOが要求する厳格な条件のもとに適用されれば正当化される。

7　選択的セーフガード措置と選択的対抗措置

輸入国は，外国からの特定産品の輸入急増に対し，GATT（19条）とWTOセーフガード協定の条件に基づいて，無差別にセーフガード措置（safeguard measures）をとることができる。これに対し，措置によって影響を受ける輸出国は，セーフガード措置の発動国からの産品に対し差別的に対抗措置（counter-measures）をとることができる。

(1) GATTと選択的セーフガード措置の禁止

(i) GATTの無差別原則

GATTはセーフガード措置は特定国をねらいうちにしてはならないと定めた。措置は緊急関税か緊急数量制限のいずれかの形をとるが，いずれの場合もGATTは，措置の無差別適用を要求した。措置が緊急関税の形をとる場合，GATT加盟国はGATT（1条）の最恵国待遇原則に従って無差別に関税を適用しなければならない。また措置が数量制限の形をとるときも，GATT加盟国はGATT（13条）の数量制限の無差別適用原則に従い，特定国を標的にすることはできない。特定国産品にのみ適用される選択的セーフガード措置（selective safeguard measures）は禁止されるのである。

ノルウェー繊維製品輸入制限事件で，GATTパネル（1980年6月）は，ノルウェーがGATT（19条）に基づいてとったセーフガード措置が差別的でGATT違反になるかどうかを扱った。ノルウェーは繊維製品の輸入急増に対処するためセーフガード措置をとった。この措置は，繊維輸出国6カ国に対する輸入数量の割当という形をとった。したがってこれら6カ国はそれぞれ一定数量までの繊維製品をノルウェーに輸出することができた。しかし，数量割当の対象から香港は除外された。このため，香港はノルウェーに繊維製品を輸出することを禁止された。そこで，香港はノルウェーの措置は差別的であるとしてGATTパネル手続を求めた。パネルは，香港の主張を認めた。パネルによれば，GATT加盟国はセーフガード措置を数量割当の形で発動するときは，GATT（13条）の無差別原則に従って，数量割当をすべての関連供給諸国に無差別に配分しなければならないとされた。この配分は，数量制限がないときに期待される取分に近づくような比率で行われなければならない，とパネルはのべた。本件の場合，香港は供給国の1つであったから，香港に輸入数量を割り当てなかったのは，無差別原則に反するとパネルは結論した。

(ii) 新規加盟国に対する選択的セーフガード措置

GATTは原則として選択的セーフガード措置を禁止したが，東欧諸国のGATT加盟に対しては，加盟の条件として，東欧諸国産品に対する選択的セーフガード措置を導入した。ポーランド・ルーマニア・ハンガリーのGATT加盟議定書は，GATT締約諸国が，新加盟国産品に対し差別的なセーフガード措置をとることを明示に認めた。日本がGATTに加盟したときも対日差別セーフガード措置規定が構想されたが，導入されなかった。

(2) WTOセーフガード協定の無差別原則と逸脱

(i) WTO協定の無差別原則

WTOはGATTのセーフガード条項（19条）を敷衍するため特別のセーフガード協定を導入し，協定のなかでセーフガード措置の無差別適用原則を確認した（2.2条）。協定はまた，輸入国がセーフガード措置を数量割当の形でとるときは，供給諸国への数量割当の比率を，供給諸国との合意に基づいて決定するか，この合意がないときは，無差別原則に従って過去の代表的な期間の供給割合に基づいて割当を行うよう定めた（5.2a条）。

(ii) 逸　脱

ただし，無差別原則からの逸脱が厳格な条件のもとに定められた（5.2b条）。とくに特定国からの輸入が過去の代表的な期間のあいだ「均衡を失する比率で」増加する場合（たとえば供給国が5カ国あり，そのうちの特定国からの輸入だけが過去3年のあいだに60％から95％に増加する場合），輸入国は問題の大輸出国からの輸入を代表的期間の供給割合に基づかずに大幅に制限することができる。

この逸脱が無差別原則に対する例外を意味するのかどうか，換言すれば逸脱は選択的数量制限（selective quantitative restrictions）を許したと解釈されるのかはかならずしも明らかでない。

(3) 対抗措置とGATT/WTO

セーフガード措置により影響を受ける国は，措置の発動国に対して2種類の対抗措置をとることができる。1つは，確定セーフガード措置に対する選択的対抗措置であり（GATT19条3，セーフガード協定8.2条），もう1つは暫定セーフガード措置に対する無差別対抗措置である（GATT19条3）。

確定セーフガード措置に対する選択的対抗措置は最恵国待遇原則に対する例外にあたり，こうした対抗措置は，後述するように厳格な条件に従わなければならない。

8 対中特別セーフガード措置と対中貿易転換防止措置

WTO は上述の一般セーフガード措置のほかに，中国産品のみに対する差別的措置を認めた。中国のWTO 加盟議定書によれば，WTO 加盟国は，中国産品のみに対し，一般セーフガード措置の条件よりも緩い条件のもとで差別的なセーフガード措置をとることができる。またWTO 加盟国は，対中差別セーフガード措置に関連して差別的な貿易転換防止措置をとることもできる。たとえば韓国が中国農産品に対して差別的なセーフガード措置をとり，その結果，中国農産品が輸入先を求めて日本に流入してくる場合，換言すれば中国農産品の対韓貿易が対日貿易に転換する場合，日本はこうした貿易転換を防止するため，問題の中国農産品の輸入を差別的に制限することができるのである。

9 関税再交渉に際しての選択的対抗措置

WTO 加盟国が個別産品の関税率を引き下げる約束をしたあと，もういちど関税率を引き上げたい場合，利害関係国（産品の輸出諸国）とのあいだに関税率の修正のための再交渉を行うことができる（GATT 28 条）。このような再交渉のすえ合意が成立しないときは，関税引上げによって影響を受ける利害関係国は，関税引上げ国に対して差別的な対抗措置をとることができる。ただし，その場合も対抗措置は後述するように厳格な条件に従わなければならない。EU はかつて 15 カ国への拡大にあたり新規加盟国の電子産品・関税率をひきあげ，このための再交渉を日米先進諸国と行った。しかし再交渉は妥結せず，日本は EU に対し対抗措置をとった。

10 GATT 一般例外条項

(1) 一般例外条項の正当化目的と差別禁止

GATT の一般例外条項（20 条）は，加盟国が一定の正当な目的を達成するためにとる貿易制限措置を例外的に正当化している。条項が明記する目的には，公徳の保護，人動植物の健康の保護，税関行政法令の保護，工業所有権（特許権・商標権・意匠権）や著作権といった知的所有権の保護，有限天然資源の保存，国宝の保護などが含まれる。これら目的を達成するための必要最小限の商品貿易規制は GATT 上例外的に合法化されるのである。なお類似の一般例外条項はサービス分野にもあり，GATS（14 条）は公徳や健康保護のためのサービス貿易規制を例外的に合法化している。

GATT 一般例外条項により正当化される輸入制限は，しかしながら同様の条件のもとにある加盟諸国のあいだに差別をもうけてはならないとされる。特定国を恣意的または不当に差別するような方法で，また偽装された貿易制限となるような方法で，一般例外条項を濫用してはならないとされるのである（第 13 部 2 章 5 節「GATT 一般例外条項の解釈」参照）。

(2) 一般例外条項に基づく差別的措置

一般例外条項に基づく貿易規制は，しかしながら差別的にとることもできる。この条項は税関行政法令を保護するための貿易規制を合法化している。それゆえ，輸入国税関は，各国の慣行にみるように，違法な脱税行為（tax evasion）を摘発するときは，特定国の脱法輸入品に対して差別的な規制措置をとることができるのである。

脱税行為の典型は，虚偽の税関申告による関税やダンピング防止税の支払い回避である。たとえば EC が中国産の TV に対してダンピング防止税を賦課したあとで，輸入者が中国産 TV をコンピュータと虚偽申告したり，または中国産 TV をタイ産 TV と虚偽申告して EC 加盟国へ輸入する場合，EC 加盟国はこうした脱税行為（商品または原産地の虚偽申告）に対し，差別的課徴金を通常関税とダンピング防止税に上乗せして賦課することができる。この場合，輸入者は差別的な輸入税を課されるが，この差別は GATT 一般例外条項（20 条 d の税関行政の遵守を確保するため必要な措置）によって正当化されるのである。

11 GATT の安全保障条項

加盟国は安全保障のため GATT ルールに違反する貿易規制をとることができる。安全保障のため正当化される措置（21 条）は，つぎのとおりである。

① 国際の平和と安全の維持のため国際連合憲章に基づいてとる措置，たとえば国連決議に従ったイラク等に対する禁輸措置（embargo）
② 自国の安全保障上の重大な利益の保護のため必要な核分裂物質に関連した措置や武器・弾薬・軍需品の取引に関連した措置
③ 自国の安全保障上の重大な利益に反する情報を開示しないこと

12 特定加盟国間での GATT/WTO ルールの不適用

(1) GATT ルール不適用

GATT（35 条）は，加盟国が新規加盟国に対して最恵国待遇原則を含む GATT ルールを適用しないメカニズムを導入した。ただし，このような GATT ルールの不適用は，つぎの 2 つの条件がそろった場合に認められる。

① 加盟国が新規加盟国との通商関係への GATT ルールの適用に同意しないこと
② 加盟国と新規加盟国のあいだで相互間の関税交渉が行われていないこと

かつて日本が 1955 年に GATT に加盟したとき，日本の加盟を積極的に支援したのは米国のみであった。米国とは正反対に，欧州諸国は日本の GATT 加盟に難色を示し，新規に加盟する日本との関係に GATT を適用しない方針をうちたてた。これが欧州諸国による対日 GATT 35 条の援用であり，その本質は日本に最恵国待遇をあたえず，日本を差別することにあった。

日本が対日 GATT 35 条の援用を撤回させるためとった政策は，欧州諸国とのあいだに個別に通商協定を締結することであった。欧州諸国は 1960 年代に対

日協定を締結して，ようやく対日GATT35条の援用を撤回した。

(2) 対日GATT35条と日欧協定の差別条項

日本はGATT加盟後，2重の差別に遭遇した。1つは，欧州諸国による対日GATT35条の援用であり，もう1つは35条撤回後の日欧協定に基づく対日差別措置であった。

A 対日GATT35条

欧州諸国がGATT35条に基づいてとった差別的通商措置は，最恵国待遇原則に対する例外として合法であった。GATT史上，35条を援用された国は，21ヵ国におよぶが，これら被援用国のなかで，もっとも多くの国から援用されたのは日本であった。被援用国の上位4ヵ国は，50ヵ国から援用された日本，5ヵ国から援用された南ア，4ヵ国から援用されたポルトガル，2ヵ国から援用された韓国であり，その他被援用諸国17ヵ国はそれぞれ1国から援用されたにとどまる。ここにわずか半世紀前の世界の日本観が凝縮されている。敗戦後10年目にGATTに加盟した日本がはじめにみた現実は，世界を覆っていた対日不信感であり，それは35条の援用という形で噴きだしたのである。

B 35条の撤回と日欧協定の対日差別条項

日本は欧州諸国から35条援用を撤回させるため通商協定を結んだ。しかし，日欧協定は，2国間ベースで対日差別条項を含んだ。欧州諸国は，対日35条援用の撤回とひきかえに，①既存の対日差別数量制限を維持すること，および②日本産品の輸入急増にさいして差別的な対日セーフガード措置を導入しうることを要求したのである。日本はGATTレベルでの日本叩きから逃れるため，2国間レベルでの対日差別制度を甘受した。日・ベネルックス協定（1960年10月署名，1962年発効），日英協定（1962年署名，1963年4月発効），日仏協定（1963年5月署名，1964年1月発効）は，欧州諸国が既存の対日数量制限を維持し，緊急時に対日セーフガード措置を発動できることを定めた。また日西協定（1966年署名・発効）と日伊協定（1969年12月署名・発効）は，既存の対日数量制限の継続を定めた。これら2国間協定に基づく差別的数量制限は，EC立法（理事会の共通輸入規則288/82号）に明記されEC法上は合法化されたが，GATT上は，最恵国待遇原則（とくにGATT13条の数量制限の無差別適用原則）に違反していた。しかしこの差別措置は，ECが1992年に市場統合を完成したときまでつづいたのである。

(3) WTOルール不適用

WTOでも加盟国と新規加盟国とのあいだにWTOルールを適用しない制度が導入された（WTO設立協定13条）。

1つには，GATT時代の35条に基づくGATT不適用が，WTOでも継続適用される場合がある。しかし日本に関するかぎりは，WTO発効にともない3ヵ国（ボツワナ，ハイチ，レソト）の対日35条援用は撤回された。

もう1つ，WTOへの新規加盟国に対して既存加盟国が行うWTOルールの不適用がある。この場合，既存加盟国または新規加盟国のいずれかが，閣僚会議が新規加盟国の加盟条件を3分の2の多数決で承認する前に，WTOルール不適用を通報しなければならない。WTO発足後，特定加盟国間へのWTOルールの不適用が通報された例は4件に達する。これらはすべて米国が行った通報であり，関係国は旧共産圏諸国（ルーマニア，モンゴル，キルギス，グルジア）であった。もっとも米国は後日，これらWTOルール不適用を撤回した。

第4節　GATTの事例

1　EEC・カナダ産牛肉輸入事件と事実上の差別

EEC・カナダ産牛肉輸入事件では，ECが輸入牛肉に対して適用した関税措置が事実上，特定国産品を差別しているかどうかが争われた。ECは輸入牛肉の関税率を原産地におうじて変えてはいなかった。しかし，ECは，高品質の穀物で飼育された牛肉に関して関税率の引下げ約束（譲許）を行い，これら高級品のみに低い関税率を適用した。したがって，他の牛肉（中低品質牛肉）は高めの関税率に服した。また牛肉の等級を認証する機関を1つに限定していた。GATTパネルはこのようなECの関税制度は，特定の高品質牛肉生産国には有利だが，それ以外の国からの牛肉を事実上，差別していると判断した。

ベルギー家族手当事件でもGATTパネルは事実上の差別を認定した。ただしこの事例では，優遇される国が特定されたのではなく，逆に特定国が優遇措置から排除され，差別的扱いを受けたことが問題とされた。

2　スペイン未焙煎コーヒー豆事件

スペイン未焙煎コーヒー豆事件はGATTの代表的先例であり，ここでも事実上の差別の有無が争点となった。事件の発端は，スペインが1979年にコーヒー豆の国家貿易制度を廃止したさい，勅令によって，じゅうらい同一関税分類番号に属していた未焙煎コーヒー豆（unroasted coffee）を，タイプ別に5つの関税番号品目に細分し，それらの輸入関税率を以下のように定めたことにあった。なおコーヒー豆は，アラビカ種（Arabica）とロバスタ種（Robusta）にわかれ，前者は世界生産のほとんどを占め，主にブラジル産アラビカ種とマイルド種（Mild）に大別された。

① コロンビア産マイルドコーヒー（Colombian Mild）無税
② 他のマイルドコーヒー（Other Mild）無税
③ 洗浄していないアラビカ種（Unwashed Arabica）従価7％

④ ロバスタ種（Robusta）従価7％
⑤ その他（Other）従価7％

ブラジルは，スペインの措置は，スペインの旧植民地コロンビアのマイルドコーヒーのみに有利で，他の国のコーヒーには不利であるとしてパネル手続を開始した。ブラジルによれば，ポルトガルの旧植民地であるブラジルのコーヒー豆は「ほとんどすべてが」（almost entirely）洗浄されていないアラビカ種に属し，したがって7％の関税を賦課されているとされた。たしかにスペインの措置はブラジル産品を名指しにした法的・形式的な差別にはあたらなかった。しかし，措置は，事実上，ブラジル産品を高関税品目に分類することで，同種の輸入品のあいだに差別をもうけていると，ブラジルは主張した。

パネルは1981年6月の報告でブラジルの主張をいれた。パネル報告の核心は，スペインの措置は未焙煎コーヒーという同種産品に関する事実上の差別に該当するという点にあった。パネルはまずスペインが未焙煎コーヒー豆について関税譲許（GATTでの関税引下げ約束）を行っていなかったことを確認したうえで，GATTの最恵国待遇原則は譲許品目のほか未譲許品目（unbound tariff items）にも適用されるとのべた。加盟国は譲許の有無にかかわらず問題の輸入品を原産地におうじて差別することを禁止されるのである。

つぎにパネルはすべての未焙煎コーヒー豆は同種産品であると判定した。スペインはコーヒー豆を品質の相違に基づいて異なるタイプに分け，それぞれに異なる関税分類番号をつけて，番号ごとに関税率を設定した。これに対し，ブラジルは，コーヒー豆は味覚の違いはあるもののすべて同種産品に属すると反論した。パネルはブラジルの見解にそってつぎのようにのべた。
① 国家は特定の関税分類に従う義務はなく，個別商品のために新しい関税番号を創設することができる。しかし，どのような関税分類を行っても，国家はGATTの最恵国待遇原則に従い，同種産品に対し同一の関税率を適用する義務を負う。
② 同種産品についてGATTも過去のパネル報告も定義をあたえていない。スペインは，なにが同種でなにが異種であるかを判定するときの基準として，産品の味覚の相違をあげたが，この見解は採用できない。農産品の場合，産品が栽培地・栽培方法・加工方法・遺伝子等におうじて異なるのは当然だからである。むしろブラジルが指摘したように，コーヒー豆は多様なタイプの豆を混ぜたブレンド品として販売されるのが通常であるため，最終用途のコーヒー豆は飲料用の単一商品（single product）とみなされている。また他の加盟国もコーヒー豆を異なる関税に服する数種の商品に分類していない。以上により，コーヒー豆はひとくくりに同種産品とみなさなければならない。

このパネル報告はWCOの統一関税品目分類表が作成されていない時点で作成された。このため，パネルは当時の加盟国が任意に商品を分類できるとしたうえで，同種の輸入品は，たとえ異なる関税番号に属しても，同等に扱われなければならないとのべた。そしてパネルは，同種産品の判定基準を明確にしないまま，コーヒー豆を同種産品とみなした。その結果，スペインの措置は，ブラジル産コーヒー豆に高率の差別的な関税を課しており，最恵国待遇原則に反すると結論した。

しかしこのパネル判断は，同種産品の判定基準，事実上の差別，事実関係（とくにブラジルと他の輸出国からスペインに輸入されるコーヒー豆の割合や種類・品質についての事実）について厳密なつめを行わなかった点で，批判を浴びている。パネル報告のなかでげんざいでも注目に値するのは，GATTの最恵国待遇原則が，未譲許品目にも適用されるという判断部分である。

3　日本・針葉樹材輸入関税事件

カナダは，針葉樹材（soft woold lumber）の主要輸出国であり，輸入国の関税率に関心を払っていた。日本は，針葉樹材の輸入関税率に関して，唐檜・松・樅（Spruce, Pine, Fir.SPF）と他の針葉樹材（杉材，栂材，檜材等）を区別し，前者に8％の従価税を後者にゼロ関税を規定していた。カナダは日本の関税措置は，同種産品のあいだに事実上の差別を設定するもので最恵国待遇原則に違反すると主張し，パネル手続を開始した（日本・針葉樹材輸入関税事件）。

パネルはカナダの主張を退けた。GATTパネルによれば，加盟国はGATT上，自国の関税分類に関し広範な裁量をもっているとされた。たしかに日本・カナダ等が加盟するWCOの統一関税分類制度（HS）は，各国関税分類の調和をもたらしたが，（HS 6桁レベルを超える）関税分類の末端にまで国家に義務を課していない。したがって加盟国はHS分類を超えた細部の分類について裁量をもち，個別品目の関税率を通商政策目的のために設定することができる。

パネルはそれゆえ，加盟国が個別産品に異なる関税率を設定することは基本的に合法的な通商政策手段であるとのべた。ただし，こうした関税率の設定が同種産品のあいだに差別をもうけるときは，被差別国が差別を立証する責任を負う。そして被差別国が同種産品問題を提起するときは，輸入国の関税分類に基づいて請求を行うべきであるとパネルは指摘した。

第5節　WTOの事例

1　EUバナナ事件III

(1) 経緯

まず事件の経緯を簡単にふりかえっておかなければならない［巻末表9-2］。

EU市場には大別して3種類のバナナが供給されていた。EU域内で生産されるバナナ（ギリシャ、スペイン、ポルトガル、仏領海外県のバナナ）、EUの旧植民地であるACP諸国のバナナ、米国やメキシコの多国籍企業（米国所有チキータChiquita、米国所有ドールDole、メキシコ所有デルモンテDel Monte）がラテンアメリカ諸国（エクアドル、メキシコ等）で生産するバナナである。品質と価格からみれば、高品質で低価格のバナナはラテンアメリカ産にとどめをさした。ACPバナナはバナナ以外に外貨獲得手段のない開発途上国の低品質で高価格のバナナであり、EUバナナも同様の評価を受けていた。したがって生産コストに照らすと、EUバナナやACPバナナは非効率的な栽培方法のためコストが高く、他方ラテンアメリカ産は技術革新と効率的生産・販売システムを反映してコストが低く競争力があった。

このためEUはACPバナナ（とEUバナナ）を保護するため、ラテンアメリカ産バナナの輸入を制限する規則を1993年に制定した。この新規則がGATT/WTO史上、例をみない貿易摩擦を生じさせた。まずGATT時代に、ラテンアメリカのバナナ生産国5カ国はEUバナナ輸入制度がACP産品（とEU産品）に有利でラテンアメリカ産品に不利であるから最恵国待遇原則（と内国民待遇原則）に違反すると主張してパネル手続を開始した。パネルはバナナ事件IIでラテンアメリカ諸国の主張を認めた。しかしパネル報告はECの拒否権によりブロックされた。この手続と併行して、EUは、ラテンアメリカの提訴諸国とバナナ枠組協定（Banana Framework Agreement, BFA）を交渉した。枠組協定は協定に参加するラテンアメリカ諸国に有利な輸入枠を設定する代わりにラテンアメリカ諸国がWTO発足後パネル手続を開始しないよう求めるものであった。枠組協定に参加したのは提訴5カ国のうちグアテマラを除く4カ国であった。

こうした状況のもとでWTOのバナナ事件IIIが開始された。申立国は米国、メキシコ、エクアドル、ホンデュラス、グアテマラの5カ国であり、バナナの輸出国ではない米国が他のバナナ生産・輸出国とともにパネル手続にくわわり手続を主導したことが注目された。

(2) バナナ事件IIIのパネル・上級委員会判断

バナナ事件III［巻末表9-2］のパネル・上級委員会は、結論から先にいえば、EUのバナナ輸入制度が最恵国待遇原則（と内国民待遇原則）に反することを認めた。EC制度はACP産品（とEU産品）に有利でラテンアメリカ産品に不利である点で最恵国待遇原則（と内国民待遇原則）に反し、またラテンアメリカ産品のなかでも枠組協定参加国に有利で非参加国に不利である点で最恵国待遇原則にそむくことが確認された。もっとも最大の争点は、ACP産品とラテンアメリカ産品の差別がなにに由来するのかに絞られた。

パネルはこのためEUバナナ輸入制度を再整理することからはじめた。

EUのバナナ輸入制度は、そもそも、輸入バナナを伝統的ACPバナナ、非伝統的ACPバナナ、第3諸国バナナに分類し、伝統的ACPバナナは無関税とする一方、非伝統的ACPバナナと第3諸国バナナに関税割当を適用していた（表2-1）。

このため関税率でみるかぎり、EU制度は、ACP諸国産品に有利（無関税）で、第3諸国——つまりラテンアメリカ諸国——産品に不利（高関税）であり、明白な法的差別を構成していた。しかし、こうした最恵国待遇の違反はGATTの義務免除決定により正当化されていた。

それゆえ問題は、輸入バナナに対する関税割当制度が事実上の差別にあたるかどうかに集中した。この関税割当制度のもとでは、非伝統的ACP産品の無関税数量枠と第3諸国産品の低税数量枠が輸入者に配分された。こうした配分により輸入者は輸入ライセンスをえた。輸入ライセンスなしに輸入することはできないため、輸入ライセンスの配分は輸入者にとって死活的問題であった。

表2-2にみるように、非伝統的ACP産品と第3諸

表2-1　ECバナナ輸入制度

バナナのカテゴリー	関税制度
伝統的ACPバナナ（従来から伝統的にECへ輸出されていたACP12カ国産のバナナ）	無関税
非伝統的ACPバナナ（伝統的バナナ以外のACP産バナナ）	関税割当制度 (i) 枠内無関税（9万トンまで無関税） (ii) 枠外高関税（9万トン超過分につき750ECU/トン）
第3諸国バナナ（主にラテンアメリカ産のバナナ）	関税割当制度 (i) 枠内低関税（200万トンまで100ECU/トン） (ii) 枠外高関税（200万トン超過分につき850ECU/トン）

表 2-2　関税割当制度に基づく低関税輸入枠の配分

産　品	低関税輸入枠	輸入ライセンスを配分される輸入者	配分比率
非伝統的 ACP バナナ	無関税の 9 万トン	(i) 第 3 諸国バナナまたは非伝統的 ACP バナナの歴史的輸入者	(i) 66.5%
第 3 諸国バナナ	低関税の 200 万トン	(ii) EC バナナまたは伝統的 ACP バナナの歴史的輸入者	(ii) 30%
		(iii) 新規参入者	(iii) 3.5%

国産品の低関税輸入枠（209 万トン）は，これら産品の歴史的輸入者に排他的に配分されたわけではなかった。これら歴史的輸入者への輸入ライセンスの配分は 66.5% にとどまった。残りの配分量のうち 30% は，第 3 諸国や非伝統的 ACP 諸国から輸入した実績のない輸入者——つまり EU 産品や伝統的 ACP 産品しか扱ってこなかった輸入者——に配分された。

30% ルールは，2 つの効果をうんだ。1 つは 30% の配分を受けた EU 産品・伝統的 ACP 産品の輸入者は多くの場合，第 3 諸国産品・非伝統的 ACP 産品を買わずに，逆に EC 産品・伝統的 ACP 産品を買うことに奔走した。なぜならば，30% 配分のなかのシェアを維持し伸ばすためには，これら輸入者は EU 産品・伝統的 ACP 産品の歴史的な輸入者でありつづける必要があり，そのためには現行の EU 産品・伝統的 ACP 産品の輸入量を増加するよう強いられたからである。

30% ルールの第 2 の効果は，輸入ライセンスの売買慣行をもたらしたことである。輸入ライセンスは譲渡が可能であったため，30% のライセンス配分を受けた EU 産品・伝統的 ACP 産品の歴史的輸入者は，ライセンスを高価格で第 3 諸国産品・非伝統的 ACP 産品の歴史的輸入者に譲渡した。バナナにかぎらず大量に取引きされる農産品は，長期の安定した売買契約に基づいて取引きされるため，第 3 諸国バナナや非伝統的 ACP バナナは歴史的な専門輸入者だけしか現実には扱えなかったのである。かくしてライセンスの高価格売買は，EU 産品・伝統的 ACP 産品の輸入者に利益をもたらした反面，第 3 諸国産品・非伝統的 ACP 産品の輸入者に損失をもたらした。EU の立法者の言葉を借りれば，30% ルールは，ライセンス売買をつうじた第 3 諸国バナナから EU・ACP バナナへの内部相互補助（cross-subsidization）をねらいとしていたのである。

パネル・上級委員会はけっきょく 30% ルールが，ラテンアメリカ産品よりも ACP 産品（と EC 産品）の取引を促進する効果をもつ点で最恵国待遇原則（と内国民待遇原則）に違反するとのべた。EC の関税割当制度はこのように，表面上は，原産地におうじた差別をともなっていないが，30% ルールをとおして，ACP 産品に有利でラテンアメリカ産品に不利な事実上の差別をつくりあげていると判断された。

(3) コトヌ協定と義務免除違反事件

2007 年までの経過期間後，2009 年 12 月 15 日，紛争当事国国間でバナナ紛争は結結をみた〔巻末表 9-2〕。これによると，EC は MFN バナナ関税率をまず初年度（2009.12.15-2010.12.31）に 176 ユーロ／mt から一挙に 148 ユーロ／mt まで引下げ，毎年徐々に引下げたのち，最終年度（2017.1.1）までに 114 ユーロ／mt とする。他方，米国側は引き換えに WTO 提訴を取下げる。また EC はラテンアメリカ産バナナとの競争激化を緩和するため ACP バナナ輸出諸国に 2 億 Euro までの資金援助を行う。

2　カナダ自動車協定事件

カナダ自動車協定事件〔巻末表 4-5〕でも，カナダの関税措置が，事実上の差別にあたることがパネル・上級委員会により認定された。

(1) 事実関係

カナダは 1965 年の米国カナダ自動車協定（Autopact）に基づき，投資の促進と国内産業育成のため，国内の一部の外資企業に関税上の恩典をあたえた。これら受益企業は，当初，米国自動車会社大手 3 社であったが，のちにスウェーデン所有ヴォルヴォと日米合弁 CAMI も受益企業のリストにはいった。しかし後発投資組の日系大手（トヨタ，日産，本田）や欧州大手は受益者リストに載らなかった。カナダはこのように関税上の恩典を主に先行投資組の米国大手 3 社にあたえ，受益者リストを米加自由貿易協定の締結時に凍結した。

この制度は NAFTA 成立後も維持された。

カナダがあたえた関税上の恩典は，受益者リストの企業が海外からカナダに自動車と部品を輸入するときに，輸入関税を免除するというものであった。ただし，輸入関税免除は，無条件にはあたえられず，一定の条件（カナダ付加価値，生産対販売比率）が満たされる場合にのみあたえられた。

自動車協定に基づくカナダの関税措置は，カナダの投資企業のあいだに差別をもたらした。受益者リストに掲載された米系企業が海外から乗用自動車を輸入す

るときは所定の条件を満たすかぎり関税がゼロとなるのに対し，リストに掲載されていない日系企業や欧州企業が海外から乗用自動車を輸入するときは6.1％の通常関税率に服した。そこで日本とECはカナダを相手どってWTOパネル手続を開始した。

(2) パネル・上級委員会報告

パネルと上級委員会は，カナダの自動車関税措置が，GATTの最恵国待遇原則に違反し，GATTの例外規定（24条のFTA特恵条項）によっても正当化されないとのべた。

まずカナダの措置は，事実上の差別に該当すると判定された。たしかにカナダの措置は，原産地におうじて輸入自動車を差別していない。受益リストの米系大手はどの国からでも自動車を輸入することができ，所定の条件を満たせば自動車の輸入関税を免除されたからである。カナダの措置は表面上，原産地中立的であった。

しかし，現実はそうではなかった。米系大手がカナダに輸入した自動車は主に米国とメキシコの系列会社で製造されたものであった。自動車分野の企業内取引慣行（intrafirm trade）によりどの自動車会社も海外の系列企業から自動車や部品を輸入していた。こうした慣行の結果，カナダで関税免除を受けたのは事実上，米国大手の米国車とメキシコ車に限定された。したがって日本車やEC車は通常関税に服した。パネルはかくして，カナダの措置は，企業内取引慣行により，事実上の差別をもたらし，最恵国待遇原則に反すると結論した。上級委員会もパネルの判断を支持した。

では，最恵国待遇違反のカナダ措置は，GATTの例外規定，とくに自由貿易協定の特恵措置に該当し，正当化されるのかどうか。カナダは，米国車とメキシコ車に対する関税免除は，NAFTAの特恵関税にほかならず，GATT（24条）上例外的に正当化されると主張した。パネルはつぎの理由でカナダの主張を退けた。

第1に，カナダの免税措置は，主にNAFTA（米国，メキシコ）諸国自動車に適用されたが，それらに限定されたわけではなかった。免税措置は，米系大手が非NAFTA諸国の系列会社から輸入した若干の自動車（アジア車，欧州車）にも適用されたからである。したがってカナダの免税措置はNAFTAの特恵関税には該当しない。

第2に，NAFTAに基づくカナダの特恵関税率は，事件当時かならずしもゼロにはなっていなかった。カナダが自動車に適用したNAFTA特恵関税率は，徐々にひきさげられ，米国車とメキシコ車に対する特恵関税はそれぞれ1998年と2003年にゼロとされる予定であった。それゆえ1997年当時の特恵関税率は，ゼロではなく，米国車につき0.9％，メキシコ車につき2％であった。それゆえ，NAFTA特恵関税は，カナダのゼロ関税措置とみなすことはできない。

第3に，カナダ免税措置は，米国大手の米国車とメキシコ車に，NAFTA特恵資格の有無にかかわりなくあたえられた。NAFTA制度では，NAFTAの特恵関税は，NAFTA原産車にのみ適用されるはずであった。NAFTA域内で製造される自動車がNAFTA原産を獲得するためには，NAFTA原産地規則の条件を満たす必要があった。この条件はきわめて厳格であり，域内生産車は域内付加価値（北米3カ国の累積ネットコスト）が62.5％に達することが必要であった（ということは域内車は北米産のエンジン・トランスミッション等をくみこんで製造されなければNAFTA原産車とはみなされない）。ところが，米国大手の米国車とメキシコ車はすべてがNAFTA原産資格をもっていたわけではなかった。なかにはアジア製部品をくみこんでいたためNAFTA原産資格をもたない米国車やメキシコ車も含まれていたからである。これら非NAFTA原産車にもカナダ免税措置は適用されていた。

第4に，米系大手は，米国車へのNAFTA特恵関税が1998年にゼロに引き下げられたあとも，NAFTA特恵を要求せず，カナダ免税措置を請求していた。NAFTA特恵を要求するためには，輸入者は，自動車がNAFTA原産地規則を満たすことを証明する特恵原産証明をカナダ税関に提出する必要があった。しかし証明を裏づけるために付加価値の計算書類を提出し，さらに書類の保管義務を課せられていた。また証明が虚偽の情報を含むときは，輸入国当局（カナダ税関）は生産者の工場（米国工場，メキシコ工場）に立入検査をし，検査の結果虚偽証明が判明すると，特恵が否定された。こうした煩雑な特恵手続を米系大手は避けたのである。もっとスマートにふるまうためにはカナダ免税措置を請求すれば事たりた。以上により，パネルはカナダ免税措置がNAFTA特恵により正当化されないと結論した。カナダは上訴にあたりパネルの判断については申立を行わなかった。

3 異なる文脈のなかでの同種性・競合性の判定

GATT/WTOは，同種商品または競合商品をさまざまな文脈のなかで扱っている。それゆえ同種産品や競合産品のコンセプトは，文脈におうじて異なって解釈される。最恵国待遇のための同種産品のコンセプトは内国民待遇のためのそれと同じではない。しかもそれぞれの文脈のなかで，同種産品はケースバイケースで判定される。ここに国際経済法の盲点と弱点がある。

最恵国待遇のための同種性の判定は，内国民待遇原則のための同種性の判断とは対照的に，きわめて曖昧である。スペイン未焙煎コーヒー豆事件とカナダ産針葉樹材事件のGATTパネル判断は同種性について厳密な判断をくださなかった。たとえばコーヒー豆は南北経緯25度内のコーヒーベルトで製造されるとはいえ，産地・品種におうじて風味・価格・品種が異なる。茶（Camellia thea）となると同種性の判定はさらに困難になる。ひとくちに茶といっても，茶樹・製法により緑茶（釜煎り・不発酵），紅茶（全発酵），黒茶（後発酵のプーアール茶等），青茶（半発酵の烏龍茶等），白茶（弱発酵の百

毫銀針や高級太白種の茶樹から製造される白芽茶・白葉茶等)、黄茶（弱発酵のあと後発酵させる少量高価格茶）にわかれるからである。針葉樹も SPF（松・トウヒ・モミ）とその他に分けられるのではない。最新の DNA 鑑定に基づく植物分類では，問題の球果植物〔Coniferales〕にかぎっても，ⅰ 松科〔Pinaceae〕（松属，唐松属，ヒマラヤ杉属，トウヒ・モミ等のトウヒ属，ツガ属），ⅱ スギ・ヒノキ科〔Cupressoceae〕，ⅲ コウヤマキ科〔Sciadopitaceae〕，ⅳ ラカンマキ科〔Podocarpaceae〕，ⅴ イヌガヤ科〔Cephalotaxaceae〕，ⅵ ナンヨウスギ科〔Araucariaceae〕，ⅶ カヤ・キャラボク〔Taxaceae〕に細分されている。同じように，DNA 鑑定は，蓮とヒツジグサがまったく別の種類に属することを明らかにした。蓮（Nelumbo nucifera）は南米プロタエ属（Proteales, basal tricolpats）に属するが，ヒツジグサ（Nymphaea）は別属（Basal Angiospermum）である。

同じように WTO パネルも最恵国待遇原則との関係では商品の同種性についてつきつめた判断を行わなかった。たとえば EU バナナ事件Ⅲでは，商品としてのバナナもその卸売サービスも同種の商品・サービスとして扱われた。カナダ自動車協定事件でも乗用自動車は価格・性能等がおおきく異なるが，米国大手3社の自動車と日韓 EU 自動車はひとくくりに同種産品と判定された。自動車が排気量・性能・技術・価格におうじて多様に分類できることはいうまでもない。自動車の卸売サービスもサービス提供者もパネルにより同種とみなされた。最恵国待遇の同種性の判定基準と内国民待遇のそれはどう違うのか，またそれらはダンピング防止措置，相殺措置，セーフガード措置等の同種性とどのように異なるのか，さらにサービス分野の同種性との相違点はなにかといった基本的な問題は将来にもちこされている。

第2章
内国民待遇原則と例外

無差別原則は，両翼の基本ルールである。片翼が最恵国待遇原則であるとすれば，もう1つの翼は内国民待遇原則である。GATT/WTO は，加盟国が最恵国待遇原則に基づいて（WTO 加盟国からの同種の）輸入品を同等に扱うよう義務づけ，また同時に内国民待遇原則に基づいて同種の輸入品と国産品を同等に扱うよう義務づけた。外外無差別にくわえて内外無差別を貫徹することが GATT/WTO の基本精神である。両者は後述するように相互に補完しており，片方だけでは無差別原則は意味をもたないのである。

第1節 内国民待遇原則の歴史

1 起 源

内国民待遇原則も最恵国待遇原則と同様，はじめは近代欧米諸国の通商協定のなかで定められた。とくに英国は，内国税に関する内国民待遇原則を1900年以降のほとんどすべての通商協定に挿入した。米国も1920年代以降の2国間協定（ドイツとの1923年友好通商領事権条約，フィンランドとの1934年友好通商領事権条約，アイスランドとの1943年相互貿易協定）のなかで内国民待遇原則をおいた。

商品分野での内国民待遇原則が2国間通商協定のなかに定められたのとは対照的に，知的所有権分野の内国民待遇原則は，パリ工業所有権条約やベルヌ著作権条約といった多国間条約のなかに定められた。ただしこれら知的所有権分野の内国民待遇原則は，条約同盟諸国の権利者に対して自国権利者と「同一の」待遇をあたえるもので，自国権利者よりも「不利でない」待遇を保障するものではなかった。

2 GATT/WTO と政府調達協定

第2次大戦後，商品分野の内国民待遇原則を発議したのは米国であり，米国の1945年提案をもとに ITO 憲章の規定が起草された。GATT は ITO 憲章草案に基づいて，洗練された内国民待遇原則の規定を導入した。これが商品分野の内国民待遇原則に関する最初の多国間ルールである。

WTO は，商品分野の GATT 内国民待遇原則そのまま踏襲しつつ，サービス貿易分野と知的所有権分野にも内国民待遇原則を導入した。これら商品・サービス・知的所有権分野の内国民待遇原則は，他の WTO 加盟国の商品・サービス・知的所有権者に対し，自国の商品・サービス・知的所有権者よりも「不利でない」待遇をあたえる点で一致している。これは，じつは内外に同一待遇をあたえる内外無差別原則よりもひろい考えである。なぜならば，外国（の商品・サービス・知的所有権者）に自国よりも「不利でない」待遇をあたえることは，外国に自国よりも有利な待遇をあたえることを含むからである。つまり外国に有利で自国に不利な「逆差別」（reverse discrimination）は，内国民待遇原則のもとで許される。逆差別をする必要はないが，逆差別をしても内国民待遇原則に反しないのである。

GATT/WTO は内国民原則を定めた反面，原則に対する例外も認めた。例外の1つは，政府調達市場であり，WTO 加盟国は商品（政府職員用事務機器等）やサービス（政府庁舎建築のための建築サービス等）を購入する場合，原則として外国の商品・サービスよりも国内の商

品・サービスを優先購入することができる。ただし後述するようにWTOの政府調達協定を受諾した国のあいだでは，一定の条件のもとに政府機関は公共調達にあたり，協定加盟国の商品・サービスを自国の商品・サービスを同等に扱わなければならない。したがって政府調達分野の内国民待遇原則は政府調達協定の受諾国間でのみ適用される。

内国民待遇原則は，GATT/WTOがカバーしない分野でも採用されつつある。たとえば2国間の投資協定のいくつかは，投資受入国が協定相手国の投資家を自国の投資家と同等に扱うよう定めている。WTOの内国民待遇原則を今後，多国間投資協定等のなかにどのようにくみこんでいくかが新ラウンドでも討議されることになる。

以下，商品分野の内国民待遇原則にしぼって，原則の内容，例外，事例をみていきたい。サービス・知的所有権・投資分野の内国民待遇原則はそれぞれの部で扱うことにする。

第2節　内国民待遇原則の内容

1　内国民待遇原則のコンセプトとねらい

(1) コンセプト

A　輸入品への水際から消費までの全段階での内外無差別

GATTは，国家が内国・間接税（消費税，酒税，タバコ税，自動車重量税，石油税，揮発油税等）を課したり，一定の国内規制（輸送・販売・購入・使用・混合等についての規制）を行うときに，内国民待遇原則に従って輸入品を国産品と同等に扱うよう義務づけた。もっとも重要なのは，内国税に関する内国民待遇原則である。

国家が商品に課す税は，関税と内国間接税に大別されるが，両者の扱いは，GATTのもとで著しく異なった。輸入品のみに課される関税は，国家が国内産業を保護するための合法的な手段であるが，これはすべての加盟国産品に同等に課され，またその関税率は関税引下げ交渉の対象とされた。長期的にみれば関税率は低下していく傾向にある。これに対し内国間接税は，国家がさまざまな政策的見地から自由に設定することができ，またあらたに導入することも可能である。間接税は直接税とならぶ国家財源の歳入であり，その設定・導入・率は国家の裁量に属している。しかし，GATT/WTOは内国間接税について，それが輸入障壁とならないよう，同種の国産品と輸入品に同等に課されることを要求した。

ただし間接税はたとえ輸入禁止的であっても，同種の国産品への税率と同じであれば，GATT/WTOに違反しない。それゆえシンガポールのように，自動車について，輸入関税率をゼロとする一方，内国間接税を高率に定めていても，内外自動車に同一の間接税を設定していれば，内国民待遇原則に抵触しない。ある国が国土のせまさと環境保護を目的として自動車の間接税を輸入禁止的な水準にまでひきあげても，内国民待遇原則が確保されているかぎり，GATT/WTOは国家の租税政策に干渉しないのである。

B　国産品よりも不利でない待遇の付与

内国民待遇は，輸入品に国産品よりも「不利でない待遇」（no less favorable treatment）を要求する（GATT3.4条）。他に類をみないこの文言はGATT・WTO判例で数多くの議論を生んだ。

GATT時代の米国通商法337条事件のパネルは，不利でない待遇とは輸入品に対し同種の国産品と「実効的に同等の（競争）機会」（effective equality of opportunities）を与えることを意味するとした。WTOのパネル・上級委員会もこれを踏襲した。換言すれば，不利でない待遇は，輸入品に国産品よりも不利でない「競争条件」（conditions of competition）を与えることをいう。核心は，輸入国が，同種の国産品と輸入品のあいだの競争条件を変更し，輸入品に不利となるように関連市場の競争条件を変えたかどうかにある（韓国牛肉事件上級委員会）。

韓国牛肉事件［巻末表15-4］では，輸入品と国産品に異なる待遇を定める国家の措置が，差別となるのかどうかが問われた。上級委員会は，国家が形式的に異なる待遇を輸入品に与えることは，かならずしも差別とはならないと述べた。そして逆に形式的に同一の待遇が与えられても事実上の差別が生ずることがあるとつけくわえた。肝腎なのは国家の措置が「輸入品に不利となるように関連市場の競争条件を変更しているかどうか」（whether a measure modifies the conditions of competition in the relevant market to the detriment of imported products）にあると上級委員会は指摘した。

米国ガソリン事件［巻末表20-1］では，輸入品の待遇を品質等に応じて不利にしたり，また逆に有利にする措置をどう扱うのかが争われた。この場合，状況しだいで輸入品は差別されることもあれば優遇されることもある。つまり国家措置は，差別と逆差別の両方を含む。では差別は逆差別によって「相殺され」（offset），措置は総体的に合法化されるのかどうか。米国は「逆差別による差別の相殺」を主張した。米国の措置はたしかに状況しだいで国産精製ガソリンの販売基準を，輸入精製ガソリンの販売基準よりも有利にした。しかし他の状況下では，輸入品を優遇する逆差別を許す可能性があった（しかし本件の南米産精製ガソリンは事実上，逆差別の恩恵をうけることができなかった）。米国はそれゆえ措置は「全体的にみれば内外同等」（equally overall）となると主張した。パネルは米国の主張を退け，米国措置が輸入品を国内販売段階で差別する内外差別法令（3条4）にあたると結論した。しかしながらこの争点は上級委員会に付託されなかった。

EUアスベスト事件でも上級委員会は同様の争点が

付託事項にはないと断りつつ,内外無差別の基本原則（GATT3条1）は,一群の同種輸入品（the group of like imported products）が一群の同種国産品（the group of like domestic products）よりも不利にならないよう国家に義務づけ,これにより国内産業に保護を与えないよう国家に要求していると述べた。上級委員会によれば,国家は輸入品を差別しないようにするため,同種産品のあいだに区別（distinctions between products which have been found to be like）を設けることができるとされた。

判例法の要点は2つにしぼられる。第1に,内国民待遇とは,国家が輸入品に対し同種の国産品より不利でない待遇を与えることをいう。それはつうじょう両者に同一待遇を与えることをさす。しかし内国民待遇は,輸入品に有利な逆差別を排除しない。第2に,措置はおおむね無差別であっても部分的に差別を含めば内国民待遇原則にふれる。たとえば措置が国産品の大部分（90％）と輸入品の一部（20％）に同一待遇を定めていても,輸入品の大部分（80％）が差別されていれば,措置はむろん差別的とみなされる。また逆に措置が輸入品の大部分(80％)を優遇していても一部輸入品(20％)が差別されているかぎり差別が認定される。要するに国家の措置は部分的にでも差別をもたらしてはならない。

(2) ねらい

GATT が内国間接税の賦課について内国民待遇原則を定めたのには,いくつかの理由がある。

A 市場アクセスの確保

内国民待遇原則のねらいの1つは輸入品への市場アクセスの確保である。輸入品は国産品と同等の扱いを受けなければ,輸入国市場にアクセスする機会を失うからである。輸入品は内国民待遇を受けてはじめて国産品と同等の競争機会を保障されることになる。

B 関税譲許との関連

内国民待遇原則は関税譲許ルールと緊密な関係にたっている。GATT の至上目的は各国関税率の引下げにあり,このため各国が関税譲許をつうじて関税障壁をひきさげ輸入品の市場アクセスを容易にする制度をつくりあげた。しかし GATT のもとで各国が関税譲許により関税を引き下げていっても,輸入品の市場アクセスは,関税以外の措置,たとえば内国税や内国規制によって阻害されるおそれがある。輸入品は,国産品への内国税よりも重い内国税を課されたり,輸入国市場での販売や使用を制限されるならば,輸入国市場から撤退せざるをえなくなる。内国税や内国規制はこのように,関税が引き下げられたあとも,輸入品の市場アクセスをさまたげる要因となるのである。端的にいえば内国税や内国規制は,非関税障壁として機能することができる。そこで GATT は,関税譲許による市場アクセス改善効果が,内国税や内国規制によって損なわれないようにするため,内国税と内国規制の内外無差別適用原則を導入したのであった。

(3) 内国民待遇原則の範囲と内外差別の手段

内国民待遇原則は,主に内国税の賦課に関するものである。しかしそれだけではなく,多様な国内規制による内外差別の禁止原則がある。内外差別の手段は多岐にわたる。そこには,内国税,国内流通・販売・輸送・使用規制のほかに,混合規制（後述）がはいる。そして混合規制の文脈で関税割当制度をとおした内外差別が問題となる。関税割当制度は関税制度の1形態であるが,その運用しだいで内外差別が生ずる。それゆえ,関税制度は,最恵国待遇原則によってのみカバーされるとみてはならない。

C 最恵国待遇原則との関係

内国民待遇原則は最恵国待遇原則とともに GATT/WTO の無差別原則の両翼を担い,相互に補完する関係にたっている。最恵国待遇原則が適用されても,内国民待遇原則がなければ,輸入品は国産品よりも不利に扱われけっきょくは市場アクセス機会を失うであろう。また内国民待遇原則が適用されても,最恵国待遇原則がなければ輸入品は原産地におうじて差別されるおそれがある。なぜならば,内国民待遇原則は,輸入品に国産品よりも不利でない待遇を保障するため,そこには,① 輸入品に国産品と同一の待遇をあたえることと,② 輸入品に国産品よりも有利な待遇をあたえる逆差別が含まれるからである。国産品と同一の待遇をあたえられた輸入品は,国産品よりも有利な待遇をあたえられた輸入品よりも輸入国市場で不利な待遇を受けけっきょく差別されることになる。内国民待遇原則から生ずるこうした差別をなくすためには,すべての輸入品を同等に扱う最恵国待遇原則が不可欠となる。かくして最恵国待遇と内国民待遇は無差別原則という車の両輪をなすのである。重要判例に EC アザラシ事件［巻末表9-28］がある。

2 内外差別の形態と認定

国家が内国税やその他の国内規制を内外差別的に適用するときの形態は,最恵国待遇原則違反の場合と同様,法的なものと事実上のものを含む。法的な内外差別は,商品が輸入国か国産品であるかにおうじて（つまり商品の原産地が輸入国の国内か外国であるかにおうじて）,内国税その他の国内規制を輸入品に不利にする場合に発生する。他方,事実上の内外差別は,法的・形式的な差別はなくても,事実上,国産品に有利で同種の輸入品に不利であるような規制が行われるときに認定される（日本酒税事件Ⅰ・Ⅱ,カナダ自動車協定事件）。

内外差別は,差別によって現実の輸入制限効果があらわれたかどうかにかかわりなく認定される。現実に内外差別があるかどうかが問題であり,差別の効果は問題とされない。それは差別措置のもとでの輸入量と差別措置がなかったならば増加するはずの輸入量を比較することは現実には不可能だからである。輸入量の増減は差別の有無に関係なく,さまざまな要因によって生ずる。また差別措置があっても,他の要因によって輸入量が増加することもある。さらに逆に差別措置がなくても,輸入量がなんらかの要因に基づいて減少

する可能性もある。差別措置と輸入量の増減はかならずしも相関しないのである。

第3節　内国間接税に関する内国民待遇原則

国家は内国間接税の賦課にあたり，内国民待遇原則に従って，輸入品と国産品を同等に扱わなければならない。これは，具体的につぎの3つのルールを意味する。

1　差別的内国税の禁止

同種の国産品と輸入品がある場合に，国産品に軽く輸入品に重いような差別的内国税を課してはならないこと

2　保護的内国税の禁止

同種ではないが競合する国産品と輸入品がある場合に，国産品を保護するような保護的内国税を課してはならないこと

3　間接税国境調整ルール

輸入品が輸出国で間接税を免除されていれば，その輸入品に国産品と同額の間接税を課すことができること

1 差別的内国税の禁止

(1) 内容

GATT（3条2項1段）は，同種の国産品と輸入品（たとえば国産ビールと輸入ビール）がある場合に，国産品に軽く，輸入品に重く内国税を課すことを禁止している。これを差別的内国税（discriminatory internal tax）の禁止原則という。同種の国産品と輸入品への内国税は，同一でなければならない。もっとも国産品に重く，輸入品に軽く内国税を課すいわゆる逆差別は禁止されない。逆差別を行うことは国家の自由であり，そのような例はドイツ等にある。しかし，逆差別は義務ではない。したがって通常は国家は同種の国産品と輸入品に同一の課税待遇をあたえるよう要請されているということができる。

差別的内国税は，以上のように3つの要素からなりたっている。第1は課税が内国間接税にあたること，第2は課税される国産品と輸入品が同種であること，第3は両者への課税率が同一ではないことである。

(2) 内国間接税の判定

ある税が輸入税と内国間接税のいずれにあたるのかの識別はさほどたやすくはない。

輸入品は，まず輸入時点で，通常関税，(GATT2条1b第1段)，その他特定の輸入税(GATT2条1b第2段)，税関サービス税(GATT2条2c)および場合により特殊関税(GATT2条2b)を課される。さらに輸入品は，輸入段階でこれら一連の輸入関連税とは別に，内国間接税の国税額部分を課される。くわえて輸入品は，通関後の流通消費段階で，内国間接税の地方税額部分（都道府県・市区町村税）を課される。これら輸入品に課される内国間接税の合計（国税額，地方税額）は，同種の国産品に課される内国間接税の額を超えてはならない(GATT3条2)。もっとも輸入国はこうした通常の内国税に代えて，内国税に相当する課徴金(GATT2条2a)を輸入段階で一括賦課することもできる。

日本を例にとると，輸入品に課される内国間接税は，課税段階に応じてつぎの2種類にわけられる。

ⅰ　輸入段階で課される内国間接税

日本は輸入品に対し，輸入通関段階で（輸入税とは別に）一連の内国間接税を徴収している。それは，国家消費税（5％のうちの4％）から，酒税，煙草税（国税）・特別煙草税（地方税），揮発油税（国税）・地方揮発油税（地方税），石油ガス税・石油石炭税等におよぶ。その関連法規が「輸入品に対する内国消費税の徴収等に関する法律」，「一般会計における債務の承継等に伴い必要な財源の確保に係る特別措置に関する法律第12条」である。

ⅱ　国内流通消費段階で課される内国間接税

日本はまた輸入品に対し国内での流通・再使用・加工・混合・分配・消費等の段階で，内国間接税を課している。まず，すべての輸入産品に課される地方消費税（5％のうちの1％）がある。くわえて輸入煙草は地方税（都道府県税・市町村税）を課され，輸入自動車は自動車取得税・自動車税・自動車重量税・地方道路税等に服している。

問題は，先例（EC迂回防止税事件，インド追加税事件，中国自動車部品税事件等）にみるように，特別の名称をもつ税が輸入品に課される場合，それが輸入税と内国間接税のいずれのカテゴリーにはいるのか，輸入税ならばWTO譲許税率を超えないか，間接税ならば内国民待遇原則（国境調整，差別的・保護的内国税禁止）にふれないかどうかである。それゆえ，事案によっては，上級委員会が，紛争当事国による事実関係の未提出を理由に判断不能に陥る例（後述のインド追加税事件）もあらわれている。

(3) 商品の同種性の判定

差別的内国税を判定するときの第2の要素は，内国間接税を課される国産品と輸入品が同種の商品に該当することである。たとえば，内国間接税を課される国産リンゴと輸入リンゴが同種の商品とみなされれば，国家は両者に同一の内国税を適用しなければならない。他方，国産リンゴと輸入オレンジが異種の商品とみなされるならば，リンゴとオレンジに対する内国税は違ってもよい。国家は一定の社会経済政策に従って，さまざまなカテゴリーの商品に異なる内国税率を設定することができるからである。

国産品と輸入品のあいだの同種性は，GATT/WTOのパネル判断では，さまざまな基準に基づいてケースバイケースで判定されてきた。パネルと上級委員会が採用した同種性の判定基準は，商品自体の特質・製法，その最終用途と消費者の嗜好，形式的な関税分類番号

第2章 内国民待遇原則と例外

表2-3 輸入時に徴収される内国間接税の国別比較

国	輸入段階で一般的に徴収される内国間接税	輸入段階で特定品目に課される内国間接税	国内流通段階で課される内国税
日本	消費税	酒税, たばこ税・地方特別たばこ税, 揮発油税・地方揮発油税, 石油ガス税, 石油石炭税	地方税, 市町村税
EU	付加価値税	酒税, 煙草税, エネルギー産品税（自動車用燃料, 石油ガソリン税, 天然ガス税, 石炭コークス税）	加盟諸国の内国間接税
米国	（連邦消費税は存在しない）	連邦酒税, 連邦ガソリン暴飲税 (Gas-guzzler Tax)	州消費税 (Sales Tax), 市酒税 (Alcohol City Tax)
韓国	付加価値税 農魚村特別税, 教育税	特別消費税（宝石, 高級時計, 乗用車, 油類）, 酒税, 交通税（揮発油, 軽油）	
タイ (Thailand)	一般輸入品に対する付加価値税 免税特典（国内農産物, 肥料, 餌, 農業用薬品, 教科書, 新聞, 雑誌）	特定輸入品に対する付加価値税と物品税 (Excise Tax), すなわち煙草税, 酒税, 賭博トランプ税, 奢侈品税（香水・クリスタル・ヨット・シャンデリア・絨毯・大理石・花崗岩）, 環境関連（乾電池）, 自動車・バイク税, 石油・石油化学製品税, 飲料水, 72,000バーツ以下のエアコンへの内国税。	
中国	増値税	消費税（タバコ, 酒・アルコール, 化粧品, 貴金属・宝石・アクセサリー, 高級腕時計, 自動車, タイヤ, オートバイ, ガソリン・ディーゼル油等）	

であった。これら基準のいずれか1つのみに着目するのではなく，すべての基準を総合的に評価して，同種性の有無が確定される。たとえば後述・日本酒税事件Ⅱ［巻末表14-1］では，国産焼酎と輸入蒸留酒への日本の酒税が差別的かどうかが争われ，パネルは国産焼酎と同種の輸入品はウォッカのみであると結論した。その結果，国産焼酎に軽く，輸入ウォッカに重く課されている日本の酒税は差別的内国税に該当すると判定されたのである。

(4) 同一課税の有無

同種の国産品と輸入品への内国税は同一の税率・税額でなければならない。両者への税率が同一でない内国税は差別的課税として禁止される。それゆえ，両者への課税格差は，たとえわずかでも（たとえば0.1％の格差であっても），生じてはならない。僅少基準 (de minimis rule)，換言すればわずかな税格差は許容されるという考えは，ここではとおらないのである（日本酒税事件Ⅱ）。

2 保護的内国税の禁止

(1) 内容

国産品と輸入品が同種でなくても，市場で競合する場合，国産品に軽く，輸入品に重く内国税を課すことは，国内産業に保護をあたえる保護的内国税 (protective internal tax) とみなされ，禁止される。したがって国家は，同種の国産品と輸入品への同一課税を確保するだけではたりないことになる。たとえ，同種の国産品と輸入品（国産みかんと輸入みかん）への内国間接税が同一であっても，その国産品（国産みかん）を競合する輸入品（輸入オレンジ，輸入ネーブル）から保護するように国産品に軽く競合輸入品に重く内国間接税を課すことは，禁止されるのである。GATT内国民待遇原則の膂力はこの意味でひろい。それは同種産品間の差別のほかに，競合産品間の差別を禁止しているからである。

GATTによれば，競合する国産品と輸入品への内国間接税は同様 (similar) でなければならないとされる（3条2項第2文，附属書Ⅰ「注釈および補足規定」第3条についての注釈）。競合産品への同様でない課税は，国内産業に保護をあたえる保護的内国税の烙印をおされるのである。したがって保護的内国税の要素は，それが内国間接税に属することのほか，課税される国産品と輸入品が競合すること，および両者への課税率が同様でない (dissimilar) ことである。

(2) 商品の競合性の判定

国産品と輸入品が同種ではないとしても，市場で競合するかどうかの判定もかなり厄介である。競合関係を判定するためには市場での競争状態を多様な側面から検討する必要があるからである。

たとえば，ビールの伝統的な生産国が，ビールに軽くワインに重く酒税を課していると仮定しよう。この国は気候と土壌がワイン生産に適していないため，ワインはもっぱら海外から輸入しているとする。こうした状況のもとで，国産ビールに軽く輸入ワインに重く課される酒税は，国産品を保護するための保護的内国税にあたるのかどうか。この問いを解く鍵は，ビールとワインが競合するかどうかにある。ビールとワインは原料・製法・アルコール度数・価格が極端に異なる

商品であり，同種の商品には該当しない。では，両者は市場で競争関係にたつのかどうか。この点，低価格の大衆向けビールと高価格のヴィンテージ・ワインは明らかに価格・品質・特質の面で競合しない。しかし，ビールと低価格・低アルコール度数の庶民向けワインは，市場で競合する可能性がある。EC 司法裁判所が英国の酒税が EC 法上の保護的内国税に相当するかどうの判断にあたって着目したのは，まさに英国の国産ビールとイタリア産の低価格ワインの競争関係であった。裁判所は，両者は英国市場で競合することを認め，国産ビールに軽く，輸入低価格ワインに重く課される英国酒税を保護的内国税と判定した。

GATT/WTO のパネル手続では，競合性の判定は，同種性の判定基準にくわえて，市場での商品の競争状況（market place）や市場での代替可能性の程度（degree of substitutability）に照らして行われている。したがって競合性の判定も同種性の判定と同様，ケースバイケースで柔軟に行われる。日本酒税事件Ⅱでは，国産焼酎と「ウォッカを除くすべての蒸留酒」（つまりウィスキー，ブランディー，ラム，ジン等）は別種だが競合する商品と判定され，国産焼酎に軽く，輸入ウィスキー等に重く課される日本酒税は保護的内国税にあたると判断された。

(3) 同等課税の有無

競合する国産品と輸入品への内国間接税は同等でなければならない（GATT 附属書Ⅰ「注釈および補足規定」第 3 条 2 項の注釈）。競合商品への同等の課税が確保されればたり，同一課税である必要はない。これは国産品と輸入品への課税率にわずかな格差があってもよいことを意味する。わずかな課税格差を許容する僅少基準（de minimis rule）がここでは適用されるのである。

日本酒税事件Ⅱでは，国産焼酎と輸入ウィスキー等への課税格差が僅少ではないことがパネル・上級委員会により確認された。そこで日本は保護的内国税を是正するため，酒税法の改正を行い，国産焼酎の税率をひきあげる一方，ウィスキー等の税率をひきさげた。しかしそれでも問題の課税格差は欧米提訴国を満足する程度には縮小しなかった。かくして日本はパネル・上級委員会報告を完全に実施することができなかったため，欧米とのあいだに代償交渉を行い，紛争を解決した。

3 間接税国境調整ルール

WTO 加盟国は，内国民待遇原則に従って，輸入品に対し，国産品への課税額と同額の内国間接税を賦課することができる。これは理由と目的のいかんを問わない（後述・米国スーパーファンド事件参照）。加盟国は他方，国産品の輸出に対しては，国産品へ課される間接税を払いもどすか免除することができる。輸出品は輸出国での間接税の払戻しを受けなければ，輸出国と輸入国の間接税を二重に課されることになるからである。こうした間接税の二重課税をふせぐため，輸出国はつうじょう輸出品への間接税を払い戻すか免除している。ただし，間接税の払戻し・免除は義務ではない。

このように国境で行われる間接税の調整――つまり輸出国免税と輸入国課税――を間接税国境調整ルール（border tax adjustment）という。このルールに従って輸出国で間接税が免除されるかぎり，輸入国は国産品への間接税を輸入品にも適用することができる。

第 4 節　国内規制に関する内国民待遇原則

内国民待遇原則は，内国税のほか，さらに多様な国内規制に関連して適用される。輸入品は通常，輸入通関の段階で関税とともに内国税も徴収され，内国税の支払いについて内国民待遇を保障される。しかし，輸入通関後の段階でも，輸入品は同種の国産品との関係で内国民待遇をあたえられなければならない。輸入品は，たとえ輸入通関時点で同種の国産品と同一の内国税を課されても，輸入国国内での輸送・流通・販売・使用・分配の段階で国産品よりも不利な待遇を受ければ，市場アクセスを制限されるからである。

内国税に関する内国民待遇原則と国内規制に関する原則は，おおきく異なる。内国税についての原則は，同種の国産品と輸入品への税負担を同等とし，あわせて競合する国産品と輸入品との税格差を僅少にすることで，内外税差別を禁止する。これに対し，国内規制についての原則は，同種の国産品と輸入品に対する非関税規制を抑圧する。したがって，国内規制上の内外無差別原則は競合する国産品と輸入品への差別的扱いには適用されない。前者が同種産品と競合産品に目を向けるのに対し，後者は同種産品にのみ着目する。そこで WTO 判例は，国内規制上の内国民待遇原則に実効性を与えるため，同種性の概念をひろく解釈してきた。そのため，国内規制上の同種産品の範囲は，税差別上の同種産品の範囲よりもひろく解釈されている。ただし，税差別上の同種産品と競合産品の範囲は，国内規制上の同種産品の範囲よりもひろい。

1 輸入国の法令と要件

輸入国は，輸送・販売・使用・分配等に関する法令や要件により，輸入品を同種の国産品よりも不利に扱ってはならないとされる。これら「法令や要件」は，包括的に表現されているため，義務的な要件のほかに任意の要件を含むとするのが確立したパネル判例法である。たとえば国家が外資企業の投資を受けいれる条件として，外資企業に国産部材を購入するよう義務づける法律は，義務的な要件にあたる。それゆえこのような要件は，輸入部材を同種の国産部材よりも輸入国国内での使用に関して不利に扱うため，内外無差別違反とされる（カナダ外国投資審査法事件）。

同じように任意の要件も輸入品を同種の国産品よりも輸入国国内で不利に扱うかぎり禁止される。たとえ

ば，加盟国が外資製造企業に対し，企業が国産部品を使用する旨を任意に約束すれば，外資企業への特定の課税を停止すると定める場合，約束に関する要件は，内外差別的である。なぜならば，この場合，企業は政府から課税停止という恩典をえるため国産品を優先使用する約束を提出するよううながされるからである。約束の提出は義務的ではないが，企業は政府から恩典をえるため約束を提出するよう仕向けられるであろう。このように企業が当局からの恩典を目当てに自発的に受けいれる要件も，輸入品を国産品よりも不利に扱うかぎりで禁止されるのである（EC迂回防止税事件）。

2 輸入品を輸送段階で差別する輸入国の法令・要件

輸入国が輸入品を輸送段階で差別した事例として米国・アルコール飲料措置事件があげられる。この事件で米国は，輸入アルコール飲料（ビール，ワイン）に対してのみ特別の輸送――つまり州際運送業者（common carriers）による運送――を義務づけ，国産アルコール飲料には同様の輸送を義務づけなかった。GATTパネルは米国の措置を輸送に関する差別的措置と認定した。パネルによれば，こうした輸送規則は，輸入品に追加的な輸送コストを強い，輸入品が国産品と同じ競争条件にたつことをさまたげるからである。もっとも，産品の国籍に基づかずに，輸送手段の経済的運用のみに基づいて差別的な国内輸送料金を設定することはGATT上許されている（3条4）。

3 輸入品を使用段階で差別する輸入国の法令・要件

輸入国が輸入品を使用段階で差別した事例は，いくつかのローカルコンテント要求にみられる。こうした要求は投資受入に熱心な開発途上国と先進国にみられ，これら投資受入国は，進出製造業に投資を許可したり，そくしんする条件として，国産部材を輸入部材よりも優先的に使用して産品を生産するよう要請するのである（カナダ外国投資審査法事件，インドネシア自動車事件，カナダ自動車協定事件）。こうしたローカルコンテント要求は，完成品生産のために輸入部材よりも国産部材を使用するよう強いるため，輸入部材の市場アクセスをさまたげる効果をもつ。このためWTOはGATT（3条4）のほか貿易関連投資措置協定（TRIMS協定）でもローカルコンテント要求を禁止している。

生産者に原料として輸入原料よりも国産原料を使用するよう奨励する例は農業分野でも数おおくみられる。たとえばECは，サラダオイル・メーカーが原料としてEC産の油糧種子をつかうときに，メーカーに補助金をあたえた。こうした国内補助金は，国産原料の使用を奨励し，逆に輸入原料を使用段階で差別するため内国民待遇違反となる（EC油糧種子事件）。

4 輸入品を販売・購入段階で差別する輸入国の法令・要件

(1) EUバナナ事件Ⅲ

輸入国が輸入品を販売・購入段階で差別した例は上述のEUバナナ事件Ⅲにみられる。この事件ではECがラテンアメリカ産バナナの輸入割当のために定めた30%ルールが，ライセンス割当企業（EUバナナとACPバナナの歴史的輸入者）にEU国産バナナ（とACPバナナ）を優先購入するよううながしたことが認定された。このためパネルと上級委員会は，バナナ輸入割当制度が，輸入品（ラテンアメリカ産バナナ）を国内での販売・購入段階で国産品（EUバナナ）よりも不利に扱っていると結論した。

(2) 韓国牛肉事件

販売段階の差別はあくまでも輸入品に同種の国産品よりも不利な待遇をあたえることをいう。それゆえ輸入国は同種の国産品と輸入品に異なる扱いをしても，輸入品を不利にしなければ内外無差別原則に違反しない。韓国牛肉小売事件で問われたのは，韓国の牛肉二元販売制度（dual retail system）が輸入品に国産品とは異なる扱いをし，輸入品を販売段階で不利にしているかどうかにあった。この制度のもとでは，輸入牛肉は原則として専門店と大手スーパーでのみ販売され，通常の小売店では販売できなかった。また輸入牛肉が大手スーパーで販売されるときは，国産牛肉コーナーとは異なるコーナーでのみ販売が許された。パネルは，韓国が牛肉販売方法を原産地におうじて変え，輸入牛肉に対して国産牛肉とは異なる扱いをしていること自体が内外差別にあたると判定した。上級委員会は2000年12月の報告でパネルの論理を否定した。上級委員会によれば，「輸入品と国産品に対する形式的に異なる扱い」はかならずしも輸入品を不利にすることを意味しないとされる。GATTパネルがすでに米国337条事件でくだした判断と同じである。核心は内外産品に対する異なる扱いが関連市場の競争条件を変更し輸入品を不利にしたかどうかである。韓国は1988年に牛肉輸入を開始し，1990年の牛肉二元販売制度によって，販売店に国産牛肉と輸入牛肉のいずれを販売するのかを選択させた。販売店のおおかたは国産牛肉を選んだ。これにより海外牛肉は韓国国内の販売網から締め出され，韓国市場での競争の機会を奪われた。上級委員会はこうした論理によって，韓国の牛肉二元販売制度が輸入品に同種の国産品よりも不利な待遇をあたえたと結論した。

(3) ドミニカ共和国煙草事件

輸入国が国産品と同種の輸入品に販売段階で形式上，同じ扱いをする場合はどうか。この場合も，内外無差別の判定は，輸入品を販売段階で不利にするかどうかに絞られる。ドミニカ共和国煙草事件［巻末表8-1］でドミニカ共和国は国産煙草と輸入煙草の包装に納税印紙（tax stamp）を貼付するよう義務づけた。このため国内煙草メーカーは事前に納税印紙を購入し，煙草箱のうえに包装前の時点で納税印紙を貼付していた。一方，輸入品は，ドミニカ共和国への輸入後，開封され，納税印紙の貼付後，再包装された。輸入品への印紙貼付コストはCIF価格の10%に達した。そのうえ輸入品は開封・印紙貼付・再包装の工程をへるため美観を損ない消費者へのアピール度が低くなった。パネ

ルはドミニカ共和国の措置は，国産品と輸入品に同等に適用されるけれども，市場での競争状態を変更し輸入品を販売段階で不利にしていると判定した。そしてこの内外差別は GATT 一般例外条項 (20条d) によっても正当化されないと結論した。上級委員会は 2005 年 4 月の報告でパネル判断を支持した。

5 輸入品をハンドリング・流通段階で差別する輸入国の法令・要件

カナダ小麦事件 [巻末表 4-8] では，カナダ穀物法令が定める小麦バルクのハンドリング (handling) 制度が内外差別的であるかどうかが争われた。米国は，カナダの制度は，輸入穀物にのみ揚穀設備のある穀物倉庫 (grain elevator) への搬入を義務づけているため，輸入品をハンドリング・流通段階で差別していると主張した。パネルは 2004 年 4 月の報告で米国の訴えをいれ，カナダの内国民待遇原則違反を認定した。

6 国内規制に関する内国民待遇原則と同種性

(1) 同種性判定のための 4 基準

国内規制に関する内国民待遇原則によって，輸入品は，輸入国国内での販売・流通・使用・分配にあたり，同種の国産品よりも不利でない待遇を保証される (GATT3.4条)。では，この場合，輸入品と国産品の同種性はどのように判定されるのか。既述のように，内国税の徴収段階では，同種性は，① 商品の特質，② 用途，③ 消費者の嗜好・消費慣行，④ 関税分類番号の総合判断によりケースバイケースで認定されてきた。

(2) EU アスベスト事件

EU アスベスト事件で，フランス政府は，法令 (1997年1月発効) により，すべての種類のアスベスト繊維 (asbestos fibre) と繊維製品 (アスベスト含有セメント等) の輸入流通販売を，健康安全 (建設労働者，消費者の保護) の見地から禁止した。この措置により，全種類の発癌性アスベスト繊維と繊維製品の販売が，国産品と輸入品を問わずに禁止された。しかし，代表的なアスベスト繊維，蛇文岩 (Serpentinite) のクリソタイル繊維 (chrysotile fibre)──については例外がもうけられた。このアスベスト繊維よりも危険性の低い安全な代替材がない場合には，当該アスベスト (繊維と繊維製品) の

販売が例外的に許可されたからである。フランスの措置は要するに，アスベストの全面禁止原則と例外的使用を定めた。かくして欧州の建築・工業・繊維・製紙分野では，アスベスト繊維 (とくにクリソタイル繊維) から代替材 (約 150 種) への切替えがすすんだ。代替材は，ポリビニール・アルコール (polyvinyl alcohol)，セルロース繊維・ガラス繊維 (cellulose and glass fibres)，アラミド繊維，プラスチック等であった。またアスベスト繊維の製品も，アスベスト・セメントから繊維セメント (fibrocementproducts) へ，アスベスト屋根から亜鉛メッキ鋼板へ，アスベスト・パイプからプラスチック・パイプへ切り替えられた。

アスベストの生産輸出国・カナダは，フランスの措置が，カナダ産アスベストの輸入を禁止する一方，フランス産アスベスト代替材の販売を促進していると主張した。カナダの考えでは，アスベストとその代替材は同種産品であるから，フランスは輸入アスベストを国産代替材よりも販売面で不利に扱っており，国内規制に関する GATT 内国民待遇原則 (3条4) に違反するとされた。パネルは，アスベストと代替材を同種産品とみなし，フランスの措置が国内規制に関する GATT 内外無差別原則にふれると結論した。

上級委員会はパネル裁定を覆した。その決め手は，国内規制に関する GATT 内国民待遇原則の文脈のなかでは，同種性の判定基準として健康安全が採用できるというものであった。同種性判定のための 4 基準のひとつ「産品の特性」のなかには，産品の危険性が含まれるのである。にもかかわらず，パネルは発癌アスベストと代替材の同種性を，危険性の観点から判断しなかった。上級委員会の目からみれば，健康安全にとり危険な商品とそうでない商品は，別種の産品にほかならない。それゆえ，フランスが (カナダ産) 危険アスベストの輸入を禁止し，国産代替材の販売を許可しても，両者はそもそも同種産品ではないから，内外差別にはあたらない，と上級委員会は締めくくった。そして後述するように，フランスの輸入禁止措置は GATT 一般例外条項 (20条) の健康保護を目的とするため正当化されると，上級委員会はのべた。

第5節 混合規制と内国民待遇原則

1 混合規制

商品の製造に関して，国家が一定割合の原料を混合するよう生産者に義務づける場合がある。これを混合規制 (mixing regulations) または数量規制と呼んでいる。混合規制のうち，問題となるのは，国家が一定割合の原料を国内の供給源から調達するよう要求したり，または国内産業に保護をあたえるような方法で混合規制を定めるケースである。こうした規制が行われると生産者は，商品の製造にあたって，輸入原料よりも国産原料を使用するよう強いられ，輸入原料が国産原料よりも不利な待遇を受けるからである。このため，

GATT は国家が混合規制の運用にあたって内国民待遇原則を遵守するよう義務づけた (3条5)。

たとえばマーガリン (菜種油・コーン油・ヒマワリ油・ヤシ油等の植物性油脂を用いた人造バター) の製造に関して国産バターを一定比率以上使用する要求したり，小麦粉の製造に関して国産小麦を一定比率以上使用するよう要求することは，国産原料 (バター，小麦) を輸入原料よりも有利に扱うことになり禁止される。また国内で国産バターが圧倒的な競争力をもつ場合に，マーガリンの製造にバター (国産，輸入を問わない) を一定割合以上使用するよう義務づけることも，国産バター産業

を保護する効果をもち，禁止される。

2 日本の混合規制

日本は，食品の関税割当制度に関連して，一連の混合規制を行っている。

ひとつはチョコレート生産のための粉乳と無糖ココア調製品（HS 関税番号 1806.20-2）の混合規制である。関連規則（とうもろこし等の関税割当制度に関する省令 6 条）によれば，チョコレート生産者等は，一定割合の国産粉乳を使用するかぎり，無糖ココア調製品の 1 次輸入関税率をゼロとされる。2002 年度を例にとると，無糖ココア調製品の関税率は，21000 トンの関税割当数量内であれば，一定割合以上の国産粉乳と混合されるかぎり，1 次関税率ゼロを適用される。しかし，一定割合以上の国産粉乳と混合されないときは，高率の 2 次関税率を課される。一定割合の国産粉乳とは，国産粉乳と輸入調製品の割合が 1 対 2.6 の比率内であることをいう。この混合規制は，チョコレート生産者に一定数量の国産粉乳を使用するよう義務づける効果をもつ。粉乳に関して，輸入品よりも国産品を優遇する点で，この混合規制は内国民待遇原則にふれるのである。

同じことはプロセスチーズの生産のための国産ナチュラルチーズと輸入ナチュラルチーズの混合規制についてもいうことができる。日本は，プロセスチーズの生産に使用される外国産ナチュラルチーズの輸入を関税割当制度のもとにおいている。これによると外国産ナチュラルチーズの輸入関税率は，国産ナチュラルチーズと輸入ナチュラルチーズの混合比率が国産 1 対輸入 2.5 以下であり，関税割当数量内であれば，無税とされる。しかし，これら条件に満たないときは，従価 29.8% の 2 次関税率を課される。

この場合，輸入原料を無関税で輸入するための混合比率は，国産原料 1 に対し輸入原料 2.5 以下とされる。それゆえ，国産プロセスチーズの生産者は，国産原料を 28.5%（1 割る 3.5）以上つかうよう仕向けられる。このように原料の一部について国産品の使用を慫慂するかぎりで，日本のチーズ関税割当制度は内国民待遇原則にそむくのである。

パイナップル缶詰の関税割当制度も同じである。関税割当数量内の輸入缶詰に対する 1 次関税率はフリーであるが，数量枠外の 2 次関税は 33 円／kg である。もっとも輸入者が 1 次税率ゼロの恩典をうけるためには，沖縄産のパイナップルを一定割合購入するよう義務づけられている。その割合は，2002 年度で，輸入品 18.2 対沖縄産 1 以上とされ，これにより沖縄のパイナップル産業が保護されている。日本はまた，ビール製造用の大麦麦芽（原料）の輸入に関し，関税割当制度を維持している。この制度によると，1 次関税率はゼロであるが，2 次関税率は 10.4 円／kilo gram の高率に達する。問題は 1 次関税率を享受するための条件である。まず，1 次関税率を適用される輸入大麦麦芽の総量は，国内の需要推定量から国産品の供給推定量を差し引いた数量に限定される。そして，これが政府により輸入者（実需者）のビール会社に過去の輸入実績におうじて割り当てられる。割当をうけるのは，国産大麦を購入しているビール生産者に限られる。したがって，メーカーは海外大麦の無関税輸入にあたり，国産麦芽の抱き合わせ購入を強いられる。メーカーはこうした形でビール生産に不可欠の原料麦芽について混合規制を受けるのである。

第 6 節　内国民待遇原則の例外

1 GATT の例外規定

GATT は，内国民待遇原則に対する例外としてつぎのものをあげている。
① 政府調達にさいしての国産品優先購入
② 国内生産者のみに対する補助金
③ 映画フィルム上映時間の国産映画への優先割当
④ GATT 一般例外条項（20 条）による内外差別

これらのうちもっとも重要なのは政府調達にあたっての国産品の優先購入であり，これについては以下で概観し，さらに第 11 部第 1 章で詳論する。

つぎに，国内生産者のみに対する補助金（3 条 8）も内国民待遇原則の重要な例外の 1 つとされている。補助金は国内生産者のみにあたえ外国生産者にあたえなくても内外無差別違反を問われないのである。

映画フィルム上映時間を国産映画に優先的に割り当てる措置も，差別的であるとはいえ許容されている（3 条 10）。これによると，一定期間の総映写時間のうち，最小限度の一定割合の時間は，国産映画フィルムの上映に優先的に配分することができるとされる。ただし，上述のように国産映画フィルムへの配分時間を除く残りの上映時間は，輸入映画フィルムに対し最恵国待遇原則に従って配分されなければならない（4 条 b）。

さいごに内外差別は GATT 一般例外条項（20 条）によって例外的に正当化されるのかどうかであるが，かつて GATT パネルは EC 迂回防止事件で，一般例外条項についてせまく解釈すべきことを指摘した。この事件で EC は差別的内国税（迂回防止税）を正当化するため，一般例外条項を援用した。この条項は，GATT 違反の措置であっても，それが税関行政法令のために必要であれば，例外的に正当化されると規定しているからである（GATT 20 条 d）。しかしパネルは EC の主張を退け，問題の条項は GATT の原則に対する例外規定であるから，限定的に解釈しなければならないとのべた。

2 差別的な政府調達と GATT/WTO 政府調達協定

(1) GATT が認める差別的な政府調達

GATT（3 条 8a）は，政府が自己消費のため産品を調達するときにかぎって，内国民待遇原則の例外を認

めた。政府が自己消費のため商品を調達する場合とは，政府用として商品を購入し自己消費する場合をいう。たとえば政府が閣僚の送迎用に自動車を買ったり庁舎の設備を購入するケースである。

これに対し，政府が，商業的再販売のため商品を購入する場合や商業的販売のための製品の生産に使用するため部材を購入する場合は，自己消費用の商品の調達にあたらない。それゆえ，政府は，これらの場合はGATTの内国民待遇原則に従って内外無差別に商品を購入するよう義務づけられる。

このように自己消費用の政府調達が内国民待遇原則の例外とされた理由は2つあった。1つは，おおくの政府が一定の政策目的（中小企業の保護，特定産業の育成，技術開発）のため政府調達にさいして国内産業を保護し育成する必要があったからである。また政府が最終需用者となるような公共調達は，伝統的に差別的であった。それは各国のバイ・ナショナル法（米国のバイ・アメリカン法，アイルランドのバイ・アイリッシュ法等）や日本のかつての建設・公共調達にあらわれている。GATTはこうした差別慣行を明文化したのである。

(2) GATT/WTOの政府調達協定

しかし，東京ラウンド合意の政府調達協定（1979年）により，政府調達分野にも内国民待遇原則と最恵国待遇原則が適用されることになった。そのねらいは政府調達を国際競争のもとにおくためであり，以後，政府調達はGATT政府調達協定の締約国に関するかぎりは内国民待遇原則の例外とはされなくなった。しかし，協定の非締約国（ただしGATT締約国）との関係では，自己消費のための政府調達はあいかわらず内国民待遇原則の適用を除外された。

WTOの発足にともない，政府調達協定は改正され，内国民待遇原則と最恵国待遇原則が適用される範囲は著しく拡張された。しかしWTO政府調達協定も協定受諾国のみを拘束する複数国間協定であることに変わりはない。

第7節　GATTの事例

GATTパネル事例として，EC迂回防止税事件と米国スーパーファンド事件をあげることができる。

1　EC迂回防止税事件

EC迂回防止税事件が現在でも注意をひくのは，パネルがこの事件で輸入税と内国間接税の識別基準にふれ，一見したところダンピング防止税の一種にみえる迂回防止税を内国間接税と判断し，しかもそれが差別的内国税にあたることを論証したからである。以下，事実関係をみたのち，パネルの論理展開をたどってみよう。

(1) 事実関係

ECは1980年代に一連のハイテク日本産品にダンピング防止税を課した。ところがダンピング課税ののち，日本企業は課税対象産品の部品をEC域内にもちこみ域内で産品を生産した。ECからみれば，こうしたEC域内生産は，ダンピング防止税の支払いを回避するための迂回行為とみなされた。たしかに日本から課税対象産品（完成品）を輸出する代わりにその部品を輸出しても，部品自体はダンピング防止税を免れた。そしてかつては，日本製部品からEC域内で課税対象産品が組み立てられても，域内組立品には既存のダンピング防止税は課されなかった。ダンピング防止税は日本で製造され日本からEC向けに輸出される特定完成品（日本製複写機等）にのみ課されていたからである。

そこで，ECは日本企業のEC域内生産に対処するため迂回防止税を創設した。これが1987年6月のいわゆる部品ダンピング税であり，その課税細則がEC法（ダンピング基本規則13条10）のなかに導入された。

このルールによると，外国企業（日本企業）が，ECから完成品（複写機）にダンピング防止税を課されたあと，大量の自国部品（日本原産複写機部材）をECにもちこんで課税対象産品と同種の産品を組み立てるならば，支払うべきダンピング防止税を迂回したものとみなされる。そして，所定条件がそろえば域内組立産品に迂回防止税が課される。とくに部品に着目すれば，EC域内での組立にあたり，既存の課税対象国の原産部品（日本産部品）の価額（60）が，他のすべての部品（第3国産部品，EC産部品）の価額（40）を，すくなくとも50%を超えて上回れば，迂回が判定される。これは，既存課税対象国からの輸入部品価額（日本産部品価額60超）が全部品価額（日本産部品価額，第3国産部品価額［米国産・中国産部品等］，EC産部品価額の合計100）の60%超でなければならないことを意味する。日本企業を例にとれば，在EC日系企業の域内組立品の全部品価額のうち，日本産部品の価額が60%を超えれば，既存ダンピング防止税の迂回が認められる。この部品価額60%ルールが迂回判定の決定的な基準とされた。ひとたび迂回が認定されると，域内組立品に既存のダンピング防止税が（日本産部品の比率におうじて）拡張適用された。

ごくおおまかに具体的な数値をあげて説明してみよう。当時，ECが日本産複写機に対して課したダンピング防止税は従価20%であった。このため，ECは1台1000ドルの日本製複写機に対して200ドルのダンピング防止税を賦課することができた。しかし，こうした課税を回避するため，日系企業はECに全部品（800ドル）のうちの80%（640ドル）をもちこみECで複写機を組み立てた（仮定）。この場合，持込部品の比率80%は60%ルールを満たすため，迂回が認定され，ECは域内で組み立てられた複写機に対し，既存ダンピング防止税（20%）を日本産部品の輸入価額（EC国境に陸揚げされたCIF価額）に照応する分だけ課すことができた。それゆえ迂回防止税の額は，域内組立用に

輸入された日本産部品価額（CIF 640 ドル）に 20%をかけた額となった。

かくして EC は日系企業の域内組立品 6 品目（電子タイプライター，電子秤，油圧ショベル，普通紙複写機，ボール・ベアリング，ドット・マトリックス・プリンター）に対して調査を行い，4 品目（電子タイプライター，電子秤，普通紙複写機，プリンター）に迂回防止税を賦課した。迂回防止税は当時日本企業にのみ課され，他の外国企業は課税対象とならなかった。

日本政府の提訴を受けて設置された GATT パネルは，1990 年 3 月の報告で EC の迂回防止税を GATT 違反と判定した。

(2) パネル判断

パネルが迂回防止税を GATT 違反と断定した根拠は，この税が，輸入品に課される輸入税ではなく，むしろ EC 域内で生産された「国産品」への内国間接税にあたり，しかもそれが差別的である点にあった。

(i) 迂回防止税の性格

パネルが迂回防止税を内国間接税と把握した理由はきわめて簡明である。パネルによれば，税が輸入税と内国間接税のいずれに属すのかの判定にあたっては，課税の対象と時点に着目すればたりるのである。税は輸入品に輸入時点で課されるならば輸入税とみなされる。しかし，税は国産品にも課され国内的に徴収されるならば内国間接税にあたる。迂回防止税は，EC 域内で生産された国産品に課されており，輸入部品に課されているのではない。したがって迂回防止税は国産品に課された内国間接税に相当するとパネルはのべた。

輸入税と内国間接税の識別基準は，以上につきる。それゆえ，EC が主張するような税の政策目的や国内法の規定は，考慮に値しない。

EC は迂回防止税が輸入税にあたる理由として税の政策目的を強調した。EC によれば，迂回防止税は，外国企業によるダンピング防止税の迂回行為を除去することを目的としている。このため，それは，迂回されたダンピング防止税を徴収するため課され，ダンピング防止税と同じ性質をもっている。迂回防止税の賦課は，このように輸入に関連しているから輸入税にあたると EC はのべた。要するに迂回防止税はダンピング防止税の迂回に対処するため輸入に関連して課されるから輸入税であり，輸入品のみに差別的に課すことができるというのが，EC の主張であった。

パネルは，EC の主張を突っぱねた。パネルは，GATT 規定の解釈とパネル判例法にみるように，税の識別にあたっては，税の政策目的は問題とならないとのべた。また税の政策目的は客観的に決定するのが難しく，しかも多くの税は国内目的と輸入に関連した目的をもっていることをパネルは指摘した。したがって税が輸入に関連した政策目的をもつからといって，それが輸入税に該当するとはかぎらないのである。

EC はまた迂回防止税が輸入税に相当する理由として国内法の規定をあげた。たしかに EC 法の規定をみると，迂回防止税は，関税の徴収手続と同じ手続に従って税関当局により徴収され，また関税と同じように EC 財源の一部となる。さらに，迂回防止税は EC 域内での組立に用いられる輸入部品の価額に対して，賦課されたため，輸入に関連する税にあたると EC は主張した。パネルはこれらの主張も退けた。

現時点でみれば，EC は明らかに無理な論理構成をしていたといえよう。EC は，迂回防止税は輸入部品に対し，輸入時点ではなく，国内加工後の時点で課されていると主張した。EC の見解では関税や輸入税は，産品の輸入段階ではなく，国内加工後の段階で，輸入に関連して徴収される場合もあるとされた。輸入は，地理的な国境の通過を意味しないと EC は主張した。それゆえ，迂回防止税を課された輸入部品は，輸入時点から国内加工後の時点まで，EC で自由流通状態におかれなかったと EC はこじつけた。輸入部品は国内で加工されたあと国産品（域内組立品）が工場出荷された時点ではじめて迂回防止税を課され自由流通状態におかれたと EC はのべた。しかしこうした考えは，あまりにも強引であり，パネルを説得するにはいたらなかったのである。

EC は GATT 時代の迂回防止事件にこりて，WTO 発足にともない，新しい迂回防止税を創設した。これは迂回防止税を迂回用の輸入部品に EC への輸入時点で賦課する制度であり，これが現行法となっている。しかし EC の迂回防止税が WTO のもとで許容されるかどうかについては後述するように議論がある。

(ii) 差別的内国税の認定

パネルは，迂回防止税を内国間接税と把握したうえで，これが差別的内国税にあたることを指摘した。パネルによれば，迂回防止税の税額は，EC 法に従い，既存のダンピング防止税の率を輸入部品価額（CIF 価額）に適用した額である（したがってこの税は，実質的には，輸入部品に対して間接的に課されたことになる）。他方，輸入部品と同種の EC 部品は，同様の税負担に服しなかった。それゆえ，域内組立品に課された迂回防止税は，同種の EC 部品に課された内国税を超える内国税を，輸入部品に対して間接的に課したため，差別的内国税にあたるとパネルはのべた。

(iii) 差別的内国税の正当化

パネルはさらに差別的内国税が GATT 一般例外条項によって例外的に正当化できないことを確認した。EC は，迂回防止税が差別的内国税とみなされたとしても，それは GATT 一般例外条項によって正当化されると主張した。EC によれば，GATT 違反の措置も，一般例外条項（20 条 d）にいう税関行政法令に必要な措置にあたれば例外的に正当化できるとされた。パネルは，問題の税関行政法令のための措置とは，法令に違反する行為を防止するため必要な措置をさすとのべた。これは税関行政法令に違反する脱税行為（tax evasion）を防止するための差別的措置のみが，GATT 上例外的に合法化されることを意味する。具体的にいえ

ば，輸入者が，虚偽の税関申告（原産地の虚偽申告，産品の虚偽申告等）によって，税関法上の税の支払義務を回避するときは，輸入国はこうした脱税行為を防止するため必要な範囲で，GATTに抵触する差別的措置（たとえばGATT2条に反する輸入課徴金の賦課等）をとることができる。

他方，脱税行為に該当しない行為，たとえばダンピング防止税を迂回するため生産工程を課税対象国（日本）から輸入国（EC）へ移転するようないわゆる課税回避行為（tax avoidance）は，それ自体は合法的な行為である。こうした課税回避行為は法令の目的を損なうけれども，法令に違反しない。そこでパネルは，課税回避行為を防止するための措置（本件のEC迂回防止措置）は，GATT例外条項によって正当化できないと結論した。

(iv) 約束受諾と内国民待遇違反

ECは，迂回防止規定の適用にあたって，日系企業に迂回防止税を賦課するか約束受諾によって手続を終結するかをケースバイケースで，選択した。約束受諾は，日系企業（組立者）が，域内組立にさいして日本産部品の代わりにEC部品をつかうことを約束し，EC当局がこれを受諾すれば成立した。日系企業が域内組立用の部品の調達先を日本からECに切り替えれば，日本産部品の比率は下がるため，ECは数件の事例で日本企業の約束を受諾して課税を停止したのである。

そこで，日本は，このような約束受諾は，域内組立にさいしての輸入部品の使用を制限する効果をもつ，したがってGATT（3条4）の内国民待遇原則に抵触すると主張した。内国民待遇原則は，輸入部品が輸入されたあと，国内で販売・輸送・使用される時点でも適用されるからである。迂回防止措置のもとでの約束受諾は，輸入部品が国内で完成品組立のために使用される時点で，輸入部品を国産部品よりも不利に扱っていると日本は強調した。

パネルは日本の主張を認めた。パネルは，本件の約束受諾は，日本産部品の使用制限を要件としており，部品の国内使用に関して，輸入部品に同種の国産部品よりも不利な待遇をあたえたため，内国民待遇原則に反すると結論した。

2 米国スーパーファンド事件

米国スーパーファンド事件（Superfund）は，環境税という新しいタイプの内国間接税が内外無差別に国境調整ルールに従って課される以上，税の政策目的を問う必要はないとしたパネル事例である。

(1) 事実関係

米国のスーパーファンド法（Superfund Amendmend and Reauthorization Act）は，ある化学原料（input）から誘導体（derivatives）が製造される過程で発生する有害廃棄物の清浄化のため，国産品には原料に輸入品には最終産品に環境税を課す制度を創設した。この税収入は，廃棄物清浄化プログラムのための原資としてつか

われた。

これに対し，ECとメキシコは，環境税はつぎの理由で違法であると主張した。
① 環境清浄化計画は国内産業にのみ利益をもたらすため，こうした環境計画のための税は，国産品にのみ課すべきで輸入品に課してはならない。
② 米国はむしろ汚染者負担原則に従って国内汚染をひきおこした国産品にのみ課税すべきである。

他方，米国は，自国の環境税は，GATTの内国民待遇原則と内国税の国境調整ルールに合致しているから合法であると反論した。米国によれば，加盟国は，内国民待遇原則に従って，国産品への内国税と同額の内国税を輸入品に適用することができる。加盟国のこうした課税は，輸出国還付・輸入国課税を要求する内国税国境調整ルール（border tax adjustments）にそくしているとされた。GATTパネルは米国の主張を全面的に認めた。

(2) パネル報告

パネルは，加盟国が内国間接税の国境調整ルール（GATT3条2，2条2a，附属書I注釈3条）に従って，輸入品に国産品への税と同額の税を課すことは合法であるとのべた。しかも，この場合，国産品は原料であるのに対し，輸入品は最終産品であっても，最終産品への実質課税額が同一であれば，いっこうに構わないのである。換言すれば同種の国産最終産品と輸入最終産品への税負担が同一であれば，内国民待遇原則は確保されることになる。

(i) 税の国境調整ルール

パネルは，まず国境調整ルールに基づく輸入品への課税はメカニカルに行われ，税の政策目的のいかんを問わないことを明らかにした。ECは米国の環境税は，米国国内の環境清浄化を目的とし，国内産業のみに利益をあたえるから，国産品にのみ課され輸入品に課してはならないと主張していた。パネルはECの主張を退け，内国間接税は，税の目的にかかわりなく，国境調整ルールに従い，輸入品にも課すことができるとのべた。パネルによれば，GATTは国境調整の対象となる間接税と対象とならない直接税を区別しているが，間接税を政策目的におうじて区別していないとされるのである。したがって間接税が一般歳入目的のために課されようと，環境改善のために課されようと，間接税の国境調整ルールには関係がない。国家はむしろ国境調整ルールに基づき，間接税の目的と無関係に，国産品への税に対応する税を輸入品に適用することができるとパネルはのべた。

(ii) 内国民待遇原則

しかし，パネルは，国家が国境調整ルールに従って輸入品に課す間接税は，国産品への間接税と同額でなければならないことを強調した。この点，米国の環境税は，内国民待遇原則を満たし合法と判定された。なぜならば，輸入品への課税は，最終産品価額を基礎に行われるのではなく，最終産品の製造に使用された間

題の原料の価額を基礎に行われていた。それゆえ輸入品への課税額は，同種の国産原料への課税額と一致したのである。言葉を換えれば，同種の国産品と輸入品への課税は原料段階で行われたため，両者への課税額は同一であった。

(iii) 汚染者負担原則

ECは本件で，米国は汚染者負担原則に従い，国内の生産者・汚染者のみに課税すべきであると主張していた。じっさい輸入品は最終産品であるため，米国国内に汚染をもたらしていなかった。パネルはしかしECの主張を拒絶した。パネルによれば，汚染者負担原則はOECD諸国間で任意に受諾されているにすぎず，GATTのルールではない。GATTでは，国境調整ルールが適用され，このルールは，GATT加盟国に，汚染者負担原則に従うよう義務づけてはいないとパネルはのべた。ただし加盟国は任意に汚染者負担原則を採用して，国内汚染をひきおこしていない輸入品に課税しないことができるとパネルはつけくわえた。加盟国が，国内汚染源の国産品に課税する一方，国内汚染をひきおこさない輸入品に減免税の措置をとるのは自由であるとパネルはのべた。

このパネル判断はいくつかの点で注目に値する。

第1に，パネルは，国境調整ルールに基づく輸入品への課税は，きわめて機械的に行われ，課税目的のいかんを問わないとのべた。それゆえ，環境税が国境調整ルールに従って輸入品に課される場合，税が環境保護目的と比例するかどうかはいっさい問われないのである。

第2に，パネルは，米国の課税を合法化したが，国内の環境改善のみに使用される税を，輸入品にも適用することはむしろアンバランスとなるとの認識を示唆した。なぜならば，GATT上，加盟国は，汚染者負担原則に従うよう義務づけられてはいない。しかしこの原則を任意に採用することができる。端的にいえば国産品には環境税の全額を課し，輸入品には環境税を減免税することができると，パネルは述べたからである。いいなおせば，輸入品にのみ環境税を減免して，輸入品に国産品よりも有利な待遇を与える逆差別は内国民待遇原則のもとで許されるかあである。この意味で，汚染者負担原則をGATTに導入すべきかどうか，国境調整ルールに抜本的な見直しをくわえるべきかどうかは将来の課題といえる。

第3に，パネルは，輸入品への課税額が同種の国産品への実質課税額を超えないかぎり（つまり内国民待遇原則をクリアーするかぎり），国境調整ルールに従って，国内原料への「内国税に相当する課徴金」（GATT2条2a）を同種の輸入品へ適用することは合法であるとした。これはすでに香水の輸入に対する内国税の賦課に際して行われてきた。国家はいっぱんに香水への内国税を中間材料（原料アルコール）の価額を基礎に計算し，この内国税を国産香水と輸入香水に同等に課しているからである。輸入香水に課される税はたとえ国境課徴金（border charge）その他の名称をつけられていても，これら国境課徴金が内国税にあたることは指摘するまでもない。

(3) 内国間接税の国境調整ルール

WTO加盟国は，内国間接税の国境調整ルール（border tax adjustments）に従って，輸出入品への税調整を行っている。

(i) 輸出国還付・輸入国課税による国境調整

内国間接税の国境調整は，輸出国還付と輸入国課税によって行われる。

まず，輸出国は，国産品の輸出に対して，内国間接税をはじめから免除するか，または払いもどさなければならない。国産品は国内で消費されるときにのみ間接税を課され，国外へ輸出されるときは，とうぜん間接税を免れるからである。こうした輸出還付は間接税の全額払戻しの形をとる。輸出還付が行われなかったり，部分的にしか行われないときは，商品は輸出国と輸入国で2重に内国間接税を賦課されるであろう。また国際貿易上すべての輸入品を輸入国市場で同一の競争条件のもとにおくためにも，輸出還付は不可欠といえよう。なぜならば，輸出還付が行われないと，間接税の税率が低い国から輸出される商品が（税率の高い国からの輸出よりも）輸入国市場で競争上有利になり，輸入品の競争条件に不公平が生ずるからである。

輸入国は，輸入品に対し，輸出還付が行われたことを条件に，国産品への間接税と同額の間接税を課すことができる（GATT3条2「差別的内国税禁止原則」，2条2a「輸入品への内国税相当課徴金の賦課」，GATT附属書Ⅰ注釈3条「内国税ルールの内国税相当課徴金への適用」）。輸入国はこうした同等課税によって輸入品と国産品への平等課税（equal tax treatment）を実現するのである（GATT締約国団が1970年12月2日採択したGATT25条1項・作業部会「国境税調整報告」）。

(ii) 補完ルール

GATTは国境調整ルールを補完するための関連規定をおいた。

1つは相殺関税規定である。この規定によれば，輸入国は，輸出国で内国間接税を還付されたことを理由に輸入品に対して相殺関税を課してはならないとされる（6条4）。またこの還付額は輸出国の国内産品への間接税額を超えないかぎり，輸出補助金にはあたらず，相殺関税の対象にはならないとされる（16条の注釈）。したがって，たとえば日本製TVが米国向けに輸出されるときに日本の間接税を免除されても，米国は間接税免除を輸出補助金と解釈してはならず，それゆえ日本製TVに相殺関税を課してはならない。

もう1つ，国境調整ルールに関連して，輸入国は国産品に対しては部材に，輸入品に対しては最終産品に，内国間接税を同等に適用することが認められている。

なお，国境税調整は，内国税のうちあくまでも産品に課される間接税についてのみ認められ，所得に課される直接税には認められない。間接税は，輸出国で還

付され輸入消費国で賦課され，したがって消費者に転嫁されるのに対し，直接税は，輸出国の生産者に賦課され輸出還付を受けないのである。

第8節　WTO の事例

WTO パネル・上級委員会は，数おくの内国民待遇違反事件を扱った。これらは大別してつぎの3系列に分けることができる。
① 差別的・保護的内国税に関する事例（酒税事件，アルゼンチン牛革事件，カナダ雑誌事件，メキシコ・ソフトドリンク税事件等）
② 国産部材の使用奨励措置（インドネシア自動車事件，カナダ自動車協定事件，メキシコ・ソフトドリンク税事件）と国産品の販売を有利にする措置（上述ECバナナ事件等）
③ 差別的内国税と国内規制の双方に関する事例（中国自動車用部品事件）

1　差別的・保護的内国税に関する事例

差別的・保護的内国税に関する事例のなかで注目に値するのは3件の酒税事件，カナダ雑誌事件，メキシコ・ソフトドリンク税事件であった。

(1) 日本酒税事件 II
A　対日提訴

日本の酒税は，1953年酒税法にしたがい国産焼酎に軽く輸入蒸留酒に重く課されていたため，すでに GATT パネルは日本酒税事件 I で日本の蒸留酒税が差別的・保護的であり内国民待遇原則に違反することを指摘していた。この GATT パネル報告は採択されたが，日本の酒税法改正は欧米諸国を満足させるにはいたらなかった。そこで米国・EC・カナダは WTO 発足後，日本を相手どってパネル手続を開始した。その結果，パネル・上級委員会はつぎの結論をひきだした（1996年）。

B　パネル・上祐委員会判断
(i) 差別的内国税の認定

焼酎とウォッカ［Vodka］が同種の産品であるかどうかはケースバイケースで判定される。両者は，ウォッカが白樺の墨で濾過される点を除けば，実質的に同一（virtual identity）である。1987年の GATT パネルも同じ結論に達した。両者の関税分類番号も4桁レベル（HS 2208）で一致する。それゆえパネルは同種性の判定基準（産品の特質・性質・品質，消費者の性向・習慣，関税分類番号）に照らして両者を同種商品とみなした。そのうえでパネルは両者への参照酒税率（reference rate）を比較した。これによると，連続式蒸留焼酎の酒税（アルコール分25度で155,700円/kl，1度あたり平均6,228円/kl）は，ウォッカの酒税（アルコール分38度で377,230円/kl，1度あたり平均9,927円/kl）よりも高い。アルコール1度あたりの酒税格差は，ウォッカ酒税100として焼酎（連続式）酒税63となる。国産品のシェアがおおきい焼酎の酒税は，輸入品のシェアがおおきいウォッカの酒税の約6割にすぎない。このように（国産）焼酎に軽く（輸入）ウォッカに重く課される酒税は，差別的内国税にあたるとパネルはむすんだ。上級委員会もパネル判断を支持した。したがって，同種の焼酎とウォッカへの酒税は同一でなければならないことになった。

(ii) 保護的内国税の認定

他方，焼酎と他の蒸留酒は，同種産品とはいえない。他の蒸留酒には，ウィスキー［Whiskey］，ブランディー［Brandy］，ジン［Gin］・ラム［Rum］等のスピリッツ［Spirits］とリキュール［Liqueur］がはいる。シェアでみると，焼酎のおおかたは国産品であり，他の蒸留酒（ウォッカを除く）の過半は輸入品である。そして両者の間には価格弾力性がみられる。両者は物理的性質（原料，アルコール度数等）を異にしているため同種産品とはみなされないが，市場で競合する点で直接競合産品にあたる。内外の競合産品に対する酒税は，WTO のもとでは，「同様に」(similarly) に課されなければならず，競合産品間の税格差は僅少でなければならない（GATT 3条2後段，GATT 注釈3条2）。ところが，国産品のシェアが高い焼酎と輸入品のシェアが高い競合産品（ウイスキー等）は，同様の課税を受けていない。焼酎には軽く，競合するウイスキー等には重く，酒税が課されている。両者への酒税格差は僅少ではない。焼酎の酒税率は，上記の連続式蒸留焼酎であれ，単式蒸留焼酎であれ低く設定された。ちなみに単式蒸留焼酎の酒税は，連続式蒸留焼酎への税率よりもさらに低い（アルコール分25度で102,100円/kl，1度あたり平均4,084円/kl）。これと対照的に，他の蒸留酒は，焼酎にくらべ重い酒税を課されている。これら蒸留酒の参照税率はウィスキー・ブランディー（アルコール分40度で982,300円/kl，1度あたり平均24,558円/kl）であれ，ジン・ラム（アルコール分38度で377,230円/kl，1度あたり平均9,927円/kl）であれ，リキュール（アルコール分40度で328,760円/kl，1度あたり平均8,219円/kl）であれ，異常に高い。これらウイスキー等の酒税は，アルコール度数1度あたりでみると焼酎税率のそれぞれ6倍，2.4倍，2倍に達する。日本の酒税は，けっきょく内外競合産品に対し，国内産業に保護をあたえるように課されている。これは，GATT 違反の保護的内国税に相当するとパネルは述べ，上級委員会の追認を受けた。

C　日本の酒税法改正

日本は，DSB 勧告を受けて，蒸留酒の内国税格差を WTO に合致させるため法改正に着手した。もっとも勧告の迅速な実施は不可能であったため，日本は関係諸国との間に和解をはかった。そのけっか，（蒸留酒への関税を段階的に撤廃するかたわら）酒税については焼酎の酒税引上げとその他蒸留酒（ウイスキー，ウォッカ等）の酒税引下げを併行してすすめた。つまり関税

第 2 章　内国民待遇原則と例外

表 2-4　日本の蒸留酒税率（1997, 2006）

	日本酒税法事件 II（1997）				2006 年改正法（2011 年 4 月現在有効）		
	蒸留酒税詳細	参照酒税方式			蒸留酒税詳細	参照酒税方式	
		参照酒税	酒精1度あたり酒税	酒税格差		参照酒税	酒精1度あたり酒税
焼酎・連続式	－20度以下（一律） －21度から-24度（25度から1度低下ごと減額） －25度 －26度から30度（25度から1度増加ごと加算），31度から35度（漸増）	25度 155,700円/kℓ	6,228円/kℓ (155,700円/kℓ割る25)	63% （ウォッカ比）	－13度以上21度未満（200,000円/kℓ） －20度（200,000円/kℓ，参照酒税） －21度以上（200,000円/kℓに20度を超える1度ごとに10,000円/kℓ加算）	20度 200,000円/kℓ	10,000円/kℓ
焼酎・単式	－20度以下（一律） －21度から-24度（25度から1度低下ごと減額） －25度 －26度から30度（25度から1度増加ごと加算），31度から45度（漸増）	25度 102,100円/kℓ	4,084円/kℓ	41% （ウォッカ比）			
ウォッカ	－37度未満（一律） －38度（377,230円/kℓ，参照酒税） －39度以上（38度から1度増加するごと加算）	38度 377,230円/kℓ	9,927円/kℓ		－13度から37度（一律370,000円/kℓ） －37度（370,000円/kℓ） －38度以上（370,000円/kℓに37度を超える1度ごとに10,000円/kℓ加算）	37度 370,000円/kℓ	10,000円/kℓ
ウイスキー等	－37度以下（一律） －38度から39度（40度から1度低下ごと減額） －40度（982,300円/kℓ，参照酒税） －41度以上（40度から1度増加ごと加算）	40度 982,300円/kℓ	24,558円/kℓ	601%（単式焼酎比）			

注）新旧両法のもとで，ブランデーの酒税はウイスキーと同一，ジンとラムの酒税はウオッカと同一である。リキュールの酒税は，旧法のもとでは12度以下で一律，13度以上で1度増加ごとに定額加算されたが，参照酒税は40度の328,760円/kℓとされた。このため，アルコール分1度あたりの酒税（8,219円/kℓ）は単式焼酎の税率（4084円/kℓ）のほぼ2倍（201%）であった。

障壁をなくしたうえで，差別的・保護的内国税という非関税障壁の低減をめざしたのである。改正法は，WTO パネル・上級委員会が採用した参照酒税方式に基づき，焼酎とその他競合蒸留酒の参照酒税をアルコール分1度あたり一律1万円とした。このため国産焼酎は，酒税引上げを反映して高価格となり，高級化がすすんだ。輸入ウイスキー等は，逆に酒税引下げにともなう価格下落により，かつての高級感を失い，国産の高級酒と肩を並べた。

競合する蒸留酒間の酒税格差は，たしかに参照酒税方式の観点からみれば消滅した。しかし，参照酒税方式は，かなり大雑把な酒税比較方法であった。それは，焼酎については旧酒税法上の物差しとされたアルコール分25度の焼酎のみに着目し，またウイスキーについては同40度のウイスキーのみをとりあげた。そしてこれら25度焼酎と40度ウイスキーの1度あたりの単純平均値が比較された。換言すれば，売れ筋の代表的蒸留酒のみにスポットをあて，それらのアルコール1度あたりの課税率が比較された。

しかし，改正法をあらためて見直すと，日本は競合する焼酎とウィスキー等の参照酒税を同一にしたとどまる。そもそも参照酒税方式は競合産品間の酒税格差

を僅少にするための妥当な方式といえるのかが再検討されていない。また同種の焼酎とウオッカは，本来ならば同一の酒税に服しなければならないが，それは参照価格方式によって確保されるのかどうかが明らかではない。

(2) 韓国酒税事件，チリ酒税事件，フィリピン酒税事件

A 韓国酒税事件

(i) 事実関係

韓国酒税法は，蒸留酒を6つのカテゴリーにわけた。伝統的韓国焼酎（soju），ウィスキー，ブランディー，一般蒸留酒（ウォッカ，ジン，ラム酒，テキーラ），リキュール，その他の酒である。蒸留酒税は従価方式にしたがい，韓国焼酎の場合，韓国希釈焼酎に35%，韓国蒸留焼酎に50%の酒税が課された。他方，Whisky・Brandy には100%，代表的一般蒸留酒（ウォッカ，ジン，ラム）には80%の酒税が課された。また，教育税（Education Tax）が酒税率比の形で，課され，その比率は，韓国焼酎につき酒税（35%，50%）の10%（3.5%，5%），ウィスキー・ブランディーにつき酒税率（100%）の30%（30%），代表的一般蒸留酒（vodka, gin, rum）につき酒税率（80%）の30%（24%）とされた。それゆえ蒸

留酒への実質課税率は，酒税と教育税の合計となり，韓国焼酎の場合は38.5%（希釈型），55%（蒸留型）であるのに対し，ウィスキー・ブランディーの場合は130%，代表的一般蒸留酒（ウォッカ，ジン，ラム）の場合は104%に達した。ECと米国は，韓国焼酎とウォッカは同種産品にあたり税差別は差別内国税禁止原則に抵触し，他方韓国焼酎とウィスキー・ブランディー・ウォッカ・ジン・ラムは直接競合産品に相当し税差別は保護的内国税禁止原則に違反するとしてパネル手続を開始した。

(ⅱ) パネル・上級委員会判断

パネルはまず韓国焼酎とウォッカが同種産品にあたるかどうかについては，米ECは十分な証拠を提出できなかったとして差別内国税抵触の有無を不問に付した。日本焼酎酒税事件では上級委員会は，差別的内国税の同種性の判断は「狭く解釈」（narrowly construed.）されなければならないと強調した。パネルはこの上級委員会判断に従い，米ECが同種性に関する立証に失敗したとした。それゆえ，十分な証拠さえそろえば，同種性が認定される余地があったとし，パネルは本件の韓国焼酎とウォッカが「同種ではない」（unlike）と判断したわけではないとつけくわえた。

それゆえパネルは，韓国焼酎とウィスキー等を直接競合品にあたるかどうかの検討に移った。パネルは，GATT（3.1条，注釈規定3）の保護的競合産品の概念を明確にするため，GATT起草過程の歴史に言及した。起草者の基本姿勢は，競合性を，内外無差別原則の目的を損なうように狭く解釈してはならず，また重点は間接的競合性よりも直接的競合性におかれていた。パネルはこうした起草過程を配慮したうえで，直接的競合性の判定にあたっては，以下の証拠が要求されるとのべた。①消費者が特定の需要と嗜好を満たす際，韓国焼酎とウィスキー等を相互代替産品とみなす証拠，②直接的な競争関係の証拠，とくに物理的性質・最終用途・流通経路・価格面の証拠である。パネルはこれら証拠を精査し，問題の競合性は現在のみならず，将来も潜在的に存在すると結論した。上級委員会はパネル判断を追認した。

競合産品に対する同様の課税が行われているかどうかについては，パネルは蒸留酒税と教育税の合計額に注目した。パネルによれば，韓国焼酎には軽い税（酒税35%・50%プラス教育税10%）が課され，whiskey等には重い税（酒税100%・80%プラス教育税30%）が課されていることを確認し，韓国の蒸留酒関連税（酒税と教育税）が内外競合産品に対し，同様に課されていない（not similarly taxed）と結論した。韓国はこのパネル判断に対しては上訴しなかったため，DSBは最終的にパネルのこの判断箇所を採択した。

さいごに，パネルは韓国の酒税はさらに国内産業に保護を与えるように課されているかどうかの検討を行った。判断のコアは，日本酒税法事件Ⅱのパネル・上級委員会が指摘した韓国蒸留酒関連税の目的・設計・構造の審査に集約された。日本酒税法事件でパネル・上級委員会は，競合産品に対し同様に課されない税が，著しい大きさ（the very magnitude）になればなるほど，国内産業の保護が認定されるとした。パネルは本件で日本酒税法事件Ⅱの判例法を踏襲した。そして韓国税法の構造それ自体が内外差別的であるとパネルはのべた。その証拠に，韓国焼酎は100%が国産品であり輸入品はないから，法制度の利益は排他的に国内焼酎メーカーに帰属する。したがって，韓国法の目的・設計・構造は国内産業の保護にあると，パネルは結論した。上級委員会はこれを支持した。

B チリ酒税事件

(ⅰ) 旧制度と法的な内外税格差

チリは200年11月までの旧制度で，蒸留酒を，ピスコ（チリ産透明葡萄蒸留酒），ウィスキー，その他の蒸留酒（ブランディー，ジン，ウォッカ）に分類し，ピスコに従価税25%，ウィスキー・その他の蒸留酒に従価税53-70%・30%を課した。この旧酒税制度は，パネルの判断をまつまでもなく，国産ピスコに軽く，輸入ウィスキー・その他の蒸留酒に重く課され，法的差別性と国内産業保護効果をもつことは明白であった。ピスコは国内一定地域で伝統的方法で蒸留された地理的名称であり，当局はこの名称を国産品に限定していた。そのためピスコの輸入品は存在しなかった。他方，ウィスキーは輸入品が大部分を占めるものの国産ウィスキーも生産販売されていた。

それゆえ，パネルは旧制度の酒税は全製品が国産品のピスコに有利に，おおかたが輸入品のウィスキー・その他の蒸留酒に不利に課される点で保護的内国税にあたると判断した。その過程でパネルは，チリ国産ウィスキーが輸入ウィスキーと同一の高課税に服することは問題とならないとのべた。問題はむしろ，いくつかの輸入品（certain of the imports）がいくつかの競合国産品（certain of the domestic substitutable products）と同様に課されていないかどうかにある。それゆえ，輸入品のすべて（all of the imports）が国産品のすべて（all of the domestic products）と同様に課されていることを立証する必要はないとパネルはのべた。

(ⅱ) 新制度と事実上の内外税格差

① 事実関係

他方，2000年12月以降の新制度は，旧制度の法的差別による保護的内国税システムにおおきな変更をくわえた。旧制度が原産地・カテゴリーに応じた保護的な課税方法をとったとすれば，新制度はアルコール度数別の課税方法をとった。35度以下の蒸留酒には，カテゴリーを問わず，一律従価税27%の最低税率が課され，36度から39度までの蒸留酒には，1度上昇のつど従価4%を上乗せする一律従価税（36度に31%，37度に31%，38度に35%，39度に43%）が課され，40度以上の蒸留酒には一律47%の最高税率が課された。

蒸留酒の販売慣行をみると，ピスコには，30-33度の伝統的ピスコ（Pisco corriente or tradicional），35度の

特別ピスコ (Pisco especial)，40–50度の最上級ピスコ (Pisco reservado, Gran pisco) があり，売れ筋第1位は特別ピスコ，第2位は伝統的ピスコ，第3位（国内シェア9％）は最上級ピスコであった。他方，チリは国内販売基準としてウィスキー・ラム・テキーラ・ジンは40度以上，ブランディー・コニャック・アルマニャックは38度以上を要求していた。

② 直接競合性の判定

パネルはピスコとウィスキー・ブランディー等が国内市場で直接競合するかどうかの判定にあたり，先例（日本酒税法事件Ⅱ，韓国酒税法事件）に従って，最終用途・物理的性質・流通経路・相互価格弾力性 (cross-price elasticity)・その他関連特質のほか，潜在的競争の可能性を審査した。最終用途については，ピスコメーカー国産品販促戦略，反輸入蒸留酒広告方法をもとに，国産ピスコと輸入蒸留酒は最終用途の面で重複しているから両者間に市場での直接競争関係があることを認めた。物理的性質については，両者が，酒精度の高い飲料用蒸留酒としての性質を共有するため両者はむしろ同種の産品とみなされるとした。その過程で，パネルは，製法（濾過方法，着色の有無，熟成方法）は問題とならないとした。流通経路については，両者の販売経路と陳列スペースが共通であると，パネルはのべた。価格弾力性についてパネルは両者の相互価格弾力性が高いことを強調した。ただし日本酒税事件Ⅱの上級委員会が指摘したように価格弾力性は直接競合性の判断要素のひとつとなるが，決定的な目安 (the decisive criterion) ではない。価格弾力性は差別的措置によって低くなることもあるから，直接競合性の証拠とはならない場合も生ずるとパネルは釘を刺した。

③ 同様課税原則の違反

新制度のアルコール度数別課税方法が同様の課税にあたらないことはわりあいに簡明 (relatively straightforward) であるとパネルはのべた。競合産品間の税格差 (47％対27％) は僅少ではない。また36度から39度までの1度ごと4％増しの課税方法も，競合産品間の課税が同様に行われていないことを示すとパネルはのべた。

さらにパネルは競合産品間の税格差は，参照価格方式（日本酒税法事件Ⅱのパネル・上級委員会の判断方式）に照らしても明らかであるとした。参照価格方式のもとでは代表的な売れ筋品目の課税率が比較される。ピスコの売れ筋第1位は35度の特別ピスコであり，従価27％の税を課される。1度あたりの税率は0.771％ (27％割る35度) にすぎない。これに対し，Whisky等の売れ筋第1位は40度のものであり，従価47％の税を受ける。1度あたりの税率は1.176％ (47％割る40) に達する。ウィスキー等への1度あたり税率は，ピスコへの1度あたり税率のほぼ1.5倍である。また国産品の約75％が低税率に与るのに対し，輸入品の95％超は高税率に服するとパネルは認定した。こうした論拠に立って，パネルはいくつかの輸入品はいくつかの国産品よりも高い税を課され，その税価格差は僅少ではない，それゆえ競合産品は同様の課税を受けていないとパネルは結論した。

上級委員会はパネルの結論を異なる理由に基づいて承認した。上級委員会は，同様課税の判定にあたっては，総合的審査 (comprehensive examination) が要求され，すべての競合する国産品と輸入品を広い視野から検討しなければならないとした。パネルの結論を上級委員会は支持するが，パネルは総合的審査を怠ったと暗に揶揄した。

④ 国内産業保護

パネルは，新制度の国内産業目的を5つの要因をあげて認定した。① 新制度の最低税率は国産品にのみ適用される，② 35度から39度までの内外産品への課税格差はおおきい，③ 新制度と関連基準は，輸入ウィスキー等の最低アルコール度数を定め，輸入酒を普通名称に従い高税率品目としている，④ 新制度の目的（歳入確保，旧制度のカテゴリー別法的税格差の排除，アルコール飲酒慣行の規制，潜在的な逆行的課税制度への逆戻りの防止）は，適用措置と関連しない，⑤ 新制度は旧制度の法的差別を継承し，そのけっか輸入品はアルコール度数や普通名称を変えないかぎり，国産品の75％が低税率に輸入品の95％が高税率に服しているとされた。これに基づき，競合する国産品と輸入品へのおおきな酒税格差は国内産業の保護をもたらすと判断した。

ただし，その過程でパネルは新制度の立法意図にも言及した。上級委員会は立法意図は主観的なものでそれに比重をかけるべきではないとした。むしろ制度全体の目的を，法律の客観的表現にあらわれたかぎりで考慮すべきであるとした。

またパネルは新制度の目的と措置が対外差別的な効果をもつことを周到に審査しなかった。そこでチリは上訴にあたり，このパネル判断部分に異議を唱えた。上級委員会はパネルの判断を支持しつつ，先例（日本酒税事件Ⅱ）に従い，新制度の目的・設計・構造にもメスをいれた。そして，パネル判断が2点で誤りを犯したとのべた。第1に，パネルは，チリ法が輸入蒸留酒の最低アルコール度数に関し基準を設けたことを国内産業保護効果の一因としたが，上級委員会は，この種の基準は他の分野でも定められている基準と異ならない（したがって国内産業保護効果と関係しない）と判断した。第2にパネルは新制度は旧制度の保護的内国税システムを引き継いだとしたが，上級委員会は，加盟国が新制度の採択によって旧制度の課税システムを継続したと推定することは「悪意の推定」(presumption of bad faith) につながるとのべた。

C フィリピン酒税事件

フィリピンは蒸留酒を原料におうじて2分した。

第1は熱帯植物の液汁 (nipa, coconut, cassava, camote, buri palm の果汁や蔗糖) を原料とする蒸留酒である。このカテゴリーへの酒税率は一律 (flat tax rate) であり，アルコール1度あたり14.68フィリピン・ペソ (PHP)

とされた（2011年1月現在）。ただしこの低税率を受けるためには，原料が蒸留酒生産国で商業的に生産されたものでなければならない。

第2は，他の原料（穀物，大麦，小麦，ライ麦，燕麦 [oats, Avena sativa]，とうもろこし，ばれいしょ等）から製造される蒸留酒（ウィスキー，ブランディー，バーボン等）である。その課税率は 750 ミリリットル (ml) の純再販売価格 (net retail price. NRP) を基に定められ，2011年1月現在で3通りの税率が適用された。①再販価格（NRP）が低い（PHP 250.00 以下）場合は PHP 158.73，②再販価格が中間（PHP 250.00 から PHP 675.00 まで）の場合は PHP 317.44，③再販価格が高い（PHP 675.00 超）の場合は PHP 634.90 とされた。EU と米国は，フィリピンの酒税は，熱帯植物由来のフィリピン蒸留酒に軽く，競合するウィスキー等に重く課される保護的内国税にあたるとしてパネル手続に訴えた。2011年8月，パネルは EU と米国の主張をいれた［巻末表 17-1］。

(3) カナダ雑誌事件

この事件［巻末表 4-2］はカナダの特殊な雑誌業界を背景に生じた。カナダで販売されていた定期刊行雑誌 (periodicals) は，ほとんどが英字雑誌であり，英字雑誌の80％は外国製，とくに米国製であった。他方，カナダの国内雑誌社はおおむね赤字経営をしていた。米国雑誌会社はまた米国雑誌のカナダ版を製造販売していた。カナダ版は分割掲載雑誌 (splitrun periodicals) と呼ばれ，記事の内容は米国雑誌とほぼ同じだが，広告はカナダ向けに編集されていた。したがって米国雑誌とそのカナダ版分割掲載雑誌の違いは，広告だけであった（なおカナダはのちに分割掲載雑誌の輸入を禁止したが，米国雑誌会社は，米国から電子送信した記事をつかってカナダ国内で雑誌を製造した）。

そこでカナダは，国内雑誌社の窮状を考慮して，分割掲載雑誌のみに物品税を課した。物品税は雑誌の広告掲載収入に対し従価80％を適用するものであった。米国は，カナダの物品税は輸入される分割掲載雑誌にのみ課され同種のカナダ国産雑誌には課されていないと主張してパネル手続を開始した。パネルはカナダの課税が同種産品に対する差別的内国税に該当すると判定したが，上級委員会は，パネル判断を覆した。上級委員会はむしろ輸入分割掲載雑誌と国産雑誌は直接競合産品であるとみなし，両者の税差別は保護的内国税にあたり違法であると結論した。

(4) メキシコ・ソフトドリンク税事件

メキシコ・ソフトドリンク税事件［巻末表 16-4］の背景にはメキシコによる国産砂糖の保護政策にあった。メキシコはソフトドリンクの甘味料として使用される3大原料に異なる内国税率を適用した。この税は，国産の甘蔗糖 (cane sugar) に軽く輸入される甜菜糖 (beets sugar) に重く課された。また国産甘蔗糖にくらべ，輸入される混合甘味料「異性化糖」(High fructose corn syrup. HFCS; Isoglucose) には重い税率が適用された。この異性化糖は，米国で遺伝子組換えコーンと遺伝子組換えエンザイムから製造されていた。米国はメキシコの税が内国民待遇原則に違反すると主張した。パネルは米国の主張をいれ，つぎのように回答した。国産甘蔗糖と輸入甜菜糖は，産品の特性・用途（ソフトドリンクの原料）・消費者嗜好・関税番号に照らし同種産品である。それゆえメキシコが国産品に軽く同種の輸入品に重く課した税は差別的内国税にあたる。他方，国産甘蔗糖と輸入異性化糖は別種だが市場で競合する。それゆえ両者への税格差は保護的内国税に該当する。

これら事件で一貫して扱われた論点は，事実上の差別の判定方法であった。

(5) 事実上の差別の判定方法

A 事実上の差別

日本の酒税法は，酒の税率を原産地におうじて変えてはいなかった。国産酒に低く輸入酒に高く税率を設定していたわけではなかった。酒税法は，産品におうじて異なる税率を設定していた。したがって焼酎に低くウォッカ・ウィスキー等に高い税率が定められていたが，焼酎やウォッカ・ウィスキー等の原産地を特定していなかった。このため，国産焼酎のほか輸入焼酎も同様に低い酒税に服し，また逆に輸入ウォッカ・ウィスキーのほか国産ウォッカ・ウィスキーも同様に高い酒税に服した。

にもかかわらず，パネル・上級委員会は，日本の酒税は，事実上，国産焼酎に有利で輸入ウォッカに不利な差別的内国税にあたると判定した。日本の酒税は原産地におうじた法的差別を設定していないが，事実上の差別をもうけていると判断されたのである。

しかしパネル・上級委員会の論旨はかならずしも明快ではなかった。また，GATT パネルが採用した事実上の差別の判定基準――すなわちいわゆる目的効果理論 (aim and effect) ――が，WTO でも部分的に採用されるのかどうかが明確にはされなかった。

B 目的効果理論

GATT パネルは米国アルコール飲料措置事件と米国輸入自動車税事件で事実上の差別を認定するため，目的効果理論を用いた。これは国家の内国間接税が差別的かどうかを判定するときは，輸入品を差別する目的と効果があるかどうかに着目する方法である。したがって，こうした目的と効果をもつ差別的・保護的内国税のみが，禁止の対象とされる。逆にいえば，輸入差別の目的と効果のない差別的・保護的内国税は，合法化される。国家は一般に社会政策的な目的のため産品のあいだに税差別をもうけている。それら差別がたまたま一部輸入品を不利にしても，国家当局に輸入品を差別する意図・目的がなく，また輸入差別の効果もあらわれていないならば，差別的・保護的内国税は禁止されないというのが目的効果理論の趣旨である。

WTO のパネル・上級委員会は，日本酒税事件Ⅱで差別的内国税に関しては，目的効果理論をきっぱりと拒絶した。しかし保護的内国税の判定にあたり，上級委員会はわずかながら措置の目的を考慮した。上級委

員会は，措置の目的や意図に目を向け，日本の措置が保護主義的な適用の意図をもつことに言及した。ただし措置の主観的意図（法案可決の際の立法者の陳述）は考慮されなかった。上級委員会は，チリ酒税法事件でも，措置に関する国家の客観的意図（措置の文言）に言及し，またカナダ雑誌事件では，政府当局担当者の陳述に着目した。

以上のように，WTO判例法では，差別的内国税と保護的内国税の場合で，目的効果理論の扱いが異なっている。差別的内国税の場合は，目的効果理論は適用されない。したがって国産品に軽く同種の輸入品に重く課される差別的内国税は，国家当局の側に輸入品を差別する意図・目的がなくても，また輸入差別の効果がいっさいなくても，一律に機械的に禁止される。しかし，保護的内国税の場合は，その認定にあたって，措置に保護的意図や目的があるかどうかが考慮される余地が残されているようにみえるのである。

ちなみに，EC司法裁判所はEC域内貿易における差別的内国税の判定にあたって，差別は潜在的であってもいっこうに構わないとのべた。ECでは差別の結果，域内貿易が現実に制限されたことを立証する必要はないのである。これはECが統合の推進を目的としているからであり，EC域内貿易を制限する差別的内国税は統合に対する障壁の1つとみなされているからである。

C 事実上の差別の判定

日本酒税事件Ⅱに関するパネル・上級委員会報告は，事実上の差別の判定に関して，不透明な部分を残した。上述のように，低い酒税を課された焼酎には国産焼酎のほか少量の輸入焼酎が含まれていた。他方，差別的・保護的な酒税を課されたウォッカ・ウィスキー・ブランディー・ジン等のなかには輸入品のほか相当量の国産品も含まれていた。要するに日本市場で販売されていた焼酎は全部が国産品ではなかったし，またウォッカ・ウィスキー等も全部が輸入品ではなかった。

パネル・上級委員会はこうした事実を知りながら，日本市場での国産・輸入焼酎や国産・輸入ウォッカ等の市場シェアにはたいった判断をくわえなかった。したがってシェアに関係なく事実上の差別が認定されるのかどうか，かならずしも明らかではない。

いま日本市場で焼酎とウォッカだけが生産販売されていると仮定した場合，事実上の差別の判定はけっして容易ではない。むろん，輸入酒の90％（ウォッカ）が高い税に服し，国産酒の80％（焼酎）が低い税に服する場合，酒税が差別的であることは自明であろう。しかし，輸入酒の40％が高い税に服し，国産酒の60％が低い税に服するときは，差別の認定はやや微妙となる。輸入酒の50％が高い税に服し，国産酒の50％が低い税に服するときも同様である。

しかし，事実上の差別は，市場シェアに関係なく，わずかでも存在するか存在する可能性があれば，差別的・保護的内国税を認定するという考え方もある。この考えにたつと，後2者の場合も差別的内国税が認定されることになるであろう。

WTOパネル・上級委員会の判断は一貫していない。チリ酒税事件では，上級委員会は，国産酒と競合輸入酒に対する酒税が同様でないかどうかの判定にあたり，大部分の（most）輸入酒は大部分の国産酒よりも高い酒税に服したかどうかに着目した。しかしチリ事件より前のカナダ雑誌事件では，パネルは差別的内国税の判定にさいして輸入品の大部分について差別が生じているかどうかについては検討を行わなかった。パネルはむしろ仮想的に輸入品が国産品よりも差別的に課税されるかどうかに注目した。上級委員会も保護的内国税の判定にあたり，パネルとほぼ同様の検討方法をとった。それゆえ上級委員会は，いくつかの（some）輸入品が競合国産品よりも間接税に関して不利な待遇を受けているかどうかを検討し，保護的内国税を認定したのであった。

なおECでは域内貿易を阻害する差別的内国税は，差別がどれほど部分的でもまたどれほど微弱であっても，域内貿易障壁として禁止されている。EC法上は，域内輸入品が同種の国産品よりも差別的に内国税を課される可能性があるだけで差別的内国税が認定され，差別が域内輸入品の何パーセントに影響をあたえるかは問題とならない。それはEC司法裁判所のボビー社判決（Bobie. 1976. 6. 22, case 127/75）にみるとおりである。

2 国産部材の使用奨励に関するパネル報告

WTOのパネルは，インドネシア自動車事件［巻末表13-1］とカナダ自動車協定事件［巻末表4-5］で，投資受入国が行った国産部材の使用奨励が内国民待遇原則に反することを指摘した。国産部材の使用奨励は，上述のように，輸入国が輸入品を使用段階で差別する典型例だからである。

(1) インドネシア自動車事件

インドネシア自動車事件では，インドネシアが自動車産業を振興するため，輸入部材よりも国産部材を使用するよう奨励し，そのために減免税措置を講じた。パネルはこうしたローカルコンテント要求のための減免税制度は差別的内国税に該当すると判定した。

(2) カナダ自動車協定事件

カナダ自動車協定事件では，カナダは，国内に誘致した米国大手自動車会社等に自動車の無関税輸入を許す条件として，ローカルコンテント要求を行った。これによると米国大手等がカナダで自動車を生産する場合，一定比率以上のカナダ付加価値を達成すれば，米国大手が自動車を海外から輸入するときに輸入関税をゼロにした。そこでカナダ付加価値要件が，在加米国大手に，輸入部品よりもカナダ部品の使用を奨励し，内国民待遇原則に違反するかどうかがパネルで争われた。

カナダは，カナダ付加価値要件の付加価値とは，国産部品コストのほかにカナダ国内での労務費と管理費を含んでいるため，ローカルコンテント要求にはあた

らないと主張した。カナダによれば、カナダ付加価値は、労務費と管理費を上昇させれば達成できるとされた。それゆえ米系大手はカナダ製自動車の製造にあたりカナダ部品を使用するよう義務づけられていないとカナダはのべた。

パネルはカナダの主張を退けた。パネルは、カナダ付加価値にはカナダ部品コストは含まれるが、輸入部品コストは含まれないことを強調した。それゆえ、カナダ付加価値の計算にさいしては、国産部品コストのみが算入され、輸入部品コストは除外された。たしかにカナダ付加価値要件が法的に国産部品の使用を義務づけてはいない。しかし、それは事実上、国産部品よりも輸入部品をカナダ国内での使用に関して差別することを意味する。この事実上の差別は、内国民待遇原則に反するとパネルは結論した。

なお米国ガソリン事件［巻末表20-1］は投資受入れではなく大気汚染防止のための精製用ガソリンの国内販売基準が米国に有利で南米産油国に不利な内外差別にあたるとされた事例である。

3 差別的内国税と差別的国内規制の双方に関する事例

差別的内国税と内国規制の双方が問題となった事件に中国自動車部品輸入事件（および既述メキシコ・ソフトドリンク事件）がある。ここでは中国事件のみを扱う。

(1) 中国自動車部品輸入事件の事実関係

中国は法令により自動車関連の従価関税率を、完成品25％、部品10％としていた。しかし、自動車用部品のうち、つぎの条件を満たすものは完成車とみなされ、部品の輸入段階ではなく自動車組立後の段階で25％の税に服した。第1に、輸入部品が国内での自動車組立のためのキット（CKD or SKD kits）として輸入されること、第2に、これらキットは(i)車体とエンジン、(ii)車体またはエンジンのいずれかと3以上のサブアセンブリー、(iii)車体・エンジン以外の5以上のサブアセンブリーのいずれかであること、第3にキット価額が完成車価額の60％以上を占めることであった。キットの供給国がどこであっても、供給者がだれであれ、また輸入積荷が一度であれ数度であれいっさい問題とならない。しかも税を課されるのは、中国国内の完成品メーカーのみであり、（輸入者でも）部品メーカーでも部品加工者でもなかった。米国・EC・カナダは中国を相手どってパネル手続を開始した（巻末表6-1）。

(2) パネルと上級委員会の判断

パネルと上級委員会は以下の理由で中国の自動車部品に対する輸入措置が、差別内国税にあたり、また国内規制上の内外差別にあたるとして内国民待遇原則の違反を認定した。

A パネル判断

パネルは、2008年7月の報告で、完成車とみなされる輸入部品へ課される税は、輸入段階ではなく、国内での組立後に課されるため、内国税に該当し、しかも同種の国産部品よりも重く課されるため差別的内国税（GATT3条2項）にあたると述べた。その過程でパネルは先例（チリ価格帯事件や米加木材事件IVの上級委員会裁定とEC迂回防止税事件のGATTパネル裁定）に従い、輸入関税と内国税の違いは、課税時点にあると述べた。関税は輸入国領域への外国商品の「輸入に際して（on their importation）」、つまり輸入時点で課される。これに対し、内国税は外国商品が輸入国での通関以降の時点で、国内的理由（再販売・使用・流通等）に基づいて課される。中国の自動車用部品への課税は、まさに輸入通関後の完成品組立時点で課されるから内国税にほかならない。また、GATT（2条1b前段）は関税譲許に関して、輸入国は輸入品に対し譲許関税率を超える輸入税を課してはならないと定めた。これら輸入税には、「通常関税」（ordinary customs duties．（2条1b前段））のほか、関税という名称をもたない「他のすべての租税または課徴金」（all other duties or charges．（2条1後段））がはいる。前者（通常関税）は輸入時点で課され、後者（他の租税・課徴金）は「輸入に際してまたは輸入に関連して」（on or in connection with importation）課される。

パネルはまた中国のもうひとつの反論を退けた。中国によれば、輸入に際して課される関税はWTO加盟国の事後慣行（subsequent practice）では輸入後の時点でも課されているから、中国の当該課税は事後慣行により合法化されたとした。パネルは、事後慣行による条約解釈の変容は、共通の一貫した明瞭なものでなければならず、またWTO加盟国の合意を反映していなければならないと述べ、中国の論理を否定した。

パネルはさらに中国の課税措置は部品輸入後の国内規制にあたるため、国内規制に関する内国民待遇原則（GATT3条4項）にも違反し、これらすべてのGATT違反は一般例外条項（20条d）によっても正当化されないと結んだ。

B 上級委員会裁定

上級委員会は、パネル判断を支持した。

第1に、中国が課した課徴金は、パネルが述べたように、内国間接税（GATT3.2条）にあたり、通常の関税（GATT2.1b条）ではない。第2に、中国が内国間接税の名目で輸入自動車部品に課した税は、パネルの指摘するように、同種の国産部品には課されていないから、差別的でありGATTに違反するとつけくわえた。

第9節　同種性と競合性の判定

GATT/WTOパネルは、差別的内国税と保護的内国税の検討にあたり、税を課される国産品と輸入品が同種産品なのか競合産品なのかについてふみこんだ検討をくわえている。この姿勢は、欧州司法裁判所の類

似判例とやや異なっている。しかしながら，GATT/WTOでの商品の同種性・競合性の判定は，かならずしもクリアカットではない。それは現代国際経済法の盲点といってもよい。

1 EC司法裁判所の判断

フランス蒸留酒税判決で欧州司法裁判所はフランスの蒸留酒税が国産酒に軽く輸入酒に重く課される差別的内国税にあたるかどうかを検討した。フランスは，ワインの蒸留酒（ブランディー）と果実の蒸留酒（アップル・ブランディー，チェリー・ブランディー等）に低く，穀物の蒸留酒（ウィスキー，ジン，ウォッカ）に重く蒸留酒税を設定していた。これら蒸留酒のうち，低い税率に服する前2者は大部分が国産品であり，高い税率を受ける後者はほとんど全部が他の加盟国からの輸入品であった。それゆえ，フランス税法は，ワイン・果実の蒸留酒と穀物の蒸留酒が同種の商品とみなされるならば，国産品に軽く輸入品に重く課される差別的内国税にあたることは自明であった。

欧州裁判所は，まず同種性の判定基準として，形式的基準（関税分類，関税統計）と実質的基準をあげ，実質的基準こそが同種性を判定するための決め手となるとのべた。実質的基準は，消費者からみた用途の共通性と代替可能性であり，国産品と輸入品は市場で共通の用途をもつか代替可能ならば同種商品と判定されるのである。他方，商品の香味，消費慣行等は，時代と地域ごとに変化するため，同種性の基準とはならないと裁判所はのべた。では裁判所はこうした基準に基づいて国産蒸留酒と輸入蒸留酒を同種産品と認めたのかというと，そうではなかった。

裁判所は，蒸留酒のなかには，同種の商品とみなされる不特定数の蒸留酒があることを認めた。しかしどの蒸留酒が他のどれと同種であるのかを確定することは困難であるとつけくわえた。裁判所は同種性の厳格な判定は不可能であることを示唆したのであった。

しかし裁判所はつづけて，「すべての蒸留酒の間にはすくなくとも部分的または潜在的な競合関係が存在する」とのべた。したがって，同種性の判定が困難なときは，産品が競合するかどうかを検討し，国産酒と輸入酒のあいだに競合関係が認められるときは保護的内国税が認定されるとした。蒸留酒の場合，この競合性は，用途の部分的・潜在的共通性，製法の同一性および共通した高アルコールから認められると裁判所はのべ，けっきょくフランス蒸留酒税は競合関係にたつ国産品と輸入品に税差別をすることで保護的内国税にあたると裁判所は結論した。

裁判所が特定の蒸留酒のあいだに同種性をみつけたのはデンマーク蒸留酒税判決1件にとどまっている。この事件でデンマークは国産アクワヴィット（aquavit）に低く他の蒸留酒に高く酒税を設定していた。裁判所は，アクワヴィットとジン・ウォッカは同種の商品にあたるため，デンマーク税法はこれら商品に関して差別的であるとのべた。たしかにアクワヴィットとジン・ウォッカは裁判所の指摘をまつまでもなくニュートラル・アルコールをベースに製造され，味覚上の特質を芳香エキスに負う点で，近似していた。これは日本の焼酎とウォッカがニュートラル・アルコールをベースとし芳香エキスで味つけされているのとよく似ている。

なお欧州司法裁判所が英国ワイン・ビール事件で，国産ビールに低く輸入ワインに高く設定されていた英国酒税を部分的に保護的内国税と判定したことはすでにのべた。裁判所は，ワインの品質と価格が多様に異なることを考慮にいれて，大量に消費される大衆的ビールと大衆が購入しやすい安価な低度数ワインのあいだに競合関係を認めた。しかし裁判所は，その他のワインとビールの競合関係については，口を濁した。

2 GATT/WTOパネルの判断

(1) 税差別上の同種性と競合性

内国民待遇原則のための同種性と競合性に関し，GATT/WTOパネルは酒税事件にみるようにEC司法裁判所とは異なってかなりつめた検討を行っている。同種性は，商品の特質・用途・消費者嗜好・関税分類番号の4基準を総合的に判断しケースバイケースで判定される（日本酒税事件上級委員会報告）。またカナダ雑誌事件では，パネルは輸入分割掲載雑誌と国産雑誌を同種の商品とみなし両者への税差別を差別的内国税と判断したが，上級委員会は両者を競合産品とみなして税差別を保護的内国税と判定した。

(2) 国内規制差別上の同種性とアスベスト事件

国内規制差別（GATT3条4）のコンテクストで，アスベスト事件［巻末表9-7］の上級委員会は同種産品をはじめて定義づけた。同種産品は，国内規制差別のうえでは，「多くの同一または類似の性質・品質を共有する産品」（share a number of identical or similarcharacteristics or qualities）と定義づけることができる。そのうえで，税差別上の同種産品と国内規制差別上の同種産品をみると，税差別上問題となるのはi 同種産品とii 別種の競合産品であるのに対し，国内規制差別については同種産品のみである。この違いはおおきい。税差別上の同種産品の範囲は競合産品によって影響をうけるが，国内規制差別上の同種産品はそうではないからである。むしろ国内規制差別上の同種産品は，内国民待遇の基本規定（3条1）に照らして解釈しなければならない。この基本規定は，国家が内国税や国内規制の適用にあたり，国内市場での国産品と輸入品の競争関係（competitive relationship）に影響をあたえるような内外差別を行ってはならないとしている。それゆえ，国内規制差別上の同種産品は，国内市場で競争関係にたつ内外産品をさす。この点で，国内規制差別上の同種産品の範囲は，税差別上の同種産品よりも範囲がひろい。しかし，それは税差別上のi 同種産品とii 競合産品をあわせた範囲よりもせまい。

アスベスト事件［巻末表9-7］の上級委員会は，また同種性の判定基準のひとつである産品の特性のなかに健康安全を害する危険性がはいることを明らかにし

た。商品はひとたび発癌性・有毒性等の危険性をもつことが立証されると，危険商品と安全な代替商品は別種の産品とみなされるのである。それゆえ安全な代替商品の国内製造販売を許し，危険輸入品の輸入販売を禁止することは，差別的な国内規制（3条4）にあたらずGATT内国民待遇原則と整合するのである。

(3) メキシコ・ソフトドリンク税事件

メキシコ・ソフトドリンク税事件［巻末表16-4］のパネルは，税差別と国内規制差別の双方を扱い，注目すべき判断をくだしている。メキシコはソフトドリンク用に使用される甘味料に関し，内国税を課していた。この内国税は，ソフトドリンク税（ドリンク価額の20％）と流通税（ドリンクの流通サービス価額の20％）からなり，甘蔗糖（cane sugar）へは無税，甜菜糖（beet sugar）と異性化糖（High-Fructose Corn Syrup［高果糖コーンシロップ］，HFCS, Isoglucose）へは有税であった。米国の提訴をうけてパネルは，メキシコの内国税が，差別的内国税と保護的内国税にあたることを認めた。第1に，甘蔗糖と甜菜糖は同種産品であり，甘蔗糖の大部分は国産品，甜菜糖のほぼ全量は輸入品であるため，両者への内国税は差別的である。他方，国産甘蔗糖と輸入異性化糖は，競合産品にあたり，また両者への課税格差は僅少でないため，この税は保護的内国税にあたる。

メキシコは，これら内外差別課税にくわえて，甜菜糖と異性化糖を甘味料として使用するソフトドリンク会社には帳簿保存義務（bookkeeping requirements）を課した。他方，国産の甘蔗糖を使用する飲料会社は，同様の課税と帳簿保存義務を免れた。アメリカは非甘蔗糖を使う飲料会社への諸規制（内国課税と帳簿保存義務）は，国内規制上の内外差別（GATT3.4条）にあたると主張した。パネルは国内規制上の差別は同種の内外産品の間でのみ成立するとしたうえで，甘蔗糖と甜菜糖のみならず甘蔗糖と異性化糖もアスベスト事件の上級委員会判断に照らして国内規制上の同種産品にあたるとした。国内規制上の同種性は，上級委員会がのべたように産品間の競争関係をベースにひろく解釈されるのである。

(4) 総　括

GATT/WTOケース・ローが展開した同種性と競合性は，つぎのように要約される。

(i) 税差別上の同種性と競合性

税差別上，同種性は産品の特性（物理的性質）・用途・消費者嗜好・関税番号の4基準を基礎にケースバイケースで判定される。競合性は，4基準と別種の産品間の競争状態により判定される。

(ii) 国内規制上のひろい同種性の概念

国内規制上の差別は国産品と同種の輸入品のあいだでだけ認定される。この同種性は，税差別上の同種性よりもはるかにひろい概念である。それは内外産品の競争関係に基づいて判定される。それゆえ，物理的性質が異なる産品でも市場での競争関係に照らして，国内規制上は同種産品とみなされる可能性がある。天然の砂糖と遺伝子組換えの人工甘味料は，物理的特質・成分・製法が異なっても用途が同じならば（ソフトドリンク原料としての使用）国内規制上は同種産品にあたる。それゆえ，税差別上は競合産品とみなされた甘蔗糖と人工甘味料は，国内規制上は同種産品の範疇にはいる。

(iii) 国内規制上の同種性判定と健康安全

ただし，国内規制上，内外産品が同種であるかどうかを判定するときは，健康安全への危険性を考慮にいれなければならない。有害で危険な輸入品と安全な国産代替品は，この観点から同種とはみなされない。それゆえ国内規制上，危険輸入品の輸入を禁止し，国産代替品の販売を許可することは国内規制上の差別にあたらず合法である。

(iv) アコーディオンの比喩

日本酒税法事件で上級委員会が指摘したように，同種性の概念は，アコーディオンに似ている。同種性は，分野と文脈におうじて伸縮自在に解釈されるからである。最恵国待遇の同種性は，内国民待遇の同種性と同じではない。内国民待遇のなかでも，税差別の同種性はせまく国内規制の同種性はひろく解釈される。要するに同種性は，個々の規定と文脈・目的にそくしてアコーディオンのように広狭柔軟に解釈されるのである。

第3部 商品貿易と自由化ルール

[要約と視点]

要 約

GATT は商品貿易の自由化のため，貿易障壁の低減をはかった。貿易障壁は関税障壁と非関税障壁から成り，関税障壁についてはその漸進的引下げを，非関税障壁については厳格なルールを定めた。

1 関税障壁の引下げ

GATT は関税を唯一の合法的な貿易規制手段と認めた。関税は加盟国が国内産業を保護するためとることができる合法的手段であり，加盟国は関税率を政策的見地から自由に設定することができる。ただし，加盟国は GATT の貿易自由化理念にしたがって関税率をひきさげるための約束をすることができる。こうした関税引下げ約束は関税譲許と呼ばれ，GATT/WTO では，過去8回の関税引下げラウンド交渉により世界的な規模でおおはばな関税引下げが実現された。また WTO 発足後も日本のイニシアティヴによって情報技術産品の関税引下げが行われている。

もっとも開発途上国の関税率はいぜんとして高く，また先進諸国も農業・繊維・化学等のセンシティヴ分野で高関税（tariff peak, high tariff）や保護主義的なタリフ・エスカレーション（tariff esclation）を維持している。関税障壁の形態は，従価税（ad valorem duty），従量税（specific duty）等から，一定数量枠について低率またはゼロの1次税率を定め数量超過分について高率の2次税率を定める関税割当（tariff quota）までさまざまである。主要国はセンシティヴな国内産業を保護するため，関税割当を設定し，1次税率輸入枠を輸入者に配分している。

2 非関税障壁の規制

関税以外の貿易障壁には，数量制限，基準認証，検疫措置，貿易関連投資措置，通商政策措置，さらには一見したところ貿易に関係しない多様な国内措置がある。これらはケースバイケースで GATT/WTO の規制に服する。

(1) 数量制限

数量制限（quota. quantitative restriction）は特定品目（農産品等）について年間輸入数量を一定量に制限する方法であり完全な輸入禁止（麻薬・武器等の禁輸）を含む。こうした数量制限は一般的に禁止された（GATT 11 条1）。それは関税が透明であるのに対し，数量制限は行政当局の不透明な運用に委ねられ，保護主義を誘発するからである。しかし，国家は GATT 規定に基づき，例外的に数量制限を導入することができる。日本が特定養殖水産品（鯛，秋刀魚，絹等）を非自由化品目に指定し，その輸入を制限しているのは，GATT のいくつかの例外条項に根拠をおいている。また各国が地球環境資源（稀少な海亀，イルカ等）を保護するためとる輸入数量制限が例外的に正当化されるかどうかが GATT/WTO で白熱した議論を呼んだ。

(2) 基準認証，検疫措置，貿易関連投資措置

数量制限以外の非関税障壁として，基準認証，検疫措置，貿易関連投資措置，輸入ライセンス，船積前検査等があり，これらは WTO の特別協定によって規律されている。これらのうち，さいきん関心をひいているのは，輸入国が健康保護や環境保護の目的で行う検疫措置である。狂牛病汚染の疑いのある牛肉の検疫と輸入禁止措置，遺伝子組換え食品やホルモン飼育牛肉の検疫，害虫汚染の果実や木箱に対する検疫等は，世界の輸入港や輸出地で頻繁に行われている。検疫措置はむろん科学的な根拠に裏づけられていれば合法である。逆に，科学的な根拠に基づかない検疫措置は違法である。では，輸入品の危険性について科学的な立証が困難なときも，将来の危険の可能性を考慮して，輸入検疫を行い予防的な輸入禁止措置をとることができるのかどうかが問題となる。この意味で検疫分野の貿易ルールは形成途上にあり，今後ルールがパネル解釈等によって進展する余地がある。

(3) 通商政策措置

非関税障壁にはさらに国家が通商政策のために運用するダンピング防止税，相殺関税，セーフガード措置等が含まれる。これら通商政策手段は，輸入国がひとたび運用を誤れば，世界貿易を縮小させるおそれが強い。この見地から GATT/WTO は輸入国当局による通商政策手段の恣意的な運用を防止するため，特別協定のなかで詳細な運用ルールを定めた。しかし，じっさいには，主要国による手段の保護主義的運用が世界貿易を歪曲しているのが現実である。それは，欧米主要国と開発途上国による数おくのダンピング課税，さいきんきゅうそくに増えてきた相殺措置やセーフガード措置にみることができる。目下の課題は，これら通商政策手段のうち，とくにダンピング防止措置や相殺関税のルールをみなおし，措置がもつ貿易縮小効果や反競争的効果をどのように是正するかにある。

(4) その他の非関税障壁

関税以外の貿易障壁はすべて非関税障壁にはいるため，その範囲はほぼ無制限にひろがる。国内措置であっても，輸出入に関係するもの，たとえば，差別的・保護的内国税や複雑な原産地規則も非関税障壁の1つである。また税関業務上の赤テープ障壁（red tape barriers），たとえば 1983 年のフランスによる日本製 VCR の通関場所の限定（遠隔地トゥール＝ポワティエ税関への集中）も過去にみられた。さらに知的所有権を保護する

ための並行輸入の制限，国際消尽の否定，均等論の否認または狭い解釈も，非関税障壁につながりかねない。さらには輸出入に直接には関係しない国内措置，たとえば文化的・宗教的・儀礼的・倫理的・伝統的な規範と措置も，場合により非関税措置に変貌する。

視　点

1 関税障壁

関税は長い目でみれば，低減の方向に向かっている。米国は新ラウンドで今後10数年で世界の関税を撤廃させる意向を表明した。しかし，これは強者の論理であり，開発途上国はもちろん日 EC の賛同もえていない。競争力のある国は他国に関税障壁の撤廃を要請し，自国企業の市場アクセスを容易にさせることを望むのである。しかし，高関税品目は，開発途上国だけではなく，先進国のセンシティヴ分野（農水産・繊維・化学等）にもみられる。日米EUカナダの高関税品目は，けっしてすくなくないし，米国でさえ特定産品について高関税を維持している。

今後注目されるのは，先進国がセンシティヴ品目について設定している高関税をどのようにひきさげ，開発途上国産品の市場アクセスをそくしんするか，また開発途上国の高関税保護政策をどのように改善させるかにある。関税引下げ問題はこの意味からすれば開発途上国問題とリンクしていることに留意する必要がある。

2 非関税障壁

(1) 技術進歩と非関税障壁

非関税障壁は，国際経済法の永遠のテーマである。貿易障壁のうち，関税障壁が低減していっても，非関税障壁は消滅しないからである。事態は逆であって，非関税障壁は，科学技術の発展にともなってますます必要とされ，それゆえにますますおおくの摩擦をひきおこす可能性がある。技術進歩は環境の汚染と破壊をもたらすし，また予測不可能な影響を健康にあたえるからである。こうした新技術を用いた産品が輸入される場合，輸入国は検疫措置や輸入数量制限措置をどのような条件のもとにとることができるのか。現代の国際経済法はこの問いに対する処方箋を提供することができない。それは，2011年のドーハラウンドの失敗に端的にあらわれた。WTO の南北主要国からなる G 20 会議も同様の挫折を味わった。G 20 は 2008 年 11 月，世界不況を抑圧するため，各国が保護貿易主義を自制するよう宣誓した。しかし世界銀行の調査によれば 20 カ国のうちこの約束を遵守したのは 3 カ国にとどまった。このため G 20 の 2009 年 4 月会議は各国に対し新しい貿易障壁の WTO への通報と既存障壁の速やかな撤廃を要請した。G 20 は新世紀にはいってからも WTO と連携する南北対話のフォーラムとなっているが，みるべき成果をあげていない。

(2) 税関関連の非関税障壁と認定事業者制度

GATT は税関関連の非関税障壁を低減するため，3つの原則を定めた。第1に，第3国経由の輸送品は経由国で通過の自由を認められ，通過にあたり不必要な税関手続や通過課徴金を受けない（5条）。第2に加盟国は，輸出入に関連して手数料や課徴金（輸入関税，輸出関税，間接内国税を除く）を課すことができるが，その賦課額は税関サービス相当額を超えてはならない。またこれら手数料は国産品の間接的保護のための課税であってはならず，輸出入に対する財政上の課税であってはならない（8条）。第3に，加盟国は貿易関連規則を，利害関係者（外国政府，貿易業者）が事前に知ることができるよう，ただちに公表しなければならない（10条）。これら GATT の原則規定は，税関関連の非関税障壁（不必要な税関手続，限度を超える税関手数料・課徴金，貿易規則の不公表）を設けることを禁止したのである。

これを受けて2004年8月のWTO貿易円滑化草案は，円滑化交渉の重点を，GATT 関連規定の明確化と改善，技術支援の強化，当局間協力の効率化においた。しかしながら，ドーハラウンドの停滞により，非関税障壁の撤廃による貿易円滑化は，国家レベルで個別に行われているのが現状である。その1例が認定事業者制度（Authorized Economic Operator. AEO）であり，日米 EC 等で樹立された。とくに米国は，2001 年の同時多発テロを契機として，国家安全保障と貿易円滑化のため独自の認定事業者制度を新設した。この制度のもとでは，当局が自国安全保障と関税法履行の観点から，所定の条件を満たす貿易業者を「認定経済事業者」（Authorized Economic Operator）として認めると，認定事業者の輸入品は税関の水際検査を軽減されるのである。類例は，① 安全保障よりも自国企業の国際競争力の強化を狙いとする日本の制度，② WCO が定めた関連指針の履行を目指す EU 制度にみられる。そして認定事業者制度の導入国は他国との間に認定事業者の相互承認協定を結び，協定当事国間の税関業務を円滑にした。2009年末現在で制度を採用した国は 10 カ国を超える。また相互承認協定は，米ニュージーランド，米カナダ，米ヨルダン，日ニュージーランド，日米間で締結された。

3 通商政策手段

非関税障壁のなかでもあいかわらず厄介なのは通商政策手段の扱いである。それが国際経済法のなかで提起する問題については第4部から第6部までに詳述するとおりである。

4 日米 EC の貿易障壁

日米欧の通商法は，関税法と通商政策手段を軸に発展してきた。

米国の場合，出発点は合衆国憲法（1条8）が連邦議会にあたえた関税の決定権と徴収権にあった。これに基づいて米国は1789年法で輸入関税を設定し，以後 150 年間にわたって米国関税をひきあげたのである。その頂点は 1930 年関税法（Smoot Hawley "Tariff Act of 1930"）の空前の高関税（all-time high tariff rates）で

あった。1930年関税法は現行法であり，このなかに通常関税のほか，ダンピング防止税や相殺関税の規定ももりこまれている。第2次世界大戦後，GATTの土台を築いた米国は，関税引下げ交渉をリードする一方，数多くの非関税障壁（ダンピング防止税, 迂回防止措置, 相殺関税, セーフガード措置, 国家安全保障・経済制裁・環境保護等のための輸入数量制限）を導入した。

EC/EUの場合は，EC単独の通商権限に基づいて，対外共通関税を1968年7月以降設定し，またEUレベルの非関税措置（共通輸入規則, ダンピング防止規則, 相殺措置規則, 貿易障壁規則等）を導入し適用している。さらに環境保護, 遺伝子組換え体規制, 検疫禁輸のためにEUは世界でも最高水準の保護措置を講じており，これが米国とのあいだに摩擦（ホルモン飼育牛肉事件, 遺伝子組換え食品事件）をひきおこしてきた。

日本の場合は，関税自主権回復後の関税法政策と第2次大戦後発展してきた輸入管理体制が目をひく。とくに戦後，日本はGATT/WTO体制のなかでおおはばな関税引下げと輸入数量制限の廃止を断行してきた。とはいえ，現在の日本の関税率表には高関税品目がセンシティヴ分野でみられ，またすくなからず非自由化品目が存在している。

日米欧を比較して明らかなのは，①3極とも高関税品目をセンシティヴ分野にもっていること，②3極が環境保護や健康保護のために積極的な検疫禁輸措置をとっていること，③しかし通商政策手段については，欧米が数多くの措置をとってきたのに対し，日本は先進国としては措置を極力自制してきたことである。

■5 税と国際経済法

国が課す税は，さまざまな国際経済ルールに服している。

(1) 税の分類と国際経済ルール

税は国が財源調達のため民間から強制的に徴収するもので，大別して関税（およびその他輸入関連税[GATT2.1b条]）と内国税にわかれる。内国税は，国際経済ルールとの関連でいえば，商品に課される間接税と収入に対して課される直接税に分類することができる。たとえば酒という商品に課される酒税は，酒造メーカー（納税者）が支払うが実質的に税を負担するのは消費者（担税者）であるため，納税者を介して担税者に間接に課される点で間接税に属する。これに対し，法人の収益や個人の収入に課される法人税・所得税は，納税者と担税者が同一であるため，担税者に直接課される点で直接税に該当する。これら関税，間接税，直接税は，国家措置として，異なる国際経済ルールを適用される。

(2) 商品に課される関税と内国間接税

商品に課される税は，輸入品にのみ課される関税（customs duties, tariff）と国産品と輸入品の双方に課される内国間接税（indirect tax）にわかれる。関税の賦課についてGATT/WTOが最恵国待遇原則を定め，加盟国が関税率や関税割当について他の加盟諸国からの輸入品のあいだに法的または事実上の差別をもうけないよう求めていることはすでにのべた。また関税賦課のための細則が関税評価協定に，特殊関税（ダンピング防止税, 相殺関税, セーフガード関税, 報復関税）のためのルールが関連WTO協定のなかに，FTA特恵関税のためのルールがGATT（24条）に定められている。これらのうち，特殊関税は通常の関税とは異なり特定国に差別的に課されるため，最恵国待遇原則に対する例外にあたり，厳格なルール解釈が求められている。

輸入品は通関時点で関税や特殊関税を課されるが，同時に，内国・間接税（消費税等）も課される。輸入品に課される間接税は，内国民待遇原則に従って，同種の国産品に課される間接税の額を超えてはならない。また国際的に取引される商品は，間接税の国境調整に従い，輸出国免税・輸入国課税ルールに服している。

(3) 収入に課される直接税

法人税や所得税は，GATT/WTOの補助金相殺関税協定と国際課税ルールの適用を受ける。

国家が，外資系輸出企業の輸出利益に対して法人税を課す一方，自国輸出企業の輸出利益に対して法人税を軽減することは補助金相殺関税協定に反する。こうした直接税の軽減は自国輸出企業への輸出補助金に該当するからである（米国外国販売会社事件[巻末表20-6]）。また法人税の賦課はまたいくつかの国際課税ルールを適用される。1つは租税条約が定める国際2重課税の防止ルールであり，もう1つは各国の移転価格税制である。これらルールはGATT/WTOの管轄外であり，OECD等のソフト・ローに委ねられている。

(4) 電子商取引課税

電子商取引のうち，インターネットによるデジタル・コンテンツの取引は，1997年以降，WTOでの暫定的な国家間合意によって，関税を賦課されない扱いとなっている。しかし，電子商取引に対して内国税を賦課する方針が開発途上国や主要国（EC）によって表明されている。電子商取引を商品とみるかサービスとみるかそれともそれ自体独自のものとしてみるかによって，電子商取引への課税の行方は左右されることになるであろう。

こうした総合的視点にたって，以下関税障壁と非関税障壁を俯瞰してみよう。

第1章
関税障壁

第1節　関税第一主義と関税障壁

1 関税第一主義

関税は国家が貿易を規制し国内産業を保護するために訴えることができる合法的な手段であり，GATTは国内産業保護手段として関税を第1優先に推奨し，非関税措置（とくに数量制限）を厳しく規制した。その理由は関税が透明であり，関税割当を除けば，輸入国当局による保護主義的運用を容易には許さないためである。

2 関税の種類

(1) 通常関税と特恵関税

関税は大別すれば，通常関税とゼロまたは低率の特恵関税に分けることができる。通常関税は，WTO加盟国がすべての加盟諸国からの商品に適用する関税であり，特恵関税は先進国（日米EUカナダ等）が開発途上国産品（インド産品，インドネシア産品等）のために適用するGSP特恵関税と自由貿易協定（NAFTA，日シンガポール協定等）の締約国間で適用されるFTA特恵関税から成る。それゆえ関税障壁として問題となるのはむろん通常関税である。

(2) 通常関税の分類

通常関税は，4つの基準に基づいて分類することができる。

(i) 譲許関税と非譲許関税

GATT/WTOで加盟国が関税交渉のすえ個別品目について引下げを約束した関税を譲許関税という。こうした約束の対象となっていない品目の関税は非譲許関税と呼ばれる。非譲許品目の関税も，最恵国待遇原則に基づいて，すべての加盟諸国の産品に対し無差別に適用されなければならない（上述スペイン未焙煎コーヒー豆事件）。ちなみに日本の非譲許関税品目はHS9桁レベルで107品目にかぎられ，特定近海魚，原油関連，林産関連等を含む。

(ii) 従価税，従量税，複合税，選択税，差額関税・スライド関税，季節関税

関税は，従価税，従量税，複合税，差額関税・スライド関税，季節関税にわかれる。従価税は，産品の価格（課税価額）を基礎に算定される関税をいう。たとえば関税額が「産品価格に関税率x％を乗じた額」とされる品目は従価税品目であり，主要国の関税は大部分が従価税である。歴史的には，重商主義に基づき輸入関税を導入した英国はほとんどの輸入品に対し従価税5％を適用した。中国や日本が19世紀なかばに列強からおしつけられた関税も5％とされ，関税自主権を奪われたのである。

従量税は，産品の数量におうじて算定される関税であり，たとえば「1キロリットルにつきX円」という方式で算定される関税をいう。農産品（バナナ）や石油等はおおむねこうした従量税に服する。

複合税は価格・数量の双方を基礎に算定される従価従量税である。それは，たとえば関税額が「従量金額プラス従価金額」，または場合により「従量金額マイナス従価金額」という数式で計算される。その例は日本のバターにみられるし，オーストラリア，ニュージーランド，南ア等の外国の関税法にもみられた。

選択税は，従価税と従量税のいずれか高い方または低い方を関税額とするものである。たとえば関税額が「x％またはy円／kgのうちいずれか高い方」とされる方式である。日本の実行関税率表では，WTO譲許税率のなかで選択税方式が採用されている品目は，特定綿糸（5205.11.010），履物（6403.20.022）等である。

差額関税は，国内産業保護のため，低価格の輸入品に対して課される内外価格差相当分の関税である。輸入品のCIF価格が，国産品価格に照応する政策的な堰きとめ価格を，下回る差額が関税率として徴収される。日本は豚肉について堰きとめ価格を409.9円／kgとしている。したがって輸入豚肉が300円／kgなら，差額分の109.9円／kgが課される。関税額は輸入申告価格が堰きとめ価格にちかづくほど低くなる。このため高関税を逃れるため，輸入業者が関税申告額を堰きとめ価格にちかい高水準に虚偽申告する例が跡をたたない。他方，豚肉の輸入申告額が堰きとめ価格を上回るときは，従価税4.3％が一律に課される。差額関税制度は輸入申告額におうじて変動する点で，ECがGATT時代に採用していた可変課徴金に類似している。

スライド関税は，国際市況の変動が激しい商品に適用される。まず輸入品の価格が一定水準を下回るときは一律の高関税が課される。しかし輸入品価格が一定水準を超え所定の高水準に達するまでは漸進的に関税が低くなる。そして輸入品価格が所定高水準を超えると関税をゼロにするのである。したがって輸入品価格が一定水準から所定高水準に上昇する部分に着目すると，関税が輸入価格の上昇にともなって減少していく──スライドする──ためスライド関税と呼ばれる。玉葱，銅の塊，鉛の塊などがその例である。

季節関税は，国産品が出回る時期には高率となり，逆に国産品の繁閑期には低率となる関税をさす。たとえば蜜柑の場合，国産品の出回り期には40％の高率

になるが，繁閑期には 20%の低率となる。
　(iii) 関税割当
　各国関税率のなかには，関税割当（tariff quota）も含まれる。一定数量までの輸入割当（quota）には低率またはゼロの1次税率（in-quota tariff）を適用し，数量を超える輸入には高率の2次税率（over-quota tariff）を課す2重関税制度である。割当方式として，事前割当方式（事前に低関税数量枠をもうけその数量を輸入者に割り当てる方式）と先着順方式（低関税数量枠を先着順に輸入者に割り当てていく方式 first come first served system）がある。GATT（13条5）が1次税率輸入枠の供給国への割当配分について無差別原則を要求していることはすでにのべた。
　注意を要するのは，関税割当と数量制限の区別である。関税割当はあくまでも関税措置であり，したがってGATT/WTOのもとで許容されている。これに対し，数量制限は非関税措置として一般的に禁止されている。なぜか。それは，関税割当は関税（1次税率，2次税率）さえ支払えば無制限に輸入することができるのに対し，数量制限は輸入数量を一定水準（年間何万トンまで，年間何万台まで等）に限定するかまたは輸入（麻薬輸入，武器輸入等）を禁止するシステムだからである。しかし，関税割当の1次税率輸入枠の配分方法は，数量制限輸入枠の配分方法——つまり無差別配分方法——に従うこととされているのである。
　(iv) 財政関税と保護関税
　財政関税は，国庫収入のために課される関税をいう。じゅうらい日本は，石油に対して財政関税を適用していた。この関税収入は，炭鉱の廃山にともない損害を受けた石炭産業を助成するための補助金として使用された。しかし石炭産業への助成が2006年4月に廃止されるのにともない，同時に石油に対する財政関税も廃止された。したがって日本についていえば，げんざい財政関税は存在しない。
　保護関税は低価格の輸入品から国内産業を保護するため課される関税であり，先進国の有税関税はほとんどが保護関税に該当する。保護関税の率は，内外価格差に照応する。
　インド追加税事件［巻末表12-4］の上級委員会が明言したように，関税は同種国内産業があるときは輸入品のみに課され，国産品には課されないから，本質的に差別的（inherently discriminate against imports）である。しかし，国内産業がないときは，関税は輸入品だけに課されるが，これは差別的ではない。このような関税は，財政目的をもつにすぎない。関税はしたがってすべての場合に本質的に差別的というわけではない。同種の国産品と輸入品があるときに，輸入品に課される関税だけが差別的であり，この差別は合法である。

(3) 輸入品に対し輸入時点で課される輸入税と内国税

　輸入品に対し輸入の時点または段階で輸入税関によって徴収される税は多種多様である。しかしそれは，大別して①輸入品にのみ課される輸入税と②同種の国産品と輸入品に同等に課される内国税のいずれかに属する。そして両者は異なる規律に服する。このため，輸入品に課される税が，輸入税と内国税のいずれに分類されるのかが争われてきた。

　A　輸入税

　輸入税は，通常関税，その他輸入税，特殊関税，税関サービス税にわかれる（GATT2条「譲許表［Schedules of Consessions］」）。
　(i) 通常関税
　通常関税（Ordinary Customs Duties）は，本来，WTO加盟国が輸入品に課すことができる唯一の合法的な輸入税である。その税率は，加盟国が関税交渉で個別品目ごとに引下げを約束した「譲許関税率」（bound rates）を超えてはならない（GATT2条1b第1段）。関税譲許原則は，市場アクセスを容易にするための関税引下げ交渉の成果を確保するねらいをもつ。この通常関税から，特恵関税（開発途上国・最貧国に対する一般特恵関税・ゼロ関税，自由貿易協定の締約相手国に対するFTA低関税率）が派生する。
　(ii) その他輸入税の禁止原則
　輸入国はまた通常関税とは別に，「輸入に際してまたは輸入に関連するその他の輸入税または課徴金」（all other Duties or Charges of any kind imposed on or in connection with the importation.）を厳格な条件のもとに課すことができる（GATT2条1b第2段）。これら「その他輸入税」は，所定の条件を満たさないかぎり原則として禁止される。そのねらいは，譲許品目に対する輸入税を原則として禁止することで，輸入税の増設と多様化を防ぐことあった。つまり，関税手続を簡素化して譲許品目の輸入を容易にする目的がGATTに秘められていた。そのためには，多様な「その他輸入税」を譲許品目にかつき原則的に禁止する必要があったのである。
　もっとも輸入税のうちのいくつかは，禁止原則の例外として合法的に賦課することできる。
　(iii) 例外的に課される「譲許表に記載された輸入税」
　輸入税のうち，GATT1994に附属された「譲許表に記載された」税は合法である。これら合法的輸入税は，(i)「GATT1994の日付の日にすでに課されていた輸入税」または(ii)「その日付の日に輸入領域で有効であった法令により後日，直接かつ義務的に課される輸入税」をさす（GATT2条1.b第2段）。その細則はGATT1994に挿入された解釈了解（「GATT1994の2条1bの解釈に関する了解」Undertaking）に定められた。了解は，まず核心の「GATT1994の日付」を1994年4月15日とした。それゆえ，この日付の日にすでに課されていた輸入税は，附属譲許表に記録されているかぎり，例外的に賦課することができる。逆に，輸入税はこの譲許表に記載されていなければ，譲許表に事後的に追加することはできない。また附属譲許表に記載された輸入税でも，のちの適用日に引き上げられる予

定の税は，附属譲許表の寄託日から6カ月以内に，届け出られるかぎり，引上げ輸入税をWTO発足後も合法的に賦課することができるとされた（Dominican Republic-Import and Sale of Cigarettes 事件参照）。

GATT規定（2条1b第2段）と了解と合わせよむと，輸入税は，その原則禁止にもかかわらず，附属譲許表に記載されているかりかぎり，例外的に課されることを知るのである。したがって，現在各加盟国の譲許表は，通常関税の上限をなす譲許税率（GATT2条1.b第1段）のほかにその他輸入税（GATT2条1.b第2段）の上限をわけて記載している。

(iv) 例外的に課される特殊関税等

加盟国は，輸入にあたり，以上の通常関税とその他輸入税にくわえ，GATT/WTOに整合した特殊関税（ダンピング防止税と相殺関税のみ）と税関サービス手数料を課すことができる（GATT2条2b，2条2c）。通常関税が最恵国待遇原則に基づきすべてのWTO加盟国からの輸入品に無差別に課されるとすれば，特殊関税は特定輸出国（ダンピング産品または補助金つき産品の輸出国）からの輸入品を狙い撃ちにして差別的に課される。それゆえ特殊関税は後述するようにWTOの厳しい規制をうける。

B 内国税

加盟国は，以上の輸入税（通常関税，その他輸入税，特殊関税，税関サービス手数料）にくわえて，輸入品に内国税を課すことができる。ただしこれら内国税は内国民待遇原則（GATT3条）にしたがい同種の国産品と輸入品に同等に課されなければならない。

(i) 通常の内国間接税

内国間接税（たとえば酒税，煙草税，消費税，自動車税）が国産品に課される場合，それは，生産段階から使用・流通・消費段階にいたるまでの各段階で，国内的事由にしたがって課され，また国税または地方税の形で中央政府または地方政府により徴収される。ただし内国間接税の総額は，国産品の購入価格のなかに反映されているため，実質的な担税者が消費者となることはいうまでもない。GATT（3.2条）は，内国間接税が内国民待遇原則にそくして同種の国産品と輸入品に同等に課されることを要求している。同種の国産品に軽く輸入品に重く課される内国税は既述のように差別的内国税として禁止される。そして内国税は，輸入品に対し（国内段階のほか）輸入時点で課されても内国税としての性質を失わない（GATT付属書Ⅰ注釈3条）。換言すれば，内国税は輸入品に（国内段階のみならず）輸入段階で課されるからといって，輸入段階で課される内国剤が輸入税に変質するわけではない。

(ii) 内国税相当課徴金

輸入国は，通常の内国間接税を輸入品に課すことができないときは，内国税相当課徴金を輸入品の輸入時点で課すことができる。この課徴金は，「内外無差別原則（GATT3条2）に合致して課される内国税に相当する課徴金」（a charge equivalent to an internal tax imposed consistently with the [national treatment principle of Article III.2) と定義づけられている（GATT2条2a）。輸入品に課される内国税相当課徴金は，通常の内国間接税と同様，内国税に属している。ただし，通常の内国税が輸入時点から国内段階までの多段階で輸入品に課されるのに対し，内国税相当課徴金は輸入時点で課される。また一部学説（Frieder Roessler）が指摘するように，通常の内国間接税は，同種の内外商品（国産品と輸入品）に課されるが，内国税相当課徴金は輸入に際して課され，輸入品という商品に課されるとはどこにも書かれていないことに注意を払うべきである。有力学説は，それゆえ内国税相当課徴金は輸入の条件（condition）として支払いを要求される税であり，その税額は同種国産品への内国課税額に「経済的に相当」（economically equivalent）しなければならないと述べる。学説が内国税相当課徴金の例としてあげるのは，Business Turnover Tax であり，この内国税の一種にほかならない。俗に，内国税相当課徴金は，国境課徴金（border charge）とも呼ばれるが，その実質は内国税であり，したがって内国税の内外無差別原則（GATT3条2）の適用をうける。ちなみに，GATTパネルもEECタンパク質事件（EEC-Proteins）で，内国税相当課徴金は通常の内国間接税とは言葉が違うが，GATT起草者は内国税相当課徴金を内国税とみなしていたと述べている。

(iii) 米国港湾維持税

米国が1987年から課している港湾維持税（Harbor Maintenance Fee. HMF）が，GATTにふれるかどうかをめぐって議論が絶えない。この税は，米国の港湾を使用する荷主に対して課され，その税率は積載貨物価額（輸出国岸壁渡しFOB価額）の0.125％に設定されている。積載貨物は輸入品と国内沿岸輸送品であるが，輸入品に対する税は関税と同時に徴収されるのに対し，国内沿岸輸送品は輸送者の任意申告にしたがって課税される。しかも国内沿岸輸送品への課税は特定の条件を満たせば免除される。なお輸出品に対する港湾維持税は，1998年の最高裁判決（U.S. Shoe v. U.S）により米国憲法の輸出税禁止原則に反するとされ，条件づきの輸出税払い戻しが行われた。それゆえ問題は，国産品と輸入品に対し異なる条件にしたがって課される港湾維持税が，WTOルールに抵触するかどうかに絞られる。1998年，EUは，この争点について米国を相手どってWTO協議を求めた。しかしパネルが設置されるにはいたらなかった。しかし，問題を解く鍵は，まず港湾維持税が輸入税と内国税のいずれに該当するのかにあるようにみえる。もしも税が輸入税とみなされれば，譲許表に明記されていないかぎりで，関税譲許原則に抵触するおそれがある。また税が輸入税以外の輸入手数料・課徴金とみなされるときは，手数料の額が港湾維持サービスに比例しないかぎりで，違法な非関税障壁（GATT8条）と判定されよう。逆に，税が内国税とみなされるならば，国産品に軽く輸入品

に重く課される差別的内国税（GATT3.2条）と裁定されるかもしれない。

以上にみたように，輸入品は輸入時点で，輸入税（通常関税，その他輸入税）と内国税（通常内国間接税または内国税相当輸入課徴金）を課される。前者の輸入税は関税障壁を構成する。他方，後者の内国税は，非関税障壁の一部をなす。非関税障壁としての内国税は，内国民待遇原則に合致するかぎり，たとえ国境課徴金の名を付されても，合法的な内国税であることに変わりはない。

3 保護主義の手段としての関税

関税がGATT/WTOの関税引下げ交渉のけっか，おおはばに引き下げられた現在でも，保護貿易主義の手段として関税が使われている。

(1) 高関税

A 4大国のタリフ・ピーク品目

従価15％以上の高関税を慣行上タリフ・ピーク（tariff peak 高関税峰）と呼んでいる。日米ECカナダの4大貿易国（Quad）でさえ，数多くのタリフ・ピーク品目をかかえている。4大貿易国の平均関税率は1999年で平均5％と低いが，農産物・食品・繊維・履物等の分野に多くのタリフ・ピーク品目がある。HS6桁ベースでみると，関税率表の品目総数は5032であるが，そのうち200から300品目は日米EC各国のタリフ・ピーク品目となっている。カナダはその2倍以上の732品目がタリフ・ピークを示している。4大国をあわせると，1077品目が4極いずれかのタリフ・ピーク品目であり，これはHS6桁ベース品目総数の約20％に相当する。

タリフ・ピークの分布は国によって異なり，日本とECの場合は農業分野に，米国とカナダの場合は工業分野にタリフ・ピーク品目が集中している。これら先進国のタリフ・ピークは開発途上国の輸出機会を減少させており，4大国によるタリフ・ピークの撤廃が課題とされている。

B 日本のタリフ・ピーク品目

日本の高関税品目は農業・食品・皮革・繊維・石油化学分野にみられる。いずれも日本産業の国際競争力が弱い分野であり，海外の低価格産品から国内産業を保護する手段として高関税政策がとられている。そして農業分野では関税割当によって1次税率・2次税率の2重の防波堤が築かれている。

たとえばチューインガム・キャンデー・キャラメル（関税番号1704.90，WTO譲許税率27％・30％・30％）・ビスケット（関税番号1905.90，WTO譲許税率24.5％）等は，原料に国産の高コスト砂糖を使用するため国産品は高価格とならざるをえない。それゆえ，低価格の輸入品から国内産業を保護するため高関税が適用されている。チーズ等の酪農品も原料に国産生乳使用を奨励しているため，国産チーズは高価格となり，安い輸入チーズから国産品を保護するため高関税（30-40％台）がしかれている。革製品（革靴，鞄等）の場合は，輸入原皮から国内の中小製造企業が製品を生産しているため，国産皮製品の国際競争力は弱く，国内産業を高関税（関税番号4202.11の革鞄，WTO譲許税率18.5％）で保護せざるをえない状況がつづいている。関税化された米のほか調製食料品，たとえば蒟蒻（関税番号2106.90）は，高関税品目（WTO譲許税率23.2％）の象徴である。また蒟蒻芋（関税番号1212.99）は，米，落花生を上回る超高関税に服している（2000年時点で990％）。嗜好食品にふれるならば，生のコーヒー豆は国内生産がないためむろんゼロ関税であるが，加工品——焙煎コーヒー豆・加糖コーヒーエキス・無糖コーヒーエキス（12％），インスタントコーヒー，砂糖入り調製品，カフェイン抜きコーヒー等——の関税率は高く設定されている。しかしこれら輸入関税率はWTOでの譲許関税率であり，WTO法上は合法である。またコーヒーエキスに関するWTO関税率をみると，無糖は15％，加糖は24％であり，砂糖入りかどうかで関税率が9％も異なる。これはJ国内の砂糖産業の保護を目的としている。インスタント・コーヒーの輸入関税率8.8％にはふたつの政策的意図がある。一つは，内資系インスタント・コーヒーを同種輸入品から保護するための狙いであり，他は，国内法に準拠して設立された外資系インスタント・メーカー（Nestle）が海外から本社製品を部分的に輸入する場合の外資配慮型保護主義である。同様に緑茶（18.5％），紅茶（16％）の関税率も国産品保護のため高めである。

もっとも関税による国内産業の保護には限界がある。産品の関税が高く設定されても，その産品と直接競合するかそれに代替する輸入品が低関税に服していれば，問題の産品のための高関税による国産品の保護は意味を失うからである。それは国産脱脂粉乳の高関税保護についていうことができる。日本はウルグアイ・ラウンド交渉のけっか，脱脂粉乳を自由化したが，自由化の代わりに関税を高く設定した。その理由は国産脱脂粉乳が高価格であり国際競争力をもたないからであった。そこで，缶コーヒー用に脱脂粉乳を使用してきた日本コカ・コーラ社（国内消費量の5％）は，原料の購入費を低くするため，国産の高い脱脂粉乳の代わりに，低関税で廉価な輸入調製品（脱脂粉乳に砂糖や澱粉等を50％以上混合した商品）を使用しはじめた。

蒟蒻芋（Amorphophalus konjac）（関税番号1212.99）は関税割当制度のもとにおかれ，日本の代表的高関税品目である。割当数量までの1次税率は40％であるが，2次税率はキロあたり2796円（2004年現在）である。こうした従量税を従価換算すると2004年当時，990％に達した。同様に高関税品目の従量税を従価換算すると，落花生500％，米490％，バター330％となった。

C 開発途上国の高関税品目

開発途上国の場合は，ほとんどの品目が高関税によって保護されている。関税収入が税収入に占める比率は先進国の場合にはきわめて低い（1％未満）が，その比率は開発途上国の場合には高くなっている。その例は中国，インド，インドネシア等にみられ，たとえ

ば自動車の関税率はいずれの国でも高い。もっとも開発途上国の国内に保護すべき国内産業がなく，もっぱら輸入に依存する産品は関税率がゼロとされている。たとえばインドネシアの場合，国内自動車産業を保護するため自動車の輸入関税は 75%，自動車部品の関税率は 25% であるが，国内産業がないパソコン・陰極線管・半導体はゼロ関税である。

もっともひとくちに開発途上国といっても，その 2 極分化が急速にすすんでいる。高関税を維持する後発開発途上国と関税引下げを徐々にすすめる他の途上国のあいだに経済格差の拡大現象がみられる。開発途上国のなかで投資の誘致に奏功した国は適宜関税引下げに着手してきたが，投資を呼びこめない後発開発途上国は関税収入に依存する体質から抜けでることができない。この意味で開発途上国のあいだの関税率格差は，後発開発途上国の辺境化（marginalization）を映す鏡となっている。

(2) タリフ・エスカレーション

各国関税制度にはさらに，輸入関税率が部材に関して低く，中間財・半製品から完成品になるにつれて高くなるタリフ・エスカレーションがみられる。これは，輸入国の加工・完成品産業を保護するための保護主義の一手段にほかならない。こうした関税制度のもとでは，輸入国の加工産業は，完成品生産のため低関税率の部材を自由に輸入することができ，また他方，高い関税障壁によって輸入完成品との競争から保護されるからである。日本は 1960 年代からのタリフ・エスカレーションを徐々に是正してきたが，開発途上国のおおくはインドに典型例をみるようにタリフ・エスカレーションによって国内加工産業を保護している。

(3) 関税割当制度の恣意的適用

中国は WTO 加盟にあたり関税引下げを行ったが，国内産業保護のためおおくのセンシティヴ品目に対して関税割当を適用した。問題は低関税率が適用される数量枠を，毎年，どの原産国・生産者・車種に無差別に割り当てているのかが不透明なことである。

4 主要国の関税法体系

(1) 日本の現行関税率

日本の関税率は実行関税率表（Customs Tariff Schedules of Japan）に定められており，非特恵の通常関税率と特恵税率に分けられる。特恵税率には GSP 特恵と日シンガポール FTA 特恵があるがこれらについてはのちに詳述するため，ここでは非特恵の通常関税率を概観してみよう。

非特恵の通常関税率は，WTO で譲許した協定税率と日本が一方的に定めた国定税率からなる。国定税率は基本税率と暫定税率に分けられる。基本税率は関税定率法に基づいて継続的に課され，全品目のために設定されている。これに対し，暫定税率は関税暫定措置法に基づいて毎年，政策的見地から定められ，全品目のために設定されていない。通常，暫定税率は基本税率と同じかそれ以下となっている。

これら 3 種類の関税率のいずれか 1 つが産品にじっさいに適用される「実行関税率」となる。実行関税率はつぎのように決定される（表 3-1）。

(i) WTO 加盟国産品に対する関税率

輸入品が WTO 加盟国（たとえば米国，EC，中国）を原産地とする商品である場合，日本は関税譲許原則に従って，WTO で譲許した協定税率以下の関税を適用しなければならない。これはつぎのことを意味する。

① 協定税率が国定の基本・暫定税率よりも低いときは協定税率を適用する。これが大部分の場合である。

② 国定税率（基本税率またはそれより低い暫定税率）が協定税率よりも低いときは，国定税率を適用する。アルコール度数 90% 以上の工業用エチルアルコール（HS 2207.10.120）やアルコール飲料用のエチルアルコール（HS 2207.10.130, HS 2207.10.220）の場合，協定税率はゼロではないが，国定の基本税率がゼロであるため実行税率は無税となる。

しかし日本が譲許していない品目について，国定税率を適用できることはいうまでもない。その一例に原油がある。原油（HS 2709）は暫定税率に服しており，必要なときはいつでも WTO の条件に従って税率をひきあげることができる。

(ii) WTO 非加盟国産品に対する関税率

輸入品が WTO 非加盟国を原産地とする商品である場合，実行関税率はつぎのように決まる。

① 日本が 2 国間協定を締結しそのなかで最恵国待遇原則を定めているときは，協定税率を適用する。

　この点，日本は，中国が WTO に加入する前，日中貿易協定の最恵国待遇条項に従い中国産品に協定税率を適用していた。また現在，日本はロシアに対し 2 国間協定・取決めの最恵国待遇条項に基づいて協定税率を適用している。

② 日本が 2 国間協定を締結していない国に対しても日本は自発的に協定税率を適用することもできる。

表 3-1　日本の非特恵関税率

輸入品の原産地	非特恵関税率
WTO 加盟国	WTO 協定税率または国定税率（基本税率または暫定税率）のいずれか低い方
WTO 非加盟国で日本が 2 国間協定で最恵国待遇を約束した国（ロシア，）	
WTO 非加盟国で日本が便益関税を与える国	
その他 WTO 非加盟国（北朝鮮等）	差別関税（国定税率）

第1章 関税障壁

これを便益関税といい，かつてはWTO加盟前の台湾・ラオス・カンボジアに対して適用された。2008年現在では，(i) WTO未加盟の開発途上国（アフガニスタン，イラン，イラク，ブータン，シリア，イエメン，バハマ，コモロ［Comoros］，エチオピア，イラン，イラク，アルジェリア，リビア等）のほか(ii) WTO協定が適用されない英国海外領土（フォークランド諸島，英領ヴァージン諸島等）に対しても便益関税の恩典が与えられている。

③ その他WTO未加盟国（北朝鮮，アンドラ［Andorra］等）に対しては，協定税率を適用する必要はないから，日本は差別的に協定税率よりも高い国定税率を適用する。WTO非加盟国のうち2国間協定もなく便益関税の対象にもならない国を関税面で差別的に扱うことは非難されない。

④ WTO未加盟国でも特定の開発途上国1国（レバノン）は，日本一般特恵制度（GSP）の対象産品にかぎり特恵を受益する。ただし，非GSP産品について差別関税を適用されることに変わりはない。他方，WTO未加盟の後発開発途上国（LDC）のうち3カ国（東ティモール，赤道ギニア，エリトリア）のみは，全LDC対象産品につきゼロ関税の特典を与えられている。日本のコーヒー関連のGSP特恵関税率をとりあげると，そこには3つの政策意図が読み取れる。ひとつは，焙煎コーヒー豆のMFN 12％，GSP 10％である。焙煎は開発途上国でも可能であるから，途上国産の焙煎コーヒー豆は先進輸入国の同種産品に脅威を与える。この脅威を低減し，かつ開発途上国を優遇する狙いが2％の関税格差にあらわれている。日本のコーヒー産業も，焙煎コーヒー豆という労働集約型産品を低コストの開発途上国で行って国内へ輸入する例が散見されるのである。無糖コーヒーエキスMFN 15％，GSP 0％には，とくに内資企業が海外で生産する無糖コーヒーを安価に輸入する狙いが秘められている。砂糖関連産品が日本のアキレス腱となっているからである。インスタント・コーヒーのみを特恵対象外とした背景には，譲許関税率に関して述べたような外資配慮型保護主義がある。

(2) ECと米国の関税率

ECの関税率も非特恵関税率と特恵関税率から成る。非特恵関税率はECがWTOで譲許した最恵国待遇税率であり，これはWTO加盟国だけではなく非加盟国にも適用されている。しかし，ECの最恵国待遇税率は，工業産品に関してわりあい高い水準（自動車の10％，TVの14％，ボールベアリング8％）となっている。これは日本が機械産品について通常関税をゼロにしているのと対照的である。他方，ECの特恵関税率は，GSP特恵税率とFTA特恵関税から成り，後者は多様なFTA（中東欧諸国との欧州協定，ECメキシコFTA等）のために低率またはゼロに設定されている。

米国の非特恵関税率は，最恵国待遇税率（WTO加盟諸国に対する関税率）と差別関税率（北朝鮮，ラオス，キューバ，アフガニスタン等の政情不安国）に分けられる。米国最恵国待遇税率も機械産品の一部に関してかなり高い水準となっている。たとえば車両総重量5トン以下の軽トラックに対し25％の高関税が適用されているが，これは1960年代の米EC鶏肉戦争の名残である。当時ECは鶏肉市場を保護するため米国等からの鶏肉に対し輸入関税をひきあげた。これに対し米国は対抗措置として軽トラックに対し25％の高関税率を設定したのであった。しかし2000年，軽トラックの米国市場は米国大手3社と外資米国会社によって占拠され，また2003-04年から日系企業と韓国企業（起亜）はピックアップ・トラック（pickup truck）をNAFTAで生産しはじめた。このため，米国がトラックに高関税を維持する必要性はなくなっている。

他方，米国の特恵関税率は，GSP特恵関税，AGOA（サブ・サハラのアフリカ諸国のための特別特恵制度）FTA（NAFTA，米イスラエルFTA，米ヨルダンFTA）特恵関税から成る。

(3) インドの関税率

開発途上国の関税率は先進国にくらべていちだんと高い。それは中国，インドネシア，インド等についていうことができる。

インドの場合，関税水準は，過去10年のあいだに徐々に引き下げられてきた。1991年当時，最高関税率は，じつに335％に達していた（もっともこの関税率は日本の米の関税率よりも低い）。しかしこの最高関税率は，92年以降の関税引下げをつうじて，97年には110％から40％へ，2001年には35％へ，2006年には，15％から12.5％へ削減された。

したがって2001年および2006年のインドの関税率は，最高がそれぞれ35％，15％から12.5％とされていたが，それは見せかけにすぎなかった。というのは，最高関税率制度には例外があり，またこの制度は追加税システムによって高い水準に引き上げられたからである。

A 最高関税率制度の例外

最高関税率の原則には多くの例外があった。乗用自動車（HS 8703）・モーターサイクル（HS 8711）につき105％（2001年）・100％（2006年），ビール（HS 2203）・ワイン（HS 2204）につき100％（2001年，2006年），エチルアルコール（HS 2207, 2208）につき210％（2001年）・182％（2006年），椰子油（HS 1513等）につき100％（2001年，2006年），菜種油（HS 1514）につき250％（2001年）・75％（2006年）の関税率が，設定されたからである。

B 追加税システム

インドがWTO加盟国に適用している基本関税率は，2001年度予算で，0％・5％・15％・25％・35％の5種類であった。これが2006年度予算では，0％・2％・5％・7.5％・10％・12.5％に引き下げられた。しかしこうした5段階の関税率は追加税システムによって雪だるま式に膨張する仕組みになっていた。こ

れは，1999年から2年間適用された割増税制度と現行の追加税・特別追加税制度にみることができる。

(i) 過去の割増税

10%割増税は1999年から適用されたが，主要国の批判を受けたため2001年3月1日に撤廃された。割増税制度のもとでは，基本関税率は10%割り増しされ，したがってたとえば基本関税率が35%の場合は，10%割増により，関税率は実際には38.5%（35%プラス3.5%）となった。このため輸入品への関税負担はほかの税も考慮するとWTO譲許税率を超えるおそれがあった。そこで，ECはインド関税率がGATT（2条）違反となることを指摘し，WTO紛争解決手続の協議を要請し，最終的にインドに措置を撤廃させたのであった。

(ii) 現行の追加税・特別追加税

現行法では，輸入品は，基本関税にくわえて，追加税（Additional Duty, ADD）と特別追加税（Special Additional Duty, SADD）を課される。

① 追加税

追加税は，1975年関税法（Section 3 (1) of Customs Tariff Act, 1975）に基づいて課される税で，輸入品と同種の国産品に対して課される内国消費税（excise duty）に照応するとされている。追加税の税率は，2001年予算ではおおむね16%（0%, 32%も存在した）であった。しかし2004年半ばから教育税（education cess）2%が付加されたため，追加税は，16.32%（16×102%）に跳ねあがった。この追加税は，輸入品の関税込み価格に対して適用される。関税込み価格は，ⅰ関税評価額（Assessable Value）——つまりCIF価格プラス陸揚げ費（landing charges. CIF価格の1%）——にⅱ基本関税額をくわえた額である。したがって追加税は，関税込み価格のなかの基本関税額に対しても課されるため，名目基本関税額を膨張させるのである。

また2001年度予算で，最高小売価格ベースの相殺税（Maximum Retail Price (MRP) -based Countervailing Duty）という名称の追加税が導入され，2001年3月1日から施行された。TV（HS8528）を取り上げると，カラーTVは最高小売価格表示義務商品であり，当時35%の減額分が法定され，追加税は16%であったため，追加税額はつぎのように算定された。

追加税額＝（最高小売価格×[100 − 35]）× 16%

② 特別追加税

特別追加税は，1975年関税法（3条）に基づき，1998/99年予算から課されている。その税率は，中央政府が「同種の国産品に課される最大販売税，地方税，その他課徴金を考慮して定める」とされている。しかし特別追加税は同種の国産品に課される関連内国税とは連動していない。その税率は，導入後現在にいたるまで一貫して4%に固定されているからである。これは，輸入品の関税・追加税込み価格（つまり関税評価額と基本関税額と追加税の総計）に対して適用される。それゆえ，基本関税率と追加税も特別追加税によってさらにひとまわり膨張するのである。

特別追加税（1975年関税法3A条）はいちど2005年に削除された。ところが，2006-07年予算から，同じ内容の特別追加税（3条5）が復活している。

③ 実質負担税率

輸入品に課される実質税負担は，うえにみた追加税・特別追加税システムによって基本関税率以上の水準に引き上げられている（表3-2参照）。この実質負担税率は，基本関税率を追加税・特別追加税によって二重に膨張させた率にひとしい。2001年と2006年予算にみるように，特定産品の実質負担税率はインドのWTO譲許税率を超えた。さらに産品がダンピング防止税やセーフガード関税を課されるときは，税負担はさらに増幅される。これら特殊関税は関税評価額に対して課されるからである。そして追加税・特別追加税は，これらダンピング防止税・セーフガード関税に対しても課され，実質的な特殊関税負担率も名目課税率を超えるのである。

C WTOのインド追加税・特別追加税事件

(i) 追加税と特別追加税

まず追加税は，最高小売価格表示義務制度のもとでは，輸入品に対し，現実の価格ではなく計算された価格（つまり最高小売価格の一定パーセントを減額した構成価格）を基礎に課される。[巻末表12-4]

つぎに特別追加税4%は，中央政府が同種の国産品への最大販売税・地方税等を考慮して定めるとされていたが，実際の最大販売税等が4%というわけではない。また4%は関税・追加税込みの輸入品価格に対して適用されるため実際には4%を上回る税負担となる。

ECとインド最高裁判所は，特別追加税を内国税とみなし，その内外差別性を問題とした。しかしWTOは米国の提訴をうけてインド内国税に新しい光をあてた。

(ii) WTOでの争点

インド追加税事件で米国が争ったのはインドが米国アルコール飲料（ビール，ワイン，蒸留酒）に課している追加税と特別追加税のWTO整合性であった。米国は，インドの追加税・特別追加税が，輸入税（GATT2条1b第1段）に該当し，この輸入税はインドのWTO譲許関税率を超えていると主張した。米国の着眼点は，もっぱらインドのGATT関税譲許ルール違反に絞られた。これに対し，インドは，追加税・特別追加税は，そもそも輸入税にあたらない，それはむしろ内国税の一種「内国税相当課徴金」（GATT2条2a）にあたりWTOに整合すると反論した。争点は，したがって追加税・特別追加税が，輸入税と内国税相当課徴金のいずれにあたるのかに集約された。

パネルは，米国の主張を突っぱねた。パネルによれば，追加税・特別追加税が輸入税に分類されることを米国は立証できなかった，そのけっか，米国はこれら輸入品への課税が譲許原則に反するいう立証に失敗した。米国はパネル判断を不服として上訴に踏み切った。

表3-2　インドの関税率・追加税・特別追加税と実質負担総合税率（％）

産品（HS）	年度	基本関税率 (BCD)（注1）	追加税 (ADD/CVD)	特別追加税 (SADD)	実質負担 総合税率	WTO譲許 税率
半導体（8542）	2001年	0%	16	4	20.64	40
	2006年	0%	16.32	4	21.392	40
Computer parts (8473.30)	2001年	5		4		—
	2006年	0	16.32	4	21.392	0(ITA)
光学的機構付複写機（9009.21），複写機 部品（9009.90）	2001年	15	16	4	35.736	40
	2006年	0	16.32	4	21.392	40
織機（8446），工作機械（8456）	2001年	25	16	4	50.80	25
	2006年	12.5	16.32	4	36.816	25
カラー陰極線管（8540.11）	2001年	25	16	4	50.80	40
	2006年	12.5	16.32	4	36.816	40
2酸化マンガン一次電池（8506.10） Bearing（8482） 感熱式複写機（9009.30）	2001年	35	16	4	62.864 （注2）	40
	2006年	12.5	16.32	4	36.816	40

注1：基本関税率（BCD: Basic Customs Duties）15%・25%・35%は，かつての10%割増税（Surcharge）制度のもとでは，それぞれ16.5%・27.5%・38.5%に割り増しされた。
　2：輸入品の関税評価額を100とした場合，この輸入品に課される実質的な総合負担税率は，i 基本関税率35%，ii 追加税21.6%（[100 + 35] × 16%），iii 特別追加税6.264%（[100 + 35 + 21.6] × 4%）の合計，すなわち62.864%となる。

(iii) 上級委員会の判断

　上級委員会はパネル判断をいくつかの点で覆した。
　まず関税・輸入税（GATT2.1b条）について，パネルはその差別的性質を指摘した。GATT先例（EC迂回防止税事件）も，関税・輸入税は輸入品のみに課され，同種国産品には課されないためそもそも差別的であると指摘していた。上級委員会はパネルの考えを否定した。関税は，輸入国に同種産品があれば，輸入品のみに差別的に課される。しかし国産品がないときは財政目的をもつにすぎないと上級委員会は述べた。パネルはこうした誤解に基づいて米国の主張を退けたため，輸入税に関連するパネル判断は上級委員会により覆された。
　つぎに内国税相当課徴金に上級委員会は切り込む。そもそもGATTは関税・輸入税（2条）と内国税（3条）を別々の条文に定めながら，関税・輸入税規定のなかで，内国税相当課徴金（2条2a）に言及した。これによると，輸入国は国外産品の輸入に対して，内外無差別の内国税に「相当する（equivalent）」課徴金（border charges）の賦課を条件とすることができる。上級委員会によれば，内国税相当国境課徴金が内外無差別に適用される内国税に相当するかどうかは，質的・量的に検討しなければならないとされる。したがって質的検討（国境調整金と内国税の相対的役割の質的審査）に終始したパネルの解釈方法はあまりにも狭すぎ（overly narrow），誤りであると上級委員会は指摘した。そのうえで上級委員会は国境調整金と国産品への内国税が，額と効果に照らして，同等かどうかの量的検討にうつる。パネルは国境課徴金が無差別内国税に相当するかどうかの判定に，量的検討は不要であると述べていた。パネルによれば，国境調整金が内国税に相当するかどうかの決め手は相当性の有無にあり，国境調整金の額が国産品への内国税額と一致するかどうかは問題ではないとされた。それゆえ，国境調整金の額が国産品への内国税額よりも高くても，相当性が認められれば国境調整金は合法とみなされるというのがパネルの結論であった。上級委員会はパネル判断を覆した。上級委員会は内国税相当課徴金の規定（GATT2条2a）に立ち返り，国境調整金に照応する内国税は，そもそも内国民待遇原則に合致しなければならない，それゆえ国境調整金の負担額が国産品に課された税負担を超えるかどうかの量的分析が不可欠となると述べた。しかし上級委員会は，証拠不足を理由に，インドの追加税・特別追加税が合法的な内国税相当課徴金にあたるかどうかについて判断をくだすことができないと結論した。なぜならば，追加税の場合，アルコール飲料に限定するかぎり，同種の国産品に課される内国税（インドの各州が課す国家物品税）が飲酒を認可する州でどれほどの税率で課されているのかを示す資料は提出されていなかったからである。パネルは，それゆえ，州により，輸入酒への追加税が内国税をわずかに上回るケースもあれば逆のケースもあると指摘したにとどまった。他方，特別追加税の場合，アルコール飲料や機械産品に関しては，同種国産品に課される内国税（州の付加価値税・販売税，中央販売税，地方税）が実際に徴収されているかどうか，詳細なエビデンスがなかった。さらに輸入酒が通関後，州から州へ輸出される場合，輸入酒に課された特別追加税は輸出州で払い戻される仕組みもない。他方，国産酒が州から州へ輸出されるときは，州際税調整のための州税の還付は，州付加価値税についてのみ認められていた。そのため，輸入酒は，同種国産酒へ課される内国税を超える税負担（特別追加税プ

ラス内国税の二重課税)に服した。特別追加税はこのため内国税に相当する課徴金には該当しないおそれがあるとパネルは考えた。しかしながら,証拠が十分ではないため,上級委員会は審査を完了できなかった。けっきょく個別輸入品への追加税・特別追加税が,同種国産品への内国税を上回るならば,内国民待遇原則に違反するであろうと上級委員会は推論するにとどまった。上級委員会はこのためDSB勧告の提示を断念した。

本件をふりかえってみると,米国がWTO提訴にあたって戦略を誤ったことは否定しがたい。米国は,インドの追加税・特別追加税を輸入税とみなし,それが譲許関税原則に抵触するとみた。しかし,米国は追加税・特別追加税が(輸入税ではないとすれば)内国税に該当し,それは内国税相当課徴金ルールに違反するとは主張しなかった。パネルが述べ,上級委員会が追認したように,米国はむしろ本件で内国税相当課徴金ルールとの抵触を争うべきであった。そうすれば,米国・インド双方の提出資料も変わってきたはずであり,パネル・上級委員会の判断もおのずと変わってきたであろう。

(iv) インドの対応

インドは上級委員会の判断を考慮にいれ,また同時に日本によるWTO提訴を懸念して,2010年2月,携帯電話部品・電池部品・PC接続ケーブル等を関税追加税から除外した。

(v) 投資への悪影響

海外の機械産業にとって注目されるのは,部品の関税率が高いことであり,これが現地生産のメリットを帳消しにしている。とくに一部通信機器に関しては,完成品の輸入関税率が極端に低く,部品関税率が高いため,現地生産は完成品輸入よりもはるかに不利となっている。

第2節 関税引下げ交渉

GATT/WTOは,関税第1主義をかかげて各国が国内産業保護のため関税を維持し設定することを認めているが,その関税は交渉をつうじて引き下げるべきことを定めた。こうした関税引下げ交渉をラウンドと呼び,関税引下げのため加盟国が行う約束を関税譲許と呼んでいる。加盟国はひとたび関税譲許を行うと,関税率は原則として譲許水準で固定される。こうした関税譲許の蓄積が,貿易の自由化を推進するのである。

1 GATTレジーム下の関税引下げ交渉

GATTは過去8回の関税引下げ交渉をつうじて,関税引下げのテクニックをねりあげた。それは2国間の関税引下げ交渉から一括関税引下げ交渉に,また相互ゼロ関税引下げ交渉に進展した。

(1) 2国間の品目別リクエスト・オファー方式

GATTの関税引下げ交渉は当初2国間レベルの品目ごとのリクエスト・オファー方式(request offer, item-by-item negotiation)により行われた。これは,ある国が利害関係国の特定品目について関税引下げ要求(request)を行い,これを受けて利害関係国が自国の裁量によって関税引下げを認める(offer)方式をいう。しかしこの方式は,手続が煩瑣であり,また交渉国の2国間のバランスを考慮するため引下げ率が低くなるという短所をかこった。またこの方式のもとでは,主要貿易国の関心品目以外の領域が関税引下げの対象となりにくくなった。さらに,関税率の低い国は交渉力が弱くなるという弱点もこの方式はさらけだした。

(2) 一括関税引下げ方式

(i) ケネディ・ラウンド

2国間交渉の欠陥を考慮して,1963年から開始されたケネディ・ラウンドでは,一括関税引下げ方式がとられた。これは2国間の関税引下げ駆引きから決別して,加盟国が鉱工業品につき関税率を5年間に一律50%引き下げるというものであった。この方式は各国の主要関心品目カテゴリーの関税率を相互に一括して引き下げるテクニック(across-the board tariff reductions)をベースとしていた。

(ii) 東京ラウンド

東京ラウンドでは,一括関税引下げ方式,いわゆるハーモナイゼーション方式(harmonization)がとられた。この方式は,すべての品目の関税率をつぎの方程式を用いて機械的に一括して引き下げるものであった。

引下げ後の税率=定数×現行税率÷(定数+現行税率)

定数は,政治的妥協の産物であり,日本,米国,スイス等につき14とされ,EC,北欧諸国等につき16とされた。

日本を例にとって具体的に説明すると,たとえば日本のある産品の関税率が当時20%であったすると,引下げ後の関税率は,$14 \times 20 \div (14+20) = 8\%$となった。当時の関税率が高ければ高いほど,引下げ率は大きくなった。

かくして東京ラウンドでは鉱工業品につき,8年間で関税率が40%引き下げられた。このけっか,先進国の平均関税率は著しく低下し,鉱工業品を例にとると,それはウルグアイ・ラウンドの直前で,日本3.8%,米国5.4%,EC5.7%であった。

(iii) ウルグアイ・ラウンド交渉

ウルグアイ・ラウンド交渉の一括関税引下げにより加盟国の関税率はさらに低下した。交渉のけっか,鉱工業品の平均関税率は,日本1.5%,米国3.5%,EC3.6%に引き下げられた。ちなみに日米ECカナダの全品目平均譲許関税率は,それぞれ4.8%,3.8%,7.2%,5.0%であった。

ウルグアイ・ラウンドは各国の譲許品目数を増加させた。加盟国はいずれの国も程度の差こそあれ一定のセンシティヴ品目について関税譲許を行っていなかった。しかしラウンド交渉のすえ,各国の譲許品目比率

は目にみえて上昇した。先進国でさえ，その比率は78％から99％に増加している。開発途上国の場合，比率は21％から73％に激増した。

2 WTOレジーム下の関税引下げ交渉

WTO発足以後，関税引下げはWTOの枠内と枠外で併行して行われてきた。WTO枠内の関税引下げは，分野別（sectoral）にまた分野横断的に試みられ，WTO枠外の関税引下げは，アジア太平洋協力会議（Asia-Pacific Economic Cooperation, APEC）の主催下で，またFTAをふくむ地域貿易協定のもとで行われている。

(1) WTO枠内の分野別関税引下げ交渉

A 情報技術協定

(i) 協定の締結

WTOの先進諸国は発足後ただちに情報技術産品の関税引下げ交渉に着手した。この交渉にもっとも積極的だったのは日本であり，日本は1996年4月の4極通商会議（神戸）で交渉を提案した。日本は当時すでに機械工業産品の関税率をゼロ譲許していたため，EC等を情報技術産品の関税引下げ交渉にひきこんだのである。そのけっか，1996年12月の第1回シンガポール閣僚会議で，29カ国（EU15カ国を含む）間に情報技術協定（Information Technology Agreement, ITA）が締結された。

協定は，コンピュータ・半導体・複写機等の情報関連機器や部品約200品目について参加国が関税率を2000年1月までに撤廃することを定めた。ただし開発途上国は品目により関税率撤廃期限を2005年まで延長された。協定の適用対象は協定に列挙された情報技術品目にかぎられ，TV，陰極線管，ベアリング等を含まない。

協定は，情報技術関連品目の世界貿易の90％をカバーする国の批准をえて発効する取決めになっていた。この比率は，協定締結時に，原29カ国で83％（日米ECカナダ，韓国，インドネシア，シンガポール等のほか当時WTO未加盟の台湾も参加した数値）であったが，そののち協定への参加国が増え，1997年半ばには90％基準に達した。このため協定は1997年7月1日に発効した。協定参加国数はそののちも増加しているが，注目されるのは協定に参加していない国も少数ではあれ投資優遇策として情報技術産品の関税率を撤廃している事実である。たとえばメキシコはマキラドーラ保税地域の関税恩典を廃止したあと，日本企業等の外資による投資をつなぎとめるため，情報技術産品とそれ以外の品目についても関税率を撤廃している。これは協定非参加国のITAプラス制度（協定品目プラス電子品目）といわれる。

(ii) 中国の参加

中国（とエジプト）はWTO加盟後，協定の正式参加国となった。米国は，中国の加盟交渉に際し，中国がITA15品目について最終用途証明を提出するよう要求し，中国の参加に反対していた。しかし，そののちの米中合意により，中国の協定参加が正式に認められた。

B 複数国間の民間航空機協定

WTOの複数国間協定（つまみ食い協定）が，政府調達協定のほかに民間航空機協定（1980年発効）があることはすでに述べた。この協定はもともと1979年の東京ラウンド協定の一部であったが，WTO体制のなかに改組された。2011年初頭現在，メンバーは31（4極プラスEU加盟20カ国等）を数える。協定のねらいは民間航空機・エンジン・部品の関税率をメンバー間で撤廃することにある。そして，2002年1月の協定改正議定書により，協定の対象範囲が拡大され，対象品目のHS番号を2002年の改正HS番号に合致させることが合意された。これにより，協定メンバー国は，他のメンバーからの民間航空機の輸入に対し，関税率をゼロとする譲許表を提出するよう求められた。しかし，メンバー間の部品貿易は，いぜん自由化されていない。その理由は3つある。ひとつは，部品は，輸入段階で民間航空機または軍用機のいずれに使用されるのか，税関当局には判断できないからである。また複数国間で部品関税率を撤廃すると，協定参加国部品のみが無関税待遇を受け，非参加国部品は有税待遇に服するため，WTOルール（補助金相殺関税協定，紛争解決了解）にふれるおそれがあるためである。それゆえ2002年議定書は，関税撤廃の対象品目に部品をふくめなかった。

C 医薬品分野の複数国間関税撤廃交渉

WTO発足前夜の1994年3月，医薬品輸出大国（4極，スイス，北欧諸国等）を含む12カ国は，医薬品の輸入関税を撤廃する合意をむすび，GATTに通報した。合意は，関税撤廃の義務（shall）ではなく努力（will）を確認した。対象医薬品は，つぎのとおりである。

① HS30類の医療用品
② HS29類の一部医薬品（ヴィタミン，ホルモン，アヘン・シンコナ・エフェドリン・カフェイン等植物性アルカロイド）
③ 合意付属書Ⅰの有効成分（active ingredient）からなり，世界保健機関（WHO）の薬物・国際一般名称（international non-proprietary name, INN）をもつ医薬品
④ 付属書Ⅱに指定された「接頭語または接尾語」と上記国際一般名称・有効成分の「組み合わせ」で表記される医薬品の塩・エステル・水和物で，当該医薬品と同じHS6桁番号に分類されるもの
⑤ 付属書Ⅲに掲げられた「国際一般名称をもつ有効成分の塩・エステル・水和物」で，当該医薬品と異なるHS6桁番号に分類されるもの
⑥ 付属書Ⅳに掲げられた「完成医薬品の生産にもちいられた追加的産品（additional products）」

ただし対象医薬品の範囲は見直される。合意によれば，参加国（2010年で33カ国）は，すくなくとも3年に1度の頻度で，対象産品の範囲を拡大するため交渉を行うこととされている。この交渉は，WTO物品理事会の主催のもとで，恒久的かつ相互主義ベース（on a permanent and reciprocal basis）ですすめられる。かくして1996・1998・2006年に交渉が行われ，対象品目

の範囲は品目数ではかるかぎり拡大した。参加国は交渉結果をふまえて関連品目のWTO譲許関税率を削減してきた。

また合意の定めるWTO交渉とは別に，世界関税機関（WCO）によるHS分類の改正作業がある。とくに2002年のWCO・改正HS分類は，対象医薬品の範囲を拡大した。この改正により，HS30類「医療用品」の範囲は拡張された。改正HS30類は，旧30類の品目にくわえて，旧39類（プラスチック，ゴム関連品目）と旧60類（ニット編みと鈎針編みの編物）の一部をカバーすることとなった。では，WCOでのHS分類の変更は，参加国に，追加品目の譲許関税率を削減するよう強いるのかどうか，論争がある。日本は，2006年12月に譲許修正表をWTOに提出したが，HS30類の追加品目（とくにプラスチック製・ニット編み・鈎針編みの医療用品）については，譲許関税率をいぜん有税としている。これら追加品目は日本のセンシティヴ産業（石化・繊維）に属するからである。

D 半導体分野の主要5カ国間関税撤廃協定

日米・EC・韓国・台湾等5カ国は，2005年11月，共通関心品目のマルチ・チップ集積回路（multi-chip integrated circuits. MCPs）の関税を撤廃する協定を締結した（2006年5月発効）。これは複数のモノリティック集積回路（monolithic integrated circuits）を連結・一体化したもので携帯電話やデジタル機器（cell phones, digital cameras, personal digital assistants）の基幹部品として使用される。じゅうらい，旧世代の半導体は関係諸国ですでに無関税扱いとされていたが，マルチ・チップの関税は，日本を除き他の国では，有税とされていた。こうして世界半導体市場の7割を生産する主要5カ国がマルチ・チップの関税を撤廃することで，他のWTO加盟国の協定への参加をうながし，WTOでの関税引下げ合意を導きだすのである。WTO合意は，マルチ・チップの世界貿易の「十分な水準」（a sufficient level of global trade in MCPs）を関税引下げの対象とする時点で締結される。この時点まで，協定参加国は最恵国待遇ベースで有税関税を削減しなければならない。そして5カ国間協定はWTO合意が成立すれば，終了する。

(2) WTO新ラウンド・関税引下げ交渉

上記の分野別関税引下げがWTO加盟国のなかの複数国間で推進されているとすれば，分野横断的な全加盟国間の関税引下げは，WTOのドーハラウンドで着手された。

ドーハ閣僚会議では，新ラウンドの課題の1つに非農業品目（non-agricultural goods）の関税引下げがあげられた。またタリフ・ピーク，高関税，タリフ・エスカレーションの撤廃減少も課題として明記された。関税引下げは包括的でなければならず優先除外品目を含んではならない。その目的は開発途上国産品の市場アクセスを容易にし，開発途上国に特別の異なる優遇待遇をあたえることにある。

新ラウンドの関税引下げ方式の提案は大別してつぎの2つにわかれた。

(i) 全分野の関税引下げ方式

全分野の関税引下げ方式として，つぎの方式が提示されている。

・共通の引下げ提案，まず2010年までに5％以下の関税を撤廃し全品目の関税を8％未満に引き下げ2015年までに全品目の関税を撤廃する米国案
・50％超の関税品目を25％に引き下げ50％以下の関税品目は高関税品目ほど大きな削減率を適用して関税水準を平準化するEUのコンプレッション・メカニズム案
・平均関税率を超える高関税品目の削減率を大きくする中国案
・センシティヴ品目に配慮した柔軟な平均関税率引下げ提案（日本メキシコ案）
・タリフピークに対応した品目別の関税を引き下げる韓国・途上国提案

(ii) 相互ゼロ・調和方式

日米カナダは，全分野の関税引下げに，特定分野の相互関税引下げをくみあわせた提案を行った。特定分野の関税を相互にゼロにする方式を相互ゼロ関税（zero for zero）提案といい，他方相互に足並みをそろえて関税を低水準に引き下げる方式を関税調和引下げ（harmonization）提案と呼んでだ。

分野別にみると農業分野と非農業分野（Non-agricultural Market Access. NAMA）の関税引下げ交渉では様相が異なった。農業分野では日本等輸入国が関税引下げに消極的である。非農業分野では，関税引下げは輸出大国の中国のみに利するとして他の開発途上国の反発を招いた。かくして2012年末までに交渉を妥結する構想は水泡に化した。

(3) WTO枠外での関税引下げ交渉

WTOの枠外では，アジア太平洋経済協力会議（Asia-Pacific Economic Cooperation. APEC）が関税引下げ分野で活動しているが，その成果は芳しくない。その要因は，APECが，企画・活動への参加を加盟国の自主的判断に委ねていること，APECの決議は法的拘束力をもたないことにある。したがって，その役割は，WTO審議への橋渡しに尽きる。WTOでの1996年ITA合意は，APECの提言を切っ掛けとして締結された。そして1997年のAPEC会合（Vancouver）は貿易自由化・円滑化・技術協力の自主的推進を促すため，特異な早期自由化レジームを作成した。正式には早期自主的分野別自由化レジーム（Early Voluntary Sectoral Liberalization. EVSL）と呼ばれる。レジームの対象は15分野であるが，そのうち9分野が急速関税自由化セクター（Accelerated Tariff Liberalization）として指定された。9分野には，環境，エネルギー，水産品，林産品，化学品，医療機器，電気通信相互認証等がふくまれる（ただし電気通信相互承認は関税削減の対象とならない）。APEC議長は，1999年1月，WTOで，9分野のAPEC急速自由化案を披歴したが，WTO審議を

引き出すことはできなかった。

第3節　関税譲許とその停止・修正・撤回・運用

1 関税譲許
(1) 関税譲許の原則

GATT/WTO の関税引下げ交渉のけっかは，国別の関税譲許表（schedules of concessions）のなかに規定される。加盟国は譲許表に記載された品目ごとの譲許関税率よりも不利でない関税率を他の加盟諸国からの輸入品に対して無差別に適用しなければならない。たとえば加盟国が関税引下げ交渉の過程で特定産品について関税率を 20% から 10% に引き下げる約束をしたとすれば，10% を超えない関税率をすべての加盟国産品に対して適用しなければならない。関税率はひとたび譲許（concession）されると，その水準に固定化される（bound）のである。譲許はこのため関税率の固定化（binding）とも呼ばれ，譲許関税率（concessioned tariff rates）は固定化関税率（bound tariff rates）とも呼ばれる。GATT/WTO の英仏正文にある concession（譲許）という言葉は，実のところ適切ではない。この言葉は，関税引下げによる譲歩といったニュアンスをもつおそれがあるからである。端的にいえば譲許はむしろ約束（commitment）といいかえるべきであろう。サービス協定では自由化の約束（commitment）という言葉が採用されている。それゆえ，関税引下げの「譲許」を「約束」と字句修正する余地を一部識者は指摘している。

いうまでもなく関税譲許原則のもとでは，加盟国は譲許税率（たとえば 10%）を下回る国定関税率（たとえば 5%）を課すことができる。また加盟国は，状況（輸入急増の緊急時等）しだいで，低い国定関税率（5%）を WTO 譲許関税率の上限（10%）にまで引き上げることができる。たとえば日本は工業用エチルアルコール（HS 2207.10120）に関して，譲許関税率を 27.2%（2004 年現在）としたが，国定の基本関税率をゼロと定めたため，じっさいには当該輸入アルコールを無関税扱いにしている。したがって日本は工業用アルコールに関しては，国内産業保護の必要があれば，WTO 譲許税率の水準にまで国定の暫定関税率を引き上げることができる。同様に，日本はアルコール飲料のうち，ワイン・ベルモットには WTO 有税譲許率を課すかたわら，ビール・ウィスキー・ブランディーにつき WTO 無税譲許を行っている。ただし，発泡酒と一部蒸留酒（ジン，ウオッカ，ラム酒，リキュール）は国定暫定関税率をゼロとしているものの，WTO 譲許税率を一定水準に維持しているため，状況によっては，関税率が譲許率の水準に引き上げられる余地がある。

要するに関税譲許の原則（GATT 2条）は，加盟国がひとたび特定輸入品について関税引下げを約束するならば，譲許税率を超える関税率を WTO 加盟国からの輸入品に適用してはならないと釘を刺した。ただし，この原則にはいくつかの例外（譲許の停止・修正・撤回）があることはのちにふれる。

しかしながら，GATT/WTO をつうじて譲許税率違反の例は跡を絶たない。最近の例では，中国による写真フィルム輸入関税の引上げ事件がある。中国は WTO 加盟にあたり，2002 年 1 月から関税率を 42% に引き下げることを約束した。ところが中国は関税率の算定方式を一方的に変更し，譲許税率を超える関税を日本産写真フィルムに課した。そこで日本は WTO の市場アクセス委員会で問題を提起したが，これは日本が中国の WTO 加盟後最初に行った対中批判であった。

しかしながら中国は WTO 加盟後，自動車部品の輸入関税率を加盟前の 60% から 40% にひきさげ，また 2006 年には 10% にまで引き下げる予定である。これは中国で現地生産をしている日本の自動車メーカー 3 社（トヨタ，日産，ホンダ）に有利である。さらに自動車の輸入関税率が引き下げられたため，中国国内での日中米欧の競争が激化している。

(2) 譲許関税率よりも低い関税率をあたえる制度

加盟国が WTO で譲許した関税率よりも低い関税率をあたえることは合法である。低い関税率は譲許税率を超えないからである。輸入国当局通常の輸入に対してこのような低関税率を認める制度は EC やメキシコにみられる。

A EC の関税停止制度と IT 関連税関管理工程制度
(i) 関税停止制度

EC の対外共通関税がある産品について有税とされていても，この関税率は特定の条件を満たせばゼロとなる。これを関税停止制度（duty suspension）という。

関税停止が認められるためには，輸入品の競合産品が EC 域内に存在してはならない。EC 域内に競合産品が存在しないことを条件として，有税品目の無税輸入が行われる。たとえば在欧日系 TV 企業がアジア製 14 インチ陰極線管を輸入したときに課税停止制度を申請したが EC 当局から拒否されたことがあった。その理由は 14 インチ製が EC 産品と競合していたからであった。しかしこの企業はそののち 16 インチ陰極線管をアジアから輸入したときは関税停止を受けた。16 インチ製は欧州で競合産品でないことが立証されたからであった。

(ii) IT 関連の税関管理工程制度

在欧日系企業はまた EC の税関管理工程制度（Processing for Customs Control, PCC）を利用して，有税部品を無税輸入することができる。ただしそのためには，完成品の輸入関税がゼロであり，その完成品の部品が情報技術協定（ITA）の対象品目でなければならない（欧州委員会の共同体関税法典実施規則附属書 87, Annex 87 of Commission Implementing Regulation on Community Customs

Code (2454/93) on processing for free circulation)。

B メキシコのマキラドーラ優遇関税制度の廃止と新制度

(i) マキラドーラ優遇関税制度の廃止

2000年11月にマキラドーラ保税地域 (maquiladora) の優遇関税制度は廃止された。この制度のもとでは、米墨国境地域のメキシコ・マキラドーラ企業（日米EU企業）は、NAFTA 域外部品（たとえば日本部品）を輸入し、この部品（陰極線管等）を完成品（TV等）にくみこんで米国向けに輸出する場合、域外部品に対するメキシコの関税率はゼロとされた。この関税優遇制度は NAFTA（303条）のなかに明記された。

しかし、2000年11月以降、マキラドーラ保税地域が廃止されると、メキシコでの関税負担額が増加した。その理由は、域外部品をくみこんだ完成品が米国に輸出される場合、NAFTA 規定に基づき、域外部品への対外関税額と完成品への米国域内関税額のよりすくないほうの額がメキシコ当局から払いもどされるにとどまるからである。つまり、マキラドーラ時代はメキシコでの部品関税負担はゼロであったが、マキラドーラ廃止後は、部品関税額と域内関税額の差額がメキシコでの実質的な関税負担額となるからである。そこで、このような関税負担を軽減するため、メキシコ政府は2種類の制度を導入した。

(ii) 新制度

メキシコは2000年12月から域外電気電子部品・機械に対する輸入関税率を PROSEC 制度 (Programas de Promocion Sectorial 産業別振興策) の名のもとに引き下げた。これは22分野（自動車、電子等）の部品関税率を0％または5％に引き下げるものであった。もう1つ、レグラ・オクターヴァ(Regla Octava)制度がある。これは輸出入関税法（補足第8規則のため使用される HS 9802.0002）に関連して規定されたもので、PROSEC 制度によってカバーされない産品の輸入関税率を6-12カ月のあいだ暫定的にゼロにする制度である。無関税が認められるためには、輸入品が価格・性能・納期の面でメキシコ国産部品よりも優れていることを輸入者がメキシコ経済省とのバイの交渉で立証しなければならない。無関税輸入を承認するのは経済省である。たとえば在墨日系TV製造企業は、PROSEC の対象外の14インチ超陰極線管 (Cathode Ray Tube・CRT, Picture Tube ブラウン管) をレグラ・オクターヴァ制度によって無関税輸入した。14インチ陰極線管はメキシコで15％の高関税に服している。それはメキシコ国内で韓国サムスン（三星）が陰極線管を製造しているためである。メキシコは国内に誘致した韓国製造業を保護するために高関税を維持していることになる。日系企業はアジアから輸入する陰極線管がメキシコ国産品よりも価格が安く品質が良く納期が早いことを経済省に説得し、6カ月間、無関税輸入を行った。同じように日系企業はレグラ・オクターヴァ制度に基づいて冷蔵庫用コンプレッサーをアジアから無税輸入した。

レグラ・オクターヴァは、しかしながら輸入者と経済省とのネゴで有税品目の無関税輸入を許すもので、特定国からの産品のみが無関税となり、他の国からの同種産品が有税の関税に服すれば、状況によっては関税率の差別的適用がおき、最恵国待遇原則に違反するおそれもある。

(iii) 完成品の輸入関税率

うえにみた旧マキラドーラやレグラ・オクターヴァは輸入部品に対する低関税制度であり、完成品には適用されない。それゆえたとえば日本製自動車がメキシコへ輸入されるときはメキシコの WTO 譲許関税率に服する。他方、EU 産自動車は EC・メキシコ累積付加価値60％基準（工場出荷価額比）を満たせば EC・メキシコ自由貿易協定の特恵ゼロ関税を受けることができる。日メキシコ自由貿易協定が2003年末に締結されたならば、日本車は日メキシコ累積付加価値65％（取引価額比）を満たせば特恵ゼロ関税を受けるはずであった。しかし日メキシコ協定の締結が農産物（豚肉、果汁等）をめぐって停滞したため、メキシコは2004年1月から日本製自動車に特恵をあたえず WTO 譲許税率（最高50％）を賦課することを発表した。

2 譲許関税の停止・修正・撤回

関税譲許原則にはいくつかの例外が認められている。それは一連の関税再交渉による譲許関税の修正・撤回であり、また特定の理由に基づく譲許税率の停止・修正・撤回である。これらすべての場合に輸入国は譲許税率を引き上げることができる。

(1) 関税再交渉による譲許関税の修正・撤回

譲許関税を修正・撤回するための再交渉手続としてつぎの3種類が定められている（GATT 28条）。後述するように、これは GATS 分野で約束修正撤回規定（21条）に踏襲された。

(i) 譲許の据置期間（3年間）の満了の際（1958年1月1日から始まる各3年の期間の最初の日）に行われる譲許の修正・撤回（28条1）

譲許の修正撤回に先だって、あらかじめ原交渉国・主要供給国との再交渉や実質的利害関係国との協議が行われる。たとえばある国が3年の譲許据置期間が切れる前にワインの譲許関税率10％を15％にひきあげるための再交渉を行う場合がこれにあたる。この再交渉にあたり、この国はワイン譲許税率の修正撤回の代わりに、利害関係国の関心品目オートバイについて関税率を引き下げることで補償を行う旨の提案をすることができる（28条2）。

再交渉のすえ関係国間で期限内に合意に達しないときは、関税譲許の撤回・修正を提案する国は、撤回・修正を自由に行うことができる。しかし、交渉相手国は、そののち6カ月以内に、かつ締約国団による撤回通告書の受領後30日目に、対抗措置として、実質的に等価値の関税譲許の撤回を行うことができる（28条3）。

1995年のEU15カ国拡大にともない、新規加盟3

カ国（オーストリア，フィンランド，スウェーデン）の関税がEU共通関税にひきあげられたため，日本（および米国，カナダ等）はGATTの再交渉規定（24条6，28条）に基づき，関税引上げの補償措置を求めた。しかし，ECが補償措置の提供におうじなかったため，日本は，実質的に等価値の関税譲許を撤回する意向を1995年3月に表明した。2004年5月のEU25カ国拡大のときも，中東欧新加盟国のビデオカメラ関税率がゼロからEU共通関税率14％に引き上げられ，日本企業の対中東欧輸出が関税賦課による損害を受けた。このため，EUは日本の要請におうじて新規加盟国の関税引上げ分を補償する意味で，ビデオカメラや製版用フィルムの対外関税率を14％から12.5％へ，5％から1％へそれぞれ引き下げた。

(ii) 特別の事情に基づき据置期間の中途に行われる譲許の修正撤回（28条4）

締約国団が特別の事情があると認め，かつ再交渉・協議ののちに，再交渉が妥結すれば，譲許の修正撤回が可能である。しかし再交渉が妥結しないときは，相手国はただちに対抗措置をとることができず，締約国団に問題を付託しなければならない。締約国団の解決案でも解決しないならば，譲許の修正撤回が行われ，相手国も対抗措置（等価値の譲許の撤回）をとることができる。

(iii) 特別の事情がなくても，据置期間の中途で行われる譲許表の修正（5項）

この場合，加盟国は，3年の期間の満了前に，次期期間の中途で行使する修正権をあらかじめ留保しておかなければならない。日本はこの権利留保に基づき，1974年に輸入急増を理由にECと再交渉を行い，スキー靴の関税率を引き上げ，同時に補償措置をとった。また1985年10月から86年1月のあいだ，日本は皮革製品の関税引上げ交渉を米国・ECと行い，再交渉ののち，関税引上げ（皮革・革靴3品目）と代償措置（対米278品目，対EC自動車等12品目）をとった。これに対し米国は対抗措置をとった。

(2) 特定の理由に基づく譲許関税の停止・修正・撤回

輸入国はGATTが定める特定の理由に基づいて譲許を停止・修正・撤回することができる。それは，外国産品の輸入急増に対して輸入国がセーフガード措置をとる場合（19条1），セーフガード措置によって影響を受ける輸出国が措置の発動国に対し対抗措置をとる場合（19条3），WTO閣僚会議の義務免除決定に基づいて加盟国が譲許を停止・修正・撤回する場合（WTO設立協定9条3），WTO紛争解決機関の承認をえて勝訴国が敗訴国商品に対して譲許を停止する場合（紛争解決了解22条）等である。

3 関税の運用とWTOルール

WTOは関税について，譲許・停止・修正・撤回のルールを定めたが，それだけではなく，運用しだいで関税がWTO違反となることを定めている。上述の

ように，関税率は最恵国待遇原則にしたがってすべてのWTO加盟国からの輸入品に同等に適用されなければならない。また関税割当の1次関税枠の割当方法は，最恵国待遇原則と内国民待遇原則の双方に合致しなければならない（EUバナナ事件）。さらにゼロ関税枠の配分と2次高率関税の組み合わせにより，加盟国が内外差別的な混合規制を行うことも禁止されている。

4 日本の関税法の歴史と現行関税率

日本の関税法の歴史は，(1)不平等関税条約の改正と条約改正後の関税引上げ時期と，(2)第2次大戦後の関税法の確立と発展時期に分けることができる。この歴史を簡単にふりかえったあとで日本の現行関税率を整理してみたい。

(1) 不平等関税条約の改正と条約改正後の関税引上げ

日本が開国にあたって最初に味わった苦杯は，欧米列強から強制された不平等関税制度であった。列強は当時，植民地政策にそって後進諸国に不平等関税を内容とする条約をおしつけたのである。歴史上最初の不平等関税は，タイが英国との1855年条約で約束した一律輸入関税3％であった。米国と他の欧州諸国も，自国産業を保護するため高率の輸入関税を維持しながら，タイに対しては欧米産品に低率輸入関税を適用するよう強制した（ちなみに米国は75年後の1930年になってやっとタイが輸入関税を5％にまで引き上げることを認めた）。つづいて中国が第2次アヘン戦争（1856-58年）ののち締結した天津条約にも不平等関税の条項が挿入された。これにより，中国は輸出入に対して従価5％の一律関税を適用するよう義務づけられた。同様の不平等条約は日本が1858年に米英仏蘭露と結んだ安政5カ国条約のなかにも導入された。これにより日本は関税自主権を放棄し，関税率は相手国との協議により定めることを受け入れた。そのけっか，輸出税5％，輸入税原則20％とされた。そして1866年，日本は米英仏蘭との改税約書のなかで輸入税を一律5％に引き下げる約束を交わした。5％関税は日本が片務的に適用するもので，日本は主権国家としてもつ自国関税の自主決定権をなかば強制的に奪われた。したがって欧米諸国が日本産品に対して自由に関税率を設定するのに対し，日本は欧米産品に対しては関税率を5％に固定し，関税率の引き上げ権を喪失した。また5％の低率関税水準は，支払通貨基準が銀におかれたため，銀価格の暴落にともないじっさいには5％以下にひきさげられた。日本は，こうした不平等関税条約によって関税収入を確保して輸入代替を行うことができず，おおきな痛手をこうむった。

明治政府が不平等関税条約の改正交渉に奔走して第1次条約改正に奏功したのは，1899年であった。日本はこれにより関税自主権を部分的に回復し，1897年には関税定率法を制定した。関税定率法に基づく国定関税率は平均15％（協定標準税率10％）とされた。しかし，第1次条約改正は当時の重要品目（重工業品目等）

をカバーしなかった。これら重要品目はいぜんとして低率の不平等関税に服していた。不平等関税が撤廃され，日本が全面的に関税自主権を回復したのは，1911年の第2次条約改正においてであった。これを皮切りに日本は自主的な関税政策を実施し，国内産業の保護育成のため，徐々に関税率を引き上げていった。そして日本は第1次大戦後，欧米諸国と同じように近隣窮乏化政策として高関税を維持した。

(2) 第2次世界大戦後の関税法の確立・発展
(i) 分野別に異なる関税制度

日本は，戦後のGATT加盟を契機として，関税法体系を整備した。1954年の関税法，改正関税定率法(1910年公布)および1960年の関税暫定措置法は，日本関税法の骨格を成している。しかしこうした関税法のもとで日本が推進した政策は，関税率を部材に低く加工製品に高く設定するタリフ・エスカレーション，センシティヴ産業保護のための高関税措置であった。しかし日本はケネディー・ラウンド以降おおはばな関税引下げ約束を行い，ウルグアイ・ラウンドの終了後には平均関税率でみるかぎり先進国中もっとも低率の関税国となっている。しかし農業・繊維・化学分野の関税率は高い。とくに農業分野の高関税率は，新ラウンド交渉の挫折を招いた。他方，機械産品の関税率はゼロであり，これは自動車(10％関税率)や電子産品について一定の関税率を維持しているECやトラック等に高関税を課している米国とくらべても特筆に値する。

(ii) 関税減免

2008年3月末で期限切れとなった加工再輸入減税制度(関税暫定措置法第8条)は2011年度末まで3年間延長され，制度対象品目が繊維製品のほか革製品にも拡張された。これにより，日本の業者は，革製品用のプラスチック製衣類付属品等(ハンガー等)・縫糸・ボタン等を低コスト国むけに輸出し，その域外加工品を輸入する際，輸入関税を域外加工コスト相当分に減少してもらうことができるようになった。

第4節　輸出規制

1　GATTの輸出規制
(1) GATTの輸出関連規制

GATTはいっぱんに国家が輸入取引に対して行う規制に対しては厳しい態度で臨んできた。国家は国内産業を保護するため輸入に対して保護主義的な関税措置や非関税措置(数量制限，検疫措置，基準認証，ダンピング防止措置)をとる例が多いからである。他方，国家が輸出品に対して行う規制に対し，GATTはそれほど厳しいルールを導入しなかった。輸出に関するGATTルールは，輸出補助金の禁止，輸出数量制限の禁止(GATT 11条)，安全保障のための輸出規制(GATT 21条)にかぎられた。

(2) GATTの輸出税規制

GATTはまた輸出税を明文で禁止しなかった。それゆえ，ブラジル・コーヒー豆事件で，ブラジルが自国インスタント・コーヒー産業を促進するため国産コーヒー豆の輸出に税を課した措置はGATT違反を問われなかった。ブラジルは，国産コーヒー豆に輸出税を課して輸出を抑制することで，原料豆の国内取引価格を引き下げた。このため，国内インスタント・コーヒー生産者は原料豆を安価に購入し輸出向けコーヒーの価格を引き下げることができた。このように国家が輸出品の価格競争力を増すため，国産原料の輸出に輸出税を課し原料輸出を抑制してもGATTでは黙認された。ブラジルの措置に異議を唱えた米国はGATT時代に2国間交渉で問題を解決した。

(3) 日本の輸出税廃止

日本は資源小国として輸出税を課す実益をもたない。逆に輸出促進に邁進してきた。しかし，歴史をふりかえると，日本は開国後，紡績産業を育成するため，i 国内綿花栽培を海外産業から保護するための「綿花(cotton boll)」輸入関税とii 国内綿織物を海外産品から保護するための「綿糸(cotton yarn)」輸出関税を徴収した。しかし，1890年代から綿糸の国内生産量が輸入量を超えるようになったため，綿花輸入関税と綿糸輸出関税は，不要となった。議会は，紡績産業の国際競争力を強化する観点から，1896年，「両税廃止」法を採択した。その結果，国内綿花農家は打撃をうけたが，国内綿糸産業は，原料綿花の価格低下により国産綿糸の生産・輸出が急増した。言葉を換えれば，原料については低価格調達を可能とするように輸入関税率を撤廃・削減し，他方，加工品については低価格輸出と国際競争力付与の視点から輸出関税を撤廃するのが，労働集約産業にとり望ましいのである。日本の産業改革が成功した背景には，関税政策の転換と刷新という大事件があったことを指摘しておかなければならない。

2　WTOの輸出規制と中国の稀少金属輸出規制
(1) WTO体制下の輸出数量制限と輸出税
A　GATTルールの踏襲

WTOもGATT制度を踏襲した。したがって，輸出数量制限は原則として禁止される(GATT11条1)が，規制国の立証能力しだいで，GATT一般例外条項(20条b，20条g等)により正当化される余地がある。輸出税は明文の禁止規定を欠いたままである。しかし利害関係国が違反申立を行うときは，規制国はGATT一般例外条項による正当化を立証することができる。

B　現行輸出税

現在輸出税を課す国はきわめてすくない。米国はすでに憲法のなかで，輸出税を禁止した。その背景には英仏向けに大量の綿花を輸出していた米国南部諸州の輸出税反対運動があった。またかつての英国は税収入

の源泉を羊毛の輸出関税から得ていたが，国内産業への打撃を考慮して，1722年に輸出税を減免し，輸入関税を引き上げた。日本や中国も開国前に，財源確保のため輸出関税を課していたが，列強との不平等条約により，輸出関税を輸入関税なみに5％に引き下げた。現行の輸出税はつぎのように大別される。

(ⅰ) 歳入目的の輸出税

資源国が歳入目的のため鉱物，農産品（コーヒー，ゴム，椰子油）の輸出に課税する例がある。インドネシア・タイの丸太・椰子油輸出税，タイのゴム輸出税，マダガスカルのヴァニラ・コーヒー・胡椒・丁子輸出税，ロシアの石油輸出税，ブラジルの1996年砂糖輸出税（従価40％）があげられる。石油輸出国機構（OPEC）の国際カルテルによる石油資源の輸出価格統制も輸出税と同じ機能を果たしている。

(ⅱ) 国内産業保護・育成のための輸出税

ASEAN諸国，ノルウェー，スウェーデン，ロシア等が森林資源に輸出税を課しているのは，国内の木材伐採・材木加工・製紙産業を育成・保護するためである。EUは1995年12月に小麦輸出税を課した。

(ⅲ) 通商摩擦解消のための輸出税

米国とEUは繊維協定失効後，中国が繊維製品に輸出税を課し，欧米向けの輸出を抑制するよう求めた。カナダも米国向け針葉樹材の輸出を抑制し，木材摩擦を緩和するため米国向け木材に輸出税を課した。

(ⅳ) 国宝・美術品の国外流出をふせぐための輸出税

イタリアがかつて課していた輸出税である。

3 中国のWTO加盟議定書

中国は，資源大国として，稀少金属（rare metals）の輸出に関しいくつかの約束をWTO加盟議定書のなかで行った。議定書は，中国の資源輸出に対する輸出税の賦課を厳しく規制した。パネルは中国鉄鋼原料輸出規制事件［巻末表6-5］の報告書（2011年7月5日送付）で，中国の輸出数量制限をGATT違反とし，同時に中国の特定輸出税を加盟議定書違反と判定した。その要旨はつぎのとおりである。

第1に，中国の輸出割当（export quota）は，bauxite・coke・fluorspar・silicon carbide・zincに対する規制に関するかぎり，GATT（11.1条）で禁止された輸出数量制限に該当する。とくにcoke・silicon carbideの輸出割当はGATT一般例外条項（20条b）の人動植物の生命健康の保護に必要な措置にあたることを中国は立証できなかった。また中国は，耐火性のReftactory-grade Bauxiteの輸出割当がGATT一般例外条項の有限天然資源の保存（20条g）のための措置にあたり正当化されることも立証できなかった。

輸出税については，中国加盟議定書（Para. 11.3）が特定品目に他する輸出税を明文で禁止するいっぽう，例外的に84品目にかぎり中国の輸出税を容認した。しかしこれら例外品目に，本件の懸案原料（bauxite・coke・fluorspar・magnesium・manganese・silicon metal・zinc）ははいっていなかった。また加盟議定書の別の規定（Para. 11.3）は，懸案原料への輸出税がGATT一般例外条項（20条）によっても例外的に正当化できないことを明記していた。そこでパネルは懸案原料のfluorspaへの輸出税を議定書違反とした。他方，中国は他の懸案原料（zinc scrap・magnesium scrap・manganese scrap）への輸出税についてGATT一般例外条項（20条b）による正当化（人動植物の生命健康の保護に必要な措置）を試みたが，中国は立証に成功しなかった。また

くわえてパネルは，輸出割当の付与に必要とされる作業能力基準に関し，基準の適用ガイドラインがない以上，必然的に非合理的で統一性のない運用がもたらされるとして，GATT（10条3a）の貿易規則の一律公平合理的運用原則の違反を指摘した。また中国がGATT（10条1）に反して輸出規制を迅速に公表しなかったことをパネルはつけくわえた。

第5節 関税評価

関税評価（customs valuation）は，輸入国税関が，輸入品への関税の賦課にあたって，関税額を算定するため，輸入品の価格――すなわち課税標準としての課税価額（customs value）――を決定する行為をいう。税関は，関税評価法に従って，輸入品の課税価額を審査・評価し，必要におうじて価格修正を行うことができる。それゆえ，企業が関税額を軽減するため輸入品価格を実際よりも低く申告するときは，税関当局は，関税評価法に基づいて，産品価格を引き上げ関税額を増やすことができる。関税評価はとうぜんのことながら従価税品目（課税価額に一定パーセントを乗じて関税を算出する品目）にのみ適用され，従量税品目（商品の価額ではなく重量等におうじて関税が算定される品目）には適用されない。商品の大半は従価税品目であるため，関税評価はおおきな意味をもつ。

1 GATT/WTO関税評価協定

関税評価協定（GATT東京ラウンド協定，WTO改正協定），関税評価に関するGATT（7条）を実施するため，公正・一律・中立的な関税評価制度を規定し，従来の多種多様な各国評価制度を調和した。

この協定の実体ルールは，大別して，課税価額の確定方法と関連者間取引に関する課税価額の確定方法からなりたっている。

(1) 課税価額の決定方式

協定によれば，輸入品の課税価額は，以下の優先順位に基づく価額決定方式に従って確定される。
① 現実取引価額方式（第1優先）
② 同種・類似産品取引価額方式（第2優先）
③ 控除価額方式（第3優先）
④ 積算価額方式（第4優先）

⑤ その他（第5優先）

A 現実取引価額方式

第1優先の課税価額は，輸入品の現実の取引価額である（1条）。それゆえ，輸入品の価格に基づかない従来の評価方式（米国ASP方式，米国402条評価制度，カナダ公正市場価額方式）は否定された。この現実取引価額は，輸入品が輸出販売されたときに現実に支払われたか支払われるべき価格（現実支払価格）に一定の加算要素をくわえた額である。各国の関税実務上も，輸入取引の9割強について，現実取引価額が課税価額として採用されている。

加算要素には，買手が輸入品の生産・販売に関連して無償または値引きにより提供したいわゆる生産補助（production assists, assists）の価額（たとえば買手の日本家電メーカーが中国の生産委託企業に冷蔵庫生産を委託したさい，ただで提供した部材・工具や技術・考案・意匠・設計），買手が輸入品の販売条件として直接間接に支払うべきロイヤルティおよびライセンス料等が含まれる。とくに加算される特許権のロイヤルティまたはライセンス料にはつぎのものがふくまれる。第1に，輸入取引の条件として輸入原料に関連して支払われるライセンス料，たとえば海外の原料メーカーが特定原料（化学品原料，薬品用濃縮液，清涼飲料用濃縮液，工業産品部品等）について製法特許権をもち，買手がこの原料を当該ライセンサー（売手）から輸入し完成品（化学品，薬品，清涼飲料水，工業産品等）を製造している場合がある。もしも買手が輸入取引の条件として売手（特許権者）に当該原料の特許権の使用についての対価（ライセンス料）を支払っているならばこのライセンス料は問題の輸入原料価格に加算される。なぜならば，こうしたライセンス料は輸入品（売手が製造した化学品原料）に関する特許権（当該原料を製造するため使用される特許製法）の使用の対価であり，輸入品の買手が輸入取引の条件として特許権者である売手に支払わなければならない対価にあたるからである。第2に，買手が第3者に支払う商標権の使用料がある。買手が，第3国の商標権者の商標をつけたネクタイを外国の売手（商標権者から当該商標の使用を許諾されたライセンシー）から輸入し，商標の使用料（輸入品の国内販売価格の一定%）を売手にではなく商標権者に支払っている場合でも，問題の商標使用料は輸入品に関連し売手と買手との輸入取引の条件であれば，輸入品の課税価額に加算される。第3に，商標権者から商標使用の許諾をうけた売手から購入する輸入品について買手が商標権者に対して支払うライセンス料がある。買手が，E国のメーカーである売手yから，A国の商標権者xの商標をつけた産品を輸入するときに，売手yは商標権者xとの事前取決めによって商標権者xにライセンス料を支払う者に対してのみ製品を供給できる場合が想定できる。この場合，買手が商標権者xに支払うライセンス料は輸入品の課税価額に加算される。なぜならば本件の場合，買手が商標権者に対して払うライセンス料は輸入品に関係することが明白であり，買手と売手との輸入取引の条件となっているからである。

現実取引価額をCIF価格（Cost, Insurance and Freight. 輸入港までの輸送費・輸送関連費用・保険料を含む価格）とするか，またはFOB価格（Free on Board. 輸出国での本船渡し価格）とするかは，加盟国の裁量に委ねられている。ちなみに，米国，カナダ，オーストラリア等はFOB価格を採用するのに対し，日本，EC，北欧諸国，東欧諸国，韓国等は，CIF価格を採用している。

現実取引価額が課税価額として採用されるためには，売手と買手が独立当事者である必要はない。両者が，日本の親会社と中国子会社のように，関連者であっても，両者間の現実取引価額が資本関係等の特殊事情によって影響をうけていないかぎり，現実取引価額が課税価額として採用される。そして，実行上も，関連者間の現実取引価額が，課税価額として採用されるのが一般的趨勢である。

産品が生産者から商社を経由して輸入される場合はどうか。米国控訴裁判所は1992年の日商岩井判決で，商社経由取引の場合でも生産者と商社が独立当事者として行動していれば，課税価額は生産者から商社への（低い）価格がであり商社から米国顧客への（高い）価格ではないとした。この事件では，ニューヨーク地下鉄当局が日商岩井との商談をつうじて川崎重工製の地下鉄車両を輸入したが，日商岩井と川崎重工の取引価格は独立当事者間価格と認定されたのである。しかし2008年1月米国当局は日商岩井事件の生産者商社間価格ルールを変更する提案を官報に告示した。

B 同種・類似産品取引価額方式

輸入品の現実取引価額が，課税価額として採用できないときは，輸入品の同種・類似産品の取引価額を採用する。同種産品（identical goods）とは，「物理的性質，品質および社会的評価を含むすべての点において輸入品と同一である」産品をいう。もっとも，外見上の微細な差異（色彩のわずかな相違等）があっても，その他の点で，問題の産品が輸入品と同一であれば，その産品は，輸入品の同種産品とみなされる（15条2）。ただし，こうした同種産品は，輸入品と同一の原産国で生産され，輸入品の輸出時期とほぼ同時に輸出され，輸入品の取引段階・取引数量と比較可能でなければならない（2条1）。他方，類似産品（similar goods）は，「輸入品とすべての点で同一でないが，同様の物理的性質および素材の産品であって，輸入品と同一の機能を有し，かつ輸入品と商業上，代替可能である産品」をいう。類似産品の判定にあたっては，産品の品質，社会的評価および商標等が考慮される（3条）。類似産品も，同種産品の場合と同じ要件──原産国，輸出時期，取引段階・取引数量に関する要件──を満たさなければならない。

これら同種産品または類似産品には，つぎの2種類がある。

① 輸入品の生産者が生産した同種産品または類似産

品

② 当該生産者以外の者（ただし，輸入品と同一の原産国の者にかぎる）が生産した同種産品または類似産品

しかしこれら同種・類似産品のあいだには，一定の優先順位がある。第1に，当該生産者の産品は，他社産品に優位して，考慮される。したがって，当該生産者の同種産品または類似産品がない場合にかぎって，他社の同種産品または類似産品が考慮にいれられる。しかも，当該生産者の類似産品は，他社の同種産品に優位する。第2に，当該生産者が，同種産品と類似産品を生産しているときは，同種産品が，類似産品に優位して考慮される（ただし，上述のように，当該生産者が類似産品のみを生産し，他社が同種産品を生産しているときは，前者が後者に優位する）。

では同種・類似産品の取引価額はどのように算定されるのか。

まず同種・類似産品が，輸入品の取引段階と同一の取引段階で，かつ輸入品の取引数量と実質的に同一の取引数量で輸出販売されたときは，同種・類似産品の取引価額がそのまま課税価額とされる。しかし，同種・類似産品が，輸入品の取引段階と異なる取引段階で，かつ輸入品の取引数量と異なる取引数量で輸出販売されたときは，同種・類似産品の取引価額を，取引段階と取引数量の差異に基づいて，調整（減額調整または増額調整）しなければならない。なお，同種・類似産品の取引価額が2つ以上あるときは，最小の取引価額を用いて，課税価額を決定する。

C 控除方式と積算価額方式

上述の現実取引価額では課税価額が決定できないときは，輸入品の再販売価格から所定の経費・利潤を控除して課税価額を算定するいわゆる「控除価額方式 (Deductive Value)」を採用する。控除方式でも課税価額が決定できないならば，製造原価に利潤・経費を積算して課税価額を割り出すいわゆる「積算価額方式 (Computed Value Method)」を適用する。ただし，輸入者が要請するときは，控除方式に先だって，積算価額方式を優先的に採用することができる。

なお後述するようにダンピング防止法でも輸出国の国内価格（正常価額）を算定するときに，現実支払価格のほか経費積算による構成価額が採用されることがある。関税評価法は，ダンピング防止法の場合の価格算定よりも詳細な計算方式を規定しているようにみえる。

D 入手可能な資料に基づく価額

うえにみた価額によっても，課税価額が決定できないときは，輸入国で入手可能な資料に基づき算定される価額を，課税価額とする。ただし，この価額は，GATT（協定．7条）の原則に適合する方法で算定されねばならず，可能なかぎり，従前に決定された課税価額に基づくべきであるとされる。

E 課税価額の決定のための適用細則

協定は，上述の課税価額の決定に不可欠の適用細則として，つぎの2つをおいた。1つは課税価額の決定にあたって使用される資料は，それぞれの価額決定方式に関連する国で「一般的に認められている会計原則 (Generally accepted accounting principles. GAAP.)」である。したがって，輸入者または輸出者は，関税評価手続のために，関税評価用の特別の帳簿や記録を独立に作成し，提出することを要求されない。関係者は，ビジネス目的のため一般的に認められた方法に基づく資料を提出すればたりるのである。もう1つは，課税価額決定のための為替換算率である。輸入国の税関当局は，その国の通貨で課税価額を決定し，関税額を定める。ただし，為替換算率の決定と運用は，各国の法令に委ねられている。

(2) 関連者間の取引と課税価額

関連者間の取引価額は，関税評価上，受諾可能なかぎり，課税価額として採用される。第1に関税当局が，関連者間の取引価額が受諾可能であることについて疑問をもたない場合（たとえば事前の詳細な情報により受諾可能性を納得している場合等），当局は，輸入者に追加情報の提供を要求せずに，関連者間価額を課税価額として承認することができる。第2に，関税当局が，関連者間価額の受諾可能性について疑問をもつ場合でも，当局が，輸出販売状況を調査したのち，関連者間の関係が輸入品の価格に影響を及ぼしていないことを確認するならば，関連者間価額が受諾される。第3に，輸入者が，問題の取引価額が受諾検証価額に近似していることを立証するときも，現実取引価額が，課税価額とされる。こうした立証が行われるときは，むろん上述の調査は不要となる。

2 手続規定

協定は，関税評価手続の適正を確保するため，いくつかの規定をおいた。

(1) 国内手続

輸入国当局は，GATT協定を実施するための法令，司法上の決定および一般的に適用される行政決定を，公表しなければならない。輸入者は，「不利益をこうむることなく」——すなわち罰金を課されずに——，当局の課税価額決定に対して異議を申し立てることができ，加盟国は，自国法令のなかで，この異議申立権を定めなければならない（11条1）。ただし，加盟国は，異議の申立てに先立って，関税の全額の納付を輸入者に要求することができる。輸入者は，このような異議の申立てを，第1次的には，関税当局に対して，最終的には司法当局に対して行うことができ，こうした異議申立てによって行政決定は，司法審査に委ねられる。異議申立てに対する当局の裁定は，申立者に対し，理由とともに通知され，異議の申立者は，不服の申立権について通知される。

輸入国の関税当局は，関税評価にあたり，輸入者の提出する申告，文書，陳述等が正確かどうかを検討する権利をもつ（17条）。

(2) 国際手続

協定の運用のため，WTO関税評価委員会 (Committee

on Customs Valuation) と WCO 関税評価技術委員会 (Technical Committee on Customs Valuation) がおかれている。また加盟国は他国の措置が協定に違反すると考えるときは，協議手続（協議にさいし WCO 技術委員会は助言と援助をあたえる），パネル手続に訴えることができる。

3 主要国の関税評価法

(1) 関税評価協定

日米欧は，GATT 協定（1979 年署名，81 年 1 月発効）の受諾にともない，それぞれの国内法規（日本関税定率法，米国 1930 年関税法 402 条，EC 規則 80 年 1224 号）を協定に適合させた。これら日米欧国内法は，実体規定に関するかぎりは，おおむね GATT 協定に準拠し，そのけっかほぼ共通のルールをそなえることになった。これは，後述するダンピング防止法の場合と対照的であった。WTO が発足し GATT 協定がほぼそのまま WTO 協定に衣替えされたのちも主要国の法令は基本的におおきな修正を受けていない。

関税評価に関する紛争事例は WTO にも委ねられているが，おおきな摩擦をひきおこしていない。

(2) 韓国の関税評価と韓 EU 摩擦

EU の報告書は，韓国政府が関税評価をつうじて関税額を引き上げる方策をとったことにふれている。報告書によれば，EU 企業の韓国子会社は 1990 年代に韓国税関当局による厳しい関税評価を受けたとされる。そして税関当局はおおくの事例で，EU からの輸入品の関税評価にあたり，EU 輸出企業と関連輸入者間の移転価格輸入価格がじっさいよりも低く申告され，その結果，輸入者が韓国の輸入関税の支払いを免れていると判定した。

ところで韓国税関の慣行によると，税関は輸入品の関税評価にさいし，ほぼ 99％のケースで，輸入品価額を現実の取引価額に基づいて算定した。しかし残り 1％のケースで税関は輸入品価額を経費控除方式に基づいて過大に算定し，これによって関税額を実際よりもおおく計算したとされる。

そこで問題となるのは，輸入品の価格算定に関して，韓国国税庁（Office of National Tax Administration. ONTA.）と税関がとった算定方法である。EC 報告書は，この点に関して，国税庁と税関が異なる算定方法をとったと指摘している。報告書によれば，国税庁は，法人税の脱税を阻止するため，移転価格税制に基づき，輸入品の価格を低く算定しようとするのに対し，税関は関税額の減少をはばむため，関税評価法に基づき，輸入品の価格を高めに算定しようとするからである。このように国税庁と税関は相互に矛盾する算定方法をとっているにもかかわらず，両者のあいだに調整は行われていないことを EU は指摘している。もっともこうしたプライシング関連法規のあいだの調整問題は，韓国にかぎらず，米国でも論じられているが，解決策は講じられていない。

第 6 節 関税分類と原産地決定

輸入品に対して関税を賦課するためには，輸入品の関税分類番号と原産地を確定しなければならない。関税率は関税番号におうじてまた原産地におうじて異なるからである。

1 関税分類のための HS 条約

商品の関税分類は，1988 年に関税協力理事会（CCC. Customs Cooperation Council. 通称・世界関税機関 WCO. World Customs Organization）が採択した HS 条約（Harmonized System「商品の名称および分類についての統一システムに関する国際条約」）に基づいて行われている。HS 条約は地球上に存在する全商品に背番号をうち，この番号を条約受諾国でつかわせることを目的としている。

HS 条約の加盟国は日米 EC カナダ等 102 カ国におよんでいる。HS のもとで，商品は 1 類（動物）から 97 類（美術品等）に分類され，2 桁の類（chapter）はさらに 4 桁の項（heading），6 桁の号（subheading）にまで細分されている。6 桁レベルまでの HS 分類は加盟国を強制している。しかし 6 桁を超えると，加盟国は自由に商品を細かく分類する権利を認められた。85 類の電気機器と部品等を例にとると，この類は 48 の項（8501 から 8548 まで）にわかれ，そのなかの 8528 は TV であり，それはさらに 8528.12 のカラー TV，8528.13 の白黒 TV 等にわかれている。そしてカラー TV はサイズによって 9 桁レベルで細分されている。HS の改正は，商品の技術革新にあわせて過去 3 度（1992 年，1996 年，2002 年）行われたが，次回の改正は 2007 年に予定されている。

2 関税分類の重要性

関税分類は商品貿易にとって著しい重要性をもっている。関税分類しだいで，通常関税率が異なるし，特恵を受益できるかどうかも左右され，さらにダンピング防止税・セーフガード措置・相殺措置・対抗措置・報復措置の対象となるかどうかが決まるからである。

3 関税分類ルール

HS で定められ加盟国が共通して採用している関税分類ルールは「関税率表の解釈に関する通則」と呼ばれ，つぎの内容をもっている。

(i) 未完成品・キットの関税分類

産品はたとえ未完成品であっても完成品としての「重要な特性（essential character）」を通関時の提示にさいしてもっていれば，完成品として分類される（通則 2）。また組立用のキット等の部品一式も完成品として分類される。これは輸入者が関税支払を低くするため，産品を高関税の完成品としてではなく，低関税の未完成品またはキットとして輸入するようなときに適用される。また輸入者が完成品にダンピング防止税を

課されたあとで，完成品へのダンピング防止税の支払を回避するため，キットとして輸入するような場合，輸入国税関は，こうした関税分類ルールに基づいて，キットを課税対象の完成品とみなし，キットにダンピング防止税を賦課することもできよう。そのさいの鍵は，未完成品やキットが完成品としての重要な特性をもつかどうかという解釈にある。

(ii) 産品が2以上の項（4桁）に属するときの関税分類

産品が2以上の項に属するときはつぎの優先順位に従って関税分類を行う（通則3）。

① もっとも特殊な限定をしている項が，これよりも一般的な限定をしている項に優先する。
② 当該産品に重要な特性をあたえるキー・コンポーネントに着目して関税分類を行う。
③ 2以上の項のうち数字上の配列でさいごとなる項を関税分類番号とする。

(iii) 類似産品ルール

上記のルールでも関税分類ができないときは当該産品にもっとも類似する産品が属する項を関税分類番号とする。

4 WTOの事例

WTOパネルが扱った関税分類紛争はEU関連の事例が多い。EUはかねてより委員会規則・実施規則（Implementing Regulation, Commission Regulation 2454/93），EC統合関税率表（TARIC）および関連措置に基づいて関税業務を遂行していた。しかしEUの業務は，以下の事例にみるように他のWTO加盟国からWTO申立を受けた。

(1) EUコンピュータ機器関税分類事件

この事件〔巻末表9-5〕で扱われたコンピュータ関連の機器は大別してつぎの2つにわかれた。

① LAN機器（local area networks equipment. LAN equipment）――たとえばnetwork cards, adaptor cards, devices（hubs, bridges, routers, repeaters, LAN switches, cables, modules）
② パソコン（multimedia PCs [personal computers]）

ECはウルグアイ・ラウンドのさいLAN機器とPCを一括して自動データ処理機（ADP, automatic data processing machines）とその部品として分類し，その関税率を4.9％に引き下げる約束をした（しかも4.9％は5年間で2.5％またはゼロにまで低減される）。他方その付属品は4％に引き下げ，つづく5年間で2％にまでひきさげることも約束した。

しかし1995年5月，EUはLAN adaptor cardを電気通信機器（telecommunications apparatus）という別のカテゴリーに分類した。電気通信機器の関税率は，自動データ処理機の関税率よりも高く，4.6％から7.5％までの率であった（ただしこの率は5年間で3％から3.6％の水準に引き下げられる約束となっていた）。

パソコン（multimedia PCs）については，1996年，英国裁判所は一定のPCをテレビ受像機に分類する関税決定を支持した。テレビ受像機は14％の高関税に服した。さらに欧州委員会は1997年6月，パソコンを自動データ処理機に分類する規則を採択した。しかしマルチメディア機能をもつパソコンは14％の高関税を適用された。

米国はEUによる関税分類の変更は，外国からECへ輸入されるコンピュータ関連機器に対して不利な関税待遇をあたえると主張した。米国は，関税分類変更のけっか，輸入機器はEUがウルグアイ・ラウンドにさいして行った関税引下げ約束率よりも高い関税を課されることになると指摘した。そして米国はこのような関税分類の変更による関税引上げは，GATTの関税譲許原則（2条1）に違反すると主張した。

パネルは，米国の訴えをいれて，EUが関税譲許原則に違反したことを認めた。パネルによれば，米国はLAN機器がADPとして扱われることに合法的期待（legitimate expectations）を抱いたし，抱く権利をもつとされた。しかし，上級委員会は，パネル判断を覆した。上級委員会はパネルの判断が誤りであることを指摘し，EUのコンピュータ関連機器に関する関税分類の変更はGATT（2条）に違反しないとのべた。

(2) EU冷凍鶏肉分類事件

EU冷凍鶏肉分類事件〔巻末表9-12〕では塩漬け冷凍鶏肉の関税分類が争われた。EUは冷凍ボンレス鶏肉（HS0207.41.10）について従量税で1トンあたり1024ECUの関税譲許を行い，しかもこの鶏肉を農業特別セーフガード措置（農業協定5条）の対象品目とした。他方EUは，塩漬けの冷凍ボンレス鶏肉に関し（HS02.10.90.20）従価15.4％の関税譲許を行った。ところがEUは2002年，塩漬けの冷凍ボンレス鶏肉の関税分類を塩漬け従価税品目（HS02.10.90.20）から従量税品目（HS0207.41.10）に変更した。鶏肉輸出国のタイとブラジルはEUが関税分類を変更し，譲許税率を超える関税を賦課したと主張しWTOに提訴した。タイとブラジルによれば，従量税は従価税に換算すると40-60％に達し，譲許税率15.4％を超えるとされた。パネルは，EUが関税分類を誤り，譲許関税率を超える関税を課し，譲許関税遵守義務（GATT2条1a, b）に反すると判定した。上級委員会は2005年9月の報告でパネル判定を支持した。

(3) EU関税分類行政事件

米国はEUの関税行政制度と個別産品についての関税分類がGATTに違反するとしてWTO提訴を行った（巻末表9-14）。パネル・上級委員会手続（2006年）のすえ，液晶ディスプレイ（liquid crystal display）の関税分類業務のみはGATTに違反すると判断された。

第1に，EU関税業務制度がそれ自体（as such）全体として（as a whole）WTOに違反するいう米国の訴えに関し，パネルは付託事項のなかにはいっていないとして，この訴えを退けた。しかし上級委員会は，制度全体が付託事項にはいらないとするパネル判断を覆した。しかし上級委員会はこの争点について判断を完

結ことはできないとのべた。

第2に，液晶ディスプレーの関税分類がEC加盟国ごとに異なり，関税業務の一律・公正・合理的実施義務（GATT 10条3a）に反するとする米国の主張をパネルと上級委員会はうけいれた。

第3に，米国の2002年特許製品・「安眠用遮光熱カーテン内張りフィルム」（Blackout drapery lining）の関税分類，とくにドイツ税関当局の分類は，一律ではなく，関税業務の一律実施義務（GATT 10条3a）にそむくかどうかについて，パネルはGATT違反を認めたが，上級委員会はパネル判断を覆した。

第4に，EU実施規則（147.1条）の適用に関する扱いが加盟国ごとに異なり，継続販売のために事前承認を要求する国もあればそうでない国もあり，これは一律関税業務ルール（GATT 10条3a）に違反すると米国は主張した。パネルは米国の主張を認めたが，上級委員会はパネル判断を破棄した。

第4に，GATT（10条3b）はWTO加盟国が関税事項に関する行政上の措置をすみやかに審査・是正するため司法裁判所・調停裁判所・行政裁判所とそれらの手続を設定しなければならないとしているが，EUはこの義務に違反していないと，パネルはのべた。パネル判断は上級委員会の支持をうけた。

(4) EU・IT品目関税事件
(i) 事実関係

EUは1996年12月の情報技術協定により特定IT品目の関税率をゼロにすることを約束した［巻末表9-4］。ECの約束は1997年7月に発効した。ところが約束品目に新機能を付加した多機能電子機器に関しては，関税率を引き上げた。これら多機能機器は，i 平面薄型ディスプレーFPD（flat panel displays），ii 通信機能つきSet-Top Box（STB［放送信号等を受信し視聴可能信号に変換する上置き装置］ともSTBC［Set-Top Boxes which have a Communication Function］ともいう），iii laser printer等の多機能デジタル機器MFM（Multifunctional Digital Machines）をふくんだ。EUは，これら多機能機器は既存ITA条約に明記されていないため，ITAの関税削減ルールを適用されず，課税対象となるとのべた。これに対し，多機能機器を生産・輸出する日米台湾は，多機能機器はいぜんとしてITA条約によりカバーされるから，EUへの輸入にあたり関税を免れると主張した。輸出国はパネル提訴にあたり，EUの課税措置はGATTの関税譲許原則（2.1a条，2.1b条）に反し，申立諸国のGATT利益を無効化・侵害していると強調した。

事件の核心は，それゆえ多機能電子機器は，輸出国が主張するように，ITA条約に明記された既存電子機器の延長線上にあり，いぜんとしてITA上のIT品目・関税削減約束に服するのかどうかにあった。逆にいえば，ITA既存機器はある新機能を追加され機能機器になると，多機能機器はITAの対象外におかれ，関税削減約束を逃れるのかどうかにあった。

ただし，提訴理由はITA違反にあったのではない。GATTルールの違反にあった。いうまでもなく，ITA複数国間協定はWTOの一協定ではない。それは対象電子機器の輸入関税をゼロにするため輸出入締約国が行った約定（pact）にすぎない。しかし，この約定は最恵国待遇原則に基づき，すべてのWTO加盟国（ITA品目の輸入関税率をまだゼロにしていない国をふくむ）に適用される。ITAはこのようにWTOの一協定にあたらないからこそ，輸出国側はITAとの抵触ではなく，WTO違反を理由に提訴を行った。とくにWTOの一部をなすGATT規定との抵触を輸出国は問題にした。

(ii) パネル判断

パネルは2010年8月，輸出国側の主張をおおかたうけいれ，EU措置がつぎの根拠でGATTに違反すると結論した。

パネルはGATTの関税譲許関連規定を引用して，EU多機能品目がGATT原則にふれるあどうかの検討方法を示すことからはじめる。GATTによれば他の加盟国からの輸入品に対し，輸入国は，自国譲許表に定める待遇よりも不利でない待遇（no less favorable treatment）を与えなければならない（2.1a条）。また輸入品は譲許表の定める条件または制限に従うことを条件として，「譲許表に定める関税を超える通常の関税を免除」される（2.1b条）。それゆえ，パネルはEC措置の検討項目を示した。第1は，①EU譲許表に明記された関連品目への待遇，②EU措置に定められた待遇の検討である。第2は，関連産品に関するEC措置の待遇がEC譲許表の定める待遇よりも不利でないかどうか，とりわけEU措置はEU譲許表の定める関税と条件を超える関税・条件を課していないかどうかである。

パネルは，まずFlat Panel Displayへの課税措置が，原則として，譲許表に明記された関税率を超える関税を賦課してはならないとするGATT関税譲許原則（2.1b条）に反すると判定した。まず「自動データ処理機とそれ以外のソースからのvideo imagesを受信し再生する機能」をもつFlat Panel Displayは，ITA約定によりEUが関税撤廃の譲許を行った品目であるから，EUの有税関税は関税譲許原則に反する。DVI interface付きのFlat Panel Displayの場合も同じである。この機器は，他のソースからの信号を受信する機能をもつかどうかにかかわらず，EUが関税削減を譲許したITA品目のなかにはいるからである。ただし，Flat Panel Displayのなかで，EUの関税停止制度（duty suspension）を受けた機器（CN code 8471 60 90）は，関税ゼロの恩典に浴したため，GATT上の問題を引き起こさない。既述のように，EUの関税停止は，輸入品と競争する域内産品が存在しない場合に，EU当局により個別品目ごとに行われる。もっとも，このような機器と同じ品目番号（CN code 8471 60 90）に属しながら，競合域内産品がある機器はEUの関税停止

制度から除外されEUの関税を課された。それゆえ，これら一部機器にEUが事後的な関税停止制度を適用しても，EU措置の関税譲許原則違反は，治癒されない。

以上をふまえて，パネルは，2種類のFlat Panel Display（video imageの受信再生機器とDVI interface付きの機器）への関税賦課は，関税譲許原則（2.1b条）に反し，それゆえEU譲許表に定められた待遇よりも不利な待遇を与えられ，譲許表待遇原則（2.1a条）にも違反したとのべた。

Set-Top BoxへのEU課税措置も一部論点（米国主張）を除きGATTの関税譲許原則（2.1a条）と譲許表待遇原則（2.1a条）の違反がパネルにより認定された。争点となった課税対象品目は，2種類のSet-Top Box（録画再生機能付きでSet Top Boxの本質的特徴を保持している機器，ISDN・WLAN・Ethernet技術をもつ機器）であった。パネルはまたECが，外国政府と貿易業者への周知徹底をはかるため，措置を迅速に公表するGATT義務（10.1条）に違反したと判定した。さらにECは，一部Set-Top Boxに関する関税引上げ修正をEU官報に公表する前に規定を実施し，GATTの事前公表義務（10.2条）にそむいたとパネルはつけくわえた。GATTは加盟国が関税引上げを行うときは，公表前に引上げを実施してはならないと釘を刺しているからである。

多機能デジタル機器MDM（Multifunctional Digital Machine）の一部（Input or Output Unit, ADP MFM, Facsimile Machine）へのEC課税措置もパネルによりGATT関税譲許原則（2.1b条）・譲許表待遇原則（2.1a条）の違反を宣言された。ただし，FAX機能をもつ非自動データ処理多機能デジタル機器（Non-Automatic Data-Processing MFM, Non-ADP MFM）に関しては，譲許関税率を超える関税は課されなかったため，パネルはEUがGATT譲許表待遇原則（2.1a条）を遵守したとのべた。他方，自動データ処理用Input or Output UnitとFacsimile Machineは無関税譲許品目であるにもかかわらず，それぞれ6％の関税を課された。この課税措置はGATT関税譲許原則（2.1b条）と譲許表待遇原則（2.1a条）の双方に違反するとパネルは結論した。

パネル報告は2010年8月に加盟諸国へ送付された。ECは上訴におよばなかったため，DSBは2010年9月パネル報告を採択し，EUに措置の是正を求めた。ECはDSB勧告を実施するため，2011年7月，デジタル式コピー機能を主要な機能とする機器に2.2％の関税を賦課するものの，他の機器の関税をゼロとした。

第7節　原産地決定

関税の賦課にあたって必要なルールのおおかたは調和された。関税譲許原則と例外はGATT/WTOのなかに，関税評価方法はWTO関税評価協定のなかに，関税分類細則はHS条約のなかにそれぞれ規定されている。しかし原産地決定基準は，基準の種類と長短が関税協力理事会の附属書のなかに列挙されただけで，国際的に調和されていない。このため各国はそれぞれ自国に固有の基準に基づいて輸入品の原産地を確定し，それに基づいて関税や特殊関税を課しており，これが大きな通商摩擦を招いていた。また特恵分野の原産地決定基準もGSP特恵基準であれFTA特恵基準であれ国際的に調和されていない。このためFTA域内で輸入国当局と輸入者のあいだ少なからぬ軋轢をひきおこしている。これら非特恵分野と特恵分野の原産地規則については第7部で扱うことにする。またサービス分野のサービス提供者の原産地決定基準についても第9部で後述する。

第2章

数 量 制 限

第1節　数量制限の一般的禁止

GATTは，加盟国が国内産業を保護する手段として関税によるべきことを定める一方，数量制限を一般的に禁止した（11条1）。これは輸出入品に対する数量制限の一般的禁止原則である。しかしGATTがとくに重点をおいたのは輸入品に対する輸入数量制限の禁止であった。GATTの言葉を借りれば，加盟国は他の加盟国からの輸入品（および他の加盟国への輸出品）に対して，「割当によると輸入の許可によると，その他の措置によるとを問わず」非関税措置を新設したり維持してはならないとされている。したがって加盟国はあらたに制限を導入しない義務（不作為義務）と既存の制限を廃止する義務（作為義務）を課せられている。

輸入数量制限は，輸入禁止か輸入数量割当（特定農産物や自動車の輸入を年間Xトンに限定する措置）の形をとる。輸入数量割当のもとでは企業が国家当局の許可をえて一定数量を輸入したり，また国家貿易の形で輸入が行われる。国家貿易（GATT 17条）は，国営企業または国により排他的権利をあたえられた独占企業が商

品を排他的に輸入する制度で日本では基本農産物（穀物，食肉）が国家貿易により輸入されてきた。輸入数量制限は一般的に禁止されたとはいえ，この禁止は絶対的なものではない。輸入数量制限は，特定の正当化理由に基づくときは，厳格な条件のもとに例外的に許可されるのである。

第2節　例　外

GATT/WTO は，輸入数量制限の正当化理由として以下を列挙している。それぞれについて関連事例をひきながら概観してみよう。

1　国内農水産品の生産制限と国内過剰生産の除去
(1) 国内農水産品の生産制限を理由とする輸入数量制限

国内農水産品の生産数量を制限するため，当該国内産品と同種のまたは直接競合する輸入品に数量制限を設定しかつ維持することは，合法である（11条2）。そのさい，加盟国は「将来の特定の期間中に輸入することを許可する産品の総数量または総価額を公表」しなければならない。またこの制限は「輸入の総計と国内産品の総計との割合を，その制限がない場合に両者のあいだに成立する割合」より小さくするものであってはならない。つまり，農水産品の輸入制限は，輸入の禁止を意味するのではない。輸入数量を制限するときは，国内生産数量を制限しなければならず，輸入総数量と国内生産数量の比率は，過去の代表的な期間3年間の平均比率より小さくなってはならないとされるのである。

これら諸条件を満たすことは，EC・チリ産リンゴ輸入制限事件で示されたように決して容易ではない。この事件で EC 委員会は，1979年4月，域内リンゴ市場を輸入急増から保護するため，南半球4カ国（アルゼンチン，オーストラリア，ニュージーランド，南アフリカ）とのあいだに輸出自主規制協定を締結し，またチリに対しては選択的セーフガード措置を発動した。チリだけをねらいうちにしたセーフガード措置は数量制限の形式をとった。EC はこの数量制限を正当化するため GATT の農水産品条項（11条2c）を援用した。

チリの提訴を受けて設置された GATT パネルは，1980年の報告で，EC の数量制限が，農水産品条項の比率ルール（11条2cⅱ）を満たしていないと判定した。その根拠は，EC は，4カ国との輸出自主規制協定のもとで輸入される総量または価額を公表する義務を怠った，EC の対チリ制限は，過去の代表的な期間3年間の比率ルールに適合せず，チリ産品の輸入シェアを過去の代表的期間のシェアよりも小さくした，また EC は過去の代表的な期間3年間の指定を誤った，というものであった。

(2) 国内過剰生産の除去

GATT は，輸入国が国内産品の一時的な過剰を除去するため，輸入品に数量制限を課すことは合法であるとしている（11条2ⅰ）。ただし，過剰農産品の除去は，「無償でまたは現行の市場価格より低い価格で，一定の国内消費者の集団（への）提供」によって行われねばならない。また一時的過剰が除去されれば輸入制限はただちに廃止されなければならない。EC・チリ産リンゴ輸入制限事件で GATT パネルは EC の輸入数量制限が国内過剰生産の除去を目的としていることは認めたが，比率ルールに抵触し GATT 違反となると結論したのであった。

2　国際収支の擁護
(1) GATT 12条の国際収支擁護条項

加盟国は，「自国の対外資金状況および国際収支を擁護するため」，輸入品に対して数量制限を「新設し，維持し，または強化」することができる（GATT 12条）。ただし，この制限は，「自国の貨幣準備の著しい減少の予防または阻止」あるいは「貨幣準備（の低い）加盟国の場合はその貨幣準備の合理的な率による増加」のため必要な限度で認められるにすぎない。それゆえ，貨幣準備の改善にともない，制限は緩和・撤廃されることが要求されている。また GATT 12条の援用国に対しては，GATT/WTO 国際収支制限委員会が，毎年詳細な審査——必要最小限の制限か，2種類以上の制限を同時にとっていないか，制限の廃止予定時期を明らかにしているかの審査——を行い，国際収支の状況いかんで，制限の緩和または廃止を勧告してきた。

もっともこれはいわゆる GATT 12条国（国際収支理由を主張しうる加盟国）に関する規定であり，日米 EC 諸国のような GATT 11条国（国際収支理由を主張しえない加盟国）はそもそも12条を援用することはできない。

GATT 加盟国は，IMF で8条国（経常取引の自由化義務をひきうけた国）に指定されると GATT で11条国に移行するが，このような11条国の増加にともない，12条に基づく輸入制限は減少してきた。1958年には12条の援用国は14に減り，1964年にはさらに3（フィンランド，ニュージーランド，南アフリカ）に減り，そののち73年までの10年間には3または5（スペイン，アイスランドを含む）となった。

日本は，1955年の GATT 加盟当初は，IMF 14条国として GATT 12条に基づく国際収支数量制限を維持した。しかし，1964年の IMF 8条国への移行と同時に，GATT 12条制限を廃止し GATT 11条国としての責任をひきうけた。

フィンランド・ニュージーランド・南アフリカの場合は，輸入許可制度や輸入数量制限の維持を正当化するため，1970年代以降，いちように GATT 12条を援用してきた。しかし，これら3カ国は，GATT 国際収支委員会での批判と審査を前に，12条の援用を放棄した。したがって GATT 12条の国際収支擁護条項はげんざいではあまりおおきな意味をもっていない。

(2) 開発途上国のための国際収支擁護条項
A GATT 18条の国際収支擁護条項

開発途上国はGATT 18条に基づき，所定の条件のもとに国際収支の擁護を理由として数量制限を維持または新設することができる。しかしGATTの条件を満足しないときは，開発途上国の輸入数量制限は，インド数量制限事件［巻末表12-2］にみるようにパネル・上級委員会の厳しい裁定を受ける。

B インド輸入数量制限事件

インドは，GATT時代からほぼ30数年間，国際収支の擁護を理由としてGATT 18条Bに基づき広範な輸入数量制限を維持してきた。WTOの発足後，インドは一部品目の数量制限を撤廃した。しかし，おおかたの数量制限を存続させた。ちなみに，1996年4月1日当時の関税品目は10桁レベルで10,202であったが，そのうち数量制限が廃止され自由化された品目は6,161にとどまった。インドはそののち毎年，488品目 (1996-97年)，391品目 (1997-98年)，894品目 (1998-99年)，714品目 (1999-2000年) を自由化したが，いぜんとして主要産品について数量制限を残存させた。

(i) 米国の申立とWTOパネル手続

米国は1997年7月15日，インドが維持してきた広範な数量制限，すなわち農業・繊維・工業産品に関する2,700の関税品目に関する制限がいくつかのWTOルールに反すると主張した。

第1は，数量制限の一般的廃止に関するGATT 11.1条の違反であり，第2はGATT 18.11条との抵触であった。GATT 18.11条によれば，「経済が低開発水準を維持することができるにすぎず，かつ開発の初期の段階にある」締約国は，「自国の対外資金状況を擁護するため，および自国の経済開発計画の実施のために十分な貨幣準備を確保するため」必要な限度でのみ輸入数量制限を課することができる (GATT 18.9条) とされるが，こうした数量制限は「状態が改善するに従って漸次緩和しなければならず」また「制限の維持をもはや正当としないような状態になったときは，その制限を廃止しなければならない」からである。米国はさらに，「通常の関税に転換することが要求された」措置――輸入数量制限，可変輸入課徴金，輸出自主規制措置等――の廃止に関する農業協定4.2条や輸入許可手続協定3条との不整合も指摘した。WTOのパネルと上級委員会は米国の主張を認め，インドのWTO違反を認定した。紛争解決機関 (DSB) はパネルと上級委員会の報告を採択し，インドにWTOへの整合を勧告した。

(ii) WTO勧告の実施

インドは紛争解決機関の勧告を実施するため，714の残存数量制限品目を2000年4月に撤廃した。さらに2001年3月31日までに715品目 (HS 8桁レベル) の数量制限が撤廃された。しかしこれで問題が解決したわけではなかった。インドによる残存数量制限の廃止は，全品目についての完全自由化を意味したわけではないからである。自由化とは単に従来の国際収支数量制限のうち，輸入ライセンス制度を廃止することを意味するにとどまったからである。したがって，産品によっては，従来のライセンス制度よりも厄介な非関税障壁がつぎのように創設された。

① 国家貿易品目への切替え

従来の国際収支数量制限品目 (GATT 18条B) からGATT 17条の国家貿易品目に切り替えられた品目がある。たとえば，穀類 (小麦，米，とうもろこし)，coconut oil，石油製品 (石油，ディーゼル燃料，飛行機燃料)，トロール漁船 (HS 8902)，肥料であり，これらは指定中継機関をとおして輸入されることになった。

② 国内規制の適用

他の品目は自由化された反面，煩雑な国内規制を受けることになった。たとえば，食肉・鶏肉は肉食品令 (Meat Food Product Order) を適用され，農産品は，生物学的安全性 (biosafety) や衛生植物検疫 (SPS) のための審査許可を農業大臣から取得しなければ輸入できないことになり，全食品は食品品質悪化防止法 (Food Alteration Act) に服した。さらに繊維製品は有毒染料 (アゾ染料等) を含まないことについて船積前検査証明書 (preshipment inspection certificate) の添付を義務づけられ，中古車輸入は安全環境面等からの規制を受けることになった。

3 セーフガード措置の発動 (19条)

輸入の急増により，国内産品の生産者が重大な損害を受けるか受けるおそれがあるときは，加盟国はセーフガード措置を数量制限または関税引上げの形で発動することができる (GATT 19条)。ただし，数量制限によりセーフガード措置は，特定国に対して差別的・選択的に発動されてはならない (GATT 13条)。このためGATTパネルはECのチリ産リンゴに対する選択的セーフガード措置やノルウェーによる香港製繊維製品に対する選択的セーフガード措置を無差別原則違反と判定した。

4 一般的例外条項
(1) 正当化理由とただし書き

加盟国はGATTの一般例外条項 (20条) に基づいて，公徳の保護，人・動物・植物の生命・健康の保護，知的所有権法 (特許権法，商標権法，著作権法)・税関行政法の遵守，有限天然資源の保存等のための輸入数量制限を例外的に正当化している。ただしこの一般例外条項には濫用防止のためのただし書き (20条柱書き) がついている。これによるとGATT違反の措置はいずれかの正当化理由を満たしても，恣意的または不当な「差別待遇の手段」となってはならず，また「国際貿易の偽装された制限」となってはならないとされるのである。

(2) GATTパネル判断
(i) 米国・カナダ産鮪事件

GATT時代の米国・カナダ産鮪輸入制限事件で米国は，1979年8月，カナダからの鮪の輸入をGATT

一般例外条項の有限天然資源の保存（20条 g）を理由に制限した。カナダの提訴を受けて設置されたパネルは、米国の輸入制限は、他の供給諸国からの輸入にも無差別にとられているため「かならずしも恣意的・不当ではない」とのべた。また米国の制限は「貿易措置としてとられ、公表された」ため、「国際貿易に対する擬装された制限とはみなされない」と結論した。

(ii) 米国鮪事件 I

米国は、1972年海洋哺乳動物保護法（Marine Mammal Protection Act）に基づき、イルカの保護を目的とした輸入制限措置をとった。これは、キハダマグロをイルカとともに捕獲している漁船国からキハダ鮪とその製品を輸入することを禁止するものであった。米国は措置を正当化するため、GATT 一般例外条項の動物保護目的と有限天然資源の保存目的（20条 b, g）をあげた。メキシコの要請におうじて設置された GATT パネルは、1991年9月の報告で、米国の措置を GATT 違反と認定した（ただしパネル報告は2国間の解決により GATT 理事会での採択にはふされなかった）。未採択の GATT パネル報告によれば、米国の措置はイルカ保護のための必要な措置ではない、自国領域外の保護を理由とする一方的な措置は他国の権利を危うくする、したがって本件措置は GATT 違反の輸入数量制限であり一般例外条項によっては正当化できないとされた。

(iii) 米国鮪事件 II

米国の措置については EC とオランダの申立で再度 GATT パネルが設置された。パネルは1994年5月の報告で米国の措置を GATT 違反とした。パネルによれば、米国は他国の政策に変更を強いるために措置をとっている、しかしこの措置は動物生命の保護に必要でなく、また有限天然資源の保存を主要目的としていない、それゆえ措置は GATT 違反の輸入数量制限にあたり GATT の一般例外条項によって正当化できないとされた。このパネル報告は、GATT 理事会で米国によりブロックされ、採択されずに終わった。

(iv) 米国自動車用スプリング事件

米国の自動車用スプリング事件で、米国 ITC は、1981年、自動車用スプリングの輸入禁止命令をだした。米国は、特定輸入スプリングが米国の特許権に違反しているとして輸入品の輸入を禁止したのである。その理由として米国があげたのは、GATT 一般例外条項の特許権法の遵守（20条 d）であった。カナダの要請を受けて設置されたパネルは、米国の制限は、米国特許権法に違反する全輸入品を無差別に対象とし、カナダ産品のみを対象としてはいないから、「恣意的または不当な差別待遇の手段」となっていないと宣言した。そしてパネルは、米国の制限はつぎの理由で「国際貿易に対する偽装された制限」にもあたらないと結論した。それは、米国の制限が、公表されており国境で米国税関により実施されること、制限は米国内の有効な特許権に違反する輸入品を対象としていること、制限の発動に先だって特許権の有効性と外国生産者による特許違反が確証されなければならないこと、米国特許権者からライセンスをえた米国外の生産者の製品は輸入禁止の対象とならないというものであった。

(3) WTO パネル判断

WTO の上級委員会は、環境保護のための輸入制限に対し厳しい態度で臨んでいる。米国ガソリン事件［巻末表 20-1］や米国海老亀事件［巻末表 20-4］で、米国は環境保護のための輸入制限を一般例外条項の有限天然資源の保存（GATT 20条 g）を根拠に正当化しようとした。上級委員会は、米国の主張を一蹴した。上級委員会は、米国の措置が有限天然資源の保存を目的とすることは認めたが、措置はただし書き（20条柱書き）の要件を満たしていないとしてけっきょく GATT 違反を認定したのである（第13部2章5節参照）。たとえば米国海老亀事件［巻末表 20-4］で、米国が海亀保護のためとった輸入制限措置が GATT 一般例外条項の資源保存理由を満たすかどうかが争点となった。米国は、海亀脱出装置なしに海老を捕獲する漁法をとる国からの海老の輸入を禁止した。アジアの海老漁獲国からの申立を受けて設置された WTO パネルは、米国の措置が GATT 違反の輸入数量制限に該当することを認めた。パネルによれば、他国の政策に影響をあたえて多角的貿易体制を揺るがすような国家の措置は、GATT の一般例外条項によって正当化できないとされた。米国の上訴を受けて召集された上級委員会も、パネル判断を部分的に覆したものの、米国の措置は GATT 一般例外条項によっては正当化できないと結論した。米国はこうしたパネル・上級委員会の報告を履行するため、実施措置をとった。実施措置がいぜん WTO と違反しているかどうかについて、実施審査パネル（紛争解決了解21.5条）は、米国の措置がいぜんとして GATT 違反の輸入制限措置に該当するものの、一般例外条項によって正当化されることを結論した。実施審査パネル［巻末表 20-4］によれば、米国の措置は有限天然資源の保護のための措置であり、しかも一般例外条項のただし書きの要件を満たすから条項によって正当化されるとされた。またパネルは、米国は一般例外条項に従って本件のような一方的措置をとる前に関係輸出国と交渉する善意努力義務を果たさなければならない、米国は海亀保護協定を交渉しさえすればよく協定を締結する義務はない、米国は交渉義務を果たすかぎりで実施措置を一般例外条項に基づいて正当化することができるとのべた。

さらに環境分野での判例法の展開に関し、第13部2章3節を参照されたい。

5 安全保障条項

輸入数量制限は、また加盟国の「安全保障上の重大な利益の保護」を理由とするかぎり正当化される（GATT 21条）。この安全保障条項は、具体例として、核分裂物質、武器・軍需品の制限、および戦時その他の国際的緊急時にとられる制限を列挙し、さらに「国

際の平和および安全の維持」のため国連憲章に基づいてとられる制限を追加している。しかし、「安全保障上の重大な利益」の定義は規定されていない。また条項の援用に関して GATT/WTO への通告義務と GATT/WTO での審査手続（援用国による正当化と GATT/WTO による承認）も定められていない。

このため、安全保障条項を援用する国は、一方的に、安全保障の概念を定め、また GATT への通告なしに輸入制限を導入してきた（ガーナの対ポルトガル輸入制限、米国の対キューバ経済封鎖、EC の対アルゼンチン経済制裁）。たとえば、スウェーデンは 1975 年に履物の輸入制限を正当化するため、経済防衛の概念をもちだして、安全保障条項を拡大解釈した。

ガーナは 1961 年のポルトガルの GATT 加盟にあたり、安全保障条項を援用して、加盟国は「戦時その他の国際関係の緊急時」に輸入数量制限を行うことができるとし（GATT 21 条 b）、ポルトガル製品の輸入禁止を正当化した。当時の GATT でのガーナ代表の言明によると、安全保障を理由とする輸入制限措置の必要性は発動国自身が決定する、措置は安全保障上の利益に対する潜在的脅威に対しても発動できるとされた。ガーナの考えは、そののち米国と EC によっても踏襲された。とくに EC はフォークランド紛争時のアルゼンチン経済制裁について、制裁措置は国連安全保障理事会決議（502 号）に基づいているから GATT の安全保障条項によって正当化できるとのべた。そして EC は、安全保障条項は GATT の一般例外を構成しており、いかなる通告、正当化、承認も要求していない、この点は GATT の 35 年間の実施過程で確認されてきたとのべた。さらに EC は慣行上、安全保障条項の援用の可否を判定する権限は、援用国に帰属するとつけくわえた。EC の見解は、米国、カナダ、オーストラリアの支持をえたが、若干の加盟諸国は、反対意見を表明した。反対意見の骨子は、「重大な安全保障上の利益が問題となっていないことが明白な場合には、安全保障条項を援用する国は輸入制限措置の正当化を行うべきである」とするものであった。それゆえ EC の制裁を受けたアルゼンチンは、安全保障条項を援用する EC は、制裁措置を GATT に通報し、安全保障上の理由を示して措置を正当化しなければならないとのべた。

スウェーデンは、履物の輸入数量制限（グローバル・クオータ制度）を正当化するため、安全保障条項を援用した。この援用にあたり、国内履物生産の減少は「国家安全政策の一部をなす緊急時の経済防衛に対する脅威」となる、この国家安全政策は履物産業という死活的産業の最低限の国内生産能力の維持を要求している、このため国家安全保障のため履物の輸入を制限することができるとスウェーデンはのべた。しかし GATT 理事会のおおくの代表は、スウェーデンによる安全保障概念の拡張に疑問を呈した。スウェーデンは、1977 年 7 月、一部履物に関して、措置の終了を GATT に通報した。

6 義務免除

加盟国は GATT/WTO の義務免除決定（waiver）に基づき輸入数量制限をとることができる（GATT 25 条、WTO 設立協定 9 条 3）。かつて GATT 締約国団は、1955 年 3 月の義務免除決定により、米国が国内農産品の過剰に対処するため「農業調整法（Agricultural Adjustment Act）」（22 条）に基づいて導入した輸入数量制限を正当化した。この義務免除は、無期限であり、また対象品目を限定しなかった。このため、米国は WTO 発足前夜まで、酪農品、綿糸・綿製品、ピーナッツ、砂糖に関する輸入数量制限を維持した。WTO 農業協定は、数量制限等の非関税措置を廃止し、数量制限を関税化するよう義務づけたため、米国の農産物輸入数量制限は廃止された。

7 対抗措置と報復措置

(1) セーフガード措置に対する対抗措置

加盟国は、セーフガード措置の発動国に対して対抗措置として輸入数量制限または輸入関税の引上げを行うことができる（GATT 19 条 3）。ただし対抗措置はセーフガード措置と実質的に等価値でなければならない。

米国は 1983 年 7 月、すべての供給国からの特殊鋼の輸入を無差別に規制するため、関税引上げと輸入割当により、セーフガード措置をとった。EC は供給国として米国に補償を求める交渉を開始したが、交渉は暗礁にのりあげた。そこで EC は 1984 年 2 月 6 日の理事会規則により、対抗措置として、米国製品の輸入に対し輸入数量制限の設定と関税の引上げを行った。

WTO の時代にはいり、米国の鉄鋼セーフガード措置に対し EC はふたたび対抗措置をとった。

(2) 義務違反国に対する報復措置

加盟国は、他の加盟国の義務違反に対して報復措置として輸入数量制限や関税引上げを行うことができる（GATT 23 条 2、WTO 紛争解決了解 22 条）。ただし報復措置は GATT/WTO の許可のもとにとられる。

GATT 時代にオランダは、米国の農業調整法 22 条に基づく輸入制限（上述の義務免除をえた輸入規制）により、酪農品の対米輸出をさまたげられた。そこで GATT 締約国団は、1957 年 11 月 28 日、オランダが報復措置として米国産小麦の輸入制限を行うことを、GATT 23 条 2 に従って許可した。これは GATT 時代の唯一の報復措置であるが、WTO の報復措置は EU バナナ事件等数件でとられている。しかし WTO の報復措置は、おおむね報復関税の形をとっている。

8 歴史的社会的事情

1984 年の日本・皮革輸入制限事件では、国家の輸入制限措置が輸入国の歴史的社会的事情によって正当化されるかどうかが問われた。日本は 1952 年に輸入皮革に対する数量制限を導入し、1963 年に GATT 11 条国となってからも、輸入制限を維持した。日本はこうした残存輸入数量制限を正当化するため国内の歴史的社会的事情を援用した。米国の提訴を受けて設置さ

れたGATTパネルは、「国内皮革産業の特殊な歴史的、文化的、社会的状況」、すなわち同和問題は輸入数量制限の正当化理由とはならないと指摘した。また日本がたとえ長期にわたって制限を維持してきたとしても、それはGATTの義務を変更しないことをつけくわえた。

9 例外規定に基づく輸入数量制限と無差別原則

加盟国の輸入数量制限は、上記のいずれかの正当化理由に基づけばただちに合法となるわけではない。輸入数量制限は、無差別適用原則（GATT 13条1）に従って、すべての供給諸国産品に無差別に適用されなければならないからである。

以上を総合すると、加盟国の輸入数量制限は原則として禁止される、しかしそれはGATT/WTOの正当化理由に基づき、かつ供給諸国産品に無差別に適用されれば、例外的に合法化されるとまとめることができる。

ただし、いくつかの微妙な問題が残されている。ひとつは、自国の文化を守るため、異文化国の産品の輸入を禁止する場合である。フランスの文化例外条項がこれにあたる。文化の定義をどうとらえるかで文化例外条項に基づく輸入禁止措置がWTOに整合するかどうか、判断は異なるであろう。宗教上の理由に基づく酒類・食肉の輸入禁止措置も宗教がGATT一般例外条項のいずれか（公徳等）または安全保障条項によってカバーされるかどうかで、見方が変わってくる。同じことは政治問題に関係する輸入禁止措置についてもいえよう。2008年2月、中国上海税関は日本の歴史教科書の輸入を禁止した。この教科書は日中間で帰属が争われている「尖閣諸島」を日本領に色分けする図を掲載していたためである。ただし教科書は日中間に領有権をめぐる争いがあることを明記していた。

第3節　主要国の輸入数量制限

1 日本の輸入数量制限

(1) 日本の輸入規制と外為法・輸入令規制

日本の輸入規制は、①外国為替および外国貿易法(外為法)に基づく輸入規制、②関税3法(関税法、関税定率法、関税暫定措置法)による関税措置、③輸出入関連法(植物防疫法、家畜伝染病予防法、火薬類取締法、薬事法、食品衛生法等)に基づく輸入制限にわかれる。輸入数量制限は、①と③のなかに含まれる。とくに重要なのは①の外為法による輸入管理である。

外為法は、輸入を原則として自由とする一方、「外国貿易および国民経済の健全な発展」のため、特定商品の輸入に対し、政府当局の承認（approval）を義務づけた（52条）。この法律規定を実施するため、内閣は輸入貿易管理令（輸入令）を制定し、経済産業省（旧通商産業省）に輸入管理制度を導入するよう授権した。経済産業省は輸入貿易管理令の規定に基づき、定期的に輸入公表（import notice）を採択し、そのなかで経済産業省の輸入管理制度として、つぎの3種類を定めた。
① 輸入割当制度（Import Quota, IQ）
② 輸入承認制度（Import Approval）
③ 輸入確認制度（Import Confirmation）

これらのうち、輸入割当と輸入承認が数量制限にあたる。

歴史的にみると、日本は終戦後の1949年に外為法と輸入令を採択し、これらに基づいて広範な品目を数量制限のもとにおいた。ほとんどの商品は1950年代末まで数量制限によって保護された非自由化品目であった。しかし、日本はGATTと米国の批判を受けて1960年から自由化にふみきった。とはいえ日本は農産品について輸入数量制限を維持し、また幼稚産業（自動車、電気電子産業）の自由化を遅らせた。このためGATTパネルは、皮革事件、煙草事件、農産品12品目事件等で日本の残存数量制限がGATTに反することを明言した。日本が自由化の速度を速めたのは、日本経済が高度成長期にはいってからであり、GATTのケネディー・ラウンド以降、また米国の圧力（牛肉・オレンジ交渉）のもとで、徐々に数量制限を廃止しはじめた。そのけっか、WTO体制下の日本の数量制限は必要な規制を除いて大幅に除去されている。

現行の輸入割当制度と輸入承認制度の輸入規制はつぎのとおりである。

(2) 輸入割当制度

輸入割当制度は、輸入者に特定産品の輸入にあたり、経済産業省から輸入割当を受けるよう義務づけるシステムである。したがって、輸入割当（IQ）は政府の輸入数量制限に該当する。それは輸入禁止または一定輸入数量の割当という形をとり、輸入割当品目はつぎの2種類にわかれる。

(i) 非自由化品目

非自由化品目として、近海魚、鱈子、海苔、昆布等食用海草、大麻、生阿片、人用免疫血清、人用ワクチン、火薬・爆薬、軍用航空機・原動機、軍艦、戦車、装甲車、武器、刀剣類、発射体の部品、麻薬・向精神薬、薬用・化学用塩類、原子炉、核燃料要素、中華人民共和国からの絹織物等がある（輸入公表1号）。中国産絹織物は1997年に突如非自由化品目にいれられた。これは規制緩和の流れのなかで生じた少数の規制強化例の1つである。他方、塩は2002年から自由化された。

注意を引くのは、大麻草（Cannabis sativa L.Marijuana）と大麻製品（成熟した茎、樹脂以外の茎製品、種子・製品を除く）の輸出入禁止原則である（大麻取締法）。ただしこれには例外がある。大麻研究者、すなわち都道府県知事の免許を受けて大麻を研究する目的で大麻草を栽培したり大麻を使用する者が、厚生労働大臣の許可を受けて大麻を輸出入する特則がある（4条1）。これと対照的に、大麻栽培者、つまり都道府県知事の免許

第2章 数量制限

を受けて麻の繊維（true hemp）や種子を採取する目的で大麻草を栽培する農家は，輸出入権をもたない。1961年の国連麻薬単一条約（Single Convention on Narcotic Drugs）も大麻等の麻薬の生産・輸出入を国家貿易の対象とするか，または政府のライセンス制度の対象とするかを加盟国の自由に委ねた（30.1a条, 31.3a条.）。向精神薬と覚醒剤については，覚醒剤取締法（1951年）により，輸出入が禁止された（13条）。ただし覚醒剤原料の輸出入・生産は一定の条件のもとに厚生労働省・都道府県の許可に服する（32条の2）。

(ii) 国際協定規制品目

稀少動植物の保護のためのワシントン条約附属書Ⅰの品目やモントリオール議定書のオゾン層破壊物質は国際協定規制品目の代表例である。

(3) 輸入承認制度

経済産業省の承認が必要な輸入品として，中国・韓国産の絹糸，中国・北朝鮮・台湾産の鮭・鱒と調製品，ベリーズ・ホンデュラス・パナマ産のくろ鮪と調製品，イラク産・北朝鮮産全商品（国連安全保障理事会の制裁対象国の商品），カンボジア産木材，アンゴラ産ダイヤモンド，国際捕鯨取締条約非加盟国産の鯨と調整品等がある（輸入公表2号）。

(4) 輸入割当制度と輸入承認制度のWTO整合性

輸入割当・承認制度は，輸入数量制限に該当するかぎり，WTOに整合するためには，所定の正当化理由に合致しなければならない。日本は，とくに非自由化品目のなかの農水産品の輸入数量制限をGATTの農水産条項（11条2）と一般例外条項の天然有限資源の保存（20条）によって正当化している。しかしながら，現代のWTO先進国のなかで農水産品について数量制限を維持しているのは日本だけである。ECと韓国はウルグアイ・ラウンドの交渉過程で農水産数量制限を廃止した。台湾もWTO加盟交渉の過程で農水産数量制限の撤廃を約束した。

(5) 塩の輸入自由化

日本はほぼ1世紀のあいだ，塩を非自由化品目としてきた。その結果，国民は化学塩によって健康を害され，またその価格は国際的競争力を失った。塩は政策の失敗をしめす典型例である。

A 塩の専売と非自由化

塩は1905年から1997年までの約90年間，国家の専売制度のもとにおかれ，民間が輸入できない非自由化品目の1つとされてきた。塩の専売は日露戦争の戦費の穴埋めと国産塩の安定供給をはかるため導入され，第2次大戦後も，日本専売公社（1949年設立）の管理下で運営されてきた。したがって企業が外国から安価で高品質の塩を輸入することは禁止され，塩の輸入は公社の一元輸入に委ねられていた。そして国産塩の品質向上と供給安定のため，戦後，製塩方法の改善（濃縮方法を合理化するための塩田から流下式への移行，煮詰め釜の平釜式から真空式への改良等）がはかられ，1970年にはイオン交換膜による化学塩の製法が開発された。そして，1971年には塩業近代化臨時措置法が成立し，これによって塩田が廃止され，従来の自然塩に代わって化学塩の製造のみが認められた。

1971年法に基づく化学塩の製造は，いくつかの問題をはらんでいた。第1は，製塩市場での競争の排除である。専売公社は1971年法に基づいて化学塩の製造を国内の7大企業のみに委託した。またこの法律は，製塩方法をイオン交換膜方式に限定したため，イオン交換膜メーカーに独占利権をあたえた。

第2に，化学塩は人や家畜の健康に対して悪影響をあたえるおそれがあった。化学塩は，イオン交換膜をつかって化学的に製造される塩化ナトリウム99.5%以上の塩であり，本来，工業用に開発されたものであった。この製塩方法では，海水に直流電流を流して，塩化ナトリウム20%のかん水をイオン膜をとおして採取し，かん水を煮詰めて，純度の高い塩が製造された。しかし，高純度の化学塩は，ニガリやミネラルを含まないため，人畜の免疫力を低下させたり，家畜の難産や発育不良をひきおこす短所をかかえていた。

このため，化学塩の有害効果に対して民間から反対の声があがったのは当然のなりゆきであった。そこで，政府（旧大蔵省・専売公社）は，1972年から一部企業に条件つきで再製自然塩（伯田の塩，赤穂の天塩等）の製造を許可した。再製自然塩は，公社が輸入した天日塩（メキシコやオーストラリアの塩田で天日乾燥によって製造される海水塩）を溶解・蒸発・乾燥させ，ミネラル等を配合して製造される自然塩の再製であった。注意を要するのは，これら再製自然塩の製造企業は，公社の輸入塩を使用することを義務づけられ，輸入塩の原産地や仕入業者を自由に選択できなかったことである。このため再製自然塩の価格は，コストを反映して高くなった。また化学塩も公社により流通を一元管理され，公社が製塩企業から購入する塩は公社が定める価格で卸売業者に売り渡された。

以上のように，塩の専売制度のもとでは，塩の製造方法・流通・販売価格は政府の管理に委ねられ，輸入塩と国産塩の競争はもちろん，国産塩同士の競争もおきる余地がなかった。ただし，ソーダ工業用の塩は，輸入が自由であった。それはソーダ工業が安価な輸入塩を使用して競争力を維持できるようにするためであった。

B 塩の自由化

塩の専売制は，国内での自然塩運動と民営化の流れを受けて，また外圧の前に，徐々に廃止の方向に向かった。まず1985年には専売公社の民営化のためJTが設立され，1997年には塩専売法が廃止された。専売法に代わって，あらたに塩事業法が制定され，5年の経過期間ののち，2002年4月から塩は完全に自由化された。このため，現在，企業が外国産塩（たとえばイタリア・シチリア島塩田塩，ドイツ・アルペン岩塩，ヒマラヤ岩塩等）を輸入したり，卸売業へ参入することは自由になっている。また製塩方法の規制も撤廃されたため，

国内で多様な自然塩が製造されている。自由化の前は，①イオン交換膜方式による化学塩の製造か，②輸入塩からの再製自然塩（伯方の塩等）のみが製造されていたが，自由化ののちは，輸入塩をつかわずに海水を煮詰めてミネラル豊かな自然塩を製造することも自由になった。

しかし，自由化にともない，輸入塩から国産塩を保護するため，塩の輸入関税率が高めに設定された。農産品がWTO農業協定によって関税化されたとすれば，鉱物産品である塩は，WTO体制下の自由化の動きのなかで関税化されたということができる。ただし政府は中国等からの安価な塩の輸入から国内産業を保護するため，市場開放後3年間，塩の関税率を高く維持することを決定した。これにより，輸入塩の国内販売価格は国産塩と同水準にまで引き上げられることになった。また，日本は塩（HS2501.00.010）についてWTOで関税譲許を行っていないため，WTO加盟国からの輸入塩に対して2011年の基本関税率（0.5円/kg）を引き上げる裁量をもっている。ただし，日本がシンガポールとメキシコとの間に締結した自由貿易協定は，はシンガポール塩とメキシコ塩を無関税とした。

(6) 北朝鮮に対する輸出入数量制限

2006年10月と2009年4月の北朝鮮ミサイル発射については，2006年11月国連安全保障理事会決議（1718号）をうけて経済産業省は，日本からの対北鮮送金の規制にくわえ，つぎの措置をとった。

(i) 輸入禁止措置

対北朝鮮からの輸入を輸入承認制度のもとにおき，経済省が輸入を承認しないことで輸入が全面禁止された。核問題が発生する前は，北朝鮮産の労働集約産品（とくに衣服）は，廉価・上質のため，WTO非加盟国に対する差別的関税（WTO譲許関税率を超える国定・基本関税率）に服しても，日本に輸入されていた。また2006年以降の禁輸措置以降も，北朝鮮の開城(Kaesong)工業団地で生産された衣服等は韓国経由で迂回輸入されているとされる。

(ii) 輸出禁止措置

日本から北朝鮮への奢侈品と大量破壊兵器関連貨物の輸出は，輸出承認制度のもとにおかれた。経済省は輸出の承認を行わないことで輸出を禁止した。奢侈品とは，高級食品（牛肉・まぐろのフィレ・魚のフィレ），酒・煙草，化粧品，宝石，携帯型情報機器・デジタル式自動データ処理機械，TV，映像オーディオ機器，乗用車，オートバイ，カメラ・映画用機器等をいう。したがって，日用品や非核関連機器等の輸出は自由である。第3国から北朝鮮へ輸出する奢侈品の仲介貿易取引も，経済産業大臣の許可制度に服し，経済省は許可を行わないことで仲介輸出を禁止した。輸入は全面禁止だが，輸出は部分禁止である。この方針は2009年4月にも踏襲された。

2 米国とECの輸入数量制限

(1) 米国の輸入数量制限

米国は，1962年貿易拡大法（Trade Expansion Act）の国家安全保障条項（232条）に基づき国家安全保障に脅威をあたえる輸入品に対して輸入制限（リビア産精製石油輸入制限）を課したり，いくつかの異なる根拠法に基づいて経済制裁（キューバ，イラン，イラク，リビア，北朝鮮，スーダン，アフガニスタン・タリバン等に対する措置）を課している。また繊維分野で米国は特定輸出国からの繊維輸入にクオータを課している。さらに米国は通商法301条に基づき報復措置として関税引上げや輸入数量制限を行うこともできる（しかし実行上米国の報復措置は関税引上げの形をとった）。

米国の輸入数量制限のなかでもっとも注目を浴びたのは環境保護を理由とする制限であろう。しかしGATT/WTOパネルは，米国・カナダ産鮪事件，米国鮪事件Ⅰ・Ⅱ，米国海老亀事件，米国ガソリン事件で米国が環境保護を理由にとった輸入数量制限をことごとくGATT/WTO（とくにGATT一般例外条項）違反と判定した。もっとも米国措置のうち海老亀事件の改正措置のみは実施審査パネルでGATT一般例外条項により正当化された。

(2) ECの輸入数量制限

ECは共通輸入規則と貿易障壁対抗規則に基づいて，輸入数量制限措置をとることができる。

(i) EC共通輸入規則

ECはWTO発足にあわせて以下の共通輸入規則を採択し，特定国からの特定産品に対する輸入数量制限を列挙している。

① 市場経済国からの産品（繊維を除く）に対する輸入数量制限やセーフガード措置に関する共通輸入規則3285/94号
② 非市場経済国（ベトナム，中国，北朝鮮等）からの産品（繊維を除く）に対する輸入数量制限やセーフガード措置に関する共通輸入規則519/94号
③ MFA署名国からの繊維製品に対するクオータに関する共通輸入規則3030/93号
④ MFA非対象産品（絹等）の輸入規制に関する共通輸入規則517/94号

たとえば非市場経済国に関する共通輸入規則519/94号は中国製履物・食器・陶磁器・玩具等に対する輸入数量制限を列挙している。

(ii) 貿易障壁規則

ECは，さらに貿易障壁規則3286/94号に基づいて輸入数量制限をとることができる。この規則は，米国通商法301条に対応するもので，主に第3国の貿易障壁がEC輸出企業の市場アクセスを阻害するときに適用される。たとえばEC企業が東アジア国家の貿易障壁によって市場アクセスに困難を覚えるときに，企業または構成国の委員会への提訴によって救済手続が開始される。この場合，委員会はまず問題の貿易障壁国に対しWTO手続をつくし，そのけっかを考慮して，いずれかの通商政策措置（commercial policy measures）を第3国産品に対してとることができる。措置は数量

制限または関税引上げ等の形をとる。

3 開発途上国の輸入数量制限

開発途上国の輸入数量制限がWTOパネルで裁かれた事例には，上述のインド事件のほかトルコ繊維衣服輸入数量制限事件［巻末表19-1］がある。

この事件では，トルコがインド産の繊維製品に課した輸入数量制限がGATTに整合するかどうかが争われた。トルコはこの数量制限はトルコEC関税同盟に基づく制限でありGATT (24条) によって正当化されると主張した。トルコによれば，トルコEC関税同盟のもとでは，インド製品はトルコ経由でECに無制限に輸入され，ECがインド製品に対して適用している繊維クオータは迂回されることになる。そのけっか，ECはトルコからの製品輸入を全量制限せざるをえなくなるであろう，とトルコはのべた。こうした迂回とECの輸入規制を回避するためには，トルコがインド繊維製品に対して輸入数量制限をとる必要があるとされた。トルコの見解では，ECが迂回防止のために輸入制限を行うと，トルコからのEC向け輸出量のほぼ40%が，トルコEC関税同盟に基づく自由貿易から排除されるとされた。もしそうなると，関税同盟がGATT上合法化されるための条件，すなわち域内貿易の実質的にほとんどすべてが自由化されなければならないという要件 (24.8条) は満たされなくなるとトルコは強調した。

上級委員会はトルコの主張をつぎの理由で退けた。トルコはわざわざインド製品に対して数量制限を課さなくても，関税同盟を形成するための域内貿易要件は満たすことができる。たとえばトルコは繊維製品のための原産地規則を制定すればたりる。こうした原産地規則が導入されれば，ECは，関税同盟の域内自由化に基づきECへ自由に輸入されるトルコ原産品とインド原産品を含む第3国産品を区別することができよう。このようにしてECはトルコ経由で輸入されるインド製品に対して数量制限を実効的に適用しつづけることができる。したがって，トルコが導入したインド製品に対する差別的な数量制限は関税同盟の形成にとって必要ではなく，GATT (24条) により正当化することはできないと上級委員会は結論した。

第3章
基準認証

非関税措置のなかで厄介なのは基準認証という技術的障壁 (Technical Barriers to Trade, TBT) である。とくに商品の基準規格は国家の長い歴史を背景に形成されてきたため，国や地域におうじて異なるのが通例である。むろん国際的に統一された基準規格も飛躍的に増えてきた。しかし，国ごとに異なる基準規格もけっしてすくなくない。

こうした基準規格の相違は必然的に貿易障壁をうみだす。基準規格が国ごとに異なれば，輸入国は，自国の基準と異なる基準で製造された外国商品の輸入を阻止することができるからである。この意味で，基準規格の相違は貿易に対する技術的な障壁となる。

そこでGATT/WTOスタンダード協定——正式には「貿易の技術的障害に関する協定 (Agreement on Technical Barriers to Trade)」——は，国家の基準認証制度が不必要な貿易障壁とならないようにするためのルールを詳細に定めた。協定は農業品から工業品にいたる全商品の基準認証に適用される (1.3条)。ただし，協定は，衛生植物検疫措置協定が扱う検疫措置にも政府調達協定が扱う基準認証にも適用されない (1.5条, 1.4条)。

第1節　基準認証のコンセプトと貿易制限効果

基準認証は，国家がさまざまな合法的目的のために定めた商品の技術的要件や手続をいう。国内消費者への危害をふせぐための生活用品の安全基準もあれば，国内の人動植物の生命・健康を保護するための食品基準や建築資材の規制もある。また環境を保護するためのエコ基準も増えている。さらには自国の輸出品の品質を確保したり，詐欺的行為を防止するための規制もある。これら規制は，国産品と輸出入品を問わずに適用されるため，輸入国の基準認証に適合しない外国産品の市場アクセスを阻止するのである。

関税以外の非関税障壁のうち，基準認証は検疫措置とならび，困難で永続的な障壁となっている。その理由は，基準認証が検疫措置と同様，合法的目的 (とくに人動植物の生命・健康の保護，環境保全) を追求するための手段であり，WTOに整合するものもあれば，WTO違反の隠れた保護貿易主義に該当することもあるからである。

1 基準認証のコンセプト

基準認証制度は，① 産品の特質やその生産工程・生産方法 (PPM, Processes and Production Methods) に関する基準規格と，② 産品が基準規格に適合していることを検査・認証するための適合性評価手続から成る。

(1) 基準規格

基準規格は，(i) 最終産品の特質に関する基準規格と，(ii) 産品の生産工程・生産方法についての基準規格にわかれる。

(i) 産品の特質に関する基準規格

産品の特質とは，品質，性能，安全度，寸法，重量・包装，ラベル表示等をいう。国家は輸出品の品質確保，人動植物の生命健康の保護，環境保全，詐欺的行為の防止と消費者保護等の目的のため産品が満たすべき特質を法令のなかに定めている。日本の電気用品安全法が定める家庭電気用品のための安全基準，医事法・薬局方（Pharmacopoeia）の医薬品基準はその典型例である。基準はこのように国家の法令のなかに規定され強制力をもつため，基準を満たさない商品は国産品であれ輸入品であれ国内販売を禁止される。これは外国産品が輸入国の基準に適合しない場合に輸入を阻止されることを意味する。なお政府公定訳は基準（technical regulation）を「強制規格」と訳したが，実務界はいぜんとして基準という言葉を用いている。

産品の特質は基準のほか規格（standard）のなかにも定められている。基準が拘束力をもつのに対し，規格は任意的である。また基準が国家ごとに個別に定められているのに対し，規格は国家・地域・国際の3次元で定められている。規格を採択するのは，国家レベルでは政府機関または民間標準化機関であり，地域レベルでは地域標準化機関であり，また国際レベルでは国際標準化機関である。それゆえ「国家規格」，「地域規格」，「国際規格」の3種類がある。JIS規格やJAS規格は日本政府の国家規格である。これに対し，ヨーロッパの地域規格やISOの国際規格はそれぞれ地域レベルや国際レベルの非政府間機関が定めるの規格にあたる。なお日本政府の協定訳は規格を「任意規格」としたが，これも実務界には浸透していない。

(ii) 産品の生産工程・生産方法に関する基準規格

当初，基準規格のコンセプトは，GATT東京ラウンドの旧スタンダード協定のなかでは産品の基準規格に限定されていた。旧協定は最終産品の特質にのみ着目し，原料から最終産品が生産される過程には目を向けなかった。しかし，産品の生産工程や生産方法は，最終産品の特質に影響をあたえるかぎり，きわめて重要である。なぜならば産品の生産工程・方法は，場合により，最終産品の安全性・品質性能・環境保全にインパクトをあたえるからである。国家が，消費者の健康安全や環境保護を完全に確保するためには，最終産品の基準規格を定めるだけでは片手落ちとなる。生産工程・方法のうち最終産品の性質に影響をあたえるPPMについても基準規格を定める必要性がでてくる。そこでウルグアイ・ラウンド交渉のけっか，WTOスタンダード協定は産品の生産工程・方法も，基準規格のなかに含めた。新協定によれば，生産工程・方法のうち，とくに産品の性質に影響をあたえるものは，貿易障壁となるおそれがある。たとえば，工業分野（半導体の生産工程），林業分野（木材の伐採方法），酪農・漁業分野（搾乳方法，チーズ製造工程，海老や鮪の漁獲方法）にみるように，一定の生産工程・方法は，産品の性質に影響をあたえる場合，基準規格によって規制されてい

る。言葉を換えれば，外国産品は輸入国の法令が定める生産方法・工程に合致しないかぎり，輸入国への市場アクセスを拒否されることがある。これら産品の生産工程・方法も，産品の特質の場合と同じように，国家の法令のなかに定められた強制的な基準と国家・地域・国際レベルの任意的規格にわかれる。

(2) 検査認証制度

検査認証制度は，産品が基準規格に適合しているかどうかをテストする検査手続と基準規格への適合を認定する認証手続から成る。協定はこうした検査認証手続を産品が基準規格に適合していることを判断するための「適合性評価手続」と呼んでいる。

検査認証は厳密にいえばいくつかに細分される。i 産品の特質に関する基準への適合性，ii 産品の特質に関する規格への適合性，iii 生産工程・方法に関する基準への適合性，iv 生産工程・方法に関する規格への適合性を評価するための検査手続と認証手続である。

2 基準認証制度の貿易制限効果

基準認証制度の最大の癌は，それが運用の仕方しだいで，国際貿易を阻害することにある。なぜならば，基準規格は，それに適合しない外国製品の輸入を排除するおそれがあり，また適合性評価手続も，不必要に長引いたり差別的に運用されれば外国製品の市場参入をさまたげるからである。

(1) 基準の貿易制限効果

基準は，上述のように，産品の特性または，生産工程・方法に関して国家の中央政府機関または地方政府機関が合法的な目的（環境保護，安全，消費者保護）のために定める強制的な技術仕様である。それゆえ，基準が国ごとに異なるかぎり，著しい貿易制限効果をもつ。とくに環境基準や安全基準についていえば，輸入国は自国の基準に合致しない産品の輸入を排除する権利をもつ。その例は，化学品，殺虫剤，医薬品，建築資材（アスベスト事件），廃棄物，絶滅の危機に瀕した野生動植物（海老亀事件の亀等），漁獲物（EC鰯名称事件）等の輸入禁止にみられる。その他，将来の課題として，化学物質規制，動物関連規制等がある。

(2) 産品の特性・製法に関する規格の貿易制限効果

規格も，産品の特性または，生産工程・方法に関して定められる。規格を採択するのは標準化機関であり，大別して，国内標準化機関，地域標準化機関，国際標準化機関がある。

A 規格制定機関

(i) 国内標準化機関

国内標準化機関は，政府機関か民間機関のいずれかである。アジアではおおむね政府機関が規格を定めるが，欧米では民間機関が規格を定めている。

日本の場合，国家規格を定めるのは政府である。工業分野では，主務大臣が経済産業省の審議会「日本工業標準調査会」（JISC. Japanese Industrial Standards Committee）の答申を受けて日本工業規格JIS（Japanese Industrial Standards) を制定している。同じ工業分野でも電気用品については，経済産業省が2001年の電気用品安全法（旧電気用品取締法）に基づいて安全規格PSE (Product Safety Electrical Appliance & Material) を採択している。他方，農林水産分野では，農林水産省が農林畜水産品とそれらの加工品について日本農業規格JAS (Japanese Agricultural Standard) を定めている。中国も規格（国家標準 Guojia Biaozhun）の制定は，国家標準化管理委員会 SAC (Standardization Administration of China) に属する国家規格協会（CSBTS. China State Bureau of Technical Supervision）の手に委ねられている。ただし，同協会は，任意的な規格のほかに，強制的な基準（とくに健康安全，環境保護，節電，消費者保護のための強制基準）も定める。韓国は，旧規格の策定を商工省・工業振興庁の手に委ねていたが，現行の韓国産業規格KS (Korean Industrial Standards) は，韓国知識経済省 (Ministry of Knowledge Economy) の技術標準院 (KATS. Korean Agency for Technology and Standards) が策定している。その他インド消費者食品省のBIS (Bureau of Indian Standards) やベトナム科学技術環境省のSTAMEQ (Directorate for Standards, Metrology and Quality) がある。

アジアとは対照的に，EU27カ国ではもっぱら民間機関が国家規格（ドイツDIN規格，フランスAFNOR規格，英国BS規格等）を作る。ただし，中東欧やバルティックのEU加盟諸国のなかには，EU加盟と市場経済化の観点から旧国営機関から民営化（または半民営化）された標準化機関がある。ブルガリアのBDS (Bulgarian Institute for Standardization)，ルーマニアのASRO (Romanian Standards Association)，ハンガリーのMSZT (Magyar Szabványügyi Testület, Hungarian Standards Institution)，ラトヴィアの有限会社LVS (Latvian Standard) である。他方，EU加盟後も政府規格機関を存続させている国もある。ポーランドの政府管轄PKN (Polish Committee for Standardization)，スロヴァキアの政府助成SUTN (Slovak Standards Institute)，チェッコ産業貿易省の認可機関CSN (Czech Standards Institute)，エストニアの政府・商工会議所・使用者産業協会が設立した政府承認EVS (Eesti Standardikeskus)，リトアニアの環境省管轄下のLST (Lithuanian Standards Board) である。

米国の規格制定も民間組織が推進してきた。ひとつは，ANSI (American National Standards Institute) である。政府省庁のほかに13万社と350万のプロフェッショナルを抱える非営利団体であり，その規格の大半は米国保険業者安全試験所UL (Underwriter's Laboratories Incorporated) が作る安全規格を基礎にしている。保険業者安全団体は保険ULは，1984年の設立当時は保険契約の事故原因を調査していたが，機材やシステムの安全性を調査し，安全規格を作成公開する機関に変貌した。他は工業材料規格と試験法規格を定める米国材料試験協会ASTM (American Society for Testing and Materials) とASTM International である。これらANSIとASTMは，世界最大の民間標準化機関であり，英国BS規格と並んで世界で頻繁に参照されている。

(ii) 地域標準化機関

地域標準化機関の代表格は，ヨーロッパの3大民間機関（CEN, CENELEC, ETSI）と南北アメリカ27カ国からなる汎米規格委員会 COPANT (Pan American Standards Commission, "La Comisión Panamericana de Normas Técnicas") である。このほか，アセアン標準化機関 (ACCSQ. ASEAN Consultative Committee on Standards & Quality)，メルコスール標準化機関 (AMN. MERCOSUR Standards Association, "Comite MERCOSUR de Normalizacion") も活動を強めている。地域機関は，排他的ではなく，域内各国規格をベースに，域外国家機関（日中韓等）や国際機関（IOC, IEC）と連携しつつ標準化をすすめている。

(iii) 準国際標準化機関

地域機関のなかでも，ETSI (European Telecommunications Standards Institute) は，欧州レベルの電話通信I規格（Telecommunications Standards）を定める地域標準化機関としての役割と世界レベルの準国際的標準化機関としての役割をあわせもっている。もともと，ETSIはEC (European Commission) の肝いりで1998年に創設された。しかしETSIの意思決定過程には非欧州の米亜多国籍企業も参加できるため，最先端技術 (mobile, internet) のETSI規格は de facto standard として準国際的色彩をおびている。ETSIの正規メンバーは，汎欧州48カ国の標準化機関であり，同時に，欧州郵便電気通信連合CEPT (European Conference of Postal and Telecommunications Administrations.) の加盟国でもある。したがって，正規メンバーはユーラシア大陸の各国標準化機関と関連民間企業を包含する。正規メンバーとして非欧州企業（NEC, 東芝, Sharp, Sony, 村田, 三菱, KENWOOD, DOCOMO, Panasonic, 横河電子機器, IBM, Motorola）の在欧子会社が名を連ねるのはこのためである。他方，準メンバー資格は，非欧州（日米加中台韓）の域外企業（NTT, Oracle, Wi-Fi Alliance, Powerwave, SANDISK, Silicon Laboratories, US Cellular Corporation, China Telecommunications, Huawei Technologies, MediaTek, KT Corporation 等）にも開放され，域外企業もETSIの規格策定作業に参加することができる。合算すると，世界の5大陸・62カ国にわたる700強の官民標準化機関と民間企業が正規または準メンバーの資格でETSIの規格形成に携わっている。

ETSI規格の策定過程は，数段階にわたる。発案 (inception)・起案 (conception) をへて，まず作業部会 (Working Group) が原案を作成する。この原案に基づき技術委員会 (Technical Body) が規格案を採択し全メンバーへ照会する。メンバーはWTOが要請する60日以内に規格案についてWeb投票を行う。メンバーの71％が賛成すれば規格案は採択される。この投票にも，正規メンバーのほか準メンバーが参加している。ただしETSIが欧州規格 (ETSI ENs) を採択するとき

は欧州38カ国の40規格機関（AFNOR, DIN, BS 等）のみが表決に参加する。

これらETSI規格のいくつかは事実上の国際スタンダードと化し、これに対応しない関連産品は規格の相違によりそもそも貿易の対象とならない。たとえばdigital high-definition TV 放送と internet 通信の双方に適応する次世代TV規格（Hybrid Broadcast Broadband Television, Connected TV）は、日韓欧企業連合の作成になり、2010年に ETSI 規格として採用され世界を席捲した。技術進歩の激しい情報技術規格はこのようにETSIの日米欧企業の主導下で作られ、その規格に対応して、機器・ソフト・メディアも刷新される。旧規格は新規格により自然淘汰され、新規格もやがて将来の規格によって代替される。

(iv) 国際標準化機関

国際標準化機関は官民混成組織と政府間機関にわけられる。

官民混成組織として、工業分野の国際標準化機構ISO（正式名称 "International Organization for Standardization" "Organisation internationale de normalisation" の略称ではなく同等標準を意味するギリシャ語 isos に由来）、電気分野の国際電気標準会議 IEC（International Electrotechnical Commission）、情報技術分野の国際電気通信連合 ITU（International Telecommunication Union）がある。これら3組織のうち前二者は非政府間機関として登録されているが、メンバーが官民混成であるため、国際レベルの de facto standard を生みだしている。

ISOの規格制定手続は、正規手続と迅速手続にわかれる。いずれの手続でも、ISOの意思決定に参加できる各国の標準化機関（日本 JISC, 中国 SAC, 米国 ANSI, フランス AFNOR 等）が「積極参加メンバー」（Participating Members, 通称 "P Members"）として重要な役割を果たす。

正規手続は、ISO 専門委員会（ISO technical committees, TC）の分科委員会（ISO subcommittees, SC）での発議にはじまる。それは新規格または改正規格の提案という形をとる。これを受けて、委員会が設置する作業部会（Working Group）は作業原案（Working Draft, WD）を作成し、委員会へ送付する。委員会は原案の審議・修正を経たのち委員会原案（Committee Draft, CD）を採択する。委員会原案に基づき国際規格原案（Draft International Standard, DIS）ができると、それは全メンバー国に照会（Enquiry）される。照会結果を反映させた最終国際規格案（Final Draft International Standard, FDIS）は、全メンバーへ投票のため回付される。投票結果にしたがい国際規格の成否が決まる。

各段階の表決は、きわめて厳格である。まず発議が成立するためには、積極参加メンバーの過半数が賛成し、5カ国以上の積極参加メンバーが審議に参加する意思を表明しなければならない。委員会原案（CD）は、ISO総会でのコンセンサスまたは積極参加メンバーの3分の2以上の賛成をえて採択される。国際規格原案（DIS）は、全メンバーへ照会され、投票した積極参加メンバーの3分の2以上が賛成し、反対が投票総数の4分の1以下ならば成立する。この国際規格原案に各国見解をもりこんだ最終国際規格案（FDIS）が ISO 事務局で登録されると、最終案のテキストは確定され、修正を受けない。最終案は全メンバーに照会され、国際規格原案の場合と同様の条件（積極参加3分の2以上、反対4分の1以下）のもとに承認される。

ISOはまた秒進分歩の技術革新に即応して迅速手続（Fast-track procedure）に訴えることもできる。この手続は、発議が成立すれば、作業原案（WD）と委員会原案（CD）の手続なしに、国際規格原案（DIS）の登録から開始される。ただし、迅速手続が適用されるのは、実績のある既存の国家規格を ISO 国際標準に格上げされる場合にかぎられる。こうした格上げ提案は、ISOと連携している他の国際標準化機関（ITU やコンピュータ関連の Ecma International［旧 ECMA, European Computer Manufacture Association］等）から提出されるか、または専門委員会・分科委員会のメンバーから提出されたものでなければならない。

工業分野でも電気・電子工学技術（発電送電, Electronics, 磁気学・電磁気学, 電気音響学, multimedia, 遠隔通信）に関する国際標準は、IECが定める。そのメンバーは各国標準化機関であり、おおよそ ISO のメンバーと重複する。ただしいくつかの例外がある。たとえばフランスの場合、ISOへ参加するのは AFNOR であるが、IEC に参加するのは UTE［Union technique de l'électricité et de la communication］である。

IEC規格の制定手続も、発議から作業原案（WD）・委員会原案（CD）・照会用国際規格原案（Committee Draft for vote, CDV）・最終国際規格案（FDIS）・承認段階にいたるまでほとんど ISO 手続と同じである。表決手続も積極参加メンバー重視政策も ISO と酷似している。最近の傾向として、既存の国家規格を国際標準に格上げするケースが増えている。音響機器の目盛規格（Programme Level Meters）をとりあげると、IEC規格は英国標準化機関 BSD-BEC（British Electrotechnical Committee in the British Standards Institution）の国家規格を下敷きにしているとされる。

ISOとIECの双方に関連する分野には ISO/IEC の合同組織が設立された。ひとつは情報技術規格を定める ISO/IEC 第1合同技術委員会（ISO/IEC Joint Technical Committee 1）であり、他はエネルギーの効率化と再利用のための国際規格をつくる ISO/IEC 第2合同技術委員会（ISO/IEC Joint Technical Committee 1）である。またこれらとは別個に、Computer System（Java programming language［ECMAScript, JavaScript］, Holographic Versatile Discs, Office Open XML formats）に特化した国際規格をつくる Ecma International がある。

国連専門機関の ITU は、電気通信というハイテク安全保障領域を扱う。このため、メンバーは ISO や IEC と同じように官民混成グループ（政府職員と関連諸

企業）である。ITUの一部門ITU-T（ITU Telecommunication Standardization Sector）の活動に明らかなように，先端情報技術の標準化は主導的企業の協力なしには達成できない。ITU-T規格は勧告（Recommendation）という形式で，全メンバーの70％以上の賛成投票により採択される。

以上のほか，政府間の国際標準化機関としてFAO/WHO食品規格委員会［Codex Alimentarius Commission］，ILO，WHO等がある。とくに食品分野のCodexはWTO紛争解決手続でしばしば参照される最重要国際規格である。これら民間または政府間の国際規格は，全会一致をえずに採択されても，スタンダード協定中の関連国際規格とみなされる（EU鰯名称事件パネル・上級委員会判断）。

B 国内規格の貿易制限効果

規格は，国家の政府機関が定めようと，国内的・地域的・国際的な民間標準化機関が定めようと，いずれの場合も原則として強制力をもたない。それゆえ規格はその任意的性格によって，本来，貿易制限効果を欠くはずである。外国産品は，輸入国の規格に合致する必要がないからである。しかし，国内の規格（日本のJIS規格等）は，つぎの場合には，例外的に輸入品の市場アクセスをさまたげる貿易制限効果をおびる。

（ⅰ）規格が法的強制力をもつ場合

規格は，国内法令のなかで引用されると，法令規定と同様の法的強制力を認められる。それゆえたとえば，日本の法律（食品衛生法，飼料品質改善法等）のなかで引用されたJIS規格は，当該引用箇所にかぎって法的強制力をもち，こうしたJIS規格に合致しない外国産品は日本への輸入販売を禁止されるのである。

（ⅱ）規格が事実上の強制力をもつ場合

規格は，またつぎの場合に事実上の強制力をおびる。たとえば，公共事業者が，ガス器具の設置にさいして国内規格に合致した器具のみを設置する場合，公共調達にさいして公共機関が国内規格に合致した産品のみを調達する場合，保険会社が国内規格に合致した資材から発生する損害についてのみ保険金の支払いを認める場合等である。これらの場合，国内規格はいわば事実上の強制力をもち，国内規格と異なる外国規格に基づく輸入品は輸入を制限されることになる。

C 地域規格の貿易制限効果

同じことは地域規格，とくに欧州のCEN規格（Comité Européen de Normalisation, European Committee for Standardization）やCENELEC電子規格（Comité Européen de la Normalisation Electrotechnique, European Committee for Electrotechnical Standardization）についてもいうことができる。これら欧州規格は，EC27カ国・EFTA4カ国中3カ国（Iceland, Norway, Switzerland）・Croatiaの31カ国に適用され，欧州諸国の基準規格の相違から生ずる非関税障壁を低減するねらいをもつ。ECは，市場統合を完成するため，1985年の新アプローチ政策によって，各国基準の「本質的要件」のみを調和す

る欧州統一規格の制定を欧州標準化機関に委ねた。欧州規格に合致する欧州産品は「本質的要件」に適合しているものと推定され欧州マーク（CEマーク）を付され欧州31カ国での自由流通を保証されるのである。それゆえEC向け産品を生産輸出する日本企業は欧州規格に合致した商品を製造するよう強いられる。欧州規格はこの意味で貿易実務上，事実上の強制力をおびている。逆にいえば，欧州規格は表向け任意的ではあるが，それに適合しない日本製品の欧州への参入をはばむ点で，事実上，貿易制限効果をもつ。

D 情報通信規格の貿易制限効果

情報通信分野の新規格は，国内・地域・国際の別を問わず，特異な性格をもつ。この分野は企業間の競争が激しく，勝者の規格が事実上の国際標準となる。そして他国の同種産品はこの標準に適合するよう強いられるのである。それは新しい情報通信規格を適用する国への旧規格産品のマーケットアクセスを妨げることを意味する。情報通信分野の新規格は，短期間に流布し，関連商品と接続機器に採用される。それゆえ法律のなかに導入されなくても，半強制的な非関税障壁として機能している。

DVD Forumについても同じことがいえる。この団体は，DVD規格（Digital Versatile Disc）の制定と普及をはかるため2002年に設立された民間組織である。その最初の活動は，東芝・NECが提案した先端光ディスク（AOD, Advanced Optical Disc）をHD DVD（High-Definition Digital Versatile Disc）の名で承認することにあった。しかし，Sony, Philipps, Panasonicが共同開発したBlu-ray Disc規格との競争に敗れたため，HD DVD規格は終焉をつげた。類例は，枚挙に暇がない。それは，家庭用アナログVTR（Video Tape Recorder）規格に関するBetamax（Sony）の敗退とVHS（Video Home System）勝利から，光ディスクに関するVHSの敗退，家庭用アナログVideo（Sony 8ミリVideo, VHS-C [Video Home System Compact]）からデジタル方式DV（Digital Video）への移行，日本によるデジタルカメラ基幹技術（画像ファイルフォーマット）の制覇，米国のパソコン関連（Microsoft Windows, Intel CPU）と，脱パソコンの端末規格（Apple Smartphone/ iPhone）にわたる。

このように情報通信の最前線では，技術競争の勝者が，世界的なde facto standardをつくり，それが当該規格に合致しない外国産品の市場参入を妨げるのである。従来の技術的障壁のいくつかは，環境保全・安全性等を理由にして保護主義の観点から制定された。これに対し，最先端の技術的障壁は，digital格差を背景に，競争の覇者（多国籍企業）によってつくられる。もっとも，この種の障壁は，長い目でみれば，一過性のものにすぎず新規格の登場にともない自然消滅することになる。

(3) 検査認証制度の貿易制限効果

産品が基準規格に適合しているかどうかを検査する

制度が検査手続（testing）であり，また基準規格への適合性を認証する制度が認証制度（certification）と呼ばれる。国内機関が，検査認証制度の運用にあたり，輸入品を同種の国産品または第3国産品よりも不利に扱う場合，検査認証制度は，つねに貿易制限効果をもつ。日本経済産業省はかつて，旧電気用品取締法に基づき，内外産品の適合性手続を煩瑣にし，外国主要国から非関税障壁の烙印をおされた。この批判にこたえて，2001年に電気用品安全法が制定され，経済産業省は新法に基づいて電気用品安全規格 PSE（Product Safety Electrical Appliance & Material）を採択し，産品のPSE規格への適合性の評価を委託検査機関に委ねた。日本が海外医薬品や医療器具の国内基準（薬事法，薬局方）への適合性を検査認証する手続も厳格・複雑で長期を要した。日本の検査認証手続は非関税障壁の誹りを受けたため，日本は是正に乗りだした。

(4) 中国の基準認証制度

中国の基準認証制度は多くの問題を提起してきた。

(i) WTO 加盟前の2元制度

WTO加盟前の中国は，国産品と輸入品とで基準規格が異なる2元制度を採用し，また検査認証についても国産品と輸入品とで検査認証機関が異なる2元制度を敷いてきた。これに対し，日本は1997年9月の2国間交渉で異議を唱え，基準規格の2元制度を是正させることに奏功した。しかし，検査認証の2元制度については中国側を説得することができなかった。

(ii) WTO 加盟議定書の誓約

中国はWTO加盟議定書（12項）のなかで，加盟後ただちに同一の基準認証手続を国産品と輸入品に適用することを誓約した。また現行制度からのスムースな移行を確保するため，中国は加盟後ただちに認証・安全許可・品質許可のための機関が国産品と輸入品に関して活動を行う権限をもつよう確保することを義務づけられた。また中国は，加盟して1年経過後から，適合性評価機関が国産品と輸入品の適合性評価を行う権限をもつよう確保する義務も課された。さらに国産品と輸入品のために機関は同一マークを発行し，同一の手数料を徴収することとされた。手続期間と申立手続も同一でなければならず，また輸入品は以上の適合性評価に服しない。

(iii) WTO 加盟後の強制認証制度

中国はWTO加盟にともない，上述のように規格制定機関を中国規格協会 CSBTS に一元化しただけではなく，認証機関の一元化を実現した。加盟前の認証機関は中国電気機器適合性認証委員会 CCEE（China Commission for Conformity Certification of Electrical Equipment）と中国輸出入検査機関 CCIB（China Commodity Inspection Bureau）であったが，これらは2002年に中国強制認証 CCC（China Compulsory Certification．"3C"）スキームに統合された。そのけっか2003年5月以降，CCC認証マークとその証明書を携行しない内外産品は出荷・販売・輸入を禁止された。

第2節　WTO加盟国の義務

WTO加盟国は，スタンダード協定上，さまざまな義務を課せられた。

1 基準の立案・制定・適用にあたっての義務

まず中央政府機関による基準（強制規格）の立案・制定・適用に関し，加盟国は，つぎにみる一連の義務を負う。

(1) 輸入品に対する最恵国待遇と内国民待遇の確保

中央政府機関は基準の制定や適用にあたって，WTO加盟国からの同種の輸入品に対し同等の最恵国待遇をあたえる。また同種の輸入品に対して国産品よりも不利でない内国民待遇をあたえなければならない（2.1条）。ここでも国産品と輸入品の同種性の判断基準が要になる。同種性の判定がスタンダード協定の枠組みのなかで行われることはいうまでもない。

(2) 国際貿易に不必要な障害をあたえないこと

(i) 正当な目的のために必要で目的に比例した基準

基準は正当な目的の達成のために必要である以上に貿易制限的であってはならない（2.2条）。正当な目的とは，とくに環境の保全，人動植物の健康・生命安全の保護，国家の安全保障上の必要性，詐欺的行為の防止をいう。

(ii) EC アスベスト事件

ECアスベスト事件［巻末表9-7］でフランスがとった輸入規制は，まさに合法的な目的のための基準措置であり，WTOに整合すると上級委員会はのべた。この事件でフランスは健康安全の保護のため建築工業資材アスベストの製造販売輸入を禁止し，同時に「禁止に対する一定の例外」を規定した。これに対しカナダはフランスの措置が目的の達成に比例しない広範な禁止にあたり，WTOに違反すると主張した。カナダによれば，フランスは目的の達成のため，より貿易制限効果の小さい措置をとることができたとされた。たとえば，国際標準化機関が発展させてきたアスベストの国際任意規格を採用すればたりるとカナダは補足した。

パネルは，フランスの禁止措置は特定産品の特性を定めていないから基準に該当しないと判断した。他方，禁止に対する例外規定は対象産品について定めた基準にあたるとのべた。しかしながら，パネルは，カナダが例外規定について申立を行っていないことを理由にフランスの措置がスタンダード協定に抵触するかどうかの判断にはたちいらなかった。

上級委員会は，パネルの判断を覆した。上級委員会は，まずフランスの措置は統合された単一の措置として包括的に検討すべきことを指摘した。そのうえで，フランスの禁止措置と例外措置は全体として基準を構成するとのべた。措置の対象産品は特定されているし，

禁止規定も例外規定も強制力をもっていたからである。

とはいえ，上級委員会は，適切な資料の欠如を理由に，フランスの基準がスタンダード協定に反するかどうかの判断にはたちいらなかった。上級委員会はむしろGATTとの整合性に目を向けた。そして，フランスの基準は，GATTの禁止する輸入禁止措置にあたるものの，GATT一般例外条項の人命・健康の保護（GATT 20条）を目的としており正当化されると，上級委員会は結論した。

(3) 国際任意規格に準拠した国内基準の制定
(i) 国際任意規格への準拠

加盟国は，基準を定める場合，関連する国際任意規格がすでに存在したりまたはその制定が間近であれば，国際任意規格を国内基準の基礎として用いる（use as a basis for their technical regulations）。ただし，気候上のまたは地理的な基本的要因，基本的な技術上の問題等の例外的事由によって，問題の国際規格が，加盟国が追求する正当な目的を達成する方法として効果的でないか適当でないときは，国際規格とは異なる国内基準を定めることができる（2.4条）。ECホルモン事件の上級委員会は，国際規格への準拠は「絶対的ではない」と釘を刺した。状況におうじて，国際規格への準拠が要請され，また逆に国際規格からの離反も許されるのである。上級委員会は，同じことは衛生植物検疫措置協定が定める国際規格に基づく検疫措置（3.1条）と国際規格よりも厳しい検疫措置（3.3条）の関係についてもいうことができるとのべた。国家の基準であれ検疫措置であれ，関連国際規格への準拠とそれからの離反は，状況におうじて行われるのであり，準拠と離反は原則と例外の関係にたつわけではない。

(ii) EU鰯商品名称事件

EU鰯商品名称事件［巻末表9-9］で，EUは鰯の商品名称に関する規則（基準）の採択にあたり，関連するFAO国際規格を準用しなかった。EU規則は北東大西洋，地中海，黒海で捕獲される種類の鰯（Sardina pilchardus）のみを缶詰用等の鰯の商品名称として採用した。このため，東太平洋のペルー／チリ近海産の鰯（Sardinops sagax）缶詰はEC向けに輸出できなくなった。なぜならばペルーが輸出していた鰯の缶詰は，EC規則に従い鰯と表示できなくなったからである。

WTOのパネル・上級委員会は，ペルーの申立を受けて，EUの基準がWTOスタンダード協定に違反するとのべた。この場合，EUは強制的な基準の採択にあたり，協定に従って，当時存在していた任意的な国際規格に基づき，EU近海の鰯のほかペルー近海の鰯も鰯のカテゴリーにはいることを認めるべきであった。EUは問題の国際規格は適切でなく採用できないと反論したが，パネルと上級委員会は問題の国際規格は目的を達成するため適切な規格であり，EUの基準の基礎となると判断した。そして国際規格は，全会一致によらずに採択されても，TBT協定上の国際規格とみなされるとのべた（協定付属書Ｉ．1注）。

加盟国はまた他の加盟国の貿易に対して著しい影響をおよぼすおそれのある基準を立案・制定・適用するときは，事前に他の加盟国の要請におうじて基準の正当性について説明しなければならない。この場合，基準は，正当な目的を追求し，しかも関連する国際任意規格（ISO/IEC規格，CODEX規格等）に合致していれば，不必要な貿易障害にあたらないものと推定される。ただしこの推定は，影響を受ける加盟国が反証をあげて覆すことができる（2.5条）。これを「反証を許す推定」（rebuttable presumption）という。

(4) 基準の相互承認

加盟国は，目的の達成に適当であれば他の加盟国の異なる基準を国内基準と同等のものとして受けいれることに積極的な考慮を払うものとする。ただし，こうした他国基準の承認は，当該他の加盟国の基準が自国基準の目的を十分に達成すると当該加盟国が認めることを条件として行われる。相互承認原則は，すでにEC域内通商法のなかで，市場統合法理の1つとして樹立されていた（Cassis de Dijon判決）。

相互承認理論はECでの経験からうまれた貴重な判例法理である。ECは商品貿易の域内自由化を達成するため，EC加盟国の基準を調和する作業を開始した。それは当初，全商品の基準調和を標榜した。しかし，その試みは無益であるどころか有害であることが判例の積み重ねで判明した。なぜならば，EC加盟国間の商品貿易に関するかぎり，ある加盟国でその国の基準に従って合法的に製造・販売された産品は，たとえ他の加盟国の基準に適合しなくても，合法的に販売されると考えられるからである。EC司法裁判所によれば，各国基準の相違はかならずしも貿易制限効果をもたない。加盟国が互いに異なる基準を相互に自国基準と同等のものとして承認すれば，EC域内貿易の自由化が達成されるからである。基準は加盟国ごとに異なっていても加盟国が基準の相互承認という寛容さをもてば貿易摩擦はおきない。それどころか，基準の相違は加盟国が伝統産品（Cassis de Dijonのようなフランスの果実酒，4原料のみから製造されるドイツの麦芽100％ビール，強力小麦粉100％のイタリアパスタ等）を維持するために必要不可欠である。ドイツ純粋ビール事件でEC司法裁判所は，ドイツが「ビールの原料を大麦麦芽，酵母，ホップ，水に限定する」税法規定を，他の加盟国からの原料の異なるビール（コーンスターチ・米・果実入りのフランスビールやベルギービール）に適用してそれらの輸入を制限することは「輸入数量制限と同等の効果をもつ措置」に該当するとのべた。ではドイツはビールの素材を4原料のみに限定する中世以来の「純粋令」を税法規定から削除すべきかというとそうではない。ドイツは純粋令規定を他の加盟国からの輸入ビールに適用することを禁止されるが，純粋令をドイツ国内ビールのみに適用すればたりると裁判所はのべた。国産品の伝統的風味を維持するための純粋令は削除におよばないのである。逆にいえば，国家は自国伝統産品を存続させるた

め他国とは異なる基準を国産品に適用しつづけることができる。そして自国の基準とは異なる他国の基準を自国基準と同等のものとして承認し，他国産の技術仕様の異なる産品の輸入を許容すればよい。こうした度量のおおきい貿易政策をとれば，消費者は，自国固有の商品と他国商品をともに享受することができる。

2 任意規格の立案・制定・適用にあたっての義務

つぎに任意規格の立案・制定・適用について，WTO 加盟国は，中央政府機関による遵守コード——輸入品に最恵国待遇と内国民待遇を付与すること，国際貿易に不必要な障害をあたえないこと，国際規格に準拠させること，6 カ月ごとに規格案を公表し ISO/IEC 情報センターへ通報すること等——の受諾と遵守を確保するよう義務づけられている。とくに国際規格が存在しないときは，他国の貿易に著しい影響をあたえる国内規格案を早期に公告したり WTO 事務局をとおして他国に通報しなければならない。

規格案の通報は，規格戦争にかんがみてきわめて重要である。新しい産業分野では，国家の強制的な基準も国内標準化機関の任意規格も制定されていない場合がおおい。そのような場合，規格開発にとりくむのは有力企業やベンチャー企業である。たとえばハイテク分野（DVD，エコカー，自動改札カードシステム等）やバイオ分野にみるように，企業は固有の規格を追求しながら技術革新をすすめる。そして規格の覇者は，自社規格を国内規格（JIS 規格）・地域規格（CEN 規格）ひいては国際規格（ISO/IEC 規格）にまで高める。この国際規格は各国の基準のなかにとりいれられる。これは，デファクト・スタンダードをつくる企業と国が，世界貿易を支配することを意味する。

3 適合性評価手続の立案・制定・適用にあたっての義務

(1) 加盟国の義務

(i) 中央政府機関の義務

適合性評価手続の立案・制定・適用について，WTO 加盟国は，中央政府機関が所定義務を遵守するよう確保しなければならない。それら義務には，輸入品に最恵国待遇と内国民待遇を認めること，国際貿易に不必要な障害をあたえないこと，国際標準化機関の国際任意規格に注意を払うこと，他国の貿易に影響をあたえる手続案を早期に公告し WTO 事務局をとおして他国に通報すること等が含まれる。したがって加盟国は関連する国際標準化機関の適合性評価規格がすでに存在するかちかい将来採択されるときは，こうした国際任意規格を自国の適合性評価規則の基礎として用いる。ただし，所定の理由——たとえば国家の安全保障上の必要，欺瞞的行為の防止，人動植物の健康の保護，環境保全，気候その他の地理的な基本的要因，基本的な技術上問題，または基本的な社会的生産基盤上の問題等——により，問題の国際任意規格が加盟国にとって適当でない場合は，国際規格に自国の適合性評価規則を準拠させる必要はない（5.4条）。基準の採択の場合と同じように適合性評価手続の場合も，状況により，国際任意規格への準拠が求められ，また国際任意規格からの離反が許されるのである。

(ii) 地方政府機関と非政府機関に関する加盟国の義務

加盟国は，中央政府機関以外の機関（地方政府機関，非政府機関等）による適合性評価手続に関しては，これら機関による上記義務の遵守を確保するため，「妥当な措置をとる」にとどまる（7.1条，8.1条）。また加盟国は，中央政府直下の地方機関による適合性評価手続案（と基準案）の通報に関し通報義務の遵守を確保する。協定はさらに非政府機関について，加盟国が非政府機関に適合性評価を委ねる形で協定義務を迂回するのをふせぐため，特別の規定（8.1条）をおいた。これによると，加盟国は，非政府機関に協定違反措置をとるよう直接・間接に要求したり助長してはならないとされる。

(2) 検査認証結果の相互承認協定

各国の基準が産品により異なるのと同じように，各国の適合性評価手続（検査認証）も産品におうじて異なる。協定はこのため関係諸国が相手国の異なる適合性評価手続を相互に承認する道を開いた（6.1条）。

(i) 他国の検査認証結果の承認

加盟国は，他の加盟国の適合性評価手続が自国手続と異なっていても，「可能なときは」他国の手続結果（検査・認証結果）を承認することができる。ただしこの承認は，他国手続があたえる保証が自国手続による保証と同等であることを条件とする。このため輸入国は輸出国の適合性評価の信頼性について事前に協議を行い，輸出国手続の信頼性を確認することができる。

(ii) 検査認証の相互承認のための協定

協定（6.3条）は関係加盟諸国が相手国の検査認証結果を相互に承認するための協定の交渉について定めた。この規定に基づいて，主要国間に検査認証結果の相互承認協定（MRA Mutural Recognition Agreement）がすくなからず締結されてきた。たとえば 2001 年 4 月に調印された日 EU 協定は，電気製品・通信端末機器・無線機器関連部分にかぎって，検査認証結果を相互に承認することを定めた。

従来日本産品の EC 基準適合性評価は EC の適合性評価機関で行われていた。そのため，評価にコストと時間がかかった。しかし，日 EC 協定のもとでは日本産品が EC 基準規格に適合しているかどうかの評価は，日本の評価機関（検査認証機関）で行うことができるようになった。ひとたび日本の評価機関で EC 基準規格への適合性を証明されれば，日本産品は EC によって承認されるのである。EC 産品も輸出国評価機関で日本の基準規格への適合性を証明してもらえば，日本に無条件で輸出できるようになった。

ただし，これはあくまでも検査認証の相互承認であって，基準規格の相互承認ではない。日本産品と EC 産品はそれぞれ輸入国の基準規格に合致しなけれ

ばならないことに変わりはない。したがって日本の基準に合致した日本産品であってもEC向けに輸出されるときは，EC基準を満たさないかぎり，ECへの輸入を阻止される。

同様の相互承認協定は，米国・EC25カ国間の大西洋協定，米国・EFTA 3カ国 (ノルウェー，アイスランド，リヒテンシュタイン) 間の通信機器・船舶用機器等に関する協定，日シンガポール通信機器協定，日米通信機器協定案にもみられる。NAFTA協定に基づく2011年米墨通信機器協定も同様である。

第3節 将来の課題

基準認証は，永遠の課題である。さいごに主要なものを瞥見しておきたい。

1 化学物質規制

(1) EU化学物質規制法

(i) いわゆるリーチ法 (REACH) の規制内容

EUは欧州議会・理事会規則 1907/2006 (2006年12月13日採択，2007年6月1日施行) により，化学物質の規制法 (Registration, Evaluation, Authorization and Restriction of Chemical Substances. REACH) を刷新した。その目的は，EU域内の人の健康と環境保全のため，危険化学物質の規制を強化することにある。EU規則によれば，生産者・輸入者は，生産品・輸入品 (医薬品を除く) の製造に使用される化学物質について，人と環境へのリスクを自己評価し，欧州化学物質庁 (European Chemicals Agency. ECHA) の審決を仰がなければならない。庁はまず申請者のリスク評価と試験データを検討し，物質の安全性について評価 (Estimation) を行う。評価にあたって，庁は高懸念物質 (substances of high concern) と広範囲に拡散するおそれのある環境汚染物質を優先的に審査する。高懸念物質には，発癌性 (carcinogenic)・変異原生 (mutagenic)・生殖毒性 (toxic for reproduction) のある物質，分解しにくいが生体に蓄積されると有害化する (persistent, biocumulative and toxic) 物質，きわめて分解しにくいが生体蓄積性も著しい (very persistent and very bioaccumulative) 物質，内分泌性の分裂特性 (endocrine disrupting properties) 物質がはいる (規則57条)。評価ののち庁が申請を受けて物質の登録 (Registration) を行うと登録番号と登録日 (申請日と同じ) が確定する。登録を欠く物質は無登録・販売禁止原則 (No data, no market) にしたがい，EUでの生産・上市を禁止される (規則5条)。ただし，高懸念物質に関しては，さらに庁の認可 (Authorization) が必要になる。これら物質の生産者・輸入者・川下ユーザー (downward users) は，特定用途ごとに庁の承認を受けなければならない (規則55条)。庁は，社会経済利益がリスクに優先し (socio-economic benefits outweigh the risk)，しかも安全性の高い適当な代替物質がない場合にかぎり，リスク評価委員会 (Committee for Risk Assessment) と社会経済分析委員会 (Committee for Socio-economic Analysis) に諮問したうえで，高懸念物質を例外的に認可することができる (規則60条4)。認可の申請者はこの目的のため，代替物質への移行計画書を庁に提出するよう求められている。他方，高懸念物質に該当しない危険物質については，リスクが適切に制御できる (addequately controlled) ことが企業により立証されれば，庁はリスク評価委員会 (Committee for Risk Assessment) の意見を考慮したうえで物質を認可しなければならない (規則60条2)。

(ii) EU規制の特徴

EUの規制は，つぎの3点できわだっている。

第1に，規制の適用対象がひろい。日米の類似法規 (化学物質審査規制法，Toxic Substances Control Act) は新規の化学物質を規制している。しかし，EUは，既存物質と新規物質のいかんを問わず，すべての化学物質を規制の対象とする。

第2に，化学物質の安全性を評価・立証する責任は企業に課された。行政が危険性を立証するのではなく，企業が安全性を立証しなければならない。そのため企業は追加的コストを負う。とくに動物実験により安全性を確認するコストが高くつく。しかも実験材料に脊椎動物を使うときは，厳しい条件がつけられた。この実験は，他に適切な実験方法がないときに，1物質につき1回にかぎり行われる。それゆえ，動物実験データが関係者 (生産者，輸入者) の間で売買される慣行が生まれた。かくして安全性評価に要するコスト負担は，域内企業の国際競争力を低下させ，また域外企業の在欧子会社が域内で生産する化学物質にも打撃を与えた。くわえて域外からのEUへの輸入品に対し，技術的障壁として働いた。日本の大手電機メーカーが，アジアの部材メーカーにEUルールに合致した部材 (登録部材・認可部材) または安全代替部材を製造するよう求めたのは，EUの障壁に対応するためであった。

第3に，EU規制は，庁の登録拒絶・不認可決定に対する特別の救済手続を定めた。生産者・輸入者は，庁の裁決を不服とするときは，庁の内部に設置される控訴機関 (Board of Appeal) に訴えを提起することができる。控訴機関の判断に対しては，EU司法機関 (第1審裁判所，EU司法裁判所) への上訴も可能である (規則94条)。問題は，EU司法機関で，企業がWTOスタンダード協定との抵触を援用できるかどうかであるが，WTO協定は，かぎられた場合を除き，EUで直接効果をもたない。

(iii) WTO適合性

EUの規制は運用しだいでWTOスタンダード協定に違反するおそれがある。規制が目的達成に必要な限度を超えて輸入品の参入を阻んだり (協定2.2条)，輸入品を域内生産品よりも不利に扱う (協定2.1条) 場合，WTOでの紛争解決手続が進行する可能性がある。と

くに企業に課される安全性立証データの作成・提出，全手続費用の負担が目的達成に必要の限度を超え，比例原則に違反するかどうかが争点となるであろう。WTOの技術的障壁委員会での討議をみると，2008年11月会合で米国をふくむ20カ国がEU規制のWTO違反(とくに内外無差別原則の違反)を指摘して以降，進展がない。

(2) 日本の化学物質審査規制法

ここで付け加えておかなければならないのは，化学物質の規制強化は現在世界的な潮流となっている事実である。日本もEUに追随するおそれがないとはいいきれない。

(i) カネミ油症事件

日本の化学物質審査規制法は，1968年のカネミ油症事件を切っ掛けとして制定された。この事件で問題となったポリ塩化ビフェニル (PCB. Polychlorinated Biphenyl) は，旧来の危険物質 (毒劇物，排出ガス，排出水等) とは異なり，安定的で分解しにくい (persistent) 物質であった。しかしPCBは加熱等で有害物質に変化し，それが体内に蓄積されると人に甚大な被害を与えることが明らかになった。発端はカネミ倉庫社の製造した食用油 (米油・米糠油) に，脱臭用のPCB (ポリ塩化ビフェニル) が機器の誤動作で混入し，それが加熱されて有害ダイオキシン (Dioxins and dioxin-like compounds) のポリ塩化ジベンゾフラン (PCDF. polychlorinated dibenzofurans) に変化し，人体にさまざまな損傷 (顔面への色素沈着，肝機能障害) を与えたことにあった。

(ii) 地下水汚水事件

1986年の2件の地下水汚染事件は規制強化を招いた。第1は，半導体産業で洗浄剤として使われ，また一般家庭で洗濯剤としても使われてきたトリクロロエチレン (trichroroethylene) がある。これが発癌性をもち，土壌汚染や地下水汚染を引き起こすことが判明した。第2は金属洗浄やドライクリーニングに使用されてきたテトラクロロエチレン (tetrachloroethylene) である。これも洗濯工場や金属関連企業が数多く存在する地域で，無規制のまま使用されていた。ところが物質が工場密集地で放出され地下に浸透すると，地下水汚染を引き起こした。そこで，法律は分解しにくく高濃縮性ではないが毒性をもつ洗浄用化学物質を規制対象にくわえた。

(iii) 規制強化

日本の規制は長い間，人間へのリスクという観点から適用されてきた。OECDはこれに警鐘を鳴らし，2003年，日本に対して，動植物へのリスクにも配慮した化学物質規制を追加するよう勧告した。日本はこの勧告をうけいれ，規制を強化した。そして2010年には，政府が企業に対し全化学物質の生産・輸入・用途を年度ごとに報告するよう義務づける規制強化案が検討されはじめた。それゆえ日本が近い将来EU型の規制に準拠した改正法を導入する余地も指摘されている。

化学物質の規制は一筋縄ではいかない。人工的に製造される化学物質は，安全に管理されれば問題はない。テトラクロロエチレンのように所定の管理化で現在も使用されている化学物質もある。しかし化学物質が毒性化するリスクを予見するのはきわめて困難である。そこでリスクが露見する前に新技術に基づく安全性試験を行い，可能なかぎり安全性の高い代替物質の開発をすすめ，この代替化計画書を作成するよう企業に慫慂することは，むしろ時代の要請となっている観がある。

2 動物保護のための規制

動物は従来商品とみなされ，農業政策や環境政策との関連で扱われてきた。そえゆえ，動物は法律上の「動物権」(animal rights) を与えられていなかった。法律は権利義務の担い手を人にかぎった。動物愛護法はこうした考えに立って，人に動物を愛護する義務を課した。しかし近年になって動物の研究がすすむと，動物を知覚生物 (sentient beings) として認め，動物権を付与する考えが兆しはじめた。EUと米国の動物関連規制はその先駆けである。

(1) EUの化粧品指令と動物実験禁止規定

EUは1979年7月の化粧品指令 (Council Directive 76/768) とその改正指令により，加盟国が指令を実施するため，4年以内に，国内法を採択するよう求めた。ただしどのように指令を実施するかの裁量は加盟国に委ねられた。指令の目的は，化粧品メーカーが化粧品の安全性を確認するため，動物実験 (animal testing) に訴えることを禁止することにある。動物実験の禁止 (testing ban) がねらいである。スタンダード協定の観点からみれば，化粧品の生産プロセス (PPM) から動物実験を閉めだす強制基準が定められたことになる。このため，メーカーは，完成品としての化粧品とその成分が人体に対し無害であることを非動物実験によって立証しなければならない。それゆえ，動物実験に基づき製造された化粧品は域内での販売を禁止される (marketing ban)。これら動物実験の禁止と販売禁止のスケジュールはタイトに定められた。動物実験は，すでに化粧品につき2004年9月までに，成分につき2009年3月までに禁止された。販売 (動物実験により製造された化粧品とその成分の販売) は，原則として2009年3月までに禁止された。ただしこれには例外が設けられた。それは，反復投与毒性試験 (Repeated Dose Toxicity Test)，発癌性・生殖毒性試験 (carcinogenicity, reproductive toxicity test)，薬物動態試験 (Toxicokinetics) に関する例外である。これら特殊試験をへて生産される化粧品と成分は，動物実験に代替する試験方法 (Alternative (Non-Animal) Methods for Cosmetics Testing) が，EUによりOECD承認プロセス (validation process) に基づき承認された時点から禁止される。とはいえ，販売禁止は，代替試験方法が承認されていない場合でも，2013年3月から実施されるものとされた。フランスは動物実験の禁止と販売禁止を定めるEU指令に対

し，EU司法裁判所に無効訴訟を提起した。指令の関連規定（4a条）は，法的安定性，比例原則，予防原則，無差別原則，職業活動の自由原則に抵触するというのがフランスの提訴理由のひとつであった（Case C-244/03, French Republic v. European Parliament and the Council of the European Union）。さらにフランスは，EU指令がWTOルール（輸入品に対する差別の禁止，職業追求の自由）に違反し，GATT一般例外条項（動物の生命健康を保護するため正当化される貿易制限措置）によっても正当化されないとつけくわえた。2005年5月，裁判所は指令の部分的無効を認めることはできないとして訴訟不受理の判断をくだした。裁判所は，EUの機関立法が部分的に無効とされるためには，問題の条項が他の諸条項から分離できる場合にかぎられるとする判例法を引用した。

米国カリフォルニア州もEUにつづいて，動物実験禁止法を採択した。ただしその詳細はEU指令とはさまざまに異なっている。

問題はWTOでの扱いである。化粧品の製造過程で動物実験を禁止し，また動物実験のすえ製造される化粧品の販売・輸入を禁止する国家の措置がWTOに違反するかどうかは，スタンダード協定の解釈いかんにかかっている。これら措置は，化粧品の生産方法・生産工程に着目した強制基準であり貿易に対する技術的障壁となる。したがって，障壁がスタンダード協定に整合するためには，それが動物の生命健康の保護と環境保全という正当な目的を達成するのに必要な措置で，しかも目的の達成に比例するものでなければならない。将来のパネル・上級委員会は，措置の全容を慎重に精査したうえで新しいものの見方を示すことになるであろう。その過程で動物権が承認されるかどうか注目される。

(2) 残酷猟具により捕獲された動物の加工品に対する規制

動物実験とならび，動物の捕獲方法も，一部先進国で規制されてきた。米国が一方的に定めた鮪や海老の捕獲規制は，それぞれ稀少野生動物（イルカと海亀）の生命健康と地球環境資源の保全を理由としたPPM規制であった。EUの動物捕獲方法に関するPPM規制も同じである。EUが憂慮したのは，足枷罠（leghold traps）による野生動物の捕獲方法が残虐であり，非人道的であることであった。この論点については，すでにISOが，動物捕獲方法の国際規格に着手していた。しかしISOでの討議は各国見解の対立を前に，破綻した。そこで，EU理事会は，規則（3254/91号）により，域内での足枷罠の使用を禁止し，同時に足枷罠で捕獲された特定野生動物の毛皮製品と加工品の輸入を禁止した。そしてヨーロッパ委員会は，理事会規則の対象となる毛皮製品や加工品の証明書に関する施行規則（35/97号）を採択した。くわえて，EUは毛皮生産国ロシア・カナダとの3国間協定により，関連紛争に関する仲裁手続を導入し，仲裁決定に法的拘束力を与えた。EU米国間には，人道的捕獲規格に関する協定がむすばれた。こうした状況のもとで，かりにEUが協定相手国以外の国からの毛皮製品や加工品の輸入を禁止した場合，スタンダード協定のみならず野生稀少動物に関するワシントン条約との抵触が浮上するおそれがある。

(3) 残酷な飼育方法で生産される食品の規制

動物由来の食品は，脊椎動物（哺乳類，魚類，鳥類，爬虫類）の食品から，軟体動物（貝，烏賊，蛸）や節足動物（海老や蟹の甲殻類，昆虫）の食品にいたるまで多岐にわたる。人はこれら動物由来の食品をすべて摂取してきた。しかし，動物性食品のなかで，飼育方法の残酷性を理由に忌避された食品はきわめてすくない。その数少ない一例として，フランスで世界供給量の80％が生産されるフォアグラ（foie-gras）がある。鴨・鵞鳥に必要以上の餌を与えて作られる脂肪肝である。フランスを除く国では，フォアグラの生産方法は強制給餌（gavage, force-feeding）という動物虐待行為にあたるとして生産・輸入を事実上，禁止している。現在フォアグラの生産・輸入を動物虐待の廉で禁止するのは米国カリフォルニア州法（2012年発効予定）である。この州法によりフランス産フォアグラの輸入が禁止されると，禁止措置とWTOルール（スタンダード協定またはSPS協定のいずれかひとつ）との整合性が問われるであろう。同様の残酷性は，霜降り黒毛和牛の飼育・屠殺，鶏肉・鶏卵の飼育方法，刺身（生魚・甲殻類）の生産・摂取方法についてもいえよう。しかしながら動物権の認否，動物権により保護される動物の範囲，残酷な飼育・屠殺方法の識別基準は，一部（牛等の屠殺方法に関するOIE規格）を除き，未解決のままである。

3 薬事法と薬局方の規制

各国の医薬品は2000年前から文明発祥地（ギリシャ，ローマ，インドAyurvedic，中国）で製造されてきた。当初の医薬品は動植物・鉱物を原料とする生薬（crude drug）であったが，そののち化学成分の医薬品や遺伝子組換えのバイオ医薬品が加わり，各国の医薬品規制は多様化した。日米欧3局の医薬法にかぎっても，おおくの食い違いがみられる。それゆえ，輸入国の医薬品の基準（成分，製法，処方）と検査認証手続が異なる輸入医薬品は，輸入国への参入を拒絶される例が頻発している。

(1) 日本薬事法が定める医薬品

医薬品の定義は国ごとにおおきく異なる。日本の薬事法は，規制対象を，医薬品（Medicines, les médicaments），医薬部外品（quasi-drugs），化粧品（cosmetics），医療機器（medical devices）にわけた。この分類は日本固有のもので，欧米医薬品や中国・韓国医薬品の分類ともことなる。医薬品は分類しだいで規制（生産・販売・展示広告）を異にする。そこには，政府の薬品規制政策，先発メーカーの開発生産戦略，後発メーカーの特許医薬品実験・後発品生産戦略，伝統和漢薬の通信販売規制，欧米の対日先行薬売込みといった対立する見解を

読みとることができる。したがって，現行薬事法の強制基準を概観する必要性があることを指摘しておかなければならない。

A 医薬品

まず医薬品は，医師が特定患者ごとに指定する「処方箋医薬品［医療用医薬品］」(Prescription drug) と大衆向けに市販される「一般医薬品」いわゆるOTC薬 (Over The Counter. カウンター越し販売) に2分される。

(i) 処方箋医薬品

処方箋医薬品は，つぎの4種類を包含する。

① 放射性医薬品・麻薬・向精神薬・覚醒剤・特定生物由来製品・特定注射剤
② 特定生物由来製品（人血，人胎盤［プラセンタ］）や遺伝子組換え薬品
③ 化学成分指定医薬品（バイアグラ［シルデナフィル］，経口避妊薬［US オーソエブラ］，抗生物質［セフカペンなどの抗生剤］，抗HIV薬［Human immunodeficiency virus］等）
④ 動物用性腺刺激ホルモン

遺伝子組換医薬品が台頭していることに注意が払われよう。これはSPS協定が規制する遺伝子食品とは異なり，むしろスタンダード協定やGATT一般例外条項によってカバーされる。処方箋医薬品はすべて潜在的な危険性をもつため，医師の許可のもとに，指定用法にしたがって使用されなければならない。

(ii) OTC市販薬

他方，OTC薬は危険度におうじて3種類に分けられた。危険性がきわめて高く薬剤師との対面販売が不可欠な第1種OTC，危険度が比較的に高いが実務経験1年以上の登録販売者 (registered seller) が扱える第2種OTC，通信販売が可能な第3種OTCである。

第1種は特定化学成分の養毛剤［ミノキシジル］，水虫薬，精力剤等をいう。

第2種は，以下のように分類される。

① 特定漢方薬（十味敗毒湯＝痒みどめ，タウロミン，蓮の種から作られる清心蓮子飲）
② 特定化学成分薬（アスピリン・ホクレオソート＝正露丸・莨苕エキス）
③ 植物由来生薬（黄成分の「陀羅尼助」・川芎紅花成分の「冠心Ⅱ号方，冠元顆粒」・麻黄湯・葛根湯・養命酒）
④ 動物由来生薬（牛胆石の「牛黄清心丸」・豚の胎盤のエキス「プラセンタ」）
⑤ 人由来生薬（ラクトミン配合のビオフェルミン）

なお第2種のなかでも厚生労働省が要注意品目として定めた指定第2種OCTは，状況（相互作用，患者背景）しだいで健康被害リスクが高まり，依存性・習慣性のある成分をもつもの（インドメタシン配合EVE等）をさす。

さらにつけくわえておかなければならないのは，処方箋医薬品からOTC市販薬へ切り替えられた一群のスウィッチ薬 (Switch drugs) がある。スウィッチ薬は処方箋医薬品にのみ使用が認められてきた有効成分のなかで，使用実績・副作用・安全性の観点から使用可能と認定された成分を配合した市販薬をいう。その代表例は，水虫薬，禁煙補助剤，胃腸薬H2ブロッカー，筋肉痛緩和薬インドメタシン，解熱鎮痛剤イブプロフェン，鎮痛薬ロキソプロフェンである。これらはスウィッチ薬は患者のセルフメディケーションを可能にするため，低価格で市場に流れた。その余波を受けて，内外先発メーカーは従来独占してきた処方箋医薬品分野で，利益低下を余儀なくされた。

B 医薬部外品

医薬部外品は，医薬品と同様，厚生労働省の承認を受けて製造販売される。一定の予防効果 (preventive effect, protective efficacy) を認められた成分（仁丹の阿仙薬 [uncaria gambir]，ビタミンC，アルブチン，麹酸，米糠エキス等）をふくみ，養毛，美白 (whitening liposome)，保湿，制汗，紫外線除け，嘔吐止め，口臭体臭の防止，鼠や害虫（蝿，蚊，蚤等）の駆除を目的とする。化粧品と異なり，販売にあたり効能を謳うことができる。ただし全成分の表示（順不同）が義務づけられた。また化粧品が副作用をともなわないのに対し，医薬部外品は副作用をともなうことがある。百貨店の化粧品売場で販売される「薬用化粧品」は，医薬部外品の範疇にはいる。

医薬部外品という概念は日本独自のものである。EUでは化粧品に，米国ではcosmetic drugまたは化粧品に分類されることがある。

C 化粧品

化粧品は，人の身体・皮膚・毛髪を清潔にし，美化するため，身体に塗擦・散布されるもので，人体に対する作用が緩和なものをさす。製造販売は2001年に自由化され，政府の許可を要しない。そのかわり，メーカーが自己責任を負う。また販売にあたり美化清潔効果を謳うことができない。さらに，全成分を量の多い順に表示する義務を課せられている。

D 医療機器

医療機器は多岐にわたり，その製造販売は厚生労働省の許可をえて行われる。マーケットに占める輸入品のシェアが特定分野で高い。

E 薬事法対象外の栄養補助商品

以上とは異なり，栄養補助食品 (dietary supplement) は薬事法の対象外である。ただし通信販売法に基づく成分表示が要求される。秋鬱金 (Curcuma longa, Turmeric)，田七人参 (Panax notoginseng)，霊芝 (Ganoderma lucidum)，甲殻類由来のグルコサミンを原料とするサプリメントが流布している。一連のアルコール向けサプリメント（旧来の肝臓機能改善・抗酸化作用食品，最新のアルコール代謝促進・アセドアルデヒト軽減のスパリブ [SU-PALIV]）もこの同じ系列にはいる。

しかし，昭和電工の遺伝子組換えバクテリアから製造されたトリプトファン (Tryptophan) サプリメントは，米国で死亡事故を引き起こし，販売を禁止された。

(2) 薬事法の規制

日本薬事法は，医薬品等の品質・有効性・安全性を確保し，指定薬物を管理し，また研究開発の促進と保

健衛生の向上のため，必要な規制を定めた．このため医薬品等の生産・輸入や．薬剤師調剤・薬局を国家の許可制度のもとにおいた．そして必要な監督を行う権限は，厚生省と都道府県に委ねられた．さらに医薬品は，強制基準としての薬局方 (Pharmacopoeia)，安全性・品質管理基準 GQP (good quality practice)，製造販売後の調査・試験実施基準 GPSP (Good Post-marketing Study Practice) を適用される．

(3) 各国薬事法規制の調和

各国薬事法規のバラツキは，必然的に，輸入国の規制 (関連法令，強制基準) に適合しない輸入品の市場アクセスを妨げる．この不都合を緩和するため，医薬品規制調和国際会議 ICH (International Conference on Harmonisation of Technical Requirements for Registration of Pharmaceuticals for Human Use) が設立され，各国医薬品法規と基準の国際的調和作業が推進されている．その構成は，日米 EU 3 極に開発途上国をくわえた 44 カ国の官民代表 (規制当局と製薬企業) である．主要な役割は，新薬承認審査の基準の国際的統一，非臨床試験・臨床試験の実施方法の標準化，新薬承認ガイドライン (科学的・倫理的観点からの指針) の作成・公表にある．これを踏まえて加盟国はガイドラインに基づく医薬品開発・臨床試験・医薬品申請のための法令を整備する．

医薬品の基準が薬事法と薬局方で定められるのに対し，酒類の基準は酒税法のなかに定められた．

4 日本酒税法の発泡性酒類の基準

日本酒税法 (2006 年改正) は主要酒類を発泡性酒類 (ビール，発泡酒)，醸造酒類 (ワイン，果実酒)，蒸留酒類 (ウイスキー，ブランデー，スピリッツ)，混成酒類 (リキュール，甘味果実酒) の 4 つのカテゴリーに分け，それぞれの基準 (成分，製法) と酒税率を規定した．これらのうち基準がおおきく変更されたのは発泡性酒類である．その背後には酒税率をめぐる課税当局と内外酒造業者の攻防があった．当局が税収確保のため酒税法を強化したのに対し，メーカーは法規制を迂回し新ジャンルの低税酒を開発した．では，日本の発泡性酒類の基準は海外のビールや発泡酒に対する技術的障壁となるのかどうか，検討の余地がある．

(1) 当初の酒税法

酒税法は，20 世紀後半から，ビールと発泡酒を，麦芽比率と原料に基づいて区分してきた．麦芽比率は，全原料 (水とホップを除く) の総重量を分母とし，麦芽重量を分子とする比率をさす．この比率が 66.7% (3 分の 2) 以上のものがビールとされ，66.7% 未満・25% 以上のものが発泡酒とされた．原料も麦芽以外の他原料につきビールと発泡酒とではおおきく異った．酒税は，従量税方式 (1 キロリットルあたり x 円) にしたがい，ビールに重く (222,000 円/kℓ)，発泡酒に軽く (134,000 円/kℓ) 課された．このため税の低い発泡酒が 1990 年代なかばから市場を席捲した．その結果発泡酒のシェアはビールに迫り，政府の税収は減少した．政府は発泡酒への増税をはかるため，酒税法にいくどかの改正をくわえた．

(2) 2003 年改正法

2003 年の改正法は，ビールと発泡酒の基準 (麦芽比率・原料) を修正し，一部発泡酒の税率をビールの水準にまで引き上げた．ビールの基準は，麦芽比率 66.7% 以上を踏襲しつつ，副原料のひとつに麦をくわえた．税率は従来どおり高水準 (222,000 円/ℓ) にすえおかれた．他方，発泡酒の基準と税率に大鉈がふるわれた．発泡酒は，麦芽比率 66.7% 未満 50% 以上，50% 未満 25% 以上，25% 未満に 3 分された．比率 66.7% 未満 50% 以上の発泡酒は，ビールと同じ高税率 (222,000 円/kℓ) を課された．俗にこの発泡酒を「第 2 のビール」と呼ぶのはこのためである．他方，比率 50% 未満の発泡酒は，25% 以上か未満で，それぞれ軽減税率 (152,700 円/kℓ，105,000 円/kℓ) に浴した．これら 3 種類の発泡酒は，ビールと場合と同様に，原料として麦 (大麦と小麦) をくわえられた．しかし，政府の規制強化はメーカーを税迂回に走らせた．メーカーは，高税率酒 (ビール・発泡酒) の範疇に落ちない低税率酒を開発したからである．いわゆる新ジャンルのビール風味アルコール飲料である．そのひとつは麦芽を原料に使わない「第 3 のビール」であり，他はブレンド酒の「第 4 のビール」であった．

(3) 2006 年改正法

2006 年の改正法令 (酒税法，酒税法施行令，財務省令) は，一連の発泡性アルコール飲料の基準・税率を修正し，新ジャンル酒の税率を引き上げた．

ビールの基準は従前どおりであり，麦芽比率 66.7% 以上，アルコール分 20 度未満を要求される．原料からみると，主原料 (麦芽・ホップ・水) のみからなる麦芽比率 100% ビールと主原料に副原料をくわえた麦芽比率 66.7% 以上のビールの 2 系列がある．副原料は，麦，米，玉蜀黍，高粱，馬鈴薯，澱粉，糖類または特定苦味料・着色料に限定される．麦芽比率は旧来と同様，総原料 (主原料中の麦芽プラス副原料の合計で水・ホップを除く) に占める麦芽の重量比率であるが，法令は旧法にならい麦芽比率 66.7% ルールを別の方式で表現した (法 3 条 12 ロ，令 6 条)．それが 50% 規定である．しかし，その実質は麦芽比率 66.7% ルールと異ならない．50% 規定のもとでは，麦芽重量が副原料の総重量に占める割合が「100 分の 50」を超えてはならないとされる．副原料の総重量が 1 とすれば，麦芽重量は 2 以上でなければならない．これはけっきょく，総原料の重量 (副原料 1 ＋麦芽 2 以上＝ 3 以上) に占める麦芽重量 (2 以上) の割合，つまり麦芽比率が，66.7% (3 分の 2) 以上であることを意味する．ビールの税率は，法改正によりわずかに引き下げられた (酒税法 23 条)．とはいえ，この税率が，蒸留酒にくらべ，また外国のビール税率にくらべ，格段に高いことに変わりはない (220,000 円/kℓ)．

発泡酒は，麦芽比率 66.7% 未満で，「麦芽または麦を原料の一部とした酒類」をいう (法 3 条 18)．原料は，

一部が麦芽または麦と指定されているものの，残余の原料としてビール用副原料に使用できないものを使うことができる。ビール用副原料に使用できないものの発泡酒用に使用できる原料には，甘藷，果実，果汁，スパイス，ハーブ等がはいる。逆にいえば，メーカーがビールの製造過程ですこしでも甘藷や果実をもちいれば，最終産品はビールではなく，発泡酒に区分される。その税率は，麦芽比率とアルコール度数におうじて異なる。麦芽比率66.7%未満・50%以上でアルコール分20度未満の発泡酒（「第2のビール」）は，ビールと同じ高税率（220,000円/kℓ）に服する。他方，麦芽比率50%未満でアルコール分10度未満の発泡酒は，低税率を享受する。このカテゴリーには麦芽比率25%以上のものと25%未満のものがふくまれ，それぞれ軽減税率（178,125円/kℓ, 134,250円/kℓ）をうける。しかし，これら軽減税率は2003年法の税率よりも高く設定された。

新ジャンル酒は，ビール・発泡酒を包含する発泡性酒類のカテゴリーに組み込まれた。一括してアルコール分10度未満の「その他の発泡性酒類」にはいる（酒税法23条2.3）。俗にいう第3と第4のビールである。

第3のビールは，法律上「その他の醸造酒（発泡性）①」と表記され，麦芽を原料としないものをいう（法23条2.3，令20条1）。したがって，メーカーは麦芽の代わりにえんどう蛋白，大豆蛋白，とうもろこし蛋白，大豆ペプチド，砂糖きび由来糖類を使うことができる。この点で第3のビールは法律上の麦芽使用ビール・発泡酒と異なる。

第4のビールは，法律上「リキュール（発泡性）①」と表記され，発泡酒に特定蒸留酒（大麦・小麦由来スピリッツとくに焼酎）をくわえたものをさす（法23条2.3ロ，令20条3）。発泡酒に蒸留酒をくわえるだけで，発泡酒は第4のビールに変身する。これら第3と第4のビールは，発泡性酒類のなかでもっとも低い税率を適用された（80,000円/kℓ）。

(4) 2006年改正法の効果

2006年改正法は，予期せぬ結果を招いた。

第1に，メーカーは，高い酒税を嫌って，低税率の新ジャンル酒の開発に力を注いだ。

まず第3のビールは豌豆蛋白使用（サッポロドラフトワン）から，大豆蛋白使用（麒麟のどごし〈生〉），玉蜀黍使用（サントリージョッキ生・キレ味〈生〉），大豆ペプチド使用（アサヒ新生3，アサヒぐびなま）まで多岐にわたった。

つぎに第4のビールは，発泡酒と蒸留酒のブレンドであるから，発泡酒の麦芽風味を謳って，急速に市場シェアを伸ばした。大手5社はすべて第4のビールを市場に投入した。くわえて大手の小売業者（AEON，ダイエー，セブン&i HLDGS，カインズ）も，第4のビールの生産を海外メーカーへ委託し，輸入品にプライベートブランド（麦之助，Prime Draft，こだわり凛麦）を付けて廉売しはじめた。これら輸入品の9割は韓国大手（Oriental Brewery, Hite）の生産品である。さらにサントリーも，国産品のほか，韓国大手（Oriental Brewery）へのライセンス生産品（Super Blue Extra Clear）を輸入販売するとされる。第4のビールが主に韓国で生産されるのは，生産・輸送コストが安いこと，輸入価格も円高を背景に低いこと，関税率がゼロであることによる。

こうした動きは発泡性酒類のシェアを激変させた，2009年以降2011年5月までの間に，ビールのシェアは50%超から43.1%に後退し，発泡酒のシェアも20%台から10%台にさがった。これに引き換え，新ジャンル酒のシェアは20%強から40.9%に倍増した。新ジャンル酒がビールの販売量に逼迫した背景にはむろん，ビール，発泡酒（とくに麦芽比率25%未満），新ジャンル酒の税率格差がある。この税格差（それぞれ220,000円/kℓ, 134,250円/kℓ, 80,000円/kℓ）が店頭価格（それぞれ350ml缶で店頭価格220円前後，160円前後，140円−80円前後）に反映し，消費者の低価格志向を満たした。このため2011年4月以降，内閣府・税制調査会は，ビールの小幅減税，発泡酒の増税（ビール税額と同水準への引上げ），税迂回防止のための新ジャンル酒の増税を検討している。

第2に，2006年改正法は道路交通法の飲酒運転罰則強化とあいまって，ビールメーカーに麦芽含有ノンアルコール飲料の製造・販売へと導いた（サッポロ Premium Alcohol Free，サントリー All Free，キリン Free，アサヒ W-Zero，オリオン rich等）。その成分は麦芽100%麦汁のものから麦芽のほかに他原料（大豆由来の原料等）を加えたもの，さらに酸化防止剤（Vitamin C）や異性化糖をふくむものから酸化防止剤不使用のものにいたるまで，さまざまである。これらは清涼飲料水に分類され，酒税の対象外である。とはいえ，ノンアルコールの店頭販売価格は，開発費等を理由に，発泡酒並みの高水準となっている。市場でもビール・発泡酒等が並ぶ棚にノンアルコールのビールテイスト飲料が陳列され，ビール等アルコール飲料と競合する観を呈している。

(5) 海外メーカーへの影響

日本の酒税法は，海外ビール等の市場参入を阻んできた。ビールの基準（麦芽比率，原料）が日本と外国では異なるため，海外ビールは日本ではビールまたは発泡酒に区分され，高税率に服する。欧米の酒税は，蒸留酒に高く醸造酒のビールに低い。ビールを大衆の飲料とみなす考えが定着しているからである。ところが，日本の酒税はビールに高く蒸留酒に低い。ビールを奢侈品とみて高税率を課す考えから脱却していない。このため日本のビール税率は，アルコール分1度あたりで比較するかぎり，米国やドイツのビール税率のそれぞれ11倍，15倍に達する。これが日本大手5社によるビール市場の独占を許し，海外メーカーの新規参入を妨げてきた。そこで海外大手は日本への直接輸出のほかに，日本大手に生産・販売ライセンスを与えることで市場へ参入している。ビールの世界市場は，多国籍企業4社（ベルギー本拠 Anheuser-Busch InBev，英国本

拠 SABMiller、オランダ本拠 Heineken、デンマーク本拠 Carlsberg）で50％超を占められているが、これら Big Four も日本への直接参入を果たすことができないのである。

(6) WTO 整合性

しかしながら、法的観点からみると、日本法は海外産品に対し WTO 違反の輸入障壁を築いているわけではない。まず関税障壁は、第3のビールに対する関税を除けば、存在しない。ビールの関税率はゼロ（WTO 無税譲許・GSP 無税・FTA 無税）である。発泡酒と第4のビールの関税率も、ゼロ（暫定税率ゼロ・WTO 42,400円/kl・FTA 無税）となっている。ただし、第3のビールだけは、WTO 譲許 42,400円/kl、GSP 30,800円/kl、LDC 無税、一部 FTA 無税の扱いを受ける。そして FTA の無税恩典をうける第3のビールは、特定果実（Banana, Mango, Pineapple, Sugarapple, Tamarind 等）を原料とするタイ産またはフィリピン産の麦芽不使用発酵酒で、FTA 特恵原産地証明書が添付されているものにかぎられる。

違法な非関税障壁もみいだしがたい。日本酒税法は、国産品と輸入品に同等に課されており、WTO の内国民待遇原則に合致している。ビール等4品目のあいだに同種性または競合性が認められるとしても、同種または競合する国産品と輸入品のあいだに、差別的または保護的内国税を認めるのは困難である。第1に同種性の判定基準をどこにおくのかが問題となる。4品目は発酵工程を共通にしているから同種産品とみなされるというのは短絡にすぎよう。発酵工程は化学的にみれば多種に細分され、その違いがビール等の風味を左右するからである。成分（麦芽その他）も品目ごとに異なる。かりに麦芽の含有を基準に、ビール・発泡酒・第4のビールを同種産品とみなし、これらと第3のビールを競合産品とみなすとしても、日本の酒税は差別的・保護的性格をもたない。麦芽比率66.7％以上のビールは、国産品であれ輸入品であれ一律に高い酒税に服する。麦芽比率66.7％未満の発泡酒は比率50％以上であれば内外を問わずビールと同一の高酒税を課される。海外著名ブランドのビールはおおかたが比率66.7％未満50％以上の発泡酒であるが、これらが日本市場に占めるシェアはいぜんとして低い。比率50％未満の外国ビールにいたっては、低い発泡酒税を享受することができる。上述のように、新ジャンル酒の第4のビールのみは、近隣国からの輸入品が急増しているが、自社ブランド・日本ブランドを問わず、低い酒税に与る。将来、第4のビールの大半が外国産品となっても、酒税引上げが行われないかぎり、第4のビール（外国産）がビール・発泡酒（大部分が国産品）よりも優遇されることに変わりはない。こうした逆差別は既述のように内国民待遇原則に違反しない。かりに第4のビールのおおかたが、外国産となる日が来ても、第4のビールの酒税が差別的内国税と化すには、酒税が第4のビールに重く、ビール・発泡酒に軽く課されなければならない。しかしそうなる可能性はかぎりなく低い。また第4のビールにビール・発泡酒と同一の内国税が課されるシナリオも想定できない。

日本の酒税はうえにみてきたようにビール・発泡酒に重く、その他に低く課されている。それゆえビールへの高酒税が事実上の参入障壁として働いていることは否定できない。しかし、内国税は、内国民待遇原則に合致しているかぎり、どれほど高くても WTO に抵触しない。国家が内国税を税収確保やその他の観点からいかなる水準に設定するかは、国家の裁量に委ねられているからである。これはシンガポールが自動車の輸入関税をゼロとしながら、国土の狭さを理由に自動車税を高く設定しているのと同じである。

他方、酒税法の基準（成分、生産工程・生産方法）もスタンダード協定に違反しているようにはみえない。協定は、各国の基準が不必要な技術的貿易障壁とならないよう加盟国に義務づけている。しかし、日本の基準がこの義務にそむくとする見解はたえて耳にしない。ちなみに、大半の海外ビールは、日本酒税法の基準によれば、発泡酒に分類されるが、海外ブランドのビール名称（Beer, Bier, Bière）はそのまま日本市場で使うことができる（輸入ビールの表示に関する公正競争規約及び施行規則）。たとえば Hoegaarden witbier（white beer, bière blonde）, Stella Artois, Leffe Abbey beers は日本の基準では発泡酒に該当するが、本国でのビール名称を日本市場でも使うことが許されている。日本法はこの点でかつてのドイツ・ビール純粋令とは異なる。ドイツは、ビール名称を麦芽比率100％ビールに限定し、この基準に合わない他の EC 加盟国からのビールの輸入・販売を妨げた。EC 司法裁判所はドイツがビール純粋令を輸入品に拡張適用する措置が、基準の相違を理由とする非関税措置（数量制限と同等の効果をもつ措置）にあたると判示した。これを受けてドイツは現在ビール純粋令を国産品にのみ適用し、輸入品には適用していない。したがって麦芽比率100％基準を満たさない海外（EC 域内、域外）ビールもドイツ市場でビール名称を付されたまま販売されている。海外ビールは、本国の基準に基づくビール名称をドイツでも使うことができ、ラベルの表示を変える必要はないのである。

では、SPS 協定との整合性はどうか。酒税法は、ビール・発泡酒等の成分について現代バイオ技術の視点をとりいれていない。成分は自然素材（麦芽、ホップ、麦、米、とうもろこし、大豆、えんどう、さつまいも等）にかぎられるのか、遺伝子組換素材もふくむのか。添加材や着色剤のうち SPS 協定や関連国際規格・国内法令にふれる有害化学物質についても十分な言及がない。ここに酒税法のループホールがあるといえなくもない。しかし、酒税法がアルコール飲料の基準を定める以上、成分についての規制をバイオの観点から刷新する必要がある。日本が海外ビール等（とくにビール生産を迅速にするための化学添加材入り飲料、特定遺伝子組換素材から製造される飲料等）の輸入を酒税法の基準を理由として予防的に制限するときは、SPS 協定の要件を満たさなけ

表 3-3 発泡性酒類の基準・内国税・関税

酒税法の条文と「名称」・[俗称]	アルコール分	麦芽比率	原料	2006年改正法	2011年税制調査会案	関税分類のHS番号と「名称」・[俗称]	関税率
法3条3イ「ビール」	20度未満	66.7%以上	主原料（麦芽,ホップ,水）, 副原料	220,000円/kℓ	小幅減税	2203.00.000「ビール」	WTO譲許税率ゼロ, GSP無税, FTA無税
3条3.ロ「発泡酒」	20度未満	66.7%未満 50%超	麦, 麦芽, ビール用副原料以外の原料	220,000円/kℓ	増税（ビール酒税と同水準に引上げ）	2206.00.000「ビール」	暫定税率ゼロ（WTO42,400円/kℓ）FTA無税
	10度未満	50%未満 25%以上		178,125円/kℓ		2206.00.225「発泡酒」	
		25%未満「一般的発泡酒」		134,250円/kℓ			
23条.2.3.イ「その他の醸造酒（発泡性）①」[新ジャンル・第3のビール]	10度未満	麦芽ゼロ	豌豆蛋白, 大豆蛋白, 玉蜀黍蛋白, 大豆ペプチド, 砂糖黍由来糖類	80,000円/kℓ	増税（税迂回の牽制）	2206.00.229［麦芽を使わないビール風味発泡酒］	WTO譲許42,400円/kℓ, GSP30,800円/kℓ, LDC無税, 一部FTA無税（注1）
23条.2.3.ロ「リキュール（発泡性）①」[新ジャンル・第4のビール]		麦芽含有率	発泡酒, 大麦・小麦含有原料の蒸留酒（焼酎等）			2206.00.225「その他」ビール風味ブレンド酒	暫定無税（WTO42,400円/kℓ）, FTA無税

注1）特定果実（バナナ, マンゴー, パイナップル, バンレイシ, タマリンド等）を原料とするタイ産またはフィリピン産の麦芽不使用発酵酒で, 日本の酒税法上は「第3のビール」に分類される。FTA特恵原産地証明書が関係国の政府または政府代行機関により発行されたことを条件として日本はFTA無税待遇を与えている。

ればならない。それゆえ酒税法と関連法令にSPS協定の観点からいまいちどメスを入れる時代にきている。

日本法がかりにWTO協定に違反する疑いがあれば, 日本は利害関係国から違反申立を受けるであろう。またWTO協定に違反しない場合でも, 日本の非違反措置または状態が関係国のWTO上の利益を損なう「参入障壁」とみなされるときは, 日本は非違反申立または状態申立を受けることになる。

第4章
衛生植物検疫措置

各国は人動植物の健康保護や環境保護のため一連の検疫措置をとることができる。それは, 輸入国が水際で行う輸入品の検疫から, 輸出国が輸入国の要請におうじて行う輸出品の検査検疫にいたるまで多岐にわたっている。たとえば, 狂牛病汚染飼料・ホルモン飼育牛肉・遺伝子組換え食品に対する輸入検疫や輸入国が輸出国に要求する殺菌処理や殺虫試験はその具体例である。これら一連の輸出入検疫措置は, GATT時代はGATT（20条）の一般例外条項に基づいて行われていたが, WTOのもとでは衛生植物検疫措置協定（SPS協定, sanitary and phytosanitary measures）という特別協定に基づいて実施されている。

第1節　衛生植物検疫措置協定の内容

1　協定と措置

(1) 協　定

協定は，国際貿易に直接間接に影響をあたえるすべての衛生植物検疫措置に対して適用される（1条）。そのねらいは，検疫措置が国際貿易に対してネガティヴな効果をもつのをふせぐことにある。農業がWTO農業協定に従って自由化されたにもかかわらず，各国が農産物輸入を検疫措置によって恣意的・不当に制限することがないよう，協定は検疫措置に関して一定の規律をおいたのである。

(2) 検疫措置の目的

検疫措置は，輸入品が運びこむさまざまな危険や損害から，国内の人動植物の健康を保護するためにとられる。輸入品がもたらす危険はつぎの4種類に大別される（附属書A　定義1.1）。
① 有害動植物・病気・病気媒介生物・病原生物の侵入・定着・蔓延
② 飲食物・飼料・添加物・汚染物質・毒素病気惹起生物がもたらす危険
③ 動物，植物または動植物を原料とする産品により媒介される病気
④ 有害動植物の侵入・定着・蔓延による他の損害

ここにみるように，検疫措置は，輸入品がもつ広範な危険・損害から国内の健康衛生を保護するねらいをもつ。

まず，有害動植物とはpestsの邦訳であり，EC遺伝子組換食品事件のパネルによれば，起草者が予期したよりもひろい意味をもっている。パネルはpestsを動植物を破壊し苦しめるいっさいの動植物をいうとのべた。したがって，期待はずれの場所に生える遺伝子組換植物や期待はずれの遺伝形質（traits）を示す交雑種（cross-breeds）はpestsに該当する。このため，遺伝子組換植物の侵入を阻止する国家の措置は検疫措置（SPS measure）にあたる。さらに環境破壊植物や毒蛇等もpestsの類例である。

病気媒介生物（disease-carrying organisms）は，同パネルによれば，WHOが定めるvirusやplasmidから他の細胞に注入されるvector（DNA断片）をいう。病原生物（disease-causing organisms）もWHO上の病原菌（pathogen）に照応する。それゆえ抗生物質（antibiotic）への耐性をつくる病原体は病原生物である，とパネルは判定した。

危険飲食物には，狂牛病牛肉，口蹄疫豚肉［Foot and Mouth Desease］，スクレーピー病羊肉［Scrapie］等がはいる。また危険飼料には肉骨粉等が含まれよう。

添加物（additives）は多様な酸化防止・乳化・安定・増粘・保存・香料・甘味等を包含する。人工甘味料を例にとれば，アスパルテームは無害だが，有害甘味料（ズルチンdulcin，チクロCyclamates）は発癌性を理由に日本では販売・輸入を禁止されている。また加工食品用の添加遺伝子について，上記パネルは抗生物質耐性マーカー遺伝子を有害添加物にあげた。汚染物質（contaminants）には組換遺伝子がもたらす不慮の有害蛋白質がはいるとパネルは指摘している。また毒素（toxins）は遺伝子組換の成長過程で生ずる有毒物質を含むとパネルはみた。アレルギー源が毒素にあたるかどうか協定は沈黙したが，遺伝子組換作物がうむ食品アレルギーは毒素にあたるとパネルはのべた。

要するに，検疫措置は，国内動植物の健康を損なうか損なうおそれのあるすべての輸入品——動物・植物（遺伝子組換え野菜）・食品（肉，魚肉，酪農品，菓子等）・食品添加物・病原体・毒素等——の侵入・蔓延を阻止するねらいをもつ。国内へ病気がもちこまれる場合にくわえて，病気以外の損害がもたらされる場合にも措置はとられる。措置の目的と対象はこのようにきわめてひろい。それゆえ各国の検疫法令は，病気その他の損害をひきおこす有害動植物の輸入を一網打尽に捕捉するのである。一言でいえば包括捕捉規定（catch-all provision）にほかならない。

そのほか，動植物を原料とする工業産品（木材梱包材料，家具，包装等）も疫病を媒介するおそれがあれば，検疫措置の対象となる。措置はこの場合，疫病を媒介する工業産品の輸入阻止を目的とすることになる。

日本の検疫関連法令は，検疫法（1951），感染症予防法（1950），人動物検疫植物防疫法（1950），植物検疫法に大別されるが，いずれも運用しだい協定違反を引き起こしかねない。

(3) 検疫措置の内容と要件

(i) 措置の内容

検疫措置は，広義には，海外からの輸入品に対する輸入国の措置と海外への輸出品に対する輸出国の措置を含む。日本の検疫についていえば，それは外国産品に対する輸入検疫と外国向け日本産品に対する輸出検疫から成る。衛生植物検疫措置協定はとくに輸入検疫に着目し，検疫が輸入品に対する不必要な非関税障壁とならないようにするためのルールを定めた。

輸入検疫はきわめてひろい概念である。それは，輸入国税関（日本当局）が水際で行う輸入品（米国産リンゴ）に対する検疫に限定されない。こうした水際措置の前段階で，輸出国（米国）が輸出地検疫（オレゴン州リンゴ農場検査）を行う場合がある。植物防疫に関連して行われる輸出国栽培地検疫や動物検疫に関連して行われる輸出国検査がその例である。植物防疫については，馬鈴薯・豌豆豆・西瓜・玉蜀黍・空豆等につく病原体（線虫，細菌病・ウィルス等）は，輸入時の検査では検出が困難だが輸出国の栽培地では検出が容易であるため，栽培地検査が要請される。動物検疫については，狂犬病の未発生国以外の国での輸出国検査が要求される。輸入検疫をたんなる水際措置と把握するのは，それゆえ，誤りである。輸入検疫は，輸入品の危険度に

おうじて，輸入禁止，条件付解禁，検査防疫，廃棄処分などさまざまな形態をとる。また輸入検疫の分類は国により異なるがおおむね4種類にわけられる。EC法令によれば，①動物検疫，②植物検疫，③公衆衛生，④他の措置(検査認証，危険評価，追跡性[Traceability]，輸入ライセンス，隔離，包装材，国際規格違反，地域対応調整，関連施設リスト等)がある。これら輸入検疫は，国産品がなくても行われる。

(ii) 措置の要件

WTO加盟国の検疫法令は，危険輸入品の侵入を防止するため，輸入品が安全とみなされるための要件や手続を定めている(附属書A.1後段)。それは以下を含む。最終産品の基準規格(牛肉が一定月齢以下の牛に由来すること，牛肉が危険部位をもたないこと等)，産品の生産工程・生産方法(家畜肉が肉骨粉以外の飼料を使った「飼育方法」によること等)，産品が安全基準を満たすかどうかの試験・検査・認証・承認のための手続，検疫(輸入動植物の輸送に関する要件や輸送時の生存に必要なものに関する要件を含む)，食品安全に直接関係する包装・ラベル表示の要件である。EC-GMO事件[巻末表9-18]でパネルは，ECによるGMO食品の事実上の承認凍結措置が「要件または手続」を定めていないため協定上の正規の検疫措置にあたらないとした。

(4) 衛生植物検疫措置協定とスタンダード協定の相違

検疫措置協定とスタンダード協定はともに基準認証という非関税障壁を扱う点で類似している。しかし2つの協定は適用範囲を異にする相互に排他的な(mutually exclusive)協定である。国家措置は2つの協定のいずれかを適用され，2つの協定を同時に適用されることはない。検疫措置は衛生植物検疫措置のみを適用され，スタンダード協定に服しない。他方，検疫に関係しない国家の基準認証は，スタンダード協定のみを適用され，衛生植物検疫措置協定の対象外である。

輸入品が農産品か工業産品かは問題ではない。魚の名称に関する基準はスタンダード協定を適用された(EC鯛名称事件)。同様に牛肉等食肉の原産地表示を義務づける米国法(Cool)は，カナダ・メキシコの訴え(2009年5月)にみるようにスタンダード協定によりカバーされる。

他方，農産品(果実・牛肉・非熱処理鮭・遺伝子組換食品)の危険性をめぐる措置は検疫措置協定の対象となる(日本リンゴ検疫事件，ECホルモン牛肉事件，オーストラリア鮭事件，EC遺伝子組換食品事件)。それゆえ食品関連措置のうち，危険性問題は検疫措置協定の対象となるが，他はスタンダード協定の網にかかる。

しかし，文化的なタブー食品，非人道的な飼育方法により生産された動物の食品，無機栽培の食品，宗教的規制に違反してつくられた食品(non-Kosher food)，いわゆるジャンクフード等の輸入規制が検疫措置にあたるかどうかはケースバイケースで決まる。

工業産品をみても，建築資材の基準はスタンダード協定に服し(ECアスベスト事件)，病気媒介木箱の検疫は検疫措置協定に服する。それゆえ木製家具や動物剥製でも，「動植物を原料とする産品」で病気媒介の危険性があれば，検疫措置協定を適用される可能性もある。

また措置が中央政府によるものか，地方政府によるものかは重要ではない。中央政府，地方政府の措置は，ともにスタンダード協定か検疫措置協定を適用される。ちなみにオーストラリア鮭事件[巻末表2-1]で問われたのはタスマニア州による鮭本体の輸入禁止措置であった。地方政府機関の措置は国家に帰属するのである。

国家の非関税障壁のうち，どれがスタンダード協定によりカバーされ，どれが検疫措置協定を適用されるかは，ケースバイケースで決まる。EC遺伝子組換事件のパネルによれば，措置が検疫措置と非検疫措置のいずれに該当するかは主に「措置の目的」(the purpose of the measure)や性質に照らして判定される。輸入規制措置が，上記の病気・危険等から国内の衛生環境を保護する目的をもてば，検疫措置協定の適用をうける。

しかし微妙なのは，食品安全基準や添加剤安全基準等の一部である。これらは，スタンダード協定と検疫措置協定の両者にカバーされるようにみえる。その場合でも，措置がいずれの協定に服するかは，措置の目的と性質を精査して判定しなければならない。

2 基本的な権利義務

協定(2条)は，措置に関する加盟国の基本的な権利義務をつぎのように定めた。

(1) 権 利

加盟国は，人動植物の生命健康を保護するために必要な検疫措置をとる権利をもつ。ただし，措置が，この協定に反しないことを条件とする(2.1条)。

(2) 比例原則と科学的証拠に基づく措置

(i) 比例原則

加盟国は措置を，人動植物の生命健康を保護するために「必要な限度においてのみ」適用する(2.2条)。措置は生命健康の保護目的と比例しなければならず，必要以上の措置は違法となるのである。協定(5.6条)によれば，措置は「衛生植物検疫上の適切な保護の水準を達成するために必要である以上に貿易制限的でない」ことが要請される。それゆえ貿易制限の程度がよりちいさい代替措置があれば，検疫措置は目的と比例しない非関税障壁とみなされる(5.6条注)。

(ii) 科学的証拠に基づく措置と例外

措置は目的に比例するほか，「科学的な原則」に基づかなければならない。措置は原則として「十分な科学的証拠」なしには維持してはならない。これは措置が危険性評価に基づくべきこと(5.2条)を意味する。上級委員会は，EUホルモン牛肉事件[巻末表9-3]で，危険性は特定可能でなければならず，仮説や理論的不確実性(theoretical uncertainty)に基づいてはならないとのべた。また危険性は厳格な管理下の科学実験で確

証されるだけではなく，人間社会への「現実の」(real) 悪影響をおびるものでなければならないとした。

科学的証拠は上級委員会によれば科学分野の多数派説に限定されない。少数学説も科学的証拠となる可能性がある。では科学とはなにか，科学は非科学とどう区別されるのかについて WTO 判例法は明確な指針を示していない。

ただし，科学的証拠の原則には例外がある。加盟国は後述するように十分な科学的証拠がなくても，予防原則に基づいて暫定的に検疫措置をとることができるからである (2.2 条，5.7 条)。

(3) 恣意的・不当な差別の禁止

加盟国は，自国の検疫措置を 2 種類の無差別原則に基づいて適用する。第 1 に措置は，最恵国待遇原則に従い「同一または同様の条件」のもとにある輸入品に関し，特定加盟国からの輸入品のみを恣意的または不当に差別してはならない。第 2 に措置は，内国民待遇原則に従い「同一または同様の条件」のもとにある国産品と輸入品に対し，輸入品を国産品よりも恣意的または不当に差別してはならない (2.3 条)。オーストラリア鮭事件の実施審査パネルは，この差別はひろく解釈され，同種産品間の差別のほかに異種産品間の差別 (discrimination between different products) を含むとのべた。それゆえこの事件では，オーストラリアが内国民待遇原則に反して，カナダ産鮭に不利に同種の国産鮭に有利に，またカナダ産鮭に不利に異種の国産品 (国産の鮭以外の魚) に有利に実施措置をとったかどうかが争われた。しかしパネルはカナダがオーストラリアによる内外差別を立証できなかったと判定した。そもそも，オーストラリアとカナダの魚汚染度はいちじるしく異なっていたため，両国の魚は同一または同様の条件のもとにおかれていなかった。したがってオーストラリアの実施措置は恣意的・不当な差別にあたらないとパネルはのべた。

協定はまた検疫措置は，国際貿易に対する偽装された制限となるような方法で適用してはならないことを強調している (2.3 条，5.5 条)。

(4) 適合性の推定

措置は，協定の関連規定に適合するならば，GATT にも適合していると推定される (2.4 条)。SPS 協定に合致した検疫措置は，たとえ GATT で禁止された輸入制限に該当しても GATT 一般例外条項 (20 条) を満たし GATT 整合性を推定されるのである。しかしこの推定が反証により覆されるのかどうかは明らかではない。

ある国の検疫措置がパネル手続にふされ，SPS 協定と GATT との抵触を審査されると仮定しよう。措置は特別法優先原則にしたがい，まず SPS 協定との整合性を問われ，そのけっか協定適合性を認められたとする。協定に適合する措置は GATT 整合性を推定される。しかし，この推定は反証を許すのかどうか。許されるとすれば，反証の責任は申立国がおうことになる。そして申立国は措置が GATT 一般例外条項の柱書きに違反する根拠をしめさなければならない。しかし先例 (EU ホルモン牛肉事件と日本リンゴ検疫事件 II の原審査パネル) はそこまで踏み込んでいない。先例の措置は SPS 協定違反を認定されたからである。審理はそこで終わり GATT 整合性の検討は不要となった。これはスタンダード協定の場合と同様であり，EC 鰯名称事件では，EC 基準はスタンダード協定に違反すると判断され，GATT 適合性の審査は行われなかった。この事件の原審査パネルと上級委員会は，特別法優先原則に基づき，スタンダード協定を GATT に優先させ，EC 基準の協定違反を確認した。

では検疫措置が SPS 協定に違反すると認定されたときはどうか。措置は SPS 協定違反にもかかわらず GATT 一般例外条項によって正当化できるのかどうか。この問いにパネルはまだ解答をだしていない。学説も百家争鳴，GATT 正当化を否定する考えもあれば，正当化をかぎられた条件のもとに認める考えもある。後者の考えによると，SPS 協定の前文 (8 段) にみるように，協定は本来 GATT 一般例外条項 (20 条 b) の「人動植物の生命健康の保護」を理由につくられた。とはいえ，SPS 協定の適用範囲よりも GATT 一般例外条項の範囲はひろい。それゆえ SPS 協定上の措置が健康保護目的を達成するのに十分でないと判断されるときは，SPS 協定の適用範囲を超える GATT 一般例外条項によって協定違反措置が正当化されるとみる見解もある (Senai W. Andemariam, Can (Should) Article XXb GATT a Defense against Inconsistencies with the SPS and TBT Agreements?, in The Journal of World Investment & Trade, Vol. 7, No. 4, August 2006, pp. 519-544, at pp. 531-534)。

3 各国措置の調和原則と例外

(1) 各国措置の調和

(i) 措置の国際標準への準拠義務

検疫措置が国際貿易をさまたげないようにするためには，国ごとに異なる措置を調和していくのが最善の方策である。そこで，協定 (3.1 条) は，関連する国際標準 (international standard) が存在する場合は，検疫措置をその国際標準に基づかせる (base) よう求め，各国措置を国際標準のレベルで調和することを予定した。技術的障壁協定が各国の基準 (強制規格) を調和させるため基準を国際標準 (任意規格) に準拠させるよう要求したのと同様に，衛生植物検疫措置協定も各国の検疫措置を調和させるため各国に措置を国際標準に準拠させるよう求めたのである。

検疫関連の国際標準として，協定は，① 食品衛生 (食品添加物，医薬品・ホルモン等の残留値，汚染物質) に関する国際食品規格委員会 (Codex Alimentarius Commission) の CODEX 規格，② 動物検疫に関する国際獣疫事務局 (International Office of Epizootics, Office Internaltional des Epizooties, OIE) の OIE 獣疫規格，③ 植物検疫に関する国際植物防疫条約 (International Plant Protection Convention, IPPC) の IPPC 植物防疫規格をあげた。

ただし、EU ホルモン牛肉事件［巻末表9-3］で上級委員会がのべたように、措置の国際標準への準拠は、措置を国際標準に完全に一致させることを意味しない。措置を国際標準に依拠させればたりるのである。

(ii) 国際標準に合致した措置の GATT 整合性推定

各国が措置を国際標準に合致させればむろんそれに越したことはない。このように国際標準に合致した (conform to) 措置は、人動植物の健康保護のため必要な措置とみなされ、協定と GATT1994 に適合しているものと推定される（協定3.2条）。ただしこの推定は（協定に明記されてはいないが）反証を許す (rebuttable) ことを EC ホルモン牛肉事件の上級委員会は認めた。スタンダード協定（2.5条）が国際任意規格に「適合した」国家の基準を合法と推定する一方、この推定は反証を許すと定めたのと平仄をあわせた同様である。国際標準はいずれも政府間会議で採択されるが、政府代表に随行する大企業はオブザーバーながら発言権をもつ。企業は自国が開発してきた規格を国際レベルにまでひきあげることで国益増進に貢献するのである。国際標準の採択は全加盟国一致を原則とするが、それが国家対立のため不可能なときは有力国の見解にそくした妥協案が採択されることになる。したがって国際規格は強い政治的性格をもち、かならずしも科学的中立的とはいえない色彩を帯びるのである。しかしスタンダード協定や SPS 協定の紛争で、WTO が国際標準に合致した国家基準を GATT 不適合と裁断した例はない。

米国動植物衛生検査局（APHIS）は 2005 年 9 月、輸入木材梱包材に関する修正規則を採択し、木材梱包品の技術仕様を国際任意規格に合致させた。この規格は、国際植物防疫条約の暫定植物措置委員会が 2002 年 3 月に承認した「木材梱包に関する国際貿易規則ガイドライン」(Guidelines for Regulating Wood Packaging Material in International Trade) のなかに定められたものであった。米国規則は、ガイドラインに従い、従来の「強固な木材梱包材」(solid wood packing material) を「木材梱包材」(wood packaging material) に変えた。これにより厚さ 6 ミリ（0.24 インチ）未満の薄板から成る木材梱包品の輸入を、薄板が疫病を媒介するおそれがあることを理由に、禁止した。

アジア諸国が紀元前のアーユルヴェーダ治療薬を西欧その他に輸出する場合、輸出国医薬品会社は製品が関連国際規格「GMP 規格」に合致していることを証明する書類を添付しなければならない。GMP は適正製造方法 (Good Manufacturing Processes, GMP) を意味し、この規格は WHO が発展させてきた。したがってネパール（2004 年 4 月加盟）薬品企業は、自国固有の薬草から古代製法に基づいて製造した治療薬の輸出にあたり、自国検査認証機関が発行した GMP 規格適合証明書を添付している。

(2) 国際標準よりも高い保護水準の措置

加盟国はすべての場合に措置を国際標準に準拠させる義務を負っているわけではない。国際標準は国家にとっての金科玉条ではなく、加盟国はつぎの場合には、国際標準よりも高い水準の検疫措置を導入し維持することができるからである (3.3条)。

(i) 科学的に正当な理由がある場合

国家は「科学的に正当な理由」があれば、国際標準が措置として適当ではないとみなすことができる。たとえば、国家が入手可能な科学的情報に基づいて、国際標準が「自国の衛生植物検疫上の適切な保護の水準を達成するために十分ではない」と決定した場合がその一例である（協定脚注）。ただし、入手可能な科学的情報は国家にとって都合よく解釈してはならず、協定規定に従って検討・評価しなければならない。このように協定にそくして解釈される科学的情報に基づいて、国際標準が自国にとって適切かどうかの判断が行われるのである。具体的にいえば、米を大量に摂取する国にとって、残留農薬の許容値に関する国際標準は妥当かどうか、牛肉の大量摂取国にとって、牛肉の安全性についての国際標準は適当かどうかの検討が行われることになる。

(ii) 危険性評価規定に基づく場合

加盟国はまた、協定の危険性の評価規定（5.1条から5.8条まで）に基づいて、適切な保護の水準を自ら決定することができ、この場合も、国際標準よりも高い水準の検疫措置をとることができる。それゆえ、後述するように、科学的証拠が不十分でも、入手可能な適切な情報に基づいて、危険予防のため、暫定的に国際標準よりも厳しい規制措置をとることも可能である（5.7条）。なお、EU ホルモン牛肉事件で上級委員会が確認したように、国家が国際標準よりも高い水準の措置をとるときは、科学的正当性に基づく場合も（協定には書かれていないけれども）危険性評価に基づかなければならないとされる。それゆえ、国家の厳しい検疫措置が協定に合致するかどうかの判定にあたっては、措置がはたして危険性評価に基づいているかどうかがおおきな争点となる。

(iii) 挙証責任

EU ホルモン牛肉事件でパネルは EU が国際標準からの離反を正当化する責任を負うとした。上級委員会はパネル判断を退け、挙証責任を逆転した。本件ではむしろ提訴国の米国が、「国際標準を遵守することで EU は目的を達成できたはずである」と立証しなければならないとされた。

(iv) 国際標準の現実

国際標準は現実にはつよい政治的性格をおびている。標準化機関での各国対立と政治的妥協が標準化作業の底流にある。国際標準は、科学からみて疑わしい場合もあるとされる。

4 同等原則

各国の検疫措置が異なる以上、厳しい保護水準をもつ輸入国は、保護水準の低い輸出国からの輸入を規制

することができる。しかし，協定は，各国措置の相違から生ずる貿易障壁を軽減するため，同等原則（4条）をおいた。これによると，輸出国が輸入国に対して輸出国の検疫措置が輸入国の保護水準を満たすことを客観的に立証するときは，輸入国は輸出国の検疫措置を自国措置と同等のものとして受けいれ，輸入を規制してはならない。このため輸出国は，輸入国からの要請があれば，輸入国当局が輸出国検疫の検査・手続にアクセスできるようにしなければならない。これに基づき，WTOは2001年10月24日，衛生植物検疫措置協定4条の実施に関する同等性決定（Decision on Implementation of SPS Agreement Article 4（Equivalence））を発効させた。

同等原則は，ECの新アプローチ政策（new approach）に起源をおく。EC理事会は域内市場統合を加速させるため1985年5月にこの政策を導入した。これによると，加盟国基準は，全面的に調和させる必要はない。調和の対象は，重要な本質的安全要件（essential safety requirements,les exigences essentielles.）に限定される。本質的安全要件は産品がEC域内を自由移動するため満たすべき健康安全上（または環境保護上）の条件をいう。EC当局はこれら要件だけを調和する。他方，基準にふくまれる技術的要素の解決は，欧州標準化機関（欧州標準化委員会CEN，欧州電気標準化委員会）に委ねる。欧州標準化機関は産品が本質的安全要件に合致するため満たすべき技術仕様を欧州統一規格（harmonized standards at European level,.normes européennes.）として定める。欧州規格は各国規格と同様に任意であるが欧州規格に合致する産品は本質的安全要件を満たすものと推定され域内を自由移動する。ただし企業は欧州規格によらず独自産品を製造できるがこのようなときは産品が本質的安全要件に合致することを証明しなければならない。欧州規格が作成されない間は，暫定的に各国基準の相互承認が行われる。相互承認理論はEC判例法（Cassis de Dijon事件，ドイツ純粋令事件）により確立された。この理論によると，ある加盟国で自国基準に基づき製造された産品は，合法的に生産販売されているかぎり，他の加盟国へも自由に移動する。異なる基準に基づくEC域内産品の相互承認が行われる。それゆえ基準の相違は域内貿易の障壁とはならない。また基準の調和が不適当な場合や不可能な場合もある。基準をすべて調和する必要性はない。逆に，基準の調和は，各国伝統産品の持ち味を奪うおそれがある。ドイツ固有の麦芽100%ビールやフランス独自のリキュール酒は，ドイツやフランスの固有の基準にもとづく伝統的産品である。これら伝統商品の固有基準を，自国基準と同等のものとみなせば貿易障壁はなくなる。EC域内の加盟国基準の相違は，基準の相互承認によっていっきょに解決できる。

WTOはECの新アプローチ政策を継承した。WTOでは，EC以上に国別基準が異なるが，輸出国の異なる基準を自国基準と同等とみなせば，基準の相違はバリアーとはならない。

あるWTO加盟国が大気汚染を軽減するため自動車に排出ガス清浄装置（catalytic converter）をつけるよう基準で定めたとする。別の加盟国は同じ目的のためエンジンをdiesel enginesとするよう義務づけたとする。この場合，ふたつの国は，それぞれ相手国の基準が同じ環境保護理由を追求しているため同等のものとみなすことができる。その結果双方は相手国の自動車を改造なしに輸出入することになる。同等原則は，したがって，輸出国が自国基準にしたがう産品を，異なる基準をもつ国に輸出するときの，改造費用を不要にする。この点で，輸出企業のコストと輸入国消費者の経済負担をひきさげる利点をもつ。

5 危険性評価に基づく適切水準の検疫措置

加盟国が関連する国際標準よりも高い水準の検疫措置をとるときは，(1)動植物の生命健康に対する危険性の評価（risk assessment）を行い，(2)この評価に基づいて危険性に対処するための適切な保護水準の検疫措置を決定する（5条）。

(1) 危険性評価

(i) 科学的証拠に基づく措置と危険性評価に基づく措置

上述のように，措置は科学的証拠に基づかなければならない（2.2条）。それゆえ国家が国際標準よりも高い水準の保護措置をとるためには，危険性評価に基づくよう要請される（5.2条）。EUホルモン牛肉事件で上級委員会が明らかにしたように，科学的証拠に基づくことは，厳しい保護措置の場合，危険性評価に基づくことをいう。

EUホルモン牛肉事件の核心はEUの禁止措置が危険性評価に基づいているかどうかにあった。パネルと上級委員会は，EUが提出したホルモン飼育牛肉の危険性評価レポートはEUの措置を合理的に支持しない，したがって措置は危険性評価に基づいていないと結論した。要するにEUは科学的証拠に裏うちされた危険性評価を行うことができなかったのである。

(ii) 危険性評価の方法

加盟国は，関連国際機関が作成した危険性の評価方法を考慮にいれつつ，人動植物の生命健康に対する危険性の評価を行う（5.1条）。この評価にあたって考慮されるのは，入手可能な科学的証拠，関連する生産工程・生産方法，関連する検査・試料採取試験の方法，特定の病気または有害動植物の発生，有害動植物または病気の無発生地域の存在，関連する生態学上および環境上の状況ならびに検疫その他の処置である（5.2条）。

(2) 危険性評価に基づく検疫措置

(i) 考慮できる経済的要因

加盟国が危険性の評価を行い，またこの評価に基づいて適切と認める措置を決定する場合，考慮できる経済的な要因は，限定されている。それは，有害動植物または病気が侵入・定着・蔓延した場合の損害額・撲

滅費用等にかぎられる（5.3条）。これは，国家が，貿易上の利害関係，通商政策のために保護貿易主義の手段として検疫措置をとってはならないことを意味している。

(ii) 衛生植物検疫措置の保護水準

加盟国は，衛生植物検疫措置の適切な保護の水準を決定する場合，「貿易に対する悪影響を最小限にする」目的を考慮にいれなければならない（5.4条）。また加盟国は，適切な保護水準を一貫して運用するため，特別の義務を負っている。とくに「異なる状況」に対して保護水準を変える場合が問題となる。いっぱんに輸入国が適切とみなす保護水準は，産品の原産国におうじて多様に異なる。食品等の衛生管理状況は原産国ごとに異なるからである。それゆえ，輸入国は原産国の状況におうじて異なる保護水準を定めることができる。つまり原産国の状況に照らして安全国産品には緩やかな措置を適用する反面，危険国産品には厳格な差別的措置をとることができる。しかし協定は，こうした差別は恣意的かつ不当で，しかも国際貿易に対する偽装された制限をもたらしてはならないと釘を刺した（5.5条）。オーストラリア鮭事件の実施審査で，カナダは，オーストラリアが国産魚と輸入魚（死んだ国産魚すべてと死んだ輸入鮭）を差別し，また輸入魚（一方では死んだ鮭，他方では死んだ鮭以外の魚および生きた観賞用鰭魚）のあいだにも差別をもうけていると主張した。実施審査パネルは，オーストラリアの措置は異なる状況下の差別にあたるが，この差別は恣意的・不当な差別にあたらないとのべた。協定はさらに加盟国の措置は「適切な保護水準を達成するため必要である以上に貿易制限的とならない」よう要求している（5.6条）。

(iii) 状況ごとに異なる保護水準の設定とECホルモン牛肉事件

EUホルモン牛肉事件［巻末表9-3］では，EUが，状況をいくつかに区別し，異なる状況ごとに保護水準を変えたことが，恣意的で不当な区別になり，ひいては貿易に対する差別的で偽装された制限となっているかどうかが問われた。パネルによれば，EUはホルモン飼育牛肉に対する保護水準として5つの状況を区別したとされる。それは，成長促進のための天然ホルモンに対する保護水準，食肉に内生的に発生する天然ホルモンに対する保護水準，治療目的のための天然ホルモンに対する保護水準，成長促進のための合成ホルモンに対する保護水準，抗菌剤に対する保護水準であった。パネルはこれらのうちとくに，成長促進天然ホルモンに対する保護水準と成長促進合成ホルモンに対する保護水準を比較し，両者の保護水準の相違が恣意的・不当であると結論した。しかし上級委員会はパネルの判断を覆し，添加ホルモンと自然発生ホルモンのあいだには基本的な区別があるとのべた。また上級委員会は成長促進天然ホルモンに対する保護水準と治療目的天然ホルモンに対する保護水準の区別は，恣意的・不当ではないと判断した。

しかしながら，上級委員会は，成長促進ホルモンに対する保護水準と抗菌剤に対する保護水準の区別は恣意的・不当であるとするパネルの判断を支持した。したがって，上級委員会はけっきょく，成長促進ホルモンに対する保護水準と抗菌剤に対する保護水準の区別のみが恣意的・不当であるとした。しかしこのような恣意的・不当な区別が協定に違反するためには，この区別が貿易に対する差別的で偽装された制限をもたらしていなければならない。この点について，パネルは，保護水準の区別のみで貿易に対する差別的で偽装された制限が生じる可能性があると判断し，EC措置が協定（5.5条）に違反するとのべていた。上級委員会はパネルの判断を覆し，たしかに成長促進ホルモンに対する保護水準と抗菌剤に対する保護水準の区別は恣意的・不当であるが，こうした恣意的・不当な区別だけでは貿易に対する差別的で偽装された制限は立証できないとして，EU措置は協定（5.5条）に違反しないと結論した。ただしEU措置は上述のように危険性評価に基づかずけっきょくは協定違反とされたのである。

(iv) 保護水準の達成目的と比例しない植物衛生検疫措置とオーストラリア鮭事件

植物衛生検疫措置は，検疫上の適切な保護水準を達成するため必要である以上に貿易制限的となってはならない（5.6条）。オーストラリア鮭事件［巻末表2-1］をふりかえろう。

この事件では，まずオーストラリアの鮭輸入制限措置が危険性評価に基づかない点で衛生植物検疫措置協定（5.1条）に反すると，原審査段階の上級委員会により認定された。このため，オーストラリアは，上級委員会報告を遵守するため，新しい措置を採択した。新措置は，熱処理を受けていない鮭の輸入を原則的に禁止する内容のものであった。ただし，熱処理を受けていない鮭でも，消費者向けの切身鮭は輸入が許可された。輸入できる切身鮭は，消費者が加工なしにただちに調理できる鮭でなければならず，重量も450グラム以下に制限された。オーストラリアの実施措置は，要するに，所定の要件を満たす切身鮭のみの輸入を許可し，それ以外の鮭，とくに鮭本体の輸入を禁止することを意味した。オーストラリアによれば，鮭本体の輸入禁止は，国内の健康保護水準を満たすため必要であるとされた。鮭本体が輸入され国内で消費者向けに加工されると，加工場からの廃棄物に含まれた病気が国内の衛生を害し国産鮭ストックに感染するおそれがあるとされた。

鮭の輸出国であるカナダは，オーストラリアによる鮭本体の輸入禁止措置が適切な保護水準の達成に必要である以上に貿易制限的であるとし，実施審査パネルの設置を要求した。実施審査パネルは，オーストラリアの実施措置が，目的の達成と比例しない必要以上に貿易制限的な措置であることを認めた。なぜならば，本件では，目的達成のための貿易制限効果のちいさい他の措置が存在するからである。たとえば，輸入鮭の

加工は，廃棄物を放出しない管理施設で行うことができる。また内臓除去処理をした鮭の輸入は，病気の進入・蔓延の可能性を低めるであろう。パネルは，確定的な結論には到達できないとしながらも，オーストラリアがめざす保護水準は，他のなんらかの貿易制限効果のちいさい代替措置によって達成されるとのべた。したがって，オーストラリアの実施措置は，植物衛生検疫措置協定の比例原則（5.6条）に違反すると判定された。

(3) 予防原則に基づく暫定検疫措置

協定（5.7条）は予防原則（precautionary principle）を導入している点で注目に値する。これによると，国家は，科学的証拠が不十分な場合でも，関連国際機関からの情報（WHO・FAO 合同 Codex 委員会の国際食品規格，OIE 国際獣疫規格等）や他の加盟国の検疫措置からの情報に基づけば，危険を予防するため，暫定的に検疫措置をとることができる。ただし，加盟国は措置をとったあと，より客観的な危険評価のため必要な追加的情報を入手し，また暫定措置を適当な期間内に再検討しなければならない。したがって予防原則に基づく暫定検疫措置は，事後的な追加情報の入手や見直しがなければ，日本リンゴ検疫事件 I［巻末表 14-3］にみるように，違法とされるのである。上級委員会はまたこの事件で科学が確立している分野では予防原則はもはや援用できないとのべた。また科学的不確実性は予防措置の発動根拠とならないことをつけくわえた。

(4) 輸出入国間の協議

協定は国際標準に基づかない輸入国の検疫措置が，貿易抑制効果をもつ場合に，輸出国が輸入国に対しこうした「措置をとる理由」について説明を求める権利を認めた（5.8条）。この場合，輸出国は，① 問題の措置が，自国の輸出を抑制しまたは抑制する可能性をもつと信ずる理由があること，② 当該措置が関連する国際標準に基づいていないと信じるかまたは関連する国際標準が存在しないと信ずる理由があることを示す。説明を求められた輸入国は，輸出国に説明を行わなければならない。

6 地域状況に対応した調整措置

検疫措置は，1国または1統合地域の汚染状況に適応したものでなければならない（6条）。EC の狂牛病を例にとれば，25 加盟国全域が汚染されているわけではない。8 大汚染国（英国，アイルランド，フランス，スペイン，ポルトガル，オランダ，イタリア，ドイツ）を除けば，残り 17 カ国は狂牛病の未発生国である。それゆえ，EU 産牛肉については，構成 25 カ国を汚染国と非汚染国に分類し，輸入禁止措置は汚染国牛肉に限定すべきである，と EU は主張している。協定は，こうした観点から輸出国に一連の義務を課した。

まず輸出国は，自国検疫措置が輸入国の検疫特性に対応するよう調整しなければならない。こうした検疫特性を評価するにあたり，輸出国は，輸入国での発症程度・防除計画・国際機関の任意規格を考慮する。また輸出国は自国の所定地域が有害動植物や病気の「無発生地域または低発生地域」であり，その状況が継続する見込みのあることを，輸入国に客観的に証明しなければならない。このため，輸入国は輸出国の要請におうじ，輸出国地域での検査試験手続にたちあう機会をあたえられる。

しかし，輸入国は，鳥インフルエンザ事件や狂牛病事件でみられたように，病害発生国からの輸入にあたり，無病地域を唯々諾々と承認したわけではなかった。逆に，輸入国は病外国のなかの無病地域の承認を遅延しまたは拒否してきた。そこで，SPS 委員会は，2008 年 4 月，ニュージーランド提案を基礎に，無病地域の承認に関するガイドライン手続を作成した。しかしガイドラインは拘束力をもたないため，無病地域承認の不当遅延を許すという批判も提起されている。

第 2 節　EU ホルモン牛肉事件，日本リンゴ検疫事件および狂牛病事件

1 EU ホルモン牛肉事件

(1) 事実関係

EU は一連の理事会指令（Directives）によって，成長ホルモンを投与されて飼育された牛の肉と肉製品の輸入・販売を禁止した。指令がカバーした成長ホルモンは 6 種類あり，そのうち 3 種類は人と動物が自然にうみだす天然ホルモン（oestradiol-17â, progesterone, testosterone）であり，他の 3 種類は天然ホルモンと類似の効果をもつ人工ホルモン（trenbolone, zeranol, melengestrol acetate (MGA)）であった。禁止措置の例外はかぎられた場合にのみ許された。カナダと米国は，EU の禁止措置は衛生植物検疫措置協定（2 条，3 条，5 条），スタンダード（2 条），GATT（1 条，3 条，11 条）に違反するとしてパネル提訴を行った。

(2) パネルと上級委員会の判断

パネル・上級委員会の判断のなかで注意をひいたのは，国際規格への準拠義務に関する解釈である［巻末表 9-3］。

衛生植物検疫措置協定（3.1 条）は，各国措置の調和を推進するため，各国が措置をとる場合，関連する国際標準があれば，措置を国際標準に準拠させるよう求めている。本件のホルモン飼育牛肉に関する国際標準は，FAO/WHO 合同食品規格委員会（Codex Alimentarius Commission）によって定められており，この機関は，とくに薬品・ホルモン等の残留値に関して国際標準（Codex Alimentarius）を設定している（協定附属書 A, 3a 項）。ただし，この国際標準は，本件で問題となった 6 種類のホルモンのうちの 5 種類（MGA を除く）について，飼育牛肉に残留するホルモンの許容値を定めていた。

パネルは，本件に関連する国際標準は，5 種類のホ

ルモン（MGAを除く）投与に関するかぎりは，存在するとしたうえで，EUの措置が問題の国際標準に準拠していたかどうかを審査した。パネルは措置が国際標準に「基づいている (based on)」とは，措置を国際標準に合致させることを意味すると解釈し，本件ではECの措置は国際標準に合致していないから協定 (3.1条) の国際標準準拠義務に違反すると判定した。問題の国際標準はホルモンの残留値をゼロ以上としているかまたはこれについて特段の定めをおいていなかった (したがって国際標準はホルモン残留値をゼロとしていたわけではない)。これに対しEUの措置はホルモン残留をいっさい許容していなかった。したがって，EC措置は国際標準とは異なる（より厳しい）保護の水準を定めていた。パネルはそれゆえEUは国際標準に措置を合致させる義務を怠ったと判定した。もっとも国際標準よりも高い水準の検疫措置は，所定の条件を満たせば正当化される (3.3条)。条件のひとつは，高水準の検疫措置が，科学的に正当な理由をもつこと，つまり入手可能な科学的情報により問題の国際標準では自国の衛生保護を十分に確保できないと国家が決定することである。または，協定が要求する危険性評価 (5.1条から5.8条まで) を行ったうえで，国家が国際標準よりも厳しい検疫措置をとると決定した場合も，措置は例外的に正当化される。しかしEUの厳格措置はこれら例外にあたらず，正当化することができないとパネルはのべた。

上級委員会は，パネルの判断を修正した。上級委員会は，措置を国際標準に「基づかせる」というのは，措置を国際標準に合致させることを意味しないとのべた。「基づかせる」とは，「合致させる」ことよりも緩やかである。それゆえ国家は措置を国際標準に完全に一致させる必要はなく，措置を国際標準よりも厳しくしてよい。国家主権尊重の観点から，言葉の意味が「疑わしいときは緩やかに解釈する」(in dubio mitius) ことができるからである（「緩和解釈原則」第12部第3章参照）。それゆえ，EUの厳しい措置は，国際標準とは一致しないものの，国際標準に「基づいて」いると上級委員会はのべた (3.1条)。

しかしながら，EU措置はパネルが指摘したように危険性評価に基づいていない。このため上級委員会はパネルとはロジックこそ異なれ，パネル判断を支持し，措置が協定の危険性評価規定 (5.1条) に反することを認めた。

さいごの争点はEUが保護水準を状況に応じて変えたことが協定 (5.5条) にそむくかどうかにあった。上述のように，パネルは5つの状況を区別し，特定の状況の間の区別が恣意的・不当で，貿易に対する差別的で偽装された制限にあたるとのべた。上級委員会は，パネル判断を覆し，EU措置が協定に反しないことを確認した。

パネル・上級委員会は，このようにEU措置の協定整合性をさまざまな角度から論じた。そして，EC措置は，協定の核心をなす危険性評価ルール (5.1条) にふれるという一点で協定違反を認定されたのである。

(3) 米加・ホルモン報復継続事件

EUはWTOでの敗訴後，2003年，実施措置を採択し，米国とカナダに実施審査手続を開始するよう求めた。しかし米加は，実施審査手続を開始しなかった。EU実施措置はWTOの審査をまつまでもなく明白なWTO違反を構成しているとして，米加は対EC報復を継続した。EUは米加の報復継続に反発して，報復継続に対する新しいパネル手続を開始した。パネル・上級委員会は，紛争当事者双方の非を指摘した［巻末表 4-9, 20-44］。まず米加はWTOの許可なしに一方的に報復をとることはできず，むしろEUを相手どって実施審査手続きを開始し，EU実施措置のWTO整合性を争うべきであるとされた。この点，パネルは，EUがoestradiol-17βについて危険性評価を行っていないとしてSPS協定 (5.1条) の規範を指摘し，さらに他の5種類のホルモン (progesterone, testosterone, zeranol, trenbolone acetate, melengestrol acetate) について予防措置をとるための要件 (5.7条) を満たしていないと判断したが，上級委員会はパネル判断を一蹴した。上級委員会からみれば，問題はそもそも手続き自体が誤っていることにあったからである。それゆえ，上級委員会は，危険性評価と予防措置に関する最終判断を下す必要性を認めなかった。もっぱら紛争当事者に新規のパネル手続ではなく，既存手続の実施審査段階を踏むよう上級委員会は要求した。

2 日本リンゴ検疫措置事件

ECホルモン牛肉事件が輸入国の禁止措置とWTOとの整合性を扱ったのに対し，日本のリンゴ事件Ⅰとの整合性を扱ったのに対し，日本のリンゴ事件ⅠとⅡ［巻末表 14-3, 14-4］では，日本が輸出国に要請した措置（殺虫試験基準，殺菌処理等）とWTOとの抵触の有無が問題となった。

(1) リンゴ事件Ⅰ

A 事実関係

日本は1950年の植物防疫法令により，米国を含む8カ国からのリンゴ等の輸入を原則として禁止した。その理由は，リンゴ等に寄生する害虫（米国等に存在するが日本では確認されていないコドリン蛾病 codling moth）の日本上陸を阻止するためであった。ただし輸入禁止原則には例外があり，輸出国当局が日本の保護水準を満たす実効的な検疫措置を行っていることを立証すれば，日本は輸入を解禁していた。実行では，こうした措置は，コドリン蛾病の場合，臭化メチル燻蒸 (methyl bromide fumigation) または燻蒸と低温処理 (cold treatment) をくみあわせた害虫駆除方法 (disinfestation) であった。そして日本は米国産リンゴの対日輸入に関し，品種ごとに異なる殺虫試験 (varietal testing) を行うよう要求した。したがって日本はリンゴという1品目 (one product) について同一の殺虫試験方法を用いることを認めなかった。リンゴ品目のなかのデリシャス・ふじ・ジョナゴールドといった特定品種 (specific

第4章 衛生植物検疫措置

variety）ごとにそれぞれ異なる殺虫試験方法（薫蒸ガスの量の相違等）を用いるよう要求した。そして農林水産省は1987年のガイドラインにより，輸入許可のためのモデル薫蒸試験を定めたが，このガイドラインを公表しなかった。米国は，日本の措置がSPS協定に違反する非関税障壁に該当すると主張してWTOに提訴した。

B パネル・上級委員会報告

パネル・上級委員会は，日本が輸出国・米国に対して要求したリンゴの品種別試験措置は，つぎの理由でSPS協定に違反することを結論した。

① 日本の要求は，科学的根拠がないかぎり植物検疫措置を維持してはならないというSPS協定（2.2条）に違反する。問題の品種別に異なる試験措置の要求は，当事者が提出した証拠と専門家の意見から明らかなように，科学的根拠に基づかない。

② SPS協定（5.7条）の予防原則によっても措置は正当化できない。予防原則によれば，輸入国は科学的根拠が不十分な場合でも，関連国際機関からえられる情報や他の加盟国の措置からえられる情報に基づいて，危険を予防するため，一定の条件のもとに暫定的に検疫関連の措置（本件では輸出国に対する品種別検査の要求）をとることができる。ただし，その場合，輸入国は2種類の追加的義務を果たさなければならない。第1は，危険性評価のため必要な追加的情報をえる義務であり，第2は適当な期間内に措置をみなおす義務である。日本はたとえ関連国際機関や他の加盟国の措置からえられる情報に基づき，危険予防のため暫定措置をとったとしても，2種類の追加的義務を履行しなかった。日本は危険性評価のための追加的情報を入手しなかったし，また問題の検疫措置を合理的な期間内に見直すことを怠った。措置は見直しなしに20年間放置されていた。

③ 日本はガイドラインに定められた試験措置の内容について公表しなかったため，SPS協定（7条）の透明性原則に違反する。

④ パネルは，日本の措置はSPS協定の比例原則（5.6条）にも違反するとのべた。パネルによれば，殺虫試験のためには，薫蒸・低温処理よりも貿易制限効果のちいさい代替措置（たとえばリンゴが薫蒸室でガスを吸着した程度の検査）があるから，本件の措置は目的の達成と比例しないとされた。しかし上級委員会はこのパネル判断を覆した。その理由は代替措置は申立国・米国が指摘したものではなく，専門家が提起したからである。米国はこの点で比例原則違反を立証する義務を怠った。

したがって上級委員会は，比例原則の争点を除いて，パネルの判断を支持した。

C 事後の展開とリンゴ事件Ⅱ

パネル・上級委員会手続のあと，日米は，リンゴの試験方法として濃度時間値（Concentration Time）方式を用いることで合意し，日本農水省は，2001年10月の告示でこの方式の採用を明らかにした。新方式は，リンゴが殺菌されたかどうかを調べるため，2時間の薫蒸時間ののち，害虫を殺すにたりるガスがどの程度の濃度で残っているかを検査するものである。リンゴ事件Ⅰはかくして決着をみた。しかし，リンゴ事件Ⅱがほどなくして発生した。

(2) リンゴ事件Ⅱ

A 原審査パネル

リンゴ事件Ⅰがコドリン蛾病の日本上陸を阻止するための日本検疫措置を扱ったのに対し，リンゴ事件Ⅱ[巻末表14-4]はリンゴ火傷病（かしょうびょう）[fire blight]の国内侵入をふせぐための措置に関するものであった。火傷病は米国東部の風土病であり日本にはない。そこで日本は米国火傷病の上陸を阻止するため，米国2州（オレゴン，ワシントン）以外からの輸入禁止，火傷病汚染果樹園からの輸入禁止および一連の栽培地検疫措置を米国に要求した。

これにより，米国は，一連の栽培地検疫を行うよう義務づけられた。栽培地域で，無病園地を指定し，輸出向け園地の周囲500メートルに緩衝地帯（buffer zone）を設置し，開花期・幼果期・収穫期の年3度にわたり（日本検査官立会いのもとに）園地検査を実施し，殺菌プールに果実をつけて果実の表面殺菌を（日本検査官立会いのもとに）行うよう強いられたのである。

米国は日本の輸入禁止措置と対米栽培地検疫の要求がGATTの輸入制限措置禁止規定（11条），農業協定，SPS協定に違反するとしてパネル手続を求めた。とくに日本の要求する栽培地検疫措置はSPS協定（科学的根拠規定，危険性評価ルール，比例原則，予防原則）に違反すると主張した。

パネルは米国の主張をいれた。パネル報告は2003年10月，上訴なしに紛争解決機関により採択された。

B 実施審査パネル

日本は実施措置として栽培地検疫を緩和した。年3回の園地検査を1回に減らし，園地周囲の緩衝地帯を10メートルに縮小し，梱包箱の殺菌要件を廃止した。しかし米国は規制緩和が不十分であるとして実施審査パネルを2004年7月に要求した。米国は日本が規制緩和にふみきらないならば，対日報復に訴えることを表明した。対日報復リストには日本産農産品52品目（食肉，魚介類，乳製品，穀類，飲料水）が掲載された。しかし米国にとり重要な日本製機械産品は報復の対象から除外された。

実施審査パネルは日本の実施措置がいぜんSPS協定に違反すると結論した。第1に，措置は「パネルが用いた科学的証拠と専門家の意見」に照らし，十分な科学的証拠に基づいていない（協定2.2条違反）。第2に，措置は植物への危険性の評価に基づいていない（協定5.1条）。第3に，措置は適切な植物衛生の保護水準を達成するため必要とされる措置よりもより貿易制限的である（協定5.6条）。実施審査パネル報告は2005年7月上訴なしに紛争解決機関により採択された。そして

2005年8月，日米双方は相互合意解決をWTOに通報した。
3 狂牛病事件
(1) 狂牛病
狂牛病 (mad cow disease, Bovine Spongiform Encephalo-athy (BSE) 牛海綿状脳症) の正体はまだはっきりしていない。しかし科学者は，狂牛病の病原体は異常プリオン蛋白質 (abnormal prion proteins) であろうと推測している。プリオン自体は人や牛など動物の体内にある正常な蛋白質である。この正常プリオンがなんらかの構造変化により異常プリオンにくみかえられるとプリオン病がおきる。異常プリオンは牛の脳・脊髄・眼球・小腸といった特定危険部位に蓄積し，長い潜伏期間ののち牛の脳をスポンジ化する。

プリオン病は牛の飼育方法からうまれたとされる。欧州では1920年代から牛豚羊の飼料として肉骨粉 (Meat and Bone Meal) がつかわれてきた。それは屑肉や骨を熱処理し，脂肪を除去し，乾燥させたあとの粉末である (rendering 飼料)。こうした肉骨粉を混ぜた飼料で育てられると，牛はいわば共食いによって異常プリオンに犯される。異常プリオンは特定危険部位に蓄積され，牛の解体過程で肉片に付着する。当時の解体機 (advanced meat recovery.AMR) は，感染牛であれ正常牛であれ区別なしにつかい回されていた。そのため感染牛の異常プリオンは解体機を介して正常牛の食肉にも伝播した。この肉を食べた人は異常プリオンに感染し，異型性クロイツフェルト・ヤコブ病 (variant Creutzfeldt-Jacob Disease.v CJD) に罹って死んだおそれがある。それだけではなく，当時は，牛の肉や骨から抽出された牛エキスは，加工食品として販売され，牛の血清や骨盤から製造された医薬品も合法的に販売されていた。

狂牛病と人のクロイツフェルト・ヤコブ病は，発見が遅れた。英国の牧場で歩行困難牛がみつかっても，病因が不明だったからである。しかし歩行困難牛の増加にともない狂牛病の研究もすすんだ。その結果ようやく1986年になって，狂牛病と確認された牛が，英国で発見された。そして1996年初頭，狂牛病が人に感染するおそれがあることが公にされた。1996年8月には感染源とされる肉骨粉の使用がECレベルで禁止された。

狂牛病はまたたく間に欧州を席捲した。新世紀にはいると，発症地域は欧州から北米2カ国 (カナダ，米国)，アジア1カ国 (日本)，中近東1カ国 (イスラエル) に拡大した。その原因は，欧州から前世紀に輸入された牛・牛肉・肉骨粉であった。1986年から2006年6月までの20年間に，世界でほぼ19万頭の牛が発症した。そのうちEC7カ国 (英国，アイルランド，フランス，ドイツ，イタリア，ポルトガル，スペイン) とスイスの感染牛だけで99%を占めた。欧州外では，日本26頭，カナダ5頭，米国3頭の症例が報告されていた。

しかしそののち発病件数は漸減した。世界発生件数は，OIE統計 (2011年9月30日) の年度別件数によれば，2006年の5768件から2010年の5983件に増えた。これは2006年度から2010年度までの増加件数が僅か227件にとどまったことを意味する。通報は日米加EU/EFTAのみであり，中印韓・ASEAN・メキシコ・南米・アフリカによる通報例はない。あったとしてもゼロ件である。

狂牛病は畜産貿易に打撃をあたえた。各国が牛・牛肉・肉骨粉の輸入禁止に走ったからである。輸入禁止をめぐる紛争はEC司法裁判所と米国裁判所に付託された。WTOでの係争例はまだない。
(2) EC司法裁判所の牛肉輸入禁止事件
A 欧州委員会の対英輸出禁止決定事件
1996年，欧州委員会は，狂牛病が英国から他国に拡散するのを防止するため，英国に対し，国産の牛と牛肉を他のEC加盟国と域外国に輸出することを禁止した (Decision 96/239/EC)。委員会が域内向け輸出のほか域外向け輸出を禁止したのは，域外へ輸出された牛と牛肉がECへ再輸入されるおそれがあったからである。また域内向け輸出を禁止しながら域外向け輸出を黙認すると，域外国を域内国よりも不利に扱う差別が生ずるおそれもあった。

英国は委員会の輸出禁止決定を不服として，EC司法裁判所に訴えを提起した。裁判所は1998年の判決 (Case C-180/96, UK v. Commission) で，委員会の対英輸出決定がEC法に整合することを認めた。裁判所によれば，狂牛病リスクに不確定性 (uncertainty) があるとしても，重大な危機に陥る前に，EC機関は暫定予防措置をとるのは比例原則に合致するとされた。委員会は禁止決定ののち3年後の1999年に予防措置を解除した。
B フランスの英国産牛肉・輸入禁止事件
EC機関は予防措置の解除にあたり，英国に，30カ月齢以下の牛肉のみを条件付きで輸出することを許可した。フランスはEC機関の対英輸出許可 (輸出禁止解除) に対して異議を唱えた。委員会は逆にフランスがEC機関の決定を履行しなかったとして，構成国の義務違反を追及した。フランス側は委員会が予防原則に反して英国産危険牛肉を解禁したと応酬した。裁判所は，委員会の提訴を受けて，フランスがEC決定の実施を怠り，義務違反を犯したと結論した (Case C-1/00)。
(3) 米国モンタナ地方裁判所判決
米加政府は狂牛病に関して共同歩調をとってきた。北米に狂牛病が拡大したのは，カナダがかつて英国原産牛を輸入したことにある。この牛は2003年5月，カナダ・アルバータ州 (Alberta) で発病した。そしてアルバータ州から米国ワシントン州へ輸入された牛のなかに発症牛が発見された。米国とカナダは相互に牛・牛肉の輸入を禁止した。しかし米加は相互のリスク管理が同等であることを認め，この認識に基づいて，米国は2005年初頭，カナダをミニマム・リスク国と認

第4章　衛生植物検疫措置

めた。そして米国農業省は，2005年3月からカナダ産の牛の輸入を再開する声明をだした。これと規を一にして，NAFTA 3カ国は牛肉安全基準をOIE規格に調和させる戦略（NAFTA Strategy）を確認した。ところが米国牧牛団体（R-CALF）はカナダ産牛の永久輸入禁止を求めてモンタナ州地方裁判所に禁止命令を求めた。この命令は2005年7月のカリフォルニア第9巡回控訴裁判所（Ninth Circuit Court of Appeals in California）により棄却された。裁判所は，1997年以降，米国とカナダが科学的根拠に基づくOIE国際規格に従って同等の飼料規制を行い，狂牛病の拡大に対処してきたことを強調した。それゆえ裁判所は，米国がカナダ産牛の輸入を禁止する必要はないとのべた。かくして2005年7月からカナダ産の生きた牛だけが米国に輸入された。2006年4月6日の米国モンタナ地方裁判所（The U.S. District Court of Montana）も，米国団体による再度の禁止要求を退け，2005年7月の控訴裁判所の判決を再確認した。

ECと米国の対応は一見したところ類似している。ECでは委員会が暫定禁止措置をとり，暫定期間の経過後，輸入を条件付きで解禁した。フランスは輸入解禁に反対したが，EC司法裁判所は域内貿易自由化を念頭におきつつフランスの要求を退けた。他方，米国では政府がカナダ産牛の輸入を暫定的に禁止したのち，OIE規格ベースのNAFTA共同戦略にのっとって，暫定期間の経過後，カナダ産牛の輸入を許可した。

しかし，ECと米国ではリスク状況と安全基準が著しく異なっている。EC域内の牛肉貿易は，ハイリスク国間の貿易であり，安全基準が国（英国とその他EC諸国）におうじて異なり，またどの国の基準もOIE規格より厳しい。これに対し，NAFTA域内の牛貿易は，ミニマム・リスク間の貿易であり，安全基準はOIE規格に準拠した。

ECと米国の事例から分かることは，狂牛病の侵入・拡散を防止するための牛肉貿易規制は，輸入先国のリスクレベルにおうじて異なること，したがって輸入国の安全基準はかならずしもOIE規格に合致する必要はないこと，輸入禁止はあくまでも暫定的でSPS協定の予防原則に適合しなければならないこと，狂牛病に関する科学的究明が不十分なためリスクについての不確定性が司法判断を困難にしていることである。

(4) 日米牛肉事件

狂牛病は，欧州以外では，2001年9月に日本で，2003年5月にカナダで，2003年12月に米国で発生した。関係国はそれぞれ狂牛病発生国からの牛肉輸入を禁止した。しかし米国とカナダは，2国間交渉に基づき当時のOIE規格に従った条件で牛肉輸入を再開した。OIE規格は，30カ月齢以下で特定危険部位を除去した牛肉に関し輸出入取引を許可していた（ただし扁桃と回腸遠位部は月齢にかかわりなく輸入が禁止される）。

日本はOIE規格よりも厳しい安全基準に基づき，2003年12月以降，米国産牛肉の輸入を暫定的に禁止した。日本の基準は，国産品に関し，すべての月齢の牛について特定危険部位を除去した牛肉のみを販売条件とし，またと畜場で21カ月齢以上の牛の全頭検査を義務づけた。これはOIE基準に準拠して30カ月齢以上の牛の危険部位の除去（ただし扁桃と回腸遠位部については全月齢の牛からの除去）を義務づける米国の基準はもちろん，12カ月齢以上の牛の危険部位の除去（ただし小腸については全月齢の牛からの除去）を要求するEC基準よりも厳しい。米国は日本の要求に反発した。米国は1億頭の牛を飼育し，1年間で約3000万頭を輸出し，最大の輸入国は日本であったからである。他方，日本は500万頭の牛を飼育し，北米産牛肉の輸入を禁止したのちは狂牛病清浄国（とくにオセアニア）から大量の輸入をしていた。

日本は対米交渉ののち内閣・食品安全委員会の答申を受けて2005年12月15日，米国産牛肉の輸入を再開した。注意を要するのは，食品安全委員会の結論が狂牛病の危険性についてふみこんだ検討をくわえなかったことである。日本政府の輸入再開決定は対米交渉の過程で政治的配慮から下された。食品安全委員会は，米国（およびカナダ）の「狂牛病リスクの科学的同等性を評価することは困難」であるとしたうえで，つぎの結論をひきだした。日本政府が要求する安全基準──すなわち20カ月齢以下の牛に由来する牛肉であって全頭から特定危険部位が除去されたもののみが輸入対象となること──が米国により守られると仮定すれば，米国（カナダ）産牛肉と日本産牛肉のリスクレベルは差がちいさい，と。こうしたナンセンスな理論に従って日本政府は輸入解禁にふみきった。しかしこの解禁は1カ月で取り消された。解禁後，日本に届いた米国産牛肉のなかに特定危険部位を含む骨付き牛肉がみつかったからである。このため日米協議と日本政府職員の現地検査のすえ，日本は2006年7月に2回目の条件付き輸入解禁を行った。これによると米国の35の認可食肉工場で処理される牛肉は，仕向け地におうじて著しく異なる。米国国内市場向けの牛肉は30カ月齢以下で特定危険部位が除去されていれば，骨付き牛肉（T-bone, Porterhouse）でも販売が許される。しかし，日本向け牛肉は，20カ月齢以下で特定危険部位が除去された牛肉にかぎられるのである。

ここにひとつの疑問がある。なぜ米国は日本の暫定的予防措置をWTOで争わなかったのか。米国はホルモン牛肉・遺伝子組換え食品規制・リンゴ検疫に対しては迅速にWTO手続を開始した。しかし，日本の牛肉輸入禁止についてはWTO提訴よりも2国間の政治解決を選んだ。

日本の牛肉輸入禁止措置がSPS協定の予防措置によって正当化されるかどうかは予断を許さない。日本の措置は，OIE規格や他国の基準よりもはるかに厳しいからである。しかしOIE規格自体はきわめて流動的である。それはさいきんの修正（2005年規格から2006年規格への変化）にあらわれている。またOIE規格

はメンバーの全会一致で採択されるわけではない。OIE 規格にもかかわらず，各国の牛肉安全基準はバラバラである。それゆえ OIE 規格がどのように評価されるのかクリアーではない。SPS 協定は，国際規格に準拠した国家の安全基準を GATT に整合するものと推定するが，この推定は反証を許す。それどころか，SPS 協定上（3条3），加盟国は「科学的に正当な理由がある場合」または危険性評価に基づき「自国の適切な保護水準」を決定するときは，国際規格よりも厳しい安全基準を導入することができる。かりに将来，日本の厳しい牛肉安全基準に対して WTO 提訴が行われる場合，争点は，OIE 規格・科学的根拠・危険性評価・挙証責任等に集約されるであろう。

なお日本政府は 2011 年秋に現行安全基準を緩め OIE 基準を採択する可能性を示唆した。

4 豚肉事件と鶏肉事件

狂牛病事件と類似の摩擦が生じている。ひとつは 2009 年の豚肉事件である。2009 年 4 月，豚インエンザが発生すると，中国は米国産豚肉とメキシコ産豚肉の輸入を禁止した。しかし，豚インフルエンザが豚由来かどうかは科学的に確証されていなかった。米国は対抗措置として中国産加工鶏肉の輸入を SPS 協定に基づき禁止した。さらに鶏肉の殺菌方法をめぐり，EU と米国の間に軋轢が生じた。EU は米国産鶏肉の輸入を，殺菌方法が安全ではないとして，禁止した。ヨーロッパ委員会は 2002 年，米国から殺菌原料の安全性について打診を受けたため，下部委員会に検討を委ねた。専門委員会は安全性を認めたが，加盟国諮問評議会が安全性を否定し，これを受けて理事会も 2008 年に安全性を否定した。2009 年 5 月，米国は EC を相手どって WTO 提訴を行った。米国は，SPS 協定の科学的証拠（2.2 条），危険性評価（5 条），認証手続（8 条），附属書 C の違反を主張し，同時に SPS 協定が適用されない場合に備えてスタンダード協定の違反をあげた。

米国・中国産鶏肉検疫措置事件［巻末表 20-52］では米国の中国産鶏肉の検疫・輸入禁止措置の WTO 整合性が問われた。パネルは 2010 年 9 月，米国措置が SPS 協定と GATT に違反すると判定した。その理由は，米国措置が SPS 協定の危険性評価義務（5.1 条，5.2 条），十分な科学的証拠なしに継続される措置の禁止ルール（2.2 条），解禁・承認手続の不当遅延の禁止規定（SPS 協定附属書 C.1.a）と抵触することにあった。米国は SPS 協定違反を GATT 一般例外条項の健康保護理由（20 条 b）により正当化することもできなかったとパネルはのべた。さらに米国の対中差別措置は，GATT の最恵国待遇原則（1.1 条）と輸入数量制限禁止規定（11.1 条）にも違反するとパネルはつけくわえた。

5 放射能汚染と被爆食品輸入禁止措置

2011 年 3 月の東日本大地震は，東京電力の福島原発を直撃し，放射能汚染をもたらした。政府は被爆地域周辺で生産された食品の出荷を制限した。しかし，海外諸国はいちように日本産食品の輸入を禁止した。問題は各国の対日輸入規制が，SPS 協定の条件（危険性評価，科学的証拠，比例原則，地域状況対応原則）を満たすかどうかにある。その判断は現在の科学に照らして困難をきわめるであろう。

第3節　遺伝子組換え体の輸入規制

遺伝子組換え体（Genetically modified organisms, GMO）の輸入規制がげんざい各国の注目を集めている。これはいわゆる非貿易的関心事項（non-trade issues）の１つである。貿易に直接関係しない遺伝子組換え技術，環境，労働といった貿易外のイッシューがじつは現代の貿易におおきな影響をあたえている。

1 遺伝子組換え食品と危険評価

(1) 遺伝子組換え技術と食品

遺伝子組換え（genetic engineering, genetic modification, or a recombinant DNA technology）は，ある生物に別種の生物の有用遺伝子（細胞の核のなかの螺旋構造をもつ DNA の遺伝子）を特殊な技術を用いて人為的に導入する技術である。過去 10 年ほどの間に食品産業界で急速な発展をとげた。遺伝子組換え食品の代表例として，除草剤・病原虫・ウィルスに対して抵抗力をもつ作物（大豆・菜種・とうもろこし・綿・パパイア等），日持ちのするトマト，脂肪酸（オレイン酸，ラウリン酸）含有の大豆・菜種等がある。

特筆に値するのは，キャノーラ菜種油であろう。これは自然栽培される菜種の油（rapeseed oil）がもつ毒性を克服したからである。菜種科（Brassicaceae）のなかの菜種（Brassica napus, rapeseed）・芥子菜（Brassica juncea）・ストック（Matthiola, stock）・エルーカ（Eruca vesicaria）はエルーカ酸（Erucic accid）をふくむ点で共通していた。エルーカ酸は一定水準を超えると，人畜に対して強い毒性（toxic glucosinolates）をもつ。この難を除去するため，カナダは 1978 年，エルーカ酸の低い交雑菜種を開発した。これがキャノーラ菜種油（"Canadian oil, low acid" 別名 "Low erucic acid rapeseed oil", LEAR oil）である。つづいてキャノーラの遺伝子組換え品種（1995 年）がカナダで作出され，また農薬耐性をもつ遺伝子組換え菜種（Roundup Ready glyphosate-tolerant canola）が米国で当局（FDA）の承認をうけ，特許を与えられた。こうした特許・GM 菜種がげんざい米国・カナダの主要な栽培菜種となっている。またオーストラリアでも間作作物として小麦農家により栽培されてきた。主要な輸入国は，日本（最大消費国）・メキシコ・中国・パキスタンである。しかし GM 菜種とその加工品（キャノーラオイル）の貿易が，輸出入国の生態系を崩す（近似種との交雑，遺伝子汚染，環境悪

化) だけではなく，キャノーラ自体の農薬耐性をじょじょに低める可能性を指摘する声も高まっている。

2002年当時，すでに16カ国で遺伝子組換え作物の商業栽培が行われ，その上位4カ国 (作付面積) は米国 (66%)，アルゼンチン (23%)，カナダ (3.5%) 中国 (2.1%) であった。主要栽培作物 (作付面積) は，大豆 (36.5%)，とうもろこし (12.4%)，綿 (6.8%)，菜種 (3%) である。日本は遺伝子組換え食品の商業栽培を行っていないが，加工食品業は原料として海外の遺伝子組換え作物に依存している。日本で販売されている遺伝子組換え作物の加工食品は，大別して大豆食品 (大豆油，醬油，味噌，豆腐，湯葉，納豆，豆乳，きな粉)，とうもろこし食品 (ポップコーン，コーンスナック食品等)，菜種油等である。しかし，遺伝子組換え食品は，これら加工食品を経由して人体に摂取されるほか，飼料として家畜に投与されたのち畜産物をとおして人体に間接的に摂取される場合が増えている。

(2) EUの環境放出規制指令と改正指令案

遺伝子組換え食品に対する規制がもっとも厳しいのはEUである。ECは指令90/220 (1991年10月施行) により遺伝子組換え食品の環境放出・市場流通を規制し，食品の商業栽培・市場流通を厳しい承認手続きのもとにおいた。その結果，1991-98年に承認された食品は18件にとどまった。しかし，EUは消費者の不安を考慮して，指令案の改正に着手し，改正が終了するまでは，新規承認手続を凍結し，米国等の食品輸出国の批判を招いた。欧州委員会の2001年7月の改正指令2001/18号 (2002年10月施行) は，この批判をさらに増幅させた。改正指令は，遺伝子組換え食品・飼料に関し，流通段階から生産源への追跡 (traceability) を確保するため，関係者に情報の伝達と保持を義務づけることを内容としていたからである。米国は，ECの措置が，GMO食品の輸入をはばみSPS協定に違反するとして，2003年5月，WTOパネル手続を開始した。これを受けて欧州委員会は，対米配慮の視点から，迅速な政策転換をはかった。2004年1月，委員会はGMO承認手続を再開し，それと引換えに承認GMOの表示を強化させるプランを加盟国に提示した。委員会はかくして6年ぶりにGMO食品の承認手続を開始し，承認GMO (遺伝子組換えコーン由来のスウィートコーン等) の輸入を解禁した。しかし解禁された承認ずみGMO食品の輸入を，EC加盟6カ国は禁止した。こうした状況のもとでパネルは，2006年9月29日最終報告を送付した。

(3) WTOパネル報告

パネル報告 [巻末表9-18] は2006年11月，上訴なしに採択された。その概要はつぎのとおりである。

(i) 結 論

EUは，1999年6月からパネル設置日の2003年8月までのあいだ，GMO承認手続を凍結し事実上のモラトリアムを実施した。これによりECは承認手続を不当に遅延させた。SPS協定は，加盟国に食品の検査承認手続にあたり，手続を「不当に遅延」しないよう，また輸入品を同種の国産品よりも「不利でない方法で」扱うよう要求している (付属書C1，協定8条)。ECが過去に行った承認手続の凍結は協定が定める承認手続の不当遅延にあたり協定義務に反する。ECはとくに27品目のうち24品目に関し，適切な期限内に承認手続を終了する義務を怠った。これも承認手続の不当遅延禁止原則にふれる。第2に，EU加盟6カ国が発動した9件のGMO輸入禁止措置は，正当化されない。EC指令は，例外的にEC全域でとられる検疫措置とは異なる検疫措置を特定加盟国が条件付きで適用する手続を予定している。しかし本件のEU加盟6カ国の措置は，こうした加盟国の条件つき措置ではない。それは上述のEU承認法制度に基づく措置である。それゆえ加盟諸国が勝手にとっているセーフガード措置は，EUがWTOで負う義務と整合しない。加盟諸国はセーフガード措置を正当化するための証拠をEUの科学評議会に提出したが，評議会は加盟国の証拠がEUワイドの承認結果を否定するものとは認めなかった。それゆえ危険性評価を可能にする科学的証拠は存在したのである。たしかにSPS協定 (5.7条) は危険性評価のための科学的証拠が不十分な場合でも国家は暫定的に輸入制限措置をとることができると定めている。ところが，本件では，危険性評価のための科学的証拠があったのであるから，加盟国はECワイドの輸入承認に反して個別に暫定輸入禁止措置をとることはできなかった (5.7条違反)。さらに加盟国はGM食品の輸入を禁止するため危険性の評価を行ったのかどうかであるが，加盟国の一部は科学的検討を行ったものの，人の健康と環境に対する危険性の評価を提出するにはいたらなかった (5.1条違反)。

(ii) パネルが検討しなかった争点

パネル報告は，過去のEC承認手続の遅延と一部加盟諸国の一方的輸入禁止措置がSPS協定の承認遅延禁止原則と暫定措置規定に反することを指摘するにとどまった。パネルは，GMOに関する本質的問題を不問に付した。GMO食品は一般に安全かどうか。本件のGMO食品は従来の対応食品 (非GMO食品) と同種の産品であるのかどうか。ECはGMO食品の流通前承認を義務づける権利をもつのか。EC指令の承認手続は，商品ごとに多様な潜在的リスクを科学的に評価するよう定めているが，これはECのWTO上の義務に反しないか。ECの科学評議会が特定GMOの安全性についてくだした評価は適正であったのかどうか (ただしパネルは当事国との協議のもとに，おおくの専門家から見解を求めた)。

(iii) 推 移

EU措置と加盟国の措置はパネルによりSPS協定違反とされた。このためECは実施措置を2008年1月11日を期限として採択するよう迫られた。しかし，フランスは同日，EUが栽培を許可した唯一の遺伝子組替え玉蜀黍M810についてセーフガード措置を導

入し輸入禁止を表明した。米国は対EC報復を延期し，ECと交渉ののち実施措置パネル手続を要請する意向とされる。

EUは総じてGMO食品の販売承認に消極的である。外国産の未承認GMO食品や飼料に対して非寛容政策（zero tolerance of unauthorized GMOs）をとりつづけている。米国産GMO玉蜀黍は2007年から輸入を禁止されたままである。またECのGMO承認手続の遅延は，2009年4月，米国の批判をあびた。

2 日本の流通管理・表示制度

日本は，遺伝子組換え食品について，圃場での開発を進めているが，商業栽培を許していない。このため，輸入される所定の遺伝子組換え作物とそれら作物を原料とする加工食品にかぎって，流通管理と一定の表示義務を課している。

(1) 安全性審査の義務化

食品衛生法に基づき，遺伝子組換え食品の安全性を審査する制度が2001年4月から実施された。外国産品は安全性を審査されないかぎり，日本国内に輸入し販売することができない。それゆえ輸入食品は，①審査済みの遺伝子組換え食品，②未審査の遺伝子組換え食品，③非遺伝子組換え食品に3分されている。食品衛生法は従来から行ってきた食品添加物の安全性審査制度を遺伝子組換え食品に準用したのである。

(2) 分別生産流通管理制度

食品メーカーは，大豆やコーンの加工品を製造する場合，国産原料と輸入原料を混ぜて使うことがある。問題は，輸入原料が遺伝性組換え食品であるかどうかであるため，製造過程で遺伝性組換え原料と非遺伝子組換え原料を分別する必要がある。企業が善良な管理者として行う分別方法を「分別生産流通管理制度」という。分別管理は義務ではないが，管理の有無で，表示義務が異なるため，食品メーカーは分別管理を懲慂されることになる。

(3) 表示制度の対象

原料が遺伝子組換えされたものかどうかを表示する制度は，一定の食品にかぎられている。それは作物7種類（大豆・コーン・菜種・ばれいしょ・綿実・アルファルファ・甜菜）と加工食品32群（豆腐油揚げ・納豆・コーンスナック菓子・コーンスターチ・ポップコーン等）である。加工食品は，加工ののちも組換えDNAが残留したり，組換えにより生ずる蛋白質が検出される一般流通品に限定される。他方，植物性食用油については大豆油・キャノーラオイル・向日葵油・綿実油等に関して表示方法が規定されている（2001年3月21日付け食品保健部企画課長・食品保健部監視安全課長通知）。

(4) 義務表示と任意表示

表示が義務か任意かはつぎの基準による。

(i) 分別管理下のポジティヴ表示義務

分別生産流通管理が行われている場合に，加工食品が輸入遺伝子組換え原料（上述大豆・コーン等）を重量比で5％以上含有するならば，原材料欄に遺伝子組換え原料の名称を表示しなければならない。

(ii) 分別管理下の任意的ネガティヴ表示

同様に分別生産流通管理が行われている場合に，加工食品が非遺伝子組換え原料から製造されているときは，原材料欄に「遺伝子組換えでない」原料の名称を表示することができる。この表示は任意であり，表示義務はない。

(iii) 分別管理がないときのポジティヴ表示義務

以上とは逆に企業が加工食品の製造過程で分別管理をしていないときは，加工品に遺伝子組換え原料が混入しているおそれがある。そのため，このような加工食品は，原材料欄に原料名（大豆等）を明記し括弧書きで「遺伝子組換え不分別」（つまり分別管理を行っていない）と表示しなければならない。たとえばイオン㈱の「お好みミックス」は，原料のコーン，大豆に関し「遺伝子組換え不分別」と表示したうえで「遺伝子組換え原材料が含まれる可能性があります」と付記している。表示の効果はおおきい。飼料市場は別として消費市場に関するかぎり，表示は消費者の遺伝子組換に対する拒否意識を高めた。そのけっか，遺伝子組換産品は消費市場からほぼ姿を消した。

(5) 安全性審査

日本は，遺伝子組換え食品を安全性審査ののち輸入販売を認めている。このため農林水産省は遺伝子組換え食品をDNA分析し，その分析結果を関連専門委員会で検討したうえで安全性を認定している。遺伝子組換え作物の加工食品については，加工後も組換えDNAや組換えで発生する蛋白質が検出可能で一般的に流通しているものにかぎり，輸入販売が認められている。では，現段階の科学技術では安全か危険かが不明の場合，予防原則に基づいて暫定的な輸入禁止措置を遺伝子組換え食品に対してとることができるかどうか。予防原則は衛生植物検疫措置協定のなかに規定されているが，さらにWTO枠外のカルタヘナ生物多様性議定書でもふれられているので，SPSと議定書の予防原則の関係を検討する必要がある。

3 カルタヘナ生物多様性議定書とSPS協定の予防原則

(1) カルタヘナ議定書

A 議定書の発効と日本

(i) 議定書の発効と加盟国

カルタヘナ議定書（The Cartagena Protocol on Biosafety）は，生物多様性条約（19条3）に基づく条約であり，国連機関（UNEP）での検討，作業部会での交渉をへて，当初は1999年2月にコロンビア・カルタヘナでの生物多様性条約締約国会議・特別会合で採択される予定であった。しかし，交渉参加国間の見解の対立がおおきかったため，議定書が最終的に採択されたのは2000年1月のモントリオール生物多様性条約締約国会議においてであった。議定書は50番目の国が批准して90日目に発効するとされていたため2003年9月発効した。2006年4月現在で132カ国が批准した。

批准国は日中インド，ASEAN 5 カ国，ニュージーランド，EU プラス EU23 カ国，ラテンアメリカ諸国（メキシコ，ブラジル，ペルー等でアルゼンチン・チリ等を除く）である。他方，米国カナダはいぜん批准していない。米国はそもそも生物多様性条約に加入していないのである。他方，タイは生物多様性条約に加入しさらに議定書を批准した。

米国が生物多様性条約に加盟していないのは，米国内のバイオ産業の強い反対があるからである。米国バイオ産業は，条約が知的所有権による保護を弱め，強制実施権設定への途を開く可能性を指摘している。他方，インド等の途上国は，生物多様性がバイオ産業の資源となっており，その資源の 80％が熱帯地域に集中していることを強調している。このためインドは，資源を所有する途上国に相応の利益還元を確保するような制度的枠組みを導入すべきであると主張している。この観点から，インドは生物多様性条約にいう利益配分を先取りした国内法を 2000 年に採択した。

(ii) 日本の実施法

日本は，カルタヘナ議定書を国内で実施するため，「遺伝子組換え生物等の使用等の規制による生物の多様性の確保に関する法律」を 2003 年 6 月に採択し 2004 年 6 月から施行している。法律は，遺伝子改変生物を使用するときに，環境中への拡散防止措置をとらずに使用できる「第 1 種使用」（いわゆる開放系での利用）と拡散防止措置をとらなければ使用できない「第 2 種使用」について異なる手続きを規定している。第 1 種使用の場合は，生物多様性影響評価書を添付し，主務大臣の事前の承認を受けなければならない。第 2 種使用の場合は，主務省令で定められる拡散防止措置か主務大臣の確認を受けた拡散防止措置を実施するよう義務づけられている。将来，外国産の遺伝子組換え食品がこれら国内措置によって輸入を規制されるときに，国内措置が根拠をおくカルタヘナ議定書と WTO ルールとの抵触が発生する余地がある。

実行をみると，第 1 種使用の承認をえた遺伝子組換え植物として米国モンサント社の除草剤耐性甜菜（cp4 epsps, Beta vulgaris L. subsp. vulgaris var altissima），グリホサート農薬耐性アルファルファ，樹木（裏白箱柳・通称銀泥［Populus alba］），花卉（サントリー社・青紫カーネーション，多数の除草剤耐花卉等）がある。第 2 種使用の承認をえたものは，実験用動物（マウス・ラット等）や微生物である。

B 議定書の内容

この議定書は，2000 年 1 月 29 日合意され，そのなかに環境保護のための予防措置に関する規定を含んだ。議定書の主要な内容はつぎのとおりである。

(i) 健康保護のための適切な保護水準の確保

生物多様性の保全と持続可能な利用に悪影響をあたえるおそれのある GMO の移転扱い利用に関して，健康保護・国際貿易を考慮しつつ，適切な保護水準を確保することを目的とする。各国は予防原則に従った保護水準をとることができる。

(ii) 環境保護のための危険予防措置

重大な損害のおそれがあるときは，完全な科学的確実性がないからといって環境悪化防止対策を延期してはならない。したがって，各国は，完全な科学的確実性がなくても危険防止のため環境保護対策を予防的にとることができる。

(iii) 事前合意制度（Advanced Informed Agreement, AIA）

GMO の輸入や GMO の意図的な環境への導入に関し，輸出国は輸入国に通知義務を負う。輸入国は，通知を受けたのち 270 日以内に，危険評価を行い，輸入の許否を決定しなければならない。輸入国は，輸入を禁止することもできるし，条件付きで輸入を許可することもできる。また GMO の潜在的影響を除去し最小限にするための措置をとることもできる（10 条）。ただし，事前合意手続には例外がある。医薬品に含まれた GMO（5 条），たとえば肝炎治療薬リバビリン［商品名レベトール］等，食品・飼料・加工用に直接使用される GMO（7.1-7.2 条）である。

遺伝子組換え食品・飼料・加工農産品は事前合意制度よりも緩やかな規制に服する。議定書（11 条）によれば，輸入国は遺伝子組換え食品の輸入を「議定書の目的に合致するかぎり」国内規制に基づいて禁止したり制限することができる。また輸入国は遺伝子組換え食品の輸入を予防原則に基づいて十分な科学的根拠がなくても規制することができる（11.8 条）。

しかし，遺伝子組換え食品は同時に WTO の SPS 協定にも服するため，輸入国による遺伝子組換え食品の輸入制限をめぐって，議定書と SPS 協定が抵触する可能性がでてくる。

とくに議定書の予防原則と SPS 協定の予防原則がバッティングするおそれが指摘されている。SPS 協定は厳しい条件のもとで予防原則に基づく輸入制限を認めているにすぎない。議定書は同様の条件を定めていない。それゆえ輸入国が議定書の予防原則に基づいてとる輸入制限が，SPS 協定の予防原則ルールと抵触するおそれがある。

(2) カルタヘナ議定書の衝突回避条項

カルタヘナ議定書と WTO ルールとの関係をどう調整するかは，議定書の交渉過程で主要な争点のひとつとなった。EC は，議定書の環境保護機能を重視し，環境保護を理由とする予防措置（リオ環境開発宣言）を強め，紛争解決手続として WTO 外の手続（仲裁または国際司法裁判所への付託）を創設しようとした。他方，遺伝子組換え生物（Living modified organism, LMO）の輸出国側は，米国を頂点にカナダ・オーストラリア・アルゼンチン・チリ・ウルグアイからなる「マイアミ・グループ（The Miami Group）」を結成し，遺伝子組換え生物の自由貿易を促進するため，SPS 協定型の厳格な暫定予防措置を想定し，紛争解決を WTO に委ねようとした。大国間の妥協をはかったのはコンタクト・グループであり，このグループの議長を務めたカ

メルーン代表は，議定書の前文に，既存の1998年「事前合意に関するロッテルダム協定 (Rotterdam Convention on Prior Informed Consent) の衝突回避条項を挿入する形で妥協案を作成した。衝突回避条項は，つぎの3つの内容からなりたっていた。
① 議定書とWTOは相互補完的 (mutually supportive) である。
② 議定書は「既存の」WTO・SPS協定に基づく議定書締約国の権利義務を変更しない。それゆえ後法は前法に優先するという後法優先原則は適用されない。後法の議定書は前法のSPS協定に優先しないのである。また，特別法は一般法を破るという原則も適用されない。したがって，遺伝子組換え生物にのみ適用される特別法 (lex specialis) としての議定書は，商品一般を規律するGATTや農産物に適用されるSPS協定に優先しない。
③ 議定書は「他の」国際協定に従属しない。

議定書は，既存WTO協定のみならず，将来のWTO関連協定，他の環境関連国際協定に従属しない。一言でいえば，議定書と既存または将来のWTO協定とのあいだに優劣のヒエラルキーはない。

この衝突回避条項は最終的に議定書の前文（9, 10, 11項）のなかに入れられた。問題はこの衝突回避条項が，衝突を回避するどころか，逆に将来の紛争の火種となることである。なぜならば，条項は，WTOと議定書の双方に加盟している諸国のあいだで環境保護と自由貿易についての紛争が発生したときに，WTOと議定書のいずれが適用されるのかを曖昧にしたからである。

たとえばアルゼンチン産遺伝子組換え生物が日本に輸入された場合，日本が環境保護を理由にアルゼンチン産品の輸入を制限すると仮定しよう。日本とアルゼンチンはWTOと議定書の双方に加盟しているため，WTOと議定書が同時に適用される。とすれば，日本はSPS協定と議定書のいずれに基づいて予防措置をとることができるのか。紛争はWTOと国際司法裁判所または仲裁のいずれのフォーラムで解決されるのか。また将来WTOで新しい環境関連協定が締結される場合，議定書とWTO新協定のいずれが適用されるのか。議定書は，議定書とWTO（既存SPS協定，将来のWTO環境関連協定）の関係をぼかしたため，異なる内容をもつ議定書とWTOのあいだに競合適用と衝突の可能性が生ずるであろう。とくに輸入国が環境保護のためとる予防措置が，議定書のうえでは許されても，SPS協定のうえでは違法となる可能性がある。

しかしながら，議定書とSPS協定はどの程度抵触するのか。争点は双方の予防原則がどのように食い違うのかである。これについては，SPS協定の予防原則は厳しい条件に服するのに対し，議定書の予防原則は特段の条件に服さない，それゆえ議定書に基づく予防措置がSPS協定の条件を満たさない可能性があるとする見解がある。他方，議定書上の予防措置も，結局は「暫定的」なものにとどまらざるをえず，国際任意規格機関の動向に照らして定期的にみなおす必要がとうぜんでてくる，したがって議定書の運用上も，遺伝子組換え生物の輸入規制が見直し不要の恒久的措置となるおそれは生じないとする見方もある。

(3) 議定書とSPS協定の重複適用とウィーン条約法条約

問題は，紛争がWTOに付託された場合の適用ルールである。パネルと上級委員会は，紛争解決（後述・紛争解決手続参照）のための言葉の解釈にあたり，いくつかの事件（米国・海老亀事件，GMO事件等）にみられるように，SPS協定（またはTBT協定またはGATT）のほか，WTO枠外の国際環境協定等を参考にしてきた。それゆえ，将来の遺伝子組換え生物事件で，議定書が参照される可能性がでてくる。ところが議定書は，前法のWTO法と後法の議定書の関係について，衝突回避のため，適用上の優先順位をつけず，茶を濁した。それゆえ，WTOと議定書が同時に適用される遺伝子組換え関連の事件でいずれが適用されるかは，ウィーン条約法条約が裁断することになる。

(i) 紛争当事国の双方がWTOと議定書に加盟している場合

WTO紛争解決の当事国双方が議定書にも加盟しているときは（日本EU間の場合等），ウィーン条約法条約30条のルールが決め手となるであろう。これによると，同一の事案（たとえば遺伝子組換え生物の輸入規制）について相前後する2つの条約が同時に適用される場合，前法・WTOは後法・議定書と両立する範囲でのみ適用される (30条3項, 4項)。したがって，SPS協定と議定書の規定が両立しないときは，後法である議定書が優先適用される。また条約法条約31条も引用に値しよう。この規定は，条約解釈の一般ルールを定めており，条約は文脈によりかつ用語の通常の意味に従い誠実に解釈しなければならないとしている（31条1項)。そして条約解釈にあたっては，文脈とともに紛争当事国のあいだの関係に適用される「国際法の関連規則 (relevant rules of international law)」を考慮しなければならない（3項）。ここでいう紛争当事国間に適用される国際法の関連規則には，カルタヘナ議定書が含まれる。

(ii) WTO紛争当事国の一方のみが議定書に加盟している場合

WTO紛争当事国の一方は議定書に加盟し，他方は議定書に加盟していない場合，たとえば日・EUのようなWTO・議定書加盟国と米国のような議定書の非加盟国のあいだで遺伝子組換え生物の輸入規制事件が起きるときは，条約法条約 (30条4項) に従い，原則として紛争当事国双方が加盟しているWTOルールのみが適用される。つまりSPS協定が議定書に優先して適用される。ただし上級委員会がホルモン牛肉事件でのべたように，SPS協定の予防措置は厳格な条件下で適用される。またSPS協定上の予防措置より

第4章　衛生植物検疫措置

も条件が緩い予防原則が，紛争解決の時点で国際慣習法になっているかどうか，つまり条件の緩やかな予防措置が国際慣習法上認められているかどうかが重要な検討事項となるであろう。

(iii) WTO紛争自国双方が議定書に加盟していない場合

この場合はSPS協定のみが適用される。ただし条約解釈の手段として国際慣習法が用いられるため，議定書のなかのあるルール（たとえば予防原則）が国際慣習法になった時点では，パネルと上級委員会は問題の国際慣習法を遺伝子組換え生物紛争で適用できるかどうかがあらそわれるかもしれない。しかし，どのような国際慣習法がウィーン条約法条約を除きWTOの法源になるかどうかは未解決のままである。

(4) カルタヘナ議定書関連の国際スタンダードとSPS協定

カルタヘナ議定書が2003年に発効したのち，バイオテクノロジー関連の国際任意規格が，Codex，国際獣医検疫局，国際植物検疫機関等で検討されてきた。SPS協定は国際任意規格に準拠する検疫措置に合法推定をあたえているため，国際任意規格の発展は今後もおおきな影響をおよぼす。

4 最近の展開

バイオテクノロジーの急速な進歩にともない，遺伝子組換え体やクローン体の生産・輸入が生態系を損なう危険性が指摘されている。遺伝子組換えの医薬品や芝，クローン技術の食肉をどう規制するのか，規制から生ずる貿易摩擦をどう解決するのかが検討の課題とされている。

(1) 遺伝子組換え医薬品

GM医薬品は，日本薬事法が定める処方箋医薬品のひとつである。肝炎用インターフェロンと糖尿病用インスリン［NovoDisk社商標NovoRapid］，鳥インフルエンザ用オセルタミビル Oseltamivir［ロシュ社特許商品名タミフル］等，血栓溶解剤ウロキナーゼ［商標アボキナーゼ］，血管肉腫治療薬インターロイキン等がある。とくに血液凝固防止剤抗トロンビン剤［Recombinant Human Antithrombin. 商標ATryn］は，山羊に人の遺伝子を組み込み，遺伝子組換え山羊を製造し，その乳から作られる蛋白質を利用した世界初の遺伝子組換え動物由来の医薬品である。まずECで2006年に承認されたのち，2008年には米国当局(FDA)の安全宣言を受けた。

(2) 遺伝子組換え芝

芝（稲科）は大別して，日本産と米欧産にわかれる。前者には日本の野芝（Zoysia japonica），高麗芝（Zoysia pacifica）があり，後者にはバーミューダ芝（Cynodon dactylon "Bermuda grass"），ブラジル・バヒア芝（Paspalum notatum "Bahiagrass"），冬型ベントグラス（Agrostis palustris "Creeping bentgrass"）等がある。これら天然芝の弱点は雑草に侵入されやすくまた雑草駆除農薬に負けることであった。このため除草剤耐性の芝が米国で開発された。日本産野芝から創られたエルトロ芝（El Toro Zoysia），バーミューダ芝を改良したティフトン芝（Tifton 419 [Tifway], Tifway II, Tifton 328 [Tifgreen], Tifgreen II, Tifton 57 [Tiflawn], Tifdwarf 等），および遺伝子組換えベントグラスである。おおかたの遺伝子組換え芝は米国農務省の承認をえて，米国で販売され，日本にも輸出された。とくにゴルフ場向けのモンサント社製GMベントグラスは冬でもグリーンを保ち，雑草駆除剤（Roundup "glyphosate"）への耐性をもついことを謳った。しかし環境保護派の危惧にこたえて，米国環境保護局（Environmental Protection Agency）が行った調査は，米国農業界を震撼させた。調査によると，GMベントグラスの種子は撒布地から半径21キロに広がることが明らかにされた。また組換え遺伝子が調査地の野草本体のなかに侵入していることも判明した。したがって科学者の一部はゴルフ場のGM芝が，住宅地に侵入し，そこへスーパー野草（supergrass）をはびこらせる危険性を指摘している。野草を駆除するはずの農薬耐性GM芝が，強い農薬耐性をもつスーパー野草を生みだす。日本では，除草剤グリホサート耐性クリーピングベントグラス（cp4 epsps, Agrostis stolonifera L.）がカルタヘナ法の第1種使用を2004年に農林省・環境省により承認された。

しかし，遺伝子組換え技術が1970年代に採用される前は従来の育種技術（選抜・交配育種）やガンマ線照射による突然変異誘発により品種改良が行われていたため，これらはカルタヘナ法の対象外におかれている。たとえばティフトン27は1940年代から米国農務省により，ゴルフコースから選抜された染色体数2n=36の3倍体の芝2n=18の芝を交配した不稔の染色体数27芝である。またティフトン419も染色体数27の芝から1960年に作出・公表された。ティフトンIIは1970年代にガンマ線照射による突然変異誘発により改良された。

(3) クローン動物肉の安全性と流通

遺伝子組換え体と区別すべきものにクローンがある。クローンは遺伝的に均質（genetically-identical）な個体をさす。それは自然界で発生するほか（西洋タンポポの群落，竹林，双生児等），人為的に伝統的植物栽培（特定品種バナナ，挿し木）や新しい生物工学分野（インシュリン等の生産）で生産されてきた。緊急の課題は，前世紀後半から発展してきた動物のクローン生産とクローン動物肉の扱いにある。すでにクローン人間の生産は主要国法令（日本の2000年人クローン技術規制法等）により禁止されているため，食肉動物クローン技術の規制方法が問われているのである。

食肉動物クローンの生産技術にはふたつある。ひとつは，雌の未受精卵を採取してその卵から核を抜き，そこにコピー元の牛の皮膚等の体細胞の核を挿入し，こうした核入替え卵を代理母牛の子宮に戻し出産させる「体細胞クローン技術」である。1996年に英国で生産された羊ドリーや1998年に日本が世界ではじめ

て生産した牛が体細胞クローン動物の例である。もうひとつ，受精卵の細胞を融合させる受精卵クローン技術がある。そこから生産される子牛は自然界の双子等と同じく，安全とされ，すでに市場で流通している。Cビーフと通称されるが，表示は任意であり，また表示例はない。しかも驚くべきことに，受精卵クローン牛肉を通常の牛肉と判別する科学技術はまだない。またその安全性が審査されたこともない。

体細胞クローン動物の安全性はどうか。欧米の所轄機関，米国食品医薬品庁（Food and Drug Administration, FDA）と欧州食品安全庁（European Food Safety Authority, EFSA）は，2008年，体細胞クローン技術による牛と豚の肉や乳は安全とする見解をだした。これをうけて日本の厚生労働省は，内閣府食品安全委員会（Food Safety Commission of Japan）に安全性評価を依頼した。委員会の新開発食品専門調査会は，2009年2月下旬，作業部会の結論（2009年1月19日）をうけて，体細胞クローン技術により生産された牛豚の肉や乳は従来の繁殖技術によるものと「差異のない健全性」つまり「同等の安全性」をもつと結論した。しかし農水省は，(欧米オセアニア諸国と同様)消費者の懸念を考慮して体細胞クローン肉の出荷流通を自粛するよう業界に求めている。懸念のひとつは，クローン牛・豚は，皮膚・卵管細胞から生産され，死産率と産後死亡率が高いことにある。それはほぼ31％に達する。通常の繁殖技術によるものの率の4-5倍である。委員会の評価書案は，死亡率が高いのは体細胞クローン技術の完成度の問題であるとし，生後6カ月を超える牛豚は健常に発育するとしている。もっとも，体細胞クローン技術で成牛を生産する確率はきわめて低く，商品化には高いコストを要する。また商品化されても，ラベル表示義務の有無が問われるであろう。ラベル表示が義務づけられると，生産販売と輸出入は減少するかもしれない。これを危惧して，米国当局はクローン子孫は安全だからラベリングは任意で義務ではないとした。EUでは，2011年4月，欧州議会がクローン動物由来の食品について，輸入禁止を原則としつつ，生産者追跡制度（traceability）のもとで例外的に輸入を許可する交渉案をうちだした。しかし理事会は生産者追跡制度を段階的に導入する意向を示したため，EUの統一見解はまとまっていない。

こうしてみてくると，バイオ技術の進展とは裏腹に，最先端の遺伝子組換え品（医薬品，植物）やクローン動物食品の安全性審査に関する科学と法規制がいかに遅れているかに慄然とするのである。SPS協定，GATT一般例外条項，カルタヘナ議定書だけでは，各国法規制の適否を判定するのに十分ではない。とくに遺伝子組換え医薬品については，議定書でさえ，事前合意手続きの対象から除外している。疾患を治療するための最新遺伝子組換え薬が，将来，災禍をもたらすかどうかは未解決である。

第5章
貿易関連投資措置

第1節　貿易関連投資措置とWTO協定

1 貿易関連投資措置

投資受入国が海外企業による投資を受け入れるさい，投資企業に対してとるいわゆる「貿易関連投資措置」（Trade-Related Investment Measures, TRIMs）にはさまざまな形態がある。GATT時代に多くの国で行われた措置として，投資受入国が進出企業に課したローカルコンテント（local content）要求があった。たとえば1984年のGATTカナダ外国投資審査法（FIRA）事件では，カナダ当局の投資審査措置がGATTに抵触するかどうかが争われた。この事件で，カナダは，投資がカナダに利益をもたらすかどうかを審査し，政府と投資企業のあいだでローカルコンテント要求とカナダ産品の優先購入義務等の約束が交わされた。GATTパネルはこのようなカナダの措置はカナダ国産品を同種の輸入品よりも優遇する効果をもち，内国民待遇原則に違反すると判定した。そこでこれら貿易関連投資措置は，投資国米国の要求によって，ウルグアイ・ラウンドの交渉議題に含められ，最終的には，WTO協定の附属書1A（商品貿易に関する多角的協定）の1つとしてTRIMs協定が成立する運びとなった。

ただしTRIMs協定は，以下の2系列の措置を禁止されるTRIMsとして列挙したにとどまった。

2 内国民待遇原則に違反するTRIMs

GATT3条の内国民待遇原則に違反するTRIMsはつぎの2つにわかれる。

(1) ローカルコンテント要求

パフォーマンス（performance）要求の1つであるローカルコンテント要求は，進出企業に対して現地部品・設備の購入・使用を義務づけるすべての措置をさす。これは，輸入品よりも同種の国産品を優遇する差別的効果をもつため，内国民待遇原則とあいいれない。なおperformance requirementsは米国がレーガン政権以来つかってきた言葉であり，NAFTA協定1106条ほか多様な協定のなかでも使用されており，投資歪曲措置（Investment-distorting measures）とも呼ばれる。

進出企業にローカルコンテント要求への合致を奨励

または慫慂するため、投資受入れ国はさまざまな恩典をあたえるのが常である。このような恩典として、ローカルコンテント要求を満たす企業への減免税措置（現地生産品の販売にあたっての内国税の軽減、現地生産品製造のため使用する輸入部材への関税の減免等）や補助金の供与等がある。後述するように、インドネシア自動車事件［巻末表13-1］では、インドネシアによる免税恩典によるローカルコンテント要求がTRIMs協定違反とされた。

　(2) 輸出入均衡

　進出企業に対し、部材の輸入量を完成品の輸出量の一定割合（つまり当該企業が輸出する現地生産品の一定割合）に制限し、部材輸入量と完成品輸出量を一定比率に均衡させるいわゆる「輸出入均衡」も内国民待遇違反の典型例である。このような措置は、輸入部材よりも同種の国産部材を優遇する差別的効果をもたらすからである。

　しかし、輸入量との関連なしに輸出を要求することは、輸入を国産品よりも優遇する差別的効果をもたず、TRIMs上禁止されない。ちなみに、中国加盟議定書は中国の輸出要求を禁止した。したがって、中国に関してだけは、TRIMs協定上禁止されていない輸出要求が禁止されたことになる。

3　数量制限禁止原則に違反するTRIMs

　GATT 11条の輸出入数量制限禁止原則に違反するTRIMsとしてつぎのものがある。

　(i) 輸入制限

　進出企業に対し現地生産に使用する製品の輸入を制限すること

　(ii) 外国為替制限による輸入制限

　進出企業に対し当該企業が調達可能な一定割合に外国為替を制限することで、現地生産に使用する製品の輸入を制限すること

　(iii) 輸出制限

　進出企業に対し現地生産品の輸出を制限すること

4　例外と通報・廃止

　(i) 例　外

　TRIMs禁止原則には、例外が認められた。安全保障や国際収支の悪化を理由とするTRIMsは、例外的に許容される。また途上国に対する有利な扱いも定められた。

　(ii) 禁止されるTRIMsの通報と廃止

　加盟国はWTO協定発効後90日以内に禁止されるTRIMsをWTO物品理事会に通報しなければならず、また通報したTRIMsを、先進国は2年以内に、開発途上国は5年以内に、後発開発途上国は7年以内に廃止する義務を課せられた。逆にいえば、インドネシアのような開発途上国は、1995年3月31日までに禁止措置をWTOに通報すれば、2000年末までの5年間、暫定的に措置を維持することが許された。

　他方、2001年12月にWTOに加盟した中国は加盟議定書により、貿易関連投資措置を加盟時までに協定に整合させるよう義務づけられた。中国に対しては経過措置は認められなかったのである。

5　インドネシアの通報

　インドネシアは、TRIMs協定が定める通報期限がすぎたのち、1995年5月23日に、以下の禁止措置をWTOに通報した。

① 1993年令に基づく自動車生産のためのローカルコンテント要求

② Utility Boilerのためのローカルコンテント要求

③ 飼料用の大豆ケーキ（soybean cake）製造のため飼料産業に輸入大豆ケーキと国産大豆ケーキの混合割合を7対3とするよう義務づける混合規制

④ 加工乳産業が加工乳製造にさいし国産生乳と輸入乳の混合割合を1対2.25とするよう義務づける混合規制

　これら措置はすべて強制的であり、TRIMs協定の附属書の例示表1（category 1 (a) of the Illustrative List of the Agreement on TRIMs）にいう国産品購入要求、つまりローカルコンテント要求に該当した。そして措置がすべてGATT内国民待遇原則に反するローカルコンテント要求にあたることをインドネシア自身が通報のなかで明言していた。

　インドネシアは上記4種類の措置のうち3種類については廃止を急いだ。大豆ケーキに関する混合規制は1996年に、加工乳に関する混合規制とutility boilerに関するローカルコンテント要求は1998年に廃止された。他方、自動車に関する1993年令のローカルコンテント要求について、インドネシアは、1996年10月、当該措置は貿易関連投資措置には該当しないから通報措置から削除することをWTOに通告した。しかしこの措置は、インドネシアが1996年に新設した他の自動車関連措置とともにWTOで挑戦を受けることになった。

第2節　インドネシア自動車事件

　インドネシア自動車事件［巻末表13-1］は、インドネシアがWTO紛争解決手続のもとで他国から提訴を受けた唯一の事例であり、そこでの最大の争点は、インドネシアの一連の自動車産業措置がTRIMs協定等に抵触するかどうかにあった。

1　事実関係

　インドネシアは国産車と国産自動車部品の産業を育成するため、自動車と自動車部品に対してつぎの3種類の制度を導入した。

① 1993年減免税制度（"the 1993 Incentive System"）とその改正制度（1995年改正、1996年改正）

② 国民車計画（"the National Car Programme"）（いわゆる1996年2月計画と1996年6月計画を含む）

③ 国営PT Timor Putra Nasional（"PT TPN" or "TPN"）

への巨額融資

貿易関連投資措置との関連でとくに重要なのは前2者の制度である。

(1) 1993年減免税制度

1993年減免税制度は，自動車の部品・附属品や部品用subpartsのための輸入関税率の減免と国内完成車のための内国・奢侈税の減免を内容としていた。したがって完成車（Completely Built-Up motor vehicles. "CBUs"）に対する輸入関税率は減免の対象とならず，つぎのように高率に達していた。

(i) 人員輸送用の乗用車（Motor Vehicles for the Transport of Persons - Sedan）：200%

(ii) 商用車（Commercial Motor Vehicles）

カテゴリーⅠ（Ⅰ5 tons未満でsingle drive-axles付）：80%

カテゴリーⅡ（Ⅰ5-10 tons）：70%

カテゴリーⅢ（Ⅰ10-24 tons）：70%

カテゴリーⅣ（5 tons未満でdouble drive-axles付）：105%

カテゴリーⅤ（24 tons超）：5%

A 自動車部品のための輸入関税率の減免

1993年制度のもとでは，自動車用の部品（parts）に対する輸入関税率は，当該部品をくみこんだ国内完成車のローカルコンテント率におうじて異なるように設定された（国産部品（local components）または国産サブパーツ（local sub components）を「インドネシア国内で製造され，かつローカルコンテント率40%以上の部品またはsubparts」と定義づけていた）。この部品関税率は，国内完成車のローカルコンテント率が高ければ高いほど，低く定められた。同様に，部品用サブパーツ（すなわち部品製造のため使用されるサブパーツ）に対する輸入関税率も，subpartsをくみこんで国内生産される部品のローカルコンテント率が高いほど，低く設定された。したがって，インドネシアで自動車を生産する企業や自動車用部品を製造する企業は，これら完成車や部品のローカルコンテント比率をひきあげるよう強いられた。

インドネシアが導入した部品とサブパーツの輸入関税率はつぎのとおりであった。

まず乗用車用部品の輸入関税率は，これら輸入部品がくみこまれる国内生産車のローカルコンテント率におうじておおきく異なり，ローカルコンテント率が60%超のときは輸入部品への関税率は免除され，ローカルコンテント比率が低くなればなるほど輸入部品への関税率は高く定められた。したがって国内生産車のローカルコンテント率が20%未満となるときは，この生産車にくみこまれる輸入部品への関税率は100%となった。軽商用車（総重量5トン未満）用部品への輸入関税率も，同部品がくみこまれる国内生産車のローカルコンテント率によって決まり，国内生産車のローカルコンテント率が40%を超えれば，輸入部品関税率は免除され，ローカルコンテント率が低ければ低いほど輸入関税率は高くなった。

乗用車・軽商用車用のサブパーツのための輸入関税率も，サブパーツをくみこんだ部品のローカルコンテント率によって異なった。ローカルコンテント率とサブパーツ関税率は，軽商用車の場合と同じであった。以上のローカルコンテント率と輸入部品・subparts関税率は，1995年の財務省令によって修正された。

B 国内完成車のための内国・奢侈税の減免

1993年制度のもう1つの関連行政命令は，一定ローカルコンテント率以上の国産自動車のための奢侈税の減免を定めた。とくに1600cc以下の乗用車とジープに対する奢侈税は，ローカルコンテント率が60%超であれば20%，ローカルコンテント率が60%以下であれば35%とされた。したがって，インドネシアの国内自動車会社は，外資であれ内資であれ，自動車生産にあたって，国産部品の使用を慫慂された。

(2) 国民車計画

1996年の国民車計画は，一定の要件を満たす自動車を国民車と認定し，国民車のために免税特典をあたえることをねらいとしていた。そしてこの計画にそって，韓国車をモデルとしたTimorが国民車として認定された。

A 国民車の要件と免税特典

国内生産される国民車と海外生産される国民車のために，免税特典が定められた。

(i) 国民車会社の要件と免税措置

第1の1996年2月計画（the February 1996 Programme）は，工場所有権・商標使用・技術に関して特定の要件を満たすインドネシア自動車会社に対し「pioneer自動車会社」または「国民車会社」（National Car company）の地位をあたえることを目的としていた。これら要件は，国民車が国営企業またはインドネシア国民が100%所有する企業により国内生産されること，インドネシアで登録された固有の商標をもつこと，および段階的に上昇される国内技術に基づいて開発されることを意味した。そして自動車会社が国民車会社の地位を維持するためには，3年以上，ローカルコンテント比率を段階的にひきあげることが要求され，国民車会社は，特典として，部品・サブパーツへの輸入関税を免除され，また完成車販売にあたり奢侈税を免除された。国民車が達成すべきローカルコンテント比率は，初年度末20%以上，第2年度末40%以上，第3年度末60%以上とされた。

奢侈税はしたがって，国民車の場合はゼロとされたが，国民車に該当しない自動車（日本車，米国車，EC車等）は，つぎの奢侈税に服した。

① 1600cc超の乗用車，ローカルコンテント60%以下のジープ：35%

② ディーゼル軽商用車（ジープを除く）：25%

③ 1600cc以下の乗用車，ローカルコンテント60%未満のジープ，ガソリン使用の軽商用車（jeepsを除く）：35%

(ii) 国民車の要件と免税特典

第2の国民車計画措置は，1996年6月計画（the June 1996 Programme）であり，海外で生産される国民

車のための規定であった。海外生産される自動車が国民車とみなされるためには、インドネシア国民・企業によって生産され、かつインドネシア産業貿易省が定める特定のローカルコンテント比率を満たすことが要求された。したがって海外生産車が国民車資格をえるためには、海外自動車会社が、問題の自動車製造にあたってインドネシア国産部品を一定比率、購入すること（いわゆる counter purchases）が義務づけられた。このため、関連する実施令（Decree 142/96）は、海外生産車が国民車とみなされるためのローカルコンテント比率を20%とし、この20%要件は、海外生産車にくみこまれるインドネシア産部品が輸入車の CIF 価額の25%以上を占めるならば、満たされると定めた。海外国民車は、国産国民車と同様、免税特典をあたえられ、完成車の輸入販売にあたり関税と内国奢侈税を免除された。

B Timor の国民車認定
(i) 国産 Timor の国民車認定

1996年2月27日の産業貿易省令は PT Timor Putra Nasional 社（"TPN"）をパイオニア国民車会社（"a pioneer national motor vehicle enterprise"）として指定し、同社の Timor を国民車第1号となった。Timor は韓国 Kia 自動車が生産する Kia Sephia モデルの技術に基づいて生産されることになった。このため、Timor は、当面、韓国 Kia 社が韓国で製造した主要部品から、インドネシア（Karawang 工場）でくみたてられることになった。そして TPN 社は徐々に韓国製部品を国産部品に切り替えることでローカルコンテント比率をひきあげることとされた。

(ii) 輸入 Timor の国民車認定

1996年6月4日の大統領令（Presidential Decree No. 42/1996 "The Production of National Cars"）は、海外で生産される自動車であっても、インドネシア労働者によって製造されかつ所定のローカルコンテント比率を満たす自動車は、海外組立・国民車（National Cars infully built-up form）として、国産国民車と同様、免税特典を受けることを定めた。したがって海外国民車は、完成品への輸入税を免除され、かつ国内で奢侈税を免除されることになった。ただし、大統領令は、免税特典を1年以内でかつ一度かぎりとし、また免税を受ける輸入国民車の台数を制限した。これを受けて、1996年6月30日の産業貿易省令（Minister of Industry and Trade Decree No. 1410/MPP/6/1996）は、TPN 社に海外生産された Timor 車45000台を無税で輸入・販売する権限をあたえた。この Timor 車はインドネシア労働者によって韓国で生産され、初年度に20%のローカルコンテント比率を満たした。

2 パネルの設置・裁定と紛争解決機関・勧告の実施
(1) 単一パネルの設置

インドネシアの措置に対し、米国、日本、EU は TRIMs 協定、補助金、相殺関税協定、TRIPS 協定違反等を主張してパネルの設置を要請した。WTO の紛争解決機関（DSB）は紛争解決了解（DSU）9.1条に従って、3申立国による同一事件に関する申立を解決するため、単一パネルを設置することを決定した。パネリストの選定は WTO 事務局長（the Director-General）に委ねられ、パネルは1997年7月29日に設置された。パネル報告書は1998年7月2日、WTO 加盟国に配布された（circulated）のち、上訴なしに、1998年7月23日、紛争解決機関により採択された。

(2) パネル判断

パネルは、インドネシアの措置が、TRIMs 協定ほか WTO ルールに違反することを以下のように結論した。

A TRIMs 協定違反

① 国家の措置が TRIMs 協定2条の内国民待遇原則違反と GATT 3条4の内国民待遇原則違反のいずれに抵触するかが問題となるときは、まず特別法である TRIMs 協定との抵触の有無を審査することからはじめなければならない。これは、WTO 紛争解決の確立した方法であり、バナナ事件Ⅲでは上級委員会は輸入ライセンス協定が GATT 10条に対して特別法の地位を占めることを認め、またホルモン牛肉事件では、植物衛生検疫協定（SPS）との抵触が上級委員会によって最初に審理された。

② インドネシアの措置は、貿易関連投資措置に該当する。ローカルコンテント要求に関する問題の免税恩典は、とくに TRIMs 協定の附属書の例示表にいうローカルコンテント要求のための「利益」（advantages）であり、免税利益はまさに国産部品の使用を条件として（contingent on）あたえられている。

③ 1993年措置と1996年国民車計画は、自動車会社に対して、内国税の減免と輸入関税の免除という利益をあたえることで、輸入部品よりも国産部品を購入するよう義務づけており、こうしたローカルコンテント要求は、TRIMs 協定2条の内国民待遇原則に違反する。93年措置のもとでは、インドネシアで自動車を生産する企業は、外資・内資を問わず、一定比率の国産部品を使用すれば、輸入部品への関税率を免除され、また完成車への内国奢侈税を免除される。また96年国民車計画のもとでは、国産国民車 Timor に対する部品関税免除と完成車への内国奢侈税の免除が認められ、海外国民車に関しては完成車への輸入関税と内国奢侈税の免除が許された。

④ もっともローカルコンテント要求は、TRIMs 協定が認める例外に基づいて正当化する余地もある。しかしインドネシアはこれら例外による正当化を主張しなかった。インドネシアは、当該ローカルコンテント要求が GATT 20条等の例外規定によって正当化されること（TRIMs 3条）を主張せず、開発途上国に許された内国民待遇義務からの逸脱（TRIMs 協定4条）を援用せず、また開発途上国のための5年間の経過規定（TRIMs 協定5条）をふりかざさなかった。とくに5年

間の経過規定を援用しなかったのは，むしろ援用できなかったという方が正しい。というのは，5年間の経過規定を援用するためには，加盟国がTRIMs協定違反の措置をWTO発足後90日以内に，つまり1995年3月31日までにWTOに通報していなければならなかった。しかし，インドネシアが通報したのは，通報期限をすぎた1995年5月23日であった。またインドネシアは，1996年10月28日，TRIMs委員会に自動車関連の措置は貿易関連投資措置ではないから当該措置の通報を撤回する旨を通告していた。かくしてインドネシアは，自ら自動車関連のローカルコンテント要求を5年間の経過期間規定によって暫定的に正当化する道を封じていたのである。

　B　他のWTO違反

パネルはこのように免税恩典を利用したローカルコンテント要求をTRIMs協定違反としたほか，つぎの違反を認定した。

① ローカルコンテント要求を満たす国産車と国産国民車Timorには内国税の免除が認められるが，同種の輸入自動車（日本車，米国車，EC車等）には通常の内国税が課せられている。このように特定国産品に軽く輸入品に重く課される内国税は，GATT 3条2が禁止する差別的内国税に該当し，内国民待遇違反を構成する。

② 1996年国民車計画のもとでは，韓国からの海外国民車（PT Timorからの生産委託のもとで生産される韓国Kia車）だけが，インドネシアへの輸入販売にあたって，輸入関税と内国税を免除された。これに対し，他のWTO加盟国からの輸入車（日本車，米国車等）は輸入関税率200%と内国奢侈税35%に服した。また国産国民車の製造に使用される輸入部品（韓国製部品等）は，関税を免除されるが，他の国内生産車の製造に使用される輸入部品（日本製部品，米国製部品等）は同様の免税措置を受けなかった。このような特定国からの輸入品への免税と他のWTO加盟国からの同種の輸入品への課税措置は，すべてのWTO加盟国産品を同等に扱うべき最恵国待遇原則（GATT1条）に違反する。

③ ECが立証したように，インドネシアは国産車計画のために特殊な補助金を供与し，これによってECの利益に重大な損害（補助金相殺関税協定5条c）をあたえた。補助金相殺関税協定7.8条が規定するように，パネルまたは上級委員会が，補助金供与のけっか，他のWTO加盟国の利益に有害な効果が生ずるときは，補助金を供与しているか維持している加盟国は有害な効果を除去するために適当な措置をとるか補助金を撤回しなければならない。

④ しかし措置は補助金相殺関税協定28.2条には抵触していない。また申立国はインドネシアの措置とTRIPS協定3条・65.5条との抵触を立証できなかった。

かくして紛争解決機関はパネル裁定を採択し，インドネシアに対し措置をWTOに合致させるよう勧告した。

(3) **紛争解決機関・勧告の実施**

紛争解決機関・勧告の実施にあたり，仲裁は，EUの要請を受けて，インドネシアが勧告を実施すべき妥当な期間を紛争解決機関によるパネル報告書の採択日から1年，すなわち1999年7月23日までと決定した。インドネシアは仲裁決定に従い，期限内に紛争解決機関・勧告を実施するための措置を採択した。この実施措置は1999年6月24日発布の新自動車政策（the 1999 Automotive Policy）であり，これは1999年7月15日にWTOに通報された。

第6章
通商政策措置

　WTO加盟国は通商政策の観点から輸入制限措置をとることができる。それは，大別して外国企業からの安売り輸入に対するダンピング防止税，外国政府の補助金により低価格で輸入される産品に対する相殺関税，外国からの急激な輸入増加に対するセーフガード措置にわかれる。また，WTO違反国の違法措置の継続に対して関係国がとる報復関税やセーフガード措置によって影響を受ける輸出国が仕返しにとる対抗措置を含む見解もある。これら通商政策措置は，通常の関税以外の輸入障壁であり，基準認証等とならんで非関税障壁の典型例にあたる。

　通商政策措置は，GATT/WTO法上認められた合法的な輸入制限措置であり，GATT/WTOが定める要件に合致した措置はむろん合法である。この点で，同じ非関税障壁のなかでも数量制限が一般的に禁止されるのと異なっている。

第1節　通商政策措置のコンセプト

　通商政策措置とは，国家が輸入品から国内産業を保護するため，政策的観点からとる特定の輸入規制措置をいう。この措置は，国家の伝統的な輸入規制手段である関税や数量制限とは独立にとられる。したがって，たとえば米国が中国からの家電産品に対してダンピング防止税を賦課する場合，ダンピング防止税は，中国

産家電製品への通常関税に上乗せされて課される。

通商政策措置は，また通商政策手段（commercial policy instruments），要件保護措置（contingency protection），貿易救済（trade remedies）ともいわれる。要件保護措置の名称は，この措置が，所定の条件（たとえばダンピング輸入，補助金つき輸入，輸入急増，国内産業への損害発生等）が満たされなければとることができないことを強調したものである。関税が輸入品に対して無条件に課されるのに対し，要件保護措置は所定要件の充足を前提としている。貿易救済という用語もさいきん頻繁に使用されているが，これは国内産業を輸入貿易から保護する視点を前面にだしたものということができる。

第2節　通商政策措置の比較

4つの通商政策措置は，措置の要件・適用・効果の観点から比較することができる。

1 措置の要件

(1) それぞれの措置の要件

通商政策措置を発動するための要件は，それぞれの措置ごとに異なる。ダンピング防止措置は，ダンピング輸入があり，それによって輸入品と同種の産品の国内産業が損害を受けるときにとられる。相殺措置は，補助金つき輸入があり，それによって同種産品の国内産業が損害を受けるときに発動される。セーフガード措置は特定産品の輸入が急増し，それによって国内の同種・競合産品の産業が損害を受けるときにとられる。

これら措置のうち，ダンピング防止措置と相殺措置は，ともに商品の低価格輸入を条件とする点で共通している。しかし，こうした低価格輸入は，ダンピング防止措置の場合は，輸出企業の安売り行為によって生ずるのに対し，相殺措置の場合は，輸出国政府の補助金によって発生する。たとえば輸出国で1000ドルで販売されているTVが，輸出国企業の廉売によって米国向けに900ドルで輸出されるときは，100ドルのダンピングが認定され，米国は100ドルに照応するダンピング防止税を賦課することができる。同じように，輸出国で1000ドルで販売されているTVが，米国向けの輸出にあたり，輸出国政府から補助金100ドルを受ける場合，TVは米国に900ドルで廉売され，米国は100ドルの補助金とみあう相殺措置を輸入品に課すことができる。これら企業のダンピングと輸出国政府の補助金は，米国通商法では，不公正な貿易慣行（unfair trade practices）と呼ばれるが，GATT/WTOは不公正という言葉をどこにも書いていないことに注意を払う必要がある。

セーフガード措置は，輸入品がダンピングされているかどうかに関係なく，輸入急増とそれにともなう損害発生を条件としてとられる。このため米国法もセーフガード措置を不公正な貿易慣行のカテゴリーのなかにいれていない。

WTO上級委員会はどうか。あれほど言葉に厳密な上級委員会も公正・不公正の意味を問いつめていない。米国線管セーフガード事件・米国下着事件・アルゼンチン履物事件等で，上級委員会は，ダンピングと補助金は不公正貿易慣行だが，セーフガード措置の対象となる輸入急増を公正な貿易慣行といいのけているからである。

(2) 共通した要件

通商政策措置は，いずれも産品輸入により輸入国の国内産業が損害を受けることを条件として発動される。そして損害発生の目安として，輸入品の価格が国産品の価格を下回ること（price undercutting）が立証されなければならない。換言すれば，輸入品と国産品の内外価格差が，通商政策措置の発動条件の1つとされる。多くの場合，国産品が輸入品との価格競争に敗れるときに，輸入国の国内産業は当局に措置の発動を要請してきた。企業がこのように独占的な利益（rent）を求めて，政府規制の発動を求めるロビイングを，経済学は「企業による政府規制発動要請と利益追求行為」（rent seeking）と呼んでいる。政府は輸入品との価格競争に敗れた国産品メーカーのrent seekingにこたえて，内外価格差解消のため通商政策措置をとるのである。

2 措置の適用

(1) 適用形態

措置が適用される形態はそれぞれの措置ごとに異なる。ダンピング防止措置や相殺措置は輸入品への課税（通常関税に上乗せされるダンピング防止税や相殺関税）という形態をとるが，セーフガード措置や対抗措置は，課税か数量制限のいずれかの形態をとる。措置はダンピング防止税や相殺関税の場合は，それぞれダンピング価格差を超えない額の税率か内外価格差に相当する額とされる。またセーフガード措置が緊急関税としてとられるときも輸入品と国産品のあいだの内外価格差に照応する税率が課される。

(2) 適用対象

通商政策措置がすべての輸入国からの関連産品に対して無差別に適用されるか，それとも特定輸入国からの関連産品に差別的にとられるかも，それぞれの措置におうじて異なる。ダンピング防止措置と相殺措置は，ダンピング輸出や補助金交付が行われる特定国をねらいうちにして差別的に適用することができる。しかし，セーフガード措置は原則としてすべての輸入国からの関連産品に対して無差別に適用される。ただし，WTOは，開発途上国産品に対する措置の適用について措置ごとにきめの細かい配慮をおいている。

(3) ダンピング防止税と相殺関税の同時適用

産品の低価格輸入が，輸出国での企業ダンピングと政府の輸出補助金からひきおこされる場合がある。GATT（6.5条）は，一定の条件のもとにダンピング防止税と相殺関税の併課を禁止したが，ECと米国の

併課は後述するとおりである（第5部第3章）。

3 措置の効果

通商政策措置は，国家の輸入障壁のなかの非関税障壁に該当している。措置はいずれの場合も国内産業保護の視点から輸入を制限するからである。もっともセーフガード措置は，国内産業調整をにらんで発動されるべきものであるため，ダンピング防止措置よりも望ましいとする見解があるが，現実のセーフガード措置は理論どおりには発動されていない。セーフガード措置が国内産業保護の一手段として適用される例は跡を絶たない。問題は，こうした通商政策措置の輸入制限効果とそれにともなう輸入国内の競争状態の悪化をどのように是正するかであり，これは「貿易と競争」という枠組みのなかで扱われつつある。

第4回WTOドーハ閣僚会議の宣言（28項）は「WTOルール」と題して，ダンピング防止協定と相殺措置協定の見直しを新ラウンドの課題の1つに指定した。ただし，宣言は，これら協定の見直しが，ダンピング防止措置や相殺措置のコアにふれてはならないことを明確にしている。宣言によれば，ルールの見直しは，措置の「基本概念と原則および目的」にはおよばないとされるからである。見直し作業は，「開発途上国と後発開発途上国のニーズを考慮に入れつつ」，ダンピング防止と相殺措置のための「規律の明確化と改善」にのみ向けられなければならないとされる。

第4部 ダンピング防止措置

[要約と視点]

要　約

　商品貿易に関するダンピング防止措置は，海外からの安売り輸入が輸入国国内の産業に損害をあたえるときに発動される。したがって，措置発動のためには，ダンピング・損害・両者の因果関係について立証が行われなければならない。このため，GATT/WTO は措置発動のための要件についてかなり詳細なルールをおいた。ところが，現実には，輸入国当局が措置を濫用する例が跡を絶たない。

1　ダンピング防止措置の濫用

　措置が濫用されてきた理由の1つは，GATT/WTO のルールがまだ多くの裁量を輸入国当局にあたえていることにある。また GATT/WTO がとりしまるダンピングの概念が，半世紀前のもので現実社会の動きにそくしていないこともあげられよう。現実の社会では通常の取引慣行とみなされているプライシング（価格設定行為 pricing）が GATT/WTO では規制の対象とされているのである。このため規制すべきダンピングのコンセプトについて見直しの必要性がおりにふれて叫ばれてきた。

2　ダンピング防止措置の効果

　ダンピング防止措置が経済に対して悪影響をあたえることもよく知られている。ダンピング防止税が輸入品に課されると，輸入品価格は上昇し，輸入国市場からしめだされるからである。その結果，輸入国の国内産業は国産品の価格を引き上げることができ，無競争状態のなかで束の間の安息をえる。しかしこれは輸入国の国内産業が蘇生し競争力を回復することを意味しない。歴史が示すように，ダンピング提訴に走った輸入国の国内産業は，急速に衰退に向かうからである。かつて日本製 TV に対してダンピング提訴を行った米国 TV 企業は，完全に消滅した。日本製電子機器に対しダンピング提訴を行った EC 企業がほどなくして買収されるか，倒産したことは周知の事実である。では，こうしたダンピング防止措置のもつ弱点を克服するための方策はなにか。ダンピング防止措置の反競争的効果を是正するためにはどのような新ルールが必要となるのか。将来のラウンド交渉がこれら難問に対してだす回答が注目される。

3　迂回防止措置

　以上にくわえて，主要国のダンピング防止法のなかには GATT/WTO に規定されていない措置，たとえば米 EC 迂回防止措置，米国 1916 年ダンピング防止法［巻末表 20-7］，EU 吸収防止税が含まれている。そして困ったことに，いくつかの開発途上国はこれら措置のいずれかを国内法のなかに導入している。要するに，GATT/WTO が定めた本来のダンピング防止措置が濫用されているだけではなく，GATT/WTO に定められていない措置も導入されているのが世界の現状である。これら措置のうち注目されるのは，迂回防止措置の去就である。それは WTO に規定されていないから禁止されるのか，それとも例外的に正当化されるのか，また WTO レベルの措置を規定する必要があるのかが問われている。

視　点

1　通商政策手段に占めるダンピング防止措置の比重

　通商政策手段のなかでもっともひんぱんに適用されてきたのはダンピング防止措置であった。過去の歴史をふりかえると，主要国は，セーフガード措置よりも輸出自主規制やダンピング防止措置を選んだ。セーフガード措置は無差別に適用しなければならず，対抗措置を受けるおそれがあり，また代償を講ずる必要があるが，ダンピング防止措置は特定国産品に対して差別的に適用することができ，しかも対抗措置を受けたり代償を講ずる必要がないからである。しかもセーフガード措置は国内の産業調整をにらんで期間を限定して課されるが，ダンピング防止措置は国内の産業調整とは無関係にまた期間の限定なしに（現行 WTO 法のもとではサンセット条項により適用期間は5年間に限定されている）課すことができた。WTO はこうした旧弊を打破するため，ダンピング防止措置の発動について規律を強めたが，じっさいに蓋をあけてみると，現行 WTO レジームのもとでもダンピング防止措置はセーフガード措置よりも数多く発動されている。それゆえ通商政策手段のなかで占めるダンピング防止措置の地位は揺るがないのである。

2　ダンピング防止措置の発動国と被発動国

　GATT 時代の措置発動国は，伝統的発動国5カ国（米国，EC，カナダ，オーストラリア，ニュージーランド）と新規発動国十数カ国であった。1990 年代初頭までは，伝統的発動国が世界全体の発動件数の約7割を占め，その筆頭は米国と EC であった。

　WTO 発足前後から措置の発動国に開発途上国が加わりはじめた。アジアのインド・韓国・中国，中南米のメキシコ・ブラジル・アルゼンチン，トルコ，南アフリカ等 10 カ国はその代表例である。開発途上国が新規発動国となった背景には，ⅰ GATT/WTO での関税引下げと数量制限の漸進的撤廃により，国内産業保護のためダンピング規制に訴えざるをえなかったこと，ⅱ 地域統合の推進により域内関税がひきさげら

れ，域内産品から自国商品を保護するためダンピング規制がとられたこと，iii 地域経済危機や財政悪化が保護貿易主義に拍車をかけた事実があった。

過去15年半（1995-2010年6月末）のWTO統計によると，全世界で2433件（100％）の措置がとられた。発動国の上位12カ国は，インド436件（18％），米国289件（12％），EU269件（11％），アルゼンチン190件（8％），トルコ142件（5.8％），中国137件（5.6％），南アフリカ128件（5.3％），ブラジル105件（4.3％），カナダ94件（3.9％），メキシコ83件（3.4％），オーストラリア81件（3.3％），韓国70件（2.9％）であった。

(i) インド

とくに注目されるのは，インドが米国やEUを凌ぐ世界1位の発動国となったことである。そしてインドが措置の標的をアジアにしぼっていることが注意をひく。インド措置436件（100％）の対象は，アジア274件（63％），EU31件（7％），米国20件（4.6％）であった。アジア274件のうちわけをみると，中国105件，ASEAN5カ国72件（タイ21件，インドネシア18件，シンガポール17件，マレーシア13件，ベトナム3件），アジアNIEs 3（Newly Industrializing Economies）の78件（韓国・台湾各35件，香港8件），日本19件となった。

(ii) 米 国

米国は289件の措置をとったが，その対象は，主に中国79件，日本21件，韓国・台湾各14件，インド13件，メキシコ11件であった。対アジア措置は8カ国161件であり，全措置の56％を占める。うちわけは，中国79件，日本21件，韓国14件，台湾14件，インド13件，インドネシア10件，タイ9件，フィリピン1件であった。これは他地域に対する措置（メキシコ11件，ブラジル・南アフリカ9件，ロシア7件，アルゼンチン6件，カナダ5件等）にくらべ著しく高い比率である。

(iii) EU

EUは米国についで269件の措置をとった。対象国別に列挙すると，中国68件，インド・タイ・ロシア各17件，韓国12件，台湾・ウクライナ・インドネシア各11件，マレーシア10件，日本・米国各7件となった。EUの対アジア措置は合計11カ国159件で，これは全措置の60％を占める。うちわけは中印韓台日5カ国115件，ASEAN6カ国44件（インドネシア11件，マレーシア10件，フィリピン1件，シンガポール1件，タイ17件，ベトナム4件）である。

(iv) 中 国

中国については加盟後10年足らずで世界6位の措置発動国となった。措置の発動総数は137件，主要対象国は，日本・韓国各25件，米国22件，台湾14件，EU・ロシア各9件等であった。対象地域別にみると，中国措置のうち，アジア地域8カ国への措置は78件に達し，これら全体措置の57％を占める。対アジア8カ国78件の内容は，日本韓台3カ国64件，ASEAN4カ国10件（シンガポール5件，タイ・マレーシア各2件，インドネシア1件），インド4件であった。

(v) 被発動国

措置を発動された主要国は，中国563件（23％），韓国165件（6.8％），台湾132件（5.4％），米国127件（5.2％），日本112件（4.6％），ロシア98件（4％），インドネシア92件（3.8％），インド90件（3.7％），ブラジル77件（3.2％），マレーシア57件（2.3％），EU52件（2.1％），メキシコ30件（1.2％）の12カ国であった。アジア勢7カ国への措置の合計は，全世界の措置の49.6％に達した。とくに中国への発動数は，全措置のほぼ4分の1（23％）に達し，対中措置の発動国は，インド105件，米国79件，EU68件，トルコ55件，アルゼンチン53件，韓国19件，南アフリカ18件，メキシコ16件であった。

ここにみてきたように，措置の発動国と被発動国の相関関係は，かつての米国・EU対アジア（日中韓）という構図からおおきく変貌した。一方において，アジア（中韓印）・米国・EUの3極対立があり，他方において地域内対立または開発途上国の台頭がある。後者の地域内対立は，アジア内対立（インド・中国・韓国・台湾・ASEAN）に顕著である。そしてこれと併行して，旧NIEs/NICs・現BRICs（Brazil, Russia, India, China）やVISTA 5（Vietnam, Indonesia, South Africa, Turkey, Argentina）の追い上げがある。

3 日本のダンピング防止措置

主要国のなかで唯一ダンピング防止規制に慎重なのは日本である。簡単に歴史をふりかえると，日本がダンピング防止法を導入したのは1920年であった。これは，米国の1921年ダンピング防止法よりも1年早く，先駆者の法制（1904年のカナダ法，1906年のオーストラリア法）を下敷きにしていた。しかしこの条項は未熟であり，長いあいだ援用されずにきた。日本のダンピング防止法が整備されるのは戦後，日本がGATT加盟を準備したときからである。日本はまず，GATT加盟に先だって，1951年と54年に，ダンピング防止法に関するGATT（6条）にそくして自国のダンピング防止条項を修正した。そして1955年9月にGATTに加盟したあとは，GATTダンピング防止協定を受諾し，協定規定に自国の法令を適合させてきた。しかし，日本のダンピング防止条項は1990年代にはいるまでは，いくつかの理由から適用されなかった。1つには，1960年代末までは，数おくの輸入数量制限が維持されたため，日本産業がダンピング提訴をする必要性はあまりなかった。また1960年代末以降，日本の一部産業は国際競争力をもち，また国内の法令は日本産業の競争力を確保するため中小企業を保護してきた。もっとも，1980年代には韓国産品に対するダンピング提訴が行われたが，これら提訴は輸出者の対日輸出自主規制により撤回された。しかし1980年代から状況は徐々に変化した。このころから国内の一部産業が競争力を喪失し，代わりにNIES諸国が台頭しはじめると，国内のダンピング・相殺関税・セーフガード提訴が増えてきたからである。またウルグアイ・ラウン

ド交渉は日本に通商政策の転換をうながした。ウルグアイ・ラウンド交渉の妥結前には，日本はECや米国の要請におうじて輸出自主規制をとったり，またアジア諸国に対して繊維・農産品の対日輸出自主規制を要請してきた。しかしWTOのもとで輸出自主規制が禁止されると，日本はルール志向型のダンピング防止手続を援用する方向に政策を転換したのであった。かくして，日本は，WTO発足前夜の1993年1月，非加盟国の中国に対しフェロシリコマンガン事件 (98年サンセット期間満了) で措置を発動した。そしてWTO発足後，2010年末までに加盟7ヵ国に対し7件の措置をとった。1995年8月のパキスタン産綿糸事件 (2000年サンセット期間満了，1ヵ国1件)，2002年7月の韓国・台湾産ポリエステル短繊維事件と2007年7月の見直し課税延長 (2ヵ国2件)，2008年9月の中国・オーストラリア・南ア・スペイン産電池製造用。電解二酸化マンガン事件 (Electrolytic Manganese Dioxide. 4ヵ国4件) である。この数は極端にすくないが，今後国内産業の衰退につれてダンピング提訴が増加することも予想される。

4 日本産品に対するダンピング防止措置

日本産品は，1990年代初頭までは主に米国とECのダンピング防止措置の標的とされてきた。また日本企業がこれら措置を迂回するため欧米輸入国や第3国で生産した産品も米国とECの迂回防止措置の対象とされてきた。しかし日本産品は過去10年ほどのあいだに，アジア諸国からのダンピング課税をひんぱんに受けてきた。インド，韓国，中国，台湾による対日ダンピング課税は漸増している。その背景にはアジア諸国の産業の緊密な相互依存関係とアジアの同質商品の競合がある。

厄介なのは，日本からの直接輸出品がダンピング課税の対象とされるだけではなく，日本企業がアジア諸国，とくに中国や韓国で生産する商品が海外のダンピング課税に服している事実である。この点で対日ダンピング防止措置は，旧来の欧米による対日課税から世界主要国 (先進国，開発途上国) による対アジア産品課税 (とくに日系企業の中国・韓国産品) へと拡大している。

1995年から2010年6月末までのWTO統計によると，対日ダンピング措置は112件を数えた。対日措置を打ったのは，中国25件，米国21件，インド19件，韓国12件，EU 7件。アルゼンチン6件，オーストラリア4件等であった。アジアの対日措置は総計68件 (中印韓，ASEAN諸国12件) におよび，これは世界の対日措置の61％を占める。また日本はFTA相手国から6件 (タイ・メキシコ各2件，インドネシア・マレーシア各1件) の措置を受けた。

ダンピング防止法を十数年前のように，欧米の対アジア課税という視点からとらえるのは現在では通用しない。ダンピング防止法は，日系企業のグローバル化にともない世界的なひろがりをもつようになってきたからである。世界主要国の対アジア課税がそれであり，また日本国内にも産業の衰退につれてダンピング提訴の機運が生じてきている。こうした状況の変化を念頭において現代のダンピング防止法を再検討する必要がある。

第1章
ダンピング防止法の歴史と構成

第1節 ダンピング防止法の歴史

1 第2次大戦前の各国ダンピング防止法

ダンピング防止法を世界ではじめて導入したのはカナダであった。カナダは1904年関税法のなかにダンピング防止規定 (19条) を挿入した。同様のダンピング防止規定は，1905年のニュージーランド農業輸入販売法，1906-1910年のオーストラリア産業保護法，1914年の南アフリカ関税法，1920年の日本関税法，1921年の米国ダンピング防止法のなかにあいついで導入された。ただし，米国は1921年法に先だって1916年法を導入し，略奪的なダンピング輸入に対する特殊な措置を規定した。後述するように，WTOのパネル・上級委員会は米国の1916年法もダンピング防止法の1つとみなし，その特殊な措置をWTO違反とした。

初期の各国ダンピング防止法は，当時の主要国にとって効果的な国内産業の保護手段となった。主要国は，特定国からの特定産品の低価格輸入に対してダンピング防止税を通常関税に上乗せして賦課し，これによって国内産業を輸入品との競争から保護することができたからである。また，ダンピング防止法は，通常関税の引上げをともなわない点で，自由貿易を標榜した当時の主要国にとって好都合であった。

これら初期のダンピング防止法は，おおむね平価切下げによって価格競争力を増したヨーロッパ諸国からの為替ダンピング (exchange dumping) に対処することを目的としていた。日本が米国より1年早くダンピング防止法を導入したのも，第1次大戦後のヨーロッパ諸国による為替ダンピングから国内産業を保護することをねらいとしていた。

しかしながら，1930年代からの世界恐慌と各国経済の悪化は，主要国の関税引上げ，米国の顕著なダンピング課税，数量制限の導入をもたらし，これが保護

主義を助長させ，第2次大戦の引き金となった。

2 GATTのダンピング防止ルール

戦前の国際経済体制が戦争を誘発した事実をふまえて，1947年のGATTは，自由貿易をかかげるかたわら，貿易規制ルールの1つとしてダンピング防止規定（6条）をおいた。これがダンピング防止に関する最初の国際ルールであり，その規定は既存の国内法を下敷きにした妥協案であった。

GATTの規定は，基本的に国家の権利義務を定め，私人の権利義務について定めたものではなかった。それゆえ，GATT6条も，企業によるダンピングを「非難すべきもの」と定めたうえで，輸入国当局がダンピング輸入を防止するためにもつ権利と義務を規定した。しかしこの規定は余りにも簡略であり，従来の各国ダンピング防止法の調和をもたらさなかった。

また各国のダンピング防止法令は，関税評価に関する法令（GATT7条）と同様，いわゆる祖父条項（grand father clause）とみなされたため，米国やカナダは，GATTの拘束なしに，既存の国内ダンピング防止法を適用しつづけた。とくに米国の1950年半ばから60年代半ばにかけてのダンピング課税は群を抜いていた。その結果，GATT6条を遵守したのはGATTへの加入後あらたにダンピング防止法を制定した欧州諸国やGATT6条に既存の国内法規を適合させた一部欧州諸国と日本にかぎられた。かくして，GATT6条を遵守した国の新しい法規とその他諸国の既存の法規のあいだには，著しい相違が生じた。もっとも，その背景に，日欧その他諸国は，1950年代までは，高関税・数量制限・輸入ライセンス・為替管理により国内産業を保護できたため，ダンピング課税を必要としなかった事実がある。

3 ケネディー・ラウンド協定と東京ラウンド協定

米国やカナダはGATT6条に違反する既存の国内法規（とくに保護主義的な目的で制定された行政手続等）を適用しつづけた。このため，これら主要国のダンピング防止法は非関税障壁の1つとして国際貿易を縮小させた。そこで，GATT締約諸国は，1963-67年のケネディー・ラウンド交渉にさいして，各国法規の調和を推進するため，GATTダンピング防止協定（1967年6月30日調印，1968年7月1日発効）を締結した。この協定は，締約諸国が遵守すべき詳細な「ダンピング防止規約」（Anti-dumping Code）を定め，ダンピング規制に関する詳細な実体規定と手続規定を導入した。ケネディー・ラウンド協定は，そののち1973-79年の東京ラウンド交渉で改正を受け，東京ラウンド・ダンピング防止協定（1979年4月12日作成，1980年1月1日発効）によって代替された。

しかし，ケネディー・ラウンドや東京ラウンドの諸協定は，すべての締約諸国によって受諾されたわけではなかった。既述のように協定の受諾は加盟国の自由であり，このため加盟国は受諾可能な協定のみをつまみ食いすることができた。けっきょく，GATT加盟国123カ国のうち東京ラウンドのダンピング防止協定を受諾した国はわずか24カ国（日本，米国，EC，カナダ，オーストラリア等）にとどまった。

加盟国のうち，積極的にダンピング防止措置をとりはじめたのは，米国，EC，オーストラリア，カナダであった。これら諸国は，国内産業の保護手段としてダンピング防止措置を適用し，数おおくの通商摩擦をひきおこした。とくに日本企業のハイテク産品等に対するダンピング課税は，1980年代の摩擦のなかで世界の関心をひいた。

4 ウルグアイ・ラウンド交渉とWTOダンピング防止協定

1986年から94年末までつづいたウルグアイ・ラウンド交渉での最大の争点は，ダンピング農業であった。日本の立場からみれば，日本産品（とくに機械産品）に適用されてきた欧米ダンピング防止措置をいかによくせいするか，換言すれば，東京ラウンドのダンピング防止協定の規律をいかに強化して，欧米の恣意的措置を封ずるかが，問題であった。これに対し，対日ダンピング課税に積極的に動いた欧米の視点からすると，日本企業によるダンピング防止税の迂回を防止するため，どのような迂回防止ルールを導入すべきかがおおきな関心事項であった。

WTOの改正ダンピング防止協定はこうした各国利害の衝突と妥協の末に誕生したものである。協定は，最終的にダンピング防止措置の改正規律規定をもりこみ，欧米が主張した迂回防止規定草案を削除した。もっとも規律規定は，日韓アジア諸国が主張した規律強化ルールのほかに欧米ダンピング防止当局の課税慣行を明文化していた。したがって，改正協定が，規律規定のみをとりいれ，迂回防止規定を含んでいない点をとらえて，ウルグアイ・ラウンド交渉が日本勢の勝利に終わったとみるのは誤りである。

第2節　ダンピング防止法の構成

GATT/WTOのダンピング防止法は，条約規定のほか関連するさまざまな文書（専門家グループ報告書，パネル報告等）から構成されている。これらは法源（source of law）ともいわれる。これらGATT/WTOルールを実施したものが各国の国内ダンピング防止法令である。

1 GATTダンピング防止法の構成

GATTダンピング防止法は，GATT6条とその実施ルールであるGATTダンピング防止協定から構成されていたが，これら規定はさらに，以下の関連文書によって補足された。

(1) GATT専門家グループ報告書

GATT協定が締結される前の1950年代末，GATTは各国国内法の現状を調査するため2つの専門家グループを創設した。これら専門家グループは1959年5月に第1次報告書を，つづいて1960年5月に第2次報告書を提出した。これら報告書は，法的拘束力をもたないが，GATT 6条の解釈を含むだけではなく，GATTダンピング防止協定の内容を部分的に先取りしている点で，GATT法の解釈に不可欠の文書とみなされている。

(2) GATTパネル事例

ダンピング防止法に関するGATTパネル事例として，1955年2月のスウェーデン課税事件，1985年7月のニュージーランド・フィンランド産変圧器輸入事件報告，1988年5月の日本半導体協定事件，1990年5月のEC迂回防止税事件，1990年8月の米国・スウェーデン産ステンレス鋼管事件等がある。

(3) GATTダンピング防止措置委員会の文書

GATT協定14条に基づいて設立されたGATTダンピング防止措置委員会（Committee on Anti-Dumping Practices）の文書は，GATT協定の個別規定の解釈文書とみなされた。それは，たとえば，同委員会が，GATT協定の明確化のために採択した5つの勧告文（ダンピング防止手続の透明性に関する勧告文，立入調査の実施手続に関する勧告文，質問状の回答期限に関する勧告文，入手可能な最善の情報に関する勧告文，実質的損害のおそれの決定に関する勧告文）についていうことができる。

2 WTOダンピング防止法の構成

WTOのダンピング防止ルールの中枢はWTO改正ダンピング防止協定とGATT1994の6条である。

(1) WTOダンピング防止協定

WTOダンピング防止協定は，1979年のGATTダンピング防止協定のなかのさまざまな規律規定に改正をくわえたものである。WTO協定は手続面を刷新しただけではなく，実体面でもGATT規定を大幅に改正した。

(2) GATT1994第6条

ダンピング防止法の基本ルールを定めたGATT1994の6条はWTOのもとでも適用されつづける。ただしWTO協定とGATT 6条が抵触するときは，協定規定がGATT 6条に優先する（WTO協定附属書1Aに関する解釈のための一般的注釈）。

(3) WTOパネル報告

WTO協定やGATT 6条の解釈にあたって参照されるのは，一連のパネル報告書である。これらは，GATT時代の上述パネル裁定とつぎにみる11件のWTOパネル・上級委員会報告書（2002年5月現在で採択ずみのもの）から成る。

第2章
ダンピングのコンセプトと再検討

GATT/WTOが定めるダンピングのコンセプトは広範であり，そのなかにはさまざまな廉売が含まれる。それは国内の競争法上のダンピングよりも範囲がひろく，経済学の側から批判を受けてきた。まずGATT/WTOのダンピングの概念をみたうえで，その再検討をしておきたい。

第1節　ダンピングのコンセプト

1 現行の概念

GATT/WTOのダンピングは，輸出国国内の価格よりも低い価格で輸出する行為をいう（GATT 6条1）。したがって，輸出市場向け価格が国内市場向け価格よりも低い場合に，ダンピングが発生する。前者を「輸出価格」（export price）といい，後者を輸出国国内の「正常価額」（normal value）という。

経済法からみれば，ダンピングは価格差別（price discrimination）の一種にほかならない。それは，輸出国の生産者が国内向け価格と海外向け価格を差別するときに生ずるからである。もうすこし平たくいえば，生産者が国内の顧客に高く海外の顧客に低く売るときにダンピングが起きる。この意味でダンピングは国際的な価格差別といいなおすことができる。

GATT/WTOのダンピングは価格ダンピングに限定され，非価格ダンピングを含まない。そこで非価格ダンピングを俯瞰したのち，価格ダンピングのタイプをみておきたい。

2 非価格ダンピング

価格ダンピングと区別すべきものに，価格以外の要素に基づく以下のダンピングがある。

(1) ソーシャル・ダンピング（social dumping）

輸出国の社会構造から必然的に発生する低価格輸出がある。たとえば低賃金国で生産された産品は，高価格国への輸入にあたり，低い価格で販売される。こうした安売りは賃金格差やその他のさまざまな社会構造の相違から起きる。しかし，このような低価格輸入は，当該産品の価格が，輸出向けと国内消費向けで異ならないかぎり，価格ダンピングに該当しない。

(2) 為替ダンピング（exchange dumping）

為替レートの変動から生ずるダンピングもある。しかし，これには，為替変動により偶発的に起きる低価

格輸出は含まれない。それは，狭義には，輸出国が輸出企業に競争上の優位をあたえるため設定する政策的な為替レートから生ずる低価格輸出をいう。したがって為替ダンピングは，企業が人為的に行う価格ダンピングとは異なる。

(3) サービス・ダンピング（service dumping）と運賃ダンピング（freight dumping）

輸出国政府が，補助金または差別的運賃制度により，輸出品にのみ低いサービス価格または運賃率を設定して，輸出者に外国市場での低価格販売を可能にするようなダンピングをいう。

なお，これらサービス・ダンピング，為替ダンピング，ソーシャル・ダンピング等が価格ダンピングと区別されることについては，ハヴァナ報告書がハヴァナ憲章34条（GATT6条の前身）に関してつとに指摘していた。

(4) 環境ダンピング

各国の環境規制基準の相違に基づき，先進国の汚染集約型産業が，環境規制基準のゆるやかな途上国へ製造拠点を移転する場合，環境基準のゆるやかな国の企業は，環境保全コストを負担しない分だけ，環境基準の厳しい国の企業よりも，競争上，有利な立場にたつ。このように，環境規制基準の相違に起因する産品の低価格輸出も，価格ダンピングとは区別される。

3 価格ダンピングの類型

価格ダンピングは，企業のプライシング（pricing 価格設定行為）から生ずるダンピングをいう。その概念は，国内経済法上のダンピングとGATT/WTO上のダンピングでおおきく異なる。またGATT/WTOで議論されてきた多様なダンピングには，GATT/WTOがカバーするものとカバーしないものがある。

(1) 国内経済法上のダンピング

国内の経済法（競争法，独占禁止法）でいうダンピング（不当廉売）は，後述するように，生産者が原価割れで商品を販売する行為をさす。平たくいえば，生産者が商品を赤字で販売するときに競争法上のダンピングが発生する。通常，商品の価格は，総原価と利益からなるが，生産者が利益なしで，総原価よりも低い価格で商品を販売する行為が，競争法上のダンピングとされるのである。総原価は，生産費と販売一般管理費の合計である。もっともこれら原価・生産費等の概念はさまざまなコンテクストのなかで異なるように使用されているため，細心の注意を要する。

(2) GATT/WTO上のダンピング

GATT/WTO上のダンピングの概念は，国内競争法のダンピングよりも範囲がひろい。GATT/WTOでは，輸出者が国内消費向け産品よりも低い価格で輸出すればダンピングが認定されるからである。したがって，それは，原価割れ販売でないときにも発生する。もっと極端ないいかたをすれば，輸出者が相当の利益をだして輸出をしても，輸出価格が国内価格よりも低ければ，GATT/WTOのダンピングは生ずる。この国内価格は正常価額と呼ばれる。

(3) GATT/WTOがカバーする多様な価格ダンピング

GATT/WTOのダンピングは，あくまでも国内の正常価額よりも低い価格で輸出する行為をいうが，それはさまざまな状況のもとで，異なる名称をつけられている。

(i) 隠蔽ダンピング（hidden dumping）

輸入商社が，資本関係・人的支配関係その他で連合している輸出企業から商品を輸入する場合，この輸入がダンピング価格で行われることがある。このようなダンピングは，連合関係にある企業の間で行われるため，摘発が困難であり，このため隠蔽ダンピングと呼ばれてきた。隠蔽ダンピングも，価格ダンピングの一種とみなされる。GATT本体の規定（GATT附属書I注釈6条の1）はすでに半世紀前にこの点を指摘していた。

(ii) ポジティヴ・ダンピング（positive dumping）とネガティヴ・ダンピング（negative dumping）

輸出企業が一定期間の間に行う数多くの輸出取引は，取引日ごとに価格が異なっている。輸出価格は，海外の顧客や需要・競争状態等におうじて，異なるのが通常だからである。したがって，ある日の輸出価格は，正常価額を下回って，ダンピングとなるが，別の日には，輸出価格が正常価額を上回り，ダンピングとならないかもしれない。要するに，輸出取引は，取引日ごとにみるかぎり，ダンピングで行われることもあれば，そうでないこともある。このようにダンピングが行われない取引をネガティヴ・ダンピング（negative dumping）と呼んで，ポジティヴ・ダンピング（positive dumping）と対比させている。一定期間の輸出取引は，ネガティヴ・ダンピングの扱い方しだいで，取引全体が，GATT/WTO上のダンピングとなることもある。

(iii) 突発的ダンピング（sporadic dumping）

比較的短期間の間に大量に行われるダンピングを突発的ダンピングという。突発的ダンピングは，価格ダンピングの一種であり，これに対し輸入国は確定ダンピング防止税を遡及的に（暫定税賦課に先だつ3カ月前まで遡って）賦課することができる。

(iv) 略奪的ダンピング（predatory dumping），断続的ダンピング（intermittent dumping）

略奪的ダンピングは，輸出企業が，輸入国の競争者を駆逐するため行う原価割れの輸出価格をいう。略奪的ダンピングのなかでも，輸出企業が輸入国市場での足場を確保するため短期間に限界コスト以下の価格で行うダンピングは，断続的ダンピングと呼ばれる。

(v) 標的ダンピング（targeted dumping, spot dumping）

輸入国の特定地域をねらいうちにして行われる集中的なダンピングをいう。標的ダンピングは，また輸入国の特定顧客をねらいうちにする場合もあれば，特定時期にかぎって行われる場合もある。標的ダンピングに対しては，特別のダンピング価格差の算定方法（加

重平均対取引方式)がWTO協定のなかで規定されている。

(4) 入札ダンピング

政府調達にあたって外国企業が行う低価格の入札がダンピングに該当するのかどうか，まだ決着がついていない。現実の輸入がなければダンピングの認定は行われないか，それとも入札があれば（輸入がなくてもまた落札されなくても）ダンピングの認定は行われるかについては，争いが残っている。この争点は，ダンピングの概念，すなわち「産品を（輸出国の）正常価額よりも低い価額で他国の商業に導入する」行為の解釈にかかわる問題であり，「他国の商業（への）導入」を現実の輸入にかぎるか否かにおうじて回答は異なる。

(i) イタリア製発電機入札事件

この事件で，イタリア企業はカナダによる発電機の政府調達手続に参加し入札を行った。これに対しカナダ当局は，イタリア企業の入札価格がダンピングにあたると主張してダンピング防止手続を開始した。しかし，問題の発電機は輸入されていなかった。カナダは入札契約が締結された段階でダンピング防止調査を行った。ECはこれを不服として1979年東京ラウンドのダンピング防止協定（15条3）に基づいて調停（conciliation）の開催を要請した（GATT, ADP/M/11, para. 54; GATT Analytical Index, Article VI, pp. 230-231）。

ECは，協定（2条1）の「当該商品の輸出価格（the export price of the product concerned）が低いときは」という文言は，ダンピングが成立するためには商品の輸出がすでに行われていることが必要であることをいみしていると主張した。したがって，輸出が行われる前の入札契約の締結段階では，ダンピングは発生していないというのがECの見解であった。

カナダ政府はつぎのように反論した。

① 商品が輸出国の比較可能な価格よりも低い価格で他国の商業に導入されるケースには，入札が含まれる。
② 輸入国が入札時のダンピング価格に対処できないとすれば，GATT 6条とGATTダンピング防止協定の実効的な実施はさまたげられることになるであろう。

しかしこの論争はGATTでは決着をみなかった。

(ii) 米国の事例

日本企業が米国調達市場でダンピング入札を行ったと誤報されて，米国市場から排除された例はかなりの件数に達している。たとえば1981年の光ファイバー入札事件はその嚆矢であろう。この事件では，米国電話電信会社（AT＆T）が米国東海岸の心臓部（North East Corridor）であるボストン・ニューヨーク・フィラデルフィア・ワシントン間に光ファイバー通信網を敷設しようとしたところ，当時のFCC（連邦通信委員会）が国際入札にすべきことを主張したことに端を発している。この入札には日米8社が参加し，日本企業が一番札を取得したが，この日本企業はダンピング入札の濡れ衣をきせられ調達は成立しなかった。最終的には

AT＆Tの子会社（Western Electric社）が7500万ドルで受注した。1995年のスーパーコンピュータ事件もダンピング防止措置による外国商品の米国政府調達市場からの排除の典型例といえよう。この事件で，米国のUCAR（University Corporationfor Atmospheric Research 大気研究大学団体）はNSF（全米科学財団）の予算に基づき1995年にスパコンの調達入札を発表した。NSFはGATT/WTO協定によりカバーされる連邦政府機関であるが，調達機関のUCARやエンドユーザーのUCARは協定によってカバーされていなかった。しかし調達資金はNSFからあたえられるため，調達はGATT協定に準じて調達されることになり，また，UCARは，NSFから資金供与の承認をうるため，入札がダンピングされていないかどうか調査する義務を負っていた。調査の結果，入札ダンピングは確認されなかった。

このような状況のもとで，商務省は実際に輸入された数台の日本製スパコンについてダンピング調査を行い，入手可能な情報に基づき高率のダンピング防止税を日本企業に賦課した。このため，日本製スパコンは米国政府調達市場から排除されることになった。商務省の決定は米国国際貿易裁判所によっても控訴裁判所によっても支持された（拙著，米国の政府調達制度，日本機械輸出組合刊，1999年）。

(5) 価格ダンピングに該当しないもの

(i) インプット・ダンピング（input dumping），第2次的ダンピング（secondary dumping）

輸出企業が部品等のインプット（input）にダンピング防止税を賦課されたあと，このインプットを川下産品（downstream products）つまり下位部品や完成品にくみこんで輸出する場合，輸入国は，川下産品に対してダンピング防止税を賦課できるかどうかがかつて議論された。たしかに一部の輸入国の目からみれば，このような完成品の輸出は，インプットへのダンピング課税を逃れるための方策と映るのかもしれない。しかし，完成品に対して，完成品自体がダンピングされているかどうかにかかわりなく，インプットの組込みを理由にダンピング課税を行うことは，GATTの基本ルールから逸脱する考えといえよう。このため，インプット・ダンピングの概念は，GATTでの初期の議論で，規制対象からはずされた。

(ii) 赤字販売ダンピング（sales dumping）

輸出業者がダンピングをしているかどうかにかかわりなく，輸入業者が，もっぱら輸入国での市場占拠率を増やすため，輸入品を赤字で販売する行為を，赤字販売ダンピングという。これは，かならずしもダンピングには相当しない。たとえ赤字販売ダンピングが行われても，輸出価格が正常価額よりも高ければ，ダンピングは認定されないためである。ちなみに，1960年のGATT専門家グループ報告書も「産品のFOB輸出価格が輸出国での同種産品の正常価額を下回らないならば」，輸入業者による赤字販売は，GATT上の

ダンピングとはみなされないことを指摘していた。
　しかし，1960年のGATT専門家グループ報告書が付記するように，「輸出業者が何らかの方法で輸入業者の損失を補償するときは」，このような補償関係は輸出価格の算定にあたって考慮される（つまり，輸出価格から当該補償額が控除される）ため，その結果，輸出価格が正常価額を下回ることになれば，ダンピングが認定される。
　(iii) 吸収
　輸入品は，ダンピング課税を受ければ，輸入国でダンピング課税分だけ再販売価格が上昇するはずである。そうでなければ，廉価な輸入品に対する課税の意味がない。しかし現実には，課税対象産品の再販売価格が上昇しないケースが増えてきた。EUによれば，とくに中国産や日本産の輸入品にこの傾向が強いとされた。そこでEUは，課税対象産品のEU域内再販売価格が上昇しないのは，ダンピング課税額が輸出者により負担されているためであるとみなした。輸入者が支払うべきダンピング税が輸出者によって吸収（absorption）されているとみたのである。そこでEUはGATT時代に吸収額に相当する追加的ダンピング防止税を当該産品に課した。WTO時代にはいってからは，再調査（reexamination）ののち，吸収を認めれば，既存ダンピング防止税を引き上げることで対応している。しかし吸収税を明文で定め，実践に適用しているのはEC/EUにかぎられる。
　(iv) 迂回
　ダンピング防止税の迂回行為（輸入国迂回，第3国迂回，後開発産品，微小変更品等）は，ダンピングそのものではない。また迂回の概念は，GATT/WTOダンピング防止協定ではふれられておらず，迂回を規制対象とするかどうかは，WTO発足後，交渉されている。
(6) 価格ダンピングに該当するかどうかについて議論があるもの
　(i) キャプティヴ・ダンピング（captive dumping）
　とくに輸出される部品が，輸入国における輸出国企業（たとえば在欧日系企業）の完成品生産にのみ使用され，輸入国市場で販売されない場合のダンピングをいう。この場合，部品は，輸入国の同種産業に損害をあたえないため，ダンピングとして規制されるかどうかの問題が提起されている。
　(ii) 再発有害ダンピング（recurrent injurious dumping）
　輸入国の同一産業に対して，反復して損害をあたえるダンピング行為をいう。その1種に，カントリー・ホッピング（country hopping）がある。カントリー・ホッピングは，米国の主張によれば，多くの国に生産拠点をもつ多国籍企業が，ある国での生産品にダンピング課税をされたのち，他国工場に生産拠点を移し，そこから同種産品を輸出することで，輸入国の産業に有害な損害をあたえつづける行為をいう。
　(iii) テクニカル・ダンピング（technical dumping）
　ダンピングが行われても，輸入品の価格が，輸入国の同種産品の価格を下回らないことがある。いわゆるプライス・アンダーカッティング（price undercutting）——つまり輸入品価格が国産品価格を下回る現象——をともなわないダンピングである。プライス・アンダーカッティングがなければ輸入国産業への損害はおおきくないはずであるから，テクニカル・ダンピングはダンピングとみなさない考えと逆にプライス・アンダーカッティングがなくても損害があればテクニカル・ダンピングを規律する考えがある。

(7) 日本独占禁止法の差別対価と不当廉売
　日本独占禁止法は，「不公正な取引方法」（独禁法2条9項，19条）に該当するプライシングの例として，差別対価（公正取引委員会の一般指定3項）や不当廉売（一般指定6項）をあげている。これら差別対価や不当廉売は，GATT上のダンピングの概念よりもせまく，要件が厳しく定められている。

A　差別対価
　同一（物理的に完全に同一であることを意味せず，それらが同等同質であればたりる）の商品またはサービスについて「地域または相手方により」価格差をもうけることを，差別対価という。したがって，差別対価には，相手方による差別対価と地域による差別対価がある。対価とは，米国ロビンソン・パットマン法の場合と同様に，値引き額・リベート等を控除した正味価格をさすため，販売価格が同一でも，リベート等により価格差別が間接的に生ずることがある。
　差別対価は，それ自体，原則として違法とされるのではない。これは，米国ロビンソン・パットマン法の価格差別が原則として違法とされ，かぎられた正当化理由（コスト差，競争対抗価格，時季外れ商品の抗弁等）を満たすときに例外的に正当化されるのと異なる。
　日本法の差別対価は，「不当に」行われる場合に，公正競争阻害性をもち，違法とされる。差別対価が公正競争阻害性をもつかどうかは，事案ごとに個別に検討される。差別対価が公正競争阻害性をもつ場合はつぎのとおりである。
① 競争者を排除しまたは取引の相手方を競争上著しく不利な地位に陥れる目的または効果をともなう場合
② 独禁法上不当な目的（カルテル実行等）を実現する手段として用いられる場合
　他方，差別対価は，上記以外の場合——米国ロビンソン・パットマン法の場合と同様の正当化理由を満たす場合，その他，明白な公正競争阻害性が認められないすべての場合——は，合法とされる。
　(i) 相手方による差別対価
　相手方による差別対価は，独占禁止法上不当な目的の達成手段として行われる場合に，公正競争阻害性を認められ違法とされる。たとえば，東洋リノリウム事件（昭和55年2月7日勧告審決）で，ビニールタイルの上位メーカー3社は，価格カルテルの締結・実施と同時に，カルテルの補完達成手段として差別対価を実施

した。すなわち，これら支配的な事業者は，カルテル価格を維持し，工事店での廉売を防止するため，ビニールタイル工業協同組合の設立・運営を援助し，卸売業者に対する仕切価格について，同組合・組合員の工事店向けには安く（取扱い数量におうじた割戻し制度）産品を供給し，非組合員の工事店向けには高く産品を供給したのである。

(ii) 地域による差別対価

地域による差別対価は，「地域的ダンピング」と呼ばれ，複数地域で事業活動を営む事業者が，特定地域で，低価格販売を継続し，当該地域の既存・新規の競争者を排除しようとする行為である。行為者の事業地域のうちの特定地域で行われる低価格販売（原価割れ販売であることを要しない）が，地域的差別対価であり，行為者の事業地域の全体にわたって行われる低価格販売が，不当廉売である。第2次北国新聞事件（東京高裁昭和32年3月18日）では，北国新聞社は，実質的に同一内容の新聞を，富山県では，石川県におけるよりも低い価格で販売し，富山県下の競争各紙の顧客を奪ったと認定された。

B 不当廉売（ダンピング）

公正取引委員会は，典型的な不当廉売と一般的な不当廉売をわけて規定した。

(i) 典型的な不当廉売

「正当な理由がないのに」商品またはサービスを「供給に要する費用を著しく下回る対価で継続して供給」し，「他の事業者の事業活動を困難にさせるおそれがあること」をさす。不当廉売のなかでも，このように原価を著しく下回る継続的廉売は，他の事業者の事業活動を困難にさせるおそれがあるかぎり，原則として違法とされる。ただし，この種の原価割れ販売も，以下の場合のように「正当な理由」があるときは，例外的に合法化される。

① 競争者の低価格に対抗する場合

競争者の低価格に対抗するための原価割れ販売が認められないとすると，事業者は，市場での競争ができず，市場からの撤退を余儀なくされることになろう。したがって競争者の低価格に対抗するためのある程度の原価割れ販売は，正当化される。しかし，牛乳廉売事件で示されたように，有力な量販店が，相互に著しい廉売合戦を繰り返し，中小小売店の事業活動を困難にさせるときは，競争対抗価格は違法となる。

② 新規参入の場合

新規参入にさいし，一定の最低限の顧客を獲得するため行われる原価割れ販売が，正当化される。しかし，後述・中部読売新聞事件で明らかにされたように，最低の顧客を獲得したのちも継続される原価割れ販売は，違法であり，もはや正当化されない。

③ 時季はずれ商品，旧モデル（パソコン，プリンター，TV等），品質に瑕疵のある商品，店じまいまたは年末大売り出しの場合

④ 生鮮食品の品質が急速に低下するおそれがある場合

原価のとらえかたには，製造原価，総原価，変動費，適正原価の4つがある。製造原価は，商品を製造するため工場内で発生する経費（材料費，労務費，製造経費）をさし，総原価は製造原価と販売一般管理費（販売・輸送・広告宣伝等に要する経費 Selling, General and Administrative costs: SGA）の合計，つまり全経費をいう。総原価には，生産量におうじて変化する変動費（材料費・燃料費・夜勤手当等 variable costs）と生産量に関係なく発生する固定費（原価償却費・賃借料・固定資産税等 fixed costs）が含まれるが，欧米判例法は，前者の変動費を原価とみなし，変動費割れの販売を不当廉売としている（米国のアリーダ・ターナー理論［Areeda & Turner］・ブルーク判決［Brooke］，EC司法裁判所のアクゾー判決［Akzo］・テトラパック判決Ⅱ［Tetra Pack II］等）。他方，適正原価は総原価に適正利益をくわえたいわゆる価格をさす。日本法（一般指定6項）は，原価を「供給に要する費用」すなわち総原価ととらえた。過去の審決をみると，牛乳廉売事件では，製造原価説（牛乳1本あたり仕入価格155-158円のところ100円で販売した事件）がとられ，中部読売新聞事件では，総原価説（新聞1カ月あたり総販売原価812円のところ500円で販売した事件）がとられた。

典型的な不当廉売の具体例としては，競争者排除のための略奪的ダンピング（predatory dumping）と顧客誘引のためのおとり廉売（loss-leader selling）がある。略奪的ダンピングは，有力な事業者が競争者を排除するため行う原価割れ販売であり，たとえば1977年の中部読売新聞事件や89年の一円入札事件で扱われた。中部読売新聞事件（昭和52年11月24日同意審決，東京高裁判決昭和50年4月30日）では，中部読売新聞が，著しい原価割れ販売――総販売原価を4割近く下回る価格での販売――を行い，競争者の顧客を奪取したことが，公正取引委員会により，違法な不当廉売と判定された。他方，おとり廉売は，顧客を自己に誘引する目的で，特定商品を目玉商品として原価割れ販売する行為をいう。たとえば，量販店が特定商品を原価割れ販売し，専業店の事業活動を困難にする行為が，典型的事例である。牛乳廉売事件では，多種類の商品を取り扱う2つの有力スーパーが，相当期間，継続して牛乳の廉売合戦を行うことは，牛乳専売店の事業活動を困難にするおそれがあり，違法となると認定された。

(ii) 一般的な不当廉売

他方，商品またはサービスを「低い対価で供給」する一般的な不当廉売については，それが「不当に」行われ，かつ「他の事業者の事業活動を困難にさせるおそれ」があるときに，公正競争阻害性をもつ。換言すれば，この種の一般的な不当廉売は，それ自体では違法ではなく，公正競争阻害性を認められる場合にかぎって，違法とされる。ここでいう「低い対価」は，原価割れ価格と定義づけられてはいないため，原価割れである必要はなく，つぎの価格水準をカバーする。

① 原価を上回る価格か，小規模の原価割れ価格

このような場合でも，有力な事業者が，新規参入を

阻止または排除するよう，価格を設定するときは，公正競争阻害性が認められる可能性がある。
② 市場価格と原価をともに下回る価格
　他の事業者の事業活動を困難にさせるおそれがあるかぎり，こうした廉売は，公正競争阻害性を認められることになる。
(iii) 酒類ガイドラインの不当廉売
　さらに公正取引委員会は酒類ガイドライン（2000年11月）に基づき，酒の小売業者が行う一定の原価割れ販売を規制している。これによると，小売業者（たとえば大手スーパー）が「実質的仕入価格を下回る価格で短期間販売」したり，仕入価格以上でも総原価割れで販売する場合，周辺の酒類販売業者（たとえば零細な酒屋）の事業活動が困難になるおそれがあるならば，小売業者の廉売は不当廉売として規制される。

第2節　ダンピングの再検討

　ダンピングのコンセプトは，半世紀前に導入されたもので，以来基本的な見直しを受けていない。ダンピングはいわば老朽化した建物に似ている。それは新しい国際経済環境を背景にすると，いかにも古びてみえるからである。このためダンピングの見直しがいくつかの側面から行われてきた。1つは市場からみた見直しであり，もう1つはダンピングの発生メカニズムからみた見直しであり，さらに競争法からみた見直しもある。

1　市場からみた見直し

　現行のダンピングは，市場からみてあまりにも範囲がひろいという批判が寄せられている。これによると，正常価額を下回る輸出行為を一律にダンピングとみなすのは誤りであるとされる。規制すべきダンピングは，輸入国の市場を独占する効果をもつものにかぎられるとするのが，有力な学説のポイントである（Willig 教授の1995年 OECD 報告書原案）。したがって，輸入国の市場独占をもたらすいわゆる独占ダンピング（monopolizing dumping）は有害であり規制すべきであるが，市場独占効果をもたない非独占ダンピング（non-monopolizing dumping）はノーマルな販売行為であり規制すべきではないとされる。もっとも米国政府は OECD でこの学説をまっこうから否定した。

(1) 非独占ダンピング
　輸入国市場の独占を企図しないダンピングとしてたとえば以下の例がある。
(i) 市場拡大ダンピング（market expansion）
　薄利多売の輸出をつうじて輸出市場を拡大させるような低価格輸出をさす。
(ii) 景気循環ダンピング（cyclical）
　景気後退期に過剰生産を国外に廉売するときのダンピングをいう。
(iii) 国家貿易ダンピング（state-trading）
　国家（とくに外貨との交換が困難な通貨をもつ非市場経済国）が交換可能通貨（米ドル等）を獲得するため攻撃的に国外へ安売りする場合の低価格輸出である。
　これらダンピングのうち，前2者は企業の通常の取引慣行であり，非難するに値しない。また後者も，輸入国市場の独占を目的としない点で，経済学上，非難すべき行為に含めてはならないとされる。
(2) 独占ダンピング

　他方，輸入国市場の独占をもたらすダンピングとしてつぎの2つがある。
① 上述の略奪的ダンピング（predatory dumping）
② 戦略的ダンピング（strategic dumping）
　戦略的ダンピングは，大規模な国内市場を外国競争者から保護する戦略をもつ輸出国から行われるダンピングをいう。このような閉鎖市場国の輸出者は国内で高価格を維持しつつ，国外へ原価割れ輸出を行うことができる。これは，輸出国当局の戦略的な市場閉鎖政策を背景として行われるため戦略的ダンピングと呼ばれる。戦略的ダンピングは，略奪的ダンピングとは異なり，輸入国の競争者を駆逐する目的をもたない。しかしそれは，輸入国の市場独占をもたらす点で，戦略的ダンピングと同じように，有害な効果をもっている。
　非独占ダンピングにしろ独占ダンピングにしろ，GATT/WTO 上の価格ダンピングに相当することに違いはない。しかしながら，独占ダンピングは有害でありWTOのもとで規制の対象とするとしても，非独占ダンピングは企業のつうじょうの行為であるから規制すべきではないとする有力な見解が提起されている。

2　ダンピングの発生メカニズムからみた見直し

　ダンピングはさまざまな要因から発生する。この発生メカニズムに焦点をあててダンピングの再検討を行う考えも表明されている。
(1) 伝統的な考え
　欧米政府の伝統的な考えによれば，価格ダンピングを規制するのには理由があるとされる。ダンピングは輸出企業の廉売行為であるから，輸出企業はダンピングをすると収益を減らし損をすることになる。損をしてまで廉売をするのは，損失が埋めあわされる見込みがあるからである。この損失は，輸出企業がもつ余剰の蓄えによって部分的に埋めあわされる。余剰利益は企業が輸出国での反競争的慣行（価格カルテル，輸入品ボイコット等）によって蓄積される。輸出企業はこうした余剰利益を原資として海外に安売りをすることができる。そして企業はダンピング攻勢によって，海外市場の競争者を敗退させ，市場をほぼ独占する時点で，輸出品の販売価格をひきあげ，独占利潤を獲得する。これが欧米政府当局者のおおよそのシナリオであった。
　したがって，このシナリオは，ダンピングが市場閉

鎖国の輸出者によって実施されることを前提としている。市場が閉鎖的になるのは，輸出国の競争法が厳格に適用されていないからである。競争法が厳しく適用されていれば，輸出国の生産者と外国生産者のあいだに競争が行われ，輸出国の国内価格は低下するはずである。このように競争法の適用が緩い市場閉鎖国では，生産者は高価格を維持して余剰利益をえることができる。ダンピングは反競争的市場がうみだす余剰利益を梃子にして行われる。そしてダンピング輸出者は，輸入国市場を独占したあとで獲得する利益によってダンピングの損失を埋めあわす（recoup）ことができる。それゆえ，このような不公正な貿易慣行に対応するためダンピング防止税を賦課することは合法化される。具体的にいえば，日本，韓国，中国等のアジア諸国では，競争法の適用が緩く，市場が閉鎖的である。欧米ダンピング防止税が主にこれらアジア諸国の産品に集中したのは，このためである，と欧米当局は主張してきた。

(2) ダンピングの発生メカニズムからみた批判的検討

しかし，うえの主張は再検討を要しよう。ダンピングは，いわゆる市場閉鎖国の生産者によって行われるとはかぎらないからである。

A ダンピングの発生メカニズム

現在までのダンピング事例（後述「ダンピング防止措置の適用」参照）を仔細にみると，ダンピングの発生要因はつぎのようにさまざまであり，ケースバイケースで異なっている。

(i) 輸出国市場の閉鎖性

たしかにダンピングが輸出国市場の閉鎖性から生ずる例も想定できる。たとえば，輸出国が高い関税障壁または多様な非関税障壁で外国産品の輸入から保護されている場合である。

(ii) 不完全競争

輸出国の関税が低くても，関連産品について国内企業が排他的な垂直制限（国内メーカーが販売店に対し，自社ブランド品のみを販売し輸入品を扱わないよう指示し，販売店がこの指示に従わないときは自社製品の供給を拒絶すること等）やその他制限を維持する場合，輸入品の市場アクセスは阻害され，国内企業による市場支配力が形成されることがある。このような不完全競争のもとでは，輸出企業は市場支配力に基づいて国内販売から余剰利益を獲得し，これを梃子にダンピングを行うことができる。

(iii) 構造的生産過剰

輸出企業が構造的に生産過剰に陥っている場合，この企業が余剰生産物を海外にダンピング輸出する例はかなり多い。

(iv) 産品間相互補助（cross-product subsidization）

企業はまたある産品（たとえば携帯電話）市場での利益を原資として，他産品（たとえばTV）を国外にダンピング輸出することもできる。多様な産品を製造する大企業の場合，こうした産品間相互補助をつうじたダンピングは可能である。

ダンピングはこのように輸出国での競争状態と無関係に発生することを指摘しなければならないであろう。また，主要国が摘発してきたダンピングは，おおくの場合，特殊な課税慣行によって創出され過大に算定されていることも考慮にいれる必要がある（後述「ダンピング防止措置の要件」参照）。

B 欧米産品のダンピング輸出

ダンピングは反競争的市場からうまれるとする仮説は，現実には根拠がない。世界でもっとも競争法が厳格に適用されているはずのEUや米国の産品は，他のWTO加盟国で数おおくのダンピング課税を受けてきたからである。

WTO統計によれば，1987年から1997年までの10年間で2196件の調査が行われその結果1034件のダンピング課税が行われた。そのうち，上位3位までの最大被調査国はEU（439件）・中国（247件）・米国（188件）であり，また上位3位までの最大被課税国は中国（158件）・EU（155件）・米国（93件）であった。米国とEUが世界最大のダンピング課税国であり，また同時に世界最大のダンピング被課税国である事実は，ダンピングが反競争的市場からうまれるという仮説を覆している。

3 競争法からみた見直し

(1) 見直し論

ダンピングの見直しは，競争法の観点からも行われている。競争法からみれば，価格差別はつうじょうの競争行為であり，それは競争制限効果をもつときにのみ規制される。たとえばEC条約82条の支配的地位の濫用規定は，支配的地位にたつ企業がその地位を濫用して構成国間の貿易に影響をあたえる場合に濫用行為を規制している。こうした濫用は，支配的地位の企業が競争者を排除するため略奪的な価格を設定するときに認定される。逆にいえば，企業の廉売や価格差別は，支配的地位の濫用に該当しないかぎり，禁止されない。企業の国内的なダンピングは，競争のあらわれであり，むしろ競争促進行為とみなされるのである。同じことは，日本の独占禁止法や米国反トラスト法についてもいうことができる。一方，GATT/WTOのダンピング防止法は，価格差別を一律に規制する点で問題があるといえるのである。

さらに国内のダンピングは，競争法に委ねられるのに，国際的なダンピングだけはGATT/WTOの規制に服するのはおかしいという議論もある。なぜならば，輸入国は，国産品には競争法を，輸入品にはダンピング防止法を適用することで，輸入品を国産品よりも不利に扱っているからである。こうした内外差別は内国民待遇原則に違反するとされる。

(2) 見直し論の限界

米国とEUはこのような見直し作業に反対している。WTO「貿易と競争政策作業部会」の1999年報

告は，アジアと欧米の対立を鮮明にした。日本はダンピング防止税の反競争的効果をとりあげて，WTO ダンピング防止措置を略奪的ダンピングに限定すべきであると主張した。韓国と香港もほぼ同様の見解をとった。さらに，インドは包括的な見解を示し，WTO 通商措置の競争志向的な改革 (competition-oriented reform) を強調した。インドによれば，WTO の反競争的通商手段の検討は「全体的 (holistic)」でなければならない。したがってダンピング防止措置以外の措置にもおよばなければならないとされた。

他方，米国は，このような見直しは，WTO 作業部会に一般理事会があたえた任務を超えていると反論した。またかりに作業部会が「競争政策要素をどのように WTO 規定のなかに挿入するか」について検討するときは，その検討はダンピング防止規定に限定すべきではないと米国は主張した。こうした検討は全体的でなければならず，関連するすべての WTO 規定を検討対象とすべきである。たとえば開発途上国優遇条項へ競争的観点を導入すべきかどうかも検討課題に含めなければならないと米国はのべた。それゆえ，WTO 通商政策措置のみをとりあげて，それを根底からみなおすことは，WTO 制度の既存のバランスを崩すというのが米国の見方であった。また米国は，通商政策と競争政策を調和させることは行き過ぎであり，また一方の政策を他方の政策に優先させる必要はないとつけくわえた。EU も作業部会は「競争政策による通商措置規定の代替」といった極端な議論にふみこむべきではないとのべた。EU によれば，2 つの政策は法的・経済的・制度的に異なる土台のうえに形成されているからである。ただし，これは通商政策措置に関連して競争政策的要素を考慮しないことを意味するものではないとのべた。

たしかに，ダンピング防止法と競争法は本来別々のものである。両者は，インドのフロートグラス事件控訴審判決 (M/S Haridas Exports vs All India Float Glass Mfrs. Assn. & Ors. 2002 年 7 月 22 日) が指摘したように，法規・目的・機関・手続・要件が異なるからである。歴史も異なる。どこか 1 点で交叉することもない。それでは略奪的価格はダンピング防止法と競争法の交叉地点ではないのかという反論もあるかもしれない。しかし略奪的価格も 2 つの法律ではそれぞれ基準と要件が異なっている。2 つの法律が緊密な関係にたつことはたしかだが，両者は次元の異なる別法規であることに変わりはない。

フロートグラス事件でインドネシアのガラス生産者は 1997 年から 98 年 7 月にかけ，インド向けにこの特殊ガラスを輸出していた。インドの生産者は，インドネシア製ガラスは変動費を下回る略奪的価格でインド向けに輸出されているとして，1998 年 5 月，インドのダンピング防止法当局 (the Designated Authority, Ministry of Commerce) に調査を申し立てた。しかしインド生産者はダンピングの申立手続を続行せず，98 年 9 月，競争手続に切り替えた。インドの競争法当局 (Monopolies and Restrictive Trade Practices Commission) は，インドネシア生産者に対して略奪価格でインド向けに輸出しないよう命令をくだした。控訴審判決は競争当局の命令を取り消し，本件のダンピング事件は競争当局ではなくダンピング防止当局の管轄にはいるとのべた。その過程で裁判所は，WTO 協定とインド法のダンピング関連規定をひきつつ，ダンピング防止法と競争法が別個独立の法規で交錯しないことを強調した。

第 3 章
ダンピング防止措置の要件

ダンピング防止措置の発動要件は，ダンピング・損害・因果関係の 3 つである。

第 1 節　3 要件と公益テスト

3 要件のほかに，公益 (public interest) テストを要求するかどうかについて，主要国の立場は異なっている。

1　ダンピング・損害・因果関係の 3 要件

輸入国が他国からの輸入品に対して，ダンピング防止税を賦課するためには，つぎの 3 要件が満たされなければならない。
① 他国からのダンピング輸入の存在
② ダンピングされる輸入品と同種の産品を生産する輸入国国内産業への実質的な損害の発生
③ ダンピング輸入と損害の間に因果関係が存在すること

これら 3 要件は GATT 6 条と GATT/WTO ダンピング防止協定が定める強制要件である。輸入国は，これら 3 要件がすべて満たされたときに，当該ダンピングを「非難すべきものと認め」，「ダンピングを相殺しまたは防止するため」ダンピング防止税を賦課することができる。

GATT 6 条 1 「加盟国は，ある国の産品をその正常の価額より低い価額で他国の商業へ導入するダンピングが，加盟国の領域における確立された産業に実質的な損害を与えもしくは与えるおそれがあり，または

第3章　ダンピング防止措置の要件

国内産業の確立を実質的に遅延させるときは，そのダンピングを非難すべきものと認める。」

GATT 6条2「加盟国は，ダンピングを相殺しまたは防止するため，ダンピングされた産品に対し……ダンピング防止税を課することができる。」

2 公益条項

(1) WTO協定

WTOダンピング防止協定（9.1条）が定めるように，ダンピング課税のための上記3要件が満たされたときに，「これを課するかどうか」または課税率を軽減すべきかどうかの決定は，輸入国当局に委ねられている。したがって，輸入国は，たとえダンピング課税の要件が満たされても，公益――消費者利益，ユーザー利益，国内の競争状態等――に照らしてダンピング課税を停止したり，課税率を軽減することができる。

この種の公益条項（public interest clause）を国内ダンピング法令のなかに挿入するかどうかは，加盟国の自由である。現在，公益条項を備えているのは，EU，カナダのほかアジア諸国（マレーシア，シンガポール）がある。他方，米国は公益条項を規定していない。したがって，米国のみは，ダンピングと損害が認定されれば，自動的にダンピング防止税を賦課している。

(2) EUの公益条項

EU当局は，ダンピング課税（暫定税，確定税）にあたり，ダンピングの存在と損害発生を確証したのち，「共同体の利益が介入を要請」するかどうか―すなわち，課税が共同体利益に合致するかどうか―を判定しなければならない（EUダンピング基本規則11条1，12条1）。それゆえ，たとえダンピングの存在と損害発生が確証されても，課税が共同体利益に合致しないならば，課税は行われない。

ところで，共同体利益とは，ある場合にはEU産業の利益をさし，他の場合には，EU利害関係者（ユーザー，消費者，輸入者，ディストリビューター等）の利益をさすが，これら多様な利益の比較考察にさいして問題となるのは，つねにEU域内の競争状態であった。したがって，共同体利益の考察は，必然的に，競争法的検討をともなうのである。EUの実行では，共同体利益の保護のために課税を回避した事例は，3系列にわかれる。

第1は輸入原料への課税回避例である。たとえば中国関連事件では，中国の原料への課税がECユーザー産業に悪損害（原料価格の上昇によるユーザーの経済的損失）をあたえることを理由に，対中課税が停止された（1981年の中国等2カ国製フルフラール事件 furfural，1994年の中国製ガム・ロジン事件 gum rosin）。第2に，輸入中間財への課税回避例がある。1994-98年の3度にわたる中国・パキスタン等綿織物事件では，綿織物という中間財への課税がユーザー産業にあたえる影響を考慮して，確定課税は回避された。

第3は，輸入完成品への課税回避例である。日中韓等5カ国製カー・オーディオ事件で，EU当局はアジア諸国製品のダンピング輸入とEU産業への損害を認定したが，CDチューナーに関しては因果関係を否定し，またディスク・チャージャーに関してはEU消費者の利益（課税による価格上昇の防止）のために調査を終結した（Laser optical reading systems foruse in motor vehicles (car audios) originating in Japan, Korea, Malaysia, China and Taiwan, Official Journal of the European Communities, 23. 1. 1999 L 18/62）。同様に1997年の中国産プラスチック・織物ハンドバッグ事件でも消費者や輸入・販売企業の利益のために調査が終結された。

第2節　正常価額と輸出価格の算定

ダンピングを認定するためには，輸出国国内の正常価額と輸出価格を正確に算定し，両者を比較し，正常価額よりも輸出価格が低いことを確証しなければならない。したがって，ダンピング認定は，まず正常価額と輸出価格の算定作業からはじまる。

1 正常価額の種類と優先順位

(1) WTO協定

GATT 6条とWTOダンピング防止協定によれば，正常価額は，原則として，輸出品と同種の国内消費向け産品の「通常の商取引」（ordinary course of trade）の国内販売価格とされる。しかし，このような価格がないときは，第3国向け輸出価格（ダンピング調査を行う国以外の第3国）か構成価額（同種産品の生産費に販売経費と利潤をくわえて構成した価額）のいずれかが，正常価額とされる。したがって，正常価額の種類は，国内販売価格，構成価額，第3国向け輸出価格の3種類であり，これらは，つぎの優劣関係にたつ。

① 第1優先の正常価額は，通常の商取引の国内販売価格である。

② 国内販売価格が採用できないときは，構成価額か第3国向け輸出価格のいずれか適当なものを正常価額とすることができ，両者の間に優劣関係はない。

(2) 米国法

A　規　定

正常価額の種類と優先順位についての米国法・慣行はWTO協定から影響を受けない。米国商務省は一般に第3国向け輸出価格を構成価額に優先させてきたが，このような慣行はWTO協定に抵触するとはいえない。ただし，米国の多国籍企業条項（Multinational-Corporation Clause. MNC Clause）に定められた正常価額の算定方法は，WTO協定に抵触する可能性がある。

B　米国多国籍企業条項と富士印画紙化学材料事件
(i) 米国多国籍企業条項

この条項のもとでは，多国籍企業が，輸出国・本国（たとえば日本）での高価格販売を挺子にして，第3国（たとえばオランダ）の関連会社から同一・類似製品を米国

向けに低い価格で輸出する場合，本国（日本）での高い価格が，調整を受けたのち，第3国（オランダ）の正常価額として採用されることになる。ただし，提訴者がこの条項を援用するためには，3つの要件——本国と第3国の企業の関連性，第3国国内販売価格の採用の不可能性，本国製品価格が第3国製品価格よりも高いこと——をすべて立証しなければならない。これら要件が満たされるならば，商務省は，第3国産品（オランダ子会社産品）のダンピング調査にあたり，本国産品（日本産品）の価格を基礎にして，第3国産品の正常価額を確定することができ，そのさい，商務省は，本国産品と第3国産品の間の製造原価等の差異について満足のいく説明が企業により行われれば，その差異を考慮して，正常価額の調整を行う。WTO法のもとでは，輸出国の国内販売価格が採用できないときは，正常価額は，第3国向け輸出価格か構成価額を基礎にして算定されるが，多国籍企業条項は，WTOに明記されていない正常価額——つまり当該輸出国以外の第3国の同一または類似産品の価格——を定めている点で，WTO協定に抵触するのである。

(ii) 富士印画紙化学材料事件

米国は，日本・オランダ産印画紙化学材料事件（Colour negative photographic paper chemiccal components）で多国籍企業条項を適用した。この事件［巻末表14-2］では富士写真フィルムは，日本親会社とオランダ子会社から米国向けに産品を輸出していた。米国は多国籍企業条項に基づいて，オランダ産品の正常価額を日本産品価格に基づいて算定した。日本産品の正常価額は，富士がスーパー向けに販売していた安い価格ではなく，富士が零細小売店（いわゆるパパママ店）向けに販売していた高い価格に基づいて算定された。他方，米国向け輸出価格は，富士製品の米国大型スーパー向けの安い価格を基礎に算定された。このため日本産品とオランダ産品の暫定ダンピング価格差はそれぞれ360.95％，321.23％に達した（米国商務省1994年3月29日暫定ダンピング認定）。商務省はしかし日本企業と調査中断協定（suspension agreement）を締結し，ダンピング調査中断とひきかえに，日本企業による対米輸出価格の引上げを要請した。これにより日本とオランダからの対米輸出は激減したが，代わりに富士は米国国内生産を増強し米国国内での市場シェアを上昇させた。このダンピング事件のあと，富士コダック事件として知られる日本写真フィルム事件がUSTRとWTOでとりあげられるのである。

(3) EU法

EU法は，正常価額の種類として，WTO協定に規定されているもの（輸出生産者の現実販売価格，構成価額，第3国向け輸出価格）のほか，つぎの正常価額を導入した。

「輸出国の輸出者が同種の産品を生産または販売していないときは，正常価額は他の販売者または生産者の価格（prices of other sellers or producers）に基づいて決定することができる。」

この規定は，とくに商社（自らは商品を生産しないで生産者から購入した商品を輸出する貿易企業）を想定して挿入されたEU固有の条項である。これは，WTO協定に根拠をおかない点で，また輸出者からダンピングの予測可能性を奪う点で問題がある。いうまでもなく企業は他企業の価格を掌握しているわけではないため，輸出者の正常価額として他企業（販売企業，生産輸出企業）の価格が使用されると当該輸出者は自己の輸出取引がダンピングに該当するのかどうかを予測することができないからである。

EU当局の慣行では，正常価額の算定にあたり，げんじつの国内販売価格が採用できないときは，（第3国向け輸出価格よりも）構成価額を採用してきた。EUが正常価額として第3国向け輸出価格を採用した例は少数にすぎない。その理由は，第3国向け輸出価格もダンピングされている（したがって通常の商取引の価格ではない）可能性があるからであるとされてきた。このため，EUは，国内販売価格が採用できないときは，ほぼ自動的に構成価額を採用し，その結果，おおくの事例で，正常価額を高めに算定し，摩擦をひきおこしてきた。

2 第1優先の正常価額——通常の商取引の現実販売価格

(1) 通常の商取引の現実販売価格とEUの単一経済体理論

WTO協定によれば，第1優先の正常価額は，輸出国国内の通常の商取引の現実販売価格であるが，通常の商取引の概念が明確に定義されているわけではない。協定は，逆に通常の商取引にあたらない取引として，少量販売，市場の特殊状況，原価割れ販売をあげた。

EUは，GATT時代から，通常の商取引の価格を独立当事者価格として把握してきた。このため，輸出国国内の生産者（たとえば日本の親会社）が販売子会社（東京販売会社）をとおして非関連のディーラーへ商品を販売するケースでは，EUは正常価額を，販売子会社から非関連ディーラーへの再販売段階で算定してきた。EUの考えでは，生産者と販売子会社は単一経済体であり，両者間の取引は関連当事者間取引であるからつうじょうの商取引にあたらないとされたのである。正常価額が再販売段階で算定されると，（後述する経費控除が行われても）正常価額は高めに計算され，これがダンピング価格差の過大算定を招いてきた。

(2) EUの単一経済体理論と選択的正常価額

A EU基本規則の単一経済体理論

旧ECダンピング防止基本規則は，第1優先の正常価額を輸出国国内の通常の商取引の現実販売価格とした。そして同時に，連合当事者間（または補償取決め当事者間）の取引価格は共同体当局が独立当事者間価格と比較可能なものと認めないかぎり通常の商取引の価格とはみなされない（2.7条）と定めた。したがって，旧規則のもとでは，解釈上，関連当事者間の取引価格（たとえば親会社から販売子会社への販売価格）は，共同体当

局により通常の商取引の価格と比較可能なものと認められれば，正常価額として採用される余地があった。もっとも実務上，共同体当局が生産会社からその販売子会社への直接販売価格を正常価額として採用した例はなかった。

WTO発足にともない改正されたEC基本規則（2.1条）は，第1優先の正常価額の定義をつぎのように変更した。

「正常価額は，通常（normally），輸出国の独立の顧客（independent customers）が，通常の商取引において，支払ったか支払うべき価格に基づくものとする。」

第1優先の正常価額は，EC法上，つうじょうの商取引における独立の顧客への現実販売価格とされた。したがって対日ダンピング調査を例にとれば，日本の生産者が販売子会社をつうじて同種産品を販売している場合，正常価額として採用されるのは，生産者の販売子会社が独立の顧客（ディラー，ディストリビューター）に販売したときの再販売価格であり，生産者が販売子会社に直接販売する価格ではない。このEC規定は，ECが旧規則のもとで採用してきた単一経済体理論——すなわち，生産者とその関係会社を単一経済体とみなし，したがって両者間の販売価格を無視する考え——を再確認したものである。

なお米国もECとほぼ同様の考えにたって，正常価額を算定してきた。

B 日EC摩擦

日本の主要企業はGATT時代，おおくの場合，国内販売であれ，外国（とくに米国とEC）向け販売であれ，販売子会社（日本国内と欧米に設立した子会社）等の関連会社をとおして商品を販売していた。このためひとたびEC当局のダンピング調査を受けると，当局は自動的に販売子会社の再販売価格を正常価額として採用した。この場合，生産者が販売子会社に対し独立当事者間価格で販売しても，生産者の販売子会社向け価格が正常価額として採用される例はなかった。

日本企業はタイプライター事件や複写機事件でEC当局の正常価額算定方式がEC基本規則に違反するとしてEC司法裁判所に訴えを提起した。しかし裁判所は日本企業の訴えをことごとく退けてきた。それは，1つには，EC当局が対外通商分野で広範な裁量権をもつと裁判所が確立した判例法で繰り返し確認してきたこと，および販売子会社の再販売価格が，EC基本規則にいう独立の顧客への信頼に値する価格とみなされたからであった。

C ECのCDP（コンパクト・ディスク・プレーヤー）事件と選択的正常価額

ECがGATT時代にとった対日ダンピング防止措置のなかで日韓産CDP事件は，注目に値する。ECはこの事件で，一部日本企業に対して単一経済体理論を適用しなかったからである。ECが代わりにとった方法は，いわゆる選択的正常価額（Selective Normal Value）方式であった。この方式は，つぎの要件を満たす日本企業に対して適用された。

- 日本の生産者が国内販売にさいして関連販売会社をとおした販売ルートと非関連会社をとおした販売ルートをもつこと
- 関連会社向け販売価格と非関連会社向け販売価格がほぼ同水準にあり，しかも非関連会社向けの販売量が全体の過半を占めること

以上の要件が満たされた企業については，正常価額は，非関連会社向けの販売価格を基礎に算定された。すなわち，生産者の全販売（関連会社向け販売，非関連会社向け販売）を基礎に正常価額が算定されるのではなく，非関連会社向けの販売を選びだして（select），それらを基礎に正常価額が算定されたのである。

選択的正常価額方式のもとでは，正常価額は，生産者から非関連会社への直接販売の段階で設定されたため，日本企業にとってきわめて有利であった。換言すれば，単一経済体理論の適用を免れたのである。日本企業のダンピング・マージンはまちまちであったが，低めのダンピング・マージンを算定された日本企業のなかには，選択的正常価額方式を適用された企業が含まれた。

D WTO体制と単一経済体理論

WTOのもとでは，販売子会社の再販売価格を正常価額として採用することはもはや許容されないであろう。それは，WTOダンピング防止規則（2.4条）が，工場出荷段階での価格比較原則を踏襲し，さらに輸出価格と同一の取引段階で正常価額を算定すべきことを強調しているからである。輸出価格が生産者の工場出荷段階で計算される場合，その輸出価格には，生産者の海外輸入販売子会社の経費・利潤を含まない。工場出荷段階の輸出価格は，生産者と海外輸入販売子会社という単一経済体の外売り価格ではなく，生産者自身の工場渡し価格である。このような輸出価格と同一の取引段階の正常価額とは，生産者の経費・利潤のみから成り，国内販売子会社の経費・利潤を含まないのである。それゆえ，WTO体制のもとで，ダンピング防止当局が，正常価額を単一経済体理論に基づいて算定するときは，当然WTO抵触問題が生ずることになる。

この問題は，後述する経費控除の非対称性の争点と表裏一体をなしているため，将来，経費控除と単一経済体理論の2つの争点がWTOで扱われる可能性がでてくるであろう。

(3) 輸出国国内の販売量と5％ルール
A WTO協定

正常価額として国内販売価格が採用されるためには，国内販売量が十分な水準に達していなければならない。販売量が十分でないならば，そのような国内販売は，通常とはみなされないからである。このため，WTO協定は，国内販売が十分であるかまたは少量であるかを判定する目安として，「輸入国向け販売の5％」ルールをつぎのように導入した（WTO協定2.2条脚注2）。

① 輸出国での国内販売が，輸入国向け販売の5％以上であれば，そうした国内販売価格は正常価額として採用される。

② ただし，国内販売が，5％未満でも，適切な価格比較に十分な規模である (of sufficient magnitude to provide for a proper comparison) ことが立証されれば，そうした国内販売価格を正常価額とすることができる。

B　WTOの5％ルールと欧米の5％ルールの相違

WTO協定の5％ルールは欧米の慣行をそのまま採用したものではなかった。米国とECはそれぞれ内容が異なる5％ルールを採用していたからである。

米国は，GATT時代に，国内販売が「第3諸国向け輸出量の5％」（すなわち米国以外のすべての第3諸国向け輸出量の5％）未満であることを少量販売としてきた。このため，WTO協定の受諾にあたり，米国は国内規則を変更した。

EUは，慣行上，国内販売が「EU向け輸出の5％以上」あれば，十分な販売数量とみなし，その国内販売価格を正常価額としてきた。注意を要するのは，EUのルールが，WTO協定と近似しているが，同一ではないことである。WTO協定は，輸入国向け販売の5％ルールを採用しており，この「輸入国向け販売」（ここではEC向け販売）は，通常，「輸入国向け輸出」（EC向け輸出）よりもすくなくなるからである。なぜならば，EU向け輸出のなかには，EU経由でEFTA等の第3諸国へ販売される数量が含まれている。このため，EUは，WTO協定のもとで，過去の慣行を修正した。

EUの日本製電子タイプライター事件で示されたように，5％ルールは，当該産品ベースで適用されるか，モデル・ベースで適用されるかにおうじて，正常価額の算定結果がおおきく異なってくる。WTO協定は，この問題についてふれていないため，EU当局は5％ルールの適用にあたっておおきな裁量をもつことになる。

(4) 市場の特殊な状況

WTO協定（2.2条）は，輸出国国内に通常の商取引の現実販売価格がない例として，少量販売にくわえて「市場の特殊な状況」(the particular market situation) をあげている。しかしこれがなにを意味するのかについて協定は沈黙した。考えられるのは，たとえばなんらかの特殊事情（地震災害テロ等の不可抗力，事前予告なしの交通機関ストライキ，為替レート変動による輸入原料コストの上昇等）によって国内価格が異常に高騰する場合等があるかもしれない。このような場合も，高騰価格はつうじょうの商取引価格ではないとして，正常価額の算定にあたり，無視されることになる。GATTパネルEC・ブラジル産綿糸事件でブラジルはECのダンピング防止税に異議を唱えた。ブラジルは，ECが本件で市場の特殊な状況によりブラジル産国産綿糸が高騰したにもかかわらずこの高い価格に基づいて正常価額を算定しダンピング価格差をひきあげたと主張した。

ブラジルによれば，市場の特殊な状況とは，輸入原料コスト（輸入綿花）が為替レートの変動で高騰し，最終国産品（綿糸）の価格をひきあげるケースを含むとされた。しかしパネルは問題のWTO協定規定の解釈は権限を超えるとして判断をくださなかった。

(5) 輸出国での原価割れ販売と正常価額

A　WTO協定

WTO協定（2.2.1条）は，輸出国国内の原価割販売 (sales below cost) や第3国向けの原価割れ販売も，一定の条件のもとに通常の商取引の販売とはみなさない旨を定めた。GATT時代には，原価割れ販売の扱いについて規定がなかったため，主要国はそれぞれ国内法令のなかに原価割れ販売規定を導入した。まず米国が国内法のなかに原価割れ販売規定を導入したあと，1978年には原価割れ販売の扱いについて4カ国間の非公式合意（米国，EC，カナダ，オーストラリア）が成立した。これを受けて，ECも原価割れ販売規定をダンピング基本規則のなかに定め，また日本も1986年12月のガイドラインのなかで類似の規定をおいた。このため，ウルグアイ・ラウンド交渉での議論は，つうじょうの商取引に該当しない原価割れ販売の定義・基準・扱いに集中した。WTO協定は，最終的に，「長期間，実質的な数量で行われ，かつ妥当な期間内にすべての経費が回収できないような価格で行われている」赤字販売を，原価割れ販売とみなし，こうした廉売は通常通常の商取引に該当しないから，正常価額の算定にあたって無視できる，と定めた。

B　WTO協定の原価割れ販売規定と主要国法

(i) WTO協定の原価割れ販売規定

WTO協定は，輸出国国内市場（または第3国向け販売）の原価割れ販売を，「生産費に販売一般管理費をくわえた額」より低い価格での同種産品の販売と定義づけた。このような廉売は，①期間が長く，②数量が実質的で，③しかも経費の回収が妥当な期間内にはできないことを条件とする。長期間 (an extended period of time) の廉売とは，通常1年間の廉売をいい，いかなる場合にも6カ月以下の廉売を意味しない (2.2.1条脚注4)。実質的な数量 (substantial quantities) での廉売とは，①加重平均した販売価格が加重平均経費（単位あたり）よりも低いこと，または②原価割れ販売の量が当該取引の販売数量 (the volume sold in transactions under consideration) の20％以上であることをいう (2.2.1条脚注5)。妥当な期間内での経費の回収が不可能な廉売とは，その廉売価格が調査対象期間の加重平均コストを下回っていることをいう。それゆえ，逆にいえば，販売時点ではコスト割れの廉売でも，その価格が調査対象期間の加重平均コストを上回っていれば，妥当な期間内の経費回収は可能とみなされる (2.2.1条後段)。

輸入国当局は，以上の要件を満たす原価割れ販売を通常の商取引の販売とはみなさないことができ，結局正常価額の算定にさいし無視することができる (2.2.1条前段)。

第3章　ダンピング防止措置の要件

(ii) 米国法

商務省が従来行ってきた原価割れ販売の認定方法は，つぎの点で，WTO協定に抵触した。

① 商務省は，慣行上，経費回収のための期間を調査対象期間の1年に限定していた。これは妥当な期間内の経費回収を明記するWTO協定とあいいれない。

② 実質的数量の原価割れ販売について，商務省は10％ルール（すなわち原価割れ販売が全販売の10％以上であれば実質的数量の原価割れ販売を認定するルール）を適用していた。これに対し，WTO協定は20％ルール（原価割れ販売が全販売の20％以上であること）と加重平均経費ルールを定めた。

③ 原価割れ販売が長期間（over an extended period of time）行われたかどうかの判定にあたり，商務省は，2カ月以上の期間の情報に基づくものとしていた。しかし，WTO協定は通常1年（6カ月以上）間の赤字販売を長期間の廉売とみなした。米国はこのためWTO協定を遵守するため規則改正を行った。

(iii) EU法

ECの旧基本規則（1988年7月）によれば，原価割れ販売は，調査対象期間中に，実質的な数量で行われ，かつ調査対象期間内に全経費が回収できないような価格で行われれば，当該赤字販売は，通常の商取引における販売とはみなされないとされた。

EU法は，調査対象期間内の経費回収にふれており，この点で，WTO協定が，妥当な期間内の経費回収を問題としたのと異なっていた。このためEUは規定を改正した。

(iv) 通常の商取引に属する原価割れ販売

経済学者は，通常の商取引に属する原価割れ販売として数例を指摘してきた。第1に，莫大な研究開発費を要する新製品（半導体，飛行機等）の立上り期の原価割れ販売がある。このような商品は立上り段階は高コストだが量産効果によってコストが漸減していくことが見込まれる。このため生産者は将来のコスト低下を予測して立上り期の新商品をあえて原価割れで販売する（forward pricing）のである。そして数年にわたる量産ののち，初期の廉売損失は，次年度以降のコスト低下と販売利益により，徐々に埋めあわされていく。それゆえ，こうした原価割れ販売は商品の特性と結びついた通常の商取引ということができる。第2に，景気後退期に生産者が行う一時的な廉売や在庫処理のための廉売も通常の商取引の販売に該当する。

それゆえ，ダンピング防止調査の過程で，輸入国当局がこれら通常の商取引に属する廉売を正常価額の算定にさいして無視する場合は，協定の解釈をめぐって紛争が生ずることになるであろう。

(v) 原価割れ販売の場合の正常価額の算定方法

輸入国当局は，通常の商取引でない原価割れ販売を正常価額の算定にあたって無視することができるが，ではその場合，どのようにして正常価額を算定するのか。WTO協定はこの算定方法についてなにも定めていない。

この場合，当局は，問題の赤字販売を無視して，ⅰ構成価額，ⅱ残余の黒字販売価格，ⅲ第3国向け輸出価格のいずれかに基づいて正常価額を算定することができよう。また赤字販売を補正して正常価額を確定する余地もあろう。この点，EU基本規則（2条4）は，原価割れ販売が行われる場合の正常価額として，4種類――残余の黒字販売価格（調査対象期間の全販売のなかから，赤字販売を除いた，残りの黒字販売価格），構成価額，補正価額（原価割れ価格を補正し赤字分を補いかつ妥当な利潤をくわえた価額），第3国向け輸出価格――を定めた。他方，米国商務省は，いわゆる10-90％ルールに従って正常価額を算定してきた。このルールのもとでは，原価割れ販売が全体の10％以上90％未満であれば赤字販売を除外した残余の黒字販売に基づいて正常価額が算定され，赤字販売が全体の90％超の場合は，国内販売価格はすべて無視され，構成価額によって正常価額が算定された。

これら欧米の法慣行のうち，WTOにふれるのは，米国の10-90％ルールであった。そこで，米国は，10-90％ルールの修正に着手し，また原価割れ販売が行われた場合の正常価額は残余の黒字販売に基づいて算定する旨の法改正（1930年関税法新773条(b)(1)）を行った。もっとも輸出者の立場にたてば，残余の黒字販売に基づく正常価額は，構成価額に基づく正常価額より高めに算定され，ダンピング価格差を拡大するおそれがあるともいえる。

(6) 経費算定と正常価額

経費の算定は，正常価額の確定過程（原価割れ販売の認定，構成価額の算定等）で欠かすことができない。ところが，旧GATT協定は，経費の算定方法についてなにも定めず，またこの方法について課税当局と企業の間におおくの争いが生じたため，WTO協定（2.2.1.1条）は，つぎのような経費の算定方法を導入した。

A　輸出国のGAAPに基づく経費と経費の配賦（cost allocation）

経費は，通常，輸出国でいっぱんに受けいれられた会計原則（GAAP. Generally Accepted Accounting Principles）に従って作成され，かつ産品の生産・販売にともなう経費を合理的に反映（reasonably reflect）した調査対象企業（輸出者，生産者）の帳簿に基づいて算定しなければならない。そして経費配賦（cost allocations）については，当局は，適切な経費配賦に関するすべての証拠を考慮しなければならない。ただし，これらの経費配賦は，原則として，輸出者または生産者が減価償却に関して歴史的に使用してきた方法に従うものとされる。

EU当局は，かつて，いくつかの事例で，輸出国のGAAPに基づく経費の配賦を否定した。たとえば，1993年の韓国製DRAM事件で，韓国企業は，新世代製品の研究開発費を韓国会計原則に従って3年で繰延償却すべきことを主張したが，EC委員会は，研究

開発費の繰延償却を認めず，研究開発費を当該費用が生じた年度の産品生産費に配賦した（かくして経費は過大に算定された）。これは，日本製 DRAM 事件や日本製 EPROM 事件での委員会の慣行を踏襲したものであった。WTO ルールは過去の不当な経費配賦慣行をにらんで導入された。

B 経費の調整 (cost adjustment) と立上り経費

経費の調整は「将来または現在の生産に利益を与える」1 回だけの経費 (non-recurring costs) および「立上り期の経費」(start-up costs) に関しても行われなければならないとされる。重要なのは立上り経費の配賦であり，この WTO ルールも過去の欧米慣行が立上り経費について適切な配慮を行わず，けっきょく正常価額を高めに算定したきたことに対する反省の念から挿入された。

C 立上り経費の調整
(i) WTO 協定

WTO 協定は立上り経費の調整を明記した点で画期的である。上述のように産品によっては，生産開始 (start-up operations) 直後のいわゆる立上り期には，莫大なコストがかかるため，このようなコストに基づいて正常価額を算定すると，正常価額は過大に算出されるおそれがある。こうした不都合を回避するため，WTO 協定は，つぎのコストを反映するように立上り期の経費を調整するよう規定した (2.2.1.1 条脚注 6)。
― 立上り期の終了時の経費 (the costs at the end of the start-up period) ――つまり低くなったときの経費――，または――立上り期が調査対象期間を超えるときは，当局が調査期間中に合理的に考慮にいれることができる直近の経費 (the most recent costs which can be reasonably taken into account by the authorities during the investigation)

この調整規定は，ハイテク産業のプライシング慣行をにらんで，日本の主張を受けて，挿入されたものである。たとえば，飛行機や半導体といった先端技術分野では，立上り期にはコスト高のため原価割れ販売が行われるが，量産にともなって経費は徐々に逓減していく。図で表せば，経費は，生産の上昇（換言すれば試行錯誤と失敗の減少）につれて下降するいわゆる「学習曲線 learning curve」を描くことになる。このため，企業は，立上り期には，将来の経費逓減を見込んで (forward)，原価割れ販売を行い，妥当な期間内に経費を回収するよう努めるのである。このように将来の経費逓減を見込んだ原価割れ販売 (forward pricing) は，けっきょく，初期の赤字販売を将来の黒字販売によって埋めあわせ，妥当な期間内に経費を回収することをめざすため，通常の商取引の販売に属するといってよい。

(ii) 米国法

米国は，立上り期の経費の調整について，改正法 (773 条 (f)(1)(c)(ii)) を採択し，経費調整が行われるための条件として 2 つをあげた。第 1 に，調査対象企業が新しい生産設備を使用しているかまたは相当の追加的投資を必要とする新製品を生産していなければならない。第 2 に，生産量が商業的生産の初期段階に関連した技術的要素によって制限されていなければならない。

かくして，既存の生産能力の拡張は，新生産施設の建設を必要としないかぎり，また生産量の低下をもたらさないかぎり，立上りには該当しないとされる。また毎年の新自動車モデルや 16 メガ半導体は，既存製品の改良品・新型モデルにすぎず，新製品ではないため，それらの生産は立上りとはみなされない。ひとたび立上り生産が認定されると，立上り期の（高い）単位あたりコストに代えて，立上り期の終了時（または上述の直近）の単位あたりコストが採用されることになる。

(iii) EU 法

EU 当局は，シンガポール製ボール・ベアリング事件で，ミネベア（小型ベアリング専業メーカー Minebea Co., Ltd.）のシンガポール工場での莫大な立上り経費の調整をつぎの理由で拒否し，正常価額を過大に算定した。「GATT 6 条も GATT ダンピング協定も EU ダンピング基本規則も，立上り期の輸出者に適用される異なったルールを定めていない。」

ただし，委員会は，別の事件 (Monosodium Glutamate from Indonesia) で，生産能力が合理的な程度に稼働したとみなして，立上り経費の調整を行ったが，これは異例のはからいであった。

WTO 協定は，字義どおり解釈すれば，EU の慣行に修正を強いるはずであるが，EU 当局がどの程度，WTO 協定を遵守するかが今後の問題である。

3 第 2 優先の正常価額――構成価額
(1) WTO 協定

構成価額は，経費（生産費，販売経費・管理費その他経費）と「妥当な利潤」の総計をいう (GATT 6 条) が，WTO 協定はこれら経費と利潤を以下の方法に従って算定すべきことを定めた。

原則として，経費と利潤は，当該調査対象企業による同種産品の生産・販売（通常の商取引の販売）に関する現実のデータ (actual data) によらなければならない。しかし，現実のデータによれないときは，つぎのいずれかによる。
(i) 当該企業が原産国の国内市場で同一の一般的部類の産品を生産しまたは販売するときに生ずる現実の額
(ii) 他企業（調査対象となっている同業他社）が原産国の国内市場で同種産品を生産しまたは販売するときに生ずる現実の加重平均額
(iii) 他の妥当な方法

ただし，妥当な方法に基づいて算定される利潤は，他企業（調査対象企業に限定されない）が原産国の国内市場で同一の一般的部類の産品を販売するときに通常生ずる利潤を超えてはならない。

WTO 協定は，要するに，経費利潤の算定方法とし

て現実データ・ルールを原則とし，これを他の３つのルール（同一カテゴリー産品の額，他企業の額，妥当な方法）によって補完し，そして３つの補完ルールの間に優先順位をもうけなかった。また補完ルールに関し，「原産国の国内市場」(the domestic market of the country of origin) 価額，つまり輸出国市場価格ではなく原産国市場価額に言及した。

(2) 米国法

旧米国法は，構成価額に算入される販売一般管理費と利潤について，販売一般管理費は，生産費 (原材料費,労務費,下降製造費の合計) の10%を下回ってはならず，また利潤は総原価 (生産費と販売一般管理費の合計) の8%を下回ってはならないと定めていた。旧法が要求する構成価額の利潤・販売一般管理費の法定が，WTO協定の現実データ・ルールに違反することは明白であり，現行法は，問題の法定パーセントを削除した。

(3) EU法

A 法慣行

EU基本規則は，構成価額の経費・利潤をつぎの方法で確定することを定めた。

① 第１優先は，「当該企業が国内市場で同種産品を販売するときの黒字販売から生ずる経費・利潤」である。

② これが利用できないときは，第２優先として，「他企業が原産国または輸出国 (the country of origin or export) で同種産品を販売するときの黒字販売から生ずる経費・利潤」が採用される。

③ 以上の２つが採用できないときは，「当該企業または他企業が原産国または輸出国で同一事業分野 (the same business sector) の販売から得る経費・利潤」または「他の妥当なもの」が採用される。

従来，EUの運用では，構成価額の算定にあたり，他企業の (高い) 経費・利潤が恣意的に採用されたり，また黒字販売のみから生ずる経費・利潤が採用されうるため，構成価額が，過大に算定されるとの批判が提起されていた。

EU法・慣行は，WTO協定によって，部分的ではあれ，影響を受けることになる。第１に，ECは，第１優先の経費・利潤として，当該企業による同種産品の「黒字販売」(profitable sales) から生ずる額を採用しているが，WTO協定は，当該企業による同種産品の「通常の商取引の販売」（黒字販売にかぎられない）から生ずる額に言及している。同じように，ECが第２優先として採用する他企業の「黒字販売」経費・利潤は，WTO協定の文言 (他企業の現実経費・利潤) に適合しない。第２に，EU法は，「原産国または輸出国」の経費・利潤に言及しているが，WTO協定は，「原産国」の経費・利潤を強調している。この相違は，輸出国と原産国が異なる場合 (たとえば産品が原産国で実質的工程を受けたのち輸出国で最終工程を受けそこから輸出される場合) に，著しく重要となるであろう。

しかし，WTO協定のもとで，EU当局がどの程度，他企業の経費・利潤によらずに (当該企業の経費・利潤によって) 構成価額を算定するかは，予断を許さない。というのは，WTO協定は，当局が構成価額の算定にあたって他企業の経費・利潤を採用する裁量を制限していないからである。また第１優先の経費・利潤 (原則) が採用できない場合に，他の３つの方法——当該企業の一般的部類の産品の経費・利潤，他企業の経費・利潤，他の妥当な方法——のいずれを選択するかは当局の裁量に委ねているからである。

B 日本製電子タイプライター判決と構成価額の利潤

EC当局がGATT時代に行っていた構成価額の利潤の算定方法は，日欧摩擦を招いた。日本企業は，EC当局の方法がEC基本規則に違反するとしてEC司法裁判所に課税規則の無効を訴えた。しかし裁判所は，日本企業の訴えを退けた。この事件は，日欧摩擦が頂点に達した1980年代後半におきたが，げんざいでも構成価額の利潤算定を再考するときに有益な資料である。それは，ダンピング価格差が，正常価額の構成しだいで，とくに構成価額の利潤算定しだいで過大に算定されることを端的に示しているからである。

(i) 事実関係

EC当局は，日本からの電子タイプライターの輸入がダンピングされているかどうかを調査するため，日本国内での電子タイプライターの販売価格を生産者ごとに調べた。その方法はつぎのとおりであった。

日本企業のうち，電子タイプライターをEC向けのほか，日本国内でも販売していたのはわずか３社であった。電子タイプライターは当時，欧文作成の用途にしか使用されず，したがって生産は主に輸出用であり，国内販売向けの数量はかぎられていた。そこでEC当局は，国内販売のあるこれら３社の販売モデルを調べた。３社の国内販売量はモデルによって異なり，あるモデルは十分な販売量 (EC向け輸出量の５％超の数量) に達していたが，別のモデルは少量であった。当局は，十分販売モデルについては，その現実価格を採用した。他方，少量販売モデルについては，当局は，正常価額を構成し，構成価額の利潤として，当該企業の十分販売モデルの現実利潤を採用した。キヤノンを例にとれば，同社は国内で６モデルを販売し，そのうち，２モデルが十分な販売量で４モデルが少量販売であった。このため，２モデルの現実利潤が他の４モデルの構成価額の利潤として採用された。

もっともEC当局が企業別に計算した十分販売モデルの現実利潤は，製造企業と関係販売会社の利潤の合計，すなわち単一経済体の利潤にほかならず，高率に達していた。この単一経済体利潤は，総原価比で，71% (ブラザー工業)，61.27% (シルバー精工)，47.92% (キヤノン) であった。こうした途方もない額の利潤が構成価額の利潤として採用されたのは，ECの慣行でも空前絶後であった。

では，国内販売のない企業 (東京電気，シャープ) は

どうか。これら企業は電子タイプライターを輸出向けにのみ生産し，国内販売をしていなかった。EC 当局は，国内販売のない企業の正常価額を構成するさい，構成価額の利潤として他社の現実利潤の最低値，すなわちキヤノンの利潤（総原価比 47.92 %，売上高比 32.39 %）を適用した。構成価額の利潤として他企業の利潤，それも単一経済体の途方もない額の利潤を採用された例も，EC の慣行のなかで異数であった。

他方，国内販売のない日本企業のなかでも，中島オール（Nakajima All Co., Ltd.）だけは特別の扱いを受けた。中島オールは EC 企業のために OEM（Original Equipment Manufacturer）販売（販売先ブランド名販売）をしていた。EC 企業は中島オールから製品を購入し，EC の自社ブランドで販売していた。これに対し，国内販売のない東京電気やシャープは日本製品を自社ブランドで販売していた。EC 当局は中島オールから製品の供給を受けていた EC の OEM 企業を救済するため，中島オールを他の日本企業よりも有利に扱った。当局は，中島オールの構成価額の利潤として，他社の最低利潤（32 %）よりも低い利潤率（26 %）を定めた。そのけっか，中島オールの正常価額は低く算定され，中島オール 1 社のために手続の終結決定（86/34 号）がくだされた。東京電気は，利潤の面で中島よりも不利な差別的待遇を受けたと主張した。

中島オールを除く日本企業は，EC 当局の構成価額の利潤算定方法に対し，EC 司法裁判所に提訴した。

(ii) EC 司法裁判所の判決

EC 司法裁判所は，日本企業の主張をすべて退け，EC 当局による構成価額の利潤の算定方法がつぎの理由で合法であると結論した。

① 構成価額の利潤は，当該企業が販売子会社をとおして販売しているかぎり，当該企業の利潤のほかに販売子会社の利潤を含む（換言すれば，単一経済体の連結利潤から成る）。
② EC 当局は，利潤算定に際し，大きな裁量をもつため，EC 当局が算定した利潤は，キヤノンの場合（47 %）のように，どれほど高率でも，有力反証がないかぎり，妥当な率とみなされる。
③ 国内販売台数がわずか三百数十台のモデル（キヤノン）でも，EC 向け輸出量の 5 ％を超えるならば，利潤算定の基礎とすることができる。
④ EC 当局は，国内販売のない東京電気の利潤として，他企業の現実利潤（32 %）を準用することができる。ダンピング防止手続は，「ある程度の予測不可能性」を前提としているからである。
⑤ EC 当局は，中島オールの特殊な販売形態（OEM 販売）を考慮して，中島に他社の最低よりも低い利潤率を定めた。その結果，東京電気は，利潤の面で中島よりも不利な差別的待遇を受けたと主張するが，このような差別的扱いは，「たとえ立証されても」，東京電気への課税規則を無効にしない。なぜならば，中島オールのための利潤の算定と同社に対する非課税措置は，手続終結決定に根拠をおくのに対し，東京電気への課税規則は，基本規則に従って，かつダンピング調査にさいし正確に認定された証拠に基づいて合法的に採択されたためである。

4　関連者の概念

(1) WTO 協定

関連者の概念は，つぎのような多様な領域で問題となる。

① 正常価額の算定にさいしての生産者と販売者の関係
② 輸出価格の算定にさいしての輸出者と輸入者の関係
③ 損害認定にさいしての輸入国生産者と輸出者・輸入者の関係

とくに，正常価額が輸出国の国内販売価格に基づいて算定される場合，関連当事者間の販売価格と非関連当事者間の販売価格（arm's length price）は，異なった扱いを受けてきた。そこで，日本はウルグアイ・ラウンドの交渉過程で，関連当事者間の「連合関係」を明確にするため，連合をつぎの支配関係によって判定することを提案した。

① 20 ％株式保有関係（一方が他方の議決権をともなう社外株式の 20 ％以上を保有し，かつその事情が当該取引価格に相当の影響をおよぼしていないことが示されていないこと）
② 5 ％株式保有関係（一方が他方の議決権をともなう社外株式の 5 ％以上を保有し，かつその事情が当該取引価格に相当の影響をおよぼしていると認められること）
③ 役員派遣関係（一方が他方に取締役その他の役員を派遣しているか，またはこれと同等の関係を有しており，かつこれらの事情が当該取引価格に相当の影響をおよぼしていると認められること）

しかし，日本提案は交渉過程で葬り去られた。WTO 協定は，最終的に，輸入国の国内産業に関する規定（4 条 1 i 注釈）のなかで関連者の定義を行った。これによると，輸入国の生産者は，つぎの場合に輸出者・輸入者と関連するとされた。

① 両者のいずれか一方が他方を直接また間接に支配している場合
② 両者が同一の第三者によって直接または間接に支配されている場合
③ 両者が共同して同一の第三者を直接または間接に支配している場合

(2) 米国法

商務省は，国内販売価格の算定にあたり，関連者間価格を，独立当事者間価格と比較可能であるかぎり，正常価額として採用してきた。したがって，米国は，この点で，単一経済体理論を採用する EC 当局と袂をわかっていた。しかし，商務省は，1993 年 2 月の鉄鋼板類（flat rolled steel products）の仮決定にさいして，関係者間取引の扱いについて，新しい方法を採択した。これによると，同一産品ごとに関連者向け平均価格と非関連者向け平均価格が比較されるが，関連者向け平

均価格が非関連者向け平均価格（の99.5%）を下回るときは、関連者向け平均価格は独立当事者間価格とはみなされず、正常価額の算定にあたって無視されるのである。しかし、こうした「平均比較方式」は、健全なビジネス慣行を無視しており、WTO協定上その合法性には疑いがあるといえよう。

(3) EC法

(i) 製造企業と関係会社（関係販売会社を除く）との間の取引価格の扱い

製造企業が関係会社（関係販売会社を除く）をとおして製品を販売している場合、EC当局は、旧基本規則（2条7）に従い、関係会社から独立の買手（独立のユーザー、消費者、ディーラー等）への再販売価格（すなわち取引段階の進んだ価格）を、通常の商取引における国内販売価格としてきた。

そして関係会社をつぎの5%・1%ルールによって判定していた。

① 製造企業が株主として5%超の資本を所有しているか、または製造企業が他の方法で支配しているような企業（たとえば、製造企業の関係販売会社または従属企業）

② 製造企業の資本を直接または間接に1%超所有しているか、または他の方法で製造企業を支配している企業」（たとえば、当時、ベアリング製造企業大手4社の資本を2～22%所有していたトヨタ・日産）

問題は、関係会社を1%の資本所有によって判定するルールであり、このため、EC当局は、状況によっては、関係会社の恣意的認定をつうじて、取引段階のすすんだ価格を通常の商取引における販売価格とみなし、正常価額を高めに算定するおそれがあると批判された。この慣行がWTOのもとで姿を消すかどうかは明らかでない。

(ii) 製造企業と関係販売会社との間の取引価格の扱いと単一経済体理論

製造企業が関係販売会社（販売子会社等）をとおして製品を販売している場合、EC当局は、製造企業と関係販売会社を「単一経済体」(single economic entitiy)とみなし、両者間の取引価格を無視したうえで、関係販売会社から非関連の買手への再販売価格（すなわち取引段階のすすんだ価格）を、通常の商取引における現実販売価格としてきた。しかし、ECの単一経済体理論は、独立当事者間価格と比較可能な関係者間価格（換言すれば通常の商取引の価格に該当しうる関係者間価格）を自動的に無視する点で、また価格比較・経費控除の段階で公正な価格比較を可能にしないおそれがある点で、WTOにそむくおそれがある。

5 輸出価格

(1) WTO協定

輸出価格は、原則として、輸出国から輸入国向けに「輸出される」ときの現実価格とされる。

しかし、輸出価格が実際に存在しない場合、または輸出価格が存在しても、輸出業者と輸入業者の間に「連合もしくは補償取決め」関係があるため、両者間の輸出価格が「信頼に値しない」場合、輸出価格はつぎのいずれかの価格とされる。

① 構成輸出価格

輸入業者が産品を独立の買手に再販売する場合は、独立の買手への最初の再販売価格に基づいて、輸出価格が構成される。

② 合理的価格

他方、輸入産品が「独立した買手に再販売されない場合」または「輸入されたときの状態で販売されない場合」——たとえば、部品・予備部品・付属品の状態で輸入され、完成組立品として販売される場合——は、課税当局が決定する合理的な価格が輸出価格とされる。

(2) 米国・日本産熱延鋼事件と輸出価格の算定

対日熱延鋼ダンピング調査で、川崎製鉄の輸出価格の算定方法が1つの争点となった。

川崎製鉄は米国への販売にあたり、関連会社に熱延鋼を輸出していた。この関連会社は川崎（50%）とブラジル企業（50%）の合弁会社（California Steel Industries. CSI）であったが、同時に本件調査の提訴企業でもあった（日本企業は飼い犬に手をかまれた形となった）。そこで商務省は、川崎に関連輸入者（合弁会社）が米国の独立の買手に製品を販売するときの再販売価格とこの関連輸入者の製造経費を提出するよう求めた。商務省はこの再販売価格から関連経費を差し引いて川崎の輸出価格を構成しようとしたのである。これに対し、川崎は、自社に提訴状をたたきつけた関連輸入者に対しては支配力がなく、したがって商務省が要請する再販売価格等のデータを提出することはできないと回答した。商務省は、川崎の弁明を受けいれず、川崎が情報提出を怠ったと判断した。そして商務省は、川崎の輸出価格の算定のため、川崎にとって「不利な利用可能な事実」(adverse fats available)を採用した。それは、川崎が他の非関連顧客に対し行った輸出販売に基づき算定された2番目に高い特定製品のダンピング価格差（the second highest product-specific margin）であった。その結果、川崎のダンピング価格差は日本企業のなかで最高の67.14%となった。

日本は商務省が調査対象企業にとって不利な利用可能な事実を基礎に輸出価格を算定したことは、ダンピング防止協定（6.8条、附属書Ⅱ）に違反すると主張してパネル提訴に訴えた。パネル［巻末表20-15］は日本の主張を認め、商務省の措置が協定に違反するとのべた。

パネルはまず本件で商務省が、川崎からの必要な情報の提出がなかったため、利用可能な事実に依拠したことは、協定に合致していると確認した。協定（6.8条）は、当事者が情報提供の拒否以外の方法で必要な情報を妥当な期間内に提出しないときは調査当局は利用可能な事実に基づいて調査を行うことができると明言しているからである。しかしパネルは本件で商務省が調査対象企業にとって不利な利用可能な事実を採用した

ことは協定に違反するとのべた。パネルはまず協定の附属書Ⅱに着目する。この規定は，当事者が調査に協力しないときは協力する場合よりも不利に扱われることになると書いている。したがって調査に協力しない当事者だけはたしかに不利に扱われ，不利な利用可能な事実に基づいて調査されるおそれがある。ところが，本件では川崎は調査に協力した。しかし川崎は，特殊な状況（関連輸入者が提訴者であること，合弁相手のブラジル企業も川崎の競争者であること）により情報を提出できなかった。商務省は川崎の対応を情報要請の拒否ととらえた。しかし，こうした商務省の解釈は誤りであり，商務省が本件で調査協力企業に対し不利な事実に基づく調査を行ったことは協定に違反するとパネルは結論した。

第3節　価格比較・調整

正常価額と輸出価格が算定されると，両者の比較・調整が行われ，最後にダンピング価格差が算定される。

1 価格の比較と調整

(1) WTO協定

旧GATT協定は，正常価額と輸出価格の比較・調整について，公正な価格比較を行うべきこと，また価格調整・経費控除の必要性に言及していた。しかし，現実には，恣意的な価格調整・経費控除（とくに非対称的な経費控除）が主要国によって行われ，これが後述するように日EC，日米摩擦の一因となっていた。

そこでWTO協定はつぎの規定をおいた。

(i) 公正な価格比較

旧GATT協定と同じく，公正な価格比較 (a fair comparison) は，「商取引の同一の段階—通常の場合には，工場渡しの段階 (at the same level of trade, normally at the exfactorylevel)」で，かつ「できるかぎり同一の時点」で行われる。

(ii) 価格調整

旧GATT協定は，調整項目を，「販売条件の差異，課税上の差異，その他価格比較に影響を与える差異」としていたが，WTO協定は，これをつぎのように修正した。

「価格比較に影響を与える差異—販売条件の差異，課税上の差異，数量の差異，物理的性質の差異，および価格比較に影響を与えることが立証される他のすべての差異を含む。」

そして，WTO協定は，脚注のなかで，調整項目のいくつかは，重複するおそれがあるものと了解する，したがって，当局は，本規定のもとですでに行われた調整を反復しないよう確保しなければならないと定めた。

WTO協定は，差異の例示として，数量の差異と物理的性質の差異をあげ，また価格比較への影響が立証されれば他のすべての差異が考慮されることを明らかにした。

(iii) 輸出構成価格と価格調整

旧GATT協定の場合と同じように，輸出価格が輸入国の再販売価格から構成される場合（つまり輸出業者と輸入業者の間に連合関係・補償取決関係が存在し，両者間の輸出販売価格が信頼できないときは），輸入国での独立当事者への再販売価格から経費・利潤を控除して，輸出価格が構成される。たとえば日本企業がEU子会社向けに輸出している場合，EU子会社が独立の顧客に販売したときのEU再販売価格から，日・EU関連経費やEU子会社の利益を控除して，日本親会社の工場出荷段階のEU向け輸出価格を計算することになる。

問題は，こうして構成される輸出価格と正常価額の比較であり，これについてWTO協定は，比較を慎重にすべきことを求めた。これによると，輸出価格の構成にさいして価格比較が影響を受けるときは，ダンピング調査当局は，「構成輸出価格の取引段階と同等の取引段階で正常価額を確定し」「本項で認められたような妥当な考慮を払う (make due allowance)」ものとされる。

(iv) 不当な挙証責任の禁止

WTO協定は，以上にくわえて，当局が，「公正な比較を確保するため必要な情報を，当事者に対して指示し」，「当事者に不当な挙証責任 (an unreasonable burden of proof) を課してはならない」と定めた。

(2) 米国法・EU法

WTO協定は，欧米の法慣行に著しいインパクトをあたえた。第1に，WTO協定は，取引段階の差異を，独立した調整項目としたため，取引段階の差異を十分に考慮しない欧米の法・慣行に影響をあたえた。第2に，WTO協定は，同等取引段階での輸出価格と正常価額の算定を義務づけた。それゆえ，欧米の法・慣行にみられた非対称的な経費控除はWTOに抵触するおそれがある。

(3) 欧米の非対称的な経費控除とWTOルール

(i) 経費控除に関するGATT/WTOルール

GATT/WTOは，ダンピング価格差の算定にあたっては，輸出価格と正常価額を同一の取引段階—つうじょうは，工場出荷段階—で比較するよう要求している。しかし，工場出荷段階の価格は，国内販売向け産品にせよ，輸出向け産品にせよ，現実には存在しない。工場出荷価格とは，産品が生産者のゲートをでるときの価格をいう。しかし，このような価格を設定している企業はまず存在しない。なぜならば，価格とは，通常生産者が販売者やディーラーに販売するときの価格だからである。したがって価格は，生産者が販売子会社をとおして独立の顧客（非関連当事者）に販売するときの再販売価格であったり，または生産者が直接，独立の顧客（ディーラー，商社または消費者）に販売するときの直接販売価格となるのが通常である。再販売価格

は，生産者の原価・利潤（工場出荷価格）に販売子会社の経費と利潤をくわえた額であり，また直接販売価格は，生産者の原価・利潤（工場出荷価格）に輸送経費等の諸経費をくわえた額に等しい。それゆえ，国内販売向け産品の正常価額と輸出向け産品の輸出価格を，ともに工場出荷段階で比較するときは，再販売段階または直接販売段階で設定された現実の正常価額や輸出価格から必要な経費・利潤を控除しなければならないことになる。

　欧米当局が多くの日本企業（とくに販売会社網をもつ大企業）に対して行ってきた経費控除を例にとって説明しよう。過去の事例では，これら日本企業が国内向けであれ，輸出向けであれ，販売子会社をとおして産品を販売した場合，欧米当局は，つねに販売子会社が独立の顧客に販売したときの再販売段階で，正常価額と輸出価格を確定した。そして当局は，これら再販売段階の正常価額と輸出価格からそれぞれ経費を控除し，工場出荷段階で価格比較を行ったとされるが，当局による経費控除は，正常価額サイドと輸出価格サイドで対称ではなかった。いわゆる経費控除の非対称性（Asymmetry）の争点がここに浮上するのである。

(ii) ECの非対称的経費控除

　EC当局がGATT時代に行った経費控除方式によると，正常価額サイドでは，国内の再販売価格から販売子会社の直接販売経費のみが控除され，他方，輸出価格サイドでは，ECでの再販売価格から販売子会社の全経費（直接販売経費，間接販売経費）と利潤が控除された。

　日本製オーディオカセット事件のGATTパネル報告（1995年）は，ECによる非対称的な経費控除規定がGATTダンピング防止協定（2条6）の要求する「公正な価格比較の原則」に反することを指摘した。注目すべきは，このパネル報告が，EC基本規則のなかの経費控除規定そのもの（事件での規定の適用ではない）が，強制法（mandatory legislation）であり，したがってGATT協定ルールに違反すると判定したことであった。しかし，このパネル報告はGATT紛争解決手続のポジティヴ・コンセンサス方式に委ねられたため，ECのブロッキングにあい，否決された。ECはパネル報告のあと基本規則を改正したが，問題が完全に解決されたわけではない。

　WTO発足後の中国産FAX事件でもEU当局による非対称的な経費控除が一部企業によって指摘された。この事件では，中国に生産拠点をもつ日本企業がEUのダンピング課税に服したが，けっきょく日本政府によるパネル提訴は行われなかった。

(iii) 米国の非対称的経費控除

　米国も，GATT時代にいわゆるESP Offsetルール（輸出者販売価格相殺制度）に従って，非対称的な経費控除を行っていた。これによると輸出価格サイドでは，関係輸入者の独立の顧客向けの再販売価格から全経費（直接経費，間接販売経費）が控除されたが，正常価額サイドでは，関係販売会社の再販売価格から直接経費と「一定限度の間接販売経費」——すなわち，米国価格の側で控除された間接販売経費を超えない額——のみが控除された。

　米国はWTO協定を実施するため，新法（772条(c)）を採択した。新法は，旧ルールをConstructed Export Price Offsetルール（構成輸出価格相殺制度）と改称したが，ルールの中身は変わっていない。これに関連して新法（772条(d)）は，構成輸出価格から全経費のほか利潤も控除することを定めた。したがって，米国法のもとでは，輸出価格は完全な経費・利潤の控除により工場出荷段階にまでひきもどされるが，正常価額は不十分な経費控除により工場出荷段階にまではひきもどされない可能性がある。

(iv) 欧米のルールとWTO

　欧米当局は，要するに，価格調整のための経費控除にあたり，輸出価格サイドでは再販売価格から全経費（直接販売経費，間接販売経費）と利潤を控除するが，正常価額サイドでは再販売価格から一部経費（ECの場合の直接販売経費，米国の場合の直接販売経費と一部間接販売経費）のみを控除する可能性がある。けっきょく欧米いずれの場合も，経費控除の対称性と同一取引段階での価格設定は確保されないおそれがある。それゆえ経費控除の非対称性はWTOで将来争われる可能性がある。WTOのパネル・上級委員会が，GATT時代のオーディオカセット事件のパネル報告（未採択）と同様，非対称的な経費控除がWTOダンピング防止協定の公正な価格比較の原則に抵触していると判定するかどうかが，最大の争点となろう。

第4節　ダンピング価格差の算定

　正常価額と輸出価格を算定し，両者の価格調整がすむと，調整ずみの正常価額と輸出価格を比較して両者の差額——ダンピング価格差——が弾きだされる。調査対象期間が過去の1年間とすると，輸出者ごとに調査対象産品（複写機）のダンピング価格差が算定される。このため，調査機関は，産品を数モデル（家庭用モデル，低速モデル，高速モデル等）にわけ，モデル別に1年間のダンピング価格差を割りだす。これらモデル別の平均ダンピング価格差が総合され，最終的に特定輸出者の対象産品のダンピング価格差が確定される。これがダンピング価格差の算定方法の概略である。問題は，この算定方法の細部が国により異なり，現在でも多くの紛争をうんでいることである。

1　WTO協定

(1) 原則と例外

　GATTは，奇妙なことに，本体規定（6条）にしろ

1979年東京ラウンド協定にしろ，ダンピング価格差の算定方法を定めていなかった。

WTO協定（2条4.2）は，この空白をつぎの規定によって埋めた。

(i) 原則：加重平均対加重平均方式または取引対取引方式

ダンピング価格は，通常，つぎのいずれかの方式によって確定する。

① 加重平均対加重平均方式（a weighted average-to-weighted average comparison），すなわち，加重平均された正常価額と「すべての比較可能な輸出取引価格の加重平均（a weighted average of prices of all comparable export transactions）」を比較する方式，

または

② 取引対取引方式（a transaction-to-transaction comparison），すなわち，正常価額と輸出価格を対応する個々の取引ごとに比較する方式

(ii) 例外：加重平均対取引方式

しかし，以下の条件がそろうときは，加重平均対取引方式（a weighted average-to-transaction method），加重平均正常価額を個々の輸出取引価格と比較する方式——を採用することができる。

第1に，輸出価格の態様（pattern）が購入者，地域または時期におうじて著しく異なることが立証されなければならない。これを標的ダンピング（targeted dumping）といい，つぎの3種類に分かれる。特定の地域をねらった局地的ダンピング，特定の購入者をねらった選択的ダンピング［selective dumping］，特定の時期をねらった集中的ダンピング［spot dumping］である。

第2に当局は，このような輸出価格の顕著な相違（つまり局地的・選択的・集中的ダンピング）が，加重平均対加重平均方式や取引対取引方式では適切に考慮にいれられないことを説明しなければならない。

(2) 協定規定の沈黙

WTO協定はダンピング価格差の算定方法について，原則2方式と例外1方式を定めたにとどまる。協定は算定方法の詳細にはたちいらなかった。このためWTOのパネルと上級委員会は協定が沈黙した争点を個別紛争事例で扱ってきた。これがいわゆるゼロ計算事件である。

(3) ゼロ計算の概要

A ゼロ計算の内容

米国とEUは，GATT時代から一貫してダンピング価格差の判定にあたり「ゼロ計算」（Zeroing）をつかってきた。ダンピング価格差は，正常価額と輸出価格の差をいうため，モデルにより，取引日により，輸出価格（80）が正常価額（100）を下回るダンピング（20のポジティヴ・ダンピング［positive dumping]）になることもあれば，逆に輸出価格（120）が正常価額（100）を超えるネガティヴ・ダンピング（negative dumping）になることもある。この場合，欧米当局は，最終的な産品ごとのダンピング価格差の算出にあたり，ダンピング取引のみを算出にいれ，ネガティヴ・ダンピングをゼロとし（no dumping）算出から除外したのであった。

こうしたゼロ計算が許されるのかどうかWTO協定は沈黙している。

B 正常価額対取引方式とゼロ計算

WTO協定が認める例外的な正常価額対取引方式とはなにか，協定は沈黙している。この方式は標的ダンピング等に対処するための方式であるが，方式の詳細と過去の適用事例も明らかでない。またこの方式がゼロ計算を前提としているのかどうかがはっきりしない。さらにその淵源が，EUがGATT時代に発展させた「取引ごとの方式」（atransaction-by-transaction）であるのかどうかも当局は明確にしていない。

C 見直し手続とゼロ計算

行政見直しとサンセット見直しWTO協定（2条4.2）は，原調査にさいしてのダンピング価格差の算定方法を定めた。では同様の算定とゼロイングは行政見直しやサンセット見直しにも準用されるのかどうか。この争点もWTOパネル手続に委ねられた。

2 ECのゼロ計算とGATT

(1) GATT時代のECダンピング防止基本規則

当初のECダンピング防止基本規則（459/68号）は，GATTと同様，ダンピング価格差の算定方法についてなにも定めなかった。しかし1979年・84年・88年の改正ダンピング基本規則（3017/79号，2176/84号，2423/88号）は，規定の詳細と条文こそ異なれ，加重平均対加重平均方式と取引ごとの方式（transaction-by-transaction method）を主要な方式とした。79年と84年基本規則では「価格が異なる場合に」ダンピング価格差は「取引ごとの方式に基づいてまたは加重平均対加重平均方式に基づいて算定することができる」とされた。ところが88年規則は，取引ごとの方式の比重を高めた。これによると，加重平均対加重平均方式が調査結果に実質的な影響をあたえない場合を除き，取引ごとの方式を通常使うものとする（shall normally）とされた（2.13条）。

ここで注意を要するのは，ECが「取引ごとの方式」の概念を基本規則で詳述しなかったことである。ECは実践過程で，取引ごとの方式を創造した。

むろん加重平均対加重平均方式が，調査対象産品の正常価額と輸出価格の比較にあたり，両者の加重平均同士を比較する操作をさすことは明白であった。これに対し，取引ごとの方式は，調査対象産品を性能・特性・サイズ等に基づいていくつかのモデルに分類し，それぞれのモデルごとに正常価額の加重平均と個々の輸出価格を比較し，廉売輸出（ダンピング）のみを総合するものであった。したがって取引ごとの方式は，モデルごとの価格比較にさいして，高価格輸出によるネガティヴ・ダンピング価格差を無視することを意味した。換言すれば取引ごとの方式は，モデル別の価格比較からえられる価格差のうち，ダンピング価格差のみ

に着目し，ネガティヴ・ダンピング価格差をゼロとみなすものであった。取引ごとの方式はこうしたゼロ計算を核としていた。

(2) ECの慣行

ECは1980年代初頭までは，ダンピング価格差を加重平均正常価額と加重平均輸出価格の比較を基礎に算定していた。このため，ECがダンピングを認定し，ダンピング防止税を賦課した例はほとんどなかった。なぜならば，正常価額と輸出価格をともに加重平均して比較すると，ある時期に，ある顧客または地域に対して行われた低価格輸出（ダンピング）は，別の時期の高価格輸出（ネガティヴ・ダンピング）によって帳消しにされ，ダンピングはみつけにくくなるからである。

そこでECは，1983年のミニチュア・ボール・ベアリング事件（miniature ball bearing）をきっかけとして，ダンピング価格差の算定方式を加重平均対加重平均方式から取引ごとの方式に切り替えた。この方式のねらいは，「隠蔽されたダンピングを摘発する」ためであった。EC当局の見解によれば，正常価額と輸出価格をともに加重平均すると，正常価額を下回るダンピング輸出は，正常価額を超えるネガティヴ・ダンピング輸出によって相殺され，ダンピングが隠蔽されることになる。こうした加重平均対加重平均の弱点を克服するため，ECが着想した方法が，取引ごとの方式であった。

取引ごとの方式は，3つの操作からなりたっている。
① 多様な輸出価格のうち，正常価額の加重平均を下回るダンピング価格はそのまま採用する。
② 輸出価格のうち，正常価額の加重平均を超えるネガティヴ・ダンピング価格は，人為的に正常価額の加重平均にまでひきさげ，いわゆるゼロ計算（zeroing）を行う。つまり，ネガティヴ・ダンピングによる輸出は，あたかも正常価額のレベルで行われたかのように扱い，これによって，ネガティヴ・ダンピングによるダンピングの相殺を阻止する。
③ ダンピング価格差のみを拾い集め，ネガティヴ・ダンピング価格差はゼロ計算で無視して，最終的にダンピング価格差の加重平均を対象産品のダンピング価格差とする。このように，正常価額は加重平均により一本化し，これを多様に異なる個々の輸出価格と比較すると，加重平均正常価額を下回るダンピングがみつけだされるのはとうぜんであった。つうじょう，輸出価格は顧客の大小（大口，小口，量販店等），地域の競争状態（競争激戦地域，競争者不在地域等），販売時期（繁忙期，閑散期）によりバラツキがあるため，一本化された加重平均正常価額を下回るダンピング輸出は，かならず存在するからである。

ゼロ計算は調査対象産品の複数のモデルごとに行われた。したがってすべてのモデルについてダンピングがひつぜんてきに発生した。これらモデルごとのダンピング価格差が加重平均され，調査対象産品のダンピング価格差とされた。したがってGATT時代のECの取引ごとの方式とは，「モデル内ゼロ計算とモデル間加重平均」からなりたっていた。

(3) 取引ごとの方式によるゼロ計算の問題点

GATT時代の旧EC基本規則は，他国に先駆けてダンピング価格差の算定方法として取引ごとの方式を規定し，EC当局はこの方式に基づいてゼロ計算慣行を定着させた。たしかに，当局の側からみれば，加重平均正常価額を個別輸出価格と比較する方式は，擬装ダンピングの摘発に最適であった。しかし，この方式は，輸出者の側からみると，擬装ダンピングが存在しない場合にも，本来存在しないはずのダンピングを創出する危険性をもっていた。

(i) 輸出価格が取引日に応じて変動する場合の問題点

たとえば，各取引日の正常価額と輸出価格が同一でダンピングがない場合でも，取引日におうじて価格が変動するならば，加重平均正常価額と個別輸出価格を比較する試みは，不可避的にダンピング価格差を創出する。

便宜的に，もっとも単純な例をひいて説明しよう。

調査対象期間中に，3回の取引があり，1月，2月，3月の各取引日の正常価額と輸出価格が，ともにそれぞれ，110円（1月），100円（2月），90円（3月）であったと仮定する。この場合，正常価額と輸出価格をともに加重平均方式で算出すると，両者の加重平均は，それぞれ100円であるから，ダンピング価格差はゼロとなる。しかし，加重平均正常価額（100円）と個別輸出価格を比較すると，1月のネガティヴ・ダンピング（−10円）はゼロ計算によって無視されるため，3月のダンピング（100円−90円＝10円）のみが抽出され，その結果，1-3月で3.3円（(100円−90円)÷3）のダンピング価格差が認定されることになる（表4-1）。

(ii) 輸出価格が仕向地に応じて異なる場合の問題点

同様に，各取引日の正常価額と輸出価格が同一でも，EC加盟諸国ごとに市場状況におうじて輸出価格が異なる場合，たとえば，同種産品の現地企業が存在する仕向国への輸出価格は，現地企業との競争のため，低く設定されるが，現地企業の存在しない仕向国への輸出価格は高めに設定される場合，取引ごとの方式は，ダンピング価格差を確実に創出することになる。

具体例として，調査対象期間中の仕向国別の輸出価格が，120円（デンマーク向け），100円（フランス向け），80円（西ドイツ向け）で，正常価額の加重平均が100円であったと想定する。この場合も輸出価格を加重平均方式で算定すると，ダンピング価格差はゼロとなるが，輸出価格を取引ごとの方式で算定すると，6.6円（(100円−80円)÷3）のダンピング価格差がはじきだされる。

ところで，うえに示した「取引日に応じた輸出価格の変動」と「仕向国に応じた輸出価格の相違」は，輸出取引の常態であるため，このような状況への取引ごとの方式の適用は，存在しないダンピングをつくりあげる点で，問題があった。

(4) EC司法裁判所のミニチュア・ボールベアリン

表 4-1　EC のゼロ計算

取引	正常価額	輸出価格	ダンピング価格差の算定
1月	110円	110円	1．加重平均（100円）対加重平均（100円）方式ではダンピング価格差はゼロとなる。
2月	100円	100円	2．取引対取引方式（110円対110円，100円対100円，90円対90円）でもダンピング価格差はゼロとなる。
3月	90円	90円	3．取引ごとの方式では，加重平均正常価額（100円）と3月の輸出価格（90円）との比較により10円のダンピング価格差が発生する。他方，1月のネガティヴ・ダンピングはゼロ計算により無視される。

グ判決

EC 司法裁判所は，ミニチュア・ボールベアリング判決（1987年5月7日，日本ベアリング企業5社対EC理事会，240・255・256・258・260/84事件）で，取引ごとの方式が旧 EC 基本規則（3017/79号）に合致し合法であることを宣言した。

日本企業は，取引ごとの方式が基本規則に合致しない理由としてつぎの2点をあげた。

① EC 当局が，ダンピング価格差の算定にあたり，正常価額と輸出価格の算出方式を別々にしたこと（つまり正常価額は加重平均方式で輸出価格は取引ごとの方式で算定すること）は違法である。なるほど基本規則の関連規定（2条13）は，価格算出方式（加重平均方式，取引ごとの方式等）のなかからの選択を許しているが，2つの方式の併用を認めてはいない。さらに基本規則（2条9）は，価格の公正な比較を期するため，正常価額と輸出価格を同一の方式で算出すべきことを要求している。日本企業の考えでは，正常価額と輸出価格はともに，加重平均平均方式で算出すべきであった。

② 輸出価格のみを取引ごとの方式に基づいて算出することは，日本企業に顕著な不利益をもたらす。この方式を採用すると，正常価額を下回るダンピングだけが考慮に入れられ，正常価額を上回る価格によるネガティヴ・ダンピングは実質的に無視され，その結果，ダンピングはネガティヴ・ダンピングによって相殺されない不都合をうむ。

EC 司法裁判所は，日本企業の主張をつぎのように退けた。

① ダンピング価格差の算定にあたり，正常価額と輸出価格を同一の方式で算出する必要はない。なぜならば基本規則の規定（2条9と13）は，日本企業の主張とは逆に，「正常価額と輸出価格の算出方式が同一であることを要求していないからである。第1に，基本規則（2条13）は，「ダンピング価格差の算定のための様々な方式を定めたにとどまり」正常価額と輸出価格の算出方式を統一することを義務づけていない。第2に，基本規則（2条9）は，特定の方式で算出された正常価額と輸出価格を調整するための規定であり，またこの調整は，国内市場と輸出市場の間のさまざまな相違——産品の物理的特性の違い，数量の違い，販売条件の違い等——にのみ関係し，正常価額と輸出価格の算出方式には関係しない。

② 取引ごとの方式による輸出価格の算出は，3つの理由で合法とされる。第1に，輸出価格を取引ごとの方式で算出しても，EC 当局は，ダンピング価格差の算定にさいし，正常価額を上回るネガティヴ・ダンピング価格を考慮に入れている。EC 当局は，取引ごとの方式を用いる場合「正常価額を上回る輸出価格を人為的に正常価額の水準に引き下げる」がすべての輸出価格の平均を計算する時は，これら「正常価額の水準に引き下げられた輸出価格を含めて計算している」からである。第2に，基本規則（2条13b）の多様な算出方式の中から1つの方式を選択することは自由であり，このような選択の自由があるからこそ，「ダンピング手続の目的に最適の（計算）方式」を適用することができる。第3に，取引ごとの方式は，「ダンピングを多様な輸出価格——あるものは正常価額を上回る輸出価格で他は正常価額を下回る輸出価格——によって擬装する行為」を摘発することができる。かりに，このような擬装ダンピングの場合にも，輸出価格を加重平均方式で算出すれば，「ダンピング価格での輸出は，正常価額を上回る価格（いわゆるネガティヴ・ダンピング価格）での輸出によって隠蔽」され，「共同体産業がこうむった損害は除去されない」ことになる，と。

このように GATT 時代に EC が採用したダンピング価格差の算定方式——取引ごとの方式——は，もっぱら EC 司法裁判所で争われ，EC 裁判所は EC の算定方式が EC 法に合致していることを根拠に合法と判定したのであった。

3　WTO と EU のゼロ計算

WTO 発足後，EU は，ダンピング価格差の算定方法を変更した。しかし EU はゼロ計算を放棄しなかった。GATT 時代はモデル内段階でゼロ計算を行っていたが，WTO 体制下ではモデル間の総合段階でゼロ計算を行うようにした。ゼロ計算の適用段階を最初のモデル内段階から，最終のモデル間段階にずらしたのである。

(1) GATT 時代の EC モデル内段階ゼロ計算

GATT 時代の EC は，上述のように最初のモデル内段階（intra-model）でゼロ計算を行い，最終のモデル間総合段階（inter-model）で加重平均方式を採用していた。たとえばある輸入品のダンピング調査にさいして，AB の2モデルがあったとすると，A モデルについては加重平均正常価額（100）と個別輸出価格（1月の

130，2月の110，3月の90）を比較したのち，1月と2月のネガティヴ・ダンピング（－30と－10）を無視して，3月のダンピング（10）のみを摘発した。同様にBモデルについても加重平均正常価額（100）と個別輸出価格（1月の130，2月の40，3月の100）を比較したのち，1月と3月のネガティヴ・ダンピング（－20と－10）を無視して，2月のダンピング（60）を認定した。このため，AB両モデルの総合段階では，それぞれのダンピング（10と60）の加重平均（11.6）が産品のダンピング価格差とされた。

(2) WTO時代のEUモデル間段階ゼロ計算

WTOの発足後，EUは，ゼロ計算を適用する段階を変えた。モデル内段階では加重平均対加重平均方式を用い，モデル間総合段階でゼロ計算を採用したからである。この方式をつかうと，Aモデルのダンピング価格差は加重平均正常価額（100）と加重平均輸出価格（330÷3＝110）を比較してネガティヴ・ダンピング（－10）となる。他方，Bモデルのダンピング価格差は加重平均正常価額（100）と加重平均輸出価格（270÷3＝90）を比較してダンピング（10）が認定される。しかし，AB両モデルの総合段階では，ゼロ計算が行われるため，Aモデルのネガティヴ・ダンピングはゼロとされ，Bモデルのダンピング価格差（10）のみが抽出される。そして加重平均ダンピング価格差（10÷6＝1.6）が最終的に算出される。GATT時代とWTO時代のEU慣行の相違はなにか。GATT時代のほうがダンピング価格差は拡大するようにみえる。なぜならばモデル内段階でゼロ計算をするとかならずポジティヴ・ダンピングが認定され，ネガティヴ・ダンピングはゼロとされるからである。WTO時代の方式では，モデル内段階で加重平均対加重平均方式が用いられ，ネガティヴ・ダンピングが算出される場合が生ずる。しかし，このネガティヴ・ダンピングはけっきょくは総合段階でゼロイングされる。したがってGATT時代とWTO時代のEUによるダンピング価格差の算定結果は，とうぜん異なる（表4-2）。

(3) インド産ベッド用品事件

A ゼロ計算のWTO判断

ECのモデル間総合段階でのゼロ計算は，WTOのECインド産ベッド用品事件〔巻末表9-8〕でインド政府の挑戦を受けた。パネルと上級委員会は，ECのゼロ計算がWTOルールに違反すると結論した。

パネルによれば，WTOダンピング防止協定（2.4.2条）は，正常価額の加重平均と「すべての輸出価格」を，輸出価格が「ダンピングであるかどうかにかかわりなく」，比較するよう要求している。しかし，EUのゼロ計算はこのような「すべての輸出価格との比較」を排除している。したがって，ゼロ計算は輸出価格を「人為的に変更」しており，これは「個々の輸出価格に細工をくわえる（manipulate）のと同じ」であるとパネルはのべた。上級委員会はパネルの判断を支持し，問題のゼロ計算は「比較可能なすべての輸出価格を十分に考慮にいれていない」から，WTOダンピング防止協定（2.4条）が要求する公正な価格比較の原則に違反するとつけくわえた。

WTOパネル・上級委員会は，EUのゼロ計算慣行をインド事件の事実関係のなかでWTO違反とした。ではこれはゼロ計算を完全に否定するのかどうか。

B EUの解釈

EUはゼロ計算は特定の場合は合法化されるとする見解を固持している。EUによれば，WTOのパネル・上級委員会は，ゼロ計算がすべての状況のもとで否定されるとはひとことものべていないからである。パネルはゼロ計算がインド事件の文脈のなかでWTOに

表4-2 ECのGATT時代・WTO時代のダンピング価格差算定方式

	Aモデル		Bモデル	
	加重平均正常価額	輸出価格	正常価額	輸出価格
1月	100	130（－30のネガティヴ・ダンピング）	100	120（－20のネガティヴ・ダンピング）
2月		110（－10のネガティヴ・ダンピング）		40（60のダンピング）
3月		90（10のダンピング）		110（－10のネガティヴ・ダンピング）
GATT時代の方式（モデル別段階でのゼロ計算）				
モデル内段階ゼロ	ダンピング（10÷3＝3.3）		ダンピング（60÷3＝20）	
総合段階加重平均	ダンピング（(3.3＋20)÷2＝11.6）			
WTO時代の方式（総合段階でのゼロ計算）				
モデル内段階加重平均	ネガティヴ・ダンピング（－10）		ダンピング（10）	
総合段階ゼロ計算	ダンピング（10÷6＝1.6）			

注：ダンピング価格差 dumping margin の率は，ダンピング価格差の合計（margin sum）を輸出価格合計（export price sum）で割った比率である。

違反するとのべたにとどまる。このため，EU当局は，ゼロ計算は標的ダンピングや選択的ダンピングには適用されると主張している。その理由は，標的ダンピングにゼロ計算を適用しないと，通常のダンピングの場合にゼロ計算なしに加重平均対加重平均方式を適用したのと同じ結果となるからである。それゆえ，WTO協定が例外的に定めた加重平均対取引方式は，存在理由を失うのである。ちなみにEUは，台湾産CD-R事件で，台湾企業5社のうち3社について標的ダンピングを認定した。このためEU当局はゼロ計算によってダンピング価格差を算定した。これに対し，台湾企業は，EU当局の方法はWTOパネル判断に反すると主張した。

ECはこれにつぎのように反論した。
(i) WTOパネル
判断は，標的ダンピング以外の通常のダンピングに適用される，こうした通常ダンピングにゼロ計算を適用することはパネルが指摘したようにWTOに違法する，
① しかし標的ダンピングはWTOパネル判断の枠外である，それゆえ標的ダンピングにゼロ計算を適用することは合法である（Council Regulation 1050/2002 of 13 June 2002 imposing a definitive anti-dumping duty and collecting definitively the provisional duty imposed on imports of recordable compact disks originating in Taiwan）。
② 逆に標的ダンピング以外の通常ダンピングにあたりゼロ計算がWTO違反となることをECは認めている。ブラジル産継手事件［巻末表9-10］でパネルは，ECが用いたゼロ計算をWTO違反と判定した。ECはこの事件がインド産ベッド用品事件と同じ状況下で発生し，標的ダンピングに関連しないため，協定（2.4.2条，2.4条）に反することを受諾した。
③ 標的ダンピングに対するゼロ計算の必要性
外国企業がEU向けに標的ダンピングまたは選択的ダンピングをしていると仮定しよう。この企業の加重平均正常価額が100であるとして，1-3月にかけて3回の輸出を行ったとする。1月と2月の繁忙期には，競争激戦地域（フランス，ドイツ）向けにダンピング価格（1月には60，2月には80）で輸出を行い，3月の閑散期には，競争者不在地域（デンマーク）向けにネガティヴ・ダンピング価格（150）で輸出したとしよう。

この場合，ダンピング価格差を加重平均対加重平均方式で算定すると，加重平均正常価額（100）と加重平均輸出価格（290［60＋80＋150］/3＝96.666）の比較はわずかなダンピング（3.333）をうみだすにすぎない。デンマーク向けのネガティヴ・ダンピングがフランス・ドイツ向けの標的ダンピングを相殺し隠蔽しているからである。

では加重平均正常価額を個別輸出価格と比較すると，ダンピング価格差はどのように算定されるのか。ゼロ計算を行わない場合，1月と2月のダンピング（40，20）と3月のネガティヴ・ダンピング（−50）の加重平均（10/3＝3.333）は，加重平均対加重平均方式の算定結果と同じである。

他方，加重平均正常価額と個別輸出価格の比較にあたってゼロ計算をつかうと，1月と2月のダンピング（40，20）のみが考慮され，その加重平均（60/3＝20）が最終的なダンピング価格差とされる。この事例では，1月と2月の標的ダンピングがフランス・ドイツ生産者に重大な損害をあたえているとすれば，こうした有害ダンピングを適正に評価するためには，デンマーク向けのネガティヴ・ダンピングをゼロ計算することは避けられないであろう。

以上の例示は，標的ダンピングがある場合に，ゼロ計算をしないと，ダンピング価格差の算定結果は加重平均対加重平均方式を採用するのと同一になる可能性があること，したがってWTO協定が標的ダンピングの場合に加重平均対取引方式をわざわざ明記した意味は（ゼロ計算がつかえないと）なくなるかもしれないこと，また標的ダンピングがもたらす損害を適正に査定するためにはゼロ計算はむしろ不可欠となることを示しているようにもみえる。

(4) EU法慣行とWTOダンピング防止協定の解釈
たしかにWTO協定は，標的ダンピングに対しては加重平均対取引方式に基づいてダンピング価格差を算定できると定めた。しかし，加重平均対取引方式がどのようなものか，それはゼロ計算を許すのか，許すとすればどのようなゼロ計算を許容するのかは明らかでない。また加重平均対取引方式でゼロ計算をつかわなくてもダンピング価格差の算定結果は（ゼロ計算なしに）加重平均対加重平均方式をつかった場合と同じになるとはかぎらないという見解もある。標的ダンピングに対するゼロ計算の適否は将来のパネル・上級委員会判断に委ねられているといえよう。

以上のようにEU法に関するWTO判例法は，ゼロ計算が加重平均対加重平均方式のもとではつかえないことを示した（ECインド産ベッド用品事件）。これに対し，米国法に関するWTO判例法は，ゼロ計算が加重平均対加重平均方式のほか取引対取引方式のもとでもつかえないことを明らかにした（米国木材事件Ⅴ［巻末表20-31］）。さらに例外的な加重平均対取引方式について，見直し手続でのゼロ計算をWTO違反としたが，当初調査手続でのゼロ計算が許されるかどうかをこんごの課題に残した。

4 米国法
(1) ゼロ計算
米国商務省は，GATT/WTO時代をとおして一貫してゼロ計算を採用してきた。ゼロ計算は当初のダンピング調査だけではなく，課税後の行政見直しでもまた課税後5年のサンセット見直しでも適用された。

WTO発足後，米国はダンピング防止法を改正した。改正法は，当初のダンピング調査に関し，原則として加重平均対加重平均方式を用い，例外的な加重平均対取引方式に訴えるときは，加重平均対加重平均方式

表4-3 米国のゼロ計算と対象産品ダンピング率

	加重平均正常価額	各月輸出価格	ダンピング
1月から6月まで	100	110	−10（ネガティヴ）
7月から12月まで	100	85	13
加重平均対加重平均方式によるダンピング計算	僅少ダンピング（13−10＝3） ダンピング率＝合計ダンピング（13−10）／合計輸出価格（110＋85）＝3/195＝1.5%		
ゼロ計算方式によるダンピング率	ダンピング過大算定（13＋0＝13） ダンピング率＝合計ダンピング／合計輸出価格＝13/195＝6.7%		

が不適切である理由をのべるよう、商務省に義務づけた。他方見直し手続については加重平均対取引方式がつうじょうの方式となることを新法は定めた。米国は、ダンピング価格差の算定方法に関するWTO協定の規定は、当初調査にのみ適用され、見直しには適用されないとする立場をとっているからである。

米国が当初調査と課税後の見直し（行政見直し・新規参入見直し・事情変更見直し・サンセット見直し）で適用したゼロ計算と米国関連法規は、日本・EC・カナダ・開発途上国の挑戦を受けた。

(2) 米国当初調査のモデル内加重平均対加重平均方式と総合段階ゼロ計算方式

米国はECと同様、当初ダンピング調査の過程で、モデル内加重平均対加重平均方式と総合段階ゼロ計算方式を行っていた。この方法はECがインド産ベッド用品事件で適用したものと同じであった。米国はカナダ産針葉樹材事件V［巻末表20-31］とゼロ計算法慣行事件［巻末表20-38］でこの方式をカナダとECに適用した。カナダとECは、米国の総合段階ゼロ計算がダンピング防止協定（2.4.2条）に反すると主張した。パネルは両方の事件で米国のゼロ計算措置をインド産ベッド用品事件と同じ論理で協定違反と認定した。上級委員会もこれらパネル判断を支持した。

(3) 取引対取引方式とゼロ計算

A 米国・カナダ産針葉樹材事件Vの実施審査

米国・カナダ産針葉樹材事件［巻末表20-31］の原審査段階で、パネル・上級委員会は、うえにみたように、米国のモデル内加重平均対加重平均方式と総合段階ゼロ計算方式をWTO違反とした。WTO紛争解決機関（DSB）は原審査報告を採択し、米国にカナダ産木材へのダンピング防止措置をWTOに合致させるよう勧告した。米国は勧告を受けてWTO違反を是正するための実施措置をとった。

この実施措置は、ダンピング価格差の算定方式を、当初の加重平均対加重平均方式から取引対取引方式（a transaction-to-transaction method）に変更するかたちをとった。しかし米国は取引対取引方式の過程でゼロ計算を適用した。当局はまず、個別取引ごとに照応する正常価額と輸出価格を比較し（transaction-specific comparisons）、さいごに個別ダンピング価格差（ダンピング、ネガティヴ・ダンピング）を合算（aggregation）した。この合算段階で、当初は、ダンピング輸出のみを合算し、ネガティヴ・ダンピング輸出をゼロ計算した。カナダは米国の実施措置が、いぜんWTOに違反するとして実施審査パネルの設置を要求した。

B 実施審査パネルと上級委員会の判断

実施審査パネルは、取引対取引方式のもとでのゼロ計算は、ネガティヴ・ダンピングによるダンピングの相殺に対処するもので協定規定（2.4.2条）に違反しないとのべた。上級委員会はパネル判断を覆した。上級委員会によれば、取引対取引方式のもとでのゼロ計算は、加重平均対加重平均方式のもとでのゼロ計算（ECインドベッド用品事件）と同様、違法であるとされた。上級委員会は、文言解釈を基礎に論理を展開した。

上級委員会はまず協定規定（2.4.2条第1段）をていねいに読み直すことからはじめる。規定によれば、取引対取引方式によるダンピング価格差（margins of dumping）は、正常価額と輸出価格の比較により行われる。協定はこの「輸出価格」（export prices）をわざわざ複数にしている。これは、おおくの輸出取引（multiple transactions）を計算の対象としていることをいみする。また価格の「比較」（a comparison）は単数であるため、おおくの取引結果を最終的に総合する操作を含意している。しかも複数形の輸出価格は、すべての個別取引比較（all of the results of the transaction-specific comparisons）のけっかが（ダンピング取引であれネガティヴ・ダンピング取引であれ）総合されることを示している。くわえて輸出価格と正常価額は原則として現実価格をさす。それゆえ、取引対取引方式で、ネガティヴ・ダンピング取引のみをゼロとみなすのは、じっさいの輸出取引を変更し無視する（altered or disregarded）点で許されない。

上級委員会はさらに、取引対取引方式のもとでも、加重平均対加重平均の場合と同じように、ゼロ計算をつかうことは正常価額と輸出価格を公正に比較する原則（協定2.4条）に反するとのべた。ネガティヴ・ダンピング取引を人為的に無視することは、ダンピング計算を歪める（distort）からである。

米国・カナダ針葉樹材事件V（実施審査）の上級委員会判断は、インド産ベッド用品事件の判断につづく2番目の道標となった。上級委員会は、WTO協定（2.4.2条）が定める原則的なダンピング価格差の算定方式が、加重平均対加重平均方式と取引対取引方式を問わず、ゼロ計算を許容しないことを明言したからである。ま

たこの事件は，米国が歴史上はじめて採用した取引対取引方式にメスをいれた点で注目を集めた。米国・ゼロ計算サンセット見直し措置事件［巻末表20-39］の上級委員会も針葉樹材事件Vの判断を踏襲した。

(4) 加重平均対取引方式と米国のゼロ計算

ではWTO協定（2.4.2条第2段）が定める例外的なダンピング価格差算定方式——いわゆる標的ダンピング（targeted dumping）に対する加重平均対取引方式——はゼロ計算を許すのかどうか。

A ECベッド用品事件

この問いに最初に答えたのはECベッド用品事件の上級委員会である。ECの上訴理由は，パネルの解釈にしたがえば，加盟国は，標的ダンピングに対して（ゼロ計算による）対処ができなくなるとする点にあった。上級委員会はECの上訴を突っぱねた。上級委員会によれば，協定規定（2.4.2条第2段）は，たしかに3種類の標的ダンピングに言及している。それは特定の顧客・地域・期間を狙い打ちにするダンピングである。しかしこの規定（と他の規定）はどこにもECのいう「調査対象産品の特定モデルまたはタイプ（certain 'models' or 'types' of the same product under investigation）」に的を絞ったダンピングにふれていない。もしも協定の起草者がECのいう「モデル・タイプ・標的ダンピング」への対処措置を加盟国に許す意図をもっていたならば，起草者はその旨を協定規定に明記したはずである。またECは上訴にあたり，協定のいずれかの規定が，モデル・タイプ・標的ダンピングに対する対処措置を加盟国に暗に認めていたと，立証することはできなかった。さらにECは，本件で，モデル・タイプ・標的ダンピングを争点としたかったならば，調査対象産品を狭く定義づけるか，再定義することができたはずである，と上級委員会は結論した。

B 米国・カナダ産針葉樹材事件V

カナダ産針葉樹材事件V（実施審査）で上級委員会は同じ問いに慎重な判断をくだした。なぜならば，加盟国が加重平均対取引方式を当初調査で採用した事例はないし，木材事件V［巻末表20-31］の上級委員会もこの方式の合法性を扱ったわけではないとされるからである。しかし，ゼロ計算の適否をめぐる攻防の過程で，米国は加重平均対取引方式とゼロ計算の関係に言及した。

米国は，ECの論法にならい，加重平均対取引方式がゼロ計算を許さないならば，この方式は意味を失うとのべた。米国によれば，局地的ダンピングに対して加重平均対取引方式をつかう場合，ゼロ計算がないと，ダンピング価格差の算定結果は，原則的な算定方式（ゼロ計算なしの加重平均対加重平均方式）の結果と同じになる，とされる。この同等結果論は，結局加重平均対取引方式はゼロ計算がないと無用（inutile）になることを意味する。

上級委員会は，つぎの理由で米国の主張を退けた。
① 現状では加重平均対取引方式でゼロ計算がつかわれた事例は通報されていない。米国もいまだかつて加重平均対取引方式を当初手続で適用した実績がないとのべている。それゆえこれは仮定のシナリオである。
② 米国の同等結果論が正しいという証明はまだ行われていない。逆に，第3国参加した日本は，同等結果論を否定している。日本によれば，加重平均対取引方式でゼロ計算をつかわずにダンピング価格差をはじきだすと，その計算結果は，（ゼロ計算なしの）加重平均対加重平均方式の算定結果と「つねに同じになるとはかぎらない」とされる。それゆえ，加重平均対取引方式は，ゼロ計算なしでも，意味をもつ。ひとことで要約すれば，ゼロ計算はけっきょく原則的2方式の場合であれ例外的な加重平均対取引方式の場合であれ禁止される，というのが日本の考えであった。

核心は，協定が定めた加重平均対取引方式はなにか，この方式はどのような場合に原則的方式と異なる算定結果をうむのか，この方式が適用される標的ダンピングはいかなる条件のもとに認定されるのかに集約されよう。米国・日本産鉄鋼ゼロ計算サンセット見直し措置事件［巻末表20-39］の上級委員会もこの問いに対して最終的な回答をあたえなかった。

ただし米国法は，標的ダンピングに対する加重平均対取引方式を明文で定めている。そこで商務省は，2008年12月，現行の標的ダンピング条項の削除草案についてパブリックコメントを求めた。そのけっか，商務省は，提訴者が標的ダンピング調査を要請した事例はすくなく，それを主張し認定した数もわずかであると指摘した。そのうえで商務省は標的ダンピングの明文規定を削除し，代替規定は導入しない考えを表明した。もっとも，将来のケースで標的ダンピングを扱う経験が増えるまでは，ケースバイケースの対応を行うとして，標的ダンピング規定の削除提案に対するコメントを求めた。

(5) 米国見直し手続のゼロ計算

A 行政見直し手続とEC産品ゼロ計算法慣行事件

米国は，EC産品ゼロ計算法慣行事件［巻末表20-38］で，上述のように当初ダンピング調査（15件）で加重平均対加重平均方式とゼロ計算を併用したが，他方，EC産品に関する見直し調査（16件）では当初調査とは異なる方式（加重平均対取引方式）でゼロ計算を行った。すでに指摘したように，ダンピング価格差の算定方法に関する協定規定は，当初調査にのみ適用され見直し手続には適用されないとするのが米国の指針であった。ECは米国の見直し方法が協定に反すると主張した。

パネル多数派は，米国が見直し段階で採用したゼロ計算はダンピング価格差の算定方法に関する協定規定（2.4.2条，2.4条）には抵触しないと判定した。見直し手続は，当初調査とは異なり，そもそもそれら協定規定（2.4.2条，2.4条）に服しないとパネルはのべた。

上級委員会は，パネル判定を否定した。上級委員会によれば，課税後の見直し調査にあたり採用できるダンピング価格差の算定方式は，「ダンピング防止税の賦課方法」に関する協定規定（9.3条）とGATT本体（6条2）に整合しなければならないとされた。これら協定規定とGATT本体は，ダンピング価格差は協定（2条）の定める方法で算定されたじっさいのダンピング価格差を超えてはならないと定めている。ところが米国商務省は見直し事案でゼロ計算をつかい，ネガティヴ・ダンピング取引を機械的に無視して (systematically disergarded) ダンピング価格差を算定した。そのけっか，ダンピング価格差は過大に算定された。こうした過大算定価格差に照応するダンピング防止税がEC輸出者に賦課された。したがって米国の見直しでのゼロ計算は，じっさいのダンピング価格差を超える税を課す点でWTOルール——ダンピング防止協定9.3条，GATT6条2——に違反すると上級委員会はのべた。

B サンセット見直し手続とゼロ計算

(i) 日本産鉄鋼サンセット見直し事件

米国は日本産鉄鋼サンセット見直し手続でもゼロ計算を適用した。

この事件［巻末表20-39］で，米国は1993年8月に日本産耐食炭素鋼製品にダンピング防止税を課した。そして1999年9月，米国は自発的に確定税のサンセット見直しを行い，既存の課税を継続した。その理由は，課税を撤回すると，ダンピングが再発し損害が継続するおそれがあるからであった（協定11.3条）。こうしたダンピング再発の可能性 (likelihood) を確認するため，米国は推定ダンピング価格差をゼロ計算に基づいて算定した。日本は，米国当局による定期見直し，新規参入者見直し，事情変更見直し，サンセット見直しでのゼロ計算が協定に整合するかどうかについてパネルの裁定を求めた。パネルは，米国当局の見直しゼロ計算は公正な価格比較の原則（2.4条）にもサンセット見直し条項（11.3条）にも違反しないとして，日本の主張を退けた。上級委員会は，パネル判断を覆し，「見直し手続は，それ自体として (as such) 法的挑戦をうける措置」にあたるとしたうえで，本件の全見直し手続きでのゼロ計算をWTO違反違反措置と認定した。

(ii) 米国・メキシコ産ステンレス鋼事件米国・メキシコ産ステンレス鋼事件［巻末表20-42］でも，パネルはEU産品ゼロ計算法慣行事件，日本産鉄鋼サンセット見直し事件の場合と同様，米国見直し手続でのゼロ計算方法はWTO協定の許容しうる解釈のひとつにあたり違法ではない（ダンピング防止協定17.6条）と繰りかえした。上級委員会は，パネル判断を覆した。ダンピング見直しでのゼロ計算に関してはすでに上級委員会の先例がある。それゆえ，パネルが上級委員会の判例法に従わなければ，WTOでの一貫した予測可能な判例の形成と発展が損なわれる。しかしながら，米国は，DSB勧告ののちも，上級委員会の判例はパネルを拘束しないと不服を唱えた。WTOには上級委員会の判例拘束システムが明記されていないからである。それどころかWTO設立協定（9.2条）は，閣僚会議と一般理事会がWTO協定の排他的解釈権をもつと米国はのべた。

(iii) 米国ゼロ計算継続事件

米国見直しゼロ計算継続事件［巻末表20-43］で，パネルははじめて過去3件のパネル判断と決別した。パネルは，シンプル・ゼロ計算方法は許容しうる協定解釈のひとつではないと明言した。そして上級委員会の判例法にしたがい見直し手続でのシンプル・ゼロ計算をWTO違反と裁断した。上級委員会はパネル判断を歓迎し，いくつかの注目すべきルーリングを下した。

まず，EUは，米国が37件の定期見直しのうちの7件でシンプル・ゼロ計算がもちいたことを立証できなかったとパネルは判断した。しかし，上級委員会はパネル判断を修正した。上級委員会は，米国は5件の見直しでシンプル・ゼロ計算を採用しWTOダンピング防止協定（9.3条）に違反した。これで，米国措置のWTO違反に関する判断を完結した。また米国は18件の調査でゼロ計算方法を継続適用したが，ゼロ計算方法の継続はWTOで挑戦できる国家措置に該当すると上級委員会はのべた。そして18件の調査のうちの4件に関し，ゼロ計算の継続問題の分析を完結し，それら継続措置が協定（9.3条，11.3条）とGATT（6.2条）に反するとむすんだ。さらにダンピング防止協定（17.6ii条の第2段）は，ウイーン条約法条約の条約解釈ルールにより，解釈に，一定の幅が生ずる可能性を認めている。そのようなときは，その幅にはいる解釈は許容され，効果を与えられなければならないと上級委員会はつけくわえた。

米国はパネル・委員会判断をただちに実施することを拒んだ。これはEUによる対米報復に導いた。そこで米国商務省は2010年12月，国内法の改正提案を公表した。改正は，行政見直しでのゼロ計算の廃止，加重平均対加重平均方式の採用，取引対取引方式でのゼロ計算の不採用を骨子とした。しかし，改正提案はとくに加重平均対取引方式でのゼロ計算の放棄をうたわなかった。それどころか，特別の状況下では，ケースバイケースでゼロ計算に逆戻りする (revert back to) 権利を留保した。

(6) 米国のゼロ計算政策と新しいWTOパネル手続

米国は以上にみてきたように，当初調査と見直し手続でのゼロ計算をWTOにより協定違反と宣言されてきた。しかし米国はゼロ計算を継続している。

くわえて米国国内裁判所とNAFTAパネルは，WTOパネル判例を無視して，米国商務省のゼロ計算を合法と判断してきた。米国控訴裁判所（Timken vs US判決，2004.1.6）は，EU・インド産ベッド用品事件のパネル・上級委員会判断が米国内で直接効果をもたないとのべた。控訴裁判所はまたコーラス判決で米国国際貿易裁判所の判決（Corus BV et al. v.US Department of Commerce, The CIT, Slip Op 03-25）で商務省のゼロ計算が米国法に合致して合法であり，WTO上級委員会判断（ベッド用品事件，カナダ産木材事件V）が適用されないことを確認した。カナダ木材事件VのNAFTAパネルも2003年報告で商務省のゼロ計算は許容される解釈のひとつであり合法であるとした。これに対し，日本，メキシコ，タイ，エクアドルは，2005-2006年にあらたなWTOパネル手続を開始した。

米国の新しい動きとしてオランダ産鉄鋼ダンピング事件にも言及しておく必要がある。商務省はこの事件で，ダンピングの再計算にあたりゼロ計算を放棄した。これに対し提訴者の米国鉄鋼企業は，商務省を相手取り国際貿易裁判所に訴えを提起した。国際貿易裁判所は，2009年8月，商務省決定を支持した。提訴者は本件では標的ダンピングが行われたから，加重平均対取引方式の適用にあたり，ゼロ計算を採用すべきであると主張した。裁判所はこの主張を退けた。その理由は，ゼロ計算が用いられるとダンピング価格差が過剰算定されるという論理にあったのではない。裁判所はもっぱら手続上の理由で提訴者の主張を突っぱねたのである。裁判所によれば，米国法は，提訴者が標的ダンピング調査を要請するときは，仮決定に先立つ1ヵ月前までに申請をしなければならないと定めているが，本件で提訴者はこの手続期限規定にそむいたとのべた。

(7) 総　括
A　判　例　法
ダンピング調査にあたりゼロ計算を使用できるかどうかにつき，WTOは以下の判例法を作りあげた。

加盟国は初回調査であれ，見直し調査であれ，ダンピング価格差の算定のために，協定（2.4.2条第1段）が定める原則的な2つの方法（加重平均対加重平均方式，取引対取引方式）のいずれかを採用し，その算定過程でゼロ計算を使用してはならない。

しかし，協定（2.4.2条第2段）が言及する標的ダンピングに際して，ダンピング価格差を例外的な加重平均対取引方式によって算定する場合，ゼロ計算が使えるのかどうか，判例法は確立していない。協定は加重平均対取引方式の概念の詳細（輸出価格が顧客・地域・時期により「著しく異なる」こと）・認定方法（当局の認定）・認定条件（原則的2方式では輸出価格の相違が適切に考慮できないこと）に踏み込んだ解釈をくだしていないのである。また上級委員会によれば主要国資料によるかぎり，加重平均対取引方式が採用された事例は少ないとされる。もっとも欧米の識者は，その採用事例がけっして少なくないことを指摘している。

B　ドーハラウンドのルール交渉議題
米国は，ECが提起したゼロ計算継続事件にあたり，2007年8月，ゼロ計算方式をドーハ・ラウンドの追加議題とするよう提案した。この提案を受けて，ルール交渉議長は叩き台となるテキストを作成した。

まず2007年11月の議長テキストは，ダンピング価格差の算定にあたり例外的にゼロ計算を行う権限を当局に認めた（新規定2.4.3条）。これによると，当局は当初調査（5条）に際し，原則として加重平均対加重平均方式を採用し，ゼロ計算のを行うことはできない。しかし当局が初回調査で例外的に加重平均対取引方式（または取引対取引方法）を用いるときはゼロ計算に訴えることができる。第3に見直し調査（9条，11条）を進めるときは，ゼロ計算を用いることもできる。したがって，初回調査については例外的方式（加重平均対取引方式）のもとでゼロ計算が許され，見直し調査については方式のいかんを問わず，ゼロ計算の可否は当局の裁量に委ねられた。

この議長テキストは多くの国の批判を招いた。そこで議長は，2008年12月，改訂テキストを提出した。改訂テキストでは，2007年テキストの新規定は削除され，現行協定の規定（2.4.2条）に戻された。ただし，改定テキストは（2008年12月）つぎの注を括弧づきで追加した。

「ゼロ計算について，加盟国間の見解はおおきく分かれたままである。比較方法に関わらず，またすべての手続に関し，ゼロ計算の全面的禁止を主張するものから，すべての文脈でゼロ計算を特別に許すと要求するものまで多様に分かれている」。

5 米国のマルチ平均方式（multiple averaging）と加重平均対加重平均方式

米国は韓国鋼板薄板事件［巻末表20.14］で，ダンピング価格差をいわゆるマルチ平均方式に従って算定した。この方式が果たしてダンピング防止協定の原則である加重平均対加重平均方式と適合するかどうかが争われた。

(1) 事実関係
事件を困難にしたのは，米国商務省の最終決定過程でくしくもアジア経済危機が発生し，1997年11-12月に韓国ウォンがきりさげられた事実にあった。商務省はこのため調査対象期間のダンピング価格差を特殊な方式で算出した。まず切下げの前後で時期を分け，それぞれの期間について比較可能な正常価額と輸出価格ごとにおおくの加重平均価格差を算定した。つぎにこれら多数の価格差を総合して全体のダンピング価格差を算出した。そしてこの価格差算定過程で，商務省は加重平均輸出価格が加重平均正常価額を上回っているネガティヴ・ダンピングをゼロとした。つまり米国はマルチ平均方式（multiple averages）とゼロ計算を併用したのである。ところが，韓国は，ゼロ計算には挑戦せずに，マルチ平均方式（multiple averages）が協定の定める加重平均対加重平均方式（2.4条，2.4.1条，2.4.2条）に違反すると主張してパネルの判断を求めた。

(2) パネルの判断
パネルは，理論上，マルチ方式そのものは協定の加重平均対加重平均方式に違反しないとのべた。とくに国内取引と輸出取引が比較可能でないときは，比較可能な国内・輸出取引ごとに加重平均ダンピング価格差

第３章　ダンピング防止措置の要件

を算出し，それら多数の価格差を最終段階で総合することができるとされた。

しかしパネルは，本件の鋼板薄板事件で現実に適用されたマルチ平均方式は，協定に違反するとのべた。米国の当初の主張によると，マルチ平均方式は，本件のように調査対象期間中の異なる時点で正常価額が著しく異なっていた状況下では，異なる時点の正常価額と輸出価格は比較可能でないから，比較可能な価格ごとに価格差を算定し，それらマルチの価格差を平均することができるとしていた。パネルは米国の主張を退けた。パネルは米国が適用したマルチ平均方式は，加重平均対加重平均方式ではないから，協定に違反するとのべた。パネル報告は上訴なしに紛争解決機関により採択された。

6　為替レート

(1) WTO協定

WTO協定は，価格比較にさいして必要な為替レートに関してつぎの規定を導入した。

① 通貨換算は，販売日の為替レートにより行う。販売日は通常，契約日，購入オーダー日，オーダー確認日，インボイス日のうち，実質的な契約内容が定められた日とする。ただし，当該取引が先物為替に直接関連しているときは，当該先物レートを使用する。

② 為替レートの変動は無視しなければならない。また当局は，調査期間中の為替の安定的な変化を輸出価格に反映させるため，輸出者が輸出価格を調整する猶予期間として，すくなくとも60日をあたえなければならない。

(2) 欧米法

米国の商務省規則は，「一時的な為替変動（temporary exchange rate fluctuations）のみから生ずるダンピング価格差」は無視するという特則を定めていた。そして慣行上，商務省は，ダンピングが為替レートの変動のみから生ずるのをふせぐため，輸出者に輸出価格調整のための時間的猶予を認めてきた。これら米国の法・慣行は，WTO協定の規定を先取りした。他方，WTO協定は，ECの法・慣行に修正を強いる。ECの慣行では，為替レートは，通常，調査対象期間中の平均レートとされ，また顕著な為替変動国の場合は，4半期または月ごとの為替レートが採用されているからである。

(3) 為替レート規定の解釈

米国・韓国産鋼板薄板ダンピング防止措置事件［巻末表20.14］でパネルは，協定の解釈を行った。パネルは協定が，通貨換算を必要な場合にのみ限定していると解釈した。当局がダンピング価格差を算定するさい，正常価額と輸出価格が同じ通貨で表示されているときは通貨換算は不要であるとするのがパネルの見解である。したがって通貨換算を行う必要があるのは，国内取引が円建てで行われる一方，輸出取引は米ドルで行われるような場合にかぎられる。韓国産鋼板薄板事件では韓国国内での取引価格は鋼板と薄板で異なっていた。鋼板の国内取引の場合，発注のためのインボイスは米ドルで行われたが，支払いは韓国ウォンで行われていた。このため商務省は，正常価額の算定にあたって調査対象企業の記録のなかのウォン価格を採用し，これを米ドルに換算してこのドル建て正常価額とドル建て輸出価格を比較した。パネルは，鋼板の国内市場での取引はウォンで行われていたと判定し，したがって商務省による通貨換算は協定に合致しているとのべた。他方薄板の調査に関しては，パネルは韓国国内の取引は鋼板の場合とは逆に米ドルで行われていたと判定した。薄板の場合，国内取引も輸出取引もともにドル建てであったから，通貨換算を行う必要はないのに商務省は無用の通貨換算を行い協定に違反したと結論したのである。

7　僅少ダンピング価格差

(1) WTO協定

WTO協定（5条8）は，ダンピング価格差が僅少（de minimis）であるときは，調査を終結すべきことを規定し，僅少ダンピング価格差を，輸出価格比2％未満と定めた。

(2) サンプリング

米国・日本産熱延鋼ダンピング防止措置事件［巻末表20-15］で米国は日本鉄鋼3社の国内価格についてサンプリング調査を行い，部分的に利用可能な情報に基づいてダンピング価格差を算定した。

協定（9.4条）はサンプリングからもれた他社のためのダンピング価格差の算定にあたり，利用可能な事実に基づいて算定されたサンプリング企業の価格差を採用してはならないとしている。これを米国法は，当局に有利に輸出者に不利に解釈した。米国法によると，サンプリングの対象企業が利用可能な事実に基づいてダンピング価格差を算定されるケースは2つにわかれるとされる。1つはサンプリング企業が正常価額と輸出価格の双方に関して全面的に利用可能な事実を適用される場合であり，他はサンプリング企業が正常価額と輸出価格のいずれかについて，つまり部分的に利用可能な事実を適用される場合である。そこで米国法は，他社のためのダンピング価格差の算定にあたって除外されるのは利用可能な事実を全面的に適用された企業の価格差（この価格差は異常に高くなる）のみであり，利用可能な事実を部分的に適用された企業の価格差は他社の価格差算定に含めてよいとした。米国商務省はこの法律に基づき，日本産熱延鋼事件で，他社の価格差の算定にあたり，利用可能な事実を部分的に適用された3社の価格差をすべて採用した。そのけっか，他社のダンピング価格差は高く算出された。パネルはこの事件で日本の主張をいれ，サンプリングが採用された場合の他社の価格差の算定方法を定める米国法と熱延鋼事件での商務省の法律適用が，協定に違反していることを指摘した。上級委員会もパネルの判断を支持した。

第5節　損害認定と因果関係

ダンピングが認定されたとして，ダンピング輸入によって輸入国国内の同種産業が損害を受けたことをどのように判定するのか，またダンピングと損害の間の因果関係をどのように判定するかが問題となる。

1 損害認定と損害価格差

(1) 損害認定

(i) 認定のための実証的証拠と客観的検討

ダンピング防止協定（3.1条）は，損害認定にあたり，輸入国当局が，「実証的な証拠」（positiv eevidence）に基づいて，また多様な要素を「客観的な検討」（objective examination）をとおして行うよう義務づけた。

メキシコ・長粒米ダンピング防止税事件［巻末表16-3］でパネル（2005年5月）・上級委員会（2005年11月）は，メキシコがこの義務に違反したことを認定した。メキシコは，調査にさいし，調査対象期間を，調査開始に先だつ15カ月前の日時（1999年8月）を調査対象期間の終点とした。これによりメキシコは実証的な証拠に基づく損害認定に失敗した。またメキシコは調査対象期間のデータの一部（暦年の3月から8月まで）に基づいて損害を認定した。データの一部に基づく損害認定は，損害認定要素の客観的検討を不可能にしたとされた。

(ii) 損害の認定要素とWTO判例法

協定（3.1条）はまた，損害認定要素として，ⅰダンピング輸入の量，ⅱダンピング輸入が国内同種産品の価格にあたえる影響，およびⅲダンピング輸入が国内同種産品の国内生産者にあたえる影響を明記した。輸入量については，絶対的な数量増加だけではなく，相対的なシェア増加等も考慮される。ダンピング輸入の価格については，輸入品価格が国内同種産品価格を下回っているかどうか（price undercutting），ダンピング輸入により国内同種産品価格が著しくおしさげられていないかどうか（price depression），ダンピング輸入がなかったならば生じたはずの国内同種産品価格の上昇が著しくさまたげられていないかどうかが検討されなければならない（3.2条）。国内生産者にあたえる影響については，国内産業の状態に関連するすべての経済的な要因と指標が評価される。これら要因・指標には，たとえば販売，利潤，生産高，市場占拠率，生産性，投資収益・操業低下，資金流出入，在庫，雇用，賃金，成長，資本調達能力・投資後退，国内価格要因，ダンピング価格差のおおきさが含まれる（3.4条）。

メキシコ・米国産異性化糖事件（High Fructose Corn Syrup. HFCS）［巻末表16-1］で，パネル（2000年1月）は，メキシコが損害の認定要素を適切に検討する義務に違反したことを認めた。第1に損害のおそれの認定にあたり，メキシコは損害のおそれに固有の要素（3.7条）のみを審査し，損害の認定要素（3.4条）を適切に審査しなかった。また輸入が国内産業全体にあたえる影響の審査にあたり，メキシコは砂糖黍（sugar cane）をユーザー産業に売る市場にのみ着目し，家計に売る産業を無視した。このためメキシコは協定の定める損害認定（3.1条，3.2条，3.4条，3.7条）を誤った。パネル報告は上訴なしに紛争解決機関により採択された。しかし，メキシコの実施措置は米国を満足させなかった。実施審査段階で，パネル（2001年6月）・上級委員会（2001年10月）は，メキシコの実施措置がいぜんWTOに違反していることを確認した。メキシコは，損害のおそれの審査にあたって輸入の著しい増加の蓋然性があると認定し，協定（3.7ⅰ条）に違反した。またダンピング輸入が国内産業にあたえる影響の可能性について協定の損害認定規定（3.1条，3.4条，3.7条）に違反したとされた。

韓国・インドネシア製紙ダンピング防止税事件［巻末表15-6］のパネル（2005年5月）は，韓国当局が国内産業への損害要因（協定3.4条）を適切に評価し，それらの関連説明を怠ったことを指摘した。パネル報告は上訴なしに紛争解決機関により2005年11月，採択された。

タイ・ポーランド産鉄鋼＠型鋼ダンピング防止税事件［巻末表18-1］でもパネル（2000年9月）・上級委員会（2001年3月）は，タイ当局が，協定（3.4条）に列挙された15の損害要素を審査しなかったと判定した。それゆえタイ当局による価格の効果とダンピング輸入が国内産業にあたえる影響に関する認定は協定の要件（3.1条，3.2条，3.4条，3.5条）に違反したとされた。

(iii) price undercuttingとダンピング価格差のおおきさの比較

損害認定要素のひとつ「ダンピング価格差のおおきさ」（magnitude of dumping margin）は，どのように評価されるのか。米国ではいわゆるマージン分析（margin analysis）のなかでこの問題が扱われてきた。これによると，輸入国は損害認定にさいし，price undercuttingとダンピング価格差を慎重に比較しなければならないとされる。price undercuttingはそもそも輸入品と国内同種産品との価格競争のけっか生ずるため，それ自体は非難すべきものではない。それはむしろ内外産品の競争の証である。たとえprice undercuttingがおおきくても，ダンピング価格差がちいさいならば，ダンピングは損害の要因とはみなせない。そのようなときは，損害は認定すべきではない。またダンピング以外の要因から生じている損害を無害なダンピングに帰すべきではない。こうした考えがWTOで検討され，より精緻な形で明文化されることが望まれよう。

(iv) price undercuttingとゼロ計算

WTO協定（3.2条）はprice undercuttingの算定方法を明記していない。協定はダンピング輸入が輸入国の同種産品の価格に与える影響を検討するさいに，ダンピング輸入が国産品価格を下回る場合（price undercutting）を「考慮する」よう義務づけたにとどまる。

EUはブラジル産管継手事件［巻末表9-10］でブラジ

ル産品価格とEU産品価格の内外価格差の計算にあたり，価格下回りのみを選び抜き，ネガティヴ価格下回り（negative price undercutting）を無視しゼロとした。ブラジルは，price undercuttingのゼロ計算は損害認定を容易にし，損害の実証的証拠（協定3.1条）を求める協定に抵触すると主張した。パネルは，ブラジルの主張を退け，price undercuttingの認定にさいしてのゼロ計算は許されるとした。パネルによれば，協定は輸入国国内価格をpricesと複数形で表現している。したがって協定は単一の価格下回り率を算定するため関連商品の全取引を精査するよう求めていない。協定はまたダンピング輸入の個別・全体の取引を考慮にいれるよう要請していない。さらに，輸入国当局が検討すべきダンピング輸入は，協定上ダンピング認定された輸入のみに限定されない。

パネルはつづけて，たとえ輸入国の同種産品価格を下回らない輸入があったとしても，価格下回り輸入が輸入国市場に与える影響は根絶（eradicate）できない。したがって，price undercuttingの計算にあたり，下回り価格を上回り価格（overcutting prices）で相殺する方法を許すと，輸入国国内産業に悪影響（adverse effect）を与える価格輸入が放置される。price undercuttingの検討は，損害認定の一要素にすぎず，それが恣意的で不公平なもの（arbitrary or non-even-handed）となってはならない。しかし，輸入国調査当局はprice undercuttingの評価にあたりある程度の裁量の余地（a degree of discretion）をもつ。

では，このようにゼロ計算がつかわれると，price undercuttingは損害の過大評価をもたらすのではないか，というブラジルの反論をパネルは退ける。パネルの言葉をかりれば，ゼロ計算をともなう損害評価方法は，かえって現実の価格下回り・頻度・おおきさを反映するとされる。このように価格下回りが輸入国国内産業に与える影響を考慮する方法は，協定（3.1条，3.2条）に違反しないとした。ちなみにこの判断はGATT時代のECオーディオカセット事件のパネル報告（未採択）と軌を一にしている。

パネルの判断にもかかわらず，上級委員会はまだこの課題にメスをいれていない。それまではパネル報告の論旨はWTO判例として確立していないとみるべきである。

2011年10月のEU・中国製履物ダンピング防止税事件のパネル（WT/DS405/R）もEUの損害価格差算定にメスをいれた。

(v) 複数国からのダンピング輸入と損害累積

複数国からダンピング輸入がある場合，輸入国当局は所定の条件がすべて満たされるときに複数国輸入を累積して損害の評価を行うことができる（3.3条）。それは，各国からのダンピング価格差が僅少以上であること，各国からの輸入量が取るに足りないものではないこと，そして累積（cumulative assessment）が，輸入品相互間と輸入品・国産品間の両方の競争状態に照らして適切であることをいう。

EU・ブラジル産管継手事件で，EUは複数国からの同種産品の輸入を累積評価したのち，ブラジル産品にのみダンピング防止税を賦課した。ブラジルは損害の累積評価をするためには，まず前提条件として，輸入国別に個々の損害認定が行われなければならないと主張した。パネルはブラジルの主張を退けた。協定は累積評価の前提として国別数量・価格評価を明文で義務づけていないからである。

(2) EUの損害価格差

price undercuttingと区別すべきものに損害価格差（injury margin）がある。price undercuttingはWTO協定に規定された現実の内外価格差であるが，損害価格差は，ECが実践過程で考案した概念である。EC当局は，損害認定にあたり，輸入価格とEC産品の目標価格を比較し，両者の価格差を損害価格差としてきた。EC産品の目標価格は，ダンピング輸入がなかったならば設定できたはずの適正利潤を含む仮想価格である。それゆえ，それはEC産品の現実価格よりも高めに算定される。こうした高めのEC産品価格と現実の輸入品価格の差が損害価格差とされるのである。損害価格差はこのため「国内産業への損害を除去するため十分な価格差」とも表現されている。

EC当局はこのようにダンピング認定にさいしては輸出国サイドのダンピング価格差を算定し，つづいて損害認定にさいしては輸入国サイドの損害価格差を計算するのである。輸出国と輸入国の両サイドで価格比較を行うことになる。そしてダンピング価格差と損害価格差のいずれか低いほうをダンピング防止税の課税額としている。

まず，ダンピング価格差よりも損害価格差が低いならば，課税額は，損害価格差とされる。ダンピング防止協定（9.1条）が定めるように，ダンピング価格差よりもすくない課税額が国内産業への損害の除去に十分であれば，そのすくない額が「望ましい」とされるからである。したがって，ダンピング価格差よりも低い損害価格差を課税額とする低額課税方式（lesser duty rule）は，WTOルールに適合しているといえる。ただし，低額課税方式は義務的ではないため，米国や中国のように，ダンピング価格差を課税額としても，WTO違反とはならない。他方，ダンピング価格差よりも損害価格差がおおきいときは，ダンピング価格差が課税額とされる。

では，EUの低額課税方式はすべての場合に合法といえるのかどうか。

EC司法裁判所の日本製電子タイプライター判決は，低額課税方式に基づき課税額とされた損害価格差をEC基本規則との整合性を理由として合法と判断した。しかし，日本産オーディオカセットテープ（audio tapes in cassettes）事件のGATTパネル報告は，損害価格差が状況によってはGATT違反となる可能性を示唆した。パネルによれば，ダンピング価格差が過大に

算定されたときに損害価格差を無条件に課税額とすることは、場合により違法となるとされる。この場合、ダンピング価格差の過大算定が立証され、さらに損害価格差が実際のダンピング価格差よりも高いことが証明されれば、損害価格差は損害の除去に必要な低額課税額とはいえないからである。しかしこのパネル報告はECのブロッキングにより未採択に終わったため、WTOのもとで問題が再燃することも予想できる。たとえば、ある国が低額課税方式に従って、ある産品のダンピング課税額として、ダンピング価格差（25%）よりも低い損害価格差（15%）を採用したと仮定する。この場合、ダンピング価格差が誤って算定されたことが立証され、実際のダンピング価格差（10%）がじつは損害価格差（15%）よりも低いことが判明すれば、損害価格差を課税額とした措置はWTO違反となるであろう。

(3) アジア・ダンピング防止法と損害価格差
(i) インドのダンピング防止法

インド当局の最近の慣行のなかで注目に値するのは、ダンピングと損害の間の因果関係の認定に関して新しい動きが生じていることである。その典型例はPTA from Japan, Malaysia, Spain and Taiwan 事件（2000年4月24日確定認定）であり、当局は、スペイン産品に関して因果関係を認定したものの、日本産品等については因果関係を否定し、課税を見送った。その理由は、日本産品等の輸入陸揚価格はインド国内産業の価格（non-injurious selling price）を上回っており、したがって内外価格差を発生させる低価格輸入（price undercutting）もなければ、ダンピング輸入から生ずる国内産品の価格引下げ圧力（price depression）も存在しないためであった。

損害価格差（injury margin）については、インド当局はEC当局と同様、インド国内産業の現実価格は参照せずコストと利益の積み上げで国内産業の価格を構成しこれをダンピング輸入価格と比較している。

(ii) シンガポールのダンピング防止法

シンガポールは国内市場がちいさく、輸出志向が高く、このためダンピング防止税によって国内産業を保護する動機をもたない。しかし、シンガポールはマレーシア産鉄鋼強化材（steel reinforcement bars）事件で、必要があれば、またダンピング防止手続に従って公平にダンピングと損害が認定されるならば、ダンピング防止税を賦課する用意のあることを内外に示した。

この事件でシンガポール当局は、まずダンピング価格差を加重平均対加重平均方式に基づいて算定し、つぎに公益条項を適用して、ダンピング価格差よりも低い損害価格差をダンピング課税額とした。国内の提訴者は、ダンピング価格差よりも低い税率を適用するのは国内産業の保護につながらないとのべたが、当局はこれを退けた。

2 因果関係
(1) 因果関係

ダンピング輸入と国内産業への損害が認定されたとしても、さらにダンピング輸入と損害との間に因果関係が存在しなければ、ダンピング課税は行われない。しかし因果関係の立証（3.5条）はけっして容易ではない。その理由は、国内産業への損害は、ダンピング輸入から主にまたは部分的に生ずることもあれば、ダンピング輸入以外の要因から生ずることもあるからである。

(i) 因果関係の立証

輸入国当局は、「入手したすべての関連する証拠の検討」に基づいて因果関係を明らかにしなければならない。

(ii) ダンピング輸入以外の要因とその扱い

当局は、損害がダンピング輸入とそれ以外の要因から生じていると判断するときは、ダンピング以外の要因をことごとく検討しなければならない。ダンピング以外の要因による損害の責めをダンピング輸入に帰することは禁止される。つまり国内産業の損害がダンピング以外の要因から生じているときに、損害がダンピング輸入からひきおこされていると屁理屈をこねるのはやめなさいという趣旨である。

これらダンピング以外の要因は、たとえばつぎのものを含む。

① ダンピング価格ではない価格（ネガティヴ・ダンピング価格）による輸入の数量や価格
② 輸入国国内の需要の減少または消費態様の変化
　国内産業が旧モデルや旧素材産品である場合、旧タイプの需要減少や新タイプへの消費傾向の変化にともなって、国内産業が衰退する場合がある。
③ 外国生産者や国内生産者の制限的な商慣行
④ 外国生産者と国内生産者の間の競争
⑤ 技術進歩、国内産業の輸出実績・生産性

(2) WTOとECの事例
A 米国 ITC 調査事件（木材事件Ⅵ）

米加木材事件Ⅵ〔巻末表20-32〕で、米国 ITC はダンピング防止税と相殺措置の調査過程で損害認定と因果関係の立証を誤った。米国は、カナダからの木材輸入が実質的損害をひきおこすおそれがあると認定したがこれは客観的な調査に基づくものではなかった。損害のおそれの認定にあたり客観的検討に基づくことを要求するダンピング防止協定（3.7条）と相殺措置協定（15.7条）の違反をパネルは認定した。そしてこれに関連して米国は「近い将来の輸入増加のおそれ」がもたらす効果に基づき、因果関係を認定した。こうした因果関係の認定はダンピング防止協定（3.5条）と相殺措置協定（15.5条）に違反するとパネルは結論した。パネル報告は上訴を受けずに紛争解決機関により、2004年4月、採択された。

しかし、米国の実施措置をめぐって紛争はあらたな段階にはいった。パネルは米国の実施措置（Section 129 Determination）は協定の損害認定・因果関係規定に違反しないと判断した。しかし上級委員会は、2006

年4月の報告で，パネルが審査基準を誤ったとのパネル判断を覆した。パネルは米国ITCの説明が合理的で適切であるかを批判的に検討すべきであった。パネルは当局の結論を受動的に受けいれてはならない，と上級委員会はのべた。とはいえ，上級委員会は，必要な事実を入手していないため，米国の損害・因果関係の認定がWTO違反となるかどうかの検討をつくすことができないと結論した。それゆえITCの損害・因果関係認定がWTO整合的かどうかは不明である。これを明らかにするためには，カナダは実施審査パネル手続Ⅱを開始しなければならない。

B ECのエクストラメット事件

因果関係の認定に関する事例として注目に値するのはECのエクストラメット事件である。この事件はEC司法裁判所で扱われたが，そのエッセンスはWTOでも参考となる。

(i) ECダンピング防止法上の因果関係

ECダンピング防止法でも，国内産業への損害がダンピング輸入以外の要因によって生ずるときは，ダンピングと損害の因果関係は否定される。ダンピング課税は，ダンピング輸入が共同体産業に損害をあたえている場合にのみ行われ，ダンピング以外の要因（たとえばEC産業自身の反競争的行為）から生ずる損害はダンピング輸入と結びつけてはならないからである。それゆえ，EC当局が，こうした因果関係を立証しないでダンピング課税を行うときは，課税規則はEC司法裁判所により無効とされる。その端的な例は，1992年6月11日の第1次エクストラメット判決（Extramet Industrie SA）にみられる。

(ii) 第1次エクストラメット事件

エクストラメット社は，ある原料（calcium-metal）を加工して製鉄業用の純粋カルシウム顆粒（purified calcium granules）を製造する企業であり，この原料をフランスのペシネー社（Pechiney）から購入しようとした。しかしペシネー社は供給を拒絶した。ペシネー社は，ECで唯一の原料（calcium-metal）の生産者であり，また同時に純粋カルシウム顆粒の生産者であった。

そこで，エクストラメット社は，問題の原料を中国とソビエトから輸入し，同時にフランス競争当局に対しペシネー社の反競争的行為（供給拒絶による支配的地位の濫用）を訴追するよう申立てを行った。これに対してペシネー社は，中国製原料に対するダンピング調査手続を申し立て，その結果，EC当局は，中国ソビエト製原料に対してダンピング防止税を賦課した。

エクストラメット社は，EC課税規則の無効理由の1つに，ペシネー社が受けた損害は，ダンピング輸入以外の要因，すなわちペシネー社自身の反競争的行為（エクストラメット社への供給拒絶）に基づいていると主張した。そしてエクストラメット社は，ペシネー社がエクストラメット社に原料を供給していたならば，ペシネーは調査対象期間中に生産の減少を経験せず，また中国ソビエト製原料の輸入は半分程度にとどまっていたであろうとつけくわえた。

EC司法裁判所は，エクストラメット社の主張をいれた。裁判所は，EC当局は，ペシネー社が供給拒絶により損害を受けなかったかどうかを検討していない，またペシネー社の損害が供給拒絶以外の要因から生じていることを確証していないとのべ，EC課税規則を取り消した。本件では，ペシネー社の損害は，自己の反競争的行為（供給拒絶）に起因する自己損害にほかならなかった。それゆえ，損害はダンピング輸入以外の要因から生じており，ダンピングと損害の間に因果関係はなかった。

第4章
ダンピング防止手続と措置

第1節　ダンピング防止手続

1　調査申立と調査開始

(1) 調査申立

(i) 国内産業

ダンピング防止調査は，国内産業によってまたは国内産業のために行われる書面による申立に基づいて開始される（5条1）。国内産業は，ⅰ輸入品と同種の産品の国内生産者の全体または，ⅱこれら国内生産者のうち国内総生産高の相当部分を生産する生産者をさす（4条1）。日本の実施ルール（ガイドライン）は相当部分を50％以上としている。

しかしつぎの生産者は，同種産品を生産していても，国内産業から除外することができる（日本の不当廉売関税政令はこの除外を義務的としている）。

① ダンピング輸入品の供給者・輸入者と関連する生産者
② ダンピング輸入品の輸入を行っている生産者

(ii) 提訴者

調査申立を提出できる提訴者は，つぎの3種類に分けられる。

① 国内総生産の25％以上を生産する同種産品生産者
② 国内総生産の25％以上を生産する同種産品生産者の連合
③ 同種産品を生産する総労働者数の25％以上を占める労働者から成る労働組合

(iii) 国内産業によるか国内産業のための調査申立

上述のいずれかの提訴者による調査申立が「国内産業によってまたは国内産業のために」(by or on behalf of the domestic industry)行われたとみなされるためには，つぎの条件が満たされなければならない。

① 提訴の支持を表明している国内生産者の総生産高が，支持派と反対派の総生産の50％を超えていること（つまり，支持派の総生産高が反対派の総生産高を上回っていること）

② 提訴の支持を表明している労働組合の労働者の総生産高が，支持派労働組合と反対派労働組合の労働者の総生産高の50％を超えていること（つまり，支持派労働組合の労働者総生産高が反対派労働組合のそれを上回っていること）

以上から明らかなように，調査申立が合法であるためには，生産者であれ労働組合であれ，提訴の支持派が反対派を上回っており，支持派の生産高が国内生産者（支持派・反対派・沈黙派）の総生産高の25％を超えていなければならない。それゆえ支持派の生産高が30％を占めても，反対派が35％，沈黙派が35％ならば，提訴は認められない。また支持派の生産高が27％でも，反対派が26％，沈黙派が47％ならば，提訴は容認される。他方，支持派の生産高が50％以上であれば，提訴は無条件に受理される。

(iv) 支配的地位の生産者による提訴

市場で支配的地位にたつ生産者1社による調査申立は，上述の要件を満たすかぎり受理される。とくにその生産者の生産高が国内総生産の50％以上を占めているかぎり提訴は有効である。

支配的地位にたつリーディング企業による調査申立例は，EUではかなりの数に達している。たとえば日本製グリシン事件のベルギー提訴企業 (Tessenderlo)，エクストラメット (Extramet) 事件の提訴企業ペシネー (Pechiney)，日本製自転車用ギア (internal gear hub) 事件の在ドイツ・米国所有提訴企業，米国産 polysulphide polymers 事件の EC 提訴企業は，それぞれ EC で唯一の生産者（国内総生産の全量生産企業）であった。そしてこれら調査申立は，それぞれ外国の競争者1社または2社からの輸入に対して行われた。

支配的地位の企業によるダンピング提訴は，WTO法上合法であり，また輸入国の競争にも抵触しない。こうした提訴は，競争法上の支配的地位の濫用に該当する場合にのみ競争法違反とされる。EC の事例のなかで，EC 提訴者による支配的地位の濫用が認められたのはエクストラメット事件にとどまり，また濫用認定はフランス競争当局によって行われた。エクストラメット事件では，EC 司法裁判所は問題のダンピング課税を無効にしたものの，欧州委員会（旧競争総局）は EC 提訴者の支配的濫用を認定しなかった。

(2) 調査開始

調査申立が受理されると，輸入国当局は調査を開始するが，ダンピングと損害の調査を同一の機関（日本の財務省・経済産業省・関係省庁合同審査機関）が行うか別々の機関（米国のダンピング調査担当・商務省，損害調査担当・ITC）が行うかは各国の裁量に委ねられている。調査期間は原則1年であり，特別の理由によって延長されても1年6カ月とされている。当局は生産者・輸出者・輸入者等への質問状手続に従って調査を行う。

2 措置の発動と見直し

(1) 暫定措置の発動

調査の終了前に，国内産業への損害が推定できるときは，暫定措置をとることができる。措置は暫定税の賦課や担保の提供命令により行われる。

暫定措置の発動時期について GATT 協定はなにも定めていなかったため，GATT 時代には調査開始の直後に暫定措置がとられることもあった。WTO 協定は，必要最小限の調査ののちにしか暫定措置はとるべきではないという観点から，調査開始から60日が経過してからでなければ暫定措置はとれないと定めた（7条3）。暫定措置の適用はできるかぎり短い期間に限定され，原則4カ月，最長6カ月とされた。ただし課税額を上述の損害価格差 (injury margin) とするかどうかを検討するときは，ダンピング価格差のほか損害価格差を算定する必要上，暫定措置の期間は例外的に原則6カ月，最長9カ月に延長される（7条4）。

(2) 確定措置と約束

確定措置がとられると，措置は原則として5年で終了する。GATT 時代の課税措置は，長期間にわたったため，WTO は5年で課税が終了するサンセット条項 (sunset) をもりこんだのであった。また当局は措置をとるかわりに，輸出者・生産者が輸出価格をひきあげる約束をするときは，約束を受諾することもできる。

(3) 確定措置の見直しと還付

確定措置の見直しとして4種類があり，また確定税の還付手続が予定されている。

(i) 4種類の見直し

行政見直し (administrative review)，新規参入見直し (new shippers review)，事情変更見直し (change of circumstances review)，サンセット見直し (sunset review) がある。行政見直しは，課税された輸出者の申請に基づいて確定税をみなおし，適宜税率を修正するための手続である。第2に確定措置がとられたあと輸出しはじめる新規参入者 (newcomers. new entrants) が申請する見直しがある。新規参入者は，GATT 時代には一律に残余の輸出者のための高率課税に服した。WTO 協定はこの不合理に対処するため，新規参入者が当局に対しダンピング価格差を算定し，課税を修正・撤回するよう求める手続を創設した。

新規参入者見直し調査の間，新規参入者への課税は停止される。第3に，1年以上の課税措置ののち輸出者が事情変更を理由に申請する見直しがある。さらにサンセット見直しが定められている。この見直しでは課税後5年で課税が終了したあとダンピングと損害が

再発したり継続するおそれがあるかどうかが調査される。課税が終了すると，ダンピングや損害が再発するおそれがあれば，課税当局は，課税を5年を超えてさらに5年間継続することができる。日本企業や中国企業のなかにはサンセット見直しのたびに課税が延長される例（たとえば20年にわたる課税）がある。

米国・アルゼンチン産油井管サンセット見直し事件 [巻末表20-33] のパネル・上級委員会は，見直しのための損害認定が当初調査のための損害認定と異なることを明らかにした。まず，当初調査の損害認定規定（3条）はサンセット見直しのための損害のおそれの判定には適用されない。またサンセット見直しのための損害のおそれの認定過程で，当局は予想されるダンピング輸入の効果を累積することができる。それゆえ当初調査にさいして要求される累積基準（3.3条）はサンセット見直しに適用されないのである。

米国・メキシコ産油井管ダンピング防止措置事件 [巻末表20-34] でもパネル・上級委員会はサンセット見直しについて重要な判断をくだした。この事件でメキシコは，サンセット見直しにあたっても課税当局は損害のおそれとダンピングのおそれの間の因果関係を立証しなければならないと主張した。上級委員会はこの主張を退けた。パネル・上級委員会はまたサンセット見直しに関し，ダンピング認定に誤りがある場合でも，それは損害認定にも誤りがあることを意味しないと判定した。

(ⅱ) 還　付

徴収された確定税が現実のダンピング価格差を超えている場合は，申請におうじて当局は超過徴収額を還付しなければならない。

(4) 日本のダンピング防止措置と見直し

日本のダンピング課税と見直し例は2011年上半期までの期間，わずか4件にすぎない。

第1は，事件当時まだWTOに加盟していなかった中国のフェロシリコマンガンに対する課税（1993年2月）と5年後の課税終了（1998年1月）である。

第2はパキスタン産綿糸に対する課税（1995年8月）と5年後課税終了（2007年7月）であった。

第3は韓国・台湾産ポリエステル短繊維に対する課税（2002年7月），提訴者（帝人ファイバー等3社）による課税期間延長の申請（2006年6月），政府見直し手続による課税期間延長決定（2007年6月）である。従来欧米の課税延長事例に異議を唱えてきた日本は，5年間の課税延長を認めたが，その背後にはいくつかの要因があった。まず，課税延長の表向きの理由は，課税を中止すると，ダンピング輸入と損害再発のおそれがあることにあった。そこで，日本は海外での状況を考慮した。1つは，米国・EU・中国による韓国・台湾産同種産品への課税延長の経緯であった。米国とEUは，韓国産品に対する課税と見直し課税延長を日本にさきがけて行っていた。米国は2000年5月に課税を開始し，2006年4月に見直し延長を決め，さらに2006年12月には税率見直しのけっか税率をわずかにひきさげた。EUは2000年12月に課税を開始し2005年3月，税率見直しと課税延長を行った。さらに中国は日本につづいて2003年3月，韓国産品に対して課税を開始した。他方，台湾産品に対して，米国は韓国産品と同様の日程で課税の開始と延長を決定した。EUは台湾製品に対する再調査のすえ2006年12月に暫定措置をとった。第2に，日本が注目したのは，韓国と台湾による対日ダンピング課税であった。韓国が2003年以降行った対日課税品目は6件（アルカリ・マンガン電池，水酸化アルミニウム，ステンレス棒鋼，塩化ビニル［PVC］プレート，産業用ロボット，ガイドホール・パンチャー）に達していた。また台湾は日本産アート紙に対して2000年7月課税を開始し，2006年3月課税延長を行った。

第4に，日本のダンピング課税例として，南ア・オーストラリア・中国・スペインの乾電池用電解二酸化マンガン（Electrolytic Manganese Dioxide）に対する事例がある。初回調査は，2007年1月の東ソー等による審査申請を受けて，2007年4月，開始された。2008年6月には暫定税が課された。そして，2008年9月から5年間確定税が課された。課税率は14.0％から46.5％におよんだ。

第2節　ダンピング防止措置

1　ダンピング防止措置の形態

ダンピング防止協定は，ダンピング輸入の防止措置として3つの措置——暫定税，確定税，価格約束——のみを規定した。それゆえこれら3つの措置を除く他の「特殊な行動」（specific action）はとることができないとしている（18条1）。

WTOのパネル・上級委員会は，米国1916年ダンピング防止法事件 [巻末表20-9] で，1916年法に基づく特殊な措置をWTO違反と判定した。同様に米国バード修正条項事件 [巻末表20-25] でも，パネル・上級委員会は米国修正条項の税配分（ダンピング防止調査手続を申し立てた国内産業にダンピング防止税の収入を配分する措置）はダンピングに対する特別の行動でありWTOに抵触すると結論した。

2　ダンピング防止税の額

(1) ダンピング価格差と低額課税方式

ダンピング課税の額をダンピング価格差に等しい額とするか，損害の除去に十分な損害価格差とするかは加盟国の自由である。ECは上述のように損害価格差がダンピング価格差よりも低いときは損害価格差を課税額としてきたが，こうした低額課税方式はインド・シンガポール等でも踏襲されており，また日本も新ラウンドでの検討課題の1つに低額課税方式をあげている。しかし，問題は損害価格差の計算方法であり，そ

の適正な計算方法を提案しないかぎり，日本提案は意味をもたないであろう。ダンピング価格差の計算方法はWTO協定のなかに明記されているが，損害価格差の計算方法は明記されていないからである。

(2) 課税形態
(i) EUの慣行
EUの課税形態は，つぎの4種類に分かれる。
① 輸入価格（EU国境CIF価格）に対する百分率を課税率とする「固定従価税率 ad valorem duty」
② 輸入価格と最低価格（minimum import price）の差額を課税額とする「変動税額 variable duty」方式
③ 産品の数量に対する固定税額を設定する「従量税 specific dut」方式，たとえば100ユーロ/1トン等
④ 固定税率と変動税額の混合方式

しかしEU当局は，おおかたの事例で，従価税を採用してきた。

(ii) インドの慣行
インド当局はダンピング防止税として従量税を採用せず，可変税額（variable duty）を選択した。この方式は，ECが一部の事例で採用してきたものであった。インドは，可変税額を低額課税方式のもとでつぎのように確定している。

① まずダンピング価格差を算定するため，輸出国の正常価額と輸出価格を比較するが，この価格比較は輸入品のインド陸揚段階で行われる。それゆえ，正常価額から構成された価格と輸入品のインド陸揚価格（landed price of dumped imports）が比較される。このような構成価額は参照価格（reference price）と呼ばれる。
② つぎに損害価格差を算定するが，これもインド陸揚段階で行われる。そしてインド国内産業の適正販売価格と輸入品の陸揚価格の差が損害価格差とされる。この適正販売価格も参照価格と呼ばれる。
③ 損害価格差とダンピング価格のいずれか低いほうが課税額となる。要するに一定の参照価格（構成価額または国内産業の適正販売価格）と変動するインド陸揚価格の差が従量税（1キロあたりルピー）となる。輸入品のインド陸揚価格は日々変わる。このため，納付すべきダンピング防止税は輸入ロットにおうじて変化する。

インドの方式は，政府が参照価格の算定方法の詳細を開示しない点で問題があるとされている。

第3節　非市場経済国に対するダンピング防止措置

1 GATTと非市場経済国

(1) 代替国方式による正常価額の算定

GATT（6条の注釈補足規定）は，非市場経済国（non-market economy. NME）からの輸入品については，加盟国が厳密な国内市場価格に基づかずにダンピング価格差を算定できることを許容していた。このため主要国は，非市場経済国産品のダンピング調査にあたっては，正常価額をいわゆる代替国方式（surrogate country）に基づいて算定してきた。正常価額は市場経済国産品の場合はその国の現実の国内価格や経費に基づいて算定するが，非市場経済国産品の場合は，比較可能な市場経済国（代替国）の価格・経費を用いて算定したのである。たとえば中国産品のダンピング調査にさいして，米国やECは，インド・日本・米国・EC等の価格経費を基礎に中国産品の正常価額を一律に確定した。こうした代替国方式は，非市場経済国の国内価格は国家により統制されているため，正常価額の基礎とすることができないという考えに基づいていた。

GATTに加盟した非市場経済諸国は，いちように代替国方式を適用された。ポーランド（1967年）・ルーマニア（1971年）・ハンガリー（1973年）のGATT加盟議定書は，これら東欧諸国産品に対する差別的措置を規定していた。その1つは，対東欧・差別セーフガード措置であり，もう1つは対東欧・代替国方式であった。GATT時代に代替国方式は，差別的セーフガード措置とセットにされて適用されていた。

(2) 一律の輸出価格と課税率

欧米主要国は，正常価額を代替国方式で一律に定めただけではなく，輸出価格も全輸出者のために一律に算定した。もしも輸出価格が輸出者ごとに異なり，そのけっか課税率が異なると，税率が高い輸出者は税率の低い輸出者をとおして輸出し高い課税率を迂回することができるとされたからである。

このように正常価額も輸出価格も一律に定められたため，非市場経済国のダンピング価格差は一本化され，課税率も全輸出者に共通とされた。その結果，非市場経済国産品には多くの場合きわめて高率のダンピング防止税が課された。

(3) 正常価額の市場経済国扱いと輸出価格の個別扱い

ECはGATT時代の末から市場経済移行国の進展を考慮して，2つの新方式を導入した。

A 正常価額算定のための市場経済国扱い（Market Economy Treatment. MET）

正常価額の算定は従来どおり原則として代替国価格方式により行われる。しかし，例外的に市場経済国扱い（Market Economy Treatment）という新方式をもちいることもできる。これによると，中国の輸出者は以下の5条件を満たせば，市場経済国の生産者とみなされ，正常価額として国内現実価格をもちいることができるのである。
① 市場に対応して価格を自己設定すること
② 国際会計基準を採用していること
③ 生産費や財政状況が前市場経済国体制からの歪曲

をうけていないこと
④ 破産法・所有権法を適用されていること
⑤ 市場レートの為替換算率を適用していること

　B　輸出価格算定のための個別扱い方式（Individual Treatment. IT）

輸出価格の算定は，原則として全輸出者に共通の一律輸出価格方式によるが，例外的に特定輸出者に固有の個別扱い方法をもちいることもできる。ただしそのためには，これら輸出者は輸出価格の設定にあたり政府の介入を受けていないことを立証しなければならない。この立証は輸出者がEC当局に提出したデータに基づいて行われる。立証に成功した輸出者は，自社固有の個別輸出価格を認められ，そのけっか固有のダンピング価格差を適用される。

米国もECに追随した。正常価額の算定にあたって，問題の輸出者が市場志向産業（Market-Oriented Industry）とみなされれば，例外的に現実国内価格が正常価額とされる。他方，輸出価格も，一律価格方式を原則としつつ，輸出者が政府介入なしに輸出価格を決定していることを立証すれば，例外的に個別扱いをうけ，輸出者に固有の個別ダンピング防止税率を適用される。米国の方式（市場志向産業テストとSeparate Rate方式）は，用語と細部の基準こそ異なれ，ECの方式（市場経済国扱いと個別輸出価格扱い）に実質的に同じである。

EC米国方式のもとで当局が中国その他非市場経済国産品に適用するダンピング防止税率は，したがって状況に応じて異なる。① 全輸出者に原則方式を適用し共通ダンピング防止税を課す場合，② 一部輸出者にのみ輸出価格個別扱いを適用し輸出者ごとに異なるダンピング防止税を課す場合，③ 一部輸出者に正常価額・市場経済国（MET）扱いを認め個別ダンピング防止税を課す場合，④ 特定輸出者に市場経済国扱いと輸出価格個別扱いを許し個別課税を行う場合である。

これら欧米の方式はWTO時代にはいり，また中国のWTO加盟が実現したのちも継続して適用されている。

2　WTOと中国加盟議定書

WTOダンピング防止協定は新しい非市場経済国規定をおかず，GATTルール（注釈補足規定）を踏襲したにとどまった。しかし，中国のWTO加盟議定書（15項）は，加盟国の対中ダンピング課税に関してつぎのようなルールを導入した。

(1) 正常価額の算定

WTO加盟国は，対中ダンピング防止調査にさいして，正常価額を，つぎのいずれかの方法により算定する。

　(i) 中国国内の価格・経費

中国の調査対象企業が，同種産品の中国産業に市場経済状態が浸透していることを立証するならば，輸入国当局は，中国国内の価格・費用に基づいて正常価額を算定しなければならない。

　(ii) 代替国の価格・経費

中国の調査対象企業が，同種産品の中国産業に市場経済状態が浸透していることを立証できないときは，輸入国当局は，「中国国内の価格・経費との厳格な比較に基づかない方法」を採用することができる。したがって，代替国の価格・経費に基づいて正常価額を算定することができる。

(2) 代替国規定の廃止

代替国規定は，いずれにせよ，中国のWTO加盟日から15年間で失効する。

(3) 輸入加盟国の非市場経済国規定の完全終了

ひとたび中国当局が輸入国の国内規定（たとえばEC法規）に基づいて自国が市場経済国であることを立証するときは，輸入国は既存の非市場経済国規定（代替国方式，一律輸入価格方式，一律課税率方式）を終了させ，中国産品に無条件に市場経済待遇をあたえなければならない。ただし，これは，輸入国の国内規定が中国のWTO加盟時点で市場経済基準を含んでいることを条件とする。

このように中国のWTO加盟時点で市場経済基準を含んでいる加盟国規定としては，EU・米国・カナダ・オーストラリア等の法規があげられるであろう。しかし，2002年末現在で中国は自国が市場経済国となっていることを立証していない。それは中国産品のおおかたは市場経済原理に基づいて自由に価格が設定されているが，一部産品（石油，綿，米等）は政府の価格統制を受けているからである。

(4) 非市場経済国規定の部分的不適用

中国当局が，輸入加盟国の国内法規に基づき，特定の産業または分野（a particular industry or sector）について市場経済条件が浸透していることを立証する場合は，非市場経済国規定はこうした特定産業または分野には適用されない。この場合，非市場経済国規定は他の産業分野へはいぜんとして適用されつづけることになる。

3　代替国方式と作業部会報告書

中国のWTO加盟議定書は，加盟国が対中ダンピング調査にあたり15年間は代替国方式を原則として維持できることを許した。中国はWTO加盟とひきかえに屈辱的な代替国方式を受忍したのである。しかも加盟国は代替国方式の適用にあたって一定の努力義務を負うにとどまった。

(1) 中国のWTO加盟作業部会報告書

作業部会報告書は加盟議定書と一体をなす重要文書であり，これは代替国方式についてつぎのように記載している。

　(i) 中国と加盟国の対立

いくつかのWTO加盟国は，代替国方式を擁護し，GATT（注釈補足規定）にあるように，中国国内の価格経費に基づく正常価額の算定はかならずしも適切ではないとのべた（作業部会パラ150）。これに対し，中国は特定のWTO加盟国が対中ダンピング防止措置にあたってとってきた差別的慣行を批判した。中国はこれ

らの国は対中措置にあたり，適用基準を公表せず，また中国企業に証拠提出と防御の機会をあたえず，さらには価格比較方法の根拠を説明しなかったとのべた。

(ii) WTO 加盟国の努力義務（作業部会報告書 151）

中国の批判に対し作業部会のメンバーは代替国方式の適用にあたっては以下の手続と要件に従うことを誓約した。ただし，この誓約は，法的義務をともなわない（議定書総則と作業部会報告書 151・342）。それゆえ誓約の違反があっても，中国は違反国に対して WTO の紛争解決手続を開始できない。

① 代替国方式の事前公表

代替国方式を採用するときは，輸入加盟国は，事前に，ダンピング輸入品と同種産品を生産する中国の産業・企業に市場経済条件が浸透しているかどうかを判定するための基準と，価格比較のための方法を，採択し，公表していなければならない。

② 代替国方式の採用努力規定

代替国方式を採用していない輸入加盟国は，価格比較規定のなかに代替国方式と類似の方式を含むよう最善の努力を払わなければならない。

③ 市場経済基準の WTO 通報

輸入加盟国は，市場経済基準と価格比較認定方法を，具体例への適用前に，WTO ダンピング防止委員会へ通報する。

④ 適正手続の対中適用義務

調査手続は透明でなければならない。また具体的事例での価格比較方法の適用にあたっては，中国の生産者と輸出者が意見を提出するための十分な機会をあたえなければならない。輸入加盟国は必要な情報について告示し，中国の生産者と輸出者が書面によって証拠を提出するための十分な機会をあたえる。輸入加盟国はさらに，中国の生産者と輸出者に防御のための機会をあたえる。

―措置についての理由開示

輸入加盟国は，暫定措置と確定措置に関し十分に詳細な理由をのべる。

4 中国の WTO 加盟後の展開

(1) ASEAN 等による中国市場経済の承認

2004 年 11 月の ASEAN プラス 3 会議で行われた中国 ASEAN 首脳会議は，議長宣言 (15 項) のなかで ASEAN が中国を完全な市場経済国として認め，中国産品のダンピング調査にあたり中国に代替国方式を適用しないことを明記した。その背景にあったのは，中国 ASEAN・FTA の締結であった。中国が ASEAN に対し「中国を市場経済国として認めなければ FTA を締結しない」と宣言し，ASEAN は対中 FTA 締結の観点から中国の要求におうじたのであった。2006 年すえまでに，中国を市場経済国として認定した国は 66 に達する。FTA 締結をきっかけに認定した国は ASEAN のほか，ニュージーランド，オーストラリア等であり，FTA と無関係に認定した国はブラジル，アルゼンチン，ベネズエラ，韓国，ロシア等である。66 カ国のうち，対中ダンピング調査の実績がある国は 21 カ国にすぎない。米国と EC はいぜんとして中国を非市場経済国と認定している。日本は公式に態度を表明していない。

(2) 他の非市場経済国に対するダンピング防止措置

EC は 1998 年のベトナム産冷凍魚事件でベトナムを非市場経済国とみなし，正常価額の算定にあたりタイを代替国とした。しかしベトナムの輸出者は，タイが市場閉鎖国であり単一の生産者しか操業しておらずその国内生産は輸出量に対し十分な数量とはいえないと反論した。それゆえベトナム輸出者は台湾を代替国として選定するよう要請した。EC は台湾の輸出者が調査に協力しないとして最終的にタイを代替国に選んだ。

米国も 2003 年の冷凍魚事件でベトナムに対しはじめてダンピング防止税を賦課した。

第 5 章
ダンピング防止措置の司法審査と救済

ダンピング防止措置の司法審査は WTO レベルではパネル・上級委員会で行われ，地域的レベルでは FTA のパネル（NAFTA パネル等）で行われ，加盟国レベルでは国内裁判所（EC 司法裁判所，米国裁判所等）で行われている。GATT/WTO での司法審査と法的救済を概観してみよう。

第 1 節　GATT/WTO の司法審査

1 ダンピング防止法令の司法審査

パネル・上級委員会は加盟国の法令と WTO との整合性を審査することができる。米国 1916 年ダンピング防止法事件，米国バード修正条項事件，米国担保制度事件で，パネル・上級委員会は米国の関連法令を審査した。ただし，パネル・上級委員会は法令の審査をいわゆる強制法・任意法理論に従って行っている。この理論のもとでは，法令のうち WTO 違反とされるのは，行政機関に WTO 違反行為をとることを強制する法令にかぎられる。それゆえ行政機関に WTO 違反行為をとることを許可するにすぎない任意法は WTO 違反とならない。行政機関は任意法に基づいて

WTO違反行為をとらないこともできるからである。こうした強制法・任意法理論はGATT時代に確立しWTOでもひきつがれている。将来パネル判定に委ねられる可能性のある加盟国法令として，米国の多国籍企業条項，EU・米国・中国等の迂回防止条項，EUの吸収防止条項（anti-absorption）等があるが，これら条項のWTO整合性にあたっては，条項が強制法と任意法のいずれに属するのかがまず問われることになるであろう。

(1) 米国バード修正条項事件

米国バード修正条項事件［巻末表20-25］は，違法なダンピング防止法に対するWTOの司法救済手続を示す好例である。

　A 事実関係

米国上院議員バード（Byrd）は，米国当局がダンピング輸入や補助金つき輸入に対して課するダンピング防止措置と相殺措置から生ずる税収入を米国内の提訴企業に分配する法案を作成した。これが物議をかもしたバード修正条項（Byrd Amendment）であり，条項は1930年関税法の関連規定（米国ダンピング防止法と相殺関税法）の改正という形をとり，2001年農業歳出法案のなかにもりこまれた。法案は議会で可決されたあと，大統領の署名をへて，2000年10月に発効した。

WTO加盟11カ国（日本，オーストラリア，ブラジル，チリ，EU，インド，インドネシア，韓国，タイ，カナダ，メキシコ）は，バード修正条項がWTOに抵触すると主張してパネル手続を開始した。パネルは，2002年9月，条項がWTOに違反すると判断し，上級委員会も2003年1月，パネル判断を支持した。

　B 争　点

WTOダンピング防止協定（18.1条）によれば，加盟国は，他の加盟国からのダンピング輸入に対しダンピング防止措置をとることができるが，この措置はWTOルール（ダンピング防止協定によって解釈されるGATT6条）に基づいてのみとることができる。つまり，ダンピングに対する措置（specific action against dumping, mesure particulière contre le dumping）は，WTOに明記された3種類の措置――確定税，暫定税，価格約束――に限定され，それ以外の措置はWTO違反となる。

そこで，どのような措置がWTOルールに合致した合法的な措置であるのか，バード修正条項はこうした合法的な措置に該当するのかどうかが問われた。

　C パネル・上級委員会報告

ダンピングに対する特別の措置はダンピング防止協定（18.1条）に違反する。

WTO上許される「ダンピングに対する措置」は，①ダンピングに対する特別の（specific）措置であって，しかもそれは，②ダンピングに対抗する（against）措置でなければならない。バード修正条項にいうダンピング防止税の税収入の分配が，はたしてこれら2つの要件に合致するかどうかが問題となる。

　(i) 税収配分はダンピングに対する特別の措置に該当するかどうか

ダンピングに対する特別の措置とは，ダンピング輸入に対応する措置をいう。それゆえ，措置はダンピング輸入と連関していなければならない。

バード修正条項の税収配分は，まさしくダンピングに対する特別の措置にあたる。なぜならば，税収配分は，ダンピングの認定と連関しているからである。とくに，上級委員会は，ダンピングと税収配分の間には3つの連関性があるとみなした。第1に，税収配分はダンピング防止税が徴収された場合にのみ行うことができる。第2に，ダンピング防止税は米国当局のダンピング課税命令に従ってのみ徴収することができる。第3に，ダンピング課税命令はダンピング認定ののちにのみ課すことができる。要するに，外国から米国にダンピング輸入が行われ，米国当局がダンピングを認定し，輸入品にダンピング防止税を課したあと，この税収入が米国生産者に配分される。それゆえ，税収配分とダンピング輸入の間には連関性がある。税収配分はこの意味でダンピングに対する特別の措置にあたるというのが，パネルと上級委員会のロジックであった。

　(ii) 税収配分はダンピングに対抗する措置にあたるかどうか

WTO上の「ダンピングに対する措置」は，ダンピングに対する特別の措置であるだけではなく，ダンピングに対抗する措置でなければならない。では，ダンピングに対抗する措置とはなにか。パネルは，これをダンピングに対して不利な効果（adverse bearing）をもつ措置であると解釈した。上級委員会はパネルの見解を支持しつつ，ダンピングに対する不利な効果をもつ措置を，ダンピングを断念させそれを終了させる効果をもつ措置ととらえた。そして上級委員会は，バード修正条項の税収配分は，ダンピングを断念・終了させる効果をもっており，ダンピングに対し不利な効果をあたえていると結論した。その理由は，条項の税収配分が，ダンピング輸出品の外国生産者・輸出者から米国の競争者に資金の移転をもたらし，ダンピング輸出者に不利益をあたえているからであった。

バード条項のもとでは，外国の生産者・輸出者が支払うダンピング防止税から生ずる税収入が，米国の「提訴者または提訴を支持する利害関係者」に配分され，これら国内生産者は競争力を高めるために配分された資金を使用することができる。こうした税収配分と資金移転は，外国の生産者・輸出者に不利な効果をあたえ，そのためダンピングに対抗する措置にあたると，上級委員会は明言したのである。

　(iii) 税収配分はWTOに合致するかどうか

パネルと上級委員会は，バード修正条項の税収配分が，ダンピングに対する特別の措置にあたることを認めた。しかし，ダンピングに対する特別の措置は，WTOに合致しなければならない。それは，GATT6条とダンピング防止協定に整合することを要求される。パネルと上級委員会は，しかしながら，バード修

正条項の税収配分は，WTO に整合しないとのべた。その根拠はいたって簡明であり，GATT 6 条とダンピング防止協定が許すダンピングに対する措置は，確定税，暫定措置，価格約束に限定されるからであった。バード修正条項の税収配分は，確定税，暫定措置，価格約束のいずれにも該当しない。それゆえ，バード修正条項の税収配分は，WTO 違反のダンピング対抗措置であり，ダンピング防止協定（18.1条）に違反するとパネル・上級委員会は結論した。

さらに付言するならば，パネル・上級委員会は，バード修正条項は WTO 相殺措置協定の類似規定にも違反するとのべた。相殺措置協定によると，輸入国が WTO（GATT 16 条，相殺措置協定）上，補助金に対してとることができる措置は，確定措置，暫定措置，価格約束，WTO 紛争解決手続に基づく対抗措置・報復措置に限定される。バード修正条項の税収配分は，WTO 上許される措置にあたらないから，相殺措置協定に違反するとされた。

(2) 米国担保制度事件
A 事実関係

米国は，2004 年，ダンピング防止税の徴収を確保するため，担保制度（Enhanced Continuous Bond Requirement. EBR）を導入した［巻末表20-41］。そのねらいは，ダンピング防止税や相殺関税の納入漏れが生じないようにするため，課税対象産品を継続監視（continued vigilance）することにある。これにより，輸入者はダンピング課税の対象産品を輸入する場合，輸入時に，現金供託（cash deposits）にくわえ，担保を提供する義務（bond requirrement）を課された。ただし，制度が適用される産品は当局により指定された。

米国当局によれば，担保制度は，輸入後の遡及的な（prospective）税徴収を可能にするとされた。米国式の遡及課税システムのもとでは，課税率は，課税命令後の年次行政見直しで算定される。この点で，日 EU が，課税命令で確定されたダンピング価格差に基づいて輸入時に課税するのと異なる。

それゆえ米国方式のもとではダンピング価格差が，課税命令のあと年次見直し段階で減少することもある。逆に増加することもある。増加したときは，輸入者は担保制度がなければ，支払い不能に陥る。この不測の事態に米国担保制度は対応する。担保は，現金供託と同額でなければならない。この供託金は課税命令のダンピング価格差に相当する額である。

こうした米国担保制度のもとで，インド産とタイ産の冷凍海老は，米国のダンピング防止措置を受けた。同時に課税対象の海老を輸入する企業は，輸入に際して供託金を支払った。インドとタイは，米国担保制度の根拠法令と適用措置が，ダンピング防止協定，相殺関税協定，GATT に抵触するとしてパネル手続を求めた。

タイの主張もインドとほぼ同様であった。タイはまず米国がタイ産海老のダンピング調査過程で採用したゼロ計算がダンピング防止協定に反すると主張した。同時にタイは米国の担保制度それ自体とタイ産海老への制度の適用が GATT の最恵国待遇原則（1.1条）・関税譲許原則（2条）・内国民待遇原則（3条）・ダンピング規制（6.1条）・数量制限禁止原則（11.1条）・数量制限の無差別適用原則（13.1条）に違反すると主張した。タイによれば，米国の担保制度は，GATT 一般例外条項の税関行政例外（20 条 d のいわゆる「税関行政例外」）によっても正当化されない。DSB はインドとタイの請求を統合し，パネル手続に審査を委ねた。

B パネル・上級委員会判断

パネルは 2008 年 2 月の報告で，米国当局の措置が WTO に違反するとのべた。上級委員会も 2008 年 7 月，パネル判断を支持した。パネル・上級委員会の判断を要約すると，米国の関連法令それ自体は任意法にあたり WTO に違反しない，しかし米国当局の適用措置は WTO にそむくとされた。

(i) 米国法それ自体の WTO 整合性

米国の担保規定それ自体は，税関に担保の対象産品を指定する裁量を与えている。それは強制法ではなく，任意法に属する。したがって，ダンピング防止協定（1条，18.1条）と相殺関税協定（10条，32.1条）に違反しないとパネルは判定した。上級委員会もパネル判断を支持した。

(ii) 米国措置の WTO 整合性

米国の担保措置は，ダンピング防止協定に明記されていない。明記されていない措置はすべて「ダンピングに対する特別の行為」（specific action against dumping）にあたる。それは協定（18.1条）に抵触する。この確立した判例法を上級委員会は再確認した。

むろん担保や現金供託は，GATT 付属書 I「注釈」（6 条 2 と 3 の注釈 1）によってカバーされる。この注釈によると，課税当局は，ダンピング・補助金交付の最終認定がくだされるまでのあいだ，ダンピング防止税・相殺関税の支払を確保するため「妥当な保証（担保，現金供託）」（reasonable security [bond or cash deposit]）を要求することができる。しかし本件で米国が要求した担保は「妥当な（reasonable）」ものではない。それゆえ，本件担保は，GATT 注釈規定にも違反するとパネルはのべた。上級委員会はパネル判断を支持した。

くわえて本件担保は GATT 例外条項（20 条 d）にいう「税関行政法令に必要な法令の遵守を確保するため必要な措置」にあたらない。それゆえ措置は例外条項によっても正当化することはできないパネルはのべ，上級委員会はパネル判断を支持した。

さらに供託金は，ダンピング課税命令に先立ち，暫定措置と同時に支払われなければならない。本件の供託金の額は，暫定ダンピング価格差を超えた。それゆえ，協定（7.2条）に違反すると判示された。

2 ダンピング防止措置の司法審査
(1) WTO ダンピング防止協定の審査基準

WTO ダンピング防止協定（17.6条）は，ダンピン

防止措置のパネル審査について，審査基準を定めた。

(i) 国家当局による事実の認定と評価の尊重

協定は，パネルが国家当局による事実の認定と評価 (establishment and evaluation of facts) を一定の条件のもとに尊重すべきことを求めている。これによると，パネルは，まず第1にダンピングに関する事実の評価にあたって，国家当局による「事実の認定が適切であったか」(proper) また当局による「事実の評価が公平かつ客観的であったか」(unbiased and objective) について決定しなければならない。もしも「当局による事実の認定が適切であり，かつ，当局の評価が公平かつ客観的であった場合」は，パネルはたとえ国家当局とは「異なった結論」に達したときも，「当該当局の評価」がパネルの結論に「優先する」のである（協定17.6 i 条）。

事実の審査基準はしたがって，国家当局の事実認定が適切であり，しかも事実評価が公平・客観的であるという2つのテストからなりたっている。国家当局の事実審査がこれら2つのテストを満たせば，パネルは国家当局の事実審査を尊重し，パネルがあらたに (de-novo) 事実審査を行うことはない。これはGATT時代のパネル慣行を明文化したものであり，GATTパネルは基本的に国家当局の事実審査を尊重し，当局の事実審査をパネルの事実審査によって代替したことはなかった。

(ii) 関連規定の解釈

ダンピング防止協定（17.6 ii 条）はしかし，協定の解釈に関してつぎのようなルールを挿入した。

まずパネルは，「協定の関連規定」を「解釈に関する国際法上の慣習的規則」すなわちウィーン条約法条約に従って解釈しなければならない。これはパネルが，ダンピング防止協定という国際協定をウィーン条約法条約の条約解釈ルール（31条，32条）に従って解釈することを意味する。したがって，パネルはダンピング関連の規定を，「文脈によりかつその趣旨・目的に照らして与えられる用語の通常の意味に従い」誠実に解釈しなければならない。この場合，文脈とともに，関連ルールや慣行（条約の解釈適用に関する当事国間の後日の合意，条約の適用に関する後日の慣行，当事国間に適用される国際法の関連規則）が考慮される（31条）。またこうした解釈方法では意味が不明確となったり，不合理な結果がもたらされるときは，条約解釈の補足的手段として，条約の準備作業や条約締結時の事情を参照することができる（32条）。

このように条約規定をウィーン条約法条約のルールに従って解釈することについては，専門家の間にも異論はない。しかし，問題は，ダンピング防止協定がつぎにみるルールを含んでいることである。

これによると，パネルは，「協定の関連規定が2以上の許容しうる解釈を容認していると判断する」場合，国家「当局の措置がこれらの許容しうる解釈の（いずれか1つ）に基づいている」ときは，問題の当局の措置はダンピング防止協定に「適合している」と認めなければならないとされる。

WTO協定のなかで，このルールほどおおくの議論と反論を招いた規定はない。この解釈ルールは法律的にみると辻褄があわないからである。なぜか。

パネルはウィーン条約法条約のルールに従ってダンピング防止協定を解釈しなければならないとされているが，もしそうであれば，パネルが「2以上の許容しうる解釈」に到達するはずはありえないからである。条約法条約の解釈ルールは，パネルを単一の解釈に導くはずであり，GATT/WTOのみならず他の国際機関（国際司法裁判所）も条約法条約に従って単一の解釈に到達してきた。またかりにパネルが条約法条約の解釈ルールに従って2以上の許容しうる解釈に到達すると仮定しても，おそらくは輸入課税国の貿易制限的な解釈と輸出国の自由貿易的な解釈が衝突することになるであろう。そのような場合にパネルが輸入国の解釈を採用すれば，パネル解釈はいわゆるボトム・レースに陥るかもしれない。

米国がEU・日本・メキシコ産品の定期見直し際して適用した3件のゼロ計算事件（ゼロ計算法慣行事件［巻末表20-38］，日本産鉄鋼ゼロ計算サンセット見直し事件［巻末表20-39］，メキシコ産ステンレス鋼ゼロ計算事件［巻末表20-42］）で，パネルは米国のゼロ計算を許容しうる解釈のひとつとみなした。上級委員会はこれらパネル解釈を退けた。定期見直しにあたりゼロ計算を使うことも当初調査でのゼロ計算と同様，WTOに違反するとした。とくにメキシコ産ステンレス鋼事件で上級委員会は「同一事件に関する上級委員会裁定に背いてきたパネル」を批判した。パネル判断は「WTO判例の一貫した予見可能性のある発展を損なう」からである。そこで，2008年10月の米国ゼロ計算継続事件［巻末表20-43］で，パネルはようやく過去3件の判断と決別した。パネルは，過去の事例で米国の「許容しうる解釈」理論に肩をかした。パネルはそれを率直に認めた。そしてパネルは自己の上級委員会によって修正されてきた事実を指摘した。そのうえでパネルは，本件で上級委員会裁定と異なる判断をするとWTO判例法の予測可能性を損なうとのべ，米国理論を否定した。

(2) パネルによる国家主権の尊重と紛争回避

パネルの慣行をみると，そこには明確な主権尊重 (deference to the State sovereignty) と紛争回避 (issue-avoidance) の傾向をよみとることができる。パネルは国家主権に配慮し，大国との紛争を回避するため，さまざまな法理論を駆使してきた。上級委員会もダンピング以外の分野で言葉の意味が曖昧なときは国家の義務負担を軽くするため言葉を緩やかに解釈する「緩和解釈原則」を適用してきた（EUホルモン事件）。

(3) 国内救済完了の原則とパネル手続

ダンピング防止措置に関するパネル手続には，国際法上の原則である国内救済完了の原則 (exhaustion of local remedies) は適用されない。一般国際法では，企業が外国の措置によって損害を受けたときは，企業が

外国の国内救済手段（裁判所への提訴等）をつくしたあとでなければ，企業の本国は，外交的保護権に基づいて，外国に対して国際請求を行うことができないとされる。しかしこうした原則はWTOの世界では通用しない。それはいたってじっさいてきな理由による。

かりに日本企業がECのダンピング防止措置によって損害を受けたと仮定しよう。この場合，日本政府は，日本企業がECで国内救済手段を完了しなければ，ECを相手どってWTOに提訴できないとすると，WTOレジームは意味を喪失するであろう。というのは，ECで国内救済手続が完了するのは，長期間を要するからである。日本企業はEC当局のダンピング防止措置がEC法に適合しているかどうかについて，まずECの第1審裁判所（First Court of Instance. FCI）に判断を求めなければならない。つづいて第1審裁判所の審理に不服があるときはEC司法裁判所の手続が継続する。日本産複写機事件（キヤノン対理事会等）にみるようにECの審理が終結するまでには5年を要するのである。またGATTパネルも大西洋鮭事件できっぱりと国内救済完了の原則が適用されないことを宣言した。さらには，ウルグアイ・ラウンド交渉で，国内救済完了原則の導入提案は退けられた。

第2節　GATT/WTOの救済と実施

GATT/WTOパネル手続で，加盟国のダンピング課税がGATT/WTO違反とされた場合，どのような救済措置が勧告されるのか。一般的な救済をみたうえで，ダンピング分野の救済をみることにしたい。

1　GATT/WTOの一般的な救済とダンピング分野に固有の救済

GATT/WTOの一般的な救済は，国際法上の救済と著しく異なっている。国際法では，国際司法裁判所は，後述するように，国家の国際法違反を認めると，違反国に対して損害賠償と現状回復を命令することができる。しかし，GATT/WTOでは，パネル・上級委員会は違反国に対し，違法措置を将来に向かってGATT/WTOに合致させるよう勧告することができるにとどまる。したがって，GATT/WTOの世界では，いっぱんに，国家はルール違反をしても，違反措置を停止すればたりるのである。違反措置を過去に遡って撤回する必要もなければ，違反措置から生じた過去の損害を金銭賠償したり，違法な課税を払いもどす必要もない。

もっとも，違法措置のGATT/WTOへの合致の勧告は，あくまでも一般ルールである。ダンピング防止法の分野では，以下にみるようにさらに一歩ふみこんだ救済がパネルによって勧告されてきたからである。

2　違法ダンピング防止税とGATTの救済

GATT時代のほとんどすべてのパネルは，GATT加盟国のダンピング課税が全面的または部分的にGATT違反となると判定した。唯一の例外は，EC・ブラジル産綿糸事件であり，パネルは，この事件で，ECのブラジル産綿糸に対するダンピング課税がGATTに合致していることを承認した。

パネルがGATT違反を認定した事件では，違反の性質におうじて，つぎの4種類の救済措置が勧告された。

① 将来に向かっての違法な税の停止
② 違法なダンピング防止税の撤回とすでに徴収された税の払戻し
③ ダンピング認定の再検討
④ ダンピング課税の見直し調査の開始

(1) 違法な税の停止

EC迂回防止規則事件では，GATT23条手続に従って設置されたパネルは，（ECの迂回防止規則自体は任意法であるからそれ自体は違法ではないとしたうえで）在EC日系企業に課された迂回防止税は差別的内国税（GATT3.2条）にあたると判断した。そしてパネルは，税をGATTに合致させるため，税の適用を将来にわたって停止するよう，ECに勧告した。ECは，迂回防止規則を維持しつつも，迂回防止税の適用を停止した。

しかし，部品調達先の変更に関する約束（在EC日系企業が域内組立のため使用する部品の調達先を日本からECに変更すれば税を適用しないという約束）に関しては，パネルの違法判断がくだされていたにもかかわらず，適用されつづけた。パネルはこの約束は日系企業に外国部品よりもEC部品の調達を強いる点で内国民待遇原則に違反すると判断していた。したがって，本来ならば，日系企業はパネル判断ののちは，約束に従って域内組立のための部品の調達先と原産地を欧州委員会に報告する義務を負わないはずであった。しかし，現実には，日系企業は委員会の要請におうじて，パネル判断後も違法とされた約束を遵守するため，域内組立部品の調達先リストを提出しつづけた。このようにEC迂回防止規則事件では，パネル判断ののち，税の適用は停止されたが，部品調達先に関する（GATT違反の）約束と迂回防止規則自体は維持された。しかし現時点でふりかえると，EC迂回防止規則事件で，違法とされた税が払いもどされなかったことも奇異にみえる。

韓国・米国産ポリアセタル樹脂ダンピング防止税事件でも，パネルは，韓国に対して税のGATTへの合致を勧告した。この事件では，韓国の損害認定はGATT協定の要件に適合していないと判断された。米国は韓国の関連法令規定をGATTに合致させるよう求めたが，パネルはたんに韓国の対米課税措置のGATTへの合致を勧告した。パネル報告は締約国団によって採択された。韓国はパネルの勧告に従って，税をGATTに合致させるための措置をとった。

(2) 違法な税の撤回と払戻し

たんなる税の停止ではなく，税の撤回と払戻しが勧

告された事例がいくつかある。これらは，以下にみるように，問題のダンピング防止税が損害認定なしに課されたり，違法な手続に従って開始された場合である。たしかにこのような場合は，そもそも税を課す根拠がなかったのであるから，違法に課された税の撤回と払戻しが命ぜられてとうぜんであろう。もっともこのような勧告を行ったパネル報告3件のうち，実際に締約国団によって採択されたのは1件にすぎなかった。

それは，ニュージーランド・フィンランド産変圧機事件のパネル報告である。この事件では，ニュージーランドが，国内産業への実質的な損害の発生を立証せずに課税を行ったと，GATT23条手続に基づくパネルは認定した。パネルはこのため1985年の報告で，税の撤回と払戻しを勧告した。パネル報告は1985年7月，GATT締約国団により採択された。ニュージーランドは勧告を実施した。これはGATT時代に税の払戻しが行われた唯一の事例となった。

しかし，2件の事例では違法な税の払戻しを勧告するパネル報告は，敗訴国によりブロッキングされた。

まず米国・スウェーデン産鋼管事件では，東京ラウンド協定手続に基づくパネルは，米国のダンピング課税が違法であったことを認定した。パネルによれば，米国は協定（5.1条）に違反する方法でダンピング防止調査を開始し，その結果確定ダンピング防止税を賦課したとされた。このため，パネルは，違法な調査に基づく課税は，協定（1条）の原則に違反するとして，このような場合は，課税国は，税を撤回するだけではなく，過去のパネル慣行（1985年のニュージーランド・フィンランド産変圧機事件パネル報告）に従い，徴収した税を払いもどすべきであると勧告した。しかしパネル報告（1990年8月送付）は米国のブロッキングにより採択されなかった。

米国・メキシコ産セメント事件でも米国が協定（5.1条）に違反して手続を開始し課税したことがパネルにより認定された。パネルは，米国は協定に基づく再調査を行うことがもはやできないとして税の撤回を勧告した。税の払戻しについては，払戻しが困難な場合があることはたしかだが，本件はそれにあたらないとパネルはのべた。パネルによれば，課税後，長期間，パネル手続が開始されず，徴収額が相当額になり，したがって払戻し額が莫大になるような場合は，たしかに払戻しは輸入国にとって過度の経済負担となるが，本件の場合，メキシコはパネル手続をすみやかに開始し，米国はメキシコによる提訴を早く知ることができたとされた。それゆえ，本件では違法に徴収された税の払戻しがパネルにより勧告されたのであった。しかし，米国はパネルの採択をブロックした。その結果，米国が違法に徴収したダンピング防止税は撤回も払戻しもされずに終わった。

(3) ダンピング認定の再検討

ダンピング認定が違法に行われる場合，たとえばダンピング価格差の算定方法がGATTルールに適合し ていない場合，パネルは，課税国に対してダンピング価格差をもう一度再検討し，あらたに算定された価格差に基づいてダンピング課税をするよう勧告してきた。損害も立証され，ダンピングも存在しているけれども，ダンピングの認定・計算方法に誤りがあるときは，ダンピング認定の再検討が勧告されるのである。

まず米国・ノルウェー産大西洋鮭事件で，東京ラウンド協定手続に基づくパネルは，米国に対し，パネルが示したダンピング価格差の算定方法に照らして価格差の再計算を行うよう勧告した。この事件でノルウェーはパネルが米国に税の撤回・払戻しを勧告するよう求めた。しかし，パネルの考えでは，ダンピング価格差を適正に再計算すると，ダンピングはいぜんとして認定され，ただダンピング防止税の税率だけが異なるおそれがあるとされた。そこで，パネルは税の撤回・払戻し勧告を放棄して，ダンピング認定の再検討を勧告したのであった。パネル報告は1994年4月，採択された。しかし米国は勧告に従ってダンピング価格差を再計算して新しい税率を確定する作業には着手しなかった。

EC・日本産オーディオカセットテープ事件でも同様の勧告が採択された。この事件で日本はECが課した税の撤回と払戻しを勧告するようパネルに求めた。パネルは日本の主張を退けた。パネルによると，ECはダンピングがないにもかかわらずダンピング防止税を課したのではなかった。パネルの認定では，ECによるダンピング価格差の計算方法がGATTダンピング防止協定に適合していなかった。ダンピングは（日本が提出した資料によっても）部分的に存在していた。日本はダンピングが存在しないことを立証できなかった。それゆえ，パネルは，ECにダンピング価格差の再検討をするよう勧告した。再検討の結果，ダンピングが認定できなければ，ECは税を撤回し徴収した税を払いもどさなければならない。しかし，再検討の結果，ダンピング価格差が低く算定されれば，実際に徴収した税額との差額をECは払いもどさなければならない，とパネルはのべた。

パネルのこの結論は多少の解説を要する。

第1に，オーディオカセット事件でECが課したダンピング防止税は，ダンピング価格差ではなく，損害価格差（injury margin）であった。ECは上述のように，低額課税方式（lesser duty rule）に従ってダンピング価格差と損害価格差のいずれか低いほうをじっさいの課税率としているからである。それゆえ，パネルの勧告によると，ECは，再計算されるダンピング価格差とじっさいに徴収した損害価格差税率を比較し，① 再計算ダンピング価格差がゼロであるときは徴収額（損害価格差）を全額払いもどすように，また② 再計算ダンピング価格差が損害価格差よりも低いときは両者の差額を払いもどすように要請された。これは，低額課税方式に基づいて，ダンピング価格差よりも低い損害価格差を課税額とする方式が，つねにかならずしも合

法とはいえないことを意味している（またオーディオカセット事件のパネルはECによる損害価格差の算定方法とGATTとの整合性にはふれなかったため、この争点は将来のWTOパネルで扱われるであろう）。

第2に、パネルは、問題となったダンピング価格差の算定に関するいわゆる経費控除規定が非対称的であり、それゆえダンピング防止協定の「公正な価格比較の原則」に反すると判断した。この規定は強制法・任意法理論に基づき、強制法とみなされたため、パネルは規定をGATTに適合するよう修正することを勧告した。結局パネルは、①ECの強制的な非対称的経費控除規定の修正と、②規定に基づくダンピング価格差の再計算を勧告したのである。

パネル報告は、しかし、GATT手続のもとで、ECによりブロックされた。しかしEC当局は、WTOのもとで、問題のダンピング価格差の算定に関する経費控除規定をみなおし、修正規定を採択した。もっともこの修正規定に基づいて、対日ダンピング防止税を再検討し、適正なダンピング価格差と実際の課税率（損害価格差）を比較するにはいたらなかった。

(4) ダンピング課税の見直し調査の開始

米国・スウェーデン産ステンレス鋼板事件では、米国による税の年次見直し要請の拒否がGATTに適合していたかどうかが争われた。パネルは、米国当局（ITC 国際貿易委員会）がスウェーデンの輸出者からの年次見直しの要請を適正に評価せず、その結果見直しを拒否したと判定した。パネルは、このため、米国に対し、措置をGATTに合致させるため、年次見直しを開始するよう勧告した。米国はパネル報告の採択をブロックした。

3 違法ダンピング防止税とWTOの救済

違法なダンピング防止税に対するWTOの救済は、GATT時代よりも制約された。GATT時代にはかぎられた事例で税の撤回と払戻しがパネルにより勧告されたが、WTOでは、税のWTOへの適合が勧告されるにとどまり、勧告実施の方法として税の撤回が示唆される例は稀になってきている。また税の払戻しが示唆された例も皆無である。そうじてWTOの救済は、将来に向かっての救済（prospective relief）にとどまり、過去に遡る救済（retrospective relief）を含まないのである。ここにも、WTO紛争解決手続のもとでの主権尊重をよみとることができる。

(1) 紛争解決了解の一般的な救済勧告

WTO紛争解決了解は、違法に課されたダンピング防止税に対する救済措置について、特別の規定をおかなかった。了解は、GATT時代の経験に学んで、違法措置の性質におうじて異なる救済（手続が違法に開始されたり損害がないのに課税された場合の税の撤回・払戻し、ダンピング価格差の算定方法が誤った場合の再計算等）を定めなかった。もっともウルグアイ・ラウンド交渉の過程で違法ダンピング防止税に対する救済措置の提案が提出されなかったわけではなかった。たとえば香港は、ダンピング防止手続が違法に開始されたときは、輸入国は輸出者に対し財政的補償（税の払戻し）をするようパネルが勧告する旨の提案を提起した。しかし香港提案は交渉過程で拒絶された。そのけっか、紛争解決了解は、パネルが一般的に行う救済勧告について規定するにとどまった。WTOダンピング防止協定も違法ダンピング防止税に対する救済について特別の規定をおかなかった。

(2) パネル・上級委員会の勧告と勧告実施方法の示唆

紛争解決了解（19条）によれば、パネルと上級委員会は、国家の措置がWTO協定に違反すると認めるときは、違反国に対して措置をWTOに適合させるよう勧告する義務を負い、また適当なときは、勧告の実施方法を示唆することができる。

A 勧告義務

パネルと上級委員会は、国家措置がWTOに違反すると判断するときは、違反措置のWTOへの合致を勧告しなければならない。違反措置は、ダンピング防止税・相殺関税・セーフガード関税のような課税措置でも、数量制限・基準認証・検疫措置のような非課税措置でも同じである。しかし勧告を実施するため、違反措置をどのような手段でWTOに合致させるのかは、敗訴国の自由に委ねられている。WTOパネル（グアテマラ・メキシコ産セメント事件Ⅰ［巻末表11-1]）がのべたように、紛争解決了解（21.3条）によれば、違反国は、紛争解決機関がパネル・上級委員会報告を採択したのち、紛争解決機関の勧告の実施についての意思を通知するよう要請されているからである。違反措置をWTOに合致させるための方法は、違反法令・措置の修正、撤回、再検討等さまざまであり、どの方法を選択すべきかは、違反国に一任されているのである。

B 勧告実施方法の示唆

パネルと上級委員会は、勧告から一歩すすんで、勧告の実施方法を示唆することもできる。これはパネルと上級委員会がとれるオプションであり、義務ではない。またWTOパネル（グアテマラ・メキシコ産セメント事件Ⅰ）が確認してきたように、勧告実施方法の示唆は、義務的な勧告の一部とはならない。勧告実施方法が多岐にわたり、いずれの方法が最適であるかについて疑問があるときは、パネルは示唆をしないこともできる。また示唆は違反国を拘束しない。

パネルと上級委員会の権限は、了解（3.2条）が釘をさしたように、きびしく制約されている。パネルと上級委員会は認定や勧告にさいして、WTO協定が定める権利・義務に新たな権利・義務を追加してはならず、またはWTO協定に定める権利・義務を減ずることはできないとされているからである。

C 勧告の実施措置と実施審査パネル

違反国が勧告実施方法の選択について裁量をもつとしても、実施措置がいぜんとして勧告に違反する場合がある。そのようなときは、紛争解決了解（21.5条）

第5章　ダンピング防止措置の司法審査と救済

に従って，実施措置がWTOに合致しているかどうかについて，実施審査パネルが設置され，このパネルが実施審査のWTO適合性について判断をくだす。実施審査パネル報告に対し，上訴が行われるときは，上級委員会が実施措置とWTOとの整合性について判定を行う。ダンピングの分野ではメキシコ異性化糖事件［巻末表16-1］で実施審査パネル手続が行われ，メキシコの実施措置がいぜんとしてWTOに違反していることが確認された。EC・インド産ベッド用品事件の実施審査もEC実施措置を部分的にWTO違反とした。

(3) WTOの実行

違法なダンピング防止税に対する救済方法が最初に扱われたWTO事例は，グアテマラ・メキシコ産セメント事件I［巻末表11-1］であった。この事件で，グアテマラは，国内唯一のセメント生産者の提訴に基づき，メキシコ産セメントに対しダンピング防止調査を開始し，確定ダンピング防止税を賦課した。メキシコの申立を受けて設置されたパネルは，その未採択報告（1998年6月に加盟国に送付されたが，上訴後，上級委員会により覆された報告）のなかで，グアテマラが，調査対象国メキシコへの事前通知なしに，また十分な証拠（ダンピング・損害・因果関係）なしにダンピング防止調査を開始したことを認めた。

そこでパネルは，グアテマラが協定（5.5条）に反してメキシコへの事前通知なしに調査を開始したことに関し，違反措置を協定に合致させるよう勧告した。しかしこの勧告を実施する方法については示唆を控えた。

他方，パネルは，グアテマラが協定（5.3条）にそむいて十分な証拠なしに調査を開始したことについて，違反措置の協定への合致を勧告し，勧告実施方法についても検討をくわえた。この点，GATT時代の慣行では，十分な証拠なしに調査が開始され課税されたときは，パネルは税の撤回と払戻しを課税国に勧告していた。このためメキシコは，WTOパネルが税の撤回と払戻しを勧告するよう要請した。パネルは，勧告実施方法として税の撤回のみを示唆した。パネルによれば，勧告実施のための唯一の適切な手段（the only appropriate means）は税の撤回であるとされた。しかし，パネルは税の払戻しの示唆を行わず，示唆を行わない理由にもふれなかった。

もっともセメント事件I［巻末表11-1］のパネル報告は上級委員会によって手続上の理由で覆された。メキシコは，そこで同一のダンピング課税に関し，再度パネル手続を開始した。これがセメント事件II［巻末表11-2］である。この事件でもパネルは，グアテマラが協定（5.5条，5.3条）に反してメキシコ政府への通知なしに，また十分な証拠なしに調査を開始し課税したと判定した。そしてパネルはセメント事件Iの場合と同様に，十分な証拠なしに調査が開始されたことに関し，違反措置の協定への合致を勧告し，勧告実施方法として，税の撤回のみを示唆した。パネルはメキシコが要求した税の払戻しについては，グアテマラが3年半にわたって違法な税を賦課してきた事実を確認し，またメキシコによる税の払戻しの要求は本件の状況下では理解できるとのべた。しかしメキシコの要請は，重要な組織全体にかかわる問題（important systemic issues）であるから，要請にはおうずることができないと結論した。

他の大部分の事件では，違法なダンピング防止税に対し，協定への合致の勧告のみが行われた。それらは2006年すえ現在で15件に達する（米国・韓国産DRAM事件，メキシコ・異性化糖事件，米国1916年法事件，EC・インド産ベッド用品事件，アルゼンチン陶磁タイル事件，タイ鉄鋼事件，米国・日本産熱延鋼事件，米国・インド産鋼板事件，エジプト鉄筋事件，カナダ木材事件III，メキシコ長粒米事件，米国・メキシコ産油井管事件，米国・アルゼンチン産鶏肉事件，米国・カナダ木材事件V，米国ゼロ計算法慣行事件）。したがって，勧告実施方法が示唆された例は上述のセメント事件IIとアルゼンチン鶏肉ダンピング防止税事件［巻末表1-6］にとどまり，その示唆も税の撤回の域をでないのである。アルゼンチン鶏肉ダンピング防止税事件のパネルはアルゼンチンのブラジル産鶏肉に対するダンピング防止税が協定に違反しており，しかも違反は基本的で全体にわたっている（of a fundamental nature and pervasive）から，「違法性の性質と程度にてらし」アルゼンチンに確定税の撤回を勧告した。このパネル報告は2003年5月，紛争解決機関により採択された。しかし，韓国インドネシア製紙事件［巻末表15-6］のパネル報告は，2005年11月，上訴なしに採択されたものの，消極姿勢をみせた。この事件で，インドネシアは韓国の違法措置の撤回を勧告するよう求めたが，パネルは，勧告は例外的な裁量行為に属するから，措置撤回の勧告を行わないとこたえた。ところが，メキシコ・鉄鋼管事件［巻末表16-5］のパネル判断（2007年6月送付）は，課税当局が十分なダンピング・損害の証拠なしに調査を開始し，しかも因果関係の認定を誤ったとして当局にダンピング防止措置の撤回を示唆した。

パネルは，税の撤回の要求についても消極的である。米国・韓国産鋼板薄板事件［巻末表20.14］でパネルが強調したように，税の撤回は，違反国が違法なダンピング認定を再検討しそのけっかダンピングがゼロとなることが明らかな場合にかぎって示唆することができるとされる。違反国が違法なダンピング認定を再検討しても，結果はかならずしもダンピングなしとはならないときは，税の撤回は示唆できないというのが，パネルの基本的な考えである。

なお法令自体がWTOに違反する場合，1916年法事件［巻末表20-9］ではWTOへの適合が勧告されたにとどまったが，バード修正条項事件［巻末表20-25］では条項そのものの廃止が勧告実施方法として示唆された。

国際経済法

187

第3節　国内裁判所の救済

1　EC司法裁判所の救済
(1) WTO勧告の効果
EUでは，企業がEU当局の課税措置を受けたり，加盟国税関からEU課税を徴収される場合，企業はEU課税や税関徴税をWTO違反としたDSB勧告を援用できない。WTO判例と勧告は，EUで直接効果 (direct effect) をもたないのである。これは，BIRET判決，イケア判決でも踏襲された。しかしEU司法裁判所は，WTO法の直接効果を否認した反面，その間接効果 (indiret effect) を認めた。

第1に，EU法が明示にGATT/WTO規定に言及した場合，WTO規定はEUで効力をもつ。これがWTO規定の間接効果の1つである。Fediol事件でEU司法裁判所は，EU貿易障壁規則（いわゆるEU版301条，新通商政策手段．new commercial policy instrument）が，GATT/違反の違法通商慣行をもつ第3国に対し，私人が提訴権をもつことを認めた。私人は，第3国貿易慣行がWTOに違反しているかどうかについて，委員会に決定の見直しを求めることになる。そして裁判所は委員会が「妥当な方法」(in a reasonable manner) でWTO規定を解釈したかどうかついて司法審査を行う。

第2に，EU規則がGATT/WTOを実施するため採択された場合に，EU司法裁判所はEU規則をWTOに照らして審査することができる。EUダンピング基本規則は，明文にあるようにGATT本体規定（6条）とGATT/WTOダンピング防止協定をEUで実施するために採択された。中島オール事件で，OEM企業の中島オールはEUダンピング基本規則のGATT整合性についてEC司法裁判所の判断を求めた（旧EEC条約184条）。EC司法裁判所は，中島の提訴を退けたが，裁判所はきEC基本規則とGATTダンピング協定を審査することができ，条件さえ満たされれば，EC基本規則の不適用を宣言できるとのべた。ここにWTOのEUでの間接効果をみいだすことができるのである。

(2) EC法に照らした救済
A　ペトロタブ判決
ECはルーマニア・東欧・ロシア等非合金管継手に対しダンピング防止税を課し，その過程で，取引ごとの方式 (tansaction-by-transaction) によるゼロ計算を行った。ルーマニアのペトロタブ社 (Petrotub SA) はEUに提訴した。EUの第1審裁判所はEU課税をEU法に照らして合法と判断した。ペトロタブの上訴を受けて，EU司法裁判所（2003年1月判決）はEU課税規則は取引ごとの方式を採用する理由を説明しなかった，これはEC基本規則が定める加盟国の義務にそむくとして，第1審裁判所判決を覆した。しかし，EU司法裁判所はWTO協定の義務違反を認めたのはなかった。裁判所はWTO規定を踏襲したEC基本規則の義務違反を確認したにとどまるのである (TWO APPEALS against the judgment of the Court of First Instance of the European Communities of 15 December 1999 in Joined Cases T-33/98 and T-34/98 Petrotub and Republica v Council [1999] ECR II-3837)。

B　イケア判決
インドベッド用品事件のパネル・上級委員会は，EUのゼロ計算をWTO違反とした。スウェーデンの家具販売企業イケア社 (Ikea) は，同社のインド産品に課されたダンピング防止税の払い戻しを英国税関に求めた。英国当局は払い戻しを拒否した。英国高等裁判所は，事件の解決をはかるため，先決的判決をEC司法裁判所に要請した。EU司法裁判所は，EC当局のゼロ計算は明白な評価の誤りにあたり，EC法上違法であるとのべた（2007年9月判決）。それゆえ共同体関税法典に基づき，EC法上違法に徴収されたダンピング防止税は払い戻されなければならないと結論した。

2　他のWTO加盟国
米国は，WTO発足にあわせて，WTO実施法 (Section 102 of the Uruguay Round Agreements Act) を制定し，そのなかでWTOルールの直接効果を否定した。日本はGATT時代の西陣織物事件でGATTの直接効果を否定した。またWTO発足後は，WTOの直接適用 (direc applicability) を認めつつ，直接効果を否定している。

第6章
ダンピング防止措置の効果と見直し

第1節　ダンピング防止措置の効果

1 ダンピング防止税の反競争的効果

現代ダンピング防止法の弱点の1つは，ダンピング防止税がもたらす競争制限効果にある。ダンピング防止税は，国内産業を低価格輸入から保護するため，輸入品への課税をつうじて，国産品と輸入品との価格競争を制限しまたは排除する効果をもつからである。この場合，国内産業の保護にあたり，外国生産者が国内産業よりも効率的であるかどうかは，原則として問題とならない。それゆえ，通商措置は，法律の適用要件が満たされるかぎり，非効率的な国内産業を，効率的な外国生産者との競争から保護することができる。

これに対し，競争法は，産品の生産者が国内産業であるか外国企業であるかにかかわりなく，国産品と輸入品の競争を促進し，そのけっか，効率的な生産者に恩恵をあたえる。つまり，競争法は，「競争の保護と促進」を追求するのであり，この点で，通商法が，「競争者の保護」（すなわち外国生産者の競争者である国内産業の保護）のために競争を制限するのと異なるのである。

このため，ダンピング防止法のなかに競争法的観点をどのように導入するかが問題となる。第1に，ダンピング課税にあたって競争法的要素（消費者・ユーザー保護等）を公益条項に基づいてどのように考慮するのかが課題とされている。またダンピング当局が課税決定の過程で競争当局の見解をどのように考慮するのかも問われている。しかし，EUをとりあげると，委員会の通商総局が競争総局の見解を考慮して課税を停止した例はない。両者はたえず意見交換を行っているが，競争総局が通商総局のダンピング課税に関与して課税回避を説得した先例も存在しない。米国の場合も，競争当局（司法省，連邦取引委員会）がダンピング当局（商務省，ITC）と競争法的観点から対話したケースは過去の例外事例を除いてない。日本でも公正取引委員会とダンピング調査合同機関との間に対話が設定された例はない。

2 ダンピング防止措置と輸入国国内産業の没落

かつて欧米当局がダンピング防止税を発動してきた事例で，課税の末に欧米国内産業が競争力を回復し蘇生した例はない。逆にダンピング課税は輸入国国内産業の弱体化を招いた。

3 日本産TVに対する米国ダンピング防止措置の経緯

米国の日本製TV（テレビ受像機）事件は，1921年ダンピング防止法（本来の米国ダンピング防止法），1916年法（略奪的ダンピング対抗法），セーフガード手続（1974年通商法201条），迂回防止手続（後開発産品手続），反トラスト法が併行して適用された稀な例である。これらのうちダンピング防止措置は，1990年代後半に米国提訴企業が韓国企業に買収され消滅したため終結した。1916年法と反トラスト法手続は1986年の米国最高裁判決で日本企業勝訴に終わった。かくして，2000年現在，米国でTV生産を行っている企業は，日本・韓国・EC企業となり，米国資本企業は完全に消滅した。

(1) 日本製TVに対する米国1921年ダンピング防止法ケース

日本製TVに対する米国ダンピング課税は，1971年の課税命令以降，さまざまな紆余曲折（ソニーの除外，和解協定，和解協定訴訟，年次再審査等）をへて1990年代後半に終了した。それは米国の唯一の提訴企業（Zenith）が韓国企業に買収され，課税が終結したことによる。対日TVダンピング事件は，大別して3つの時期に分けられる。

A　1968年の提訴から1971年のダンピング裁定までの第1期

対象商品は日本製白黒およびカラーTV受像機であり，1968年の調査開始後，1970年の財務省仮決定（ダンピング認定と全日本メーカーに対する9.5％の供託金支払い命令），1970年-71年最終決定（ダンピングと損害発生の認定，個別企業別のダンピング価格差の発表なし）がだされた。なお米国提訴企業NUE（National Union Electric Co）社は，日本メーカー7社と米国子会社を相手どり1916年ダンピング防止法と反トラスト法違反で連邦地裁に提訴した。

B　1971年のダンピング裁定から1980年の和解協定までの第2期

(i) 日本企業によるダンピング裁定撤回の申請

関税局によるダンピング価格差算定方式の発表後，日本企業はダンピング価格差はゼロであると主張して米国当局にダンピング裁定の撤回を申請し，1975年ソニーのみがダンピング裁定を最終的に撤回された。

(ii) 1974年通商法201条に基づくセーフガード措置手続と1977年の日米市場秩序維持協定

米国国内産業の提訴により，1974年通商法201条に基づく対日カラーTVセーフガード手続が開始されたが，1977年4月に日米間で市場秩序維持協定（OMA）が締結された。

(iii) 米国の物品税方式と日米和解協定

議会が介入したため，財務省は中断していたダンピング価格差の算定作業をすすめ，日本国内での正常価

額の代わりに，日本政府が物品税を徴収するため採用していた課税標準である小売価格ベース価格（小売価格に一定％を乗じた額）を用いて，ダンピング価格差を算定しようとした。しかしこの算定方式には日本企業から異議が提起され，けっきょく米国商務省（財務省から権限移管）と日系企業の間で1980年4月，和解協定が成立した。協定の内容は，日系企業が米国に総額7600万ドルを支払うもので，①商務省は1971年3月から79年3月までの期間に関してダンピング防止税の請求権を放棄する，代わりに日本側は6600万ドルの和解金を支払う，②米国は輸入価格の虚偽申告（過大申告）に関する関税評価法事件の調査を打ち切る，代わりに日本側は1000万ドルの和解金を支払うというものであった。これに対し，米国企業は和解協定の無効（とダンピング防止税清算の差し止め）を求めて連邦地方裁判所，関税裁判所（のちの国際貿易裁判所）に提訴したが，最終的に商務省が勝訴し，1983年7月，日本企業は米国政府に和解金を支払った。

C 1980年の和解協定以降の第3期
(i) 第1年次再審査

1979年4月から1980年3月までの第1年次再審査が行われ，ダンピングが認定されたが，米国企業（Zenith/Compact）はこの認定方法（とくに正常価額算定方式）に対し，国際貿易裁判所へ商務省を相手どって提訴した。しかし，1986年2月の控訴審で米国企業は敗訴した。

(ii) 第2年次再審査

1980年4月から1981年3月までの第2年次再審査により，ダンピング価格差が2年間発生していないかまたは僅少である日本企業に対し，ダンピング裁定を撤回する旨の商務省仮決定が公表された。

(iii) 第3年次再審査と第4年次再審査

商務省はダンピング裁定撤回の仮決定を無視して，1986年3月，一方的に前年度（1985年4月から1986年3月まで）につき年次再審査を行うことを利害関係者に通告した。日本企業は，商務省による撤回仮決定の無視を不服として，1986年7月，国際貿易裁判所に提訴した。

(iv) 迂回防止措置

TVへの課税後，その後開発産品（液晶TV，TV/VTRコンビネーション機器等）も米国迂回防止措置に基づき，課税対象となった。

TV事件は，他のケースに比べて，課税期間が長期にわたり，しかもその間に為替変動があり，またダンピング・マージンの算定方式が繰り返し当局により変更された。このため，ほとんどの企業は，実務上，ダンピングが発生しないよう厳密な価格管理を行う道を絶たれた。

(2) 米国1916年法と反トラスト法手続
A 米国企業の主張

1970年，米国企業はつぎの反トラスト法手続と1916年法手続を開始した。

(i) 日本国内での高価格販売と対米低価格輸出

日本企業は共謀してTVの日本国内価格を高水準に維持し，それによってえた余剰利益を財源として，TVを，共謀してまた単独で，安く価格を設定し，米国にダンピング輸出した（シャーマン法1条，ウィルソン関税法，1916年反ダンピング法違反）。

(ii) 日本企業の行為は，米国企業を排除し米国市場の独占を企図しており（シャーマン法2条違反），このような共謀の一環として，日本企業は米国企業を不法に買収し（クレイトン法7条違反），さらに共謀をすいしんするため価格差別を行った（ロビンソン・パットマン法違反）。

B 米国連邦最高裁判決

この訴訟は，第1審（連邦地裁），控訴審（第3巡回裁判所）をへて，連邦最高裁判所の日本企業勝訴判決（控訴審判決の破棄差戻し）により終結した。判決要旨はつぎのとおりであった。

(i) TVヤミカルテル等は原告に損害をあたえた共謀の直接証拠とはならない（日本市場で高く売り，米国市場で安く売るという共謀はシャーマン法に違反するにしても，原告の利益を害することにはならない。）。

(ii) 1916年法にいう略奪的価格設定行為（不確実な利益をえるために実質的な損失をだしつづける投機的なもの）を共謀することは本来おこりそうにない。

(iii) 日本企業の米国市場での価格引上げ行為（チェックプライス協定，5社枠による価格引上げ）によって，米国企業は反トラスト上の損害を受けていない（このため，政府強制の問題にたちいる必要はない）。

1986年12月，控訴裁は，再審理の結果，日本企業による略奪的価格設定の共謀を示す証拠はないと判決した。

1987年4月，最高裁は米国企業の上告申請を却下し，これにより控訴裁判決が確定した。

第2節　WTOダンピング防止協定の見直し

2001年11月のDoha閣僚会議は，宣言（28項）のなかで「WTOルールの見直し」，とくにダンピング防止協定と相殺措置協定の見直しを，新ラウンドの課題の1つとした。ただし，宣言は，これら協定の見直しが，ダンピング防止措置や相殺措置のコアにふれてはならないことを明確にしている。宣言によれば，ルールの見直しは，措置の「基本概念と原則および目的」にはおよばないとされるからである。見直し作業は，「開発途上国と後発開発途上国のニーズを考慮に入れつつ」，ダンピング防止と相殺措置のための「規律の明確化と改善」にのみ向けられなければならないとされる。

日本等はルール見直しのための最初のダンピング防止協定改正提案を 2002 年 4 月 26 日に提出した。この提案は前文で，ダンピング防止措置の貿易制限効果 (the consequent traderestrictive effects) を指摘し，Doha 閣僚宣言がこのような効果を回避するためのマンデートを加盟国にあたえたとのべた。そのうえで，提案は，ダンピング認定（正常価額算定，ダンピング価格差計算等），損害認定，因果関係，injury margin と lesser duty rule，公益条項に関する検討を指摘した。しかし，新ラウンドが 2006 年 7 月に崩壊したため，影をひそめた。2008 年 12 月議長提案 a new, bottom-up approach. 加盟国間にある程度の見解の一致がみられる領域でのみ新しい法案を示す見解の対立がある分野では妥協案を括弧書きでまた一般的表現で要約するゼロ計算，迂回防止規定，少額課税方式（a lesser duty rule）。

第 7 章
迂回防止措置

以上もっぱら伝統的なダンピング防止措置の詳細をみてきたが，さいごに WTO ダンピング防止協定が規定していない迂回防止措置にもふれておく必要がある。

第 1 節　迂回の概念と迂回防止規定

1 迂回の概念と迂回防止措置
(1) 迂回の概念

迂回とは，企業が輸出品にダンピング防止税を賦課されたのち税の支払を回避するためとる行為をさし，

図　迂回のイメージ

マレーシア産液晶TVが米国でダンピング防止税を賦課されたとする。この場合，マレーシア企業が米国ダンピング防止税を回避するため，米国に部品を持ち込んでTVを組み立てる行為やシンガポール（第三国）に部品を送ってTVを組み立てる行為は，輸入国迂回や第三国迂回とみなされるおそれがある。またマレーシアから液晶TVの微小変更品（付加機能付液晶TV）や後発開発産品を米国に輸出する行為も米国では迂回とみなされかねない。

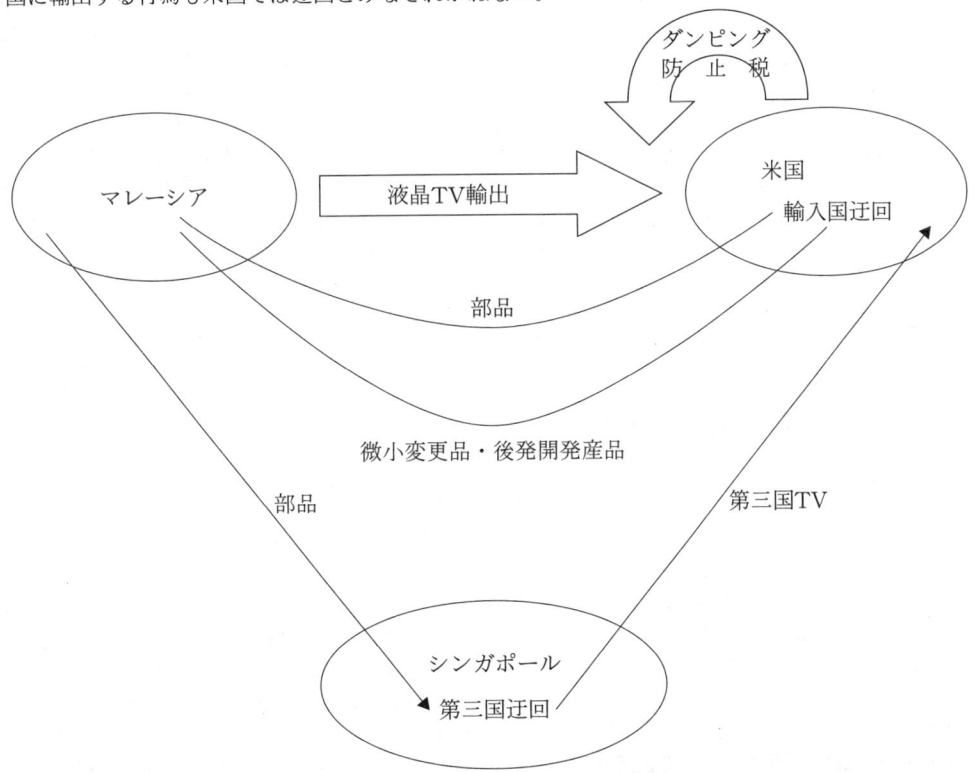

一部主要国（とくに米国）の見方にたてばつぎのように分類される。
(i) 輸入国迂回
輸出国（日本等）から課税対象産品を輸出する代わりに，輸入国（米国等の課税国）に部品をもちこみそこで課税対象産品と同種の産品をくみたてることを輸入国迂回（importing country circumvention）という。この場合，ダンピング防止税は課税対象産品にのみ課されその部品には課されない。したがって，輸入国への部品輸入と同種産品の組立は，課税対象産品に課された「本来支払うべきダンピング防止税」の支払を回避するための行為とみなされるのである。
(ii) 第 3 国迂回
輸出国から課税対象産品を輸出する代わりに，第 3 国（たとえば東南アジア諸国）に部品をもちこみそこで課税対象産品と同種の産品をくみたててこの同種産品を輸入国へ輸出することを第 3 国迂回（third country circumvention）という。この場合も，ダンピング防止税は課税対象国の産品にのみ課され第 3 国の産品には原則として課されない。それゆえ，第 3 国への部品輸入と同種産品の組立・輸出は，課税対象国の産品へのダンピング課税を回避するための方策と解釈されるのである。
(iii) 微小変更品と後開発産品の輸出
課税対象産品そのものを輸出するのではなく，課税対象産品に微小変更をくわえた産品（slightly altered products）や課税後の開発産品（later developed products）を輸出することをいう。これらの場合も，微小変更品や後開発産品は一部主要国の見解では課税対象産品と同種または同類の産品にほかならないため，微小変更品や後開発産品の輸入にあたって，ダンピング防止税を支払わないことは，課税回避に該当するのである。
(2) 迂回防止措置
輸入国は，これら迂回を認定すると，所定の条件のもとに，輸入される部品，第 3 国組立品，部分的変更品または後開発産品に対して，ダンピング防止法上の正式の調査（ダンピングと損害の存在に関する調査）なしに，既存のダンピング防止税を拡張適用している。ダンピング課税にあたって正式の調査が省かれるのは，問題の調査がすでに既存の課税対象産品に関して終了していること，迂回防止措置は回避された既存のダンピング課税を回復するためのものでありあらたなダンピング課税に該当しないこと，それゆえあらたなダンピングと損害の調査はそもそも不要であるとの考えに基づいている。

2 迂回防止規定の沿革

迂回防止規定は，もともとは EC と米国の GATT 時代の法慣行に由来している。規定を最初に導入したのは EC であり，これに米国が追随した。

もっともこの種の迂回防止措置は，一部主要国が一方的に導入したものにすぎず，GATT・WTO で国際的に認知されたものではない。GATT ウルグアイ・ラウンド交渉では国際的な迂回防止ルールを樹立するための討議が行われたが，最終ドラフトにもられた迂回防止規定は交渉の土壇場で削除され，けっきょく WTO 協定は国際ルールの作成を将来の交渉に委ねたのであった。

WTO 発足後，典型的迂回に対する防止措置を規定した国は，米国，EC のほか，マレーシア（1993 年法の包括的迂回防止条項），メキシコ（Foreign Trade Act/Annex 1/71 条の輸入国迂回・第 3 国迂回条項），ベネズエラ（95 年不公正貿易慣行法規則 54 条の輸入国迂回条項），アイスランド（規則 351/199 号 39 条の輸入国迂回条項），中国を含んだ。しかし措置を現実にとっている国は EC と米国のみである。また米国と EC は，迂回防止規定に基づかずに，原産地判定に従って，第 3 国迂回に対する防止措置をとっている。法規定に基づく迂回防止措置を法律上の措置と呼べば，原産地判定に基づく迂回防止措置は事実上の措置ということができよう。

ここでは，このように国際的に合意のない迂回防止措置についてその法的争点と課題を明らかにし，将来の WTO 交渉のための着眼点を指摘してみたい。このため，迂回防止措置の発展過程をつぎの 3 段階に分けてたどりなおしてみよう。
− EC と米国の当初の迂回防止措置
− 迂回防止措置をめぐる GATT ウルグアイ・ラウンド交渉
− WTO 発足後の EC と米国の迂回防止措置

第 2 節　EC と米国の当初の迂回防止措置

1 EC の迂回防止措置

1980 年代半ば以降，迂回防止措置を積極的に適用した国は EC であった。EC は，まず第 3 国迂回に対しては原産地判定によってまた輸入国迂回に対しては特別の規則によって迂回行為に対処してきた。原産地規則に基づく第 3 国迂回の防止措置は日本企業の海外生産品に適用され，日 EC・米 EC 摩擦をひきおこした。他方，EC の輸入国迂回防止規定は GATT パネルにより GATT 違反（差別的内国税）と判定された。

(1) 原産地規則に基づく第 3 国迂回防止措置

EC が第 3 国迂回に対処するためにとった方法は，特別の迂回防止規定の制定ではなく，既存の EC 原産地規則の運用であった。たとえば，日本企業が，産品にダンピング防止税を賦課されたのち，第 3 国で製品をくみたて EC に輸出する場合，EC 各国税関は，第 3 国組立品の原産地を EC 原産地規則に従って判定し，第 3 国組立品を日本産品とみなすときは，これに日本産品への既存のダンピング防止税を拡張適用したのである（香港・三田工業事件，リコー・カリフォルニア事件等）。また EC 原産地規則（旧基本規則 802/68 号 6 条）の

第 7 章　迂回防止措置

迂回防止条項も，第 3 国迂回を防止するために援用される可能性があった。この条項によると，法規定（「特定国からの産品に適用される EC または加盟国の規定」，たとえば EC ダンピング課税規則）の回避を唯一の目的とする工程は，原産地を付与しないため，企業が EC のダンピング課税を回避するため第 3 国で生産を開始しても，第 3 国組立品の原産地は，いぜんとして課税対象国となり，けっきょく第 3 国組立品は，既存のダンピング防止税を拡張適用されるからである。しかしこうした迂回防止条項はいまだに適用された例がない。

(2) 輸入国迂回と部品ダンピング規則

他方，EC は輸入国迂回に対処するため，1987 年 6 月，いわゆる「部品ダンピング税規則」（EC ダンピング基本規則 13 条 10）を導入し，一定の条件のもとに輸入国迂回を認定した。しかし GATT パネルは EC の迂回防止税が輸入税ではなく差別的内国税（内国民待遇原則違反）に該当すると結論した。ただし，パネルは，EC 迂回防止規定そのものは，強制法・任意法理論に従い，任意法に該当するから，それだけでは GATT 違反とはならないとのべた。パネルは，EC による迂回防止規定の廃止が「望ましい」（desirable）が，EC は迂回防止規定の適用を停止すれば，GATT 上の義務に合致するとつけくわえた。

2　米国の包括通商法

EC につづいて迂回防止規定を導入したのは米国であるが，米国は同規定の導入に先だって行政慣行によって，迂回に対処していた。

(1) 輸入国迂回の防止措置

米国ダンピング防止法（1930 年関税法第 7 編）によれば，ダンピング防止税の対象産品は，「ある等級または種類（class or kind）の商品」すなわち「同類産品」とされている。したがって，既存のダンピング課税の対象とされる「同類産品」のなかに，輸入国迂回のための輸入部品が含まれれば，ダンピング防止税は自動的に輸入部品に拡張適用されたのである（韓国製カラーTV 事件）。しかも，米国当局（商務省）は，将来の迂回にそなえて，ダンピング防止税の賦課命令のなかで，あらかじめ，完成品のほか完成品と同類の部品を課税対象のなかに含める慣行を確立した（日本製自動車電話事件，日本製ワープロ事件等）。そして完成品と部品は，物理的性質，最終購入者，取引経路，宣伝方法，最終用途が同じであれば，同類産品とみなされる（Diversified Products Corp. v. US; Kyowa Gas Chemical Industry v. US），商務省は米国国際貿易裁判所が認めたように特定部品やサブアッセンブリが完成品と同類であるかどうかを決定するための広範な権限を認められたのである（Kyowa Gas Chemical Industry Co. v. US）。同様に，微小変更品や後開発産品も，既存のダンピング課税によってカバーされる同類産品に含まれれば，既存ダンピング防止税を拡張適用された（日本製ポータブル電動タイプライター事件，日本製 TV 事件，日本製 256K DRAM 事件）。

(2) 第 3 国迂回の防止と原産地判定

米国は，第 3 国迂回に対しては，EC とまったく同じように，第 3 国組立品の原産地判定をとおして，迂回に対処した。したがって，日本企業が完成品にダンピング防止税を賦課されたのち，第 3 国で同種の産品をくみたてて米国に輸出する場合，米国当局は，第 3 国組立品を米国原産地規則に従って判定し，第 3 国組立品を日本産品と判定すれば，第 3 国組立品に既存の税を拡張適用したのであった（日本製 TV 事件，日本製 EPROM 事件，日本製 256K DRAM 事件，日本製 3.5 インチ・マイクロ・フロッピー・ディスク事件）。

(3) 包括通商法の迂回防止規定

1988 年包括通商法（1321 条 a）は，迂回防止に関する行政慣行を明文化するため，1930 年関税法に，迂回防止規定（781 条 a, b, c, d）を追加し，そのなかで EC よりも広範な迂回防止措置を導入した。EC は輸入国迂回のみを規定したが，米国は輸入国迂回のほかに第 3 国迂回と部分的変更品または後開発産品の輸出を法律のなかで典型的な迂回の例として明示したからである。

A 輸入国迂回の防止措置

輸入国迂回はつぎの 3 つの要件がそろえば成立する。
① 米国内でくみたてられる産品が，すでにダンピング防止税を賦課された完成品と「同じ等級または種類の産品」（つまり「同類産品」）であること
② 米国内での組立品が，「課税対象国で生産された（produced）部品」からくみたてられること
③ 米国内での組立品の価額と輸入部品の価額の差が，「小さい」（small）こと

商務省は，こうした迂回があれば，輸入部品を既存課税命令の対象範囲（同類産品）に含め，同部品に既存のダンピング防止税を拡張適用することができるとされた。米国法では輸入国迂回の場合の迂回防止税は輸入部品に対して課されるのであり，この点で輸入国の国内組立品に迂回防止税を賦課した EC システムと著しい対照を成していた。

ただし，商務省は，この課税拡張が，米国の国際的義務に抵触しないよう確保するため，決定に先だち，ITC（国際貿易委員会）に通告しなければならない。この通告を受けて，ITC は，課税拡張に関し商務省との協議を要請することができ（もっとも要請する義務はない），協議ののち，課税拡張が著しい損害問題を提起すると信ずるときは，商務省に対して通告後 6 日以内に書面による損害勧告（injury advice）を提出することができる。この損害勧告は，個々の輸入部品に関する正式の損害調査（つまり課税対象国からの部品の輸入が米国国内産業にあたえる損害の調査）ではなく，輸入部品の総体が既存のダンピング課税命令でカバーされた米国国内産業の完成品と同種であるかどうか，つまり輸入部品への課税拡張が既存の肯定的損害認定と両立しないかどうかを検討するためのものであった。したがって米国迂回防止システムのもとで，既存の（完成品に対する）ダンピング防止税が，米国への輸入部品に対して，

ダンピングと損害の調査（輸入部品がダンピング輸出されたかどうか，この部品輸入によって米国の同種部品産業が損害を受けたかどうかの調査）なしに拡張適用されることは明白であった。

米国当局の実行をみると，商務省は日本製フォークリフト・トラック事件と日本製電動タイプライター事件で迂回調査を行い，最終的に迂回否定決定を下した。そこでの争点の1つは，迂回の認定要件の1つである価額差が小さいかどうかであり，商務省は，小さい価額差の認定はケース・バイ・ケースで行うべきであり小さい価額差の基準は画一的には設定できないとのべた。とくにフォークリフト・トラック事件では，価額差は25～40％であり，これは小さいとはいえないとされた。このため商務省は，日系企業の米国内投資が相当であること，米国内での生産工程が実質的であること，日系企業の部品調達先が日本に限定されず多様化していること等を総合的に判断したうえで迂回を否定したのであった。

B 第3国迂回の防止規定

第3国迂回には2つの形態がある。

第1は，完成品に課せられたダンピング防止税を回避するため，第3国で課税対象産品と同種の産品をくみたて米国へ輸出する本来の迂回行為であり，これはつぎの3つの要件がそろえば認定される。

① 第3国で完成され，米国に輸入される組立品が，すでにダンピング防止税を賦課された完成品と「同じ等級または種類の産品」（同類産品）であること
② 第3国からの輸入組立品が，課税対象国で生産された部品からくみたてられること
③ 組立品の価額（第3国から米国に輸入された組立品の価額）と課税対象国部品の価額（課税対象国から第3国に輸入された部品の価額）の差が小さいこと

第2は，部品に課せられたダンピング防止税を回避するため，第3国で部品の同類産品を米国へ輸出するいわゆるダイヴァージョン（diversion）であり，それは上記価額差——つまり米国に輸入される同類産品の価額と課税対象国から第3国に輸入される部品の価額の差——がちいさい場合に認定される。

商務省は，これら迂回またはダイヴァージョンを認めると，ITCに通告しまた場合によりITCの損害勧告を考慮したのち，第3国から輸入される組立品または同類産品に既存のダンピング防止税を拡張適用することができる。

商務省の実行をみると，4カ国製カラーTVブラウン管（Color Picture Tubes）事件で商務省はダイヴァージョンの存在を否定した。この事件では，日韓企業等がブラウン管へのダンピング防止税を回避するためメキシコにブラウン管をもちこみそこでTVを製造し米国向けに輸出する行為がダイヴァージョンに該当するかどうかが争われた。しかし，本件でダイヴァージョンが成立するためには，問題のTVがブラウン管の同類産品でなければならないが，TVはブラウン管の同類産品ではないとして，商務省はダイヴァージョンを否定した。また本件の価額差は日本製品の場合，55－70％であり，これは小さくないと判定された。

C 微小変更品と後開発産品に対する措置

包括通商法は，輸入国迂回と第3国迂回にくわえて，微小変更品と後開発産品の米国向け輸出を既存ダンピング防止税の迂回とみなし，これらに対する迂回防止措置を規定した。

(i) 微小変更品

まず，輸出者が課税対象産品の「形状または外観をわずかに変えた（altered in formor appearance in minor respects）」微小変更品を米国向けに輸出し，課税対象産品へのダンピング課税を回避しようとしても，微小変更品は，米国ダンピング防止法上は，あくまでも課税対象産品と同じ「等級または種類」に属するため，とうぜん，既存ダンピング防止税を適用されるとされた。この場合，微小変更品と既存の課税対象産品が「同一の関税番号に属するかどうか」は問題ではないとされる。米国はベネズエラ製導体アルミニウム・ロッド事件（Electrical Conductor Aluminium Redraw Rod from Venezuela）で，課税対象産品である棒状のアルミニウム・ロッドを抽伸して線状のアルミニウム・ワイヤー（微小変更品）に加工した行為を，課税回避のための微小変更とみなした（1990年暫定決定，1991年8月最終決定）。

(ii) 後開発産品

つぎに，輸出者が課税対象産品の後開発産品（つまりダンピング調査の開始後，開発された産品）を米国向けに輸出し，これによって課税対象産品へのダンピング課税を免れようとしても，後開発産品は，課税対象産品と物理的性質・最終購入者・最終用途・取引経路・広告展示方法を共通にすれば，課税対象産品の同類産品とみなされるとされた。それゆえ，商務省は，この場合，ITCの勧告を考慮にいれたのち，後開発産品に既存ダンピング防止税を拡張適用することができると定められた。

たとえば，日本製ポータブル電動タイプライター事件では，新開発産品（文章メモリー内蔵電子タイプライター）への課税拡張は，1988年の国際貿易裁判所判決（Smith Corona Corp. v. U.S.）と1990年の連邦司法区控訴裁判所により合法とされた。また日本製自転車速度計事件でも，後開発産品（double-gear速度計）への課税拡張は，国際貿易裁判所のDiversified Products判決により合法性を承認された。また，日本製TV事件での初期製品（白黒・カラーブラウン管TV）から新製品（projection TV，VTR一体型TV，液晶TV等）への課税拡張（1998年課税終了），日本製256K DRAM事件での後開発産品への調査中断協定（suspension agreement）の適用があげられる。

(4) 米国迂回防止規定の問題点

A GATTとの抵触

米国法のもとでは，うえにみてきたように，課税対象産品に課せられた既存のダンピング防止税は，ダン

ピングと損害の調査なしに，課税対象産品の同類産品（輸入部品，第3国組立品，微小変更品，後開発産品）にも拡張適用され，この点でGATTルールに違反するおそれがあった。

B 価額差テストと第3国部品問題

迂回の認定要件のうちもっとも重要なものは，価額差テスト（a small difference test）であったが，これは当局の期待とは裏腹に重大な欠陥を露呈した。ここでいう価額差は，完成品の価額から課税対象国部品の価額を控除した額であり，それは輸入国迂回の場合は米国付加価値と第3国部品価額の合計をさし，第3国迂回の場合は組立が行われる第3国での付加価値と他の第3諸国からの部品価額の合計をさした。したがって，ちいさい価額差とは，米国付加価値または第3国付加価値がちいさいことを意味するのではなかった。それゆえ，価額差テストは，実行過程で明らかになったように，いわゆる第3国部品問題（theso-called third country parts problem）という迂回事例に対処できなかった。こうした迂回事例では，輸出者は，たとえ輸入国迂回または第3国迂回の疑いをかけられても，組立用部品の供給先を既存の課税対象国（たとえば日本）から第3国（たとえばシンガポール）へ（部分的にせよ全面的にせよ）切り替えさえすれば，問題の価額差（第3国部品価額を含む）をおおきくすることができ，迂回の認定を回避することができるからである。この意味で，価額差テストは，「迂回防止条項の迂回（circumvention of anti-circumvention provisions）」を許し，迂回防止システムの「抜け穴（loophole）」となった。

このため，米国は国内法の不備（価額差テストの欠陥，第3国部品問題に対する無力）を克服するため，GATTでウルグアイ・ラウンド交渉のための迂回防止ルールを提案しGATT交渉を主導したのであった。

第3節 迂回防止ルールをめぐるGATT交渉

ダンピング問題に関するGATTウルグアイ・ラウンド交渉は，東京ラウンド・ダンピング防止協定の改正を目的として開始された。この交渉にあたって，ダンピング防止措置の被発動国（日本，韓国，その他アジア諸国等）は，GATT協定のなかのダンピング認定や損害認定に関する規律を強化して恣意的なダンピング課税を抑止しようとしたのに対し，措置の発動国（米国，EC，カナダ等）は，規律強化を受けいれる条件としてGATT協定が扱わない新分野措置——すなわち迂回防止措置——を改正ダンピング防止協定のなかにもりこむよう要求した。かくしてGATTダンピング防止協定の改正交渉は，被発動国による規律強化の要求と発動国による新分野措置の要求がぶつかりあう戦場と化した。

こうした背景を念頭において，新分野の迂回防止規定に関するウルグアイ・ラウンド交渉を，米国提案とダンケル・ドラフトを基礎にふりかえってみよう。

1 米国のGATT提案

米国は，1989年12月20日の提案（1990年5月29日追加提案）で，改正ダンピング防止協定のなかに迂回防止ルールを導入すべきことを発案した。この米国提案は，企業によるダンピング防止税の回避（diversionary practices）をTrack 1から3までの3つに分け，それぞれに対する措置を規定した。

これらのうち，重要なのはTrack 1であり，これは，包括通商法の迂回防止規定をベースにした3種類の迂回（輸入国迂回，第3国迂回，微小変更品と後開発産品の輸出）と迂回防止措置を定めた。

輸入国迂回と第3国迂回は，つぎの要件がそろえば認定される。
① 課税対象国から輸入国（米国）または第3国へ組立用部品を輸入し，そこで課税対象産品をくみたてること，かつ
② 課税対象国から輸入国または第3国へ輸入される部品の価額が，組立産品の全価額のx%以上であること。

迂回の認定基準のうち注目に値するのは，部品価額テスト（課税対象国からの輸入部品の価額）であり，これは米国国内法の価額差テストに代わるものであった。価額差テストに代えて部品価額テストが提案されたのは，価額差テストに内在する上述の欠陥を米国当局が考慮したためであった。

一方，課税対象国の生産者が，輸入国に微小変更品（課税対象産品に僅かな技術的変更をくわえた産品または課税対象産品にくらべ付加的機能をもつものの主要な機能は課税対象産品と変わらない産品）や後開発産品・新世代産品を輸出するときにも迂回が認定される。米国提案はこれら微小変更品や後開発産品の概念については米国国内法を無条件に採用した。

輸入国の当局は，上記の迂回行為に対しては，ダンピングと損害の調査なしに，ダンピング課税を行う。

まず，輸入国迂回の場合は，課税対象国からの輸入部品に対して既存のダンピング防止税が拡張適用される。なぜならば，米国提案の理由書が指摘するように，輸入部品と既存の課税対象産品は，同種産品（like product）に該当するからである。言葉を換えれば，ダンピング防止税の対象は課税対象産品の同種産品にとうぜんにおよぶとみるのが米国当局の基本的な考えであった。ただし，この拡張に先だち，輸入国当局は，特定の要素を考慮しなければならない。すなわち，問題の組立用部品の輸入が，完成品に対するダンピング課税ののち増加したかどうか，もっとも重要な部品が組立のために輸入国に輸入されているかどうか，部品の輸出者，ダンピング防止税を賦課された生産者，および輸入国での組立者の間の関係である。

つぎに，第3国迂回の場合は，輸入国に輸入される

第3国組立品（完成品）に対して既存のダンピング防止税が拡張適用される。

この拡張に先だち，輸入国当局は，所定の要素を考慮しなければならない。すなわち，課税対象国から第3国へ輸入される当該部品が，完成品に対するダンピング課税ののち増加したかどうか，もっとも重要な部品が組立のために第3国に輸入されているかどうか，第3国でくみたてられた産品の輸入国への輸入が，完成品に対するダンピング課税ののち増加したかどうか，部品の輸出者，ダンピング防止税を賦課された生産者，および第3国での組立者のあいだの関係である。

さいごに，微小変更品や後開発産品の輸入に対しても，既存のダンピング防止税が拡張適用されるが，課税当局はこの拡張に先だって以下の要素を考慮する。微小変更品または後開発産品の輸入国への輸出が，完成品に対するダンピング課税ののち増加したかどうか，微小変更品または後開発産品が，既存の課税対象産品と同種の産品であるかどうかである。この同種性の判断は，物理的性質，用途，最終購買者の期待，流通経路，広告宣伝方法，労働者・生産設備，付加的機能等に照らして行う。

2 ダンケル・ドラフト

GATT事務局は，改正ダンピング防止協定をめぐる交渉の停滞を打開するため，1991年12月20日，ダンケル・ドラフト(Dunkel Draft)を加盟国に配付した。このドラフトは，輸入国迂回のみに対する迂回防止条項を規定した。一方，第3国迂回は，迂回防止条項から削除され，country hoppingとともに税の遡及条項のなかに抱きあわされて規定された。

(1) 輸入国迂回の要件と防止措置

A 輸入国迂回の要件

ダンケル・ペーパー12条は，輸入国迂回の要件としてつぎの7つをあげた。

(i) 同種産品テスト

輸入国で当該輸入部品から製造される組立産品が既存の課税対象産品と同種であること

(ii) 組立者テスト

輸入国での同種産品の組立または完成が，確定税を賦課された輸出者または生産者と関連した当事者によって(by)，またはこのような輸出者または生産者のために行動する当事者(acting on behalf of)によって実施されていること。なお輸出者または生産者「のために」行動するとは，輸入国での組立品の販売をカバーするような，当該輸出者との契約的取決め(contractual arrangement)がある場合をいう。

(iii) 部品供給テスト

部品が（NZペーパーの場合と同じように）課税対象国のつぎの者から供給されていること

① 確定税を賦課された輸出者または生産者

② 当該輸出者または生産者に対し歴史的に同種産品の部品を供給してきた輸出国の供給者（部品企業等――筆者補足）

③ 当該輸出者または生産者のために(on behalf of)同種産品の部品を供給する輸出国の当事者（商社等の代理供給者――筆者補足）

(iv) 組立開始拡大テスト

輸入国での組立作業が，既存の確定税の調査開始後，実質的に開始されまたは拡大し，かつ部品輸入が，確定税の調査開始後，実質的に増加したこと

(v) 部品価額70％テストと付加価値25％テスト

課税対象国からの輸入部品の経費が，同種の組立に使用される全部品の経費総額の70％を下回らないこと。ただし，組立による付加価値が，組立産品の工場渡し経費(ex-factorycost)――材料費，労務費，工場間接費の合計――の25％を超えるときは，輸入部品を確定措置の範囲に含めてはならない。

(vi) ダンピング・テスト

ダンピングの証拠があること。このダンピングは，輸入国での組立産品の価格と，既存の確定税に服する同種産品の正常価額を比較して決定する。

vii 損害防止テスト

輸入部品への課税が，既存の課税対象産品と同種の産品を製造する国内産業への損害の再発を防止し相殺するため必要であること。

これらのうち部品価額70％テストについては，つぎの脚注がつけられた。

第1に，部品の経費は，独立当事者間価格(arm's length acquisition price)をさし，こうした価格がないとき（たとえば部品が輸入国の組立者により内製される場合）は，部品製造に要する材料費・労務費・製造経費(factory overheads)の合計をさす。

第2に，輸入国で組立に使用されるすべての部品とは，課税対象国（たとえば日本）からの輸入部品，第3国（たとえば東南アジア諸国）からの輸入部品，輸入国（たとえば米国，EC）で調達される部品，輸入国の組立者が内製した部品をいう。

他方，付加価値25％テストに関しては，分母の工場渡し経費は，材料費・労務費・製造間接費の総計をいうため，それはいわゆる工場出荷価格（販売一般管理費・製造原価・利益の合計）のなかの製造原価または工場原価（技術，開発，メンテナンス等を含む）をさすと解釈された。他方，分子の付加価値については，敢輸入国組立工場での内製部品価額（輸入国での調達部品を含まない）・労務費・製造間接費の合計と主張する米国・ECと，柑課税対象国産部品を除く全部品価額（すなわち，第3国産部品価額と輸入国での調達部品価額，輸入国での内製部品価額の合計）・労務費・製造間接費の合計とみる日本の間に見解の不一致が生じた。

B 輸入国迂回に対する措置

輸入国迂回に対する措置は，上記の要件がすべて満たされる場合に，課税対象国からの部品に対して適用される。まず，ダンピングの証拠viまでの6つの要件がそろえば，既存の確定税を超えない暫定税が賦課され，損害の再発防止の必要性viiまでの7つの要件がそ

ろえば確定税が賦課される。確定税の額は，既存の確定税に服する同種産品の正常価額が輸入国でくみたてられる同種産品の比較可能な価格を超えてはならないとされる。

ここで注意を要するのは，措置がダンピングと損害の正式の調査なしに輸入部品に賦課されることである。ダンケル・ドラフトのもとでのダンピングの証拠とは，問題の課税対象国部品が輸入国に向けてダンピング輸出された証拠（すなわち当該部品が課税対象国での正常価額よりも低い価格で輸入国向けに輸出された証拠）を意味するのではなく，輸入国での組立産品価格が既存の確定税に服する課税対象産品の正常価額（当初のダンピング調査で確定された輸出国での完成品の正常価額）を下回る証拠を意味している。またドラフトにいう損害の再発防止の必要性は，輸入国の部品産業への損害に関するものではなく，輸入国の組立産業への損害に関するものである。つまりダンケル・ドラフトは，課税対象国からの組立部品に対して，部品が課税対象国からダンピング輸出されかつ輸入国の部品産業に損害をあたえたかどうかを問わずに，ダンピング防止税を適用するシステムを予定した。そして奇妙なことに，適用されるダンピング防止税の率は，輸入国での組立産品の価格が「当初の調査で確定された課税対象産品の正常価額」を下回る率であり，これら2つの価格が1年以上を隔てた異なる時点のものであることをみおとしてはならない。これは，ダンピング価格差の算定にあたり「できるかぎり同一の時点の」輸出価格と正常価額を公正に比較するよう求めたGATT法の要請（旧GATTダンピング防止協定2条6，WTOダンピング防止協定2.4条）と整合しないからである。

(2) 第3国迂回とcountry hoppingに対する措置
A 第3国迂回とcountry hopping

第3国迂回は，第3国での部品組立に関して，輸入国迂回の場合のiiからvまでの4つの要件（組立者テスト，部品供給テスト，組立開始拡大テスト，部品価額70％テストと付加価値25％テスト）がそろえば認定される（10条5）。したがって，企業が産品にダンピング防止税を賦課されたあと，第3国の関連者に部品総価額比70％以上の本国部品を送りそこで課税対象産品と同種の産品をくみたてさせ輸入国へ輸出すれば，第3国迂回が成立する。

つぎにcountry hoppingはつぎの5つの要件がそろえば認定される（10条4）。
i 既存の確定税と同種の産品が，第3国で生産され輸出されていること
ii 既存の確定税を賦課された輸出者または生産者が，第3国の輸出者に対して支配的利益（controlling interest）をもつこと
iii 既存の確定税の調査開始後，当該第3国からの輸出が著しく増加し，これに呼応して課税対象国からの輸出が減少していること
iv 第3国での生産が，当該産品を生産するため使用された既存の工場（pre-existing facilities）で行われていること
v 上述の条件のもとに行われる産品の輸入が，既存の確定税の救済的効果を著しく損なうこと

このように，たとえば日本企業が日本産品にダンピング課税を受けたのち，東南アジア子会社の「既存の工場」へ生産工程を部分的に移転し，そこで内製部品や非日本製の外国部品をおおく用いて同種産品を製造し輸入国へ輸出すればcountry hoppingが成立する。第3国迂回とcountry hoppingの共通点と相違点はしたがってつぎのように整理できよう。
－両者は，第3国の関連者による同種産品の生産・輸出を内容とする点で共通する。
－しかし両者は，とくに第3国生産のための部品供給先と工場に関して異なる。第3国迂回の場合には，日本が既存の課税対象国であるとすれば，日本製部品70％以上を用いた第3国組立が行われるのに対し，country hoppingの場合には，日本製部品70％未満で（すなわち内製部品や非日本製部品を大量に用いて）第3国生産が行われる。また第3国迂回の場合は，第3国の組立工場は新規または既存の設備かを問わないが，country hoppingの場合は，第3国での既存工場で生産が行われなければならない。そして既存工場は，当該産品を生産するため使用されてきた工場施設に限定され，他産品を生産するため使用されてきた既存工場を含まない。このようにcountry hoppingを当該産品のための既存工場にかぎった理由は，第3国での投資活動を保護するためであり，したがって第3国の新規工場での生産は，第3国迂回に該当しないかぎり（たとえば日本製部品70％未満を使用するかぎりまたは付加価値25％テストをクリアーするかぎり），合法的な投資活動とみなされcountry hoppingの認定を免れるのである。

B 対抗措置

第3国迂回またはcountry hoppingに対しては，輸入国は第3国からの輸入品について正式のダンピングと損害の調査を行わなければならない。そして調査ののち，ダンピングと損害が認定されれば，輸入国は，確定税を，暫定税の適用に先だつ150日目まで遡及的に適用することができる。ただし，調査開始前まで税を遡及させることはできない（10条7）。またcountry hoppingの場合は，既存の確定税の調査開始日から30カ月以上が経過したのち，調査が開始されるときは，税を遡及適用することはできない（10条7）。

3 GATT交渉の決裂

(1) 米国の改正提案

ダンケル・ドラフトは，米国の賛同をえなかった。その理由は，つぎの4点に要約される。
－迂回防止措置を輸入国迂回に対する措置に限定し，第3国迂回を迂回の範疇から除外したこと
－迂回防止措置の対象を既存の課税対象国からの輸入部品のみに限定し，第3国部品を措置の対象からは

ずしたこと
- 迂回の認定要件として7つをあげ，これらすべてを義務的要件とし，輸入国当局の裁量の幅をせばめたこと
- 第3国迂回と country hopping について正式のダンピングと損害の調査を輸入当局に義務づけたこと

そこで，米国は国内の改正迂回防止法案を背景にして，ダンケル・ドラフトに対する改正提案を提出したのであった。1993年11月26日の米国提案は，ダンケル・ドラフトの迂回防止規定をつぎのように修正すべきことを主張した。
- 迂回防止措置として輸入国迂回の防止措置のほか第3国迂回の防止措置を並行して規定する（ただし，country hopping の規定はそのまま残す）。
- 輸入国迂回と第3国迂回の認定要件として，3つの要件のみを義務的とする。第1は同種産品テスト（輸入国または第3国でくみたてられる産品が既存の課税対象産品と同種であること）であり，第2は部品供給テスト（輸入国迂回または第3国迂回のため輸入される部品が特定の者から供給されること）であり，第3は部品価額テスト（迂回のための供給部品の価額が全部品価額の特定比率以上であること）と付加価値25％テスト（組立による付加価値が，組立産品コストの25％を超えれば迂回防止措置はとられないこと）である。
- 3つの義務的な迂回認定要件のうち，とくに部品供給テストと部品価額テストを修正する。部品供給に関しては，ダマト法案（D'Amato, US Senator）と同じように，迂回（輸入国迂回，第3国迂回）のための輸入部品は，当該輸出者・歴史的部品供給者・代理供給者からの部品を含み，これら部品は「課税対象国からのものであるか第3国からのものであるか」を問わない。また部品価額テストについては，ダンケル・ドラフトの部品価額70％テストを同60％テストに緩和する。
- ダンケル・ドラフトが規定した他の4つの義務的な迂回認定要件のうち，組立者テスト・組立開始拡大テスト・損害防止テストの3つを，迂回防止措置をとる前に当局が考慮すべき要素とする。したがって当局はこれら3つの要素を考慮する義務を負うが，これら3要素が充足されなくても（たとえば輸入国や第3国の組立者が既存の課税命令に服する輸出者または生産者と関連していなくても，また問題の組立が当初のダンピング調査ののちに開始され拡大しなくても，さらに迂回防止措置をとらなくても既存のダンピング防止税の救済効果はいっこうに損なわれない場合でも）迂回防止措置をとる裁量をもつ。
- 当局は3つの義務的な迂回認定要件が満たされる十分な証拠があれば，既存の確定税を上回らない暫定的迂回防止税を賦課することができ，また3つの要件が完全に満たされかつ考慮すべき要素を考慮したのち確定的迂回防止税を賦課することができる。確定税の額はダンケル・ドラフトの場合と同様，当初のダンピング課税の正常価額が輸入国または第3国での組立産品の価格を超える額である。

しかし，米国の主張は他国により拒絶されたため，迂回防止ルールは，米国の意向にそくして，改正ダンピング防止協定から削除された。米国の見解では，制限的な迂回防止ルールよりは，ルールがないほうが米国当局におおきな裁量をあたえる（逆にいえば制限的な迂回防止ルールのもとでは，米国当局は自由に迂回防止措置をとりにくい）からであった。

かくして1993年12月15日に実質妥結したWTOダンピング防止協定は，ダンピングや損害の認定に関する規律強化規定のみを含み，迂回防止措置や country hopping 等の新分野措置を含まない内容のものとなった。

(2) マラケシュ閣僚決定

迂回防止規定についてのウルグアイ・ラウンド交渉は決裂したため，WTO協定に付属された1994年4月15日付けの「迂回防止に関するマラケシュ閣僚決定 (Decision on Anti-Circumvention)」はつぎの宣言を行った。
- 迂回防止問題はウルグアイ・ラウンド交渉の一部を占めたが，交渉は決裂した。
- 迂回防止に関する統一的ルールを可能なかぎりすみやかに適用することが望ましい。
- 本問題をその解決のためダンピング防止委員会に付託することに決定する。

閣僚決定が強調するように将来の迂回防止ルールの策定はWTOダンピング防止委員会での交渉に委ねられたが，米国とECのみは，WTOでの交渉結果をまたずに，新しい迂回防止規定を導入したのであった。

第4節　ECと米国の新迂回防止措置

ECと米国がWTO協定を実施するため制定した新ダンピング防止法は，それぞれ特異な迂回防止措置を規定した。それらの内容と問題点を指摘してみたい。

1 ECの新迂回防止措置

(1) 措置の導入理由

ECの新ダンピング防止規則3283/94号（改正現行規則384/96号）は，輸入国迂回，第3国迂回その他迂回行為に対処するための新しい措置を導入した。委員会は規則提案の理由説明 (Explanatory memorandum) のなかで，措置導入の理由をつぎのようにのべた。

(i) 旧規定の不備と措置の強化・拡大の必要性

旧規定は，輸入国迂回の防止措置のみを定めており，さまざまな迂回（伝統的迂回である輸入国迂回と第3国迂回，虚偽の原産地申告，knockdown kits の輸入，微小変更品）に対処できなかった。また原産地規則はあからさまな迂回（部品もちこみによる第3国迂回）に対処するのには不適切

であり，原産地判定による第3国迂回防止措置には限界がある。

(ii) 一方的な措置導入の権限

WTO迂回防止措置に関するウルグアイ・ラウンド交渉は決裂したが，マラケシュ閣僚宣言は，GATTダンピング防止委員会での多国間交渉が成立するまでの間，個別構成国による一方的な迂回防止措置の導入を許可したようにみえる。旧規定に対するGATTパネル裁定に関し，ECはパネル裁定の受諾はウルグアイ・ラウンド交渉による「満足のいく解決策（satisfactory solution）」(すなわち導入されるはずであったWTO新迂回防止規定) の成立にかかっていることを繰り返し表明してきたが，交渉の決裂によりパネル裁定の受諾条件は成立しなかった。

かくして導入されたECの措置は，旧規定の措置と比較して，飛躍的に拡大・強化された。旧規定の措置は，伝統的迂回（輸入国迂回と第3国迂回）のうち輸入国迂回のみに対処し，関連者による組立と部品価額比率を要件として，域内組立品に対して適用された。これに対し，新規定の措置は，伝統的迂回（輸入国迂回，第3国迂回）のほか，微小変更品を含む多様なtax avoidance，およびtax evasionにも対処している。

(2) 限定的迂回防止措置 (13条2)

これは，輸入国迂回や第3国迂回といった伝統的迂回に対処するための措置で，つぎの要件のもとに発動される。

(i) 迂回行為開始テスト

迂回行為が当初のダンピング防止調査の開始後または開始直前に (since or justprior to) 開始されたか実質的に増加したこと，かつ（迂回用の）当該部品が既存の課税対象国からのもの (are from the country subject to measures) であること。

(ii) 部品価額60%テスト，付加価値25%テスト

当該部品が組立産品の全部品価額の60%以上を占めていること。

ただし，「組立製造工程に際して搬入部品に付加された価値 (the value added to theparts brought in, during the assembly or completion operation)」が製造コスト (manufacturing costs) の25%を超えるときは，迂回は認定されない。したがって迂回の認定は，部品価額60%以上で付加価値25%以下の場合に行われる。

(iii) 課税効果・ダンピング証拠テスト

既存ダンピング課税の救済的効果が同種の組立産品の価格または数量によって損なわれているという証拠があること，かつ同種または類似産品 (like or similarproducts) に関する既存の正常価額との関係でダンピングの証拠 (evidence ofdumping) があること。

課税要件が満たされれば，理事会は，委員会の提案に基づき，単純多数決で迂回防止措置を決定することができる。措置は，輸入国迂回の場合は課税対象国部品に対して第3国迂回の場合は第3国の同種産品に対してとられ，課税額は既存ダンピング防止税と同率となるであろう（なぜならばあらたなダンピング価格差の計算は義務づけられていないからである）。

(3) 包括的迂回防止措置 (13条1)

限定的迂回防止措置がもっぱら伝統的迂回をカバーするのに対し，包括的迂回防止措置は伝統的迂回以外のすべての迂回行為をカバーしている。この意味で，13条1は限定的措置でカバーされない措置を捕捉するための包括規定 (catch-allprovision) と呼ぶことができよう。

包括的迂回防止措置は，つぎの要件がそろえば発動することができる。

(i) 域外企業のEC向け輸出品へのダンピング調査・課税ののち「第3国と共同体の間の貿易パターンに変化 (a change in the pattern of trade)」――すなわちダンピング防止税の迂回行為――が生じたこと

(ii) こうした変化が生じたのはECのダンピング課税が原因であり，それ以外には「変化について十分な経済的正当化理由がない」こと

(iii) 既存のダンピング課税の救済的効果が同種の組立産品の価格または数量によって損なわれているという証拠があること

(iv) 同種または類似産品 (like or similar products) に関する既存の正常価額との関係でダンピングの証拠 (evidence of dumping) があること

しかし，具体的な迂回の判定要件――輸出者と輸入者の関連性，部品価額比率，その他の質的量的要件――は明記されていない。措置は，既存ダンピング防止税を輸入される同種産品または部品に拡張適用する形をとることになるであろう。

包括的措置には，伝統的迂回以外のtax avoidanceやtax evasion，たとえば虚偽の原産地申告のようなtax evasion, knockdown kitsの輸入や微小変更品の輸入のようなtaxavoidanceが含まれる。

(4) 新規定の適用

A 第3国迂回の防止措置

ECが新しい迂回防止規定を適用した主要事例として，中国・台湾製3.5インチ・マイクロディスク事件，中国製自転車事件および日本製電子秤事件をあげることができる（表4-4）。

マイクロディスク事件の争点は，中国・台湾製品へのECダンピング防止税が，第3国（香港，インドネシア，マレイシア等）での同種産品の組立または船荷積替え (transshipment) によって迂回されているかどうかにあった。このため，委員会は，13条2に基づいて第3国迂回の有無を，また13条1に基づいて積替えという伝統的迂回以外の迂回行為の有無を調査した。そのけっか，委員会は，1996年7月24日の規則で，積替えは行われなかったとのべ，また部品価額60%テストが満たされていないこと（つまり第3国での組立品に用いられた部品のうち課税対象国部品は60%未満であった）を理由に第3国迂回を否定し，調査を終結した。

中国製自転車事件では，対中ダンピング防止税が

EC 域内での組立により迂回されているかどうか（輸入国迂回）が争われた。委員会は，域内組立品の部品価額に占める中国製部品の比率が 60％を超えていること，域内付加価値が 25％基準を下回っていること，既存ダンピング防止税の救済的効果が域内組立品の販売によって損なわれていること，およびダンピング（既存正常価額と域内組立品の販売価格の差）の証拠があることを理由に，域内組立に使用される中国製輸入部品に対して既存ダンピング防止税（30.6％）を拡張適用することを決定した。

日本製電子秤事件では，輸入国迂回と第3国迂回・積替えの有無が争われた。輸入国迂回に関しては，域内組立品にくみこまれた日本製部品が 60％超であったものの，域内付加価値が 25％を超えていたため，迂回が否定された。また第3国迂回については，第3国（インドネシア）での付加価値が 25％を下回ったものの，第3国での日本製部品の使用比率が調査終了間際に 60％を下回ったため迂回が否定された。かくして調査は終結した。

他方，中国産シリコン（silicon）では，第3国・韓国での積替えが争点となった。EU 当局は第3国積替えを認定し，韓国からの積出品に対中課税が拡張された（2007）。韓国は当該産品の生産国ではないため，韓国経由で EU に輸出される中国産品にかぎり迂回防止税が課された。

同様に，中国製継手事件では，台湾での第3国積替えが認定され，2000年，台湾からの積替え品に対して対中ダンピング防止税が拡張適用された。

B 輸入国迂回

日本製テレビカメラシステム事件では，輸入国迂回が問題となったが，99年2月，提訴が撤回され調査は終結した。輸入国迂回に関する台湾・中国製 microdisks 事件でも，迂回要件（60％テスト，25％テスト）が満たされなかったとして 2000年，調査が終結された。

他方，インド産黒鉛電極事件で，EU はまずインド産黒鉛電極システム（graphite electrode systems）に 2004年，ダンピング防止税を賦課した。インド生産者は黒鉛電極の中間財である人造黒鉛（artificial graphite）を EU 向けに輸出した。人工黒鉛は EU 域内で簡単な変換工程（simple conversion operation）により既存課税対象産品・黒鉛電極になる，と EU 産業界は主張した。委員会は 2007年2月，迂回調査を開始した。

C 微小変更品への課税拡張

EU は，後開発産品への課税拡張に消極的であるが，微小変更品への課税拡張については積極的な姿勢をみせてきた。微小変更品を規制するための根拠として EC があげているのは，EU 規則の包括的迂回防止条項である。問題は，EU が米国と同様，厳密な意味でのダンピングと損害の調査なしに，微小変更品（課税対象産品の同種産品）に既存のダンピング防止税を拡張していることである。

i 中国製使い捨てガスライター事件

1999年1月の中国製使い捨てガスライター事件（disposable, non-refillable flint lighters）で扱われたのは，中国企業が使い捨ての「詰替え不能ガスライター」（gas-fuelled, nonrefillable pocket flint lighters）に EU のダンピング課税を受けたのち，課税対象産品にガスの詰替え用バルブ（refill valve）をとりつけ EU 向けに「詰替え可能ライター」（refillable pocket flint lighters）として輸出した行為であった。

EU 当局は，詰替え可能ライターを使い捨てライターの微小変更品とみなしてこれに既存のダンピング防止税を拡張適用した。その過程で，当局は，包括的迂回の認定基準を精査し，本件がこれら4基準を充足していることをつぎのように明らかにした。

同種産品――詰替え可能ライターは使い捨てライターとは関税番号を異にしているが，本件の詰替え用バルブは実際には機能しない見せかけにすぎないため，詰替え可能ライターは使い捨てライターと同種の産品とみなされる。

貿易パターンの変化――使い捨てライターへのダンピング課税（とくに再審査後の高率課税）ののち，詰替え可能ライターの EU 向け輸出は急増し，使い捨てライターの EU 向け輸出にとって代わった。

経済的正当化理由――詰替え用バルブの取付けは，EU のダンピング課税を契機としており，課税を回避する目的のほかには十分な経済的正当化理由がない。既存課税の救済的効果の減殺――詰替え可能ライターは，ダンピング課税を受けないため EU に安い価格で輸入されており，その価格は，EU 産ライターの価格をおおきく下回っている。またその価格は，中国製使い捨てライターの課税後の価格よりも低い。このため，詰替え可能ライターの輸入は，使い捨てライターへのダンピング課税の救済的効果を損なっている。

ダンピングの証拠――詰替え可能ライターの迂回調査時点の輸出価格（中国の港で船積みされたときの FOB 価格）は，使い捨てライターの初期ダンピング調査時点での正常価額をおおきく下回っているため，明白なダンピングの証拠がある。

ii ベラルーシ製ポリエステル短繊維事件

微小変更品は，通常，使い捨てガスライター事件にみるように，課税対象産品の加工品であるが，それに限られるわけではない。課税対象産品の原料素材も微小変更品に含まれるからである。この種の微小変更品を扱ったのは 1997年12月のベラルーシ製ポリエステル短繊維事件（polyester staple fibre）であった。この事件では，ベラルーシ製のポリエステル短繊維に対して EU のダンピング防止税が賦課されたため，輸出者は，ポリエステル長繊維トウ（polyester filament tows）を EU に輸出した。長繊維トウは短繊維とは関税番号が異なるため非課税で EU へ輸入され，イタリア等で切断され短繊維に変換されていた。EU 当局は，本件の長繊維は，課税対象である短繊維の微小変更品とみなして，長繊維の輸入に既存のダンピング防止税を拡張

第7章　迂回防止措置

表4-4　WTO体制下でのEUの迂回防止措置

事　件	迂回調査	結　論
台湾・中国製マイクロディスク	第3国迂回（香港，インドネシア，マレイシア等） 第3国積替え	迂回否定 積替え否定
中国製自転車部品	輸入国迂回	迂回肯定・課税拡張（理事会規則 1997.1.10） 拡張除外（2006.1除外リスト規則，2006.8委員会告知） 一部拡張除外（2006.11.10 規則）
日本製電子秤	輸入国迂回 第3国迂回（インドネシア）	迂回否定
ベラルーシ製ポリエステル短繊維	微小変更	迂回肯定・課税拡張（97年12月15日理事会規則 2513/97号）
中国製使い捨てガスライター	微小変更	迂回肯定・課税拡張（規則）
日本製テレビカメラシステム	輸入国迂回	提訴撤回・調査終結（99年2月9日委員会決定）
台湾・中国製マイクロディスク	輸入国迂回	調査終結
中国製 ring binder mechanism	第3国積替え（ベトナム）	積替え認定，課税拡張（2004.6.28 規則）
中国製鉄鋼ワイヤー	第3国積替え（モロッコ）	積替え認定，課税拡張（2004.10.25 規則）
中国製継手	第3国積替え（スリランカ，インドネシア）	積替え認定，課税拡張（2004.11.22 規則）
中国産クマリン	第3国積替え（インド，タイ）	積替え認定，課税拡張（2004.12.22 規則）
中国製 ring binder mechanism	第3国積替え（ラオス）	積替え認定，課税拡張（2006.1.9 規則）
中国産酸化亜鉛（zinc oxides）	第3国積替え（カザフスタン）	積替え否定・調査終結（2006.3.21 規則）
中国製継手	第3国積替え（フィリピン）	積替え認定，課税拡張（2006.4.27 規則）
中国産クマリン	第3国積替え（インドネシア，マレイシア）	積替え認定，課税拡張（2006.11.7 規則）
中国産シリコン（silicon）	第3国積替え（韓国）	積替え認定，韓国積出品への課税拡張（2007）
インド産黒鉛電極（graphite electrode systems）	微小変更	調査開始（2007.）
中国製集積ELコンパクトランプ（integrated electronic compact fluorescent lamps）	第3国積替え（ベトナム，フィリピン，パキスタン）	積替え認定，課税拡張（理事会規則 2005.6），拡張延長（理事会規則 2007.10.15）
中国製革靴	第3国積替え（マカオ）	積替え認定，課税拡張（理事会規則 2008.4.29）
中国製継手	第3国積替え（台湾）	積替え認定，課税拡張（規則）
中国製 pocket flint lighters	第3国積替え（台湾）	積替え認定，課税拡張（2007.12.10 理事会規則）
中国産クマリン	第3国積替え（インド，タイ，インドネシア，マレイシア）	積替え認定，課税拡張（2008.4.29 規則）
中国製 ring binder mechanism	第3国積替え（ベトナム）	積替え認定，課税拡張
中国製手動油圧トラック（hand pallet trucks）	第3国積替え（タイ）	積替え認定，課税拡張（2009.6.11 理事会規則）
中国製自転車部品	輸入国迂回	迂回肯定・課税拡張の維持（理事会規則 2008.2.25）
中国製自転車部品課税除外	輸入国迂回	EU2カ国（ルーマニア，ドイツ）部品組立のみに関し迂回否定（委員会決定 2009.11.30）
中国製・ベトナム製革靴	第3国積替え（マカオ）	積替え認定，課税拡張（理事会規則 388/2008，見直し規則 1294/2009）
中国製 glyphosate	第3国積替え（マレイシア，台湾）	積替え認定，課税拡張（2004 Regulation 1683/2004），課税停止（委員会決定 2009/383），停止延長（理事会規則 126/2010）of 11 February 2010）
中国産手動油圧トラック	第3国組立（タイで中国製車台・油圧機器から完成品生産）	第3国迂回認定（Council Regulation 499/2009 of 11 June 2009）

適用した。

(5) その他のEU迂回防止措置

EUの迂回防止措置は，ダンピング防止規則に規定された措置のほかにつぎの措置を含む。

A 原産地判定による第3国迂回の防止

上述のようにEUは従来から第3国迂回に対処するため，非特恵の原産地規則を用いて事実上の迂回防止措置をとってきた。WTO体制のもとでも，EUは新規則に基づいて第3国迂回に対する措置を講ずるほか，原産地判定をつうじた第3国迂回の防止措置をとっている。

i EUのトルコ産TVダンピング調査事件

EUはアジア原産TVに対しダンピング防止税を賦課していた。アジア諸国（中国・韓国・マレーシア）はEUの対TVダンピング課税を回避するため，TVの心臓部品であるブラウン管（Color Picture Tubes）を第3国のトルコへ輸出し，トルコ組立TVをEU向けに輸出した。CPTを組み込んだトルコ組立TVに対し，既存の対アジアTVダンピング防止税を賦課した。

欧州委員会は，トルコ組立TVに対するダンピング調査を開始したが，2001年9月決定により，調査手続を終了した。その根拠は，調査対象とされたトルコ原産TVが存在しないことにあった。委員会はトルコ組立TVの原産地判定にあたりEU非特恵原産地規則に依拠した。この規則はTVの原産国は，TV付加価値の45%または35%を占めるコスト（部材コスト，組立コスト等）を費やした国とされた。トルコ組立TVの付加価値を調査したけっか，委員会はトルコ組立TVの原産国は組立国トルコではなく，最重要部品のブラウン管（Color Picture Tube. CPT）を生産した国であることを確認した。かくして委員会は，トルコ原産TVが存在しない以上，本件のトルコ原産TVのダンピング調査は意味をもたないとし，調査を打ち切ったのである。。

ii EUのトムソン・ヴェステル社事件

トムソン社はポーランドで韓国産ブラウン管を組み込んだポーランド組立TVをフランスへ輸入した。他方，ヴェステル社はトルコで中国産ブラウン管を組み込んだトルコ組立TVをフランスへ輸入した。フランス税関はEU非特恵原産地規則に基づき，ポーランド組立TVを，ブラウン管が生産された韓国の原産品とみなし，ポーランドから輸入されたTVに対し既存の対韓ダンピング防止税を拡張適用した。同様にトルコ組立TVの原産国はトルコではなく，ブラウン管の生産国である中国であるとして，トルコ組立TVに対し，既存の対中ダンピング防止税を拡張適用した。トムソン社とヴェステル社は税関の決定を不服として提訴に踏み切った。

EU司法裁判所はフランス税関の判断を支持した（Joined Cases C-447/05 and C-448/05, Thomson and Vestel France v Administration des douanes et droits indirects）。裁判所は，EU非特恵原産地規則のTV付加価値基準にしたがい，問題の輸入TVの付加価値を再確認した。これによると，ポーランド組立TVの付加価値のうちわけは，韓国産ブラウン管の付加価値42%がポーランドの付加価値（組立費，国内部品価額の総計）31.4%を上回った。これはEUTV原産決定基準の付加価値45%/35%テストを満たすため，TVの原産国は付加価値35%以上テストにしたがい，ブラウン管を生産する韓国と最終判定された。他方，トルコ組立TVの付加価値のうちわけは，中国産ブラウン管の付加価値43%がトルコでの付加価値38.4%（組立費と現地部材費の合計）を上回った。EUTV原産地基準によれば，このような場合，最大付加価値国がTVの原産国とされる。したがってトルコ組立TVの原産地は中国と判定される。かくしてポーランド組立TVとトルコ組立TVは，それぞれ，既存の対韓ダンピング防止税と対中ダンピング防止税を拡張適用されるのであり，EC当局の措置はEU法に合致すると裁断した。

その過程で裁判所は，EUが受諾した国際協定はEU法の不可分の一部をなす（Case C 344/04 IATA and ELFAA [2006] ECR I 403），関連EU法は可能なかぎり，国際協定と整合するように解釈しなければならないとした（Case C 76/00 P Petrotub and Republica v Council [2003] ECR I 79）。それゆえ，ヨーロッパ委員会がTV原産地規則として付加価値基準を選定したことは，実施権限を踰越していないと裁判所は指摘した。

iii EU司法裁判所のヘコ社事件

ヘコ社事件（HEKO）の争点は，中国製鉄鋼ワイアー（steel ropes and cables）から北朝鮮で製造されたケーブルの原産地が，部材を生産した中国なのか，それとも完成品ケーブルを撚りあげた北朝鮮なのかに絞られた。

欧州委員会とドイツ税関は，北朝鮮での工程は実質的変更にあたらない，したがって北朝鮮から輸入されるケーブルは北朝鮮ではない，ケーブルの原産国はむしろ部材を生産した中国とみなされる，それゆえ北朝鮮から輸入されたケーブルは，既存の対中ケーブル・ダンピング防止税を拡張適用されると判断した。

原産地判定に基づく課税拡張措置が合法かどうかをめぐる紛争は，最終的にEU司法裁判所により解決された。

この司法審査過程で，RU委員会とドイツ税関は，WTOでの原産地調和作業草案を援用した。草案によれば，原料ワイアーと製造ケーブルはHS4桁に属し，ワイアーからのケーブル製造は，草案が要求する関税番号変更基準を満たさないことになった。裁判所はこれにしたがい，当局と税関の課税措置を合法とした。

iv EC司法裁判所のヘシュ鉄鋼事件

ヘシュ事件も同様の争点を扱う（C 373/08, Hoesch Metals and Alloys GmbH v Hauptzollamt Aachen）。中国産シリコンがインドで粉砕・洗浄された場合，インドでの工程は中国産原料に対する実質的変更とみなされ，最終産品はインド原産資格を獲得するのかどうか。

中国産原料（シリコン）はすでにEUのダンピング防

止税を賦課されていた。そこで中国はインド完成品はインド原産となりEUの対中課税を免れると主張した。EU司法裁判所は，ドイツ税関からの質問をうけてつぎのような結論をくだした。中国原料へのインド加工はEU関税法典の要求する実質的変更にあたらない。それゆえ，インド製品はのインド原産資格をもたない，したがって原料生産国の中国産と見なされると裁判所はのべた。

裁判所はその過程で注目すべき判断をくだした。それは，WTOでの調和作業・草案が，シリコン製品の原産地判定基準を関税番号変更基準（HS4桁レベル）とした事実を強調した。委員会によれば，WTO草案のもとでも，インド加工品の関税番号と中国部材の関税番号は4桁レベルの関税番号変更をもたらさない，そのためインド製品はインド原産資格を獲得できず，いぜんとして中国原産品とみなされるとされた。

裁判所はWTO草案の産品リスト別原産地判定ガイドラインは，未採択の国際文書草案にすぎず拘束力をもたないとしたうえで，ガイドラインの関税番号変更基準が満たされば完成品生産国（インド）が完成品の原産地となるが，関税番号変更基準が満たされないときでも。ガイドラインの補注が満たされれば，第3国工程が原産地を付与する可能性もあるとのべた。

B 共同体関税法典樹立規則2913/92号25条の迂回防止条項

第3国での製品組立による税の迂回に対しては，EU原産地規則（旧基本規則802/68号6条，新共同体関税法典樹立規則2913/92号25条）の迂回防止条項が適用される余地もあろう。

C 関税分類による迂回防止措置

EUは，法律上の迂回防止措置のほか，関税分類をつうじた「事実上の迂回防止措置」を適用することもできる。域外企業が，完成品にダンピング課税を受けたのち，課税回避のために，組立部品一式をECに送り現地組立を行う場合，EC税関は，部品一式を課税対象産品に関税分類し，部品一式に既存のダンピング防止税を適用することができるからである。

D 完成品と部品への同時課税

EUがダンピング課税にあたり，課税対象産品の範囲を広く設定する例は，跡を絶たない。完成品のほかその部品をあらかじめ課税対象とする多くの事例がある。完成品にのみ課税すると，輸出者は輸入国迂回・第3国迂回・微小変更品輸出（中間財輸出・インド産黒鉛電極事件）等をとり，これにより課税が迂回されるおそれがある。そこで課税後の部品・中間財輸出による迂回を未然に防止しなければならない，そのためには，当初から完成品と同時にその部材も，課税の対象とするのが適切である，とEUは考えたのである。米国もEUの考えを踏襲した。

(6) 関税分類による迂回防止措置とEU判例

EU当局による関税分類に基づく迂回防止措置に関し，EC司法裁判所はつぎの判例法を形成した。

A トレッター社判決

1983年のトレッター社判決（Dr Tretter Gmbh & co. v Hauptzollamt Stuttgart-Ost.）は，ダンピング防止税の対象産品は，ダンピング調査の対象となったdumped productsに限定されることを強調した。それゆえ，調査対象外の産品を関税分類ルールに基づいて課税対象産品に分類し課税対象産品とすることは違法とされた。ある商品が課税対象産品と同じ関税番号に分類されるからといって，その商品を課税対象とすることはできないのである。

B ビルケンボイル社判決

1996年3月28日のビルケンボイル社事件（Robert Birkenbeul GmbH & Co. KG v Hauptzollamt Koblenz）では，裁判所は「ダンピング調査の対象とならなかった未完成品を関税分類ルールに基づいて課税対象の完成品として分類し課税対象とすること」は禁止されるとのべた。とくに課税規則が可変税額方式をとる場合，未完成品は可変税額方式に基づくダンピング課税になじまないからである。いっぱんにダンピング課税の方式は従価税額方式（ad valorem duty）であるが，本件では可変税額方式（variable duty）がとられた。従価税額は，ダンピング価格差を基礎とした一定比率を共同体へのCIF輸入価格に乗じた額であるが，可変税額は，輸入価格（共同体での独立の買手への国境渡し価格）が所定の最低価格を下回る額に相当し，この最低価格は完成品についてのみ定められている。EU当局が本件の課税規則で可変税額方式を採用したのは，完成品の輸出者は，可変税額方式のもとでは，輸出価格を最低価格以上に引き上げさえすれば，ダンピング防止税を支払わないで済むようにさせるためであった。そこで裁判所は，本件の可変税額方式は，完成品にのみ適用することができ，未完成品・部品には適用できないと結論した。なぜならば，かりに未完成品・部品に可変税額方式に基づいてダンピング防止税を賦課するとつぎの不都合が生ずるからである。第1に，未完成品・部品へのダンピング防止税が可変税額方式に従って完成品の最低価格と未完成品・部品の輸入価格の差額とされれば，完成品よりも低価格の未完成品・部品が完成モーターよりも高いダンピング防止税に服することになる。第2に，可変税額方式のもとでは，完成品の輸出者は輸出価格をひきあげることでダンピング防止税の支払いを回避できるが，そのような状況下でも，未完成品・部品はダンピング課税に服するおそれがある。第3に，本件の課税規則は完成品についてのみ最低価格を定めているため，加盟国の税関当局は，可変税額方式に従って，未完成品・部品の輸入価格と未完成品・部品の最低価格の差額を算定し，これを未完成品・部品のダンピング防止税額とすることはできない。

D デヴェロップ社判決

1994年のデヴェロップ社判決（Develop Dr.Eisbein GmbH c. Hauptzollamt Stuttgart-West事件）では，ダンピング調査の対象となった完成品の部品一式は，関税分

類ルールに従ってくみたてられていない状態の完成品に分類され，課税規則に規定された従価課税に服することが明らかにされた。

この事件では，ドイツの複写機メーカーが日本から複写機用組立部品一式を輸入したところ，ドイツ税関は，関税分類規則に従い，組立部品一式を，産品の重要な特性をもつくみたてられていない状態の複写機とみなし，これに対日ダンピング防止税を賦課しようとした。法廷助言官グルマン（Advocate General Claus Glumann）は1993年12月16日の意見で，産品がくみたてられていない状態で提示されるのは，産品が複雑な組立工程を要求しない場合であり，複写機のような複雑工程産品の組立部品一式はくみたてられていない状態の産品ではない，それゆえ部品一式は対日ダンピング課税を拡張適用されないとのべた。これに対し，EC司法裁判所は，1994年の判決で法廷助言官の意見を覆し，日本からの部品一式は，日本原産を認定される以上，既存の課税対象産品（完成品）と同一の関税分類にはいれば，既存の対日ダンピング課税を拡張適用されるとのべた。

EC判例法はけっきょく，関税分類ルールに基づく恣意的な課税拡張に歯止めをかけた点で刮目に値するが，こうした判例法のエッセンスをWTO協定に注入すべきかどうかについても検討をくわえる段階にきているといえる。

2 米国の新迂回防止措置

米国はWTO協定の受諾にあわせて，旧迂回防止規定の欠陥を是正した新しい規定を新ダンピング防止法のなかに導入した。新規定は輸入国迂回と第3国迂回に対する措置を刷新したためこれら措置の概要をみてみよう。

(1) 輸入国迂回に対する措置

輸入国迂回はつぎの要件がそろえば認められる。

i 米国での組立産品が，既存の課税対象産品と同類であること

ii 米国での組立産品が，既存の課税対象国で「製造された」（produced in）部品からくみたてられていること

iii 米国での組立・完成工程（the process of assembly or completion）が極小でとるにたりない（minor or insignificant）こと

iv 課税対象国部品が産品の全価額の重要な割合（significant portion of the total value of the merchandise）を占めること

商務省は，ITCの意見を考慮したのち，課税対象国からの輸入部品に既存のダンピング防止税を拡張適用することができる。ITCの意見は前述のように損害認定に該当しない。

組立工程の極小性の判断にあたり，商務省は，米国でのつぎの要素を考慮にいれなければならない。
－投資水準
－研究開発の水準
－製造工程の性質
－製造施設のおおきさ
－米国での加工工程の価額が完成品価額に占める比率がちいさいかどうか

課税措置の決定に先だち，商務省が考慮すべき要素はつぎのとおりである。
－部品供給パターン（sourcing pattern）を含む貿易パターン
－部品輸出者が組立者と関連している（affiliated）かどうか
－課税対象国からの部品供給が当初のダンピング調査ののち（after the initiation）増加したかどうか

米国法のもとでは，従来どおり，4つの要件が具備され，かつ3つの考慮すべき要素が考慮されたのちに，迂回が認定され措置がとられることになる。4つの要件は義務的であり，これらすべてが満たされたときにはじめて迂回が認定されるが，考慮すべき要素は単なる考慮要因にすぎない。したがって，組立者が部品輸出者と関連していなくても，また部品供給が当初の調査後増加していなくても，当局は，4つの要件が満たされかつ考慮要因を考慮していれば，迂回を認定する裁量をもつ。これは，特定の迂回認定要件のみを定めた（したがって考慮すべき要素に言及していない）ダンケル・ドラフトやEU法と対照的である。米国法をダンケル・ドラフトと比較すると，組立者テストや部品供給増加テスト（または組立開始拡大テスト）はダンケル・ドラフト上は迂回認定要件とされたが米国法上は考慮すべき要素とされており，米国法はこの点でダンケル・ドラフトにくらべ，よりおおきな裁量を輸入国当局にあたえたといえよう。

(2) 第3国迂回に対する措置

第3国迂回とダイヴァージョン（diversion）がここでは明確に区別されている。

第3国迂回は，企業が，完成品（たとえばコンピュータ）に米国ダンピング課税を受けたのち，課税対象国の非課税部品（PCB等）を第3国へもちこみ同部品から第3国で同類産品をくみたてることをいう。これに対し，ダイヴァージョンは，企業が部品にダンピング課税を受けたのち，課税部品を第3国へもちこみ同部品から第3国で同類産品を製造することをさす。

迂回またはダイヴァージョンの認定要件は，米国迂回の場合とほぼ同様であり，重要なのは，第3国での組立・完成工程が極小でとるにたりないこと，および課税対象国で生産された部品が第3国産品の全価額の重要な割合を占めることとされている。

第3国工程の極小性の判断基準も米国迂回の場合と同様であり，第3国での投資水準・研究開発水準・製造工程・製造施設・加工工程価額（完成品価額に占める比率がちいさいかどうか）である。課税措置は，第3国産品への既存ダンピング防止税の拡張適用という形をとる。

(3) 主要改正点と問題点

新規定がもつ主要な改正点は，輸入国迂回と第3国迂回に関し，価額差テストが廃止され代わりに組立工程テストが導入されたことであり，これは迂回認定を容易にするための改正にほかならなかった。新規定は微小変更品と後開発産品の輸出については旧法に変更をくわえなかった。

新しい迂回防止措置の問題点は，EU措置の場合と同様，GATT/WTOとの抵触に帰着しよう。また調査過程での部品の原産地判定も今後の課題として関心を集めるであろう。

韓国製カラーTVに関する第3国迂回事件で，韓国製TVへのダンピング防止税が第3国組立（メキシコとタイでの部品組立）によって迂回されているかどうかが調査されているが，そこでの争点は，米国カラーTV産業の労働者を代表する労働組合が迂回防止調査の提訴資格をもつかどうか，第3国組立品とくにメキシコでくみたてられたTVがNAFTA原産地規則上のNAFTA原産を取得し迂回を否定されるかどうか，第3国での組立工程が極小かどうかに集中している。しかし商務省はそののち調査を打ち切った。

(4) その他の迂回防止措置

米国の迂回防止措置にはさらに，原産地判定による迂回防止措置，行政慣行による事実上の迂回防止措置（ダンピング課税にあたり最初から完成品のほか部品を課税対象とする慣行），NAFTA迂回防止規定による措置が含まれるであろう。

(5) 実　行

3件の鉄鋼事件で類似の微小変更ケースを扱った。しかし慎重な調査の結果，カナダ炭素鋼板事件では迂回が認定され，日本耐蝕鋼板製品事件では迂回が否認された。2009年7-8月の中国製合金（non-alloy）事件では，中国産非合金（cut to length）が米国の課税をうけた。その過程で米国は，非合金の範囲をひろく解釈する方法をとった。非合金にはホウ素（boron）を混入した産品も，微小変更による迂回とみなし，非合金への既存ダンピング防止税を拡張適用した。

第5節　迂回防止措置のWTO整合性とWTO交渉

迂回防止措置は，以上みてきたように，一部主要国のみが一方的に適用している。これが，通商摩擦をひきおこしている。問題は，迂回防止措置がWTOに合致するかどうか，また将来，WTO体制のなかに迂回防止ルールを交渉により導入すべきかどうかにある。

1　迂回防止措置とWTOとの抵触

(1) 迂回防止規定のWTO整合性

WTOパネル・上級委員会は，上述のように，GATT（6条）とダンピング防止協定に規定されていない法令自体を一定の条件のもとにWTO違反としてきた。米国1916年法事件では，1916年法自体（民事手続による3倍額損害賠償，刑事手続による罰金・禁錮刑）が，WTOに規定されていない「特別の措置」にあたり，しかも強制法に該当するため，WTO違反とされた。バード修正条項に関するパネル裁定もほぼ同じ論理で，条項をWTO違反と判定した。

では，EUと米国の迂回防止規定は，WTOに規定されていない「特別の措置」にあたるかどうか，つまりダンピングに対処するための本来のダンピング防止税とは異なる規定にあたるかどうかが問われなければならない。またこれら規定は，強制法・任意法理論に照らして，強制法に該当するのかどうかが問題となる。この点，文言上，米国とEUの迂回防止規定は当局に措置をとる裁量をあたえているようにみえる。規定のうえでは，当局は，条件がそろえば，迂回防止措置をとることが「できる」（may）とされているからである。このため，パネルが欧米規定そのものをWTO違反と認定する可能性は低いかもしれない。

(2) 迂回防止規定の適用措置とWTO整合性

規定がかりに任意法であるとしても，規定の適用（個々の迂回防止措置）はWTOの要件に合致しないかぎり，WTO違反を免れない。米国とECの課税拡張は，つぎの理由でWTO違反とされる可能性がある。

i　措置の性格

迂回防止措置は，GATT（6条）にもダンピング防止協定にも規定されていない。それゆえ，こうした措置は，協定が禁止する特別の措置に該当するおそれがある（1916年法事件パネル報告，バード修正条項パネル報告）。

ii　ダンピングと損害の認定の欠如

上述のように，欧米の迂回防止措置は，WTOがダンピング課税にさいして要求する3要件（ダンピング輸入，国内産業への損害発生，ダンピングと損害の間の因果関係）を満たしていない。欧米当局が措置をとる前に行ういくつかの認定行為（EUによるダンピング課税の救済効果の減殺，ダンピングの証拠についての認定，米国ITCの意見等）は，ダンピング防止法上のダンピング・損害認定に該当しない。

iii　同種産品への課税

欧米迂回防止措置は，既存課税対象産品の同種産品に対して既存ダンピング防止税を拡張適用する形態をとっている。このような同種産品へのダンピング防止税の拡張適用はWTOに違反するおそれがある。同種産品の概念は確立した判例法によりせまく解釈されるからである。

(3) ダンピングされた産品と同種産品

ダンピング防止税の対象産品は本来ダンピングされた産品（dumped product）に限定されている。ところが迂回防止措置は，dumped productの同種産品への課税拡張を許しており，この点で問題がある。またかりにダンピング防止税がdumped productの同種産品に適用されると仮定しても，同種産品の概念はせまく解釈される。それゆえ，欧米迂回防止措置の適用対象（輸

入部品，微小変更品，後開発産品等）がせまい意味での同種産品にあたるかどうか問題がある。

i ダンピングされた産品 (dumped product)

GATT（6条）とWTOダンピング防止協定（9条2）によると，ダンピング防止税の対象産品は，ダンピング防止調査の対象とされダンピングを認定されたいわゆる dumped product に限定される。それは，ダンピング産品の同種産品（ましてや同種産品よりもややひろいようにみえる同類産品）にはおよばない。実際，GATT規定のどこにも，ダンピング防止税がダンピング産品の同種産品に賦課されるとは書かれていない。

ii 同種産品

GATTでは，同種産品の概念は，ダンピングと損害の認定の枠組みのなかで使用されているにすぎない。すなわち，ダンピングを認定するためには，まず当該輸出品（たとえば米国向け英字パソコン）と同種の国内消費向け産品（たとえば日本国内向け漢字パソコン）を確定し（そのうえで前者の輸出価格が後者のいわゆる正常価額よりも低いことを立証し）なければならず，また損害――輸入国産業がダンピング輸入によって受ける損害――を認定するためには，まず当該輸入品（たとえば米国に輸入される日本製英字パソコン）と同種の輸入国国内産品（たとえば米国製英字パソコン）を確定し（そのうえで同種産品を製造する輸入国国内産業が当該輸入品によって損害を受けていることを立証し）なければならない。要するに，dumped product と like product は，異なる文脈で使用される別個の概念である。

iii 同種産品の解釈とGATT/WTOパネル報告

しかしながら，一歩譲って，GATT/WTOがダンピング防止税の適用対象を dumped product の同種産品としていると仮定しても，GATT/WTOのパネル報告が一貫して指摘してきたように，同種産品の概念は厳格にせまく解釈しなければならない。WTOダンピング防止協定（2条6）によれば，同種産品は「同一の産品，すなわち，すべての点で同じである産品」または「そのような産品がない場合には，すべての点で同じではないが当該産品ときわめて類似した性質を有する他の産品」をさす。このように同種産品の概念は元来，物理的性質が類似した産品にせまく限定されている。

またGATTパネル報告に遡ると，米国ワイン産業定義事件とカナダ牛肉相殺関税事件のパネル報告は，ともに相殺関税措置（GATT6条）の文脈のなかで同種産品の解釈に遭遇し，「ワインとブドウ」および「生きている牛と加工牛肉」は物理的性質が同じでないため，同種ではないと判断した。そしてパネルは，「GATT6条とGATT相殺関税協定は，GATT1条の最恵国待遇原則に対する例外を構成するため，拡大解釈してはならない」とのべたが，この判示はダンピング防止税にも字句を替えて準用することができる。なぜならば，ダンピング防止税は相殺関税と同様，特定国をねらいうちにして，差別的に賦課される点で，

すべてのWTO加盟国を同等に扱う最恵国待遇原則に対する重要な例外を構成するのである。それゆえダンピング防止税のための同種産品の概念は，せまく厳格に解釈する必要があるといえる。

同種産品の限定解釈は，WTOでも踏襲されている。日本酒税事件Ⅱ［巻末表14-1］の上級委員会報告は，内国民待遇原則（GATT3条2）の文脈のなかで，同種産品はせまく，直接競合産品・代替可能産品はひろく解釈すべきであるとのべた。この見解は，韓国酒税事件［巻末表15-1］の上級委員会報告でも再確認されている。

このように内国民待遇の文脈のなかで同種産品の概念がせまく解釈される以上，ダンピング防止法の文脈のなかでは同種産品の概念はさらにせまく解釈すべきであろう。ちなみにジャクソン教授は，同種産品の概念がさまざまな文脈のなかで異なって解釈される原則にたって，ダンピング防止法上の同種産品の概念をもっとも厳格に解釈すべきであるとのべている。

iv 同種性の判定作業

ダンピング防止税の課税対象がかりに同種産品を含むと仮定する場合，迂回防止措置に関連して具体的につぎの判定が行われることになろう。

―輸入国迂回の場合は，既存課税対象産品と迂回のための輸入部品は同種と判断されるか
―第3国迂回の場合は，既存課税対象産品と第3国組立品は同種とみなされるか
―微小変更品や後開発産品は課税対象産品と同種であるかどうか

これら判定作業のうち，輸入国迂回の場合の既存課税対象産品と輸入部品が同種とみなされる可能性は低いであろう。しかし，その他の場合の判定作業は，ケース・バイ・ケースで行わざるをえないであろう。

2 WTO迂回防止規定の交渉

WTO発足後，迂回防止規定の導入の是非をめぐって交渉が行われてきたが，数年を経過したげんざいでも交渉は妥結していない。交渉が停滞している理由は，規定の導入に反対する日韓アジア勢と賛成する欧米勢の間で歩み寄りがないことによる。各国は，迂回の概念，措置の必要性と内容をめぐって対立している。ここで検討課題と方向性を整理するとつぎのようにまとめることができる。

(1) 迂回の概念と種類

迂回の概念と種類について検討すべき課題はつぎのように列挙される。

i 税法理論に基づく検討

税法上，企業が税の支払を回避するためとる方法は，違法な手段による脱税（tax evasion）と合法的な手段による租税回避（tax avoidance）に分かれ，前者は当然取締りの対象とされるが後者は法令によって定められた場合にのみ取締りの対象とされる（したがって，租税回避は法令によって規制されないかぎり取締りの対象とならない）。そこでまず一部主要国のいう迂回行為がtax evasion と tax avoidance のいずれに属し，取締りの対象とされるのかどうか，検討を要しよう。

迂回行為のうち，虚偽申告による課税回避（たとえば日本製複写機がダンピング課税を受けているときに原産地をシンガポールと虚偽申告したり商品をファクシミリと虚偽申告して課税を回避すること）は，違法な手段による tax evasion に該当し，とうぜん取締りの対象となる。この点，EC のみは，tax evasion に対する特別の迂回防止措置を導入したが，他国（米国，カナダ等）は，tax evasion を既存の関税法規（虚偽申告に対する罰則）によって取り締まり，これに対する迂回防止措置を導入していない。

ニュージーランドはどうか。この国はダンピング課税の方式として参照価格制度を採用している。この制度のもとでは，課税対象産品の輸入申告価格を高めに設定すればするほど課税額は低くなる。しかも輸入価格が参照価格を超えるときはダンピング課税を免れる。たとえば輸出者と輸入者が課税対象産品（200 ドル）と非課税産品（150 ドル）に関し，前者の価格を高く（225 ドル）定め，この高額分だけ後者の価格を低く（125 ドル）設定するとしよう。こうしたインボイスの bundling（束ねあわせ）によって，輸入者はダンピング防止税の支払いを回避することができる。この点をついてニュージーランドは 2007 年 3 月の WTO 文書で bundling も税関に対する虚偽申告（tax evasion）の 1 例となると指摘した。

この観点から，tax evasion を既存の関税法規によらず特別の迂回防止措置によって取り締まるべきかどうか，検討が急がれる。

他方，伝統的迂回と呼ばれる輸入国迂回や第 3 国迂回は，生産工程の移転（課税対象国から輸入国または第 3 国への生産・組立工程の移転）という合法的な手段による tax avoidance に相当する。それゆえこうした tax avoidance を，企業の合法的な経済活動とみなして取締りの対象外とすべきか，または国際的合意によって迂回防止措置の対象とすべきかが問題となる。これに関して参考になるのは，EC 迂回防止規則事件の GATT パネリスト（Mr. Grosser）が 1990 年 4 月 3 日の GATT 理事会で表明した見解である。これによると，虚偽の税関申告等による tax evasion に対し，輸入国は GATT 一般例外条項（20 条）に従い GATT に違反する措置——GATT 2 条に違反する課徴金の賦課等——をとることができるとされる。換言すれば tax evasion に対する措置のみが GATT 一般例外条項によって正当化される。他方，生産工程の移転のような tax avoidance に対する輸入国の対抗措置は，GATT 一般例外条項によって正当化できないとされた。

このようにみてくるならば，取り締まるべき迂回行為については，4 つの選択肢が考えられる。第 1 は現行 EC 法のように tax evasion と tax avoidance をともに迂回とみなして迂回防止措置の対象とする方法であり，第 2 は現行米国法のように tax avoidance のみを迂回とみなして措置の対象とする方法であり（この場合，tax evasion は既存の関税法規によって取り締まることになる），第 3 は tax avoidance を企業の合法的な経済活動として取締りの対象外とする方法（この場合 tax evasion は既存の関税法規によって取り締まられるため，けっきょく tax evasion も tax avoidance も迂回防止措置の対象とならない）であり，第 4 は tax evasion のみを迂回防止措置の対象とする方法である。

ii tax avoidance の扱い

なお tax avoidance を取締りの対象すべきかどうかの検討にさいしては，さらにつぎの検討課題がある。
― 輸入国迂回と第 3 国迂回を同等に扱い両者を迂回とみなすべきか，またはダンケル・ドラフトのように輸入国迂回のみを迂回とみなすべきか。
― 迂回を輸入国迂回と第 3 国迂回に限定して微小変更品や後開発産品の輸出を迂回の範疇から除外すべきか，また微小変更品・後開発産品は，同種産品との関係で扱い（GATT 交渉ペーパー），迂回の範疇から除外すべきか。現行法をみると，米国法はじゅうらいより微小変更品と後開発産品の輸出を迂回とみなしてきた。他方，EC はおおむね後開発産品に対して寛容な態度をとってきたが，微小変更品は新規定のもとで包括的迂回防止措置の対象とされている。
― country hopping は recurrent dumping であり迂回行為ではないことを確認すべきか，country hopping に対する措置（たとえば確定税の遡及適用）をダンケル・ドラフトのように迂回防止措置の隣接領域措置として導入すべきか，country hopping と第 3 国迂回をどのように区別すべきか。

(2) 迂回の認定要件

GATT 交渉ペーパーでは，ダンケル・ドラフトが 7 つの迂回認定要件を定めこれらすべての要件の充足を迂回の認定にさいして要求したのに対し，米国法は 4 つの迂回認定要件（組立工程が極小であること，課税対象国部品が産品価額の重要な割合を占めること等）と 3 つの考慮すべき要素（組立者テスト等）を定め，また EC 法は限定的迂回防止措置に関してダンケル・ドラフトに起源をおく迂回認定要件（部品価額テスト・付加価値テスト，課税効果・ダンピング証拠テスト等）を定めた。

今後の検討課題として，迂回認定要件として考慮すべき要素（ダンケル・ドラフトのように義務的な迂回認定要件を数おおく定めて当局の裁量の幅をせばめるべきか，EC 規定のように迂回認定要件を主要なものに限定すべきか，米国法のように迂回認定要件と考慮すべき要素を併記して当局に一定の裁量を認めるべきか，輸入国迂回と第 3 国迂回の認定要件を同等に定めるべきか），個別の迂回認定要件の内容（部品供給テストとして，迂回のための輸入部品の範囲を課税対象国部品に限定し，輸入部品の範囲から第 3 国部品を除外することを明確にすべきか，迂回の認定要件として輸入部品の比率を具体的に設定しかつダンケル・ペーパーの付加価値 25％ テストのようなセーフハーバーをもうけるべきかどうか等）がある。

(3) 迂回防止措置

迂回防止措置について問題となるのは，措置の必要性と内容，措置の対象範囲，法律上の措置と事実上の措置の関係ならびに調査手続である。そのさい，検討の素材としてダンケル・ドラフト，その他関連ペーパー（議長代行ペーパー，NZペーパー）または関連国内規定（米国法，EU規則）を比較参照すべきかどうかも考慮に値しよう。

第8章

反吸収税

ECは1988年7月，基本規則を改正し，反吸収ダンピング防止税（Anti-Absorption Duties）を創設した。これはまた追加的ダンピング防止税（Additional Anti-Dumping Duties）とも呼ばれ，現行EU基本規則（Council Regulation No 1225/2009 of 30 November 2009）のなかにも修正を受けて踏襲されている。この税も，WTOダンピング防止協定上許容されるかどうかについて争いがある。協定は追加的・反吸収税の明文規定を欠くからである。

第1節　旧規定の内容とGATT整合性

1　旧規定の背景と内容

旧規定が導入された背景には，ダンピング課税品目の域内価格が，課税後も上昇しない例が頻発していた事実があった。本来ならば，課税対象産品はECの水際で（通常関税にくわえて）ダンピング防止税を課されるため，産品の域内販売価格は課税額を反映し，上昇するはずである。ところが，EC当局（委員会）によれば，とくにアジア産課税対象品目の域内価格は，課税後も顕著に上昇していないとされた。これに対処するため，域内価格が上昇しない課税対象産品に対し，一定の条件のもとに追加的ダンピング防止税を課す必要性があるとされたのである。

旧規則は，課税対象産品の域内価格が，課税分だけ上昇しないときは，輸出者が輸入者に代わって税を負担したと推定されるとした。輸入者が支払うべきダンピング防止税が輸出者により負担され，そのけっか税が輸出者により吸収されるというのが，当局の理論であった。追加的ダンピング防止税は，輸出者による税負担・税吸収を規制するために課されると当局はのべた。

2　税吸収の形態

輸出者による税吸収さまざまな形をとる。それは，「全部または一部」の税負担から，「直接的または間接的」な税負担におよぶ。換言すれば，税負担は，負担額の多寡（全額負担，部分的負担）を問わない。負担方法の別（直接的負担，間接的負担）も問わない。

とくに輸出者による間接的な税負担は，実践に明らかなように，多岐にわたる。第1に輸出者は，EC向け輸出産品の利潤を削減することで，輸出価格（日本の工場出荷段階での輸出価格）とCIF価格（ECの港に着いたときの価格）を引き下げ，かくしてダンピング防止税を間接的に負担することができよう。なぜならば，輸出利潤が削られると，輸出価格とCIF価格が低下し，そのけっか，ダンピング課税額（CIF価格にダンピング防止税率を乗じてえられる額）も減少し，ECでの再販売価格も上昇を免れるからである。しかし，輸出価格とCIF価格の低下は，輸出者による製造コストの削減からも生ずる。製造コストは，量産効果や技術進歩にともなって必然的に生ずる。それゆえこれをダンピング防止税の間接的負担とみなすことは妥当ではない。第2に，輸出者は，ECでの現地経費（販売一般管理費SGA），たとえば輸入者の広告宣伝費や販売促進費を負担することで，ダンピング防止税を間接的に負担することもできるであろう。こうした輸出者によるEC域内経費の負担は，輸出者による輸入者への資金援助，輸出者による第3者（輸入者の債権者である広告業者）への金銭支払い，輸出者の関連会社による輸入者または第3者への資金援助をとおして行うことができる。また輸出者は，スペア・パーツを輸入者に無償供給することで，ダンピング防止税を間接的に負担することも可能である。さらに輸出者が輸入者に対し複数の産品（課税産品と非課税産品）を供給しているときは，輸出者は，輸入者が非課税産品（TV，家電製品等）の販売経費（SGA）を負担することで，課税対象産品（CDP）への課税額を間接的に負担することもできよう。

3　税吸収の調査

EC当局の調査方法は，日本製CDP追加的ダンピング防止税事件にみるように，輸入者が輸出者の非関連企業である場合と関連企業である場合とでおおきく異なる。まず非関連輸入者のケースでは，当局は現実の輸出価格を調査する。輸出者と輸入者は，非関連の独立当事者であり，両者間の価格は，信頼に値するとみなされるからである。他方，日本での輸出価格が，課税額だけ減少するときは，輸出者が輸出前にあらかじめダンピング防止税を負担・吸収したものと推定される。つぎに関連輸入者の場合は，輸出者から関連輸入者への輸出価格は，信頼に価しないものとして，無視される。この場合，当局が調査するのは，関連輸入

者のECでの再販売価格が，課税後，課税相当額だけ上昇したかどうかにしぼられる。調査の結果，EC再販売価格が減少するか十分には上昇しなかったことが判明したときは，委員会は，輸出者・輸入者に対し，輸出者による税負担を否定する証拠（輸入者によるEC域内経費や利潤の削減）を提出するよう求める。証拠が提出されないときや証拠が不十分なときは，当局は，輸出者による税負担を推定した。くわえて，関連輸入者のケースでは，ECでの再販売価格から輸出価格を構成する。その構成輸出価格が，課税後，上昇したかどうかが調査される。この価格比較は，日本企業のケースでは，円換算で行なわれる。

EC当局は，上述の課税要件がそろうと，旧規定に基づき，輸出者による税負担に相当する額の追加的課税を行うことができる。そして追加的ダンピング防止税は，ダンピング確定税が賦課された時点に遡って適用されると旧規制は定めた。追加的課税の遡及効は，EC基本規則（旧13条4b）とGATTが定める「確定税の遡及効」よりも広範な影響力をもった。なぜならば，追加的課税の遡及期間は，確定税の遡及期間よりも，長くなる場合があったからである。確定税の場合は，暫定税から遡って90日まで，遡及するが，追加的課税の場合は，確定税が失効しないかぎり，確定税の賦課日にまで（したがって最高5年まで）遡及する。また確定税の遡及的適用には，特別の条件が付されていたが，追加的課税の遡及的適用は，特別の条件に服しなかった。

4 ECの実践

ECの実践をふりかえると日本産CDP事件と数多くの中国産品事件（polyolefin bags, siliconmetal）がある。ECは日本産品については，GATTとの抵触を懸念して，追加的課税手続を，再審査手続に切り替えた。しかし，中国産品については，中国のWTO加盟までは，GATTとの抵触問題が生ずるおそれがなかったため，すくなからぬ追加的課税調査が実施された。ECは，その際，当初課税での輸出価格を，課税後の輸出価格と比較し，輸出者が関連輸入者または非関連の独立輸入者（中国輸出者とは資本・人的関係のないEC輸入者）への輸出価格を負担したかどうかを厳しく審査し，おおくの課税実績を残した。というのは，ECの追加的課税は，中国の正常価額を代替国方式で一律に算定したからである。

5 旧規定のGATT整合性

追加的な課税制度は，GATT（6条）とGATTダンピング防止協定に規定されていない新しいシステムであった。GATTのもとでは，ダンピング防止税が輸入国での再販売価格にどの程度反映するかはいっさい問題とされていなかったからである。

旧規定はさらにいくつかのGATT規定と抵触するおそれがあった。

第1にGATTは，ダンピング防止税の額は，ダンピング価格差（正常価額と輸出価格の差）を超えてはならないとした。しかしEC規定は，現実のダンピング価格差を上回る額の課税を許す余地があった。たとえば，輸出者が，EC課税を受けたのちに，課税対象産品で生産コストを削減する場合，ECでの再販売価格が，上昇しないかぎり，EC当局は，追加的課税を行う裁量をもった。

第2にGATTのもとでは，課税当局は，ダンピング防止税の賦課にあたり，あらかじめ2つの課税要件（ダンピングの存在，損害の発生）を満たさなければならないとされた。しかし，追加的課税制度は，損害認定はもちろん，ダンピング価格差の算定方法を明確に規定しなかった（GATT協定8条1項違反）。とくに正常価額の再算定にはひとこともふれなかった。

第3に，追加的課税の遡及適用条項がGATTに抵触することは自明であった。

第4に，EC規定が，GATT一般例外条項（20条d, 柱書）により正当化されるかどうか疑問の余地があった。ECが追加的課税を一般例外条項に基づいて正当化するためには，とうぜん当該税の「必要性」を立証しなければならない（20条柱書）。しかし，輸出者によるダンピング防止税の負担があるときは，既存の再審査手続（GATT協定9条2項，EC基本規則14条）を活用すれば足りたはずである。EC当局は再審査手続にしたがい，輸出者の税負担により，ダンピング価格差が当初よりも拡大したかどうかを調査し，ダンピング価格差の拡大分だけ追加的課税をすることができた。このいみで，追加的課税を新設する必要性はなかったといえる。

第2節　新規定の内容とWTO整合性

1 新規定の内容

現行EU基本規則は，内外の批判を踏まえて旧規定におおはばな修正をくわえた。

新規定（基本規則12条）は，制度の名称を追加的ダンピング防止税から再調査（Reinvestigation）に変更した。しかし再審査手続（Review）を定める規定（基本規則11.2条，11.3条）とは別個独立の手続として規定された。

新規定の基本趣旨は変わらない。そこには，ダンピング課税ののち課税対象産品のEU域内価格が変わらないという当局の苛立ちがある。新規定（12.1条）はそれゆえダンピング防止課税が対象産品の域内価格に効果（effects）をあたえたかどうかを審査するため調査を再開（reopen）することができるとした。この再調査は強制的ではなく，EC委員会の裁量に委ねられる。

再調査は，EU産業または他の利害関係者の申請を受けるか，または委員会の発議や加盟構成国の要請に基づいて，開始される。EU産業その他利害関係者は，

初回課税措置が発効したのち，通常2年以内に再審査の申請を行うことができる。ただし，再調査を開始するかどうかは委員会が決定する。その際，課税対象産品の輸出価格が課税後「低下」したか，そのEU域内再販売価格が「変化しないかまたは十分に変化しない」ことを立証する十分な情報が提出されていなければならない（11.1条）。

再審査が開始されると，当局はダンピング価格差を再計算（recalculate）する（11.2条）。このため第1に，EC再販売価格の変化の有無について調査が開始される。この場合，委員会は，利害関係者（輸出者，輸入者，EU産業）にEC再販売価格に関する事情を明確にする機会を与える。もしも課税後，対象産品のEC域内価格が変化したと判定されるときは，委員会は，輸出価格を再評価（reassess）する。そして，再評価された輸出価格を考慮して，ダンピング価格差が再計算される（義務）。第2に輸出価格の低下の有無について調査する場合，委員会は，輸出価格の低下がいつ起きたのかを審査する。もしも輸出価格の低下が，当初課税調査ののち，課税措置に先立って起きたか，または課税措置ののちに起きたことが判明すると，委員会は低下した輸出価格を考慮しつつ，ダンピング価格差を再計算することができる（裁量）。

ダンピング価格差の再計算により，初回課税調査による課税率を修正するかどうかは理事会の裁量である。とくに再調査のけっか，ダンピング価格差が拡大した場合，理事会は輸出価格の低下を念頭において，委員会の提案に基づき最終判断をくだす。この表決はEUの伝統的な委員会提案手続により実施される。理事会は，委員会提案を単純多数決により否決しないかぎり，提案受理後1カ月以内に提案を採択しなければならない。ただし，再調査による新しいダンピング防止税の額は，初回課税率の2倍を超えてはならない（11.3条）。

再審査の手続は，通常の調査開始規定（5条）と調査手続規定（6条）に従う。ただし，再調査を迅速に実施するか，それとも通常どおり再調査を開始後6カ月以内に終結するときは別である。しかし，いかなる場合にも，再審査は開始後9カ月以内に完了させなければならない。また委員会は，再調査の開始後6カ月以内に再調査を終結させるときは，この期限の1カ月前までに提案を理事会に提出する。この期限内に再調査が完了しないときは，初回の課税率がそのまま適用される（11.4条）。

輸出価格のほか，正常価額も所定の条件のもとに再審査される余地がある。とくに生産輸出者が国内販売向けの正常価額をなんらかの方法（コスト削減等）で引き下げたことを立証し，その完全な情報を委員会に指定期限内に提出するならば，この場合にかぎり，正常価額の引下げが考慮される。そして委員会が再審査にあたり正常価額を再検討（re-examination）するときは，対象産品の輸入を，再調査の結果がでるまでのあいだ，登録制度（registration）のもとにおくことができる（11.5条）。

2 新規定のWTO整合性

新規定は，WTO整合性を保つため，旧規定の条項を削除し，新しい条項を導入した。削除されたのは，追加的課税の遡及適用条項，EU域内価格の不上昇から輸出者の税負担を推定する条項である。新設されたのは，正常価額の条件つき再計算条項（11.5条），手続関連条項（11.1条，11.4条），ダンピング価格差の再計算のためのEU域内価格と輸出価格の再評価条項（11.2条），再審査に基づく課税率修正条項（11.3条）である。しかも再審査の結果，ダンピング価格差が上昇したと判定されるときも，課税率を引き上げて新税を課すかどうか，当局の裁量にゆだねられた。

では新規定はWTOに抵触するかどうか。まず，新規定それ自体は，任意法であり，WTOに抵触しないと判断されるかもしれない。もっとも新規定が従来の再審査規定，とくに中間再審査（基本規則11.3条）によりカバーされるかどうかが問われよう。もしもカバーされないと判定されるときは，新規定がWTOダンピング防止協定の禁止する「特別の行為」とみなされるかもしれない。WTO協定はそもそも輸出者の税負担を規制していない。この空隙について，輸出者は税負担によってダンピング防止税の効果を損なうのである。税は輸出者に吸収され，課税対象産品の再販売価格に反映されないことになる。このジレンマをWTOは想定していない。

他方，新規定の適用措置がWTOと整合するかどうかは，ケースバイケースで判断されよう。再調査の過程で，ダンピング価格差が修正輸出価格と修正正常価額の比較に基づき算定され，また損害価格差が課税対象産品のEU販売価格とEU同種産品の販売価格に基づいて弾きだされ，最終的に，修正されたダンピング価格差と損害価格差のいずれか低い方が反吸収税率とされるならば，反吸収税はWTOに整合すると判定される余地がある。

第5部 補助金相殺措置

[要約と視点]

要約

1 補助金と相殺関税

商品の低価格輸出は輸出国企業のダンピング行為によって生ずるだけではなく，輸出国政府の補助金によっても発生する。たとえばタイ企業が国内市場向けに1000ドルでDVDを販売しているのに米国向けに800ドルで輸出すれば，200ドルのダンピングをしていることになる。この場合，米国のDVDメーカーが国内で同種製品を900ドルで販売していれば，800ドルのタイ製品によって市場を奪われ損害を受けるであろう。同じ状況のもとで，タイ政府が企業の対米輸出に対して200ドルの補助金をあたえると，タイ製DVDは米国に800ドルで輸出され，米国企業はダンピングの場合と同様の損害を受けるはずである。このように輸出国政府の補助金は，産品の低価格輸出をうながし，輸入国の同種産品生産者に損害をあたえるため，GATT/WTOの規制を受けてきた。GATT/WTOでは，輸入国は，一定の条件のもとに輸出国政府の補助金を認定すると，補助金つき輸入品に対して，補助金額を超えない範囲で相殺関税を課すことができる。

2 輸出国の補助金

WTO相殺関税協定は，輸出国政府の補助金を信号方式に従って赤・黄・緑に色分けし，赤の補助金を禁止し，黄色の補助金を悪影響をあたえるものと定めた。赤の補助金のなかには輸出補助金やローカルコンテント補助金が含まれる。これら補助金は公的当局の助成（財政的貢献，価格支持）であり，特定の企業・産業・企業グループ・産業グループにあたえられ，利益をもたらさなければならない。

3 救済手続

補助金つき輸入があると，輸入国は救済手続をつくすことができる。1つにはパネル手続・対抗措置による多角的救済があり，さらに輸入国当局による一方的な相殺措置がある。輸入国は，補助金つき輸入が国内の同種産品生産者に実質的な損害をあたえると認定するときは，輸入品に対して相殺関税という特殊関税を課すことができる。

視点

1 補助金

国家は財源からさまざまな助成金をあたえている。その例は，教育面の補助金（学生への奨学金，私立大学への助成等）や産業育成のための補助金から，輸出促進のための援助，外国企業の投資誘致のための助成まで多岐にわたっている。補助金は国家の知恵であり，補助金をださない国家は存在しない。しかし，問題は，さまざまな補助金のなかに貿易を歪めたり投資に悪影響をあたえる援助金が含まれていることである。貿易投資に影響をあたえる補助金を拾いだすことが重要になる。

2 GATTとWTOの規律

GATT時代の補助金の規律は甘かった（GATT 6条・16条，GATT補助金相殺措置協定）。GATTのもとでは輸出補助金は禁止されていたが他の国内補助金は明示に禁止されていなかった。このため，補助金と相殺措置の合法性に関して数おおくの紛争が発生し，GATTパネルに委ねられた。しかし重要なパネル報告は敗訴国によってブロックされた。これに対し，WTOは，相殺措置協定のなかで補助金を詳細に規定し，さらに補助金を貿易歪曲度におうじて赤・黄・緑の3色に分類し，それぞれに対する特別の規律を定めた。

3 補助金の認定

補助金の認定は，ダンピングの認定と同様，けっして容易ではない。WTO協定が定めた補助金の認定要素（財政的貢献，利益，特定性）は，WTOパネル手続により今後さらに明確にされていくであろう。輸出国政府が交付する助成のうち，なにが補助金相殺措置協定でカバーされる補助金に該当するのか，関連事例の再検討が不可欠となる。

4 相殺関税措置の発動国と被発動国

1995-2010年6月末までのWTO統計によれば，世界で143件の相殺措置がとられた。措置の主要発動国は，米国62件，EU25件，カナダ16件，メキシコ8件，ブラジル7件であった。被発動国はインド30件，中国21件，EU 9件，イタリア9件，ブラジル・韓国各8件，インドネシア7件，フランス6件，アルゼンチン・南アフリカ各4件，米国・台湾・タイ各3件であった。措置の標的はアジア6カ国（とくにインド，中国，韓国，インドネシア，台湾，タイ）にしぼられ，対アジア6に対する措置の合計（72件）は全体の半分に達した。発動国と被発動国の相関関係は，米国EU対アジアの対立に集約される。日本の措置発動例は2006年1月の韓国DRAM事件につきるが，措置はWTO違反と判定されたため，2009年4月に廃止された。

以下，補助金，救済措置，相殺措置，紛争事例，協定見直しをみていきたい。

第1章
補助金の認定

　WTO相殺措置協定によれば，協定の適用を受ける補助金は2つの条件を満たさなければならない。1つは財政的貢献または価格支持により補助金を受ける者に利益をもたらすこと，もう1つは補助金が社会一般にばらまかれるのではなく，特定の対象に対してあたえられ，この点で「特定性」をもつことである。したがって補助金を認定するためには，つぎの3段階の検討を行わなければならない。
－財政的貢献または価格支持があるか
－利益があたえられているか
－特定性をもつか

第1節　財政的貢献または価格支持の存在

1　財政的貢献

　政府または公的機関による財政的貢献（financial contribution これを公定訳は「資金面の貢献」と訳している）は，さまざまな形態をとる。それは，資金移転・債務保証，減免税，現物供与，資金調達機関への支払，民間団体への助成委託等である。

(1) 資金移転または債務保証

　政府が自分の財布から金をだして民間に資金を移転する行為は，補助金の典型である。それは，贈与，貸付け，出資などさまざまな形で行われる。韓国船舶補助金事件〔巻末表15-5〕では，政府（100％政府所有の韓国輸出入銀行）が関連法規（船舶輸出入銀行法）に基づき商船輸出促進のため交付した貸付と貸付保証が，輸出補助金に該当すると判断された（2005年3月パネル報告採択）。

　米国・英国産有鉛棒鋼事件では，政府の資本注入（equity infusion）が一定の条件を満たすときに資金移転となることが明らかにされた。資本注入とは，政府が特定企業の自己資本（貸借対照表のなかで資産が負債を上回っている資本部分）に対して行う助成である。こうした資本注入は，政府が企業の株式をつうじょうの投資慣行価格とは異なる価格で（つまり通常価格よりも高い価格で）購入するときに，政府の補助金とみなされるのである。

　中国の人民元40％ undervaluing 事件で，米国議会は人民元の対米ドル undervaluing は，中国政府による中国輸出者への直接の資金移転であり輸出補助金にほかならないと主張した。なぜならば中国企業が米国向けに商品を輸出すると，ドルを受領しこのドルを人民元に変換する。そのさい中国政府は元のドルに対する価値を低く設定しているため，中国輸出者はつうじょうの市場条件のもとでの換算元よりも多額の換算元を受けとることができる。この水増し元価格は政府が企業にあたえる直接の資金移転にほかならない。しかし，米国USTRは2004年9月，301条提訴を却下し，WTOパネル手続よりも対中協議を選択したのであった。

　資金移転と同様，政府が行う「債務をともなう措置」，たとえば債務保証も資金移転の一形態である。

(2) 税の減免

　政府の減免税も補助金と異ならない。減免税は政府による税収入の放棄・不徴収を意味し，これは資金移転と同様，民間への助成となるからである。税の減免は，直接税・関税・内国間接税の減免のいずれかとなる。

(i) 直接税の減免税

　つうじょう国家は，自国の企業に対し，自国企業・外資企業の別を問わずに，企業の収入に対し，直接税として法人税を課すことができる。したがって国家が特定輸出企業にのみ，法人税の免除を認めることは，輸出企業への補助金とみなされる。

　米国・外国販売会社事件〔巻末表20-6〕で争われたのは，租税回避地に設立された米国輸出企業への法人税の免除が補助金にあたるかどうかであった。パネル・上級委員会は，こうした法人税の免除は，政府による税収入の放棄であり補助金にあたると判断した。

　相殺関税協定の付属書Ⅰは輸出補助金を例示している。

　そのひとつは直接税の課税標準の計算のための控除制度の運用がある（付属書Ⅰf）。政府がこの計算にあたって，「国内消費むけの生産について認められる控除」にくわえて，「輸出または輸出実績に直接に関連する特別の控除」を認めると，こうした輸出関連控除は輸出補助金とみなされる。

　また輸出信用保険について，長期的な運用にともなう経費や損失を補填するには不十分な料率によって制度を運用すると，損失補填は輸出補助金となる（付属書Ⅰj）。これは米国綿花事件〔巻末表20-35〕の争点のひとつとなった。

　さらに政府機関が，ⅰ輸出信用に用いる資金を自ら獲得するため実際に支払わねばならない利率またはⅱ輸出信用のための資金を国際資本市場で借り入れる場合の債務支払い利率よりも低い利率で輸出信用を与えることも輸出補助金に該当する。くわえて輸出者または金融機関が輸出信用を受けるため負担すべき

費用の全部または一部を，政府が支払えば，それも輸出補助金とすこしも異ならない。ただし，それは政府の輸出補助が，輸出信用の条件について相当な利益を与える場合にかぎられる（付属書Ⅰk）。

(ii) 関税の免除

通常の関税（特恵関税を除く）は，すべての供給諸国からの輸入品に対して同等に課される。それゆえ，ある輸入品に関し，特定国からのものについてのみ関税を免除することは補助金に該当する。カナダ自動車協定事件［巻末表4-5］では，カナダ政府が米国大手自動車会社が輸入した自動車に対し関税を免除したことが米国投資企業への補助金とみなされた。

(iii) 内国間接税の減免税

国家は国産品と同種の輸入品に対して同等に内国間接税（消費税，自動車税等）を課すことができる。こうした間接税をある産品に対してだけ減免することは補助金に相当する。他方，国家は輸出品に対しては，間接税の調整ルール（輸出国還付，輸入国課税の原則）に従い，間接税を免除するか還付する義務を負っている。それゆえ，輸出品への間接税の免除・還付は，その免除・還付額が輸出国国内産品への間接税額を超えないかぎり，補助金にはあたらない（GATT 16条の注釈）。

(3) 商品・サービスの提供

補助金は資金移転や減免税のほか，商品やサービスの提供をつうじても行われる，米国・カナダ産木材事件Ⅲ［巻末表20-26］では，カナダ州政府よる天然資源補助金（natural resources subsidy）が認定された，この事件で，カナダ州政府は木材伐採業者との立木伐採契約（stumpage）により，木材生産者に立木という川上産品・材料を提供した。これは政府が資金ではなく，天然資源の形で補助金をあたえた例である。また農業協定分野のカナダ牛乳事件［巻末表4-4］も参照に値しよう。パネル・上級委員会は，この事件で，酪農品輸出への補助金が，原料牛乳の安価な現物支給によって達成されたことを認めた。

(4) 資金調達機関への支払または民間団体への助成委託

補助金はまた，政府が資金調達機関に支払を行うことで供与される。さらに補助金は政府自身によって供与される必要はない。政府が民間団体に対して補助金供与措置を委託しまたは指示するときも，民間団体による補助金供与は政府の助成措置とみなされるからである。これは政府が民間機関への助成委託により相殺措置協定を迂回するのを防ぐための規定である。

韓国DRAM補助金事件（ハイニックス社事件）は，日米EC3極のWTO提訴を引き起こした。EC・DRAM相殺措置事件［巻末表9-15］，米国・韓国DRAM事件［巻末表20-37］，日本・韓国製DRAM相殺関税事件米国・韓国DRAM事件［巻末表14-6］である。事件の発端は，韓国政府が半導体メーカー・ハイニックス社（Hynix）の再建のため，債権者3グループに助成委託を行ったことにある。債権者グループは，公的機関（Aグループ），政府単独株主企業・政府筆頭株主企業（Bグループ），民間企業（Cグループ）に分かれた。米国（とEC）は，BとCのグループによる助成は政府からの委託または指示（entrustment or direction）を受けた政府補助金とみなし，韓国DRAMの輸入に対して相殺関税を賦課した。

米国が提訴した事件［巻末表20-5］で，パネルは，韓国政府が民間債権者・BCグループに補助金供与を委託しまたは指示した十分な証拠はないと判断した。それゆえ米国の補助金認定と相殺措置を違法とした。しかし上級委員会は2005年6月の報告でパネル判断を覆した。上級委員会は，パネルが委託・指示の解釈を誤ったことを指摘した。パネルは，米国・輸出制限解釈事件［巻末表20-18］のパネル判断にしたがって，委託と指示をそれぞれ権限委任（delegation），命令（command）と解釈した。上級委員会はこの解釈はせますぎる（too narrow）とのべた。上級委員会によれば，委託・指示は，政府が民間を身代わり（proxy）にして，民間に上述の財政的貢献のいずれか（資金移転・債務保証，減免税，現物サービス支給）をさせる行為をさす。委託は，権限委任にかぎられず，政府が民間に身代わり助成をする責任をあたえる場合をカバーする。指示も，命令にかぎられず，政府が民間に対し国家権力を行使する状況のもとでおきる。ただし，たんなる政策表明（mere policy pronouncements）は委託・指示にあたらない。委託・指示は，勧奨（encouragement）以上の積極的な行為でなければならない。それゆえそれは，意図せざるもの（inadvertent）であってはならない。また政府規制のたんなる副産物（by-product of government regulation）であってはならない。とはいえ米国の補助金認定が協定と整合するかどうかについて，上級委員会は結論をだすことを拒んだ。

ECが提訴した事件［巻末表9-15］では，韓国政府がハイニックス社再建のため行った助成プログラムは政府の補助金に該当し，韓国企業に利益をあたえ，特定性をもっている，それゆえECの補助金認定はWTO協定に適合しているとパネルは判断した。パネル判断に対する上訴は行われなかった。

日本は以上のWTO裁定をみとどけたうえで，韓国製DRAMの輸入に対し，2006年1月，歴史上最初の相殺措置を課した。韓国は日本を相手どってWTO手続を開始した［巻末表14-6］。WTOは2007年12月，日本に対し措置の是正を勧告し，日本は再調査の結果補助金利益の消滅を理由に2009年から相殺関税を廃止した。ECと米国も見直し調査ののちそれぞれ2007年，2008年に相殺措置を廃止した。

なお，2010年の米国・中国産品ダンピング防止税・相殺関税2重賦課事件［巻末表20-47］でもパネル報告（2010年10月送付）は，国営企業が民間企業に対して行う助成の委託指示は政府自身による通常の国家補助金とみなされうることを強調した。

2 価格支持

補助金は、政府の財政的貢献だけではなく、GATT（16条）の意味での所得支持または価格支持（income or price support）によってもあたえられる。たとえばある国が、競争力のない国内産業の所得や価格を支持するため、なんらかの助成や減免税を行う場合、こうした所得支持や価格支持は、補助金とみなされる余地がある。この場合、所得支持や価格支持を受ける産業は、国内で価格を高く維持することができ、このような高価格からえた余剰利益を原資として、国外に過剰生産品を低価格で輸出することが可能となる。

農業分野ではこの種の価格支持・所得支持に関する事例（カナダ牛乳事件［巻末表4-4］、米国綿花補助金事件［巻末表20-35］）が増えている。

第2節 利 益

1 利益の付与

財政的貢献または価格支持等により利益（benefit）があたえられなければ、補助金は認定されない。とくに注意を要するのは、出資・貸付・債務保証・商品サービス提供は、それだけでは利益をもたらすものとは認められないことである。これらのうち、利益をもたらすものはつぎのものに限定される（協定14条）。

i 国内の民間投資者のつうじょうの投資慣行と適合しないような政府出資
ii 企業が市場で同等な商業的貸付を受けるときの商業的貸付けよりも有利な政府の貸付
iii 企業が政府による保証なしに同等な商業的貸付を受けるときの商業的貸付けよりも企業にとり有利になるような政府の債務保証
iv 妥当な対価よりもすくない額の対価で行われる政府による商品・サービスの提供

2 民営化と利益の移転の有無

米国・英国有鉛棒鋼相殺関税事件［巻末表20-8］では、英国政府が旧国営企業（英国国営鉄鋼会社BSC）に対してあたえた補助金が、国営企業が民営化されたあとも米国相殺措置の対象となるかどうかが争われた。その鍵は、旧国営企業が受けた補助金利益が民営化企業に移転されたかどうかにあった。米国は、補助金の利益は民営化により旧国営企業から民営企業に移転したと考え、したがって民営企業に移転した補助金利益に対して相殺関税を賦課できると判断した。ECは、国営企業の民営化と私企業への資産売却は独立当事者間価格で行われたため、国営企業への一回かぎりの補助金（non-recurring subsidy）による利益は、民営企業に移転されなかった。したがって、民営企業の輸出品に対する相殺措置は違法であると主張した。ECはこの説明を具体的数値をあげて説明した。ECによれば、たとえば英国が国営企業に対して補助金100をあたえ、この補助金をつかって国営企業が機械を購入すると、国営企業はコスト負担なしに機械を購入したことになり、たしかに補助金から利益が生じているとのべた。しかし、国営企業が資産を民営企業に売却するときに、補助金で購入した機械100の価額を売却価格のなかに含めたならば、言葉を換えれば、独立当事者間の価格で資産を売却したならば、買い手の民営企業は英国の補助金100を受益していない、つまり本件で民営企業は旧国営企業が受けた補助金を承継していないとECはつけくわえた。ところが米国は、補助金利益が民営企業に移転されたとみなし、この利益を10数年間にわたり減価償却（amortization）し、民営企業に相殺措置を課した。

パネルは、ECの主張をいれて旧国営企業への補助金利益は民営企業に移転されなかったと判断した。なぜならば、国営企業の売却と民営化は独立当事者間価格で行われたからである。上級委員会もパネル判断を支持した。上級委員会は補助金利益は受領者に付与されなければならず、受領者は自然人または法人でなければならないと結論した。

第3節 特定性

うえにみてきたように、利益をもたらす財政的貢献または価格支持は、補助金にあたるが、こうした補助金は多種多様であり、貿易に影響をあたえないもの（たとえば教育上、社会上、文化上のさまざまな国内助成）から貿易に影響をあたえるものまで多岐にわたっている。相殺関税協定が規制する補助金は貿易歪曲効果をもつ補助金であるため、協定は、補助金のなかでもとくに特定性をもつもののみを協定上の補助金とした。

特定性（specificity）をもつ補助金とは、特定の企業、産業、企業グループまたは産業グループに対してのみ供与されるものをさす。逆にいえば、一般的な補助金は特定性を欠くため協定の適用を受けない。なお協定は、輸出補助金は、輸出企業に対してあたえられるため、とうぜん特定性をもつと定めた。

特定性をもつ補助金は、協定上、赤の補助金か黄色の補助金にあたり、相殺措置を適用される。たとえば政府が特定の鉄鋼企業に対してのみ助成金100をあたえ、この企業Aが100で機械を購入する場合、助成金は特定性をもつ。企業Aはコスト負担なしに機械を購入し、他の鉄鋼企業よりも比較優位性をもつからである。それゆえ、企業Aからの輸入品のみが、輸入国当局による相殺措置の対象となる。

第2章
補助金の分類と救済措置

　WTO 相殺措置協定は当初，補助金を交通信号方式 (a signal) に従って，赤・黄・緑の3色の補助金に分類した。もっとも緑の補助金（と黄色補助金ののなかの重大損害補助金）は5年後に廃止された。そのため，げんざいでは赤と黄の2色の補助金のみがWTO協定を適用されている。それぞれの補助金の種類とそれに対する救済措置を概観してみよう。

第1節　赤の補助金と救済措置

　赤の補助金（red subsidies）は協定上，禁止されたもので，相殺措置や対抗措置の対象となる。

1 赤の補助金の種類

　赤の補助金には2種類がある。輸出補助金とローカルコンテント補助金である。

(1) 輸出補助金

　赤の補助金の筆頭は輸出補助金（3:1:a 条）であり，これは法令上または事実上，輸出が行われることを条件として交付される補助金を意味する。カナダ航空機事件1 ［巻末表4-6］で上級委員会がのべたように，法令上，輸出を条件として補助金が交付されるかどうかは，関連する法令の解釈により判定される。また事実上，輸出を条件として補助金が交付されるかどうかの判定はきわめて困難であり，さまざまな事実関係に基づいて判定が行われなければならない。協定は附属書1に輸出補助金の例示表をかかげている。

　ブラジル航空機事件［巻末表3-2］では，国家が輸出促進のため，輸出貸付銀行（外国輸入者に対して輸出品の購入資金を貸し付ける国内銀行または海外銀行）に対して行う利子補給が輸出補助金と判断された。この事件では，ブラジル航空機を購入する外国企業（航空会社）は，輸出貸付銀行から航空機の購入資金を借り入れ，借入れのために利子を返済していたが，ブラジル政府はこうした返済利子の一部を負担したのであった。これにより外国購入者の購入コストは軽減され，けっかとして，輸出が促進された。このように輸出を条件として交付される利子補給は，政府の財政的貢献であり，また輸出促進利益をあたえるため輸出補助金にほかならない。この補助金は，たしかに輸出者に対して交付されず，輸出貸付銀行に対して供与されていた。しかしこれが輸出補助金であることに変わりはないのである。

　米国・外国販売会社事件（Foreign Sales Company. FSC・巻末表20-6）では，輸出補助金は，輸出者への直接税の免除という形で交付された。外国販売会社法のもとでは，米国領域外の租税回避地に設立された米国資本の輸出企業「外国販売会社」は，米国製品の輸出と輸出関連サービスからえた収入に関し，法人税を免除された。カナダ自動車協定事件では，後述するように，輸出を条件とする輸入関税の免除が輸出補助金とみなされた。

(2) ローカルコンテント補助金

　輸出補助金と同じように，ローカルコンテント補助金も，著しい貿易歪曲効果をもたらす。ローカルコンテント補助金（local content or domestic content subsidy）は，製造業が産品の製造過程で，部材として輸入品よりも国産品を優先して使用することを条件に，政府があたえる補助金をいう（協定 3.1b 条）。それは，部材に関して国産品を輸入品に代替させるため輸入代替補助金（import-replacement subsidy）ともいう。

　カナダ自動車協定事件で，カナダは米系大手自動車会社等がカナダ国内での自動車生産にあたり一定のカナダ付加価値を達成するならば海外からの自動車輸入に対し関税を免除することで，米系大手等に補助金をあたえていた。それゆえ，カナダ政府は補助金供与の条件として一定のローカルコンテント率を要求した。では，このようなローカルコンテント要求（国産品の優先使用の条件づけ）は法律上のものにかぎるか事実上のものを含むのか。パネルは，この点について，ローカルコンテント要求は法令上のものにかぎるとして，カナダのローカルコンテント要求は法令上のものであり，相殺措置協定に違反すると判定した。しかし，上級委員会は，ローカルコンテント要求は事実上のものも含むとのべ，パネルの判断を覆した。そして，上級委員会は，パネルが本件で十分な審理を行っていないことを理由にカナダ付加価値要求に関する争点について結論をくださなかった。

　米国綿花補助金事件［巻末表20-35］では，米国が国産陸地綿を使用するユーザーに助成をあたえていた。パネル・上級委員会は，2005年，これがローカルテント補助金にあたることを認定した。

2 赤の補助金に対する救済手続

　赤の補助金を受けた産品が輸入される場合，輸入国は，多角的なパネル手続か一方的な相殺措置手続をとることができる。

(1) 多角的手続──特殊パネル手続と対抗措置

　輸入国は，補助金供与国と協議を行ったあと，特殊なパネル手続に訴えることができる。パネルは赤の補助金に該当するかどうかについて常設専門部会 Permanent Group of Experts (PGE) の援助を要請することができ，部会の結論を修正なしに受諾しなければならない (4.5条)。パネルは，赤の補助金を認定するならば，補助金供与国に対し補助金を遅滞なく所定期限内に廃止するよう勧告するものとされている。これは相殺措置に固有の特殊なパネル手続であり，他に類例をみない。もっとも，パネル報告に補助金供与国が上訴するときは，上級委員会手続が進行する。上級委員会がパネル報告を支持すれば，パネル・上級委員会報告は紛争解決機関により採択され，紛争解決機関は補助金供与国に対し報告を遵守するよう勧告する。敗訴国が勧告を実施しないときは，紛争解決機関は勝訴国に対して適当な対抗措置（均衡のとれた措置）をとることを許可する (4.10条)。しかし，対抗措置の程度について争いがあるときは，仲裁が対抗措置が適当かどうかを決定することができる (4.11条)。

(2) 一方的手続——相殺措置

輸入国は赤の補助金が国内産業に損害をあたえると認定するときは，補助金額を超えない額の相殺関税を一方的に賦課することができる。相殺措置はこのように一方的にとることができるが，措置が協定に合致しているかどうかについて疑いがあるときは，補助金を供与したとされる国は，WTO のパネル手続を開始して，相殺措置の合法性を争うことができる。米国の英国や EC に対する一連の相殺措置は，パネル手続で協定違反とされた。

第2節 黄色の補助金

黄色の補助金は，赤の補助金についで貿易歪曲効果がおおきく，相殺措置の対象となる (actionable subsidies)。

1 黄色の補助金の禁止と種類

(1) 3種類の黄色補助金

WTO 加盟国は補助金の交付をつうじて他の加盟国の利益に対し悪影響 (adverse effects) をあたえてはならない (5条)。他の加盟国に悪影響をあたえる補助金は一括して黄色の補助金と呼ばれ，つぎの3種類にわかれる。

① 他の加盟国の国内産業へ損害をあたえる損害補助金 (injury subsidies. 5条 a)
② 他の加盟国が，GATT 上直接間接にえる利益，とくに当該補助金供与国の行う関税引下げ約束から期待しうる市場アクセス利益を無効・侵害化する無効化補助金 (nullification-impairment subsidies. 5条 b)
③ 他の加盟国の利益に対して重大な損害（または著しい害 serious prejudice）をあたえる重大損害補助金 (serious prejudice subsidies. 5条 c)

(2) 重大損害補助金

A 重大損害補助金の推定義務とその失効

重大損害をあたえる補助金は，損害補助金とおおきく異なる。損害補助金が他の1加盟国の関税領域の国内産業にのみ損害をあたえるのに対し，重大補助金は，世界の全体または複数国に顕著な損害をあたえるからである。それは，赤に近い黄色を帯びるため，濃琥珀色 (dark amber) の補助金とも呼ばれるが，この俗称は重大損害の立証が困難であることを裏書きしている。協定は，その規律にあたり，協定は，補助金交付国が先進国か開発途上国かにおうじて異なるルールを敷いた。

B 先進国の重大損害補助金とその推定義務の失効

協定は，先進国の重大損害補助金はつぎの場合に推定するとする。(6.1条)。
① 補助金が産品価格の5％を超える額に達していること (6.1(a)条)
② 補助金がいずれかの産業 (an industry) の営業上の損失を補てんする場合 (6.1(b)条)
③ 補助金がいずれかの企業 (an enterprise) の営業上の損失を補てんする場合 (6.1(c)条前段)
④ 債務の直接的な免除，すなわち企業等が政府に対して負っている債務を免除する (6.1(d)条) 場合や債務の返済を補てんする贈与を行う場合

これら高額補助金，産業損失補填補助金，企業損失補てん補助金，債務免除補助金は，他の加盟国に重大な損害をあたえると推定しなければならず，被害国は補助金供与国からの関連産品に相殺関税を課すことができる。ただしふたつの例外がある。

第1に，企業損失補助金のうち，「長期的な解決をはかるための時間をあたえ，また深刻な社会的問題を避ける」ときにかぎり，企業に交付される「繰り返されることのない一回かぎりの」補助金は重大損害補助金とはみなされない。第2に，債務免除補助金のなかで，民間航空機製造ロイヤルティー融資は，現実販売水準が予想水準を下回るため全額されていない場合も重大損害をあたえない (6.1(d)条の注16)。しかし先進国の重大損害補助の推定義務は WTO 協定発効後5年間だけ暫定的に適用され，1999年末に失効した (31条)。これは先進国の重大損害補助金は，規定失効後のげんざいでは，後述の重大損害の認定が可能な場合 (6.3条の輸入代替，輸出代替，price undercutting, price depression) に，輸入国が重大損害の立証に成功すればかぎりで認定されることを意味する。EC エアバス事件のパネルでは，まさに先進国 EC のエアバス補助金が米国ボーイングに重大な損害をあたえたかどうかが争点のひとつとなった。パネルはこの場合，米国は重大損害の認定が可能な下記市場効果 (6.3(a)-(c)条の輸入代替，輸出代替，price undercutting) が米国国内で生じたことを立証すればよいとした。

C 後進国の重大損害補助金

(i) 重大損害補助金の推定義務の欠如

開発途上国の重大損害補助金に関し，協定は推定義

務を定めなかった。推定義務は開発途上国の補助金には適用されないのである（27.8条前段）。途上国の補助金が重大損害をもたらすかどうかは，推定に委ねない。それは，むしろ積極的証拠（positive evidence）によって立証されなけれはならないというのが協定の基本的立場であった（27.8条後段）。したがってインドネシア自動車事件のパネルが念をおしたように，日米欧先進国が開発途上国インドネシアからの補助金つき輸入により重大損害を受けていると主張するときは，重大損害補助金を推定してはならず，積極的証拠によって立証しなければならない。この立証に失敗するときは，重大損害は認定されない。この意味で重大損害の推定義務ルールは，エアバス事件パネルが強調したように，先進国補助金については失効したものの，開発途上国補助金についてはいぜんとして意味をもつのである（27.9条）。

(ii) 重大損害補助金の認定可能性

協定は，推定義務規定とは別に，重大損害補助金の認定可能性に言及している。黄色補助金は以下の効果をもつならば認定される可能性があるとした（6.5条）。それゆえパネルが繰り返し述べてきたようにケースバイケースで重大損害が認定されたりされないこともある。この規定は認定可能例を定めたもので，WTO発足以来効力をもっている。この点で失効した推定義務規定と対比される。それゆえ，黄色補助金を受けた輸入は，先進国からであれ開発途上国からであれ，以下の市場効果が輸入国国内市場にもたらせば，輸入国は輸出国の補助金に対して救済措置をとることができる。いわば効果アプローチ（6.5条）に基づく重大損害の認定裁量が輸入国に付与された。重大損害補助金が立証次第で認定される可能性があるのは，以下の効果をおよぼす場合である。

① 補助金供与により国産品による輸入代替や輸入制限がおきる効果

たとえばインドネシア自動車事件［巻末表13-1］では，インドネシア政府による補助金の供与により，日本車の輸入がインドネシア国産車によって代替されたりまたは日本車の輸入が制限されたかどうかが問題となった。輸入代替（import substitutes）や輸入制限（import restrictions）を引き起こす補助金が，重大損害をもたらす可能性があるからである。

② 補助金供与により第3国市場での輸出代替や輸出制限がおきる効果

第3国市場で他の加盟国の同種産品の輸出を代替したりまたはその輸出をさまたげるような補助金が問題となる。たとえばX国が第3国市場での自国資本会社のTV生産・輸出を奨励するため，当該第3国の日系会社のTV輸出を代替したりさまたげる場合が考えら

れる（third-country displacement）。

③ 補助金つき輸入品価格が輸入国の国産品価格を下回る著しいプライス・アンダーカッティング等を誘発する効果

世界・地域・国内等の同一市場で加盟国が自国産品に補助金をあたえるとつぎのいずれかの効果が生ずるおそれがある。ひとつには，自国産品価格が輸入国の同種産品の価格を著しく下回る price undercutting 効果があるであろう。たとえばインドネシア自動車事件では，韓国からの国産車輸入への関税と奢侈税の免除をパネルは顕著なプライス・アンダーカッティングによる重大損害にあたるとみなした。また米国綿花補助金事件にみるように，自国産品価格が輸入国の同種産品の価格の上昇を著しく妨げる「価格押し下げ」（price suppression or depression）をひきおこしたり，輸入国同種産品の販売を著しく減少させる効果（lost sales）をもたらす場合が想定される。

④ 国産一次産品の世界市場占拠率を上昇させる効果

国内の一次産品の世界市場での市場占拠率を増加させる（たとえば過去3カ年間の平均占拠率よりも上昇させる）効果をもたらす補助金が問題とされよう。

うえにみてきたように，黄色補助金制度は，損害補助金と無効化補助金のほか，重大損害補助金のトリニティーからなる。ECエアバス事件Ⅰ［巻末表9-23］では，先進諸国が交付した赤の輸出補助金にくわえて黄色の重大損害補助金がパネル・上級委員会により認定された。

2 黄色の補助金に対する救済措置

黄色の補助金に対しても多角的手続と一方的手続による救済が予定されている。

(1) 多角的手続──パネル手続と対抗措置

赤の補助金の場合と異なって，黄色の補助金に対しては通常のパネル手続がとられる。したがってパネル・上級委員会手続ののち，紛争解決機関は勧告（補助金是正の勧告）をくだし，勧告の採択後6カ月以内に勧告が実施されないとき，また代償についての合意がえられない場合，紛争解決機関は申立国に対し，悪影響の程度に比例した対抗措置をとることを承認することになる（7条9）。

(2) 一方的手続──相殺措置

悪影響をあたえる補助金を受けた産品が輸入され，それにともなって輸入国の国内産業が損害を受ける場合，輸入国は，WTO協定の手続に従って相殺措置をとることができる（10-23条）。相殺措置が協定に合致していないと補助金を供与したとされる国が判断するときは，措置の協定整合性についてパネル判断を求めることができる。

第3節 緑の補助金

緑の補助金は相殺関税措置の対象とならない（non-actionalble subsidies）。ただしこの種の補助金は協定発

効後5年が経過したのちの1999年末には失効した。

1 緑の補助金の種類
緑の補助金はつぎのものを含んだ。

(i) 特定性をもたない補助金

これは特定の企業・産業に対してあたえられず、かつ客観的・中立的基準に従って供与される補助金をさす。したがって、すべての産業・企業に対して、客観的基準に基づいて一般的に供与される環境補助金は、緑の補助金とみなされた。また中小企業に供与される環境補助金は、一般的に適用されかつ特定産業・特定企業に適用されないかぎり、緑の補助金に該当した。

(ii) 特定性をもっても一定の条件を満たす3種類の補助金も緑の補助金として許容される。それは、特定の研究開発補助金、特定の地域開発補助金、つぎの要件に合致した環境補助金をいう。これら要件とは、既存設備を法令上の新環境要求に適合させる目的をもつこと、既存設備は新環境要求の導入時から遡って2年以上稼働していること、1度かぎりの（one-time non-recurring）補助金であること、適合費用の20%を限度とすること、公害減少計画と直接の関連性をもちかつ同計画に比例すること、新設備・生産過程を採用する全企業にとって利用可能であること等であった。したがってWTO協定は2種類の環境補助金を緑の補助金として許容した。第1は特定性をもたない環境補助金（貿易歪曲効果の小さい補助金）であり、第2は特定性をもつものの所定条件を満たす環境補助金であった。他方、特定性をもち所定条件を満たさない環境補助金（たとえば低公害の新設備／生産工程を採用させるための特定産業向け補助金）は、WTO協定のもとで禁止されていなかった。ただし、このような補助金を受けた産品の輸入が、輸入国の国内産業に損害をあたえるときは、当該補助金は黄色の補助金となり、相殺関税措置の対象となった。

2 救済手続
グリーンであるにもかかわらず、他国の産業に対し「回復しがたい損害を生ずるような著しい悪影響をおよぼしている」とみなすときは、悪影響を受ける国は協議を要請することができた。協議後60日以内に解決できないときは、問題を補助金相殺措置委員会に付託し、委員会が緑の補助金が悪影響をあたえると決定するときは、悪影響を除去するため補助金制度を修正するよう勧告することができた（9.4条）。紛争解決機関の勧告ではなく委員会が勧告する点がつうじょうのパネル手続と異なった。勧告が6カ月以内に実施されなかった場合、委員会は（紛争解決機関ではない）協議要請国に悪影響の程度におうじた適当な対抗措置をとることを承認することができた。対抗措置も委員会が許可する点で特殊であった。ちなみに日本実施法（関税定率法6条）の報復関税条項は、悪影響をおよぼす緑の補助金に対する対抗措置と特殊な非違反申立手続（つまりグリーンであり協定違反はないにもかかわらず他国産業に悪影響をあたえる補助金に対するいわゆる非違反申立手続と紛争解決機関ではなく委員会が承認する対抗措置）を規定している。

緑の補助金に対する委員会の対抗措置許可規定も1999年末に失効した（31条暫定適用）。しかし日本の実施法（関税定率法6.2条）は、緑の補助金に対する報復関税規定を温存させている。

3 緑の補助金の失効
特定の研究開発補助金、地域開発補助金、環境補助金は、緑の補助金規定が失効したあとは、特定の条件を満たせば、相殺措置の対象となる可能性がある。ひとつには特定性をもつことであり、他は赤または黄色の補助金に該当することである。とくに輸出を条件に供与されれば赤の補助金となるであろう。これは農業協定が農家への緑の補助金を恒久的に削減対象から除外し、また相殺措置の対象からはずしているのと対照的である。ちなみにドーハ閣僚会議宣言・実施決定(10.2項) は、開発途上国が緑の補助金により地域開発・技術研究開発基金・生産多様化・環境改善等をはかるための提案に留意すると定めた。そして交渉の間、こうした開発途上国の補助金政策に対し、WTO加盟国が法的挑戦を自制するよう求めた。ECエアバス事件のパネルは、ECと加盟諸国の研究開発助成のいくつかが特定性をもつ協定上の補助金に該当することを認めた。

第4節　市場経済移行国と開発途上国

1 市場経済移行国

(1) 市場経済移行国の補助金と猶予期間

市場経済移行国は、禁止される赤の補助金を廃止するため、7年間の猶予期間をあたえられた。しかし、1996年末までに赤の補助金の通報をしておく必要があった。

(2) 非市場経済国に対する相殺措置

非市場経済国は従来から原則として相殺措置の対象とならなかった。その理由は、非市場経済国では価格が国家によって管理されており、相殺措置の対象となる補助金を摘発し算定するのが不可能だからであった。しかし米国上院は非市場経済国に対する相殺措置適用法案作成を2005年4月に作成した（Stopping Overseas Subsidies (SOS) Act）。また米国商務省は2006年11月、中国産紙製品（coated free sheet paper）に対する相殺措置調査を開始した。

(3) ロシアと中国に対する相殺措置とWTOパネル手続

A　ロシアに対する相殺措置

ECは2002年5月24日、ダンピング防止手続に関し、ロシアの非市場経済資格を撤回し、ロシアを市場経済国とみなした。これを受けて米国商務省は2002

年6月7日，ダンピング防止手続にさいしてロシアの非市場経済資格を撤回し，ロシアを市場経済国扱いとした。ECと米国の決定は，ロシアのWTO加盟交渉を有利にする効果をもつ。しかしその反面，ロシア産品は今後相殺措置の対象となるしまたWTOパネル手続にも服する。

ECロシア加盟交渉の最大の争点のひとつは，ロシアの天然ガスの価格設定問題であった。ロシアでは国営企業が国産天然ガスの海外輸出と国内供給に関して独占権をもっている。天然ガスのユーザーは主に窒素肥料会社であり，窒素肥料の価格の50-90%が天然ガスである。ロシア国営企業は天然ガスの販売にあたり，国内の肥料企業には安く，外国企業向けには高く販売していた。国内価格は2003-4年当時，輸出価格のほぼ6分の1であった。ECは国内向け天然ガスの低価格販売は，ロシアのユーザー産業を海外の競争者より有利にしており，国内ユーザー産業への「隠れた補助金（hidden subsidy）」に該当すると判断した。この補助金供与は国内ユーザー産業への安価な現物支給という形で行われている。ロシアはECとの2国間交渉のすえWTO加盟の条件として，加盟後，2010年までに国内向けガス価格を段階的にひきあげ，国内窒素肥料企業への補助金を削減することを2004年5月の文書で約束した。このロシア・EC合意は米国窒素肥料産業団体により歓迎された。

B 中国に対する相殺措置

中国はロシアとは異なり，2001年12月にWTOに加盟したのちも非市場経済国として扱われている。このためダンピング防止手続では輸入国により差別的な価格算定方法をとられつづける。また中国産品のいくつかは相殺措置の対象となっている。

中国の補助金供与については，メキシコが，2002年7月，問題提起を行った。メキシコは，中国が外国投資を誘致するため特定外資に免税を行い，これら外資に赤の輸出補助金をあたえていると主張した。そしてメキシコによる対中WTOパネル手続の開始が示唆された。メキシコは新世紀にはいってからアジア投資企業等の投資撤退に直面した。メキシコの目からみれば，中国の投資誘致補助金は，メキシコへの外資投資を不利にし，メキシコから中・ASEAN等のアジア諸国への投資撤退を加速するとされるのである。

2 開発途上国優遇条項

A 開発途上国の分類

協定（27条）は補助金規律に関し先進国に対しては厳格なルールを，開発途上国に対しては緩和ルールを定めた。開発途上国はさらに国民所得・輸出競争力の多寡におうじて異なる規律をうける。

① 後発開発途上国（LDC）——WTOに加盟する国連加盟国が指定した計49カ国をいう。うちわけはアフリカ33カ国，アジア15カ国，カリビア海（ハイチ1国）であり，アジアでは7カ国（アフガニスタン，バングラデッシュ，ブータン，カンボジア，ラオス，ミャンマー，ネパール）を含む。

② 国民年収1人あたり1000ドル未満の中間所得国（middle-income Development country），とくに観光・自然資源に富む国を含む計21カ国（Bolivia, Cameroon, Congo, Côte d'Ivoire, Dominican Republic, Egypt, Ghana, Guatemala, Guyana, India, Indonesia, Kenya, Morocco, Nicaragua, Nigeria, Pakistan, Philippines, Senegal, Sri Lanka and Zimbabwe.）

③ 2以上の輸出品で世界シェアの3%以上を占める輸出競争力をもつ途上国

④ 他の通常開発途上国

B 赤の補助金

赤の補助金のうち輸出補助金は，先進国と通常・開発途上国にかぎり禁止される。これら以外の国は緩和ルールを享受する。

① 産品別の世界シェアが輸出競争力をもつ開発途上国は2-8年間に補助金を徐々に撤廃する。

② 国民一人あたり所得が1000米国ドルを超える中間所得国も，協定発効後8年間だけ猶予期間を与えられる（27.2b条）。ただし8年後には輸出補助金を撤廃していなければならない。

③ 最貧国の後発開発途上国（LDC）は，輸出補助金の禁止義務を免除される（17.2.a条）。これは最貧国の富裕化にともない免除が解かれることを意味する。たとえばASEANやアフリカの最貧国が，日系企業を投資誘致のためにパイオニア企業と認定し，免税等の特典をあたえる場合，パイオニア企業への輸出補助金はWTO法上，合法化されるが，輸出競争力や国民所得向上にともない，やがてはWTOの厳格ルールを適用されることになろう。

他方，もう一つの赤いローカルコンテント補助金は，先進国・開発途上国・後発開発途上国を問わず，その供与を禁止される。この補助金はそもそもGATT内国民待遇原則（3条）に反するからである。

C 黄色補助金

黄色補助金のうち，先進国が交付する重大損害補助金は，推定義務ルール（6.1条）の失効にともない，推定可能ルール（6.3条）に従って認定されている。これに対し，開発途上国の重大損害補助金は，そもそも推定義務ルールのスコープから外された。開発途上国はこの点で一定期間，優遇された。しかし開発途上国は協定発効時から推定可能ルールを適用されている。

その他の黄色補助金（無効化補助金，損害補助金）についても，開発途上国は先進国よりも優遇された。開発途上国の無効化補助金は，所定条件（輸入代替・輸入制限の立証）が満たされないかぎり，WTOの規制を受けない。また開発途上国の損害補助金も，所定条件（輸入国産業への損害の立証）をクリアーしないときは，輸入国の相殺措置の対象とならない（27.9条）。WTOは開発途上国の黄色補助金に対する輸入国の挑戦を厳しくすることで，途上国に対して先進国とは異なる特別の待遇を定めたのである。ただし，現実に目を向けるな

らば，開発途上国優遇システムは，途上国へ投資する先進国企業に利益を与える点で，先進国の多国籍企業を富ませ，南北格差の是正を解決するツールとはかならずしもなっていない。

第3章
相殺措置

第1節　協定規定

相殺措置は，GATT（6条）とWTO相殺措置協定の条件に従って課され，それはつねに関税（相殺関税）または約束の形をとる。

1　手続

手続はダンピング防止措置の手続と類似している。手続は，補助金付き輸入品と同種の産品の国内産業の申立によって開始され，国内産業の申立適格もダンピング防止措置の場合と同様に定められている。

つうじょう暫定措置ののち確定措置がとられる。証拠規定，相殺関税の賦課徴収手続，見直し手続，司法審査規定もダンピングの場合と同様である。ただしサンセット見直しにさいして補助金僅少基準が適用されるかどうかは，協定に明文規定がないため米国・ドイツ産薄板相殺関税事件〔巻末表20-22〕で争われ，適用されないとの上級委員会報告がだされた。

2　相殺関税

補助金付き輸入品が国内産業に実質的な損害をあたえているかあたえるおそれがあるかまたは国内産業の確立を実質的に遅らせているかの判定もダンピング防止措置の場合と同じである。それゆえ，補助金を受けた産品の輸入の数量がどの程度増加したのか，また補助金付き輸入が国内同種産品の価格にどのような影響をあたえ，内外価格差（price undercutting）はどの程度に達しているか等が調査される。

問題は補助金の計算方法であるが，協定は，これについて詳細な規定をおいていない。この点はダンピング防止協定が，ダンピング価格差の算定方法について新しい規定をおいたのと対照的である。

輸入国当局は，赤または黄色の補助金が存在し，補助金付き輸入が国内同種産品の産業に損害をあたえており，また補助金と損害の間に因果関係があることを認定するときは，相殺関税を課すことができる。ダンピング防止税の場合と同様，課税は当局の裁量であり，また課税額を「補助金の額に等しい額とするかまたは補助金の額よりもすくない額とするかの決定」は，輸入国の自由である（19条）。それゆえ補助金の額よりもすくない額の相殺関税が「国内産業に対する損害を除去するために十分」であるときは，相殺関税の額は，そのすくない額であることが望ましいとされる。

実行上，ECはこうした低額課税方式（lesser duty rule）に従って相殺関税を課している。そして損害の除去に十分な小額は，輸入品と国産品の価格差（price undercutting）を基礎に算定される。

3　約束

輸入国は相殺関税の賦課に代えて，約束を受諾することもできる。約束は，i 輸出者による価格引上げ（補助金の額を相殺するため必要な範囲を超えない額の引上げ）の申出または，ii 輸出国政府による補助金の廃止・制限（または補助金の影響に関係する他の措置）の申出を受諾する形で行われる。ダンピングの場合の約束と異なって，補助金の場合の約束には，輸出国政府による補助金の廃止制限が含まれている。

第2節　相殺関税の算定

相殺関税の賦課もダンピング防止税と同様，おおくの問題をはらんでいる。

1　補助金額の算定方法

その1つは，相殺関税の額の計算方法がかならずしも明確ではないことである。相殺関税は米国の場合，補助金の額と同じである。しかし補助金の計算方法はクリアーカットではない。

ECの場合，補助金の額は，補助金を受けた産品の単位あたりの助成額とされる。この額は輸出国の国内産品のうち，補助金なしの価格と補助金つき価格を比較し，両者の差額を基礎に算定される。しかし，減免税が行われるときの減免税額の計算は容易ではないとされる。

2　損害価格差の算定方法

同じように，相殺関税がECの場合のように低額課税方式に従って損害価格差（injurymargin）の額とされる場合，損害価格差が内外価格差にあたるプライス・アンダーカッティング（price undercutting）からどのように計算されるのか協定は方法を示していない。したがって損害価格差の計算について，加盟国はひろい裁量をあたえられていることになる。

ECの場合，現実のプライス・アンダーカッティングはつぎの方式で算定されている。

現実プライス・アンダーカッティング（real price undercutting）＝分子（輸入国国内産品の現実販売

価格－輸入品の輸入調整価格）／分母（調整ずみの輸入品価格）

この方式から明らかなように，プライス・アンダーカッティングはじつは計算によって算定される額である。それは国産品の現実販売価格と輸入品の調整価格であり，輸入品の価格をどのように調整するのかは当局の裁量に委ねられている。また販売段階を卸売り段階とするのかディーラー売段階とするのか，小売段階とするのかも当局の裁量の枠内にある。

他方，EC が公益条項に従って，損害価格差をいわゆる目標価格から算定する場合，それはつぎの方式で算定される。

損害価格差（injury magin）＝分子（輸入国国内産品の目標価格－輸入品輸入調整価格）／分母（調整ずみの輸入品価格）

ここにいう輸入国国内産品の目標価格（target price）は，産品コスト（生産費プラス販売一般管理費［Selling, General and Administrative Costs.SGA］）に妥当な利潤額をくわえた額である。したがって利潤の算定しだいで損害価格差はおおきく変化し相殺関税が高めに算定されるおそれもある。

第3節　相殺措置と因果関係

1　補助金つき輸入と損害の間の因果関係

相殺措置に関する重要な論点の1つに因果関係の認定がある。輸入国が補助金つき輸入に相殺関税を賦課するためには，輸入と損害の間に因果関係がなければならない。損害が補助金つき輸入以外の要因——たとえば企業の反競争的行為——から生じているときは（WTO 法でも主要国実施法でも），因果関係は否定される。この論点について WTO はまだふみこんだ検討をくわえていない。

2　EC ムカンド事件と因果関係

EC 第1審裁判所のムカンド事件（Mukand）判決は，2001 年9月，インド企業ムカンドに対する EC 相殺関税を，因果関係の欠如を理由に無効にした（Judgment of the Court of First Instance (First Chamber, Extended Composition), 19 September 2001, Case T-58/99, Mukand Ltd (India) et al v. Council.）。

(1) 事実関係

1997 年，欧州委員会は，EC 生産者の申立を受けて，インド製ステンレス棒鋼（SSB, Stainless steel bar）に対してダンピング調査と相殺関税調査を同時に開始した。そしてこの棒鋼（EC 産品）に関する通商措置調査と並行して，ステンレス薄板（Stainless steel flat）（ECSC 産品）に関して，委員会競争総局による調査も行われた。競争調査のけっか，委員会は EC 生産者が ECSC 競争法（ECSC 条約65条のカルテル禁止規定）にふれる反競争的行為を行っているとして，EC 生産者に過料（fines）を賦課した。もっとも競争法違反はあくまでも薄板に関してのみ認定され，通商調査の対象となった棒鋼に関して認定されたわけではなかった。また薄板が ECSC 産品であるのに対し，棒鋼は EC 産品であった。

薄板に関する競争法違反の決定後，インド生産者は，ただちに棒鋼に関しても EC 生産者が価格の同調的引上げを行っていると主張して，欧州委員会に規則 17/62 号に基づく競争調査を行うよう申請した。インド生産者によれば，EC 生産者が価格引上げのための会合に直接参加したことは不明であるが，すべての EC 生産者による価格引上げは同時期に行われており，価格の協調的引上げを根拠づけるとされた。

委員会は調査ののち，EC 生産者による違法な協調的行為は十分には立証できなかったとのべ，インド生産者の申立を却下した。しかしながら，委員会は，この却下決定のなかで，i 薄板に関する価格カルテルは過去10年間にわたって継続されたこと，ii 棒鋼の EC 価格もつねに薄板の価格に追随したことを指摘した。

このような背景のもとで EC 当局は，インドから輸入される棒鋼が EC 産業に損害をあたえていると認定して，1998 年末，インド製棒鋼に相殺関税を賦課した。インド生産者はこれを不服として EC 第1審裁判所に相殺関税の無効訴訟を提起した。

(2) EC 第1審裁判所の判決

第1審裁判所は，インド生産者の請求をいれて相殺関税をつぎの理由で無効とした。

① 損害認定を行う前に，当局は，すべての関連する経済的要素を考慮にいれなければならない。また当局は損害と輸入の間の因果関係を審査する場合，ダンピング輸入または補助金つき輸入とは無関係の要素についても詳細に検討しなければならない。それは，これらダンピングや補助金とは無関係の要素から生ずる損害をダンピング輸入や補助金付き輸入に帰してはならないからである。これら無関係の要素には，EC 生産者の反競争的行為が含まれる。

② ところが，当局は本件で，損害と因果関係の認定にあたり明白な誤りを犯した。なぜならば，当局は，薄板に関する EC 生産者の反競争的行為が棒鋼の価格に顕著な波及効果をおよぼし，棒鋼の価格の人為的引上げをもたらしていると認めるべきであったからである。当局は，損害と因果関係の認定にさいして，補助金つき輸入以外の周知の要素（反競争的状態）を無視したことになる。

裁判所はかくして，当局が，調査対象の棒鋼と関連

する隣接市場産品（薄板市場）での反競争的行為が，調査対象市場にインパクトをあたえているかどうかを損害・因果関係の認定にさいして調査しなかったとして，当局の措置を無効にしたことになる。この点でムカンド判決はエクストラメット判決とは異なる。

ムカンド判決は，隣接市場での反競争的行為と調査対象市場との間のリンクにふれている。重要なことは，隣接市場での反競争的行為が調査対象市場にどのようなインパクトをおよぼしているかであり，この点の審査がなければ，損害と因果関係の認定は無効となるのである。

第4節　相殺関税の迂回防止措置

1　沿革

米国は1988年の包括通商法（1930年関税法の改正規定）のなかで，ダンピング防止措置と相殺措置の迂回に対処するため，ECよりも広範な迂回防止措置を導入した。米国法のもとでは，ダンピング防止措置と相殺措置の迂回行為として，輸入国迂回のほか，第3国迂回・部分的変更品・後開発産品が列挙され，これら4種類の迂回防止措置が明記された。ECがダンピング防止措置の輸入国迂回に対する措置のみを規定したのとは対照的に，米国は，ダンピング防止措置のほか，相殺措置についても，4種類の迂回行為を定め，それぞれの迂回に対する防止措置を定めたのである。

1991年12月20日のGATTダンケル草案は，ダンピング防止協定草案（12条）と相殺措置協定草案（21条）のなかで，ダンピング防止措置と相殺関税の輸入国迂回に対処するための措置を規定した。しかし，最終的に採択されたWTO協定は迂回防止規定を含まなかった。このため閣僚決定は，ダンピング防止措置の迂回防止措置について加盟国が継続交渉を行うよう定めた。

WTOはこのように迂回について沈黙したため，米国（1930年関税改正法）は，ダンピング防止措置と相殺措置の4種類の迂回に対する措置を規定した。ECも米国にならって1997年の相殺措置基本規則（22条）のなかで，ECダンピング迂回防止措置と同様の広義と狭義の相殺措置迂回防止措置を定めた。WTOルールがない状況のもとで，米国とECがそれぞれ独自の相殺措置迂回防止規定をおいているのが現状である。

2　韓国DRAM補助金事件

上述のように，日本は米国・ECに追随して，韓国製DRAMに対し相殺措置をとった。日本の相殺措置の対象は，ハイニックス社製のDRAM単体とModule（DRAM装着PCB）であった。注目されるのは，日本政府がハイニックス社製品の原産地を前工程基準（拡散）に基づいて判定することを定めた点である。このため，同社の製品はチップスが韓国本社の拡散工場で製造されているかぎり，（たとえ第3国でくみたてられ日本向けに輸出されても）韓国産品とみなされ，日本の相殺措置に服した。しかし，同社が中国・米国・台湾の関連会社（米中の場合）・製造委託会社（台湾の場合）で拡散工程を行ったDRAMは中国産品・米国産品・台湾産品とみなされ，日本の相殺措置を免れた。日本のDRAM企業（NEC・日立が当初設立したエルピーダ社，米国マイクロンジャパン社）や半導体業界の一部は，ハイニックス社が米中台湾で拡散処理したチップスからDRAMを組み立てていた。こうした米中台湾組立のDRAMが，日本の相殺措置を潜り抜けているのは，原産地規則に基づく相殺措置の迂回行為であると，日本産業は批判した。その背景には，原産地規則の調和作業でのいわゆるdecoupling問題（後述）があった。他方，本件課税対象は，DRAM単体（HS 8542.31）にくわえて複数DRAMを基盤に装着したModule（HS 8473.30）におよぶため，DRAMが韓国で拡散工程を受けているかぎり，台湾等第3国で組み立てられたModuleも当然相殺関税に服した。

ただし，課税決定に明記されたModuleへの課税は，迂回防止措置とは切り離さなければならない。完成品と基幹部材への同時課税はWTO協定の要求を満たすかぎり許容されるからである。

第4章
WTOの事例

WTOの事例のなかで注目に値するのは，減免税による補助金事件，民営化後の相殺措置事件，ブラジルとカナダの航空機事件，サンセット見直しのための補助金僅少基準に関する米国・ドイツ産薄板相殺措置事件である。

第1節　減免税による補助金事件

税の減免は政府の財政的貢献であり，一定の条件を満たせば補助金に該当し，相殺措置協定の禁止規定にふれる。WTOパネル・上級委員会は，カナダ自動車協定事件で輸入関税の免除を，米国・外国販売会社事

件で直接税の免除を扱った。

1 輸入関税免除とカナダ自動車協定事件
(1) 事実関係と争点

カナダは米国カナダ自動車協定（1965年締結）に基づき，投資の促進と国内産業育成のため，国内の自動車会社（米国 Big Three 等）による自動車・OEM 部品 (Original EquipmentManufacturing parts) の輸入に対し，輸入関税を免除した。この輸入関税免除は，つぎの2つの条件を満たす場合にのみあたえられた。

① 生産額対販売額比率 (production to sales ratio) が一定比率以上であること
② カナダ国内の付加価値 (Canadian value added) つまりローカルコンテントが一定比率以上であること

そこで日本と EC は，生産額対販売額比率の要求が補助金相殺措置協定に抵触すると主張してパネルの判断を求めた。

(2) パネル報告書

パネルは，日 EC の主張をいれて，カナダの措置がつぎの理由で赤の輸出補助金に該当することを認めた。

① カナダの輸入関税免除は，相殺関税協定にいう政府収入の放棄 (the "foregoing" of government revenue which is "otherwise due" within the meaning of Article 1.1 (a) (1) (ii) of the SCM Agreement) にあたり，したがって，政府が特定企業にあたえる財政的貢献にほかならない。しかも関税免除は企業に利益をもたらしているため，補助金に該当する。

② この補助金が特定性をもつかどうかを，パネルは検討する必要がない。なぜならば，本件の争点は，カナダの輸入関税免除が輸出補助金に該当するかどうかにあるからである。いうまでもなく，輸出補助金は特定性をもつと協定は定めている。

③ EC と日本は，カナダの輸入関税免除は，生産額販売額比率の要求によって，輸出を条件としてあたえられている (the import duty exemption is contingent upon export performance by reason of the ratio requirements) と主張している。この主張によると，生産額対販売額比率が100：100の場合，関税免除の恩典を受ける米国系自動車会社は，輸入額と同等の国内生産額を輸出しなければ，輸入自動車を国内販売することができない。（たとえば米系会社がカナダ国内で100生産しているときに，30を輸入してこれら総計130を国内販売すると，生産額対販売額比率は100：130になってしまい，30の輸入自動車について免税恩典を受けることができない。

したがって，輸入車について免税されるためには，米系会社は，輸入額と同額の30だけ国内生産車を輸出し，生産額対販売額（国内生産額プラス輸入額）比率を100：100に保たなければならない。）

このため，問題の比率は，輸出要求として機能している (The ratio requirements hence function as requirements to export) と EC は指摘した。

パネルは日本と EC の主張を認めた。パネルによれば，もしも比率が75：100であるとすると，米系会社は，輸入車に対する免税恩典を受けるため，販売額100マイナス生産額75の25まで無税輸入することができる。しかし，この会社が25を超えるたとえば75を無税で輸入したいときは，生産額75プラス輸入額75は150となるから，問題の75：100という比率要求を満たすためには，国内生産額の50（150マイナス100）を輸出しなければならない。したがって，輸出額がおおきければおおきいほど，免税で輸入できる額もおおきくなる。それゆえ，75：100の比率要求のもとで，75生産しているときに輸出を100に増やそうとすると，免税輸入も125まで増やし，在庫200（国内生産75プラス免税輸入125）のうちから100ずつを国内販売と輸出にあてることができる。

以上により，パネルは，カナダの輸入関税免除は，「法令上輸出が行われることに基づいて交付される」赤の補助金に該当すると結論した。

上級委員会もパネルの結論を支持した。

2 直接税免除と米国・外国販売会社税制事件
(1) 事実関係

米国の内国税は，商品に課される間接税と所得収入に課される直接税に分かれるが，本件で問題となったのは米国直接税，なかでも法人税の免除制度である。この点で，カナダ自動車協定の場合の関税免除事件と異なっている。

米国の法人税は，米国企業に対しては原則として全世界での所得（米国と諸外国での収益）に対して課された。ただしこれには例外があって，米国親会社の外国子会社がえた所得は特殊な制度に服した。

まず一般ルールからみると，米国親会社の外国子会社がえた利益のうち配当金は，たしかに米国の法人税を課された。外国子会社の利益が配当金 (divident) の形で親会社に移転される場合に，外国子会社の利益に対して課税されたのである。この課税は，配当金が移転されるまでの間，引き延ばされるため，繰延課税 (deferral) と呼ばれている。しかしこの繰延課税制度は，米国親会社が外国子会社をとおして租税回避 (tax avoidance) をはかる抜け道となるため，米国当局は繰延防止制度 (anti-deferral regimes) をつくった。この制度により，外国子会社がえた特定の利益は，米国親会社に移転されていなくても親会社に帰属するとみなし，この利益に課税する仕組みができた。

問題は，こうした一般ルールとは異なる例外がもうけられたことである。それが米国のいわゆる「外国販売会社」(Foreign Sales Corporations．通称 FSC) のための法人税免除制度であった。外国販売会社とは，米国産品を外国に輸出販売（または輸出リース）するための米国所有企業であり，大部分の場合，米国会社が租税逃避国（バハマ，ケイマン諸島，バーミューダ等の tax haven) に設立した在外子会社であった。

米国税法は，これら外国販売会社がえた国外源泉の輸出利益の一部を米国所得税から免除した。免税の対

象となるのは，米国産品の輸出から生ずる貿易利益の一部にかぎられ，他のすべての国外源泉利益（配当金，ローヤルティー等）は免税の対象からはずされた（配当金は上述のように繰延防止制度のもとで課税される）。とくに輸出利益のうち，米国産品の輸出販売・リース利益と輸出関連サービス利益が免税対象となった。そして免税を受けるためには，問題の輸出取引は，米国の領域外で行われることが要求された。

米国製造業が租税逃避国での輸出利益を免税の対象とされるのとは対照的に，在米外国企業は，一定の条件のもとに国外源泉所得に対しても課税された。外国企業は，原則として米国領域外での国外源泉所得に対し法人税を免除されたが，この国外源泉所得が米国内の事業活動に「実効的に関連している」(effectively connected)場合に，米国の直接税を課されたのである。

米国の制度に異議を唱えたのはECであった。ECは，米国の外国販売会社のための免税措置は，相殺措置協定（3条）で禁止された赤い輸出補助金にあたると主張してパネル手続を開始した。

(2) パネル・上級委員会報告

パネルと上級委員会［巻末表20-6］は，ECの主張をいれて，米国の外国販売会社免税措置は，税収の放棄による国家の財政的貢献であり，しかも輸出取引を条件としており，米国企業に対する輸出補助金に該当すると結論した。またこの補助金は農産品の輸出に関連するときは農業協定で禁止された輸出補助金にあたるとのべた。そしてパネルは，相殺措置協定の規定に従って，米国に対し禁止された輸出補助金を遅滞なく2000年10月1日までに撤回するよう勧告した。紛争解決機関はパネルと上級委員会の報告を採択し，期日までの補助金の撤回を勧告した。

(3) 勧告の実施と報復措置

米国はパネル・上級委員会報告を実施するため，2000年11月，旧外国販売会社を廃止し，新法「域外所得除外法2000」(FSC Repeal and Extraterritorial Income Exclusion Act of 2000. ETI)を制定した。しかしこの実施法もWTOに違反することを実施審査パネルIは判断したため，ECは米国に対する報復措置を紛争解決機関により許可された。とはいえECは米国議会が旧法を廃止するまで報復措置をとらないことを約束した。しかし旧法の迅速な廃止がないため，ECは新実施法がすみやかに制定されないならば2004年3月に報復措置を発動する旨を2003年11月に通告した。米国は外国販売会社法とETI法を2004年6月廃止し，同年10月に改正法「2004年米国雇用創出法」(JOBS Act 2004)を採択した。しかしながらECは米国雇用創出法の過渡期間規定がWTOに違反していると主張し，2回目の実施審査パネル手続を開始した。実施審査IIのパネル（2005年9月）・上級委員会（2006年2月）は米国の義務違反を認めた。かくして米国は再改正法を採択したため，ECは2006年5月報復関税をみおくり，紛争は決着した。外国販売会社事件は，歴史をたどるとGATT時代のDISC事件（1971年）とその前身（1962年ケネディ税制）からはじまったため，解決までにほぼ半世紀弱を要したことになる。

第2節　民営化後の相殺措置事例

国営企業が民営化される場合，旧国営企業にあたえられた補助金は民営企業に移転され，民営企業はいぜんとして相殺措置を課されるのかどうかが問題となる。この争点はGATT時代からの米EC摩擦の種となり，紛争の解決はWTOにもちこされた。

1 米国・有鉛棒鋼相殺関税事件

(1) 事実関係

米国は1993年3月，英国産有鉛棒鋼の輸入に対し相殺関税を賦課した。これに対し，ECは当時GATT東京ラウンドの補助金相殺措置協定に基づき米国に対しパネル提訴を行った。パネルは米国の相殺関税がGATTに違反すると判断したが，パネル報告は米国のブロッキングにより未採択に終わった。

WTO発足後，米国の相殺措置は再度ECの挑戦を受けた。ECがクレームをつけたのは，米国商務省による相殺関税の見直しであった。

商務省は1995年から1年ごとに，相殺関税の年次見直しのため，前年度の相殺関税を1年ごとに算定した（したがってたとえば1996年の見直しは1995年の輸入を対象として行われ，見直しに基づく相殺関税率が95年輸入に対して過去に遡って徴収された）。この相殺関税は，英国政府があたえたであろう補助金の率に基づいて計算された。

しかし，問題は，そもそも本件で補助金が交付されたかどうかにあった。なぜならば，米国相殺措置の対象となった英国産有鉛棒鋼は，当時，民営企業から輸出されており，この民営企業は英国政府から補助金を受領していなかった。しかし，民営化される前の国営鉄鋼企業は補助金を供与されていた。したがって，国営企業が以前に受けた補助金が，国営企業の民営化にともない，民営企業に移転したのかどうか，移転したとすれば，どの程度の補助金が移転したのかが争われた。

ECは本件で補助金は民営企業へ移転しなかった，したがって補助金はそもそも存在しないのであるから米国の相殺措置は違法であると主張した。これに対し，米国商務省は移転理論に基づいて補助金の民営企業への移転を認め，移転した補助金額に基づいて相殺関税を民営企業からの輸入品に賦課した。

パネルと上級委員会［巻末表20-8］は，ECの主張を認め，米国の相殺関税が補助金相殺措置協定に違反することを明言した。

(2) パネルと上級委員会の判断

第4章 WTOの事例

パネルと上級委員会が，米国の相殺関税をWTO違反と判定した根拠はつぎの2点にあった。

A 利益移転の調査

米国は，国営企業への補助金利益は民営化により民営企業に当然に移転したとみなした。民営化により補助金利益は当然移転し，利益移転の推論は反証を許さない（irrebuttable presumption）というのが商務省の立場（いわゆるgamma理論）であった。しかしパネルと上級委員会は，商務省の当然移転理論を退け，民営化はかならずしも補助金利益の移転をもたらさないとのべた。輸入国当局は，むしろ相殺措置協定に従い，相殺関税を賦課するためには補助金の存在を認定しなければならない。それゆえ当局は，相殺措置の見直し（相殺措置協定21.2条）にあたり，補助金利益が民営化により国営企業から民営企業に移転したかどうかを事案ごとに調査する義務を負っている。ところが本件では米国商務省は利益移転を推論し，利益移転の有無を調査しなかった。この点で，米国は相殺措置協定（21.2条）に違反したとパネル・上級委員会は判断した。

B 本件の利益移転の有無

本件ではパネルの事実認定にあるように，国営企業の資産は民営化にあたり民営企業に独立当事者間価格（公正市場価額）で売却された。そして本件の特殊な状況下では，国営企業にあたえられた補助金の利益は，民営化により民営企業に移転しなかった（しかし事案によっては，民営化が独立当事者間価格で行われても，補助金利益が民営企業に移転する可能性もある［後述米国・EC産鉄鋼製品事件参照］）。パネル・上級委員会は，本件の事案を再整理したうえで，利益移転を否定した。けっきょく民営企業は政府の補助金を受けていないのであるから，補助金認定なしに米国が民営企業からの輸入品に相殺関税を賦課したのはWTOに違反すると，パネル・上級委員会は結論した。

(3) 民営化の経緯

それでは，具体的に本件では，国営企業がどのように民営化されたのか。その経緯はつぎのように要約することができる。

A 英国政府の国営BSCへの補助金交付

当初，英国で有鉛棒鋼を生産し輸出していた企業は，国営のBSC（British Steel Corporation）であった。BSCは1967年から1986年までの間，英国政府から資本注入（equity infusions）により補助金を交付された。

B 国営BSCから合弁UESへの有鉛棒鋼ビジネスの譲渡

1986年，国営BSCは私企業GKN（Guest, Keen and Nettlefolds）との間に合弁企業UES（United Engineering Steels）を創設した。この創設にあたり，国営BSCと私営GKNは，合弁UESに資産を提供し，それとひきかえに，合弁への50％ずつの株式参加シェアを獲得した。BSCの場合，合弁UESに提供した資産は，BSCから分離した有鉛棒鋼生産部門であった。つまり，BSCが所有していた有鉛棒鋼ビジネスは，国営BSCから合弁UESへ譲渡された。この譲渡は，商業慣行に従って，ビジネス・ライクに独立当事者間（at arm's length）の売買価格で行われた。BSCは有鉛棒鋼部門を分離売却したのちは，有鉛棒鋼の生産を完全に終了した。以後，有鉛棒鋼の生産・輸出者は合弁UESとなった。

C 国営BSCの民営化と民営BSplcの誕生

1988年，BSCは完全に民営化された。まず民営化の準備のため，1988年9月，英国鉄鋼株式上場会社BSplc（British Steel public limited company）がBSCの資産を，BSCの合弁UESに対する持株も含めて，ひきついだ。そして英国政府は，1988年12月，BSplcの株式を株式市場で売却し，BSCの民営化を終了した。BSplcの株式売却も公正な市場価額に基づき商業慣行に従って独立当事者間価格で行われた。

D 民営BSplcによるUES株式の全額所有

1995年3月20日，民営BSplcは，GKNがUESに対してもっていた50％の株式を買収した。これにより，UESはBSplcの100％子会社となり，名称をBSES（British Steel EngineeringSteels）と改めた。それゆえこの買収後，有鉛棒鋼を生産し米国に輸出したのは英国民営企業（BSplc/BSES）となった。

以上のように，民営化にさいして，国営企業の資産は民営企業に独立当事者間価格で譲渡された。民営企業は国営企業の資産を安く買い叩いて，国営企業にあたえられた補助金利益を受けたわけではなかった。もしも民営化にさいして，買手の民営企業が国営企業の資産を安く買って補助金利益を受けたならば，補助金利益は国営企業から民営企業に移転したと判定されたであろう。

(4) 米国商務省の移転理論と補助金算定

米国が最初の相殺措置調査にさいし，調査対象とした補助金は，英国政府が1977年から86年までの間，国営BSCにあたえた助成であった。この補助金は国営BSCが当時50％の資本を所有していた合弁のUESに供与されたのではなく，またそれはUESののちの親会社（民営BSplc）に供与されたのでもなかった。こうした事実関係にもかかわらず，米国商務省は，最初国営BSCに交付された政府の補助金はけっきょく合弁UESに移転（pass-through）したとみなした。

この認定はつぎの2段階の操作をへて行われた。

(i) 国営BSCの有鉛棒鋼生産部門へ帰属した補助金額の計算

まず，商務省は，当初，国営BSCへ政府が交付した補助金がどのような比率で，有鉛棒鋼生産部門に帰属したのかを計算した。有鉛棒鋼生産部門が当時のBSCビジネスに占める割合に基づいてこの計算が行われた。

(ii) 国営BSCから合弁UESへ移転した補助金額の計算

つぎに商務省は，国営BSC資産が譲渡され民営化されたことにかんがみ，BSC有鉛棒鋼生産部門に帰

属した補助金額がどのような比率でUESへ移転したのかを計算した。商務省はこうして計算された「UESへ移転した補助金額」に基づいて，UESが米国向けに輸出した有鉛棒鋼に対し相殺関税を計算し賦課した。

商務省は以上の補助金計算方法を1995年に開始された年次見直しで適用した。この見直しで，商務省はUESからの輸入品に関し1.69％の補助金率を算定した。

1996年に開始された見直しでは，1995暦年の間の輸入が調査の対象とされたが，この年の3月20日に民営BSplcがGKNのUES持株を買収したため，UES買収の前については，商務省はUESが生産し米国向けに輸出した産品に関し前年度見直しと同じ方法で2.40％の補助金率を算定し課税した。しかしUES買収後，BSplc（UES親会社）/BSES（旧UES）が生産し米国向けに輸出した産品については，商務省は，UESからBSplcに移転した補助金とBSCからBSplcへ移転した補助金に基づいて7.35％の補助金率を算定した。1997年見直しは1996暦年の輸入を対象とし，商務省は同様の移転方式に基づいてBSESからの輸入に対し5.28％の補助金率を算出した。

ECは，商務省の移転方式に基づく補助金算定は相殺措置協定（10条，19.4条）に違反するとみなし，パネル提訴にふみきった。

2 米国・EC産鉄鋼製品補助金事件

(1) 事実関係

米国はEC6カ国（英国，フランス，ドイツ，イタリア，スペイン，スウェーデン）からの輸入鉄鋼製品に対して12件の相殺関税を課した。12件の内訳は，6件が原調査決定，2件が年次見直し決定，4件がサンセット見直し決定であった。相殺関税を課されたのはすべて，EC加盟国の民営企業が生産し輸出した鉄鋼製品であり，これら企業は旧国営企業から民営化された点で一致していた。米国は，EC民営企業が，旧国営企業が受領した補助金利益をひきつづき受けていると判定して，EC産品に相殺関税を課した。ECは米国の措置が，WTO相殺措置協定に違反すると主張してパネル手続を開始した。争点は，民営化にともなう補助金利益の移転・帰属であり，米国商務省の補助金認定方法と米国国内法規のWTO整合性がパネル・上級委員会［巻末表20-24］によって検討された。

(2) 民営化と米国商務省の補助金認定方法

民営化により前国営企業が受けた補助金の利益は民営企業に移転するのかどうか。この点について米国商務省の政策はおおきな展開をとげた。それは当初の当然移転理論から同一法人理論への変更である。

A 当初の当然移転理論

既述のように，米国商務省は，英国有鉛棒鋼事件で，民営化により補助金利益は民営企業に当然移転するとみなした。しかしこの当然移転理論は，棒鋼事件のパネル・上級委員会報告でWTO違反とされた。また米国の巡回控訴裁判所（U.S. Court of Appeals for the Federal Circuit）も，当然移転理論が米国の国内法規定にも違反すると判決した（DelverdeIII判決）。このため商務省は，控訴裁判所判決ののち，当然移転理論の代わりに同一法人理論（the same person methodology）を採用し，本件のEC産鉄鋼製品事件のうちの1件で適用した。もっとも本件の12件の相殺関税のうち，残りの11件は，当然移転理論に基づくものであった。米国は当然移転理論に基づく相殺関税の大部分を，パネル・上級委員会報告に照らしてWTO違反とみることに異議を唱えなかった。

B 同一法人理論

本件でパネル・上級委員会が検討したのは，米国商務省の同一法人理論がWTOに整合するかどうかであった。同一法人理論は，つぎの2段階の調査によって，民営企業が前国営企業の受けた補助金利益を継承しているかどうかを確認するための方式である。

(i) 同一法人か別法人かの調査

まず，民営企業が民営化の前に補助金を受けた国営企業と同一法人とみなされるかどうかの調査がされる。調査の決め手は，民営企業が，国営企業の業務・生産施設・資産負債・人員をひきついでいるかどうかにある。引継ぎがあれば，民営企業と国営企業は同一法人とみなされ，引継ぎがなければ民営企業と国営企業は別法人とみなされる。

こうした調査結果に基づいて，民営企業に国営企業が受けた当初の補助金利益が帰属するかどうかの判定が行われる。

(ii) 補助金利益の帰属に関する調査

まず，民営企業が国営企業をひきつぎ同一法人とみなされる場合，補助金利益は民営企業に残存しつづけると判断される。それゆえ，商務省は，民営化が独立当事者間価格で行われたかどうかについて改めて調査しない。民営企業は国営企業と同一だから，補助金利益は，民営化の売却価格のいかんに関係なく，同一法人に残留していると認定されるのである。換言すれば，民営企業は同一法人ならば，補助金利益は当然に民営企業に残留するとされる。

つぎに，民営企業が国営企業とは別法人とみなされる場合，国営企業が受けた当初の補助金利益は民営企業に移転しないと判断される。しかし，民営企業は民営化による所有形態の変更により新しい補助金を受けたかどうかが調査される。このため，民営企業が国営企業の資産を独立当事者間価格（公正市場価額）で買い取ったかどうか（換言すれば民営企業が国営企業資産を公正市場価額よりも安い価格で買い叩くことで，あらたに補助金を受けたかどうか）が問題となる。

米国商務省は，EC産品の輸入品に関する相殺関税のサンセット見直しにあたり，同一法人理論に基づいて，EC民営企業に補助金が残留していると判定し，EC産品に相殺関税を課した。

(3) パネルと上級委員会の判断

パネル・上級委員会は主に3つの論点を扱った。

A 国営企業の売却価格と補助金利益

まず，民営化のための国営企業の売却が独立当事者間の公正市場価格で行われる場合，国営企業が受けた補助金利益は消滅するのかどうか。

この点について，パネルは，簡明な判断を行った。パネルによれば，このような場合，補助金利益は消滅し，民営企業はもはや利益を受けないとされた。

上級委員会はパネルの判断を覆した。たしかに民営化が独立当事者間価格で行われると，国営企業の受けた補助金利益は消滅し，民営企業に補助金利益は帰属しない可能性があることを，上級委員会は認めた。しかし，このような利益消滅の推論は反証を許すと上級委員会はつけくわえた。なぜならば，民営化のための国営資産売却は，売手の政府と買い手の民間の間で行われ，政府は売却価格の設定にあたって買い手のいいなりにはならないからである。それゆえ国営企業の売却価格は，かならずしも政府の関与をまぬがれない。そのため，民営化が独立当事者間価格で行われても，補助金利益は消滅せず，民営企業が利益を受けることもある。民営化が独立当事者間価格で行われたあと，補助金利益が消滅するかどうかは，個々の事案におうじて異なる。事案によっては，補助金利益が消滅した場合（英国産有鉛棒鋼事件）もあれば，利益が消滅せずに相殺措置が許される場合もある。

こうした検討をふまえて，上級委員会は，つぎの結論をひきだした。

① 民営化が独立当事者間価格で行われると，補助金利益は消滅すると推論される。
② しかし，この推論は反証が可能である。輸入国政府は，独立当事者価格による民営化ののちも補助金利益が消滅しなかったことを，立証することができる。しかしこうした立証に政府が奏功しないならば，補助金利益は消滅したとみなされ，輸入国当局は関連する輸入品に対し相殺関税を賦課することはできない。

B 同一法人理論

米国商務省の同一法人理論がWTOと抵触するかどうかについて，パネルは抵触を認めた。この理論によれば，民営企業が旧国営企業の生産活動や施設をひきついだときは，民営企業は旧国営企業と同一法人とみなされ，国営企業が受けた補助金利益が民営企業に残留しているとされる。しかし，パネルは，民営企業が国営企業の施設等をひきつぐ場合，補助金利益が消滅することもあるとのべた。それゆえ，このような場合に，商務省が同一法人理論に基づいて民営企業が補助金利益を受けつづけているとみなし，相殺関税を課すことは，相殺措置協定にそむくことになる。協定は補助金が認定されるときに，補助金を相殺するためにのみ相殺関税を課すことを許しているにすぎないからである。上級委員会はパネル判断を支持した。

C 米国国内法規

ECは，米国商務省の措置だけではなく，関連する米国国内法規もWTOに違反すると主張していた。米国国内法（1930年関税法の修正771(5)F条と米国法典〔19 U.S.C. § 1677(5)F条〕）は，民営化のための国営資産売却が独立当事者間価格で行われても，民営化により，国営企業が受けた補助金利益は消滅するわけではないと定めた。このように，国内規定は，文言上，独立当事者間価格による民営化の場合でも，補助金利益が消滅するかどうかは機械的に判定できないことを明らかにしていた。

しかし，パネルは強制・任意法理論に基づき，米国国内法規は，立法経緯等に照らして解釈すると，行政当局にWTO違反の行為を義務づけると判断した。パネルによれば，この国内法規のもとでは，商務省は，民営化が独立当事者間価格で行われても，国営企業の受けた補助金利益はいぜんとして消滅しないと認定する（したがって補助金を相殺するため相殺関税を賦課する）よう強いられているとされた。独立当事者間価格による民営化が行われれば，補助金利益は原則として消滅すると推論されるが，商務省は，このような場合でも，国内法規により，利益消滅を認定する裁量を奪われている，とパネルはのべた。

上級委員会はパネル判断を覆した。上級委員会は，国内法規は，商務省に特定の認定を義務づけていないと判定した。したがって，米国の相殺関税法は，民営化問題に関していえば，法規自体はWTOに違反しないが，商務省の行政慣行（同一法人理論）はWTOに違反すると裁定されたことになる。

第3節 ブラジルとカナダの航空機事件

ブラジルとカナダは，民間中型航空機に対する輸出補助金をめぐってWTOで提訴合戦をくりひろげた。この紛争の背景には，相殺措置協定は先進国にのみ有利であるとする開発途上国・ブラジルの不満があった。

1 輸入者に対する輸出補助金とブラジル航空機事件

(1) 事実関係

A 輸入者への輸出補助金

輸出補助金は輸出者に対して交付される必要はない。輸出補助金は実質的に輸入者に交付される場合もある。

輸入者への輸出補助金の交付は，たとえば輸出貸付制度をとおして行うことができる。輸出貸付の仕組みはきわめて簡明である。輸出貸付は，輸出者が外国の輸入者に高額商品（飛行機，プラント，機械類等）を輸出するときに，しばしば行われる。この場合，輸入者は，高額商品の代金を手持ち資産で一度に支払うことはできないため，代金支払のための資金を，輸出国の貸付

銀行（輸出信用供与機関）から借り入れる。貸付銀行は商業金利で商品購入資金を輸入者に長期で貸し付け，輸入者は借入利子（たとえば9％）を貸付銀行に返済していく。

輸出国政府がこのような状況のもとで，貸付銀行に対して，輸入者が返済すべき利子の一部を補給すると，どういうことになるのか。政府による利子補給によって，輸入者が貸付銀行に返済する利子は軽減されることになるであろう。たとえば，輸入者が貸付銀行に返済すべき利子が年率9％であると仮定する。政府が貸付銀行に利子補給する額が年率3％とすれば，輸入者の返済利子は6％に減少する。利子補給は政府から貸付銀行に対して（政府債権等の形式で）行われるが，利子補給によって利益をえるのは，輸入者である。利子補給は，結局輸出貸付制度に関連して貸付を受ける輸入者に対して行われる。利子補給により，輸入者は輸入コストを引下げ，輸入品を安く購入できることになる。この意味で利子補給は，輸入者に対して支払われる輸出補助金にほかならない。

B ブラジルの利子補給助成

ブラジル政府は，輸出促進計画(PROEX)に基づいて，国内航空機メーカーの輸出を促進するため，利子補給による助成を行っていた。利子補給は，海外の輸入者（外国の航空会社等）に航空機の購入資金を融資する貸付銀行に対して行われた。貸付銀行は輸入者に商業金利で購入資金を融資し，輸入者は貸付銀行に利子を返済していくことになる。そこで，政府は，輸入者が返済すべき利子の一部（地方航空機の場合，3.8%まで）を，輸出促進計画に基づいて，補給した。したがって，輸入者は，返済コストを軽減され，その結果，ブラジル航空機の輸入コストがひきさげられた。輸入コストの引下げにより，ブラジル航空機メーカーの輸出は顕著に増加した。たとえば中・小型航空機の製造企業アンブラー社（Embraer）は輸出促進計画の利子補給によって競争力をつけた。

輸出促進計画に基づいて，利子補給を受けるためには，輸出者が輸入者と輸出契約を締結する前に，あらかじめ当局（輸出信用委員会）に対し，利子補給の申請を行わなければならない。申請が受理されると，利子補給は，輸出契約が締結され購入代金が支払われたのちに交付される。貸付銀行（そして結果的に海外購入者）が受領した利子補給は，返済する義務がない。しかも利子補給の交付期間は，中・小型航空機の輸出については，15年の長期におよんだ。

カナダは，パネル提訴にあたり，ブラジルの利子補給は，相殺措置協定で禁止された赤の輸出補助金にあたると主張した。利子補給は，輸出販売に対してだけ供与される（国内販売に対しては供与されない）ため輸出を条件として供与される。その結果，輸入者に利益をもたらした。それゆえ利子補給は相殺措置協定上の輸出補助金にあたるとカナダは指摘した。ブラジルは，利子補給が輸出補助金に該当することは争わなかった。

しかし，ブラジルは，利子補給は輸出補助金に該当するとしても，相殺措置協定の規定により例外的に許容されると反論した。

パネル・上級委員会はカナダの主張をいれて，ブラジルの利子補給が輸入者に利益をあたえる輸出補助金に該当し，相殺協定上禁止されることを明言した。

(2) 原審査段階のパネル・上級委員会報告

パネル・上級委員会はまず，ブラジルの利子補給が，当事国双方が合意したように，輸出補助金にあたることを確認した。

そこで最大の争点は，輸出補助金にあたる本件の利子補給が相殺措置協定上，例外的に正当化されるかどうかに帰着した。ブラジルは利子補給が正当化される根拠として，2つをあげた。

(i) 「相当な利益」条項に基づく正当化

ブラジルによれば，協定は附属書1「輸出補助金の例示表」のなかで禁止される輸出補助金の例を示しているが，その1つ（号）として，政府による輸出貸付コスト（輸出信用関連コスト）の支払助成をあげている。ただし，こうした支払助成は，輸出貸付の条件について「相当な利益（material advantage）をあたえる」ために行われる場合にのみ禁止された輸出補助金とみなされる。逆にいえば，輸出貸付の条件について相当な利益をあたえない支払助成は，協定上，例外的に正当化される，とブラジルは主張した。そしてブラジルは，相当の利益をあたえるかどうかの判定は，カナダとの比較で行われるとのべた。カナダは，ブラジルと同様，自国航空機製造企業（Bombardier）の海外輸入者に対し，輸出貸付をあたえていた（カナダ航空機事件参照）。ブラジルの輸出貸付条件はカナダの輸出貸付条件よりも有利でないから，相当な利益をあたえないというのがブラジルの主張であった。

パネルはブラジルの主張を退けた。パネルは，本件の利子補給は，輸入者に対し，通常よりも有利な貸付条件を提供しているため，相当な利益をあたえていると結論した。利子補給により，輸入者は，貸付銀行への返済利子を軽減された。それゆえ，輸入者は，市場で輸入資金を調達する条件よりも有利な条件で輸出貸付を受けたことになる。したがって，ブラジルの利子補給制度が，カナダの制度よりも有利な貸付条件をあたえるかどうかは，問題とならない。けっきょく，ブラジルの利子補給は，輸入者に対し相当の利益をあたえており，この点で協定上，禁止された輸出補助金にあたると，パネルは結論した。

(ii) 開発途上国条項に基づく正当化

ブラジルは，利子補給が禁止される輸出補助金にあたるとしても，この禁止規定は，先進国にのみ適用され，開発途上国には適用されないと主張した。相殺措置協定の開発途上国条項(27条)は，輸出補助金の禁止義務を開発途上国のために緩和したからである。この条項によると，輸出補助金の禁止は，後発開発途上国（最貧国）には無条件に適用されないとされる。

またこの禁止は，その他開発途上国には一定の条件を満たすかぎりWTO発効後8年間（2002年末まで）は適用されないとされる。したがって，ブラジルが8年間の経過期間のあいだに所定の条件を満たしたかどうかが争われた。

所定の条件（協定27.4条）のなかには，経過期間中に輸出補助金を漸進的に廃止していくことと輸出補助金の水準をひきさげていくことが含まれた。しかし，ブラジルは，現実には，利子補給による輸出補助金を，経過期間をとおして漸次引き上げ，しかも経過期間後も利子補給を継続する約束を行っていた。パネルはこれら事実を確認し，ブラジルは開発途上国条項を援用できないと結論した。

かくして，パネルは，ブラジルの利子補給が，相殺措置協定上，禁止された赤の輸出補助金に該当し，協定の例外条項（「相当な利益」条項，開発途上国条項）によっても正当化できないと判断した。パネルはそれゆえ，協定（4.7条）に従い，ブラジルに輸出補助金を遅滞なく，紛争解決機関の勧告後90日以内に廃止するよう勧告した。

上級委員会はパネル報告を基本的に支持した。紛争解決機関は，1999年8月，上級委員会報告と上級委員会報告により修正されたパネル報告を採択し，ブラジルに輸出補助金の撤回を勧告した。

(3) 実施審査段階のパネル・上級委員会報告

ブラジルは紛争解決機関の勧告を実施するため輸出促進計画を改正した。しかし，パネル・上級委員会は，ブラジルの実施措置がいぜんとして相殺措置協定に違反していることを認定した。ブラジルは協定に違反する輸出補助金（貸付銀行に対する政府債の発行）を供与しつづけていたからである。またブラジルは，改正・輸出促進計画に基づく政府の支払助成が輸入者に相当の利益をあたえていなかったこと（つまり改正計画のもとでの貸付利率が通常の市場の貸付利率，たとえばOECDの商業利率参照利率（Commercial Interest Reference Rate. CIRR）よりも有利になっていないこと）を立証できなかった。それゆえブラジルの実施措置は，相殺措置協定上，禁止された輸出補助金にあたり，「相当な利益」条項によっても正当化できないと，上級委員会はのべた。

なお，実施審査段階のパネルは，「相当な利益」条項による輸出補助金の例外的正当化を否定したが，上級委員会は，こうした例外的正当化を認めた。それゆえ将来，政府の利子補給による輸出補助金が，「相当な利益」条項によって例外的に許容される可能性もある。　紛争解決機関は，2000年8月，実施審査パネル・上級委員会報告を採択し，ブラジルが原審査段階の紛争解決機関・勧告の実施に失敗したことを結論した。

(4) 報復措置の申請と許可

カナダは，ブラジルが紛争解決機関・勧告にそむいて輸出補助金を廃止しないため，相殺措置協定（4.11条）と紛争解決了解（22.2条）に基づき，対ブラジル報復措置を紛争解決機関に申請した。これに対し，ブラジルは妥当な報復措置の額について仲裁の判断を求めた。仲裁は，2000年8月，カナダがとることのできる報復措置は，年額3億4420万カナダドルまでであり，それは，100％上乗せ関税の賦課または他の義務の停止（GATT 1994，繊維衣服協定，輸入許可手続協定に基づく関税譲許または他の義務の停止）の形態をとるとのべた。この報復額は，利子補給を受けて輸出された飛行機の販売額に違法な輸出補助金の価額を乗じて算出された。

カナダが仲裁によって認められた報復措置は，商品貿易分野での措置であり，この点で報復措置はブラジルが違法措置をとった商品貿易分野と併行していた。カナダの報復は，EUバナナ事件Ⅲでの米国の報復やEUホルモン牛肉事件での米国・カナダの報復と同様，パラレル報復措置に属した。

仲裁決定ののち，紛争解決機関は，カナダの申請を受けて，カナダがブラジルに対し報復措置をとることを，2000年12月に許可した。

(5) 2回目の実施審査

紛争解決機関が報復措置を許可したのと同じ会合で，ブラジルは再度，輸出促進計画を改正しPROEX Ⅲを採択したとのべた。カナダは即座に報復措置をとることを避け，2001年1月，ブラジルの再改正措置が相殺措置協定と紛争解決機関・勧告に合致しているかどうかについて，2度目の実施審査パネル手続を要請した。

2度目の実施審査パネルは，ブラジルの再改正措置が相殺措置協定で禁止された輸出補助金に該当しないことを確認した。その理由は，再改正措置が，ブラジルに補助金利益をあたえるよう義務づけておらず，したがって措置はもはや補助金とはみなされないからであった。パネルは，従来の強制法・任意法理論に従って，再改正措置が行政当局に違法措置（ブラジル航空機の輸入者に補助金利益をあたえる措置）をとるよう義務づけていないから，再改正措置はWTOに違反しないと判断したのである。

またパネルは，再改正措置は，相殺措置協定の安全条項（附属書1　第2段）によってカバーされ，合法であるとつけくわえた。この安全条項によると，加盟国の利子補給が，OECD輸出信用取決めの利子規定に合致しているならば，相殺措置協定が禁止する輸出補助金とはみなされない。パネルはブラジルの利子補給がOECD取決めの利子規定に適合していることを理由に，ブラジルの再改正措置がWTO上，合法であるとのべた。

パネル報告は2001年8月，紛争解決機関により採択され，ここにブラジル航空機事件はいちおうの終息をみた。

2　カナダ航空機事件Ⅰ・Ⅱ

(1) カナダ航空機事件Ⅰ

カナダが民間航空機にあたえた補助金は，民間航空機会社への多様な助成や融資という形をとった。それ

はブラジル事件の利子補給のように手がこんではいなかった。ブラジルは，カナダの助成措置が赤の輸出補助金にあたると主張してパネル手続を開始した。パネル・上級委員会はカナダ政府があたえたいくつかの補助金を輸出補助金とみなした。カナダの改定措置も実施審査パネル・上級委員会［巻末表4-6］によりWTO違反とされた。

(2) カナダ航空機事件II

カナダ政府が地方航空機にあたえた助成措置が事件II［巻末表4-7］でとりあげられ，パネル・上級委員会は一部措置について赤の輸出補助金を認定した。カナダは措置の是正を怠ったため，仲裁は，ブラジルがカナダに対し報復措置をとることを許可した。

第4節　米国・カナダ産木材事件

針葉樹から加工される木材はカナダのセンシティヴ品目であり，カナダは木材輸出に関しておおくの紛争をひきおこしてきた。日本やECとの間に木材輸入制限事件（日本針葉樹材輸入関税事件，EC木材輸入制限WTO協議）を生じたほか，米国との間に過去4回（2回のGATTパネル，2回のWTOパネル）の相殺措置摩擦を招いた。これら米加摩擦の争点は，カナダが木材輸出にあたって補助金を供与しているかどうかに帰着した。過去の紛争の経緯と関連パネル裁定をたどってみよう。

1　第1次紛争：米国の相殺措置調査と不賦課 (1982-83年)

1980年代から低価格のカナダ木材は米国木材業界に脅威をあたえた。カナダでは森林の所有者は州政府であるため，木材伐採業者は森林を所有する州政府との間に立木伐採契約（stumpage agreements）を締結することを義務づけられていた。この契約により，業者は手数料を支払っていたが，問題はこの手数料が立木価格に比して低く，立木伐採者への補助金に該当するかどうかにあった。補助金は，政府が民間に資金をあたえる場合に生ずるだけではなく，政府が民間に商品と関連サービスを安く提供する場合にも生ずるからである。したがって，カナダ木材事件で一貫して問題とされてきた補助金は，政府による優遇価格による商品（木材）とサービスの提供という形をとってきた。しかし米国は1982-83年の相殺措置調査のけっか，補助金を認定するにはいたらず相殺措置を発動しなかった。米国との間に相殺措置摩擦が発生するのは1980年代半ば以降であった。

2　第2次紛争：GATTパネル・木材事件I

1986年5月，米国の木材業界は，カナダ産木材に対し相殺措置の調査を申し立てた。その背景には，カナダ産木材の米国市場でのシェアが28.5％から31.6％に増加し，米国国内産業に脅威をあたえたことにあった。米国商務省は，調査の末，立木伐採契約による補助金の供与を認め，カナダ産木材に15％の暫定相殺関税を賦課した。カナダは1986年7月，米国の措置はGATT相殺措置協定に整合しないとしてパネル提訴を行った。カナダは天然資源への補助金はGATTにより禁止されていないと主張した。しかし，パネルの審理過程で，米国とカナダは1986年了解覚書（Memorandum of Understanding. MOU）を締結し，相互に満足すべき解決に到達した。カナダからみれば，対米輸出は木材産業の再生のため不可欠であった。このため，カナダは了解覚書を飲まざるをえなかった。この覚書は，米国がカナダに対する相殺措置を停止することを約束する一方，カナダ側は木材の対米輸出に15％の輸出税を課すことを内容としていた。

法的にみるならば，カナダによる輸出税の賦課は，輸出数量制限ではなく，この意味でGATT（11条）の数量制限禁止規定にふれるものではなかった。換言すれば，カナダの関税措置は，GATT時代のいわゆる輸出自主規制（VER）とは一線を画していた。このため1986年GATTパネル（米国・カナダ産木材事件）もこの覚書による2国間解決を了承した。

3　第3次紛争：GATTパネル・木材事件II

カナダは90年代にはいって1986年覚書の適用を停止した。それは，森林伐採コストのほうが州政府への手数料を上回り，結局補助金があたえられていない事実を考慮したためであった。しかし米国は，カナダ政府の覚書停止を受けいれず，1991年，カナダ産木材に対し，職権による相殺措置調査を開始した。そして米国は，同時に，通商法301条の制裁条項に基づきカナダ産木材に対し暫定保証金（interim bonding）の支払い義務を課した。

カナダは米国の措置に対し，GATT相殺措置協定に基づくパネル手続を開始した。パネル（米国・カナダ産木材事件II-2.7］）は1993年米国の保証金制度がGATTに違反することを認めたが，職権による相殺措置調査は合法であると結論した。米国当局による職権に基づく（すなわち国内産業からの申立を受けない）自発的調査は，GATT東京ラウンドの相殺措置協定（2.1条）によれば，特別の状況（special circumstances）がある場合にのみ認められ，その場合も補助金・損害・因果関係について十分な証拠があることが要求されていた。カナダは，本件では十分な証拠がないから米国は特別の状況を理由として職権調査をすることはできなかったと主張した。しかしパネルはカナダの主張を退けた。

カナダはGATT提訴と併行して米加自由貿易協定に基づくパネル手続も開始した。米加協定パネルは法的論点ではカナダの主張を認めたが事実問題に関し米国に差戻しを行った。このように，米加紛争は容易に解決しなかったため，米加政府は業界を交えて2国間協議を重ね，そのけっか，1996年に輸出自主規制協定の締結をみるのである。

4 第4次紛争：1996年輸出自主規制協定

1996年協定（US-Canada Softwood Lumber Agreement. SLA）でカナダは対米木材輸出に対し（一定数量以上を超える場合に）手数料を課し、他方米国はカナダに対し相殺措置調査を行わないことを約束した。輸出に手数料を課して輸出数量を規制することは、WTOセーフガード協定で禁止された輸出自主規制の典型であった。協定は2001年失効した。

5 第5次紛争：米加WTOパネル事件Ⅲ・Ⅳ・Ⅵ

WTOレジーム下での米加パネル紛争は、木材事件ⅢからⅥまで4件を数える。しかし、これらのうち木材事件Ⅴ［巻末表20-31］は米国の対加ダンピング防止税（ゼロ計算）に関するものであった。他方、他の3件は米国相殺措置に関係していた。

(1) 米国・カナダ産木材事件Ⅲ

カナダでは木材伐採業者が、国有地の立木を伐採する場合、法令により、国有地を所有する州政府との間に国有地の立木保有使用契約（stumpage agreements）を締結することが義務づけられていた。米国は、カナダ州政府がこうした契約をとおして木材伐採業者に立木という商品と関連サービスを提供しており、これは政府が行う財政的貢献にあたるとみなした。そして立木伐採者がえた利益は木材生産者に移転されたため、政府はけっきょく木材生産者に補助金を交付したと、米国は認定した。この認定に基づいて、米国はカナダから輸入される針葉樹木材に対し暫定相殺措置を課した。カナダは米国の措置が相殺措置協定に反するとしてパネルの判断を求めた。

原審査パネル［巻末表20-26］は、カナダ州政府が木材伐採業者との立木保有使用契約により業者に立木という商品を提供していることは、政府の財政的貢献にあたることを認めた。しかし米国が補助金額を計算するために用いた方法と危機的状況の認定は協定に違反すると判定した。上訴は行われず、パネル判断は紛争解決機関により採択された。

(2) 米国・カナダ産木材事件Ⅳ

米国は2002年3月、カナダの輸出規制を補助金とみなし、カナダ産の針葉樹材に対し最終相殺措置を課した。米国の見解によれば、カナダ政府は輸出手数料制度により輸出をよくせいし、これによってカナダ国内の木材供給を増加させ、けっきょく国内木材の価格を低下させた。このような低価格の木材が米国に輸出された。カナダ政府の輸出規制はそれゆえ政府の財政的貢献による補助金にほかならない。米国の主張に対し、カナダは米国の相殺措置は相殺措置協定とGATTに違反するとしてパネル提訴［巻末表20-30］を行った。

パネルは2003年8月の報告で、米国の最終相殺措置がWTO協定に違反するとのべた。パネルによれば米国はカナダの補助金利益の算定にあたり協定違反を犯したとされた。米国は利益算定のため、カナダ市場価格の代わりに米国の国内価格を採用したからである。上級委員会は2004年1月の報告で、パネル判断を部分的に覆した。上級委員会によれば、利益認定にさいし、当局は輸出国の民間市場価格が政府の支配的役割によって歪められているときは民間価格以外の基準を用いることができる。また丸太や木材の独立当事者間取引にさいし利益移転があったかどうかの米国側調査については、丸太調査は違法だが、木材調査は合法であると上級委員会はのべた。

(3) 米国・カナダ産木材事件Ⅵ

木材事件Ⅵ［巻末表20-32］は米国のカナダ産木材に対するダンピング防止税と相殺措置の調査に関するものであった。後述するように、この事件は実施審査段階にまで進展し、上級委員会は米国の措置のWTO整合性について最終判断をくだすことができなかった。

(4) 2006年合意と仲裁

米国とカナダは、一連の木材事件Ⅲ・Ⅳ・Ⅴ・Ⅵを終息させるため2006年9月に合意をむすび10月に発効させた。これにより、米国は2002年2月に遡ってカナダ産木材に対するダンピング防止税と相殺関税を撤回しまた払い戻すかわりに、カナダは対米輸出を輸出税によってよくせいすることを約束した。しかし米国は2007年8月カナダが合意に違反したと主張して合意に基づく仲裁手続を開始することを声明した。米国によれば、カナダは、対米輸出の増加を十分に監視していない、またカナダ州政府は合意を迂回するため国内輸出者に補助金を与えているとされた。

第5節 サンセット見直しのための補助金僅少基準に関する事例

1 背 景

GATT相殺措置協定はウルグアイ・ラウンドにさいして改正され、その結果、WTO相殺措置協定は、ダンピング防止協定と同じように、僅少基準（de minimis standard. 11.9条）やサンセット見直し（sunset review. 21.3条）を含む新しい規定を含んだ。

僅少基準は、輸入国当局による当初の相殺関税調査に適用される。この基準のもとでは、輸出国政府があたえる補助金額が僅少である（de minimis）と判断されるならば、輸入国当局は調査をただちに終結しなければならない。補助金額は、従価1%未満の場合に、僅少とみなされる。しかし、僅少基準は、協定のなかでは、当初の調査（original investigation）についてのみ規定され、課税後5年が経過する前に行われるサンセット見直しのためには定められなかった。

サンセット見直しは、協定によれば、相殺関税が課されたのち、5年が経過する前に、輸入国政府によって行われる。当局は、この見直しによって、相殺関税を5年後に撤回するならば、補助金または損害が継続したり再発するおそれがあるかどうかを調査する。見

直しのけっか，相殺関税を撤回すれば補助金または損害が継続・再開するおそれがあると認められれば，相殺関税は5年の限度を超えて賦課される。しかし，見直しの申請がなかったり，見直しの結果，補助金または損害の継続・再発のおそれがないと判断されるときは，相殺関税は5年の経過後，撤回される。

しかしながら，サンセット見直しの規定には，僅少基準は挿入されなかった。それゆえ，サンセット見直しにあたり，課税撤回後の補助金額が従価1％未満と判断されても，輸入国当局は，損害が継続・再開するおそれを認めるかぎり，課税を継続する余地があった。米国・ドイツ産薄板相殺関税事件 ［巻末表20-32］ はこうした状況のもとで発生した。

この事件で，米国商務省は，ドイツ産薄板に対する相殺関税のサンセット見直しを行い，課税撤回後の補助金額を僅少（従価0.54％）と予測したが，課税の撤回は補助金の継続・再発をもたらすおそれがあると認定した。商務省の認定につづいて，国内産業への損害を判定するITCは，相殺関税の撤回は国内産業への損害を再発する可能性があると決定した。このように，課税撤回後の補助金額は僅少であるが，課税の撤回は損害を再発するおそれがあるというのが，米国当局の判断であった。このため，米国は最終的に，相殺関税を5年の経過後も継続することを決定した。ECは相殺関税のサンセット見直しに関する米国の法令と措置が相殺措置協定とWTO協定（16.4条）に違反すると主張してパネル手続を開始した。ECがとりあげた主要な争点は，つぎのとおりであった。

2 サンセット見直しに僅少基準は適用されるか
(1) パネル判断
パネルの多数派は，相殺措置協定のサンセット見直し規定は，僅少基準を明記していないけれども，僅少基準を含意していると判定した。僅少基準は協定のサンセット見直し規定のなかに当然含まれているとみなされたのである。それゆえ，輸入国当局は，サンセット見直しにあたって，課税撤回後予想される補助金額が1％未満であることを認定すれば，5年後以降は課税を撤回しなければならないとパネル多数派は判断した。

このように協定は，輸入国当局に対しサンセット見直しにあたって僅少基準を適用するよう義務づけていると判断されたため，米国の相殺関税法は，サンセット見直しのための僅少基準を欠く点で協定に違反するとされた。同様に，米国当局はドイツ産薄板事件でサンセット見直しにさいして僅少基準を無視したため，協定に違反すると判定された。

もっともパネリストの1人は，反対意見を表明し，サンセット見直し規定には僅少基準は含意されていないとみなした。

(2) 上級委員会判断
上級委員会は，パネルの判断を覆し，サンセット見直し規定は僅少基準を含意しないと結論した。
(i) 協定規定の解釈
協定の見直し規定が僅少基準を含んでいないことは，意味をもっており，それは一見したところ僅少基準の要件がないことを示している。また相殺措置協定の規定は随所に他規定を参照しているが，こうした明示の相互参照（cross reference）が見直し規定にはない。見直し規定は，当初の調査のための僅少基準を参照していない。見直し規定と僅少基準規定はウルグアイ・ラウンド交渉で挿入されたもっとも重要な規定であるにもかかわらず，相互に参照していない。

(ii) 僅少な補助金額と国内産業への損害
パネルは，僅少な補助金額は国内産業に損害をもたらさないという前提にたっている。したがって，サンセット見直しで，補助金額が僅少と予想されれば，損害の継続・再発のおそれはなく，5年後の課税は撤回しなければならない，とパネルは考えた。しかし，この考えは誤りである。なぜならば，補助金額が僅少と予想されても，課税を撤回すれば，損害が継続・再発するおそれは存在するからである。たとえば，補助金額が当初の調査では1％以上と算定されたものの，5年後には僅少（1％未満）と予想されても，課税撤回後，こうした僅少補助金によって損害が継続・再発する可能性もある。また当初調査とサンセット見直しは異なる手続と目的をもっているため，サンセット見直しで僅少基準を適用しなくても不合理ではない。さらに協定の立法経緯をみても，サンセット見直しに僅少基準が含意されるとする資料を当事国は提出できなかった。

当初調査のための僅少基準は，先進国産品の場合は1％未満であるが，開発途上国産品や後発途上国産品の場合はそれぞれ2％と3％であり，これは，補助金額が僅少ならば，相殺関税を賦課してはならないことを意味するにとどまる。

第6節　EUエアバス事件Ⅰと米国ボーイング事件

大型民間航空機の市場は，EUエアバス社（Airbus）と米国ボーイング社（Boeing）の2社によって独占されている。本件は世界2大民間航空機メーカーが争った高度の政治的紛争であり，解決までに過去最長の期間を要した。しかしEU米国は，互いに相手国が補助金を与えてきたことを知りつつ，紛争解熱のために一方的な相殺措置や報復措置に訴えることをさけた。両当事国は，一方的手続に代えて，WTOの紛争可決手続を求めたのである。これが本件事件と他の一連の事件とは異なっている。

1 EUエアバス事件Ⅰ
2件のECエアバス事件のうち2011年8月げんざいでパネル・上級委員会手続が終了したのは，エアバス事件Ⅰのみである。エアバス事件Ⅱは，パネル報告

がいまだに完成していない。それゆえ，ここでは検討の焦点を事件Ⅰに絞る。

(1) 事実関係

ECと加盟4カ国（英仏独西）は，ほぼ40年にわたり，大型航空機を製造するエアバス（Airbus SAS）社に対し，つぎに列挙する方策をとおして補助金を与えた。

① 加盟4カ国が旧エアバス社による大型民間航空機の設計・開発に対して与えた2系列の「研究開発金融」（Launch Aid），すなわち「市場金利よりも低い金利による助成」と「販売成功時にのみ発生する貸付返還義務制度」

② ECと加盟諸国が欧州開発銀行（European Investment Bank. EIB）をつうじて交付した大型民間航空機の設計・開発その他目的のために与えた「設計開発貸付」（Design and Development Financing Loans）

③ ECと加盟諸国が与えたエアバス社の施設・インフラの開発・拡大・品質改善のためのインフラ関連助成金（Infrastructure and Related Grants）

④ ECと加盟諸国が与えた「研究開発金融等から生じた負債の免除」と「資本注入や助成金（政府所有銀行と政府監督銀行をつうじて行われた援助をふくむ）の交付」からなるエアバス再編措置（Corporate Restructuring Meassures）

⑤ ECと加盟諸国がエアバス支援のためにあたえた航空額関連の研究・開発・展示会への研究開発助成（Research and Development financial contribution）。単独または共同の販売促進展示会 た研究デザイン開発助成等である。

これら補助金はWTO相殺関税協定に反するとして米国がパネル手続を開始した。

(2) パネル・上級委員会判断

EUと加盟諸国がエアバス社に与えた補助金はWTO相殺関税協定に反するとして米国がパネル手続を開始した。パネルは2005年7月に設置され，最終報告を5年後の2010年6月に送付した。当事国双方の上訴を受けて，上級委員会は2011年5月，報告を送付した。DSBは2011年6月，報告を採択した。以下，パネルと上級委員会のリーズニングを相殺措置協定の基本的スタンスに立って再整理する。

A 国内補助金の存在

EUと加盟諸国が与えたと米国が主張した国内補助金は，主に「研究開発金融等から生じた負債の免除」と「資本注入や助成金の交付」からなるエアバス再編措置（Corporate Restructuring Meassures）からなった。パネルと上級委員会は，これら補助金をいくつかのカテゴリーに分け，それぞれについて，相殺関税協定が要求する「特定性」と「利益」供与の有無を判定した。

(i) 研究開発金融（Launch Aid）

米国は，EU加盟4カ国が旧エアバス社による大型民間航空機（Airbus 350）の設計・開発に対し，2系列の「研究開発金融」（Launch Aid）を与えていたと主張した。1つは，「市場金利よりも低い金利による助成」であり，他は「販売成功時にのみ発生する貸付返還義務制度（project-risk premium）」，つまり販売が赤字をだすと返還義務がかくなる貸付である。しかし，米国はこれら金融助成は，パネル設置時に存在していたことを立証できなかったとパネルは判断した。それゆえパネルは米国のA350関係の提訴を退けた。

他方他のエアバス機種（A300, A310, A320, A330/A340, A330-200, A340-500/600, A38）研究開発金融は特定性をもつ補助金（相殺措置協定1条，2条）に該当するとパネルは判断した。

上級委員会はパネル判断のいくつかの論拠を修正したが，パネルの結論を支持した。

(ii) 明文規定がない一部の研究開発金融

米国は上述の研究開発金融に関連して，文書化されなかった研究開発にも言及した。しかし，パネルは，米国がその存在について，高度の立証義務を果たせなかったと結論した。上級委員会は，米国の主張する措置はそもそも付託事項に明記されていないから審査対象とならないとのべた。

(iii) 欧州投資銀行の貸付

EUと加盟諸国は，欧州投資銀行（European Investment Bank. EIB）をつうじて大型民間航空機の設計・開発その他目的のために「設計開発貸付」（Design and Development Financing Loans）を行った。しかし，この銀行融資は特定性を欠いたため，補助金とはみなせないとパネルは結論した。EUは上訴をしなかった。

(iv) インフラ関連助成金

ECと加盟諸国が与えたエアバス社の施設・インフラの開発・拡大・品質改善のためのインフラ関連助成金（Infrastructure and Related Grants）は特定性の有無にしたって補助金にあたるかどうか判定された。補助金に該当すると判断されたのはつぎの2件のインフラ工事助成である。

① インフラ提供のうち，ドイツ工業団地の土地強化（Mühlenberger Loch site, Bremen），退避所の拡張工事（runway extension）・防音措置（associated noise reduction measures），ドイツ工業団地への連絡道路工事（road improvements related to the ZAC Aéroconstellation site Nordenham, Germany）

しかし，この論点について上訴が行われ，上級委員会はパネル判定を修正した。

② ドイツとスペインの生産組立工場の建設費用のためあたえられた補助金（Nordenham, Germany）

(v) ドイツエアバス再編のための赤字補填

EUは赤字経営に陥ったドイツエアバス（エアバス傘下のパートナー）を再編するため，政府開発銀行をつうじて，ドイツエアバス社に資本注入を行った。これはドイツ政府開発銀が，ドイツエアバス社の株式20%を取得して，それを私企業（wholly owned subsidiary of Messerschmitt-Bölkow-Blohm GmbH. MBB）に移転する形をとった。ドイツ政府の意図はドイツエアバス救済のため，一部の負担を政府から民間に負わせることに

あった。この政府措置はドイツエアバス社に対する特定性をもつ補助金に該当する，とパネルは判断した。しかしながら，パネルは，米国が当該補助金が利益をあたえることを立証できなかったとして，最終的に米国の主張を退けた。

(vi) フランス航空機再編のための政府援助

一方で，パネルは，フランス政府が自国会社（Aérospatiale）に与えた資本的貢献は特定性をもつ補助金にあたると認定した。上級委員会はこのパネル判断を支持した。

他方，フランス政府がDassault Aviationの株式のうち45.76％の政府持分をAérospatialeに移転した措置は，特定性をもつ補助金とみなされると，パネルはのべた。上級委員会はパネル判断を覆したが，分析を完結できなかった。

(vii) 研究開発補助金

EU助成プログラムに基づき供与された支援措置は，特定性をもつ補助金にあたる，とパネルはのべた。上級委員会もパネル判断を是認した。とくに，PROFIT I, II による研究開発貸付は特性性をもつ。

また仏独英西の支援措置は英国の一部措置を除き，特定性をもつ，とパネルはのべた。これは上訴の対象とならなかった。

B 悪影響を与える黄色の国内補助金

(i) GATT時代に交付された悪影響を与える国内補助金

ECは悪影響を与える助成措置の一部はWTO発足前の1985年から1993年に締結されたため，当時の適用ルール（1979年東京ラウンド相殺措置協定）が適用されるべきでありWTO相殺関税協定の適用を受けないと主張した。パネルはWTO相殺措置協定（5条）はWTO発足前の補助金もWTO発効後，悪影響を与えるならば，WTO協定の規律を受けるとのべた。またGATT時代の東京ラウンド協定も，WTO紛争解決了解（7.2条）にいう紛争当事国が主張したWTO個別協定の「関連規定」に該当すれば，WTOで援用されるとした。上級委員会もパネル判断を支持した。

(ii) 悪影響を与える補助金の概念

WTO相殺措置協定は国内補助金のなかでも他国の利益に悪影響（serious prejuce）を与えたる補助金（5条）を厳しく規制している。これは，損害補助金（5a条），GATT関税譲許（2条）利益の無効・侵害化（5b条），他の加盟国に対する著しい害（5c条）からなる。

① 加盟国に対する損害補助金

米国はEU補助金により米国産業は実質的な損害（5a条）を受けたと主張した。パネルは米国が損害立証に失敗したとして，米国の主張を退けた。

② 世界の加盟国または複数国に対する重大損害

(iii) 米国の主張

米国はEUと加盟諸国が上述の国内補助金の供与をつうじて米国その他に重大な損害（5条柱書）を与えたと主張した。パネルはつぎの論拠で重大損害を認定した。

(iv) 効果アプローチに基づく重大損害の認定

協定は効果アプローチに基づき，重大損害補助金が立証次第で認定される可能性に言及している（6.5条）。効果アプローチの適用の目安は，補助金がいくつかの効果をおよぼす場合である。1つには補助金供与により国産品による輸入代替や輸入制限がおきる効果，補助金供与により第3国市場での輸出代替や輸出制限がおきる効果（third-country displacementの効果），補助金つき輸入品価格が輸入国国産品価格を下回る著しいプライス・アンダーカッティング等を誘発する効果，国産一次産品の世界市場占拠率を上昇させる効果である。

そこで米国は効果アプローチに基づく主張を提起した。

まず，米国はEU補助金により2001-2006年の著しいプライス・デプレッションが引き起こされたと主張し。しかしパネルは米国の立証は成功しなかったとして，プライス・デプレッション効果を否認した。

また米国はEUの補助金はエアバス価格を低下させ，EUでの米国機販売に価格デプレッション・プライスサプレッション・販売赤字を生じさせたと主張したが，パネルは米国の立証失敗を結論した。

さらに米国はEU補助金が米国の対EU輸出を妨げ，第3国市場からの英国機輸出を，2001-2006年の間，阻んだと主張したが，パネルは米国の立証失敗を指摘した。

最後に米国は，上述のインド市場からの米国機輸出の代替効果のおそれとは別に，米国機のEU向け輸出を妨害する効果のおそれがあるとのべた。パネルはここでも米国の立証失敗を帰結した。

C 赤の輸出補助金

(i) パネル判断

協定は輸出補助金を赤色の禁止補助金としている。

パネルは英独西のA380に関する補助は，米国が立証したように協定（3.1a条，注4）の輸出補助金に該当すると判断した。

他方，他機種（A330-200, A340-500/600, French A380）への補助金は輸出補助金にあたらないとのべた。

(ii) 上級委員会

上級委員会はパネル認定を一部肯定し一部否認した。しかし判断を完結することはできなかった。

① 「法令上または事実上」の輸出の存在

協定は輸出補助金認定の条件として，「法令上または事実上」の輸出が行われることを要件（3a条）としている。法令上の輸出は，輸出パフォーマンスを法的な条件として（legally contingent upon export performance）行われる輸出をいう。事実上の輸出は，実際の輸出または「予想される輸出」（anticipated exportation）と「事実上結びついている」（in fact tied）補助金をさす。こうした事実上の輸出は，事実によって立証されるときに認定される（3a条の注4）と念を押した。それゆえ，政府が輸出企業に補助金を交付するという単なる事実

から輸出補助金交付の認定を下してはならないとつけくわえた。

② パネルによる「予想される輸出」の解釈と上級委員会の支持

上級委員会はパネルの「予想される輸出」に関する解釈は、通常の言葉の意味と整合するとした。パネルは予想される輸出について、補助金供与国が、当該助成計画のねらいが主にエアバス販売の促進にあることを十分に知っていたとのべた。このリーズニングは、上級委員会の先例に即している。上級委員会はそのためパネルの基本的解釈方法を支持した。

③ パネルの「事実上の結びつき」の判定と上級委員会の否定

しかし、上級委員会は、本件の補助金供与が「予想される輸出」と「事実上結びついている」かどうかに関し、パネル判断を覆した。

まずパネルは、補助金の供与が事実上予想される輸出と直接結びつくためには、補助金が予想される輸出パフォーマンスを理由に供与されなければならないとした。それゆえ、英独西のA380助成計画は、米国の立証により禁止された輸出補助金にあたるパネルはのべた（3.1a条、注4）。上級委員会はこのパネル判断を覆した。

他方その他の補助金（French A380, A340-500/600, A330-200 契約と Spanish A340-500/600 契約）については、予想される輸出と事実上結びついていることを米国は立証できなかったとパネルはのべた。

上級委員会はこのようにパネル判断を退けたが、裁定を完結することはできなかった。

なお上級委員会はその過程で事実上の輸出を条件とする基準は、つぎの場合には満たされるであろうとのべた。それは補助金が受領企業に（国内・輸出市場での需給状態とかかわりなく）輸出インセンティヴを与える場合である。

D 上級委員会判定の重要性

上級委員会は基幹問題から実質問題にわたって注目すべき見解を示した。期間問題には、WTO相殺関税協定が、1度かぎりの補助金ではなく、反復される補助金に適用されること、WTOへの付託事項には明記されていない補助金を対象外とするとすること等であった。実質問題には重大損害の効果アプローチ、輸出補助金の詳細な判断方法等がふくまれる。

2 米国ボーイング事件Ⅱ

米国の事件も2つを数える。米国ボーイング事件Ⅰ（U.S.-Boeing I [巻末表20-57]）と同名の事件Ⅱ（U.S.-Boeing II [巻末表] 20-58）である。2011年8月の時点でパネル報告（2011年3月31日送付）がだされたのは事件Ⅱを数えるにすぎない。ここでは事件Ⅱのパネル判断を概観するにとどめる。

(1) 事実関係

米国はボーイング社と合併前のマクダネルダグラス社（McDonnell Douglas）の米国大型民間航空機会社に国内補助金と輸出補助金を与えていた。

1つは、州政府が与えた助成措置である。これにより、米国航空機会社は、研究開発・生産・本部施設の経済資源を単一航空機産業に移転した。ECは関連措置を遂行した3州（States of Washington, Kansas and Illinois）を糾弾した。

第2は、連邦政府の助成である。ECによれば、連邦政府は経済資源を航空機産業に有利な条件で移転した。この条件は、資源移転を利用可能な市場での条件よりも緩かった。またパイプ役の機関（NASA, DOC, DOD, DOL）をつうじた安い関連当事者間価格で行われた。さらに特別の連邦税の減免をともなった。とくにECは、外国販売会社と国外収入除外法による連邦政府（およびワシントン州）の税減免が赤の輸出補助金にあたると主張した。

(2) パネル判断

パネル判断は多様な側面をもつ。

(i) 国内補助金

パネルが協定の規律する国内補助金を肯定した例はつぎのとおりである。

① 外国販売会社法（FSI）とその改正法（ETI）に基づき米国がボーイングに与えた税の減免措置は特定性のある補助金にあたる。

② パネルの試算では、米国が1989年から2006までの17年間にボーイングに与えた特定性のある補助金の総額は、すくなくとも53億ドル（1米ドル70-80円としておおよそ3800億円）にのぼった。

他方、パネルは以下の補助金については、ECの立証不足を理由に否認した。

① NASAとDODの合意およびボーイングとの合意に基づく知的所有権の割当が特定性をもつ補助金に該当することをECは立証できなかった。

② NASAとDODがボーイング機の製造から生ずる経費を払い戻す制度が特定性のある補助金供与にあたることをECは立証できなかった。

③ 労働省が高成長雇用訓練計画（High Growth Job Training Initiative）に基づき Edmonds Community College に与えた支払いが特定性をもつ補助金にあたることをECは立証できなかった。

(ii) 著しい害を与える黄色の国内補助金

米国の研究開発補助金は、ECに対する著しい害を与える国内補助金（5c条）にあたるとパネルは認定した。この補助金は第3国市場からのEC機（200席から300席）の輸出に代替し輸出を制限するおそれがある（6.3b条）。またそれは顕著な販売赤字とプライスサプレッションをもたらす（6.3c条）と判定された。

また米国の旧外国販売会社法（FSC）とその改正法（ETI）とワシントン州の税減免は、片翼100-200席の航空機市場で第3国市場からのEC機の輸出を代替し、制限し（6.3b条）、しかもEC機の販売赤字とプライスサプレッションを生んだ。

さらに旧外国販売会社法と改正法による補助金、ワ

シントン州の税減免，Everett 市の税減免は 300-400 席の EU 機の第 3 国市場からの輸出を代替し，輸出を制限した（6.3b 条）。

(iii) 輸出補助金

米国は旧経過的法規（ETI Act, AJCA）に基づき，禁止された輸出補助金を与えたとパネルは判定した。しかし先行するパネル判例法の勧告にしたがい，パネルはこの勧告を自制した。協定（4.7 条）によれば，パネルは加盟国に対し輸出補助金を「遅滞なく廃止するよう」義務づけているが，パネルは慣行を優先させ，勧告を控えたのである。

ワシントン州の租税措置については，輸出補助金の禁止規定と整合しないことを EC は実証できなかったとパネルは結論した。

第 5 章
WTO 相殺措置協定の見直し

第 1 節　見直しの背景

1　信号方式の部分的変更

WTO 相殺措置協定（31 条）により，2000 年 1 月から以下の補助金・対抗措置規定が廃止された。
① 黄色の補助金のうち，「産品価額の 5 ％を超える」補助金と「いずれかの産業の営業上の損失を補填する」補助金（6.1 条）
② 緑の補助金（8 条）
③ 緑の補助金に対する対抗措置（9 条）

2　審査基準

ダンピング防止協定に存在する審査基準（standard of review）が相殺措置の場合は存在しない。

3　相殺措置と反競争的効果

相殺措置は，補助金つき輸入が EU 産業に損害をあたえるならば，補助金の額を超えない範囲で課される。補助金の種類は輸出補助金から国内補助金まで多種多様であるが，WTO 相殺措置協定上無条件に禁止されているのは，赤の輸出補助金である。このような輸出補助金は，ダンピング（国際価格差別）行為と同じ効果をもち，輸入国の同種産品の産業に実質的な損害をもたらす。このような場合，輸入国が補助金つき輸入に相殺関税を賦課することはむろん合法である。

しかし，問題は相殺措置の効果である。

EU の相殺関税は，ダンピング防止措置と同様，低額課税方式（lesser duty rule）に従って課される。したがって，EU 当局は，補助金額と損害価格差（injury margin）のいずれか低いほうを相殺関税としている。これは，相殺関税の計算次第で，つまり補助金額と損害価格差の計算しだいで，相殺措置が著しい競争制限効果をもつことを意味している。補助金額や損害価格差が過大にまたは恣意的に算定されるならば，相殺措置はダンピング防止措置と同様の不当な価格引上げをもたらし，EU 域内の競争状態を悪化させることになる。

第 2 節　各国の見直し提案

ドーハ閣僚会議の宣言（28 項）は「WTO ルール」と題して，ダンピング防止協定と相殺措置協定の見直しを新ラウンドの課題の 1 つとした。ただし，宣言は，これら協定の見直しが，ダンピング防止措置や相殺措置のコアにふれてはならないことを明確にしている。宣言によれば，ルールの見直しは，措置の「基本概念と原則および目的」には及ばないとされるからである。見直し作業は，「開発途上国と後発開発途上国のニーズを考慮に入れつつ」，ダンピング防止と相殺措置のための「規律の明確化と改善」にのみ向けられなければならないとされる（カナダ提案とインド提案）。

米国は現行 WTO の補助金相殺措置協定は，直接税に税収を依存する米国にとり不利であることを強調している。他方，EU は間接税に依存ししかも税リベートをあたえている。それゆえ WTO 規定は直接税を主要財源とする国に対して差別的である。公平を期するならば WTO 協定規定を修正する交渉を WTO で開始すべきであると米国の一部は主張している（2006 年 3 月のカーディン法案［Cardin Bill］）。2008 年 12 月の WTO 議長提案は新しいボトムアップ（a new, bottom-up approach）をさしだした。これは加盟国間にある程度の見解の一致（some degree of convergence）がみられる領域にかぎって新しいドラフトを提出し，他の領域については各国見解の要旨を括弧付きで示すという方式であったする法案を示す。このため漁業補助金の規制強化，とくに過剰漁獲力と過剰漁獲を許す漁業補助金の定義と禁止を定め，開発途上国のための特別の異なる待遇も確保する提案がなされた。

第 3 節　相殺関税とダンピング防止税の同時賦課

GATT（6.5 条）は，ダンピングと補助金供与が同時に行われた場合「同一の事態を補償するため」ダン

第5章 WTO相殺措置協定の見直し

ピング防止税と相殺関税を重複して課してはならないと定めた。これはダンピング価格差と補助金額を2重にカウントして，損害の除去に必要な限度を超えた特殊関税の併課を禁止することを意味する。

1 EUの慣行

(1) 対トルコ措置

ECはダンピング防止税基本規則（14.1条）にGATTの併課禁止ルールを導入した。そして1991年のトルコ産ポリエステル相殺関税事件で併課の是非に関して判断をくだした。この事件でECは1989年すでにトルコ製品に対してダンピング防止税を課していた。そこでダンピング防止税にくわえて相殺関税を課すための要件を検討した。

まず輸出国が国内補助金を供与する場合，ダンピング防止税の併課は一定の条件のもとに可能とされる。国内の生産補助金が供与された事案では，輸出者の生産コストは低くなり，国内販売品であれ，輸出品であれ，それぞれの正常価額と輸出価格は同じ額だけ引き下げられる。したがってダンピング防止税とは独立に，相殺関税を追加的に賦課することができる。ただし，ダンピングと国内補助金が輸入国生産者に与える損害を除去するのに必要な程度を超えた併課は禁止される。

つぎに輸出補助金が供与されるときは状況が変わる。輸出補助金は，そもそも正常価額に影響を与えず，輸出価格のみをひきさげる。それゆえダンピング価格差が輸出補助金額を上回り，しかも輸出補助金率が国内産業のうける損害価格差を超えないならば，相殺関税を併課できる，とECは結論した。

(2) 対米バイオ燃料ダンピング防止税・相殺関税

EU菜種油由来のバイオ燃料は，米国大豆由来のバイオ燃料と石油依存体制から脱却するため，バイオ燃料と混合して需要者に販売されていた。こうした状況のもとで米国産バイオ燃料がEUに輸入された。EU当局は，2009年3月，米国産品に暫定ダンピング防止税と暫定相殺関税を同時に賦課した。この課税措置にあたり，当局は，EU産燃料と米国産は，原料が異なるが，販路・需要者・用途等が類似しているため同種産品とみなされると判断したうえで，ダンピング防止税率も相殺関税率も，少額課税方式に基づき，損害価格差相当の税率とされた。米国は，これに対し米国政府の補助金は輸出補助金ではなく，国内補助金にあたりEUの相殺措置を批判した。米国によれば，正常価額と輸出価格を同時に引き下げたため，ダンピング防止税率に影響を与えないとされた。しかしEU当局は，ダンピング暫定税と相殺暫定措置を併課することは可能であるとした。そして，米国産品はEC域内で重量比20％以上の比率でバイオ燃料に混合されることを考慮して，EU当局は米国産品に対するダンピング・相殺暫定税をトン当たりの従量税方式にしたがって賦課した。

2 米国の対中確定ダンピング防止税と相殺関税

米国は非市場経済国を旧ソヴィエト・東欧型と中国型にわける先例をつくりあげた。まず，旧ソヴィエト型国からの輸入品には，ジョージタウン鉄鋼会社事件（GEORGETOWN STEEL CORPORATION）で，相殺関税は賦課できないと1986年連邦控訴裁判所は判決した。他方，中国からの輸入品には，旧ソヴィエトと中国の本質的相違（国家関与の程度の違い）に照らし相殺関税を賦課できると，商務省は製紙事件で決定した。

つづいて，2007-2009年の中国製鉄鋼・道路外ゴムタイヤ・パイプ管・薄手バッグ事件（Circular Welded Carbon Quality, Circular Welded Carbon Quality Steel Pipe, Pneumatic Off-the-Road Tires, Light-Walled Rectangular Pipe and Tube, Laminated Woven Sacks）で，米国は中国製品にダンピング防止税と相殺関税を併課した。中国は2008年12月パネル設置要請した。

2010年8月，パネルは米国の2重カウントをWTO違反とした。ただし非市場経済国の国営企業が民間企業に助成を肩代わりしてもらうときは，助成は政府により行われたものとみなされうることを指摘した。この事件では，米国の2重カウント方式はWTO違反とされたが，2重カウントさえなければ米国の相殺措置は合法とされる余地もあった。パネルは民間企業への助成委託をつうじた国家援助が補助金に該当する可能性を認めたからである。米国が本件パネル結論を本質的な米国勝訴判断と声明したのはこのためである。本件は国営企業をつうじてエネルギー分野で助成を与えている中東諸国の関心をひいた。また非市場経済国からの安価な輸入を阻止するためダンピング課税と相殺関税の併用を望む先進国・開発途上国双方にインパクトを与えるものとなる。

第6部 セーフガード措置

[要約と視点]

要　約

1 緊急輸入制限としてのセーフガード措置

　ダンピング防止措置と相殺措置がともに外国からの低価格輸入に対処するのに対し，セーフガード措置は外国からの急激な大量輸入を扱う。輸入国は，予期できない急激な大量輸入から国内産業を保護するため一時的に輸入制限措置をとることができるのである。こうした緊急輸入制限をセーフガード措置と呼んでいる。

　セーフガード措置は，輸出国で産品がダンピングされたかどうかには関心を払わない。輸出国でのダンピングの有無に関係なく，セーフガード措置は課される。ただし，セーフガード措置がとられるためには，ダンピング防止措置と相殺措置の場合と同様，輸入品と同種の国内産品の産業が損害を受けることが条件とされる。この損害はとくに輸入品と同種の国産品の間に価格差（price undercutting）が生ずるときに認定される。

2 GATT時代の輸出自主規制とWTOセーフガード協定

　GATT時代はセーフガード措置よりも輸出自主規制措置がとられた。輸入国がセーフガード措置をとる代わりに，輸出国に輸出を自主規制するよう求めたのは，セーフガード措置をとると代償を支払ったり，関係国から対抗措置というしっぺ返しを受けるのを嫌ったためであった。このためGATT時代の世界貿易は日中韓等の輸出自主規制の網の目で覆われ，輸入国での産品価格は上昇した。WTOはこうした違法な輸出自主規制を禁止し，ルールにのっとったセーフガード措置がとられるよう，セーフガード措置の発動要件や手続を特別協定（セーフガード協定）のなかで定めた。

視　点

1 WTO紛争解決事例

　WTO発足後主要国がとったセーフガード措置はWTOのパネル・上級委員会によって厳格に審査され，過半がWTO違反と判定されている。これはWTO協定が定めた措置の発動要件がかなり厳しいこと，要件を満たす措置をとることはけっして容易ではないことを示している。

2 セーフガード措置と対抗措置の反競争的効果

　セーフガード措置は，ダンピングが差別的に適用されるのと異なり，原則として無差別に適用され，適用期間も3年に限定されている。措置の発動要件も措置によって影響を受ける国がとる対抗措置の要件も厳しく定められている。しかし，セーフガード措置を無差別適用のゆえに貿易歪曲効果がダンピング防止措置に比してちいさいとみるのは早計である。第1に，セーフガード措置が関税として課されるときは，その課税額は，内外価格差に相当しなければならないが，こうした内外価格差の算定方法がかならずしも明確ではなく，場合によっては恣意的な算定が行われる可能性もあるからである。第2に，セーフガード措置は，補償交渉が妥結しないかぎり，関係国からの対抗措置をうみ，対抗措置合戦に発展し，そのけっか，輸出国と輸入国の双方の市場を反競争的にするおそれがある。それは日本の農産物暫定セーフガード措置（2001年4月）と中国の対抗措置，2002年3月の米国鉄鋼確定セーフガード措置と日・EU等の対抗措置についていうことができる。セーフガード措置は無差別に発動されるが，対抗措置は差別的に発動され，かくして関係諸国での競争制限が増幅されるのである。第3に，日本が中国とのセーフガード摩擦を解決するため合意した2001年覚書が示すように，政府が摩擦解消のため民間協議のお膳立てをする行為も，貿易と競争の観点からみて問題がある。

3 セーフガード措置の発動国

　1995年から2010年10月末までのWTO統計によれば，世界29カ国が101件のセーフガード措置を発動した。この数値は，2010年6月末までのダンピング防止措置2433件，相殺措置143件に比して低い。発動国は，チリー・ヨルダン各7件，インド・トルコ各6件，米国・フィリッピン各6件，チェッコ5件，アルゼンチン・エジプト・EU加盟前ポーランド各4件，EU3件，韓国・ブラジル各2件，中国等各1件であった。日本の対中セーフガード措置は中国のWTO加盟前夜にとられたため，WTO統計から外された。このように措置の発動数がすくなく，しかも主要発動国が開発途上国となった背景には，措置のWTO整合性に関してパネル・上級委員会的が厳格な判断をくだしたこと，および大国がセーフガード措置を避けて輸出自主規制（米加木材紛争参照）を選んだこと，WTO違反が明確な輸出自主規制について利害関係国がWTO提訴を行う実益がないことによる。

4 実　践

　WTOは所期の目的を達成できなかった。WTO発足後の実践では，セーフガード措置よりもダンピング課税の方が多くとられてきた。また輸出自主規制の廃止とWTO整合的なセーフガード措置の奨励という思惑ははずれた。それどころか，禁止されたはずの輸出自主規制が大国間で復活している。輸出自主規制をWTO違反として提訴する国もない。第3国の目からみれば，輸出自主規制は紛争当事国間の選択的・差別的セーフガード措置にほかならない。

以上を考慮にいれて，GATT 時代のセーフガード規定と輸出自主規制協定の蔓延をみたのち，WTO セーフガード協定とその適用を概観してみたい。

第1章
GATT のセーフガード規定と輸出自主規制

GATT 時代に輸入国が国内産業を保護するためセーフガード措置（Safeguard measures）をとった件数はあまりおおくなかった。その理由は，GATT（19条）が定めたセーフガード措置は輸入国にとっては発動しにくかったからである。このため輸入国はセーフガード措置を自らとる代わりに輸出国に対して輸出自主規制をとるよう求めた。また輸入国がセーフガード措置の代わりにダンピング防止措置に訴えた例もすくなくなかった。この意味で，輸出自主規制（やダンピング防止措置）はセーフガード措置の代替手段であった。しかし輸出自主規制は，GATT に規定されておらず，そのため GATT 上，合法性が曖昧な「灰色措置」（grey area measures）と呼ばれつづけた。

第1節　輸出自主規制の援用

1 輸入国がセーフガード措置を回避し輸出国に輸出自主規制を要請した理由

輸入国がセーフガード措置を回避し，輸出自主規制（VER. Voluntary Export Restraints）を要請したのは，GATT のセーフガード措置があまりにも使いにくかったからである。GATT は以下にみるように輸入国がセーフガード措置を発動するときにかなり厳しい要件を定めた。輸入国はこうした要件を嫌って，セーフガード措置を自ら発動することを避けたのであった。そして輸出国に輸出自主規制をとらせた。輸出自主規制は灰色措置であるため，GATT はなにも要件を定めていなかった。輸出自主規制はこのため輸入国にとってはきわめて好都合な貿易規制手段となった。

(1) セーフガード措置の無差別適用原則

GATT 上，輸入国は，セーフガード措置の発動にあたり，GATT 13条に従い，無差別に措置を発動しなければならなかった。輸入国は，ある産品の輸入制限にあたり，すべての供給国からの輸入品に対して無差別に措置を適用しなければならず，特定の供給国（たとえば最大の輸出国）をねらいうちにした差別的措置をとることはできなかった。そこで，輸入国は，選択的・差別的なセーフガード措置をとる代わりに，特定の輸出国に対して輸出自主規制を要請したのであった。特定国による輸出自主規制は，セーフガード措置の選択的適用と同じ効果をもつからである。輸入国が選択的セーフガード措置をとると GATT 違反は明白であったが，輸出国が輸出自主規制をとってもそれは輸出国の灰色措置であり輸入国は措置について責任を負う必要はなかった。

(2) セーフガード措置のための損害認定

GATT 規定では，輸入国が，セーフガード措置を発動するためには，輸入の急増により国内産業に重大な損害が発生したか発生するおそれのあることを認定しなければならなかった。しかし，輸出自主規制の場合は，規制の要件として，損害認定は不要であった。

(3) セーフガード措置にあたっての補償の提供と対抗措置

輸入国は，GATT 上，ある産品についてセーフガード措置をとるときは，その埋めあわせとして，他産品の関税引下げ等の補償または代償（compensatory measures）を対象国に提供しなければならなかった。そして補償の交渉が成立しないときは，対象国から対抗措置（counter-measures）を受けるおそれがあった（GATT 19条3）。この補償額は，措置が自動車等の高付加価値商品にかかわるときは，巨額に達し，その算定は容易ではない。ところが，輸出自主規制の場合は，輸入国は，輸出国に代償を提供する義務もなければ，輸出国から対抗措置を受けるおそれもなかった。また巨額の代償額を算定する必要もなかった。

2 輸出国が輸出自主規制の要請を応諾した理由

輸出国側も，つぎの理由で，輸入国の輸出自主規制の要請を受諾してきた。

(1) 次善の策としての輸出自主規制

輸出国は，多くの場合，輸出自主規制を応諾しなければ，輸入国による一方的輸入規制に服する危機的な状況におかれる。そのため，輸出国は，いわば次善の策（the second best）として輸出規制に応諾してきたのである。

(2) 一方的輸入規制の貿易制限効果

輸入国の一方的輸入規制は，セーフガード措置かダンピング防止措置のいずれかとなる可能性があった。ダンピング防止措置がとられるとそれは差別的に発動されることになる。またセーフガード措置にしろダンピング防止措置にしろ貿易制限効果は輸出自主規制のそれよりもはるかに大きかった。またこれら輸入国の一方的輸入制限はひとたび導入されると長期化することは必至であった。ちなみにカナダが米国向けポテトの輸出自主規制を 1948 年協定で受諾した背景には，

米国の一方的輸入制限（石油輸入制限措置等）がほぼ例外なく長期化していた事実があった。とはいえ輸出国がとった輸出自主規制も日本の規制にみるように，実際には長期化したことは後述するとおりである。

(3) 輸出自主規制の地代収入

輸出自主規制は，輸出企業に利益をもたらした。輸出自主規制により利益を貪ったのは，じつは輸出国の企業であった。輸出自主規制は，通常，輸出価格の引上げと輸出割当によって行われた。このため輸出企業は，輸出価格を引き上げて利益を獲得し，また輸出割当によって輸出業務を安定させた。こうした利益は，地主が土地を他人に貸すだけで労せずして独占的な地代収入（rent）をえるのと似ていた。通常，経済的利益は企業間の競争のなかで追求され，したがって廉価で良質な商品を製造する企業が利益をえるが，輸出自主規制は，企業間の競争がない空間で輸出企業に甚大な地代収入を約束したのである。ここに輸出自主規制がGATT時代の世界貿易の過半を制覇した秘密が隠されていた。

(4) 輸出国政府の裁量

輸出自主規制のもとで，輸出国政府は，輸出自主規制の期間，規制方法等について，原則として，ある程度の裁量権を行使することができた。これも輸出規制がわりあい容易に輸出国政府によってとられた理由の１つである。

3 セーフガード措置の代わりにダンピング防止措置が援用された理由

GATT時代のセーフガード措置は，いくつもの不都合をかかえていた。それは上述のように発動要件が厳しく，発動にさいして国内産業への重大な損害の立証が要求されたこと，無差別に適用されなければならないこと，補償を提供しなければならないこと，対抗措置を受けるおそれがあったことによる。他方，ダンピング防止措置は，発動要件がそれほど厳しくなく，発動にあたり国内産業への実質的損害を立証すればたり，恣意的なダンピング認定が可能であった。またダンピング防止措置は，差別的に適用することができ，補償提供の義務も対抗措置を受けるおそれもなかった。

第2節　GATT時代の輸出自主規制の概念と蔓延

1 概念

輸出自主規制とは，「輸出国の政府または業界が，通商摩擦を回避するため，輸入国の要請におうじて設定する輸出規制」をさした。したがって，それは，つぎの諸要素から成り立っていた。

(1) 通商摩擦の回避を目的とすること

輸出自主規制は，通商摩擦の回避を目的とする輸出規制であり，この点で，他のさまざまな輸出規制——ココム規制等——と異なっていた。

いっぱんに，特定産品の輸入が急増すると，輸入国は，国内産業を保護するため，輸入規制（セーフガード措置，ダンピング課税等）に訴えることができるが，輸出国は，このような輸入規制を事前に防止したり，またはすでに導入された輸入規制を撤回させるため，輸出自主規制を設定した。たとえば，日本の輸出自主規制のうちのおおかた（EU向けVTR輸出規制，欧米向け自動車輸出規制）は，輸入国の輸入規制を予防するため設定されたもの（以下「予防的輸出規制」と呼ぶ）であり，他の数例（フランス向け電子機器輸出規制等）は，輸入国の輸入規制を撤回させるため設定されたもの（以下「事後的輸出規制」と呼ぶ）であった。

(2) 輸入国の要請におうじて設定されること

輸出自主規制は，ほぼ例外なく，輸入国の要請——非公式のシグナル，圧力，脅迫——を契機として設定された。ちなみに，日本の欧米向け輸出規制の過半は，輸入国の圧力または脅迫に基づいて設定された。この観点からみるならば，輸出自主規制という言葉は，適切な用語とはいえない。それは，輸出国の一方的かつ自発的な規制というよりも，輸出国が輸入国から強要される措置といった色彩をおびているからである。

(3) 政府または業界が設定する輸出規制

輸出自主規制は，輸出国の政府または業界が，輸入国との合意に基づいてまたは一方的に設定する輸出規制であり，つぎの２つに分類される。

(i) 輸出国政府の輸出自主規制

輸出国政府は，おおくの場合，輸入国政府との２国間協定に基づいて，輸出自主規制を設定してきた。ただし，輸出国政府が政府間協定に基づかずに一方的に輸出自主規制を設定した例——欧米向け自動車輸出自主規制（1981年，1986年）——もすくなくない。

(ii) 輸出国業界の輸出自主規制

他方，輸出国業界が，政府の輸出自主規制を前提とせずに，業界の自主的判断に基づいて，輸出自主規制を設定した例——油圧式ショベル，電卓，乾電池，工作機械，写真機等に関する日本のEC向け輸出自主規制——も，枚挙に暇がない。これら業界の輸出自主規制は，輸入国業界との合意に基づくもの（1962年と1967年の日仏電子機器協定，日英自動車輸出自主規制）と，日本側の一方的判断に基づくもの（油圧式ショベル輸出規制，工作機械輸出規制等）に分かれる。また，輸出国業界が輸入国政府との間に締結した輸出自主規制協定の例として，米国政府と日本業界の間の第１次鉄鋼輸出規制があげられる。

(4) 輸出規制の形態とGATT整合性

輸出自主規制は，内容からみると，輸出数量規制と輸出価格規制（輸出最低価格制度）に分かれた。日米半導体協定に関するGATTパネル裁定がのべたように，輸出最低価格制度もGATT11条の輸出制限に該当する。

GATTパネルはすでにこれをつぎのようにのべた。

「原則として輸入を認めるが一定の最低価格以下の輸入は認めないという輸入規制は，GATT 11条の意味での輸入制限にあたると締約国団は先例のなかで判定した。(同じように)一定の価格以下の輸出を制限する規制も(GATT 11条の意味での)輸出制限にあたる。」

2 輸出自主規制の歴史

(1) 戦前の日本製綿製品輸出自主規制措置

輸出自主規制の起源は，第2次大戦前の1934-37年に，日本が米国向けに行った綿製品の輸出自主規制にさかのぼる。当時，日本業界は，米国業界の強い圧力のもとで，政府の関与なしに輸出自主規制を締結したのであった。このように日本が輸入国の要請・圧力のもとに輸出規制を締結する構図は，現在でも変わっていない。輸出自主規制は，皮肉なことに，第2次大戦後のGATT自由貿易体制のもとで，蔓延することになった。

(2) GATT体制と輸出自主規制の蔓延

GATTは，自由無差別な貿易制度を導入するため，加盟国による輸出入制限を原則として禁止した。ただし，GATT 19条は，外国からの輸入が急増し，国内産業が損害を受けるか受けるおそれがあるときは，輸入国が，所定の手続と条件のもとにセーフガード措置(緊急輸入制限措置)をとりうることを認めた。

しかし，GATTの発足にともない，輸入国は，おおくの事例で，GATT上認められたセーフガード措置を避け，輸出国に輸出自主規制を要請したのであった。

(3) 世界貿易と輸出規制

世界貿易に占める輸出規制の比重は，きわめて高い。GATT事務局のコステッキーの試算では，1980年代半ばの世界貿易に占める輸出規制のシェアは，10%(うち4%は繊維，0.5-1%が鉄鋼，3%が工業製品，2-2.5%が農産品)に達し，さらに日米欧3極関係にしぼると，日本のEC向け輸出と米国向け輸出に占める輸出規制の割合(金額ベース)は，それぞれ38%と33%にのぼった。

また，広義の輸出規制——輸出自主規制，市場秩序維持協定，輸出予想，業界間協定のほか，「輸入国の一方的輸入制限を受けて実施される輸出規制」を含む——の件数は，1988年現在で，260件(GATT資料)に達する。

広義の輸出規制260件(1988年)の部門別内訳は，鉄鋼52件，繊維(MFA以外)71件，自動車・輸送手段17件，電子19件，履物14件，工作機械7件，その他工業製品25件，農業55件となっており，ほとんどすべての工業部門が輸出規制に服した。

とくに，工業部門の輸出規制205件(1988年)を国別に整理すると，輸入国(輸出規制を要請する側)の内訳は，EC 97件，米国63件，日本9件，その他36件であり，他方，輸出国(輸入国の要請に基づいて，輸出規制を行う側)の内訳は，日本35件，韓国30件，EC 9件，米国0件，その他131件となっていた。

この統計から確認できることは，つぎの諸点である。

① 日本は，世界最大の輸出規制国であり，もっぱら米国・ECの要請におうじて(または一方的に)輸出規制を実施してきた。また日本は，東南アジア諸国に対し，特定センシティヴ品目(繊維等)の対日輸出規制を要請してきた。

② ECは，米国とならぶ輸出規制要請国であり，日本・韓国・開発途上国等の輸出国に多様な品目(工業産品，農産品等)についての輸出規制を要請してきた。ECはまた，限られた品目について，米国への輸出規制(鉄鋼)を自ら実施してきた。

③ 米国は，他国向けの輸出規制を行っていないが，他国に対して数おくの輸出規制を要請してきた。

④ 開発途上国またはNIES諸国の先進国向け輸出自主規制もかなりの比率に達する。たとえば，韓国の日米欧向け輸出自主規制(韓国の日本向けニット製品輸出自主規制等)や南半球諸国のEC向け輸出自主規制(チリのEC向けリンゴ輸出自主規制)をあげることができる。

第3節 輸出自主規制とGATT

日米半導体協定に関するGATTパネル裁定は，日本政府の第3国市場(EC等)向け最低輸出価格規制を，GATT 11条に違反すると判定した。

通産省は行政指導によって，日米半導体協定の対象となっている半導体に関し，日本生産者・輸出者に対し，企業別コスト以下で第3国向けに半導体を輸出しないよう要請した。通産省は，本件行政指導は強制力がないからGATT 11条に違反しないと主張したが，GATTパネルは，つぎの理由で日本の主張を退けた。

(1) GATT 11条は他の規定と異なり，法律または規則に言及しておらず，よりひろく措置に言及している(more broadly to measures)。これは，輸出制限措置が，措置の法的地位にかかわらず(irrespective of legal status of the measure) 11条によってカバーされることを意味する。

(2) つぎの2つの条件が満たされる場合に，非強制的な要請(non-mandatory requests)は，強制的な要件と同じ方法で実施されたものとみなされ，GATT(11条)の輸出入制限措置に該当する。

① 非強制的措置が実施されるため十分なインセンティブまたはディスインセンティブが存在すると信ずるための合理的な理由があること

② 輸出制限措置の実施が主に政府の行動に依存していること

(3) 当該行政指導は，けっきょくつぎの要素からなり(上記条件を満たしているから)強制的な要件と等しく，

11条に違反する。
① 通産省の度重なる直接の要請
② 規則による輸出者への輸出価格報告の要求
③ 企業別産品別コストの系統的モニタリング
④ 需給見通し制度の実施

第4節　輸出自主規制の功罪

米国が日本に要請した輸出自主規制はけっきょくは迂回され，日本企業の海外進出を促進させた。それだけではなく輸出自主規制は，米国生産者の意向には合致したが，米国消費者に自動車価格上昇という不利益をもたらした。米国は輸出自主規制という政策の失敗を犯したのである。

1 輸出自主規制の迂回

日本メーカーは3つの手段で輸出自主規制を難なく迂回した。

(1) 品質向上迂回 (quality-upgrading-circumvention)

米国が要求した輸出自主規制は，日本から米国向けに出荷される日本車の数量を減らすよう求めるものであった。規制は自動車の品質に言及しなかった。そこで日本メーカーは輸出向け自動車の品質向上をはかり，高級車を開発・輸出した。かくして日本高級車は米国消費者に歓迎され，メーカーは巨富を得た。

(2) 輸入国での完成車組立による迂回 (importing-country circumvention)

輸出自主規制協定はまた規制対象を日本で生産され米国に出荷される自動車に絞った。これは日本メーカーの米国進出を促進させ，ほぼすべての日本メーカーは，日亜米欧製部品を調達し，米国工場で完成品を組み立てた。貿易規制が競争国の規制国への進出を加速させたのである。米国は失業率の上昇を考慮にいれて，トロイの木馬がもたらす極東の投資をうけいれ，木馬が雇用を創出する効果を重視したのであった。

(3) 第3国での完成車組立による迂回 (third-country circumvention)

日本メーカーはまた近隣アジア諸国（台湾，韓国等）へ組立用キットを輸出し第3国工場で生産された完成車を第3国産品として米国向けに輸出した。原産地を日本から第3国に変更して規制の対象外としたのである。

2 輸出自主規制の効果

米国の強制した輸出自主規制は，規制迂回を許すことで，日本メーカーのグローバル化を促進させた。これが20世紀末のバブル経済に貢献した。輸出自主規制の被害者は米国の消費者であり，また最終的には米国メーカーの国際競争力を削いだ。

第2章
WTOセーフガード協定の内容

第1節　セーフガード措置の種類

1 WTO体制のセーフガード措置

WTO体制のもとでのセーフガード措置はつぎのように分類される。

(1) WTOセーフガード協定に規定された一般セーフガード措置 (general safeguard measures)

WTOセーフガード協定は加盟国が一定の条件のもとに無差別に発動するいわゆる一般セーフガード措置を定めた。

(2) 特定産品のための特別セーフガード措置 (special safeguard measures)

一般セーフガード措置と区別すべきものに特別セーフガード措置がある。特別セーフガード措置には，WTO農業協定の農業セーフガード措置（ウルグアイ・ラウンド交渉後関税化された農産品のための措置）とWTO繊維協定のGATT未統合品目のための繊維セーフガード措置があった。繊維セーフガード措置は，繊維協定がWTO発足後10年ですでに失効したため，歴史的意味をもつにすぎない。

(3) 対中特別セーフガード措置

中国のWTO加盟議定書は，加盟国が中国産品に対してのみ差別的にとることができる対中品目別セーフガード措置，対中貿易転換防止措置 (anti-diversion measures)，対中繊維セーフガード措置を導入した。他方，東欧の旧共産圏諸国に対する差別セーフガード措置はWTOのもとでは存在しない。GATT時代のポーランド・ルーマニア・ハンガリーに対する差別セーフガード措置はWTOのもとでは失効した。また1996年12月にWTOに加盟したブルガリアは差別セーフガード措置の対象とされなかった。

(4) 特恵上のセーフガード措置

特恵関係のためのセーフガード措置として，先進国が一般特恵制度の枠内で開発途上国産品に対して適用するGSPセーフガード措置と自由貿易協定参加国が一定の条件のもとに適用するFTAセーフガード措置（日シンガポールFTAやNAFTAのための域内セーフガード措置等）がある。

2 日本法令のセーフガード措置

日本の現行法令は，WTO 体制を実施するため，つぎのセーフガード措置を定めている。

(1) 一般セーフガード措置

これは財務省の緊急関税（関税定率法）と経済産業省の緊急輸入割当制度（輸入貿易管理令3条1の輸入割当制度 [IQ]）から成る。

(2) 繊維セーフガード

GATT 未統合センシティヴ品目のための繊維セーフガード措置が経済産業省の規程のなかに定められたが，この規程は上述のように WTO 繊維協定の失効にともない意味を失った。

(3) 農業特別セーフガード

ウルグアイ・ラウンド交渉後関税化された品目のアクセス数量超過部分につきセーフガード措置（数量・価格）が発動される（関税暫定措置法7条の3・4）。また牛肉・豚肉に関する緊急措置（既存関税化品目である牛肉につき特別緊急措置［関税暫定措置法7条の5］，豚肉につき特別緊急措置［関税暫定措置法7条の6］）がある。

(4) 対中経過的セーフガード措置

対中措置は関税と輸入割当の2本だてで発動される仕組みになっている。緊急関税は関税暫定措置法（第7条の7，追加平14法016，2002年3月31日改正）のなかに定められた。緊急輸入割当は経済産業省告示（159号，平成14年3月29日官報，2002年4月1日施行，中華人民共和国を原産地とする貨物の輸入の増加にさいしての緊急の措置等に関する規程，および改正緊急措置規程）のなかに定められ，ひとたび発動されると，輸入貿易管理令（3条1）の輸入割当（Import Quota）の1つとなる。同様に対中繊維セーフガード措置に関する規程も経済産業省によって定められた。

(5) 特恵関係のセーフガード措置

日本が日シンガポール FTA に定められたセーフガード措置をシンガポール産品に対して発動するための規定は，関税暫定措置法（第7条の8，2002年3月31日改正，対シンガポール緊急関税政令）のなかにおかれた。

(6) 一般特恵関税上のセーフガード措置

GSP セーフガード措置は関税暫定措置法施行令のなかに定められている。GSP の関税率は原則として後発開発途上国（LDC）産品に対し無税であるが，2009年2月，ミャンマー産蒟蒻芋の輸入により国内産業保護の必要性が生じたため，日本は歴史上はじめて GSP セーフガード措置をとり，ミャンマー産蒟蒻芋に対し WTO 譲許税率（1次40％，2次2796年／キロ）を課した。

第2節　WTO セーフガード協定の骨格

WTO セーフガード協定は，一般セーフガード措置についてつぎのように規定した。

1 要件に合致したセーフガード措置のみの許容

協定は，厳格な条件と手続に従ったセーフガード措置のみを許し，既存のセーフガード措置を所定期限内に廃止すべきことを定めた。つまり輸入国は，ある産品の輸入が増加し，それによって国内産業が損害を受けるときに，GATT 19条と協定に適合した緊急輸入制限措置をとる権利をもつにとどまる。

2 セーフガード措置以外の輸出入制限措置の禁止

協定は要件に合致したセーフガード措置以外の輸出入制限措置を禁止した。

(1) 違法措置の要請・導入・維持の禁止

加盟国は，輸出自主規制，市場秩序維持協定または他の類似の輸出入制限措置を求めたり，発動したり，維持してはならない。もっとも，「GATT の他の諸規定や GATT の枠内で締結された協定に従って加盟国が求め，発動または維持した措置」（たとえば加盟国が輸出国企業に対して求めたダンピング防止法上の約束 undertakings 等）は，もとよりセーフガード協定の適用を受けないため，協定発効後も許容される。

(2) 既存の違法措置の廃止

輸出自主規制等の輸出入制限措置は，本協定の発効時点で効力をもつならば，協定の発効後4年以内に，廃止される（phased out）か協定に合致したものにならなければならない。ただし，各輸入国は，例外的に，1つの措置を1999年12月31日まで維持することができる。こうした例外措置として，協定附属書は，日本の EU 向け乗用車の輸出規制措置をあげているが，例外措置は，一般に関係国間で合意されたのち協定発効後90日以内にセーフガード委員会に登録されなければならないとされている。

輸出国の規制措置のうち，許容されるのは，協定11条1の脚注に明記されたように，正式のセーフガード措置に対応する輸出規制にかぎられる。この輸出規制は，合法的セーフガード措置に基づく輸入割当（import quota）を，輸出国が輸入国との合意に従って運営するための措置である。それは，たとえば輸出ライセンス制度の形をとることができよう。

要するに，協定のもとでは，輸出規制措置は，新設を禁止され，また既存の規制を廃止される。ただし，合法的なセーフガード措置に対応して運営される場合にかぎって，許容されるということができる。

しかし，現実はどうかというと，WTO 発効後，米国はカナダ産木材（針葉樹材）の輸入を制限するためカナダとの間に交渉を行い，1996年に米加木材協定を締結した。これによりカナダ側は木材輸出に輸出許可料を課すことで輸出を規制し，代わりに米国はカナダ産木材に対する通商措置（相殺関税）を自制することを約束した。協定は2001年失効した。

カナダの輸出規制について法的判断をくだしたのは，NAFTA（11章）の投資紛争パネルであった。こ

のパネルは，投資企業と投資受入国の間の投資紛争を解決するため設置された特殊な紛争解決機関であり，ポープ・タルボ事件（NAFTA Chapter Eleven Arbitration between Pope & Talbot, Inc.and Canada, Executive Summary of Award dated June 26, 2000）で，カナダに投資した米国木材会社ポープ・タルボ社がカナダの輸出規制によって損害を受けたかどうかを審査した。ポープ・タルボ社はカナダによる米加協定の実施措置はNAFTA（11章）に基づくカナダの投資保護義務に違反すると主張した。パネルは，カナダの措置は合法と判定した。その理由は，カナダの輸出税（許可料）は輸出数量制限ではないから合法であるとするものであった。パネルによれば，輸出税は支払われさえすれば輸出が可能であり，この点で輸出を制限する輸出数量制限と異なっている。輸出数量制限は禁止されるが，輸出税は禁止されないとされた。

もっともNAFTA投資紛争パネルの判断はNAFTAの解釈パネルであり，WTOにそのままあてはまるわけではない。WTOでは輸出自主規制は，原則として禁止されていることに変わりはない。

3 民間輸出規制の奨励・支持の禁止

加盟国は，WTOセーフガード協定（11.3条）上，公的企業や私企業が非政府的な輸入入制限措置（たとえば民間レベルの輸出自主規制）をとったり維持するのを奨励または支持してはならないとされる。しかし，政府の関与を受けていない純粋に私的な輸出カルテルは協定の適用対象外である。したがって，たとえば輸出カルテルは，政府の奨励または支持を受けていないかぎり，協定（11.3条）によってカバーされない。輸出カルテルは，しかし各国競争法の適用を免れない。とはいえ，輸出国（たとえば中国）の生産者がたとえば輸入国への販売価格を高めに設定するような輸出価格カルテルを締結したり，輸入国での販売地域を分割するような市場分割カルテルを締結する場合，こうした輸出カルテルを競争当局が摘発するのはかなり困難である。輸出国の競争当局は，輸入国にもたらされるカルテルの有害な効果について調査できないし，また輸入国の競争当局は，輸出国でのカルテルの証拠を容易にみつけだせないからである。

したがって私的な輸出カルテルを規制するため，多角的な競争ルールを次期ラウンドで合意する提案がEU等により提出されている。私的な輸出カルテルや輸入カルテル，国際カルテル等は，既存のWTO協定によっても各国競争法によっても効果的に規制できないからである。

この点，日本が農産物セーフガード措置を決着させるためとった2001年末の日中合意は民間輸出規制の枠組みの創設について規定しており，これが政府による反競争的行為の奨励支持にあたるかどうかが問題となる。また米国狂牛病事件で，韓国は一度は米国産牛肉の輸入を禁止したが，30カ月未満の危険部位除去牛肉にかぎり輸入を許した。この妥結は純粋な政府措置ではなく，米国牛肉輸出業者と韓国輸入業者の間の民間合意を政府が後押ししたものであった。

第3章
WTO協定に基づくセーフガード措置の発動

WTOセーフガード協定はセーフガード措置の発動要件，発動形態，発動手続きについてつぎのように定めた。

第1節　セーフガード措置の発動要件

セーフガード措置は，ある産品の輸入が急増し，そのけっか，輸入国国内の産業が重大な損害を受け，輸入急増と損害の間に因果関係があり，さらに緊急の必要性がある場合に発動することができる。上級委員会がアルゼンチン履物事件でのべたように，ダンピング防止措置や相殺関税措置が不公正な貿易慣行に対して適用されるのとは異なり，セーフガード措置は公正な貿易慣行に対してとられるのである。ダンピング輸入や補助金つき輸入がなくても，急激な輸入の津波が国内産業を襲うときにセーフガード措置が一種の安全弁（safety valve）として機能するのである。

1 輸入の急増

輸入の急増は，予見できない発展の結果生じたものでなければならない。

(1) 輸入の増加

協定（2.1条）によれば，輸入の増加は，絶対的増加と相対的増加を含む。輸入の絶対的増加は，輸入数量の増加をさし，その確認は統計によってわりあい容易に行うことができる。これに対し，輸入の相対的増加は，輸入数量が増加しなくても，輸入品が輸入国国内市場で占めるシェアが上昇するときに認定される。

しかし輸入の絶対的・相対的増加だけではセーフガード措置の調査を開始するには不十分である。アルゼンチン・履物セーフガード事件［巻末表1-2］でパネル・上級委員会が確認したように，輸入の増加は重大な損害をひきおこすのに十分なほど数量的にも質的にも最近のもので突然でありシャープでありまた顕著でなければならない（recent enough, sudden enough, sharp enough, and significant enough）とされるからである。最近の急激な著しい輸入増加がセーフガード措置の調査を正当化するのである。

(2) 事情の予見されなかった発展の結果としての輸入増加

GATT（19条1a）が強調するように，輸入の増加は，さらに事情の予見されなかった発展（unforeseen developments）のけっかまたは外国での価格下落のけっか，生じたものでなければならない。「事情の予見されなかった発展の結果」という要件がなにを意味するのかについて，米国・羽毛帽子セーフガード措置事件の1951年作業部会報告は検討をくわえている。これによると，事情の予見されなかった発展とは，「輸入国が関税引下げ譲許の交渉を行ったあとで生ずる事態の発展」であって，関税譲許を行う輸入国の交渉者が譲許の時点では合理的に予見できないような発展をいう。輸入国がたとえばワインについて10％から5％に関税率をひきさげ譲許した場合，譲許の時点では合理的に予見できないような事態（商品の形態等の変化が輸入国国内市場の競争状態にあたえる影響，経済危機等）が譲許ののち2年が経過したときに生じて，そのけっか輸入国への輸入急増がおきるようなケースがここでは想定されている。

では関係国がある産品の関税率を5％からゼロにひきさげる譲許を行ったときは，関税ゼロ譲許のあとはいっさいセーフガード措置をとれないのかどうか。この点について，ゼロ譲許したときは，譲許の時点で輸入増加は合理的に予見できたのであるから，もはや輸入増加に対してはセーフガード措置をとることができないとする見解がある。もっともこの点についてパネル・上級委員会はまだ判断をくだしていない。

なお，事情の予見されなかった発展のけっかという要件は，GATTには規定されているが，WTOセーフガード協定には定められなかった。このため韓国・酪農品セーフガード措置事件［巻末表15-2］で，WTO協定から削除されたGATTの要件は満たす必要がないのかどうかについて紛争が生じた。韓国はこの事件で，EUを含む複数国からの脱脂粉乳に対しセーフガード措置をとった。EUは韓国が輸入の急増が予見しえない発展のけっか生じたかどうかの検討審査を怠ったと主張した，韓国はこれに対し，予見しえない発展のけっかという要件はWTO協定から意図的に削除されたため意味をもたないと反論した。さらに韓国はGATTが定めたこの要件は協定と抵触しており，このようにGATT1994とWTO個別商品協定が衝突するときは，関連WTO文書（「附属書1Aに関する解釈のための一般的注釈」）により，協定が優先すると主張した。パネルは，EUの主張を退け（むしろ韓国に組して）事情の予見されなかった発展の結果という要件はセーフガード措置を発動するための追加的要件ではないとした。

上級委員会は，パネルの判断を退けた。上級委員会によれば，GATT（19条）と協定は重複して適用され，両者の間に抵触はないとされるのである。それゆえ事情の予見されなかった発展のけっかという要件は，たとえセーフガード協定に明記規定されていなくても，WTOのもとで適用されることになる。同様にアルゼンチン履物事件［巻末表1-2］の上級委員会もGATT（19条）と協定が「分離不能な一括規定」（inseparablepackage）にあたることを強調した。WTO協定は附属書の多様な個別協定（GATT1994，セーフガード協定等）と一体となって単一のパッケージを形成しているとするのが上級委員会の考えであり，これはWTOルールのすべてに（つまりGATTにも個別協定にも）意味をあたえるように条約解釈を行う原則に根ざしているのである。

米国ラム肉事件［巻末表20-13］で上級委員会はさらに突っ込んだ判定を行った。上級委員会は，予見しえない発展のけっかという要件を，輸入国がセーフガード措置をとるため満たすべき前提条件（prerequisite）とみなした。そして予見しえない発展に関する状況は，輸入増加と損害認定に関する調査結果（暫定措置，確定措置）のなかに明記されていなければならないと上級委員会はのべた。米国鉄鋼セーフガード措置事件［巻末表20-29］でも，EUはパネルの設置を要求した理由の1つとして，米国が予見できない発展のけっかとしての輸入急増を立証していないことをあげた。

一連の上級委員会判断はWTO法の解釈にいちじるしい影響を与えた。上級委員会が韓国酪農事件でのべたように，WTO設立協定とその附属書の全多角的商品貿易協定は，全体として一つの条約をなす（the WTO Agreement is one treaty）。多角的商品貿易協定は，GATT1994とセーフガード協定等の13協定を包摂する。それゆえ，GATTとセーフガード協定はWTO協定の不可分の一部をなし，全加盟国でひとしく拘束力をもつ。これら協定規定はすべて意味をもつように解釈されなければならない。それゆえ，GATTと多角的商品貿易協定に文言上の齟齬があっても，GATT個別規定（6条，16条等）と対応する多角的協定（セーフガード協定，ダンピング防止協定，相殺関税協定等）は重畳的に適用されなければならないのである。

2 損害の発生

(1) 重大な損害

輸入急増は輸入国の国内産業に重大な損害（serious injury）をあたえるかあたえるおそれがなければならない。重大な損害は，ダンピングの場合の実質的損害（material injury）よりも厳しい。重大損害の認定にあたっては，輸入量，輸入品の市場シェア，国内産業の状況（販売，生産，生産性，稼働率，損失利益，雇用等）を総合的に判定しなければならない。

韓国酪農品事件でパネルがのべたようにこれら損害認定要素の評価は強制的である（詳細につきJapan's Safeguard Law and Practice, Journal of World Trade, October issue 2001, Kluwer）。

(2) 輸入品と同種産品または直接競合産品の輸入国

第3章 WTO協定に基づくセーフガード措置の発動

国内産業

　輸入急増により損害を受ける輸入国の国内産業は，輸入品と同種産品または直接競争産品の生産者をいう。それゆえたとえば，デジタル時計の輸入が輸入国国内産業に損害をあたえるかどうかを判定するときは，輸入国国内の同種産品・デジタル時計の生産者だけではなく競合産品・アナログ時計の生産者への損害状況も検討されなければならない。

　では輸入国の国内産業には，問題の産品の生産者のほかに，その部材の生産者も含まれるのかどうか。米国ラム肉事件で，米国当局（ITC）はラム肉輸入によって損害を受ける米国国内産業は，生きた羊の飼育農家とラム肉裁断梱包業者からなると主張した。米国によれば，生きた羊という原料からラム肉という最終産品までの生産工程は連続しているし，原料生産者と最終産品生産者の間の経済的利益は実質的に一致しているとのべた。上級委員会は，米国の主張を退け，輸入によって損害を受ける国内産業は，輸入品と同種か直接競合する産品の生産者であり，その原料生産者を含まないとのべた。原料生産者がセーフガード措置上の国内産業となるのはその原料が輸入される最終生産物と同種であるか直接競合する場合にかぎられると上級委員会はつけくわえた。

　輸入により損害を受ける国内産業のなかには，状況により，輸入国の企業の内部で生産され自家用に消費される商品（captive production）も含まれる。米国・パキスタン産綿糸事件［巻末表20-17］でパネルは，経過的セーフガード措置に関連して，内部消費産品の生産者もその産品を部分的に市場で販売することがあれば，国内産業の範囲に含まれることを明らかにした。この判断はそのまま一般セーフガード措置の分野にも適用できる。したがって垂直的に統合した生産者（綿織物企業）が，原料（綿糸）を自家用に生産し，それを最終産品（綿織物）の生産に使用する場合，内部消費用の原料を部分的に市場で販売したりまたその原料を外部からも購入している場合，内部消費用の原料は輸入原料と直接競合するのである。それゆえこれら垂直統合企業を輸入により損害を受ける国内産業のカテゴリーから除外してはならない。

3　因果関係

　輸入急増と国内産業への損害の間には因果関係が存在しなければならない。もしも輸入急増以外の要因が損害を同時にひきおこしているときは，こうした損害を輸入急増に帰してはならないとされる（協定4.2条）。しかし上級委員会が米国小麦グルテン事件［巻末表20-12］と米国ラム肉事件［巻末表20-13］でのべたように，輸入急増が「単独で，それ自身によって，またはとうぜんに」損害をひきおこす必要はない。協定は，輸入急増が「単独にではなくても，他の関連要素とむすびついて」損害をひきおこしているかどうかを審査するよう当局に要求しているにとどまるからである。

　輸入急増以外の要因から生ずる損害を輸入急増に帰してはならないという要件はきわめて重要である。たとえば国内需要の減少が同時に国内産業に損害をあたえているならば，このような損害は輸入急増から生ずる損害とは切り離さなければならない。米国小麦グルテン事件で上級委員会は，米国が国内生産能力の増加から生じた国内産業への増加を輸入急増から切り離すことを怠ったことを指摘した。米国ラム肉事件では，因果関係の分析から無関係の損害発生要素を除外すべきことが，上級委員会によって強調された。

4　必要性

　協定は措置を発動する要件として上記の3つをあげた。しかし協定（5.1条）は，加盟国に対して「重大な損害を防止しまたは救済し，かつ，調整を容易にするために必要な限度においてのみ」セーフガードのための数量制限措置をとるよう釘をさした。これは，措置がさまざまな利害（生産者，ユーザー，輸入者，消費者の利益等）を考慮にいれてとられることを意味する。それゆえ日本の実施法（関税定率法9.1条，経済産業省・緊急措置規程2条）は，「国民経済上緊急に必要があると認められる」ときに措置がとられる旨を定めた。

　しかし，必要性の要件は，構造調整計画の策定・実施を数量制限措置の発動国に義務づけない。発動国は，措置の導入にあたって，輸入急増により損害を受ける産業が将来競争力を回復するように産業の構造調整計画を立案し実施するよう協定上義務づけられているわけではない。構造調整計画は措置の発動要件の1つとされてはいないのである。韓国酪農品事件でパネルがのべたように，協定は措置の導入要件として構造調整計画が必要とされるとはひとことも書いていない。また米国・韓国産線管事件［巻末表20-20］で上級委員会は，この論点についてつぎの決着をくだした。まず問題の協定規定（5.1条）はセーフガードが関税措置ではなく数量制限の形態でとられるときにのみ適用される。また協定規定は，加盟国がセーフガード措置をとる時点で構造調整計画の必要性があることを立証するよう義務づけていない。つまり構造調整の必要性は措置の発動要件ではない。協定は「たんに輸入急増から生ずる重大な損害に対処するため必要な範囲でのみ，緊急数量制限をとることができる（safeguard measures may be applied only to the extent）」と読まなければならない。

第2節　セーフガード措置

　協定は，GATTの経験をふまえて，加盟国が（ダンピング防止措置や輸出自主規制措置の代わりに）セーフガード措置をとりやすくするための工夫を挿入した。

1　手　続

　手続は，日本やEUの場合のように職権で開始される例もあれば，米国や韓国の場合のように私人の申立

で開始される例もある。暫定措置ののち確定措置がとられるのが通常だが，米国鉄鋼セーフガード措置のように暫定措置を経ずにいきなり確定措置がとられるケースもある。

2 関税措置と数量制限

暫定措置は関税措置でなければならない（協定6条）。しかし確定措置は関税措置でも数量制限でもかまわない。

(1) 関税措置

関税措置は i 関税率の譲許税率までの引上げ，ii 譲許税率の撤回・修正による関税率の引上げ，iii 関税割当制度（1次税率輸入枠の輸入者への割当と2次高税率の設定）の導入等の形態をとる。こうした緊急関税率（譲許税率引上げ，2次税率）は，輸入品と国産品の価格差（price undercutting）を基礎に算定される。

措置は無差別に適用されなければならないが，措置の対象からは開発途上国からの僅小輸入は除外される。

(2) 数量制限

(i) 無差別原則

措置が数量制限の形式をとるときも，原則として無差別に数量の割当が行われる（協定5.2条）。これによると，供給国間に割当てを配分するときは，措置をとる国は，割当の配分について，実質的な利害関係国と合意することができる。ただし，この方法が事実上不可能なときは，措置をとる国は，実質的利害関係国に対し，過去の代表的な期間の輸入シェアに基づいて数量割当を行う。

(ii) 無差別原則からの逸脱

しかし協定はこのような無差別原則に対する逸脱をつぎの条件のもとに認めた（5.2条）。
① 関係国との協議がセーフガード委員会の主催のもとで行われること
② ある加盟国からの輸入が代表的な期間のあいだ「関係産品の輸入の総増加量に対して均衡を失する比率で増加した」こと，つまりその国が大供給国であること
③ 無差別原則から逸脱する理由が正当化されること
④ 逸脱の条件が産品のすべての供給者にとって公平であることがセーフガード委員会に対して明確に示されること

しかも逸脱した措置の期間は，当初の期間を超えて延長されてはならないとされる。また逸脱は，重大な損害のおそれを理由とする場合には，認められないとされている。

この逸脱規定は，ウルグアイ・ラウンドの交渉中に，選択的セーフガード措置の導入を要求するEUとその反対派の妥協からうまれた。俗に割当配分調節（quota modulation）と呼ばれるが，この規定が，差別的措置を許容するのかどうかはかならずしも明らかでない。ここにいう逸脱は，無差別配分原則に対する逸脱であって，差別的措置を許さないとする見解も強い。

たとえば過去の代表的期間の輸入がABC 3カ国から行われ，それぞれの輸入シェアがA国85％，B国10％，C国5％であるときに，輸入国がA国からの輸入が均衡を失する比率で増加したことを理由にA国産品のみを標的にした選択的セーフガード措置がとれるのかどうか。この難問は今後のパネル判断に委ねられよう。

(3) 措置の期間と自由化

セーフガード措置は延長されないかぎり4年を超えてはならない。延長は，輸入国当局が，措置が重大な損害の防止または救済のためひきつづき必要であることおよび産業が調整を行っているという証拠があることを決定したことを条件として許される。措置の適用期間の合計は，暫定措置の適用期間，確定措置の当初適用期間およびその延長期間を含めて，8年を超えない。

措置の予定適用期間が1年を超える場合は，調整を容易にするため，措置をとる加盟国は，措置の適用期間中一定の間隔で措置を漸進的に緩和しなければならない。措置をとる国は，措置の予定適用期間が3年を超える場合，措置の適用期間の中間時点以前に状況の見直しを行い，適当なときは，措置を撤回しまたは緩和・自由化の進行を速める。延長された措置は，当初期間の措置よりも制限的なものであってはならず，ひきつづき緩和される。措置の漸進的自由化により，たとえば1年目の措置は2年目以降，軽減される。それゆえ，1年目の緊急関税率は2年目以降しだいにひきさげられ，また1年目の関税割当も2年目以降，1次税率輸入枠の拡大，2次税率の引下げ等により軽減されていかなければならない。

第3節　補償と対抗措置

セーフガード措置をとる国は輸出国に対し補償を提供するよう要請されている。ある国がTVについてセーフガード措置をとるときは，TV輸出諸国の関心品目，たとえばワインや特定工業品の輸入関税率をひきさげて，補償を行うのである。しかし補償の交渉が成立しないときは，関係輸出諸国はセーフガード措置の発動国に対してセーフガード措置と等価値の対抗措置をとることができる。セーフガード措置に輸入国の補償提供義務や輸出国の対抗措置を対応させているのは，WTO加盟国間の権利義務のバランス（rebalancing）を確保するためである。対抗措置はこの意味でWTO紛争解決手続の報復措置とは異なる。セーフガード措置が関係輸出国にあたえる経済的損失は，補償交渉が頓挫するかぎり，対抗措置によって相殺されなければならない。輸出国は，セーフガード措置がもたらす輸出損を，セーフガード措置の発動国に対する対抗措置

によって埋めあわせるのである。対抗措置はそれゆえセーフガード措置の発動国からの輸入品に対する「譲許その他の義務の停止」という形をとる。たとえば，措置発動国の輸入品に対する関税引上げ，関税割当，数量制限等である。対抗措置の要件をみてみよう。

1 GATTが定めた対抗措置

GATTは，確定セーフガード措置と暫定セーフガード措置に対する対抗措置について規定した。

(1) 確定セーフガード措置および事前の協議ののちとられる暫定セーフガード措置に対する差別的対抗措置

確定措置がとられた場合，または事前協議ののちに（補償についての合意が成立しないまま）暫定措置がとられた場合，措置によって影響を受ける国はつぎの条件のもとに対抗措置をとることができる（GATT19条3，セーフガード協定8.2条・8.3条）。

① WTO物品貿易理事会に対抗措置を予告する通知書をあらかじめ提出していること
② 措置がとられたのち90日以内に，かつWTO物品貿易理事会が対抗措置の予告通知書を受領した日から30日の期間が経過したときに，対抗措置がとられること
③ 対抗措置はGATT1994に基づくもので，セーフガード措置と「実質的に等価値の」譲許・義務の停止（関税引上げ等）でなければならないこと
④ WTO物品貿易理事会が否認しない対抗措置であること

(2) 暫定セーフガード措置に対する無差別対抗措置

事前協議なしにとられる暫定セーフガード措置に対しては，加盟国は無差別に対抗措置をとる権利を認められた（GATT19条3）。ただしこうした対抗措置は，遅延すれば回復しがたい損害を生ずるおそれがある場合にかぎられ，また措置がとられる期間も協議の期間に限定される。措置は，損害を防止しまたは救済するために必要な譲許その他の義務の停止という形をとる。したがって，この措置が厳密な意味で対抗措置といえるのかどうかはかならずしも明らかでない。この措置は無差別にとられまた損害の防止救済を目的としているため対抗措置というよりも，暫定セーフガード措置により損害を受けた産品の国内生産者への一次的な救済策のようにもみえる。たとえば，韓国が綿製品の暫定セーフガード措置を中国との事前協議なしにとったときに，中国が補助金相殺措置協定上禁止された補助金（赤のローカルコンテント補助金，黄色の有害補助金）を交付する例が想定できる。また中国はこの場合国内の綿産業への損害を防止するため外国産綿製品への輸入関税を原産地にかかわりなく無差別にひきあげることもできよう。これら中国の措置は対抗措置というよりも国内産業救済策にちかい。

しかしながら日本の関税定率法（9条）は，対抗措置として① 確定措置（および事前協議後の暫定措置）に対する差別的対抗措置のほかに② 事前協議なしの暫定措置に対する無差別対抗措置を明文で定めた。日本法の解釈が正しいかどうかは，1つには対抗措置の概念の定め方にかかっている。また対抗措置は無差別に発動されても，供給国が事実上1ヵ国であるときは，差別的色彩をもつかもしれない。さらに国内産業への損害の防止救済のための譲許や義務の停止は，純然たる対抗措置よりもひろい概念であり，ある種の対抗措置を内包するとみる見解もある。

2 WTOセーフガード協定が定める対抗措置

WTO協定は対抗措置について，差別的対抗措置と対抗措置のモラトリアムを定めた。

(1) 差別的対抗措置

補償交渉が30日以内に妥結しないまま輸入国がセーフガード措置をとる場合，セーフガード措置により影響を受ける輸出国は，セーフガード措置がとられたのち90日以内に，また商品貿易理事会が書面による通報を受領した日から30日後に，セーフガード措置の発動国に対して，対抗措置をとることができる。ただしこの対抗措置は，セーフガード措置と実質的に等価値の譲許・義務の停止（関税引上げ，数量制限措置等）でなければならない。またこの対抗措置は商品貿易理事会が否認しないものでなければならない（8.2条）。これは上述のGATT（19条3a）上の確定セーフガード措置（または事前協議ののち補償交渉が失敗したときにとられる暫定セーフガード措置）に対する選択的対抗措置に照応する。では対抗措置は，上記の条件を満たせば，セーフガード措置ののち90日以内に早期にとることができるのか，というとそうではない。モラトリウム規定があるからである。

(2) 対抗措置のモラトリアム

WTO協定は，差別的対抗措置は，i セーフガード措置が輸入の絶対量の増加のけっかとしてとられ，ii しかも措置が協定に適合する場合には，措置がとられている最初の3年間については行使できないと定めた（8.3条）。これが対抗措置のモラトリアム規定であり，WTO協定の1つの目玉であった。

ではこの規定はどう解釈されるのか。

(i) 対抗措置の延期

モラトリアム規定は，逆に解釈すると対抗措置は，確定セーフガード措置がセーフガード協定に違反していれば，違反の確定時からとることができ，またセーフガード措置が合法でも3年の猶予期間のあとならばとることができる。ではセーフガード措置が協定に整合しているかどうかの判断は誰が行うのか。セーフガード措置により影響を受ける輸出国は一方的に措置のWTO適合性を裁断できない。WTO紛争解決了解（一方的行為の禁止原則）が強調するように，国家措置のWTO整合性はパネル・上級委員会に委ねられるからである。それゆえ，セーフガード措置により影響を受ける輸出国は，問題のセーフガードがWTOに適合するかどうかについてパネル手続を開始し，紛争解決機関が最終的に勧告を出すまでは，対抗措置はとれな

いことになる。したがってパネル・上級委員会報告が採択され紛争解決機関が勧告を行うまでには，セーフガード措置がとられてから2年程度を要するであろう。

この考えにたつと，対抗措置は紛争解決機関の勧告ののちにはじめてとることができる。そして対抗措置ののちも協定違反のセーフガード措置が継続するときは，対抗措置をとっている勝訴国は（実施審査パネル手続のあと）報復措置を紛争解決機関の許可をえてとる段取りとなる。

米国小麦グルテン事件で，EUはパネル・上級委員会手続をつくし，紛争解決機関の勧告の5日後に対抗措置（米国産グルテン飼料に対する関税割当制度）をとった。しかしECは米国鉄鋼セーフガード措置事件［巻末表20-29］では，戦略を部分的に変えた。

(ii) 早期対抗措置と延期対抗措置の組合せ

モラトリアム規定は，EUによれば，別のように解釈することもできる。対抗措置は，セーフガード措置が輸入の絶対量の増加を理由としてではなく，輸入の相対的増加を理由としてとられたときは，早期に発動することができるという考えである。モラトリアム規定は輸入の絶対的増加を理由にとられたセーフガード措置に対しては適用されるが，輸入の相対的増加を理由とするセーフガード措置には適用されないからである。

たとえば，ある輸入国が鉄鋼製品20品目に対し，100％上乗せ関税によるセーフガード措置をとったと仮定する。しかし，20品目のうち，5品目は，輸入国の統計によれば，輸入量が絶対的に増加していなかったとする。このような場合，措置によって影響を受ける輸出国は，協定（8.2条）に基づいて，5品目の輸出機会喪失額だけ，措置発動国の関連産品に対し措置ののち90日以内に早期の対抗措置（100％関税等）を課すことができるかもしれない。

他方，20品目のうち，残りの15品目は，輸入国の統計上，輸入量が絶対的に増加していたとする。このような場合は，むろん15品目の輸出に関連して，輸出国が対応する対抗措置を早期にとることはモラトリアム規定によりできない。したがって輸出国はこの場合，輸入国のセーフガード措置がWTOに違反しているかどうかの判断をWTOに求め，WTOが措置の違法性を確認するまで対抗措置を延期しなければならない。

米国鉄鋼セーフガード措置事件で，米国が2002年3月20日に確定セーフガード措置を適用したあと，EUがとった対応は，まさに早期対抗措置と延期対抗措置の組合せであった。

EUの早期対抗措置は，米国が輸入薄板鉄鋼製品(flat steel products)に対してとったセーフガード措置に対応するものであった。EUの主張によれば，薄板鉄鋼製品の米国への輸入は数量が絶対的に増加していなかった。逆に薄板の対米輸入量は1996-2001年のあいだ減少していた。それゆえEUは米国措置によって受けた貿易損失額に照応する額だけ，米国産品に100％関税を早期対抗措置として課すため譲許を停止した。譲許の停止日は2002年6月18日（つまり米国確定措置ののち90日以内）であり，譲許停止の対象品目は鉄鋼製品のほか果実ジュース，米，リンゴ・桃，Tシャツ，光学・測定機器等におよんだ。後者の光学・測定機器は在米日系企業の産品をカバーするため，譲許停止は日本の機械産業の注意を喚起した。もっともEUは譲許を停止したものの関税引上げにはいたらなかった。

他方，EUは，薄板鉄鋼製品以外の鉄鋼品目に対する米国のセーフガード措置については，措置が（たとえ輸入の絶対的増加を理由にとられたとしても）WTOに違反するとして，米国措置に対するWTOパネル手続を開始した。それゆえ，EUは上記品目（ジュース，リンゴ等）を含む広範な品目（自動車・2輪関係，ヨット等，静電式複写機，銃，武器等）を対抗措置リストにかかげて，対抗措置をパネル・上級委員会手続の完了後まで延期することを明らかにした。措置は追加関税（主に15-30％）の形をとり，その発動日は，WTO紛争解決機関が米国措置のWTO違反を認定する日の5日後か2005年3月20日のいずれか早い日とされた。

日本もEUと同様，2002年6月，米国鉄鋼製品に対し譲許の適用を停止して早期対抗措置を予告する一方，WTO紛争解決手続のけっかをみて延期対抗措置（関税引上げ）をとる権利を留保した。

しかしEUが主張する早期対抗措置がWTOに合致するかどうかはかならずしも明らかではない。なぜならば輸入国のセーフガード措置が輸入の絶対的増加と相対的増加のいずれに基づいているのかを，はたして輸出国が一方的に判定できるのかどうか疑問があるからである。換言すれば，輸入の増加が絶対的か相対的かという争点も，措置がWTOに整合するかどうかという争点と同様，パネル・上級委員会に属すると考えることもできよう。これに対し，一部加盟国は，セーフガード措置が輸入の相対的増加を理由にとられたことが輸入国当局の統計（米国鉄鋼セーフガード措置の場合は米国ITC統計）から明らかであり，その統計が公表されていれば，措置によって影響を受ける輸出国は，輸入国のセーフガード措置に対して早期に対抗措置をとることができると主張している。

(iii) WTO協定の不備と課題

対抗措置の発動時期をめぐる以上の論議は，WTO協定の不備または不明確さに起因している。現時点での対抗措置の課題はつぎのように整理することができる。

第1に，セーフガード協定のモラトリアム規定（8.3条）と早期対抗措置規定（8.2条），GATTの対抗措置規定（19条3）の解釈と関係がいまだクリアーカットではない。

第2に，確定セーフガード措置に対する対抗措置は，事前交渉ののち補償交渉が妥結しないかぎり，またセーフガード措置が輸入の相対的増加を理由にとられ

るかぎり，セーフガード措置の発動後90日以内に早期にとることができる。とくにセーフガード措置が輸入の相対的増加を契機としていることが，輸入国当局の輸入統計と市場シェアのデータから明瞭であり，輸出国が輸入国統計に依拠できるならば，早期対抗措置は可能であるようにみえる。しかしそうでないときは，輸入の増加が絶対的であったか相対的であったかの争点はパネルに委ねられる。とすると早期対抗措置（協定8.2条とGATT対応規定）は，おおくの場合とることができず，死文化するおそれもある。ちなみに2009年までこの種の一方的な早期対抗措置がとられた例は，EUと日本の対米報復（およびスロバキア砂糖セーフガード措置に対するポーランドの対スロバキア・バター報復）にかぎられている。

第3に，モラトリウム規定により，セーフガード措置のWTO整合性がパネル手続に付託され，紛争解決機関が違法措置の是正勧告をくだす場合，いくつかの対抗措置が想定できる。この場合，輸出国が紛争解決機関の勧告後ただちに対抗措置をとる権利をもつことはいうまでもない（米国小麦グルテン事件）。こうした勧告が3年のモラトリウム期間の最中にだされても，たとえばセーフガード措置の発動後2年たらずのあいだにだされても，対抗措置は勧告後すみやかにとることができる。ではセーフガード措置がWTOに整合する（また輸入の絶対的増加を理由にとられた）とWTOにより判断されたときはどうか。この場合，関連輸出国は，過去の合法的セーフガード措置に対して，モラトリウム解除後，対抗措置をとることができるのか。WTOに整合するセーフガード措置であっても，補償がない以上，モラトリウム解除後，セーフガード措置と実質的に等価値の対抗措置であれば輸出国の一方的判断に従って対抗措置の範囲（産品，限度輸入額）を定めることができるのか，かならずしも明らかではない。

第4に，暫定セーフガード措置に対する対抗措置の問題がある。暫定セーフガード措置は確定セーフガード措置と同様，関連輸出国との事前協議，WTOへの通報等ののち，短期間（200日以内）とることができる（6条）。また暫定セーフガード措置に対しては，事前協議ののち補償合意がないままとられるときは，輸出国は差別的対抗措置をとることができ，他方，暫定セーフガード措置が事前協議なしにとられるときは輸出国は無差別対抗措置をとることができる（GATT19条）。では，暫定セーフガード措置に対する無差別対抗措置は，上述のように，どのような形態をとるのが明瞭ではない。それはたんなる輸出国関連産業の救済策に尽きるのかそれともなんらかの対抗的手段をともなうのか。それとも対抗措置はそもそも差別的であるから，無差別の対抗措置は意味をなさないのか。かりにセーフガード措置の対象産品に関して輸出国が無差別に対抗措置をとると，セーフガード措置をとる国以外の第3諸国をまきぞえにするため，輸出国は第3諸国に対してはGATT（28条）に基づく補償を提供しなければならないのか。

第5に，モラトリウム規定の正当性はなにか。それは，短期間の大量輸入から輸入国を保護し，輸入国に息継ぎ（breathing time）をさせ，その間に構造調整をさせるためのメカニズムであるのか。換言すれば，貿易自由化が強いる内外競争から国内産業を保護する安全弁（safety valve）といえるのか。また現行制度ははたして適正な安全弁とみなせるのか。

以上を総合すると，セーフガード措置に対する対抗措置は理論上はつぎのように類別されよう。① 事前協議・補償交渉なしの，または他のWTO違反が客観的に明らかなセーフガード措置に対する早期対抗措置，② 輸入の絶対的増加がないことが（輸入国自身の統計等から）客観的に明瞭であるにもかかわらずとられるセーフガード措置に対する早期対抗措置，③ 事前協議後補償交渉が挫折した場合のセーフガード措置に対しWTOが違法裁定をくだしたあととられる延期対抗措置，iv WTOが合法と判断したセーフガード措置に対しモラトリウム解除後とられる晩期対抗措置である。

(3) 暫定セーフガード措置に対する無差別対抗措置

WTO協定はGATT（19条3）の無差別対抗措置——つまり事前協議なしにとられた暫定的セーフガード措置に対する無差別対抗措置——には，ひとこともふれていない。そこでGATTの対抗措置規定がWTOでも適用されるのかどうかであるが，これについては，上述韓国・酪農品セーフガード措置事件の上級委員会がGATT規定はWTOでも一般的に適用されるとのべた。WTO協定（付属書1Aに関する解釈のための一般的注釈）はGATTとWTO諸協定が抵触するときはWTO協定がGATTに優先するとしたが，上級委員会は，GATT規定とWTO諸協定の同時適用を一般的に認めたのである。

第4章
主要国のセーフガード措置

WTOセーフガード協定のねらいの1つが，セーフガード措置の発動の容易化にあったことは繰り返しのべたが，じっさいにはWTOレジームのもとでもダンピング防止措置のほうがセーフガード措置よりも頻繁に発動されている。しかしながら，セーフガード措置の発動件数も年を追って増加する勢いにあり，しか

第6部　セーフガード措置

も主要国が発動した措置はおおくがWTO違反とされている。これは，GATTと協定が定めたセーフガード措置の発動要件がかなり厳しいことを意味している。

さいきんの日本の農産品暫定セーフガード措置事件と中国の対抗措置，米国の201条鉄鋼セーフガード措置，インドのセーフガード措置を概観してみよう。

第1節　日本の農産品暫定セーフガード措置と中国の対抗措置

1　日本の農産品暫定セーフガード措置

日本は，2001年4月，葱・生椎茸・畳表の輸入に対し暫定緊急関税を発動した。措置の実施期間は2001年4月23日から200日間で，2001年11月8日までとされ，対象品目のほぼ全量が中国産品であった。

暫定措置は関税割当制度の形をとり，つぎの内容であった（表6-1）。
① 1次関税率（WTO譲許関税率）を適用される関税割当数量を輸入者に輸入実績におうじて割り当てた。
② 関税割当数量を超える輸入に対しては，品目ごとに，内外価格差に相当する緊急関税率が課された。
内外価格差は，国産品の卸売価格と輸入品の関税込み価格の差額であり，現実の price undercutting であった。

緊急関税率は従価100%から200数十%台に達したため，WTO譲許関税率を撤回して課された。WTO加盟国や中国（当時の中国はWTO非加盟国であったが日本は日中貿易協定の最恵国待遇条項により中国産品をWTO加盟国と同等に扱っていた）からの産品のために設定された実質課税率は，したがって緊急関税率と撤回された譲許税率の合計であった。

暫定措置は，多くの問題を提起した。それは，措置が国産品価格を上昇させ消費者に負担を強いたこと，1次関税率輸入枠が一部の大手専門商社に有利に配分されたこと，中国産品の輸入は日本の商社の開発輸入政策に従って行われ，日本商社対日本生産者の争いを背景としていたこと，中国側の対抗措置を招き日本はかえっておおきな損失を経験したことである。

また法的にみると，とくに畳表に対する暫定措置は，WTOルールに反する疑いがあった。畳表の関税分類は事件当時存在していなかった。このため，措置は不正確な輸入統計に基づいて発動された。それゆえ，輸入急増（事情の予見できなかった発展の結果としての輸入急増），損害，因果関係の立証はWTOルールに合致しないとする指摘が日本の輸入業者によって成された。また畳表への暫定措置は上敷き等にも拡大適用された。こうした事態に対処するため，政府は暫定措置最中の2001年7-8月に畳表の輸入者を訪問し統計の取直しを行った。

さらに利害関係者が政府に提出した意見書は，かならずしも民間の声を反映していなかった。意見書の大半は措置支持派のものであったが，その多くは同一内容のものをたんにコピーしたにすぎなかったからである。

2　中国の対日対抗措置

中国は日本の農産物セーフガード措置に対抗するため，日本から輸入される携帯電話，自動車，空気調整機に対し，100%関税を課した。これは日本の機械産業からみればとんだとばっちりであって，中国側の対日対抗措置（とくに日本からの自動車と携帯電話の対中輸入禁止措置）は日本の輸出企業に総額600億円の損失をもたらしたとされる。

3　日中覚書による解決と競争制限

日本は，中国とのセーフガード摩擦を解決するため，2001年12月21日，つぎの内容の日中覚書を交わした。覚書は，日本が確定セーフガード措置はとらないこと，中国側は対抗措置をとりさげること，日中は政府・民間の両ルートをつうじて協力すること，日中民間協力のため民間貿易協議会を設立し民間の生産量・価格情報を交換することを定めた。要するに，政府は覚書によって摩擦解消のため日中民間協議のお膳立てをしたのである。

では政府のこのような行為は，セーフガード協定で禁止された民間カルテルの奨励・支持に該当するのかどうか。セーフガード協定（11.3条）は，既述のようにWTO加盟国が企業の輸出入制限措置（たとえば民間レベルの輸出カルテル）を奨励したり支持することを禁止している。そしてもしも日中合意が政府によるカル

表6-1　農産品暫定セーフガード措置

	農産物3品目に課された関税額（WTO譲許税率を撤回したあと課された実質関税額であり，暫定緊急関税率とWTO譲許税率相当額の合計）		国定基本関税率
	暫定緊急関税率（内外価格差）	WTO譲許税率	
葱	225円/kg（従価換算256%） = 337円/kg（国産品卸売価格）− 112円/kg（輸入品価格）	3%	5%
椎茸	635円/kg（従価換算266%）= 927円/kg（国産品卸売価格） − 292円/kg（輸入品価格）	4.3%	5%
畳表	306円/kg（従価換算106%）= 629円/kg（国産品価格）− 323円/kg（輸入品価格）	6%	6%

注）国産品価格は卸売段階で算定された。輸入品価格はWTO譲許関税額と国内出荷経費を含んだ。

テルの奨励・支持を含んでいるとみなされるならば、誰が日本の競争法違反を申し立てるのか、またどの国がいかなる理由でWTOに提訴するのかが問題となる。

第2節　主要国のセーフガード措置

主要国のなかでもっとも積極的にセーフガード措置を発動してきたのは開発途上国・インドである。他方先進国のなかでは米国の発動件数が目をひく。

1 インドのセーフガード措置

インドは1997年以降、2001年までに11件のセーフガード調査を行い、7件で緊急関税を賦課した。

(1) 緊急関税の算定方法

緊急関税の額は、輸入国での輸入品と国産品の価格差、つまり内外価格差である。しかしこの価格下回りは国内産業の構造調整により年々減少していかなければならない。確定措置の第1年次の関税率は暫定関税率よりも構造調整の効果分だけ減少し、2年次の緊急関税率は1年次関税率よりも調整が進行する分だけ減少する。要するに、協定が定めるように緊急関税率は調整に必要な限度に限定され（5.1条）また漸進的に緩和される（7.4条）ため、緊急関税率は構造調整の進展にあわせて年々逓減していくのである。

(2) 措置緩和原則

セーフガード措置の緩和原則は協定上の義務であり、インド政府はこの義務を忠実に遵守している。したがって、政府はAcetylene Black事件で2年間の緊急関税措置を発動したときに、初年度措置よりも2年度措置を緩和した。国内提訴者は政府の緩和措置に異議を唱え初年度措置を2年目も継続適用すべきことを主張し、裁判所の判断を求めた。高等裁判所は、協定（7.4条）の緩和原則はインド国内で適用され、政府は協定を実施する義務を負うこと、また緊急関税は法令により規定されたため裁判所は財政的法令に干渉しない旨を指摘して、国内提訴者の訴えを退けた。

(3) 公益テストに基づく調査終了

インド政府は最近の調査案件で公益テストに基づいて調査を終了した。

(i) Hard Board (High Density Fibre Board 高密度繊維板) 事件

調査当局は、この事件で輸入による重大損害を認定したが、公益保護のため措置の発動を中央政府に勧告しなかった。その理由は国内生産者が説得力のある構造改善計画を当局に提出しなかったことにあった。当局の考えでは措置が発動されるためには、国内生産者が構造改善計画を提出し、措置ののちに国内生産者が輸入品と競争できるような価格で製品を販売できるようにならなければならない。セーフガード関税の目的は国内産業への重大損害を防止し、それによって生産者が輸入に対抗できるような積極的な国内調整を行えるようにすることにあるからである。しかし本件では国内生産者による構造改善の見込みがないので公益の見地から措置を発動すべきでないと当局はのべた。

(ii) White/Yellow Phosphorus (白燐黄燐) 事件

当局はこの事件でもユーザー産業保護の観点から措置を発動しなかった。緊急関税を燐のような原料に賦課すると、原料価格の上昇を招き、ユーザー産業の利益が損なわれるからである。

国内生産者は当局の決定を不服として高等裁判所に訴えを提起した。裁判所は生産者の訴えを退けて、当局は法令上（1997年規則4条）政府に措置の発動を勧告するよう義務づけられていないこと、したがって当局は重大な損害と因果関係が立証されても措置を発動しないよう中央政府に勧告することができるとのべた。

2 米国のセーフガード措置

(1) GATT時代のセーフガード措置

ハーレー・ダヴィッドソン事件 (Harley-Davidson) で1982年米国ITCは201条手続に基づき米国唯一のモーターサイクル生産者が輸入（とくに高性能低価格の日本製オートバイ）により損害を受けていると認定し、これを受けて大統領は1984年にセーフガード関税を輸入品に課した。しかしハーレー社は1987年までに再建を達成しセーフガード関税の停止を要請した。

米国の措置はきわめて慎重であった。米国はセーフガード関税を輸入完成車にのみ課した。他方、在米日系企業（カワサキ、ホンダ）が輸入するサブアッセンブリーは課税の対象外とした。

他方、米国は1985年から86年にかけて国内衰退産業からの201条調査申立（potassium permanganate, electric shavers, and fork lift arms）を退けた。

(2) WTO敗訴例

米国は、ラム肉事件［巻末表20-13］、線管事件［巻末表20-16］、小麦グルテン事件［巻末表20-12］のWTO手続で敗訴した。

(3) 米国鉄鋼セーフガード事件

米国は2002年3月20日、鉄鋼輸入に対し、暫定措置を経ずに、いきなり確定セーフガード措置を発動した。措置は、大部分の薄板・棒鋼製品に対する30％追加関税、Slab厚板に対する関税割当、他鉄鋼製品に対する15％・13％・8％追加関税であり、世界の鉄鋼貿易に著しいインパクトをあたえた。このため日中韓EUを含む関係国8カ国はそれぞれ個別に、米国措置がセーフガード協定の規定に違反するとして対米パネル手続を開始した。パネル・上級委員会は米国措置をWTO違反とした。そこで、米国は当初2005年3月までの3年間発動する予定であった措置を、2003年12月5日、前倒しで撤廃を行った。その理由は鉄鋼（原料）へのセーフガード関税の賦課は、米国ユーザー産業の産品価格（自動車、電機等）をひきあげ消費者に打撃をあたえたことにある。また、措置を継続すれば

日本とEUの報復関税を受け，報復対象の米国産業（繊維，果汁，皮革等のブッシュ政権基盤のフロリダ州産品）が損害を受けることは必至であった。そうなれば2004年の大統領選挙でブッシュ共和党政権は不利になるおそれがあった。

他方，EUと日本は米国が措置を継続すれば米国産品（繊維，ジュース等）に報復関税を発動する予定であったが，米国の措置前倒し撤廃声明を受けて対米報復をみおくった。ただし米国は措置を廃止しても鉄鋼の輸入監視制度（monitoring）は継続している。このため外国産の対米輸出は輸出数量等を申告しなければ米国向けに輸出できない。

(4) 対中差別セーフガード措置
　A 品目別差別措置
　米国実施法（1974年通商法421条）は対中品目別措置の発動手続として，ITCの勧告を受けて大統領が措置の適否を判断する2段階手続にした。最終的に措置を発動するかどうかは大統領の政治的判断に負うのである。

　1回目のスクーター駆動部台座（pedestral actuator）事件で，大統領は措置がユーザー産業（スクーター生産者）にあたえる悪影響を考慮して，ITC勧告を却下した（2003年1月）。

　2回目の鋼鉄吊（steel wire garment hangers）事件では大統領はITC勧告を拒否して措置をとらなかった（2003年4月）。その理由は，吊具産業が米国の主要産業ではないため，措置は米国の他産業に悪影響をあたえるおそれがあったからである。この事件の調査過程で，中国は米国の調査期間が短いと指摘し，米国が措置をとれば中国がWTO提訴を辞さないと警告した。こうした流れのなかで，大統領は措置をとらないことを決定したのであった。

　3回目のブレーキ（brake drums and rotors）事件ではITCが否定決定を行った（2003年5月）。中国からの輸入品は米国の市場を攪乱していないと，ITCは結論した。

　4回目の水道管継手金具事件（ductile iron waterworks fittings）でITCは中国産品の輸入が市場攪乱をひきおこしたことを認め，3年間の対中関税割当措置を勧告した（2003年12月）。しかし大統領は2004年3月，ITC勧告に従わず，措置を断念した。その理由は措置が米国経済に悪影響をあたえる予想にあった。USTRによれば，対中輸入規制は他の加盟国（インド，ブラジル，韓国，メキシコ）からの輸入によって代替されるだけで，有効ではないとのべた。また中国製品から代替輸入国製品への切替は国内需要を満たさない読みもあった。

　5回目のマットレス用スプリング（innersprings）事件ではITCが市場攪乱を認めず，措置発動の勧告を行わなかった。

　6回目の鋼管事件（steel pipe）で，大統領は2005年12月，ITC勧告ののち，措置を断念した。その理由は米国の措置が米国経済に悪影響をあたえる予想にあった。そして大統領は，対中輸入規制は他の加盟国からの輸入によって代替されるだけで，有効ではないとのべた。

　7回目の米国・中国製乗用車タイヤ経過的セーフガード事件［巻末表20-53］は2009年発足したオバマ政権のもとで開始された。同年5月，全米鉄鋼労組（USW）はITCに，中国製タイヤの調査を要請した。ITCは同年6月，市場攪乱を認定し，オバマ大統領に高率のセーフガード関税（1年目55％，2年目45％，3年目35％）を課すよう勧告した。これを受けて大統領は同年9月，史上初の対中緊急関税措置を発動した。措置は乗用車用と小型トラック用の中国製タイヤを対象とする。緊急関税率は，1年目35％，2年目30％，3年目25％と，ITC勧告よりやや低く設定された。以後，タイヤの輸入者は，MFN関税率（4％）にくわえて，中国産品のみに対し差別緊急関税率を支払うことになる。これに対し，中国は米国特別セーフガード措置がWTOと2009年9月24-25日のG-20経済相サミットの保護主義回避約束に反すると主張して，WTO紛争解決手続を開始した。同時に中国は仕返しに米国産自動車と鶏肉に対するダンピング・補助金調査を開始した。

　このように過去6回の調査は，①ITC勧告なしの事例が2件（ブレーキ事件，マットレス用スプリング事件），②ITC勧告ののち大統領が措置を断念した事例が4件（スクーター駆動部台座事件，鋼鉄吊事件，水道管継手金具事件，鋼管事件），③ITC勧告をうけた大統領措置が1件（タイヤ事件）であった。

　B 繊維差別措置
　米国は，2003年5月，対中繊維差別セーフガード措置の手続ガイドラインを告示した。対中繊維差別措置は，2008年までの暫定期間，中国産品の輸入が米国国内市場を攪乱するときにとられる。措置の期間は1年間に限定され，直近1年の対米輸出量の一定比率（7.5％増以内，毛製品につき6％以内）に対米輸入量を制限するものである。対象産品は，繊維製品のGATT統合後（2005年1月），全繊維製品をカバーする。米国は2003年11月，中国アパレル製品3種（ニットウエア，ローブ，ブラジャー）に対しセーフガード措置を発動した。しかしそののち対中差別措置には米国の輸入者が反対している。米国繊維メーカーのなかにも繊維製品の生産拠点を中南米から中国へ移転する動きがある。またすでに米国の繊維市場は軽工業市場と同様に中国の低価格製品によって占拠されてきている。中国側も米国やECが対中措置をとれば，欧米向け輸出を輸出関税によって抑制するプランを放棄する戦略をちらつかせた。かくして米国は，2回目の対中措置調査にあたり，中国産綿製ズボン・靴下等24品目への対中差別措置をみおくった。対中繊維措置は2009年以降廃止されるため，中国産繊維の輸入増加に対し，米国とECは2国間合意で中国に対し輸出自主規制を要求している。

3 EUのセーフガード措置

EUはGATT時代に多くのセーフガード措置を数量制限の形でとったが，WTOのもとでは措置の発動に消極的であった。ところが米国の鉄鋼セーフガード措置をきっかけとして措置をとりはじめた。

(1) EUセーフガード措置法

EUのセーフガード規則は，中国を除くすべての国に適用される一般セーフガード共通輸入規則と，対中共通輸入規則（Council Regulations on common rules from the PRC）に大別される。

(2) 鉄鋼暫定セーフガード措置事件

EUは2002年3月28日の委員会規則により，鉄鋼産品15品目に対し暫定セーフガード措置を発動した。これは米国が2002年3月20日にとった鉄鋼セーフガード措置に対応するもので，米国の措置によって米国市場から締めだされた鉄鋼製品がEU市場になだれこむのをふせぐねらいをもっていた。EUは米国のセーフガード措置によってひきおこされた鉄鋼製品の貿易転換（diversion）に対して暫定セーフガード措置を適用した。米国はEUの措置がセーフガード協定の要件を満たしていないとしてパネルの設置を求めた。2002年9月，パネル（WT/DS260）が設置されたが，手続は中断されている。なおEUは2002年9月27日，確定セーフガード措置に移行した。

(3) EU対抗措置事件

EUは暫定セーフガード措置とは別に，米国セーフガード措置に対する対抗措置を2002年6月にとった。これは上述のように米国の措置が輸入の相対的増加を理由としてとられたという判断に基づくもので，協定の対抗措置規定（8.2条）に根拠をおいていた。EUは対抗措置のモラトリアム規定（8.3条）は本件に適用されないと主張した。しかしEUの対抗措置は，WTO協議の対象とならなかった。

4 中国のセーフガード措置

中国は米国の鉄鋼セーフガード措置に呼応して，2002年5月暫定セーフガード措置をとり，さらに2002年11月確定セーフガード措置に移行した。確定措置は，2002年11月20日から実質2年半とられ，したがって措置は暫定措置発動日（2002年5月24日）から起算すると3年間発動される。対象品目は普通鋼薄板類（熱延，冷延，カラー鋼板），無方向性電磁鋼板，冷延ステンレス鋼板であり，措置は関税割当方式である。措置の対象は，開発途上国を除く全世界であるが，例外的にカザフスタン（熱延，冷延），ウクライナ（熱延，冷延），マレーシア（カラー）の所定産品は措置の対象とされた。措置は当初，日本からの鉄鋼製品輸出の4割程度に適用されたが，2003年にはいって関心品目の一部が適用対象外とされた。しかし2003年11月，米国が鉄鋼セーフガード措置を解除し，また中国国内の鉄鋼需要も増加したため，中国は2005年5月まで継続する予定であった鉄鋼製品セーフガード措置を全面解除した。

第7部 原産地規則

[要約と視点]

要　約

1 原産地規則の概念と種類

商品の国籍を原産地といい，原産地を確定するためのルールを総称して原産地規則と呼んでいる。原産地規則は大別して，非特恵関係の原産地規則（non-preferential rules of origin）と特恵関係の原産地規則（preferential rules of origin）に分かれる。

2 非特恵関係の原産地規則

非特恵関係の原産地規則は，特恵をあたえる目的以外のすべての目的すなわち「非特恵目的」のために個別国家が定めた技術的法規をいう。非特恵目的は，通常関税率の設定，ダンピング防止税・相殺措置・セーフガード措置，衛生植物検疫措置，基準認証，政府調達，原産地表示，統計等を含む。したがって国家のさまざまな機関は，それぞれの目的におうじて固有の原産地規則を適用している。

3 特恵関係の原産地規則

特恵関係の原産地規則は，①先進国が開発途上国産品に対し特恵関税（ゼロまたは低率の関税率）をあたえるため定めたGSP特恵原産地規則，一部先進国が後発開発途上国にあたえる追加的特恵のための原産地規則および②自由貿易協定（NAFTA［北米自由貿易協定］，欧州協定，AFTA［ASEAN自由貿易協定］等）のためのFTA原産地規則から成る。これら特恵関係原産地規則は，産業政策目的のために適用され，投資企業との間に摩擦を招いてきた。

4 原産地表示

原産地に関連して商品に原産地名を貼付するいわゆるLabellingの規制問題がある。輸入通関・国内流通の段階で，また関税通商法と消費者保護法の各分野で，さらに食品類や機械類等の特定産品分野で，原産地表示はさまざまな紛争をひきおこしてきた。原産地表示をめぐる国際ルールと各国ルールをきめ細かく整理する必要がある。

視　点

1 非特恵原産地規則の通商政策的運用と国際的調和

非特恵関係の原産地規則は各国バラバラであるため，WTOでの国際調和作業にふされているが，2006年現在でも作業は妥結していない。非特恵規則は，技術的法規であるとはいえ，その内容しだいで通商政策の手段として使用されるおそれがあるため，主要国の調和提案はきびしく衝突しているのである。

2 特恵原産地規則の産業政策目的

特恵原産地規則のうちとくにFTA原産地規則は，FTA域内産業の育成をねらいとしているため，センシティヴ品目に関する規則は域外に対する障壁となっている。特恵規則はGATT/WTOの最恵国待遇原則に対する例外であるが，特恵原産地規則の調和が将来のWTOラウンド交渉の課題とされる可能性も排除できない。

3 日本企業とFTA原産地規則

日本企業が対外投資にあたって関心を払ったのは，FTA原産地規則であった。NAFTAに進出した日本企業は，NAFTA特恵原産地規則に従ってNAFTA原産品を製造し，NAFTAの域内ゼロ関税を享受するよう努めてきた。同じように，汎欧州諸国に進出した日本企業は，EU27カ国と近東・北アフリカ諸国間の欧州協定が定める汎欧州原産地規則（PERO: Pan-European Rules of Origin）に従って汎欧州原産品を製造し，汎欧州の域内ゼロ関税を受けるよう努めている。このため，日本企業はFTA域内で部材を調達することを強いられてきた。これは日本企業が東南アジアからの部品調達をFTA域内調達に切り替えることを意味する。FTA特恵関税を享受して節税を行い，価格競争力を強化するためには，FTA域内原産資格を獲得することが，先決だからである。

東南アジア諸国連合（ASEAN）についても同じことがいえる。いま日系インドネシア企業がインドネシア国内で組み立てた自動車をマレーシアに輸出すると仮定する。マレーシアは，輸入車がASEAN原産地規則に適合しASEAN車とみなされれば，輸入車にASEAN特恵関税率5％を適用する。しかし輸入車が規則を満たさないときは，輸入車は非ASEAN車とみなされ，WTO関税率30％を適用されるのである。

4 特恵制度の形骸化と非特恵原産地規則の重要性

長い目でみれば，特恵制度は，GSPであれFTAであれ，非特恵関税の引下げによって徐々に侵食（erode）していく。現在でも一部特恵制度（日本GSP，ASEAN特恵，NAFTA特恵，PERO特恵）は，非特恵ゼロ関税の分野では，特恵マージン（非特恵関税率と関税率の差）がないため意味をもたない。特恵関税が意味をもつのは，非特恵のWTO譲許関税率が高い場合である。とはいえGSP特恵とFTA特恵は，さまざまな要因によってかつての輝きを失いつつある。ひとつには，特恵の対象分野から国内産業保護のため重要品目（農業・繊維・特定加工産業）が除外されていることである。また特恵付与の条件が厳しい。特恵待遇を受けるための原産地規則や原産地証明検査がきわめて厳格であり，そのためのコストが馬鹿にならない。ほかに複雑な特恵付与

国際経済法　　257

条件（直接輸送ルール，領域原則等）が定められている。これらが，特恵受益国（開発途上国・後発開発途上国，FTA締結相手国）から特恵享受の機会を奪うのである。さらにWTOでの非特恵関税の引下げ交渉につれて，特恵マージンが近未来にゼロとなるか低減することは目にみえている。このように特恵の形骸化（erosion of preferences）は確実にすすんでいる。ということは半世紀から一世紀という長期的視点からみればおおかたの特恵原産地規則は歴史的遺産と化すであろう。

これと対照的に，非特恵原産地規則は永遠に重要な意味をもちつづける。非特恵分野のうち，WTO譲許関税率は引下げの一途をたどっている。こうして関税障壁が低減した商品領域では，非関税障壁がますます国内産業保護手段として援用されることになる。非関税障壁のうち，需要が高まるのは，ダンピング防止法等の通商政策措置，迂回防止措置，衛生植物検疫措置，基準認証，政府調達である。それゆえ非関税措置を適用し，また措置の適用範囲を拡大するために，非特恵原産地規則が適用されることになる。ここに非特恵原産地規則の重要性が集約されている。そして非特恵原産地規則の国際的調和が容易に妥結しない元凶がある。

現在の日本企業は遺憾ながら現在のFTAブームの裏に潜む非特恵原産地規則のコアをみすえていない。巨視的な視点から原産地規則を再考するときがきているといえよう。

5 原産地表示とWTOとの抵触問題

原産地表示をめぐる主要な国内紛争とWTO紛争を概観しておく。このいわばWTOの空白地帯で，GATT/WTOが原産地表示を非関税障壁とみなした例がすくなからずある。また原産地表示ルールは，非関税原産地規則の国際的調和作業のスコープに落ちるかどうかも関心をひく。

第1章
非特恵原産地規則

第1節 非特恵原産地規則の目的と問題点

1 非特恵・原産地規則の目的

非特恵関係の規則は，「特恵関税の供与」以外のすべての目的のために適用される。これら目的には，輸入関税率の確定（WTO加盟国の産品に対する最恵国待遇税率と非WTO加盟国の産品に対する差別的税率），通商政策手段の適用（ダンピング防止税等の通商政策手段は特定国を原産地とする特定産品に適用される），公共調達（WTO政府調達協定の加盟国産品に対して加盟輸入国は内外無差別原則を適用する），原産地表示（米国税関は原則としてすべての輸入品に原産地表示を義務づけている），貿易統計の作成，輸出品の原産地の確定，および輸入申告書の原産地申告等を含む。

2 非特恵・原産地規則の問題点

原産地規則に関する国際統一ルールはなかったため，各国はそれぞれ固有の原産地規則に従って，産品の国籍（原産地）を判定してきた。このように，国ごとに原産地規則が異なるため，産品の原産地は，仕向国におうじて変化し，ひいては，国際貿易にさまざまな障害（仕向国におうじた通関書類，原産地証明書，原産地表示，企業コスト等）が生じていた。

各国の原産地規則は，基準が相互に異なるだけではなく，内容面で，つぎのような問題点をかかえている。多数の部品からくみたてられ，複雑な製造工程をもつ機械産品の原産地を，判定できない（日本の原産地規則）。特定産品の原産地規則として，原産地を付与しないネガティヴ・ルールのみが規定され，原産地を付与するポジティヴ・ルールが規定されていない（EUの複写機原産地規則）。原産地決定基準として，「最終の実質的変更基準」ではなく，「最重要工程基準」が採用された疑いのある規則がある（EUの半導体集積回路原産地規則）。少数の特定産品についてのみ，具体的な原産地決定基準が規定され，残余の全産品についての原産地決定基準が不明確な例がある（EU原産地規則）。原産地決定基準として，付加価値基準が採用される場合，付加価値の構成要素が関連法令に明確に規定されていない例がある（韓国の旧原産地表示規則）。原産地決定基準が，目的におうじて，異なり，一貫性を欠く例がある（米国，カナダの原産地規則）。

各国原産地規則は，また制定面と運用面の問題点をもっていた。通商政策措置を強化するため——たとえば，ダンピング防止税の適用範囲を日本原産品から第3国組立品に拡張するため——，原産地規則が制定されたり，恣意的に運用される場合があった（EUの複写機原産地規則，韓国の原産地表示規則）。また産業政策手段として，または投資抑制手段として，原産地規則が制定された。

3 完全生産基準と実質的変更基準

(1) 基本2基準

各国でほぼ共通して採用されてきた原産地決定基準は，つぎの2つの基本的なルールにとどまる。

① 商品が一国のみで生産された場合の「完全生産基準」，すなわち天然産品のように産品が一国で完全に生産される場合に当該完全生産国を原産地とするルール

② 商品の製造工程に2国以上が関与する場合の「実質的変更基準」，すなわち工業製品のように製造工

第1章　非特恵原産地規則

表7-1　日米EUの原産地規則

	実質的変更基準・実質的変更の判定方式	根拠法令
日本	関税番号変更方式（HS4桁レベルの変更） 特定産品のための加工工程基準	関税法施行規則に一律規定（旧関税法基本通達関連規定踏襲）
米国	NAFTAマーキング非特恵原産地規則（関税番号変更基準） 実質的変更基準（名称・性質・用途の変化） ダンピング防止目的の原産地規則 政府調達のための原産地規則	関連所轄省庁ごとに分散規定
EU	実質的変更基準 産品別原産地規則（加工工程基準，付加価値基準，関税番号変更基準）	共同体関税法典（理事会規則，委員会実施規則）に一律規定

程が2国以上にまたがる場合に産品に実質的な変更がくわえられた国を原産地とするルール

(2) 実質的変更の目安

しかも実質的変更を具体的に判定する目安が国ごとにまた目的ごとに異なっていた。

いっぱんに実質的変更を判定する目安にはつぎの3つの基準があるが，これら基準はとくに主要貿易国の間で著しく異なっている。

A　関税番号変更基準

輸入原料・部品と完成品の関税番号が統一システム品目表（HS）の項（4桁）または号（6桁）レベルで異なるならば，完成品の製造国で実質的変更が行われたものとみなし製造国を原産地とする方式である。

B　加工工程基準

ある製造工程がくわえられた国を実質的変更の起きた国とみなし，こうした加工工程国を原産地とする方式をさす。

C　付加価値基準

関税番号変更基準や加工工程基準が技術的基準であるとすれば，付加価値基準は経済的基準に該当し，これは関税番号の変更や加工工程と無関係に，一定の付加価値が形成された国を原産地とする方式である。

試みに米国，EU，日本の原産地決定基準を簡単に比較してみよう。

まず，米国の場合，非特恵の原産地規則は，所轄官庁と目的におうじて異なる。関税局の関税法上の規則（とくに輸入品に付されるマーキング規則である実質的変更基準），商務省のダンピング防止法上の規則，連邦取引委員会の消費者保護のためのマーキング規則，自動車ラベリング法上のマーキング規則，政府調達のための規則等があり，それぞれの原産地決定基準が相互に異なっている。

EUの場合，現行原産地規則（理事会の共同体関税法典樹立規則2913/92号と委員会の関税法典実施規則2454/93号）は，基本的な原産地決定基準として実質的変更基準を定め，特定の産品について加工工程基準（ベアリング，複写機，半導体等），付加価値基準（TV・ラジオ等），関税番号変更基準（織物等）を指示した。したがって残りの大部分の産品（自動車，オートバイ等）の原産地は実質的変更というきわめて抽象的な基準に基づいて判定されることになる。

日本の場合は，原産地規則は関税法上の原産地規則，通商法上の原産地規則，独禁法当局の原産地規則に分かれ，とくに関税法上の原産地規則は項レベルの関税番号変更基準を原則的なルールとした。これは自動車の原産地が項レベルの関税番号変更基準に従って判定されることを意味する。

注目されるのは，日本が通達レベルの原産地規則（財務省の旧関税法基本通達68-3-4）を採用していたことである。困ったことに通達は行政機関内部でしか効力をもたない。したがって通達は，MFN関税率以外の非特恵分野，たとえばダンピング防止税等には適用することができなかった。実際日本は過去3件のダンピング課税（フェロシリコ事件・綿糸事件・ポリエステル事件）にあたり原産地規則として一般特恵分野の原産地規則（関税暫定措置法施行令）を準用した。この不合理を解消するため，日本は2007年に法改正を行った。これは従来の関税法基本通達68-3-4の内容を踏襲しつつ，その概要を関税法施行令と関税法施行規則に盛り込む形で行われた。かくして2008年の電解二酸化マンガン事件で日本はダンピング課税のための原産地規則として関税法施行令（4条の2第4項）を適用した。ただし，この法改正は，WTOで調和原産地規則が合意されればWTO規則によって代替される。

4　各国原産地決定基準のバラツキ

原産地規則の問題点のうちもっとも基本的なものは，原産地決定基準のバラツキであった。各国規則はしかも国ごとに異なるだけではなく一国の内部でも所轄官庁と目的におうじて多様に異なっていた（表7-1）。

5　EU原産地規則の内容・慣行・判例法

(1) 内　容

理事会の新旧両規則（共同体関税法典，実施規則）は，原産地決定基準として，完全生産基準と実質的工程基準を定めた。問題は産品の生産過程に2以上の国が関与する場合の原産地決定基準である。この基準は実質的工程基準と呼ばれる。これが原則である。しかし，こうした抽象的基準では容易に原産地判定ができない場合にそなえて個別品目ごとに具体的な基準が定められた。大別して，加工工程基準，付加価値基準，関税番号変更基準にわけられる。

A 加工工程基準

加工工程基準はさらに原産地を付与する特定の加工工程（ポジティヴ・リスト）を指示す場合と原産地を付与しない加工工程（ネガティヴ・リスト）を定める場合がある。

ポジティヴ方式は，いくつかの加工農産品（乾燥卵，ヴェルモット，肉・臓物）のほか，特定の工業産品にも適用される。多様なベアリング（ボール・ベアリング，ローラー・ベアリング，ニードル・ローラー・ベアリング）については「内輪と外輪に対する熱処理工程と研磨，ならびに全部品の組立」が行われた国が原産地とされる。ベアリングは，内輪，外輪，転動体，保持器からなるが，転動体・保持器の製造工程は，内外輪の製造工程に比べれば，重要性が低いからである。つぎに半導体集積回路の製造工程は，前工程（拡散工程）と後工程（組立工程）からなるが，集積回路に原産地を付与するのは，前工程である。その理由は，前工程が，「技術的に高度に洗練された（tEUhnically highly sophisticated）工程」であり，高度の精密さを必要とし，かつ多額の研究投資を前提とすることによる。他方，後工程（組立，検査・試験）は，拡散工程に比べれば，「顕著には重要性が高くない」ため，個別的または全体的にも実質的工程にはあたらない。これはとくに，関税番号 8542 項の集積回路，とくにモノリシック集積回路（8542.11）やハイブリッド集積回路（8542.20）に適用される。しかし，ディスクリート（8541）と混成部品（ハイブリッド集積回路を除く）つまりメモリーカード（Memory Card 8542.80），メモリーモジュール（Memory Module 8542.80），パワーモジュール（Power Module 8541.10，8541.20，8541.30），光モジュール（Optical Module．8541.40），光集積デバイス（Optical Integrated Device．8542.80）は，関税番号 8542 項の集積回路には該当しないため，実質的変更基準に従って原産地を判定される。さらに 3.5 インチ磁気マイクロ・ディスケット（UnrEUorded 3.5" magnetic micro diskettes. ex 8523 20 90）の原産地は，(i)ディスケットの組立（磁気ディスクの挿入とシェルの組立を含む including insertion of the magnetic disk and assembly of the shells）プラス(ii)磁気ディスクの製造（研磨を含む）または上下のシェルの製造が行われた国とされる。もしもディスクも上下のシェルもディスケットの組立国で製造されないときは，ディスケットの原産地は，工場出荷価格のうち最高の比率を占める部品の原産地とされる。他方，ディスケットの組立とパッキングだけでは原産地を付与されない。この原産地規則は中国・台湾製 3.5 インチ磁気マイクロ・ディスケット事件の迂回防止調査のために制定され，ポジティブ方式のほかにネガティブ方式を併用した点で注目される。スライド・ファスナーについて，かつて委員会は，務歯（嚙合い歯 element）のテープへの取り付けを含む部品組立のほかスライダーの製造と務歯の作成も行われる国を原産地と定めた（1977 年 9 月 20 日の委員会規則）。このため，ファスナーが域内原産を獲得するためには，部品組立が域内で行われるだけではなく，スライダーと務歯という部品も域内で製造されなければならない。とうじファスナー分野で世界を席捲した YKK は，日本で製造されたスライダーと務歯からファスナーをオランダで組み立てていた。EU の域内産業は YKK の域内組立品を域外産として扱わせ，域内流通を阻止するため，委員会に YKK 域内生産品の域内流通を妨げる規則を定めるよう働きかけたのであった。YKK のオランダ国内裁判所での提訴の過程で，EU 司法裁判所は，委員会規則をつぎの理由で無効と判定した（YKK 判決，ヨシダ・ネーダーラント社対フリースラント商工会議所，1979 年 1 月 31 日，34/78 事件）。

「スライダーは（ファスナーの）全製造工程のほんの一部を占めるにすぎず，その価格はファスナーの最終価格に顕著な影響を与えないし……またスライダーは組み立てられるファスナーに組み込まれるほかは価値がない。委員会は，最終的加工からスライダーの製造工程にまで遡って，スライダーの製造を原産地証明交付のための義務的条件としたが，（このような委員会の行為は）原材料と加工製品との客観的かつ実質的な区別を要求する EU 関連規則の目的（に反する）。（それ自身では）価値が低く，また全体に組み込まれるほかは使用価値のないほとんどすべての部品について，共同体域内を原産地とするよう要求することは，原産地の決定に関する委員会規則の目的を否定することになる。」

ネガティヴ方式のうち，論議を招いたのは，複写機原産地規則であった。複写機原産地規則は，原産地を付与しない工程例のみを示し，原産地を付与する条件を明らかにしなかった。この点は，陶磁製品原産地規則と決定的に異なっている。陶磁製品原産地規則は，ネガティヴ方式を採用したが，同時に，原産地を付与する条件（すなわち，装飾工程は，4 桁の関税番号の変更を伴えば，陶磁製品に原産地を付与すること）を示したからである。これは Ricoh の EU 進出を防止するため，英国 Xerox 社の強い要求をうけて策定された。

B 関税番号変更基準

関税番号変更基準は，輸入原材料（非原産国原材料）と完成品の関税番号が異なる場合に加工国を原産地とする基準であって，繊維製品のほか，陶磁器等に適用される。

繊維製品は，関税番号変更基準を基本的ルールとし，これをネガティヴ・リストとポジティヴ・リストによって補完した。前者は，関税番号が変更しても「原産地を付与しない加工例」および原産地が付与されるため満たすべき追加的条件をかかげ，後者は，関税番号が変更しなくても「原産地を付与する加工例」を列挙した。なお，78 年規則は，EU 司法裁判所により無効とされた。裁判所は，1983 年 3 月 22 日のクザン判決（Cousin. 162/82 事件）で，関税番号変更方式を導入した繊維原産地規則について判断を下した。裁判所は，まず，関税番号変更方式そのものは，法的安定性の見地から，またポジティヴ・リストとネガティヴ・リスト

第1章 非特恵原産地規則

により柔軟に補完される点で，基本規則に合致し合法であると述べた。しかし，この繊維原産地規則は，生地綿糸と加工布地・織物を平等に扱っていない（生地綿糸に対する特定加工は加工綿糸に原産地を付与しないが，布地・織物への同一の諸加工は加工布地・織物に原産地を付与する）ため，共同体の平等原則に触れ無効であると判示された。このため，委員会は，91年5月，新しい繊維製品原産地規則を採択したが，この新規則も，関税番号変更基準を基本的ルールとした。

陶磁製品原産地規則では，陶磁製品への装飾により，製品の関税番号が項のレベルで変われば，装飾地が製品の原産地とされ，また綿くず等原産地規則でも，非原産材料（底部品を取り付けた甲を除く）からの履物の製造は，関税番号の変更（項のレベル）を伴うならば，原産地を付与すると規定された。

C　付加価値基準

TV，ラジオ，テープレコーダーに関し，3種類の付加価値基準が定められた。

第1は付加価値率45％ルールである。組立工程（および組立国原産部品の組み込み）による付加価値率が，製品価格（工場出荷価格）の45％以上ならば，組立国を原産地とするものである。旧原産地評議会（Origin Committee）は，この付加価値を，組立検査経費（finishing and testing costs．部品経費を含む），一般経費（general costs）および利潤の総計と解釈した。

第2は重要部品ルールである。組立国での付加価値率が45％に達しない場合は，「当該産品の重要な製造段階を間接的に構成する部品」の原産地を，産品の原産国とする。とくに完成品の工場渡し価格の35％以上を占める部品は，このような重要部品に該当する。

第3は最高付加価値率ルールである。当該産品の部品の製造・組立工程に2つの国が関与し，両国での付加価値率がともに完成品の35％以上に達しながら，いずれの国で最終の実質的工程が行われたかを判定することが不可能なときは，付加価値率の高い方の国を原産国とする。

このような付加価値方式が採用された背景には，いくるかの理由があった。まず，TV・ラジオ・テープレコーダーの組立は，機種・組立方法・組立条件しだいで，複雑な工程を伴う。現在の技術的な発展段階では，当該組立工程は，それだけでは，一般にEU規則の意味での重要な製造段階に該当しない。ただし，他の場合，たとえば，高性能機器または厳密な部品統御を要求する機器が製造される場合，機器の全部品の組立が行われる場合には，組立工程は，重要な製造段階を構成するかもしれない。組立工程の多様性は，技術的基準（加工工程基準，関税番号変更基準）に基づく原産地決定を，不可能にする。

さらに繊維製品（HS11類）の原産地規則は，関税番号変更基準を基本としつつ，付加価値基準を補足的に採用したものである。この基準のもとで，特定の工程は，所定の付加価値（75％，60％，52％，50％）を伴うならば原産地を付与するとされた。綿屑，時計バンド等については，それぞれ付加価値50％以上，60％以上（工場出荷価格比）が満たされる国が原産地とされる。これらが前世紀から引き継がれてきた現行のEU原産地決定基準である。

(2) 慣　行

EU原産地規則に照らせば，品目別原産地規則のカバーしない産品はすべて「実質的変更基準」にしたがって原産地を判定されるはずである。しかし委員会は，自動車やオートバイの原産地をEU・EFTA自由貿易協定の原産地ルール（60％付加価値ルール）を睨みつつ付加価値方式によって判定してきた。

1980年代の英国製トライアンフ・アクレーム事件やベルギー製ホンダ小型オートバイ事件で，イタリアは，日本企業が域内で製造した自動車とオートバイを日本産品とみなし，輸入制限を行ったが，EU委員会は，これに対し，問題の域内組立品が高い付加価値率（それぞれ，60％。70％）のゆえに，EU産品とみなされることを指摘し，イタリアの輸入制限を停止させた。

80年代末に生じた日産ブルーバード事件では，フランスが，EC車の要件を付加価値率80％と一方的に定めたうえで，英国日産車を付加価値率を根拠に日本産品とみなし，輸入制限に訴えた。しかし，EU法の観点からは，フランスの輸入制限はとうじ法的根拠をもたないことは明白であった。そもそも，とうじのEU法上，加盟国が域内組立品の間接輸入を制限するためには，旧共通輸入規則に基づいて，域外産品の直接輸入を制限し，かつ委員会の許可のもとに間接輸入を制限しなければならなかった。ところが，フランスは，イタリアとは異なり，日本車の直接輸入制限を旧共通輸入規則により認可されていなかった。また間接輸入の制限に関し，委員会の許可を得ることができなかった。このため，たとえ英国日産車がEC原産地規則のうえで日本車とみなされたとしても，フランスは，EC法上，英国日産車の間接輸入を制限する権限をもたなかったのである。ともあれ，委員会は，関係者の話によると，英国日産車を現地付加価値率（現地組立費・利益42～45％と現地調達部品15％の計57～60％）を理由にEC車と認めたとされる。しかし，フランスは域内車の原産地問題をうやむやにしたまま英国日産車の輸入を許容した。

しかし日本車の輸入規制や自動車関連の原産地問題は，日本企業によるEU現地生産とWTOセーフガード協定（11.2条，附属書「11.2条に規定する例外」）のもとで，意味をもたなくなった。

(3) 判例法

実質的工程基準はきわめて抽象的であるため，その解釈をめぐっていくつかの判断がEU司法裁判所によってくだされた。

A　ユーバーゼーハンデル社判決（Überseehandel．ユーバーゼーハンデル社対ハンブルク商工会議所，1977年1月26日，49/76事件）

この判決で問われたのは、輸入カゼイン（脱脂乳から製造され、チーズ、医薬品、接着剤、塗料、プラスチック、ボタン、人造繊維、加工紙等の原料とされる燐蛋白質の1種）の洗浄・粉砕（カゼインを化学作用により溶解して工業的用途に利用するため、特殊ミルでさまざまな粒度に粉砕すること）・選別・包装が、最終の実質的工程に該当し、原産地を付与するかどうかにあった。裁判所は、最終の実質的工程の概念にはじめて分析を加え、輸入カゼインの洗浄・粉砕・選別・包装が、最終の実質的工程にあたらないことを判示した。裁判所によれば、商品の原産地を決定するためには、原材料と加工産品との間の客観的かつ真正の区別に依拠しなければならない、最終的加工は加工産品が加工前にはなかった特有の性質と成分をもつときにかぎって「実質的な工程」とみなされる、この最終的加工は新産品の製造に導くか重要な製造工程に該当しなければならないため、産品の外観をその用途のために変化させる行為は、産品の重要な質的変化を伴わないならば、産品に原産地を付与することはできない。それゆえ粗カゼインのような原料をさまざまな粒度に粉砕する行為は、商品の最終的用途のため、その外観を変化させるにとどまり、原料の重要な質的変化を伴わないため、最終の実質的工程もあたらない。また粉砕されたカゼインに対する選別による品質検査とその包装は、商品販売のための要請に応えるための行為にすぎず、商品の実質的特性に影響を与えない。これら理由により、第3国からEU加盟国に輸入された粗カゼインに対する洗浄・粉砕・選別・包装は、実質的工程にあたらず、したがって域内での洗浄・粉砕・選別・包装工程は、域内原産資格を与えない。要するに、最終の実質的工程とは、「原材料にはない固有の性質と成分を完成品に与えるような工程」あるいは「原材料の重要な質的変化を伴う工程」といいなおすことができるのである。

B 台湾ブラザー電子タイプライター判決（ブラザー・インターナショナル対ベルギーセン中央税関、1989年12月13日、26/88事件）

事件の争点は、台湾ブラザー（ブラザー工業の台湾子会社）が、台湾工場で日本製部品から組み立てた電子タイプライターが、台湾原産を獲得するかどうかにあった。換言すれば、輸入部品から機械産品を組み立てる工程が、実質工程に相当し、原産地を付与するかどうかが、問われた。裁判所は、機械産品の組立が原産地を付与しうることをつぎの論旨で明言した。まず単純な組立工程（組立用の技能労働者や機械設備または工場を必要としない工程）は、たしかに、京都規約も指摘するように、実質的工程に該当しない。しかし、他の組立工程が、実質的工程に相当するかどうかは、個別にまた客観的基準に基づいて判定する必要がある。組立は、技術的観点からみて、また当該産品の定義に照らして、決定的な製造段階を占めるならば、原産地を付与するものとみなされる。決定的な製造段階とは、使用される部品の目的が具体化され、かつ当該産品に固有の質的特性が付与されるような段階をいう。しかし、技術的観点からだけでは、原産地の判定が不可能なときは、原産地判定の補助的基準として、組立による付加価値を考慮にいれることができる。では、組立による付加価値が原産地を付与するのに十分かどうかを判定するためには、どのような検討を必要とするのか。この点について、裁判所は、組立工程が、完成品の工場出荷価額の顕著な上昇をもたらしているかどうか、製造工程が数カ国にまたがる場合、組立国での付加価値が、他国での付加価値と比較して、組立国を原産地とすることを正当化するほど、重要であるかどうか、そして、2カ国（組立国と部品製造国）が製造工程に関与し、しかも技術的観点からは原産地を決定できないときは、組立国での付加価値が部品製造国での付加価値よりも著しく低いならば、組立は原産地を付与するのに十分ではないとした。それゆえ、本件のように、もしも組立国での付加価値が10％以下であるならば、組立は原産地を与えない。組立産品の原産地は、上述の基準（技術的基準、付加価値基準）に従って判定すべきであり、組立が知的工程を伴うかどうかを問わない。知的工程に基づく基準は、基本規則に規定されていないからであると締めくくった。裁判所の判決は、刮目に値する。第1に、裁判所は、原産地を付与しない「単純な組立工程」のほかに、原産地を付与しうる組立工程を明確に認めた。従来、組立工程が、原産地を付与するかどうかについては、論争があったが、裁判所は、この争いに決着をつけた。第2に、裁判所は、組立工程が、技術的観点からみて「決定的な製造段階」を構成するならば、組立国での付加価値に関係なく、原産地を付与しうることを認めた。ただし、技術的観点からだけでは、原産地が判定できないときは、組立国での付加価値を考慮して、原産地を決定しなければならない。つまり、組立工程が原産地を付与するかどうかを判断するときは、まず第1に、技術的基準に基づくべきであり、技術的基準だけでは原産地が判定できないときに初めて、経済的基準（付加価値）に依拠しなければならないとされるのである。第3に、裁判所は、原産地の判定基準は、技術的基準と経済的基準につき、知的基準は、原産地判定の決め手とならないことを明らかにした。したがって、製品設計や研究開発等の技術移転は、原産地付与の条件とはされないのである。なお、EC判決を仰いだドイツ下級審裁判所（1990年5月23日）は、EC判決の趣旨に基づいて、台湾での組立が原産地を与えることを認め、税関当局にダンピング防止税（台湾産品に賦課された対日ダンピング防止税）の払い戻しを命じた。しかし、1992年5月25日の控訴審裁判所（ヘッセン財務裁判所Finanzgericht）は、下級審判決を覆した。控訴審によれば、EC判決でいう単純組立は、特別な熟練労働・精密機械・特別設備工場を必要としない工程を指し、台湾での当該工程はまさにこれに該当するとされた。とくに熟練労働の必要性については、当該台湾工場での使用部品は日本製であり、日本製PCB

基盤への台湾での工程はすべて非熟練労働者によって達成できるものであるとされ，当該製品は結局，台湾原産品ではなく日本原産品であるとされた。ドイツ判決に関して注意を要するのは，裁判所が，EC判例（組立が決定的な製造段階を構成すれば原産地を付与しうること）を踏まえたうえで，当該台湾工程は単純組立に相当すると述べたこと，その過程で単純組立の判定を技術的基準のみに基づいて行い，付加価値を考慮しなかったことである。

6 米国原産地規則の内容・慣行・判例法

(1) 概　要

米国の非特恵原産地規則は歴史的には判例法によって形成されたもので，こうした判例ルールを基にして関連法規が採択された。もっとも代表的なものは原産地表示規則（マーキング規則）であり，それは関税法304条のなかに規定されている。しかし，米国財務省（Department of the Treasury）・関税局（Customs Service）は，目的別に多様化した税関法分野の非特恵・原産地規則を統一し，また将来の国際的統一化に備えるため，1994年1月，非特恵の統一規則案（Rules of Origin Applicable to Imported Merchandise）を公表した。この統一規則は1995年半ばまでには採択される予定となっていたが，そののち採択は見送られた。なおこの統一規則案は，たとえ採択されることになってもダンピング防止法や相殺関税法分野には，関連当局が受諾しないかぎり適用されない。財務省の関税法関連規則のほか，消費者保護のために，米国連邦取引委員会（Federal Tradecommission. FTC）が独自の原産地表示規則を制定しており，また他分野（バイアメリカン法等）にも固有の法目的のための原産地規則が採択されている。

したがって，米国には，EU統一原産地規則のような非特恵目的の統一規則は，法令の形で存在していない。米国の原産地規則とは，目的に応じて異なる多様な規則の総称にほかならない。

(2) 内　容

非特恵関係の米国原産地規則は，実質的変更基準であり，それは基本的には米国裁判所が確立し発展させた判例法上の原則であった。

A　判例法上の実質的変更基準

米国裁判所は，まず，1908年のアンハイザー・ブッシュ社判決で，初めて変更基準を導入し，ついで，1984年のベルクレスト・リネン社判決で，実質的変更基準の定式化を行った。

アンハイザー・ブッシュ社判決（AnheuserBusch Brewing Association. アンハイザー・ブッシュ社対米国，最高裁判所，1908年1月6日）の事実関係はつぎのとおりである。米国のビール製造企業「アンハイザー・ブッシュ社」は，スペインからコルクを輸入し，これをビール瓶のコルク栓に加工したのち，瓶詰ビール（バドワイザー）とともに輸出していた。この輸出に際し，同社は，輸入コルクに賦課された関税の払い戻し（duty drawback）を当局に請求したが，関税法上，払い戻しをうけるためには，輸入コルクが産品の製造（manufacture）に使用されたこと，換言すれば輸入原料から米国原産品が製造されたことの立証が必要であった。当局は，会社側の関税払い戻し請求を認めなかったため，会社は請求裁判所（Court of Claims）に訴えを提起したが，裁判所も，会社側の主張を棄却した。そこで，会社は，最高裁判所に上告し，関税払い戻しの可否を争った。最高裁判所での争点は，米国での輸入コルクへの加工（切断，仕分け，洗浄，乾燥）が，「製造」に該当するのかどうかにあった。米国内での加工が「製造」に相当し加工品が米国原産品と判定されれば，会社側は，輸入コルクに賦課された関税の払い戻しをうけることができるはずであった。裁判所は，まず「製造」の概念を明らかにすることからはじめる。「製造とは，変化（change）を黙示するが，すべての変化が製造に該当するわけではない。製造には，さらに何かが必要である。製造が行われるためには変更（transformation）が生じなければならない。すなわち，新しい異なる産品が，異なる名称，性質または用途（a distinctive namecharacter or use）を伴って出現しなければならない。」翻っていえば，裁判所は，産品の原産地決定基準として，「変更基準」を採用し，変更の判定要素として，名称・性質・用途の変化をあげたことになる。すなわち，輸入素材と加工産品の間に，名称・性質・用途の変化が生じれば，「変更」が起こったものとみなされ，加工国が完成品の原産地とされるのである。裁判所は，この変更基準を基礎にして，本件のコルク加工が，名称・性質・用途の変化をもたらさないため「変更」にあたらず，したがって，会社側は，関税の払い戻しをうけることができないと結論した。

ベルクレスト・リネン社判決（Belcrest Linens. ベルクレスト・リネン社対米国，連邦巡回控訴裁判所，1984年8月21日）では，ベルクレスト・リネン社が香港から米国に輸入した枕カバーの原産地が争われた。この枕カバーは，刺繍を施された中国製の反物を素材とし，香港での一連の工程を経て製造された。香港の工程は，中国製反物を個別の布地に裁断する，布地の縁に色糸でスカラップ縫い取りを行う，布地を半分に折り，両端を縫い合わせる，製品を水と漂白剤に浸け，アイロンがけをし，折りたたみ，包装するというプロセスであった。米国税関は，これら一連の工程は，単なる組立にすぎない，したがって，当該枕カバーは中国産品とみなされ，従価90％の関税率（コラム2の対共産主義国税率）を適用するとした。ベルクレスト・リネン社は，「問題の枕カバーは，香港での実質的加工を経て香港原産を獲得したため，従価34％の関税率（コラム1の最恵国待遇税率）を適用されるべきであると主張して，米国国際貿易裁判所（Court of International Trade）」に訴えを提起した。国際貿易裁判所は，会社の請求をいれ，枕カバーが香港での「実質的変更」の結果，香港産品となったことを認めた。そこで，税関当局は，国際貿易裁判所の判決を不服として，連邦控訴裁判所に控訴し

た。連邦控訴裁判所は，まず，原産地決定のための実質的変更基準（substantial transformation）のもとでは，産品が，工程の結果，異なる名称，性質または用途を伴って出現するときに生ずるとした。換言すれば，産品の原産地を決定する実質的変更は，輸入原料と完成品の間で，名称・性質・用途が変化すれば生ずるといい直すことができる。

このフォーミュラーは，アンハイザー・ブッシュ社判決の変更基準の再確認にほかならない。つづいて，裁判所は，香港での工程が，実質的変更に該当するか否かを判定するため，輸入原料（中国製反物）と産品（枕カバー）の間に，名称・性質・用途の変化が起きたのかどうかを検討した。まず名称・関税番号の変化について，税関当局は本件の中国製反物は，未完成の枕カバーとして品目分類されるため，中国製素材と産品（完成・枕カバー）の間に関税番号の変化は起きなかったと主張した。しかし，裁判所は，税関当局の見解をいれず，反物を未完成の枕カバーに品目分類すること自体が，誤りであり，また関税番号の変化は，先例（関税特許控訴裁判所，関税決定）が示すように，原産地決定のための1要素であっても，決定的要素ではないと述べた。というのは，1980年の香港製セーター事件で，米国税関は，加工の結果，輸入素材と産品の関税番号が変化しなくても，新しい別個の産品」が製造されるならば，加工国が原産地となる，それゆえ，香港で台湾製素材（セーター・パーツ）を組み合わせて製造されたセーターは，素材（セーター・パーツ）と完成品（セーター）の関税番号が同一でも，完成品が新しい特性をもつかぎり，香港原産を獲得する旨を決定していた。裁判所は，このように，関税番号の変化は，実質的変更の決定的な判定要素とはならないことを確認したうえで，性質・用途の変化に着目し，香港で行われた中国製反物から枕カバーへの加工は，性質の変化をもたらしまた用途の変化（多目的の反物から特定用途産品への変化）をまねいたと認定した。かくして，裁判所は，香港での加工工程は，税関当局の主張とは逆に「単なる軽微な組立」とはみなされず原産地を与える，つまり問題の枕カバーは香港産品とみなされると宣言した。ベルクレスト・リネン社判決は，実質的変更の判定要素として，名称・性質・用途の変化を重視したが，判例は，実質的変更を性質・用途変化と付加価値・投資額に照らして判定する方向に徐々に転じていった。

それはナショナル・ジュース連合判決（National Juice Products Association. ナショナル・ジュース連合対米国，米国国際貿易裁判所，1986年1月30日）にあらわれた。米国税関は，オレンジジュースの原産地表示に関し，輸入濃縮オレンジ液を用いたオレンジジュースは，濃縮オレンジ液の生産国を原産地として表示すると決定した（1985年）。税関の考えは，輸入濃縮液と国内原料の混合は，実質的変更にあたらない，したがって，輸入濃縮液から生産されるオレンジジュースの原産地は，米国ではなく，輸入濃縮液の生産国であるという論旨から成り立っていた。ナショナル・ジュース連合は，税関決定を不服として，米国国際貿易裁判所に訴えを提起した。米国国際貿易裁判所での主要な論点は，輸入濃縮液と国内原料（水，オレンジエッセンス，オレンジオイル，オレンジジュース）の混合は，実質的変更に相当するかどうかに絞られた。そこで，裁判所は，実質的変更の有無を評価するため，名称・性質・用途の変化を吟味した。名称の変化につき，ナショナル・ジュース連合は，米国内での実質的変更の証拠として，輸入原料（製造用濃縮オレンジ液）と完成品（冷凍濃縮オレンジジュース，濃縮液からのオレンジジュース）との間の名称の変化をあげた。しかし，裁判所は，産品の名称の変化は，実質的変更の立証手段としては，もっとも弱い証拠である（the weakest evidence）とのべた。性質と用途の変化について，ナショナル・ジュース連合は，米国内での加工は，輸入原料の性質と用途を変化させ，原料の実質的変更を促したとのべ，その証拠として，生産者産品から消費者産品への変化をあげた。すなわち，輸入濃縮液は，生産者に販売される産品であるのに対し，オレンジジュースは，消費者に販売される産品であり，このような生産者産品から消費者産品への変化は，ミッドウッド社判決（Midwood Industries. ミッドウッド社対米国，関税裁判所，1970年）でも承認されていると主張した。この判決は，鍛造鉄からフランジおよび継手への実質的変更を認定する理由として，生産者産品から消費者産品への変化を指摘した。しかし，裁判所は，生産者・消費者産品論 (the "producers' goodsconsumers' goods" doctrine) は，1982年のユニロイヤル社判決（Uniroyal. ユニロイヤル社対米国，米国国際貿易裁判所，1982年6月10日）以降，重要性が低くなったと指摘した。ユニロイヤル社判決での争点は，米国工場でのインドネシア製靴上部（upper）への底部（outsoles）の取り付けが実質的変更にあたるかどうかにあった。同判決は，生産者産品（靴上部）から消費者産品（靴）への変化にもかかわらず，米国での工程（底部の取り付け）は，付加価値の低さのゆえに，実質的変更にあたらないと結論した。裁判所は，それゆえ，先例に照らして，生産者・消費者産品論がもはや原産地認定のための決定的な要素とはならないと結論した。では，実質的変更の判定要素は何か。裁判所は，それは付加価値と性質変化であると述べた。つまり，加工国で一定の付加価値が形成されるか，または産品の性質が変化すれば，実質的変更が起きたものとみなされるのである。具体的に，本件のジュース製造工程を付加価値の側面からみると，完成品の価額の大部分は，輸入濃縮液の価額であり，米国での付加価値（国内原料の添加と混合）は，産品価格の6.7％〜7.6％を占めるにすぎなかった。また，産品の性質の変化をみると，輸入濃縮液は，完成品の本質をなし，米国での工程（国内原料の添加・混合）は，産品の基本的性質を変えなかった。したがって，米国での工程は，おおきな付加価値を伴わず，また産品の性質を変化させなかったため，実質的変更に相当しな

い。本件オレンジジュースの原産地は，米国ではなく輸入濃縮液の生産国となると締めくくった。

フェロスタール・メタル社判決 (Ferrostaal Metals Corporation. フェロスタール・メタル社対米国，米国国際貿易裁判所，1987年6月26日) でも付加価値が重視された。この事件で問題となったのは米国へ輸入された亜鉛メッキ鋼板 (hot dipped galvanized and annealed steel sheet in coil) の原産地判定であった。この鋼板は，日本製特殊硬質冷延鋼板 (full hard coldrolled steel sheet) がニュージーランドで連続焼鈍熔融亜鉛メッキ (continuous hot-dip galvanizing) 加工をうけた産品であった。米国の輸入者フェロスタール・メタル社は，通関にあたり，亜鉛メッキ鋼板の原産地をニュージーランドと表示した入関書類を税関当局に提出した。ところが，税関当局は，連続焼鈍熔融亜鉛メッキは，実質的変更にあたらないとして，亜鉛メッキ鋼板の原産地を日本と判定した。ニュージーランドからの鋼板が日本産品とみなされれば，鋼板は，対米輸出自主規制 (VRA) の対象産品となることは自明であった。フェロスタール・メタル社は，税関当局の決定を不服として，米国国際貿易裁判所に訴えを提起した。米国国際貿易裁判所の判決は，まず，実質的変更の判定要素は，いぜんとして，アンハイザー・ブッシュ社判決の「名称・性質・用途の変化」であるとしたうえで，性質と用途の変化の有無を検討した。性質の変化について裁判所は，問題の焼鈍・電気メッキ工程 (annealing and galvanizing processes) は，鋼板の機械的特性 (mechanical properties) と化学的成分 (chemical composition) を顕著に変化させるため，性質の変化を引き起こしていると判定した。そして，これに関連して，焼鈍・電気メッキ工程が，相当の付加価値をもたらしている事実（日本製冷延鋼板がトンあたり350ドルであるのに対し，亜鉛メッキ鋼板はトンあたり550ドルから630ドルに達する）を裁判所は付け加えた。用途の変化に関しては，冷延鋼板の用途が限定されている（冷延鋼板は，所定の熱処理をうけなければ最終使用に適さないこと，またそれは自動車用鋼板に使用できないこと）のにひきかえ，亜鉛メッキ鋼板は，多様な用途に使用できること，両者は一般に代替不可能であることを指摘し，結局，焼鈍・電気メッキ工程により，素材と完成品の間に用途の変化が生じたと裁判所はのべた。裁判所は，さらに本件では，素材と完成品の間に名称の変化，関税番号の変化，生産者産品から消費者産品への変化が認められるとのべ，これら変化は，実質的変更を裏付けると判断した。このため，懸案の亜鉛メッキ鋼板は，ニュージランド産品とされ，対米輸出自主規制の網を逃れたのである。

スーペリア・ワイヤー社事件では，米国のスーペリア・ワイヤー社 (Superior Wire) は，カナダでスペイン製線材 (wire rod) から製造された鉄の線製品 (steel wire)」を米国へ輸入した。ところが，米国税関は，カナダでの製造工程は，実質的変更にあたらないため，同製品はスペイン産品とみなし米西間の鉄鋼輸出自主規制協定の対象となるとした。米国国際貿易裁判所 (スーペリア・ワイヤー社対米国，1987年8月21日) は，カナダでのスペイン製線材からの線製品の製造は，軽微な (minor) 工程にすぎず，実質的変更に相当しない，したがって，カナダで製造された線製品は，スペイン産となり，米西間の輸出自主規制協定の対象となると判示した。名称・関税番号の変化に関し，裁判所は名称と関税番号の変化を認めたが，これは実質的変更の判定にあたって決定的な決め手とならないとした。裁判所はそこで付加価値に着目した。先例にみるように，ナショナル・ジュース連合判決は，付加価値率数％を実質的変更なしとしたが，フェロスタール・メタル社判決は付加価値率36〜50％を実質的変更の決め手とした。しかし，本件の付加価値率は，15％であり，これだけでは実質的変更の有無を決定できないと裁判所はのべた。付加価値と関連する概念 (related concepts) として，工程に要する投資額があり，投資額の多寡は，実質的変更の有無の判定にとってきわめて重要であると裁判所はつづける。本件の「線材から線製品への加工に要する投資額」は，線材の製造に要する投資額に比べればすくないため，線材から線製品への加工工程は，「すくない投資額でどこでも達成できる単なる仕上げ加工」にすぎないと裁判所はのべた。用途と性質の変化につき，裁判所は，線材から線製品への加工には，用途の変化（用途の多い素材から用途のかぎられた産品への変化）と性質の変化が認められないとした。要するに，付加価値率15％では，実質的変更の決め手とならず，このようなときは，投資額の多寡が，実質的変更の有無を左右する，ところで，問題の工程は，多額の投資を伴わず，また性質・用途の変化をもたらさないため，実質的変更にあたらないというのが裁判所の論理であった。

実質的変更基準に関して，注意を要するのは，米国裁判所による実質的変更基準の解釈が，すべての場合をとおして，一律かつ公平に行われてはいない事実である。米国国際貿易裁判所がいくつかの判決でのべたように，実質的変更基準は，政策目的に応じて，異なって適用されるからである。

その先例がコースタル・ステーツ・マーケティング社判決 (Coastal States Marketing Inc. コースタル・ステーツ・マーケティング社対米国，米国国際貿易裁判所，1986年9月18日) であった。事件の発端は，米国税関が，「イタリアで混合されたソビエト産軽油 (gas oils) とイタリア産歴青油 (oils) の混合物」の通関にあたり，ソビエト産軽油とイタリア産歴青油を容積に応じて分け，前者に0.5セント／ガロンの高い関税率（コラム2の対共産主義国税率）を，後者に0.25セント／ガロンの低い関税率（コラム1の最恵国待遇税率）を賦課したことにある。この課税方法は，米国関税率表 (TSUS. Tariff Schedules of the United States) の一般注釈に従ったものであり，原産地の観点からみれば，混合物の原産地として，2成分の原産国を区別して指定したことになる。輸入会

社は，これに異議を唱え，混合物の原産地を，イタリアとみなし，混合物全体に最恵国待遇税率を適用すべきことを主張した。会社側の見解によれば，「イタリアでのソビエト産軽油とイタリア産歴青油の混合は，実質的変更に該当するため，ソビエト産軽油は，この混合により新しい別の産品に変化した」（つまり，混合物はイタリア産品となる）とされたからである。米国国際貿易裁判所は，まず，実質的変更の解釈は，コンテクストに応じて異なるため，共産主義国からの産品に関する紛争では，実質的変更基準は，一般的な場合よりも「より厳格（more stringent）」に適用されなければならないと指摘したる。そして，裁判所は，本件では，ソビエト産軽油とイタリア産歴青油の混合は，いくつかの理由で実質的変更に相当しないとのべた。第1にソビエト産軽油は，混合にもかかわらず，その本質的性質を保持している。業者は，ソビエト産軽油の価額が，混合によって増加した（すなわち，混合が付加価値を伴った）と主張しなかった。第2にイタリア産歴青油および混合油は，同一関税番号に属し，混合による関税番号の変更は起こらなかった。第3に混合に伴う名称の変化は，ナショナル・ジュース連合判決がのべたように，実質的変更を示すもっとも弱い証拠であるとされた。

ここで，先例を総合すると，非特恵関係の実質的変更基準は，原則として，名称・性質・用途の変化を手掛かりとして判定される，しかし裁判所は，実質的変更の判定にあたり性質・用途変化と付加価値・投資額に着目する傾きにある，とくにダンピング防止法のもとでは，課税当局は，課税回避防止のため，実質的変更の有無を，付加価値・投資額のほか，工程の技術的重要性に照らして厳密に判定している，他方，共産主義国が関与する産品については，実質的変更基準は，対ソ政策を反映して，きわめて厳格に解釈されたと総括されよう。

(3) 関税法上の原産地規則

1930年関税法304条（SEUtion 304 of the Tariff Act of 1930）は，輸入品に原産地の表示を義務づけ，原産地の判定基準として，「実質的変更基準」を明記した。そこで，関税局（US Customs Service）は，個々の貿易業者の申請に応じて，原産地表示上の原産地を実質的変更基準に基づいて判定し，これをルーリングの形式で発給した。関税局は，ケースバイケースで実質的変更の有無を判定したが，その決め手となったのはもっぱら技術的基準であった。それゆえ機械産品に関して，関税局は，組立工程が原産地を付与することを多くのルーリングのなかで明言した。こうしたルーリングは，複数国の部品から製造された輸入品の原産地判定のほか，米国内部で外国産品から製造される産品の原産地判定のために下される。過去の代表的な原産地判定ルーリングを拾ってみよう。

(i) 半導体集積回路

米国税関は，1980年のルーリングで，原産地表示上，半導体集積回路の組立工程は実質的変更に該当し，原産地を付与すると認定した。たとえば日本から輸入された拡散工程ずみの半導体チップに加える組立工程，つまり，die と lead wires をチップへ取り付ける工程とチップを樹脂のパッケージに封入する工程（encapsulation）は，実質的変更にあたるとされた。完成品（集積回路）の用途・性質・名称・価値（value）は，輸入チップのそれらと実質的に異なるからである。ただし，組立工程に後続する検査（testing）や刻印（パッケージに品名，ロット番号等を刻印する作業（marking））は，実質的変更をもたらさない。それゆえ，日本企業の米国子会社が日本産チップを用いて，米国で組み立てた半導体は，原産地表示の文脈では，米国産品となる。それゆえ，このような半導体に原産地表示を行う必要はない。他方，輸入チップも，梱包に日本原産の表示があれば，個々のチップに原産地表示を行う必要はないとされた。

(ii) ラップトップ・コンピュータ（lap top computers）

関税局によれば，ラップトップ・コンピュータの場合，原産地を付与する実質的変更はつぎの工程によってもたらされる。マザーボード（mother board）の組立，PCBアッセンブリー（PCB Assemblies）と他の構成部品から完成品を組み立てる工程である。したがって，シンガポールで，日本製部品等を用いて上記の工程のすえ組み立てたラップトップは，日本製品とならない，つまり，旧対日半導体制裁の対象とならず，シンガポール産品となると判定された。

(iii) PCBについては，ボードへの半導体素子の組み込みという組立工程が原産地を付与するというルーリングがくだされている。オーディオ・カセット・テープ（audio cassette tape）に関し，関税局は，日本製のジャンボ・ロール（jumbo roll）から米国で製造されたオーディオ・カセット・テープの原産地判定に関し，ジャンボ・ロールを切断しパンケーキ（pancakes）を製造する工程を実質的変更とみなした。ベアリングに関する1968年4月18日の関税局決定によれば，原産地表示上，ボール・ベアリングの原産地は，内外輪の研磨・honingと部品組立が行われた国とされ，EUのように内外輪の熱処理工程（研磨工程に先立つ工程）を原産地付与の条件として要求しなかった。他方，テーパード・ローラー・ベアリングについても，関税局は1990年3月19日の決定により，内外輪（外輪 outer ring を cup とも呼び，内輪 inner ring を cone とも呼ぶ）の研磨・honingと部品組立が行われた国を完成品の原産地と認定した。このため，ルーマニアで鍛造され熱処理をうけた内外輪がアルゼンチンに輸入され，そこで内外輪への研磨・honing工程と部品組立が行われた場合，米国への輸入に際してのベアリングの原産地は，アルゼンチンとされた。その理由は，ベアリングの本質（essence）は，内外輪の超微細な研磨表面（the ultrasmooth surfaces measured in millionths of inches）にあり，それは研磨・honing工程によって達成されるためとされた。さらに関税局は，1989年9月6日の決定で，ルーマ

第1章　非特恵原産地規則

ニアで製造された内外輪と米国製ローラーおよび保持器からメキシコで組み立てられたテーパード・ローラー・ベアリングの原産地に関し，メキシコでの組立工程が単なる組立に該当することおよび保持器が2次的部品にすぎないことを指摘した。そのうえで，内外輪の製造国・ルーマニアを原産地とみなし，関税率をコラム2の高率関税率（共産主義諸国からの差別的な高率関税率）とした。ただし，原産地表示は，この場合，「メキシコで組立（Assembled in Mexico）」または「メキシコでルーマニア製部品と米国製部品から組立（Assembled in Mexico from Romanian and U.S. components）」としてよいとされた。テレビ受像器に関し関税局は，1980年3月17日のルーリングで，韓国製部品と米国製ブラウン管からメキシコで組み立てられたTVの原産地をメキシコと判定しつぎの理由をあげた。第1は，輸入部品は，一緒に組み立てられることでそれぞれのidentityを喪失する，なぜならば，輸入部品はTVという新しい商品のintegral partsになったからであるとされた。第2は輸入部品からTVを組み立てる工程は，技術的熟練を必要とするという理由であった。関税局はまた1990年1月3日のルーリングで，1980年のルーリングを引用しつつ，TV用の輸入部品は，米国でTVに組み立てられることで，実質的変更をうけた，それゆえ輸入部品への原産地表示は不要であると判定した。さらに関税局は1992年10月16日のルーリングで，米国で輸入部品から組み立てられたTV用のVideo Display Terminalsは，米国での組立工程によって実質的変更をうけた，それゆえ輸入部品への原産地表示義務を免除されるとのべた。

(4) 通商規制のための原産地規則運用
　A　第3国組立品の原産地と通商規制

米国が，日本の特定産品に関して，通商措置（ダンピング防止税，対米輸出自主規制）をとっている場合，問題となるのは，規制の網が，日本の国内産品のほか，「第3国で日本製部品から組み立てられた産品」にも及ぶかどうかという論点である。このような場合，第3国組立品は，米国原産地規則に従って日本産品とみなされるかぎり，対日通商規制の対象となるであろう。

過去の事例では，米国の裁判所と課税当局は，対日ダンピング課税と対米輸出自主規制との関連で，第3国組立品の原産地を実質的変更基準に基づいて判定し，第3国組立品への通商規制の可否を決定してきた（前述日本製EPROM事件，日本製3.5インチ・マイクロディスク事件，フェロスタール・メタル社判決，スーペリア・ワイヤー社判決参照）。

　B　国内組立品の原産地とダンピング調査申立

米国に進出した日本企業は，米国国内での組立品が高い現地付加価値率をもつならば，外国からの輸入品に対して，ダンピング調査を申し立てることができる。EUのダンピング防止法の場合とほぼ同じように，米国ダンピング防止法でも，現状では，ダンピング調査の申立企業は，米国国内で一定の付加価値を形成することを要求される（米国ブラザー対スミス・コロナ・シンガポール法人事件の1991年9月26日付け米国商務省調査打切決定）。換言すれば，米国法上，企業がダンピング調査を申し立てることができるかどうかは，当該企業の米国国内での組立品が現地付加価値のゆえに米国原産品と認められるかどうかにかかっている。

　C　迂回防止措置のための原産地規則（既述・米国迂回防止参照）

　D　バイ・アメリカン法とGATT政府調達協定（後述・米国政府調達制度参照）

このように，米国の原産地規則は，実質的変更基準を基礎とし，かつ多様な目的のために使用されてきたが，その問題点は，2点につきる。第1に，米国では目的別（原産地表示，通商法，バイ・アメリカン法等）の原産地規則が，異なる法的根拠に基づいて異なる機関によって運用されるため，ルールの間に離齬が生じ，円滑な通商を阻害してきた。第2に米国の実質的変更基準に関する判例法が，事案ごとに異なるため，原産地判定に関する予見可能性がない。

この現状は，WTO調和原産地規則が成立していないため現在でも変わらない。

(5) NAFTA非特恵原産地表示規則
　A　NAFTAレベルの非特恵目的・原産地表示規則

NAFTAは特恵待遇を与えるための特恵原産地のほかに，NAFTA原産資格を表示するための非特恵原産地規則をもつ。NAFTA特恵原産地規則が，NAFTA特恵関税を付与するために，厳しい域内付加価値基準を採用したのに対し，NAFTAマーキング規則は，もっぱらNAFTA原産資格を表示するため緩やかな関税番号変更基準を採用し，付加価値基準を排除した。しかも，NAFTAマーキング規則は，数多くの機械産品の原産地決定基準として，HS 4桁または6桁レベルの関税番号変更基準を規定し，組立・検査工程が原産地を付与しうることを明らかにした。

　B　目的

NAFTAマーキング原産地規則は，NAFTA諸国から米国へ輸入される産品がカナダ産かメキシコ産かを判定するために適用される。NAFTA域内3カ国の関税率が対象品目に関してゼロに共通化されるまでの間の過渡的ルールである。規則の適用対象は，カナダまたはメキシコの完全生産品のほか，カナダまたはメキシコで第三国部品・材料から製造される加工品（カナダまたはメキシコで日本製部品から製造される機械産品等）にもおよぶ。ただし，カナダまたはメキシコ経由で米国に輸入される域外産品（日本産品等）はむろんNAFTAマーキング規則の適用対象とならない。これら域外産品は，非NAFTA諸国からの輸入品に適用される伝統的な実質的変更基準によって原産地を判定される。

ねらいは2つある。第1はNAFTA特恵資格を認められた産品（たとえば2002年時点で62.5％の付加価値基準を満たす自動車）がカナダ産かメキシコ産かを区別す

国際経済法　　267

ることであり，第2は産品がNAFTA特恵資格とは無関係にカナダ産かメキシコ産かを明らかにことである。NAFTAマーキング規則によるカナダ産とメキシコ産の判定は，企業にとって死活的な意味をもつ。なぜならば，非特恵分野の産品は，カナダ産かメキシコ産かに応じて，通商措置・数量制限等の対象となるからである。また，特恵分野で，産品の特恵関税率は2003年まではカナダ産かメキシコ産かで異なっていた。2003年以降，カナダ産品とメキシコ産品の特恵関税率はともにゼロとなるが，それまでは一般的にカナダ特恵関税率のほうがメキシコ特恵関税率よりも低い。このため，カナダまたはメキシコで日本製部品から製造される機械産品（ブラウン管，TV，自動車エンジン等）が，NAFTAマーキング規則上，カナダ産またはメキシコ産となるかどうかは重要な意味をもつのである。

NAFTAマーキング規則は原産地の判定ルールとして関税番号変更基準を採用したが，米国連邦巡回裁判所は，1999年1月のSkippy判決で，NAFTA規則の関税番号変更基準を合法と判定した。

C 米国の輸入品原産地規則案との比較

NAFTAマーキング原産地規則の原産地決定基準は，輸入品原産地規則案（94年1月3日官報）にも踏襲される予定とされていた。輸入品原産地規則案が定める非特恵目的は，マーキング（第3諸国製品のマーキング），旧クオータ割当（MFAのもとでの割当を含む），最恵国待遇税率の適用におよぶ。ただし，規則案は，貿易救済措置（ダンピング防止税，相殺関税）と政府調達のための原産地判定をカバーしない。とはいえ，関係当局は，これら目的のために，関税局の輸入品原産地規則案を援用することができる。1995年5月とうじ，NAFTAマーキング暫定規則は北米産品に適用されていたが，輸入品原産地規則案は適用されていなかった。したがって，域外産品（日本産品，EU産品等）の原産地判定は，従来どおり，目的別のさまざまな原産地ルールによって行われていた。このため，米国政府調達（たとえば米軍によるデスクトップ・コンピュータの調達）のための原産地判定（ヨーロッパ製部品や米国部品から製造された日系企業のコンピュータの原産地判定）に関し，米国税関は，1995年4月のルーリングで，政府調達に関する原産地決定は，実質的変更基準に従ってさまざまな要素を勘案して行われると回答した。

7 日本原産地規則の内容・慣行・判例法

日本の非特恵関係の原産地規則は，大別して，財務省が運用する関税法上の原産地規則，経済産業省が運用する通商法上の原産地規則，公正取引委員会が運用する競争法上の原産地規則にわかれる。

(1) 関税法上の原産地規則

関税法上の原産地規則は，関税法上のすべての目的（関税率の確定，輸出入申告，原産地の虚偽表示規制，輸入統計，原産地証明書等）のための一般的ルールとと虚偽の原産地表示を規制するためのルールにわかれる。

A 関税法上の原産地決定基準

産品の生産が「2国以上にわたる場合」，原産地は実質的な変更が行われた国とされる。ただし，露光後の映画用・写真用フィルム等の原産地は，「当該物品を製作した者の属する国」，つまり撮影者の本国とされる。露光フィルムの撮影地の特定はきわめて困難である。とくに撮影地が数カ国におよぶときは，特定撮影地を原産地とすることは不可能である。このため，撮影地（フィルムに露光という実質的変更を与えた国）を原産地とはせず，撮影者の本国を原産地としている。したがって，日本の映画会社が欧州諸国で撮影した映画用フィルムの原産地は，日本での輸入通関にあたっては，日本とされ関税を賦課されない。

実質的変更が行われる原産地は，「実質的な変更をもたらし，新しい特性を与える行為を最後に行った国」をいう。換言すれば，実質的変更は，同時に，産品に対して「新しい特性を与える」ものでなければならず，さらに「最後」の変更でなければならない。それゆえ，産品の生産過程で，いくつかの変更が介在するときは，原産地を決定する変更は，「最後」の実質的変更にかぎられる。

実質的変更の判定方式には原則と例外がある。原則は関税番号変更方式である。生産または加工の結果，非原産国原料の関税番号と産品の関税番号が，項 (heading. 4桁) のレベルで，変わるならば，産品に実質的変更が行われたものとみなされ，加工国が原産地とされる。もっとも，4桁レベルでの関税番号の変更をみきわめるのは，かならずしも容易ではない。とくに，産品の製造に多種類の非原産国原料が使用されるときは，いずれの非原産国原料に着目して，関税番号の変更を確認すべきかという問題が生まれる。この点を考慮して，非原産国原料のなかに「当該（産品）に特性を与える重要な構成要素となるものとそうでないものがある場合」は，「重要な構成要素となる原材料」と産品の関税番号を比較すべきことを定めた。

実質的変更の判定方式の例外はポジティヴ・リスト方式である。特定の産品（化学品，繊維類，金属類，貴石類等）については，非原産国原料と完成品の関税番号が項のレベルで変更しなくても，所定の加工工程があれば，加工国が原産地とされる。これら加工工程例は，関税番号が変更しなくても，「原産地を付与する」のであるから，「ポジティヴ・リスト」と通称される。たとえば，天然研磨材料について，原石を粉砕し，粒度をそろえる加工，糖類，油脂，ろうまたは化学品について，用途に変更をもたらすか用途を特定化するような精製，化学工業生産品（第28〜38類）とプラスチック，ゴムおよびそれらの生産品（第39〜40類）について，化学的変換を伴う製造，革，糸，織物について，染色，着色，シルケット加工，樹脂加工，型押し等の加工，単糸からの撚糸の製造，石綿繊維・糸・織物（第68.12項）とガラス繊維・糸・織物（第70.19項）について，繊維からの糸の製造，糸からの織物の製造，および繊

維・糸・織物からの衣類の製，真珠，ダイヤモンド，貴石・半貴石，合成貴石について，未加工品から加工品への製造，合金にする行為，金属くずから金属塊への製造，金属の板・シート・ストリップからの金属箔の製造，貴金属，銅，ニッケル，アルミニウム，鉛，亜鉛，錫，その他卑金属について，インゴット・線・棒等の製造，アイボリー・鼈甲・珊瑚等の動物性の彫刻用細工用材料（第96.01項）と琥珀等の植物性・鉱物性の彫刻用細工用材料（第96.02項）について，加工品からの製品（当該加工品と同じ項に属する製品）の製造が規定されている。ただし単なる部品組立・混合・切断，選別・仕分け・改装，ラベル添付，瓶詰等は，「実質的な変更をもたらし，新しい特性を与える行為」には該当せず，したがって原産地を付与しない。

原産地の虚偽表示を取り締まるための法規は後述の「原産地表示」のなかであつかう。まとめれば，関税法上の原産地規則は，完全生産基準，実質的変更基準および製作者国基準を数え，とくに実質的変更基準は，関税番号変更方式によって運用され，付加価値方式は存在しないことを知る。

(2) 通商法上の原産地規則

経産省が運用する輸出入貿易管理法上の原産地規則は，輸入貿易管理のためのものと輸出貿易管理のためのものにわかれる。

A 輸入貿易管理のための原産地規則

(i) 一般的原産地規則

経済省輸入注意事項は「原産地及び船積地の解釈について」と題して，輸入貿易管理上の原産地の確定方法を定めた。これによると貨物の原産地とは，当該貨物の生産，製造または加工が行われた国をさす。ただし，この場合の加工には選別，改装等を含めない。また原産地を異にする2以上の部品により構成されている貨物については，その主要部品の原産地を当該貨物の原産地とする。委託加工契約（所有権の移転しない場合にかぎる）により加工された貨物については，加工前の原産地を当該貨物の原産地とする。もっともこの原産地規則はきわめて簡略であり，また適用が困難であろう。機械産品の場合，原産地は主要部品によって確定されるが，主要部品の選定と部品自体の原産地決定基準が明らかでないからである。したがって，実行上は，個別原産地規則が適用されてきた。

(ii) 輸入管理制度のための個別原産地規則

外為法（「外国為替および外国貿易管理法」）は，日本の基本的な通商法規であり，輸出入取引を原則自由としつつも，「対外取引の正常な発展」と「我が国経済の健全な発展」のために，「必要最小限の」貿易管理が行われることを定めた。したがって，輸入についていえば，輸入は原則として自由であるが，「外国貿易および国民経済の健全な発展」のため，政令に基づき輸入管理制度が導入される場合がある。これをうけて，輸入貿易管理令（政令）は，3種類の輸入管理制度（輸入割当制度，輸入承認制度，確認制度）を導入し，それぞれの制度の対象品目を「輸入公表」に告示する権限を経済産業大臣に与えた。輸入貿易管理令（政令）が定める3種類の輸入管理制度（輸入割当制度，輸入承認制度，確認制度）のうち，輸入承認制度と確認制度は，特定原産地からの産品の輸入を規制するためのものであり，これら規制に関連して特別の原産地規則が定められている。

－輸入承認制度のための原産地規則

輸入承認制度に服する品目は，通産大臣の承認がなければ輸入できない。これら品目は，輸入貿易管理令4条1項2号で言及されているため，通常「2号承認」品目と呼ばれているがそれらの詳細は毎年の輸入公表のなかに定められた。とくに，中国等を原産地とし第3国経由で日本に輸入される絹織物については，製織工程が原産地付与の条件とされた。財務省は，織物の原産地決定基準として，染色・着色・シルケット加工・樹脂加工・型押し等の加工工程をあげたが，この基準のもとでは，中国で製織された絹織物が第3国（香港等）で染色・樹脂加工・エンボシング等の加工をうけると第3国原産品となり，輸入承認制度の規制を免れるのである。換言すれば，関税法上の原産地決定基準は貿易業者に絹織物輸入規制の迂回を許す。そこで，経済産業省は，迂回防止のために，特別の原産地決定基準を導入した。輸入確認制度（Confirmation systems）のなかで，とくに原産地規則が必要とされたのは，ワシントン条約関連の品目であった。同条約の付属書ⅡとⅢの品目であって野生動植物の原産国当局により輸出が禁止された「野生動植物の派生物」（ワニ皮ベルト等の加工品）の原産地は，派生物の加工が行われた国ではなく，野生動植物が捕獲・採取された国とされた。したがってアフリカで捕獲されたワニがヨーロッパでハンドバックに加工された場合，こうした加工品は，アフリカの当該国がワニまたはその加工品の輸出を禁止しているかぎり，日本への輸入に際して，輸入確認制度に服する。

(iii) 輸出貿易管理のための原産地規則

① 輸出入取引法による原産地虚偽表示・輸出の規制

既述のように輸出入取引法は，不公正な輸出取引の例として，知的財産権（仕向国の工業所有権，著作権）侵害産品の輸出のほか，「虚偽の原産地を表示した貨物の輸出取引」をあげた。このような原産地虚偽表示・輸出を規制するため，経済省は，関税法上の原産地規則におおむね準拠した原産地規則を適用している。それは，関税法上の規則と同様，実質的変更基準，特定品目に関する加工工程基準，原産地を付与しない微少工程基準を採用している。ただし，経済省のルールは，関税番号変更基準に言及していない。

② 外国為替管理法による原産地誤認表示の規制

外為法に基づく輸出貿易管理令は，「国際的な平和および安全の維持」以外の観点からの輸出規制の1つに，原産地誤認産品に対する輸出規制をあげた。こう

した原産地誤認産品に対する輸出規制は，原産地誤認産品とは，「仮に陸揚げした貨物であって，『MADE IN JAPAN』またはこれと類似の表示を付した外国製のもの」すなわち保税上屋または指定保税地域に仮陸揚げののち（換言すれば日本に輸入されずに単に日本を経由して），再輸出される外国産品であって，日本製と誤認表示された産品（たとえば，日本を経由地として韓国に輸出される米国産品で，日本製と表示されたもの）と定義づけられた。輸出入取引法上の虚偽表示規制が，主に，「日本への輸入後，虚偽の原産地を表示されて第3国へ再輸出される外国産品」（たとえば日本への輸入後，日本製と表示されて中近東へ再輸出される NIES 諸国製品等）に関するものであるのに対し，輸出貿易管理令上の誤認表示規制は，日本を経由地として（日本に輸入されずに）第3国へ輸出される外国産品に関するものである。このような原産地誤認産品は，経済産業大臣の承認制度（外為法48条3項，輸出令2条）に服する。したがって，通産大臣は，原産地誤認産品の再輸出に対して，承認を与えず，輸出を禁止することができる。もしも，通産大臣の承認なしに原産地誤認産品が輸出されるときは，厳しい罰則が適用される。しかしながら，外国為替管理法上の原産地誤認表示の規制のための特別の原産地規則は，作成されていない。

(3) 競争法上の原産地規則

公正取引委員会が消費者保護等の観点から行う景表法上の原産地規則は，実質的変更基準，特定産品のための加工工程基準，原産地を付与しない微少工程基準を列挙した。

(4) 適用慣行

(i) 関税法上の原産地規則の適用

関税法上の原産地規則は，主に，輸入関税率の確定，輸入品の原産地・虚偽表示規制，輸入統計，輸出品の原産地証明のために運用されている。とくに輸入関税率の設定にあたり，産品の原産地が問題となるのは，協定税率が国定税率（暫定税率，基本税率）よりも低く，しかも当該輸入品が，GATT/WTO 加盟国または便益関税適用国を原産地とする場合にかぎられる。これらの場合には，輸入者は，産品が GATT 締約国または便益関税適用国を原産地とする旨の原産地証明書を提出しなければならない。しかし実際には，原産地規則は，ほとんど運用されていない。

その理由は，ひとつには，輸入品に協定税率を適用する例が少ないことにある。既述のように，輸入品に協定税率が適用されるのは，協定税率が国定税率よりも低い場合であるが，このような例は，きわめてすくない。例示すれば，協定税率が暫定税率よりも低い例（かりん・つげ・紫檀・黒檀等の薄板および合板用単板4408.90.100，木製パレット 4415.20号，犬小屋等の木製品 4421.90.099 等）がすくない。また協定税率が基本税率よりも低く暫定税率が定められていない例（防水性のゴム製・プラスチック製履物 6401.10号，6401.91号，その他履物 6402.20号等）もすくない。さらに暫定税率が協定税率よりも低い場合（通常のケース），暫定税率が協定税率と同一の場合（牛革 4104.10.311），協定税率が定められていない場合（パスタ，スリッパのようなケース）は，国定税率が実行税率とされる。逆に，上述のように協定税率が暫定税率よりも低い場合，および協定税率が基本税率よりも低く暫定税率が定められていない場合は，協定税率が実行税率となる。つまり，非特恵関係の実行税率は，大部分の場合，暫定税率であり，協定税率が，輸入品に適用される例は，少数にすぎない。とくに機械産品については，協定税率が輸入品に適用される例は，皆無である。これは，原産地規則が協定税率適用のために運用される機会が，極端に少ないことを意味する。

もうひとつの理由は輸入品に適用される暫定税率が低率かつ無差別であることによる。輸入品は，ほとんどの場合，暫定税率を適用されるが，この暫定税率は，1970年代以降の引き下げ措置により，ゼロまたは低率とされており，無差別，同等に適用されている。つまり，輸入品とくに 84類から 92類までのすべての機械産品の関税率は，原産地がどこであろうと，ゼロまたは低率である。したがって，輸入関税率の確定に際しては，輸入品の原産地を厳密に判定する必要はない。関税法上の原産地規則は，この点で，実際的な重要性をもたないのである。ただし，特恵関係の場合は，のちにみるように，原産地規則は，決定的な重要性をもつ。

(ii) 原産地の虚偽表示の規制，輸入統計，輸出品の原産地証明

関税法基本通達68-3-4 の原産地規則は，むしろ，「輸入関税率の確定」以外の目的で，運用されることが多い。

第1に原産地・虚偽表示の規制のための運用がある。日本法のもとでは，輸入品への原産地表示は義務づけられていないが，輸入品に虚偽の原産地が表示されるときは，当該輸入品は，税関当局の規制（輸入不許可等）に服し，その際の原産地認定基準として，関税法上4の原産地規則が準用されるの。第2に輸出品に対して，虚偽の原産地が表示される場合（たとえば韓国製品を日本製と表示して中近東に輸出する場合），経済産業大臣は，輸出入取引法に基づく制裁（輸出停止命令等）を課すことがことができるが，その際，当局は，関税法上の原産地規則に準拠するとされている。関税法上の原産地規則は，さらに輸入統計（統計上の輸入国の確定）のために税関当局が運用し，また輸出品の原産地証明のために商工会議所が適用している。

(iii) 通商法上の原産地規則の適用

不当廉売関税，相殺関税，セーフガード措置，報復関税のための特別の原産地決定基準は定められていない。日本は1993年2月以降中国製のフェロシリコマンガンに対して不当廉売関税を賦課し，また1995年8月からパキスタン綿糸に対して不当廉売関税を賦課したが，これらダンピング課税のための原産地規則と

して当局が援用したのは，一般特恵制度のための原産地規則（関税暫定措置法施行令）であった。

(iv) 政府調達

政府調達のための原産地規則も，明確に定められていない。ただし財務省は，政府調達のための原産地判定基準として，ふたつをあげた。ひとつは調達物品等に付されたラベル，ネームプレート，刻印，織込みマーク等による原産地の表示（たとえば Made in U.S.A, Product of France 等の表示）および製造者名，商標等の表示である。他は，調達物品等に係る売買契約書その他の書類（輸入インボイス，メーカーズ・ボイス，注文請書，船荷証券，保険証券，検査証明書，商品カタログ，パッキング・リスト等）に記載された原産地の表示および製造者名，商標等の表示である。

(v) 国営の輸出保険の運用に必要な原産地認定基準も，明らかではない。貿易保険制度のうち，普通輸出保険設備等包括保険，すなわち，船積み前の2種類のリスク（仕向け国での輸入制限や戦争・革命・内乱・ストライキといった非常危険），輸出契約の相手方の一方的な契約破棄［相手方が政府・公的団体である場合にかぎる］や破産といった信用危険による損失を填補するための国営保険は，原則として，日本の原産品について，保険金の支払いを認めている。しかし，保険の対象となる輸出品の原産地の認定基準は，定められていない。

(vi) 原産地申告

輸入通関に際しての原産地の申告と認定は，関税法上4の原産地認定基準に従って行われるはずであるが，現実は異なる。その理由は，既述のように，日本の輸入関税率が，ゼロまたは低率であるため，原産地を関連法令に基づいて判定する必要がないからである。このため，通関実務では，原産地の認定は，関税法上の原産地認定方法に従って行われている。この規定によると，輸入品の原産地は，具体的に3段階の方法によって認定される。まず，特定書類に記載された表示により，原産地を認定する。特定書類に記載された表示とは，仕入書（invoice）や原産地証明書等の書類に記載された製造者名・商標等の表示，仕入書（invoice）や原産地証明書等の書類に記載された原産地の表示（made in USA, product of France 等の表示）をいう。ただしこれら書類の表示が採用できないときは，3つの手段によって，原産地を認定する。貨物の包装に付された国名・製造者名・商標等の表示，貨物に付されたラベル・ネームプレート・刻印・織込みマーク等による国名・製造者名・商標等の表示，特定国でのみ生産される貨物については，当該国名を明らかにするに足りるその種類，性質，形状である。これによっても原産地が明らかでないときは，原産地証明書を提出させ，これにより原産地を認定する。税関実務で，もっとも多い原産地認定手段は，仕入書・原産地証明書に記載された原産地の表示と包装の表示とされる。そして，これらの方法によっても，原産地が明らかでないときは，統計法通達に従って積出国を原産地としている

る。

フロッピー・ディスクをとりあげてみよう。日本製磁気ディスクを用いて，東南アジアで組み立てられたのち，日本に輸入されたフロッピー・ディスクの場合，輸入申告書の原産地欄には，多くの場合，組立国が記載される。関税法上の原産地認定基準（4桁レベルでの関税番号変更基準）に従えば，関税番号は，磁気ディスクの製造（すなわち，磁性塗料の塗布 coating）により変更するため，東南アジアで組み立てられたフロッピー・ディスクの原産地は，磁性塗料の塗布国である日本になる。したがって，輸入申告にあたり，当該フロッピー・ディスクの原産地を日本としてさしつかえない。とはいえ，このようなディスクの原産地を東南アジアの組立国と申告しても，税関はこの申告を受理している。ただしこの場合，原産地申告が，梱包への原産地表示と一致しているか，統計上の積み出し国と一致していることが要求される。他方，日本製磁気ディスクのほか，他国の部品からフロッピー・ディスクが組み立てられるときは，原産地不明産品とみなされ，原産地不明産品の原産地は，積出国とされる。

集積回路，とくに日本で拡散処理をうけたチップを用いて，東南アジアで組み立てられたのち，日本に輸入される集積回路の場合，関税法上のルールでは，当該集積回路の原産地は，日本となる。なぜならば，4桁レベルでの関税号変更基準のもとでは，拡散工程が原産地を付与するからである。企業が，拡散工程が行われた日本を原産地として申告した例もないわけではないが，多くの場合，企業は，組立国を原産地として申告し，税関によって受理されている。それは，フロッピー・ディスクの場合と同じ理由による。

(vii) 輸入割当制度によるセーフガード措置

経済省は，WTOセーフガード協定とGATT（19条）を実施するため，財務省が運営する緊急関税制度とは独立に，緊急輸入割当措置に関する告示を1994年12月28日採択した。緊急関税の調査は関係省間で合同（農産品の場合は財務省・経済省，農水省）で行われるが，緊急輸入割当制度の調査は経済省単独で行われる。実際上，同じ産品について同時併行的に調査が行われるが，措置は重複しないというコンセンサスが関係省庁間に存在している。緊急輸入制限の必要性があるときは，関税か輸入割当のいずれかの措置がとられる。こうした輸入割当のための原産地規則の内容は明らかでない。

(viii) 財務省所管の報復関税と併行して，経済省が報復割当制度を導入するかどうかも明らかでない。報復措置は，WTO体制のもとでは，WTOの紛争解決機関（Dispute Settlement Body, DSB）または補助金関連ではWTO相殺措置委員会の許可なしには発動できない。報復割当がWTOの許可のもとに特定国の産品に対して適用される場合，原産地規則が必要となるが，その詳細はかならずしも明らかではない。

8 時計に関するスイスと香港の原産地規則

(1) スイスの原産地規則

(i) 一般原産地規則

スイス連邦内閣 (der Schweizerische Bundesrat) は, 1984年7月4日, 原産地証明に関する政令 (Verordnung über die Ursprungsbeglaubigung. VUB) を採択し, スイス原産基準を確定した。これをうけて連邦経済省は, 原産地証明政令に基づき1984年8月15日, 原産地省令 (Verordnung des EVD über den Ursprung) を採択した。これによると, 時計はスイスで完全生産される (vollständig erzeugt) か, 十分に加工される (genügend bearbeitet oder verarbeitet) ときに, スイス原産を獲得する。とくに時計の生産に2カ国以上が関与する場合の十分加工基準は付加価値基準か完全番号変更基準である。付加価値50％基準によれば, 時計の製造に使用された外国原産の原料価額が, 産品の輸出価格の50％を超えないこと, 逆にいえばスイスでの付加価値が50％以上ならば, 時計はスイス原産品となる。関税番号変更基準は, 外国原産原料の関税番号とスイス国内完成品の関税番号がHS4桁レベルで異なることを要求する。この原則に対してポジティヴ・リストとネガティヴ・リストの例外がもうけられている。腕時計, 懐中時計その他携帯用時計 (9101, 9102) については, ムーブメントからの製造が, 原産地を付与する。ただし, 他の輸入用部品 (ムーブメント以外の輸入部品) の価額は, ムーブメントの50％を超えてはならない。なお, 輸入ムーブメント (9108) からの携帯用時計 (9101, 9102) の製造は, 4桁レベルでの関税番号の変更をもたらすから, 関税番号が変更しても, 原産地を付与しない (いわゆる「ネガティヴ・リスト」)。それゆえ原産地付与のため必要な追加的条件 (他の輸入使用部品の価額は, ムーブメントの50％を超えてはならないという条件) が定められたのである。ムーブメント (9108) については, 「完成品の50％を超えない価額の輸入部品からの製造」が, 原産地を付与する。つまり, ムーブメント構成部品 (9114) からのムーブメント (9108) の製造は, 4桁レベルでの関税番号の変更をもたらす。しかし, 輸入部品からのムーブメントの製造が, スイス原産を獲得するためには, 輸入部品価額が完成品価額の50％未満であることが要求された。置時計 (9103), 目覚まし時計・掛時計 (9105), 計器盤用時計 (9104) については, 「完成品の輸出価格の50％を超えない輸入部品からの製造」が, 原産地を付与する, つまり, スイスでの付加価値50％以上でスイス原産が付与される。

(ii) 原産地表示規則

時計についての一般的な原産地決定基準と区別すべきものに, 時計のスイス原産地表示規則がある。1971年12月23日付政令によれば, スイス原産を表示できる時計は, そのムーブメントが, スイスで組み立てられ, スイス製造者によって検査され, 全部品価額の50％以上がスイス製であり (ただし組立経費を算入しないこと), かつ現行制度に従ったスイスの法的な技術的検査に服しなければならない。スイス原産地証明政令が, 原産地証明をうけるための税関分野の規則を定めるのに対し, スイス原産地表示政令は, 税関とは無関係の表示規則を定めている。両者の原産地決定基準は, 異なっており, スイス原産証明書を交付されたからといって, スイス原産表示が許容されるわけではなく, また逆も同じである。

B 香港原産地規則

旧規則のもとでは, 香港で組み立てられた時計は, 全組立工程とケース製造が登録工場で行われるかぎり, 香港原産を認められた。したがって, 輸入ムーブメントを用いて香港で組み立てられた時計は, 香港の原産地を獲得した。要するに, 時計の原産地決定基準は, 「組立工程＋ケース製造」という一種の加工工程基準であった。1990年の改定規則 (Trade Descriptions (Country of Origin) (Watches) Order 1990, 1990年10月3日付香港政庁官報告示, 1991年施行) は, 原産地表示上, 時計の原産地は, ムーブメントの製造国に変更された。換言すれば, 時計の原産地決定基準として, 最重要部品製造国基準が採用されたことになる。このため, スイス製ムーブメントや日本製ムーブメントを用いて香港で組み立てられる時計は, Swiss Made または Japan Made と表示されるおそれが生じた。

9 原産地証明と検査制度

各国は原産地の虚偽申告を防止するため, その証明・検査制度を定めた。

(1) 2種類の証明制度

証明制度は, つぎの2種類にわかれる。

A 普遍的原産地証明 (universal certificates of origin)

普遍的原産地証明は, EU等主要国の場合, 輸入される第3国産品 (日本産品, 中国産品等) と第3国に輸出されるEU産品に関して規定されている。まず, 輸入される第3国産品のための原産地証明 (任意に添付される証明とEU通商法上要求される原産地証明) は, 信頼に値する当局またはこの目的のため当該第3国によって許可された機関 (a reliable authority or agency duly authorized for that purpose by thEUountry of issue) が作成したものでなければならない (EU実施規則47条)。またこの証明は, 必要事項 (梱包数, 産品の種類・重量・数量, consignorsの名称等) を記載し, さらに特定原産地を明記していなければならない。つぎに第3国向けに輸出されるEU産品のための原産地証明は, EU加盟国の権限ある当局または許可された機関によって作成され, 上記と同様の必要事項を記載していなければならない。この証明はEUの原産証明であるが, 輸出取引上必要なときはEUのいずれかの特定加盟国の原産証明であってもよいとされる (EU実施規則48条)。

上記の原産証明の様式は自由ではなく, サイズから記載事項にいたるまで実施規則に細かく規定されている。

B 第3国農産品のための原産証明 (certificates of origin for certain agricultural products)

EU等主要国の場合, 農産品の非特恵貿易に関して

特別の証明制度がとられている。これによると、証明書の発効機関は農産品輸出国の権限ある政府当局 (thEUompetent governmental authorities of the third countries concerned) でなければならない (EU 実施規則56条2項)。原産証明の様式は実施規則に定められている。

(2) 証明書の検査制度

検査は、通常第3国農産品の証明書について行われる。そして検査のための、輸入国と関係輸出国との行政協力が定められている。これによると、農産品の証明書の真偽は、貿易規制に関する取決めのなかで特段の定めのないかぎり、行政協力 (administrativ EU ooperation) の形で行われる。このため、まず輸出国当局は、証明書の発給機関と原産証明検査機関の名称・住所・印章を輸入国に送付する。輸入国当局はこれら情報を自国の証明書発給機関に回付する。証明書に関して実地検査が必要となれば、こうした事後的検査 (subsequent verification) は、輸出国税関の発意により、つぎの場合に開始される。(i) 輸出国の原産地証明書の真正が疑われ、(ii) 随時検査が必要となる場合である。輸出国検査の開始にあたり、輸入国当局は調査理由を付して、問題の証明書を輸出国当局に送付し、検査を輸出国当局に委ねなければならない。この検査が終了するまで、輸入国は当該農産物の輸入を停止することができる。輸出国当局の検査は可能なかぎり速やかに行われる。要するに、各国法は、京都規約議定書が定める(i)輸出国当局証明と(ii)輸入国の要請に基づく輸出国検査を採用していることになる。輸出国での実地検査に、輸入国が乗り込むことはできない。国家主権配慮の慣行が働いている。

しかし、輸出国検査制度は建前にすぎない。EUは、この建前を標榜しつつ、現実には必要におうじて輸入国 (EU) の独自検査制度を適用している。それが EU の詐欺防止機関 (Office de la Lutte Anti-Fraude. European Anti-Fraud Office.OLAF) の検査である。たとえば EU での中国産ニンニク事件 (Garlic imports from China) があげられよう。この事件で、EUは1993年中国産ニンニクの輸入を規制するため原産証明制度を導入した (Regulation No 1137/98 of 29.5.1998. OJ L 157)。ところが規制導入後、中国以外の原産地 (Iran, the United Arab Emirates, Malaysia, Jordan, India 等) を記載するニンニクの EU 向け輸入が急増した。このため委員会内部の詐欺防止機関 (UCLAF) は原産地の真正に疑いをいれ、独自に調査を開始した。調査の結果、たとえば Malaysia ではニンニク生産のないことが判明し、UCLAF は原産地詐称を認定した。これは非特恵分野での虚偽の原産地証明書に関する先例となった。

(3) OLAF の独自性と権限

A 設立と独自性

OLAF は欧州委員会が設置した詐欺防止のための独立調査機関であり、つぎの独自性をもつ。

第1はその位置づけである。まず OLAF は形式上委員会の下部機関のひとつである。同じ下部機関の旧 Origin Committee・現 Customs Code committee/Origin Section と同様、委員会代表と EU 加盟国代表からなる。しかしメンバーの顔ぶれは Origin Commmittee のそれと異なる。また Committee が非特恵・特恵分野の原産地問題を所掌するのに対し、OLAF は原産地をふくむ詐欺関連事項を扱う。OLAF 代表は Committee の会議につねに出席する。OLAF はこれによって原産地問題を素早く追跡する。Committee に出席する OLAF 代表は、Committee の委員会代表のなかに含まれる。

OLAF の設立根拠は、委員会の EU 予算執行義務 (EU 条約274条、280条) にある。その目的は、EU 財政利益を損なう詐欺的行為・汚職・違法行為 (fraud and any other illegal activities detrimental to thEUommunities' financial interests) を調査・防止することにある。1999年、委員会により設立された。一般に委員会の下部機関は、EU 個別問題を扱う総局 (貿易総局 DG Trade, 競争総局 DG Comp 等) と OLAF を含むその他特別機関に大別される。OLAF は、委員会の下部機関であるにもかかわらず、詐欺防止に関し、委員会を含むすべての EU 機関に対し、独立調査権をもつ。OLAF の前身は委員会の内部機関 (1988年設立の the Unit for the coordination of Fraud Prevention. UCLAF) とこれを引き継いだ Task Force for Coordination of Fraud Prevention であった。しかし歴史に汚点を残した委員会総辞職事件をきっかけとして、委員会は強い独立性をもつ機関として OLAF を設置した。OLAF の長は委員会が4年の任期で任命する Director である。委員会はこのため欧州議会と理事会に諮問したのち、Director を任命する。Director は詐欺調査の実施と調査結果報告の作成にあたり、いかなる政府または機関の指示を求めてはならない。Director が委員会の措置によって独立性を危うくされると考えるときは、委員会を相手どって EU 司法裁判所に訴えを提起することができる。Director は、OLAF の調査結果を欧州議会・理事会・委員会・会計監査院に定期的に報告する。OLAF を監督するのは、Supervisory Committee である。Supervisory Committee は委員会の上述 OLAF 設立決定 (Commission DEUision of 28 April 1999 establishing OLAF) により設置された。その監督任務の詳細は、欧州議会と理事会の規則 (Regulation No 1073/99 of 25 May 1999) により定められた。これによると、Supervisory Committee は5名の独立性の高い構成員から組織される。構成員は加盟国の上級ポストの経験者であり、3年の任期 (再選可能) で欧州議会・理事会・委員会の合意に基づいて任命される。OLAF の Director は委員会の disciplinary sanctions をうける。ただし、こうした sanctions は、委員会が Supervisory Committee に諮問したのちにのみとられる。

B 権限

OLAF の行政的調査 (Administrative investigations) は対外的調査 (external investigations) と対内的調査 (internal investigations) に分かれる。前者は，OLAF が加盟国または第3国との協力協定（cooperation agreements）に基づいて第3国で行う調査をいい，後者は，OLAF が共同体機関内部で行う調査をいう。OLAF の調査は詐欺防止に関するすべての問題に及ぶ。それは i 特恵関税の徴収，ii 原産地詐称による通常関税の支払い義務の回避にわたる。原産地詐称とは，特恵受益国でない国の産品を特恵受益国の産品であると詐称して特恵関税を詐欺的に享受し通常関税の支払いを免れる脱税行為をいう。典型は不正申告に基づいて特恵原産証明を取得し EU 向け輸出品に添付する行為である。さらに OLAF の権限には，GSP や FTA の特恵待遇をうけるため，生産・輸出者または輸入者が，付加価値計算にあたり付加価値を故意に高く算定し特恵原産地証明書（Form A, EUR.1）を取得し，通常関税の支払いを避ける脱税行為をふくむ。

第2節 非特恵原産地規則の国際的調和と WTO 協定

非特恵原産地規則の問題点（規則のバラツキと通商政策的運用等）を克服するため，WTO 原産地規則協定は非特恵原産地規則の国際的調和を予定した。

1 WTO 原産地規則協定の骨子

WTO 原産地規則協定は，非特恵規則の国際的調和と規律を定めた。

(1) 原産地規則の国際的調和と手続

従来国ごとに異なっていた非特恵関係の原産地規則が調和作業の対象である。この規則は，各国の法令や行政上の決定のなかに定められていた非特恵目的のすべての原産地規則をカバーする。したがって，それは，最恵国待遇・ダンピング防止措置・相殺関税・セーフガード措置・原産地表示（GATT 9条）・差別的数量制限・関税割当・政府調達・貿易統計のための原産地規則を含んでいる。ただし，ダンピング防止法等との関連で行われる「国内産業」または「国内産業の同種の産品」を定義するための原産地規則は，調和の対象からはずされた。

(2) 調和手続

WTO が WCO（World Customs Organization 世界関税機関）の協力をえて3年以内に調和作業を完了する。WTO が WCO という別組織の協力を必要としたのは，WTO が主に各国通商政策担当者から構成され事務局にも原産地規則の専門家をおいていないこと，これと対照的に WCO は各国財務省・税関職員から構成されしかも原産地規則関連の作業を長年実施してきたからであった。

調和作業は大別して2段階からなる。

まず WCO 技術委員会が技術的検討を重ね産品別の調和ドラフトを作成する。WCO のドラフトは，WTO 原産地委員会へ送付され，そこで審議され承認がえられれば確定する。しかし WTO での審議が妥結しないときは，個別ドラフトは WCO に差し戻され，WCO は修正ドラフトを練りこれを WTO に送付する。WCO ドラフトは WTO で承認されるまで修正される。

WTO が全品目の調和原産地規則を承認すると，調和規則は最終的に WTO 原産地規則協定のなかに附属書Ⅲとして追加される。WTO 加盟国はこの附属書を実施するため国内法のなかに調和規則を導入する。

(3) 原産地規則に関する規律

A 協定規定

WTO 加盟国は，調和作業の間（経過期間）のみならず調和作業の完了後も，原産地規則の適用が通商を制限しないようにするため一定の規律（無差別適用，一貫性，透明性，原産地認定，遡及的適用の禁止等）に従う。この規律は拘束力をもち，加盟国による規律の遵守状況は，WTO 原産地規則委員会によってレビューされる。

経過期間後は，調和された原産地規則が適用されるため，もはや客観性，中立性，ポジティヴ・スタンダードといった規律は不要となるとされた。したがって経過期間中の規律のなかでは，一定のものだけが，経過期間後もひきつづき適用されることになる。それは無差別性，一貫性，透明性，遡及的適用の禁止，行政決定の再審査，秘密情報の保護等である。

GATT 時代に米国と EC が，非特恵原産地規則を用いてダンピング防止税の迂回を防止したことはすでにのべた（第4部第7章「迂回防止措置」）。WTO レジームのもとでも，原産地規則の通商政策的運用の事例が以下のように散見される。

B GATT 時代の韓国原産地規則事件

韓国は1980年代初頭から輸入先多角化品目制度という特異な貿易規制を導入した。そのねらいは日本のハイテク産品の直接輸入を禁止し，韓国国内産業を保護することにあった。しかし，日本産品は第3国経由で韓国市場に迂回輸入されるおそれがあったため，韓国は迂回防止のために特別の原産地規則を制定した。それがいわゆる35％付加価値基準であった。

韓国の迂回防止の対象とされたのは1991年当時，日本からのセンシティヴ17品目（HS4桁）であった。それは，陰極線管用ガラス製バルブ（7011.20），デジタル式自動データ処理機械・プリンター・Floppy disk drive（8471），手持電動工具（8508），電気炊飯器・保温ジャー（8516），FAX（8517），アンプ（8518），レコードプレーヤー・CDP（8519），デジタル式テープレコーダー（8520），VTR（8521），テレビジョン・カメラ（8525），レーザー光学読取装置付ラジオ等（8527），CTV 等（8528），アンテナ・アンテナ反射器（8529），35ミリ以下写真機（9006），静電式間接式複写機（9009.12），アナログ式腕時計（9102），電子ゲーム機（9504）であった。これらセンシティヴ品目は，93年7月には51に，さらに94年1月には41に推移した。

韓国は上記特定品目に関し、日本からの直接輸入のほか、第3国経由の迂回輸入を禁止するため、つぎの原産地規則を制定した（対外貿易管理規定別表6-2）。
① 35％付加価値基準（35％以上の付加価値を生産または最初に供給した国を原産地とする）、または
② 付加価値35％形成国がない場合、または2国以上である場合は、主要部品生産国基準または主要工程国基準（主要部品の生産国または主要工程の実施国を原産地とする基準）

付加価値率は「原材料の原産地別価格累計」を「産品輸入価格（FOB）」で割った率とする。また主要部品生産国基準が適用される場合の主要部品とは、ワープロにとっての中央演算処理ボード、CDP・VTRにとってのピックアップ・アッセンブリー、CTV陰極線管にとってのガラス・パルプ、複写機にとってのドラム、電子ゲーム機にとっての中央演算処理ボードをさした。

こうした付加価値基準により、日本企業が東南アジア諸国（シンガポール等）で生産する産品は、日本製重要部品を含むかぎり、高い日本コンテントにより、日本産と判定され、韓国の輸入制限の対象とされたのである。

しかし、この付加価値原産地規則は、国際情勢のながれのなかで廃止された（韓国は1997年11月のアジア経済危機にさいしIMF緊急支援を受けその見返りとして制度を廃止した）。産業資源部告示1999-521号（1999年12月4日）によれば、35％付加価値基準は2000年6月まで効力をもち、2000年7月以降、基準は失効した。

C WTO時代の米国繊維原産地規則事件

米国は従来スカーフやネクタイの原産地基準として加工国基準を採用していたが、1996年7月、この基準を製織国基準に変更した。基準の変更はECを激怒させた。イタリア等が中国製素材（絹織物等）から欧州で製造していたスカーフ・ネクタイは、加工国基準のもとではEC産となり米国の繊維クオータの対象とならなかったが、製織国基準のもとでは製織国・中国となり、対中クオータの対象とされたからである。ECは米国を相手どってWTO紛争解決手続を開始したため、米国は基準を元に戻すことでECと合意した。しかし、こうした米国の基準改正とそれにともなう規則の複雑化は、2002年6月、インドのWTO提訴［巻末表20-27］を受けた。

米国は2000年貿易開発法405条によってスカーフ・ネクタイ・ベッド用品等の繊維製品の原産地規則を変更した。これによると繊維製品の原産地は原則として製織国とされるが、これには例外がもうけられた。絹綿製繊維製品の原産地は、例外的に織物に染色加工仕上げが行われた国とされた。染色加工仕上げは、織物への染色プリントと2以上の仕上げ工程からなる。このいわゆる染色仕上げルールは、EC産品に有利でインド産品に不利に適用されるとインドは主張した。イタリアで染色仕上げされた絹製スカーフはEC原産品となり米国クオータの対象とならないが、インドで染色仕上げされた綿製スカーフはインド原産品となり（2005年1月までの）米国の対印クオータの対象となったからである。したがって米国規則は、EC産絹スカーフとインド産綿スカーフという密接に関連した産品のあいだに——つまり密接に関連したWTO加盟諸国の産品を——差別をもうけた、とインドは指摘した。これは、各国原産地規則が調和されるまでの規律を定めたWTO原産地規則協定（2条d）に違反するとインドは締めくくる。この規定は「輸入品に適用する原産地規則」が「他の加盟国の間で差別的で」あってはならないと定め、輸入国がすべてのWTO加盟国産品に対して原産地規則を無差別に適用するよう定めているからである。しかし、パネルは2003年6月、インドは米国規則がWTO原産地規則協定（経過期間中の規律である通商政策目的の追求、無差別原則等）に違反することを立証できなかったとしてインドの主張を退けた。

しかしこれら事例は調和原産地規則が採択されるまでの経過期間が何年かかろうと、その期間のあいだは、各国が原産地規則の採択・修正・適用にあたって、厳格な規律に服し、規律違反はWTO紛争解決手続にゆだねられることを意味する。

D WTO時代のEC原産地規則

ECはWTO時代にはいってから、迂回防止措置のため、EC非特恵原産地規則を適用した。すでに迂回防止税に関連してのべたように、トルコ組立TVや中国組立TVに関する事例がある。

2 原産地規則の調和作業のスケジュールと調和基準

(1) 調和作業のスケジュール

WTO協定によれば、原産地規則の調和作業は、機械産品の場合、つぎのスケジュールに従ってすすめられる。

まず、個別産品の調和基準として関税番号変更基準の排他的採用が適切かどうかが検討される。この検討の結果、産品の調和基準として関税番号変更基準のみを用いることが妥当と判定されるならば、当該産品の調和基準を関税番号変更基準とするドラフトがWCOにより採択され、これがWTOでの審議・承認に付される。

つぎに、個別産品の調和基準として関税番号変更基準のみを採用することが不適切であることが判明した場合、他基準——すなわち付加価値基準または加工工程基準——を、補足的にまたは排他的に採用できるかどうかが検討される。

(2) 調和基準

産品の調和基準として想定できるのは、(1)関税番号変更基準の排他的採用、(2)関税番号変更基準と他の補足的基準の採用（たとえば関税番号変更基準と付加価値基準の選択方式）、(3)他基準の排他的採用（たとえば付加価値基準のみの採用）等のいずれかになる。これら調和基準は、WTO協定によれば、所定の要件を満たさなければな

らない。それは，客観性をもち理解可能であり予見可能性をもつこと，貿易制限効果を創設しないこと，過度に厳格でないこと，製造工程に関係しない基準（たとえば研究投資）を要求しないこと，一貫性をもつこと，ポジティヴ・スタンダードであることである。

第3節　原産地規則の調和作業の動向と各国提案

1　WCOとWTOでの調和作業

WCOとWTOでの調和作業は，予定よりもおおはばに遅れた。作業開始後3年以内に調和作業が終了する目算ははずれた。WCOが最終検討結果をWTOに提出したのは1999年6月であった。もっともWCOレベルで妥結した調和基準は非センシティヴ品目にかぎられ，重要品目の調和基準は結局WTOでの継続交渉課題とされた。しかしWTO原産地規則委員会は，2001年すえ，最終報告書を一般理事会に提出し，未決案件の決定を一般理事会に委ねた。このため調和作業は形式上，一般理事会レベルで行われるようになった。もっとも，技術的問題は適宜WTO原産地規則委員会に委託され，委員会の検討をふまえて一般理事会が討議するプロセスがとられている。2001年末で94件の中核政策問題（Core Policy Issues）が未決案件とされた。これは「影響問題」（implication）と93件の個別原産地規則に関する問題からなりたっていた。一般理事会と原産地規則委員会は，個別原産地規則の課題を解決したが，いまだセンシティヴ品目の課題（機械組立は原産地を付与するかどうか等）は未解決である。WTOの審議はかくして1年ずつ延長され現在にいたっている。

2　調和作業の争点

未解決の争点は，大別して品目別の調和原産地規則，調和原産地規則の影響，全体設計に分けられる。

第1の最大の争点は，個別産品ごとの原産地規則のうち，機械（自動車，電子産品），繊維等センシティヴ品目の規則をどのように調和するかにある。これについては，調和規則として関税番号変更基準を提唱する日米カナダ等と付加価値基準を主張するEC等との間に対立がある。日米は，機械産品の組立検査工程を（単純組立は別として）実質的工程とみなすのに対し，ECは，組立検査工程を非実質的な工程とみなしている。それゆえ，ECは，調和基準として付加価値基準や過重な関税番号変更基準（組立工程プラス専用部品製造工程基準）を提案しているのである。しかし，付加価値基準は，計算が面倒なこと，産品の付加価値が為替変動で日々変動し原産地資格が不安定であること，迂回防止目的のために使用されるおそれがあること等の批判をあびている。

第2に，原産地規則がかりに調和された場合，調和規則はどのような影響（implication）を既存のWTO協定の実施にあたえるのか，換言すれば調和規則はすべての非特恵目的のために適用すべきか，それともダンピング防止措置・相殺措置・セーフガード措置・検疫措置等は調和規則の適用対象から除外するかどうかという論点がある。米国はダンピング防止措置を調和規則の適用対象から除外する切離し論（de-coupling）を展開している。これは調和原産地規則として関税番号変更基準が採用されると，とくに機械産品の場合は，組立工程によって原産地が付与されるため，ダンピング防止税の「迂回」（circumvention）が容易に行われるという危惧が米国にあるからである。しかし，WTO原産地規則協定は，調和規則はダンピング防止措置を含むすべての非特恵目的のために適用すると定めており，米国の主張はこの観点から日本・インド・韓国の批判をあびている。

第3に，調和規則を適用するための全体設計（overall architecture）に関する議論がある。

3　将来の調和原産地規則

調和作業が完了すると，調和原産地規則は，WTO原産地規則協定に追加される附属書Ⅲのなかに規定される。したがってWTO原産地規則協定は，現行の協定規定（前文，1-9条），附属書Ⅰ「原産地規則に関するWCO技術委員会」，附属書Ⅱ「特恵原産地規則に関する共同宣言」，附属書Ⅲ「調和原産地規則」という構成になる。

附属書Ⅲは，総則（General Rules）と付表（Appendix）Ⅰ，Ⅱから成る。総則は調和原産地規則の適用に関する一般ルールを定める。付表Ⅰは，完全生産品の原産地決定基準を，また付表Ⅱは，産品の製造工程に複数の国が関与する場合の原産地決定基準を産品別に列挙する。このような産品別原産地決定基準のマトリックスに先だち，総論的な適用ルールがおかれる。

以上のうち，原産地決定のため必要な総論規定（総則，付表Ⅱの原産地決定ルール）が全体設計（overall architecture）と呼ばれている。

全体設計のなかの基幹は，原産地決定のための1次的ルールと2次的ルールである。産品の生産過程に複数国が関与する場合，原産地はまず1次的ルール（primary rule）に従って判定され，それでも原産地が決定できないときは，2次的ルール（residual rule）に基づいて原産地判定が行われる。これら1次的ルールと2次的ルールの適用方法や中身について交渉が行われてきた。さらに全体設計のなかに補足ルールがおかれている。補足ルールの主要なものは，デミニミス・ルール（de minimis rule），中間財ルール（intermediatematerials），代替可能産品ルール（fungible goods and materials）であり，これらについての交渉はおおむね終了したとされる。しかし，最終決着といえるかどうかが怪しい。

今後の審議は2段階にわたる。まず，産品別原産地決定基準の確定，Implications（影響問題）の処理，全

体設計の再検討が行われなければならない。そしてこれら作業が完了した段階で，作業結果が「全体の整合性」（overall coherence）の観点から検討されることになる（協定9.3条）。1996年6月に開始された調和作業は2006年8月で10年を越した。ドーハ開発ラウンドと同様，調和作業が中断される可能性もないとはいえない。調和原産地規則がWTOの非特恵レジーム全体に適用される以上，主要国は自国利益のために譲歩する余裕をもたないのである。

4 2007年6月以降現在にいたるまで，WTO原産地規則委員会の議長提案は妥結をみていない。非特恵原産地規則の交渉が開始されて十数年をへた現在の課題を整理しておきたい。

(1) 議長提案の評価

議長提案はつよい政治的色彩をおびている。この提案が付加価値基準を唱導してきたブラジル代表から提起されたことに注意を向ける必要がある。議長提案はまた機械類に関する調和原産地規則として，関税番号変更基準と付加価値基準の選択を輸入国にゆだねた点で問題がある。これはWTO原産地規則協定自体と整合しない。もっとも特恵原産地規則のいくつかは2基準を併記している。しかし，いずれの基準を選ぶかは輸入者・輸出者・生産者の裁量である。現行の各国非特恵原産地規則のなかにも輸入国選択制度はない。議長提案の選択制度は，機械一般についての2者択一と自動車（およびコンピューター）についての特別選択からなりたっている。ここに，自動車の原産地判定をめぐる国家間の対立が凝縮されている。

1次的ルールに関する評価は，2次的ルールにもあてはまる。さらに，議長提案は，付加価値計算を工場出荷価格ベースで行うとしている。これは，ダンピング分野の正常価額算定方式と同じである。付加価値基準を採用する輸入国としては，輸入品の原産地判定と貿易救済措置を，工場出荷価格ベースの価額算定で，同時に行うことができる。もしそうなると，原産地判定に基づく迂回防止措置が可能となる。

(2) 議長提案が採択された場合のメリット・デメリット

A メリット

議長提案を含む産品別調和原産地規則が採択されると，機械以外の産業のなかには統一ルールから一定の恩恵（原産地判定の法的安定性等）をうける企業もある。そのような産業分野では原産地判定をめぐる紛争は終息する。これが最大のメリットである。

B デメリット

(i) 新体制の樹立

機械産業分野では，逆に，数多くの不利益が生まれる。議長提案の受忍は，「現状の追認」を意味しない。それは，いまだかつてなかった新しい体制の樹立を意味する。もっと核心をつけば，それは「現状の悪化」といってさしつかえない。

現行の原産地規則の採択・修正・適用は，WTO原産地規則2条の経過期間中の規律に服する。経過期間とは調和原産地規則が採択されるまでの期間をいう。したがって，調和交渉が何年かかろうと，経過期間中の規律は，WTO加盟国の原産地規則に適用されるのである。規律として，規則の通商政策的適用の禁止や過度に厳格な規則の禁止等がうたわれている。WTOで争われた米国2000年貿易開発法事件の争点はまさに米国の特定繊維原産地規則が過渡期間中の規律に反するかどうかにあった。

EUや米国は原産地判定に基づく事実上の迂回防止措置をWTO体制下でもやや控えめにおこなってきた。その要因のひとつにWTO原産地規則協定の経過期間中の規律があることはいうまでもない。中国のダンピング防止法も迂回防止措置を規定したため，米欧迂回防止措置の対象となる中国はWTOに提訴することができない。

(ii) 新体制と状況の悪化

議長提案をふくむ調和原産地規則が採択されるとさらにいくつかの不都合が生ずる。第1は，WTO原産地規則協定の適用ルールが変わることである。調和作業の完了後は，調和原産地規則の無差別適用・一貫性・透明性・遡及的適用の禁止・行政決定の再審査・秘密情報の保護等の規律のみが適用される。調和原産地規則は，それ自体中立的なものと考えられたため，もはや通商政策的運用の禁止は不要とみなされるのである。

第2に，議長提案の許す付加価値基準が適用されると，付加価値計算をもとに原産地が判定され，この原産地判定に基づいて貿易救済措置がとられるおそれがある。言葉をかえれば，GATT時代の「原産地判定に基づく迂回防止措置」が蘇生する。もっとも調和規則の採択後，原産地判定に基づいて迂回防止措置がとられる場合，パネル・上級委員会がその適否をどう判定するかは明らかではない。さらに併行審議されている迂回防止措置交渉に対してどのような影響をあたえるかも危惧される。

(3) 議長提案が採択されない場合のメリット・デメリット

A メリット

このメリットはWTO原産地規則協定の経過期間中の規律が適用されることである。そして問題の多い議長提案を批判し，複数の提案を行うことができよう。1次的ルールに関する「関税番号変更基準と付加価値基準の輸出生産者選択制度」の主張，2次的ルールの練り直し，付加価値の計算をFOB価格ベースで行う提案，その他技術的修正である。いわば仕切り直しを果敢に行うことができるメリットがある。

B デメリット

議長提案が採択されなくても，格別のデメリットは生じない。原産地紛争がおきればWTO紛争解決手続きにゆだねられる。そして，WTOルール（原産地規則協定，ダンピング防止協定等）との整合性が問われる。要するに，議長提案が採択されたときのデメリッ

表7-2 附属書Ⅲの構成（概観・詳細）

附属書Ⅲの構成（概観） 　(i)　総則 1-6 　(ii)　「付表Ⅰ」Appendix Ⅰ（完全生産品） 　(iii)　「付表Ⅱ」Appendix Ⅱ（産品別原産地規則 Product-SpEUific Rules of Origin） 　　　　通則（Rules）1-7：適用範囲 　　　　個別産品ごとの原産地規則のマトリックス
附属書Ⅲの構成（詳細） 総則（General Rules） 　総則1：適用範囲（非特恵目的の適用） 　総則2：HS関税分類 　（総則3：定義（先頭に移動）） 　総則4：原産地決定（Determination of origin. 総則・Appendix 1.2 に従って決定） 　［総則5：De minimis］ 　総則5：Minimal operations or processes（輸送のための保存・貯蔵等） 　総則6：Neutral elements（燃料，施設，工作機械等） 　総則7：包装 　［総則8：De minimis］ Appendix 1（完全生産品）：公海上の漁業資源につき漁獲した船舶のいわゆる船籍国を原産地とする基準や，マンガン団塊等の深海底資源につき深海底の開発権をもつ国を原産地とする基準が合意されている。 Appendix 2（産品別原産地規則 Product-SpEUific Rules of Origin） 　Rules 1-6 　　Rule 1：適用範囲（完全生産品以外の産品のための原産地規則） 　　Rule 2：原産地決定ルールの適用順位（1次的ルール，2次的ルール） 　　Rule 3：適用規則（Rules of application） 　　Rule 4：中間財（Intermediate materials） 　　Rule 5：特別規定 　　　　(a) Accessories and spare parts and tools 　　　　(b) Fungible goods and materials 　　　　(c) Putting up in sets 　　［Rule 6：De minimis］ 　個別産品ごとの原産地規則のマトリックス 　　①　（Chapter Notes） 　　②　産品別の2次的原産地決定ルール（Primary rules）

トのほうが，採択されないときのデメリットよりもはるかにおおきい。

(4) 対　策

対策としてつぎのものが想定できる。

第1は議長提案を拒否し新提案を提出する選択肢である。議長提案の受諾は状況の悪化をまねくからである。

第2は影響（implication）問題それ自体がナンセンスと再認識することである。WTO原産地規則協定は調和規則はダンピング防止措置をふくむすべての非特恵目的のために適用すると定めている。それゆえ影響問題を討議する不毛性を強調すべきであろう，ちなみに調和原産地規則の適用範囲から貿易救済措置等を切り離す「de-coupling 論」を公言している国はない。切り離し論を展開しているのは，民間（とくに電子機器業界）である。民間が政府とは独立にこうした提案を行うことがいっそう不毛の議論を呼ぶ。

第3に，調和規則を適用するための全体設計（overall architEUture）の再論がむしろ望まれる。

第4に，調和作業が完了した段階で，作業結果が「全体の整合性」（overall coherence）の観点から検討される（協定9.3条）。これをみすえて個別原産地規則を見直さなければならない。議長提案の原産地決定基準は産品により厳格さがおおきく異なる。機械産品の全体を俯瞰しつつ，特定センシティヴ品目の基準をいまいちど再検討する必要がある。

第4節　調和原産地規則案の概要

2001年末，WTO原産地規則委員会は最終報告書を一般理事会に提出し，未決案件の決定を一般理事会に委ねた。このため調和作業は一般理事会レベルで行われるようになった。もっとも，技術的問題は適宜WTO原産地規則委員会に委託され，委員会の検討をふまえて一般理事会が討議するプロセスがとられている。2001年末で94件の中核政策問題（Core Policy Issues）が未決案件とされた。これは「影響問題」（impli-

第1章　非特恵原産地規則

cation）と93件の個別原産地規則に関する問題からなりたっていた。一般理事会と原産地規則委員会の審議は1年づつ延長されて現在に至る。WTOは壁につきあたっていっぽも踏みだすことができない。

1　調和原産地規則の位置付け

調和原産地規則は，WTO原産地規則協定に追加される附属書IIIのなかに規定される。

したがってWTO原産地規則は，調和作業が終了すれば，(1)従来のわずかな規定（前文，第1部-第4部，附属書I・II）と(2)新しい膨大な附属書III（Annex III）から構成されることになる。附属書IIIに挿入される「調和原産地規則」は，定義（Definitions），総則（General Rules）とAppendix I, IIから成る。定義は，材料，非原産材料，原産材料等についての解説を行っている。総則は，調和原産地規則の適用に関する一般ルールを定める。総則のルールはその位置から明らかなように全産品（Appendix 1,2）に共通の横断的規範となる。Appendix 1は，1国で完全生産される産品，すなわち完全生産品（農漁業狩猟品等）のための原産地決定基準を定める。Appendix 2は，製造工程が複数の国に跨る産品（機械工業産品，繊維製品等）のための原産地決定基準を定める。産品別に個別の原産地決定基準が列挙される。このような産品別原産地決定基準のマトリックスに先立ち，適用ルールがおかれた。この適用ルールは上述の総則とは異なりAppendix 2の全産品に共通の横断的規範となる。

以上のうち，原産地決定のため必要な総論的規定（総則，Appendix 2の原産地決定ルール）はoverall architEU-ture（全体設計）と呼ばれている。全体設計は，調和原産地決定基準の適用順位，影響問題，狭義の全体設計からなる。ここではまず，適用順位と関連イシュー（横断的ルール，主要産品に関する調和原産地規則案）のみを扱う。影響問題，狭義の全体設計は節をあらためて検討する。

2　調和原産地決定基準の適用順位

適用順位は，非完全生産品（機械産品等）に関し，1次的ルールの原産地決定・適用順位と2次的ルールのそれをつぎのように定める。

3　1次的ルールの原産地決定・適用順位

(1) 自然・未加工状態/特定生産工程ルール

1次的ルールが当該産品の原産地を「産品が自然・未加工状態で得られた国」（natural or unprocessed state. a spEUifically designated stage of production）または「特定の生産工程が行われた国」と定めている場合の原産地決定基準をいう。したがってこれらは，1次的ルールのなかの部材生産基準に照準をあてる。このルールのうち，自然・未加工状態ルールは，1999年9月時点で仮のコンセンサスが成立した。自然・未加工状態ルールの適用例は，米（HS.1006）である。米は収穫後加工されても，籾米が自然・未加工状態で得られた国（収穫国）を原産地とする。つぎに米国が提案した特定生産工程ルールの適用例は，集積回路（HS.8542），ガラスくず（HS.7001. waste of glass），および繊維製品（flat product textile products）等である。これらはそれぞれの部材（集積回路のwafers，織物fabrics等）が特定の生産工程をうけた国（集積回路の拡散工程国，製織国等）を原産地とする。それゆえ，これら部材は，特定生産工程の

表7-3　調和原産地規則案の構成

```
定義
総則（General Rules）
    総則1：適用範囲（非特恵目的の適用）
    総則2：HS関税分類
    （総則3：定義（先頭に移動））
    総則4：原産地決定（Determination of origin. 総則・Appendix 1.2に従って決定）
    総則5：De minimis
    総則5：Minimal operations or processes（輸送のための保存・貯蔵等）
    総則6：Neutral elements（燃料，施設，工作機械等）
    総則7：包装
Appendix 1（完全生産品）
Appendix 2（産品別原産地規則 Product-SpEUific Rules of Origin）
    Rules 1-6
        Rule 1：適用範囲（完全生産品以外の産品のための原産地規則）
        Rule 2：原産地決定ルールの適用順位（1次的ルール，2次的ルール）
        Rule 3：適用規則（Rules of application）
        Rule 4：中間財（Intermediate materials）
        Rule 5：特別規定
                (a) Accessories and spare parts and tools
                (b) Fungible goods and materials
                (c) Putting up in sets
        ［Rule 6：De minimis］
    個別産品ごとの原産地規則のマトリックス
        ①　(Chapter Notes)
        ②　産品別の1次的原産地決定ルール（Primary rules）
```

のち他の国で別のさらなる加工をうけても，部材生産国の原産資格を維持する。米国が特定生産工程ルールを提案した狙いは，部材生産基準を産品別マトリックスから Appendix 2/Rule 2 に移行させることにあった。合意の形成を速めることにあった。もっともこのルールが今後他の提案との関係で削除される可能性は否定できない。

(2) 1次的ルール (primary rule) の適用順位

1次的ルールの優先適用についてはおおまかなコンセンサスが存在する。ただし香港のみは上述の自然・未加工状態／特定生産工程ルールをこの1次的ルールに統合すべきことを提案している。1次的ルールの中身について，主要国は対立しており，それは，EUの付加価値基準と日米加等の関税番号変更基準の対立に単純化される。もっとも日米加等の関税番号変更基準は産品ごとにさまざまに異なっており，それは，工程面からみれば，組立工程基準，組立プラス重要部材生産基準（除外条項），部材生産国基準にわかれている。日本が大方の産品について組立基準を主張するのに対し，米国は重要産品につき組立プラス重要部材生産基準(TV等)，部材生産国基準(集積回路)を提案している。

(3) 直前加工国ルール

産品が関税番号変更等をもたらさない微小工程をうける場合，最終産品の原産地は，当該工程の直前の加工国とされる。たとえば調整不凍液 (HS. 3820. Antifreezing preparations) は，不凍液に添加物 (additives) を添加して製造されるが，添加物の添加は関税番号変更をもたらさない「微小工程」であるため，調整不凍液の原産地は，未調整不凍液の製造国とされる。したがって未調整不凍液が部材生産国で製造され，添加物の添加が最終生産国で行われる場合，最終産品の原産地は部材生産国となる。このルールを米国は非公式・内部文書のなかで origin-retention rule (部材原産資格・保持ルール) と呼んでいる。

4　2次的ルールの原産地決定・適用順位

上述の1次的ルールで原産地が決定できないときは，マトリックスのなかの Chapter 別の2次的ルール ((Chapter level residual rule)) に基づいて原産地を決定する。とくに機械類 (HS. 84-90) のための Chapter レベルの2次的ルールとして米国はつぎの選択肢を提示した。

(1) 5 parts rule

5以上の輸入専用部品から組立を行う場合，組立国を原産地とする。NAFTA マーキング原産地ルールにヒントをえたものである。NAFTA マーキング規則のもとでは，産品の原産地は関税番号変更によって決まるが，関税番号変更が単なる組立に基づくときは原産地を付与しない。このような単純組立は NAFTA ルールによればつぎのように定義づけられた。「5以下の部品 (すべてが外国製部品であって，ネジ，ボルトのような締付具を除く) を，ボルト締め，にかわ付け，はんだ付け，裁縫または軽微工程以上ではない他の手段によって一体化すること」。そこで米国政府は，5以上の輸入専用部品 (汎用部品を除く) からの組立は，単純組立にはあたらず原産地を付与するとしたのである。このような考えのきっかけは，Xerox 社の要請に基づいている。同社は，複写機用の付属品 (accessories) を同じ subheading に属する輸入部品から組み立てていたため，関税番号変更基準のもとでは米国原産を取得できないおそれがあった。そこで同社は NAFTA ルールにヒントをえた 5 parts ルールを調和規則のなかに導入するよう政府に要請した。

(2) 新機能ルール

輸入部品から新機能デバイスへの加工により製造される産品については，当該加工地が原産国とされる。新機能デバイスとは「1以上の新しい機械的または電気的な機能を遂行できるデバイスまたは装置」(a device or apparatus capable of performing one or more new mechanical or electrical functions) と定義づけられた。

(3) 4 plus 1 ルール

4以下の輸入専用部品と1以上の原産専用部品から完成品を組み立てる場合，組立地が完成品の原産国とされる。したがって4点の日本製専用部品と1点以上のマレーシア製専用部品からマレーシアで組み立てられた家電製品の原産地は組立国・マレーシアとなる。これは，5以上の輸入専用部品からの組立が実質的変更に該当する以上，4 plus 1 組立も実質的変更とみなされるという考えに基づくものであろう。

4 plus 1 組立が組立産業にとっての救済ルールとなることは疑いをいれない。この組立では，輸入専用部品の代わりに原産専用部品が使われるのであるから，組立地で専用部品が製造されることなる。したがって，このルールは，組立プラス重要部品製造基準を満たさない産品に救いの手を差し伸べる。というのは，組立プラス重要部品製造基準のもとで指定される重要部品 (ブラウン管) が完成品 (TV) の組立地で製造されず，結局完成品の組立地が1次的ルールのもとで原産資格を認められないときでも，組立地で当該重要部品以外の専用部品 (TV チューナー等) が製造されれば，完成品の組立地が原産資格を取得する可能性があるからである。またとくに個別産品のための Chapter レベルの2次的ルールとして米国はつぎの提案を行った。「細幅織物 (HS. 5706. Narrow woven fabrics) から組み立てられる seat-belt (HS. 8708) の2次的ルールは，細幅織物の製造国 (製織国) とされている。そしてこのような細幅織物が複数国で製造されたときは，重量でもっとも重い織物が製造された国がシートベルトの原産国となる」。パラシュートの部品・付属品のための2次的ルールは，織物の製造国である。

(4) 単一国材料ルール

産品が単一国原産の諸材料から製造されている場合，上述ルールでも原産地が決定できないときは，産品の原産地は当該材料の原産国とされる。米国提案は，銅線 (HS. 7408) を例にあげた。未加工の銅線のゲイジ

第1章　非特恵原産地規則

を変更して加工銅線を製造する場合，加工銅線の原産地は，この2次的ルールのもとでは，未加工銅線の原産国となる。

(5) 複数国材料ルール

これは産品が複数国を原産とする諸材料から製造されており，原産地が(i)除外条項(ii)材料原産国ルール，(iii)重要割合材料原産国ルール等によって決定できない場合の原産地決定ルールである。つぎのいずれかを産品の原産地とする考えである。第1は，除外条項で指定された重要部材の原産国を産品の原産国とする米国の考えである。産品の1次的ルールとして「特定部材を除く他の部材からの関税番号変更」方式が定められている場合，たとえばTVの1次的ルールとして「CPTを除く部材からの6桁レベルの関税番号変更」(CTSH, except from 8540.11 - 8540.12) が定められている場合を想定してみよう。このような方式のもとでは，たとえば日本企業がインドネシアでTVを組み立てる場合，TVがインドネシア原産資格を獲得するためには，インドネシア製のCPTをTVに組み込まなければならない。したがって，日本企業が日本製CPTを使用してインドネシアでTVを組み立てるときは，1次的ルールによって原産地を決定することはできない。そこで2次的ルールにしたがって，TVの原産地は，除外条項で指定されたCPTの原産国・日本とされるのである。第2に，産品を構成する複数国材料のうち，重要割合（major portion）を占める材料の原産国を産品の原産地とする2次的ルール案がある。重要割合を決定するための尺度は，国により異なる。EUは，非原産材料のうちで重要割合を占める材料の原産国を原産地とすることを提案している。以上のルールでも原産地が決定できないときは，たとえばEUが提案するように，原産材料が全材料のうちの50％以上を占めている国が原産地とされる。

以上みてきた1次的ルールと2次的ルールを，最終生産基準と部材生産基準の観点から再整理すると表7-5のようになる。これから明らかなように，1次的ルールの段階ですでに多くの部材生産基準が現れ，2次的ルールに至っては5 parts rule等を除き，部材生産基準によって占められていることである。部材生産基準は，原産地決定にあたって産品の生産工程をtrace backする方式であり，企業はこの基準のもとで厳しい部材管理を強いられよう。

もっとも以上にみた1次的ルールと2次的ルールの関係は今後の交渉でさらに変化する余地がある。現段階でも2つのルールの関係はかならずしも明瞭ではない。TVを例にとれば，米国の提案自体がclear cutではない。1999年9月の統合交渉テキストによると，米国は1次的ルールを定めた産品別マトリックスのなかでTVに関してつぎのような補助的ルール(subsidiary rule)を定めた。いわゆるCRT基準である (Subsidiary Rule: Otherwise, the country of origin of the TV shall be thEUountry of origin of the cathode-ray television picture tube)。こうした補助的ルールは1次的ルールのなかに含まれるのか，それとも2次的ルール (residual rule) とどのように違うのか鮮明ではない。仮に補助的ルールが1次的ルールのなかに含まれるとすると，TVの原産地は米国の提案ではつぎのルールに従って順を追って確定されることになる。CPTを除く部品からの6桁レベルの関税番号変更（1次的ルール），CPTの原産国（1次的ルールのなかの補助的ルール），Chapterレベルの2次的ルール（5 partsルール等），2次的ルールのなかの複数国材料ルールである。

表7-4　再整理（Appendix 2 Rule 2）

		Appendix 2 Rule 2	最終生産対部材生産
1次的ルール	(a)	自然・未加工状態（米） 特定生産工程ルール 　　（集積回路，繊維製品）	部材生産基準
	(b)	1次的ルール 組立工程 組立プラス重要部品（除外条項） 部材生産	最終生産基準 最終生産プラス部材生産基準 部材生産基準
	(c)	直前加工国ルール（origin-retention rule） （調整不凍液）	部材生産基準
2次的ルール	(d)	Chapterレベルの2次的ルール 5 parts rule 新機能ルール 4 plus 1ルール seat-belt, parachute 製織国基準	最終生産基準 最終生産基準 最終生産基準 部材生産基準
	(e)	単一国材料ルール	部材生産基準
	(f)	複数国材料ルール 除外条項・材料国ルール 重要割合材料国ルール等	部材生産基準 部材生産基準
	(g)	重要割合材料国ルール	部材生産基準

国際経済法

5 横断的原産地決定ルール

以上のほか，産品横断的に，たとえば機械産品等に共通の横断的な原産地決定ルールが構想されている。

(1) 組み立てられていない状態の部品集合(collection of parts without assemblying them)の原産地決定方法

日米EUは negative rule（関税番号が変更しても原産地を付与しない）を採用している。EUは部品集合に単一の原産地を価額に基づいて付与するのに対し，米国は個々の部品が原産地を保持している。

(2) 一括輸入される部品の組立(Assembly of unassembled components)の場合の原産地決定方法

米国は negative rule（関税番号が変更しても原産地を付与しない）と 5 parts ルールを提案する（Issues for DEUision, Chapters 84 to 90, Issue 5 Option B/2）。日本提案は一括輸入部品組立を個別輸入される部品の組立と同一視し，原産地を付与する。EUは当該組立が付加価値基準を満たせば原産地を付与する。

(3) blank からの完成品の加工製造に関する原産地決定方法

blank や未完成品は完成品と同じ関税番号に属しているため，輸入 blank からの完成品製造は関税番号変更をもたらさない。しかし，米国は輸入 blank からの完成品製造は，たとえ関税番号変更をもたらさなくても一定の条件（不純物除去，硬度増強等）が満たされれば原産地を付与するという positive rule を提案している。日本は輸入 blank からの完成品製造は，関税番号変更をもたらさないため原産地を付与しない，したがって完成品の原産地は blank 製造国であるとしている。EUは輸入 blank からの完成品製造は付加価値基準を満たせば原産地を付与する工程とみなしている。

(4) 未完成品（blank 以外の未完成品）からの完成品の製造に関する原産地決定方法

関税率表の解釈通則GIR2(a)によれば，未完成品は，完成品としての重要な性質をもてば完成品と同じ関税番号に分類される。日本は輸入未完成品からの完成品製造は，関税番号変更をもたらさないため原産地を付与しないとする。EUは輸入未完成品からの完成品製造は付加価値基準を満たせば原産地を付与すると反論する。米国は輸入未完成品からの完成品製造については特別のルールは不要であり，5 parts rule/新機能ルール/4 plus 1 ルール等により原産地付与の可否を決定すればよいとしている。

(5) 付加価値の計算方法

EUは1次的ルールのための付加価値の計算方法についてつぎのように定める。「加工および原産部品の組込みの結果生ずる価額が産品の工場出荷価格のx％以上であること」(the increase in value acquired as a result of working and processing, and if applicable, the incorporation of parts originating in the country of manufacture represents at least x % of the ex-works price of the product)。工場出荷価格 (ex works price) とは「最終工程を行った生産者に対して産品のために支払われた価格」をいい，それには製造に使用された全材料の価額と生産者が実効的に要した全経費（実質的コストと他のコスト）が含まれる (The ex-works price shall include the value of all materials used in manufacture and all costs (material costs as well as other costs) effEUtively incurred by the manufacturer)。ただし内国税は含まない。加工および原産部品の組込みの結果生ずる価額には，「組立・準備・仕上げ・検査のほか原産部品の組込みの価額，ならびに利益と一般経費」が含まれるとEUはつけくわえている (value resulting from the assembly itself, together with any preparatory, finishing and checking operations, and from the incorporation of any parts originating in theuountry where the operations wereuarried out, including profit and general costs borne in that country as a result of these operations)。EUはさらに2次的ルールとして重要割合材料基準を提起し，重要割合を価額ベースで確定することを提案した。その理由として「2次的ルールは付加価値ルールではない」とした。

EUによれば輸入部品・材料の価額は輸入時のinvoice等により確定できるからであるとされる。しかし，既述の例にみるように，そうとは言いきれない。

6 主要産品に関する調和原産地規則案

日本企業の関心品目のうち，機械産品と繊維衣服について，調和原産地規則の各国提案を比較するとつぎの結果を得る。

(1) 最終生産基準・最終生産プラス部材製造基準・付加価値基準の対立

多くの sensitive 産品について，最終生産基準（組立基準）・最終生産プラス部材製造基準（組立プラス重要部品製造基準）・付加価値基準の対立がみられる。争点は，組立を実質的変更と見るか，実質的変更には組立に加えて重要部品の製造が要求されると見るかにあり，こうした対立は，日米に関するかぎり，とくに TV・Plasma display panel・Memory modules・光ファイバーについて生じている。ただし日米は乗用車に関しては組立を実質的変更とみなす点で一致している。他方，EUは関税番号変更基準に対抗して(i)付加価値基準または(ii)関税番号変更基準と付加価値基準の選択方式を提案している。EUが提案する付加価値率は機械産品に関しておおむね45％であるが，乗用車については60％である。ブラジルは多くの機械産品について60％の付加価値基準を提案している。

(2) 最終生産基準と付加価値基準の対立

上述の例とは対照的に，関税番号変更基準を提案する国が最終生産基準（組立基準）を採用する点で一致した数少ない品目がある。その典型例は複写機であり，これについては日米等は最終組立工程を実質的変更とみる点で一致しているのである。

(3) 最終生産基準と部材生産基準の対立

集積回路については，最終生産基準（日本の組立基準）

表7-5 対立一覧表

HS	産品	各国提案
8471.49	同じ項8471のunitsから構成され，システムの形態で提示される自動データ処理機器（automatic date processing. ADP Machines）	［組立プラスunit製造基準CTH］(CH) (US) (MEX) (JPN) (PHI) (COL) (CAN) (AUS) (KOR) (HK) ［組立基準CTSH］(SG)(TH) ［45％ value-added rule］(EU) ［60％ value added rule］(BRA)
ex8473.30(a)	Plasma display panel, laser printer cartridge, inkjet cartridge, printer head or sheet feeder	［組立基準CTSHS］(JPN)(EGY)(AUS)(KOR)（日本はこの組立を高度の洗練技術a highly sophisticated tEUhniqueとみなしている） ［組立プラス部品製造基準CTH］(US)(米国はこの組立は原産地付与に十分なcomplex and meaningful工程とみなしていない) ［45％ value-added rule］(EU) ［60％ value added rule］(BRA)
ex8473.30(b)	Memory modules（たとえばSIMMs, DIMMs, memory boards）	［組立基準CTH］(JPN)（異なる項8542の集積回路・microassembliesからの組立は4桁レベルの関税番号変更をもたらし実質的変更に該当すると日本はみなしている） ［組立プラス集積回路等製造基準CTH, except from heading 85.42 (US)］（米国は組立のみでは実質的変更に該当しないとみなしている） 　2次的ルール（米国）（集積回路の原産国） ［45％ value-added rule］(EU)
85.28	TV受像機	［組立基準CTH; or change by assembly according to the relevant Chapter Notes (CAN)］［CTH］(CH)(SG)(PHI)(TH)(HK)(MAL)［CTSH (MEX)］［40％ value added rule (EGY)］［45％ value added rule (EU)］［CTH except from chassis of heading 85.29 (TUR)］［as spEUified for split subheadings (JPN) (KOR)］ ［組立プラスCRT製造基準CTSH, except from 8540.11 - 8540.12 (US) (AUS)］
87.03	乗用車	［組立基準CTH (CH)(JPN)(MEX)(EGY)(MOR)(TUN)(TUR)(SG)(US)(IND)(TH)］（8706の輸入エンジン付シャシからの組立を実質的変更とみなす） ［組立プラス・エンジン付シャシ製造基準CTH, except from heading 87.06 (CAN)(MAL)］ ［CTH except from assembled chassis of heading 87.06 (KOR)］ ［CTH and change within the heading by assembly (PHI)］ ［60％ value added rule (EU)(AUS)(BRA)］
ex9001.10(a)	光ファイバー（Optical fibre）	［最終生産基準CTH (CAN)(PHI)(JPN)(MEX)（日本等はHS7020の輸入ガラスpreformsからのdrawing工程を実質的変更とみなしている）］ ［最終生産基準または45％付加価値基準CTH, or 45％ value-added rule(EU)］ ［最終生産プラス部材製造基準CTH, except from preforms (US)(KOR)(CH)］ （米国韓国等はHS7020の輸入部材からのdrawing工程を実質的変更とみなしていない）（米国は2次的ルールとして部材preformの原産国を産品の原産地としている）

と部材生産基準（米国とEUの拡散工程基準）の厳しい対立がある。また時計についても，最終生産基準と部材生産基準（ムーブメント製造基準）の対立があるが，EUは時計に関してだけ付加価値基準を提案していない。機械産業界にとっての懸案は集積回路の原産地規則である。とくに米国をとりあげると，米国の現行ルールでは，通関上の原産地決定基準とダンピング防止法上の原産地決定基準が異なっており，通関上は組立国が原産地とされるが，ダンピング防止法上は拡散国である部材生産国が原産地とされている。そこで，米国は当初，集積回路の調和規則として組立国基準を提案していたが，1998年秋に，この提案を拡散国基準に変更した。こうした提案変更の背景には，調和原産地規則がダンピング防止措置に適用されるならば，組立国基準のもとでは既存のダンピング防止税が容易に迂回されるという危惧があった。これと併行して，米国半導体工業会も，調和原産地規則はダンピング防止措置には適用されないとするdEUouplingを日本電子機械工業会に提案し賛同を求めた。同時にdEUouplingが採用されるならば米国は集積回路の調和原産地規則を組立国基準に戻してもよいと述べた。他方，EUは当初より現行法どおり集積回路の調和原産地規則として拡散国基準を提案している。このように，集積回路の調和原産地規則をめぐる日米欧の対立は，ダンピング防止措置と調和原産地規則のdEUoupling問題，ダンピング防止措置の迂回問題ひいては調和原産地規則のインプリケーション論議と密接にリンクしている。

(4) 部材生産基準と付加価値基準の対立

表7-6 対立図

9009.11	複写機 (dirEUt process)	[組立基準 CTSH (JPN) (CAN) (MEX) (US) (CH) (KOR) (SG) (PHI)]（日米加韓等は一致して9009.90の輸入専用部品からの組立を実質的変更とみている） [CTH; or 45% value added rule (EU)] [60% value added rule (BRA)]
9009.12	― 複写機 (indirEUt process)	同上
	― Other photo-copying apparatus	同上
9009.21	― Incorporating an optical system	同上
9009.22	― Of theuontact type	同上
9009.30	― Thermo-copying apparatus	[組立基準 CTSH (JPN) (CAN)(MEX) (US) (SG) (PHI)] [CTH; or 45% value added rule (EU)] [60% value added rule (BRA)]

表7-7 対立模様

ex85.42 (d)	集積回路と microassemblies (mounted, programmed)	[組立基準 CTH]（日本は mounting が原産地を付与すると主張している。しかし programming, testing は原産地を付与しないとしている。） [CTHS (CAN) (CH) (SG) (PHI) (AUS)] [集積回路につき拡散工程基準 (EU) 他産品につき CTH または45％付加価値基準 (EU)] [2次的基準としての拡散工程基準 (US)]
91.01 -91.03	腕時計 Wrist watches, 置時計 clocks	[組立基準 CTH]（日本） [組立プラス・ムーブメント製造基準 CTH, except from heading 91.08 or 91.09]（EU は組立のほかに9108-9109のムーブメント製造を原産地付与の条件としており，付加価値基準を提唱していない）（米国も EU に同調した）

表7-8 対立点

8482.10	― Ball bearings	[CTSH, except from inner or outer races or rings of subheading 8482.99 or CTSH from inner or outer races or rings of subheading 8482.99 with supplementary criteria] (CAN)[CTSH] (COL) (MEX) (CH) (SG) [CTH; or 45% value-added rule] (EU) [60% value added rule] (BRA) [熱処理・研磨工程基準 CTSH, except from split subheading ex8482.99 (a) (TUR) (KOR) (US) (AUS) (JPN)]
	― Parts	
8482.91	― Balls, needles and rollers	[CTH] (JPN) (CH) (CAN) (US) (MEX) (AUS) [CTSH] (COL) (SG) [CTH; or 45% value-added rule] (EU) [60% value added rule] (BRA)
8482.99	― Other	[CTH] (CH) (CAN) (US) (MEX) (PHI) (MOR) [CTSH] (COL) (SG) [CTH; or 45% value-added rule] (EU) [60% value added rule] (BRA) [As indicated at the split subheading level] (JPN) (AUS)
ex8482. 99 (a)	― Finished inner or outer rings of ball or roller bearings	[CTH; or Change from split subheading ex8482.99 (b)] (JPN) (AUS)
ex8482. 99 (b)	― Inner and outer rings, turned or forged, but not subjEUt to heat treatment and/or grinding	[CTH] (JPN) (AUS)
ex8482. 99 (c)	― Other parts of ball or roller bearings	[CTH] (JPN) (AUS)

第1章　非特恵原産地規則

表7-9　対立概要

品目	米国	EU	日本	妥結
－糸 ex Chapter 50 to 55 －着色した糸	製糸国	－浸染または捺染（準備・仕上げを伴う）を行いかつ45％以上の付加価値が形成された国	－製糸国	
－織物 ex Chapter 50 to 55 －浸染または捺染した織物 －生機	－浸染および捺染を2以上の準備・仕上げ工程（限定列挙）とともに行った国	－浸染または捺染（準備・仕上げを伴う）が行われた国	－浸染および捺染を2以上の準備・仕上げ工程（例示列挙）とともに行った国	－製織基準 CTH
衣類・衣類附属品 －メリヤス編み knitted またはクロセ編 crochetted みの衣類等 Chap.61 －編まれたパーツ parts knitted からの縫製 －裁断されたパーツからの縫製 －織物パーツ，組み立てられていない織物製品 6117.90, 6217.90	－パーツを編んだ国 country of knitting －縫製国 －組立国	－縫製国 －縫製国 －浸染または捺染（準備・仕上げを伴う）が行われた国または糸から製造した国	－縫製国 －縫製国 －製織国	
－特定縫製品 －ハンカチ・スカーフ 6213, 6214 －刺繍されたもの －刺繍のないもの －ネクタイ・手袋 6215, 6217 －2以上のパーツで組み立てられた場合	－一定の条件を満たした刺繍工程国 －製織国 －組立国	－刺繍工程国（付加価値45％以上であること） －糸から製造した国または浸染または捺染（準備・仕上げを伴う）を行った国 －組立国	－製織国 －製織国 －製織国	

注）「浸染または捺染（準備・仕上げを伴う）」工程を通称 two by two processing という。これは浸染（dyeing）・捺染（printing）を two 工程とみなす考えである。また準備（preparatory operations）・仕上げ（finishing operations）も two 工程とみなされる。仕上げには，ボタン付け，ボタン穴，裾・袖等の取りつけ，ポケット等附属品の取りつけ，アイロンがけや販売用の準備作業が含まれる。

機械産品のなかでベアリングは孤立した事例に属する。ベアリングの調和原産地規則案は，日米韓の熱処理・研磨工程基準提案にみるように，厳しい原産地決定基準が提案されており，最終生産基準は否定された。EUのCTH基準も部材からの製造を要求するもので，付加価値45％基準よりも厳しいといえるかもしれない。

(5) 繊維衣服に関する基準の対立

以上，主に機械産品の調和原産地規則案をみてきたが，繊維衣服についても，部材生産基準・最終生産基準・付加価値基準の対立が生じている。第1は，スカーフ・スカーフ等の flat products をめぐる部材生産基準（日米の製織国基準）・最終生産基準（EUの染色仕上基準）・付加価値基準（EU）の対立である。第2に，ネクタイ・手袋をめぐる部材生産基準（日本の製織国基準）と最終生産基準（米国とEUの組立国基準）の対立がある。第3に着色糸をめぐる部材生産基準（日米の製糸国基準）と最終生産基準/付加価値基準（EU）の対立があげられる。もっとも，衣類・衣類付属品のいわゆる apparel（とくに裁断されたパーツからの縫製品）に関しては，主要国間に最終生産国（縫製国）を原産地とする旨のおおまかなコンセンサスが形成されている。

また生機については，製織国を原産地とする合意が basket 1（いちおうの合意事項）として成立した。

第5節　影響問題の詳細

調和原産地規則の影響（インプリケーション）とは何を意味し，それをどのように検討すべきかについて，WTOは指針を確定するには至っていない。

1 影響問題の概要

調和原産地規則が既存のWTO諸協定に与えるインプリケーションとは，「調和された規則のインプリケーションを指し，特定の各国提案がWTO協定に与える影響ではない」と主張する国がある。検討の主眼は，日米EU提案等の影響にあるのではなく，調和作業が終了した段階で調和規則が与える影響におかれている（財務省・氏家・今川）。

インプリケーションを受けるWTO諸協定とは何を指すのか。調和原産地規則（付属書Ⅲ）の総則1は，調和原産地規則の適用範囲を定めている。これによると，調和原産地規則は，WTO原産地規則協定1条2項の非特恵目的のために適用される。では，これら非特恵目的とは何を指すのかについて，原産地規則協定1条2項は，2系列の目的を指示した。第1は非特恵的な通商政策手段（non-preferential commercial policy instruments）の適用目的である。たとえば最恵国待遇，ダンピング防止税・相殺関税，セーフガード措置，原産地表示，数量制限，関税割当等の目的が明記されている。第2に政府調達と貿易統計の目的があり，これも協定に明記されている。そこで，問題は，調和原産地規則が，協定1条2項に明記された非特恵目的のためにのみ適用されるのかどうかにある。協定規定を自然に解釈すると，協定1条2項の非特恵目的には，すべての「非特恵的な通商政策の手段」が含まれると解釈すべきであろう。なぜならば，協定は非特恵の通商政策手段を例示しているにすぎず，これら手段を限定列挙したわけではないからである。したがって，調和原産地規則がインプリケーションを与えるWTO諸協定とは，原産地規則協定1条2項に限定列挙された非特恵目的に関するWTO協定（ダンピング防止協定，相殺関税協定，セーフガード協定，政府調達協定，GATT1994等）に限定されるわけではない。インプリケーションを受けるWTO協定には，原産地規則協定1条2項に明記されていない非特恵目的に関するWTO協定（たとえば繊維協定，植物衛生検疫措置協定等）も含まれるからである。そうでなければ，非特恵目的のための原産地規則を調和し，世界貿易の自由化と拡大を目指す原産地規則協定の目的は達成されないであろう。

ちなみに，WTO事務局の上述文書（1998年5月）は，原産地に言及したWTO協定の規定としてつぎの8協定を列挙した。すなわち，原産地規則協定，繊維協定，スタンダード協定，ダンピング防止協定，相殺措置協定，セーフガード協定，政府調達協定，GATT1994諸規定（1条の最恵国待遇，2条の関税譲許，3条の内国民待遇，4条の映画フィルム，5条の通過，6条のダンピング防止税，9条の原産地表示，11条の数量制限，13条の数量制限の無差別適用，19条のセーフガード措置）である。

2 インプリケーションの検討方法

調和原産地規則がWTO諸協定にどのようなインプリケーションを与えるかについて検討する方法についても主要国間に統一的な見解が形成されていない。しかし，現在までの各国見解のうち，インプリケーションについて具体的な検討を行ったインド提案と韓国提案をみると，それらはつぎの共通点を備えている。

(1) 主要なWTO協定からみたインプリケーションの検討

ダンピング防止協定，繊維協定，セーフガード協定といった関心協定の実施に対して調和原産地規則がどのような影響を与えるかについて，インドと韓国は検討を行った。

(2) 生産段階基準からみたインプリケーションの検討

調和原産地規則の原産地決定基準を生産段階を目安に分類すると，つぎのようになる。

① 最終生産基準（組立工程や最終的な生産工程で原産地を付与する基準）

② 部材生産基準（重要部材の生産工程で原産地を付与し，最終生産工程を実質的変更とみなさない基準）

③ 最終生産プラス部材生産基準（組立国または最終生産国で部材生産も行われた場合に組立国・最終生産国を原産地とする基準）

インドと韓国はこうした生産段階基準の別に応じてインプリケーションがどのように変化するのかを検討した。有害インプリケーションのひとつは後述する迂回問題に関連する。

そこで以下，インド提案，韓国提案を踏まえつつ，まず生産段階基準からみたインプリケーションを検討する。あわせて新分野との関連でもインプリケーションを考察してみたい。なおここで注意を要するのは，個別のWTO協定に対する個別のインプリケーションのほかに，複数の協定の実施に対するインプリケーションも想定できることである。調和原産地規則が多様な非特恵目的の諸協定のために多様な運営機関によって平等に適用される以上，複数の運営機関による規則適用の間に衝突が生ずる可能性もないとは言いきれない。たしかに非特恵原産地規則の調和作業は，多様な運営機関による異なる原産地規則の適用から生ずる弊害に対処するために考えられた。しかし調和作業が完了したのちも，つぎの問題が生ずることは避けられないであろう。

3 生産段階基準からみたインプリケーション問題

まず調和原産地規則として最終生産基準，部材生産基準，最終生産プラス部材生産基準，付加価値基準等が採用されると，どのようなインプリケーションが生ずるのか。6つの課題がある。

(1) 最終生産基準のインプリケーション

第1章 非特恵原産地規則

調和原産地規則として最終生産基準が採用される場合，既存WTO協定の実施に与えるインプリケーションはもっとも小さくなる。この基準のもとでは，産品の最終生産国（機械産品の組立，スカーフ等の染色・仕上国，半導体の組立国等）が産品の原産地となるため，輸入国当局は，わりあい容易に原産地判定を行うことができ，通商政策手段の適用にあたってもさほどの困難には遭遇しないためである。産品が生産国から直接，輸入国に輸入される場合，産品の最終生産国・原産国・輸出国が一致しているため，輸入国当局はシンプルに原産地判定と通商手段の適用を行うことができる。産品が中間国経由で間接的に輸入される場合は，最終生産国と原産国は一致するが，これらと輸出国（中間国）が異なる。しかしこの場合も，輸入国当局はWTO諸協定に従って正確に原産地判定と通商手段の適用を行うことができよう。たとえば間接輸入に対するダンピング防止調査に関し，WTOダンピング防止協定は特別の規定をおいている。協定（2.5条）によれば，間接輸入の場合の正常価額は，原則として輸出国（中間国）の正常価額とされるが，中間国積替えが行われる場合や中間国に比較可能な価格がないときは例外的に原産国の正常価額を採用することができるとされる。EUのアスパルテーム事件では，EU当局は，米国経由で輸入される日本産アスパルテームに関し，米国での正常価額を米国からの輸出価格と比較してダンピングを認定し，かくして日本原産のアスパルテームに対しダンピング課税を行った。この事件では，EUは同時に米国原産のアスパルテームにもダンピング調査を行い，日本産品と米国産品に異なるダンピング防止税を賦課したため，税の徴収にあたって，EU当局は米国から輸入されるアスパルテームが日本原産か米国原産かの識別を行ったのである。しかし，最終生産基準のもとでも，具体的事案で輸入国当局が当該組立工程を単純組立とみなし，迂回問題を提起する余地があるかもしれない。もっとも，最終生産基準のもとで提起される迂回問題は，WTO協定の枠外の迂回防止交渉のなかで扱われる争点であり，既存WTO協定の実施に関連する問題とは現段階ではいいきれない。たとえば，調和原産地規則として最終生産基準，なかんずく組立基準が採用されることは，当該産品の組立工程が「原産地を付与する実質的工程」に該当するという規範の成立を意味する。したがって企業が輸入部品から完成品を組み立てる工程は単純組立には該当しない。それを単純組立とみなして組立地の原産資格を否定することは，調和原産地規則のルール違反となる。むろん，最終生産基準のもとでも，輸入・未完成品から完成品を組み立てる工程を screw driver assembly とみなす余地もあるかもしれない。しかし，この工程が原産地を付与するかどうかについては上述のように主要国の見解が対立している。さらに最終生産基準が調和原産地規則として採用されたあとで，この基準に疑問をもつ国は迂回防止措置交渉の枠組みのなかで迂回問題を扱うことができる。その過程で，組立工程を迂回と判定するための条件（輸入部品の割合等）についての交渉が行われるであろう。しかしこの交渉は既存WTO協定の実施とは無関係であり，むしろWTO協定の枠外の新分野での交渉にほかならない。

(2) 部材生産基準のインプリケーション

調和原産地規則として部材生産基準が採用される場合，既存WTO協定へのインプリケーションは大きく，有害となる。この基準のもとでは，部材生産国（反物・スカーフ等の製織国，半導体の拡散工程国等）が産品の原産地となり，したがって最終生産国・輸出国と原産地（部材生産国）が異なるため，つぎの問題を引き起こすのである。第1は，迂回問題である。それはダンピング防止税，繊維クオータ，セーフガードの分野で生ずる。たとえば，部材生産国が既存の通商手段（ダンピング防止税，繊維クオータ）の対象となっている場合，問題の部材を組み込んだ第3国産品は，部材生産基準のもとで，部材生産国の原産品と判定され，既存通商手段を拡張適用されるおそれがある。このため部材生産国からの部材の第3国向け輸出が減少したり停止したりするおそれがあり，部材生産国の利益が損なわれるであろう。また部材生産国は第3国向けに輸出される部材の管理ができない。失効したWTO繊維協定によれば，クオータ対象国は輸出国として管理義務を負っている。しかし，部材生産基準のもとでは，クオータ対象国である部材生産国は部材である織物等の輸出管理を行うことができない。なぜならば，部材生産国は部材を第3国向けに輸出する場合，当該部材がその第3国で完成品（衣服，染色織物等）に加工されたのちクオータ適用国に輸出されるのか，クオータ非適用国に輸出されるのか，それとも第3国で消費されるのか予測できないからである。したがって当該完成品がクオータ適用国に輸出されクオータに組み込まれるとしても，部材生産国は，第3国向けの輸出される部材を管理できないことになる。さらにダンピング防止税の分野では，原産地決定基準として部材生産基準が採用されていると，完成品に対するダンピング防止調査が，完成品の原産地判定により，打ち切られる事態も生ずる。たとえばEUのタイ・ミネベア事件では，ミネベア・タイ工場のベアリングに対してダンピング防止調査が開始されたが，このベアリングは，ミネベア・シンガポール工場で加工（熱処理等）された内外輪を使用していたため，EUベアリング原産地規則に基づき，タイ産品ではなく，シンガポール産品と判定され，結局，ダンピング調査は打ち切られた。このように，部材生産基準のもとでは，輸入国当局は，産品の原産地を部材生産段階に遡って突き止めなければならず，ダンピング防止調査の実施にあたって大きなリスクを負うのである。

(3) 最終生産プラス部材生産基準のインプリケーション

調和原産地規則として最終生産プラス部材生産基準

が採用される場合のインプリケーションも小さくない。この基準は，関税番号変更基準のつぎのヴァリエーションによって表現される。ひとつは専用部品が完成品と同じ項に属するときは，項レベルの関税番号変更（CTH. Change in Tariff Heading 方式）が成就する。もうひとつは，専用部品が完成品と異なる項に属するときは，専用部品の属する項以外の項からの関税番号変更（いわゆる除外条項方式 CTH except from）というヴァリエーションである。この基準のもとでは，最終生産国が原産地となるためには，最終生産国で特定の専用部品が製造されなければならない。たとえば米国提案によれば，Plasma display panel や TV の原産地は，組立工程と特定専用部品の生産によって付与される。したがってこの基準にしたがって，最終生産国（組立国）が産品の原産地として認められば問題はないが，最終生産国と当該部材の生産国が異なる場合，厄介な問題が生ずる。最終生産国と部材生産国が異なるときは，産品の原産地は，米国提案の2次的ルールによれば，部材生産国となる。したがって部材生産国の完成品，たとえば中国製 TV が輸入国の既存ダンピング防止税の対象となっている場合を想定すると典型的な第3国迂回問題が発生する。たとえば，中国製 CPT からタイで TV が製造される場合，タイ製 TV の原産地は，調和原産地規則の2次的ルールのもとで，中国原産品と判定され，既存の対中 TV ダンピング防止税を拡張適用されることになるからである。同じ迂回問題は繊維クオータや数量制限の分野でも生ずることになろう。

(4) 付加価値基準のインプリケーション

調和原産地規則として付加価値基準が採用される場合のインプリケーションも大きい。

45％付加価値ルールを例にとると，機械産業の国際分業体制が進んでいる現在，機械産品が組立地で付加価値45％を達成することは至難の技であるとされる。かつて欧州委員会が調和原産地規則案として40％付加価値基準を提案したとき，いち早く異論を唱えたのは EUROBIT（European Association of Manufacturers of Business Machines and Information Technology Industry）であった。EUROBIT は欧州委員会宛てコメント（1996年6月11日）のなかで，企業がつぎの部品を用いて notebook 型 PC（HS 8471）を EU で製造する場合を具体例としてあげた。

日本産部品	CD ROM（HS 8471）	10％
	他部品	25％
韓国産部品	Screen AMLCD（HS 8531）	20％
韓国／アセアン産部品		10％
EU 産部品		15％
EU 域内組立コスト		20％

この場合，関税番号変更基準のもとでは項レベルの関税番号変更は生じない。輸入 CD ROM と完成品が同一の項に属するからである。また付加価値基準のもとでも付加価値40％を満たす国がないため，結局原産地が決定できないことになる。このため EURO-BIT は，ワーキング・ドキュメントの原産地決定基準は実際には機能しない（unworkable in practice）であろうと述べた。とすれば45％付加価値ルールはさらに機能しないことになる。したがって45％付加価値のもとでは，組立地が原産地とならず重要部品の製造国が原産地となる可能性もある。このような場合，付加価値基準は，ダンピング防止法のコンテクストのなかでは，事実上の迂回防止措置として機能するおそれがある。また45％付加価値基準によって原産地が決定できないときは，2次的ルールにしたがって部材生産国が原産地とされるため，迂回問題が発生することは避けられないであろう。

－付加価値基準と他基準の選択方式のインプリケーション

EU はいくつかの産品の調和原産地規則として，項レベルの関税番号変更基準（CTH）と45％付加価値基準の選択方式を，提案している。そしてこの関税番号変更基準は，上述の組立プラス専用部品製造基準を意味している。このためいずれの基準によっても，産品の原産地は部材生産国となる可能性があり，迂回問題を必然的に発生させることになろう。

(5) 2次的ルールに関するインプリケーション

調和原産地規則の2次的ルールは，さまざまであり，米国が提案する Chapter レベルの2次的ルールでは最終生産基準（5 parts rule 等）であるが，EU 等の提案する2次的ルールでは部材生産基準となっている。2次的ルールのもとで部材生産地が原産地とされる場合，上述の迂回問題が発生することになる。

4 WTO 諸協定ごとにみたインプリケーション

(1) WTO ダンピング防止協定と補助金相殺関税協定へのインプリケーション

GATT/WTO ルールは課税対象産品に関して，特定国を原産地とする産品としているのか，特定国を輸出地とする産品としているのかかならずしも鮮明ではない。GATT 6条は，ダンピング調査の対象となる産品に関して，輸出国と原産国の双方に言及しているからである。このような用語の不統一は，1947年の GATT 起草時には，産品の原産国，最終製造国，輸出国が一致しており，原産地・輸出地・最終生産地が異なる場合がほとんどなかったためである。

GATT/WTO ルールが鮮明でないため，主要国の法慣行にはバラツキがみられる。米国や EU は課税対象産品として特定原産国の産品を指定しており，またカナダは特定国を原産地とするか輸出地とする産品を課税対象としている。日本法（改正関税定率法）は課税対象産品を特定供給国の産品とし，供給国を原産国または輸出国と定義づけた。

問題は，課税対象産品が特定原産国産品とされる場合，原産地判定によって第3国産品に当初の課税を拡張適用することは許容されるのかどうかである。特定原産国の産品を課税対象とする国のうち，EU（と米国）は原産地判定による迂回防止措置をとってきた。なお

第1章　非特恵原産地規則

日本は過去の実行で課税対象産品を特定原産国の産品としてきたが，EUとは対照的に，第3国迂回の防止措置に反対してきた。また第3国迂回の防止措置をとってこなかった。その理由は，日本のシステムは，原産地判定による迂回防止措置を許さない仕組みになっているからである。過去の事例に関するかぎり，関連原産地規則のもとでは，産品の最終生産地が原産地となり，そもそも迂回防止措置がとれないのである。たとえばパキスタン産綿糸事件の場合，パキスタン産綿糸が課税対象であり，綿糸の原産地決定基準は，一般特恵原産地規則（非特恵原産地規則ではない）に従って「繊維から糸へのspinning工程」（つまり最終生産）が原産地を付与するとされた。これは，パキスタンの生産者が課税回避のため第3国（たとえば中国等）に生産拠点を移転しそこで繊維から糸を作り日本に輸出すると，第3国製の綿糸は日本の原産地規則上，第3国原産を獲得することを意味する。その結果，日本はそもそも第3国産品に対して既存の税を拡張適用できないのである。

ウルグアイ・ラウンドの交渉過程で，1990年11月のマックフェイル・ペーパーII（9条6項脚注）はつぎの指摘を行った。

① 交渉過程で多くの国は第3国迂回に対処するため原産地規則を援用する特定国の慣行に対して懸念を示した。

② 協定草案のcountry hopping条項（10条4項）と輸入国迂回の防止条項（12条）はこれら慣行がもつ欠点を補正するねらいをもつが，また他方これら条項（とくにcountry hopping）と原産地規則に基づく第3国迂回の防止条項の重複適用の可能性について関心を高めた。

③ こうした問題の解決策は本協定案に従って創設される作業部会の検討に委ねられ，作業部会は勧告をだし，その勧告はxカ月内にダンピング防止慣行委員会により審議されることになる。

EUや米国が第3国製品に対して既存の課税を拡張適用しえたのは，当該産品の原産地規則が原産地決定基準として部材生産基準を採用していたからであった。米国のEPROM事件で，シンガポール製半導体が日本原産品と判定されたのは，半導体の原産地決定基準として，前工程基準が採用されたためであった。またEUのトルコ製TV事件でトルコ製TVが韓国産と判定されたのは，TVのための45％付加価値基準のもとでは，TV価格のなかの30-40％を占める重要部材・ブラウン管の原産地が完成品の原産地となるためであった。

調和原産地規則のもとで，問題の産品の原産地規則として部材生産基準が採用される場合，迂回問題は必然的に生じ，迂回防止措置がとられる可能性は排除できない。

では法律上の迂回防止措置が適用されるときは，原産地判定に基づく事実上の迂回防止措置は適用されないのかどうか。この点についてEUの当局者は著書のなかで，法律上の迂回防止措置と併行して原産地判定による事実上の迂回防止措置もとられうることを明記している。

補助金相殺関税措置についてもほぼ同じことがいえる。相殺関税措置協定（11条8項）は，産品が原産国から直接輸入されず中間国から輸入国に間接的に輸入される場合，協定規定は完全に適用され，協定の適用上，取引は原産国（中間国ではなく）と輸入国の間で行われたものとみなすと定める。それゆえ，調和原産地規則として部材生産基準が採用されると，たとえ最終生産国で加工が行われ最終生産国から輸入国に完成品が輸入されるとしても，相殺関税措置は，部材生産国の産品にも拡張適用されるおそれがある。

(2) WTO繊維協定へのインプリケーション

調和原産地規則は繊維協定の実施に大きな影響を与える。かつてインドが指摘したように，原産地規則協定（1条2項）は調和原産地規則の適用対象として繊維協定を明記していない。しかし協定で明記された差別的数量制限のなかに繊維クオータ，繊維セーフガード措置がはいることは明白である。繊維協定のなかでは，阻害行為circumvention（協定5条）に対する手続や2004年末まで継続するクオータの適用に関連して原産地問題が発生すると指摘されている。とくに問題となるのは，繊維産品の調和原産地規則として部材生産基準が採用される場合である。この場合，迂回問題やクオータ管理の問題が生ずることはすでに述べたとおりである。

(3) WTOセーフガード協定へのインプリケーション

WTO協定上，セーフガード措置の対象が原産国産品なのか輸出国産品なのか不明確であるが，差別的クオータ（協定5.2b条）の文脈のなかで原産地問題が生ずる可能性がある。協定上，セーフガード措置は原則としてすべての輸出国に無差別に適用される。ただし協定（5.2.b条）は，例外的に差別的なセーフガード措置の適用について規定している。これによると一定の条件がそろえば輸入国は特定主要輸出国からの産品に対して差別的なセーフガード措置をとることができるとされる。この場合，問題の輸出国企業が第3国に生産を移転し，第3国から措置の適用国に対して産品を輸出すると，ダンピング防止措置の迂回と同様の迂回問題が生ずることになる。したがって，措置の適用国は，問題の第3国産品を原産地判定に基づき措置対象国の原産品とみなし第3国産品に措置を拡張適用する余地がある。とくに当該産品の調和原産地規則として部材生産国基準が採用される場合，措置は部材生産国原産品とされる産品に拡張適用される可能性がある。

(4) 政府調達協定へのインプリケーション

WTO政府調達協定は，協定締約国が政府調達にあたり，内国民待遇と最恵国待遇を与えるよう義務づけ，さらにこれら無差別原則を徹底させるため，外資企業

に対する差別の禁止と原産地に基づく差別の禁止を規定した（3条2項）。原産地に基づく差別の禁止は、締約国の調達機関が「国内に設立された供給者をその供給する産品またはサービスの生産国に基づいて差別してはならない」ことを意味する。ただし、「WTO原産地規則協定の規定に従って生産国とされる国が協定の締約国であること」が条件とされる。したがって国内供給者が原産地規則上、外国原産とされる産品を生産していても、このような原産地判定を基礎にして当該供給者を差別してはならないことになる。この場合産品の原産国はWTO原産地規則協定に基づくこととされる。協定はこの点、締約国が政府調達に際して適用する原産地規則は「通常の貿易においてかつ産品の輸入・供給の時に適用する原産地規則」と異なるものであってはならないと定めた。さらに締約国は、WTO原産地規則協定（4条）に基づいて行われる原産地規則の調和交渉の終了後、調和原産地規則を政府調達分野でも適用することとされた。さらにもうひとつの問題がある。ある産品の調和原産地規則として部材生産基準が採用される場合、協定締約国で最終生産された産品が協定の非締約国（非WTO加盟国またはWTO加盟国であるが政府調達協定に参加していない非締約国）の産品と判定されると、協定の無差別原則の適用をうけることができなくなる。たとえば協定締約国であるシンガポールで日本企業が協定非締約国製の部材（中国製部材等）を用いて機械産品を製造し米国に輸出した場合を想定してみよう。このような場合、当該産品が部材生産基準に従って判定され、非締約国産品（中国産品）と認定されると、この産品は米国の政府調達市場で無差別待遇をうけることができない。また日本企業が米国で中国製部材から機械産品を製造する場合も、同様に部材生産基準に従って非締約国産品と認定されると、米国政府調達市場で差別されることになろう。

(5) GATT規定へのインプリケーション

調和原産地規則は、さらにGATT9条の原産地表示との関連で、また貿易統計との関連でインプリケーションを与える。原産地表示については、関税法上の原産地表示を義務づけている国（米国のようにほとんどすべての商品について表示要求を行っている国、カナダのように特定品目について表示要求を行っている国等）の運用過程で、調和原産地規則は死活的なインパクトを与える。調和原産地規則として部材生産基準が採用されると、たとえ最終生産国で、知的所有権法により保護されたデザイン（たとえばイタリアのデザイン）が付せられても、輸入品は部材生産国を原産とする旨の表示（たとえば中国原産）を要求されるからである。また各国の競争当局が消費者保護のために運用する原産地表示（米国連邦取引委員会のmade in USA表示規制、日本公正取引委員会の原産国表示規制等）が調和原産地規則に服するのかどうかの問題も未解決のまま残されている。貿易統計についても、調和原産地規則により従来の原産地判定が一変する場合、各国の輸入統計が従来のものと大きく変わることになる。また各国の競争当局が消費者保護のために運用する原産地表示（米国連邦取引委員会のmade in USA表示規制、日本公正取引委員会の原産国表示規制等）が調和原産地規則に服するのかどうかの問題も未解決のままである。統計が変わると、統計に基づくダンピング防止調査やセーフガード措置の調査に影響がでるであろう。

(6) その他諸協定へのインプリケーション

スタンダード協定、衛生植物検疫措置協定、関税評価協定等も原産地の決定に関連する。これら協定の実施が調和原産地規則によってどのようなインプリケーションをうけるかは将来の課題である。たとえば衛生植物検疫措置をとりあげると、検疫措置の対象産品の調和原産地規則として最終生産基準・部材生産基準・付加価値基準等のいずれが採用されるかに応じて、措置の適用は影響をうけるであろう。検疫措置が加工品（加工食品、飲料、肥料等）に適用される場合、加工段階での工程や使用インプット・添加物・原料（食品製造過程でのホルモン投与、添加物使用、化学物質使用等）が人動植物の衛生健康に危害を加えるおそれがあるときには、輸入国は検疫措置をいずれの輸出国または原産国の商品に適用するかが問題となるからである。この問題は、とくに加工品の最終生産国とインプット・添加物・原料等の生産国・添加国が異なるときに、厄介なものとなるであろう。状況次第では、検疫措置の迂回問題が発生し、原産地判定に基づく迂回防止措置がとられるかもしれない。さらに、調和原産地規則として付加価値基準が採用される場合、関税評価協定の実施が争点となるおそれもある。関税評価協定によれば、輸入品の課税価額は、まず第1に現実取引価額方式（第1優先方式）に従って算定されるが、この現実取引価額は、当該輸入品が輸出販売された際に現実に支払われたか支払われるべき価格（現実支払価格）に一定の加算要素を加えた額とされ、この加算要素のなかには、「輸入品の生産のため必要とされた技術、考案、工芸、意匠、設計（輸入国以外の国で開発されたものにかぎる）」が含まれている。注意を要するのは加算要素としての無体財産権のライセンス料である。協定によれば、加算される無体財産権のライセンス料とは「買手が、輸入取引の条件として、輸入品に関連して、直接間接に支払うべき特許権のロイヤリティまたはライセンス料（実施料）」とされる。これは、現実支払価格に含まれなかった額を限度として、現実支払価格に加算される。このような加算ライセンス料にはつぎのものがある。①輸入取引の条件として、輸入原料に関連して支払われるライセンス料、②買手が第3者に支払う商標権の使用料、③商標権者から商標使用の許諾をうけた売手から購入する輸入品について、買手が商標権者に対して支払うライセンス料である。要するに、無体財産権のライセンス料は、調和原産地規則として付加価値基準が採用される場合には、付加価値のなかに算入され

第1章　非特恵原産地規則

る。これは、加工国でのデザイン料や完成品製造国での商標権使用料等が商品価格のなかの重要な部分を占める産品分野（繊維衣服産業等）にとっておおきな意味をもつ。1次的ルールとして付加価値を計算する場合や2次的ルールとして重要割合材料の価額を算定する場合、産品や部材の輸入価格を関税評価協定に従って算定する必要が生ずるであろう。

5　新分野へのインプリケーション

WTO協定の枠外で交渉されている法律上の迂回防止措置との関連についてもふれておかなければならない。

(1) 法律上の迂回防止措置が交渉されている間の問題

ウルグアイ・ラウンド終了後、閣僚決定に基づいて、WTOで法律上の調和迂回防止措置について交渉が開始されたが、この交渉と調和原産地規則交渉の間には密接な関係がある。

第1に、迂回防止措置交渉が進展しなければ、欧米は調和原産地規則の内容を迂回に対処できる程度に厳格なもの（付加価値基準、最終生産プラス部材生産基準、部材生産基準）とするよう要求しつづけるからである。また、調和原産地規則の内容が最終生産基準のような緩い基準になれば、欧米は調和原産地規則からダンピング防止措置または迂回防止措置を切り離し（decouple）、迂回防止措置交渉を加速させることになろう。decoupling提案はもともと米国の一部業界が、1998年に提起した。これによると、調和原産地規則はダンピング税には適用しないとされる。その真意は調和原産地規則と「原産地判定による第3国迂回の防止措置」を切り離すことにあった。米国業界の考えでは、調和原産地規則が、ある産品の原産地決定基準として「組立工程で原産地を付与する関税番号変更基準」を採用する場合、輸入国は調和規則に基づいて迂回防止措置をとることができない。たとえば第3国迂回が行われる場合を想定してみよう。日本企業が米国向けの輸出品にダンピング防止税を賦課されたのち、第3国に生産拠点を移転し第3国から同種の産品を米国向けに輸出すると仮定する。この場合、米国は第3国組立品に既存の対日ダンピング防止税を拡張適用して迂回防止措置をとることはできない。なぜならば調和規則のもとでは、第3国組立品は第3国の原産資格を取得し、日本産品とはみなされないからである。したがってこのような場合に、decouplingは、調和原産地規則から独立に輸入国当局が迂回防止措置をとることを可能にするとされる。米国政府内部でもdecouplingについて理論構成が検討された。これによると、dEUouplingはWTO原産地規則協定の規定から導かれる。協定の（9.1条）によると、WTOは原産地規則の調和を図るためいくつかの諸原則に基づいて調和作業計画を実施する。このような原則のひとつにつぎの原則がある。「(a)　原産地規則が協定1条に定めるすべての目的のために平等に適用されるべきであること（rules of origin should be applied equally for all purposes set out in Article 1)」。ところで、ここでいう「平等に適用されるべきである (applied equally)」という文言は、協定（1条）に定められたすべての非特恵目的のために同等に適用されると読むのが通説である。しかし、米国はこの文言を「全当事者に対して損害を与えないように（non prejudicially to all parties)」と解釈し、このため調和原産地規則はダンピング防止法には適用できないと立論するのである。米国の見解では、調和原産地規則がダンピング防止措置のために適用されるとすると、とくに調和原産地規則として部材生産基準が採用されている場合には、既存ダンピング防止措置の迂回を許し、引いては米国当局に損害を与え、結局、原産地規則の平等適用原則に背くとされるのであろう。しかしこの解釈には無理がある。さらにWTOでの迂回防止措置交渉が終了していない段階で、decouplingによる迂回防止措置を構想し、decouplingを原産地規則交渉のなかで扱うことはWTO協定に背くものといえよう。

(2) 法律上の調和迂回防止措置の交渉が妥結するときの問題

迂回防止措置交渉が妥結して法律上の調和迂回防止措置が導入されるときの問題がいくつかでてくる。調和原産地規則を調和迂回防止措置と切り離すべきか。調和迂回防止措置はWTOの権限内の事項となるため調和原産地規則の適用をうけるのか。つまり原産地規則上は、調和原産地規則は調和迂回防止措置にも適用されることになるため、decoupling問題が発生するのである。くわえて調和迂回防止措置に関する新しい原産地問題がある。調和迂回防止措置のもとで、迂回の認定要件として部品比率ルールが規定される場合、輸入部品の原産地をどのような基準に基づいて判定するのかという問題である。さらに法律上の調和迂回防止措置と事実上の迂回防止措置の関係が問題となる。法律上の調和迂回防止措置が導入されると、既述のように、原産地判定に基づく事実上の迂回防止措置は適用されないのかどうかという問題である。

6　主要国ごとにみたインプリケーション

主要国ごとにみたインプリケーションについても付言しておく必要がある。WTO協定を実施し通商手段を適用するのは国家当局であるため、調和原産地規則は、各国によるWTO諸協定の実施に対してどのようなインプリケーションを与えるのかという問題である。

(1) EUからみたインプリケーション

EU原産地規則は実質的変更基準であるが、特定の個別産品について特別の原産地決定基準が定められている。これら既存の基準のうち、EUはTV/RADIO/TRについての付加価値基準をほとんどすべての産品の調和原産地規則として提案し、さらに半導体といくつかの繊維製品について現行基準を調和規則として提案した。他方、ベアリングについてはCTHと付加価値基準の選択方式を提案しているが、このCTHは素

材からの一貫生産基準にほかならず，現行の内外輪の熱処理研磨工程基準よりもやや厳しくなっている。

EU 通商手段のなかで調和原産地規則の影響をうけるのはつぎのとおりである。MFN 関税率の適用，貿易統計，通常のダンピング防止措置・相殺関税措置，原産地判定に基づく迂回防止措置，法律上の迂回防止措置（規則 13 条），数量制限，セーフガード措置，政府調達である。とくに政府調達について，90 年 9 月の新公共調達指令は，水・エネルギー・運輸・情報通信分野（いわゆる「除外分野」）の公共調達について，つぎの規定を導入した。ひとつは GATT 政府調達協定の非締約国の産品の入札拒否規定である。GATT 政府調達協定等の非締約国である EU 域外諸国を原産地とする産品の割合が入札産品の総価額の 50％を超えるならば，発注公共機関は，入札を拒絶することができる（36 条 1 項）。この原産地判定は EU 原産地規則（旧規則 802/68 号，現関税法典 24 条）に従って行われる。もうひとつの規定はバイ・ヨーロピアン条項である。EU 入札者の入札価格が，上述の EU 域外入札者の入札価格よりも 3％以下高いならば（すなわち両者が同等とみなされるならば），発注公共機関は，EU 入札者の入札を優先させなければならない（36 条 2 項）。この規定は，EU 当局が，まだ，市場アクセス協定――EU 企業のために域外国の公共調達市場へのアクセスを確保するような多国間協定または 2 国間協定――を域外国との間に締結していない場合に，当該域外国の原産品を含む入札産品に対して適用される。

調和原産地規則が導入されたときに，既存の規則との関係で，経過期間を設けるべきかどうかの問題もある。

(2) 米国からみたインプリケーション

米国の原産地規則は目的ごとにまた適用機関ごとに異なっているため，調和原産地規則が及ぼすインパクトはおおきい。米国通商手段のなかで大きな影響をうけるものはつぎのとおりである。MFN 関税率の適用，貿易統計，税関が扱う原産地表示，商務省が扱う通常のダンピング防止措置・相殺関税措置，法律上の迂回防止措置と原産地判定に基づく事実上の迂回防止措置，数量制限，セーフガード措置，政府調達である。政府調達についてはとくにつぎの問題がある。バイ・アメリカン法のもとでは，連邦政府は米国商品を優先的に調達することを義務づけられている。米国商品の基準は，米国部品 50％ルールである。米国商品とは「米国製部品の価額が全部品価額の 50％を超える」(the cost of (an end product's) components mined, produced, or manufactured in the United States exceeds 50 percent of the cost of all its components) 商品を指す。こうした米国部品 50％超ルールはバイ・アメリカン法に固有の原産地決定基準であり，米国の原産地規則のなかでは数少ない付加価値基準に該当する。このルールは部品価額のみに着目するため，米国での組立製造経費や利益は無視される。また米国商品は，米国で最終的に製造されたものでなければならない。米国部品 50％超ルールを満たしても，米国外で最終製造される商品は米国商品とはみなされない。しかし近い将来，原産地規則が調和されたときに，バイ・アメリカン法上の米国商品がどのような原産地決定基準に従って判定されるか明らかではない。また，調和原産地規則は WTO 政府調達協定の適用をうける調達（一定の基準額以上の高額調達）に対しても適用される。WTO の関連協定（原産地規則協定 1 条，WTO 政府調達協定 4 条）によれば，現在国ごとに異なる原産地規則が調和された暁には，調和原産地規則は，WTO 政府調達協定がカバーする調達に対して適用される。換言すれば，調和原産地規則は WTO 協定の対象調達に対して適用される。逆にいえば，調和原産地規則は，WTO 協定の対象外の調達に対しては適用されない。それゆえ，WTO 政府調達協定の締約国が，調和原産地規則を，協定の対象外の調達に適用しないことは違法ではない。集積回路のための調和原産地規則を例にとろう。仮に調和原産地規則として拡散国基準が採用されるとすると，米国法の運営上，つぎの有害インプリケーションが生ずる。第 1 は，米国税関当局の原産地表示要求に関しては，従来の組立国基準から拡散国基準に変更されるため，すでに組立国を表示された産品の取扱いである。第 2 に，ダンピング防止調査等の通商手段の運営に関しては，原産地の確定にあたり，部材生産段階への遡及的調査が行われるため，この調査に対応する企業は，部材生産段階を常時視野におく管理システムの構築を求められるであろう。

(3) 日本からみたインプリケーション

日本の通商手段のうち，調和原産地規則の強いインプリケーションをうけるのはつぎのものである。中国製絹織物に対する迂回防止措置へのインプリケーション，輸入統計の変更にともなうインプリケーション，繊維分野の日米 VISA 協定，ダンピング防止措置・相殺関税措置である。これらのうち，日米 VISA 協定は，1987 年 2 月 7 日，日米政府間で締結され，87 年 3 月 1 日から実施されている。これは，日本を中継地とする第 3 国産品の対米迂回輸出等の不公正な輸出取引を防止することを目的としており，具体的には，1987 年 3 月 1 日以降，インボイスに日本原産品である旨の確認印を押印する形で輸出証明（VISA）制度が実施されている。現行の輸出証明の対象貨物は，綿製品，毛製品，人造繊維品，麻製品，絹混紡・交織・編等製品であり，柔道着等のジャパン・アイタムは除外されている。発給機関は，2000 年 4 月 1 日より日本繊維輸出組合のみとされた。VISA の取得要領はつぎのとおりである。① 日本からの米国向けに直接輸出される日本原産品については，原則として政府指定の生産業者団体が発給する日本原産の繊維品である旨の国内生産証明書による確認に基づき VISA が発給される。② 日本から第 3 国を経由しそのまま米国向けに輸出される日本原産品については，所定のエビデンスによる確認に基づき VASA が発給される。③ 米国

の現行原産地規則では，織物・スカーフ等の原産地は製織国である。このため，たとえば日本原産の生機から第3国で染色加工されたスカーフが米国向けに輸出される場合には，当該スカーフの原産地は製織国・日本となるため，日本原産品である旨のVISA証明が必要となる。こうしたVISAは所定のエビデンスによる確認に基づいて発給されることになる。ダンピング防止措置・相殺関税措置については，日本が過去のダンピング課税に際して課税対象産品の原産地を一般特恵原産地規則の原産地決定基準に基づいて判定してきたが，この慣行は，調和原産地規則が導入された時点で修正をうけるであろう。

7 結論

以上の検討をとおしてつぎの結論を得る。

(1) 有害インプリケーションの克服

原産地規則は通商政策手段と組み合わされて適用されるため，原産地規則の内容次第で，また原産地規則に基づく原産地判定次第で，通商政策上さまざまな不都合が生じたり消極的なインプリケーションが生ずる。とくに調和原産地規則として部材生産基準が採用される場合，有害なインプリケーションが生ずることを知る。ではこうした有害インプリケーションを克服するためにどのような方策が考えられるのか，検討を要する。

(2) 調和原産地規則の再検討

インプリケーションについての検討は，現在交渉中の調和原産地規則の1次的ルールや2次的ルールを再検討する際の重要な手掛かりを与える。機械産品分野の組立プラス重要部品製造基準，繊維分野の部材生産基準をインプリケーションの視点から再検討する必要がある。さらに機械産品に関して最終生産基準を主張し繊維衣服に関し部材生産基準を提唱する矛盾をどのように解消するのかという各国に共通の課題もある。

第6節 全体設計の詳細

1 概要

すでに述べたように，全体設計（表1）の基幹は1次的ルール（primary rule）と2次的ルール（residual rule）の策定にある。1次的ルールは，産品の生産過程に複数国が関与する場合の原産地確定方法をいう。この1次的ルール（residual rule）で原産地が確定できないときに，2次的ルールが適用される。これら1次的ルールと2次的ルールの適用方法や中身について主要国の見解は対立している。

また調和原産地規則の適用範囲（総則1）についても論争がつづいてきた。

2 調和原産地規則の適用範囲

調和原産地規則とはいうまでもなくWTOレベルで調和される非特恵原産地（WTO原産地規則協定1条1項）をさし，非特恵目的（協定1条2項）のために適用される。この非特恵目的はつぎの2系列に分かれる。ひとつは，すべての非特恵的な通商政策（non-preferential commercial policy）目的である。たとえば関税率決定，貿易統計最恵国待遇，ダンピング防止税・相殺関税，セーフガード措置，原産地表示，数量制限，関税割当等である。協定はこれら非特恵目的を明示しており，これら目的を限定列挙しているわけではない。さらに政府調達政策も例示されている。

ところが，WTOでの審議で，予期せざる論争がおきた。それは非特恵目的の範囲をめぐる対立である。大部分の審議参加国が非特恵目的をすべての非特恵分野の目的と解釈するのに対し，米国等は非特恵目的からダンピング防止法を除外する提案をだしている。具体的にいえば，輸入品に調和原産地規則が適用されるのは，輸入関税や貿易統計の計算等のためにかぎられる。それは，ダンピング防止税を適用する場合には適用されないと米国は主張する。米国の一部業界はこの主張を，調和規則とダンピング防止法の切り離し（decoupling）と呼んでいる。さらに今後，セーフガード措置・数量制限・繊維規制等との関連でも切り離し論が提起されるおそれがある。また切り離し論とは別個独立に，米国FTCや日本の公正取引委員会が消費者保護の観点から運用する原産地表示（米国の強制marking等）のための国産基準は調和規則の対象となるのかどうかという問題も提起されている。

3 1次的ルール

1次的ルールの適用方法に関し，日米EU間に鮮烈な対立が生じている。1次的ルールの各論的内容（個別産品の調和規則としては関税番号変更基準，付加価値基準，加工工程基準のいずれが適当か，また関税番号変更基準の表現方式をCTH/CTSH/CTHS/CTSHSのいずれとするか）について，3極は対立している。くわえて，1次的ルールの総論的な適用方法についても対立が解けない。この対立は日米カナダ等のtrace back方式（Option A）とEU・スイスのnon-trace back方式（Option B, C）の衝突としてとらえることができる。

(1) trace back方式

A 概要

日米等が主張するOption Aによれば，産品の原産地は，1次的ルールを満足する最後の国とされる。

したがって，このルールのもとでは個別産品の原産地決定はつぎの手順で行われる。

① まず産品の最終生産国が1次的ルールを満たすかどうかを調べる。
② 産品の最終生産国（たとえば半導体の組立工程国）が1次的ルールを満たさないときは，最終工程の前の工程が行われた国（たとえば半導体の拡散工程国）が1次的ルールを満たすかどうかを検討する。

このようにOption Aは1次的ルールの適用にあ

たって生産工程を遡る（trace back）ため，trace back 方式と俗称される。

もっとも輸入部品から組み立てられる機械産品に1次的ルールを適用する場合，trace back 方式がとられることは少数の例外を除けば，まずありえないといえよう。最終組立国の前のサブアッセンブリー生産国に1次的ルールを適用することはできないからである。したがって大部分の機械産品は，1次的ルールのtrace back 方式により実害をうけない（ただし後述するように2次的ルールの適用に際してtrace back が行われうることを念頭においておかなければならない）。

B trace back 品目

trace back 方式は米国の1次的ルールの内容と深く関わっている。1次的ルールに関する米国提案のなかには，trace back をはじめから想定している品目が少なからずある。これらは米国産業界の関心品目であり，そのうち主要なものはつぎのとおりである。

① 刺繍を施していないスカーフ，ハンカチ等（HS ex 6213, 62.14 etc）

その原産地は，米国によれば，製品に染色加工・仕上げをした最終工程国ではなく織物を製造したいわゆる製織地とされる。

② HS 61-62類の Textile parts and other unassembled textile articles : cutting parts to shape

その原産地は，米国によれば，最終工程国ではなく織物の製織地が原産地とされる。

③ HS 6101 から -6105 のメリヤス編みまたはクロセ編みの衣類・衣類附属品（スーツ，オーバー等）

その原産地は，米国によれば，メリヤス編みまたはクロセ編みのパーツ（parts knitted or crocheted to shape）からの製品組立（assembly）が行われた国ではなくパーツのメリヤス編みまたはクロセ編みが行われた国とされる。

④ 半導体

その原産地は米国によれば，組立国ではなく拡散工程国とされる。

⑤ ベアリング

：内外輪の熱処理・研磨工程国が原産地となる。

その原産地は米国によれば，HS 8523 の磁気テープ等記録用媒体：最終工程国ではなくベースフィルムへの coating が行われた国が原産地とされる。

C trace back の狙い

以上の trace back の狙いはさまざまであるが，いつくかは数量制限やダンピング防止措置の迂回の防止にあるといってよいであろう。

たとえば，繊維衣服関係の trace back は米国の特定国（中国，韓国等）に対する繊維衣服数量制限を維持するために不可欠となる。スカーフを例にとれば，その原産地を織物の生産国とするのは，たとえば中国製の織物を用いて EU で加工されるスカーフに関し，これを中国産とみなして対中数量規制の対象に含めるためである。逆にいえば製織地への trace back は，対

中数量制限が第3国加工によって迂回されるのを防止する狙いをもつ。

若干の機械産品のための trace back 方式も，迂回防止の意図に裏打ちされており，産業界のロビイングにより生まれたものであった。

D trace back の運用

しかしながら trace back 方式は，運用面で少なからぬ困難をもたらすかもしれない。部品等の upstream 産品について綿密に原産地や工程を追跡することは，企業と税関に負担を強いるからである。この問題が今後争点となるであろう。

(2) non-trace back 方式

EU やノルウェーが主張する non-trace back 方式のもとでは，産品の原産地は，1次的ルールを満足する最終生産国（the country in which the good is obtained）とされる。

日米等が1次的ルールの適用にあたって trace back を予定するのに対し，EU は trace back を否定する。これは EU が1次的ルールとして45％付加価値基準または除外条項つきの関税番号変更基準（したがって最終組立プラス重要部品製造基準）を主張しているためであり，最終生産国が45％基準等を満たさないときは，ただちに2次的ルールの検討に移行するのである。

ちなみにスイスも Option C のもとに，EU とほぼ同様の non-trace back 方式を1次的ルールとして提案している。

4 2次的ルール

2次的ルールの中身も，米国，日本，EU，スイスで大きく異なっている。

(1) 米国提案

1998年12月の米国提案（Option A）によると，1次的ルールで原産地が決定できない場合，以下の順序で3種類の2次的ルールが適用される。

個別産品別の2次的ルール

これは，1次的ルールとして除外条項つきの関税番号変更基準が規定される場合の2次的ルールである。したがってセンシティブな機械産品のために規定されており，すべての機械産品のために規定されているわけではない。まずこのような産品の1次的ルールをみたうえで産品固有の2次的ルールをみるのが適当であろう。

1次的ルールは，除外条項つきの関税番号変更基準は Change of tariff heading (CTH), except from heading WXYZ や Change of tariff subheading (CTSH), except from heading WXYZ.AA という方式で表現されている。TV（HS 8528）を例にとれば米国は1次的ルールとして CTSH, except from 8540.11 - 8540.12 を提案している。これは 8540.11 のブラウン管を除く他の輸入部品からの TV 組立が原産地を付与することを意味する。したがって，組立工程のほかブラウン管の製造が行われた国が原産地とされる（逆にいえば輸入ブラウン管からの TV 組立では原産地は

付与されない)。

米国は同様の除外条項をつぎの産品を含むかなり広範な機械産品について予定している。
① 水力タービン (HS 8410)：電力の異なる水力タービンからの変更を除く CTSH
② コンピュータ用 PCB 等 (HS 8473.30)：集積回路 (HS 8542) からの変更を除く CTH

こうした1次的ルールを前提として米国は，除外条項で指定された重要部品の製造地を完成品の原産地とすることを提案した。それゆえ，TVのための2次的な原産地決定ルールは「ブラウン管の原産国」をTVの原産地とするとする。それゆえ，たとえばTVの組立地とブラウン管の製造地が異なる場合（韓国製ブラウン管を用いてマレーシアでTVを製造する場合等）は，1次的ルールでは原産地は決定できないから，結局，2次的ルールに従い，ブラウン管の製造国がTVの原産地とされる。このように産品に固有の2次的ルールは，重要部品の製造国 (PCB のための半導体製造国等) に trace back することに注意を払うべきである。

(2) 他の提案
A Chapter レベルの2次的ルール

個別産品のための特別な2次的ルールでも原産地が決定できないときは，Chapter レベルの品目横断的な以下の2次的ルールによって原産地が決定される。ただし，1次的ルールとして除外条項つきの関税番号変更基準が規定されていない産品については，そもそも産品固有の2次的ルール (重要部品製造基準) がないから，1次的ルールで原産地が決定できないときはただちに Chapter レベルの2次的ルールによる原産地判定が行われる。Chapter レベルの2次的ルールは産品別の2次的ルールとは着眼点を異にしている。産品別の特別2次的ルールは重要部品製造国への trace back を狙いとするが，Chapter レベルの2次的ルールは最終工程国 (組立国等) に照準をあわせており trace back とは袂を分かつ。

Chapter レベルの2次的ルールは以下にみるようにすべて最終工程国を原産地とするものである。その背景には米国組立産業の意向がある。

(i) ブランクルールと未完成品ルール

完成品と同一の関税番号に属するブランクや未完成品から完成品が製造される場合，関税番号変更基準のもとでは関税番号変更の欠如を理由に，完成品製造地は原産地とならない。しかし米国はブランクからの製造については，輸入ブランクに対して特定の工程 (研磨以外の物質除去，一定の硬度をもたせるための hardening 等) が加えられれば完成品製造地を原産地とすべきことを提案している。また米国は，未完成品からの製造についても，関税番号変更の欠如にもかかわらず，2つの条件が満たされれば完成品製造地を原産地とする考えを示唆している。条件のひとつは，未完成品が輸入されたときの状態では最終用途のために機能せず，輸入後，特定の2以上の工程（溶接等によるビルトアップ組立，熱処理，coating 等の表面処理等）をうけることであり，もうひとつは完成品が最終検査 (final testing) をうけることとされている。しかしながら，これらルールが米国の修正提案で2次的ルールとして生き残るかどうか予断を許さない。

(ii) 5 parts ルール

5以上の輸入専用部品から組立を行う場合，組立国を原産地とするもので，NAFTA マーキング原産地ルールにヒントをえている。

NAFTA マーキング規則のもとでは，産品の原産地は関税番号変更によって決まるが，関税番号変更が単なる組立に基づくときは原産地を付与しない。このような単純組立は NAFTA ルールによればつぎのように定義づけられた。

「5以下の部品（すべてが外国製部品であって，ネジ，ボルトのような締付具を除く）を，ボルト締め，にかわ付け，はんだ付け，裁縫または軽微工程以上ではない他の手段によって一体化すること」

そこで米国政府は，5以上の輸入専用部品 (汎用部品を除く) からの組立は，単純組立にはあたらず原産地を付与するとしたのである。その背後には Xerox 社の要請があった。同社は，複写機用の付属品 (accessories) を同じ subheading に属する輸入部品から組み立てていたため，関税番号変更基準のもとでは米国原産を取得できないおそれがあった。そこで同社は NAFTA ルールにヒントをえた5 parts ルールを調和規則のなかに導入するよう政府に要請した。もっとも 5 parts ルールが他の機械産品・部品にどのような影響を与えるか米国政府内部でも十分な検討が行われたわけではない。同じことは以下にみる新機能ルールや 4 plus 1 ルールについてもいえる。

(iii) 新機能ルール

輸入部品から新機能デバイス──「1以上の新しい機械的または電気的な機能を遂行できるデバイスまたは装置」(a device or apparatus capable of performing one or more new mechanical or electrical functions) ──への加工により製造される産品については，当該加工地が原産国とされる。これは電子部品産業に配慮したルールであるが，新機能デバイスの基準が曖昧であるといえよう。

(iv) 4 plus 1 ルール

4以下の輸入専用部品と1以上の原産専用部品から完成品を組み立てる場合，組立地が完成品の原産国とされる。したがって4点の日本製専用部品と1点以上のマレーシア製専用部品からマレーシアで組み立てられた家電製品の原産地は組立国・マレーシアとなる。これは，5以上の輸入専用部品からの組立が実質的変更に該当する以上，4 plus 1 組立も実質的変更とみなされるという考えに基づく。

4 plus 1 組立は組立産業にとっての救済ルールとなる。この組立では，輸入専用部品の代わりに原産専用部品が使われるのであるから，組立地で専用部品が製

造されることなる。したがって，このルールは，組立プラス重要部品製造基準を満たさない産品に救いの手を差し伸べる。というのは，組立プラス重要部品製造基準のもとで指定される重要部品（ブラウン管，液晶パネル，プラズマ）が完成品（TV）の組立地で製造されないときは，完成品の組立地が1次的ルールのもとで原産資格を認められなくても，組立地で当該重要部品以外の専用部品（TV tuners 等）が製造されれば，完成品の組立地が原産資格を取得する可能性があるからである。

B　一般的な2次的ルール案

Chapterレベルの2次的ルールでも原産地が決定できないときは，最終段階として，全産品に共通の一般的な2次的ルールにより原産地が決定される。この一般ルールは産品の材料・部品の生産国を完成品の原産地とするもので，川上産品（upstream products）へのtrace backを要請する。上述のようにChapterレベルの2次的ルールで最終工程地が原産地と認定されないときは，川上産品の生産国へtrace backする以外に手立てがないからである。そこで問題はいかなる材料・部品がクリティカルになるかである。米国提案はつぎの材料・部品の原産地が産品の原産国となるとしている。

① 産品に「重要な特性」（the essential character）を与える材料・部品の原産地
② 最大の重量をもつ材料・部品を生産した国の原産地
③ 最大の価額をもつ材料・部品を生産した国の原産地

参考までに米国のNAFTAマーキング規則も，1次的ルール（関税番号変更基準）で原産地が決定できないときは重要特性部品の原産地へtrace backする2次的ルールを規定している。

C　1999年3月米国提案の2次的ルール

米国は1999年3月の提案で産品別2次的ルール（除外条項で指定された重要部品の製造国を原産地とする重要部品製造国ルール）を2次的ルールのなかの最下位においた。これによると2次的ルールは，つぎのようにChapterレベルと最終レベルの2段階からなる。

まず，Chapterレベルの2次的ルールは，HS 82類と83類に関して，5 partsルールと4 plus 1ルールの最終生産国基準のみからなりたっている。84類から91類までのChapterレベルの2次的ルールは未だ定められていない。

つぎに最終段階の2次的ルールはtrace backに基づくつぎの基準からなる。

① 微小工程産品の場合は微小工程の直前の工程国を原産地とする
② 除外条項で指定された重要部品の製造国を原産地とする
③ 2以上の部品供給国からの輸入部品から産品が製造されている場合は，最大重量または最大数量の部品が製造された国を原産地とする
④ 産品に重要な特性を与える部品が製造された国を原産地とする

米国の99年3月提案の狙いは，2次的ルールの簡素化にあるといってよいであろう。98年12月提案では，2次的ルールは産品別（trace back）・Chapterレベル（最終生産国）・一般レベル（trace back）の3段階からなり，最終生産国基準にtrace back方式が先行していたが，99年3月提案は，これをChapterレベル（最終生産国）と最終段階（trace back）の2つに整理し，trace back方式を最後に訴えるべき2次的ルールとしたのである。

ただし米国の修正提案はHS 82類と83類に関しChapterレベルの2次的ルールとして最終生産国基準（5 partsルールと4 plus 1ルール）を定めたものの，HS 84類から91類までのChapterレベルの2次的ルールについては何も定めなかった。

1999年3月のWCO会議は米国提案を基礎に審議し，その結果，米国提案を基にした修正Option Aが作成され，さらに事務局から米国・EU案を折衷させた妥協案が提起された（表3参照）。

D　日本提案

日本は全産品に共通の2次的ルールとしてつぎのtrace back方式を提案した。

(i) 重要部品製造国へのtrace back

［特別に定める場合は別として］1次的ルールとして除外条項をともなう関税番号変更基準が規定されている場合，1次的ルールで原産地が決定できないときは，除外条項のなかで指定された材料・部品の製造国が産品の原産地となる。

(ii) 重要特性部品製造国へのtrace back

重要部品ルールでも原産地が決定できないときは，米国が提案した重要特性（essential character）部品の製造国へのtrace back方式を日本は支持した。

E　EU提案

EUは，産品の最終生産国が1次的ルールを満たさない場合（たとえば最終生産国での付加価値が産品価格の45％以上にならないとき，または除外条項つきの関税番号変更基準のもとで輸入重要部品から産品が組み立てられる場合），以下の一般的な2次的ルールを適用するとしている。ただし個別産品のための特別な2次的ルールが定められたときは特別ルールが一般的な2次的ルールに優先して適用される。

(i) 単一部品・材料生産国ルール

産品が単一国からの輸入部品・材料から製造されているときは，産品は当該部品生産国を原産地とする。たとえば韓国製部品のみからシンガポールで製造される産品に関し，生産国シンガポールでの付加価値が40％であるときは，2次的ルールに従い韓国が原産地とされることになる。

(ii) 重要特性部品・材料ルール

産品が2以上の国で製造された部品・材料から製造

される場合は，産品に重要な特性（essential character）を与える部品・材料の生産国が産品の原産地となる。

このような重要特性部品・材料は，農産品を除く全産品に関し，以下のルールにより特定される。

最大輸入部品・材料ルール

輸入部品・材料のうち，最大の割合を占める部品・材料の原産国が産品の原産地となる。このような最大割合は，Chapter レベルで特定されるように，価額，数量または重量を目安に判定される。

EU がこのように部品製造国に trace back するのはふたつの理由に基づく。ひとつは，1次的ルールのもとで最終生産国が原産地とはならないことが確認された以上，2次的ルールのもとで模索されるのは川上産品の製造国となるのが論理的である。2次的ルールは最終生産国を原産地とするための二度目のチャンス（sEUond chance）を提供するものであってはならない。他は，最終生産国での変更が実質的でないならば「最後から2番目の変更（penultimate transformation）」を基礎に原産地を判定すべきであり，それが最終の実質的変更とみなされる。このような最後から2番目の変更は，産品に組み込まれる輸入部品・材料の生産国で起きる。こうした最大輸入部品は，除外条項で指定された重要部品と実質的に同一となる可能性が高いといえよう。

以上のルールにもかかわらず，EU は，最終生産国を原産地とする例外にも言及している。これによると，最終生産国で製造された部品・材料が全部品・材料の 50％以上を占めるときは，例外的に最終生産国を原産地とするとされる。この場合，50％以上の判定は，Chapter レベルで特定されるように，価額，数量または重量に基づいて行われる。

EU はこうした最終生産国ルールをふたつの理由で正当化した。ひとつには，輸入部品製造国を産品の原産地とする原則ルールは，たとえば 80％の最終生産国部品と 20％の輸入部品から産品が製造されるような場合は不公正（unfair）であるとされる。またこのような状況を回避するためには，最終生産国部品の比率に基づく general safeguard clause を導入しなければならない。

F EU 案の評価

EU は，以上の2次的ルールを付加価値ルールではないと説明している。EU によれば輸入部品・材料の価額は輸入時の invoice 等により確定できるからであるとされる。しかし，そうとは言いきれないであろう。例をあげて検討してみよう。

たとえば，工場出荷価格が 100 の TV が3カ国の輸入部品から香港で製造され，輸入部品と最終生産国での価額をつぎのように仮定する。

① 韓国製ブラウン管：35
② 日本製部品：20
③ マレーシア製部品：10
④ 香港での付加価値（組立経費，内製部品価額，利益）：35

この例では，最終生産国・香港は1次的ルール「45％付加価値基準」を満たさず原産地とならない。そこで2次的ルールにより，最大価額の輸入部品の製造国・韓国が TV の原産地となる。この場合，2次的ルールのうち最終生産国基準を適用する必要も生じない。たとえ内製部品価額が正確には計算できなくても，最終生産国の部品価額が全部品価額の 50％に満たないことは明白だからである。したがってこの例では，輸入部品価額は輸入 invoice 等から確認でき，その計算を行う必要はないようにみえる。しかし，輸入価格が為替変動により変化するときはどう対処するのか，また輸入価格が関連当事者間の移転価格に該当するときは輸入価格を移転価格税制にしたがって独立当事者間価格に更正すべきかどうかといった厄介な問題が生ずるかもしれない。

ふたつめの例は，つぎのとおりである。南京錠（padlock of HS 8301.10）がつぎの価額の部品から香港で製造される場合を想定する。

① HS 8301.60 の香港製部品：70
② HS 8301.60 のシンガポール製部品：25
③ HS 8301.60 のマレーシア製部品：5

南京錠の1次的ルールはすでに Basket 1（いちおうの合意事項）として確定され，それは4桁レベルの関税番号変更基準となっている。このルールのもとでは，香港は原産地とならない。シンガポールやマレーシアからの輸入部品と完成品の関税番号は4桁レベルで変更しないからである。そこで2次的ルールに従い，最大価額の輸入部品の製造国をみると，それはシンガポールとなる。しかし最終生産国・香港の部品価額は 70 であり全部品価額の 50％を超えているから，香港が南京錠の原産地とされる。もっとも，この例では，香港製部品の価額をどのように確定するのかという問題が生ずる。この部品が国内で部品専業メーカーから調達されたときはその調達価格が採用される。しかし，部品が南京錠のメーカーにより内製されたときは内製部品の価額をどのように算定するのか。内製部品価額の算定にあたっては付加価値計算を行わざるをえないであろう。

以上にみたように，1番目の例で，非原産部品価額が全部品価額の 50％超であることが明白なときは，たしかに付加価値計算を行う必要はない。この点で EU の2次的ルールは付加価値基準ではないということができる。しかし，2番目の例のように原産部品価額が全部品価額の 50％超である場合は，内製部品価額を付加価値方式で計算する必要が生じ，この場面で EU の2次的ルールは付加価値方式に転換するのである。

G スイス案

スイスは1次的ルールでは最終生産地が原産地とならないときは，部品・加工価額が最大となる国（thEU-ountry contributing most to the product in terms of total value of part and related processing activities）を産品の原産国とするよう提案している。

H 各国案の比較検討

以上に検討した各国提案を比較するとつぎの相違点と共通点が浮かびあがってくる。

(i) 2次的ルールの比較

米国98年12月提案のみが個別産品・Chapter・一般という3つのレベルの2次的ルールを提案していた。個別産品別のルールは重要部品製造基準であってtrace back方式をとる。Chapterレベルの2次的ルールは最終生産国基準に依拠し，一般的な2次的ルールは重要特性部品へのtrace backを狙う。

日本は米国と同様，個別産品のための2次的ルールとして重要部品製造基準を採用し，これで原産地が決定できないときは重要特性部品基準を適用する。しかし日本は，米国と異なり，米国が組立産業に配慮したChapterレベルの2次的ルールである最終生産国ルールを予定していない。

EUは一般的な2次的ルールとして最大輸入部品国ルール(trace back)と最終生産国ルールを予定している。

3極の提案はそれぞれ一長一短がある。米国提案は組立産業への配慮に裏打ちされているため，組立産業にのみ利する。EU提案は一見簡明にみえるが付加価値基準とのかかわりで難がある。問題はどのような2次的ルールをデザインするにせよ，ルールの運用が容易であるかどうか，税関と企業に不必要な負担を課さないかどうかにある。

また3極が共通して提案する重要特性基準についても問題点が指摘されている。重要特性部品の判定方法は日米EUで異なり，EUのみが価額・数量・重量等での判定を明記している。そもそも重要特性基準は産品の分類classification（とくに未完成品や混合物・セット品の分類）に際して使われる関税法上のルールである。WCO/CCCのExplanatory NotesのGRI3（関税率表の解釈に関する通則3）によれば，重要特性は，材料の「性質（容積・数量・重量・価格等）」または「産品を使用する際の構成材料の役割」によって決定するとされている。これに照らせば，EUの価額ルールはWCOの通則に反する。2次的ルールとして重要特性ルールが使われる場合，重要特性の判定方法が示されなければ紛争が生ずる。この意味で，WCO通則から乖離しない重要特性の判定方法が今後討議されなければならない。

5 各国の現行原産地規則のなかの2次的ルール

EUの現行TV原産地規則は，1次的ルールとして45％付加価値基準を定め，2次的ルールとして重要部品製造国基準または最高付加価値基準を定めた。韓国のマーキング原産地規則も1次的ルールとして付加価値基準を2次的ルールとして主要部品・主要工程基準を採用した。米国のNAFTAマーキング原産地規則は，産品別の1次的な関税番号変更基準では原産地が決定できないときは，単一・重要特性部品の製造地，複数・重要部品の製造地，または最終生産国を原産地とする旨を定めた。そして重要特性部品は，関税番号変更基準のもとで関税番号変更が許されない部品（修正案によればTVの場合のブラウン管等）とされた。米国のWCO提案が部分的にNAFTAマーキング規則に依拠していることは指摘するまでもない。

6 補足ルール

1次的な原産地決定ルールの適用にあたって，いくつかの補足ルールが併用される。調和原産地規則の草案に挿入された補足ルールのうち，主要なものをとりあげてみよう。

(1) デミニミス・ルール（de minimis rule）

1次的ルールの適用にあたって，ルールを満たさない非原産材料がわずかでもあると，原則として最終生産国は原産地とならない。このような不都合に対処するため，デミニミス・ルールが必要になる。デミニミス・ルールは，すべての1次的ルールのもとで適用することができる。たとえば1次的ルールとして関税番号変更基準が規定されている場合，完成品と同じ関税番号の輸入部品から産品が製造されるときは，関税番号の変更がないため，最終生産国は原産地とならない。しかし，完成品と同じ関税番号の輸入部品の価額が極小（de minimis）である場合に，関税番号変更の欠如を理由に原産地付与を否定するのは，不合理といえよう。そこで完成品と同じ関税番号の輸入部品が基準を満たさない非原産材料の価額が一定の極小値を超えないならば，こうした輸入部品は関税番号変更基準の適用にあたって無視するデミニミス・ルールが不可欠となる。

主要国は現行特恵原産地規則のなかでデミニミス・ルールを定めている。これをもとに主要国は調和原産地規則のためのデミニミス・ルールを提案した。EU等は調和原産地規則草案の総則6のなかで1次的ルールのためのデミニミス・ルール案を提起した」。EUの場合，大方の機械産品のための1次的ルールとして付加価値基準または組立プラス専用部品製造基準（関税番号変更基準）の選択方式を提案しているが，1次的ルールとして組立プラス専用部品製造基準が適用される場合にデミニミス・ルールを適用するというのがEUの意図である。このような組立プラス専用部品製造基準のもとで，産品が輸入専用部品から製造されても（つまり1次的ルールを厳格には満たさないときでも），専用部品価額が一定の極小値以下であればこれら輸入専用部品を無視して原産地が付与されるのである。もっともEU提案は極小値を示していない。またデミニミス・ルールが付加価値基準にも適用されるかどうかを明らかにしていない。極小値を具体的に提案する国もある。スイスによれば，極小値は全産品に関し工場出荷価格の20％とされ，またカナダによれば，農産品や繊維衣服についての極小値を関税評価取引価格比7％等とされる。日本は一律の極小値設定に異議を唱え，Chapterレベルまたは産品レベルの極小値を定めるべきことを提案している。デミニミス・ルールは関税番号変更基準の柔軟な運用のため不可欠である。し

かし，極小値とその計算方法について統一した見解はない。

(2) **中間財ルール** (intermediate materials)

中間財とは完成品を製造するためのサブアッセンブリーや部品をいう。自動車を例にとれば自動車の中間財はエンジンである。そして中間財は通常，非原産材料から製造される。そこで，中間財が非原産材料からの製造過程で原産資格を取得するときは，中間財を組み込んだ完成品の原産地判定にあたっては，中間財を100%原産品とみなすことを中間財ルールという。中間財ルールは付加価値基準のもとで適用される。この場合，中間財は，たとえ非原産材料を含んでいても，完成品の付加価値計算にあたっては，100%原産品としてカウントされることになる。換言すれば，中間財に含まれた非原産材料は，原産材料のなかに吸収 (absorption) され，かくして中間財は全体として (as a whole) 原産品となる。これをロールアップ・ルールといい，現行の各国規則のなかに散見される。たとえば，EU繊維製品・原産地規則 (旧1991年5月24日委員会規則，現行EU関税法典実施規則付属書9の注3.2)，EEA協定の特恵原産地規則，EU一般特恵制度原産地規則，汎欧州原産地規則 (PERO)，NAFTA特恵原産地規則である。

調和原産地規則草案のAppendix 2の4項に中間財ルールが提案されている。これによると，ひとたび非原産材料から製造される中間財が原産資格を獲得するならば，この中間財を組み込んだ最終産品の原産地判定にあたり，中間財は100%原産品とみなされるとされる。WCO技術委員会はこのルールの解釈に際して，つぎの合意を形成した。第1は，ひとたび中間財が原産資格を獲得するならば，中間財は原産国での後続する加工工程により当該原産資格を喪失しない。第2は，原産資格を獲得した中間財から製造される産品の原産地は，中間財の原産地と同じである。このルールは付加価値基準に適用されるだけではなく，関税番号変更基準や加工工程基準にも適用されると解釈することができる。上述のように，ルールが付加価値基準に適用されると，原産資格を獲得した中間財の付加価値はロール・アップされる。ではルールが関税番号変更基準に適用されると関税番号変更の有無はどのように判定されるのか。この場合，非原産材料から製造される中間財が原産資格を獲得すると，これら非原産材料は中間財のなかに吸収され原産品と化する。したがって，原産地判定は，完成品とつぎの非原産材料の間で関税番号が変更しているかどうかに基づき行われる。それは，完成品生産国で加工をうけない非原産材料と完成品生産国で実質的加工をうけない非原産材料 (したがって非原産材料から製造される加工品は，原産資格を獲得する中間財とは対照的に，原産資格を獲得しない) である。逆にいえば，完成品の原産地決定にあたっては，原産資格を獲得した中間財に吸収された非原産材料は無視される。それゆえ，関税番号変更の有無の判定作業は，おおばに労力を省かれる。中間財ルールはまた加工工程基準にも適用することができる。WCO技術委員会での検討では，原料の織物 (flat textile) を輸入して，染色加工を施し，これにさらに裁断・裁縫・組立を加えて衣料品が生産される例があげられた。この例では，非原産の織物から製造される染色織物は中間財にほかならない。それゆえ染色加工が原産地を付与する加工とみなされれば，染色織物は全体として原産資格を獲得し，原料の輸入織物は原産品のなかに吸収される。ただし注意を要するのは，米国が中間財ルールを特定の場合に排除する但し書きを挿入したことである。「別に定める場合を除き」中間財ルールを適用するというのが米国の意向である。ここにいう「別に定める場合」とはおそらく繊維・衣服分野をさすのであろう。米国は繊維衣服分野で，染色織物とスカーフ等特定縫織品に関して織物の製造地 (すなわち製織地) を原産地とするルールを提案している。このため，輸入織物から製造される中間財が原産資格を取得すると輸入織物全体が中間財のなかに吸収される不都合が生ずる。具体例をひこう。いま中国製の織物がEUに輸入されて染色加工をうけ，さらにcutting/sewing/finishingをうけ縫製品にされたと仮定する。この場合，中国製織物はEUからみて非原産材料であり，このような輸入材料からEUで染色織物という中間財が製造されると，中間財は全体がイタリア原産品とみなされる。また中間財から製造される最終製品もEU産となる。これらEUの中間財や最終産品は，米国への輸入にあたりEU原産品とみなされる。これは米国に打撃を与える。過去の米国繊維規制のもとでも，また現在の米中輸出自主規制のもとでも，繊維大国・中国からの米国向け輸出を抑制することができなくなる。しかし，米国のシナリオは，事実上崩壊した。にもかかわらず米国はこの問題に拘るのである。

(3) **代替可能産品ルール** (fungible goods and materials)

代替可能 (fungible) な原産材料と非原産材料が，時期に応じてまたは毎回異なる比率で，産品の生産に使用される場合，産品の原産地決定にあたって，これら代替可能材料をどのように扱うべきかが問題となる。これを扱っているのは，NAFTAマーキング規則のみである。NAFTAマーキング規則は，混合された代替可能材料の原産地の特定が現実的ではないならば，代替可能材料の原産地は，在庫管理法 (inventory management method) に従って決定すると定める (§102.11 (b)(2))。また1993年12月30日のNAFTA暫定実施規則 (Fed.Reg. Vol.58, No.249) は，在庫管理法(Inventory Management Method) として，4種類 (specific identification method, FIFO method, LIFO method, average method) をあげた。また代替可能な原産品と非原産品が混載されたり混合された状態で輸入される場合，つまりCanadian and Russian wheatやMexican and U.S. raw or frozen cornの場合，代替可能産品の原

産地はどのように確定すべきかの問題がある。これについてNAFTAマーキング規則は，混合された代替可能産品の原産地の特定が現実的でないならば，在庫管理法に従って，原産地判定を行うと定めた。ただし，こうした特定が可能であれば，代替可能産品の原産地は個々に申告・確定される。

米国は，調和原産地規則のAppendix 2の5項(c)で，NAFTA型の代替可能材料・産品ルールを提案した。このルールは，大量の部品（半導体，ベアリング等）を日常的に仕入れている完成品メーカーの部品管理を容易にする利点をもつ。部品の調達先は日々変動し，しかも調達先は多数にのぼるのが通常だからである。米国は現在でもこのルールを現代的で合理的な原産地管理方法のひとつとみなしている。

第2章
特恵原産地規則

第1節　WTO協定の附属書

WTO原産地規則協定は，非特恵原産地規則の調和と規律について拘束的なルールをおいたが，特恵原産地規則については附属書Ⅱでソフト・ロー・タイプの規律をおいたにとどまる。この規律は，2種類の特恵原産地規則（GSP原産地規則とFTA原産地規則）に関するもので，原産地決定基準（関税番号変更・付加価値・加工工程）は明確に定めること，基準は原産地をあたえるポジティヴ・スタンダードに基づくこと，基準は公表すること，貿易業者の要請を受けて150日以内に原産地の事前認定を行うことを内容としている。

ではこれら規律に対する違反がある場合，WTO紛争解決手続とくに非違反申立手続が提起できるのかどうか。非違反申立は，WTO協定に違反しない措置であってもそれが他の加盟国の期待利益を無効化・侵害するときに提起される。したがって加盟国の特恵原産地規則が原産地規則協定附属書Ⅱの非拘束的規律にそむく場合に，こうした非違反措置が他の加盟国の利益を無効にすれば，非違反申立は提起できるのかどうかが問われるかもしれない。

第2節　GSP原産地規則

1　主要国のGSP原産地規則
(1) GSP原産地規則

GSP原産地規則は国ごとに異なっている。

ECは開発途上国産品が60％付加価値基準等の厳しい基準を満たすときに産品に特恵待遇をあたえている。60％付加価値基準は，問題の開発途上国のコストが産品の工場出荷価格に占める比率が60％以上であるときに，産品にGSP特恵関税をあたえることを意味する。開発途上国の付加価値には，特恵を供与するECの付加価値が累積される（donor country content test）。EC司法裁判所のS.R. Industries判決が認めたように，GSP原産地規則は非特恵原産地規則よりも厳格であってかまわない。この判決で争われたのは，ボート用の帆のためのEC・GSP原産地規則の合法性であった。GSP原産地規則によると，ボート用の帆は，糸から織物を製造しさらに織物から帆を製造するいわゆる2重変更によって原産地が付与されるとされていた。しかし，ECの非特恵原産地規則によると，ボート用の帆は織物からの製造で原産地が付与されていた。そこで，裁判所は，GSP原産地規則が非特恵原産地規則よりも厳しいのは合法であるとのべた。その理由は，特恵原産地規則は非特恵規則とは異なった目的（特恵の供与）を追求しており，それゆえ，原産地基準は目的におうじて異なってよいとされた。

米国は開発途上国での付加価値が産品の関税評価価額の35％以上である場合に，産品に特恵待遇を認める。付加価値35％基準は特恵受益国での付加価値が「米国関税領域へ導入された時の産品評価額」の35％以上であることを意味する。特恵受益国での付加価値とは，(i)特恵受益国で生産された原料の経費または価額と(ii)特恵受益国での直接加工費」の合計をいう。したがってEUや日本とは対照的に，特恵供与国の付加価値を累積しない。自国関与基準を導入しない点で，米国制度は他国制度と異なる。分母の産品評価額は，米国法のもとでは，産品のFOB価格（輸出港での産品の岸壁渡し価格）をさす。連邦巡回控訴裁判所は1985年のトリントン社判決で，一般特恵制度の実質的変更についてはじめて判断をくだした。裁判所は，一般特恵制度の目的に照らせば，制度の実質的変更基準は，非特恵関係のもとでの実質的変更基準とは異なるように解釈できるとした。裁判所が一般特恵制度の原産地基準として，非特恵関係の単一変更基準よりも厳しい2重変更基準を採用したのは，端的な具体例である。EUと米国は，さらに開発途上国産品が直接輸送されていることを特恵付与の条件としている。

(2) 追加的特恵制度の原産地規則

ECと米国が，特別GSP以外に，最貧国のための追加的特恵制度を運用していることはすでにのべた。

ECのACP特恵とEBA特恵，米国のカリブ海特恵（CBI, CBTPA），アンデス特恵（ATPA, ATPDE），アフリカ特恵（AGOA）である。これら特別特恵は，特恵付与の要件としてGSP原産地規則をベースとした原産地決定基準・直接輸送ルール・原産地証明検査制度を定めている。またECと米国はGSPプラス制度を運営している。

2 日本のGSP特恵関税と原産地規則

日本は，開発途上国のための一般特恵制度（Generalized System of Preferences. GSP）を1971年に創設し，10年単位で延長してきた。この特恵関税は通常関税よりも低いが，開発途上国産品がこうしたゼロまたは低率の特恵関税を享受するためには，いくつかの条件を満たさなければならない。まず産品は特恵受益品目でなければならない。また産品はGSP原産地規則を満たさなければならない。さらに産品は一定の方式に従ってGSP特恵を供与される。2007年現在で日本GSPを受益しているのは，155カ国である。その内訳は，105の開発途上国と50の後発開発途上国である。

(1) 特恵受益品目

2008年現在の日本GSPは，分野別に異なる特恵受益品目を指定している。

① 農水産品（関税率表1類-24類）は原則として特恵から除外されている。農水2023品目（HS 9桁）のうち，WTO有税は1641品目であるが，そのうちの8割（1301品目）が国内産業保護のため特恵対象外とされた。残り2割（340品目）が特恵対象である。主要特恵対象産品として冷凍タコ，ごぼう，松茸，野菜ジュース，とうもろこしの種がある。特恵税率はゼロまたはWTO税率よりも低率である。

後発開発途上国のための特別GSPは2006年度までは340品目にくわえてさらに157品目（特別GSP限定品目）を特恵受益対象としていた。しかし2007年度からの後発開発途上国優遇改革は，特別特恵例外品目（LDC例外118品目）を除く全農水品を無税無枠とした。

② 鉱工業分野（関税率表25類-97類）は農水分野とは逆に原則特恵付与を喧伝する。鉱工業7012品目（HS 9桁）のうちWTO有税は4290品目（HS 9桁）であり，そのうちの3216品目（約74％）が特恵対象とされた。他方，後発開発途上国のための特別GSPは2006年度までは3216品目プラス1034品目を特恵対象としていた。1034の特別GSP限定品目には，アパレル・履物・一部皮革製品等が含まれた。ただし，鉱工業分野の超センシティヴ品目は通常GSPと特別GSPの対象からはずされた。これらGSP除外品目は，塩，石油，毛皮，皮革製品，ゼラチン（gelatin），熱帯合板，絹関連製品，皮革時計バンド等であり，日本のアキレス腱産業に属する。しかしながら，2007年度からの後開発途上国の特恵受益品目は，LCD除外リストの46品目（皮革製品，ゼラチン，皮革時計バンド等）を除く全鉱工業品目とされた。要するに，2007年度改革は，農水・鉱工業分野で，通常開発途上国の特恵受益範囲を維持しつつ，後開発途上国の特恵受益範囲を拡大したのである。これは2005年のWTO香港閣僚会議宣言による後開発途上国GSP範囲の拡大目標を達成するための改革であった。しかし，後述するように日本GSPの受益産品の9割が中国・ASEAN産品で占められている現状では，LDCによるGSP無税無枠恩典の消化率は顕著には上昇していない。

③ 工業品のなかの機械産品も形式上特恵の対象とされているが，機械産品のほとんどは，WTO無税または暫定税率がゼロであるため，特恵税率は意味をもたない。したがって，じっさいに特恵関税の恩典に浴する機械品目は，暫定税率が有税の6品目——電気絶縁した線・ケーブル（8544.11-60），炭素電極・炭素ブラシ（8545.11-90），戦車その他の装甲車両（8710.00），眼鏡のフレーム（9003.11-90），眼鏡（9004.10），時計用のバンド（9113.10）——にかぎられている。

(2) 特恵原産地規則

産品がGSP特恵を受益するためには，一定の原産地規則に従って開発途上国原産品と判定されなければならない。開発途上国の範囲は一方的に定められている。

産品におうじて原産地規則が異なり，4桁レベルの関税番号変更方式，加工工程方式，付加価値方式，関税番号変更と付加価値の併用方式がある。

とくに付加価値方式は，機械類（第84類），電気機器・TV・ラジオ・レコード（第85類），鉄道用・軌道用の機関車・車両（第86類），自動車（第87類），航空機（第88類），船舶・浮き構造物（第89類），光学・写真・精密機器（第90類），時計（第91類），楽器（第92類）といった主要工業産品に適用される。この付加価値は，原産比率（特恵受益国での原産価額が産品価格に占める比率）ではなく，非原産比率（特恵受益国に輸入される非原産材料価額が産品価格に占める比率）に着目して，つぎの方式によって算定される。

非原産比率＝（非原産材料価額／産品価格）× 100％

非原産材料価額は，非原産材料が特恵受益国に輸入されたときの課税価額（customs value），すなわち，WTO関税評価協定に基づいて計算される価格（またはこれに準ずる価格）とされる。産品価格は，特恵受益国の輸出港における当該完成品の本船甲板渡し価格（つまり輸出還付を受けるべき内国消費税を除いたFOB価格）をさす。産品により付加価値の率は，異なり，55％ルールと60％ルールがある。もっとも上述のように，おおかたの機械産品のための付加価値基準は，機械産品が非特恵上ゼロ関税となっているため，じっさいには無用である。ただし，機械産品のなかの上述の特恵受益6品目（電気絶縁線・炭素電極・眼鏡フレーム等）は，いずれかの付加価値基準を適用され，実際に特恵を受益した例がある。

さらに累積基準がある。ECが範とした「自国関与基準」（donor country content test）はそのひとつである。

この基準のもとでは，特恵受益国の付加価値・工程に日本付加価値（日本製部材等）が累積される。またASEAN 5 カ国（タイ，マレーシア，インドネシア，フィリピン，ベトナム）を単一受益国とするため 5 カ国の工程・付加価値を合算する制度がある。それゆえ ASEAN は 5 カ国累積と日本累積の双方を享受する。

(3) 特恵供与の停止

鉱工業分野の特恵受益品目のうち，センシティヴな 1264 品目（HS 9 桁）は，特殊なシーリング枠方式に服する。この方式のもとでは，毎年一定シーリング枠の数量・金額に対してのみ特恵関税が適用される。枠を超える輸入は通常関税率が適用される。シーリング枠は国別枠と品目別枠の 2 種類がある。シーリング枠方式は，原則として後発開発途上国には適用されない。しかし，日本は 2001 年から 2005 年までコンゴ民主共和国とザンビアから精製銅（refined copper）に対しシーリング枠を適用する特別法を定めた。

GSP 対象品目のうち，残りの 2021 品目はシーリング枠もなく無関税で輸入される。農業分野の場合と同様，鉱工業分野でもこれらシーリング枠外の無関税 GSP 輸入品目は 3 つの条件がそろえばセーフガード措置（エスケープ・クローズ）に服する。3 条件は，無関税特恵により対日輸入が増加し，国内の同種・競合産品産業が損害を受け，保護のための緊急の必要性があることをいう。後発開発途上国の場合でも，2021 品目にくわえて 1034 の特別 GSP 対象品目に関して，ゼロ特恵による損害発生が緊急の保護を必要とすれば，ゼロ特恵の代わりに緊急セーフガード措置を適用される。その例は 2009 年 2 月から 3 月末までのミャンマー産蒟蒻芋への緊急セーフガード措置にみるとおりである。ミャンマー産蒟蒻芋は 2007 年当時輸入量がゼロであったため，LDC 無税枠輸入品目とされた。しかし翌年から輸入量が急増したため，政府は 2009 年 2 月から 3 月末までの 2 カ月間にかぎり，LDC 特恵を停止し，緊急セーフガード措置を発動した。この緊急セーフガードは関税割当制度のかたちをとり 1 次数量枠を超える輸入に対して割増 2 次関税率を適用するものであった。その率は，WTO 税譲許税率にあたる通常 2 次関税率（2796 円／キロ）に 3 分の 1 の割増額をくわえた 3728 円／キロとされた。その背景には，国産こんにゃく芋の 9 割を生産する群馬県の農家と加工業者の圧力があり，また通常特恵関税（1 次割当関税率 40％，2 次関税率 2796 円／キロ）に服する開発途上国産品（中国産品，インドネシア産品）がミャンマー経由で日本へ迂回輸入されるおそれがあるためであった。

農水産品と鉱工業産品を問わず，通常開発途上国が特恵対象品目に関し，競争力を増し国内産業に影響をあたえるときは，問題の産品を特恵対象から除外することができる。こうした競争力を理由とする特恵除外制度（Country-specific competitiveness-focused GSPexclusion）は 2003 年度から導入され継続適用されている（2007 年 3 月財務省告示第 134 号 1）。制度は，アジア近隣諸国の競争力の向上に対処するため導入されたものであり，後発開発途上国には適用されない。開発途上国産品の競争力の増強をはかる目安として 2 つの物差しが規定された。ひとつは問題の産品の対日輸入額が，過去 2 年間，連続して対日輸入総額の 50％を超えたかどうかである。もうひとつは，この額が，過去 2 年間，連続して 10 億円に達したかどうかである。もっともこれら基準が満たされたからといって自動的に特恵除外が行われるわけではない。政府は特恵除外について裁量権をもつからである。現在までに中国工業品数品目（陶器・食器・ソーダ灰・鋏等）と ASEAN 産品（タイ製鮪缶詰等）が 1-2 年間，特恵対象から除外された。

(i) 高所得国品目特恵除外

GSP 受益国のなかには，国民 1 人あたり所得が国連の定める基準を上回る高所得国がはいっている。これら高所得の GSP 受益国からの 1 年間の輸入額が日本の総輸入額の 25％を超え，しかもその輸入額が 10 億円を超えるときは，問題の品目は特恵対象から除外される（2007 年 3 月財務省告示第 134 号 2.1）。2007 年度にサウジアラビア産 etylene glycol が特恵除外をうけた。ちなみに高所得国からの輸入が 3 年間継続して上記の 25％・10 億円テストを超えると高所得国は，過去の韓国・台湾・シンガポールにみるように GSP 制度そのものから全面卒業する。

(ii) 特定魚種・環境保全のための特恵除外

現在世界の主要漁場を管轄する鮪委員会等は特定魚種や環境の保全に必要な漁獲制限措置をとることができる。ひとたび委員会による措置がとられると，対象魚種は GSP 受益品目から除外される。委員会が措置を解除すると，GSP 受益魚種は復活する。

(4) 日本 GSP 特恵の受益国

日本 GSP は上述の条件を満たす途上国産品に供与される。しかし GSP 対象品目に占める GSP 受益品目の割合――GSP 特恵受益率――は，金額ベースでみても年を追って低下している。1995 年当時，91％に達した GSP 受益率は 2003 年に 39.9％にまでさがった。受益率低下の要因は，とくに原産地規則と原産地証明基準が厳しいことにある。

日本 GSP の受益国は主に中国と ASEAN 5 カ国である。GSP 供与額のうち，中国は約 6 割を ASEAN は約 3 割を享受している。日本 GSP 供与額の 9 割は，中 ASEAN の手にわたり，後発開発途上国の受益率はとるにたりない。ちかい将来，中 ASEAN を含む東アジア FTA が創設されれば，日本 GSP は崩壊するであろう。日本も米国や EC にならって後発開発途上国のための特別の特恵制度を樹立する必要がでてくるかもしれない。

第3節　FTA 原産地規則

1　FTA 原産地規則の特色
(1) FTA 原産地規則の厳格性
　FTA 原産地規則は，域内生産品が FTA 特恵関税を享受するための条件を定めている。この条件はつうじょう，非特恵原産地規則よりも厳格である。たとえば NAFTA の特恵原産地規則は，大部分の産品について，米国の非特恵原産地規則（NAFTA マーキング原産地規則，輸入品原産地規則）よりも厳しい条件を定めている。同様に，州協定が定める汎欧州原産地規則（PERO. Pan European Rules of Origin）も EC 非特恵原産地規則よりも厳しいルールを予定している。機械産品についていえば，汎欧州原産地規則はおおむね 60％以上の付加価値基準を採用しているが，EC 非特恵原産地規則は TV 等に関し 45％付加価値基準を採用している。
　このように FTA 原産地規則が非特恵原産地規則よりも厳しいのは，FTA 原産地規則が i 第 3 国企業による FTA 特恵関税のただのり（free-riding）を防止する必要性があること，および ii 域内部材産業を育成する産業政策目的をもつからである。たとえば NAFTA のカラーTV（Color Televisions）原産地規則を例にとると，この規則はカラーTV が NAFTA 原産を取得するための条件として，カラー陰極線管（Color Picture Tubes）の NAFTA 域内製造と PCB（Printed Circuit Boards）の域内組立を要求している。NAFTA 原産地規則がこのように厳しいルールを定めたのは，①域外カラーTV（アジア産カラーTV）が NAFTA 特恵にただ乗りするのをふせぎ，さらに②カラーTV の域内部材産業（カラー陰極線管生産，PCB 組立等）を育成するためであった。
　こうした FTA 原産地規則のもとでは，FTA 域内の完成品メーカーが，完成品について域内原産資格を取得し，域内貿易上，FTA 特恵関税を享受するためには，必然的に域外部材よりも域内部材の使用を強いられることになる。言葉を換えれば，厳格な FTA 原産地規則は，域内の完成品メーカーに部材調達先の変更を強いる。そして状況によっては，域内の完成品メーカーは，割安な域外部材の輸入を断念し，代わりに割高な域内部材を調達するようになるかもしれない。経済学の観点からみれば，FTA 原産地規則の厳格ルールは，域内完成品メーカーに，部材調達先を域外から域内へ変更するよう強いることでいわゆる貿易転換効果（trade diversion）をもたらすということができる。このような貿易転換効果によって，FTA 域内の部材産業が育成される例は，NAFTA のほか欧州協定諸国（とくに汎欧州諸国）や ASEAN 自由貿易地域にもみられる。

(2) 関税同盟との比較
　地域貿易協定のなかで，域内自由化のために特恵原産地規則をもつのは原則として FTA にかぎられる。関税同盟は，いっぱんに域内自由化のための特恵原産地規則をもたない。
　関税同盟は，EU にみるように，対外貿易のために非特恵原産地規則（EC 共同体関税法典の非特恵規則）と特恵原産地規則（欧州協定による汎欧州特恵原産地規則）をもつにすぎない。
　関税同盟が過渡期間の終了後に完成すると，関税同盟内部で生産されるすべての産品（域内産品）は，原産地にかかわりなく同盟の内部を無関税で自由移動する。同様に域外産品も，ひとたび関税同盟へ輸入され対外共通関税と内国税を徴収されると，同盟内部で自由流通状態におかれ，域外原産であるにもかかわらず，同盟内部を無関税で自由移動する。EU を例にとれば，EU 加盟国（英国）で日系企業が域外部材（日本製主要部品）からくみたてた域内生産品（英国車）は，EC の非特恵原産地規則（実質的変更基準）上は，たとえ域外国原産品（日本原産品）と判定されても，他の関税同盟加盟国（たとえばフランス）に無関税で輸入される。同様に，域外国（日本）で生産された域外原産品（日本車）は，EU 国境（オランダ・ロッテルダム港）でひとたび EU 対外共通関税と内国税を課されると，EU 加盟輸入国（オランダ）で自由流通状態におかれ，他の EU 加盟国（ドイツ）へ無関税で輸入される。
　このように，関税同盟の内部では，原産地は原則として意味をもたない。MERCOSUR がちかい将来関税同盟に転換するときも同様である。これはたとえば NAFTA のような FTA で，NAFTA 原産車のみが特恵関税を享受し，非 NAFTA 原産車（米国で生産されても NAFTA 原産資格をもたない米国組立車，日本から輸入される域外車）が通常関税を適用されるのときわだった対照をなしている。

(3) 旧 EC トルコ関税同盟
　旧 EC・トルコ関税同盟は，EU 関税同盟と，原産地ルールのうえで，截然区別されてきた。なぜならば，EC は特定域外国（インド等）の産品に対して通商措置，とくに旧繊維クオータ制度をとっていたからである。旧繊維クオータ制度のもとでは，原産地は関税同盟の内部でおおきな意味をもった。この場合，トルコは，トルコ繊維事件［巻末表 19-1］でパネル・上級委員会が強調したように，問題の産品について原産地規則を制定し，EC 向けの輸出品を，トルコ原産品（関税同盟のもとで EC へ自由に輸入される産品）と定域外国原産品（トルコ経由で EC に輸入されるが EC の通商措置に服する産品）に分けることができた。こうした原産地規則は，関税同盟の一方が適用する対外通商規制が関税同盟内部の自由貿易によって迂回されるのをふせぐための手段となるとパネル・上級委員会はのべた。

2　FTA 原産地規則の厳格基準
　既存 FTA 原産地規則は，上述のただのり防止と産業政策のため，原則として厳格な原産地決定基準を定

めた。しかし，後述するように，この厳格さは，投資をさまたげかねないため，FTA は，厳格基準を緩和するためのルール（中間財ルール，累積基準，寛容テスト）を導入している。

(1) 厳格な原産地決定基準

FTA 原産地規則は産品の原産地決定基準として完全生産基準と十分加工基準を採用している。産品が FTA 域内で完全に生産されず，域外の非原産材料から FTA 域内で生産される場合は，域内で非原産材料に対して十分な加工（sufficiently worked or processed）が行われていれば，産品は FTA 原産資格を獲得する。こうした FTA のための十分加工基準は，非特恵関係の原産地決定基準よりもはるかに厳しい。

十分加工が行われているかどうかを判定する目安として，付加価値基準や関税番号変更基準が採用されている。機械産品についての基準をみると，汎欧州原産地規則はおおむね付加価値基準に基づいているが，NAFTA は付加価値基準と関税番号変更基準を併用した。NAFTA は自動車と主要自動車部品（エンジン，トランスミッション等）についてのみ付加価値基準を排他的に採用した。

(2) 主要 FTA の原産地決定基準

世界の主要 FTA は原産地決定基準，とくに十分加工基準として何を採用しているのか。FTA 規則を主要地域に分けてみよう。主要地域としてとりあげるのは欧州，北米，中南米，アジア，太平洋諸国の 5 地域である。

A 全品目一律アプローチ

全品目アプローチは全品目に一律の原産地決定基準を設定するものである。典型例としてアジア・太平洋地域の以下の FTA 特恵基準がある。

(i) 一律付加価値基準方式

① 旧 ASEAN-CEPT［Common Effective Preferential Tariff Scheme］40％付加価値基準

② ASEAN・中国協定 40％付加価値基準（主に特定国の特定農産品）

③ オーストラリア・ニュージーランド協定（ANZERTA）50％付加価値

④ ニュージーランド・シンガポール協定（ANZSEP）40/50％付加価値基準

⑤ シンガポール・オーストラリア協定（SAFTA）50/30％付加価値基準

(ii) 一律関税番号基準方式

⑥ TPP［Transpacific P 4］，カナダ関連 FTA の基準

B 個別品目アプローチ

個別品目アプローチ（product-specific approach）は個別品目ごとに異なる原産地決定基準を採用する。全品目アプローチをとる FTA 以外のすべての FTA は，個別品目アプローチをとっている。

(i) Euro-Med, Pan-Euro の汎欧州原産地規則

欧州 FTA とくに EC・地中海諸国協定（EC-Med）と現行の汎欧州協定（EU・近東・地中海諸国・北アフリカ間の地域協定）は，汎欧州原産地規則（PERO: Pan-European Rules of Origin）を定め，そのなかで個別品目アプローチを採用した。EU は同様のルールを，EC・メキシコ協定や EC・南アフリカ協定に拡張した。

(ii) NAFTA

汎欧州協定と同様，NAFTA は複雑な個別品目アプローチを樹立した。

中南米は NAFTA の影響下につぎのような新世代基準を発展させてきた。

① ALADI（Asociación Latinoamericana de Integración）の Partial Scope Agreement とくに G-3 自由貿易協定（Colombia, Mexico, Venezuela）の基準

② CACM（Central American Common Market）基準

③ 新世代基準（米国・チリ協定，米国・シンガポール協定，

表 7-10　汎欧州原産地規則の 2 基準（コラム 3 とコラム 4）選択方式

コラム 1	コラム 2	コラム 3	コラム 4
8408 8703	エンジン 自動車	40％の非原産価額比率	なし
8418 8423 8482	冷蔵庫 重量計測機器 ベアリング	・40％の非原産価額比率 ・CTH	25％の非原産価額比率
8528	テレビ	・40％の非原産価額比率 ・原産材料基準	25％の非原産価額比率
8542	集積回路	・40％の非原産価額比率 ・10％基準	25％の非原産価額比率
9009	複写機	・40％の非原産価額比率 ・CTH	30％の非原産価額比率
8521	ビデオ録画デッキ	・40％の非原産価額比率 ・原産材料基準	30％の非原産価額比率

注記：40％の非原産価額比率（60％付加価値）基準，CTH（関税番号変更），原産材料基準（使用されたすべての非原産材料の価額が，使用された原産材料の価額を上回らない），10％基準（ある特定の材料の価額が当該産品の工場出荷価額の 10％を上限に使用されている）。

米国・中米協定の基準）

さらに米国・チリ協定，米国・シンガポール協定，米国・中米協定も新しいタイプの原産地決定基準を定めた。

しかしもっとも画期的なのは 2008 年の新 ASEAN-ATIGA 原産地規則であり，これほど寛容で柔軟な原産地規則は他に例をみない。

C 比 較

(i) 付加価値基準の一律適用

上述の全品目アプローチをとるアジア太平洋 FTA は，すべて一律の付加価値基準のみを採用してきた。その結果，とくに ASEAN は付加価値計算に苦慮し，旧規則の計算方法を 2004 年 1 月に改正し，さらに 2008 年に発想の大転換をはかった。新 ASEAN-ATIGA 原産地規則の詳細は別個独立に扱う必要がある。

(ii) 関税番号変更基準と付加価値基準の併用

2 つの基準の併用は，協定と産品によりおおきく異なる。とくに機械産品についての概要はつぎのとおりである。

(iii) 欧州協定の 2 基準選択方式

汎欧州協定は，機械産品につき主に付加価値基準を採用した。関税番号変更基準も補足基準として採用された。欧州協定の付加価値基準は，排他的 60％ 付加価値基準と選択的付加価値基準に分けられる。

排他的 60％ 付加価値基準は，エンジン・モーター（HS 8412），工作機械（HS 8456），コンピューター（HS 8469 to 8472），自動車（HS ex Chapter 87）に適用される。

－選択的付加価値基準は 60％ 付加価値基準プラスアルファと 75％ 付加価値基準のいずれかの選択を輸出者に許す。

半導体については付加価値基準の代替テストとして拡散工程基準が挿入された。

(iv) NAFTA の 2 基準併用

NAFTA は関税番号変更基準を基本とし，付加価値基準を併用した。自動車は付加価値基準のなかでも最も厳格なルールに服する。

まず，TV 等の家電製品は関税番号変更基準か付加価値基準（取引総額方式 60％ ルール，ネットコスト〔net cost〕方式 50％ ルール）に服する。この場合，付加価値計算は膨大なコストを要するため，輸出者はつうじょう関税番号変更基準にしたがって製品の NAFTA 原産を自己判定している。

自動車とコンピューターのみはネットコスト方式にしたがって付加価値を計算される。自動車の場合 NAFTA 域内付加価値がネットコスト方式で 62.5％ に達しなければ特恵資格を得ることができない。中南米諸国は NAFTA タイプの基準を採用している。

(v) 関税分類番号変更基準の排他的採用

FTA のなかには原産地決定基準として関税番号変更基準のみを採用する例がある。それはカナダの 2 国間 FTA，イスラエルの 2 国間 FTA，Transpacific 4 カ国 FTA である。

D 新 ASEAN 原産地規則

新 ASEAN 協定（ASEAN-ATIGA [ASEAN Trade in Goods Agreement]）は，旧 ASEAN-CEPT（1992 年）に代替するため，2009 年 2 月に著名され，各国の批准をえて 2009 年 5 月に発効した。新協定は，産品におうじて異なる原産地決定基準を柔軟に定めた。

(i) 付加価値基準と関税番号変更基準の選択方式

おおかたの特恵対象産品（食品から繊維，機械，精密機械の大部分）について付加価値 40％ 基準か関税番号変更基準の選択を輸出者・輸入者に委ねる方式である（Annex 2）。注目されるのは，付加価値基準に執着していた ASEAN が関税番号変更基準をはじめて採用したことである。この関税番号変更基準は，産品におうじて HS 4 桁レベルの変更（Change in Tariff Heading. CTH）または 6 桁レベルの変更（Change in Tariff Sub-heading. CTSH）を定める。これは域内の最終産品と域外からの輸入部材の関税番号が，産品におうじて 4 桁または 6 桁レベルで変更するかぎり，域内最終産品が，域外からの部品組立てだけで ASEAN 原産資格を取得することを許す。ここに，EU 型や NAFTA 型の厳しい原産地規則とのおおきな違いがある。EU/NAFTA は，組立を「単なる部材の寄せ集め」とみなし，原産地を付与しない工程とする。これに対し，ASEAN は組立はそれなりの技術を要する重要工程とみなす。組立技術の向上は組立コストの漸減につながる。組立工程の技術革新がすすめばすすむほど，組立の付加価値の漸減する。部材製造についても同じことがいえる，こうした技術革新の進展は ASEAN に発想の転換をうながした。そののねらいは，むろん域内組立産業の育成と海外からの投資の誘致にある。さらに本質をつけば，ASEAN は特恵基準の迂回防止政策を無用とみた。迂回は現代の世界貿易で必然的におきる。迂回はそれ自体合法的な tax avoidance であり，原産地虚偽申告のような違法な脱税行為（tax evasion）ではない。当局が厳しい規制をとればとるほど，企業は合法的な規制の迂回策を模索する。迂回行為を許さない規制は，げんだいの国際経済法からみて愚策以外のなにものでもない。迂回規制が厳しくなればなるほど，規制は「迂回される」。それゆえ特恵基準を可能なかぎり緩和して，思い切った改革が行われた。

付加価値基準と関税番号変更基準の選択方式のもとで，関税番号変更基準は，Ball Bearing（HS8482.10），集積回路（HS8542），Wafer（HS8486），CRT（HS8528.41）をふくむ機械産品に適用される。

(ii) 付加価値基準の排他的採用

懸案の普通乗用自動車（8703.23）等については付加価値 40％ 基準のみが適用される。したがって ASEAN 組立車が FTA 特恵をうけるためには，完成品組立プラス一部部材生産が域内で行われることを要求される。

(iii) 特定加工工程基準

ASEAN の超 sensitive 品目は特定の織物・織物製

品であり，これらについては品目ごとに異なる加工工程基準が定められた（Annex 2, Attachment 1）。

(iv) 累積基準

旧 ASEAN は部分累積（roll-up, rol-down tests）を採用していた。新 ASEAN-ATIGA はこれを完全累積に変更した。ロールダウンテストを救済テストに変更したのである。

E ASEAN・CER 間 FTA（AANZFTA）

新 ASEAN-Atiga の基本的考えは，ASEAN が Australia と New Zealand との FTA（ASEAN-Australia-New Zealand Free Trade Area. AANZFTA）にも踏襲された。大部分の産品のための付加価値 40％基準と関税番号変更基準（CTH, CTSH）の選択方式が採用され，自動車のための付加価値基準 40％基準も導入された。

しかし，AANZFTA は ATIGA をさらに緩和するため 2 つの生産工程基準を追加した。

第 1 は化学反応ルール（chemical reaction）である。化学品について，ATIGA はすでに関税番号変更基準と付加価値 40％基準の選択を認めていた。AANZFTA はこの選択にくわえて化学反応ルールを追加した。これによると「もしも産品が，付加価値基準と関税番号変更基準のいずれも満たさなくても」品目ごとに指定された化学反応が FTA 領域でおきていれば，当該産品は域内原産資格を与えられるのである。そして，化学反応は，バイオ化学工程（biochemical process）をふくむ。バイオ化学工程とは，2 つの方法のいずれかによって，新しい構造をもつ分子（molEUule with a new structure）を生み出す工程をさす。第 1 の方法は，粒子によって 2 以上の原子を結合させた「原子内結合体」を破壊する工程（breaking intramolEUular bonds）である。第 2 の方法は分子の空間配置を変更する工程（altering the spatial arrangement of the molEUule）である。ただし，つぎの 3 つの工程は化学反応に該当しない。水または他の溶媒に溶解すること（dissolving in water or other solvents），溶媒水をふくむ溶媒の除去（elimination of solvents, including solvent water），結晶体の添加または除去（addition or elimination of water of crystallization）である。この化学反応ルールは，無機化学品（inorganic chemicals classified in HS chapter 28），有機化学品（organic chemicals classified in HS chapter 29），鞣（なめし）皮製造エキス・染色エキスその他（tanning and dyeing extracts and other products classified in HS chapter 32）に適用される。その理由は，これら品目はそもそも付加価値基準や関税番号変更基準に馴染まないからである。したがって域内のいずれかの国で特定の化学反応がおきるだけで FTA 原産資格が域内完成化学品等に付与される。

第 2 は，産品固有特定工程ルールである。Virgin Olive Oil（HS 1509.10）は，付加価値基準または関税番号変更基準を満たさなくても，主に乾式製錬による鋳塊状の製品亜鉛亜鉛をふくむ屑・灰・残滓（Slag, ash and residues containing mainly hard zinc spelter）の純化工程が，FTA 域内でおきれば域内原産を認められる。除虫剤（HS 3808.92）も，関税番号変更基準または付加価値基準を満たさない場合でも，有効成分の重量の 50％以上が域内原産であれば，産品全体に域内原産資格が与えられる。強力糸（ナイロン等）の織物（HS 5407.10）も，同様に FTA 域内で 2 以上の連続する仕上げ工程（at leasttwo subsequent finishing processes）が行われれば，域内原産資格を付与される。それゆえ，織物の素材となる糸は中国製であろうがインド製であろうがいっこうに構わないのである。合成繊維製の女性用スーツ（HS 6104.13）も，裁断または編み工程が域内で行われれば原産資格をもつ。綿製ベッド用品（6302.31）も，開始素材の織物が域内で未漂白で未完成であれば完成品に域内原産を与える。

F 日本 ASEAN 経済連携協定

日本 ASEAN の FTA も基本的に ASEAN-ATIGA 原産規則を踏襲した。ただしこの包括協定は化学反応ルールを定めなかった。この点で，日本 ASEAN 協定は，日タイ協定，日インドネシア協定，日ブルネイ協定，日チリ協定と異なる。

(3) 付加価値の概念

付加価値の概念は汎欧州と NAFTA で異なっている。汎欧州の付加価値は，産品の工場出荷価格から非原産価額（日本等第 3 国の部材価額）をひいた額であり，それは汎欧州経費と利潤の合計である。これに対し，NAFTA の付加価値は取引価額（transaction value）かネットコスト（net cost）をさす。取引価額は輸入国での産品の関税評価額であるが，ネットコストは産品の生産に要する経費（部材費，労務費，間接費［overhead］）のみをいい，生産段階以降の工場外経費（販売費，宣伝費等）や利潤をふくまない。

付加価値の最低比率も汎欧州と NAFTA でおおきく異なっている。汎欧州では，主要機械産品は 60％付加価値基準／関税番号変更基準か 70％付加価値基準のいずれかに服している。これに対し，NAFTA では大部分の機械産品が（関税番号変更基準か）60％取引価額基準または 50％ネットコスト基準を適用されている。ただし，自動車とその主要部品は，ネットコスト方式の付加価値基準に服し，ネットコストの最低比率は，当初の 50％から，1998 年には 55-56％に，また 2002 年には 60-62.5％にひきあげられた。NAFTA の自動車原産地規則は世界でもっとも厳しい特恵原産地規則となっている。

(4) 付加価値の計算方式

FTA 域内付加価値を計算する方式も個別協定ごとに異なる。

A 地域内複数国間 FTA（Intra-regional FTA）

(i) 欧州協定

欧州協定の場合，工場出荷価格に占める原産割合が計算される。しかし工場出荷価格はダンピング防止税の場合と同様，計算によって得られる価格であるため，ヨーロッパで論争を生んだ。工場出荷価格は全コスト

と利益からなる。
(ii) NAFTA
NAFTA ではつぎの 2 種類の計算方式が用いられている。
① 取引価額方式は産品の関税評価額に占める域内付加価値を計算するための方式である。それゆえ分母の取引価額は工場出荷価格プラス関連経費からなる。
② ネットコスト (net cost) は方式のもとでは、ネットコストは生産費（材料費を含む）、労務費、間接費（costs of producing the good, including materials, labor and overhead）からなる。したがって利益をふくまない。
(iii) ASEAN-ATIGA
新 ASEAN-ATIGA の域内付加価値は直接方式と間接方式からなる。ASEAN メンバーはいずれかの単一方式を選択しなければならない。域内付加価値の額は、域内の材料費・直接労務費・直接 Overhead コスト・他の域内コスト・利益の総計である。この域内付加価値が完成品の輸出港岸壁価格／甲板渡価格 (FOB. Free on Board) に占める比率が 40% 以上ならば、域内完成品は、他の域内輸入国で特恵待遇を与えられる。

直接方式 (DirEUt Method) は、完成品 FOB 価格を分母とし、域内付加価値を分子とした割合を算定する方法である。この割合が 40% 以上ならばいわゆる domestic content 40% が満たされる。これに対し、間接方式 (IndirEUt Method) のもとでは、域外部材価額のみに着目し、その額を算定する。完成品の FOB 価格を分母とし、この FOB 価格から域外部材価額を引いた額の総計を分子として、その割合を弾きだす。この import content が 60% 未満ならば完成品は、ASEAN のどこの輸入国でも ASEAN 特恵を与えられる。ASEAN 加盟国はそれぞれ直接方式か間接方式のいずれかを採用する。

B 2国間 FTA
たとえば日・シンガポール協定は関税番号変更基準と付加価値基準を併用した。付加価値基準は日本のGSP（一般特恵）60%原産地基準を踏襲した。しかし改正協定は域内付加価値基準を 40% 以上にあらためた。

C 米国の新世代 2 国間 FTA
米国が新世紀に入ってチリ、シンガポール、中央アメリカ、韓国との間に締結した新しい 2 国間 FTA は、NAFTA タイプの原産地規則をわずかに修正した。そこでは従来にない新用語が採用されている。

(i) 控除方式 (the build-down test)
これは最終産品の調整価額から非原産価額を控除して、原産価額を算出する方式である。調整価額はWTO 関税評価協定に従って算定される関税評価額を指し、FOB 段階で調整されなければならない。したがって控除方式に基づく調整価額は NAFTA の取引価額 (transaction value) にほぼ一致する。

(ii) 積上方式 (the build-up test)
積上方式は、原産価額を積み上げていく方式である。加算された原産価額の総和が調整価額に占める比率が一定パーセントに達すれば、産品は域内原産資格を獲得する。これは原産部品のみに着目してその価額が所定比率に達することを要求するまったく新しい方式である。域内企業のなかで数万点の部品を使用する機械メーカーに重い負担を課すことになる。

(5) 中間部材の付加価値計算
A 汎欧州型ロールアップ／ダウン・テスト
汎欧州原産地規則は最終産品にくみこまれる中間財等の部材に関していわゆるロールアップ・テストとロールダウン・テストを定めた。ロールアップ・テストのもとでは、完成品たとえば自動車の最終組立国・ドイツでエンジンのような中間財が製造される場合、このドイツ製中間財が非原産材料——たとえば日本産鋼材——からの十分加工によってひとたび EC 原産資格を取得するならば、中間財は全体が原産材料とみなされるのである。したがって、中間財の製造に使用された非原産材料（日本産鋼材）は中間財に吸収され、原産地判定上、無視される。このように中間財が十分加工のすえ、100%原産品となる基準をロールアップ (roll up test) または吸収ルール (absorption rule) と呼んでいる。逆に、中間財が原産資格を獲得しないときは、中間財は、原産材料をくみこんでいても、全体が非原産材料となる。これをロールダウン・テスト (roll down test) という。ロールアップ・ロールダウン・テストは、汎欧州の生産者に域内での部材生産や部材調達を強い、これによって域内部材産業を育成するねらいをもっている。

B NAFTA 型ロールアップ・テストと救済テストおよびトレーシング・テスト
(i) ロールアップ・テストと救済テスト
NAFTA は産品におうじて異なるテストを採用した。通常の機械産品については、取引価額 60% またはネットコスト 50% 基準が採用されるが、そのさい、中間財の付加価値計算は、ロールアップ・テストと救済テスト (rescuing test) による。中間財が NAFTA 域内で製造される場合、中間財は原産資格を取得すればロールアップ・テストにより全体が NAFTA 原産品となるが、原産資格を取得しないときは救済テストにより NAFTA 価額のみが拾いだされて完成品の付加価値のなかにカウントされるのである。したがって汎欧州のロールダウン・テストは適用されない。製造企業にとって救済テストは有利に働く。

もっとも NAFTA のロールアップ方式は EU 方式とすこし異なっている。それは中間財として特定された内製サブアッセンブリーのためのワン・ロールアップ原則である。ロールアップは、外部調達サブアッセンブリーに、当然認められるため、協定とその実施規則は、内製サブアッセンブリーにも、1 回だけのロールアップを認めた。その意図は、サブアッセンブリーを外部の非関連当事者からの調達に依存する非垂直統合企業 (non-vertically integrated producers) とサブアッセンブリーを企業内部で製造できる垂直統合企業 (vertically integrated producers）の間に差別を設けないためであった。ただし，垂直統合企業の内製サブアッセンブリー（self-produced material）のためのロールアップは制限つきで認められた。垂直統合企業は，ロールアップの対象となる内製サブアッセンブリーを部品生産ラインごとに1つだけ指定することができる。この内製サブアッセンブリーは「中間財（intermediate material）」と呼ばれる。部品生産ラインのなかでどのサブアッセンブリーを中間材として指定するかは，垂直統合企業の任意である。ひとたび特定サブアッセンブリーが中間材として指定されると，中間材料は，たとえ非原産価額を含んでいても，付加価値基準をクリアーすれば，ロールアップ方式に従って，100％北米原産品となる。ワン・ロールアップ原則のもとでは，生産者がたとえば4つの部品製造ラインをもつときは，各ラインごとに1個の中間財が指定され，これら4個の中間財にかぎってロールアップが認められる。中間財が指定されると，これら中間財を組み込む完成品の域内付加価値は，ネットコスト方式にしたがって算定される。

(ii) トレーシング・テスト

他方，NAFTAは自動車とその主要部品についてネットコスト方式を採用したがこれはトレーシング・テストに依拠している。NAFTAのもとで，非原産原材料（アジア製部材等）は徹底的に追跡され，その価額はネットコストから控除されるのである。それゆえNAFTA車のネットコストは，NAFTA 3カ国での純粋な生産経費のみからなり，第3国部材費をいささかも含まない。この点で，汎欧州付加価値やNAFTAの家電製品等付加価値が，ロールアップ・テストをとおして第3国部材費をわずかながら混入させているのと異なっている。

3 FTA厳格基準を緩和するための累積基準

FTA原産地規則の厳格性を緩和するため，既存FTAは，中間財ルールに加えて累積基準を定めている。FTAは例外なく累積基準を採用しており，累積基準をもたないFTAは存在しない。この意味で，累積基準はFTA原産地規則を非特恵原産地規則から区別する要素の1つといってよい。

(1) 累積基準の必要性

累積基準はFTAに不可欠である。第1に，FTA上の原産地とはFTA域内原産を意味する。NAFTAでいえばNAFTA域内原産が原産地を意味する。したがってFTA域内の当事国での工程・付加価値等は必然的に累積されなければならないのである。第2にFTA原産地規則の厳格性は，FTA域内への投資障壁となっている。こうした投資障壁を緩和するためには，FTA締約諸国での工程・付加価値を累積する必要性がある。またFTAが累積基準を伴わないと，FTA当事国の間に実質的な差別が生ずる。FTA当事国はそれぞれ資源の多寡・部品産業の規模・生産コストの高低等が異なる。それゆえ，厳格な原産地決定基準が当事国単位で適用されると，条件の異なる当事国の間に差別が生まれるのである。

(2) 累積基準の種類

累積基準は，累積が部分的か完全か純粋かに応じて部分累積（partial cumulation），完全累積（full cumulation），純粋累積（pure cumulation）に分けられる。

A 部分累積

部分累積は，完成品が特恵原産資格を満たすかどうかの判定にあたり，中間財の特恵原産の有無についてロールアップ／ロールダウン・テストを採用する方式である。その例は，汎欧州原産地規則やEC・メキシコFTA規則にみられる。たとえば汎欧州規則のもとでは，ECで生産されるTVの付加価値判定にあたっては，ロールアップ・テストで計算される部品（全体が汎欧州原産品となる陰極線管等）のみが合算され，ロールダウン・テストで計算された部品（全体が第3国産となるチューナー等）は無視される。この場合，ロールダウン計算された部品のなかにわずかでも汎欧州原料（ドイツ産半導体等）が含まれていても，それら原産材料は考慮されない。それゆえ，汎欧州原産価額の累積は部分的とならざるをえないのである。

B 完全累積

完全累積は，完成品が特恵原産資格を満たすかどうかの判定にあたり，中間財の特恵原産の有無についてロールアップ・救済テストを適用する方式である。その典型例は，欧州経済領域（EEA），NAFTA，日・シンガポール協定にみられる。

EEAをとりあげると，その領域は「単一領域」とみなされている。そのため，EEA加盟国のすべての加工工程と付加価値は無制限に累積される。付加価値に関するかぎり，原産資格を獲得した中間財だけではなく，原産資格を獲得できない中間財に組み込まれた原産材料も累積対象となる。

同様に汎欧州協定のうち，EUがマグレブ3カ国（アルジェリア，モロッコ，チュニジア）と締結した2国間協定は，完全累積基準を採用した。これはEUが他の地中海諸国と締結した協定ときわだった対照をなしている。

アジアでも，新ASEAN-ATIGA協定，日・マレーシア協定，タイ・オーストラリア協定，タイ・ニュージーランド協定が完全累積を明記した。ASEAN-ATIGAの完全累積は，ロールアップと救済テストからなる。なおASEAN-ATIGAはその累積方式を部分累積（Partial cumulation）と定義づけているが，この用語はミスリーディングであり適切ではない。もっともATIGA累積を部分累積とした道理がなわけではない。ATIGA累積のもとでのは救済テストは米国型やEFTA型テストに微小な制限をくわえているからである。米国型救済テストでは，ロールアップ条件を満たさない部材について，部材に組み込まれたNAFTA原産素材は，その額にかかわりなく自動的にAFTAコンテントに算入された。ASEAN-ATIGAのもとでは，中間財のASEAN特恵資格はわずかに制限的な

救済テストにしたがって決まる。救済テストでASEANコンテントを認められるASEAN素材は部品価額の20％以上40％未満であることが要求されたからである。米国型救済テストが域内コンテントを認める素材には制限がない。これに対しASEAN-ATIGAの救済テストは域内コンテントを認める素材の部品価額比を20％-39.9％に制限した。

インドネシアの自動車会社がタイ調達部品，商社調達部品，日本製エンジンから，インドネシアで自動車をくみたてる例をとりあげてみよう。新ASEAN-ATIGAのもとで，自動車の特恵資格は40％付加価値基準のみによって判定される，そして部材や完成h品の付加価値は完成品の輸出港FOB価格が100とした場合，そのうちわけがつぎのとおりであったとする。

　　日本製エンジン　　　　30
　　タイ調達部品　　　　　10
　　マレーシア調達部品　　10
　　商社調達部品　　　　　10
　　生産者の内製部品　　　20
　　諸経費　　　　　　　　15
　　利益　　　　　　　　　 5

この場合，重要なのは部品別の原産地判定である。日本製エンジンが域外原産とみなされることはいうまでもない。

ではタイ調達部品Tの原産地とその価額はどうか。この部品が域外素材5・域内素材5であれば付加価値40％ルールとロールアップ・テストにしたがい，部品全体がASEAN原産となり，そのASEANコンテントは100となる。

他方，マレーシア調達部品10のうちわけは，ASEAN素材3，域外素材7だとすると，救済テストによりASEANコンテント3のみが累積対象となる。ただし救済テストは部品100％のうち原産価額の比率が40％未満・20％以上の原産部品コンテントのみを域内コンテントにカウントする。本件のマレーシア調達部品のASEANコンテントはしたがって3となる。もしもこの場合にASEAN素材が1.5である場合は，救済テスト40％以下20以上を満たさず，部品全体のASEANコンテントはゼロとなる。

商社調達部品10の原産コンテントはどうか，後述するように，商社調達部品のASEANコンテントは，商社がASEAN原産資格のEVIDENCEをもつかぎり，ASEANコンテントを認められる。かりにこのコンテクストでは商社調達部品がEVIDENCEの欠如により部品のASEANコンテントがゼロとなったとしておこう。

生産者の内製部品10は，メーカーがASEAN加盟国法令に従って設立された認可生産者（licensed manu-facturers）であれば（大部分の場合），自社工場内部で製造した部品は全体がASEAN原産資格を認められ，内製部品のASEANコンテントは20となる。

ではインドネシア組立自動車はASEANN原産を認められるのか。自動車のASEANコンテントは，タイ調達部品10（ロールアップ方式），マレーシア調達部品3（救済テスト），商社調達部品ゼロ（EVIDDENCE欠如），内製部品20，諸経費15，利益5の総計53（10+3+20+15+5）となり，自動車はForm Dを添付され，ASEAN域内を自由流通することになる。

C　純粋累積

部分累積や完全累積はFTA域内付加価値の正確な算定には役立たない。部分累積のもとで，ロールアップ・テストは域内コンテントを過大算定し，ロールダウン・テストは域内コンテントをゼロとみなすからである。また完全累積は，救済テストによって一部部材のなかの原産価額を発掘することができるが，ロールアップ・テストにより域内コンテンツを過大算定することに変わりはない。唯一，域内付加価値を純粋に算定する方式は，NAFTAの自動車北米コンテントのトレーシング方式にかぎられる。しかしこの純粋・正確な方法は，企業に過大なコスト負担を強い，特恵による産品価格の低下という目的にそむく。

D　完全累積と部分累積の長短

完全累積と部分累積のいずれが望ましいのかはケース・バイ・ケースで異なるであろう。両者の長短にメスを入れたEU委員会通知（1994年11月）によれば，完全累積は域内部品産業の育成・確立を促進するよりも，むしろ第三国製原材料の継続的な使用を許す短所をもつとされた。じっさい，完全累積の救済テストが採用されると，産品の製造に多量の第三国原材料が使われ，特恵基準を満たさないケースでも，現地の原産価額（労力，原産部品等）が原産価額として考慮される。これはアジア製部品に依存する旧弊を存続させる結果をもたらす。しかし，部分累積のもとでは，部品の製造に第三国原産材料が使われ，roll downテストによって原産材料の価額がゼロになる場合，部品メーカーにアジア製部品から汎欧州部品への切替えをうながす可能性がある。翻っていえば，当初の汎欧州原産地規則が部分累積を採用したのは，中東欧諸国（当時EU未加入の域外国であったが将来のEU加盟候補国でもあった）での部品産業を発展させるための方策にほかならなかった。現行の汎欧州地中海協定（Pan Euro-Med）は，ほとんどすべての2国間関係（EUと他の地中海・近東諸国との全関係）で部分累積を採用したが，例外的にEUとMagreb Threeの関係では完全累積が適用されている。ごくおおまかにいえば，部品産業が未発達な国とのFTA関係には，部分累積が適切かもしれない。他方，部品産業が発達した国とのFTA関係には，完全累積が好ましいかもしれない。2種類の累積のいずれが適切かどうかは，さまざまな要素を考慮にいれなければならないであろう。

⑶　第3国累積の禁止

(i) 禁止原則

累積は原則としてFTA締約諸国間の工程・付加価値等の合算を意味する。では第3国の工程・付加価

値は，累積の対象となるのか。これについては GATT ルール (24条) に照らし，第3国累積は原則として認められないとみるべきであろう。

日 ASEAN 個別メンバー（シンガポール，マレーシア，タイ，インドネシア，ブルネイ，フィリピン，ベトナム）間の2カ国間協定は，特定産品についていわゆる ASEAN 条項を導入した。日本・マレーシア協定は，たとえばマンゴージュース等の特定ジュースや一部繊維に関し，原材料が ASEAN 加盟国産品ならば，日本・マレーシア工程にふくめるかのように定めた。通常，果実ジュースは，関税番号変更基準にしたがい，マレーシア原産品から日本・マレーシアの加工工程を経て生産された場合に，FTA 特恵をうける。しかしマンゴージュース等の一部熱帯果実ジュースについては，他の ASEAN 諸国（ベトナム，フィリピン，インドネシア等）産の果実をマレーシアに輸入してジュースにしても日本で特恵関税を享受するのである。原産原料からの加工工程ではなく，輸入原料からの加工工程で特恵資格を与える。つまり特恵を得るためには，一貫した生産・加工工程は不要であり，加工工程のみで足りるのである。これは特定産品についての特恵基準の緩和例であり「ASEAN 第3国産材料の使用許諾ルール」とも呼ばれる（財務省・上川）。それゆえ問題の ASEAN 条項は，協定当事国以外の ASEAN 第3諸国のコンテントを累積するものではない。第3国累積の禁止原則には抵触しない。とすれば ASEAN 条項は，WTO 最恵国待遇原則にふれるようにみえる。条項は ASEAN 第3諸国に有利で非 ASEAN 諸国に不利な待遇を与えるからである。GATT (24条) は，FTA 締約相手国を第3諸国よりも優遇する差別を一定の条件のもとに許したが，第3諸国の間に差別を設けることまでは許容していない。日本 ASEAN 包括協定も ASEAN 条項を導入した。

同じように後述する域外加工ルールも，一見したところ，第3国累積と同等であるようにみえる。しかし，これも第3国累積には該当しない。

(ii) 日本・マレーシア協定の域外加工ルール

日本 ASEAN メンバー諸国間の協定（日・マレーシア協定等）は，域外加工ルールを定めた。しかし，これらも厳密な意味での第3国累積とは異なる。累積基準は FTA 締約国間の域内累積を意味する。域外累積はそもそも累積の概念には入らないのである。それはむしろ領域原則に対する例外（域外加工ルール）にあたる。

4 厳格な関税番号変更基準を緩和するための寛容基準

FTA の厳格原産地決定基準を緩和するもう1つのメカニズムは，寛容テストである。

(1) 寛容テストの内容

旧汎欧州原産地規則は，厳格な関税番号変更基準を緩和するため「寛容テスト（toleration test）」をつぎのように定めた（旧統一議定書6条2項）。

「産品の製造に使用されるべきでない非原産原材料は，つぎの条件を満たす場合，それでもなお使用できる。

① 当該非原材料価額が産品の工場出荷価格の10％を超過しないこと

② 非原産原材料の最高価額についてリストに掲載されている割合が，このテストの適用によって超過していないこと」

(2) 寛容テストの適用

汎欧州原産地規則のもとで想定される例を挙げてみよう。いま汎欧州規則に参加するモロッコで組み立てられる冷凍冷蔵庫（HS 8418.10号）の出荷価格のうちわけをつぎのように仮定する。

① HS 8418項に属するシンガポール製部品（HS 8418.91号の冷蔵および冷凍装置を収納するために設計された外装）：8％

② HS 8418項に属する EU 加盟国産部品：30％

③ HS 8418項に属さない韓国・日本製部品：30％

④ モロッコ製部品：17％

⑤ モロッコ国での組立て費用：15％

とすると，EU 加盟国ほかモロッコをカバーする汎欧州の域内付加価値，すなわち原産価額は，62％（EU 原産30％モロッコ部品17％，モロッコ組立コスト15％）に達する。他方，汎欧州の域外付加価値（日韓部品30％，シンガポール部品8％），すなわち非原産価額は，38％となる。

肝腎の汎欧州統一議定書は，冷蔵庫のための原産地決定基準としてつぎの選択肢を定めた。

(i) コラム3の4桁レベル関税番号変更テストまたは付加価値60％テスト

非原産部材と最終産品の関税番号が HS 4桁レベルで異なっていること，または使用されたすべての非原産原材料価額が当該産品の出荷価格の40％を超えないこと（すなわち付加価値60％テスト），ただし使用されたすべての非原産原材料価額が使用された原産原材料価額を超えてはならないこと

(ii) コラム4の輸入原材料25％テスト

このテストは逆にいえば付加価値75％テストをいう。すなわち使用されたすべての非原産原材料価額が，当該産品の出荷価格の25％を超えないテストである。

本件の場合，非原産部材価額が出荷価格の38％を占めているため，コラム4に定められる域外部材25％未満テストは満たされない。

しかしながら，コラム3の条件の1つである関税番号変更基準は，寛容テストにより満たされるのである。冷蔵庫の関税番号変更基準は，域外部材の関税番号がモロッコでの完成品の関税番号と4桁レベルで異なっているかどうかに着目する。モロッコへの輸入部材は，HS 8418項に属するシンガポール部品と EU 部品のほかに，HS 8418項に属さない日韓部品からなる。これら輸入部材のうち，EU 部材はそもそも累積ルールにより域外部材とはみなされず，無視される。他方，日韓部材の関税番号は完成品の関税番号と4桁レベルで異なるため，関税番号変更基準を満たす。しかし，シ

ンガポール部材の関税番号は完成品の関税番号と 6 桁レベルで異なるものの 4 桁レベル（HS 8418 項）では同じであり，結局 4 桁レベルの関税番号基準を満たさない。この不都合を寛容ルールは除去する。ルールの本質は，関税番号変更をもたらさない域外部材（シンガポール部品）が付加価値 10% 以下であれば，その域外部材を無視して関税番号変更がおきたものとみなすことにある。本件の場合，問題のシンガポール部材は付加価値 8% であるから関税番号変更の判断にあたり無視されるのである。それゆえ本件では 4 桁レベルの関税番号基準が寛容テストのもとに満たされたと判定されることになる。またすべての非原産材料価額 (38%) は，原産材料価額 ((30 + 17 = 47%)) を超過していないのである。

(3) NAFTA の関税番号変更基準と寛容ルール
A NAFTA での関税番号変更基準の援用

NAFTA は上述のように家電産品の NAFTA 特恵原産基準として関税番号変更基準か付加価値基準 (60% 取引価額方式，50% ネットコスト方式) を採用した。NAFTA に進出した日本企業をみると，ほとんどが関税番号変更基準に基づいて NAFTA 特恵を要求している。それはカラーTV であれ，オーディオ機器であれ，電子レンジであれ同じである。企業がこのように特恵資格の要求にあたって関税番号変更基準を援用するのは，付加価値は計算が面倒であり，しかも付加価値額が為替変動によって左右され，結局特恵原産資格の判定が不安定であることによる。これに対し，関税番号変更方式は，所定の組立工程と部品生産が NAFTA 域内で行われることを要求するにすぎない。それゆえ，関税番号変更基準による原産地判定は機械的・技術的に行われ，原産地の予見可能性も高い。

B 関税番号変更基準の欠点

関税番号変更基準はしかしながら不都合をかこっている。それは特恵原産の判定を左右する重要部品の関税番号分類が国により異なる場合があるからである。その例として，電子レンジの NAFTA 原産資格の判定をあげることができる。

NAFTA 原産地規則は電子レンジ（HS 8516.50, microwave ovens）について，コントロール・パネル（8516.90.35 または 8516.90.45）を除く号（HS 6 桁）からの関税番号の変更が NAFTA 特恵原産をあたえると規定している。これは，コントロール・パネルの域内製造と域内製品組立が完成品に NAFTA 原産をあたえることを意味する。コントロール・パネルは重要部品であり，この部品は域内で製造されなければ，それをくみこんだ完成品は NAFTA 特恵関税を享受できない。それゆえたとえばカナダまたは米国の電子企業が，中国産のコントロール・パネルをつかって域内で電子レンジを生産し，これをメキシコに輸出すると，完成品はメキシコへの輸入にあたり，NAFTA 特恵を受けることができず，メキシコの MFN 関税に服することになる。

問題の核心は，米加の電子企業が調達する心臓部品 —— PCB（印刷基盤）と液晶パネルから成る複合部品 —— が，コントロール・パネルの関税番号に分類されるかどうかにある。米国税関は，この点，2001 年のルーリングで，この心臓部品を，コントロール・パネルに分類した。したがってこの考えに基づくと，完成品はメキシコへの輸入にあたり NAFTA 特恵を享受できない。しかし米国税関は，2002 年のルーリングで軌道修正を行った。2002 年のルーリングでは，心臓部品は，2 以上の部品から成る複合産品であり，複合産品は産品に重要な性質をあたえる部品の関税番号に分類される，本件では複合産品に重要な性質をあたえているのは半導体を基盤上に装着した PCB である，したがって当該心臓部品の関税番号は PCB の関税番号 (HS 8537.10.90) となると判定された。それゆえ，2002 年ルーリングでは，アジア製心臓部品をくみこんだ米国製電子レンジは NAFTA 原産を取得するのである。しかし，こうした米国製品がメキシコに輸出される場合，メキシコも米国税関と同様の判断をくだすかどうかは定かではない。

こうした関税番号分類をめぐる各国見解の相違は，CCC/WCO（世界関税機関）で解決されるべき問題といえる。

C NAFTA 特恵基準の緩和

NAFTA は新世紀にはいって域内生産者への特恵恩典を増大し，域内生産者を域外生産者よりも有利に扱うため，NAFTA 特恵原産地基準を段階的に緩和してきた。緩和作業は，2 段階 (Tracks I, II) を終え，第 3 段階 (Track III) にはいった。第 3 段階の草案 (2006 年 8 月) によれば，機械産品 (84 類，85 類) の特恵付与基準として関税番号変更基準と付加価値基準の併用が提案されている。

5 域外加工ルールの厳格適用と例外
(1) 初期のルール

産品が特恵待遇をうけるためには，原則として域内で加工されていなければならない。これを領域原則 (Principle of Territoriality) という。しかし，いくつかの協定は，この原則を緩め，産品が域外で加工をうけても一定の条件のもとに特恵待遇を与えることを定めた。

たとえば，EC・イスラエル FTA や EC・イスラエル連合協定 (EC-Israel Association Agreement) は，当事国 (EC またはイスラエル) の材料が域外へ加工のため輸出されたのち当事国に再輸入されて完成品とされても，完成品は，つぎの条件を満たすならば特恵資格を喪失しないと定めた。

① 域外加工 (outward processing) による付加価値が，完成品価格の 10% を超えないこと
② 域外加工による付加価値と完成品製造に使用される非原産部材価額の合計が，当該完成品のための所定の非原産部材価額を超えないこと

またカナダ・イスラエル協定は産品が米国で微小加工以上の加工をうけても例外的に特恵待遇をうけうる

ことを規定した。ただしこのような例外が適用されるためには，当事国が例外をうける品目を協定発効後合意によって特定しなければならず，また微小加工以上の加工の条件についても当事国が合意により指定しなければならないとされている。

(2) 米国・シンガポールFTAの統合部材調達制度

2003年に締結された米国・シンガポールFTAは，米国がシンガポール原産品に対して特恵待遇を与えるだけではなくシンガポール領域外で製造される特定産品にも特恵待遇を与える制度を導入した。これは統合部材調達制度 (ISI: Integrated Sourcing Initiative) と呼ばれている。この制度のもとでは，第3国，たとえばインドネシアのビンタン島 (Bintan) やバタム島 (Batam) で生産されたハイテク産品 (電子機器, 半導体, コンピューター, 通信機器, 携帯電話, 光通信ケーブル, 複写機器, 医療機器等) は，あたかもシンガポール原産品として扱われ米国でFTA特恵をうける。インドネシアの生産コストはシンガポールに比べて低いため，シンガポール企業はインドシアでの製造ののち (多くの場合はシンガポールで検査をして) 海外に産品を輸出してきた。米国はこうした慣行に配慮して第3国 (とくにインドネシア) の特定産品をFTA特恵の対象とすることに同意した。しかし統合部材調達制度がWTOと整合するかどうか，またFTA上の労働・環境条項の基準 (労働者の権利保護, 子供労働の禁止等) を満たすかどうか明らかでない。シンガポールはまた日本とのFTAのなかで264品目にかぎって類似ルールの適用を認めさせた。もっともこれらFTAは，協定のなかに第3国はおろかインドネシアという文言さえ含んでいない。

(3) 韓国FTAのケソン工業団地規定

A ケソン工業団地加工

韓国はFTAの締結にあたり朝鮮民主主義人民共和国 (北朝鮮) のケソン工業団地 (the industrial Gaesung Complex) での加工品にFTA特恵を与えるよう要求してきた。ケソン (開城, Gaesung or Kaesong) は南北朝鮮の国境から数キロの距離にある工業コンビナートである。韓国企業は2004年以降，コンビナートへの投資をすすめ，北朝鮮との合弁企業で北鮮労働者を雇用しつつ繊維から機械に至るまで広範な品目を生産してきた。そのさい，韓国企業は，一定の部材をコンビナートへ輸出し，ケソンでの半完成品を再輸入したうえで韓国本土からFTA相手国や第3諸国へ完成品を輸出した。ケソン工程はそれゆえ韓国による低コスト産品の輸出ドライブ，朝鮮統一への布石，北朝鮮核問題への対応，韓国企業の対北投資の促進といった一連の政治経済政策を反映している。

B 韓国・シンガポール協定のケソン条項

韓国は2004年，シンガポールとのFTAのなかではじめてケソン条項を挿入することに成功した。そもそもシンガポールはビール等アルコール飲料を除く全品目についてWTO関税率をゼロにしている。このためケソン半完成品が韓国に再輸入されたのち完成品としてシンガポールへ輸出されても不利益をこうむらないのである。しかしケソン製品の北朝鮮からの直接輸出はむろん認められない。

C 韓国・欧州自由貿易連合 (EFTA) 協定のケソン条項

ケソン条項はつづいて韓国・EFTA協定のなかに明記された。そこには2種類の域外加工ルールが定められた。第1は一般ルールであり，第2はケソン特別ルールである。

(i) 一般ルール

一般ルールのもとでは，韓国とEFTA4カ国は相互につぎの条件下で域外加工を認められる。

① 域外付加価値10％テスト

問題の域外加工は完成品の工場出荷価格の10％を超えてはならない。

② FTA締約国が問題の第3国へ部材を輸出し域外加工が行なわれる前の時点で，その締約国の (域外加工用) 部材は，当該締約国で完全に生産されたものであるか，または「不十分な工程」を超える程度の工程をうけたものでなければならない。それゆえ韓国とEFTAはそれぞれケソン以外の第3国加工地で上述の条件のもとに完成品をつくり，それを再輸入して，FTA締約相手国へ輸出する場合，当該域外加工品が産品別原産地決定基準 (HS 85類電子機器につき工場出荷価格比付加価値50％テストまたは関税番号変更基準, HS 87類自動車関連につき同付加価値60％テストまたは関税番号変更基準等) を満たせばFTA特恵をうけることができるのである。

(ii) ケソン特別ルール

ケソン特別ルールは，指定産品にかぎって，つぎの条件のもとにケソン加工品への特恵付与の道を開いている。

① 非原産部材40％テスト

第3諸国 (日本等非締約国, 北朝鮮) の部材価額は，完成品工場出荷価格の40％を超えてはならない。したがって，韓国からケソンに域外加工のため輸出される部材の一点一点について，FTA原産地規則による原産判定が行なわれる。こうした部材には，たとえば日本や中国の材料から韓国で加工された部材がふくまれている。これら部材は，FTA原産地規則に基づき韓国原産資格を認められれば，たとえ日中部材をふくんでいても，部材全体が100％韓国原産品となる。つまりロール・アップテストが適用されるのである。

② 原産部材価額60％テスト

FTA締約国から輸出される原産部材価額は，ケソン最終品の全部材価額の60％を超えてはならない。要するにケソン域外加工品がFTA特恵を認められるためには，FTA原産地決定基準を満たすだけでなく，域外加工用部材に使用される北朝鮮部材価額が上記40％の水準以下におさえられなければならないのである。逆にいえば，北朝鮮部材は40％水準以下ならば，EFTAで特恵待遇をうけることができることになる。

こうしたケソン特別ルールは，韓国の強い主張で挿入されたが，EFTA側は対応する特別域外加工ルールをもたない。それゆえ，ケソン特別ルールは指定産品にのみ適用されることになった。

D 韓国・ASEAN協定のケソン条項

ASEANとの当初のFTAでは，韓国は条項の挿入に奏功しなかった。しかし，ASEANは，2006年5月の協定で，ケソン条項の導入に合意した。およそ100品目のケソン完成品が韓国・EFTA協定と同様の基準（40％テスト，60％テスト）のもとにASEANでFTA特恵をうけることになる。

E 米韓FTAのケソン条項

2007年6月署名された米韓FTAは，域外加工地域委員会（Annex 22-B: Committee on Outward Processing Zones on the Korean Peninsula）を設置するための条項を明記した。米国は，EFTAやシンガポールとは異なり，ケソン条項を導入するかどうかの判断を協定発効後の課題とした。協定発効後，このための委員会が新設され，そこでケソン域外加工ルールの導入の可否，導入条件，対象品目等が検討されることになる。現在米国は日本と同様，北朝鮮に対して差別的高関税率を適用している。このため，ケソン製品への特恵待遇付与は米国にとっておおきな政治問題となっている。北朝鮮からの輸出品には差別関税率を適用しながら，韓国経由で輸出されるケソン製品には，一定の条件のもとにFTA特恵を与えるのは，高度の政治マターに属するからである。またケソン条項が新設されれば，北朝鮮にFTA特恵へのただ乗りを許すことになる。近い将来締結される日韓FTA，中韓FTA，ASEANプラス3，韓国・EU協定でもケソン条項が最大の争点の1つとなることは疑いをいれない。

F WTO整合性

域外加工ルールは，はたしてWTOと整合するのかどうか。

ケソン条項や統合部材調達（ISI）規定は，第3国の完成品を一定の条件のもとにFTA域内産品とみなす点で，問題の第3国とその他第3国を差別する効果をもつ。端的にいえばWTO最恵国待遇原則に違反するおそれがある。既述のようにFTA自体がFTA締約相手国を第3諸国よりも優遇する差別制度である。そのFTAにさらに第3諸国（WTO非加盟・第3国とWTO加盟・第3国等）間の差別を盛り込むことができるのかどうか。

ここであらためて強調すべきは，WTO最恵国待遇原則の意味である。この原則は，商品貿易に関するかぎり，GATT（1条）に明確に定められている。これによると，WTOは加盟国が「他国の産品」にあたえた利益や特典をすべてのWTO加盟国の産品に適用するよう義務づけている。ここでいう「他国の産品」は，WTO加盟国の産品のほかにWTO非加盟国の産品を含む。したがって，ケソン条項は，WTO非加盟の北朝鮮に特典を与えながら，WTO加盟国（日中等）に同等の恩典を与えない点で，最恵国待遇原則にふれるおそれがある。また国際法の観点からみると，ケソン条項や統合部材調達規定はFTA締約国以外の第3国に権利を与えるため，ウィーン条約法条約の関連規定（34条，37条等）に背く可能性もある。

6 その他ルール

FTAは還付の可否，直接輸送原則を定めた。

(1) 還付の可否

非原産原材料に課される関税は，原則として，当該原材料を組み込んだ完成品が再輸出されるならば，完成品の再輸出の時点で還付されるか，または原材料の輸入の時点で免除される。しかし，EEA，EU-EFTA，汎欧州，汎欧州地中海の諸協定は，還付禁止ルール（no-drawback rule）を導入した。たとえば，FTA域内でEU企業が，完成家電機器を生産する場合，部材を域外（アジア諸国）から調達する例を想定してみよう。この場合，域外製部材に対して対外関税が課されることはいうまでもない。問題は，ひとたび域外部材に課された関税が，域内完成品への組み込みによって，払い戻されるのかどうかにある。こうした対外関税の払い戻しを還付（drawback）といい，還付禁止をnon-drawbackという。

EU関連FTAは還付を禁止する。たとえば汎欧州地中海協定の原産地規則のもとで，フランス製家電機器が，エジプト（汎FTA域内国）の未完成品工場で製造され，この未完成品はアジア製部品から製造されていると仮定する。アジア製部材はとうぜんエジプト税関でエジプトの対外関税を課される。そしてアジア製部材からエジプト工場で未完成品が生産される。この場合，還付の有無は，ひとえにエジプトでの未完成品製造工程が，汎欧州地中海原産資格をもつかどうかにかかっている。もしも，エジプト製未完成品がアジア製部材への加工工程により汎欧州地中海原産資格を取得すれば，未完成品はEUR.1文書を添付される。この文書は当該未完成品が無税でFTA域内を自由流通することを保証する。EUR.1文書をともなうエジプト製未完成品は，フランスの完成品工場へ無関税で輸送される。逆に，アジア製部材から生産されるエジプト製未完成品が原産資格を否定されれば，未完成品はアジア原産とみなされ，完成品も原産資格を失うかもしれない。すべてはケース・バイ・ケースで決まる。

なぜEU，EEA，汎欧州地中海諸国FTAは還付禁止ルールを導入したのか。ドイツのメーカーがアジア製部材を輸入して加工する場合を想定しよう。EU域内でドイツ加工部品が他のEU加盟国（エストニア等）へ輸出されるときは，EU域内関税の完全撤廃によりドイツ製加工部品はとうぜん無関税で域内取引される。これをEU関税同盟の還付禁止原則という。ではEUが締結したFTAの枠組みになぜ関税同盟の還付禁止原則が導入されたのか。ドイツ加工部品がFTA相手国（地中海諸国）へ輸出される場合，もしも当該部品への関税が還付されるとすると，ドイツの加工部品

製造メーカーの間に差別が生ずるからである。EU域内国へ輸出する部品メーカーは還付を禁止されるが，FTA相手国に輸出する同業者は関税を還付されるであろう。この差別が生じないないようにするためには，関税同盟の還付禁止原則をFTAに導入しなければならない。第2に，FTA域内での還付禁止は，域内メーカーがEU対外共通関税またはFTA相手国の対外関税を迂回するのを防止するために不可欠であった。第3に，還付禁止制度は，累積ルールとあいまってFTA当事国のメーカーに非原産材料よりもFTA原産原材料の使用をうながす。原産材料を使用するときのコストは，関税を含まないぶんだけ，非原産原材料を使用ときのコストを下回ることになる。

ただし汎欧州原産地規則は政治的配慮から例外を認めた。それは，HS25-49類，64-97類に属する産品とHS50-63類に属する織物産品に対して適用された。

(2) 直接輸送原則

産品がFTA特恵待遇を受けるためには生産国から輸入国へ直接輸送されることを要求するルールをいう。ほとんどのFTAが採用している共通の厳格ルールである。

第4節　特恵原産証明と検査制度

原産地証明とは，輸出品が輸出国原産品であることを書類によって証明する制度をいう。検査は原産地証明書が真正であるかどうかを検証するために行われる。こうした原産地証明・検査制度は世界的に調和されていない。それは，非特恵・特恵の別に応じて，またGSP特恵・FTA特恵の別に応じて，多様化している。

このため，まず非特恵・特恵両分野での原産地証明・検査制度を一般的に定めたCCC京都附属書を俯瞰する。そのうえで，主要国の制度と実践を素描してみたい。

1　CCC京都規約附属書の一般ルール

CCC (Customs Cooperation Council)／現WCO (World Customs Organization) のもとで1973年に採択された「税関手続の簡素化と調和に関する」いわゆる京都規約 (International Convention on the Simplification and Harmonization of Customs Procedures) は，附属書D.1 (Annex D.1)で原産地規則ルールを，附属書D.2で原産地証明ルールを，附属書D.3で原産地証明検査ルールを定めた。もっともこれらルールは他の附属書と同様，厳密な意味で拘束力をもたない。CCC／現WCOは，WTOとは異なりルール違反に対する実効的な紛争解決手続を備えていないからである。なお，CCC京都規約は1999年改正され，改正規約の附属書Kは原産地規則・原産地証明・原産地証明検査ルールを新たに規定したが，これら改正ルールは73年ルールと実質的に同じである。73年規約・附属書と99年改正規約・附属書の発効状況はかんばしくない。73年規約は1973年5月18日に署名され，74年9月25日発効し，また附属書D.1／D.2／D.3もすでに発効した。しかし，主要国は附属書Dを部分的に受諾したにとどまる。日本は附属書D.1のみを受諾し（D.2とD.3の未受諾），米国は附属書D.2のみを受諾し，また欧州4大国（仏，伊，英，独）は附属書D.1とD.2のみを受諾した。1999年の改正規約は40カ国が留保なしに受諾したときに発効する予定であるが，その可能性は低い。

(1) 附属書D.2の原産地証明ルール
A　原産地証明の概念

附属書D.2は，原産地証明を広義に文書的証拠（documentary evidence）と呼んでいる。この文書的証拠は次の3種類に細分される。

(i) 原産地証明書

もっとも典型的・形式的な文書的証拠は，権限ある当局または団体（the authority of body empowered to issue）が特定産品が特定国を原産地とすることを立証する所定形式の原産地証明書（Certificate of Origin）である。

(ii) 原産地宣言

原産地証明書とは別に，権限ある当局または団体はまた特定産品の原産地を宣言することもできる。これをcertified declaration of originと呼んでいる。他方，私人が作成する原産地証明はdeclaration of originと呼ばれ，これには2つの形態がある。1つは，輸出者・生産者・供給者が輸出品に関して作成する文書である。他はその他の私人が商業invoiceに基づいて作成する文書である。これらは私人による自己証明といい直すことができる。

B　原産地証明の要求

附属書D.2の目的は，輸入国が輸入品に関してみだりに原産地証明の提出を要求することを妨げることにあった。このため，附属書は，原産地証明の提出が2つの場合にのみ要求されることを強調した。特恵関税（GSP特恵とFTA特恵）を適用する場合と非特恵分野で特定措置を適用する場合である。特恵分野で原産地証明が無条件に要求されるのとは対照的に，非特恵分野（ダンピング防止措置等）では所定のケースにかぎり原産地証明の提出が義務づけられる。それは，経済的または通商政策措置を適用するケースと公衆の健康保護や公序公安のため輸入国が特定国からの輸入品について輸入規制を行うケースである。

(2) 附属書D.3の証明検査ルール

附属書D.3は，原産地証明の検査監督（the control of documentary evidence of origin）について2つのモデルを提示した。第1は，輸入国検査と輸出国検査モデルである。このモデルのもとでは，税関当局は提出される原産地証明を受諾する義務を負わない。状況が許す

ときは，税関当局は原産地証明を検査監督 (control) することができる。この検査監督権は，商品の輸入通関段階で行うことができ，提出される文書のchEUkや当該文書を裏付けるための追加文書の要請という形をとる。こうした検査監督はあくまでも輸入国当局が自国内で行う paperwork の域を超えない。もうひとつのモデルは輸出国での輸出国当局による検査である。もしも原産地証明について疑いがあり，輸入国税関による文書検査では疑義が晴れないときは，原産地証明が作成された輸出・生産国での検査が必要となる。こうした輸出国検査は，商品の船積み・輸出前に輸出国当局・団体が行う事前検査をふくむはずであるが，附属書 D.3 は，輸出国当局・団体が輸入国の要請に応じて輸出後に行う事後検査にのみ言及した。これによると，輸出国の事後検査は，まず輸入国の要請に基づいて行われなければならない。このような要請を附属書は「(輸出国)当局による援助の要請」(request the assistance of the authorities or bodies) と呼んだ。輸入国当局は，輸出国当局に対し，必要な調査 (investigations) を行い，かつ調査結果を返答するよう依頼することで (by asking)，輸出国による援助を要請するのである。附属書 D.3 の基本的な考えは，原産地証明の検査は，輸入国当局が輸出国に乗り込んでいって行うものではない。輸入国の要請は，原産地証明の真正を疑う合理的な理由がある場合，原産地証明の特定事項が正確であるかどうかについて疑いをもつ合理的な理由がある場合，随時検査を要請している場合 (on a random basis) に行われる。ただし随時検査の要請は，適切な検査に必要な最小限度にとどめなければならない。検査要請は，要請理由，および適当なときは輸入国の原産地規則を明記し，また当該原産地証明を添付するものとされる。検査要請はまた，特別の場合を除き，輸入国税関に原産地証明が提出された日から 1 年を超えない所定の期間内に行われなければならない。

輸入国から要請をうけた輸出国当局はつぎの義務を負う。必要な検査を自ら行うか他機関 (行政機関，権限ある団体) に検査を行わせたあと輸入国に回答すること，輸入国の質問に対し回答し関連情報を提供すること，回答は 6 カ月を超えない所定期間内に行うこと，輸出国はまた原産地証明の発行後，2 年を超えない適当な期間の間，検査に必要な文書を保管すること，輸出国は CCC 事務局に対し検査要請を受領する機関を通告することである。

もっとも京都規約の附属書は，非拘束的な勧告ルールを定めるにすぎない。このため，主要国は，多様に異なる原産地証明制度と証明検査制度を定めた。

2 欧州協定の特恵原産証明・検査制度

欧州協定の汎欧州原産地規則は，原産地証明として輸出国当局の EUR.1 証明・認証輸出者 (Approved Exporter) 証明・自己証明の 3 種類を採用した。EUR.1 証明は，輸出者の申請を受けて輸出国税関が審査ののち発行するもので，政府機関の公的証明にほかならない。認証輸出者証明は，輸出国税関により認証輸出者として認定された輸出者が作成する証明である。輸出者が認証輸出者として認定されるためには，定期的に輸出業務を行い，また特恵原産資格に関連して関連文書を適正に保管し，税関から信頼性を認められなければならない。認証輸出者は，6000 EUR 以上の商品輸出に関して自ら原産証明を作成することができる。ただし認証輸出者の証明は，たんなる自己証明ではない。認証輸出者は税関の工場立ち入り検査を定期的に受け，税関の監督下におかれているからである。それゆえ，認証輸出者証明は，税関監督下の輸出者証明制度といいかえることもできる。さいごに，自己証明は，6000 EUR 未満の小額輸出に関し，すべての輸出者が行うことができる。

輸入国税関は，汎欧州原産証明 (EUR.1 証明，認証輸出者証明，自己証明) を審査し，輸入品に特恵待遇を与えるか拒否するか，または検査を要請するかを決定する。輸入国税関が汎欧州証明の真正について合理的な疑いをもつときは，輸出国当局の協力を得て証明の検証 (verfication) を行う。輸出入国の行政協力 (administrative cooperation) が検査の基盤となっている。輸入国の検証要請 (verification request) を受けて輸出国税関が本格的な検証を行うことになる。EC 加盟国が輸入国であるときは，OLAF に事案の調査を要請することができる。OLAF (Office de la Lutte Anti-Fraude. European Anti-Fraud Office 欧州詐欺防止機関) は欧州委員会が設置した詐欺防止のための独立調査機関であり，詐欺一般の防止のほか，原産地関連の詐欺を摘発することができる。

欧州協定の当事国当局は，「不正確な情報を含む原産地証明を作成したかまたは作成させた者」に対して罰則を科すことができる。この罰則は，EU 加盟国と近東，地中海諸国のそれぞれの国内法に基づくが，それはおおむね罰金と禁固刑から成る。英国の場合，罰則は 1979 年の関税物品税管理法 167 条 (section 167 of the Customs and Excise ManagementAct (1979)) のなかに定められている。これによると英国当局は無効な特恵申請に対し，刑事訴追と罰金支払いを科すことができる。しかし，実行上，当局は示談にもちこみ，法廷外の解決策として金銭支払いを輸出者に要求している。

杜撰な特恵制度の運用例として，2001 年 5 月の EU 第 1 審裁判所 (Court of the First Instance. CFI) のトルコ製 TV 輸入事件 (the Turkish TV cases, Cases T-186/97 et al) をあげることができる。この事件のきっかけをつくったのは，EC・トルコ関税同盟のもとで過渡期間中にトルコ当局が発行した杜撰な特恵原産証明であった。トルコで製造される TV は第 3 国の陰極線管 (Cathode Ray Tubes) を使用しているため，トルコ製 TV が特恵原産資格をもたないことは当局のレベルでは明白な事実とされていた。にもかかわらず，トルコ当局はトルコ製 TV に関して EC・トルコ間特恵原産証明 (A.TR.1 certificates) を発行したため，EC の善意

の輸入者はECへの輸入にあたり，特恵待遇を申請していた。EC第1審裁判所は，このような事案のもとでは，善意の輸入者は，事実の発覚後，通常関税を追徴されることはないと判定し，また輸出国税関は特恵制度を適正かつ正確に運用する義務をもつと結論した。

欧州協定のもとで，東欧製自動車の特恵原産証明をめぐって紛争がおきている。この事件で東欧の自動車メーカーは自動車のEC向け輸出にあたり，当局から特恵原産証明を取得し，EC輸入税関に提出した。EC側は東欧製自動車の汎欧州原産資格を否定した。自動車が特恵資格をえるためには，汎欧州の累積付加価値が工場出荷価格の60％以上を占めなければならない。そこで東欧の自動車メーカーは，自動車用サブアッセンブリーの付加価値をいわゆるroll up方式で計算し，自動車が60％テストを満たしていると主張した。これに対し，ECのOLAFは付加価値を再計算し，東欧車の特恵資格を否定した。

これら特恵関税事件（東欧からの自動車輸出事件等）はOLAF年次報告のなかに記載されている。既述のようにOLAFは，非特恵分野にくわえて特恵分野（GSP，FTA）でも原産地証明書の偽造を防ぐため，独立調査機関として独自に証明書検査権をもつ。併行して他の委員会Committees（旧Origin Committee，現Customs CodEUommittee）も原産地詐称を監視しているが，OLAFは，委員会下部機関とはいえ，これら関連Committeeでの議論に参加しつつ，Committeeと委員会，そしてEUの全機関（EU司法裁判所をふくむ）からも独立して調査を行う。その具体例が東欧自動車輸出事件の付加価値再計算であり，委員会総辞職事件であった。

3 NAFTAの特恵原産証明・検査制度

(1) 概　要

NAFTAは輸出者の自己証明のみを原産証明制度として採用した。北米税関当局は，輸出者による証明作成にはいっさい関与しない。こうした輸出者自己証明は，米国GSPと米国イスラエル協定にもみられる。NAFTA特恵原産地証明は，通常，産品の生産者が作成するが，輸出者が生産者に代わって作成するときは，証明が生産者の署名証明に基づくか生産者の書面陳述に基づくか，輸出者自身の知識に基づくかを記載しなければならない。輸入者はこうした生産者・輸出者の自己証明を入手し，輸入通関にあたって，証明に基づくNAFTA特恵要求書類を提出する。自己証明を作成する輸出者と生産者は，証明関連の資料を5年間保管する義務を課せられている。

NAFTAでは，輸入国が輸出者の自己証明について疑いをもつ場合，輸入国当局は輸出国の生産者工場のなかにたちいり，監査（audits）を実施したり，検証訪問（verificationvisit）を行うことができる。

虚偽の原産証明を含むNAFTA原産地規則の違反に対し，締約国は輸入品の特恵待遇を否定し，民事・行政・刑事上の罰則を課すことができる。罰則の詳細はNAFTA3カ国におうじて異なる。

検査の実行をみると，米国とカナダはひんぱんに輸出国の生産者工場への立入検査を行っている。メキシコは米国製電子レンジに対して立入検査ののちNAFTA特恵資格を否定した。米国製自動車も過去にいくども締約国の立入検査を受けたが，ほとんどがNAFTA特恵を承認されている。

(2) ホンダ事件

米加間紛争の先例としてホンダ自動車事件がある。事件の発端は，ホンダ自動車が，米国オハイオ工場で製造したエンジン等を用いてカナダで組み立てた自動車を米国へ輸出したところ，米国税関が，同自動車が北米原産50％を達成していないとして，米加特恵関税を拒否したことにあった。ホンダ自動車は，これに対し北米原産69％を主張し，その根拠として，カナダでの輸入素材への加工により，加工部品は，全部が北米原産品となったこと，それにもかかわらず，米国当局は，オハイオ工場での付加価値に北米コンテントを加えなかったことをあげた。

米国税関はホンダの主張を退けるルーリングをだし，2つの理由をあげた。第1は中間財ルーリングであり，第2は，組立／加工ルーリングであった。

A　中間財ルーリング（intermediate material ruling）

中間財としてのエンジンの価額をどのように算定するのかについて米国税関は次のルーリングを下した。

本件では，エンジンは，日本製部品からオハイオで製造され，カナダへ自動車組立のため輸送された。そこで，ホンダは，日本製部品と米国製部品から製造されたエンジンは，中間財のroll upルールにより，100％北米産となると主張した。しかし，米国税関は，エンジンが北米原産となることを認めたものの，北米原産価額は，オハイオ工場での米国付加価値ではなく，日本製部品価額であると解釈した（これはなんとも奇妙な解釈である）。この解釈は，米加自由貿易協定の米国実施規則（CanadaUnited States Free Trade Agreement Implementation Act of 1988）から導かれると米国税関は主張した。

協定は，北米原産材料価額を次の価額と定義づけた。「輸出品（自動車）の生産者が，締約国領域を原産地とする材料（エンジン）またはこのような原産材料の生産に使用された第3国からの輸入材料のために，支払った価額」

つまり，北米価額は，ホンダカナダが，米国製エンジンまたは日本製部品のために支払った価額である。しかし，本件では，ホンダカナダは，オハイオで製造された米国製エンジンについて現実の支払を行わなかった。そのため，米国税関は，北米原産価額として，日本製部品のために支払われた価額を採用した。米国税関のルーリングは，協定の目的を無視し，不合理な結果に導いたが，この点は，米国でも識者により批判されている。

B　組立／加工ルーリング（assembly／processing ruling）

第2章　特恵原産地規則

表7-11　アジア系自動車メーカーの自動車のネットコスト

モデル	エンジン	トランスミッション	ネットコスト	NAFTA特恵原産の判定
A工場小型車	カナダ製	米国製	75%	NAFTA原産
B工場中級車Xモデル	米国製	米国製	83%	平均化ルールによりXYモデルの平均ネットコストは63%となりNAFTA原産所得
B工場中級車Yモデル	日本製	日本製	43%	
C工場新モデル車（小型普及車）	日本製	日本製	51%	稼動5年間の50%寛容ルールによりNAFTA原産取得
D工場高級車	EC製	日本製	48%	非NAFTA原産

エンジン生産に使用された北米労務費をどのように扱うのか。自由貿易協定によれば，北米付加価値は，北米材料価額と直接組立経費（direct cost of assembly）の合計を指す。したがって，通常の解釈では，直接経費には，北米での全工程経費（当該工程が加えられた材料の原産地を問わない）が含まれる。

そこで，ホンダは，エンジン生産のための直接経費のなかに diecasting and machining の経費を含めた。しかし，米国税関は，当該経費は，加工（processing）経費であって組立（assembly）経費ではないとして，ホンダの主張を退けた。組立は加工よりも狭い概念であり，それはすでに製造された部品の最終組立を指す。したがって問題の経費は組立の直接経費ではないから北米原産価額に計上されない。しかし協定上，直接加工経費（direct cost of processing）と直接組立経費（direct cost of assembly）は同一の意味で区別して使用されていないため，税関の解釈は，明白な誤りであるとして，米国で批判された。

ホンダ事件は，原産地決定基準としての付加価値ルールの欠点をさらけだした。

(3) NAFTA自動車企業の特恵原産証明に対する立入検査

米国に進出したアジア系自動車企業の自動車をとりあげて，つぎの仮想例を検討してみよう。いま，この企業が，米国工場で生産しメキシコやカナダに輸出する自動車について NAFTA 特恵原産の自己証明を行うと仮定する。これに対し，メキシコやカナダの税関当局が，NAFTA 特恵原産証明について疑いをもち，米国工場への立入検査を行うとする。この場合，アジア系企業は，つぎの2つのテクニックを駆使して検査をパスすることができる（表7-11）。

A　平均化ルール

自動車が NAFTA 原産を取得するためにはそのネットコストが 62.5% に達していなければならない。しかし NAFTA 協定は，NAFTA コンテンツの高いモデルと低いモデルのネットコストを平均化して，平均ネットコストを2つのモデルの共通付加価値とすることを許している（403.3条）。ただし平均化を行うためには，両モデルが同一工場で生産され，同一クラス（the same class）に分類されなければならない（同一クラスの定義は 415d 条にある）。かくして問題のアジア系企業は，B工場で生産されたXモデルとYモデルの平均ネットコストが 62.5% を上回っていることを根拠に，X Y 両モデルについて NAFTA 特恵資格を獲得することができる。Yモデルは日本製のエンジンとトランスミッションを使用しているため，ネットコストは 43% にすぎず，本来 NAFTA 特恵資格を否定されるはずである。しかし，平均化ルールはこのような場合にも同一工場の同一クラスの自動車を NAFTA 原産車とすることができるのである。

B　寛容ルール

ネットコストは 62.5% が原則であるが，ネットコスト 50% の自動車でも NAFTA 特恵を享受できる例外が NAFTA 協定に規定されている（403.6条）。この規定によると，メーカーが NAFTA で新モデルを生産するときは，最初の5年間だけネットコスト 50% の寛容ルールが適用される。アジア系企業はこうした寛容ルールを用いてC工場の新モデル車について特恵資格を獲得することができる。

4　ASEANの原産証明検査制度

(1) AFTAの非特恵・特恵原産地規則と証明・検査

AFTA 加盟国の非特恵分野の原産地規則・証明・検査はほとんど重要性をもっていない。AFTA 加盟国のなかには非特恵原産地規則をもたない国（ベトナム等）もあるし，またもっていても，非特恵目的のために活発に適用されていないからである。これはEUと米国が多様な非特恵目的のために原産地規則を適用してきたのと対極をなしている。

これに対し，AFTA の特恵原産地規則・証明・検査は特恵恩典がもつ魅力のゆえに，AFTA 進出企業や政府の関心を引いてきた。もっとも，AFTA 特恵制度は，一部の例外的場合を除き，おおきな紛争を引き起こしていないのが現状である。

(2) AFTA特恵原産地規則と機関

AFTA 特恵原産地規則の運用機関としては，輸出入国当局税関のほか，ASEAN の機関があげられる。

ASEAN 機関のうち重要なのは，紛争解決機能をもつ SEOM（ASEAN Senior Economic Officials Meeting 上級経済職員会合）と原産地問題を扱っている ASEAN 事務局である。

原産地関連の紛争は，まず輸出国と輸入国の当局間協議に付される。2国間協議の結果は他のASEAN加盟国にも通告される。2国間協議で紛争が解決できないときは，SEOMの裁定に委ねられる。

なお，原産証明に関する詐欺をある加盟国が摘発するときは，他の加盟国は摘発国が詐欺者に対してとる措置に協力するよう義務づけられている。しかし詐欺行為に対して法的罰則を適用するのはあくまでも個別加盟国当局であり，EUのOLAFのような機関はASEANにはない。

(3) 旧 AFTA-CEPT 原産証明制度
A 輸出国当局証明と積替国証明
(i) 輸出国当局証明

AFTAの旧制度は40％域内付加価値基準を採用していたため，輸出品がこの基準を満たすかどうかは，輸出国の通商当局（シンガポールのTDB，インドネシアのMOIT等）または税関（フィリピンの税関のみ）が判定し，基準を満たすときは，Form Dを交付していた。Form Dを添付された輸出品は，AFTA特恵を享受し，輸入国で0-5％の低関税を適用された。Form DはEUのEUR.1とかなり類似している。両者はともに輸出国当局によって発行され，また類似の必要記載事項（特恵付与条件の充足，商品特定，輸出入国等）を備え，特恵付与のための補足資料を輸出者に要求しているからである。

(ii) 経由国証明

積替国が行う証明は"Back-to-Back" Form Dと呼ばれる。ある域内国で生産された域内産品が他の域内国で積み替えられる（transshipped）場合，積替国の当局は，輸出国により発行されたオリジナルなForm D文書に対応してForm Dを交付するのである。back-to-backとは連続すると邦訳することができる。輸出国Form D文書に連続して経由国が同じForm Dを発行するからである。この制度の目的は，貿易業者が最終の仕向国で円滑に特恵待遇をうけることができるよう確保することにある。

B 特恵待遇資格とIL品目
(i) 特恵待遇資格

AFTA特恵をうけるためには，産品がIL（Inclusion List）品目となっていなければならない。IL品目とはそれゆえ特恵対象品目といいなおすことができる。IL品目以外はすべて特恵待遇を受けない。特恵待遇を受けない品目はGE品目，SL品目，TEL品目に大別される。GE（General Exception）は，安全保障や健康公安保護のための品目をいう。それはかならずしもGATT（20条）の一般的例外品目に該当しない。イスラム教の観点からの酒タバコの輸入規制もGE品目とされるからである。またブルネイは自動車輸入規制をGEとしてきた。SL（Sensitive list）は農産品（米，砂糖等）154品目をカバーする。さらにTEL（Temporary Exclusion list 暫定除外リスト）は，加盟国が暫定的にILから除外することを認められた品目を網羅している。

(ii) ILへの移行義務

ASEAN 10加盟国のうち，原6加盟国のみは，2000年1月までに特定15産品群（電子産品グループを含む）のなかの指定品目をGEL（General Exclusion List）からILに移行し，残存品目を2003年1月までにILに移行することを誓約した。2000年1月までの移行品目をFast Truck itemsといい，2003年1月までの移行品目をNormal Truck itemsと呼んでいる。2003年1月の期限はそののち2002年1月に繰り上げられた。原6加盟国のうち，5加盟国は2000年1月までにGEからILへの移行をほぼ終了した。しかし，マレーシアのみは自動車と自動車部品のIL移行を拒否した。このIL移行拒否は，AFTA原産資格を満たす自動車・自動車部品への特恵待遇の否定を意味した。それゆえ，他の加盟国（たとえばインドネシア）で製造された自動車・自動車部品等はたとえAFTA域内40％付加価値基準を満たし，Form Dを添付されても，マレーシアへの輸入にかぎって特恵待遇を否定されるのである。マレーシアの措置によって経済的損害をうけたのはインドネシアとタイであった。両国は対マレーシア報復措置をとらず，補償措置をマレーシアがとるよう要請した。補償措置の例として，インドネシア製鉄の対マレーシア販売促進措置が構想され，関係国間で交渉が行われた。マレーシアの例外措置は2000年の国際協定によって許可された。TEL品目とSL品目については，原6加盟国につき，それぞれ2005年と2010年までに廃止することとされた。

ASEAN諸国は，IL品目の輸入に関するかぎり，輸出国当局が発行した原産証明を受諾している。しかし，輸出国当局のAFTA原産証明について疑義があるときは，輸入国は輸出国当局に証明書の検査をするよう要請することができる。要請をうけた輸出国当局は，速やかに要請に応え，要請の受領後3ヵ月以内に回答を与えなければならない。

証明検査が要請され実施された例はない。AFTAの輸出国当局証明と輸出国検査制度は，アジア的協調スピリッツに裏打ちされている。

(iii) 内製部材の原産地判定

ASEANメーカーが工場内で製造した「内製部材」の原産地判定はとくべつのルールにしたがう。まず「国内規則に従って設立された認可生産者（licensed manufacturers）」が生産する国内調達した部材は40％基準を満たすと推定される。要するに，認可生産者の内製部材は全体がASEANコンテントとみなされる。ただし，この推定は，反証があれば覆される。

(iv) 商社調達部品の原産地判定

完成品メーカーが商社から国内調達する部材の原産地判定は，調達部材の原産資格に関するEVIDENCEの有無で決まる。商社調達部品に関してASEAN当局のASEAN原産証明書その他関連EVIDENCEがあれば，部品はASEAN原産資格をもつ。EVIDENCEのない部品は原産地不明として非原産価額の

なかにカウントされる。

C 証明書の検査

原則は証明書を発給した輸出国が輸入国の要請をうけて証明書の真偽について検査を行う。しかし輸入国の乗り込み検査制度もNAFTAに触発されて2004年に導入された。とくに，輸入国が輸出国検査の結果に満足しないときは，一定の条件のもとに輸出国工場への立ち入り検査を行うことができる。条件は「例外的な場合（exceptional cases）」に該当すること，輸入国が立入検査に先立ち輸出生産者の書面による同意を得ることである。もしも輸出生産者が輸入国から通告をうけたのち30日以内に書面による同意を与えないときは，輸入国は問題の輸入品に特恵待遇を与えないことができる。そして立入検査にあたり輸入国当局は問題の産品がAFTA特恵資格をもつかどうかを書面によって輸出者と輸出国当局に提供しなければならない。産品が特恵を受益するかどうかの決定は，輸出生産者と輸出国当局の書面による通告を受理したのちに効力をもつ。決定がひとたび効力をもつと，特恵待遇の停止を元に戻さなければならない。輸出生産者は追加的な情報と書面コメントを，上記決定後30日以内に提出することができる。産品がいぜんとして非ASEAN原産であることが判明するときは，輸出生産者の追加情報・コメントの受理後30日以内に，輸入国当局は最終決定を書面により輸出国当局に送付しなければならない。立ち入り検査から最終決定までの期間は6ヵ月を超えない。この手続きが終了しない間，特恵待遇は停止される。

(4) 新ASEAN-ATIGA原産証明制度

新制度は旧制度を基本的にひきついだ。が，いくつかの新機軸のもとでも，特恵原産証明は，輸出国が指定し，他の加盟諸国に通告された政府機関のみが行う（38条）。証明書は従来どおりForm Dとして交付される。証明書に関して輸出入業者等の詐欺行為が発覚するときは，輸出入当局は詐欺業者に対し協力して措置をとる。詐欺に対する罰則は加盟国が定める。

検査制度は，輸出前の輸出国による必要におうじた検査，輸出後の輸出国検査と輸入国立入検査にわかれる。輸出前の検査は，生産者の求めにおうじて行われる。この検査結果は域内原産のevidenceとして受理される。輸出後の輸入国立入検査はNAFTAをモデルとして導入された。

(5) その他協定の特恵原産証明・検査制度

A 輸出国当局証明制度と輸入国当局検査制度

中南米の開発途上国，たとえばG3（メキシコ，コロンビア，ベネズエラ）は，輸出者が作成し輸出国当局が認証する輸出国当局証明制度と輸入国当局が検査する制度を採用した。

B 非対称制度

日シンガポール協定は，特恵原産証明として非対称制度を採用した。シンガポール側は政府が証明を行い，日本側は商工会議所が証明を発給するからである。こうした非対称制度が導入されたのは，シンガポール特恵を受益する日本産品がビール等酒類4品目（HS2203のStout & Porter, Beer & Ale, Medicated Samsoo, Other Samsoo）にかぎられるのに対し，日本特恵を受益するシンガポール産品は多数にのぼるからであった。日メキシコ協定も非対称証明と輸出国検査制度を採用した

(6) 政府証明と認証輸出者証明

他方，ECが考案した政府証明と認証輸出者（Approved exporters）の自己証明制度の組み合わせは，EC・メキシコ協定等のほか，韓国ペルー協定（附属書3B）でもまた日スイス協定のなかでも採用された。

5 罰 則

証明検査ルールに違反した場合（虚偽の証明資料を企業が提出する場合等）の罰則は，おおむね同じである。主要FTAは，いっぱんに罰則はそれぞれの締約国の法令にゆだねているからである。こうした罰則は，民事罰，行政罰，刑事罰にわかれる。民事罰（civil penalty）は，法違反に対して国や州が課する金銭的制裁で刑罰的な意味をもたないものをいう。たとえば米国連邦取引委員会法（Federal Trade Commisssion Act）の5条は，委員会命令の違反者に対し，一定の刑事罰のほか，民事罰として違反の継続に対し1日あたり最高1万ドルの過料が科される。行政罰（administrative penalty）は，いっぱんに行政法上の義務に違反した行為に対して，国または公共団体が義務違反者に科する処罰をいい，過料が主なものである。刑事罰は，国家の法益の侵害に対し，刑法上科される処罰をさし，たとえば懲役，禁錮，罰金，拘留，科料を含む。

(1) NAFTAの罰則

NAFTA（508条）の各締約国は「関連法令の違反に対する刑事・民事・行政上の罰則」を科すことができる。各締約国が科す共通の罰則は，3つの場合に特恵待遇を否定する制裁である。それは輸入者が原産地規則を遵守しない場合，原産地証明が不正確である場合，検査遅延の場合である。

A 米国の罰則

米国関税法と規則は，NAFTA原産証明の偽造とNAFTA特恵のための虚偽申告は違法であると定めている。この場合，NAFTA原産証明を（メキシコ，カナダ向け輸出のために）提供した米国輸出者とNAFTA特恵を（メキシコ，カナダからの輸入品のために）請求する米国輸入者は，不正確な原産情報を提出しているかぎり罰則に服する（19 U.S.C. 1592(f)(1); 19 C.F.R. 181.81.）。米国罰則は次のように分類される。

（ⅰ）米国1930年関税法592条の金銭罰（monetary penalty）

592条によれば，不正または虚偽の書類・陳述に基づいて米国への輸入を行った者は米国税関から金銭罰を科される。この罰は，実際に米国の関税収入が減少したか否かにかかわりなく科される。また金銭罰を確保するため，輸入品の差押（seizure）が行われる。罰金が支払われないときは，輸入品の没収（forfeiture）

が実施される。

NAFTA特恵証明に関して不正確な情報を提供した米国の輸出者と輸入者に対する罰則は，通常の米国関税法違反の場合に米国輸入者・輸出者・生産者に課される罰則と同じである（19 C.F.R. 181.81）。この罰則は民事または行政上の罰則であり次の内容となっている（19 U.S.C. 1592(c)）。

① 詐欺的違反（fraudulent violations）には民事罰が科され，その額は商品の国内価格を超えない。

② 重過失違反（grossly negligent violations）は民事罰の対象である。ただしつぎの額を超えてはならない。商品の国内価格または脱税額（関税収入損失額）の4倍のいずれか低い額，または違反が税の評価に影響を与えないときは，商品の課税価額の40%（if the violation did not affect assessment of duties, 40 percent of the dutiable value of the merchandise）

③ 過失違反（negligent violations）に科される民事罰は，重過失の場合の罰金の半分である。したがってその額は，商品の国内価格または脱税額（関税収入損失額）の2倍のいずれか低い額，または違反が税の評価に影響を与えないときは，商品の課税価額の20%を超えてはならない。

ただし特恵原産証明関連の上記罰則はいくつか場合には科されない。NAFTA特恵原産証明を作成・署名する米国の輸出者または輸入者が証明に不正確な情報が含まれていることを認め，この証明を関係者に提出して30日以内にその旨を知らせる場合（19 U.S.C. 1592(f)(3); 19 C.F.R. 181.11(d)），証明提出時点であ証明の記載情報が正確であっても，後日状況の変化で記載情報が正確でなくなり，しかも証明作成者が書面によってその旨をすべての関係者に知らせる場合，米国の輸入者が不正確な情報を含む宣言を30日以内に自発的に修正する場合（19 CF.R. 181.21(b); 19 C.F.R. 181.82(a)）

(ii) 1930年関税法1592条の民事罰（civil penalty）

米国からカナダ・メキシコへの輸出に関して虚偽の陳述を行った者は1592条の民事罰を科される。この点，とくに米国のNAFTA実施法205条は，関税法1592条の民事罰が，NAFTA特恵原産の虚偽陳述に対して適用されることを定めた。

(iii) 米国法典（18 U.S.C. 542, 545）の刑事罰

米国政府を騙す意図で商品を輸入する者は，米国法典542の刑事罰に服する。また米国に故意によって密輸したり不正輸入する者は米国法典545の刑事罰をうける。税関はこのため刑事事件を米国司法長官または事案によっては司法省に刑事訴追のため訴を提起することができる。刑事罰は最終的に司法機関の調査・判断にゆだねられる。

B カナダの罰則

カナダの場合は，関税法（Customs Act）違反に相当する虚偽申告・虚偽陳述・脱税・不正輸入等に対し，いくつかの罰則を定めている。略式手続有罪決定（summary conviction）による刑事訴追（Customs Act, R.S.C.1985, c.1, 2nd supp.）がある。また輸入品の差押と没収をともなう政府による民事手続の開始（civil proceedings）（Customs Act, section 110）がある。民事手続は，刑事訴追にくわえて行われることもあれば，刑事訴追の代わりに行われることもある。また他のさまざまな関税法違反に対しては，過料（fines）が科される。

C メキシコの罰則

メキシコの場合，中央税関局（原産地証明書の検査専門部署）が原産地証明の真正を審査し，虚偽証明を認定するとつぎの手順を踏む。まず，輸入時点にさかのぼって修正輸入申告を提出するよう輸入者に命令を出す。つぎに輸入者に罰金を課す。メキシコ法は原産地の虚偽申告を行う輸入者のみに対する罰則を規定している。これは米国関税法が輸入者と輸出者に対する罰則を定めているのと対照的である。メキシコ関税法59(II)条は，輸入者に輸入品の原産地を証明する書類を入手する義務を課している。

関税法184条によれば，輸入者は，いくつかの書類・宣言を提出しなければならない。これら書類は，輸入品の書類が不正確なデータ，虚偽のデータを含むかまたはデータを含んでいない旨の書類，虚偽データにより統計情報が変更されるかどうかの文書をいう。とくに輸入者が虚偽のFTA特恵原産証明を用いて非特恵産品を輸入する場合，輸入者は正確な輸入関税を支払わなかったものと関税法上みなされる。関税法176条によると，関税支払を全部または部分的に怠る行為は輸入上の違反行為にあたる。この場合，関税法178(I)条に基づき，支払われなかった税の130%から150%までの罰金が輸入者に課される。

(2) 汎欧州協定の罰則

汎欧州協定（附属書4，34条）も「不正確な情報を含む原産地証明を作成したかまたは作成させた者」に対して締約国がそれぞれ罰則を科すことができることを定めた。EUと中東欧諸国はそれぞれの罰則を適用するが，この罰則は国により異なり，罰金か禁固刑の併科のいずれかである。英国の場合，罰則は1979年の関税物品税管理法167条（section 167 of the customs and Excise Management Act (1979)）のなかに定められた。これによると英国当局は無効な特恵申請に対し，刑事訴追と罰金支払いを科すことができる。しかし，実践上，当局は示談に持ちこみ，法廷外の解決策として金銭支払いを輸出者に要求している。

(3) AFTAの罰則

AFTAでは，原産証明に関する詐欺をある加盟国が摘発するときは，他の加盟国は摘発国が詐欺者に対してとる措置に協力するよう義務づけられている。しかし詐欺行為に対して法的罰則を適用するのはあくまでも個別加盟国当局である。ASEAN各国の罰則は，国より異なる。シンガポールでは1万シンガポールドル以下または関税評価額のいずれか高い額の罰金，または1年以下の禁固刑，マレーシアでは50万MR以

下の罰金か5年以下の懲役または両者，フィリピンでは当該虚偽証明産品の没収または当該産品の市場価格の125％の罰金，インドネシアでは特恵関税低減額の500％の罰金，タイでは関税評価額の4倍以下の罰金または10年以下の懲役または両者である。

(4) 日本の罰則

日本の関税法は，関税法上の犯則に対する刑罰（10章109-118条）と関税法上の犯則事件の調査・処分（11章）について定めた。これは虚偽の特恵原産証明の場合にも適用される。関税法上の犯則に対する刑罰は，虚偽または不正な行為によって関税を免れた者・通関業者に対する5年以下の懲役または50万円以下の罰金またはこれらの併科（110条1項），輸入虚偽申告に対する1年以下の懲役または10万円以下の罰金またはこれらの併科（113条の2）である。関税法上の犯則事件の調査処分には，罰金刑に関する税関長の通告処分と告発（138，139条）がある。これによると税関長は，犯則事件の調査後，罰金・追徴金を納付すべき旨を通告しなければならない。ただしこの通告はあくまでも行政処分にとどまる。税関長の通告に対して反則者がこれに従い罰金を払えば事案は落着する。しかし反則者が通告を履行する資力がない場合，通告を履行するとは明らかに期待できない場合は，税関長は通告なしにただちに検察官に告発しなければならない。また反則者が税関長の通告後20日以内に通告を履行しないときは，税関長は検察官に告発しなければならない。これにくわえて懲役刑に関する税関長の告発（138条）がある。税関長は，懲役に処する情状があると思われるときは，検察官に告発しなければならない。税関長の告発をうけて検察官は裁判所に刑事訴追を行い，裁判所が懲役刑を科す。

第5節　日本が締結したFTAの原産地規則

日本は2011年8月までに13のFTAを締結した。これらは地域別に4つのカテゴリーに分類される。

1　ASEAN（東南アジア諸国連合）地域との8協定

日ASEAN間には，2国間協定と全体協定（日ASEAN包括協定）が併存している。

前者は日本とASEAN7カ国との個別協定である。日シンガポール協定（2002年1月締結，2002年11月30日発効），日マレーシア協定（2006年7月13日発効），日インドネシア協定（2008年7月8日発効），日タイ協定（2007年11月1日発効），日フィリピン協定（2008年12月発効），日ブルネイ協定（2008年7月1日発効），日ベトナム協定（2009年10月発効）を数える。

後者は日本とASEAN10カ国との包括経済連携協定（Agreement on Comprehensive Economic Partnership among Japan and Member States of the Association of Southeast Asian Nations. 2008年4月10日）であり，ASEAN10カ国に適用される。したがって，日本と2国間協定をむすんでいない3カ国（カンボジア，ラオス，ミャンマー）との間では日ASEAN協定のみが適用される。しかし日本と2国間をむすんでいる7カ国の関係は，両協定によって規律される。ところが両協定は別個独立であり，内容も異なり，相互間の優劣関係もない。とくに両者の原産地規則・累積基準，特恵関税，証明検査等が異なるため，ASEANに複数の拠点をもつ日本企業は，両協定のいずれを活用するかを原産地証明の作成段階であらかじめ検討しておかなければならない。

2　アジア・太平洋諸国との1協定

日インドFTA（2011年8月署名）を課添えるにとどまる。日韓協定は交渉が中断されたままとなっている。他方，日オーストラリア協定は交渉中の段階にある。Trans-pacific協定（チリ，ニュージーランド，シンガポール，ブルネイ）については，日本は乗り遅れた観がある。

3　中南米諸国との3協定

日メキシコ協定（2005年4月1日発効），日チリ協定（2007年9月3日発効），日ペルー協定（2011年5月署名）の3協定が成立している。

4　欧州との1協定

日スイス協定（2009年5月発効）があるにすぎない。日本は，2011年の時点で，EUとの交渉に難航している。

このように日本のFTA協定は少数にとどまっている。これは韓国が米国，EU，EFTAという大貿易圏と協定を締結したのと対照的である。これは韓国が米国，EU，EFTAをふくむ大貿易圏と8協定を締結したのと対照的である。韓国のFTA締結数は日本の13件よりもすくないが，質の点で日本を凌ぐ。他方，中国のFTA締結数は，2011年現在で9件を数える。

第6節　総　括

1　関税同盟の総括

関税同盟は原産地規則を必要としない。そして，関税同盟としてのWTO通報は，自己判断にゆだねられている。このため関連協定が関税同盟の要件を満たすかどうか怪しまれるのである。はっきりしているのは，MERCOSURが関税同盟を達成していない事実である。またアフリカ関連の関税同盟がじっさいに達成されているかどうかも，検証の手立てがない。これら関税同盟のGATT/WTO整合性が明確に承認された例は，チェコ・スロヴァキア関税同盟1件にかぎられる。

(1) EUの変遷

いわゆるオリジナル3共同体，すなわちEEC（欧州経済共同体），EURATOM（欧州原子力共同体），ECSC（欧州石炭鉄鋼共同体）は，それぞれ別個の設立条約に基づく。それぞれの原加盟国は3大国（フランス，ドイツ，イタリア）と3小国（オランダ，ベルギー，ルクセンブルク）の6カ国であった。欧州防衛共同体（EDC. European Defense Community）の設立構想は，1954.8のフランス議会により否決され，実現しなかった。1967年の統合EC（European Communities）も同じ6カ国から構成された。1973年，北への拡大により，英国・アイルランド・デンマークが加盟した。ちなみに，英国とデンマークはEFTA創設メンバーであったが，EFTAを脱退してECに加盟した。1981年と86年の南への拡大により，まずギリシャが，つづいてスペイン・ポルトガルが加盟した。ポルトガルはEFTAを抜けECへ移った。1993.11のEU（欧州連合または欧州同盟）設立条約（"TEU. Treaty on European Union" 通称Maastricht Treaty）が創設した3本柱体制（Three pillars）は，つぎのとおりである。第1の柱は，既存のEU3組織，すなわち新名称EU（従来のEC）をさす。第2と第3の柱はそれぞれ共通外交安全保障政策（Foreign policy and military. the CFSP pillar）と刑事司法民事政策（Criminal justice and cooperation in civil matters. the JHA pillar）をいう。1995年の拡大は，旧EFTA3カ国（オーストリア，フィンランド，スウェーデン）を新メンバーにむかえた。2004年，中東北欧等へのEU拡大により，新規加盟国は10カ国をかぞえた。そのうちわけは，バルティック3カ国（ラトビア，リトアニア，エストニア），中東欧5カ国（ポーランド，チェコ，スロバキア，スロベニア，ハンガリー），地中海2カ国（キプロス，マルタ）であった。2007年，東欧2カ国（ブルガリア，ルーマニア）の加盟が実現し，拡大EU27が誕生し，現在にいたる。なおEUがWTOでの名称を，正式にUCからEUへ変更したのは，既述のように2009年12月1日からである。なお，EUに加盟するキプロス共和国を代表する政府は，「キプロス島全体の代表政府」とするのが，EU当局の見解である。したがって，トルコの軍事介入により分断されたキプロスのうち，トルコ系北キプロスは，EUでの代表権をもたない。北キプロスを国家承認するのはトルコにかぎられているからである。それゆえ南北キプロスが再統一されるまでのあいだ，EU法は南キプロスのキプロス共和国にのみ適用される。ではWTOでキプロスを代表するのは北か南か，決着はついていない。

(2) 中東欧関連関税同盟

A　チェコ・スロヴァキア関税同盟

根拠規定は，GATT 24条である。既述のようにGATT/WTOの歴史をとおしてGATT整合性を認められた唯一の例である（GATT Working Party Report on the customs Union between the Czech Republic and the Slovak Republic. C/M/275, 24 October 1994; L/7501, 15 July 1994）。

B　旧ソ関連関税同盟はベラルーシ，カザフスタン，キルギス，ロシア連邦，タジキスタンから構成される。

C　Eurasian Economic Community. ユーラシア経済共同体）は商品のみを扱い，1997.10に発効した。根拠規定はGATT 24条である（T/REG71, 1999.4.）である。

(3) 湾岸関連関税同盟

GCC（Gulf Cooperation. 湾岸協同理事会）がある。発効日，根拠規定，WTO文書は，それぞれ2003.7，授権条項，L/5676（2003.7）である。

(4) アフリカ関連関税同盟

SACU（Southern African Customs Union. 南アフリカ関税同盟），EUOWAS（EUonomic Community of West African States. 西アフリカ諸国経済共同体），EAC（East African Community. 東アフリカ共同体），CEMAC（Economic and Monetary Community of Central Africa. 中央アフリカ経済通貨共同体），WAEMU（West African Economic and Monetary Union. 西アフリカ経済通貨同盟）がある。それぞれ対象分野を商品に絞っている点で共通する。発効月・根拠規定は，それぞれ2004.7・GATT 24条，1993.7・授権条項，2000.7・授権条項，1993.7・授権条項，2000.7・授権条項である。

(5) ラテンアメリカ関連関税同盟

アンデス地域のCAN（Andean Community. アンデス共同体，商品，1988.5発効），中米のCACM（Central American Common Market. 中米共同市場，商品，1961.10発効），カリブ海のCARICOM（Caribbean Community. 1973.8発効），南米のMERCOSUR（Southern Common Market. 南米共同市場，商品とサービス，発効月1991.11［商品］・2005.12［サービス］）がある。

2　FTA原産地規則の総括

2011年5月現在有効なFTA，TPAその他の地域貿易協定（RTA）の原産地規則について主要な着眼点を整理してみよう。

第1の着眼点は，協定が地域内（intra-regional）か地域横断的（inter-regional）かにある。協定が2国間か複数国間か，さらに協定の適用対象が，商品のみか，商品とサービスにおよぶのかも重要である。

便宜上，原産地規則からみたもっとも適切な着眼点は，協定の車軸国と特恵原産地基準である。主要車軸国は，EU・EFTA・ユーラシア・ASIA・NAFTA・中南米・アフリカ・太平洋・開発途上国に絞られる。車軸国はFTAの車軸"hub"にあたる。車軸国に対して，締約相手国を"spokes"という。hubとspokesは便宜上の用語で，hubがFTAの主導権を握ることをかならずしも意味しない。FTAはそうじて妥協の産物であり，締約国のいずれが交渉の原動力になったかを特定すること自体あまり意味がないからである。

そして特恵基準のうち，着目すべきは，重要工程基準として3基準（付加価値基準・関税番号変更基準・加工工程基準）のいずれが採用されているか，付加価値基準が適用される場合，累積は完全累積・部分累積・純粋累積のいずれか，関税番号変更基準のもとで，寛容・

僅小基準は許されるのか，域外加工基準と還付の可否はどうか，検査認証のタイプはなにかにつきる。

(1) EU関連FTAの原産地決定基準

A 汎欧州地中海協定 (Pan-Euro-Med) は総計43カ国である。そのうちわけはEU27カ国と他の欧州6カ国と北アフリカ9カ国と中東1カ国からなる。他の欧州6カ国はバルカン5カ国（アルバニア，ボスニア・ヘルツェゴビナ，クロアチア，モンテネグロ，トルコ）とモナコをいう。北アフリカ9カ国はMagreb 3カ国（モロッコ，アルジェリア，チュニジア），Mashraq 5カ国（エジプト，パレスチナ自治区，ヨルダン，シリア，レバノン），中近東（イスラエル）およびモーリタニアをふくむ。まず，EUとMagreb 3カ国の間の6カ国関係には，完全累積が適用される。他方EUと他のすべてのパートナーの間の2国間関係は部分累積が適用される。寛容・僅小基準と還付禁止原則が明記されているが，域外加工基準への言及はない。検査認証につき，3者証明，輸出国検証を明記する。

B EU-Western Balcan（マケドニア，クロアチア）間のFTAは部分累積を明記する。

C EEA (European Economic Area) は完全累積を謳う。

D EU-EFTA間FTAは部分累積を明記している。

E 地域横断・多数国間FTAとしてEU/ACP間協定があり，完全累積を明記する。地域横断・2国間協定としてメキシコ，中国，韓国との協定があり，すべて部分累積を明記している。域外加工工程基準を認めるのはEU・韓国FTATとEU・シンガポール協定のみである。

(2) EFTA関連FTAの原産地決定基準

A EFTAは，1960年のストックホルム基本条約により設立され，創設メンバー7カ国から出発した (L/3328, L/3328/Add.)。7カ国うちわけは，オーストリア，デンマーク，ノルウェー，ポルトガル，スウェーデン，英国であった。1970年アイスランドの加盟によりEFTA Eightが誕生した (WT/REG95)。ところが1973年に英国とデンマークがEFTAからEUへ異動したため，加盟国数は6カ国に減った。同様にポルトガルも1985年EUへ移り，加盟国数は5カ国に落ち込んだ。他方，1986年にフィンランドがEFTAに加盟し，加盟国数は6カ国に増え，また1991年のリヒテンシュタイン加盟によりEFTA Sevenとなった。こうした存亡の危機に対処するための青写真がOporto協定と調整議定書（それぞれ1992.5と1993.3に署名）であった。協定と議定書はねらいを(i)将来設立されるWTOでの地位の強化，(ii) EU統合市場への乗り込みを可能にするEEA（欧州経済領域）への参加に絞り込んだ。協定の参加国は，スイスを除くEFTA 6カ国であった。EEAは1994.1に発効した。これによりEFTA 6カ国はEU市場との細いパイプを作り，とくにEU研究開発・環境・教育・人材養成プログラムに参加した。1995年，3カ国（オーストリア，フィンランド，スウェーデン）がEFTAからEUへ移籍し，EFTA Four（アイスランド，リヒテンシュタイン，ノルウェー，スイス）が誕生し，現在に至っている。この間，EFTAはWTOでの地位の強化と第3諸国との経済連携を促進するため，従来のストックホルム基本条約をファドゥーツ基本条約 (2001.6署名, 2002.6発効) によって代替した。ファドゥーツ基本条約は，EEAの統合原則とEU-スイス2国間協定 (WT/REG94) の通商ルールを盛り込んだ。要するにEFTAはEUとの攻防を調整しつつ，また第3諸国との連携をはかりつつ，時代の趨勢に対応してきた。そしてEUとの統合をFTAレベルに維持し，しかも拡大EUへの参加のプラス面（通商拡大）とマイナス面（財政貢献によるロス）を秤にかけて自己保存の道を切り開いてきた。EFTA原産地規則は，完全累積を明記し，検査認証について公私選択証明（輸出国税関証明か認証輸出者自己証明），輸出国当局検査を定める。

B EFTA関連2国間FTAとしてシンガポールとのFTA，韓国とのFTA，日本とのFTA，MoroccとのFTA等があり，協定ごとに原産地決定基準が異なる。域外工程基準はシンガポールとのFTA，韓国とのFTAのみに明記された。

(3) ユーラシア中東欧露関連FTAの原産地決定基準

CEFTA Central European Free Trade, Agreement. 中央欧州自由貿易協定，EUO (Economic Cooperation Organization)，旧ソ関連のCIS. Commonwealth of Independent, States. 独立国家共同体があり，協定ごとに原産地決定基準が異なっている。

3 ASIA関連FTAの原産地決定基準

(1) ASEAN

メンバーは10を数える。6途上国（インドネシア，タイ，マレーシア，シンガポール，ブルネイ，フィリピン）と4後発国（ベトナム，ミャンマー，ラオス，カンボジア），である。ASEAN自体が，原産地決定基準に関しおおきな変遷をとげた。旧AFTA-CEPT (1992発効) は：全品目に一律の付加価値40％基準と部分累積を定めた。しかし新ASEAN-ATIGAは，付加価値40％基準と関税番号変更基準の選択を定め，さらに特定品目について加工工程基準を導入した。旧来の部分累積は完全累積により代替された。政府証明と輸出国検査・乗込み検査を定める。ASEANの2国間FTA（オーストラリアとのFTA，日本とのFTA）も新ATIGAにならいつつ，いくつかの新基軸（化学版の基準等）を樹立した。

(2) 他に，中国関連FTA，日本関連FTA，韓国関連FTA，シンガポール関連FTAがある。それぞれの原産地決定基準は協定ごとに異なる。域外加工基準を明記するのは，韓国関連FTAとシンガポール関連FTAにかぎられる。米国も韓国とのFTAで，韓国が主張する域外加工基準をうけいれた。中国関連FTAの一部はWTOへの通報義務を無視した。

(3) インド関連FTAとして，SAPTA (South Asian Preferential Trade, Arrangement 南アジア特恵協定) があり，

独自の原産地決定基準を定める。

4 NAFTA 関連 FTA の原産地決定基準

(i) 北米 3 国間の NAFTA は，累積基準として(i)自動車・自動車部品に関する純粋累積，(ii)その他産品に関する完全累積を併用した。原産地決定基準は関税番号変更プラス付加価値基準である。企業の自己証明を認め，これに対する輸入国立入検査を許す。

(ii) 米国関連 FTA にはオーストラリア，イスラエル，韓国，ペルー，オマーンとの FTA があり，原産地決定基準は協定ごとに異なる。

(iii) カナダ関連 FTA としてチリ，イスラエル，コスタリカ，メキシコ，ペルー，コロンビアとの個別 2 国間 FTA がある。原産地決定基準は協定ごとに異なる。カナダの嗜好は，関税番号変更基準であるが，それが 2 国間 FTA のすべてに反映されているわけではない。

(iv) メキシコ関連 2 国間 FTA も，協定ごとに原産地規則が異なる。EU との FTA は，EU が譲歩したものとメキシコが譲歩したものからなる。

5 南米関連関連 FTA の原産地決定基準

中南米関連 FTA として MERCOSUR のほか，LAIA (Latin American Integration Association. ラテンアメリカ統合連合)，CAN, Andean Community がある。協定ごとに原産地決定基準は異なる。

6 太平洋関連 FTA の原産地決定基準

オーストリア・ニュージーランド間の CER (Closer Trade Relations Trade, Agreement. 緊密貿易関係協定)，オーストラリア関連 2 国間 FTA，ニュージーランド関連 2 国間 FTA，オーストラリア・パプアニューギニア間の PATCRA (Agreement on Trade and, Commercial Relations)，南太平洋地域の SPARTEUA. (South Pacific Regional Trade, and Economic Cooperation, Agreement 南太平洋地域貿易経済協力協定)，メラネシア地域の MSG (Melanesian Spearhead Group. メラネシア先鋒グループ)，さらに地域横断型の TPP (Trans-Pacific Strategic Economic Partnership Agreement. 太平洋横断戦略経済連携協定) がある。TPP は ASEAN 2 カ国（ブルネイ，シンガポール）と南米 1 カ国（チリ），太平地域 1 カ国（ニュージーランド）をメンバーとしている。原産地決定基準が協定ごとに異なることは繰り返さない。

7 アフリカ関連 FTA の原産地決定基準

南ア関連の SADC (Southern African Development Communit) や上述の自称関税同盟がある。

8 途上国関連 FTA の原産地決定基準

TRIPARTITE (Tripartite Agreement. 3 国間協定)，東南アジア関連の BA (Bangkok Agreement. 海外諸国領域バンコック協定)，GSTP (General System of Trade Preferences among Developing Countries)，海外諸国領域間の OCT (Overseas Countries and, Territorie)，PTN (Protocol relating to Trade, Negotiations among Developing, Countries) などがあり，原産地決定基準はここでも協定ごとに異なる。

第 7 節　FTA 原産地規則の争点

これら FTA の原産地規則に関しつぎの争点が指摘できる。

1 域内特恵品目の範囲

域内自由化は実質的にすべての貿易をカバーしなければならない。そこで日シンガポール協定では，域内特恵の対象からどの品目を除外するかが争点の 1 つとなった。交渉の結果域内特恵品目の範囲から，日本のセンシティヴ産業——一部の農水産品（金魚等）——が除外された。日メキシコ協定でも特定農産品が特恵対象から除外された。

2 域内特恵関税の導入スケジュール

日シンガポール協定では，域内関税は，商品のセンシティヴ度に従ってつぎのように撤廃されることとなった。

① 協定の効力発生日（2002 年 11 月 30 日）からの域内関税の撤廃（機械工業産品等）
② 2006 年 4 月からの域内関税の撤廃
③ 協定の効力発生日から域内関税率を 2.8% または 3.1% または 3.9% としこれらを 2003 年から 2010 年までの間に撤廃（プラスチック等）
④ 2004 年 1 月から域内関税率を 6.5% としこれを 2005 年から 2010 年までの間に撤廃（ポリプロピレン等）

特恵受益品目のなかには重油も含まれている。それゆえシンガポール産原油は特恵対象となり無関税で日本に輸入される。これに対し，FTA を締結していない第 3 諸国（アラブ諸国）からの原油は非特恵関係の暫定関税率を課される。日本は石油について WTO 譲許をしていないから，第 3 諸国かからの輸入原油の関税率を必要におうじて引き上げることができる。

3 特恵原産地規則

日シンガポール協定は，基本的に日本 GSP 原産地規則の特恵原産基準を踏襲した。それゆえ主要産品に関し，関税番号変更基準または付加価値基準 60%（FOB 価格比で原産資格経費・利潤が 60% 以上であること）が採用された。しかし協定は既述のように 2007 年に改訂され，付加価値基準は FOB 価格比 40% 以上とされた。日本はそののちメキシコ，チリ，ASEAN 諸国（マレーシア，タイ，フィリピン，ブルネイ，ベトナム）との協定でも日シンガポール協定の付加価値 40% 基準を踏襲した。

4 WTO 整合性

問題は，FTA の厳格原産地規則が WTO と整合するかどうかである。関税貿易一般協定の関連規定（GATT 24 条 5 項 b）は FTA の「関税その他の通商規則」は，FTA 設立前よりも「高度」になったり「制限的」になってはならないとしている。では FTA 原産地規

則はここにいう「関税その他の通商規則」に該当するのかどうか，WTO ケースローはこの問いにまだ答えていない。また WTO の地域貿易協定委員会でも FTA 原産地規則を GATT 違反とした例はない。法的にみるならば，FTA 原産地規則が WTO 違反とされるためには，規則によって，コスト安の域外部材がコスト高の域内部材によって代替されたことが立証されなければならない。しかしこのような立証は事実上不可能にちかい。

第3章
原産地表示

原産地表示（Marking.Marks of origin. le marquage. Marques d'origine）に関する規制は，国際協定と各国法のなかにおかれている。規制は原産地表示の義務づけと虚偽の原産地表示に関してとくに問題となる。

第1節　原産地表示に関する国際規定

1 WTO 規定
(1) GATT 規定
GATT の内国民待遇原則（3.2条）は，加盟国が，他の加盟国からの輸入品に対し国内販売に関する「すべての法令，規則および要件」について，同種の国産品に与えられる待遇より「不利でない待遇」を与えなければならないと定めている。したがっていくつかの国家措置は原産地表示の規制についても，輸入品を国産品と同等・無差別に扱うことを要求される。原産地表示規制のうち内国民待遇原則に触れるおそれがあるのは，輸入品にのみ原産地表示を義務づけ同種の国産品には表示を要求しない措置，輸入品に対し，同種の国産品よりも厳しい原産地表示を要求する措置であろう。WTO 主要国のなかで，一般的に原産地表示を義務づけている国は米国にかぎられる。これに対し，日本，EU，香港は，原産地表示を義務づけない。任意にふされた原産地表示が虚偽である場合にかぎって，規制措置がとられるのである。

GATT の原産地表示規定（9条）は，内国民待遇原則に対する例外として，輸入品に対し差別的に原産地表示を義務づけることができる場合に言及している。それは，表示の要件（表示を義務づける場合の表示方法，対象産品，罰則等）について WTO 加盟国からの輸入品に対し同等・無差別の最恵国待遇を与える場合（9.1条），原産地表示に関する法令の制定や実施にあたり「虚偽の表示または誤解のおそれのある表示から消費者を保護する必要について妥当な考慮を払う」場合（9.2条），原産地表示の要求が「輸出国の商業および産業にもたらす困難および不便」を最小限にする場合（9.2条），行政上可能なときは輸入時に原産地表示を付すことを許可する場合（9.3条）である。したがって，加盟国は，輸入時に原産地表示がないことを理由として，輸入を制限することはできない。また輸入品への原産地表示の義務づけは，輸入品に著しい損害を与えてはならず，その価値を実質的に減少させてはならず，またその価格を過度に引き下げてはならない。輸入前に表示の要件に違反したことに対する罰則は，原則として特別税または罰をふくんではならない。ただし，表示の訂正が不当に遅滞したり，虚偽の表示が付されたり，所定の表示が故意に省略されたりする場合はこのかぎりでない。

1958年の GATT 総会の勧告によると，消費者保護以外の目的（健康保護等）のため原産地表示を要求することは違法であるとされた。また原産地表示の要件に関する最恵国待遇原則が重視されるべきことも指摘された。さらに加盟国は，すべての輸入品に対して，原産地表示を義務づけることはできず，そうした表示の要求は非関税障壁となることが指摘された。

(2) WTO スタンダード協定
スタンダード協定上，法令による原産地表示の要求は，「強制規格」（Technical Regulation）にあたる。したがって新しい原産地表示の要求は，事前通報義務に服する。

(3) TRIPs 協定
協定は，協定上の知的所有権のひとつに地理的表示 (geographical indications) をあげ，その保護を謳っている。地理的表示とは，商品の品質・社会的評価が商品の地理的原産地によって決まる場合の原産地表示（コニャック地方産ブランデー等）をいう。それは，地理的表示一般について，虚偽・誤認表示の規制を定めたほか，さらに葡萄酒や蒸留酒に関して，虚偽・誤認表示を規制している。そのうえ TRIP は WIPO 関連規則の遵守を義務づけた。

2 WIPO 関連規則
(1) 虚偽の原産地表示に関するマドリッド協定
1891年のマドリッド協定は，虚偽の原産地表示または誤認を生じさせる原産地表示を防止するねらいをもつ。原産地名称の保護のための条約としては，他に原産地名称の保護及び国際登録に関するリスボン協定（リスボン協定）があるが，マドリッド協定が国家の原産地表示について定めるのに対し，リスボン協定は原産地名称の国際的な保護制度について定めている。

マドリッド協定が発効したのは1892年7月であり，2008年3月現在で35カ国が加盟している。日本は1953年に加盟国となった。条約への加盟が日本に与えた影響は，当時，清涼飲料水に使われていた「ソフトシャンパン（ソフトシャンペン）」が使用できなくなり，「シャンメリー」という商標を使用するようになったことである。

(2) 工業所有権の保護に関するパリ条約

パリ条約の加盟国は，「工業所有権の保護のための同盟」を形成しているが，ここでいう工業所有権（propriété industrielle）は，広義の内容のものである。それは，「特許，実用新案，意匠，商標，サービス・マーク」に関する権利のほか，「原産地表示または原産地名称および不正競争の防止」にかかわる権利を含み，また工業産品のほか，農産品等の天然産品にも関係する（1条）。要するに，パリ条約が扱う工業所有権は，特許権・商標権・意匠権等の「狭義の工業所有権」よりも広く，原産地表示に関する権利をふくんだ。パリ条約は，原産地表示に関する権利を保護するため，虚偽の原産地表示に対する2種類の規制を定めた。ひとつは虚偽の原産地表示の規制である。虚偽の原産地表示には，直接の虚偽表示と間接の虚偽表示があり，前者は，虚偽の原産地を産品に直接表示する行為（たとえば香港製品をフランス製と表示すること）をいい，後者は，図形や絵によって，真の原産地とは異なる国の製品にみせかける行為（たとえば，某国製チーズにオランダの風車をあしらいオランダ製にみせかけること）をさす。ただし，通有性のある普通名称は，原産地表示または原産地名称にあたらず，保護の対象とならない。第2の規制は輸入差押え，輸入禁止，国内差し押さえである。虚偽の原産地を表示された産品は，不法商標を付された産品と同じように，関係国（法律上の保護をうける権利が認められた同盟国，原産地の虚偽表示が行われた同盟国，当該産品が輸入される同盟国）により，輸入を「差押え」られる。ただし，同盟国の法令が輸入段階の差押えを認めていないときは，差押えの代わりに，「輸入禁止または国内における差押え」が行われる。これら規制は，検察官その他の権限ある機関または利害関係人の請求に基づいて，各同盟国の国内法に従って実施される（9条，10条）。

国家当局に規制を請求する利害関係人の範囲は，広く定められた。それは，当該産品の生産者または販売者であって，原産地として偽って表示されている土地・地方・国に住所をもつか，または原産地の虚偽表示が行われている国に住所をもつ自然人・法人とされる（10条2項）。それゆえ，たとえば，東南アジアで製造された時計がスイス製と虚偽表示される場合，利害関係人の範囲は，スイス（原産地として偽って表示されている国）の時計製造業者・販売者のほか，他国の時計製造業者・販売者（原産地の虚偽表示が行われている国の業者で，虚偽表示により損害をうける者）にも及ぶ。同盟国は，原産地の虚偽表示を有効に防止するための法的救済手段を他の同盟国の国民に与えることを義務づけられた（10条の3）。

3 国際任意規格

FAO/WHOのCODEX（国際的食品規格）は，原産地が省略されると，消費者が誤認したり，欺かれる場合，原産地表示が要求されると定める。この任意規格は，WTOのSPS協定上，SPS整合性を推定される。

4 WTO紛争解決事例

関連事例は，あまた存在する。米国鮪事件・米国海老亀事件・EU鰯事件・EUトルコ関税同盟事件・繊維事件から，最近の米国COOL事件にいたるまで件数はふえる一方である。主要国が保護貿易主義の手段として原産地表示を援用する慣行はすたれていない。非特恵関連の調和作業で原産地表示の討議を提案したのは日本である。しかし議論はすすんでいない。

第2節 主要国の原産地表示ルール

1 米国法令

米国では，輸入品の原産地表示（marking）は2種類の法規によって義務づけられている。

第1は，税関による原産地表示の要求である（1930年関税法304条（米国法典1304条 19 U.S.C. § 1304）。そのねらいは，最終購買者が国産品と外国産品のいずれかを選択したり，また異なる外国産品のいずれかを選択できるようにするため，輸入品の原産地を購買者に示すことにある。法的にみれば，輸入品への原産地表示の義務づけは，米国でいくどか指摘されたように，非関税障壁の1形態にほかならない。なぜならば，理論上，消費者は，産品の原産地を知るときは，外国産品よりも国産品を選好する傾向にあるからである。例外的に原産地表示を免除される産品として，①表示を行うことが不可能な産品（極小ベアリング等），②米国への船積みに先立ち損害なしには表示を行うことができない産品，③米国への船積みに先立ち，経済的に禁止されるほどの高い経費なしには，表示を行うことができない産品が例示された。

第2の法規は，連邦取引委員会規則（5条）である。連邦取引委員会（Federal TradEUommission. FTC）は，消費者保護の観点から外国産品について原産地表示を義務づけた。ただし，原産地表示を義務づける実益がない特定産品は，原産地表示を要求されない。それは，米国で同種産品が生産されていない外国産品（真珠，ダイヤモンド），消費者が外国産品よりも米国産品を好む事実がないことが立証される外国産品（フランス製香水，キャビア）である。産品にMade in U.S.A.の表示をするためには産品の全材料費と全経費が米国に帰属しなければならない。ただし，僅小基準によって米国コンテント100%ルールが緩和される余地がある。それは，Made in U.S.A. of domestic and foreign materialsと表示しなければならない場合である。産品価額の50％以上が日本の場合にはMade in Japanと表示される。たとえば，日本製のテープ（Jumbo roll）を用いて米国で組み立てたビデオ・テープは，「米国組立，日本製テープ」と表示される。このように日本産品のネームバリューが高い品目については，Made in U.S.A.とする必要はない。表示基準として「loss of identity基準」が適用される。これは，外国製部品が米国内での加工の結果，identityを喪失する場合をいう。

第3に自動車ラベリング法（1994年10月施行）がある。米国で販売される自動車について，NAFTA産の部品調達比率，最終組立地，エンジン変速機の原産地，海外部品調達国・調達比率等の表示を要求している。

米国法による原産地表示の義務づけは，WTOからみれば非関税障壁にあたる。そして祖父条項の対象ではない。

2 カナダ法

カナダ法上もっとも議論を集めた課題は，旧通商法上の規制，とくにダンピング防止法上の規制であった。

旧規制によれば，ダンピング課税の対象産品は，特定国を原産地とするか輸出地とする産品とされた。このため課税当局（Revenue Canada）は，課税対象に，ダンピング認定をされた特定国から輸出されるすべての産品を含めてきた。したがってそのなかには，ダンピング認定をうけない国を原産地とし，ただ単に問題の特定国を経由してカナダへ輸入される産品も含まれた。たとえば，米国経由で輸入されたブラジル原産の婦人用毛皮衣服や米国経由で輸入された台湾原産の自転車であり，これら事例ではブラジルや台湾は当該産品に関してダンピング調査をうけていなかった。このような課税慣行は，1993-94年のGE（General Electric Canada）事件で挑戦をうけた。この事件では，米国経由でカナダへ輸入された韓国製モーター（electric motors）が扱われた。韓国はモーターに関してダンピング調査をうけていなかった。カナダ当局のダンピング調査に基づきダンピング認定をうけたのは，米国産品であった。それゆえ，最終課税規則には，米国を原産地とするか輸出地とするモーターが課税対象として指定された。これが課税対象に，米国原産のモーターのほか，米国から輸出される他国原産のモーターを含めることを許した。Tribunal Canada（ダンピングの損害認定機関としての役割もになう）は，本件の損害認定は米国産品にのみ関係しているため，韓国産品への課税拡張は適当でないと述べた。ところが，課税当局の控訴をうけた連邦控訴裁判所（Federal Court of Appeal）は，1994年の判決で課税当局の主張を支持した。裁判所によれば，カナダ・ダンピング防止法上，課税対象産品は特定国を原産地とするか輸出地とする商品とされているいじょう，課税対象は，商品の原産国にかかわりなく，課税対象国（本件の場合米国）を経由地とするすべての産品におよぶとされた。また，当時のGATTダンピング防止協定が課税対象国を輸出国（country of export）に言及していることも，特定国からの輸出という事実だけで，ダンピング防止税の支払い義務を生じさせるのに十分であるとされた。この旧法は現在廃止されている。

3 EU法令

EUは原産地表示を義務づけていない。しかし，任意の原産地表示についていくつかの規制がとられている。

(1) 域内貿易

EU域内貿易について，判例法が確立している。ひとつはドンカーヴォルケ判決である。判決によれば，域内貿易に関するかぎり，加盟国による原産地表示の義務づけは，原産地証明書の義務づけと同様，数量制限と同等の効果をもつ措置にあたり，違法とされる。原産地表示による消費者利益の保護や商取引の公正は，国内生産者による任意の原産地表示と原産地の虚偽表示の禁止規則によって十分に達成できるからである。EC司法裁判所はアイルランド土産物判決（Souvenirs d'Irlande. 1981年6月17日）でも同趣旨の判決を下した。

加盟国のなかではフランスが，繊維製品の原産地表示を義務づけていた。しかしフランスは，EC委員会の意見をうけて，1983年4月，EC加盟諸国から輸入される特定繊維製品に関し，原産地表示の義務づけを廃止した（1983年4月22日政令）。そののちすべての繊維製品について，国産品と外国産品の別を問わず，原産地表示の義務づけは撤廃された

原産地表示判決（Origin Marking. 1985年4月25日）も原産地表示の義務づけを違法とした。英国は，1981年の貿易表示令（Trade Descriptions Order. 1982年1月発効）により，4種類の小売産品（繊維製品，家電製品，履物，刃物・食器）に関し原産地表示を義務づけた。EC委員会は，英国の法規は，域内貿易に関するかぎり，数量制限と同等の効果をもつ措置にあたると指摘した。

EC司法裁判所は，いくつかの理由で英国の措置を違法とみなした。その理由は，英国法令は域内貿易に関するかぎり，数量制限と同等の効果をもつ措置にあたる，なぜならば，措置は国産品と他の加盟国からの輸入品に同等に適用されるとはいえ生産者または輸入者のコストを増加させる効果をもつからである。さらに，消費者に国産品と輸入品の区別をさせ，結局は，消費者に輸入品への偏見を抱かせ，国産品の購入を奨励するおそれがある。また原産地表示の義務づけは，消費者保護の要請によって正当化することはできない。消費者の関心は，産品の生産地になるのではなく，産品の品質にあると考えられるからである。消費者保護は，原産地の虚偽表示の禁止法令によって確保されるというのが裁判所の論理であった。

(2) 対外貿易

域外からの輸入品については，WTO内国民待遇原則にしたがい，WTO加盟国からの輸入品に原産地表

示を義務づけることはできない。しかし，EU法上は，域外産品への原産地表示の義務づけは，理論的に可能であるとする見解もある。しかし，こうした場合も，域外産品は，対外貿易に関して原産地表示を義務づけない加盟国をとおして輸入され，他の加盟国へ自由流通するため，結局，特定加盟国による原産地表示の義務づけは，迂回されることになろう。

なお，消費者にEU産品と誤認させるおそれのある原産地表示の場合は，表示の修正で足りるとEUはみている。

4 日本の原産地表示ルール
(1) 3種類のルール
(i) 関税法上のルール

日本の関税法は原産地表示を義務づけられていない。したがって原産地表示は原則として任意である。ただし任意的な原産地表示が，虚偽の原産地表示にあたるときは規制される。こうした表示規制が厳密な意味での関税法上の虚偽原産地表示規制である。しかし虚偽表示規制には，通商法（輸出入取引法や外為法）の観点からの規制，消費者保護の観点からの原産地表示規制もある。そして，それぞれの規制内容が異なっているのである。

(ii) 通商法上の規制
① 輸出入取引法と輸出貿易管理令による規制

輸出入取引法は，「不公正な輸出取引を防止し，輸出取引秩序を確立するための法律であり，「不公正な輸出取引」のひとつに虚偽の原産地表示をした産品の輸出取引をあげた。輸出申告にさいして，虚偽の原産地表示が摘発されるケースはすくなくない。この観点から，経済省は，「原産地表示についてのお知らせ」のなかで，原産地表示の方法（Made in, Product of, ブランド名）を示し，虚偽表示の場合には国名・地名を抹消・訂正すべきこと，および単に通関のための表示（輸出後容易にとりはずせるような表示）は認められないことを強調した。原産地の虚偽表示を判定するため，経済省は関税法の規定に準拠している。東都産業事件では，韓国製品を日本製を表示して中東へ輸出する行為が輸出入取引法違反で摘発された。こうした虚偽表示の輸出品，日本製表示を好む輸入国（中東，アフリカ等）がおおいことを端的に示している。

② 外為法関連の規制

虚偽の原産地を表示した産品の輸出規制は，さらに「外国為替及び外国貿易管理法」と輸出貿易管理令の規制に服する。外為法は，「外国為替，外国貿易その他の対外取引が自由に行われることを基本と」しつつ，「対外取引に対（する）必要最小限の管理または調整」を通じて，対外取引の正常な発展と日本経済の安定化を目指すことを狙いとする（1条）。このため，外為法は，商品の輸出を，「最小限度の制限のもとに」許容し（47条），「最小限度の制限」として，「国際の平和および安全の維持」の観点からの輸出規制（48条）とくに旧共産圏・北朝鮮向け輸出品に対する規制とその他の観点からの輸出規制（48.3条）を定めた。これに基づき，輸出貿易管理令は，その他の観点からの輸出規制のひとつに，原産地誤認商品に対する輸出規制をあげた。原産地誤認商品は，「仮に陸揚げした貨物であって，『MADE IN JAPAN』またはこれと類似の表示を付した外国製のもの」，すなわち保税上屋または指定保税地域に仮陸揚げののち，再輸出される外国産品であって，日本製と誤認表示された産品（たとえば，日本を経由地として韓国に輸出される米国産品で，日本製と表示されたもの）をいう。輸出入取引法上の虚偽表示規制が，主に，「日本への輸入後，虚偽の原産地を表示されて第3国へ再輸出される外国産品」（たとえば日本への輸入後，日本製と表示されて中近東へ再輸出されるNIES諸国製品等）に適用されるのに対し，輸出貿易管理令上の誤認表示規制は，日本を経由地として第3国へ再輸出される外国商品に適用される。このような原産地誤認商品は，経済省の承認制度に服する。したがって，経済省は，原産地誤認産品の再輸出に対して，承認を与えず，輸出を禁止することができる。もしも，経済省の承認なしに原産地誤認産品が輸出されるときは，厳しい罰則（3年以下の懲役または100万円以下の罰金または両者の併科）が適用される。

(iii) 消費者保護関連の表示規制
① 公正取引委員会告示

公正取引委員会は，商品の原産国に関する不当表示を規制する。たとえば外国産の輸入うにを根室産生うにと表示したりドイツ製輸入チョコレートをスイス製と表示すること，輸入婦人服から中国・韓国・香港製の原産国表示を除去し日本の事業者名の下札をとりつけて消費者に原産国の判定を困難にする行為，韓国製紬を大島紬と表示し販売すること（高橋絹織事件），日本で縫製したジーンズにMADE IN U.S.A.と表示すること（後藤被服事件）等を指す。

原産地表示の除去については，原産地表示を除去したあと，新たに虚偽のまたは誤認を生じさせる原産地表示を追加する場合（フック商事株式会社事件におけるMade in Koreaの除去と「原産国　国産品」の追加）や原産地表示を除去したあと，新たな表示を追加せずに虚偽または誤認を生じさせる原産地表示を残している場合（マキ事件におけるMade in Hong Kongの除去と「製造・エンゼルレザー株式会社」の残存表示）は違法である。

しかし，原産地表示の除去後，具体的な原産地表示がいっさい残されていない場合は，現行の原産国告示では，不当な表示にあたらない。

② 不正競争防止法の規制

不正競争防止法の目的は，①事業者間の公正な競争およびこれに関する国際約束（工業所有権の保護に関するパリ条約，虚偽または誤認を生じさせる原産地表示の防止に関するマドリッド協定）の実施を確保すること，②このため，不正競争の防止および不正競争に対する損害賠償措置等を講ずること，③これにより国民経済の健全な発展に寄与することにある。不正競争防止法は，私法的性

質を帯びている。それは，不正競争行為によって営業上の利益を侵害されるか侵害されるおそれのある者が，侵害者に対して侵害の停止・予防を請求する「差止請求権」をもつこと，また，侵害者（故意または過失により不正競争を行って他人の営業上の利益を侵害した者）が被害者に対して損害賠償責任を負うことによる。不正競争の1つに原産地の虚偽表示や出所地の誤認表示がある。こうした表示によって営業上の利益を害されるおそれのある者は侵害者に対して当該行為の差止請求を行うことができる。他方，侵害者は，損害賠償責任を負う。

不正競争防止法と独占禁止法はともに公正な競争秩序の確保を目的とする点で一致する。しかし，両者はその性質と規制手段に関しておおきく異なる。不正競争防止法は，差止請求等の民事的措置を規定し私法的性質をもつが，独占禁止法は，公正取引委員会の排除命令等の行政的措置を予定しているからである。

代表的事例にダイヤモンド事件（東京高裁判決，昭53・5・23）や雲丹事件がある。ダイヤモンド事件では，ベルギーで加工されたダイヤモンドについて，「原石ベルギー直輸入」とチラシに表示することが，原産地の虚偽表示にあたるかどうかが問われた。東京高裁は虚偽表示にはあたらないとのべた。雲丹事件は，九州の宇佐で生産された産品に，made in USAと虚偽表示した事例である。長崎大村市スーパー事件では，米国産牛肉を宮崎県産と偽って表示することが合法か違法かが問われた。狂牛病の発生後の事件であり，米国産牛肉の虚偽表示は違法とされた。

③ 不当景品表示法の規制

不当景品表示法に基づく不当表示規制は，不正競争防止法の規制では不十分であるため，消費者保護の観点からの行政的規制について定めた。事業者はその供給する商品・サービスの取引に関し，一般消費者に誤認される原産地表示をしてはならないとする。事業者が一般消費者の誤認を招くような虚偽表示や誇大表示を行うことは公正な競争秩序を害する。ここでいう一般消費者に誤認される表示とは，積極的な表現によるもののほか，不表示または無表示による誤認もふくむ。表示とは，顧客誘引の手段として行われる商品・役務の取引についての広告やその他の表示をさす。これには，①商品・容器・包装による広告その他の表示およびこれに添付した物による広告その他の表示，②ビラ・パンフレット・広告マッチその他これらに類似する物による広告，③ポスター・看板（プラカードおよび建物または電車，自動車等に記載されたものを含む）・ネオンサイン・アドバルーン・その他これらに類似する物による広告と陳列物または実演による広告，④新聞・雑誌その他出版物・放送（有線・無線その他を問わない）・映写・演劇・電光による広告がはいる。不当表示の場合，公正取引委員会は，排除命令をくだすことができる。また排除命令に不服があるときは，事業者は，審判手続の開始を請求できる。審判手続を経た審決に対しては，東京高等裁判所での審決取消し訴訟に訴えることもできる。

(2) 例外的に原産地表示を義務づける法律

JAS法（農林物資の規格化および品質表示の適正化に関する法律，通称日本農林規格法）の目的は，農林物資のための日本農林規格（JAS）の制定・普及のほか，農林物資の品質表示制度をつうじて消費者利益を保護することにある。このため，「消費者が購入に際して品質を識別することがとくに必要」な品目を指定し，個別品目ごとに農林水産省の告示による品質表示基準を定めるとした。これに基づき，農林水産省は特定の農林物資について品質表示基準を定めている。これによると，販売業者は，当該農林物資について原産地を表示するよう義務づけられた。この点注意すべきはJAS法の品質表示基準が強制的な性質を帯びていることであり，任意的なJIS規格とは一線を画している。

現在，原産地表示を義務づけられている農林物資は2系列にわけられる。ただしここでいう原産地表示は産品の販売段階で行われていればよい。輸入段階で原産地表示が要求されるわけではない。したがって輸入段階で原産地表示がなくても，販売段階で原産地表示が行われ消費者が原産地を確認できればそれで足りると日本はみている。

このように表示義務がある産品は生鮮野菜（里芋，根生姜，生椎茸，ニンニク，ブロッコリー，牛蒡，アスパラガス，サヤエンドウ，玉葱等）に関し，農林省告示により，産地の表示が義務づけられている。具体的には，輸入品の原産地として国名（中国，米国等）または国内県名の表示義務が，関係者（輸入者，販売者等）に課せられている。これら特定の生鮮野菜について原産地表示が義務づけられた理由は，当該産品が消費生活上重要であり，輸入比率が高いこと，さらに原産地による品質格差が大きいこと，したがって原産地表示のメリットがあることによる。義務違反に対しては，違反者（輸入者，販売者等）の氏名の公表という制裁が定められている。なお原産地表示義務は輸入品にのみ差別的に課されるものではなく，輸入品と国産品に同等に課されている。

また加工食品の原産地表示を義務づけられている。ハム，ソーセージ，ベーコン，トマト加工品，ジュース，ジャム，味噌，醤油，ソース，即席麺，シュウマイ，餃子，エビフライ等の特定の加工食品については，輸入にあたり原産地表示が義務づけられている。たとえば，中国で捕獲された秋刀魚を和歌山県で開きに加工すると「和歌山県産秋刀魚の開き」と加工地を明記しなければならない。特定加工品目（漬物，うなぎ蒲焼をはじめとするほとんどすべての干物等）にかぎって，原料の原産地表示も義務づけられた。これにより，日本国内産地での競争が激化した。しかし，こうしたルールのもとで原料原産地も付記されるようになると，蒲焼について「静岡産（原料大崎産）」の表示が可能となる。これは，大崎ブランドの確立をいみする。おなじことは豆腐・納豆・牛肉についてもいえる。牛肉については，最長飼育場所の付記も義務づけられた。岐阜県で

もっとも長く飼育され近江で出荷された牛肉は「近江牛（岐阜県産）」と表示される。輸入牛については国内で3ヵ月以上飼育すれば国産牛と表示されていたが，狂牛病の発生をきっかけとして，このような表示は禁止される。ニュージーランドでもっとも長く飼育されたあと丹波で出荷された牛肉は「丹波牛（ニュージーランド産）」と表示しなければならない。表示義務の有無にかかわりなく，輸入品に原産地を表示する場合，日本語表記である必要はかならずしもない。英語表記（Made in U.S.A. 等）であっても構わない。逆に輸入品に日本語表記だけの原産地表示があるときは公正取引委員会の告示と運用基準に照らして問題が生ずる。告示は，原産国の不当表示の1例として，外国で生産された商品について和文表示を要求する。商品がその原産国で生産されたかどうかを一般消費者が判別することが困難であるからである。ただしうえに述べた農林産品の原産地表示の場合，一般消費者が産品の原産地を確認できるようにするため，日本語表記（中国産等）がすでに農水省により指導されてきた。

第8部 農業貿易と繊維貿易

[要約と視点]

要約

GATT の自由無差別主義はもっぱら鉱工業品貿易の分野で発展してきた。とくに機械・電子産業は GATT 原則の恩恵を受けて戦後めざましい発展をとげた。

これに対し、農業や繊維は GATT の原則と規律を戦後半世紀にわたって逃れてきた。農業貿易に対する GATT の規律は工業産品貿易にくらべて甘かった。繊維貿易となると、これはそもそも GATT の規律の枠外におかれていた。そこで WTO は、農業貿易に対する規律を強め、また繊維貿易を GATT のなかにくみこむため、貿易ルールの大変革を試みたのであった。

1 農業貿易

農業貿易に対する GATT の規律が甘かったのは、各国農業が歴史的に国家の補助金や価格支持により保護を受けてきたからである。また農業の保護は、政治家が政権を確立するため不可欠であり、農民の支持基盤なしには国内政治は動かない仕組みになっていた。それゆえ GATT 起草者も、農業補助金の規律を緩め、国内農業保護のための輸入数量制限を例外的に許可した。しかし GATT 時代の農業保護主義は数多くの摩擦（日米農産物交渉、米 EC 補助金摩擦、輸出派対保護派の対立等）をうんだ。このため、WTO 農業協定は、センシティヴ品目についての数量制限を廃止しそれを関税化した。また国内補助金と輸出補助金の削減を定め、農業貿易の分野に GATT の自由無差別主義を注入した。とはいえ、農業貿易はいぜんとして工業産品貿易ほど自由化されていない。逆に新しい形の保護貿易主義が主要国の農業政策のなかで生じている。新ラウンド交渉は各国の聖域である農業貿易政策にたちいれず、各国対立を先鋭化させて崩壊した。

2 繊維貿易

繊維貿易の規制は WTO 発足の前後で大転換をとげた。WTO 発足前の繊維貿易は、完全に GATT の外におかれていた。繊維貿易には、GATT の無差別原則や自由貿易ルールは適用されていなかった。GATT からみれば繊維貿易は無法地帯であった。そこでは先進輸入国が、特定輸出国からの繊維輸入を差別的に制限しようが、輸出自主規制を強要しようが、自由であった。こうした GATT 違法措置は、輸入・先進国と輸出・開発途上国の間の特別協定（輸出自主規制協定、綿織物取決め、6次の多角繊維取決め、MFA）によって 1950 年代からウルグアイ・ラウンド妥結までのほぼ 40 年にわたり維持されてきた。とくに MFA（多角繊維取決め）は、欧米先進国が南の開発途上国からの繊維製品に輸出制限枠（クオータ）を課すためのメカニズムであった。米国や EU が中国・香港・インド産品等に対し差別的な年次クオータを設定したのは、MFA をとおしてであり、これらクオータは 2002 年末現在も維持されている。繊維貿易分野は、GATT の世界からみれば、まさに対岸の別世界であった。そこでは万事があべこべであり、差別と数量制限がまかりとおる GATT の反世界であった。

WTO の繊維貿易協定は、繊維貿易を GATT 体制のなかに統合した点で刮目に値する。WTO 繊維協定は、MFA 対象品目を 1995-2004 年の 10 年間で GATT の自由無差別システムのなかに移行させた。したがって協定は 2005 年 1 月に繊維貿易を自由化した時点で使命を終えて失効した。その過渡期間のあいだ、加盟国は重要性の低い繊維製品から順に GATT へ統合していった。重要性の高いセンシティヴな繊維製品は 10 年後にやっと GATT へ統合された。これら過渡期間中のいわゆる GATT 未統合品目（日本の綿織物等の最重要品目）については、輸入国は国内産業を輸入増加から保護するため経過的セーフガード措置をとることができた。

繊維協定が失効したあと、米国や EU は対中繊維差別措置を 2008 年 12 月末までとることができる。しかし協定の失効前後から中国産繊維製品は欧米市場になだれこんだ。これに対処するため、欧米は 2 国間合意で中国に輸出自主規制を要請し、中国側も輸出繊維に輸出関税を課す意向を示している。では 2009 年以降はどうなるのか。欧米は、中国産繊維製品に対する輸入規制をいっさいとることができなくなる。規制手段は一般セーフガード措置に限られよう。輸出自主規制の要請も許されない。先進国の繊維産業は、地元で壊滅するか、中南米・中国・ASEAN へ生産をシフトするか、製品差別化・サービス差別化・ブランド差別化をすすめるかの選択を強いられるであろう。

視点

1 妥協の産物

農業協定といい繊維協定といい、輸出国と輸入国、先進国と開発途上国の対立を背景にうまれた。このため、協定の内容は政治的であり、妥協の産物といった色彩を強くおびている。協定のここかしこに各国の思惑や国内事情が潜んでいるのである。それは農業協定のなかの関税化原則に対する特例措置（日韓の米等）にみられるだけではなく、農業補助金の扱いにもあらわれている。また繊維協定のなかの経過的セーフガード措置も後述するように政治的妥協の典型である。

2 産業の特性

　農業協定や繊維協定は，農業・繊維という産業の特性を反映して，鉱工業分野のGATTルールとは異なる規律を含んだ。鉱工業分野がGATTのルールで厳しい自由無差別原則に服するのに対し，農業・繊維はいぜんとして緩やかな自由化ルールを適用されている。

　農業協定の補助金規定からみていくと，協定は，貿易を歪曲する農業補助金を一律に禁止しなかった。農業は，国によって程度の差こそあれ，国家の補助金なしには成立しないからである。ここに工業産品との決定的な違いがある。工業産品分野では輸出補助金は完全に禁止された（第5部「相殺措置協定」）。これに対し農産品の輸出補助金は部分的な削減の対象とされたにすぎない。しかも削減対象とならない農業輸出補助金も例示された。農業協定は，また国内支持についても，国内補助金の削減に対する例外（僅少基準）をもうけている。この例外は新ラウンド交渉での争点の1つにもなっている。

　繊維協定も繊維産業の脆弱性を考慮して特殊なルールを導入せざるをえなかった。協定は10年間に繊維貿易をGATTに統合するという荒業を貫徹するため，GATT違反措置を過渡期間中にかぎって容認したからである。じつはこれはウルグアイ・ラウンドを開始したプンタデルエステ宣言の精神にそむくものであった。この宣言はウルグアイ・ラウンドで貿易体制を一新するためには，GATT違反措置を導入しないという約束をもりこんでいた。ところが，繊維協定は，欧米にMFA数量制限枠（クォータ）の維持を許し，また差別的な経過的セーフガード措置や輸出規制の新設を厳格な条件のもとに認めた。はっきりいえば，繊維貿易のGATT統合を標榜する繊維協定は，統合完成までの期間にかぎって，GATT違反措置を条件付きで認めざるをえなかったのである。

3 日本の農業・繊維政策とWTO協定

　日本の農業・繊維産業はセンシティヴ分野であり，高い関税障壁によって輸入から保護されてきた。主要な農産品は関税割当制度によって国内の価格が支持され，また繊維産品もいくつかのタリフ・ピークをかかえている。

　また日本の通商政策措置が農業・繊維分野に集中している事実も，農業・繊維分野の脆弱性を物語っている。それはパキスタン産綿糸に対するダンピング課税，中国製綿織物に対する経過的セーフガード調査，中国産葱・生椎茸・畳表に対する暫定・一般セーフガード，韓国台湾産短繊維ポリエステルに対するダンピング課税にみることができよう。

　しかし，問題は，これら日本のダンピング課税やセーフガード措置がWTO協定に合致しているかどうか，今後も日本の経済力の低下につれて措置が増加し通商摩擦を引き起こすかどうかにある。

4 農業と非貿易的関心事項

　貿易自由化の討議にあたっては，貿易固有の側面だけではなく，環境保全・生命健康保護・労働といった非貿易的な関心事項（Non Trade Concerns）も考慮にいれることが要請されている。遺伝子組換え食品の輸入に対する検疫措置の検討にあたって環境保護という非貿易的関心事項が重要性をもつことはすでにのべた。同じように，農業貿易の自由化を論ずる場合，食料安全保障・環境保護・農村地域開発等の非貿易的関心事項が考慮される。これは日本が主張している農業の多面的機能よりももっとひろいコンセプトである。

　こうした観点から新ラウンドのためのドーハ閣僚宣言も農業協定の交渉にあたり非貿易的関心事項に留意すべきことを協調した。

第1章

農業協定

第1節　ウルグアイ・ラウンド交渉までの問題点

1 農業貿易に関する既存GATT規定の不備

　農産品貿易に対するGATTルールの適用は，工鉱業品の貿易にくらべて緩やかであった。農業貿易は，GATTの貿易自由化ルールが十分に適用されない分野であった。その理由は，各国が従来より，農民の所得保証・価格支持等の農業補助政策をとってきたこと，したがって，農業貿易にGATT原則，とくに関税化・数量制限廃止・補助金禁止原則等を適用することは不可能であった。

　またGATT規定自体が工業産品に厳しく農水産物貿易に甘かった。GATTは農水産物貿易の数量制限や輸出補助金を一定の条件のもとに許したからである。

(1) 農水産物の数量制限

　GATTは数量制限を一般的に禁止した（11条1）が，農水産物の数量制限は例外的に許した（11条2）。これによると，加盟国は国内で生産制限（漁獲量の制限，減反による米作制限等）を行っているときは，例外的に農水産物の輸入に対し数量制限を課すことができる。日本はこのGATT例外規定に基づいて特定水産物（アジ，サンマ，ヒラメ，ニシン，タラ，ブリ，イワシ等）を非自由化品目としてきた。また加盟国は，食料不足を防止し緩和するため一時的に食料の輸出を制限することもできる。さらに加盟国は，国際貿易上の産品の格付・分類・販売基準のため必要であれば，農水産物の輸出入

を制限することもできる。
　(2) 農水産物の輸出補助金
　GATT は 1958 年以降，2 次産品（工業製品）に対する輸出補助金を禁止した（16 条 4）。しかし，農水産物等の 1 次産品のための輸出補助金は，一般的に禁止されなかった。GATT（16 条 3）上，農業補助金は，世界貿易におけるシェアを不当に拡大させる場合にかぎって禁止されたにとどまるのである。

2　輸入制限

　主要国は，国内農業を保護するため，さまざまな輸入制限を行ってきた。それは関税障壁のほか，多様な非関税措置をカバーした。また GATT の一般例外規定（20 条）は工業産品と農産品に関して，有限天然資源の保護や人動植物の健康保護を理由とする輸入制限を許容していた。
　(1) 日本の非関税措置
　(i) 輸入数量制限，国家貿易品目
　日本の輸入割当品目（非自由化品目，輸入公表別表 1）は主要穀類（小麦・大麦・小麦粉・米粉），酪農品（バター，ミルククリーム），澱粉，落花生，こんにゃく芋におよんでいた。また穀物（米・小麦・大麦），穀粉（米粉，小麦粉）は，食糧管理法に基づき食糧庁が輸出入・国内流通を管理していた典型的な国家貿易品目であった（GATT 17 条）。小麦の輸入には政府の許可が必要で，許可を受けて輸入されたものは全量，政府に売り渡された。ただし，穀物の加工品（マカロニ，スパゲッティー，うどん等）の輸入は自由であった。バターは，畜産物価格安定法により国内需給の調整機能をもつ畜産振興事業団が一元的な輸入管理を行っていた。同事業団は輸入者の条件・資格を定め，これら条件に合致した者のみが事業団から輸入業務の委託を受けて輸入割当を通産省に申請していた。
　しかし日本は GATT と米国からの圧力のもとに，1986 年以降，皮革革靴，パスタ，プロセスチーズ，トマトケチャップ，トマトソース，牛肉・オレンジ，ブドウジュース等を自由化した。また 1988 年の農産物 12 品目パネル報告での敗訴を契機として日本はプロセスチーズ，フルーツジュース，フルーツピューレー等を自由化した。
　(ii) 最低輸入価格
　豚肉について差額関税制度が導入されていた。これは定額 5％税か輸入価格と最低輸入価格の差額のいずれかおおきい方を採用する制度であった。豚肉の内外価格差により輸入価格は最低輸入価格を下回るため両者の差額が徴収されるのが通例であった（したがって日本では輸入者が輸入価格をげんじつより高く不正申告し差額関税を低くする関税脱税事件が数おおく発生している）。これは EU の輸入課徴金制度と類似の制度で，国内価格を支持する効果をもった。
iii　輸出自主規制と行政指導
　ニュージーランドの日本向け調製食用油脂（Prepared edible fat）――バター 70％とマーガリン 30％の混合品――は，従来バターのような輸入割当品目（IQ）ではなく表向き自由化品目であった。しかし日本は国内産業保護の見地からニュージーランドに輸出自主規制を要請しまた日本も行政指導（通産省の事前確認申請）によって輸入を抑制していた。
　(2) EU の課徴金制度と輸入数量制限
　(i) 可変輸入課徴金
　EU は農産物の自給自足体制を築くため主要産品ごとに共通農業政策を実施し，その一環として輸入農産物から EU 農業を保護するため可変輸入課徴金制度（variable import levies）を導入した。これは，域内の農産物価格を高く維持し，これによってフランス農家等の所得を保証するために不可欠であった。
　課徴金制度のもとでは，域内の高価格農産物と域外の低価格農産物との差額が輸入課徴金として徴収された。このためたとえばニュージーランド産の安い乳製品は EU へ輸入されても内外価格差相当分の課徴金を課されるため，域内では価格競争力をもたなかった。こうして課徴金制度は EU 域内農産物の価格支持のためにつかわれた。
　他方，EU 域内の余剰農産物は，域外へ輸出されるときは，内外価格差分の輸出払戻金（輸出補助金）を受けて放出された。
　(ii) 輸入数量制限
　GATT 時代には，バナナ輸入に対して EC 各国は数量制限を適用した。むろん EC の旧植民地である ACP 諸国のバナナは無関税で自由に輸入されたが，ラテンアメリカ産バナナには関税が課されまた数量制限も適用された。GATT パネルは EC バナナ事件 I でこれら輸入数量制限を GATT 違反としたが，パネル報告は EC の拒否権によりブロックされた。
　EC はさらに農産物貿易に対して最低輸入価格制度や輸入ライセンス制度を適用し，また国家貿易企業は非関税措置を講じていた。
　(3) 米国の輸入制限
　米国は GATT の義務免除決定により乳製品・ピーナツ等 18 品目に対して輸入数量制限を適用した。

3　国内支持

　GATT 時代の農産物貿易は，上述の各国輸入制限にくわえて，各国の国内支持（国内補助金）によって制限されていた。
　たとえば EC 油糧種子事件は，EC の域内補助金が GATT 違反となることを示した先例である。この事件で，EC は域内補助金を 2 段階にわたってあたえた。まず，過剰生産ぎみの穀物から油糧種子（oilseeds）への転作を農民に奨励するため，EC は油糧種子（大豆，ひまわり，菜種）の栽培に対して補助金を供与した。この補助金政策は功を奏して，油糧種子の域内生産は，1980 年代から急増した。しかし，EC はすでに 1962 年に油糧種子の輸入関税率をゼロに引下げ譲許したため，輸入も増加の一途をたどった。とくに米国産の低価格の油糧種子が EC に輸入され，域内の種子産業を

脅かしはじめた。

そこでECは，別の域内補助金制度を導入した。これは，米国産の安い輸入油糧種子から域内の油糧種子を保護するため，域内油糧種子を使用する域内の油糧種子加工業者（オイル生産者）に対して交付された。補助金の額は域内種子価格と世界市場価格の差であった。したがって補助金により加工業者は結局割高な域内種子を使用することができた。補助金は加工業者に交付されたが市場組織メカニズムをとおして部分的に生産者の手にわたった。その結果域内油糧種子の消費は増加したが輸入は減少した。そこで米国はECを相手どってGATTパネルの設置を求めた。

パネルは，ECの国内補助金は，域内加工業者に原料として輸入種子よりも域内種子を使用するよう奨励するため，輸入品に同種の国産品よりも不利な待遇をあたえており，GATT（3条4）の内国民待遇原則に違反するとのべた。パネルは，本件の差別がGATTの例外規定（3条8）によって例外的に正当化されるとするECの主張を退けた。ECは本件の補助金はたしかに内外差別的であるが，この差別はGATT例外規定にいう「国内生産者のみへの」差別的補助金であり，合法化されると主張した。パネルは，国内生産者のみへの差別的補助金とは，生産者に直接交付される補助金をさし，本件のように加工業者にも交付される補助金は，生産者のみに交付される補助金には該当しないと結論した。

パネルはまたECによる無税の関税譲許は，米国にEC市場参入の期待利益をあたえたとのべ，この期待利益はEC域内種子を保護するための補助金制度により無効化侵害されたとつけくわえた（非違反申立の認容）。

4 輸出補助金

1980年代の農産物摩擦は，各国による輸出競争の激化から生じた。その背景には，80年代に生産性が向上し，過剰生産が生じたこと，その結果，農産物の国際価格が低迷し各国が過剰農産品の輸出競争に走った事実があった。その端的な例は米ECによるエジプト小麦市場の争奪戦にあらわれている。米国はECの補助金つき輸出によりエジプト市場を奪われたため，ECに対抗して輸出補助金を導入し，ECとの輸出競争を激化させた。

かくしてウルグアイ・ラウンド交渉では，米国と農産物輸出国グループ（ケアンズグループ）が農産物補助金の全廃を主張し，ECや農産物輸入国グループは農産物貿易の自由化にあたっては経済外的要素も考慮すべきであると主張した。その妥協の産物がWTO農業協定であった。

第2節　WTO農業協定

1 協定の適用対象と骨格

(1) 適用対象

農業協定の適用対象（附属書I）は　農畜産品（HS1類——24類に属する動・酪農品・野菜・穀物・調製食料品・飲料・アルコール・煙草等）および生糸・繭・実綿・羊毛等獣毛・亜麻・大麻等に限定される。魚・魚製品や林業産品は適用対象から除外される。また生糸は農産品であるが，生糸からつくられる絹糸は工業産品となる。他方，羊毛等獣毛や繊維用植物——綿（cotton）・亜麻（flax）・大麻（true hemp）等は農業協定を適用されるが，それらの繊維・糸・織・製品は繊維協定に服する。BIOエネルギーについては，ethanolはHS22類の農産品にあたるが，BiodieselはHS38類の工業産品にはいり，両者の補助金規律は大きく異なる。

(2) 骨　格

WTO農業協定は，つぎの3つの柱を内容とする。
① 市場アクセスの確保（非関税措置の関税化の原則，関税率の削減，アクセス機会，関税化に対する例外）
② 国内補助金の削減（削減対象となる国内補助金に関し，農業全体の総合AMSを計算し，これを6年間で20％削減すること）
③ 輸出補助金の削減（輸出補助金支出額と補助金つき輸出数量を6年間でそれぞれ36％，21％削減）

2 市場アクセス（Market access）

農産物の市場アクセスを容易にするため，既存の関税化品目とあらたに関税化された品目で異なるルールが導入された。

(1) 既存の関税化品目の関税引下げと牛肉セーフガード措置

(i) 既存関税化品目の関税削減

ウルグアイ・ラウンド交渉の終結までにすでに関税化されていた品目（つまり数量制限に服さず通常関税のみが課されていた品目）について，加盟国は既存の関税率をWTO発足後，削減することを約束した。これら既存の関税化品目のうち，すでに譲許していた品目についてはその譲許税率を，また非譲許品目についてはラウンド開始時の1986年9月の適用税率を，削減することが義務づけられた。削減は，1995-2000年の6年間の実施期間をとおして行われ，削減率は，全農業品目（したがってあらたな関税化品目を含む）の単純平均で36％また個別品目ごとに最低15％とされた。このためたとえば1991年に米国の圧力で自由化した牛肉に関し，日本は既存の関税率を1995年以降6年間で50％（1995年）から38.5％（2000年）までに引き下げることを約束した。

(ii) 牛肉セーフガード措置

既存関税化品目のうち，牛肉については，関税率引下げがもたらす輸入急増にそなえてセーフガード措置が導入された。これはWTOセーフガード協定に基づく一般セーフガード措置ではなく，農業協定上の生鮮・冷蔵・冷凍牛肉に関する特別セーフガード措置であった。この制度によると，年度当初から各四半期終

了時までの輸入数量の累計が，前年度同期の輸入量の117％を超える場合，または年度全体の輸入量が前年度輸入量の117％を超えるときは，それぞれ，当該年度の末日まで関税率を50％までひきあげるか，または翌年度第1四半期に関税率を50％までひきあげることとされた（関税暫定措置法7条の5）。これはWTO発足前の牛肉輸入緊急措置をひきついだものであった。1991年から1993年までの制度では，牛肉輸入量が一定量（前年度の輸入数量または輸入基準数量のいずれか多い数量の125％）を超えるとき関税率を25％加算することとされていた（旧関税暫定措置法7条の4）。WTO発足後，日本は冷凍牛肉の輸入に対し，一定期間（1995.8.1-1996.3.31，1996.8.1-1997.3.31）緊急措置をとった。

(2) あらたな関税化品目の関税引下げ・アクセス機会・セーフガード措置

ウルグアイ・ラウンド交渉によりあらたに関税化された品目については，関税化による高関税率の引下げ削減，アクセス機会の確保，セーフガード措置，関税割当制度が設定された。これらは一般的に適用される措置，豚肉にのみ適用される措置，米のための旧特例措置に分けられる。

A 一般措置

(i) 関税化・アクセス機会・セーフガード措置

ウルグアイ・ラウンド交渉の眼目の1つは，じゅうらい関税化されていなかった品目に関して，既存の非関税措置（数量制限，輸入課徴金制度，GATT義務免除等）を廃止し，関税率を設定することであった（4.2条，脚注1）。いわゆる「関税化」(tarification) である。しかし関税化原則に違反した事例としてチリ農産物価格帯事件［巻末表5-2］があり，報復・実施措置段階にまで発展した。またトルコ・米輸入措置事件（巻末表19-2）では，トルコが米の数量割当制度のもとで割当量を超える輸入に関して，輸入者に輸入管理証明書の取得を義務づける措置が，非関税措置にあたり，関税化原則に違反するとされた。

では関税化が実施されればそれですむのかというとそうではない。関税化された品目（関税化品目）については，高めの関税率（関税相当量）が設定されることが予想されたため，農業協定は関税相当量漸次削減していくこと，一定の義務的輸入量（現行アクセス機会，ミニマムアクセス機会）を確保すること，不慮の輸入急増に対して特別セーフガード措置を予定することを定めた。

(ii) 関税割当制度

日本は，豚肉を除く関税化品目について関税割当制度を導入した。これは，i現行アクセス数量枠に低い暫定1次関税率を，iiアクセス数量超過部分に高めの基本関税率（関税相当量）を定めるものであった。しかも輸入急増時には特別緊急関税（暫定措置法7条の3，7条の4）を導入して国内産業を保護する制度もそなえていた。

B 豚肉のための差額関税制度と特別セーフガード措置特別措置

豚肉については内外価格差相当の差額を輸入品に課す差額関税制度が維持されたが，差額部分は関税化された。そして豚肉輸入の急増にそなえて特別緊急セーフガード措置が導入された。セーフガード措置は，つぎの3種類をふくむ。

① 緊急措置（輸入数量が119％を超過したときに基準輸入価格をひきあげる措置（関税暫定措置法7条の6第1項））
② 緊急関税（豚・豚肉の輸入数量が一定基準を超えるときに従量税および従価税の関税率にその1/3の関税率を上乗せする措置（関税暫定措置法7条の6第2項））
③ 緊急措置と緊急関税の同時発動

上記の緊急措置か緊急関税のいずれか一方が発動されているときに他方が発動される場合，2つの措置が同時に発動される制度（関税暫定措置法7条の6第3項）からなりたっていた。日本の豚肉輸入制度はこのように保護貿易主義の典型であったため，EUとカナダは日本を相手どってWTOの協議を1997年1月に要請した。

C 特例措置品目

関税化の原則に対する特例として米が認められた。ただし米は関税化しない代償として毎年最低量を輸入するミニマムアクセス義務を課された。

(3) 日本の農産物関税制度

WTO農業協定は農産物の関税化を第1優先課題とした。日本農業を例にとって農産物関税制度を簡単に素描しておきたい。

(i) 既存関税化品目と新たな関税化品目

WTO発足前から関税化されていた既存関税化品目は，譲許品目と非譲許品目（一部水産物）に分かれていた。譲許品目は日本が関税率をひきさげて固定化した品目であり，非譲許品目は日本が関税率を固定化していない品目であった。WTO発足にともない，いままで関税化されていなかった品目が米を除いてあらたに関税化され，またすべての関税化品目について譲許が義務づけられた（農産品はすべて譲許されているが，非産品は非譲許品目を含んでいることに注意すべきである）。

日本の関税化品目はおおかたが関税割当制度により輸入品から保護されている。しかし関税割当制度は日本だけでなく世界主要国が国内産業の保護手段としてとっている合法的な関税措置である。

(ii) 関税割当制度の目的

関税割当は，2つのねらいをもっている。1つは，1次税率輸入枠により一定の輸入数量にかぎってゼロまたは低率の関税率を適用し，安価な輸入品をユーザーや消費者に提供する目的である。もう1つは，1次税率輸入枠を超える輸入について，わりあい高い関税率を適用し，輸入品と競合する国内産業を保護するねらいである。2次関税率はどれほど輸入禁止的であっても，それ自体は合法である。しかし，1次税率輸入枠の輸入者への割当は，無差別原則に従うため，EUバナナ事件Ⅲにみるように多くの困難をともなう。

(iii) 関税割当制度の適用

関税割当制度は，日本では，通常関税率としても，セーフガード措置（日本の農産物暫定緊急関税措置）としても使用できる。

通常関税率として関税割当制度がつかわれているのは農産物，原料アルコール製造用アルコール，皮革（HS4104の牛馬革，HS4105-4106の羊革・山羊革）履物（HS6403-6405）等である。関税割当が適用される農産物は，つぎの2グループに分かれる。

第1グループは，WTO発足前から関税割当制度を適用されていた農林水産物，たとえばナチュラルチーズ，とうもろこし，麦芽，アルコール製造用糖みつ，無糖ココア調製品，トマトピューレ・トマトペースト，パイナップル缶詰等である。第2グループはWTO発足後関税化された農林水産物（ただし国家貿易品目を除く），たとえば乳製品（脱脂粉乳，無糖れん乳，ホエイ，バター・バターオイル，調製食用脂等），雑豆，でん粉・イヌリン，落花生，蒟蒻芋，繭等である。

3 関税化の原則と例外

うえにみたようにWTO農業協定は市場アクセス改善のための主要な方策として関税化（tarification）の原則をかかげた。関税化のテクニックをふりかえってみよう。

(1) 非関税措置の廃止と関税化

WTO農業協定（4条2）は，従来，非関税措置の対象であった農産品に関して，非関税措置を維持・援用・再導入することを禁止した。非関税措置は，関税以外の手段によるすべての輸出入制限措置をさし，日本の場合，それは主に輸入割当品目（非自由化品目，輸入公表別表1）や国家貿易品目であった。そこで日本は関税化対象品目として，麦類，乳製品，澱粉，雑豆，落花生，こんにゃく芋，繭，生糸，豚肉（牛肉は既存の関税化品目）等をあげた。ただし麦類，生糸，乳製品の一部は国家貿易を維持しつつ関税化を行うこととされた。日本がニュージーランドに要請した調製食用油脂の輸出自主規制は廃止された。EUでは可変輸入課徴金制度・最低輸入価格制度・輸入ライセンス制度等が廃止され，米国ではGATT義務免除品目が撤廃された。

(2) 関税化品目のための関税相当量

関税化品目のために関税相当量（Tariff Equivalents, TE）が算定され，これが実施期間（1995年からの6年間）の第1年目の関税とされた。この関税は従価税または従量税のいずれかの形式をとった。

関税相当量は，1986-88年の基準期間・3年間の平均内外価格差，つまり国産品の国内卸売価格と輸入品のCIF価格の差とされた。この関税相当量は各国とも過大に算定された。たとえば酪農品の場合，輸入品価格は，現実のCIF輸入価格ではなく，国際酪農協定の最低輸出価格が採用されたため，輸入品価格は低めに算定されたからである。俗にWTO農業協定の関税化をダーティー（dirty tarification）と形容するのは，こうしたいきさつを揶揄したものである。もっと端的にいえば，WTOの関税化は，品目によっては，従来の非関税障壁を輸入禁止的な高関税におきかえる作業にほかならなかった。

(3) 関税相当量の削減

関税化品目のための関税率は，実施期間の第1年目につき関税相当量とされたが，この関税相当量は，6年間の実施期間をつうじて，上述のように最低15％削減されることが定められた。これら関税化品目とWTO発足前からの既存の関税化品目をあわせると，既述のように6年間で36％の削減が予定された。そして関税化品目は新規のものであれ既存のものであれすべて譲許されなければならず，全世界で41000品目の譲許が行われた。

関税化品目のための関税相当量は，関税割当制度が適用されるときは2次税率の関税とされる。

(4) アクセス機会

A 現行アクセスとミニマムアクセス

新規関税化品目については，関税相当量が高水準となり，輸入禁止的になるおそれがあった。このため，輸入量が減少するのをふせぐ目的で，一定量の輸入アクセス機会を確保する制度が導入された。アクセス機会というのはややもって回った表現であるが，要するに国家が輸入すべき数量をいう。こうした輸入アクセス機会は，過去に一定量の輸入があったかどうかでつぎのように異なって定められた。

(i) 一定量の輸入実績がある品目のための現行アクセス機会

過去に一定量の輸入があった品目については，現行アクセス（current access）機会を維持するかまたは拡大する義務が加盟国に課せられた。

日本の場合，豚肉以外の関税化対象品目のうち輸入実績があるもの（乳製品，雑豆，落花生，蒟蒻芋，澱粉イヌリン，繭）については，関税割当制度のもとで現行アクセス機会の約束とアクセス数量の明示が行われた。この関税割当制度は，アクセス数量につき低い暫定（1次）税率を適用して国内の需要者を保護し，アクセス数量超過部分については，高めの基本（2次）税率を適用し国内生産者を保護した。具体例として落花生をとりあげると，1次関税率10％はアクセス数量7万5000トンに，2次関税率671.50円／kg（1997年）はアクセス数量超過部分に適用された。

(ii) 輸入実績がない品目のためのミニマムアクセス機会

過去に輸入実績がほとんどない品目，つまり輸入量が国内消費量の3％以下であった品目については，ミニマムアクセス機会を確保する義務が加盟国に課せられた。これは要するに最低限の輸入数量義務を加盟国に課す制度である。

協定によれば，ミニマムアクセス数量は実施期間の1年目には国内消費量の3％とされ，実施期間満了の6年目までに5％に拡大される。

B 関税化品目のミニマムアクセス数量と非関税化品目・米のミニマムアクセス数量

WTO農業協定は，関税化品目のうち輸入実績がほとんどない品目のためにミニマムアクセス数量を設定する一方，非関税化品目とされた米のためにも同じ名前のミニマムアクセス数量を定めた。両者は，加盟国が輸入すべき最低限の輸入量をさす点で共通するが，実施期間中の輸入数量拡大義務が異なっていた。この意味で両者を混同してはならない。米は関税化を免れた代わりに，きわめてきつい輸入拡大義務を課された。実施期間のあいだに，4％から8％へのミニマムアクセス数量の拡大を義務づけられたからである。これは関税化品目のミニマムアクセス数量の拡大義務，つまり3％から5％への拡大ペースよりもはるかにきつかった。このため，日本は1999年4月から米の関税化にふみきったのであった。

(5) 関税化品目に関する特別セーフガード措置
　A　特別セーフガード措置
　農業協定 (5.1条) は関税化品目のために，関税化よる輸入増加に対処するための特別セーフガード措置を定めた。
　(i) 措置の対象
　特別セーフガード措置の対象となる品目は，日本の場合，ウルグアイ・ラウンドの結果，関税化された品目（小麦・大麦・乳製品・でん粉・雑豆・こんにゃく芋，繭・生糸等，ただし豚・豚肉を除く）と1999年4月から関税化された米にかぎられる（ただし関税割当の1次税率輸入枠や国家貿易による輸入は，措置を適用されない）。ウルグアイ・ラウンドに先だってすでに関税化されていた品目（牛肉等）は措置の対象外である。
　(ii) 措置の内容と性質
　措置は，アクセス数量を超える輸入に対して——したがって関税割当の場合1次税率輸入枠を超えた2次税率輸入に対して——追加的な関税を課すものである。措置は輸入の数量と価格を基準に自動的に発動される。それゆえ，輸入により国内産業が損害を受けるかどうかについて発動国は立証する義務を負わない。措置はこの点で，措置の発動に輸入急増・損害発生・因果関係を要求する一般セーフガード措置と異なる。農業特別セーフガード措置は，また補償・代償の提供を必要としないし，対抗措置を受けない。農業特別セーフガードがとられるときは，一般セーフガード措置を適用してはならない。
　特別セーフガード措置はしかしながら特定産品のすべての輸出国に対して無差別に適用されなければならず，この点で一般セーフガード措置と類似する。
　措置の適用期間は1994年から2000年までの関税化の実施期間とされていたが，日本は措置を延長している。
　(iii) 措置の種類と要件
　2種類の措置が予定された。
　第1は，数量ベースの特別緊急関税であり，これは輸入量（4月からの累計輸入数量）が過去3年間の輸入数量に基づくトリガー水準 (trigger level) を超えるときに，通常関税率に通常関税率の3分の1の税率を自動的に加算するもので，数量ベースSSG (Special Safeguard) と呼ばれる（協定5条1(a)，関税暫定措置法7条の3）。トリガー水準は，輸入品の市場占拠率におうじて過去3年間の輸入量の105％から125％に国内消費の変動量を加除したものである。措置はトリガー水準を超えた月の翌々月から当該年度末（3月末）までにかぎりとられる。
　第2は価格ベースの特別緊急関税であり，これは輸入価格が基準期間 (1986-88年) の平均輸入トリガー価格 (trigger price) を下回る場合は輸入価格とトリガー価格の差にあたる追加関税を課すもので，価格ベースSSGと呼ばれる（協定5条1(b)，関税暫定措置法7条の3）。トリガー価格は1986-88年の平均輸入価格の90％である。
　(iv) 関税割当制度の対象品目に対する数量ベースの特別緊急関税
　上述の数量ベース特別緊急関税が，関税割当制度の対象品目に課されるときは，1次税率輸入枠ではなく，枠を超えた2次税率輸入に対して適用される。その率は，2次税率に1/3を乗じた税率である。それゆえ1998年のイヌリン (HS1108.20のでん粉類似品) 事件では，1次税率25％，2次税率126円／kgであったため，緊急関税の加算額は2次税率の1/3にあたる42円／kgとなった。2009年2月のミャンマー産こんにゃく芋事件では，歴史上はじめてLDCゼロ特恵が停止された。このため，先進国・開発途上国・LDCの別を問わず，輸入品には，WTO譲許2次関税率（2796円／キロ）にその3分の1を加算された緊急関税（3728円／キロ）が課された。
　(v) 措置の発動実績
　数量ベースの特別緊急関税は，生糸・イヌリン・飲用乳・クリーム・バターミルク・無糖練乳・加糖練乳およびこんにゃく芋等に課された。他方，価格ベース緊急関税の発動実績はまだない。
　ドーハラウンドが2008年7月に決裂した原因のひとつは，農業特別セーフガード措置を強化すべきとするインド提案と米国の反対が解けなかったことにある。
　B　牛肉・豚肉セーフガード措置
　関税化品目に対する農業特別セーフガード措置と区別すべきものに牛肉・豚肉セーフガード措置がある。
　(i) 牛肉のための緊急関税措置
　ウルグアイ・ラウンドまでにすでに関税化されていた牛肉（関税化品目ではなく既存関税化品目）のための緊急関税措置がウルグアイ・ラウンド交渉での関係国との合意（農業協定ではない）により導入された。緊急関税は，輸入数量が告示数量を超えた場合に課される。告示数量とは，四半期ごとまたは年度ごとにあらかじめ告示する数量をいう。それは現在前年同期の117％である。緊急関税は，年度の残りの期間，関税率を実行関税率38.5％からWTO譲許税率50％に戻すかたちをとる（関税暫定措置法7条の5）。それゆえ緊急関税が発動され

てもWTO譲許原則に抵触しない。またこれは通常関税に上乗せして課される一般セーフガード関税率とは異なる。過去の実績では，冷凍牛肉に関する1995年と96年の措置があり，生鮮・冷蔵牛肉についての2003年の措置がある。

こうした緊急関税措置は，狂牛病に関連してオーストラリア政府に懸念を抱かせている。

日本はすでにみたように2003年に米国産とカナダ産牛肉の輸入を禁止した。このため日本は牛肉の輸入先をオーストラリアにシフトした。このためオーストラリア産牛肉の輸入が増加した。日本がオーストラリア産牛肉に対し，緊急関税措置を課すべきかどうか検討した矢先，オーストラリアは繰り返し自国産牛肉への緊急関税措置を停止するよう要請した。

(ii) 豚肉のための緊急関税措置

豚肉に関しては，輸入CIF価格が基準価格を超えるかどうかで緊急関税率が異なる。2000年度の輸入を例にとると，輸入CIF価格が基準価格を下回ったときは，その差額が緊急関税として輸入品に課された。ただし輸入CIF価格と緊急関税の合計は410円／キロを超えないこととされた。他方，輸入CIF価格が基準価格を超えたときは，従価4.3％の緊急関税が課された。EUは日本の豚肉緊急関税率がWTO違反（GATT 1条の最恵国待遇原則，GATT 13条の無差別適用原則の違反等）であるとして紛争解決手続を求めたが，パネルは設置されずに終わった。

C その他農産品に対する一般セーフガード措置

以上の品目以外の農産品，すなわちウルグアイ・ラウンドまでにすでに関税化されていた品目（ただし牛肉を除く）は，GATT（19条）とWTOセーフガード協定の一般セーフガード措置に服する。葱・生椎茸・畳表が2001年4月に日本の暫定一般セーフガード措置を適用されたのはこのためである。

(6) 関税化原則に対する例外

(i) 例外の条件

農業協定は，関税化原則に対する例外について，その条件を定めた（附属書5「第4条2の規定に関する特例措置」）。これによると，関税化を免れる産品は，つぎの条件を満たさなければならない。

① 基準期間（1986-88年）の輸入量が国内消費量の3％未満であること
② 輸出補助金が交付されていないこと
③ 効果的な生産制限措置（減反等）がとられていること

これら3条件を満たす産品は6年間，関税化を免れた。もっともその代わりに，厳しいミニマムアクセス義務が課せられた。ミニマムアクセス数量は実施期間1年目には国内消費量比4％とされたが，それは6年目には8％にまで拡大することが定められた。6年後に，関税化か非関税化（ミニマムアクセス義務の継続）のいずれを選択するかについて交渉が行われることとされた。もっとも開発途上国（当時の韓国等）の場合は10年間猶予があたえられ，10年後に選択する権利が認められた。

関税化を免れる条件を満たしたのは，当時，日本・韓国・フィリピンの米とノルウェーのトナカイ肉等であった。

(ii) 日本の米

日本は米（HS 1006.20の玄米）の非関税化を選択したが，この政策は失敗に帰した。日本はミニマムアクセス義務により，毎年国内消費量の一定比率を輸入し，これが余剰米をうんだ。皮肉なことにWTO発足前夜の1994年は戦後5番目の米豊作の年であり，ミニマムアクセス輸入は国内に余剰米の山を築いた。しかも余剰米を途上国援助にまわすことはWTO違反となるおそれがあった。その理由は，輸入米を援助につかうのは日本市場へのアクセスの排除となること，備蓄米を価格補填して輸出すると輸出補助金（農業協定上，削減約束の対象となる輸出補助金）と解釈されるおそれがあること，援助にまわす米があるということは関税化猶予の条件であった効果的な生産調整（減反）が実施されていなかったことを裏書することであった（日本経済新聞，1995年1月5日）。

結局日本は関税化猶予によりひきうけた過大なミニマムアクセス拡大義務（4-8％）によっておしつぶされたことになる。もしも日本がウルグアイ・ラウンドにさいして米を関税化していたならば，関税化品目のミニマムアクセス拡大義務は3-5％に低下していた。

このため，日本は1999年4月，米の前倒し関税化を断行し，米の関税率を，WTO譲許税率341円／キロ，基本税率402円／キロとした。この譲許税率は，1986-88年の内外価格差402円／キロ（米の国際価格である輸入CIF価格と国産精米の卸売価格の差額）である関税相当量を1995年以降6年間で合計15％（402円／キロ×15％＝61円／キロ）引き下げたときの率（402円／キロ－61円／キロ＝341円／kg）であった。米の関税率を従価税方式ではなく従量税方式で表現したのには訳があった。

1つはいうまでもなく，米の高関税率をカムフラージュするためであった。従量税方式のもとでは輸入価格の高低にかかわりなく税が算定されるため，従量税を従価換算すると，輸入価格が高くなればなるほど従価税率は低くなるのである。341円／キロの従量税は，タイ米を基礎に従価換算すると，1999年当時，タイ米の輸入価格は83円／キロであったから，従価換算では341割る83の411％となった。しかしアメリカ米を基礎に従価換算すると，当時のアメリカ米の輸入価格は101円／キロであったから，従価換算では341割る101の338％に低下した。

第2に，1キロ341円の従量税は，生糸（1キロ6978円），こんにゃく芋（2796円／キロ）より低かった。また落花生（617円／キロ）の半分強程度にみえた。

第3に，従量税は，為替相場や市況の変動で輸入価格が変動しても，関税徴収額が一定している点で長所

をもった。それゆえ，関税込みの国内販売価格は，従価税よりも安定し，国内市場に対して従価税よりもおおきな影響をあたえないのである。こうした観点から，1995年から関税化された小麦にも従量税方式が適用されている。

2008年現在の米の関税割当制度は，1次と2次の関税率からなる。1次関税率は，政府がミニマム・アクセス義務に従い輸入する数量に適用されゼロである。2次関税率は民間が1次数量枠を超えて輸入する数量に適用される。それは，WTO譲許税率の341円／kgである。この関税率は，暫定税率49円／kgと調整金292円／kgからなる（「主要食糧の需給及び価格の安定に関する法律」と同告示）。輸入者は，手続上，あらかじめ調整金を税関に支払い，その領収証（関税法70条の他法令確認事項）を税関に提示したうえで，暫定税率を納付し，輸入する。同じ手続は関税割当制度に服する他の主要産品（砂糖等）にも適用されている。

(iii) 韓国の米の関税化との比較

日本とならんで韓国も1995年から10年間，米の関税化を猶予された。しかし，10年の期限が切れたのちも，韓国は関係諸国（米中タイ豪印等）との交渉ののち，ふたたび10年間（2005年から2014年まで）の関税化猶予を決定した。2004年当時，米の内外価格差はほぼ4倍に達していた。それゆえその時点で関税化したならば2008年までは実質400％程度の高関税率で国内市場を保護することができた。しかし，ドーハ・ラウンドで関税率の上限が200％程度に抑制される危惧があった。そこで韓国はとりあえず関税化猶予を決定したうえで，将来の動向をみつつ適当な時期に関税化する選択肢を残した。

4 国内補助金

WTO農業協定は，市場アクセス改善のための関税化原則にくわえて，農業貿易におおきな影響をあたえる国内補助金の部分的な削減を定めた。ただし，この削減もじつはダーティーであって，各国は巧妙に削減対象となる国内補助金の範囲をせばめたのであった。

(1) 削減対象となる国内補助金の計算

A 総合AMS

削減対象となる国内補助金を確定するためには，まず農業全体の総合AMS（Aggregate Measurements of Support），すなわち農業支持の総合的計量手段を計算する必要があった。AMSは，貿易歪曲効果をもつ「琥珀色」の補助金と内外価格差を合計した額にあたる。これが，国家が農家に対し国内支持目的にどれくらいの助成をしていたのかを示す目安とされた。琥珀色の補助金とはいいえて妙である。WTOの特殊用語では「琥珀色箱の補助金（Amber box subsidies）」という。これはWTO相殺措置協定でいう黄色の国内補助金に照応する。上述のように，非農産品（鉱工業・漁業・林業産品等）に適用される相殺措置協定では，黄色の補助金は他国に害をあたえるため相殺関税措置またはパネル手続・対抗措置に服した。これに対し，農畜産品に適用される農業協定では，貿易歪曲効果をもたらす国内補助金は，たんに削減の対象とされるにとどまる。そこで，WTO起草者は，貿易を歪める国内支持を，琥珀色にみたてたのである。

しかしながら，琥珀色の補助金は，すべてが削減対象とはされなかった。琥珀色の補助金のうち，いくつかは「琥珀色箱」から「青色箱」（blue box），「僅少箱」または「緑色箱」にいれかえられ，削減対象からはずされたからである。

B 削減対象外の「青色箱」補助金

農業改革のための生産制限計画補助金は，一定の条件を満たすかぎり「青色箱」の補助金（Blue box subsidies）に分類され，削減を免れた（協定6条5）。補助金が青となるためには，補助金の支払いが，①一定の面積・生産に基づいて行われるか，②基準となる生産水準の85％以下の生産に対して行われるか，③畜産の場合，一定の頭数の家畜について行われるものでなければならない。青色補助金の考えは，ウルグアイ・ラウンドの交渉過程で米国とECが妥結したブレア・ハウス合意（Blair House Accord. 米国ワシントン連邦政府迎賓館での1992年合意）に起源をおく。そのねらいは，ECの生産制限補助金を「青色」とし，削減対象からはずすことにあった。ECはウルグアイ・ラウンド合意後も，「琥珀色」の補助金を「青」に塗り替えた。日本が1999年から推進した稲作経営安定対策も「青」の助成事業にほかならない。

青の補助金を新世紀にも許容するかどうかは，ドーハ開発ラウンドの課題とされている。食料輸出国やインド等の有力開発途上国は先進諸国の「青」の補助金は過渡的なものにすぎず，早期に撤廃するよう要求している。

C 削減対象外の僅少補助金

琥珀色の補助金のなかで，小額のものは，削減対象からはずされた（協定6条4）。ただしこれら補助金額が僅少（de minimis）であるかどうかの基準は，先進国と開発途上国でおおきく異なる。先進国の場合は加盟国の農業生産総額の5％までの国内補助金（産品が特定された国内助成であって総額が1つの基礎農産品の生産総額の5％を超えないもの，産品が特定されない国内助成であって総額が加盟国の農業生産総額の5％を超えないもの）は僅少な補助金として削減対象から除外された（協定6条4）。開発途上国の場合は，僅小基準は10％までに緩和された（協定6条4）。

なお僅小基準をどのレベルに定めるかは中国のWTO加盟交渉の最難関の1つとされた。中国は開発途上国として10％までの農家補助金を僅少補助金とみなすよう要求したが，米国の反対を受けた。2001年6月の米中合意は，最終的に中国のための僅少基準を8.5％とした。

D 緑の補助金と開発途上国の補助金

環境補助金や地域開発補助金は，貿易歪曲効果がちいさいものとみなされ一括して「緑色箱」（green box）

にいれられた（附属書2）。これら補助金はWTOで「緑色箱の補助金（Green box subsidies）」と呼ばれている。相殺関税協定上，環境補助金・地域開発補助金は研究開発補助金とともに，1999年まで過渡的に緑の補助金とされたが，これが失効したことはすでにのべた。では農業協定上，緑の補助金制度を今後も温存させるかどうかが新ラウンドでの争点のひとつとなっている。

開発途上国に対する「特別のかつ異なる待遇（Special & Differential Treatment）」は，相殺措置協定の場合と同様，農業協定でも踏襲された。農業協定は，後発開発途上国と一部開発途上国が行う開発補助金を削減対象から除外した（協定6条2）。これら補助金は「開発途上国のための特別箱（S & D box）の補助金」と呼ばれる。

(2) 削減義務

農業協定は削減対象となる補助金の額を上述の僅少基準やBlue boxによってせばめた。そのうえで削減対象補助金を，1986-88年を基準期間とする額に数値化し，その額を6年間で20%削減するよう加盟国に義務づけた。国内補助金はこのように部分的に削減することが約束されたにとどまるのである。

(3) ドーハ新ラウンド香港閣僚会議

EUは2005年10月28日の提案で，Blue box補助金のなかに貿易歪曲効果をもつものがあるかどうかをみなおし，貿易歪曲効果をもつBlue boxを削減するカードをだした。インドはEU提案を批判した。先進国は削減対象となる琥珀色の補助金の範囲をせばめた。貿易歪曲効果をもつ琥珀色の補助金のなかに含まれていた生産制限計画補助金を「Bluebox」の名のもとに削減対象からはずしたからである。こうした先進国の戦略を，インドは箱の入れ替え（box shifting）操作と呼んで批判した（表8-1参照）。

ドーハラウンドはかくして袋小路にはいり中断された。

5 輸出補助金

農業協定は輸出補助金に関し，加盟国に対しつぎの3種類の義務を課した。
① 既存の輸出補助金を部分的に削減する義務
② 輸出補助金を新設しない義務
③ 以上2種類の義務を迂回しない義務

(1) 既存の輸出補助金の部分的削減

基準期間（1986-1990年の5年間）に交付されていた既存の輸出補助金のうち，農業協定が定めた特定種類の輸出補助金は，部分的な削減の対象とされた。加盟国は，このため，約束表のなかで，個別品目（約束品目）ごとに既存の輸出補助金を明記し，これら補助金を漸次・部分的に削減するよう義務づけられた。要するに，約束品目（たとえば小麦）に関し既存の輸出補助金を削減するコミットメントが加盟国ごとに行われたのである。こうした削減約束の対象となる輸出補助金は6種類に分かれ，それら補助金は所定の削減ルールに服した。

A 削減約束の対象となる輸出補助金の種類

削減約束の対象となる輸出補助金として，つぎの6種類が指定された（協定9.1条）。
① 政府が企業に輸出を条件として交付する直接補助金（現物支給を含む）
② 政府が国内価格よりも低い価格で備蓄農産物を輸出向けに販売するための補助金
③ 農産物輸出に対し政府の措置によって行われる支払（たとえばカナダ牛乳事件［巻末表4-4］で問題となった「輸出品の原料を政府が低価格で輸出者に販売する現物支給」，EU砂糖輸出補助金事件［巻末表9-16］）
④ 農産物のマーケティング輸出経費を軽減するための補助金（たとえば農産物の輸出者が負担する加工費や国際輸送費を政府が全部または一部負担するための助成）
⑤ 輸出農産物の国内輸送料金を国内農産物の輸送料金よりも低くするための補助金
⑥ 輸出向けの加工農産品に原料としてつかわれる一次農産品への補助金（たとえば輸出向けパスタ・ビスケットの原料に使用される国産小麦粉への助成）

B 削減約束

加盟国は約束品目の輸出補助金を，1995-2000年の6年間で，段階的に削減することを義務づけられた。削減は，6年の間，毎年，均等に行われる。6年間の削減総額は，補助金額ベースで，基準期間（1986年から1990年までの5年間）の平均支出額の36%であり，補

表8-1 相殺関税協定と農業協定の補助金の相違

補助金の分類	相殺関税協定の信号方式補助金	農業協定の多色箱補助金
輸出補助金	赤（red）の補助金：禁止，相殺措置の対象	削減対象（絶対的に禁止されてはいない）
国内補助金	黄色（yellow）または濃琥珀色（dark amber）の有害補助金：相殺措置・パネル手続の対象	琥珀色箱（amber box）の貿易歪曲補助金：削減対象
		青色箱（blue box）の国内生産制限計画補助金：削減対象外
		僅少（de minimis）箱補助金（先進国5%，開発途上国10%基準）：削減対象外
	緑（green）の補助金：1999年末までは合法，げんざいは場合により赤または黄色の補助金とみなされる可能性がある	緑色箱（green box）（環境保護・地域開発補助金）：削減対象外
	S&D補助金	S&D特別箱補助金（開発途上国が遂行する補助金）：削減対象外

助金つき輸出数量ベースで，基準期間の数量の21%とされた。ただし，開発途上国の場合は，削減義務が軽減され，10年間で，補助金額ベース24%の削減と数量ベース14%の削減が合意された。一方，後発開発途上国は，削減義務を免除された。

具体的に，削減のプロセスを説明してみよう。たとえばEUが約束表のなかで小麦について輸出補助金の削減を約束すると仮定する。この場合，基準期間に行われた小麦の補助金つき輸出の数量が，平均3億トン（1986年の2億トン，87年の3億トン，88年の3億トン，89年の2億トン，90年の5億トン）であったとすれば，EUは95年以降の6年間で総額21%（6300万トン）の数量を削減するよう義務づけられる。その結果，2001年以降EUが輸出補助金つきで輸出できる小麦の輸出数量は，2億3700万トンの水準で頭打ちされる。したがって，約束表は，つねに個別の約束品目について，①基準期間の補助金つき輸出数量（年平均），②1995年以降の年次数量水準，③6年目（2001年）以降の最終の年次数量水準を明記しなければならない。

加盟国はひとたび約束表のなかで既存輸出補助金の削減を約束するならば，約束表で定めた年次数量水準を超えて輸出補助金を供与することはできない。カナダ牛乳事件でカナダがパネル・上級委員会によって糾弾されたのは，カナダによる酪農品の輸出補助金つき輸出の数量が，カナダが約束した数量水準を超えていたからであった。

しかし，加盟国は既存の輸出補助金を，数量水準の限度内であれば，交付しつづけることができる。これは，鉱工業品分野の輸出補助金が相殺措置協定のもとで一律に禁止されているのと対照的である。

とはいえ，既存の輸出補助金の削減は，主要国のなかでもっとも多額の輸出補助金を供与してきたECにおおきな打撃をあたえた。米国の試算によれば，ECは1990年当時，100ドルの輸出品のためにほぼ25ドルの輸出補助金を供与した。これに対し，米国の輸出補助金は100ドルの輸出品に対し1ドルにすぎなかった。農業協定の発効により，2001年には，EUは輸出補助金を50-70億ドル削減するよう強いられたとされる。もっとも，米国もさまざま手段をつうじて輸出補助金をあたえていた。それは，酪農品（とくにバター，チーズ），飼料用穀物，油糧種子，豚肉，鶏肉，米，小麦等への輸出補助金であった。このため，米国の約束表はこれら輸出補助金について，2000年末までの削減水準を，金額ベースと数量ベースで明記した。

C 削減水準を超える輸出補助金とEU砂糖輸出補助金事件

EU砂糖共通市場規則は，砂糖をA・Bの2つのグループ（A sugar と B sugar）に分け，それぞれについて生産数量・国内価格支持・許容輸出補助金を定めた。しかしA・Bグループの生産量を超えた砂糖はCグループ（C sugar）にいれられた。Cグループの砂糖は価格支持と輸出補助金の対象とならず，域外への輸出にまわされた。オーストラリア，ブラジル，タイはCグループの砂糖は実質的に輸出補助を受け，その補助金額はEUが約束した輸出補助金の削減水準を上回っていると主張した。

EU砂糖制度のからくりは巧妙である。この制度のもとでは，AB両グループの砂糖は甜菜農家の所得支持のため高価格で精糖業者や加工者に販売される。そこから生ずる利益をてこにして，Cグループの甜菜が低価格で販売され，原価割れで輸出される。AB両グループの高価格販売から生ずる利益が，Cグループの原価割れ輸出を可能にする。換言すれば，Cグループへの輸出補助は，砂糖部門の内部相互補助によってひつぜんてきに生ずる。EU砂糖輸出補助金事件［巻末表9-16］のパネル（2004年10月）と上級委員会（2005年4月）は，Cグループの砂糖が輸出補助金を受けて輸出され，その補助金額がEUの約束した削減水準を超えていることを指摘した。

D 農業輸出補助金と相殺措置協定上の禁止輸出補助金

米国綿花補助金事件［巻末表20-35］の上級委員会は，2005年3月，米国が国産陸地綿のユーザーにあたえた助成が，輸出を条件に交付されているため農業協定上（9.1a条）の輸出補助金にあたり，しかも米国譲許表の約束に基づかないとして農業協定違反（3.3条，8条）を認定した。そして同じ理由で，上級委員会は米国の助成が同時に相殺措置協定（3.1a条，3.2条）で禁止された輸出補助金にあたるとのべた。

(2) 輸出補助金の新設の禁止

加盟国は，約束品目に関して輸出補助金の削減を義務づけられるだけではなく，非約束品目については，輸出補助金の新設を禁止された。非約束品目とは，加盟国が基準期間に輸出補助金を交付していなかった品目をさす。したがってこれら品目は，削減約束のための約束表には記載されないのである。たとえばある加盟国が大豆に関して基準期間の間，輸出補助金をあたえていなかったとすれば，大豆輸出のためにいずれかの種類の輸出補助金を1995年以降導入することはもはやできない。

(3) 迂回の禁止

農業協定は，削減約束の対象となる既存の輸出補助金を上記の6種類に限定した。したがって，6種類以外の輸出補助金は削減約束の対象とならず，WTO発足後も一定の条件のもとに許容される。しかし，農業協定は，加盟国が，削減対象外の輸出補助金を，輸出補助金ルールを回避（circumvention）するために使用してはならないと定めた（10.1条）。換言すれば，加盟国は削減対象外の輸出補助金をつかって，輸出補助金ルールを迂回することを禁止されたのである。

A 削減対象外の輸出補助金

削減対象外の輸出補助金には，食料援助，輸出信用，輸出信用保証が含まれる。さらに，米国・外国販売会社事件で問題となった海外子会社の利益に対する法人

表8-2 迂回防止の対象品目

品目	削減約束の対象となる6種類の輸出補助金	削減約束の対象外の輸出補助金
約束品目	削減ルール 年次数量水準の設定	制限または禁止（削減ルールの迂回防止）
非約束品目	新設禁止	禁止（新設禁止ルールの迂回防止）

税の免除も削減対象外の輸出補助金の一例である。この事件では，米国の輸出企業が米国からではなく，海外子会社（外国販売会社）をとおして輸出することで，法人税を免除され，これによって輸出補助金を受けていた。しかし，この輸出補助金は，農産物輸出に関するかぎり，農業協定が定めた6種類の削減対象補助金のいずれにも該当しなかった。したがって，それらは，農業協定上は，削減対象外の輸出補助金にあたると上級委員会は判定した。

B 迂回の認定

上級委員会は，米国・外国販売会社事件で，米国が，削減対象外の輸出補助金をつかって，輸出補助金ルールを迂回していることを認定した。この迂回は，2重に行われた。

第1は，非約束品目のための輸出補助金・禁止ルールの迂回である。米国企業が海外子会社（外国販売会社）をとおして非約束品目の農産物を輸出する場合，輸出企業は，輸出利益に対する米国法人税を無制限に免除されていた。端的にいえば，輸出企業は，非約束品目に関して無制限の輸出補助金を受けたことになる。本来，非約束品目に関して6種類の輸出補助金を新設することは禁止されているが，こうした輸出補助金禁止ルールは，削減対象外の輸出補助金によって迂回されたのである。

第2に，約束品目のための輸出補助金の削減ルールが迂回された。米国は，約束品目（小麦等）に関して補助金つき輸出数量が年次数量水準を超えないよう約束した。しかし，米国法のもとで，米国輸出企業は，海外子会社をとおした約束品目の輸出利益について，法人税を無制限に免除された。この免税から生じる補助金は，たしかに削減対象外の輸出補助金である。しかし，削減対象外の無制限の輸出補助金によって，約束品目のための年次数量水準は意味を失った。削減対象の輸出補助金つき輸出数量が，約束品目の年次数量水準に達しても，削減対象外の輸出補助金は水準を超えて無制限に供与されたからである。このような場合，約束品目のための数量水準ルールは，削減対象外の輸出補助金によって迂回されたことになる。

しかし，約束品目の数量水準ルールは，つねにかならずしも迂回されるわけではない。品目によっては，削減対象の輸出補助金つき輸出数量が年次数量水準に達しないこともあるであろう。そのようなときは，削減対象外の輸出補助金は，水準を超えない範囲で供与することができる。

以上により，上級委員会は，米国法の措置は，2重の迂回を可能にするため，農業協定の迂回禁止規定（10.1条）に違反していると結論した。

米国綿花輸出補助金事件でも，米国が農産品12品目に関し迂回を行ったかどうかが争点の1つとなった。ブラジルは米国による迂回を主張したが，上級委員会は，パネルがブラジルの主張を分析しなかったため，十分な事実がなく，迂回の有無について判断をくだすことはできないと結論した。

6 米国外国販売会社事件と農業輸出補助金

パネル・上級委員会は，米国外国販売会社事件とカナダ牛乳事件で，農業輸出補助金について注目すべき判断をくだした。まず米国販売会社事件からみてみよう。

(1) 事実関係

米国外国販売会社法のもとでは，既述のように，米国親会社が海外の租税逃避国に設立した外国販売会社（子会社）をとおして米国産品を輸出すると，輸出利益や輸出関連サービス利益に対する法人税を免除された。EUは，米国法に基づく法人税の免除は，税収の放棄による政府の輸出補助金にあたり，相殺措置協定と農業協定に反すると主張した。米国販売会社が工業品の輸出利益に関して法人税を免除されるときは，免税は相殺措置協定上，禁止された赤の輸出補助金にあたり，米国販売会社が農産品の輸出利益について法人税を免除されるときは，免税は農業協定上の輸出補助金に該当するからである。

(2) パネル・上級委員会報告

パネル・上級委員会はEUの主張をおおむね認めた。とくに農業輸出補助金に着目すれば，上級委員会は，米国法による法人税の免除が農業輸出補助金に該当することをつぎの論旨で明らかにした。

まず第1に，法人税の免除が，農業協定上の補助金に該当するかどうかについて争いがあった。なぜならば，農業協定は，相殺措置協定とは異なり，補助金の定義をおいていないからである。しかし上級委員会は，相殺措置協定の定義（1.1条）に従って農業補助金の判定を行った。上級委員会によれば，相殺措置協定上，法人税の免除は，政府による税収の放棄であり，それは政府の財政的貢献にあたる。しかも免税は，納税企業に税の支払いを軽減させる点で，納税企業に利益をあたえている。このため，米国法による法人税の免除は，相殺措置協定が定める補助金にあたるから，農業協定上の補助金とみなされる，と上級委員会はのべた。

同様に，農業分野の補助金が国内助成ではなく輸出補助金にあたるかどうかについても，上級委員会は，パネルと同様，相殺措置協定（3.1条）に基づいて判定をくだした。本件では，米国外国販売会社が租税回避

地から米国農産品を輸出してえた利益は，米国法人税の対象とはされなかった。それゆえ，このような免税は，米国農産品の輸出を条件に行われたため，農業輸出補助金に該当すると，パネル・上級委員会は判断した。

第2に，米国が外国販売会社法に基づいてあたえた農業輸出補助金は，上述のように，輸出補助金ルールの迂回をもたらし，農業協定（8条，10.1条）に違反するとされた。

7 カナダ牛乳事件と農業輸出補助金

(1) 事実関係

A 経　緯

カナダ牛乳事件はきわめて複雑で長期の紛争解決手続に服した。この事件をめぐって，原審査段階のパネル・上級委員会報告がだされ，実施審査段階で，パネル・上級委員会報告が2度形成された。しかし，長期の手続にもかかわらず，事件の核心は，きわめて単純であった。それは，要するに，カナダが，酪農品の輸出にあたり，輸出補助金を農業協定上のルールに従って供与していたかどうかにあった。酪農品はカナダが従来から輸出補助金をあたえていた品目であり，このためカナダはWTO発足にともない約束表のなかで酪農品（約束品目）に対する輸出補助金を段階的に削減していくことを約束した。約束表にはカナダの輸出補助金付き輸出数量に関する年次数量水準が明記された。

ところが，カナダは，輸出酪農品に使用される原料牛乳を安く酪農業者に支給することで，酪農品に輸出補助金をあたえた。また輸出補助金つきの酪農品輸出は，カナダの年次数量水準を超えていた。法的にみて興味深いのは，パネル・上級委員会が，原審査段階と2度にわたる実施審査手続で，どのように輸出補助金を認定したかにある。以下，事実関係と審査手続を概観してみよう。

B 事実関係

カナダ政府は加工酪農品（バター，チーズ，粉乳，アイスクリーム，ヨーグルト）の輸出を振興するため，酪農品輸出に補助金をあたえる政策を導入した。ただし，政府は，酪農品の輸出に直接補助金をあたえたわけではなかった。政府は，輸出向け酪農品の生産者に，原料の牛乳を安く供給することで，酪農品の輸出を助成したのである。これは，輸出品に対する資金供与ではなく，輸出品の原料を低価格で輸出者にあたえる現物支給（payment in-kind）であった。

こうした助成は，牛乳価格制度に基づいて行われた。この制度により，酪農品の生産に使用される原料牛乳は，政府機関の手をとおして，政策的な価格で，酪農業者に販売された。酪農用の牛乳価格は，民間の需給関係によって自由に決められたのではなく，政府によって統制されたのである。

原料牛乳の価格は，用途におうじておおきく異なった。

まず原料牛乳が国内市場向けの酪農品に使用されるときは，牛乳は州機関をとおして高価格で酪農業者に販売された（これにより牛乳生産農家は所得を保証された）。他方，原料牛乳が輸出向け酪農品に使用されるときは，牛乳は連邦政府機関をとおして低価格で酪農業者に販売された。こうした輸出加工用の牛乳は，英米向け輸出品に使用される牛乳（カテゴリー5(d)）と国内で過剰生産され輸出加工用に処理される牛乳（カテゴリー5(e)）があった。

米国とニュージーランドは，カナダの輸出向け酪農品は，原料牛乳の安価な支給をつうじて補助金を受けており，しかもこうした補助金付き輸出数量は，カナダが約束した数量水準を超えていると主張してパネル手続を開始した。表8-3にみるように，カナダは譲許表で，バターやチーズに対する既存の輸出補助金を1995年以降の6年間で毎年均等に削減し，6年後に基準期間の数量の21%を削減することを約束した。このため，カナダは，たとえばチーズの輸出補助金付き輸出の数量水準を1996/97年度につき8271トンとした。ところが，同年度の補助金付き輸出は約束水準を超えて10312トンとなった。こうした約束水準を超える輸出は，農業協定の約束水準遵守義務（3.3条，8条，9条）に違反すると申立国は主張したのである。

(2) 原審査段階のパネル・上級委員会報告

パネル・上級委員会は，申立国の主張をおおすじで認めた。

まず事件の核心は，カナダの政府機関が輸出向け酪農品の生産農家に低価格で原料牛乳を販売する行為が，削減対象となる輸出補助金に該当するのかどうかにあった。本件でカナダは酪農品輸出に直接補助金をあたえたわけではなかった。カナダは，輸出品の原料を低価格で現物支給したのである。パネル・上級委員会は，こうした原料の安価な現物支給は，輸出加工品

表8-3 カナダの酪農品輸出　　　　　　　　　　　　　　　　　　　　　　　　　　　　　（トン）

主要輸出酪農品	年度	補助金つき輸出の数量約束水準	補助金つき輸出量
バター	1995/1996	9,464	9,527
	1996/1997	8,271	10,312
	1997/1998	7,079	10,894
チーズ	1995/1996	12,448	13,751
	1996/1997	11,773	20,409
	1997/1998	11,099	27,397

資料）カナダ政府統計

への輸出補助金にあたると結論した。

まずパネル・上級委員会は，原料の現物支給が農産物輸出への政府の支払にあたり，これが削減約束の対象となる輸出補助金の一種（9.1c条）にほかならないことを指摘する。パネル・上級委員会によれば，支払の概念はひろく，資金の供与のほかに，低価格の現物支給（やサービス提供）を含むのである。低価格の現物支給は，経済価値からみれば，資金の供与と異ならないからである。このため，政府による低価格の原料支給は，加工農産物への輸出補助金に該当するとされた。

つぎに，パネル・上級委員会は，カナダが輸出補助金つきの輸出を，約束水準を超えて行っていたことを認めた。それゆえ，カナダによる約束水準を超える補助金付き輸出は，協定の約束遵守義務（3.3条，8条）に違反するとされた。

(3) 実施審査段階のパネル・上級委員会報告

カナダは原審査段階のパネル・上級委員会報告を実施するため，原料牛乳に対する既存の輸出補助金制度を改正した。既存の制度のもとでは，輸出加工用の原料牛乳は，英米向け輸出品に使用されるもの（カテゴリー5(d)）と国内で過剰生産されたもの（カテゴリー5(e)）に分かれ，これらが低価格で政府機関をとおして酪農業者に支給されていた。そこで，カナダは，過剰生産牛乳の低価格支給を廃止した。また英米向け輸出品のための牛乳の低価格支給については，こうした現物支給による補助金額がカナダの約束水準を超えないように，輸出補助金をWTOに合致させた。かくしてカナダは既存の制度をWTOに整合させた。

しかし，カナダは既存制度を是正した反面，WTOに違反する新しい原料牛乳の販売制度を導入した。それが，「商業輸出牛乳」（Commercial Export Milk, CEM）の販売制度であった。

商業輸出牛乳の販売は，表向き，政府による価格統制を免れているようにみえた。この輸出加工用の牛乳は，国内加工用の牛乳とは異なり，政府機関をとおさずに販売されたからである。国内加工用の牛乳があいかわらず政府の価格支持を受けたのとは対照的に，輸出加工用の牛乳は，政府の手を介さずに，牛乳生産者と酪農加工業者の間で直接とりひきされた。

しかし，米国とニュージーランドは，商業輸出牛乳の販売制度も，農業協定の輸出補助金規定に違反すると主張した。実施審査段階の2回目の上級委員会は，最終的に，カナダの実施措置がいぜんとして農業協定に違反することを認めた。

2回目の上級委員会はまず，商業輸出牛乳が牛乳生産者から酪農加工業者に対し，平均生産コスト（average total cost of production）以下で販売されたため，酪農品輸出に対する支払が牛乳生産者によって行われたことを確認した。つまり，牛乳生産者が原価割れ販売による支払援助をしたため，輸出向け酪農加工品は安い価格で輸出されたのである。しかし，牛乳生産者の支払は，政府の措置によって実現された。なぜか。

政府は，上述のように，国内向け酪農品につかわれる原料牛乳に関しては，価格を統制していた。この価格は，国内牛乳生産者の生産コストを考慮して政府機関により高めに設定されていた。それゆえ，牛乳生産者は，国内加工用の牛乳の販売にさいして，利益を保証された。

他方，同じ牛乳生産者は，牛乳を輸出加工向けに販売するときは，原価割れ販売を行い，損失を計上した。しかし，この損失は，国内加工向けの販売利益によって埋めあわされた。政府が国内加工向けに作りあげた牛乳の価格支持制度は，余剰利益による損失の埋めあわせという内部相互補助（cross-subsidization）を可能にしたのである。

このため，牛乳生産者が輸出加工用の牛乳を原価割れで販売するために行った支払は，結局政府の措置（国内加工向けの価格支持制度）によって達成されたことになる。こうした支払は，農業協定上，政府の措置によって農産物輸出のために行われる支払（9.1c条）であり，これは削減約束の対象となる輸出補助金にほかならない。

上級委員会はこのように，カナダの実施措置がいぜんとして輸出補助金に該当すると判断したうえで，カナダが輸出補助金つき輸出を年次数量水準を超えて行い，農業協定の輸出補助金削減義務（3.3条，8条）に違反したと結論した。

上級委員会の判旨はつぎの3点で注目に値する。

第1に，上級委員会は，輸出補助金をうむ支払援助は，輸出品の原料が輸出者に原価割れで販売されるときに認定されることを明らかにした。実施審査段階の1回目のパネルは，支払の認定基準に関し誤った判断をくだした。パネルは輸出品の原料が国内市場向け産品の価格（原価ではない）よりも低ければ，輸出品のための支払援助があると判断した。このため，1回目の上級委員会は，パネル判断を覆し，支払は輸出品の原料が原価割れで販売される場合に認定されるとのべた。この立場は，2回目のパネルと上級委員会によって踏襲された。

第2に，上級委員会は，原価の概念を当該産業レベルの平均生産費（industry-wide average cost of production）ととらえた。したがって原料牛乳の原価は，全牛乳生産者の平均生産費であり，個別牛乳生産者の個々に異なる生産費ではない。これは，農業協定が，加盟国に義務を課し，個人（生産者等）に義務を課しているわけではないからである。また上級委員会は，生産費には，金銭コストのほか非金銭コスト（たとえば家族労務・管理費，資産投資経費）が含まれること，また工場内原価（たとえば農場内の牛乳生産費）のほか産品を販売するための販売一般管理費（輸送費，販売マーケティング費，管理費，クオータ獲得費・保持費）が含まれることを明らかにした。

したがって，パネル・上級委員会手続でつかわれた生産費の概念は，日本企業が使用している総原価（ま

たは全経費）の考えに相当する。一般に商品の工場出荷価格（ex-factory price）は，総原価（cost）と利益（profit）から成る。総原価は，工場内生産費（または製造原価，工場原価）と販売一般管理費の総計である。要するに上級委員会は，原料牛乳が総原価割れで（つまり赤字で）販売された点に輸出補助金の証拠をみいだしたのである。なお生産費の概念がさまざまな文脈で異なって用いられていることに注意を払う必要がある。

上級委員会は，支払が民間によって行われても，それが政府の輸出補助金に相当しうることを指摘した。上級委員会によれば，民間の支払は，政府の措置によって実現されるならば，輸出補助金に該当する可能性があるとされる。とくに，政府が国内加工向けの原料について価格支持を行い，こうした政府措置によって原料生産者が利益をえる場合，原料生産者はこの利益を原資として輸出加工向けに原料を原価割れで販売することができる。この場合，原料生産者が輸出加工業者に対して行った支払援助は，加工品輸出のための輸出補助金に転化するのである。民間支払は政府の措置をとおして輸出補助金に転換するといいなおすこともできよう。

8 農業協定上の補助金の概念

相殺関税協定が補助金について詳細な定義をおいたのとは対照的に，農業協定は補助金について一言もふれていない。しかも相殺関税協定は，同協定の目的のための補助金を定めたにすぎない。それは相殺関税協定のコンテクストのなかで，政府の財政的貢献または価格支持のいずれかであり，利益をもたらすものをいうとされた（相殺関税協定1条）。

この厄介な問いを最初に扱ったのは，外国販売会社事件のパネルであった。パネルは，つぎのように慎重な判断をくだした。たしかに，相殺関税協定上の補助金の定義は同協定のためのものであり，農業協定には直接適用されない。農業協定の補助金が相殺関税の補助金と異なる意味をもつケースもないとはいえない。しかし，「一般に」（as a general matter）また農業協定に固有の補助金が想定される場合は別として，相殺関税協定の補助金は農業協定上も補助金に該当すると，パネルはのべた。そして相殺関税協定とは独立に（independently of the definition of subsidy in the SCM Agreement）農業協定に固有の補助金として，協定が列挙した農業輸出補助金（農業協定9.1条）があることを脚注でつけくわえた。

外国販売会社事件の上級委員会は，パネルの判断をおおすじで認めた。この上級委員会裁定は，つぎの2点で注目に値する。

第1は，上級委員会が分析の焦点を農業補助金のなかの輸出補助金のみにおいたことである。その理由は上級委員会が，すでに農業協定の輸出補助金をカナダ牛乳事件で扱ったからである。このため，外国販売会社事件の上級委員会はまずカナダ牛乳事件での判断を再確認することからはじめた。

カナダ牛乳事件の上級委員会は，この事件で問題となった農業輸出補助金にかぎって，相殺関税協定（1.1条）の補助金の定義を参照した。それは「受益者が市場でえることができないような利益をもたらす財政的貢献」（a 'financial contribution' which confers a 'benefit' on the recipient, as compared with what would have been otherwise available to the recipient in the marketplace）である。それゆえ補助金が存在するためには，政府による財政的貢献とそれにともなう受益者への利益供与が立証されなければならない。このアプローチを上級委員会は外国販売会社事件でも採用した。農業協定上の輸出補助金が外国販売会社事件で米国により供与されたかどうかを審査するため，結局は相殺関税協定上の補助金の定義を参照したことになる。パネル・上級委員会は，農業協定の適用にあたり，相殺関税協定上の補助金の定義を参照することができる。また状況におうじて参照しない裁量ももつとのべた。

第2に外国販売会社事件の上級委員会は，農業協定の輸出補助金は，政府による直接支払のほか税の減免をふくむことを相殺関税協定を参照しつつ認めた。

しかしながら，農業協定の国内補助金が同様に相殺関税協定に照らして解釈されるかどうかは不明である。

9 平和条項

WTO農業協定に適合する輸出補助金や国内補助金は，WTO発足後9年間にかぎり，つまり2003年末までのあいだ，WTOパネル手続の対象とならなかった（協定13条，1条@）。つまり補助金相殺関税協定とGATTとの抵触を問われなかった。これは俗に平和条項（Peace Clause）と呼ばれる。この条項は暫定的に協定違反を免れる国内補助金のひとつに緑箱補助金（付属書Ⅱ）を定め，そのなかに「生産に関連しない収入支持（decoupled income support）」（付属書Ⅱ，6）を含めた。米国綿花補助金事件で，米国は綿花生産者にあたえた補助金は生産に関連しない収入支持にあたり緑箱にはいるから平和条項に基づき合法であると主張した。パネル・上級委員会は，米国の主張を退け，生産者助成は緑箱にはいらず農業協定に違反すると結論した。

第3節 日本の国家貿易と価格支持

日本はWTO発足後，広範な農産品を関税化し，関税譲許を行ったが，肝腎の貿易制度として従来の国家貿易（state-trading）を維持し，国内価格を支持してきた。これが米国など農産物輸出国の対日批判をうんでいる。

第8部 農業貿易と繊維貿易

1 穀物の国家貿易と価格支持

(1) 米の国家貿易

米は上述のように1999年4月から関税化され、このため関税割当制度が導入された。この制度のもとでは、1次税率枠のために国家貿易が維持され、枠外輸入に適用される2次税率として341円／キロが設定されている。

1次税率枠は、ミニマムアクセス数量（1986-88年を基準期間として算出した年間国内消費量の7.2%）の年間682,000キロトンであり、国は無関税でこの数量を輸入している（国が輸入者となるときは無関税となるのはとうぜんである）。その内訳は食糧庁が輸入する582,000キロトンと残り100,000キロトンである。米国によれば、前者は工業用・食料援助用・ブレンド用の中級品質米（米国産broken rice等）であり、後者は食糧庁の複雑な同時売買制度（Simultaneous-Buy-Sell System, SBS）により輸入されている。国家貿易により輸入された外国産米は政府により流通業者にマークアップ（納付金）を上乗せされて再販売されているとされる。こうした納付金は政府の安い買入価格と高い売渡価格の差に相当する。米国によれば、日本の国家貿易制度とマークアップ再販売制度により、日本は米国産高級米の対日輸入を阻害している、米国産米を輸入価格の3倍で日本国内で販売している、日本の消費者は国家貿易制度によって米国の高級で合理的な価格の米を享受できないとされる。

米の2次税率341円/kgは従価換算でほぼ400%の関税率に相当する。もちろん民間は1次税率輸入枠を超えた数量を輸入することができる。しかし2次税率は途方もなく高水準であるため、米の輸入量は低い。米国産米の輸入は皆無に等しいと米国は批判している。

2次税率（341円/kg）は関税部分（49円/kg）と納付金（292円/kg）に分かれ、納付金は政府の国内農業保護政策につかわれている。このように1次税率枠の無関税輸入・マークアップ再販売と2次税率の徴収によって、国産米は外国産米との競争から保護されているのである。

国産米の価格支持は1998年の食糧法改正を機におおきな転換をとげた。法改正の前は政府が農家から最低価格以上で米を買い上げて農家の所得を保障していた。しかし法改正にともない、政府は農家に対しちょくせつ交付金をあたえている。その原資は一般財源である。

このためWTO新ラウンドに向けて、ハービンソン農業議長は、2002年12月18日の文書で、米の1次税率ミニマムアクセス輸入枠の拡大、関税引下げを提案した。この提案は日本におおきな衝撃をあたえた。日本は国内事情（ミニマムアクセス輸入義務、米消費の減少、米産業の凋落等）をにらんでミニマムアクセス枠の削減を求めていたからである。新ラウンドでは、日本の米市場開放をめぐって、日EU等の輸入国国内産業保護派と米国・ケアンズグループ等の輸出国派の間に対立が生じており、WTO加盟国の3分の2を占める途上国が日EUまたは輸出国派のいずれに加勢するかが争点となっている。

(2) 小麦・大麦の輸入

小麦・大麦もウルグアイ・ラウンドにより関税化されたが、関税割当制度と国家貿易体制により、高価格となっている。

1次税率枠は現行アクセス数量である。政府はこの数量を無関税で輸入したあと、指名競争入札により国内流通商社（および少数のメジャー外国商社）に内外価格差分のマークアップ納付金を上乗せして再販売している。納付金は食糧庁の特別会計にはいり国内価格の支持につかわれている。マークアップは、基準期間には53円／キロであったが、1995年以降6年間で毎年等量ずつ総計15%削減された。

現行アクセス数量の超過分に対しては2次税率が適用される。したがって民間は関税相当量にあたる2次税率を支払えば自由に輸入できるが、じっさいの輸入量は微少である。それは関税相当量がWTO発足後6年間で漸次部分的に削減されたもののいぜんとして高いためである。関税相当量の内訳は関税と納付金であり、1997年の場合、関税相当量60円／キロは、関税10.90円、納付金49.10円であった。

米国USTRは2002年報告のなかでつぎの2点を批判している。1つは政府が無関税で輸入したあと製粉業者等に高価格で販売し、日本での製品価格を高く設定していることである。これが米国産小麦の日本市場への参入を困難にし、貿易を歪曲しているとされる。また民間は高い関税のほか納付金を国に支払わなければならない。

麦の保護も、かつては米の場合と同様、政府の全量買い入れにより行われていた。しかし政府買入制度は廃止され、現在麦作経営安定対策のもとに農家に対し、直接補助金が交付されている。

2 生糸の輸入

生糸（raw silk）と繭は農産物でありWTO農業協定の対象である。日本では農林省が養蚕農家から製糸（生糸製造）までを管轄し、経済産業省は撚糸・絹糸以降を所管している。

(1) 旧事業団の一元輸入・国家貿易

日本はGATT時代は、日中合意等によって生糸の輸入数量を規制し、また生糸の国内価格を支持するため、旧繭糸価格安定法に基づき事業団に生糸の一元輸入——つまり国家貿易——を委ねていた。この法律により、政府は生糸の国内価格が下がると事業団が生糸を買い上げて価格上昇をはかり、生糸の国内価格があがると事業団が在庫生糸を放出して価格下落をはかることができた。

しかし、WTO発足後、日中合意や一元輸入制度は廃止された。

(2) 生糸輸入調整法に基づく民間輸入

1998年、繭糸価格安定法に代わって「生糸の輸入

に係る調整等に関する法律」(生糸輸入調整法)と施行令・施行規則が制定された。そのねらいは1998年現在でもわずか5000の養蚕農家を保護し価格を支持することにある。生糸輸入調整法は, 民間輸入を可能にした。しかし民間輸入によって, 安い海外生糸が国産生糸と競争し, 国内の生糸価格が下がるようになった訳ではない。逆である。民間が輸入にあたり払う関税率は高く設定され, また民間輸入の間に事業団が介入して価格が調整されているからである。民間が輸入する生糸は通関前に事業団により安く買い取られ, 通関後に事業団により高く売り戻されるのである。

こうした民間輸入は, 一般者輸入と実需者輸入に分かれる。

A 一般者輸入

商社等が輸入する場合が一般者輸入である。輸入にあたり, 高率の関税相当量が課される。その額は95年度の開始時には8004円/キロであり, 6年間で15%削減され, 2000年4月には6978円/キロにひきさげられた。1998年4月-99年3月には7388円/キロであった。関税相当量のうち一部(1998年4月当時3910円/キロ)は事業団に調整金として納付された。これが瞬間タッチ方式であり, 事業団は調整金を自動的に徴収することになる。関税は残りの額(1998年当時3478.33円/キロ)である。

B 実需者輸入

生糸のユーザーである機屋(丹後・長浜・西陣等の製糸業者)や流通業者が輸入する場合が実需者輸入にあたる。実需者輸入は関税割当制度に服する。

1次税率輸入は, 関税ゼロである。しかし輸入にあたり, 実需者は, 調整金を支払う。調整金は一般者輸入の場合にくらべて低い。農林大臣は生糸の需要の増進をはかるため, 実需者にとり需給上必要とされる輸入割当数量(実需者輸入割当数量は98年度で5万俵)を定め, この数量について低額の調整金(98年12月現在で過去最低の590円/キロ)を定める。徴収された調整金は事業団の蚕糸業振興基金にはいり, 養蚕農家への補助金としてつかわれる。こうして繭糸価格が安定する。

数量超過部分には2次税率が課される。2次税率は関税相当量(1999年9月現在で7183円/キロ)である。

以上のように, 一般者輸入であれ, 実需者輸入であれ, 輸入者と事業団との売買システムにより輸入繭糸の価格がひきあげられ, 国内産業が保護されるのである。こうした保護体制を補完するため, 事業団は輸入者に生糸の原産地証明書を提出させている。生糸の主要な輸入先国は中国とブラジルである。これら供給国からの安価な輸入は顕著には減っていない。こうした状況を勘案すれば, また長期的にみて和装需要が低迷し生糸需要が減退している事実を考慮にいれるならば, 生糸の輸入制度を再点検する必要があるといえよう。

しかし2008年度から, 生糸の実需者輸入・調整金制度が廃止された。代わりに, 新しい関税割当制度が創設され, そこでも1次関税率はゼロであるが, いくつかの修正が行われた。

❸ 砂糖の輸入

日本は①輸入精製糖(refined sugar [HS1701.91])に高関税を課し, 国内精糖企業を保護しているほか, ②輸入粗糖(甘蔗糖 cane sugar [HS1701.11], 甜菜糖 beet sugar [HS1701.12])に対して関税と調整金を賦課し, 国内粗糖産業を維持している。輸入粗糖への関税と調整金の総計は, WTO譲許税率の範囲内であり, これ自体は上述の穀物や生糸の場合と同様, WTOに整合している。

問題は輸入粗糖に課される調整金が, 国家の価格介入をつうじて, 国産粗糖産業(栽培農家, 粗糖メーカー)への補助金としてつかわれていることである。

(i) 輸入粗糖への調整金の賦課

精糖企業は2008年当時, 原料の粗糖を国内から4割ほど, 国外(タイ, 中国, オーストラリア等甘蔗糖生産国)から6割ほど調達している。輸入粗糖は, 国産粗糖よりはるかに低価格であるため, 関税にくわえて調整金(levy)を課される。粗糖の内外価格差を解消し, 国内粗糖産業を保護するためである。

調整金を支払うのは輸入・需要者の精糖企業である。そして調整金は農畜産業振興機構(ALIC)の手に落ちる。機構は瞬間タッチ方式により, 輸入粗糖を安く買い取り, 精糖企業へ高く売り戻す。機構はこうして得た調整金を, 国庫交付金とあわせて, 国内粗糖産業への補助金にあてている。

(ii) 国内粗糖産業への補助金の交付

調整金を原資とする補助金は, 国内の農家と粗糖企業へ交付される(砂糖等価格調整法)。まず, 農家(鹿児島県・沖縄産甘蔗, 北海道産甜菜)への交付金によって, 農家の所得支持が行われる。したがって, その額は農家が作物を粗糖企業に販売するときの損益にひとしい。調整金はまた粗糖企業への交付金としてつかわれる。

旧制度では, 農家の所得支持は, 旧事業団の生産者価格制度によって行われていた。この制度に基づき, 農家は粗糖企業へ生産者価格を下回らない価格で原料を高く販売することができた。2007年の新制度は生産者への所得支持に代えて収入分配制度を創設した。これによると, 農家の粗糖企業への販売価格は国の関与なしに自由に設定される。ただし, 粗糖企業が精糖企業へ国産粗糖を販売する利益は, 農家にも配分される。くわえて上記調整金からの交付金が国から農家へ支払われている。

調整金はまた粗糖企業への交付金としてつかわれる。が国産粗糖を精糖企業に売る段階でも, 機構の価格介入が行われる。機構は粗糖企業から国産粗糖を高く買いとり, 精糖企業へ安く売る価格支持を行っている。

❹ バター・粉乳・普通牛乳の輸入

GATT時代にすでにチーズ, アイスクリーム, 生

表 8-4 輸入砂糖の旧関税と調整金

	分類		関税・調整金
甘蔗糖	蔗糖の含有量が 98.5 度未満のもの	分蜜糖（遠心分離をかけたもの）	WTO 税率 76.03 円／キロ（1998 年度）の範囲内で関税 10 円／キロと調整金を徴収
		その他のもの（遠心分離をかけてないもの）	WTO 税率 37.37 円／キロを全額徴収
	その他のもの（含有量 98.5 度以上）		WTO 税率 109.17 円／キロの範囲内で関税 28.50 円／キロと調整金 50 数円の合計 87 円／キロ程度を徴収
甜菜糖			WTO 税率の範囲内で関税と調整金を徴収

乳（未殺菌）は自由化されていた。WTO 発足後，それら以外のバター・粉乳・牛乳等が自由化され，関税割当制度のもとにおかれた。

バターの関税割当制度は国家が無関税で輸入する現行アクセス枠と枠外の 2 次税率輸入からなりたっている。

現行アクセスの輸入は国家貿易に服する。事業団は現行アクセス分を無関税で輸入し，また需給が逼迫したときにも無関税で輸入し国内で販売している。国内販売価格は輸入価格に関税と輸入差益（マークアップ）を含む額であり，バターの場合，マークアップは 1995 年の 950 円／キロから 2000 年の 808 円／キロに低下した。マークアップは国内畜産の補助につかわれている。なお現行アクセス分の使途は自由であり，国内販売は義務づけられていない。海外援助にまわすこともできれば，国内備蓄のため保管することもできる。

現行アクセス超過部分の輸入は，民間でも行うことができる。ただしその場合，民間輸入者は高い関税相当量を支払わなければならない。バターの関税相当量は定率部分と定額部分（1995 年当時 1 キロにつき 35％＋1159 円）から成るいわゆる複合税であり，これら定率部分と定額部分は毎年 2.5％ずつ削減され，6 年後にそれぞれ 15％削減され，1 キロあたり 29.8％＋985 円となった。複合税の利点は，為替相場が変動して輸入価格が低下しても，定額部分は影響を受けないため，輸入価格の急激な低下がおきにくいことにある（ちなみに牛肉やチーズは定率部分のみから成り輸入価格がときに低下した）。このため，輸入バターは高価格となり，民間輸入は可能だが微量にとどまっている。

以上にみてきた穀物・砂糖・生糸・乳製品の価格支持は，大豆，肉（牛肉・豚肉）にもみられる。したがって日本人が口にする主要食品は，国家貿易制度や価格支持政策によって高価格に維持されており，低価格の外国食品からほぼ完璧に保護されていることを知るのである。

5 農産物の輸出入手続

(1) 輸入と国家貿易

関税法 70 条の他法令確認品目　各種証明書がないかぎり輸入できない。米の場合，輸入者は，地方農政局・農政事務所・植物防疫所に輸入数量の届出をし収納機関（銀行等）で納付金を納付する。納付金の領収証書等を輸入申告書に添付し輸入申告する流れとなる。砂糖については，農業畜産振興機構に関係書類を提出し（インターネットまたは郵送でも可能）担保を提供す

表 8-5 日本の農産品の輸入国家貿易

実施主体	品目	輸入規制形態
農林水産省	米	ミニマム・アクセス機会に係る輸入の実施・販売（99 年 4 月以降，関税措置への切りかえに伴い，ミニマム・アクセス外の企業輸入につき納付金を徴収）
	小麦，大麦	枠内輸入の実施・販売枠外企業輸入につき，納付金を徴収
農畜産業振興事業団	指定乳製品等	枠内輸入の実施・販売 枠外企業輸入につきマークアップを徴収
	生糸	調整金を企業から徴収

表 8-6 主要国の酪農品の輸出国家貿易

主要国	実施機関	品目	輸出規制形態
カナダ	カナダ小麦ボード（CWB）	小麦，大麦	輸出独占，国内生産の買入れ・販売価格の決定
	カナダ酪農委員会（CDC）	乳製品	脱脂粉乳等の輸出，スペシャルミルク制度の運営
豪州	豪州小麦ボード（AWB）	小麦	輸出独占，生産者買入価格の決定（プール制）
	豪州酪農公社（ADC）	乳製品	チーズの輸出及び輸出ライセンスの発給
NZ	NZ 酪農ボード	乳製品	輸出独占

る。機構から買入・売戻承諾書の発給を受ける。「買入・売戻承諾書」を輸入申告書に添付し，輸入申告する。輸入許可後，売買差額を銀行納付するか，納付がないときは担保から充当する。これが調整金の納付となる。牛乳，クリーム等も砂糖と同様の流れとなる。しかし双方とも現場の人間の取扱実績はほとんどないといわれる。

(2) 輸出と国家貿易

農産物の輸出大国も輸出について国家貿易制度を維持している。その代表例は表8-6にみるとおりである。

第4節　新ラウンドとFTA

1　ドーハ開発ラウンドと農業

カンクン閣僚会議の決裂後，農産物の市場開放をめぐり先進国に対立が生じた。農業議長はこの対立を収束するため上限関税の設定原則，一部限定品目の例外容認という提案を示した。日本は上限関税提案に反対した。

他方，農業貿易推進派のケアンズ・グループ（Cairns Group）は，カナダ・オーストラリア・ニュージーランド等の先進国と中南米アジアの開発途上国（MERCOSUR 4カ国，インドネシア，マレーシア，フィリッピン，タイ等）の団結を維持し，日本を批判した。

これと併行してシンガポール議題（競争，投資）をめぐり南北対立が生じた。開発途上国は国際競争協定と国際投資協定に反対し，シンガポール議題は交渉対象からはずされた。このため2005年1月のドーハ・ラウンド終了目算は絶命的となった。

にもかかわらず2004年2月，新ラウンド交渉グループが更新された。2004年5月にはパリOECD会議と併行してドーハ・ラウンド交渉が行われた。同年7月までに枠組み合意を成立させるスケジュールをにらんで，米国は国内補助金の削減取組みに関する書簡を主要国に送付した。EUは条件つきで農業補助金を廃止し，非農産品市場開放（Non-Agricultural Market Access, NAMA）のため工業産品の関税をひきさげる方向を示した。

一方，農業市場開放をめぐり，ブラジル等開発途上国G20と農産物輸出国のケアンズ・グループは関税引下げのための新方式を検討した。農業産品の高関税を維持する日本は窮地に陥った。日本の米事情は悪化していたからである。日本は米を関税化したあとも在庫の増加に苦しんだ。農水省の在庫管理費も増加した。それゆえ，在庫米の販売を2004年1月以降，随意契約から入札方式へ変更し，また米から樹脂をとりプラスティック生産を行い食器工業用の部品に成型した。

ドーハ・ラウンドの基調は，高関税品目ほど大幅に関税をひきさげ，引下げ関税に上限をもうけ，例外に対して最低輸入義務（minimum access）を拡大するものであった。これは日本がのめる案ではなく，ラウンドは停滞した。2007年にラウンド交渉が再開されたのちも，日本は関税上限方式に反対しつづけた。先進2カ国（米国，EU）と途上2カ国（ブラジル，インド）からなるG4（グループ4カ国）のポツダム交渉も南北間の対立しを解決できず，ラウンド交渉は2011年7月中断された。

2　FTAと農業

日本はFTAの農業交渉でも苦汁をなめた。メキシコとのFTA交渉は豚肉等の自由化で2003年12月，停滞した。目先の利益に固執して自由化に反対する農業団体や与野党の族議員が農業改革を阻止したのである。しかも日本農業の衰退が日本の足枷となった。農業生産が国内総生産に占める比率は，1970年から2002年までの約30年間で，4.2％から1.1％に激減していた。衰退を阻止しFTA自由化をすすめるためには関税障壁・国内支持による保護から補助金による国内競争力強化に転換すべき意見も提出された。また一定以上の耕作面積または飼育頭数をもつ米や肉の基幹品目生産者に対して政府が直接補償をすべきとする論議も展開された。

タイとのFTA交渉は，タイ産パイナップルを域内自由化から除外した。日本はパイナップルに関し関税割当（枠内無税，枠外33円／kg）を維持した。他方，タイは米・米加工品，砂糖，でんぷん，パイナップルなどの農水産物の対日輸出を増大させる希望をもったが，米は日本の食料安全保障にとってもっとも重要なセンシティヴな品目であり，日本の抵抗を招いた。また，砂糖，でんぷん，パイナップルは，北海道・沖縄・鹿児島の重要品目であるため，域内自由化は困難とみられている。

第2章

繊維貿易

第1節　繊維貿易規制の歴史

繊維貿易規制が，GATTの無差別原則や自由貿易ルールを部分的に適用されるようになったのはつい最近のことである。繊維貿易は歴史的にみるならば，戦後からWTO発足までのあいだ，GATTルールの枠

外におかれていた。WTO時代になってはじめて繊維貿易はGATTのなかにくみこまれはじめた。GATT外の繊維貿易がGATT内に統合された経緯を簡単にふりかえり、また中国のWTO加盟にともなう対中繊維セーフガード措置の導入にもふれてみよう。

1 GATT時代の繊維貿易

GATT時代をつうじて繊維貿易だけは、反GATT体制のもとにおかれた。GATTの自由無差別な貿易ルールは繊維貿易には適用されなかった。繊維貿易はGATTに反する輸出自主規制や輸入数量制限に服し、こうしたGATT違反措置は関係諸国間の合意によって合法化されていた。繊維貿易は、商品貿易という大平原のなかにつくられたアウトローの世界であった。GATT時代の繊維貿易規制は、輸出自主規制、綿織物取決め、多角繊維取決めの3つの時期に分けることができる。

(1) 輸出自主規制

1961年までは輸出自主規制が跋扈した。そのきっかけをつくったのは、1950年代からの日本製綿織物・衣服の対米輸出が増加したことであった。これに対し、米国は輸入国としてGATTのセーフガード措置をとったり、義務免除決定を獲得することを回避した。米国はむしろ日本に輸出自主規制をとるよう要請した。つづいて米国は、1956年農業法204条（Section 204 of the Agriculture Act of 1956）に基づき、他の織物衣服輸出国にも輸出自主規制を強要した。

(2) 綿織物取決め

米国は、輸出国に輸出自主規制をとらせる一方、綿織物の輸出諸国との間に輸入規制協定を締結した。その背景には1950年代から顕著となっていた低賃金国（香港、パキスタン、インド等）からの綿製品の輸入急増があった。米国は、まず1961-62年に短期綿織物取決め（STA, Short-Term Arrangement concerning cotton textiles）をむすび、輸入が市場攪乱を引きおこすか引きおこすおそれがあるときは、取決めに基づいて差別的な輸入数量制限をとった。こうした輸入制限は、輸入数量制限の一般的禁止（11条）と無差別適用原則（13条）にそむく点で明らかにGATT違反を構成した。米国はさらに、1962年に長期綿織物取決め（LTA, Long-Term Arrangement regarding International Trade in Cotton Textiles）を締結した。この取決めは、5年後の1967年に終結予定であったが、延長されて1973年まで継続された。

(3) 多角繊維取決め（MFA）

1970年代にはいると、60年代の綿織物取決めを、他の繊維・繊維製品にも拡大する気運が高まり、そのけっか、締結されたのが多角繊維取決め（Multi Fibre Agreement, MFA）であった。それは1973年の第1次取決めから93年の第6次取決めまでじつに20年におよんだ（表8-3）。

MFAの対象品目は、当初、綿・毛・人造繊維製品（cotton, wool, man-made fiber textiles）にかぎられていたが、第4次MFAから、植物性繊維（綱麻[jute]、亜麻[flax]、大麻[hemp]、苧麻[ramie]等）、絹混紡製の繊維製品に拡張された。ただし絹関連産品はMFAの対象からはずされた（したがって絹だけははじめからGATTのもとにおかれ自由無差別貿易ルールに服しているはずであった）。

MFAの柱は、輸入国が対象品目の輸入によって市場攪乱（market disruption）がおきたことを認定するとGATT違反の規制措置をとれるようにしたことである。1つは一方的セーフガード措置（3条）であり、もう1つは輸出自主規制協定（4条）であった。とくに輸出自主規制協定は、輸入・先進国（米国、EC等）と輸出・開発途上国（中国・香港・インド等）の2国間ベースで締結され、輸出国は輸入国への輸出クオータ（数量制限枠）を遵守するよう強制された。GATT時代の統計によると、こうした2国間の数量制限が繊維輸入全体に占める割合は、米国で約8割、ECで約5割に達した。日本も1974-92年の日米繊維協定に基づき米国向け輸出数量を制限した。

これらセーフガード措置や輸出自主規制がGATTの自由無差別原則に抵触することは明白であった。

第1に、MFAのセーフガード措置は、特定輸出国を標的にして一方的にとられる点で、GATT（19条、13条）の一般セーフガード措置がすべての供給国に対して無差別にとられるのと異なっていた。またMFAの措置は、輸入国の市場攪乱を要件としてわりあい容易にとられるのに対し、GATTの措置は輸入国の同種・競合産業への重大な損害が立証されなければとることができなかった。もっともMFAの措置は1年間に限定されていた。他方、GATTの措置は（当時）期限規定をもっていなかった。

表8-7 MFAの期間、参加国および対象品目

MFA	期間	参加国	対象品目
第1次	74.1-77.12（4年）		綿・毛・人造繊維製品
第2次	78.1-81.12（4年）		
第3次	82.1-86.7（4年7カ月）	非加盟国・中国参加（84）	
第4次	86.8-91.7（5年）		追加品目として植物性繊維（jute, flax, hemp等）、絹混紡製の繊維製品
第5次	91.8-92.12（1年5カ月）		
第6次	93.1-93.12（1年）	41カ国（1国としてのEC、非GATT加盟国中国を含む）	

同じように，MFAの輸出自主規制も，輸入国が特定の輸出国に対して輸出規制を強要する点で，一方的・選択的な性質をもっていた。輸出自主規制は，すべての輸出国に対して同等の規制を強要するものではなかった。この点で，MFAの輸出自主規制がGATTの無差別セーフガード措置とあいいれないことは疑う余地がなかった。またMFAの輸出自主規制は，輸入国に市場攪乱の真の危険が認められれば無期限にとることができた。こうした輸出自主規制の発動要件は，GATTのセーフガード措置の発動要件（重大損害）よりもはるかに緩やかであった。またここに繰り返すまでもなく，輸出自主規制はそもそもGATT（11条）の輸出数量制限の禁止規定に違反していた。

2 WTO繊維協定と繊維貿易のGATT統合

繊維貿易をめぐるウルグアイ・ラウンド交渉は，繊維輸出の拡大をねらう開発途上国と先進輸入国の攻防で幕をあけた。途上国はMFAの廃止を主張した。これに対し，米国は，途上国の関税・数量制限を含む全貿易障壁の撤廃という反対提案を行った。その挙句，妥協の産物として構想されたのがWTO繊維協定であり，そのコアは繊維貿易を1995-2004年の10年間で段階的にGATTに統合することにあった。それゆえ，2005年1月の時点で，各国のMFA数量制限は廃止され，GATT違反措置は消滅することになる。

3 中国のWTO加盟作業部会報告と対中繊維セーフガード措置

中国のWTO加盟作業部会報告 (paras. 241-242) は，WTO加盟国が中国産繊維衣服（繊維協定対象品目）に対して市場攪乱を理由にセーフガード措置をとることを認めた。ただしこれは中国がWTOに加盟した2001年12月から2008年12月末までのあいだにかぎられる。

第2節 WTO繊維協定の内容

WTO繊維協定はGATT統合が行われる10年間の約束事を規定しているにすぎない。長いあいだ大事に保護されていた繊維貿易を10年間でどうやって自由無差別ルールのなかに放りこむのか，輸入国はその間，輸入から国内繊維産業をどのようにセーフガードするのか，協定はこうした難問につぎの処方箋をあたえた。

1 MFA対象品目のGATTへの段階的統合

MFA対象品目のGATT統合は，1995-2004年の10年間の過渡期間（transitional period）のあいだに段階的に行われる。このため，まず1990年の繊維輸入量を基礎に各国の繊維貿易量（100%）が算出される。この貿易量を1995年から3年・4年・3年の3段階で，徐々にGATTに統合していく。各段階の開始時にGATTに統合される貿易量は，それぞれ全体の16%，17%，18%（合計51%）でなければならない。それゆえ，10年目（2005年1月）に，残り49%を一気にGATTに統合し，100%統合を達成する。

各段階の開始前に，加盟国は統合計画をWTO繊維・繊維製品監視機関（Textiles Monitoring Body. TMB）に提出しなければならない。しかし，各段階にどの繊維製品をGATT統合品目として指定するかは，各国の裁量に委ねられた。このため各国は，低センシティヴ品目を第1段階でGATTに統合し，高センシティヴ品目を最終段階に回し，10年後にGATT統合を完成させる政策をとった。換言すれば，高センシティヴ品目のGATT統合をひきのばして，国内産業を短期間であれ保護する方策がとられている。

2 MFA対象品目のためのセーフガード措置

MFA対象品目のうち，GATT統合品目は一般セーフガード措置の対象となり，GATT未統合品目は経過的セーフガード措置の対象となる。

(1) GATT統合品目と一般セーフガード措置

MFA対象品目はひとたびGATTに統合されると，輸入国が問題の対象産品に関して輸入急増から国内産業を保護するためにとれる手段は，GATT（19条）とWTOセーフガード協定に定められた一般セーフガード措置に限定される（もっともダンピングがあればダンピング防止措置がとれることはいうまでもない）。それゆえ，措置の発動要件はきわめて厳格であり，措置の適用期間は原則として4年を超えてはならない。また措置は，輸出加盟国の要請があるときはGATT（13条2d）の無差別割当方式（利害関係諸国との合意に基づく割当，それが不可能なときは過去の代表的な期間の供給割合に基づく無差別割当）に従ってとられ，輸出国はこうした割当を管理しなければならないとされている（WTO繊維協定2条19-20）。

(2) GATT未統合品目と経過的セーフガード措置

MFA対象品目のうちGATT統合をひきのばされるいわゆるGATT未統合品目は，上述のように輸入国の高センシティヴ品目であって，輸入国は，輸入急増時には，経過的セーフガード措置 (Transitional Safeguards. TSG) によって国内産業を保護することができる（協定6条）。

A 発動要件

経過的セーフガード措置を発動するためには，輸入急増，損害発生，輸入と損害の間の因果関係が立証されなければならない。とくに輸入増加により同種・競合産品の国内産業が重大な損害またはその現実のおそれ (serious damage or actual threat thereof) を受けていることが要請される。この場合，重大な損害は特定品目の輸入増加に起因していることが明らかでなければならず，他の要因（技術的変化，消費者の選好の変化等）から生じたものであってはならない。重大な損害を決定するときは，経済指標（たとえば生産量・生産性・操業度・在庫・市場シェア・価格・利益・投資等11項目）の変化に反映された特定産業への影響について，検討が行われなけ

ればならない。

B 特定輸出国の特定

経過的セーフガード措置は，重大な損害をひきおこしている特定輸出国に対して適用することができる。この特定国は，その国からの輸入増加が急激で相当量であるかどうか，他の輸入国からの輸入とくらべてその国の輸入水準・市場シェアが高くまた価格が低いかに照らして決定される。

もっとも複数の輸出国からの輸入があるときは，輸入を累積して国内産業への損害を審査し，損害をひきおこしているすべての輸出国に対して措置を適用しなければならない。米国・パキスタン産綿糸セーフガード事件〔巻末表20-17〕で，米国はパキスタン産綿糸に対して経過的セーフガード措置を発動した。しかし，米国は最大輸出国・メキシコからの輸入が重大な損害をあたえているかどうかを審査するのを怠ったため，米国の措置は協定違反となるとパネルは判定した。

C 措置の形式

(i) 輸出自主規制

措置の発動要件がそろうと，輸入国と特定輸出国との合意ののち，輸出国は輸出規制を行う。輸出規制は輸出国が管理する（4.1条）。こうした輸出規制は，輸入国のセーフガード措置に優先する。この点で，WTO繊維協定に基づく輸出自主規制は，MFAの規制と似ている。ただし，繊維協定上の輸出規制の詳細はWTOの審査を受ける。TMBは輸出規制協定が繊維協定（6.8条，6.9条）により正当化されるかどうかを検討するからである。

(ii) 一方的・差別的セーフガード措置

しかし60日のあいだに輸出入国間で協議が成立しないときは，輸入国は一方的に特定輸出国に対し選択的な数量制限セーフガード措置を発動することができる。ただし問題はTMBへ付託され，TMBは30日以内に措置が発動要件を満たしているかどうかについて適当な勧告をだす（6.10条）。緊急の場合は，一定の条件のもとに暫定的な数量制限措置がとられる。

D 措置の水準と期間

措置の水準は，初年度は，直近1年間（協議要請が行われた月に先だつ2カ月前に終了する12カ月間）の輸入実績であり，2年目以降は，原則として年率6％を下回らない伸び率とならなければならない。したがってセーフガード措置といっても輸入を禁止したり大幅に制限するものではない。

措置の期間は，3年間または品目がGATTに統合されるまでのいずれか早い年月であり，延長はできない。

E 措置の発動国

措置を発動できる国は，まず第1にMFA規制（一方的セーフガード措置，輸出自主規制協定）をすでに発動した実績のある国（米国，EU等）である。他方，MFA規制を発動したことがないMFA非加盟国やMFA加盟国の場合は，経過的セーフガード措置の発動権を留保する旨をTMBに通報した国だけが措置を発動できる。このため日本は，1995年3月1日，通報を行い措置の発動権を留保した。

F 措置の導入提案

経過的セーフガード措置の導入を提案したのは，日本であった。ウルグアイ・ラウンドの交渉過程で開発途上国は経過的セーフガード措置の導入に強く反対していた。開発途上国によれば，GATT締結諸国はウルグアイ・ラウンド交渉を開始させたプンタデルエステ宣言のなかでGATT違反の輸入制限措置を新設しない約束（いわゆるスタンドスティル約束）を行っていたからである。しかし日本は，MFAの発動国がMFA規制（GATT未統合品目についてのクオータ等）を継続できるのに，MFAの不発動国（日本等）が同様の規制をとれないのは不平等であるとして，経過的セーフガード措置の導入を動議したのであった。

3 残存MFA規制の存続

MFA自体は1995年以降は延長されずに失効した。しかし，残存MFA規制はWTOに通報されれば一定の条件のもとに10年間存続されることになった。かくして2001年現在でも米国やEUのMFA 2国間取決め数量制限（クオータ）は残存している。これら2国間取決めは有効期間がたとえば2年しかなくても，最長10年存続することになった。

4 MFA一方的措置の扱い

MFA（3条）が許した一方的セーフガード措置は，WTO繊維監視機関（Textiles Surveillance Body, TSB）により審査されているときは措置により特定された期間（ただし最長1年）だけ維持されることになった。ただしこれは現在では，歴史的な意味をもつにすぎない。

5 非MFA品目についての規制

非MFA品目のための規制，たとえば絹関連品目の輸入制限措置（協定3条）は，すでにGATT下におかれていた。それゆえ本来これら措置はGATTに適合していなければならなかった。しかし現実には，日本の絹関連の輸入規制をみて明らかなように，GATTとの整合性が疑わしい規制がWTO発足時に存在していた。

これら非MFA品目の規制のうち，GATTに違反する措置は，協定発効後1年以内にGATTに適合させるか，または10年以内に漸進的に撤廃するよう，加盟国は義務づけられた。非MFA品目に関して輸入急増がおき国内産業が損害を受けるときは，WTOセーフガード協定により解釈される1994年GATT（19条）の一般セーフガード措置が適用されることになる（協定附属書3c）。

第3節　対中繊維特別セーフガード措置

1　米中合意と中国の WTO 加盟作業部会報告

1999年11月の米中合意により1997年の米中2国間繊維協定の対中繊維特別セーフガード条項が中国のWTO加盟議定書に挿入されることになった。これにより対中差別繊維セーフガード措置は，MFA品目がGATTに完全統合される2005年1月以降も，2008年12月末まで適用された。しかし米中合意の根拠となる中国WTO加盟作業部会報告書（para. 242）は，こうした2国間合意は，1年を超えてはならないとしたため，そのWTO違反は明白であった。しかしながら2009年以降，米中合意は失効したため，米国が対中繊維輸入制限をWTO整合的に行うためには，WTOが明記する本来の対中特別セーフガード措置，ダンピング防止措置，相殺関税措置，WTO紛争解決手続によるほかはなくなることになる。

2　中国の輸出自主規制

中国は，2005年から仕向国の別にかかわりなく繊維製品の輸出を自主規制した。このため従量税方式の輸出関税を2005年1月から賦課した。また欧米や香港を仕向国とする繊維製品を2005年3月から輸出自動許可管理制度のもとにおいた。それにもかかわらず欧米の対中繊維特別措置の申請件数は増加した。

EUは，措置発動の諾否決定期限（2005年6月）を睨んで，中国に繊維製品10品目の輸出自主規制を迫った。中国はEUとの間に輸出自主規制協定を覚書の形でむすび，EUの措置発動を期限の瀬戸際でくいとめた。その見返りに，中国は輸出自動許可管理を緩和した輸出臨時管理制度を導入したが，EU向け輸出は増加しEU諸国での通関が滞った。中国は事態を収束させるためEUとの間に経過的柔軟措置覚書を締結した。これにともない，中国は2006年1月から繊維製品の輸出管理対象品目を見直し，同時に繊維製品の輸出関税を撤廃した。

3　経済産業省の規程

経済産業省は対中繊維緊急措置規程（「中華人民共和国を原産地とする繊維製品等の輸入に関する緊急の措置等に関する規程」，2002年経済産業省告示第235号）により，中国産繊維製品に対する差別的セーフガード措置を規定した。措置は，中国産繊維製品の輸入増加が市場攪乱をひきおこし，国民経済上の緊急の必要性があるならば発動される。市場攪乱は輸入の絶対的・相対的な急増が国内産業（中国製品と同種の製品を生産しその生産高が国内総生産の50%以上であるような日本の生産者）に実質的な損害をあたえるかあたえるおそれの重要な原因となっている場合に認定される。この認定にさいして，輸入量（急増量，増加率，国内シェア増加），価格に対する輸入の影響（内外価格差，同種国内産品の需給関係），国内産業に対する輸入の影響を考慮する。

4　対中繊維特別セーフガード措置

米国の対中繊維特別セーフガード措置についてはすでにのべた。

第4節　日本の繊維規制

1　GATT 統合スケジュール

日本は綿織物等のセンシティヴ品目は最終段階にGATTに統合された。

その間これらGATT未統合品目に関して経過的セーフガード措置を発動できるようにするため，経済産業省は繊維製品セーフガード規程を1994年12月のガイドラインとして定めた。GATT未統合品目のなかの最重要品目は，ナイロン糸・アクリル糸麻糸（亜麻，苧麻）・毛糸のほか，綿糸（20番手・30番手・40番手），ポリエステル長繊維糸・単繊維糸，綿織物，衣服縫製品，ニット製（スーツ類スカート類セーター類靴下パンツ類等），織物製（スーツ類スカート類ズボン類パンツ類等）であった。

2　綿糸・綿織物事件

綿糸・綿織物は日本のセンシティヴ品目であり，GATT時代からWTO発足後もひきつづき紛争の火種となっている。

(1) GATT 時代の韓国綿糸事件

GATT時代の1982年，日本紡績協会は，政府に対しMFA（4条）の輸出自主規制協定を締結するよう要請し，また同時にダンピング提訴を行った。日本政府は，国内産業の申立を受けて，MFA規制（輸出自主規制）かGATTダンピング規制かの選択を迫られた。しかし，1983年4月，民間レベルで輸出自主規制約束（政府の支援を受けた約束）が交わされ，協会がダンピング提訴をとりさげたため，日本政府はMFA規制とGATT規制の選択を回避することができた。

(2) パキスタン産綿糸事件

WTOの時代にはいって，民間がパキスタン産綿糸20番手・21番手のダンピング提訴を行うと，日本政府は1995年8月，ダンピング課税にふみきった。課税は5年継続され終結した。

(3) 中国産綿織物事件

パキスタン産綿糸がダンピング課税に服したのに対し，中国産綿織物は経過的セーフガード措置の調査を受けた。調査は2回にわたって行われたが，最終的には措置はみおくられた。

A　第1回目の調査（1995年4月調査開始，11月調査停止）

1995年4月，中国・韓国・インドネシア産綿織物（GATT未統合品目）に対し調査が開始された。主要な調査対象品目は，中国産綿製ポプリン・ブロード織物（未漂白から漂白のものまでさまざま）であった。経済産業

省は輸入急増にともなう国内産業への重大な損害の発生を認めたが、輸入割当セーフガード措置を発動するにはいたらなかった。その理由は調査開始後、輸入が減少し、また最大輸出国の中国が輸出自主管理を約束したからであった。経済産業省はしかし、中国製品の輸入者に対して、輸入品の数量・価格・原産地を通関後2週間以内に報告するよう義務づけた。これは輸入貿易管理令（16条）の報告制度に根拠をおいていた（しかし報告制度はセーフガードとは別枠の制度であり法的にみておかしいという論議が提起された）のではないか。報告に基づく情報は通関データよりも早いため、必要なときは迅速にセーフガード調査に移行できたのである。

B 第2回目の調査（96年8月調査開始、97年8月調査延長、98年8月調査再延長）

1996年8月、日本は、中国産品に対する経過的セーフガード措置の調査を開始した。対象産品は綿製ポプリン・ブロードのうちとくに未漂白で平織りの中国産綿織物（HS5208.11 5208.12）のみであった。日本は正式の措置を発動しようとしたが中国側は話しあいによる解決を求め、日本向けの輸出自主規制を約束した。この輸出規制管理は、中国産品を総代理店・中大株式会社（日本で設立された中国出資の法人）をとおして販売する形で実施された。1996年11月、未漂白の平織り綿織物だけを税関確認制度のもとにおいた（漂白されたものまたは染色等の加工を第3国で受けた綿織物、平織りplainでない綿織物［3枚綾織・4枚綾織・破れ斜文織等］は規制の対象外とされた）。このため、輸入者は輸出者にインボイスを日本に送付させ、中大株式会社に印をおしてもらい、このインボイスを日本側の通関時税関確認にふした。しかし通関時確認は、対象産品の第3国積替えによって迂回された。中国産品は韓国と香港の保税置き場で積替えられ、船積地を中国ではなく、香港や韓国に変更されたのであった。にもかかわらず、経済産業省は、経過的セーフガード措置をとらなかった。経産省によれば、中国からの輸入は2000年5月までの3年間をつうじて全体としてコンスタントになったとされた。

(4) 中国産タオル事件

2001年2月、日本タオル工業組合連合は中国産タオルに対する経過的セーフガード措置の調査を要請した。経済産業省は2001年4月調査を開始した。経済省によると、中国産品の輸入は1998-2000年の3年間で34％上昇し、中国産品の日本国内シェアは2000年で57％に達した。これと対照的に、日本産品のシェアと利益は同じ3年間でそれぞれ5.9％と91％分低下した。政府の調査は、2001年10月、2002年4月、2002年10月にそれぞれ6カ月間ずつ延長された。2002年10月時点では、直近3年の輸入伸び率はおおむね低下しており措置を発動する状況にはないが、直近7-8カ月では輸入全体の約8割を占める中国からの輸入がおおきく増加しており輸入動向をさらに慎重にみきわめる必要があるとされ、2003年10月、調査は再延長された。しかし、2004年4月、政府は過去3年間の輸入量はセーフガードの発動水準に達していないとし、また直近6カ月の輸入伸び率も安定的に推移しているとして、調査を終了した。その結果、生産地（今治市等）は高価で高品質な製品の生産に方向転換しつつある。経済産業省もJAPANブランド育成支援事業の一環として今治タオルブランドの確立を支援した。

(5) 韓国・台湾産ポリエステル短繊維事件

ポリエステル短繊維はGATT未統合品目であり、経過的セーフガード措置の対象と成りえたが、日本企業5社は、経過的措置の調査申立を断念し、ダンピング提訴にふみきった。その理由は、経過的措置の発動に困難を予想したこと、WTOパネルが米国・綿糸事件で厳しい判断をくだしたことにあった。とくに経過的措置は、旧規定のもとでは構造改善の立証要件があり、それがWTO体制下で削除されたとはいえ要件の立証を困難を予想したのであった。政府は2002年、史上3度目のダンピング課税（1回目中国フェロシリコマンガン事件、2回目上述パキスタン産綿糸事件）を決定した。

第9部 サービス貿易

[要約と視点]

要　約

1 GATSの導入

GATTは商品貿易についての自由化ルールであり，サービスについてひとこともふれていなかった。それはGATT成立当時は，貿易のおおかたは商品貿易に偏っていたからである。しかしサービス貿易の拡大にともない，WTOはGATTに対比されるGATS (General Agreement on Trade in Services サービス貿易協定) を導入した。

2 GATSの内容

GATSは，サービス貿易の類型，適用対象，無差別原則，自由化ルール，紛争解決を定めた。

(1) サービス貿易の類型

サービス貿易は4つのモードに分けられる。第1モードはサービス自体の越境（米国法律会社が日本の顧客企業に文書をインターネット等により配信すること等），第2モードは需要者の越境と国外消費（日本人が米国カーレンタル会社からレンタカーを借りること），第3モードはサービス提供者が外国の商業拠点をつうじてサービスを越境提供すること（米国保険会社が日本支店をつうじて保険サービスを提供する行為），第4モードは自然人の越境と現地でのサービス提供（EU弁護士が日本で米国法の講演を行う行為）をさす。これらサービスの提供手段（国際電話，FAX，インターネット等）はさまざまであり，GATSルールは，サービス提供手段のいかんを問わずに適用される（GATSの技術中立性）。

(2) GATSの適用対象

GATSは，サービス貿易に「影響をあたえる」加盟国の措置に対して適用される。こうした国家措置は，サービス貿易に直接関係する措置（外資銀行の規制等）のほかに，サービスに波及効果をあたえる他分野の措置（商品貿易措置等）もカバーする。

(3) 無差別原則（最恵国待遇と内国民待遇）と自由化

GATSは，無条件の最恵国待遇原則を定めた。それゆえ，加盟国（中国）は他の加盟国のサービスおよびサービス提供者（日系銀行）に対し，他国の同種のサービスとサービス提供者（米系銀行）にあたえる待遇よりも不利でない待遇を即時かつ無条件にあたえる。しかしこうした原則に対してはいくつかの例外（免除登録，義務免除，地域統合例外，労働市場統合協定，政府調達，相互承認協定）が定められた。

内国民待遇原則については，加盟国は，緩やかな義務を負うにすぎない。各国は，自国の約束表で約束した条件と範囲でのみ，外国のサービス・サービス提供者に，市場アクセスと内国民待遇義務を負うにとどまるからである。ひらたくいえば，加盟国は積極的に約束した範囲でのみ，外国のサービス・サービス提供者に，市場アクセス・内国民待遇を保証するにすぎない。自ら約束した範囲を超えて，市場アクセス・内国民待遇を外国サービスにあたえる必要はない。これが，GATTの内国民待遇原則との相違点であり，GATSの内国民待遇原則はこの意味でGATTにくらべて緩いのである。これが，各国サービス貿易が遅々としてすすまない原因となっている。GATSはまた国内規制に関し，加盟国が約束表の記載分野でサービス貿易関連の国内規制を行う場合，合理的・客観的・公平に規制を運用しなければならないと定めた。

(4) 紛争解決

GATS関連の紛争は，違反申立と非違反申立手続に委ねられる。敗訴国が紛争解決機関の勧告に従って違反措置を是正しない場合，勝訴国はWTOの許可をえて敗訴国に対し報復措置をとることができる。

3 分野別サービス交渉と第4・第5議定書

WTOのもとで，4つのサービス貿易分野で自由化交渉が継続され，金融・基本電気通信の2分野で合意が成立した。

(1) 金融サービス市場の自由化と第5議定書

金融サービス市場の自由化交渉は第5議定書に結実した。この議定書は，米国（包括的な最恵国待遇例外の撤回），途上国（外資規制緩和），日本（日米保険協議と日米金融協議に基づく日本のGATS追加約束）の金融保険市場の自由化をもたらした。

(2) 電気通信サービス市場の自由化と第4議定書

電気通信サービス市場の自由化交渉のけっかは第4議定書にもりこまれた。第4議定書は，参照文書をともなった。参照文書は電気通信サービス分野に2種類の競争ルールを導入した。それは，加盟国当局に課せられた競争条件確保義務と相互接続確保義務である。とくに相互接続確保義務によると，不可欠設備をもつ主要サービス提供者（NTT等）は，外国の競争者と協調し，自己の公的伝送網を開放しなければならないとされている。参照文書については，私的当事者のための国内救済手続と国家間の紛争解決手続が定められている。

その他サービス市場の自由化は進展していない。

視　点

1 サービス産業

いうまでもなく産業は，農林水産牧畜業から成る第1次産業，製造業や建設業から成る第2次産業，これら以外のサービス業から成る第3次産業に分類される。第1次産業と第2次産業がそれぞれ商品（有体財）

国際経済法　　　　　　　　　　　　　　　　　　　　　355

の生産と加工を目的とするのに対し，第3次産業はサービスという無体財の提供を目的としている。

　こうしたサービス業は，商品の販売・流通・保管・修理に関連した業（小売・卸売・倉庫・輸送・保守修理業等），サービスのみを私的目的のために提供する業（金融・電気通信・リース・レンタル・調査・情報・広告・旅行娯楽・医療・教育・映画・環境業等），社会福祉や社会保険といった公共サービスのための業に分かれる。

　サービス業の就業比率は，どの国でも社会と産業の発展とともに増加する傾向にある。とくに先進国では，サービス業の就業人口は全就業人口の6-7割に達している。また所得水準でみても，第1次産業よりも第2次産業が，また第2次産業よりも第3次産業のほうがおおきな利潤をもたらしている。こうした経済のサービス化は，中先進国に共通の現象である。しかし，これはかならずしもサービス業による第1次・第2次産業の駆逐を意味しない。サービス業の進展と併行して，第1次・第2次産業の革新（たとえば農業の大規模・近代化，ハイテク電子通信機器・環境浄化機器・最先端医療機器の製造）が行われているし，また製造業を前提とするサービス業（流通・保守・広告・輸送・技術指導・研究開発・法律会計サービス等）が存在するからである。さらにサービス業の発展は新旧サービス業の交代という新陳代謝をとおして行われている。

　サービス業の発展・深化は，必然的にサービスの国境を超えた取引を加速させ，サービス貿易の自由化も部分的に促進されてきている。

2　サービス貿易と自由化

　世界貿易はWTOの国際貿易統計・年次報告（2000年前後）によれば，年間ほぼ7兆ドル（約840兆円，日本国家予算80兆円の約10倍）であり，その内訳は商品貿易6兆ドル，サービス貿易1兆ドルであった。サービス貿易は，サービス産業の進展にともなって，増加する傾向にある。またGATSのもとでの各国の自由化約束にともない部分的にサービス貿易の自由化がすすんできたことも否定できない。

　しかしながら，サービス貿易の規模は商品貿易のレベルには達していない。その背景には，サービス貿易の規律が商品貿易ルールほど厳しくないこと，各国の約束履行がきわめて消極的であることによる。

　はっきり結論からいってしまえば，GATSの締結にもかかわらず，自由化は部分的にしか進展していない。ウルグアイ・ラウンドで各国はおおくの約束をしたが，じっさいには自由化はかぎられた国の一部サービス分野でしか達成されなかった。しかも約束には全面的約束のほかに部分的約束があり，また途上国の約束は消極的であった。

3　新ラウンド交渉

　GATSは不徹底な協定であったため，サービス貿易の自由化交渉を協定発効後5年以内に開始することを定めた。サービスは農業とならんでWTO協定があらかじめ新ラウンド交渉議題の1つとしてきたアジェンダであった（built-in agenda）。

　こうした現実をみすえながら，WTOサービス貿易ルールを概観してみたい。

第1章
WTOサービス貿易協定の内容

　WTOは，商品貿易にくわえて，サービス貿易についても規定し，サービス貿易分野に無差別原則と自由化ルールを導入した。以下，WTOサービス貿易協定（GATS. General Agreement on Trade in Services）を概観してみよう

第1節　サービス貿易の類型と手段

　サービスには，流通，金融，運輸，通信，建設，保険等の155業種があり，これらサービスの国際取引をサービス貿易という。GATSはサービス貿易をつぎの4つのモードに分けた。

1　サービス貿易の類型
(1) 第1モード

　サービスの越境（cross-border supply），つまりある加盟国の領域から他の加盟国の領域へサービスが提供される形態をいう。サービス提供者と需要消費者はそれぞれ提供国と需要国に別々に存在している場合に，サービス自体が提供国から需要国へ移動するのである。
① データ提供サービスの越境（海外データベースからインターネットにより音楽データをダウンロードする場合）
② 輸送サービスの越境（海外書店から日本への書籍の運輸サービス）
③ 翻訳サービスや法律サービスの越境（外国の翻訳会社や法律会社が日本会社の要求におうじて英文パンフレットまたは法律文書をFAX，インターネット等によって日本に配信すること）
④ 国際電気通信サービス

　これら第1モードのサービス貿易は，サービスの越境にのみ着目しサービス提供者にはふれていない。それゆえメキシコ電気通信サービス事件（巻末表16-2）でパネルがのべたように，第1モードの典型例である国

際電話サービスは，単一の電話サービス会社によって提供される必要はない。米国からメキシコへの電話サービスを例にとれば，それは単一サービス提供者によって行われるのではなく，米国とメキシコの双方のサービス提供者により達成される。米国からメキシコへの電話は，米国の送信者から米国サービス提供者（AT/T等）の回線をへて，メキシコ領域内の国際電話交換機に届き，そこでメキシコ電気サービス会社の通信回線に接続され，メキシコ受信者へ届く。したがって，パネルは，国際電話サービスは1加盟国の端末から他の加盟国の端末まで単一のサービス提供者によって実施される必要はないことを確認し，WTO加盟国が国際電話サービスについてGATS上の義務を免れないことを強調した。

いうまでもなく商品貿易の場合は，第1モードしかない。商品が貿易されるときは，かならず輸出国領域から輸出国税関をとおして輸出され，輸入国税関をへて輸入される。商品自体が税関経由で越境するため，商品貿易は第1モードにつきる。他方，サービスの貿易は第1モードの場合でも税関を経由しない（それゆえ関税に服しない）のである。

(2) 第2モード

第1モードがサービス自体の越境を内容とするのに対し，第2モードは，サービスの越境をともなわない。第2モードでは，サービスの需要者がサービス提供国に越境し，提供国でサービスを消費するからである。したがって，第2モードは需要者の越境と国外消費（consumption abroad）を内容とする。具体例としてあげられるのは，消費者による海外でのサービスの消費（日本人が米国へ行って米国サービス提供者からカーレンタル，電子機器レンタルを受けたり，現地交通機関を利用したり，電話サービス・電信サービス・インターネットサービスを受けること）である。

第2モードは他のモードとつぎの点で異なる。
① 第2モード以外はすべて需要者が需要国に残留している。
② 第2モードの場合のみ，サービスは提供国で消費され，越境しない。

(3) 第3モード

サービス提供者が外国に商業拠点（commercial presence）を設置し，この拠点をつうじてサービスを越境提供することをいう。拠点には，法人（法人格をもつ子会社等）のほかに，支店や代表事務所が含まれる。第3モードの例としては，米国の金融会社や保険会社が日本支店をつうじて金融・保険サービスを提供する行為，海外情報技術会社が日本にサーバ事務所を設置しサーバをつうじて日本でインターネットサービスを提供する行為，日本企業が海外で現地法人をつうじて行う流通サービス等が含まれる。

第3モードは，このように拠点設置のための海外投資をともなう点で，また海外への伝統的な市場参入形態にあたる点で，従来から，サービス貿易のなかでもっとも強い関心をひいてきた。第3モードに対して各国が過敏であったのは，海外から拠点をつうじて市場参入する外国企業が，国内サービス提供者を競争によって駆逐したり，国内企業を株式保有や人的支配によってあやつるおそれがあったからである。

しかし，技術進歩にともない，第3モード以外の他のモードも，各国の関心を集めてきている。とくに第1モードのサービス越境として，たとえば米国金融会社が日本に拠点を設置せずに，インターネットにより金融商品を販売する形態が出現しつつある。インターネットという新技術の発展は，サービス提供者に拠点設置という投資コストなしに，サービスを海外に直接提供することを可能にしている。

(4) 第4モード

サービスを提供する自然人が越境して現地でサービス活動を行う形態（presence of natural persons）をさす。これには，外国人サービス提供者の越境・現地活動（中国人アーチストが来日して演奏すること，米国弁護士が来日して日本企業向けに米国法を講演すること，外人技師が日本で機械設備の保守サービスを行うこと等）がはいる。

メキシコ電気通信サービス事件［巻末表16-2］でパネルが指摘したように，GATSは第3モードと第4モードに関してのみサービス提供者（商業拠点，自然人）に言及した。これは，第1モードがサービス提供者について沈黙しているのと対照的である。

2 サービスの提供手段とGATSの技術中立性

(1) サービスの提供手段

サービスの提供は多様な手段をつうじて行われる。たとえば，米国法律事務所が日本企業向けに法務サービスを提供する場合，米国法律事務所は調査内容を国際電話・FAX等で送付することもできれば，インターネットの電子メールで提供することもできる。

(2) GATSの技術中立性

GATSのもとでの各国の自由化約束は，サービスの提供手段のいかんにかかわらず適用される。たとえば，日本は約束表のなかで，翻訳・通訳サービスに関して第1モードの越境取引を「制限しない」ことを約束した。したがって，外国の翻訳者や通訳者が国境を超えて日本企業にサービスを提供する場合，日本はこうしたサービス輸入に対し市場アクセスと内国民待遇を認めたことになる。この越境取引サービスは従来，郵便・電話・FAX等で行われてきたが，このサービスがインターネットによる電子商取引で行われるようになっても日本は約束表の市場アクセスと内国民待遇義務を負うことになる。

同様にX国が法律サービスの第1モード（サービスの越境）に関して，自由化を約束した場合，国は，外国法律事務所によるすべての手段による法律サービスの越境輸入を制限しない義務を負う。したがって，外国法律事務所がFAXによってサービスを提供しようと，インターネットをつうじてサービスを提供しようと，X国は外国からのサービスの輸入を制限することはで

きない。つまり，伝統的なFAXによるサービスの輸入は許すが，新技術のインターネットによるサービスの輸入は制限する方策をとることはできない。

このようにGATSの自由化約束が，サービスの提供手段のいかんを問わずに適用されることをGATSの技術中立性（technical neutrality）という。ひらたくいえば，GATSの義務は，技術から中立的に・無関係に適用されることになる。

GATSの技術中立性は，情報技術革新により新技術（インターネットその他による商取引）がうまれる状況下で著しい重要性をおびる。どれほどサービスの提供手段が革新されても，サービス貿易上の義務は，国家が約束したかぎり，技術革新にかかわりなく，履行されなければならないからである。

3 デジタル・コンテンツの分類

新ラウンドでの課題の1つに電子商取引がある。電子商取引とは，インターネットという国境のない仮想空間でのデジタル・コンテンツ（digital contents）の取引をいう。基本的な問題は，デジタル・コンテンツが商品とサービスのいずれに分類されるのかという争点である。

デジタル・コンテンツが商品に分類されるとすると，電子商取引は，GATTの厳しい規制（無差別原則，自由化原則）を受ける。逆にデジタル・コンテンツがサービスに分類されると，電子商取引は，GATSという緩やかな規律に服することになる。

第2節 サービス貿易の規律

1 適用対象と構成

(1) 適用対象

GATSは，サービス貿易に「影響を与える加盟国の措置」に適用される。この措置は，パネルと上級委員会によってひろく解釈されてきた。

第1に，加盟国の措置には，中央・地方政府機関の措置のほかに，非政府機関が政府からの権限委任に基づいてとる措置がはいる。したがって形式上は民間の行為であっても，政府からの権限の委任を受けていれば，GATSの適用を受ける。

第2に，サービス貿易措置は，サービス貿易そのものに関する措置（たとえば流通規制，金融保険会社の外資規制等）に限定されない。それは，サービス貿易に「影響を与える」すべての措置をカバーするからである。したがって，サービス貿易そのものには直接関係しなくても，サービスに波及効果をあたえる他分野の措置，たとえば商品貿易措置も，サービスに影響をあたえるならば同時にサービス貿易措置とみなされ，GATSの適用を受ける。後述するように，国家の措置は，商品貿易に関するGATTルールとサービス貿易に関するGATSルールを同時に適用される場合があるのである（EUバナナ事件III，カナダ自動車協定事件パネル・上級委員会報告）。

ただし，GATSでカバーされるサービスは「政府の権限の行使として提供されるサービス」を含まない（協定1条3）。政府サービスとは，商業的な原則に基づかず，かつ1または2以上のサービス提供者との競争なしに提供されるサービスをいう（1条3）。たとえば日本の水道局の配水サービスがその例である。

(2) 構 成

GATSは，6部29条から成り，8つの附属書（Annexes）と各国の初期約束表をともなった。附属書は，第2条の最恵国待遇義務免除に関する附属書，金融サービス・電気通信・航空運輸に関する附属書等を含む。約束表（schedules of commitments）は，加盟国の市場アクセスと内国民待遇についての条件を定めた。約束内容は，初期コミットメント交渉の約束とそののちの追加的な約束から成る。

GATSは，ウルグアイ・ラウンド交渉後の自由化交渉についても規定した。これに基づいて，WTO発足後交渉が行われ，さらに新ラウンドでの交渉にひきつがれている。新ラウンドでのサービス貿易交渉と農業貿易交渉は，WTO協定のなかにすでに予告されていたため，既定議題（built-in agenda）と呼ばれていることもすでにのべた。

2 GATSの規律

(1) GATTよりも緩やかな規律

GATSは加盟国に無差別義務を課し，サービス貿易の自由化を目的にかかげた。しかしその規律はGATTにくらべて緩やかなものとなった。

最恵国待遇原則についていえば，GATSはたしかにGATTなみに厳しい原則を定め，例外登録がないかぎり最恵国待遇の例外を許容していない。

しかしながら，GATSは内国民待遇原則と市場アクセスについては規律を緩めた。GATSはいわゆる積極約束方式（positive commitment）をとり，加盟国が積極的に約束した範囲でのみ内国民待遇原則と市場アクセス義務を課したからである。ここにGATSとGATTのおおきな違いがある。GATTをはじめとするWTOの商品貿易ルールはいわゆるtop-down方式を採用した。「上から下へ」という「原則上意・例外下達」方式である。ところが実践過程では例外の肥大化がすすんだ。これに対し，サービス貿易ルールはbottom-up方式に拠っている。「下から上へ」という積極約束方式である。そのため例外はpositive list, positive commitmentの形をとっている。

内国民待遇原則をみると，GATTが商品全体について原則の適用を定め，わずかな例外しか認めていないことははすでにのべた（これはGATTでは，関税引下げの効果を差別的・保護的内国税によって減殺するのを防止しているためである）。これに対し，GATSは各国が自国の約束表で積極的に約束した範囲でのみ内国民待遇義務

を課した。

また市場アクセスに関し，GATT は数量制限を一般的に禁止したが，GATS は各国が自国約束表のなかで約束した条件でのみ市場アクセス義務を課した。したがって GATS のもとでは，各国は約束表のなかで約束していないならば数量制限を含めて市場アクセスを制限することができる。また各国は約束していても条件さえつければ，その条件を超えて市場アクセスを認める義務を負わない。

さらに通商政策措置についても，GATT は商品輸入に対し，広範な輸入規制（ダンピング防止税，相殺措置，セーフガード措置，対抗措置，報復措置，関税再交渉）を認めた。しかし，GATS は，サービス輸入に対する通商政策措置についてふれていない。GATS が通商政策措置を明記しなかった理由の一端は，約束表の修正・撤回手続を定めていることにある（21条）。約束表の修正・撤回は，自由化の停止とサービス貿易の制限をもたらす。この意味で GATS 21 条は GATT 28 条の再交渉規定に照応するのである。

もっとも GATS はサービス貿易分野でのセーフガード措置の交渉（10条）について規定している。しかし，この交渉は，措置を不要とみる先進国と措置の必要性を主張する開発途上国の間の対立によって進展をみせていない。先進国は，各国が GATS 上の自由化を約束した範囲で義務づけられるにすぎないこと，約束しても留保をつけて義務を制限できること，セーフガード措置発動のための輸入急増を立証するサービス貿易統計が現状では完全でないことをあげて，措置を不要としている。これに対し，開発途上国は，未熟なサービス産業と競争力の弱さを理由に，措置の必要性を強調している。

GATS はまたサービス貿易を歪曲する補助金についても多角的規律の導入交渉（15条）を定めている。しかし，この分野では交渉の方法と期間について，議論がつくされていない。

(2) GATT と GATS の重複適用

GATT と GATS のルールが同一の国家措置に重複して適用されるケースはかなりおおい。たとえば EC バナナ事件Ⅲでは，EU のバナナ輸入制度（ライセンス割当制度）は，GATT と GATS の双方に違反すると判定された。EU の制度は，ラテンアメリカ産バナナを ACP 産バナナと EU 産バナナよりも不利に扱う点で GATT の無差別原則に違反し，また同時に，北米卸売サービス業者（ラテンアメリカ産バナナを輸入販売していた米国・メキシコ所有卸売業者）を ACP 所有卸売業者や EC 所有卸売業者（ACP 産バナナや EC 産バナナを販売していた）よりも不利に扱う点で GATS の無差別原則に抵触するとされたからである。

同じように，カナダ自動車協定事件でも，カナダの輸入関税制度は，米国製自動車に有利で日 EC 等自動車に不利である点で GATT に違反し，また同時に米国所有卸売サービス業者に有利で日 EU 等卸売サービス業者に不利であるため GATS に違反すると判定された。

このように，商品貿易分野の差別は同時にその商品の関連サービス（輸入，流通，販売，保守，広告等）分野でも差別をともなう場合がある。企業の立場にたてば，製造業はこんにち商品製造のほか多様な関連サービス（流通，保守，金融保険，研究開発，電気通信等）に従事しているため，商品貿易とサービス貿易の両分野で，国家の規制措置により差別を受ける例が増加している。

3 加盟国の規律適用対象と原産地問題

加盟国は GATS の規律を適用するにあたって，最恵国待遇・内国民待遇・市場アクセスの対象を WTO 加盟国のサービスとサービス提供者に限定している。加盟国が，非 WTO 加盟国のサービスやサービス提供者に対して GATS の規律を適用する義務はむろんない。

したがって，GATS の適用に関連して，サービスとサービス提供者の原産地を確定する必要が生ずる。GATS の定義規定は，GATS が適用されるサービスとサービス提供者の原産地についてつぎの基準をおいた（28 条 f, k, m, n）。

(1) サービスの原産地

第 1 モード（越境サービス）と第 2 モード（需要者の越境と国外消費）の場合，サービスの原産地はサービス提供国である。ただし海上運送サービスに関しては，当該運送船舶が登録されている旗国（船籍国）がサービスの原産地となる。それゆえ，これらサービス提供国や船籍国が WTO 加盟国であれば，問題のサービスは GATS の規律を受ける。

第 3 モード（拠点設置）と第 4 モード（自然人の越境）の場合は，サービスの原産地はサービス提供者の原産地（子会社・支店等の拠点をもつ外国親会社の設立準拠法国，自然人の国籍）と一致する。したがって，これらサービス提供者が WTO 加盟国を原産地とすれば，問題のサービスは GATS の規律によりカバーされる。

(2) サービス提供者の原産地

サービス提供者が自然人であるときは，その国籍が原産地となる。

サービス提供者が法人であるときは，法人の原産地はつぎの基準により決定される。

A 法人の設立準拠法の国

サービス提供法人の原産地は，当該法人がどの国の法律に基づいて設立されたかによって決まる。したがって，日本法に基づいて設立されたサービス提供会社は，日本法人とみなされる。

ただし，サービス提供法人が GATS の利益を受けるためには，WTO 加盟国の法律に基づいて設立されるだけではなく，当該 WTO 加盟国または他の加盟国で実質的な業務に従事していなければならない。したがって，WTO 非加盟国の企業が加盟国に便宜的に設立する企業は，GATS の利益を受けることができない。

B 拠点の原産地

サービスが外国の拠点をつうじて提供される場合，拠点の原産地は，原則としてつぎのいずれかとなる。

(i) 拠点を所有するか支配する企業の設立準拠法国

拠点の原産地は，拠点の設立準拠法国ではない。それは，拠点を所有するか支配する企業（通常は拠点をつうじて越境サービスを提供するサービス提供者）の設立準拠法国である。たとえば，米国企業が日本の拠点（子会社または支店）をつうじてサービスを提供している場合，在日拠点は，米国企業によって所有されているかぎり，米国所有拠点とみなされ，GATS の利益を受けることができる。ただし，この場合，拠点を所有するか支配する米国企業は，米国（設立準拠法国）または他のWTO 加盟国で実質的な業務に従事していなければならない。これは，WTO 非加盟国の企業，GATS の利益にただ乗りすることを防止するための要件である。WTO 非加盟国のサービス提供者が，たとえば，米国にペーパー・カンパニーを設立し，この米国企業の拠点を日本に設置する場合，在日拠点は米国系拠点とはみなされず，GATS 上の利益を否認される。

(ii) 拠点を所有するか支配する自然人の国籍

拠点を所有するか支配する者が企業ではなく，個人大株主のような自然人であるときは，拠点は自然人の国籍をもつ。たとえば在日拠点がシンガポール国籍の個人大株主によって所有されているときは，在日拠点はシンガポール国籍を認められる。所有とは，当該法人の株式を 50％超保有することをいい，支配とは当該法人の役員の過半数を指名するかまたは当該法人の活動を法的に管理することをいう。

なお，WTO 加盟国の法人が海外の支店や代表事務所（現地法人ではなく）等の拠点をつうじてサービスを提供する場合，当該法人（本社）と海外拠点の双方が，GATS の利益を受ける（28 条 g 注）。

(3) サービス提供拠点の原産地

拠点の原産地が問題とされた WTO 紛争事例として EU バナナ事件とカナダ自動車協定事件がある。バナナ事件では，米国やメキシコの大企業は，ラテンアメリカ諸国の農園で栽培したバナナを EU 向けに販売するため，EU 域内に卸売専門の子会社を設立していた。換言すれば，米国とメキシコの企業は，EU に拠点を設置してバナナの卸売サービスを提供していた。パネルは，これら拠点は，米国とメキシコで設立された企業によって所有されているため，米国とメキシコのサービス提供者とみなした。そしてパネルは，拠点を所有・支配する企業が，さらに誰によって所有・支配されているかは問題とならないとのべた。したがって，メキシコ企業・デルモンテが，実際には，ヨルダン（WTO 非加盟国）の法人・自然人によって所有されていても，デルモンテの EU 拠点が，メキシコ（WTO 加盟国）のサービス提供者とみなされ，GATS の利益を受けることに変わりはないのである。要するに拠点が GATS の利益を受けるためには，拠点を所有・支配する企業が WTO 加盟国で設立されていればたりることになる。

カナダ自動車協定事件でも，カナダが米国自動車の卸売サービス提供企業を日・EU 自動車の卸売サービス提供企業よりも有利に扱ったかどうかが問われた。パネルはこの事件で，ダイムラー・クライスラー・カナダ社と日米合弁 CAMI 社の原産地に関し，注目すべき判断を行った。まず，ダイムラー・クライスラー・カナダ社は米国で設立された親会社ダイムラー・クライスラー社（米独の合併会社）のカナダ拠点であるため，米国の原産地を認められた。パネルは，この場合，米国親会社が誰によって支配されているか（ドイツ企業かクウェート政府か等）は拠点の原産地判定にあたって問題とならないとのべた。つぎに CAMI 社は，日本のスズキと米国 GM の 50％／50％合弁であるが，EU は CAMI の最大単独株主は GM であり，日本国民は少数株主にすぎないため CAMI の原産地を米国とみなした。しかしパネルは CAMI を支配する法人を決定するための証拠がないとして判断を避けた。

第 3 節　サービス貿易と最恵国待遇原則

1 最恵国待遇原則

(1) 無条件の最恵国待遇

GATS は，無条件の最恵国待遇原則を定めた。

これは従来の相互主義に基づく最恵国待遇路線と一線を画している。相互主義に基づく最恵国待遇は，市場閉鎖国のただ乗り（フリーライド問題）をふせぐために考案された。とくに，米国は自国サービス提供者に対して市場を開放する国にのみ最恵国待遇を認め，自国サービス提供者に対して市場を閉鎖する国に対しては最恵国待遇を否定した。相手国が自国企業に市場を開放するかどうかにおうじて，条件つきで最恵国待遇をあたえたのである。

GATS 上，加盟国（たとえば日本）は他の加盟国（たとえば米国や EU）のサービスおよびサービス提供者に対し，他国（たとえば中国や非加盟国のラオス）の「同種のサービスとサービス提供者」にあたえる待遇よりも不利でない待遇を「即時かつ無条件に」あたえなければならない（2.1 条）。したがって加盟国（日本）は他の加盟国のサービスやサービス提供者（たとえば米国・EC・中国等の輸送サービスや輸送会社）を同等に扱うだけではなく，ひとたび他国——たとえば非加盟国のラオス——のサービスやサービス提供者にある待遇をあたえるならば，同じ待遇を WTO 加盟諸国のサービスやサービス提供者にも均沾しなければならない。

同種性の判定はケースバイケースで行われる。EC バナナ事件では，バナナの卸売サービスはバナナの原

産地がどこであれ，すべて同種であるとされた。したがって，ラテンアメリカバナナを輸入販売する卸売サービスとACPバナナを輸入販売する卸売サービスは同種であり，またそれらの卸売サービス提供者も同種であると判断された。この判断に基づいて，ラテンアメリカバナナの卸売サービス提供者が，ACPバナナを扱う同種の卸売サービス提供者よりも不利な待遇を受けたとされたのである。

しかし，サービス・サービス提供者の同種性の判定はかならずしも容易ではない。同種の概念がひろく解釈されると，最恵国待遇違反の範囲もおおきくなる。たとえば医療サービスを提供する医師について，特定の医療先進諸国で訓練を受けた医師については無条件に参入を認め，他方他の諸国で訓練を受けた医師については追加的な参入条件を要求する国家の措置は，同種性の判断しだいで評価が異なるであろう。特定先進諸国で訓練を受けた医師と他の諸国で訓練を受けた医師は，同種のサービス提供者ではないと判断されるならば，問題の国家の措置は，差別に該当しない。しかし，医師はどの国で訓練を受けても同種のサービス提供者とみなされるときは，この国家措置は最恵国待遇原則に抵触することになる。

カナダ自動車協定事件でパネルは，米系大手自動車と日EU車等の卸売サービス・サービス提供者を同種であるとみなした。パネルは，同種性の判断について当事者間に争いがなかったため自動車卸売サービスを一括して同種サービスとみなし，同種サービス間の差別がGATS最恵国待遇原則に違反することを結論した。しかし上級委員会はこのパネル判断を覆したため，問題は将来にもちこされた。

(2) 差別の2形態

EUバナナ事件のパネルは，GATSの最恵国待遇原則が2種類の差別を禁止していることを明らかにした。パネルによれば，GATS（2条）は，法的・形式的な差別と事実上の差別を区別していない。しかし，内国民待遇に関するGATS（17条）規定は，形式的に異なる待遇による法的差別と形式的には同一の待遇による事実上の差別を区別している。パネルは，GATSの最恵国待遇原則も内国民待遇原則と同様，2種類の差別を含むと解釈した。このため，EUのバナナ輸入制度は，原産地にかかわりなくすべてのサービス提供者に形式的に同一に適用されているが，ラテンアメリカ・バナナの卸売サービス提供者をACPバナナの卸売サービス提供者よりも事実上差別しているとのべた。上級委員会もパネルの論旨をおおすじで認め，GATSの最恵国待遇原則が，「形式的に異なる待遇による法的・形式上の差別」と「形式的には同一の待遇による事実上の差別」に適用されると明言した。そして上級委員会は，法的差別のみが禁止されるとすれば，国家は，事実上の差別によって，最恵国待遇原則の基本目的を容易に「迂回する」ことができるとつけくわえた。バナナ事件の実施審査パネルも，EUが原パネル・上級委員会報告ののちにとった実施措置が，エクアドルのバナナ卸売りサービス提供者に不利で，ACPバナナの供給者に有利な割当ライセンス制度をともなっているとのべ，GATS最恵国待遇の違反を確認した。

2 最恵国待遇原則に対する例外

加盟国は，以下の場合にかぎって，最恵国待遇原則にそむいて，差別的措置を適用し維持することを許された。

(1) 免除登録

加盟国は，差別措置を，GATS第2条の免除に関する附属書に例外登録することを許可された。

第2条の免除に関する附属書は，ウルグアイ・ラウンドの署名時点で61の登録例外リストをかかげた。日本は免除登録をしなかったが，米国は広範な免除登録（電気通信分野のうち衛星放送，航空道路宇宙パイプライン運送，金融分野，人の移動，課税等）を行った。ECもセンシティヴ分野（音響映像，道路航空内陸水路運送，金融分野，人の移動就労許可）で免除登録を行っている。ただし，免除は無制限ではなく，原則10年以内に限定された。

(2) 義務免除

WTOへの新規加盟国に関しては，WTOの義務免除手続が適用される（第2条免除附属書の2）。したがってWTO閣僚会議の3/4の多数決で新規加盟国の差別措置が例外的に許可される。中国はWTO加盟にあたり，運輸分野での差別措置を許可された。

(3) 地域統合例外

A 地域統合のための最恵国例外

地域統合協定（5条）に関して，最恵国待遇原則の例外が一定の条件のもとに認められた。これに基づき，EUは域内のみのサービス自由化と域外国に対する差別措置を許容された。NAFTAや日シンガポール協定も域内ではサービスの自由化をはかりつつ域外国に対しては差別措置を残している。

地域統合が，最恵国待遇の例外として許容されるためには，商品分野での場合（GATT24条）と同様，一定の条件が満たされなければならない。

第1に，地域統合の域内で，サービス貿易を自由化するため，「相当な範囲の分野」で「実質的にすべての差別」が廃止されることが，要求される。相当な範囲の分野での域内差別の廃止があるかどうかは，自由化される「分野の数」，「貿易の量」およびサービス提供のモードによって判定される。しかし域内自由化の対象はあくまでも相当範囲の分野におよべばよく，少数の限定分野が域内自由化原則から除外されることは排除されない。域内差別の廃止は，既存差別の撤廃（ロールバック義務 roll back）と差別の新設・増幅の禁止（スタンド・スティル義務 stand still）によって確保される。

第2に，域外に対しては，地域統合の結果，域外に対するサービス障壁が統合前よりも高く厳しいものとなってはならない（5条4）。ただし，GATSは商品分野での対外障壁の高度化禁止規定（GATT24条5）より

も前進して，サービス分野の対外障壁は，「それぞれの分野」に関して統合前よりも高く厳しくなってはならないと釘をさした。これは，たとえば建設設計分野での規制緩和を会計分野での規制強化によって相殺してはならないことを意味する。サービス貿易の域内自由化は，相当の分野のそれぞれで独立に行われなければならず，ある分野では規制を強化し他分野では規制を緩和して諸分野間での規制レベルの相殺をはかることは許されないのである。

また当該統合により域外の加盟国に対して貿易上の利益があたえられる場合（たとえば自由貿易協定の締結により当該地域の域外国に対するサービス貿易が自由化される場合），地域統合の加盟国は，問題の域外国に対して逆補償 (reverse compensatory adjustments) を求めてはならない (5条8)。これは商品貿易に関する地域統合分野での逆補償の要求禁止ルールに対応するものである (1994年GATT24条の解釈に関する了解6項の逆補償・要求禁止規定)。

地域統合の域内特恵待遇は，域内で設立された地元資本企業に対してあたえられるだけではなく，つぎの条件を満たす域外資本企業にもあたえられる。
① 域内締約国の法律に基づいて設立されていること
② 域内締約国の領域内で実質的な業務を行っていること

したがって，たとえばNAFTAを例にとれば，カナダは，NAFTA域内の金融サービス自由化特恵を，米国資本銀行 (Bank of America) に対してあたえるほか，米国法に基づいて設立され米国で実質的業務を営むドイツ銀行子会社（ドイチュ・バンクの米国子会社）にもあたえなければならない。

B カナダ自動車協定事件とGATSの地域統合例外

カナダ自動車協定事件で争われた争点の1つはまさに，カナダが在加米国ビッグ3のみにあたえた差別措置（米墨からの自動車輸入に対する輸入関税の免除）が地域統合例外によって正当化されるかどうかであった。米国は，カナダの差別措置はNAFTAに基づく米国サービス提供者（米国ビッグ3系卸売業者）のみへの特恵待遇であり，たとえ非NAFTA (日EU) サービス提供者（卸売業者）に不利であっても，GATSの地域統合例外によってカバーされるとのべた（なおカナダ自身は自国の恩典措置が一方的な法令に基づくため，地域統合例外による正当化を主張しなかった）。パネルは，米国の主張を退けた。パネルによれば，カナダの差別措置は，米国の一部企業にのみ有利であり，米国とメキシコの他の企業には不利となっている。換言すれば，NAFTA内部で，域内サービス提供者への差別が廃止されていない。カナダの措置はNAFTA加盟国の一部サービス提供者にのみ有利な待遇をあたえ，他の域内サービス提供を差別している。これは，GATSが，地域統合に関して，域内での実質的にすべての差別を廃止すべきことを要求しているのとあいいれない。

(4) 労働市場統合協定

労働市場の統合協定も，域内での雇用自由化と対外規制をもつため差別的であるが，例外的に許容された (GATS5条の2)。こうした協定のもとでは，締約国の労働者は他の締約国での自由な居住と就労を保障され，給与条件その他の雇用条件や社会的給付に関して，他の締約国国民と同等の権利をもつ。

この例外規定は，北欧諸国の労働市場統合を正当化するためにウルグアイ・ラウンドの最終段階で挿入された。

(5) 政府調達

政府機関が政府用として購入するサービスの調達はGATS基本原則の対象外とされた。したがって，GATSの最恵国待遇・内国民待遇・市場アクセス義務はサービスの政府調達には適用されない (GATS13条1)。これは商品貿易分野で，政府調達を内国民待遇原則の例外としたことに照応する (GATT 3条8)。

けっきょくWTO政府調達協定の受諾国間でのみ，商品・サービスの政府調達に最恵国待遇・内国民待遇原則が適用されることになる。

しかし，GATS (13条2) は，複数国間のWTO政府調達協定とは独立に，WTO全加盟国に適用される多角的サービス政府調達協定を締結するため交渉を行うこととされており，この交渉のための検討が数年来継続されている。

(6) 相互承認協定

GATSは，さらに特定諸国が，個別サービス分野で，相互に資格免許条件等を承認して，これら特定諸国間での当該個別分野のサービス貿易自由化をはかる道を開いている (7条)。したがって相互承認協定を締結する国は，相互間でのみ自由化をはかり，第3国のサービスやサービス提供者は差別することができる。協定締結国は，統合協定を締結しなくても，また最恵国待遇の免除登録を行わなくても，差別的な個別サービス貿易自由化協定を結ぶことができるのである。

各国の教育・試験基準，経験要件，規制等はげんざい多様に異なっている。このため，多国間ベースの承認はそもそも不可能といえよう。それゆえ，2国間ベースの相互承認協定を増やしていって，資格免許条件等の相違から生ずるサービス貿易の制限をちいさくすることが企図されているのである。工業産品分野では，すでに家電製品等の認証制度に関して相互承認協定が日EU間に締結されている。サービス分野の相互承認協定も商品分野の相互承認協定に似ているといえないこともない。

第4節　サービス貿易と内国民待遇原則・市場アクセス

1　特別約束表

(1) 約束表の内容と役割

加盟国は，自国の約束表で約束した条件と範囲でのみ市場アクセスと内国民待遇義務を負うにすぎない（上述積極約束方式）。各国の特別約束表 (Schedule of Specific Commitments) はウルグアイ・ラウンド署名時点で95を数えた。これら約束表は，市場アクセスと内国民待遇原則が適用されるサービス分野とそれらが適用されない例外について規定しており，この点で商品分野の関税譲許 (tariff bindings) に類似している。なぜならば，約束表は，自国サービス市場への参入条件が約束よりも不利にならないよう他のWTO加盟国のサービス提供者に対して確保する役割を果たしているからである。後述するように，加盟国は，電気通信と金融分野で，初期約束を修正し，追加的な約束を行った。新ラウンドでも個別分野での交渉が行われ，約束表が修正・追加されることになるであろう。

(2) 約束表による漸進的自由化

GATSはサービス市場の漸進的な自由化（第4部）を促進するため，加盟国が個別分野での自由化交渉の結果を約束表に記載するよう定めた (20条)。

市場アクセスと内国民待遇の「双方に合致しない措置は，市場アクセスの欄に記載」される。したがって，この場合，市場アクセス制限に関する記載は同時に内国民待遇に関する条件・制限とみなされる (20.2条)。しかし，16条の市場アクセス欄の記載が同時に17条の内国民待遇制限でもあるかどうかは個別事例ごとに審査する必要がある。また各国の約束表は，16条の欄が同時に17条の制限にも該当するとは明記していない。

(3) 約束表の解釈ノート

「サービス貿易に関する最初の約束表の解釈ノート」は，GATSの一部であり，最恵国待遇原則と内国民待遇原則の関係について，きわめて重要な原則をおいた。これによると，国家が最恵国待遇の免除登録を行う場合，国家は，最恵国待遇原則の義務を免れるが，内国民待遇原則と市場アクセス義務から逸脱できないとされた。したがって，最恵国待遇の免除登録が行われる場合，つぎの3つのケースが想定できる。

(i) 約束表で内国民待遇・市場アクセスに関し，約束を行っていない（つまり制限できる）場合，国家は免除登録事項に関して，特定国を優遇し他の諸国を差別することができる。

(ii) 約束表で内国民待遇・市場アクセスに関し，一定の約束を行った場合も，国家は，免除登録に基づき，特定国のサービス・サービス提供者に対して他のWTO加盟国のサービス・サービス提供者よりも有利な待遇をあたえることができる。ただし，他のWTO加盟国のサービス・サービス提供者に対しては約束表で行った所定の内国民待遇・市場アクセスを保障しなければならない。

(iii) 約束表で内国民待遇・市場アクセスに関し，無制限に約束した（つまり制限を課さない）場合も，国家は免除登録事項に関して，特定国を他の諸国よりも優遇することができる。ただし，この場合は，国家は自国サービス・サービス提供者よりも有利な待遇を特定国のサービス・サービス提供者に対してあたえることになる。つまり，特定国に対しては逆差別を，他の諸国には内外同一待遇をあたえることになる。

2　市場アクセス

加盟国は，他の加盟国のサービスまたはサービス提供者に対し，自国の約束表で合意し特定した制限や条件に基づく待遇よりも不利でない市場アクセス待遇をあたえる（GATS第3部，第16条）。

(1) 市場アクセスの制限

A　制限の禁止または維持

加盟国は約束表で譲許した分野では原則として市場アクセスの制限をしてはならない。ただし，市場アクセスの制限を維持できる例外が定められた。加盟国は，交渉で他国と合意し約束表に留保する旨記載すれば制限を維持できるのである。たとえば日本は外国弁護士が日本国内で提供する法律サービスに関して，法人形態の制限を課し，自然人によるサービス提供と業務上の拠点設置を要求した。

B　制限の類型

市場アクセスを制限する類型はつぎのとおりである。

① サービス提供者の数の制限（たとえば需給調整を理由に事業を認可しないこと）
② サービス取扱い総額または資産総額に対する制限（たとえば外国銀行の子会社の資産が国内全銀行の資産の一定割合以下とするような制限）
③ サービス提供回数または供給総量に対する制限（たとえばTV放送に関し外国映画放映時間を制限すること）
④ 法人の形態の制限（弁護士の法律サービスを個人提供に限定すること，銀行を株式会社にかぎること）
⑤ 外資参入の制限（電気通信事業者の資本のうち外資を一定比率以下とすること）

(2) 事　例

A　日本のNTTに関する外資規制

日本は社会経済活動に不可欠な通信ネットワークをもつNTTの公共的役割を考慮し，また「外国に支配されることによりこうむる国の安全上の問題を未然に防止する」ため，NTT法によって政府株式保有義務や外資規制をもうけた。しかし2000年以降，日本は，電気通信事業者に対する外資規制を累次の規制緩和により撤廃していく方針をうちだした。そして2001年のNTT法（6条）の改正（2001年6月採択，2001年11月発効）により，NTTへの外資参入比率は従来の20％未満から1/3未満へ緩和された。ただしNTTの役員

は日本人に限定され，外国人役員を禁止している。

日本総務省は外資参入比率を3分の1未満に緩和した措置を2002年夏以降，WTOに通報し，従来の約束表を修正する予定であるとされる。しかし，約束表の修正をWTOに通報していないかぎり，状況におうじて外資参入比率を引下げ規制の再強化を行うことは，WTO法上は合法である。

また日本では電気通信事業法による外資規制の撤廃により，すでに多数の外資企業が日本市場に参入しつつある。2002年1月現在で日本市場に参入した外資企業は43社に達した。

B 安全保障を口実とした保護主義

ブラジルは2001年5月，GATSの約束表の修正手続に従って，外国企業による国内電気通信事業者への資本参加に対し制限を行うための国内規定を導入しようとした。これに対し，日本は，ブラジルの規制強化は50％未満の外資参入を認めた改定約束表に違反すると主張した。香港，米国，EUも日本を支持したため，ブラジルは約束表の修正提案を撤回した。

2000年の米国ホリングス法案事件も外国による規制強化の試みの一例である。米国上院は，外国政府等が25％以上出資する企業に対する当局の免許付与を禁止する法案（いわゆるホリングス法案）を採択した。これに対し日本等はUSTRに抗議し，最終的に法案は議会で否決された。

タイの規制強化もWTOで議論を呼んだ。タイは当初電気通信分野で25％の外資比率規制をWTOの約束表に明記していた。しかしタイはこの規制を49％に緩和したが，それをWTOに通報していなかった。そこでタイは2001年末に49％から20％台に規制を再強化しようとしたが，他国の批判を受けた。しかしながら，WTO法上，約束表の譲許水準を下回らない規制再強化（25％以上までのたとえば27％未満までの規制再強化）は合法であろう。

3 内国民待遇

(1) 内国民待遇と逆差別

加盟国は，自国の約束表に記載した分野で，かつ当該約束表に定める条件と制限に従って行う内外無差別義務を履行する（GATS第3部，第17条）。これは，加盟国が，他の加盟国のサービスおよびサービス提供者に対して，自国の同種のサービスおよびサービス提供者にあたえる待遇よりも不利でない待遇をあたえることを意味する。したがって商品貿易の場合と同様，サービス貿易の内国民待遇原則も，自国サービス・サービス提供者よりも外国サービス・サービス提供者を有利に扱う逆差別を許容する。かつて日本の金融サービス市場でみられた逆差別はその一例である。当時，米国のユニバーサル・バンキングは日本で銀行・証券の子会社を設立することができた。しかし，日本の銀行は証券子会社を設立することはできなかった。もっともこうした逆差別はビッグバン時代になって無意味となった。

(2) 法的差別と事実上の差別
A 差別の形態

内外無差別原則のもとで禁止されるのは，法的な差別と事実上の差別である。法的な差別は，国家の法令上，自国のサービス・サービス提供者よりも外国のサービス・サービス提供者を不利に扱うこと，換言すれば形式的に内外差別を定める措置をいう。他方，事実上の差別は，国家の法令上は内外差別をともなっていなくても，つまり形式的には内外同等の扱いを規定していても，実質的に外国のサービス・サービス提供者を自国のそれよりも不利に扱う措置をさす。

B カナダ自動車協定事件の事実上の差別

カナダ自動車協定事件では，カナダの付加価値要件が，事実上の内外差別に該当すると判定された。この事件で，カナダは，米系大手自動車メーカーのカナダ子会社が海外（主に米国親会社）から自動車を無関税で輸入するための条件として，米系メーカーがカナダで製造する自動車に関し，一定のカナダ付加価値を満たすよう要求した。カナダ付加価値は，カナダ産部品価額とカナダでの自動車生産のためのサービス経費（保守修繕経費，コンサルティング経費，エンジニアリング経費，試作開発経費，一般管理費，保険サービス費）の合計であった。この付加価値額が一定比率に達すれば米系メーカーは海外産の自社製自動車を輸入するときに輸入関税を免除されたのである。したがって米系メーカーは，カナダ付加価値のうち，カナダ・サービス経費についていえば，外国サービス（第1・第2モード）よりもカナダ・サービスを購入するよう慫慂された。したがってカナダ付加価値要件は，国内サービスを外国サービスよりも有利に扱っているため，サービス分野の事実上の内外差別を構成しているとパネルは判定したのであった（カナダはこのパネル判断に対しては上訴しなかった）。

C 約束表の留保

差別措置は，しかし例外的に維持することができる。加盟国が他国との交渉のすえ約束表のなかで内国民待遇原則について留保すれば，差別の維持は可能である。たとえば放送分野で使用電波を国内業者に優先的に割り当て外国放送局を差別する措置は，約束表の留保規定に含まれれば合法である。

4 国内規制と資格承認

サービス分野の自由化が商品分野とくらべてすすんでいない背景には，加盟国が積極約束をした分野がかぎられ，しかも約束が十分に履行されていないこと，また約束分野でさまざまな国内規制を維持していることによる。そもそも国境を通過しないサービス貿易は，国内規制によって厳しく制限されているのである。

(1) 国内規制
A サービス関連国内規則の公平運用

加盟国は自由化の約束を行い約束表に記載した分野に関し，GATSに影響をあたえる国内規制（domestic regulation）を行うときは，合理的，客観的かつ公平な方法で運用しなければならないとされる（6条1）。こ

第1章 WTOサービス貿易協定の内容

れは，加盟国が，自由化約束によって内外無差別の規制措置をとるときも，こうした無差別規制は，客観的で透明性をもちまた不必要に貿易制限的となってはならないことを意味する。国内のサービス関連規制はたとえ内外無差別であってもサービス貿易に消極的な影響をあたえることがあるからである。

B 資格免許要件

また加盟国は，約束を行った分野で，WTOの関連規律が作成されるまでの間，約束を無効にし侵害するような免許要件，資格要件，技術上の基準を適用してはならないとされた（6条5）。しかしこれら要件や基準は約束を無効侵害しないかぎり，留保なしに維持することができる。

WTOの関連規律は，サービス貿易理事会が設置する機関により作成される（6条4）。これに基づき，会計士や弁護士等の専門職業サービスに関する国内規制の規律が検討され，その結果，1997年に会計分野の相互承認協定ガイドラインが作成された。このガイドラインは，協定参加国間で資格免許等の相互承認を促進するための指針を定めている。これにつづいて，1998年12月，WTOサービス貿易理事会は会計分野の国内規制について，免許資格要件・手続等がサービス貿易の障壁とならないようにするための規律を採択した。規律採択の背景には，米国会計サービス業界の要請があった。この規律を受けて，そののち分野横断的な規律を策定する作業が行われているが，規律の必要性・透明性等をめぐって南北対立が生じている。

(2) 資格承認

加盟国は，他の加盟国のサービス提供者に対し，一定の条件のもとに，外国で発行された免許や資格証明を承認することができる。その条件は，許可・免許・資格証明の付与に関する自国基準が，当該外国免許・資格証明について，全部または部分的に満たされていることである。こうした外国免許の承認は，措置の調和，関係諸国との協定または自主的意図に基づいて行うことができる（7条1）。ただし「適当な場合」には，この承認は多数国間で合意された基準に基づかなければならない。このため加盟国は，関連する政府間機関または非政府間機関（ISO/IEC）と協力して，承認のための共通の国際基準，自由職業サービス等共通の国際基準を確立し採用する（7条5）。

加盟国が承認のための自国基準を適用するときは「国の間を差別する手段」または「サービスの貿易に対する偽装した制限となるような態様で」承認をあたえてはならない（7条3）。

ちなみに国際標準化機関は産品・生産方法のほかサービスについても国際規格を制定している。たとえば娯楽潜水サービスに関してISOが定めたスキューバ・ダイバーの訓練に関する最低限の要件に関するISO安全規格はその一例であり，同様のサービス業安全規格等は運輸，医療，環境，電子エンジニアリング，電気通信，建設等についても定められている。いうまでもなく産品・生産方法に関する国際規格はスタンダード協定によりカバーされるが，サービスに関する国際規格はGATS規律に服する。

5 セーフガード

サービス分野にセーフガード措置を導入すべきかどうかはGATS上の継続交渉テーマとされている（10条）。先進国はいくつかの理由で措置の導入に疑問を呈している。第1に，GATSは積極約束方式をとっているため，自由化約束をしていない分野ではサービスの輸入急増は生じないからである。第2に，たとえサービス分野に措置を導入するとしても，サービス貿易量は計測が難しく，そのデータも未整備であるから，サービス貿易の輸入急増や国内サービス産業への損害発生を立証するのが困難だからである。第3に，サービスの4つの貿易モードごとにどのようなセーフガード措置が構想されるのかがはっきりしない。これに対してASEAN諸国（とくにタイ）は，サービス分野の幼稚産業を先進国サービスから保護する手段としてセーフガード措置の導入に意欲をみせている。

6 約束表の修正撤回と補償的調整

加盟国は約束の発効から3年が経過すれば，約束を修正または撤回するための提案を行うことができる（21.1条）。ただし加盟国は，修正撤回の予定日に先立つ3カ月前までに，修正撤回の意向をサービス理事会に通報しなければならない（21.2条）。この通報をうけて，修正撤回により影響をうける利害関係国は，必要な補償的調整をえるため，交渉を要請することができる。提案国は，交渉の要請におうじて，最恵国待遇原則に即した無差別の交渉を行う。その際，関係国は，修正撤回の前に約束表で与えた水準よりも不利とならない互恵的な約束の一般的水準を維持するよう「努める」。交渉期間の満了までに交渉が妥結しないときは，利害関係国は問題を仲裁（arbitration）に付託することができる。提案国が仲裁の決定に従うときは，補償的調整を行ったあとでのみ約束の修正撤回を行うことができる。他方，提案国が仲裁の決定に従わないときは，利害関係国は提案国に対して差別的報復措置をとることができる。この報復は，裁定決定に適合する実質的な等価値の利益の変更・撤回という形をとる（21.4条）。

米国賭博事件［巻末表20-36］で，米国は賭博サービスに関する約束に反した。このためWTO仲裁はアンティグアに対し対米クロス報復を認めた。他方，米国は他の利害関係国の要請をうけて補償的調整の交渉を行った。ECとの交渉では，米国はECの損失を相殺するため，保税・技術試験・研究開発・国際郵便サービス分野でECに有利な約束を行った。日本とカナダも同様の補償的調整を受諾した。

国際経済法　　　　　　　　　　　　　　　　365

第5節　紛争解決

1　違反申立と非違反申立

　GATSは加盟国間の紛争解決手続として，違反申立と非違反申立を定めた。違反申立手続は，ある加盟国が協定の義務（最恵国待遇義務等）または約束表で行った市場アクセス・内国民待遇に関する約束に違反したときに，こうした違反国に対して提起される（23条1）。

　非違反申立は，ある加盟国が協定に違反しない措置（非違反措置）をとり，その結果，その国の約束表に従って自国に「あたえられることが当然に予想された利益」が無効にされまたは侵害されるときに，提起される（23条3）。

2　報復措置

　WTO紛争解決手続の結果，敗訴国が紛争解決機関の勧告を履行しないときは，紛争解決機関は勝訴国が敗訴国に対してGATS上の報復措置（23条2）をとることを許可することができる。それゆえ勝訴国は，紛争解決機関の許可をえて，敗訴国からの商品に対しクロス・リタリエーションとしてGATT上の義務を停止することもできるし，また敗訴国のサービス・サービス提供者に対しパラレル・リタリエーションとしてGATS上の義務を履行しないこともできる。

第2章
WTOの分野別サービス交渉と第4・第5議定書

　ウルグアイ・ラウンド後，4つのサービス貿易分野で自由化交渉が継続された。それらは，ラウンド中に各国の利害が対立した基本電気通信・金融・海運・自由職業の分野であり，前2者について，合意が成立した。

第1節　金融サービス市場の自由化交渉と第5議定書

1　継続交渉

　ウルグアイ・ラウンド後，金融サービス（保険を含む）の継続交渉が予定された背景には，米国と日本・開発途上国との確執があった。ウルグアイ・ラウンド交渉の土壇場で，米国は日本と開発途上国が金融分野で行った自由化約束を不十分であるとして，包括的な最恵国待遇免除登録を行った。これは米国が米国金融サービス企業に市場を開放する国のサービス提供者に対してのみ最恵国待遇をあたえ，市場閉鎖国のサービス提供者は差別する（すなわち米国金融市場への参入と活動を許さない）ことを意味した。こうした米国の相互主義的アプローチは，各国の批判をうみ，閣僚決定と金融サービス第2附属書がGATSに追加されて採択されることになった。これら追加文書は，WTO協定発効の4カ月後から60日の間に継続交渉を行うことを定めた。

　継続交渉の争点は，米国の包括的な最恵国待遇免除登録をいかに撤回させるかにしぼられた。米国は金融分野で無条件の最恵国待遇を行うと途上国のただ乗りを許すと主張し，1995年6月末にはさらに広範な最恵国待遇免除登録（新規参入と業務拡大につき相互主義を留保）を行った。そこで，米国を除く日本・EU等主要29カ国は，1995年7月21日のサービス貿易理事会で，1997年12月末までの暫定合意を締結し，将来の多角的自由化交渉を誓約した。暫定合意の内容は，97年12月末までの間に，各国が金融分野での最恵国待遇免除登録をみなおし（とくに米国が包括的免除登録を撤回し），自由化約束を改善するため，交渉を行うというものであった。

　1996年12月のシンガポール閣僚会議は，WTO活動の点検と今後の作業計画を策定し，そのなかで，1997年4月に金融サービス交渉を再開する旨を合意した。かくして再開された金融サービス分野の交渉は1997年12月12日妥結し，第5議定書が作成された。

2　第5議定書

(1) 発効

　第5議定書は，56の特別約束表と16の最恵国待遇例外登録をともない，GATSに附属された。議定書は，1999年1月29日までWTOメンバーの受諾に委ねられ，全WTOメンバーが1999年1月30日までに受諾したときに発効することとされた。しかし，全メンバーが受諾しないときは一部の受諾国間で発効することとされた。かくして，第5議定書は，1999年3月に発効し，2000年4月現在で61の受諾国間で適用されている。

　第5議定書の発効により，議定書受諾国に関しては議定書の約束表と最恵国待遇例外が適用されている。議定書の非受諾国に関しては既存の約束表と最恵国待遇例外が適用されつづける。

(2) 内容と課題

　第5議定書は，米国による包括的な最恵国待遇例外の撤回，途上国による外資規制の緩和（フィリピンによる保険会社への外資比率の40％から51％への引上げ等），各国による最恵国待遇例外のおおはば削減，日米保険協議

や日米金融協議に基づく日本の追加約束をもたらした点で，注目される。

米国は包括的な最恵国待遇免除登録を撤回した。しかし，米国は免除登録を完全に抹消したわけではなかった。米国は，マレーシアが保険分野でとっていたマレー化政策に対し，相互主義に基づく部分的な免除登録を行ったからである。マレーシアの政策は，法律によって外資系保険会社の外資比率をひきさげ，国内保険会社のマレー化をはかるものであった。米国はこのため，米系在外企業の資本比率を強制的にひきさげる市場閉鎖国の企業に対しては，相互主義に基づいて，米国市場から排除し，市場開放国の企業と差別する旨を免除登録したのであった。

今後の交渉課題は，つぎのとおりである。
- 従来の金融自由化交渉の争点は第3モードの拠点設立に集中していた。しかし，近年の情報技術の発展，とくにインターネットによる銀行業の越境取引の増大にともない，第1モードの越境取引や第2モードの国外消費にも関心が寄せられている。

とくに米国は金融サービスの電子越境商取引を促進するためつぎの提案を行っている。
- より多くのサービス貿易モードを対象とすること，例外を削減すること，約束表の履行を促進すること
- 現在の約束が技術中立的であることを明確に認めること
- 関税モラトリアム（電子商取引の関税不賦課）の恒久化

3　日米保険協議と第5議定書

第5議定書のなかの日本の追加的約束は，日米保険協議の結果にほかならない。

(1) 日米保険協議の開始と94年の激変緩和措置
A　日米保険協議の背景と開始

日本の保険業界は，戦時統制経済の後遺症をひきずっていた。戦時下の1939年に制定された保険業法は，政府が保険業界を指導するいわゆる護送船団方式を導入し，保険会社間の競争はもちろん外国保険会社の参入も排除するものであった。そこで日本は，戦後の護送船団方式を解体し，保険業界の自由化をそくしんするため段階的な施策を講ずることになった。

日本はまず日米保険協議が開始されるまえに，外国からの市場開放圧力を受けた。この圧力に対し，日本は，一般国民を対象とする通常の保険市場である「元受市場」を直接開放することは避けた。日本はその代わりに，ひとまず再保険市場（保険会社が元受市場で引き受けた保険に対して，再保険を引き受ける市場）を開放することで急場を凌ぐ方策にでた。しかし，再保険市場の開放は，外国を満足させなかったため，日本は，生保にも損保にも属さない第3分野（がん保険，医療保険等）を外国保険会社に開放した。その結果，第3分野は外国保険会社の既得権市場となった。

こうした第3分野に関し，大蔵省は，1992年6月，金融各業態の垣根を調整するため，第3分野への生損保会社本体による相互乗入れ案を作成した。この案は米国が第3分野で獲得した既得権を脅かすおそれがあった。このため米国は第3市場の既得権益を確保し，生損保市場にも参入する観点から，日米包括経済協議の優先分野の1つとして保険サービスをとりあげたのである。これが日米保険協議の出発点であった。

当時，ウルグアイ・ラウンドのGATSサービス交渉でも，保険交渉は行われていたが，米国は期待どおりの成果をえることができなかった。このため米国は多国間交渉から2国間交渉へ重点を移し，日本は米国の圧力に屈して2国間協議の渦中にまきこまれた。

B　1994年の激変緩和措置

日米保険協議の目的は，日本の保険市場開放と市場アクセスの改善にあった。これは，米国保険会社が日本の生損保市場へ参入しやすくするため，保険分野の参入規制（資格・免許等の規制措置）を廃止させることを意味した。

かくして，1994年合意では，規制緩和措置として，保険商品・料率認可の自由化・弾力化と保険ブローカー制度の導入が決まった。また第3分野については，生損保市場での相当部分の規制緩和が行われないうちは，「経営環境の急激な変化を避ける」ため，日本の生損保会社の「第3分野」への相互乗入れは実施されないことが合意された。

この「激変緩和措置」は，第3分野での米国保険会社の既得権を認め，第3分野への国内保険会社の参入を阻止するものであった。これは第3分野で外国会社を国内会社よりも有利に扱う逆差別にほかならない。逆差別は，GATSの内国民待遇原則に違反しないが，それは2国間交渉での譲歩から生じた。GEキャピタルと東邦生命の提携によるエジソン生命の設立も，日米保険協議後の外国会社優遇の例である。

(2) 1996年合意

1996年合意は，94年の激変緩和措置に関する日米合意を補完した。日本は米国の要求に屈して，生損保分野の自由化と第3分野の条件付現状凍結をのんだ。このため第3分野の日本企業への開放がひきのばされた。

合意内容はつぎのとおりであった。
(i) 日本は生損保主要分野の規制緩和を実施する（たとえば，差別型自動車保険の認可，火災保険の付加率アドバイザリー制度の最低保険金額引下げ，届出制保険商品の拡大，算定会料率使用義務の廃止，料率が自由化された損保商品を90日の標準処理期間内に認可する。）。
(ii) 日本は激変緩和のため，米国保険会社に配慮して，国内生損保子会社による第3分野商品の取扱いを制限する。つまり国内生保の損保子会社は，傷害保険の販売等を禁止され，また国内損保の生保子会社は，医療単品保険やがん単品保険の販売を禁止された。
(iii) 日本が生損保主要分野の規制を緩和したあとで，2年半の猶予期間をへて激変緩和措置を解除する。措置解除ののち，ようやく第3分野を日本企

業にも開放する。
(3) 第5議定書の約束表への日米保険協議結果の挿入

日本が日米保険協議をつうじて行った譲歩は，米国にのみ第3分野での既得権を認め，第3国の権益を侵害するものであった。このため，日本はGATS金融サービス交渉で，日本は，日米保険協議の合意内容を追加コミットメントとして約束表に記入し，米国以外にも合意内容を均沾した。

これが，日本が2国間協議のすえ到達した結末であった。日本はGATS交渉に日米交渉を優先させたため，こうした結末をむかえたのである。したがって，日本は，むしろ2国間交渉にGATS交渉を優先させ，多角的レベルで保険市場の開放と市場アクセス改善にとりくみ，外国からも相応の譲歩をひきだすべきであったとする批判がある。

4 日本保険市場の自由化
(1) 4大生保時代

日米保険協議とビックバンの進行により，日本の保険業界は著しい変貌をとげた。1996年4月1日新保険業法が施行され，生保会社と損保会社はそれぞれ子会社の設立をつうじて相互参入が可能となった。たとえば，1996年8月に損保大手の東京海上火災保険が全額出資によって東京海上あんしん生命を設立し，また生保会社も損保子会社（三井ライフ損害保険，明治損害保険，ニッセイ同和損害保険，三井ダイレクト損害保険，安田ライフダイレクト損害保険等）を設立した。そして従来外資が独占していた第3分野には，激変緩和措置ののち，日本の生損保会社が本体としても子会社をつうじてでも参入するようになった。そして第3分野の外資は生保，損保分野に参入している。さらに2004年1月には明治生命と安田生命の合併が金融庁により認可され，明治安田が誕生した。時代は4大生保体制にはいった。保険料収入からみた規模で4大生保をみると，日本生命（5.3兆円），第一生命（3.2兆円），明治安田（3.1兆円），住友生命（2.5兆円）の順となっている。

(2) 日本郵政公社の民営化と郵貯・簡保

日本郵政公社は，保険・貯金・郵便の全事業を統括していたが，米国の圧力に屈して民営化されるはこびとなった。これは世界最大の民営化といわれる。郵便貯金と簡易保険は，それぞれ212兆円（約2兆ドル），121兆円（約1兆ドル）の資産をもつからである。とくに郵便貯金の資産額は日本の4大メガバンクの総資産に匹敵する。そして郵貯と簡保の総資産額330兆円は日本の個人預金のほぼ4分の1に達する。この莫大な金融市場への米国金融機関の参入を可能にするため，米国は日本郵政公社の民営化をせまったとされる。

日本は2005年10月に郵政民営化法を公布し，2006年1月，政府の100%持株会社である日本郵政株式会社を設立した。民営化は2段階で行われる。

第1は2007年10月に実施される公社4分割である。このため日本郵政株式会社は，100%政府所有の4つの子会社を設立する。(i)郵政3事業（郵便・貯金・保険）を扱う郵便事業株式会社，郵便貯金銀行，郵便保険会社と(ii)3事業会社からの委託により窓口業務を行い，かつ全国約2万5千の郵便局を擁する郵便局株式会社である。しかし，新会社4社は，国が100%株式をもつため，国営会社であることに変わりはない。しかも，4会社のうち，郵便事業を扱う郵便事業株式会社と郵便局会社は将来も民営化の対象とならない。

そこで実質的な民営化は，2017年10月末までに，金融2分野を扱う郵便貯金銀行と郵便保険会社に関してのみ行われる。2社の国有株式は2017年3月までに市場で売却され，完全民営化がはかられるのである。しかし民営各社の市場参入には，競合する民間金融保険会社やアメリカ政府の反発を受ける可能性があり，公正取引委員会の分割勧告の可能性も予想される。とくに保険第三分野への進出は，日本市場で優位にたつ米国保険会社（癌保険のアメリカンファミリー，医療・障害保険のAIGグループ等）からの反発を受けるおそれがある。

第2節　電気通信サービス市場の自由化と第4議定書

1 継続交渉

電気通信サービスは，基本電気通信（音声電話，データ伝送，テレックス，電報，FAX等）と付加価値電気通信（電子メール，ボイスメール [voicemail]，オンライン情報 [online information]，編集リスト [edl]）からなる。

ウルグアイ・ラウンド交渉で付加価値電気通信分野の交渉は妥結したが，基本電気通信分野の交渉は失敗した。ラウンド交渉の間，米国は基本電気通信分野で市場開放を要求したが，ECの反対にあっていた。それは，フランス，ドイツ等の電気通信サービス国営企業が独占を維持してきたためである。これに対し米国は相互主義を主張して，基本電気通信分野に最恵国待遇を適用するためにはECが基本通信分野での市場アクセスを米国企業に対して確保しなければならないとした。

マラケシュ閣僚決定は，1996年4月末までの交渉継続をうたい，基本電気通信交渉グループ（NGBT. Negotiating Group on Basic Telecommunications）を設立した。このグループでの交渉のけっか，基本電気通信に関する第4議定書（Fourth Protocol to the GATS）が96年4月末に妥結した。第4議定書は48カ国の政府をカバーする34のオファーをもりこんだにとどまった。

このため1997年2月15日まで交渉を延長することが合意され，シンガポール閣僚宣言では97年2月に基本電気通信交渉を終結させることが確認された。交渉は97年2月15日妥結し，98年2月にGATSに基本電気通信に関する第4議定書が付属された。第4議定書は58カ国の参加をえて，69カ国の政府をカバー

する55のオファーをともなった。

98年に発効した第4議定書は、96年4月の結果よりも大幅な前進であり多くの改善点を含んだ。それは、第4議定書にくみこまれた参照文書（reference paper）であり、そこには基本電気通信分野の規制の枠組みに関する定義と原則が定められた。参照文書の全部または一部を約束表の追加的約束にもりこんだ国は98年時点で68カ国にのぼっている（WTOSecretariat, DEC 1998 S/C/W/74）。

2 第4議定書の参照文書

参照文書はWTOルールのなかできわだった特色をもっている。それは、従来のWTOルールが原則として国家の行為を規律してきたのに対し、参照文書は電気通信サービスという特定の分野で私的当事者の特定の競争制限行為を規律しているからである。

(1) 参照文書の規律

参照文書は、既存のWTO諸協定とは異なり、当局に対して私的競争制限行為を制止するよう義務づけ、またこれによって私的当事者とくに有力電気通信事業者に対し義務を課している。このため参照文書はWTO法上最初の部門競争ルールと呼ばれる。参照文書の原型は1996年の米国電気通信法（Telecommunications Act of 1996）であるとされる。

参照文書は、GATSに従って交渉され妥結した電気通信に関するGATS第4議定書（1997年2月15日署名、1998年2月5日発効）のなかに挿入されている。それは、正確にいえば、議定書に附属された各国の自由化約束表の追加的約束の欄で言及されている文書である。つまり、議定書を受諾するWTO加盟国は、電気通信分野の自由化約束に関し、従来の約束にくわえて、追加的に「(自国)約束表に添付された参照文書に定める義務を履行する」旨を誓約することができるのである。したがって参照文書の義務を受諾することはWTO加盟国の裁量に委ねられているが、ひとたび加盟国が参照文書の受諾を約束すれば、参照文書のルールは当該加盟国にとって義務的となる。そして、参照文書を含む各国約束表はGATSに附属され、GATSの「不可分の一部」をなす（GATS20.3条）。第4議定書の署名国は当初69カ国（54カ国とEC15カ国）を数え、これらのうちの57カ国（日米加EC、メキシコ等）が自国約束表のなかで参照文書の全部または一部の履行を誓約した。

(2) 参照文書の競争ルール

参照文書は、2種類の競争ルールを規定している。それは、当局に課せられた競争条件確保義務（Competitive Safeguards）と相互接続確保義務（Interconnection Obligations）である。

A 競争条件確保義務

加盟国当局は、「主要サービス提供者（major supplier）」（単独の主要提供者であるか共同の主要提供者であるかを問わない）が反競争的行為を行ったり継続することを防止するために適正な措置を維持する義務を負っている。主要サービス提供者とは、不可欠設備（essential facilities）を支配しているかまたは市場での地位を利用したけっか、基本電気通信サービスの関連市場で、価格と供給に関する参加の条件に著しく影響をあたえる能力をもつ企業をいう。

反競争的行為には、とくにつぎの行為が含まれる。

(i) 反競争的な内部相互補助（cross-subsidization）

内部相互補助自体は、多くの企業が行っているつうじょうの慣行である。とくに数多くの業務部門をもつ企業は、ある業務では収益をえるが、他の業務では損失を計上し、収益部門の利益で損失部門の減収を埋め、企業内部での相互補助をはかっている。しかし、こうした内部相互補助が、主要サービス提供者によって、競争者を駆逐する目的で行われるときに、競争法上の問題が生ずる。とくに主要サービス提供者が、中小規模の競争者を市場から駆逐するため、原価割れの略奪的価格（predatory pricing）を設定する場合、このような価格設定は反競争的とみなされるのである。したがって参照文書の受諾国は、国内の主要サービス提供者が反競争的な内部相互補助を行うときは、これを防止する義務を負うのである。

(ii) 競争者から得た情報の反競争的な利用

内部相互補助と同様、相手競争者の情報を獲得することも通常の競争慣行である。ただし、競争相手の極秘情報をスパイ行為で獲得したり、競争者の営業秘密を詐取することは不正競争行為とみなされる。

しかし、参照文書でいっている「競争者から得た情報を反競争的な結果をもたらすように利用する行為」は、かなり特殊な反競争的行為である。これは電気通信管理事業者が行う可能性のある行為である。おおくの場合、競争者は、競争的サービスを提供するため、電気通信管理事業者のインフラを利用する。したがって管理事業者は競争者の顧客名簿や電気通信需要といった企業秘密をえることができる。参照文書は、それゆえ、管理事業者のインフラ所掌部門が、サービスの販売・開発部門に競争相手に関する情報を漏洩することを反競争的行為とみなしているのである。参照文書の受諾国は、このため、国内の主要サービス提供者が反競争的効果をもつ情報漏洩行為を行うことを防止する義務を課せられていることになる。

(iii) 競争者に対する必要情報の提供の拒否

いっぱんに、競争関係にたつ企業が相手方に営業上の情報をあたえないことは自由であり、このような情報提供の拒否は原則として競争法にふれない。しかし、参照文書は、電気通信分野での特殊な状況下での情報提供の拒否を反競争的とみなすのである。電気通信分野では、競争者が、サービス提供のため、主要サービス提供者（たとえば旧国営独占企業）の不可欠設備に依存しつづける場合がおおい。このような場合、競争者は、不可欠設備に関する技術的情報や商業上の関連する情報（たとえば管理事業者がインフラについてもつ計画等）を必要とする。しかし、このような状況のもとでも、主要

サービス提供者が競争者に必要情報を提供しないときは，こうした情報提供の拒否は反競争的とみなされるのである。それゆえ，ここでもまた参照文書の受諾国は，主要サービス提供者による反競争的な情報提供の拒否を防止する義務を負っているのである。

要するに，参照文書は，電気通信分野での特殊な支配的地位の濫用を反競争的行為として列挙し，これら行為の防止義務を国家当局に課しているということができる。

B 相互接続確保義務

参照文書の相互接続確保義務によれば，主要サービス提供者は，外国の競争者と協調し，自己の公的伝送網を開放しなければならない。新規参入者は通常，自ら広範囲の伝送網を敷設できないため，既存の公的伝送網にアクセスできないかぎり競争的サービスを提供できない。

このため，参照文書は，当局に対し，不可欠設備をもつ国内の主要サービス提供者が，他のサービス提供者の要求におうじて，不可欠設備との相互接続を可能にするよう確保することを義務づけた。不可欠設備とは，「単一または限られた数のサービス提供者によってもっぱらまたは主として提供」され，しかもサービスの提供に関し他のものでは代替できないような「公衆電気通信の伝送網または伝送サービス」のための設備をいう。こうした不可欠設備との相互接続は，「伝送網の技術的に実行可能ないかなる接続点」でも確保されなければならず，またつぎの要件を満たすこととされた。

① 透明性があること
② コストを反映していること
③ 合理的であること

参照文書は EU 競争法上の不可欠設備理論 (essential facilities doctrine) を体現したものといえなくもない。この理論は，EU 司法裁判所の Bronner 判決 (ECJ, C-7/97, Bronnerv. Mdiaprint, judgment of 6 November 1998. See also ECCommission, Sea Containers v.Sealink, OJ 1994 L15/8.) にみるように，競争者が，特定企業の設備にアクセスすることなしには競争的な商品・サービスを提供できない場合にのみ適用される。したがって，参照文書が定める相互接続確保義務は，競争法上，例外的な地位を占めている。競争法上，いっぱんに企業は規模の大小を問わず取引相手を選択する自由をもち，ひとたび特定の取引相手を選択したときは，自己の設備をアウトサイダーに対して閉鎖することができるからである。

(3) 私的当事者のための救済手続

参照文書が定める上記2種類の競争ルールに関して違反がある場合，どのような救済手続が予定されているのか。参照文書はこの点，2種類のルールにおうじて異なる定めをおいた。

A 競争条件確保義務に関する救済手続の欠如

競争条件確保義務については，特別の救済手続を定めなかった。これは，たとえ主要サービス提供者が内部相互補助や情報提供拒否等の反競争的行為を行い，競争者が不利益を受けても，参照文書上，競争者は救済手続を利用できないことを意味する。

B 相互接続確保義務に関する救済手続の明記

他方，相互接続確保義務については，競争者が不可欠設備をもつ主要サービス提供者を相手どって独立の国内機関に申立てを行う手続が明記された。これによると，主要サービス提供者との相互接続を請求しているサービス提供者は，「相互接続のための適当と認められる条件と料金があらかじめ設定されていないときは」，これら相互接続の条件と料金に関する紛争を「合理的な期間内に」解決するため，随時または合理的期間の経過後，独立した国内機関に申し立てることができる。この国内機関には，裁判所のほか，独立の規制機関 (regulatory body) が含まれる。参照文書によれば，規制機関は，「いかなる基本電気通信サービスの提供者からも分離され，かついかなる基本電気通信サービス提供者に対しても責任を負わない」こととされ，また規制機関が行う決定とその手続は，市場のすべての参加者に対し公平でなければならないとされている。

相互接続確保義務に関する国内救済手続は，WTO 政府調達協定 (20 条) や TRIPS 協定 (41 条以下) が定める国内救済にならったものといえよう。政府調達協定は，とくに締約国による協定違反がある場合，商品・サービスの供給者 (たとえば入札手続で除外された外国企業) が苦情申立を行って国内救済をえることを可能にした。この苦情申立にあたって，供給者は調達の違法性を主張するため WTO 政府調達協定を直接，国内の独立公平な機関 (裁判所，苦情処理機関等) の前で援用することができる。同じように，電気通信分野でも，サービス提供者は，相互接続に関する紛争にあたり，国内機関の前で参照文書を直接，援用することができることになる。

従来，GATT のもとでは，締約国の裁判所は私人が国内裁判所で GATT ルール (GATT 本体の規定と GATT 協定の規定) を援用することを認めなかった。換言すれば，GATT ルールの直接的効果を主要国の裁判所 (EU，日本等) は否認していた。しかし WTO 政府調達協定は協定の直接的効果を承認しているかのごとき印象をあたえるのである。もっとも WTO 政府調達協定の直接的効果についてはまだ裁判所の判決がくだされていないため，確定的な判断は自制するのが慎重な考え方といえよう。

(4) 国家間の紛争解決手続

私的当事者のための国内救済手続とは別に，参照文書をめぐる国家間の紛争解決手続が存在する。それゆえ参照文書を受諾した WTO 加盟国 (たとえばカナダ) が，参照文書の義務に反して，たとえば主要サービス提供者の反競争的行為を防止しない場合，こうした不作為は，他の加盟国 (たとえば日本) による WTO 提訴を招くであろう。それは，米国によるメキシコ電気通信サー

ビス措置事件にみることができる。この事件で米国はメキシコによる参照文書義務違反を追及しているからである。

(5) 参照文書とWTO競争協定
A 参照文書

参照文書が将来のWTO競争協定のモデルとなりうるかどうかについては否定的な見解が提起されている。

参照文書は上述のように，支配的地位をもつ主要サービス提供者による特殊な反競争的行為を対象としている。これはおそらく電気通信分野では民営化された旧国営独占企業による支配的地位の濫用行為が政府当局者の最大の関心事となっていたからであろう。支配的地位をもたない企業による反競争的行為は重要視されなかったようにみえる。

また参照文書は，救済手続について，きわめて不十分な規定しかおかなかった。主要サービス提供者による反競争的行為についてはいかなる救済手続もなく，相互接続紛争のみについて簡略な国内救済を定めたにとどまる。参照文書の救済手続は政府調達協定やTRIPS協定が定める国内救済手続よりも杜撰であり，詳細さを欠いている。

このようにみるならば，参照文書は，WTO競争協定を構想するときのモデルとはなりえないといわなければならない。

B メキシコ電気通信サービス措置事件とGATS参照文書
(i) 事実関係

メキシコは電気通信法によってテルメックス社（Telmex）という電気通信会社に対して電気通信事業の権益をあたえていた。しかし，この会社の接続料金は米国企業に高く国内企業に低く設定されており，内国民待遇原則に違反すると米国は主張した。米国の見解では，米国からメキシコへの電話の接続料金は原価をおおはばに上回り，高すぎるが，メキシコの国内電気通信業者がテルメックス社をとおしてメキシコ各地に電話接続を行うときの料金は比較的に安いとされる。

またテルメックス社は外国の電気通信業者に対し，メキシコ国内の私的接続機関を利用することを認めていない。メキシコ政府はテルメックス社が独占力の濫用を行うことを規制していない。

したがって，メキシコはGATS・GATS付属書と参照文書の義務に違反していると米国は主張して，2002年初頭，パネルの設置を求めた。パネルはメキシコの参照文書違反とGATS電気通信付属書(5)違反を認定した。

(ii) 参照文書違反を理由とするパネル提訴

本件は参照文書違反が問われた最初のパネル事件［巻末表16-2］である。

メキシコはGATS基本電気通信特別約束表のなかで，基本電気通信に関し市場アクセスと内国民待遇の条件つき約束を行い，追加的約束のなかで参照文書の義務を履行することを誓約した。

参照文書（2.1条と2.2条）は，加盟国に対し，自国の主要サービス提供者が他の加盟国の事業者に公衆伝送網への相互接続を確保するよう義務づけている。参照文書によれば，この相互接続は，無差別の条件と料金で，かつ原価に照らして合理的な料金 (cost-orientedrates) で，しかもサービス提供のため不必要な支払い（必要でない伝送網の部分・設備についての支払い）をすることがないように「十分に細分化された」(sufficiently unbundled) 価格で行われなければならないとされる。しかしメキシコが米国事業者に要求した相互接続料金は合理的なものではなかったとパネルはのべた。

また電気通信付属書(5)は公衆電気通信の伝送網，伝送サービスへのアクセス，伝送網・伝送サービスの利用に関し加盟国につぎの義務を課した。
① 約束表に記載したサービスの提供に関し，他の加盟国のサービス提供者が「合理的な，かつ差別的でない条件で」伝送網・伝送サービスへアクセスし，またそれらを利用できるようにすること
② 「差別的でない」条件とは，いうまでもなくGATSの最恵国待遇と内国民待遇をいう。分野に特定して用いるときは，同様の状況下で同種の伝送網・伝送サービスに関し，他の利用者（国内事業者，外国事業者）にあたえられる待遇よりも不利でない無差別条件をさす。

メキシコは付属書が課した上記の無差別待遇義務にも違反した，とパネルはつけくわえた。メキシコはパネル報告を受諾し，2004年8月に新規則を発表し，米国と合意した。

第3節 その他サービス市場の自由化

1 自由職業

(1) 弁護士業務に関する日本の約束表

日本は，外国弁護士や外国法律事務所の市場参入に対して閉鎖的な態度をとっている。

日本のGATS約束表によると，外国弁護士は，日本の弁護士資格をもつかもたないかで区別されている。

日本の弁護士資格をもつ外国弁護士の場合，第1モードから第4モードまで，サービスは自然人が提供し，日本に業務上の拠点があることが要求されている。たとえば，米国弁護士は，所属する米国法律事務所が日本に拠点をもつ場合にのみ，自然人として法律サービスを提供することができる。米国法律事務所によるサービスの提供は禁止される。

つぎに，日本の弁護士資格をもたない外国弁護士の場合は，原資格国の法律事項についてのみ助言を行うことができる。したがって日本の裁判所での法律上の

手続についての法的な代理や法律文書の作成は行うことができない。助言活動は，上述の場合と同様，所属法律事務所が日本に拠点をもつ場合にのみ，自然人として行うことが許される。しかも第1・第2・第4モードのサービス提供については，サービス提供者が1年間に180日以上，日本に滞在していることが必要である。外国弁護士法は2003年に改正されたが，いぜんとして外国弁護士は日本の法廷にたつことはできない。

(2) 米国の対日批判

米国は，1970年代以降，日本市場へのアクセス拡大と日本人弁護士との提携強化を求めてきた。しかし，日本弁護士連合会と日本政府は，米国の要求に部分的にしかおうじていない。日本が米国の要求に応えて措置をとったのは1987年であった。日本は外国弁護士法（「外国弁護士による法律事務の取り扱いに関する特別措置法」）を改正して，外国弁護士が日本に事務所を設置し，日本で外国法事務弁護士として原資格国の法律事項に関し助言を行うことを許可した。また日本はそののち外国弁護士に対する自由化措置をとった。たとえば，日本の国際仲裁で外国弁護士による当事者の弁護を許可し，外国法事務弁護士として登録できる職務経験年数を5年から3年に短縮し，この3年間に第3国での原資格国の法律業務従事期間を算入した。しかし日本は，外国弁護士が日本人弁護士を雇用したり，日本人弁護士との提携関係を形成することを禁止しつづけている。

日本は提携関係の形成を禁止する代わりに，1995年，外国弁護士法を改正し，日本人弁護士と外国法事務弁護士との「特定共同事業」システムを導入した。しかし特定共同事業は，提携関係とはほどとおく，また外国法律事務所が特定共同事業を形成した例はわずかにすぎないとされる。さらに共同事業を形成した外国法律事務所はいくつかの困難に直面している。

2 教育健康社会サービス

教育，医療，社会サービスは各国のセンシティヴ分野である。たとえば日本は，医療サービスについて，外国資本の参加については制限がないことだけを約束した（「外国資本の参加について制限がないことを除いて約束しない」）。医療法人は都道府県知事の認可を受けて，医療法により設立される社団または財団であるため，厳しい制約が課されているのである。

カナダや北欧諸国も教育医療関係サービスをパブリック・コンサーンとしてGATS上の約束をしていない。

3 郵便配達サービス

2003年4月，「民間事業者による信書の送達に関する法律」（信書便法）が施行され，民間事業者が郵便事業に参入できる仕組みができた。そのけっか，特定信書便（1個の重さが4キロを超えるか配達料が1000円以上の場合）については，地域・サービス限定の特定信書便事業が開放され，2006年半ばまでに132社が参入し，地方自治体の文書配達業務を受託する民間サービス業者も増えている。他方，一般信書便（手紙・葉書類のような全国一律サービス事業）に関しては約10万本の差出箱（ポスト）の設置が義務づけられているため，2006年7月現在でも1社の参入もみられない。これは公社の独占領域（reserved area）となっている。郵便事業は2007年10月の民営化で郵便事業会社がひきつぐことになるが，郵便事業は赤字構造が定着し，3事業のうちで先ゆきがもっとも暗い。このため，2006年4月から国際物流分野の進出を可能にする特例措置が講じられたが，早期の黒字転換は困難であるとされる。

4 スポーツ賭博サービス

米国越境賭博サービス事件［巻末表20-36］で問われたのは米国のオンラインカジノ規制であった。申立国は，オンラインカジノを主要歳入とする観光立国アンティグア（Antigua）であった。米国は未成年者への悪影響とテロ資金への流用をふせぐためオンラインカジノを規制してきた。しかし，米国は，GATS約束表のなかで，スポーツを除くその他の娯楽サービス（other recreational services except sporting）の第1モード（越境サービス）に関し，制限しない（none）と明記し，自由化を約束した。とはいえ，米国連邦法・州法は，賭博の越境的供給を禁止している。アンティグアは米国がGATS約束表ではスポーツを除く娯楽サービスの自由化をうたいながら，アンティグアからのオンラインカジノの提供を規制していると主張し，GATS違反の申立を行った。上級委員会は2005年4月の報告で，スポーツを除くその他娯楽サービスには賭博が含まれるとして米国のGATS違反を認めた。問題はこの違反がGATS一般例外条項（14条a）により正当化されるかどうかであった。米国の措置はたしかに公序良俗を理由としているが，「同様の条件のもとにある国の間」で差別的に適用されているため，一般例外条項により正当化されない，と上級委員会は結論した。この点，米国法は，州際の場外競馬に関し，国内サービス提供者には競馬賭博サービスの遠隔提供を認めながら，外国サービス提供者には同様のサービスを否定し，内外差別を行っていた。

第10部　知的所有権

[要約と視点]

要　約

1　WIPOとWTOのルール

知的所有権保護のための国際ルールは，WIPO（世界知的所有権機関）所管のルールとWTOのTRIPS協定ルールからなりたっている。各国の知的所有権法はこれら国際ルールの実施法にあたる。従来，各国知的所有権法の間にはさまざまな相違がみられたが，TRIPS協定の発効により各国法はおおはばに調和された。

2　WIPO所管ルール

WIPO所管の条約は23に達し，知的所有権保護のための国際共通ルールを定める11条約，国際登録制度とサービスについての8条約，工業所有権の分類に関する4条約に3分される。WIPOの主要な役割は，これら条約の所管とインターネット・ドメイン名の紛争解決にある。

3　TRIPS協定の内容

TRIPS協定は，知的所有権の保護のため，協定義務の実施，無差別原則，実質ルール，紛争解決手続を定めた。

(1) 協定の実施義務

加盟国は協定レベル以上の保護を確保する（ミニマム・スタンダード）。また加盟国は既存の知的所有権条約（パリ工業所有権条約，ベルヌ著作権条約）の保護水準以上の保護を確保しなければならない。これを既存条約プラス・アプローチという。

(2) 無差別原則

TRIPS協定は，内国民待遇と最恵国待遇を定めた。協定の内国民待遇原則により，加盟国（日本）は知的所有権の保護に関し自国権利者（国内コンピュータ・ソフト特許権者）にあたえる待遇よりも不利でない待遇を他の加盟国の権利者（インドのIT特許権者）にあたえる。ただし内国民待遇原則に対してはかぎられた例外が認められている。

TRIPSの画期性は，既存条約になかった最恵国待遇原則を規定したことにある。その理由は，GATT時代に米国・ECがアジア諸国と締結した2国間協定が欧米権利者に有利で日本等権利者に不利な差別を知的所有権分野にもたらしたからである。TRIPSはこうした差別がWTOレジーム下で生ずるのを封じた。

(3) 権利消尽

知的所有権の権利者，たとえばハイテク製品の特許権者であるフランス企業X社が生産国フランスのほか日本等販売国でも並行して特許（いわゆる並行特許）をもつ場合，X社は特許製品の日本等での価格を維持するため，特許製品を日本の正規代理店をとおして販売するのが通例である。しかし，X社がフランスで適法に販売した特許製品が香港経由で日本に低価格で並行輸入されるときに，X社は日本での特許権に基づいて並行輸入品の輸入販売を阻止することができるのかどうかが問題となる。特許製品は生産国で適法に販売されると，特許権者の権利は消尽し，並行特許権者は第3国で特許製品の輸入販売を差し止めることはできないのかどうか。これがいわゆる知的所有権の消尽問題である。

TRIPS協定は，この点，知的所有権の国際的消尽を認めて並行輸入を許すかどうかを加盟国裁判所の判断に委ねた。したがって知的所有権の国際的消尽についての判例法は各国バラバラであり，国際的消尽の否定国（米国）もあれば，肯定国（香港・シンガポール，開発途上国）もあり，また国際的消尽を否定しつつ黙示的実施許諾理論を採用する国（日本BBS事件最高裁判所判決）もある。

(4) 知的所有権の取得・範囲・使用

TRIPS協定は，従来の知的所有権にプラスした新しい権利を創設している。それは，著作権分野のコンピュータ・プログラム，データ編集物，著作物貸与権についていうことができる。協定はまた著作権の制限と例外について規定している。

工業所有権については商標・地理的表示・意匠のほか，特許について詳細な規定（特許の対象，特許保護の例外，方法特許と物質特許，特許の効力・強制実施，特許実施許諾の反競争的行為に対する規制）がおかれた。またその他の知的所有権（半導体回路配置，非公開情報）の保護規定が目をひく。

(5) 知的所有権侵害に対する救済手続と経過規定

既存条約とは異なり，TRIPSは権利侵害に対する救済手続（民事・行政・刑事上の手続，暫定措置，国境措置）をくわしく定めた。開発途上国に配慮して経過措置が定められ，開発途上国等は協定発効後一定期間，協定の適用義務を免除された。途上国はとくに医薬品等の物質特許の導入にあたり10年間の経過期間を認められた。しかし，開発途上国は，経過期間のあいだ，物質特許の出願を受理し，物質特許製品の排他的販売権をあたえるよう義務づけられた。

(6) 紛争解決

TRIPS協定は，加盟国が協定違反の措置をとる場合，他の加盟国が違反申立を開始できることを定めた。この申立手続に基づいてTRIPS関係のパネル・上級委員会報告がいくつか採択されている。

国際経済法　　　373

視 点

1 知的所有権ビジネス

歴史的にみると，国家・企業・個人の富は，不動産・動産であったが，近代には債権を含み，さらに大量生産期以降は，無体財産・知的所有権にもおよんできた。知的所有権は，人の新規の創作や営業上の信用に関する権利であり，これが企業に莫大な利益をもたらしている。この意味で知的所有権の国際ルールをどうつかいこなすかが先端企業の戦略となっている。企業は，ひとたび創作によって知的所有権（著作権，特許権等）を獲得すれば，他企業への権利許諾からロイヤルティーをえることができるからである。

2 国家と企業の戦略

知的所有権保護はこんにち国家と企業の基本戦略となっている。技術力のある国は，自国先端企業の創作を奨励しその知的所有権を保護することで，自国産業の競争力を強化し，海外市場の開拓を容易にすることができる。米国がTRIPS協定の締結をリードしたのは，自国競争力の回復と増強にあったからである。

3 南北対立と特許の強制実施

先進国が技術開発能力をもち数おおくの特許をうみだすのと逆に，途上国は，技術をもたない。それゆえ途上国は先進国企業が製造する高価な特許製品，たとえば特許医薬品を製造することも，購入することもできない。これが途上国によるエイズ薬等へのアクセスを困難にしている。ドーハ第4回閣僚会議のTRIPS宣言は，エイズ等の蔓延時に，途上国が国家緊急事態を宣言し，エイズ薬等の特許を権利者（とくに米国医薬品メーカー）の許諾なしに国内企業に強制実施させることを認めたが，こうした特許の強制実施をめぐって数おおくの問題が提起されている。

4 主要国特許法の相違

TRIPS協定は加盟国に統一ルールを採択させることで，知的所有権法の世界的調和をはかろうとした。しかしげんじつには，主要国の法令は調和されていない。

特許法にかぎっても各国法の食い違いは顕著である。米国法はいぜんとしてTRIPS違反のルール（先発明主義，ヒルマー理論等）を保持している。インドはTRIPS違反法令を是正していない。開発途上4カ国のBRICs（Brazil, Russia, India, China）もTRIPSの実施に背を向けている。特許法の手続規定も国によりバラツキがある。

5 FTAのWTOプラス・アプローチ

WTO知的所有権法の範囲を超えて，新しいタイプの知的所有権法を導入する動きもある。それは，地域間FTA，地域横断的FTAまたは2国間FTAによって試みられている。しかし，こうした取り組みがWTOルールと整合するかどうかは未知数である。

たとえば米国は，太平洋横断FTA（Trans-Pacific Partnership Agreement）への参加をねらって，特許医薬品の微小変更・新用途・新形態医薬品に特許を与えない提案を行った。先進国の先行特許薬をアジア製後発品から保護する意図が提案に読みとることができよう。日本政府は米国にくらべて出遅れた。

6 現行法の構造

現行の知的所有権法の構造は，つぎのように要約できる。

WIPOとTRIPSの2元体制，つまり(i) WIPO国際レジームと関連加盟国の国内実施法という体制と(ii) TRIPS国際レジームとWTO加盟国の国内実施法という体制である。両体制は別個独立に存在するが，WTO加盟国のみは，TRIPS規定とWIPO規定の重複部分に関して両協定により拘束される。この点だけは，はっきりしている。

はっきりしないのは，上述のFTA知的所有権規定である。再論するように，TRIPS協定は，無差別の最恵国待遇原則を明記し，同時に例外を定めた。しかし，例外のなかにFTAを明記しなかった。簡略にいえば，TRIPSは，地域的な差別的FTAを明文で許容していない。なぜならば，TRIPSは多様な各国知財法令を調和するために導入された。このため，TRIPS調和ルールと乖離する地域別知財規定は，そもそもTRIPSの精神に背きかねないのである。もっと端的に問いたい。知財関連FTAはずばりTRIPS上許されるのかどうか，WTOに整合するかどうか，現行知財関連法の一部をなすかどうか。冷徹な回答はいまだにない。

第1章
知的所有権法の体系

TRIPS協定の詳細をみるまえに，日本の知的所有権法とWIPOの知的所有権条約を概観しておきたい。

第1節 日本法

1 知的所有権法

日本の知的所有権法（Intellectual Property Law）は，創作を保護する法律と営業上の信用を保護する法律から成る。

(1) 創作を保護する法律

人間の新規の創作を保護する法律はつぎのように分類される。

A 著作権法

著作権法は，所定の条件を満たす著作物を保護する。著作物は，思想または感情を創作的に表現しており，文芸・学術・美術・音楽の範囲に属するものでなければならない。したがってたんなるデータやアイデアは思想・感情の表現にあたらず，著作物のスコープにはいらない。工業産品も文芸・学術・美術・音楽に属さない点で著作権の対象から外される。他人の創造の模倣にいたっては，そもそも創作にあたらない。

TRIPSが定めた著作物は，小説・学術書・音楽・美術・映画・コンピュータプログラム（computer program）・データベース（database）等である。コンピュータプログラムには，旅行業界向けネットビジネス支援ソフト・業務用パチンコ制御プログラム・パソコン用OS（Operating System）がふくまれる。なおこれらプログラムは，要件を満たすかぎり，著作権法上の保護にくわえて，特許法上の保護もうける。他方，データベースとしては自然環境調査データ管理システムや船舶部品アルバム等があげられよう。以上の著作物は，創作された時点から法的保護を受ける。そのため，所轄官庁や指定登録機関への登録を要しない。この点で，著作権は，工業所有権法が特許・意匠等の登録を義務づけているのと異なる。ただし，著作権関係の法律事実を公示したり，著作権の移転にあたり取引の安全を確保する必要がある場合にそなえて，任意の登録制度が各国にもうけられている。たとえば，日本がWTO発足前から運用してきたコンピュータプログラムの任意登録制度がある。この制度のもとで，文化庁の指定を受けた登録機関「財団法人ソフトウェア情報センター」（SOFTIC）は，1987年から登録事務を担当してきた（著作権法，プログラムの著作物に係る登録の特例に関する法律）。しかしパソコン用OS，たとえばMicrosoft社のWindowsシリーズやApple社のMac OS Xは登録されていない。登録は義務ではないし，その必要性もないからである。

2010年の著作権法改正は美術品・稀少漫画本のインターネット上への画像掲載について規制を緩和した。旧法は著作権者の同意なしに，インターネット販売の目的でネット掲載することを禁止していた。改正法はこの行為を合法化した。

他方，ネット上の違法動画についての規制は旧来どおり維持されている。それゆえ不特定の個人が個人的使用を理由として違法動画をダウンロードすることは違法である。

B 工業所有権法

工業所有権法は，広義には，創作を保護する特許法・実用新案法・意匠法のほか，営業上の信用を保護する商標法を含む。ここで創作保護のための工業所有権のみに着目すると，それはつぎのように細分される。

① 発明（冷凍保存の方法等）を保護する特許法
② 発明には届かない，ライフサイクルが短い考案（握り易い鉛筆，滑らない靴底等）を保護するための実用新案法
③ デザインを保護する意匠法

C その他

以上のほか，半導体・集積回路の回路配置は関連法規によって，また植物新品種は種苗法によって保護される。商品の形態（たとえば「たまごっち」）も知的所有権法によって保護されるため，模倣（dead copy）は禁止される。他方，ハードウェアやソフトウェア製品の構造を分析し技術情報を明らかにするリヴァースエンジニアリング（解析改良行為 reverse engineering）は合法である。しかしリヴァースエンジニアリングにより明らかにされた技術をつかって製品をつくると，製品の著作権や特許権を侵害するおそれが生ずる。またソフトウェアの場合，リヴァースエンジニアリングは，たとえばソフトの脆弱性（バグの要因）をつきとめるために用いられれば問題はないが，ソフトの脆弱性を悪用するために用いられるときに問題をひきおこす。

もっとも，以上の区分は便宜的なものにすぎない。たとえばコンピュータ・プログラムは，1985年の著作権法改正（1986年施行）以降，著作物として保護されているが，じっさいには特許法によっても保護されている。同様に応用美術が意匠法と著作権法のいずれで保護されるのかはケースバイケースで決まる。

(2) 営業上の信用を保護する法律

営業活動上の信用を保護する法律として，商品の商標（ソニー，グッチ等のブランド）を保護するための商標法，商人の商号（トヨタ等）を保護するための商法がある。

2 不正競争防止法

(1) 不正競争行為と救済

不正競争防止法は，ひろくは，工業上・商業上の公正な慣習に反する「不正競争」を規制するためのルールであり，その典型例はドイツの1909年不正競争防止法の一般条項（善良風俗に違反するすべての競争行為を禁止する一般規定）にみるとおりである。これに対し，日本の不正競争防止法は，一般条項を欠き，以下にみるように，特定の不正競争行為を列挙する方式をとっている。

A 周知表示による混同惹起行為

周知の氏名・商号・商標・包装などを使用して他人の商品・営業主体と混同させるような行為が規制される。

B 著名表示の冒用

他者の著名表示を冒用することも不正競争行為の一例である。こうした冒用は，著名表示の顧客吸引力（goodwill）にただ乗り（free ride）する行為にほかならないからである。たとえば喫茶店が著名な香水名（シャネル）を店名として使用する場合に著名表示の冒用が認定される。またビール会社がヒット商品をだしたあと，後発ビール会社がヒット商品と類似の名称を用い

る場合に冒用がおきるかもしれない。もっとも商品名が普通名称（たとえばオーデコロン）となっているときは，冒用はおきない。著名表示については，異業種の企業が著名表示を冒用して表示価値を希釈（dilution）するケース（積水開発株式会社事件）や冒用によって著名表示の高級イメージを汚染（pollution）するケース（サラ金ソニー事件, 豊田商事事件, ラブホテルシャネル事件等）がある。

C その他

商品形態の模倣，営業秘密の不正使用（ノウ・ハウの盗用等），商品の原産地名称（ブドウ酒のボルドー, コニャック等）の詐欺的使用，商品の品質誤認惹起行為（誇大広告），営業誹謗のための虚偽事実の流布，エージェントの商標盗用等も不正競争行為の類例である。

不正競争行為により営業上の利益を侵害された者は，民事的救済（差止請求, 損害賠償, 謝罪広告等による信用回復措置）を求めることができる。なお，外国・国際機関の紋章や旗章を無断で商標として使用する不正競争行為に対しては，刑事罰（罰金刑, 懲役刑）が科される。法人に対しては，両罰規定が適用され，特許法違反の場合と同様，親告罪とされている。

不正競争防止法は，当初は工業所有権パリ条約の改正条約に加入するため，条約義務を履行する目的で制定された。法の禁止対象は限定的であったが，最近の改正で強化された。

(2) 知的所有権法と不正競争防止法

知的所有権法と不正競争防止法は密接な関係にたっている。不正競争防止法はそもそも工業上・商業上の公正な慣習に違反する不正競争行為を規制するもので，規制をつうじて知的財産を不正な侵害から保護することをねらいとしているからである。

規制対象からみると知的所有権法と不正競争防止法は異なっている。たとえば企業秘密（trade secret）やインターネット上のドメイン名（goo事件）は知的所有権法ではなく不正競争防止法によって規律されている。

もっともこれは国内法上の概念区分であり，国際ルール，たとえばTRIPS協定は知的所有権の範囲をひろくとり，企業秘密も保護すべき知的所有権の範囲のなかにいれている。また虚偽または誤認を惹起するおそれのある商品の原産地表示は国際的にはWIPO所管のマドリッド協定とTRIPS協定によって規律されている。

(3) 知的所有権の範囲

現行の知的所有権法がどの範囲にまでおよぶのかは，かならずしも明らかでない。

1つには印刷用文字書体「タイプフェース」(typeface)の法的保護の課題がある。WIPO所管条約とはいえ，タイプフェース保護のための特別法は一部の国にしかない。

またパブリシティ権についても同じことがいえる。これは著名人（芸能人, 俳優, スポーツ選手等）が氏名・肖像を商業目的で独占的に利用できる財産的権利をさす。米国が1953年にはじめてこの権利を認定した。日本でも東京高裁は「おニャン子クラブ」事件でタレントの名前写真を無断使用したカレンダーに関し，パブリシティ権侵害を認め，カレンダー製造者に販売差止めを命じた。オグリキャップなどの馬名をゲームソフトに無断使用した事件では，馬主がゲームソフト販売会社に対しパブリシティ権侵害の訴えを提起した。地裁と高裁は権利侵害を認め損害賠償を命じた。しかし，最高裁は下級審判決を破棄し，馬主側の請求を棄却した。こうした権利が国際知的所有権法のなかに包摂されるかどうか未定である。

さらにPublic Domaineの概念・範囲・WTO整合性もじつは曖昧なままである。

第2節　WIPOの知的所有権条約

(1) WIPOの歴史と発展

世界知的所有権機関（WIPO. World Intellectual Property Organization）の歴史は古く，もともとは，1883年の「工業所有権の保護に関するパリ条約」(Paris Convention for the Protection of Industrial Property) と1886年の「文学的および美術的著作物の保護に関するベルヌ条約」(Berne Convention for the Protection of Literary and Artistic Works)を所管する合同事務局（知的所有権保護国際合同事務局 BIRPI）として発足した。しかし，ストックホルムで1967年7月に署名されたWIPO設立条約（1970年4月発効）により一国際組織に改組され，1974年には国際連合の専門機関となった。加盟国は日米EC等先進諸国のほか移行期経済諸国（中国, ベトナム, ロシア等）や多数の開発途上国を含み，179カ国（2002年4月）を数える。

WIPOの目的は，知的所有権の保護の促進にあり，このため関連国際協定の締結を奨励し，開発途上国援助を行い，パリ条約・ベルヌ条約等の効率的管理を行うことにある。このため，WIPOが扱う知的所有権は，広義の工業所有権と著作権にくわえて，技術進歩に適応した多様な新しい権利におよんでいる。

WIPO所管の知的所有権関連条約は23（そのうちの2条約は他の国際組織と合同で運営している）に達するが，分野別にみるとつぎの3つのグループに分けられる。
①知的所有権保護のための国際共通ルールに関する11条約
②国際登録制度とサービスに関する8条約
③工業所有権の分類に関する4条約

WIPOの主要な任務は，これら条約の所管とインターネット・ドメイン名の紛争解決にある。これら諸条約は，著作権関連条約，工業所有権関連条約（特許関連条約, 商標関連条約, 原産地表示関連条約その他）のグループに分けられる。以下所管条約と紛争解決の概要をする（表10-1）。

(2) 著作権関連条約
　A　著作権ベルヌ条約
　ベルヌ条約は文学的・美術的著作物（書籍・演劇楽曲・映画・絵画写真等）の権利者を保護するため，内国民待遇原則，無方式主義，権利保護の独立性，権利侵害に対する救済方法，保護水準規定を定めた。ベルヌ条約とパリ条約はともに内国民待遇原則をうたう点で一致している。しかし両者は権利の発生手続や保護期間についておおきく異なる。
　パリ条約は特許商標等の権利発生に登録手続を要求する方式主義をとった。これに対し，ベルヌ条約は著作権の権利発生に登録手続を不要とする無方式主義を採用した。このため，日欧等の無方式主義の採用国でうまれた著作物は，米国を含む方式主義国では保護を受けない不都合が生じた。そこで，1952年の万国著作権条約（3条）は (copyright) を丸で囲んだ記号を考案し，無方式主義国の著作物でもこの記号を付していれば方式主義国で登録済みとみなされ保護を受けられるようにした。もっとも米国が1989年にベルヌ条約に加盟した現在では，無方式主義が主要国に浸透している。
　ベルヌ条約がパリ条約と異なる第2の要素は権利の保護期間である。パリ条約は特許の保護期間を20年としたが，ベルヌ条約は著作権の保護期間を原則50年とし細則をもうけた（7条）。
　文学的著作物の保護期間は，著作者の生存期間にくわえて著作者の死後50年間とされた。死後50年とは，死亡日の翌年1月1日から50年目の12月31日午前零時までをいう（7条5）。したがって保護期間は，著作者の死亡日が2001年8月21日であるとすれば，翌2002年1月1日が起算時となり，50年後の2052年12月31日零時が満了時となる。
　映画著作物の保護期間は，公表時から50年間（またはこの期間中公表されないときは製作時から50年）である。50年の起算時は上述と同様，公表日の翌年1月1日である。無名・変名著作物の保護期間も，公表時から50年，つまり公表日の翌年1月1日から50年（ただし真正著作者が明らかになったときはこの著作者の死後50年，つまり死亡日の翌年1月1日から50年）とされる。これら50年ルールの例外として写真や応用美術の著作物の保護期間がある。これだけは，同盟国が独自に定めることができ，著作物の製作時から25年以上とされた。
　もっとも保護期間50年ルールはミニマム・ルールであり，同盟国は50年より長期の保護期間を定めることができる（7条6）。このため，知的所有権を国家戦略としている先進欧米諸国は著作権の保護期間を70年に延長している。日本も2004年施行の改正法により映画アニメ産業の国際競争力を強化する目的で，映画にかぎって保護期間を公表後70年に延長した。保護期間を70年に延長する改正案は，2006年7月現在，文芸・音楽・美術・写真・漫画協会の支持を受けている。発表後50年を保護期間とする団体名義の著作物も見直しの機運にある。
　1886年ベルヌ条約は971年パリ条約で改正されたが，デジタル・ネットワークの技術進歩に対応する術を現在もたない。デジタル技術の権利保護を訴える先進国とそれに消極的な開発途上国との対立が，ベルヌ条約の改正を阻んでいるのである。条約の改正に必要なコンセンサスが成立しないのは当然であった。そこでWIPOは，ベルヌ条約（20条）が明記する「特別条約」の作成に乗りだし，1996年12月，WIPO著作権条約とWIPO著作隣接権条約を採択した。
　B　WIPO著作権条約（WIPO Copyright Treaty. WCT, 1996年12月締結, 2002年3月発効）
　WIPO著作権条約は締約国にベルヌ条約の中核規定（1条～21条）に従うよう義務づけた（1条4）。それゆえ締約国は，著作物の保護期間に関し，ベルヌ条約（7条）を遵守しなければならないが，写真の著作物については，ベルヌ条約（7条4）を免れた。規定の適用を除外している（WIPO著作権条約9条）。したがって，WIPO著作権条約の締約国は，写真の著作物に対して，他の一般著作物と同期間の保護期間をあたえなければならない。日本も，WIPO著作権条約9条の規定に従い，写真の著作物の保護期間を公表後50年としていた著作権法55条を，1996年12月の著作権法改正によって削除した。
　C　WIPO実演レコード条約（WIPO Performances and Phonograms Treaty. WPPT, 1996年12月締結, 2002年5月発効）
　WIPO著作権条約と実演レコード条約は，サイバーネットワーク上の著作権保護を目的とするため，あわせて「著作権インターネット条約」とも通称されている。2002年に発効したこれら条約の主眼は，送信可能化権（right of making available）と情報保護手段の創設である。
　D　その他関連条約
　上記のほかに，著作隣接権ローマ条約（Rome Convention for the Protection of Performers, Producers of Phonograms and Broadcasting Organizations），不正コピー防止ジュネーブ条約（Geneva Convention for the Protection of Producers of Phonograms Against Unauthorized Duplication of Their Phonograms）がある。
　また1974年5月に採択された衛星信号ブラッセル条約（Brussels Convention Relating to the Distribution of Programme- Carrying Signals Transmitted by Satellite）は，衛星送信される番組伝達信号により損害を受けるおそれのある著作権者・実演家・レコード製作者・放送事業者の権利を保護する目的をもつ。
(3) 工業所有権パリ条約
　パリ条約が定める工業所有権は，特許・実用新案・意匠・商標・商号・地理的表示（原産地表示，原産地名称）から不正競争の防止までをカバーしている。条約はこれらについて，内国民待遇原則，優先権，各国特許の独立の原則，特許不実施に対する制裁，周知商標の保

護などを定める。条約の適用対象国は，いわゆるパリ同盟を形成している。

(4) 特許法条約 (Patent Law Treaty. PLT)

特許手続の国際的調和に関するWIPO条約は2000年6月採択された。その目的は国と地域ごとに異なる特許出願手続と特許付与について国際的な調和をはかることにある。10カ国が批准書を寄託すれば条約が発効する予定とされている。

(5) 商標・標章関連条約

A オリンピック・シンボル保護ナイロビ条約 (Nairobi Treaty on the Protection of the Olympic Symbol)

標章としての五輪シンボルを保護するねらいをもつ。

B 1994年商標法条約 (Trademark Law Treaty. TLT)

条約の目的は，各国商標制度の手続の調和と簡素化により，商標出願・登録手続の負担を軽減することにある。

(6) 虚偽・誤認原産地表示防止マドリッド協定と標章国際登録マドリッド協定議定書

A 原産地表示マドリッド条約 (Madrid Agreement for the Repression of False or Deceptive Indications of Source on Goods)

1891年の虚偽・誤認原産地表示防止マドリッド協定は，輸入品に付される原産地表示 (made in France等) が虚偽であったり，誤認を生じさせるときは，輸入国に差止め・制裁を認めた。しかし協定は手続を厳しく定め，拒絶通報期間を出願から1年以内とし，登録取消に関し，本国での基礎登録が無効または取消となったときは，国際登録も取り消されそれに対する救済措置を予定しなかった。日米英等が協定を批准しなかっ た理由はここにあった。

B 標章国際登録マドリッド協定議定書 (Protocol Relating to the Madrid Agreement Concerning the International Registration of Marks)

WIPOは，原産地表示条約の欠陥を補正するため，多数の国が参加できるような標章国際登録制度を協定議定書 (1989作成，1995年発効) として採択した。議定書は，協定議定書の名をかたるが，協定から独立した新協定である。これにより拒絶通報期間は出願から1年または1年6月以内と緩和された。また本国での基礎登録が無効・取消となった場合，国際登録は取り消されるが，国際登録を指定国当局への国内出願に変更することが許された。

(7) WIPO新模倣防止条約案

WIPOは現在，模倣品・海賊版拡散防止条約案 (Anti Counterfeiting Trade Agreement. ACTA) を検討している。模倣品・海賊版はTRIPS協定の知的所有権侵害にあたるが，TRIPSの規制をより実効的にするため，WIPOは日本の発議 (日本知的財産戦略本部の2005年6月「知的財産推進計画2005」) を切っ掛けとして，模倣品・海賊版拡散防止条約の策定に踏み切った。条約の主要目的は，模倣品・海賊版の輸出差し止め強化，模倣ラベル輸入品への刑事罰，インターネット接続業者による問題情報の削除にある。

(8) インターネット時代のWIPO条約

WIPO条約のうち，2002年に発効した著作権条約と実演レコード条約は，インターネット時代の知的所有権を規制するため考案された新しいタイプの国際ルールである。これらいわゆる著作権インターネット条約は，従来のベルヌ条約やTRIPS協定にない新しい権利を創設した点で注目をひく。しかし，権利侵害

表10-1 WIPO関連年表

年	WIPO関連の条約と発展
1883	工業所有権パリ条約締結 (1884年発効)
1886	知的所有権ベルヌ条約締結
1891	虚偽・誤認原産地表示防止マドリッド協定
1893	知的所有権保護国際合同事務局 (BIRPI) 設立
1925	ハーグ条約
1960	BIRPIのジュネーヴ移転
1961	著作隣接権ローマ条約
1967	WIPO設立条約締結
1970	WIPO発足
1970	特許協力条約
1973	タイプフェース保護ウィーン条約
1989	標章国際登録マドリッド協定補足議定書
1996	WIPO著作権条約，WIPO実演レコード条約締結
2000	特許法条約
2002	WIPO著作権条約，WIPO実演レコード条約発効
2010	ACTA

A 特 質

著作権インターネット条約は，デジタル時代に対応して，著作権者（作家，芸術家，文化情報団体）と著作隣接権者（実演家，レコード製作者）を，デジタルネットワーク上での権利侵害から保護することを目的としている。このため，条約はこれらの著作権者と著作隣接権者に対し，インターネット上で著作物を複製・配信・レンタル・送信可能化するための独占権をあたえた。また実演レコード条約は，演奏家やレコード製作者がインターネットで放送される楽曲に対し著作権使用料を徴収するための国際的な枠組みについても定めた。

B 2つの新しい権利

著作権インターネット条約が従来のWIPO条約と異なるのは，つぎの新しい権利を創設したことである。

(i) 送信可能化権

送信可能化権（著作権条約8条，実演レコード条約14条）は，著作権者や著作隣接権者がそれぞれ著作物やレコードを送信可能にするための排他的権利をいう。送信可能化とは，これら権利者が，著作物やレコードを，公衆が随時どこからでもアクセスしダウンロードできるように，送信可能な状態におく行為をさす。たとえば，権利者が音楽CDをサーバーにアップロードしておいて，不特定多数の個人が家庭からパソコンをつかってCD楽曲をダウンロードできるようにすることを含む。

それゆえ，第三者（広告業者等）が権利者の許諾なしに，音楽著作物をサーバーにアップロードし，不特定多数の個人がインターネットをとおして音楽著作物をダウンロードできるようにすることは，禁止される。また第3者が権利者の許諾なしに，音楽愛好家同士のインターネット上での楽曲交換を可能にする行為（電子ファイル交換サービス）も禁止される。この場合，著作物の複製を行うのは不特定多数の音楽愛好家であるとしても，音楽愛好家のために著作物を送信可能な状態にし著作物の相互交換をお膳立てする行為自体が，権利者の独占的な送信可能化権を侵害するのである。それゆえ，インターネット上での音楽ファイル交換サービスの提供に関する事件（米国ナップスター事件 Napstar，日本ファイル・ローグ事件，日本MMO事件）は，インターネット条約の視点からみれば，著作権者の送信可能化権を侵害した典型例とみることもできる。

送信可能化権の考えは，インターネットだけではなく，LANやカラオケ通信を含むインタラクティブ送信全般に対してもはばひろく適用される。

(ii) 情報保護権

他方，著作権インターネット条約の第2の柱である情報保護手段は，著作物のコピープロテクションや電子透かしの保護を目的としている。これは既存の著作権ベルヌ条約やTRIPS協定とは一線を画している。既存の条約は，著作物の複製再生を権利侵害と把握してきたが，著作権インターネット条約は，複製再生に先だつ準備行為を標的としているからである。

C 救済と実施

(i) 権利侵害の場合の救済

インターネット条約の禁止規定に対する違反がある場合，権利のエンフォースメントはどのように行われるのか。条約（著作権条約14条，実演レコード条約23条）は，権利侵害に対する救済を，国内法のもとで利用可能な手続に委ねた。これら手続には侵害防止のための迅速な救済と侵害再発抑止のための救済が含まれる。インターネット条約はこのように救済手続として利用可能な国内手続のみを定めた。

(ii) 各国の実施と紛争解決手続

日本はすでに数次の著作権法改正によってインターネット条約の実施措置を先取りした。まず1997年6月の法改正（1998年1月施行）により，WIPO著作権条約の「公衆への伝達権」に即応して，有線無線全体をカバーする「公衆送信権」（23条）を創設した。また，実演レコード条約に対応して，実演家・レコード製作者のための「送信可能化権」（92条の2，96条の2）を定めた。かくして，CDやテープから無断で音楽著作物をサーバーにアップロードする行為は，従来の作曲作詞者の複製権を侵害するだけではなく，あらたに作曲作詞者の公衆送信権と実演家の送信可能化権も侵害することになった。

また日本は2002年6月11日の著作権法改正により，放送事業者にも送信可能化権をあたえることで，インターネットによる番組の無断再送信を規制した。この意味で日本は条約の保護水準を超えるレベルのネットワーク著作権の保護を達成したということができる。

これに対し，米国は「デジタルミレニアム著作権法（DMCA）」（1998年成立）により，またECは「情報化社会における著作権および関連する諸権利の諸側面の調和に関するEU指令」（2001年6月発効，2002年末各国実施法採択）により，著作権インターネット条約を実施した。

しかしながら，インターネット条約は，TRIPS協定が定めるような協定締約国間の紛争解決・制裁手続を予定していない。それゆえ，インターネット条約の実施に関して政府間紛争が発生しても，TRIPSタイプの実効的な紛争解決手続は望むことができず，ここにWIPO条約の限界があるといえなくもない。

(9) 国際登録制度とサービスに関する8条約

WIPOの第2の任務は，発明・商標・意匠などを迅速に保護するための国際登録制度と関連サービスを提供することである。この任務は，技術進歩と貿易のグローバル化にともなってますます重要になってきた。以下の関連条約が定める国際登録制度は，従来の各国別の申請手続を簡素化しそのコストを削減した点で高く評価されている。

A 標章国際登録マドリッド協定と議定書

1891年の「標章の国際登録に関するマドリード協

定」(Madrid Agreement Concerning the International Registration of Marks) と 1989 年の議定書 (Protocol Relating to the Madrid Agreement Concerning the International Registration of Marks) は，国際事務局をとおした標章の国際登録制度を定めている。2001 年に 24000 件の国際標章登録が行われた。

B 意匠国際寄託ヘーグ協定

1925 年の「意匠の国際寄託に関するヘーグ協定」(Hague Agreement Concerning theInternational Deposit of Industrial Designs) は，意匠を国際事務局に直接寄託すれば，同盟国全体で当該意匠を保護する制度を樹立した。2001 年で 4200 件の寄託が行われ，20000 件の意匠が登録された。日本は加盟していない。

C 微生物国際寄託ブダペスト条約

「特許手続のための微生物の国際的承認に関するブダペスト条約」(Budapest Treaty on the International Recognition of the Deposit of Microorganisms for the Purposes of Patent Procedure) は，所定の要件を満たす微生物の寄託機関を国際寄託当局として承認し，いずれかの国際寄託当局への微生物の寄託を全締約国の特許手続上有効と認める制度を創設した。日本は 1980 年に加盟した。

D 原産地名称リスボン協定

1958 年の「原産地名称の保護およびその国際登録のためのリスボン協定」(Lisbon Agreement for the Protection of Appellations of Origin and their International Registration) は，産品の品質と特質が地理的環境に固有であるような国・地方・地域の原産地名称 (appellations d'origine)——たとえばワインのボルドーや，陶器のリモージュ——を法的に保護するための法的枠組みをつくりあげた。それゆえ，カリフォルニアで製造されたワインにボルドーという名称をつけることは禁止される。こうした原産地名称は，締約当事国当局の要請に基づき，国際事務局に登録され，他の締約国に通報されなければならない。日本は加盟していない。なお原産地名称の保護は TRIPS 協定の枠組みのなかでも行われている。

E 特許協力条約

1970 年の特許協力条約 (Patent Cooperation Treaty. PCT) は，複数国で特許保護を受ける場合，国ごとに異なる手続がもたらす労力を軽減することを目的としている。この条約により，いずれかの条約締約国に出願すれば複数の指定国に出願したのと同じ効果が生ずる。また関連した国際調査と国際予備審査の制度をそなえている。日本は 1978 年に加盟した。

F タイプフェース保護ウィーン条約

1973 年に締結された「タイプフェースの保護およびその国際寄託のためのウィーン協定」(Vienna Agreement for the Protection of Type Faces and Their International Deposit) は，印刷用文字書体であるタイプフェース (typeface)——ゴシック体等——の保護と国際寄託をねらいとしている。WIPO 所管条約とはいえ，未発効であり日本も批准していない。日本の最高裁判決 (2000 年 9 月 7 日) は，タイプフェースが著作権によって保護されないことを明らかにした。裁判所によれば，タイプフェースは，独創性と美的特性をそなえていないため著作物 (著作権法 2 条 1 項 1 号) に該当しない。また独創性と美的特性がない書体はベルヌ著作権保護条約の「応用美術の著作物」にもあたらないとされた。タイプフェースはまた意匠法上のデザインとして保護を受けることもできない。タイプフェースを著作権または類似の制度によって特別法により保護しているのは，一部の国 (英国，カナダ，イタリア等) にかぎられている。

以上のほか「科学的発見の国際登録に関するジュネーヴ協定」もある。

(10) 工業所有権の分類に関する 4 条約

WIPO はさらに知的所有権の分類を合理化する条約を所管している。特許申請や商標・意匠登録にあたって厄介なのは，問題の発明・商標・意匠等が新規のものであり，第 3 者によって所有されていないかどうかを確認する作業である。この確認は，膨大な資料と調査を必要とするからである。そこでこうした確認作業を容易にするため，WIPO の 4 分類条約は，発明・商標・意匠に関する情報を，検索容易なインデックス体系に振り分ける分類制度を創設した。この分類制度は，技術進歩と商業慣行を反映して定期的に更新されており，条約に未加盟の国も利用できるようになっている。

A 国際特許分類ストラスブール条約

1971 年の国際特許分類に関するストラスブール条約 (Strasbourg Agreement Concerning the International Patent Classification) は，特許と実用新案の国際分類を導入し，情報検索を容易にした。バイオテクノロジーと医薬品のための分類は 1980 年から 2001 年までに，それぞれ 297 から 718 へ，また 839 から 1966 へ増加した。かくして約 7 万の技術分野の分類が存在している。日本は 1977 年に加盟した。

B 標章国際分類ニース協定

1957 年の「標章登録のための商品とサービスの国際分類に関するニース協定」(Nice Agreement Concerning the International Classification of Goods and Services for the Purposes of the Registration of Marks) は，商標およびサービス・マークの登録のための商品とサービスの国際分類を規定した。日本は 1990 年に加盟した。

C 標章図形要素・国際分類ウィーン条約

「標章の図形要素の国際分類を設立するためのウィーン条約」(Vienna Agreement Establishing an International Classification of the Figurative Elements of Marks) も以上を補完している。

D 意匠分類ロカルノ協定

意匠分野では，1968 年の「工業意匠の分類を確立するためのロカルノ協定」(LocarnoAgreement Establishing an International Classification for Industrial Designs) があるが，日本は未加盟である。

(11) WIPO 仲裁調停センター

WIPOはインターネット上のドメイン名（.com, .net, .org等）に関する紛争を処理するため仲裁調停センター（WIPO's Arbitration and Mediation Center）をもうけている。センターがとくに扱うのは，ドメイン名として他者の商標を冒用するいわゆるドメイン名不正使用行為（cybersquatting）であり，2001年にセンターが受理したケースは1506件に達し，世界の94カ国が関係した。紛争処理センターはパネル審理ののちパネル裁定をくだす。センターの手続は，インターネット関連の民間非営利国際団体であるICANN（InternetCorporation for Assigned Names and Numbers）の1999年統一ドメイン名紛争解決政策（Uniform Domain Name Dispute Resolution Policy, UDRP）とその運用手続規則（UDRP Rules）に従う。WIPOはICANNによりドメイン名の紛争解決を委ねられたのであった。

(12) TRIPS協定との関係

1995年に発足したWTOのTRIPS協定は，既存のWIPOレジームと緊密な関係にたっている。

1つは相互補完性である。TRIPS協定は，後述するようにWIPOの工業所有権パリ条約と著作権ベルヌ条約のルールをとりいれ，パリ条約やベルヌ条約に加盟していない国にも条約規定に従う義務を課した。しかもTRIPS協定はパリ条約やベルヌ条約が規定していなかった新ルール――非開示情報（営業秘密），集積回路の回路配置――を挿入した。その結果，WIPO所管条約を含む広範なルールに関して，ルール違反がある場合，TRIPS協定に基づく紛争解決手続が開始されることになる。WIPOのもとでは先進国が追及できなかったルール違反が，TRIPS協定のもとでは追及できるようになった。

他は協力関係である。WIPOは1996年1月，WTOと協力協定を結んだ。協力事項は，TRIPS協定の実施に関する発展途上国援助，知的所有権法の通報・収集，国家・国際機関の紋章の通報に関連している。1998年7月以降，WIPO/TRIPS合同イニシアティヴが開始され，開発途上国と後発途上国がTRIPS協定を実施できるようにするための援助があたえられている。

第2章
知的所有権とGATT/WTO

知的所有権がGATT/WTOで扱われるようになった背景には，知的所有権が貿易とリンクしていることが強く認識されたこと，および米国が知的所有権を国力の源泉とみなしその国際的保護をウルグアイ・ラウンド交渉で達成しようとしたことがあった。

第1節　知的所有権と貿易

知的所有権は貿易と緊密に連関している。第1に，国家は知的所有権法を政策的に運用することで国内産業を輸入品から保護してきた。第2に，国家は自国の知的所有権法に基づいて，知的所有権の侵害商品の輸入を水際で制限してきた。この意味で，知的所有権を保護するために貿易（並行輸入等）を制限すべきか，それとも貿易の自由化を優先させるべきかといった議論が繰り返し行われてきた。

1 知的所有権法の政策的運用と市場アクセス制限

(1) 物質特許の否定と市場アクセス制限

特許には方法特許と物質特許がある。前者が，商品の製法に関する特許であるのに対し，後者は，医薬品などの製品の原料や成分になる物質自体の特許をいう。方法特許には養殖用貝の育成方法に関する特許も含まれる。それゆえ輸入魚介類がこの方法特許をつかって養殖された場合には，特許権者は，輸入を差し止める権利をもつ。他方，物質特許は原料・成分に着目するため，製法や用途のいかんを問わない。したがって，医薬品を例にとると，薬品の成分についての特許が模倣されていれば，製法のいかんを問わず，差押えの対象となる。

国家が方法特許のほかに物質特許を認めるかどうかは，国家の戦略マターである。歴史的にみると，日本・韓国・イタリア等は，長いあいだ物質特許を認めないことで国内産業を保護してきた。日本の場合，1975年以前は医薬品・食料品・化学物質等について物質特許を認めていなかった。そのねらいの1つは，国内の製薬会社を米国先進企業から保護し，国内企業の応用特許を促進することにあった。国内で物質特許が認められなければ，日本企業は外国企業の医薬品等を模倣することができ，また外国企業の市場参入をはばむことができたからである。日本はまたごく最近まで原子力の変換産業につき特許性を否定することで外国事業者の市場参入を阻止してきた。同じようにイタリアも最近まで医薬品につき特許を認めていなかった。

(2) 特許権の均等論と市場アクセス

国家はかりに外国企業の産品について特許を認めても，その特許範囲をせまく解釈することで，外国企業の市場参入を制限することができる。ここに特許侵害にあたっての均等論（doctrine of equivalents）の議論が浮上する。

特許権侵害で問題となるのは，侵害の疑いのある商

品が特許権者の特許発明の技術的範囲に属するかどうか，特許発明の技術をまねているかどうかである。この判断はおおくの場合かなり微妙である。というのは，模倣品のおおくは特許発明の一部を変えたものや特許製品と代替可能なものがあるからである。

この場合，国家は，侵害疑義商品の技術が特許発明の技術と同一ではないとしても同等（equivalent）であれば，特許侵害を認めるという柔軟な立場をとることもできる。これがいわゆる均等論の考えであり，欧米ほか日本の最高裁判所（無限摺動ボールスプライン軸受け事件，平成6年(オ)第1083号，平成10年2月24日第3小法廷）でも採用されている。もっとも同等性・均等性の判断基準は各国の裁判所ごとにすこしずつ異なっている。米国は，均等要件として，機能・方法・結果の3要素が実質的に同一であること，要素の相違点が本質的なものではないこと，要素が代替可能性と置換自明性をもつこと，禁反言の原則に従っていることをあげている。1997年のWarner-Jenkinson最高裁判決は均等論を忠実に適用し，均等の認否は構成要件ごとに客観的に確認する方法を用いるとして，連邦控訴裁が扱ってきた均等論判例を追認した。

ひるがえっていえば，国家は特許侵害訴訟にあたって均等論を認めないことで，外国事業者の市場参入を阻止することができる。外国事業者はそのような国で特許を取得しても，特許製品の技術をほんのすこしばかり変えただけの模倣品に対して均等論に基づく特許侵害訴訟を提起できないからである。外国事業者は均等論を認めない国では特許製品を模倣されても泣き寝入りするだけとなるであろう。

同じように，国家はたとえ均等論を認めても，均等性をせまく解釈するならば，特許権者は特許侵害から保護されないことになる。したがってこの場合も，外国事業者は，均等性を限定解釈する国への市場アクセスに消極的とならざるをえないであろう。

(3) **新技術に関する広い特許と市場アクセス**

国家が新技術についてはばひろい特許を認める場合も，市場アクセスに悪影響が生ずるおそれがある。たとえば米国は，バイオやコンピュータ・プログラム等の新技術についてひろい特許を認めたため，権利者の排他的権利がおおはばに設定され，そのけっか，新規参入者の市場参入が阻害されている。

特許の強制実施（後述）を認める場合も，とくに先進国の特許権者（米国医薬品会社等）は強制実施を行う開発途上国へのアクセスに消極的とならざるをえないであろう。

2 知的所有権侵害商品の貿易と有害効果

知的所有権法をもたない国（開発途上国）や知的所有権の保護が十分でない国が存在するため，商標権を侵害する偽ブランド品や著作権を侵害する海賊版が国際的に取引され，つぎの2種類の損害をもたらしている。

(1) **輸入国の知的所有権法にあたえる損害**

模倣品の輸入によって，輸入国の知的所有権者は，権利を侵害される。そこで輸入国はGATTの一般例外条項（20条）に基づき，模倣品の水際規制を行ってきた。これは知的所有権保護のためGATTが認めてきた合法的な輸入制限である。

(2) **知的所有権の保護国の貿易上の利益に対する損失**

知的所有権を保護する先進国は，模倣品の横行によって，自国権利者の権利を損なわれ，ひいては自国の貿易上の利益を奪われることになる。不正商品が貿易されると，先進国のハイテク産業は輸出機会を奪われ損失をこうむるからである。

(3) **有害効果の存続**

侵害商品が横行する背景にあるのは，知的所有権法をもたない国やもっていても権利侵害の取締りに熱心でない国（とくに開発途上国）が数おおく存在することであった。しかしWTO発足前には，知的所有権の保護を実効的に確保するメカニズムはなかった。当時は，WIPOが既存知的所有権条約（パリ，ベルヌ条約等）を所管していたが，WIPOには知的所有権侵害に対する有効な紛争解決手続がなく，また知的所有権の不十分（または不適切）な保護に対する多角的な制裁システムもなかった。

第2節　知的所有権とGATT/WTO規定

1 GATT規定と東京ラウンド交渉

(1) **GATT規定**

GATTの一般例外条項（20条）は，各国の知的所有権法の保護に必要な貿易制限措置を例外的に合法としていた。ただしこうした措置は，差別待遇の手段となるような方法で，または国際貿易の偽装された制限となるような方法で適用してはならないとされていた。しかしながら，GATTは知的所有権に関する実体ルールを含んでいなかった。

(2) **東京ラウンド交渉**

GATT東京ラウンド交渉でコピー商品問題がとりあげられた。1978年の米国EC共同提案ははじめてコピー商品の税関による水際取締規制を扱った。しかし東京ラウンドの最中に合意はうまれなかった。そこで，米国は1982年に新提案を行い，1985年にはGATT専門家グループが数回の会合を開催した。

2 ウルグアイ・ラウンド交渉

GATTウルグアイ・ラウンド交渉で知的所有権問題が本格的にとりあげられたのは，米国が，自国の産業競争力を回復するため知的所有権の保護に関する国際ルールを導入しようとしたからであった。また交渉の背後には，知的所有権の保護をめぐる南北対立，米国固有の問題，知的所有権関連の通商摩擦といったさまざまな要因が複雑に絡みあっていた。

(1) 南北対立

知的所有権をめぐるウルグアイ・ラウンド交渉は、先進国間の対立ではなく、先進国と開発途上国との対立という様相をおびていた。しかし、この交渉は、ダンピング防止協定（とくに迂回防止措置）にくらべればわりあい容易に妥結した。

交渉に臨んだ先進国は、国富の源泉として知的所有権の手厚い保護をめざした。先進国は知的所有権を基本的に技術進歩の促進手段とみなした。これに対し、開発途上国は、知的所有権の保護は先進国の経済力を強化し、ひいては南から北への富の移転をもたらすと考えた。また社会主義国は発明技術について産業政策的な考えをとった。それゆえ社会主義国の目からみれば、知的所有権は人類の共通遺産であるから、それを法的に保護することは発明技術の私的独占を許すことと異ならないと考えた。これら南北対立と先進資本主義国と社会主義国の対立を調整したけっかが TRIPS 協定であった。

(2) 米国固有の問題

先進国のなかでも米国知的所有権法はかなり特異であり、いくつかの点で日本や欧州の法律制度と著しく異なっていた。特許権の付与については、日本や欧州が先願主義（firstto-file principle）をとり、同一発明については先に出願した者に特許権をあたえていたが、米国は先発明主義（first-to-invent principle）を採用して同一発明については先に発明した者に（出願日にかかわりなく）特許権をあたえていた。そして米国特許法（旧104条）は、外国の発明者が、裁判所や特許商標庁で先発明を主張するさい、外国での特許出願日以外の要素（外国での知識、使用等）を援用できないとして、内外差別を行っていた。しかし TRIPS 協定（27条1）は、「発明地、技術分野ならびに物が輸入されたものであるか国内で生産されたものであるかについて差別することなく、特許が与えられ、および特許権が享受される」と定めた。にもかかわらず、米国は2006年現在でも、先発明主義を維持している。世界で先発明主義を採用している国は米国一国のみである。

また米国固有の制度としていわゆるサブマリン特許（submarine patent．潜水艦特許）があった。これにより、特許出願は、潜水艦のように水面下に没して、公開されず、しかも特許期間は公告から17年とされていた。したがって外国企業は、とつぜん米国で特許侵害訴訟を受ける例が跡を絶たなかった。

TRIPS 協定は、サブマリン特許を認めず、特許期間は出願からすくなくとも20年と定めた。現行の米国改正法は TRIPS 協定に従い、公開制度を導入し特許権の存続期間も出願から20年とした。しかし、米国出願のみが存在し外国出願がないときは、特許を公開しないことができる。このような場合、非公開の米国特許権は、外国事業者が米国で特許を出願することを妨げる。くわえて法改正の前に出願された旧特許は、旧制度のもとで公開されてこなかったため、あらたにサブマリン特許として機能するおそれがある。

さらに米国の1930年関税法（337条）は米国特許権侵害商品の水際規制を定め、手続上外国企業に不利な内外差別を講じていた。

3 紛争解決手続

ウルグアイ・ラウンド交渉で先進国は、知的所有権の貿易関連側面を扱うことを主張した。既存の知的所有権条約には、知的所有権関連の効果的な紛争解決手段がなかったからである。工業所有権パリ条約は条約解釈問題を国際司法裁判所に付託する手続を定めていたが、裁判所の決定は拘束力を欠き、手続が利用された例はなかった。そこで先進国は WTO のなかに知的所有権関連の紛争解決手続を定めるよう要求した。WTO が多角的な知的所有権紛争解決制度を導入すれば、米国がスペシャル301条に基づいて行ってきた知的所有権の不十分な実施国に対する一方的制裁も姿を消すはずであった。

そこで TRIPS 協定（Trade-Related Aspects of Intellectual Property Rights）は、知的所有権の保護に関する原則ルール（最恵国待遇原則、内国民待遇原則等）を定める一方、原則ルールの違反に対する WTO 紛争解決手続を導入した。

第3章
TRIPS 協定の内容

第1節 協定義務

1 協定の実施義務

(i) 実施義務

加盟国は TRIPS 協定の条項を実施しなければならない（1条1第1文）。実施義務の違反に対しては WTO 紛争解決手続が開始され、WTO 勧告の不実施に対しては報復措置が課される。

(ii) 最低限の保護水準

加盟国は、協定により「要求される保護よりも広範な保護」を国内法令のなかで実施することができる。しかし、そのような義務を負うわけではない。協定が要求する保護は最低水準（minimum standard）であり、加盟国は協定レベルより高い水準の保護を国内法で定めることができる（1条1第2文）。協定規定について留保を付するには他のすべての加盟国の同意が必要と

なる（72条）。

(iii) 義務免除

加盟国は協定レベル以上の保護を確保しなければならないが，WTOの義務免除手続に基づいてTRIPS協定の義務を免除してもらうことはできる。加盟国の4分の3の多数決により義務免除が行われる。

2 既存条約プラス・アプローチ

加盟国は知的所有権に関する既存の諸条約が定める保護水準を最低限，確保しなければならない。加盟国は既存諸条約の保護水準以上の保護を確保するのであり，これを既存条約プラス・アプローチと呼んでいる。

加盟国はまず第1に，工業所有権に関するパリ条約のルール（特許，実用新案，意匠，商標，サービス・マーク，商号，原産地表示・名称，不正競争防止）を，パリ条約に加盟していなくても遵守しなければならない（2条1）。パリ条約プラス・アプローチがとられるのである。

第2に，加盟国は著作権に関するベルヌ条約のルールを，ベルヌ条約に加盟しているかどうかにかかわりなく履行する。これがベルヌ条約プラス・アプローチである。ただし，ベルヌ条約のなかの著作者人格権のみはTRIPS協定の義務範囲から除外し，著作者人格権に関するベルヌ条約マイナス・アプローチがとられた（9条1）。

第3に，加盟国は半導体回路配置に関する1989年ワシントン条約のルールをひきうける。これをIPICプラス・アプローチという。しかし，加盟国は著作隣接権（実演家，レコード製作者，放送機関）に関するローマ条約（未発効）についてはプラス・アプローチをとらなかった。将来のWTO加盟国（アジア・アフリカ諸国等）は，たとえ既存諸条約に加盟していなくても，自国国内法を既存諸条約に適合させる義務を負うことになる。なお，とうぜんのことながら，既存条約によって加盟国間に発生している義務はTRIPS協定によって影響を受けない（2条2）。

3 TRIPS協定と私企業

商品・サービス分野の協定が原則として国家措置に適用され，例外的に私企業にも適用される例（政府調達協定，船積み前検査協定，GATS参照文書）があることはすでにのべた。同じことはTRIPS協定についてもいうことができる。TRIPS協定も，原則として国家の措置に適用されるが，例外的に私企業にも適用されるからである。

TRIPS協定は私的当事者が競争制限行為を行う場合にWTO加盟国当局に対して介入する権利をあたえている（8条，31.⒞条，40.2条）。たとえばTRIPS協定31.⒞条は，半導体技術に関する特許にかぎっては，強制実施権等の付与（特許権者の許諾なしで認められる特許使用）は，公的・非商業的な目的のほか，「行政上または司法上の手続のけっか，反競争的と決定された行為を是正する目的」の場合にのみ認められる，と定めている。またTRIPS協定40.2条は，WTO加盟国が知的所有権のライセンス契約のなかの反競争的行為（排他的grantback条件，不争義務，強制的な一括実施許諾等）を防止するため，TRIPS整合的な措置をとる権限をあたえている。

しかしながら，協定は，私的な反競争的慣行に対して措置をとる義務をWTO加盟国に課してはいない。また協定は私的当事者に対して反競争的行為をとらないよう義務づけたり，また私的な反競争的行為に直接適用されるものでもない。

第2節　無差別原則

TRIPS協定は，内国民待遇と最恵国待遇を定め，商品分野のGATT原則を知的所有権分野にも拡張した。したがってWTOレジームのもとでは商品・サービス・知的所有権の3分野で最恵国待遇と内国民待遇の原則が適用されることになる。

1 内国民待遇原則

(1) 同等待遇と逆差別

TRIPS協定（3条1）により，加盟国は知的所有権の保護に関して自国民にあたえる待遇よりも不利でない待遇を他の加盟国の国民にあたえなければならない。ここには，内外権利者を同等に扱う同一待遇原則のほか，外国権利者を内国権利者よりも有利に扱う逆差別待遇がもりこまれている。

それゆえたとえば，ある国が内国民の特許保護期間を20年としながら，外国権利者の特許保護期間を17年とするような差別はとうぜん禁止される。

また逆差別が許されるため，TRIPS協定はこの点で既存知的所有権条約（パリ工業所有権条約，ベルヌ著作権条約，ローマ著作隣接権条約等）の内国民待遇原則とは一線を画している。既存条約では，内国民待遇原則は，同盟国国民に対し「自国民と同一の待遇」をあたえることを意味した。既存条約は逆差別を許さなかったのである。

しかし後述するように，逆差別が許されるとすると，特定加盟国の権利者（米国特許権者等）にのみ自国権利者よりも有利な逆差別を認め，他の加盟国の権利者（日本特許権者等）には自国民と同等の待遇をあたえると，加盟国の権利者の間に差別が生ずる。そこで最恵国待遇原則が導入されたことはのちに再論するとおりである。

(2) GATTの内国民待遇原則との相違

GATT（3条4）は輸入品と国産品を販売・輸送・使用等の段階で差別してはならないと定めている。こうしたGATTの内国民待遇原則とTRIPS協定の原則を混同してはならない。GATT時代に，知的所有権に関連してGATT内国民待遇原則違反が認定された事件があった。米国1930関税法337条事件（1989年11月パネル報告）である。事件の発端は在米化学大手

企業（Du Pont）がオランダ企業（Akzo）の米国向け輸出品（aramid繊維）に対して米国関税法337条に基づく特許侵害手続を申し立てたことにあった。米国の国際貿易委員会（ITC）は申立てを認めて輸入を差し止めた。ITCによれば、オランダ企業の商品は米国特許権により保護された製法に従って製造されたため、その米国向け輸入販売は関税法337条により差し止められるとされたのである。これに対しECは、米国の知的所有権侵害商品の差止め手続が内外差別的であるとしてGATTに提訴した。GATTパネルは、つぎの理由で米国手続がGATT（3条4）の内国民待遇原則に違反すると結論した。

米国知的所有権侵害の差止め手続は、国産品と輸入品におうじて異なっている。国産品が侵害手続の対象となるときは、米国連邦裁判所が判決によって侵害商品の流通を差し止めることができる。またその場合、手続の期間に制限はなく、さらに判決に対し米国企業は反訴することができる。

これに対し、輸入品が侵害手続の対象となるときは、ITCが決定によって侵害商品の輸入販売を差し止めることができる。このITC手続は期間が制限されている。またITC決定に対し外国企業は反訴することができない。このように輸入品は国産品よりも手続の観点から不利な待遇を受けている。それゆえ、米国の337条手続は商品分野の内外無差別原則に違反するとパネルはのべた。

もっとも、337条はGATT違反であるとはいえ、TRIPS協定の内国民待遇原則に違反していたわけではない。337条に基づくITC手続は、米国人に有利で外国人に不利であるとはいえなかったからである。しかし337条手続はTRIPS協定（41条2）が禁止する権利救済面での不合理な期限設定に該当した。このためウルグアイ・ラウンド後、米国は337条を改正し、GATT（3条4）の内外無差別原則とTRIPS（41条2）の不合理期限禁止ルールに合致させた。

(3) 米国特許判例ヒルマー理論の扱い

TRIPS協定（3条）の内国民待遇原則に抵触するかどうかについて議論があるのは、米国特許判例ヒルマー理論（Hilmer doctrine）である。米国の1966年と1970年の連邦控訴審判決（ヒルマー判事）は、特許権パリ条約の優先権（right of priority）に関連して注目すべき判断をくだした。

いうまでもなくパリ条約（4条）は、特許権の属地主義から生ずる不都合を回避するため優先権制度を導入した。各国特許権の属地主義は、各国の特許権は相互に独立であって、特許を受けたい権利者はそれぞれ各国別に特許出願を行わなければならないこと、つまりは一国一特許の考えがとられていることを意味している。これはいくつかの不都合をもたらす。第1に、たとえば日本の製薬会社が同盟国X（日本）で特許出願をしたあと他の同盟国Y（英国）で特許出願しても、そのあいだに新規性を喪失する場合があるかもしれない。第2に、X国で特許出願をしたあと先願主義をとるY国で特許出願をしても、Y国で同一発明につき先に特許出願がされているとY国ではもはや特許を受けることができない。そこで、これら不都合を回避するためパリ条約は優先権制度をもうけた。これによると、同盟国（日本）で最初に出願した日から一定期間（優先期間）内に第2の同盟国（英国）で出願をすれば、たとえ第2の同盟国で競合する出願があっても、競争出願に対して優先権を主張し、第2の同盟国で特許を受けることができるのである。たとえばX国でA社が1990年2月1日に特許出願をしたとする。そののちY国で@社が同一発明につき90年3月1日に特許出願をしても、A社は91年2月1日（優先期間1年以内）までにY国で特許出願すれば、@社よりも時間的にあとでも特許を受けることができる。優先期間の起点は最初の同盟国での出願日である。TRIPS協定は、パリ条約プラス方式をとっているため、WTO体制下でも、パリ条約の優先権制度は適用される。

しかしながら、米国ヒルマー理論は、優先権制度に関して、内外差別を行った。この理論によると、優先期間の起算日は外国での出願日ではなく米国での出願日とされる。それゆえ、外国人（日本製薬会社等）が外国（日本等）で特許出願したのち米国で出願しても、米国で先に他社（米国製薬会社等）が出願していれば、外国人は優先権を主張できないのである。米国連邦最高裁（Supreme Court of the United States）の2007年4月判決（KSR Int'l Co. v. Teleflex Inc., 127 S.Ct. 1727（2007））でもヒルマー原則が再確認されている。

(4) 内国民待遇原則に対する例外

著作隣接権（実演家、レコード製作者、放送機関）に関するローマ条約（未発効）について、TRIPS協定はプラス・アプローチをとらなかった。それゆえ、演奏家、レコード業者、放送業者に関する内国民待遇は、TRIPS協定によって付与される権利に限定される。逆にいえば、TRIPS協定に規定されていないローマ著作隣接権条約の内国民待遇原則規定は、WTOでは適用されない。

たとえば、AV記録機材の売上に対する課徴金の徴収と徴収額の配分に関する問題がある。ECはこうした課徴金を徴収し著作隣接権者に配分している。しかしECは徴収額をEC権利者とローマ条約加盟国国民にのみ配分し、他方ローマ条約の非加盟国の権利者（たとえば米国企業）に配分しなくても、こうした内外差別はWTOでTRIPS違反をひきおこさない。これはTRIPS協定の内国民待遇原則の例外に該当するからである。

2 最恵国待遇

(1) GATT時代の2国間協定

TRIPS締結前、既存の知的所有権条約は最恵国待遇原則を規定していなかった。このため、GATT時代にアジア諸国は欧米権利者にのみ有利な待遇をあたえる2国間協定を締結した。たとえば韓国は1986年、米国通商法301条の圧力のもとで、米国民発明に

第10部　知的所有権

対してのみ医薬品の物質特許を認めた。また1982年以降に創作された米国製コンピュータ・プログラムに対し行政措置により保護をあたえた。このような差別は最恵国待遇原則がなかったため禁止されていなかった。韓国・EC協定も同様の差別規定を挿入した。中国も，1992年の米中合意で米国の医薬品や農業化学品に1993年1月から7年半のあいだ，行政的保護をあたえることを約束した。これら2国間協定の措置は米国とECの権利者にのみ有利な待遇をあたえ，第3国権利者に不利な待遇をあたえる点で，差別的であった。

(2) TRIPS協定の最恵国待遇原則

TRIPS協定が最恵国待遇原則を導入した理由は，2つに集約される。

第1は，いうまでもなくGATT体制下での差別の再来を防止することにあり，その音頭をとったのが日本であった。TRIPS協定が最恵国待遇原則を規定しなければ，日本は米国やECにくらべて差別されるおそれがあった。ECは，最恵国待遇原則の導入に反対したが，中小国は原則の導入を支持した。もっとも特許権については最恵国待遇の付与は不要であり，他の知的所有権に関して，最恵国待遇の付与は重要性をもった。かくして知的所有権の権利者に対して内国民待遇と最恵国待遇が付与されることになった。

TRIPS協定が最恵国待遇原則を導入した第2の理由は，GATT時代の2国間主義の弊害を排除することであった。2国間主義は，経済大国が知的所有権によって経済ブロックを形成する手段にほかならなかった。WTOは知的所有権分野の経済ブロックの形成を未然に防止したのである。

(3) 最恵国待遇原則の効果

TRIPS協定の最恵国待遇原則は2国間条約の締結国におおきなインパクトをあたえた。2国間条約で特定国の権利者に優遇措置を認めていた加盟国（韓国, 中国）は，TRIPS協定の締結にともなって，優遇措置を廃止するかまたはTRIPS協定の全加盟国に優遇措置を拡張適用するかの選択をせまられたからである。

(4) 最恵国待遇原則の例外とFTA

TRIPS協定が最恵国待遇原則に対する例外としてFTA取決めを認めるのかどうかについて専門家の意見は分かれている。TRIPS協定（4条）は最恵国待遇原則の例外を列挙しているが，そのなかにFTA特恵を含めていない。しかし米国は最近の2国間FTAのなかで知的所有権に関し，協定相手国の知的所有権者に有利な待遇をあたえることを定めている。こうしたいわゆる「TRIPSプラス」アプローチ（TRIPS plus）は，米国がヨルダン・チリ・シンガポール・オーストラリア（タイ・韓国）とのあいだに，また日本がマレーシアとのあいだに，結んだ2国間FTAのなかにみられる。しかし，TRIPSプラスは大国に有利だが，貧困国にはTRIPSマイナスとなり不利になる。

(5) ハバナクラブ商標事件と無差別原則

ハバナクラブ（Havana Club）とは世界的に著名なラム酒の商標であり，この商標をめぐって米仏企業のあいだに争いが生じた。WTOのハバナクラブ商標事件[巻末表20-19]は，日米フィルム事件（富士コダック事件[巻末表14-2]）と同様，外国企業間の紛争が国際紛争に発展した典型例であり，そこでの争点の1つが知的所有権分野の無差別原則との抵触問題であった。

A　事実関係

(i) キューバ革命前後

ハバナクラブ商標のラム酒はもともとキューバ革命がおきる前に，キューバの私企業アレハバラ（Arechabala）がハバナクラブのラベルをつけて製造販売していたものであった。この企業は米国を含む世界主要国でハバナクラブの商標を登録していた。しかし，カストロによるキューバ革命ののち，キューバ政府はハバナクラブ工場を接収した。このため，アレハバラ一族はスペインに亡命し，醸造を継続した。しかし，1960年代からアレハバラ一族はハバナクラブ商標を世界各地で更新することに失敗した。それを象徴するのが，1973年の米国での商標権の終了であった。

(ii) 米国ハバナクラブ商標のキューバ政府輸出公社への付与

米国のハバナクラブ商標は，1973年に終了したため，1974年，キューバ政府輸出公社（Cubaexport）は米国で商標登録料を支払い，1976年には米国特許商標庁からハバナクラブ商標を獲得した。この背景には，米国とキューバの2国間条約（Inter-American Trademark Convention）の締結があり，両国はこれによって相手国企業に知的所有権を承認しあうことを約束した。

(iii) 米国ハバナクラブ商標の仏キューバ合弁会社への移転

キューバ政府輸出公社が米国ハバナクラブ商標を獲得したあと，フランスの大醸造企業ペルノー社（Pernod Ricard S.A.）は1993年，キューバ公社と合弁会社ハバナクラブ・ホールディング（Havana Club Holding）を設立し，ハバナクラブ商標のラム酒を製造販売しはじめた。

(iv) 米国企業バカーディ社（Bacardi Ltd.）と仏企業ペルノー社の争い

仏ペルノー社の合弁設立は，米国の競争者バカーディ社に脅威をあたえた。バカーディ社は，米国のキューバ禁輸措置が解除されれば，ペルノー社の米国大市場への進出が開始されると予想して，米国でのハバナクラブ商標を申請した。しかし申請は却下された。このため，バカーディ社は強引にハバナクラブ商標のラム酒を米国国内で販売しはじめた。これに対し，ペルノー社の合弁会社は米国で商標権の執行を求めて地方裁判所に提訴した。

ところが，バカーディ社は，1997年，欧州のアレハバラ一族からハバナクラブ商標の権利を買いとり，自社が正当な商標権者であると主張した。仏キューバ合弁会社は，アレハバラ一族は米国商標を1973年に

バカーディ社はつづいて米国議会でのロビイングに奔走し，議会に包括歳出予算法への付帯条項211条を追加させることに成功した。211条は，キューバが1959年の革命後接収した資産に関連する商標と商号に関し，キューバ，キューバ国民，その他国民（仏キューバ合弁企業など）が米国での権利を主張し更新するためには，原権利者の同意をえなければならないと定めた。

バカーディ社は211条に基づいて，ペルノー社の合弁会社はハバナクラブの商標権と商号権をもはや米国で主張できないと主張した。ハバナクラブの原権利者である欧州アレハバラ一族はハバナクラブの権利を米国企業バカーディに譲渡したとされるからである。しかし仏キューバ合弁会社は，211条は本件のように原権利者が権利を放棄したケースには適用されないから，合弁会社こそがハバナクラブ商標・商号の権利をもつとおうじた。そしてフランスのペルノー社は米国211条が仏キューバ合弁企業のハバナクラブ商標権を否定し，合弁企業の対米市場進出をさまたげるとして，EC当局に対米パネル手続を要請した。EC当局は民間企業の要請におうじて，211条とTRIPS協定との抵触を理由にパネル手続を開始した。

争点となった米国オムニバス法211条の骨子は，つぎのように再整理できる。

(i) キューバで接収された商標・商号の原所有者と善意の権利承継者が同意を与えないかぎり，ライセンス付与・商標登録税支払いは認められない。

(ii) 指定された国民とは，法律が指定する国の権利者とその権利承継者にあたる外国権利者をカバーする。また指定された国籍の権利者はキューバととくに指定された国の企業ふくむ。

(iii) 米国裁判所は，接収された商標・商号の権利に基づいて，指定された国の権利者が主張する権利を承認・執行してはならない。また米国裁判所は，商標・商号の原始所有者と善意の権利承継者が同意を与えないかぎり，接収された商標・商号に関し，指定された国の権利者が商標法に基づいて主張するパリ条約上の権利を承認・執行してはならない。

B パネル・上級委員会報告

結論からいえば，パネル・上級委員会は米国211条が部分的にTRIPS協定に違反することを認めた。

(i) 211条の無差別原則違反

パネル・上級委員会は，米国211条が，商標に関し，キューバ企業に差別的に適用されるため，内国民待遇原則（TRIPS協定3.1条，パリ条約2.1条）と最恵国待遇原則（TRIPS協定4条）に反することを認めた。措置は，WTOの一加盟国に影響をあたえるならば，最恵国待遇原則に従ってすべてのWTO加盟国に同等に適用されなければならないとされた。

(ii) 商号

TRIPS協定は明示に商号について規定していない。しかし，解釈上，商号もカバーする。この点，パネルはTRIPS協定は商号をカバーしないと判断した。パネルによればWTO加盟国が遵守すべきパリ条約の規定はTRIPS協定が明示に規定した特定の知的所有権のみであり，TRIPS協定は商号についてはふれていないため商号をカバーしないと結論した。しかし，上級委員会はTRIPS協定はパリ条約をとりこんでいるためパリ条約（8条）の商号保護をカバーすると判定した。上級委員会によれば，パネルの解釈をとると，TRIPS協定のなかに導入されたパリ条約（8条）は意味を失うとされた。

(iii) 商標登録否定

米国211条は原権利者の同意がなければキューバ接収資産関連の商標・商号登録を否定した。このような商標登録の否定は，TRIPS協定（15.1条）と抵触しないことが明らかにされた。それは協定（15.2条）が認める「他の理由」に基づく商標登録の否定にあたるからである。211条の商標登録否定は，また商標に関するパリ条約の規定にも合致しているとされた。

(iv) 権利救済規定

パネルは米国の権利救済規定がTRIPS協定（42条）の権利救済規定に違反するとのべた。この規定は，加盟国に対し知的所有権紛争に関する民事行政手続，救済手続を保障するよう要求している。しかし米国法は商標・商号に関しこうした権利救済規定に違反しないと上級委員会はのべ，パネル判断を覆した。

第3節 権利消尽

1 知的所有権の国際的消尽

いっぱんに知的所有権により保護された商品（特許製品，有層商品等）が生産国で権利者自身またはその同意をえて適法に販売されると，この販売によって知的所有権に基づく権利は消滅するとみる考えがある。これを知的所有権の消尽（exhaustion）といい，EC域内では消尽理論はEC司法裁判所の判例法によって確定されている。たとえばフランスでブランド商品の婦人ハンドバックが権利者であるX社自身によって販売されるならば，そのハンドバックが第3国経由で並行輸入業者（正規の代理店をとおさずに販売する輸入者）によって安く英国に輸入されてきても，X社の正規の英国代理店は，英国の商標権に基づいて並行輸入品の輸入販売を阻止することはできない。X社としては英国での値崩れをふせぐため，並行輸入品の販売を商標権に基づいて差し止めたいところだが，ハンドバックはすでに本国フランスで適法に販売されたため英国商標権に基づく権利は消尽しているのである。

では，こうした知的所有権の消尽は国際貿易でも認められるのかどうか。たとえばフランスのブランド・

ハンドバックがＸ社により適法に販売されたのち，香港経由で日本に輸入されてくる場合，Ｘ社の日本代理店は日本の商標権に基づいて並行輸入品の安価な輸入販売を阻止することができるのかどうか。この場合も，ハンドバックは適法に生産国で販売されたのであるから，日本の商標権に基づく権利は消尽し，Ｘ社の日本代理店は並行輸入を阻止できないといえるのかどうかが問題となる。

2 TRIPS協定と国際的消尽
(1) 国際消尽
TRIPS協定（6条）は，この問いに簡明な回答をあたえた。協定によれば，知的所有権の国際的消尽を認めて並行輸入を許すかどうか（つまり有標商品や特許製品の価格低下をうながすかどうか）は加盟国の自由であるとされた。つまり知的所有権の国際的消尽については国際ルールがないから，加盟国の裁判所がそれぞれ国際消尽の有無や要件を判断することができるのである。これをTRIPS協定は，WTO紛争解決手続は，内国民待遇原則と最恵国待遇原則を除き，消尽に関する問題を扱わないと定めた。

知的所有権の国際的消尽についての考えは，したがって各国バラバラであり，米国のように知的所有権保護の立場から国際的消尽を否定する国もあれば，香港・シンガポールや開発途上国のように貿易自由化の立場から国際的消尽を肯定する国もあり，またＥＣのように地域統合域内での消尽のみを認めるところもある。

(2) 2件の最高裁判決
日本はどうか。半導体集積回路配置法（12条3項）と種苗法（21条4項）は，権利者の二重利得防止を阻止するため権利の国内消尽を明記した。問題は権利の国際消尽である。とくに特許権の国際消尽について，最高裁判所は，2件の画期的判断をくだした。まずBBS事件（1997年7月1日）で最高裁判所は真正品の並行輸入に対し特許権者が輸入差し止めを行うことができるかどうかについて検討をくわえた。その過程で裁判所は特許権の国際的消尽を否定した。しかし特許権の国際的消尽を単純に否定して，特許権に基づく並行輸入の禁止を認めたわけではなかった。最高裁は，英国裁判所が採用してきた黙示的実施許諾理論（implied license）を採用し，まったく別の角度から並行輸入の可否を決定する方法を選んだ。つづいてキヤノンインクカートリッジ事件（2007年11月8日）で最高裁判所は特許製品のリサイクル品の輸入に関し日本の特許権者が特許侵害を理由に輸入差し止めをすることができるかどうかについて踏み込んだ解釈を示した。

3 BBS事件と特許権の黙示的実施許諾理論
(1) 事実関係
BBSはドイツの自動車用部品メーカーであり，ドイツと日本で車輪のアルミホイールについて並行特許をもっていた。日本の輸入業者がこの特許製品を日本に輸入し，再販業者に転売し，この再販業者が日本市場で販売しようとしたところ，BBSは日本の特許権に基づいて特許侵害訴訟を提起し損害賠償を請求した。日本企業は特許製品はドイツ市場で適法に販売されたためBBSの特許権は国際的に消尽していると反論した。これに対しBBSは各国特許権の独立性と特許権の属地性を主張した。

(2) 東京地裁判決と高裁判決
東京地裁は，日本の特許法は特許権の国際消尽を前提としていないから特許製品の日本への並行輸入は日本の特許権を侵害するとのべた。東京高裁は地裁判決を覆し，特許権の国際的消尽を肯定した。その根拠は，ⅰ特許権者は本国での適法な特許製品の販売にさいして，販売価格の設定と実施料の取得により，特許が保障する報酬をすでにえている，ⅱこうした報酬は本国での1度だけの受領で十分であり，本国と並行輸入先国で2重に受領してはならないというものであった（2重報酬防止論）。

(3) 最高裁判決
最高裁は，特許権の国際的消尽を否定し，英国の黙示的実施許諾理論に基づいて本件の並行輸入を容認した。

この理論によると，外国の特許権者が海外で特許製品を譲渡した場合，日本での並行特許権に基づき当該製品の並行輸入を制限することはできないとされる。ただしこの原則には例外があって，特許権者はつぎの場合には並行輸入を阻止することができる。

① 特許権者が譲受人との間で製品の販売先から日本を除外することを合意した場合，特許権者は，並行特許権に基づき譲受人に対し並行輸入を阻止できる。
② 譲受人から特許製品を譲り受けた第3者やそののちの転得者に対しては，譲受人との間で日本を販売先から除く旨合意し製品にこれを明確に表示した場合にも，並行特許権に基づく並行輸入の阻止は可能である。

本件ではBBSは以上のような販売先除外の合意や除外の表示も行わなかったため，日本の特許権に基づき並行輸入を差し止める権利をもたないとされた。

(4) GATTとの関連
GATTからみると，黙示的実施許諾論は，並行輸入の一律禁止論よりも穏当であろう。国際的消尽を否定し並行輸入を機械的に禁止する考えは，いくつかの点で問題があるとされてきたからである。第1は，GATTの内国民待遇原則との抵触である。もしもある国が，国産品については知的所有権の国内消尽を認めながら，輸入品については知的所有権の国際消尽を否定し並行輸入を自動的に禁止すると，GATTの内外無差別原則にふれるおそれがある。第2は，GATT（11条）の数量制限禁止規定との抵触である。並行輸入の機械的制限は，違法な非関税障壁（数量制限と同等の効果をもつ措置）に該当するおそれがあるという見解があった。

4 キヤノンインクカートリッジ事件と特許権行使
BBS事件が特許製品の並行輸入を扱ったのに対し，

キヤノン事件はリサイクル品の輸入に光をあてた。前者が新品の真正品を扱ったとすれば，後者は消耗品のリサイクル品をとりあげた。最高裁は，リサイクル品の輸入が特許侵害となるかどうかにつき，新しい考えをうちたてた。

(1) 事実関係

キヤノンは，自社製プリンタ用のインクタンクを日本で製造し内外で販売していた。そして国外での販売品については，販売先・使用地域から日本を除外する合意を譲受人との間で交わしていなかった。製品にも販売先制限の表示がなかった。また同社はインクタンクがインク切れとなるときは使い捨てるよう消費者に奨励していた。インクタンクは自社製純正品のみを使用し，リサイクル品を用いてはならないというメッセージがこの奨励にこめられていた。その理由はリサイクル品がプリンタの故障をひきおこしかねないことにあった。このため純正品にはインクを再注入するための開口部がもうけられていなかった。しかし，リサイクル品メーカーは使用済みのインクタンクを回収し，中国工場でインクを再充填し，日本に輸出した。そしてリサイクル品をキヤノンの純正品よりも安い価格で販売した。キヤノンはリサイクル品の輸入が特許侵害にあたるとして，「輸入差止めと廃棄」を求める訴訟に踏み切った。

(2) 地裁判決

地裁はキヤノンの請求を退けた。その理由は，本件特許権が，キヤノンによる特許製品の販売時点で，消尽したというものであった。リサイクル製品は正規品を修理したものにすぎない。それは特許製品の新たな生産にはあたらない。リサイクル品は既存特許権によってカバーされないから，キヤノンは特許権を行使できないいうのが裁判所の結論であった。

(3) 知財高裁判決

キヤノンは地裁判決を不服として知財高裁（2005年4月創設）に控訴した。知財高裁は地裁判決を覆し，キヤノンの請求をいれた。その論旨は，原則として特許製品の輸入は黙示的実施許諾理論に服する，しかしリサイクル品の輸入は別であるとするものであった。リサイクル品が輸入されるときは，黙示的実施許諾理論は自動的に適用されない。本件でキヤノンが国外製品の輸出販売先から日本を除く合意も表示もしていなかったことはすでにのべた。したがって本件にもしも黙示的実施許諾理論が適用されたならば，キヤノンがリサイクル品の対日輸入を阻むことができないことは明らかであった。そこで，知財高裁は，リサイクル品の対日輸入は，つぎの場合のいずれかに該当すれば，差し止められるとのべた。

① 特許製品が耐用期間を経過し効用を終えたあと，リサイクル製品として輸入される場合
② 国外の第3者が特許製品の「発明の本質的部分」をなす「部材の全部または一部」に対し加工または交換を行ってリサイクル品を日本に輸出する場合

本件のリサイクル製品は，まさにⅱの部材加工・交換ケースにあたる。なぜならば，リサイクル製品の製造工程をみると，キヤノン社の発明の本質的部分に相当する部材に加工・交換が行われたからである。このプロセス，とくに使用済みインクタンクの内部洗浄とインクの再充填により，使用済み製品は新品の機能を回復した。それゆえキヤノンは特許権を行使してリサイクル品の輸入差止めを求めることができると知財高裁は結論した。

(4) 最高裁判所

最高裁は，知財高裁と同じようにキヤノンの請求を認めた。ただし，知財高裁とは異なる論拠を展開した

(i) 特許権の国内消尽原則とその例外

特許製品の国内での生産販売については，特許法に明文規定はないが，原則として特許権の国内消尽を認めなければならない。特許権者が特許製品の流通過程で二重に利得することは妥当ではないからである。ただしこの原則は「特許製品そのもの」が国内生産される場合にかぎって適用される。特許製品のリサイクル品には適用されない。リサイクル品は「特許製品そのもの」ではないからである。リサイクル品が国内生産されるときは状況しだいで，特許権は消尽しない。とくに，特許製品の消耗品に一定の「加工や部材の交換」がほどこされ，そのけっか新品機能を回復したリサイクル品が生産される場合である。この場合，リサイクル品は新品ではないが新品機能を復元している。それゆえリサイクル工程により「特許製品が新たに製造」されたとみなすことができる。リサイクル品は特許製品の範囲に落ちる。権特許権者が，このようなリサイクル品に対して特許権を行使できるのはとうぜんである。

リサイクル品はむろん特許製品の新品とは「同一」ではない。新品はリサイクル防止のため内部洗浄・インク再充填用の開口部をもたない。また新品は消耗すると内部インクが凝固する仕掛けになっている。しかし消耗品に一定の加工がなされ，リサイクル品が新品機能をとりもどすと話しが違ってくる。リサイクル品は新品と外観等が異なるが機能的には「新たに製造された」特許製品と異ならない。最高裁はこのようなリサイクル品を「当該特許製品と同一性を欠く特許製品」と表現した。

(ii) リサイクル品の輸入と特許権行使

では，国外生産品が輸入される場合はどうか。すでにBBS判決がのべたように，特許製品の輸入販売については黙示的実施許諾理論が適用される。それゆえ，特許権者は特許製品の対日輸入を明示に禁止しないかぎり，特許製品の輸入差し止めを求めることはできない。

とはいえ，特許製品のリサイクル品の輸入については，リサイクル品が国内生産される場合と同じように考えるべきであると最高裁は指摘した。したがってリサイクル品の輸入は，以下の条件がそろえば，特許侵

害にあたり，輸入差し止めを受けるとした。
①特許製品の新たな製造
　国外のリサイクル品メーカーが，消耗品を回収し，それに「加工や部材の交換」をほどこし，新品機能をリサイクル品にもたせるときは，特許製品が新たに製造されたものとみなされる。リサイクル品は，「発明の実質的な価値を再び実現」するからである。本件では，回収品のインクタンクに対して，穴開け・内部洗浄・インク再充填・インク漏れ防止処理が行われた。これによりリサイクル品は発明の価値をとりもどした。リサイクル品は新品と同一ではないが発明価値をそなえた特許製品に仕立て直されたからである。
②事実関係の総合的勘案
　最高裁はくわえて事案の総合評価を要求する。最高裁によれば，「インクタンクの取引の実情など事実関係を総合的に考慮」したうえで，リサイクル品が「新たに製造」された特許製品と認定されるときにかぎって，リサイクル品の輸入は特許権の行使に服するとされた。
　最高裁判決の画期性はつぎの4点に絞られる。
　第1に，判決はリサイクル品の輸入販売が特許侵害となりうることを明らかにした。これにより特許侵害ケースの幅が拡張した。裁判所はリサイクル産業に対して警鐘を鳴らしたのである。その背後に国内特許権者をリサイクル産業から保護する狙いがあったことは疑いをいれない。
　第2に，判決は問題のリサイクル品を新品とは「同一性を欠く」特許製品と定義づけた。リサイクル品は，内部洗浄とインク再充填のための穴を穿たれ，また新ラベルを貼られた。この点で，リサイクル品は純正品と異なる。両者は同一ではない。しかし裁判所は同一性の概念を掘りさげることを避けた。それは将来の争訟の種となるであろう。
　第3に，消耗品であっても，リサイクル工程のすえ，特許製品の発明機能を回復すれば，特許製品が新たに製造されたものとみなされると判決はのべた。しかし機能回復の判定が微妙となるケースが，技術思想の世界ででてくることは否定できない。
　第4に，判決は事実関係の総合評価という基準をつけくわえた。したがってリサイクル品の扱いはケースバイケースで異なることになろう。技術思想の変遷にともない，国内産業と外国産業のいずれを保護すべきかという政治的観点がおおきく変わることも明白だからである。

5　米国2国間FTAの並行輸入規定

　米国は既存の2国間FTA（モロッコ・シンガポール・オーストラリア等）のなかで，医薬品等の並行輸入に関して，国際消尽を認めず，米国特許権者の並行輸入権を否定している。並行輸入品が米国特許権者またはその同意をえてFTA相手国で適法に製造された真正品であっても，真正品の並行輸入を，米国特許権者は阻止することができるのである。これは米国司法当局の判断に適合している。しかし，将来，米国が医薬品について並行輸入を許容する法案を採択すると，将来のFTA協定は米国改正法にならって，並行輸入を許容する規定を挿入する可能性がある。

第4節　知的所有権の取得・範囲・使用

　TRIPS協定は，従来からの知的所有権にプラスした新しい権利を創設した。著作権に関するベルヌ条約プラス制度であり，工業所有権に関するパリ条約プラス制度である。

1　著作権と関連する権利 (Copyrights and related rights)

(1)　著作権の内容と保護対象
A　ベルヌ条約

　TRIPS協定（9条）は，加盟国はベルヌ著作権条約1-21条と附属書を遵守しなければならないと定めた。それゆえTRIPS協定加盟国はベルヌ条約の非締約国であってもベルヌ条約によって拘束されるのである。ベルヌ条約は文学的・美術的著作物のカタログを記載している。
　著作権の保護期間は50年とされた。それは自然人の生存期間に基づいて計算されない場合は権利者の許諾をえた公表の年の終わりからすくなくとも50年間とされる（12条）。50年の保護期間はベルヌ条約（7条）でみたように，ミニマム・ルールであり，それゆえWTO加盟国（およびWTO未加盟のベルヌ条約同盟国）のうち欧米先進諸国は保護期間を70年に延長している。日本も映画・アニメ等についてのみ保護期間を公表の翌年1月1日から歴年主義により70年間とし，他の著作権分野の保護期間も70年に延長することを検討した。ただし保護対象となる著作権のうち，人格権は米国の要求に基づき除外されている。
　日本は映画著作権の保護期間を旧法（22条の3，52条1項）では監督死亡後38年間としていた。しかし2003年の新著作権法（54条1項）は，(i)施行日後の創作につき公表後70年間，(ii)施行前の創作につき「公表後50年間と著作者死亡後38年間のいずれか長いほう」を保護期間とした（改正附則7条）。それゆえチャップリンの映画9本（Sunnyside, Limelight等）の著作権が新世紀にはいっても存続しているかどういかが争われた。裁判所は，9本の著作権者がチャップリンであることを認定したうえで，著作権保有者（Roy Export Company）がレンタル廉価DVDの複製頒布業者に対し著作権侵害訴訟（販売差止め・損害賠償支払い）をおこした（原審の2006年東京地裁判決と2008年2月28日の知財高裁判決）。これら映画は1919年から1952年までに公表されたが，チャップリンは1977年に死亡した。このため，著作権の保護期間は「公表後50年の1969年

から2002年」よりも長い「著作者死亡後38年の2015年末」までとされた。それゆえ戦中戦後の名画DVDの廉価販売は，公表後50年をへた現在，著作者死亡後38年を経過していなければ著作権を侵害していることになる。この判旨は，DVD制作販売会社と違法DVDの悪意購入者に警鐘を鳴らした。それだけではなく，映画監督が著作権を保持する映画について映画会社がDVDを販売する場合に，著作権者の遺族が人格権を申し立てると映画会社に不利となる。映画業界の国際化にともなって紛争の火種が増えたことになる。

B 新権利

ベルヌ条約に規定されていない新しい権利として以下がある。

(i) コンピュータ・プログラムとデータ編集物

コンピュータ・プログラム (Computer programs) は，文学的・言語著作物 (literary works) として保護されなければならないとされた (10条1)。またデータ編集物 (Compilations of data) たとえばデータベース等も保護される (10条2)。データベースはそれを構成する個々のデータについての著作権とは別個に知的財産として保護されなければならない。

(ii) 著作物貸与権

貸与権 (Rental rights) は既存諸条約に規定されていなかったが，先進諸国（日米，フランス，ドイツ）は国内法のなかで規定していた。TRIPS協定は既存諸条約に定められていなかった貸与権を保護の対象に含めた。権利者が著作物の商業的貸与を許諾または禁止する権利が認められた。

(2) 著作権の制限と例外

(i) 著作権の原則と制限・例外

著作権は，著作者が著作物を複製・上演演奏・上映・公衆送信・複製物頒布・譲渡・貸与・翻訳翻案するための排他的権利である。したがって，著作者は他者による著作物の利用を禁止することができる。他者が著作物を利用するためには著作権者から権利譲渡または利用許諾（ライセンス）をえなければならない。しかし，すべての場合に他者が著作物の利用にさいして著作権者の同意・許可をえなければならないとすると，社会生活に支障をきたすことは明らかである。たとえば学生が家庭で私的目的のために音楽CDをコピーしたり，図書館で参考書をコピーするときにまで，著作権者の許可を求めるよう要求するのは無意味であろう。したがって各国著作権法は一定の場合に，政策的見地から著作権という排他的権利に対する制限・例外を認め，他者が著作権者の同意・許可なしに著作物を利用できるようにしているのである。TRIPS協定は，こうした現実をふまえて，著作権に対する制限・例外についての規定をおいた。

(ii) 制限・例外の限定的運用

TRIPS協定は，加盟国が著作権の制限・例外をもうけることを認めたが，こうした制限・例外を「特別な場合に限定する」よう加盟国に要求している (13条)。特別な場合とは，「著作物の通常の利用を妨げず，かつ権利者の正当な利益を不当に害しない」場合をいう。要するに，TRIPS協定は，加盟国著作権法が著作権の制限・例外を認めるときに満たすべき要件として3つをあげたことになる。

①制限・例外はあくまでも「特別な場合」にかぎること，②制限・例外は「著作物の通常の利用を妨げ」ないこと，③制限・例外は「権利者の正当な利益を不当に害しない」ことである。しかし，何が特別の場合に該当するのかは事例ごとに検討する必要がある。たとえば，コンピュータ・プログラムのリバース・エンジニアリングが特別の場合にあたるのかどうかなど，検討すべき課題は山積している。

協定は，すべての著作権に関し，加盟国が制限・例外を限定的に定めるよう義務づけている。ベルヌ条約は著作権のうち複製権にかぎって，同盟国が複製権の制限・例外を定めることを認めたが，TRIPS協定は，複製権以外の著作権に関しても権利の制限・例外を限定的に定めるよう要求しているのである。

(3) 音楽ファイルの無料ダウンロード

インターネットによる音楽ファイルの無料ダウンロードに関して，米国と日本はそれぞれ異なるアプローチをとっている。

A 日本のファイル・ローグ事件

(i) 日本著作権法の規定と東京地裁のファイル・ローグ事件判決

日本の著作権法 (30条-49条) は，著作権が制限され（他者が許諾なしに著作物を利用でき）る場合をつぎのように列挙している。

① 私的使用，つまり個人的にまたは家庭内その他これに準ずるかぎられた範囲内で使用すること
② 公衆利用（図書館等での利用），学校教育向け利用，試験問題用利用のための複製
③ 公表著作物の引用・教科書掲載・教育番組向け放送のための利用

東京地裁は2002年4月のファイル・ローグ (File Rogue) 事件で，インターネット上での無料の音楽著作物交換サービスが私的使用のためのもので著作権が制限される場合にあたるかどうかについて判断をくだした。

この事件で，日本のある企業はインターネット上の電子ファイル交換サービスにより，音楽著作物を権利者の許諾なしに公衆に交換させていた。不特定多数の利用者は，パソコン間のデータ交換技術 (Peer to Peer) を用いて，他の利用者がもつ音楽著作物の電子ファイルを，著作権者の許諾なしに無料でダウンロードすることができた。そこで著作権者はこうした電子ファイル交換サービスは，著作権（複製権，自動公衆送信権，送信可能化権）を侵害すると主張して，電子ファイルの送受信の差止めを求めた。

裁判所は，本件のサービスによる音楽著作物の複製

は，私的な使用を目的としたものではなく，著作権が制限される場合に該当しないとのべた。そして裁判所は，日本が締結したベルヌ条約とTRIPS協定は国内法に優先して適用されるため，日本著作権法の解釈にあたっては，ベルヌ条約の条件が適用されるとつけくわえた。

裁判所によれば，日本著作権法 (30条1項) は，文学的および美術的著作物の保護に関するベルヌ条約に基づく規定である。ベルヌ条約は，同盟国が複製権を制限するときは，一定の条件をクリアーしなければならないと定めている。それは，著作権者の同意をえずに行われる複製が，ⅰ特別な場合であって，ⅱ問題の著作物のつうじょうの利用をさまたげず，またⅲ著作物の正当な利益を害しないという3つの条件である。同じ条件は，裁判所によれば，「ベルヌ条約をその一部として組み込む形で定められたTRIPS協定の13条」にも，定められている。ところで，日本が締結した条約と確立した国際法規は，「国内法である法律よりも上位にある」ため，複製権の制限を認める著作権法の規定 (30条1項) が有効であるためには，この規定は，3条件をクリアーできるように「限定的に解釈適用されなければならない」と裁判所はつづける。このような理由により，著作権法の規定 (30条1項) を「限定的に解釈すると」，本件電子ファイル交換サービスによる著作物の複製は，問題の3条件を満たさないと裁判所は結論した。

(ⅱ) 著作権侵害損害賠償訴訟

ファイル・ローグサービスを提供するMMOに対し日本音楽ソフト大手19社と日本音楽著作権協会 (JASRAC) は著作権侵害と損害賠償の支払いを求めて東京地裁に提訴した。東京地裁は2003年1月の中間判決でインターネット上音楽ファイル無料交換サービスを行うことは著作権法違反と判決した。つづいて東京地裁の2003年12月17日判決は，無料交換サービスは著作権侵害にあたるとし，損害賠償の支払いとサービスの差止めをMMOに命じた。

B 米国ナップスター事件

ナップスターは，インターネット上のデジタル技術によって，不特定多数のユーザーが音楽著作物を送受信できるようにするシステムを設計した。そして，ユーザーがPeer to Peer技術により，インターネットを介して，他のユーザーのパソコン内の音楽ファイルをダウンロードしコピーできるようにさせる音楽ファイル交換サービスを提供していた。このため，権利者であるレコード会社は，ナップスターに対して著作権侵害訴訟をおこし，ナップスターの行為の暫定差止めを求めた。レコード会社側の請求を認めた地方裁判所の判断を，2002年2月，連邦控訴裁判所は基本的に支持してつぎのようにのべた。

第1に，ナップスターのユーザーによる音楽ファイルのコピーは著作権の直接侵害であり，このユーザーの行為は米国法上の公正使用 (fair use) にあたらず違法である。ユーザーの行為はまた家庭内録音法によっても正当化できない。ユーザーは (家庭内でパソコンによりコピーしていたとしても)，家庭内録音法は，(そもそもMDなどの特定オーディオ音機器に適用されるもので) パソコンのハード・ディスク・ドライブへの音楽著作物のコピーには適用されない。

第2に，ナップスターはユーザーによる著作権の直接侵害を奨励・助長している点で，侵害に寄与しており，いわゆる寄与侵害 (contributive infringement) を行った。ナップスターはまたユーザーの侵害行為から利益を獲得し，侵害をさまたげることを怠っており，代位責任を負っている。

以上により，ナップスターはユーザーに音楽著作物を権利者の許諾なしにコピー・ダウンロード・アップロード・送信・頒布させており，ユーザーによる著作権侵害に実質的に寄与していると控訴審判決は結論した。これを受けて，地方裁判所は，2002年3月5日，ナップスターに対しサービスを差し止めるよう暫定命令をくだした。

C 関連問題

音楽ファイル無料交換の違法性とは独立に，無料交換ソフト技術そのものが違法かどうかという問題がある。オランダ最高裁は2003年12月19日判決で，世界最大の利用者をかかえる無料交換ソフト「カザア」そのものは合法と判定した。この判決は，ソフト開発会社に対する欧州レコード業界の提訴を受けてくだされた。

米国ワシントン地区連邦高裁は，米レコード業界はデジタルミレニアム著作権法に基づき裁判所で簡単な手続をへて接続業者から利用者の個人情報を収集し個人を提訴してきた。地裁判決レベルではレコード業界側の主張が認められた。これに対し接続業者は加入者のプライバシー保護を理由に控訴した。高裁は，加入者に開示義務はないと判決した。それゆえレコード業界は利用者に対して提訴できない。デジタルミレニアム著作権法はインターネットによる無料交換を想定していなかったのである。

米連邦地裁レベルでは，ビデオ録画機同様，無料交換ソフトも，違法に使用された場合，技術そのものは違法ではないとする判決が定着している。

(4) 音楽著作物の放送と米国著作権法110.5条事件

WTOのパネル・上級委員会は，最近の米国音楽著作権法110.5条事件［巻末表20-10］で，音楽著作物の無許諾放送について注目すべき判断をくだした。

A 事実関係

米国著作権法110.5条は，1998年10月に音楽ライセンスの公正に関する法律 (Fairness in Music Licensing Act) によって改正された。改正法によると，ラジオやテレビで放送される音楽は，一定の条件のもとに飲食店や小売店舗で，著作権者の許諾なしに，また使用料を支払わずに流すことができるとされた。こうした音楽著作物の無許諾放送はとくにつぎの場合に例外的

に認められる。

(i) 業務例外 (business exemption)

飲食店や小売施設での使用料支払なしの音楽演奏は，施設等が一定のひろさを超えないことを条件として許容される。

(ii) 家庭例外 (homestyle exemption)

家庭内での使用料支払なしの音楽演奏も許容される。

ECは，米国法がベルヌ条約（11条，11条の2）に違反すると主張した。これらベルヌ条約の条文は，TRIPS協定（9条1）によって，TRIPS協定の一部となり，その結果，ベルヌ条約を批准しているかどうかにかかわりなく，WTO加盟国を拘束するとされた（WTO設立協定2条2）。

B　パネル報告

パネルは家庭例外はTRIPS協定に合致するが，業務例外はTRIPS違反であると結論した。米国はパネル判断に対して上訴しなかったため，パネル報告が紛争解決機関によって採択された。

C　日本著作権法の関連規定

注意をひくのは，日本がこの事件に第3国参加をしていることである。日本著作権法（38条3）は，営利を目的とせず，しかも聴衆または観衆から料金を受けないときは，音楽著作物を公衆に放送する行為を認め，さらに「通常の家庭用受信装置を用いて」放送された音楽著作物を公に伝達する行為も認めているからであった。こうした広範な例外がTRIPS協定とベルヌ条約と整合するかどうか検討を要しよう。

(5) **既刊書籍のネット配信と米国Google Book事件**

米国Google社は，いくつかの図書館の蔵書を，デジタル化し，インターネット上のGoogle Bookサイトをつうじて公衆の閲覧に供した。米国著作権協会（Authors Guild,）は8000の著作者を代表して，このデジタル化（scanning）と公表（uploading）は米国著作権法に反するとして2005年9月，ニューヨーク連邦地方裁判所に集団訴訟（class action）を提起した。米国法（107条）によれば，著作物は特定の限られた要件（非営利・教育研究・解説目的等）を満たすならば著作権者の許諾なしに使用できるとされる。これは著作物の公正使用（fair use）にあたるからである。しかし，本件では，米国著作権法により保護された書籍が，著作権者の許諾なしに，デジタル化・公表されており，違法であると原告は主張した。ここにAmazon書籍全文検索サービス「Search Inside the Book」との違いがある。Amazonは著作権者（出版社，著者）の許諾をえたうえで2003年からサービスを開始していた。本件の争点は，(i) Google社のデジタル化・公表が，公正使用にあたるか，(ii) 著作権存続書籍のネット公表は書籍の全体ではなく部分にかぎられれば許容されるのか，いわゆる部分引用（snippet）ならば許されるのかに集約された。解決は2009年，和解の形をとった。これによると，著作権者はまず和解から離脱するかどうかの意思決定を所定期限までに通知しなければならない。通知がないと著作権者は自動的に和解に参加するものとみなされ，将来の対グーグル訴訟を提起できない。和解に参加するとグーグル検索から著作物を削除することができる。

さらに2010年10月2日，広聴会が開催され，2011年3月22日，米国New York南地区連邦地裁（Denny Chin判事）は，修正和解案を認めないとする判断をくだした。

2　特許権以外の工業所有権

(1) **商　標**

A　商品の商標とサービスの商標

商標に関してはパリ条約に保護対象と保護期間につき規定がないため，保護期間を7年（更新可能）とし，保護対象を文字・人名・図形・色の組合わせとした（15条1）。商標として2種類が認められる。第1は，商品に関する商標（trade mark）であり，第2はサービスに関する商標（service mark）である。

サービス・マークは，サービス提供業者が，自社サービスを他社サービスと区別するための役務商標であり，それ自体が商取引の対象となり交換価値のあるものにかぎられる。たとえば，自動車整備工場のブレーキ点検はそれ自体が独自に商取引の対象となっているが，ガソリンスタンドの窓拭きやブレーキ点検はガソリン販売促進のための付随的サービスでありサービス・マークにあたらない。日本では，サービス・マークは，従来不正競争防止法により保護されていたが，保護の完璧を期するため，1991年の商標法改正を契機に，登録制度による保護が確立された。サービス・マークには，全体のサービス・マーク（銀行のマーク）と，部分のサービス・マーク（定期預金の愛称）があり，いずれも商標法と不正競争防止法で保護されている。同一標章が，商品商標であると同時にサービス・マークである例もある。放送サービスのNHKと書籍の商標のNHKが典型例であり，二重商標と呼ばれる。サービス・マークも周知・著名マークの場合は不正競争防止法（2条1項1号・2号）が適用され，役務商標登録が行われると，商標法のサービス・マーク保護規定を適用される。

B　侵害差止権

商標権の排他的権利は，侵害差止権である。登録された商標の権利者は，第三者が登録商標と同一または類似の商標を使用しその結果出所混同のおそれを生じさせるときに，排他的差止権を行使することができる（16条1）。

C　周知商標

世にひろく知られた周知商標（well-known trademarks）を登録することはできない。当局は周知商標と混同を生じさせやすい商標の登録を拒絶することができる（パリ条約6条の2）。これはサービス・マークにも準用される（TRIPS協定16条2）。周知性は公衆のなかの関連セクター内で知られていることをさし全国民

に知られている必要はない。たとえばコーセーやAlbionは男性が知らなくてもアジア諸国では女性用高級化粧品のセクターで周知とみなされる。他方，老舗和食調味料（醤油・味噌・味の素）の商標は，欧米アジアでは周知でも，南アメリカやアフリカで周知かどうかはビジネス実態にそくして柔軟に解釈しなければならない。商標の宣伝普及の結果，周知商標となった場合もうえと同じことがいえる（16条2）。

日本では正露丸事件がある。正露丸はもともと大幸薬品の登録商標であったがしだいに普通名称化したと最高裁は判示した（1974年，2008年）。したがって正露丸商標を同業他社が販売しても，商標権侵害にならない。また大幸薬品のラッパ・マーク（の製造・販売）も他社は使える。アスピリンも，多数の国で普通名称となっている。しかし，日本ではバイエルのアスピリン，ライオンのバファリン，内外薬品のケロリンが商標として併存している。

D　ブランド希釈化

ブランドの希釈化を防止するための規定もおかれた（16条3）。周知商標保護規定は，商標が登録周知商標と類似でないものに使用された場合にも拡張適用される。これらTRIPS規定を具体化するため，WIPOは1999年9月，周知商標保護に関する共同勧告を採択した。これはWTOとWIPOの協力関係の一例である。

E　著名商標等冒用商号に対するPassing Off訴訟

日本企業が中国で，自社の著名商標を第3者に無断使用されたり，第3者の商号として冒用されるケースが後を絶たない。とくに香港は中国本土と異なり，英米法の考えに基づいて，「著名商標を冒用した商号の登記」を許しているからである。しかも，香港の行政機関は著名商号の冒用を理由に商号の登記を拒絶する権利をもたない。また著名商標権者が香港でかりに商号冒用企業に対して詐称通用（Passing-Off）訴訟を提起し，冒用企業に社名変更を求めても，行政機関が登記抹消権をもたないため，社名変更が行われないケースがおおい。さらに冒用商号が，中国本土の生産者や販売者にライセンスされると，違法コピー製品が中国市場に氾濫することになる。電子情報技術産業協会（JEITA）によれば著名商標の冒用登記の実例として，香港三洋国際集団有限公司（H.K.SANYANG INT'L GROUP LIMITED），Japan Toshiba Electricity (H.K.) CO., Limited，日立電器集団有限公司，Panasonic Air Conditioner Industry (HK) International Ltd. 等がある。

そこで日本経済産業省は2005年4月，JEITAの要請に応えて「知的財産権の海外における侵害状況調査制度（協議申立制度）」を設立し，社団法人電子情報技術産業協会（JEITA）が要請していた「香港の商号登記制度に関する調査」を開始した。経済省は調査制度に基づき，海外での侵害を調査し，必要におうじて2国間協議やWTO紛争処理手続を開始するとされる。

F　立体商標

(i) 概念とねらい

立体商標は立体的な形状（(three-dimentional shape)）の商標をさし，この点で平面的な商標と異なる。その役割は需要者に自社製品・サービスについて，その出所を示し，他社製品・サービスとの識別を容易にすることにある。自社製品とその包装を形状とすることもあれば，自社系列店舗での設置により自社製品・サービスの差別化を示す標識の形をとることもある。

(ii) 国際協定

TRIPS（15.1条）は視覚によって認識できない標識（音響商標，匂い商標）を商標権保護の対象から外す裁量を加盟国に与えた。逆に，視覚によって認識できる（visually perceptible）標章は識別性をもつかぎり登録により保護されるとした。また加盟国は，独自に創作された新規性・独創性のある意匠を保護する法令を定めることができるとされる（25.1条）。したがってTRIPSは視覚で認識できる立体商標を排除しないのである。

他方，WIPOのマドリッド標章国際登録協定（1891年）・議定書（1989年）と商標法条約（1994年）は明文で立体商標に保護を与えた。パリ条約（6.5B条）と商標法条約も tel quel 商標の保護を謳っている。

(iii) 主要国の法令と慣行

主要国は，商標法または不正競争防止法のなかで立体商標を一定の条件のもとに認めた。とくに日本は商標法条約への加入にともない立体商標を保護すべき商標のなかに導入した。

立体商標を認められたケースとして，米国でのCoca Cola Bottle形状（連邦商標法［Lanham Act］），日本での不二家「ペコちゃん・ポコちゃん人形」，日本Kentucky Fried Chicken社の「Colonel Sanders立像」，米国Mag Instrument社製ペン型懐中電灯「Mini Maglite」（2007年知財高裁判決），ゲーム機器メーカーSEGA社「Sonic the Hedgehog」などがある。そしてこれら商標法に基づく立体商標とは別に，不正競争防止法に基づき認められた立体商標として，蟹道楽の「動く蟹看板」（大阪地裁1987年5月27日判決）がある。世界の多数の国（米国，EU，中露）で認められた立体商標はむろんCoca Colaの壜形状であり，日本の知財高裁もこの趨勢に従った。しかし飲料容器を立体商標として認めるかどうかは，ケースバイケースで異なり，日本ではSuntory「角瓶」やYakult容器は立体商標として認定されていない。

(2) 地理的表示

A　地理的表示の保護と対象

TRIPS協定は地理的表示（geographical indication）を保護するため特別の規定をもうけた。地理的表示は，商品に対して「確立した品質，社会的評価その他の特性」をあたえるような地理的原産地を特定する表示をいう（22条1）。たとえばフランスのコニャック（Cognac）はコニャック地方で収穫されたぶどうから蒸留された特別の品質と社会的名声をもっている。この場合のコニャックという表示は，商品の品質を保証する地理的

表示であり，法的な保護を受ける。フランス・シャンパーニュ産の発泡性白葡萄酒 (Champagne)，メキシコ・テキーラ産 Agave 由来蒸留酒 (Tequila)，フランス・ロックフォール産羊乳由来白黴チーズ (Roquefort)，チリー・パスコ地方産葡萄蒸留酒 (Pasco)，日本 (2005 年酒税法令解釈通達 86 条 3) の単式蒸留焼酎 (壱岐，球磨，琉球，薩摩) や清酒 (白山) も同様である。他方，オーデコロン (Eau de Cologne) はドイツ・ケルン (Cologne, Köln) の化粧水という意味であるが，ケルンという地名は化粧水の品質を保証しているわけではない。オーデコロンはどの国でも生産されるため，普通名称にすぎず，法的な保護に値しない。

TRIPS 協定は，EC の強い要求を背景に，地理的表示の保護を定めた。これによると，加盟国は，公衆を誤認させるような地理的表示をした商品（たとえばベルギー修道院の特産ビールであるかのような表示をした日本原産ビール）を規制しなければならない (22 条)。また葡萄酒や蒸留酒の地理的表示に関しては，誤認をあたえなくても真正でない表示を規制しなければならない (23 条)。ただし葡萄酒等の知的表示の保護については例外 (24 条 4 の先使用，24 条 5 の先行商標，24 条 6 の普通名称) が定められた。EC はこれら例外をのむ代わりに，地理的表示の保護の強化を目的とする国際交渉を行うこと等を協定に規定させた (24 条)。

TRIPS 協定が保護する地理的表示の概念には，農業産品のほか，時計等の工業産品に関する原産地表示が含まれるかどうか。この問いに答えるためには協定 (22 条 1) の立法過程をふりかえる必要がある。協定の規定はそもそも EC 提案をベースとしていた。これによると，商品の品質・社会的評価・特性を保証する地理的原産地には，国民的・人的要素 (national and human factors) が含まれていた。そして EC 提案自体は，フランスの 1919 年原産地名称保護法 1 条の定義 (milieu geographique comprenant des facteurs naturels ethumains) を参照していた。したがって EC の見解では，地理的原産地には気候・風土等の自然的要素のほかに，人的要素 (human factors) が含まれるのである。このような人的要素としてはたとえばある地域に特有の生産技術が考えられる。陶器 (Limoge, Delft)，織物，絨毯，金属製品 (ゾーリンゲン)，特定地域伝来の職人芸による手作り時計等がその例にあてはまるかどうか，議論の余地があろう。

B EC 商標・地理的表示事件

EC は農産品と食品のための地理的表示に関し，EC 域外国の地理的名称が EC で保護を受けるためには，その域外国が EC 制度と同等の保護をあたえなければならないと定めた。米国とオーストラリアの申立を受けて，パネルは 2005 年 3 月の報告で，EC の相互主義と同等性に基づく措置が，域外国の国民に EC 国民よりも不利な待遇をあたえ，TRIPS 協定 (3.1 条) 上の内国民待遇原則に反するとのべた。パネル報告は 2005 年 4 月，上訴なしに紛争解決機関により採択された［巻末表 9-17］。

(3) 意 匠

加盟国は独自に創作された新規性または独創性のある意匠 (Industrial designs) を保護しなければならない (25 条)。保護されている意匠の権利者は，意匠の複製を用いた製品を，第 3 者が無許諾で製造・販売・輸入することを防止する権利をもつ (26 条 1)。ただし加盟国は第 3 者の正当な利益を考慮し，意匠の保護に対し限定的な例外を定めることができる。この場合，著作権の制限の場合とほぼ同様に，「保護されている意匠の通常の使用を不当に妨げず」また「権利者の正当な利益を不当に害さない」ことが条件とされる (26 条 2)。意匠の保護期間はすくなくとも 10 年とされる (26 条 3)。

■3 特許権

工業所有権のうち特許権については，詳細な規定がおかれた。

(1) 特許の対象

特許の対象は，発明であり，これは自然法則を利用した技術的思想の創作のうち高度のもの，つまり人間が考案した技術的なアイディアをいう。発明は，新規性があり（つまり特許出願時点で世に知られておらず），進歩性があり（つまり「自明のものではなく」従来の技術よりも格段に進歩しており，産業上利用可能なもの）でなければならない。発明はひろくどのような産業にも利用可能なものをいうため，せまく学術的または実験的にのみ利用可能な考案は，発明から除外される。

TRIPS 協定 (27 条) は，各国が特許法に基づき特許を認める発明の範囲をひろく定めた。特許の対象となる発明は，方法（冷蔵庫の製造方法など）に関するものでも，物質（医薬品・農薬の原料・成分など）に関するものでもよいとされている。また発明地や技術分野（農業，バイオ，鉱工業，コンピュータソフト等）のいかんを問わない。さらに発明品が国産品であるか輸入品であるかも問題とはされない。逆にいえば，国家は，発明品が国産品の場合にのみ特許を認め，輸入品であるときは特許を認めないような差別を禁止される。それゆえ，TRIPS 協定上，加盟国は，原則として，技術分野のすべての発明を，方法・物質の区別なく，また発明地・技術分野・原産地に基づく差別なしに，特許保護の対象とするよう義務づけられた。発明地・技術分野・原産地に基づく「差別 (discrimination)」とは，カナダ医薬品事件［巻末表 4-1］のパネルによれば，TRIPS 協定 (3 条，4 条) の禁止する原則的な外外差別（最恵国待遇原則違反）と内外差別（内国民待遇原則違反）よりもひろ範囲がひろく，法的差別（明文により定められた「異なる待遇」）のほかに事実上の差別（うわべは原産地のいかんを問わず同一の待遇を定めているようにみえても状況により生まれる「異なる待遇」）をふくむとされた。

(2) 特許保護の例外

特許保護にはつぎの例外が認められた。これらは特許の保護対象から「除外することができる」。除外は加盟国の義務ではなく，裁量にゆだねられている。

①公序良俗の保護の観点からの例外

国家は，公序良俗を保護するため必要なときは，特定の発明を特許保護の対象からはずすことができる。このような公序良俗の保護目的には，人動植物の生命健康を保護する目的と環境を保護する目的が含まれる。もっとも環境保護は，環境に対する「重大な損害を回避する」ものでなければならない。

②バイオ特許に関する例外（下記参照）

③植物品種の保護義務

TRIPS はさらに植物品種 (plant varieties) の保護に関し，TRIPS 協定は加盟国に，i 既存の特許制度，ii 特別の効果的な制度 (sui generis) または，iii これらの組合せのいずれかによる保護を加盟国に義務づけた。ここでいう植物品種保護のための特別の制度とは国際植物新品種保護条約 (UPOV) をいう。のちに詳述するように日本等は UOPV 条約を実施するため日本種苗法で植物新品種を保護している。

(3) バイオ関連の例外規定

WTO 加盟国はいわゆるバイオ特許を排除することができる (27.3条)。排除は任意であり，義務ではない。バイオ特許を認めるか，否定するかは加盟国の政策マターとされた。この例外規定は，バイオ関連特許の付与について，消極的な EC と積極的な米国の対立を踏まえて挿入された妥協案である。それゆえ WTO は，発足後の4年目 (1999年) から特許除外規定をみなおすよう義務づけられた。この日程にしたがい，TRIPS 理事会は，加盟国に特許除外制度を通報させ，また関連国際機関 (FAO，生物多様性条約と国際植物新品種保護条約 [UPOV] の事務局) と連絡を保つ仕組みをつくった。まず TRIPS 理事会は 1998 年 12 月，事務局に例外規定に関する加盟諸国の現況を問い合わせ，各国回答に基づく情報収集結果を作成するよう求めた。さらに 2002 年 3 月，同様の情報収集を行い最新結果をまとめるよう求めた。つぎに TRIPS が言及した 3 種類のバイオ特許を概観してみよう。

－人・動物の治療のための診断・治療・外科的方法
－微生物以外の動植物
－動植物の生物学的生産方法

(4) 人・動物の治療のための診断・治療・外科的方法

人・動物の診断・治療・外科的方法 (diagnostic, therapeutic and surgical methods) を特許保護の対象とするかどうかが加盟国の任意とされたのは，これら方法が産業上の利用可能性をもつかまた倫理上の問題をはらむかについて各国の見解がわかれていたからである。欧州特許条約 (Convention on the Grant of European Patents of 5 October 1973. 通称 European Patent Convention. EPC) は明文 (52.4条) で，医療方法が産業上の利用可能性をもたないという立場から，特許保護の対象外とした。WTO 発足後の EC もバイオ指令 98/44 で医療方法を特許対象から除外するよう加盟国に義務づけた。他方，米国はかつては医療方法に特許を与えていた。そのため，低所得患者は高価な特許療法をうけることができなかった。そこで 1996 年の米国改正法 (the United States Patent Act, 35 U.S.C. § 1 et seq. Section 287c) は，医療方法が特許をうけることに変わりはないが，医療者を医療方法特許・侵害訴訟の対象外とした。日本法は，明文規定を欠くものの，実践上も医療方法に特許を与えた例はない。日本の特許庁はかねてより，医療方法は産業上の利用可能性 (特許法29.1条) をもたないとして，倫理的立場から医療方法への特許付与を拒絶してきた。裁判所も特許庁の行政を支持してきた。しかしながら，近年のバイオ技術の発展にともない，日欧の法慣行は見直しをせまられている。

ただし，治療方法に使う器具・材料が特許保護の対象となることはいうまでもない。それゆえ，WTO 加盟国は遺伝子治療に関して，材料 (遺伝子, vector 等) には特許を与えつつ，治療方法は特許の保護対象から除くことができる。

(5) 微生物以外の動植物

微生物 (microorganisms) 以外の動植物も，特許保護のスコープから外す裁量が加盟国に認められた。動植物を特許対象とするかどうかは生命倫理 (Bioethics) にふれるおそれがあるからである。このため，EC バイオ指令と改正欧州特許条約は除外義務を定め，とくに人体への特許付与を禁止した。指令はまた，クローン人間製造，人の同一性遺伝子ラインの変更方法，人胚の産業的商業的利用，動物の同一性遺伝子の変更に EU 加盟国が特許をあたえることを禁止した。日本も EU に倣い，2000 年の人クローン技術規制法は，クローン人間の作製を罰則により禁止した。法 (3条) によれば，人クローン胚，人動物交雑胚，人性融合胚，人性集合胚を人動物の胎内に移植してはならないとされる。他方，米国は先端バイオ領域で，人為的に分離された動植物の組織・遺伝子・遺伝子組換え動植物 (作物・OncoMouse 等) にも特許を付与してきた。対照的にカナダ最高裁が 2002 年，癌化促進マウス (OncoMouse) の特許を否認した。

日本の医薬品は数多くの植物由来品をふくむ。医療医薬品のほぼ 4 割は植物由来である。薬効をもつ植物のなかには，野生種もあるが，他は交配技術や先端バイオ技術により作出された人工改良品種である。人工改良品種のなかで特許を認められた植物は，日本新薬が開発した人工交配蓬を嚆矢とする。蓬のうち支那蓬 (Artemisia cina) が回虫駆除成分のサントニン (Santonin) をふくみ，薬用に使われることはよく知られていた。ところが，支那蓬は原産国のソ連が国外への流出を禁止したため，日本新薬は 1920 年代からサントニン含有植物の国産化に着手した。当初は，支那蓬の代わりに，欧州起源の壬生蓬 (Artemisia maritima) を輸入し，サントニン含有率の高い品種改良品 (山科 2 号) を作出した。これにアフガニスタン・クラム渓谷原産のクラム蓬 (Artemisia kurramensis) を人工交配して，5 倍体蓬 (Artemisia penta) と 6 倍体蓬 (Artemisia hexa) が発明され，

両者は 1967 年，日本初の植物特許（第 1・2 号）を付与された。また医療医薬品の抗癌剤は元を辿れば植物に行きつく。

TRIPS は微生物を動植物の範疇から除いた。したがって，微生物は特許保護の対象となる。しかし，動植物と微生物の識別基準は明らかではない。微生物が，真核生物のなかの真核微生物（糸状菌，酵母，変形菌，担子菌，単細胞藻類等）のほか，原核下等生物の真正細菌[bacteria] や古細菌をふくむのか，さらに非生物のウィルスもカバーするのかが，将来争われるであろう。

(6) 動植物の生物学的生産方法

動植物の生産方法は，平たくいえば，伝統的バイオ生産方法をいう。それは A「本質的に生物学的（essentially biological）な伝統的バイオ工程と B「非生物学的（non-biaologica）または微生物学的（microbiological）」な新バイオ工程にわかれる。前者は特許の対象から外すことができる。こうした特許例外を認めるかどうかは，政策マターに属し，加盟国の裁量に委ねられた。

A 本質的に生物学的な伝統的バイオ生産方法

欧州特許条約（EPC）は，本質的に生物学的な伝統的バイオ生産方法を，欧州特許の対象から外す「特許例外政策」を採用した。条約は，こうした生産方法を「もっぱら交配または淘汰のような自然現象からなる方法」(entirely of natural phenomena such as crossing or selection) と定義づけた（注釈規則 Rule 23 b.5）。その解釈について，欧州特許庁（European Patent Office. EPO）の拡大審判部は，2010 年 12 月，ブロッコリー事件（G2/07）とトマト事件（G1/08）の審決のなかで，つぎのようにのべた。

① 植物遺伝子の有性交配と交配後の植物選別からなる植物生産方法は，原則として「本質的に生物学的な」伝統的方法にあたり，欧州特許の対象とならない。
② 他方，交配・選別の反復工程またはその過程で植物遺伝子の有性交配と植物選別を可能にする工程は，特許例外となる。ただし，それら工程のなかの有性交配・選別工程のなかに技術的性質の追加的工程をふくみ，工程そのものが生産植物の遺伝子形質を導入・転換する場合でも，遺伝子形質の導入・転換が交配のために選別された植物遺伝子を混合しないならば，伝統的バイオの域を超え，欧州特許の対象となる。
③ 植物生産方法が，本質的に生物学的な伝統バイオ技術にあたり，特許の対象から除かれるかどうかの判断は，技術的工程が新規か公知かに直接には関連しない。それはまた，公知の生産工程が，通常の変更かまたは根本的な変更かに直接にはかかわらない。さらに，その工程が自然発生するか発生する可能性があるかどうか，発明の本質がそこにあるのかどうかとも直接に関連しない。

B 非生物学的または微生物学的な新バイオ工程

非生物学的（non-biological）生産方法や微生物学的（microbiological）生産方法は，本質的に生物学的な生産方法にあたらないから，特許保護の対象となりうる。非生物学的生産方法にはたとえば植物品種改良のための X 線照射（irradiation）や遺伝子組換えがある。微生物学的生産方法には，チーズの発酵製法がはいる。これらは EC はじめ大部分の国家で特許保護の対象とされている。

C クローン人間のバイオ生産技術

ではクローン人間のバイオ生産技術はどうか。欧州特許条約（53 条 a）は，クローン人間のバイオ技術生産方法，人の遺伝同一性・生殖細胞の改変方法，人胚の産業的・商業的目的のための改変方法を禁止した。日本の人クローン規制法も既述のように生命倫理の観点からクローン人間製造を禁止し，そのための人クローン胚・人動物交雑胚・人性融合胚・人性集合胚の使用を罰則により禁じた。

胚性幹細胞（Embryonic Stem Cells. ES Cells）についても，各国間に対立がある。これは，人動物が誕生する初期胚盤形成の段階で胚の内部細胞塊から作られる幹細胞株をいう。とくに人由来の胚性幹細胞（人 ES 細胞）の使用をめぐり生命倫理の立場から使用を禁止したり，特許対象から外すいくつかの国がある。しかしながら，先進国は再生医療（regenerating medicin）の目的で ES 細胞を活用している。

(7) 遺伝資源と特許

バイオテクノロジーに不可欠の遺伝資源（genetic resources）は，開発途上国の原生林等に存在している。そのため開発途上国は生物多様性条約に依拠して遺伝資源に対する主権的権利を主張している。他方，先進国はバイオ産業を推進するため，遺伝資源から生産される遺伝子組換え体に特許をあたえてきた。遺伝資源をめぐる資源所有・開発途上国と資源欠乏・先進国の対立が先鋭化している。

バイオテクノロジーで製造された遺伝子組換え体が特許の対象とされる事例は先進国で増加の一途をたどっている。サントリーが開発した遺伝子組換え花卉「青いバラ」はその 1 例である。米国のインド系学者チャクラバーティ（Chakrabarty）が製造した流出石油浄化バクテリアもその例であり，米国最高裁判所はこのバクテリアに付与された特許を合法とした。カナダのキャノーラ・オイル（canola "Canadian oil, low acid" 菜種油育成種）に関するモンサント社特許事件判決も米国の考えに追随した（Monsanto Canada Inc. v. Schmeiser カナダ最高裁判所 2004 年 5 月判決）。

他方，国際レベルの遺伝資源規制は，国連生物多様性条約の主要 10 カ国が 2010 年 10 月に名古屋で調印した遺伝資源アクセス・利用利益配分議定書（Nagoya Protocol on Access to Genetic Resources and the Fair and Equitable Sharing of Benefits Arising from their Utilization）に尽きる。また 2 国間レベルでは，日ペルー FTA 共同声明（Joint Statement on Biodiversity, Access to Genetic Resources and Traditional Knowledge）があり，締約国は，そのなかで，環境保全目的のための遺伝資源へのアク

セスを容易にし、アクセスに先立ち資源国から informed consent を獲得し、遺伝資源の利用利益を公平で均衡のとれた方法で配分するよう努力することを誓約した。

(8) 方法特許と物質特許

TRIPSは方法特許 (28.1b条) のほか、物質特許 (28.1b条) に言及した。

A 方法特許（製法特許）

化学物質や医薬品の生産方法は従来から認められてきた特許のひとつである。方法特許とも製法特許とも呼ばれる (process patent)。身近な例に梅肉エキスの製造方法がある。この製法は、梅の実からの果肉の選別と裏漉し、遠心分離機による梅果汁の抽出、果汁の非加熱濃縮化、濃縮果汁の密閉蒸練機による高粘度エキスの生産からなる。

先端メーカーの場合、完成品としての化学物質や医薬品の基幹中間剤（有効成分含有の完成品を作るために使われる原料素材）についても、完成品の出願と同時にまたは完成品の出願後に、方法特許を申請している。また先発メーカーの既存特許（とくに物質特許）の有効期間が満了したあと、後発メーカーが特許切れの化学物質・医薬品について新しい製法特許を申請する例もある。この観点から、現行日本法はいぜんとして製法特許を保持している。米国特許法 (271条) も製法特許を存続させている。それゆえ、米国で製法特許をうけた製品が、海外でも同じ製法により生産され、米国に輸出されるときは、米国特許が有効であるかぎり、特許侵害を理由として輸入差止めを受ける。

B 物質特許

TRIPS が導入した物質特許 (product patent, substance patent) は、製品の原料や成分になる物質自体の特許であって、製法や用途のいかんを問わない。それゆえ、医薬品等の物質特許の模倣があれば、製品は製法のいかんを問わずに差押えの対象となる。この TRIPS 規定は米国医薬業界のロビイングの成果勝利であった。米国によれば、医薬品は開発研究に膨大な費用と期間がかかるが模倣は容易である。それゆえ、特許権による投資回収や先発者利益の保護が必要であると主張して物質特許を TRIPS 協定による保護の対象に含めたのである。また米国企業の主張とは別に、製法特許は致命的な弱点を抱えていた。それは、製法特許制度のもとでは、先発メーカーが莫大なコストを費やして新物質の製法を発見し、その製法特許を得ても、競合他社が当該新物質を別の製法で作るならば、他社の別製法も特許の対象となるからであった。

インドは TRIPS の物質特許規定は新しい製法の開発意欲を削ぐと批判した。また開発途上国は物質特許の保護が義務づけられると、医薬品等がライセンス料のため値上がりし国民生活を脅かすとして物質特許の保護に批判的姿勢をとりつづけてきた。TRIPS 協定はこうした南北対立を考慮して、開発途上国は技術領域の物質特許を協定発効から10年を経た時点 (2005年

1月) で適用を開始すればよいとした (65.4条)。

インドは 2005 年 4 月の改正特許法により物質特許を導入し、2005 年 1 月に遡って適用した。2004 年末までは、従来の製法特許制度のもとで固有の製法を開発し、欧米有効特許薬の後発品を生産し、物質特許制度をもたない開発途上国向けに輸出した。その典型例はエイズ治療薬ネビラピン (nevirapine) である。これは、大手メーカー (Boehringer Ingelheim Pharmaceuticals) が開発し、1994 年 11 月に米国特許 (No. 5,366,972) を与えられ、1996 年 6 月に米国 FDA の承認を得た新薬であった。それゆえ、インドは物質特許導入前に米国の特許医薬品の後発品を製造し輸出していたのである。とはいえ、インドは 2005 年までに物質特許制度に耐える新薬開発体制を整えるため、国内大手医薬品メーカー (Bicon, Lupin, Ranbaxys, Dr. Reddys, Torrent, Wochardt, Zydus Cadila) の技術競争力を強化した。

物質特許は欧米では早くから認められていた。日本は、国内メーカーの技術力が向上した 1976 年 1 月から、製法特許を存続させつつ、物質特許制度を導入した。そして日本は TRIPS 協定の受諾にともない、特許法（旧32条1号）が定めていた不特許事由の1つを削除した。それは、原子核変換の方法により製造される物質の発明である。この不特許規定は、1959 年に導入された。たしかに、その当時、日本の原子核変換技術は、国際的にみて低水準にあり、国内の技術開発を海外先進技術から保護することは不可欠であった。しかし、そののちの日本の技術開発力の向上にともない、原子核変換技術を特許対象としても、産業政策上なんの支障もないと判断されたため、日本は特許法を改正し、不特許事由を、公序良俗または公衆衛生を害するおそれのある発明に限定した。

(9) 結晶特許・被覆特許・製剤特許・用途特許・用法用量特許・代謝物特許・リサーチツール特許・DNA 配列特許

従来からの方法特許や物質特許にくわえて、先進国の医薬・化学分野で、新しいタイプの特許が生成されている。その背景には、先発メーカーと後発メーカーの攻防がある。先発メーカーは特許製品の特許期間を極力延長させるため、方法特許や物質特許の出願後、同一特許製品について追加的に新タイプ特許を出願してきた。こうした先進国の新特許は、特許違反の輸入品の参入を阻む点で著しい重要性をもつ。

A 結晶特許

結晶特許は、有機化合物が偶然に生みだす結晶 (crystal) のなかで、既存の結晶とは異なる新機能をもつ優良結晶に与えられる新タイプ特許である。こうした優良結晶は、物質特許製品の開発過程で発見されることもあれば、物質特許の出願後に発見されることもある。先発メーカーは、したがって、物質特許の出願日に同時に結晶特許も出願するか、物質特許の出願後に発現した優良結晶を新型結晶として出願することもできる。

たとえばフロモックス結晶特許，セフジニル結晶特許，ファモチジン結晶特許があげられよう。

フロモックス事件では，塩野義製薬がフロモックス商標 (Flomox) の鎮痛抗生物質（セフカペン・ピヴォキシル塩酸塩 Cefcapene Pivoxil Hydrochloride Hydrat）について物質特許を出願したのち，結晶特許を出願（1991年3月25日）・販売（1997年6月）・登録（1999年7月30日）した。物質特許は 2008年10月3日に満了したが，結晶特許は 2011年3月25日に満了する予定であった。ところが，物質特許満了後，結晶特許満了前に，フロモックス原薬が商社により韓国から輸入され，また後発品が沢井製薬等から販売された。塩野義は結晶特許に基づく特許侵害訴訟を 2009年2月に提起した。事件は知財高裁にまで発展したがその段階で和解が成立した。

セフジニル事件で争われたセフジニル (Cefdinir) は，アステラス製薬 (Astellas, 旧藤沢製薬) がセフゾンカプセル商標で販売していた過活動膀胱炎薬である。アステラスはこの医薬品について物質特許を出願したのち，結晶特許を出願していた。物質特許は 2003年9月に満了したが，結晶特許は 2008年8月まで有効であった。こうした状況のもとで 2005年に大洋製薬が後発品を販売した。アステラスは結晶特許に基づく特許侵害訴訟を提起し，最終的に最高裁の 2007年12月判決により請求が認められた。

ファモチジン事件は，H2ブロッカー（H2-receptor antagonist）として作用するB型ファモチジン (Famotidine) の結晶特許をめぐるハンガリー企業リヒターゲテオン (Richter Gedeon) と後発メーカーとの争いであった。東京高裁の 2004年4月28日判決は，リヒターゲテオンの後発メーカーに対する特許侵害の訴えを退けた。その理由は，リヒターゲデオンの出願した結晶特許は，ファモチジンB型に限定されるのに対し，後発品はB型ではない（むしろB型とA型の混合物であり，しかも「A型の特性が検出される程度までA型をふくむ」点でB型に該当しない），それゆえ後発品は本件発明の技術的範囲に落ちず，特許侵害とはならないというものであった。また均等論は適用要件を欠き均等侵害を構成しないとされた。他に，アルツハイマー治療に使われる塩酸ドネペジル多形結晶 (donepezil polymorphism crystal) 事件がある。

日本とは対照的に，インドは結晶特許（および塩・水和物）の特許の認定条件を厳しくしている。既知の結晶・塩の誘導体は，その効能が顕著に異ならないなぎり，先行特許の物質と異ならず，新規性を欠く点で，新特許の対象とならない。この狭い解釈は TRIPS と抵触する疑いがある。

英米国の先例をふりかえると，まず英国のパロキセチンメシル酸結晶特許事件 (Synthon vs. SmithKline Beecham, England and Wales High Court Case, 2002年12月3日判決) が目を引く。そこで争われたのは，鬱病・パーキンソン病の治療に使われる神経伝達物質・再吸収阻害薬 (reuptake inhibitor) としての「パロキセチンメシル酸」(Paroxetine methyl) の新型結晶であり，その特許権は2大製薬会社 (Smithkline Beecham, Synthon) のいずれがもつのかにあった。判断の決め手は結局，出願記載の明確性の有無に行きついた。英国高裁は Synthon の結晶特許を出願明細書の記述の明確性を根拠にして認容した。明細書の記載がつねに司法判断の重要な拠所となるのである。

米国のパロキセチン結晶特許事件では，先発メーカーが結晶特許に基づいて後発品の参入を阻止ができるかどうかが争われた。この事件で米国連邦巡回控訴裁判処は最終的に本件の結晶特許自体を新規性の欠如を理由に無効とした。

発端は，Ferrosan 社が 1975年にパロキセチン結晶 (PHC anhydrate) の特許（'196特許）を獲得したことにあった。同社は出願明細書に無水物としての塩酸パロキセチンの製造方法を明記していた。SKB (SmithKline Beecham) 社はこの特許の実施ライセンスを得て，安定性の高い塩酸パロキセチン結晶を (PHC hemihydrate) 開発し，当局から結晶特許（'723特許）を得た。それが FDA 認可のもとに販売されたパキシル (paxil) 商標の抗鬱薬である。この動きと併行して，Apotex 社は抗鬱塩酸パロキセチン無水物について 1984年のハッチ・ワックスマン法に基づく簡略新薬申請 (Abbreviated New Drug Application . ANDA) を行い必要な証明書（パラグラフ IV 証明）を提出した。SKB 社は Apotex 社の申請特許は SKB 結晶特許を侵害するとして訴えを提起した。SBK 社によれば，Ferrosan 社の結晶特許（'196特許）にしたがって塩酸パロキセチン無水物を製造すると，微量の半水和物が生産されるが，SKB 社の結晶特許クレームは量的限定のない半水和物を生産するクレームである，それゆえ Apotex 社の特許申請は SKB 社の結晶特許を侵害するとするものであった。連邦地裁は特許侵害の訴えを略式判決によって退けた。SKB 社の控訴を受けて，連邦巡回控訴裁判所は 2005年4月の判決 (SmithKline Beecham v. Apotex. CAFC Docket No. 03-1285, -1313) で，SKB 社の訴えを退けた。控訴裁によれば，SKB社の後行品 (PHC hemihydrate) は，先行品 (PHC anhydrate) の生産過程で必然的に生産され，先行品からもともと予測できた (inherently anticipated) 点で, 新規性を欠き無効とされた。

それゆえ，先行メーカーの結晶特許は発明としての要件さえ充足すれば，ケースバイケースで認定される。クリステンセン社 (Christensen) のパロキセチン結晶特許 (US 4721723) や抗鬱性セロトニン再吸収阻害薬 (paroxetine hydrochloride hemihydrate, serotonin reuptake inhibito) の特許がその例である。

B 被覆特許

被覆 (Coating) が特許の対象となるかどうかも，明細書の記述の明確性いかんにかかっている。吸入麻酔薬のセボフルラン (sevoflurane) 事件があげられよう。この事件では，日本での当該麻酔薬に関する特許を先

進メーカーのアボット社（Abbott/central glass）が獲得していた。ところが，米国バクスター社（Baxter）が後発品を製造し，日本向けに輸出したため，アボット社は輸入差止め請求を行った。その根拠は，ルイス酸抑制剤で被覆した後発セボフルランはアボット社の被覆特許を侵害するというものであった。東京地裁は2006年9月28日の判決（Abbott/central glass vs US Baxter）で特許侵害を認め，輸入差止めを認容した。これに先立ち，特許庁は2006年7月の審決で，バクスター社の特許無効審判請求を退けた。知財高裁は2010年1月，バクスター社の特許庁審決の取消し請求を受けて，特許庁審決を取り消し，アボット社の被覆特許を否認した。その理由は，アボット社が主張する被覆特許はそもそも明細書に明らかではないとする点にあった。かくしてバクスター社は新規開発・被覆セボフルランを日本向けに輸出することができるようになった。

視点を変えれば，先発メーカーは被覆特許を明細書に明確に記載すれば，被覆特許に基づく特許侵害訴訟を提起できることになる。

C 製剤特許

化学物質・医薬品の処方内容や添加物質に新規性・独創性があるときに，製剤特許が認められる。たとえば有効成分に添加剤をくわえた徐放性医薬品や口腔内崩壊錠がその1例である。最近の流れとして，先発メーカーが新医薬品の特許をえたのち，特許薬の存続期間を延長するため，製剤特許に基づき登録出願をする戦略が散見される。

癌痛緩和薬に関する武田製薬と大日本住友製薬との係争は製剤特許の判例法の布石となった。事実関係はいたって簡明である。1997年3月，大日本住友製薬は塩酸モルヒネ水和物からなる放出制御薬の特許を出願し，2000年3月設定登録をした。この先行医薬品は「オプソ内服液」の商標で販売された。他方，武田製薬は2005年9月，同じ有効成分（Palliative care）と鎮痛効能をもつ後行医薬品を開発し，その商標を「パシーフ」とした。その製剤特徴は，塩酸モルヒネを速放性粒から速やかに放出し，徐放性粒から持続的速度で放出することにあった。武田は，2005年12月，後行医薬品の特許出願にあたり，薬事法（14条）上の製造販売・承認を受けるため，相当の期間，発明を実施をすることができなったとして，特許の存続期間を5年間延長する（つまり存続期間を25年とする）よう求めた（特許法67.2.5条，68条の2）。

特許庁は，2006年8月，武田パシーフ・カプセルの特許期間延長の査定を拒絶する審決をくだした。特許庁によれば，本件のパシーフ・カプセルは塩酸モルヒネを有効成分とし，中等度から高度の疼痛をともなう癌の鎮痛を効能・効果としているが，同じ有効成分と効能・効果をもつ医薬品は，先行医薬品（オプソ内服液）としてすでに薬事法上の承認を受けている，それゆえ，後行医薬薬に，特許延長のための査定を行う必要はないとして，特許庁は武田の請求を拒絶した。

武田は特許庁審決の取消しを求める訴えを知財高裁に提起した。知財高裁第3部は2009年6月，審決を取消し，武田の請求をいれた。その理由は，特許庁審決が誤りを犯し，その誤りが審決の結論に影響を与えたことにあった。掻い摘んでいえば，特許庁は特許法が定める特許存続規定の解釈を誤ったのである。この規定（67条の2）によると，特許権の存続期間が延長されるためには，一定の条件が満たされなければならない。まず，当該発明の実施に先立ち，安全性確保の関連法規（薬事法等）に基づき，所轄官庁が発明の「許可その他の処分」（薬品製造販売の許可等）受ける必要があることである。また許可その他の処分を得るために，手続上相当の期間を要し，その旨が関連政令によって指定された処分にあたることが求められる。さらにそうした処分手続の間，発明を実施できない期間が生じていなければならない。それゆえ，特許法（67条3.1.1）は，許可その他処分を受ける必要がない後行品の発明について，特許庁に出願を拒絶するよう義務づけた。知財高裁は，この特許法規定の解釈にあたり，そもそも先行処分の対象となった先行品は（当事者双方が認めるように）後行品の発明の技術的範囲に含まれない，先行品の製造行為は後行品の発明の実施行為に該当しないとした。本件では，先行処分があるにもかかわらず後行品の発明者は発明の技術的範囲に属する医薬品に関し薬事法上の許可処分をうけないかぎり後行発明を実施できなかったのである。結局先行品の許可処分があるときも，後行品の発明を実施するためには薬事法上の承認を受ける必要があったとした。

ふるがえっていえば，知財高裁はこうして製剤特許が特許要件さえ満たせば認められる可能性を認めた。製剤特許は先発メーカーに益し，後発メーカーに不利益を与える。類例は山之内 の抗狭心薬ニカルジピン製剤特許事件（Nicardipine Crystal事件）にもみられる。

D 用途特許

先発メーカーはさらに，医薬品の新しい用途についての特許を出願することができる。爆発物（ニトログリセリン）には抗狭心剤の新用途がある。猛毒植物の含有物質は最新抗癌剤として用いられる。たとえば，唐樒（Illicium veratum）由来の shikimic acid，コンズランゴ（Marsdenia cundurango）由来成分，Saussurea involucrata 由来成分，蓴菜 {Brasenia schreberi} 由来成分，ムーンシード {Menispermum dauricum, Asian moonseed} 由来成分，コロンボ［Calumba L］由来 Palmatine alkaloi，旱蓮木（Camptotheca acuminata）由来 Camptothecin は，最新抗癌剤の用途をもつ。また種々薬帳中の冶葛（Gelsemium elegans）の成分も新用途を発明される余地がある。

E 用法用量特許

特許庁は，2009年11月の改訂特許・実用新案審査基準により，公知の医薬品でも，新らしい用法用量が発見されれば，その用法用量を特許権により保護する

方針を明らかにした。そのねらいは，先発薬と後発品の効能をめぐる争いが絶えないからであった。一般に先発mメーカーは医薬品について特許を得たあと，新しい用法用量効能を発見すると，新用途用量について臨床試験を行い，その効能を立証したうえで，承認申請を求めることができる。この承認を受けて数年間，先発メーカーは再審査を受けるため市場調査を行う。ひとたび再審査が開始されると，それが完了するまでの間，先発メーカーは，後発メーカーが用法用量特許を申請することを妨げることができる。

もしも先発メーカーの用法用量特許が再審査のすえ認められると，特許存続期間の間，新しい用法用量効能をもつ先発医薬品とそうした効能をもたない後発医薬品は，効能の異なる医薬品として異なる待遇を受ける。医師はこの点に注意して，処方箋のなかで先発品のみを指定し，後発品による代替を薬局に指示しなければならない。

F 代謝物特許

医薬品の活性成分は，人体に摂取されると体内で活性代謝物をつくりだすことがある。新薬開発の研究中に活性代謝物が発見されるときは，その代謝物をとりだし，構造解析を行い，化学構造を特定することができる。たんなる代謝物では足りない。それが活性代謝物であることをメーカーが立証し，その旨を明確に記載すれば，メーカーの申請は代謝物特許を付与される。

米国の代表的判例に抗ヒスタミン剤事件に関する連邦巡回裁判所判決がある（(Schering Corporation, v. Geneva Pharmaceuticals, Inc. and Novartis Corporation, CAFC 02-1540)）。この事件では先発メーカー（Schering 社）がアレルギーを抑制する抗ヒスタミン剤の活性代謝物をについてすでに特許を獲得していた。同社は抗ヒスタミン剤の主成分ロラタダイン（loratadine）に関して物質特許（米国特許 No. 4,282,233）を得たのち，活性代謝物 DCL（descarboethoxyloratadine）について代謝物特許（米国特許 No. 4,659,716）を得た。物質特許の存続期限が過ぎたのち，代謝物特許は 2004 年 4 月に期限切れとなる状況にあった。後発メーカー（Geneva Pharmaceuticals, Novartis）は，先行品の物質特許の満了後，ただちに体内代謝物 DCL について FDA 申請を行った。これに対し先行メーカーは代謝物特許侵害の廉で地裁判決を求めた。地裁は先行メーカーの代謝物特許に関し，当該代謝物が体内で生成されることは，そもそも当該医薬品に「固有の性質」であり，当該代謝物は新規制を欠き無効と裁断した。先発メーカーは地裁判決を不服として控訴した。控訴裁も，つぎの論拠で先発メーカーの代謝物特許を無効とした。

① 先発医薬品に関する限定要件がすべて開示されているときは，その代謝物は新規制を欠き無効となる。またその開示がないときでも，限定要件が必然的に顕在している（necessarily present）か内在している（inherent）と判定されるときは，代謝物特許は新規性を欠き拒絶される。

② 本件代謝物は，本件医薬品を摂取すれば必然的に生し，偶然に生ずるものではない。もしもそれが偶然の副産物であったならば，新規性が認められたかもしれない。

③ 本件の先発医薬品申請書には代謝物について沈黙している。このような場合でも「固有の性質」は公開されているのであるから，代謝物に新規制は認められない。

④ ただし，本件のように，先発医薬品が公知とされていても，その代謝物は一律に特許を拒絶されるわけではない。先発メーカーは，慎重を期して，代謝物を単離された物質としてクレームすることもできるからである。また代謝物とキャリアーの複合薬として申請することもできよう。

G リサーチツール特許とDNA配列特許

(i) リサーチツール特許

医薬品の研究過程で研究探索のためのいわゆるリサーチツール（Research Tool）がある。その代表例はスクリーニング（Screening）である。これは医薬品メーカーが新しい薬剤を開発するため，関連する化合物をことごとく調査・探索・実験する行為をいう。つうじょうは実験動物・細胞・バウテリア・酵素等をもちいて，化学物質が探索される。こうした探索のためのいわゆるスクリーニング方法が，特許の対象となる。しかしリサーチツールに対して特許が権利者に特選させると，いくつかの弊害がでてくる。製薬メーカーはライセンスを得なければならないし，新薬の開発コストがそれだけ上昇することになる。またリサーチツール特許は，人動植物の生命・健康維持を損なうことになりかねない。これに対処する具体的な方策は TRPS 協定や WIPO 協定でもふれられていない。このため，先進国業界はリサーチツール特許のライセンスに関してガイドラインを作成し，また OECD も遺伝子関連発明のライセンス供与に関するガイドラインを公表した。

(ii) DNA配列特許リサーチツール特許・DNA配列特許

遺伝子に関するアミノ酸配列や DNA 配列の発見も特許の対象とされてきた。

(10) 特許の効力

A 特許権者の排他的権利

TRIPS 協定（28 条）は特許により特許権者にあたえられる排他的権利の内容をつぎのように定めた。

物質特許の場合，特許権者は排他的権利をもつ結果，第三者が特許権者の許諾なしに，特許製品の生産・使用・販売申出・販売・輸入を行うことが禁止される。

方法特許の場合，特許権者は排他的権利をもつ結果，第三者が特許権者の許諾なしに，当該製法を使用することが禁止され，また，当該製法により生産された製品を使用・販売申出・販売・輸入することが禁止される。

B 譲渡権・承継移転権・実施許諾権

特許権者は，上記の排他的権利にくわえて，特許を譲渡する権利，特許を承継により移転する権利，実施許諾を契約によってあたえる権利をもつ。

C　保護期間と先願主義

特許の保護期間は出願日から20年とされ（33条），また特許出願について先願主義が採用された。そのけっか，米国は先発明主義やサブマリン特許の改正を強いられた。

(i) 米国の法改正

米国の先発明主義にはいくつもの問題点が指摘されていた。米国では海外の発明につき出願日を発明日とする一方，国内の発明については出願日に先だつ発明日にまで遡り，国内の発明を優遇した。同様に，米国のサブマリン特許制度も批判を受けていた。米国では登録から17年間の特許が認められていたが，出願が非公開であるため，市場ではすでに陳腐化している技術がいきなり特許として登録されそれから17年間も保護されるケースもみられた。そして外国製品に対して莫大な額の特許権違反訴訟が提起されていた。

(ii) カナダ特許保護期間事件

カナダ特許法は1989年10月1日以前に出願されたものについては特許保護期間を20年ではなく17年に短縮していた。米国はカナダ法がTRIPS協定に違反するとしてパネルに提訴した。パネルは米国の主張をいれてカナダ法をTRIPS協定違反とした。上級委員会もパネル裁定を支持した［巻末表4-3］。

D　他の2大例外

さらにTRIPSは特許権者の排他的権利に対して2つの重要な例外にふれた。

1つはいわゆるボラー例外であり，もう1つは特許の強制実施制度（31条）である。これらについては以下にみるようにすこし立ち入って検討する必要がある。

(11)　特許権者の排他的権利に対するボラー例外とカナダ医薬品特許保護事件

A　ボラー例外条項

(i) TRIPSの条件付き特許例外

TRIPS協定（30条）は，特許権者の排他的権利に対する例外にふれている。協定によれば，加盟国は，排他的権利に対する例外を所定の条件のもとに定めることができるとされる。まず，例外は限定的なもの（limited exceptions to the exclusive rights）でなければならない。また「特許の通常の実施を不当に妨げ」てはならず，「特許権者の正当な利益を不当に害」してはならない。さらに加盟国は，「第三者の正当な利益を考慮」にいれなければ，例外を定めることはでいない。この規定は，コモン・ローの研究免除（research exemption）抗弁に起源をおく。俗にカナダ判例法（Roche v. Bolar）を引いて，ボラー例外・免除（Bolar exception, Bolar exemption）と通通称される。

(ii) 米国のハッチ・ワックスマン法例外規定

米国の医薬品特許侵害訴訟では，後発品メーカーが特許権者の同意なしに特許を使用したときに，特許侵害の訴えに対する抗弁として，研究目的をあげてきた。古くは米国の1813年判決がある。判決の要点は，第3者が特許権者の許諾なしに研究目的のために特許を使用することは，特許権侵害とならないというものであった（Whittemore v. Cutter, 29 Fed. Cas. 1120 ,C.C.D. Mass. 1813）。

そして1984年の米国特許法「ハッチ・ワックスマン法」（Hatch-Waxman exemption. 271条E）は，特許保護期間中にジェネリック薬を試験的に製造する行為は特許満了前に，商業的製造販売をしない以上，特許侵害を構成しないと定めた。米国最高裁も2005年6月判決（Merck v. Integra Lifesciences, 545 U.S. 193）で，医薬品関連法のもとで第三者が政府への情報提供に「合理的に関連する」（reasonably related）化合物の特許を，特許権者の許諾なしに実施する行為は特許侵害にあたらないとした。これは後発品メーカーが先発特許の終了前に特許権者の許諾を得ずに試験的に特許を実施することを許す。

(iii) 日本とEU

日本の特許法は，試験・研究のためにする実施は，例外的に特許権侵害とならないと定めた。最高裁判所は1999年4月16日の判決で，薬事法の承認（14条）を申請するため必要な試験として，特許を実施することは特許侵害とならないと判決した。また最近，特許権の期間満了と同時に医薬品を製造・販売するため，特許の保護期間中に厚生省の承認を受ける目的で，治験をする行為が，特許侵害になるかどうかが争われた。最高裁判所は特許保護期間中に治験のため特許を実施することは特許を侵害しないと判決した。しかし特許期間の満了後，ただちに販売する目的でジェネリック薬を製造することは特許侵害となると釘をさした。

EUは下記カナダ医薬品特許保護事件のパネル判断を参考にしてボラー例外規定を導入した（指令2004/27EC等）。

もっとも各国のボラー条項はいちようではない。判例も国ごとに異なる。それゆえ各国の法令と実施措置がTRIPS整合性を問われる可能性がある。

B　カナダ医薬品特許保護事件

(i) ジェネリック薬のための特許の効力の制限

この事件［巻末表4-1］は，後発医薬品（generic drug），つまり俗にいうゾロ品に関する事例である。ゾロ品は，製造承認を受けている新薬（先発医薬品）と，成分・用法・効能などが同等の医薬品をいう。日本でもつねにみられるように，先発医薬品の特許の有効期間が切れたとたんに，他の製薬メーカーが有効成分が同じ医薬品をゾロゾロ発売しはじめるため，ゾロ品と呼ばれる。ゾロ品を発売するためには，臨床試験が必要だが，研究・開発費を必要としないし，また承認審査も簡素化されているため，ゾロ品は低価格で市場に放出されているのである。

カナダはこうした後発医薬品メーカー（generic copier）のために例外的な制度を導入した。それは，先発医薬品の特許期間が終了したあと，後発医薬品メーカーがコピー製品をすみやかに販売できるようにするため，特許期間中に特許を実施することを認可するものであった。カナダ法は，このような特許期間中の特許の実施は，特許権者の許諾をえなくても特許権侵害にあたらない（侵害に対する例外である）と定めた。

その背景にはつぎのような事情があった。カナダで医薬品を製造・販売するためには，食品薬品法等に基づく健康安全基準に関する審査に合格しなくてはならなかった。審査期間は新薬の場合10年ちかく，ジェネリック医薬品の場合，数年を要した。これはジェネリック薬メーカーが，特許保護期間ののち先発医薬品と競合するジェネリック薬を販売するには数年を要することを意味した。したがって特許期間の満了後，数年間，先発医薬品メーカーは，事実上の独占権をもつことになる。こうした不都合に対処するため，カナダ特許法は特許権者の排他的権利に対する例外を定めた。

(ii) 特許期間満了前の特許実施例外と生産備蓄例外

1つは，ジェネリック薬メーカーが特許保護期間の満了後迅速に先発特許医薬品と競合するジェネリック薬を製品・販売できるようにするため，ジェネリック薬メーカーが特許権者の許諾なしに特許保護期間満了前に特許の実施をする例外である。もっとも，特許権者は，これに対して申立 (the regulatory review exception) を行い，ジェネリック薬の安全審査を阻止することができる。

もう1つの例外は特許保護期間満了の直前6カ月の間，ジェネリック薬メーカーが健康安全審査に合格したジェネリック薬を生産・備蓄する制度であった。これによりジェネリック薬メーカーは特許保護期間の満了後すみやかにジェネリック薬を販売することが可能になった。

(iii) パネル手続

ECはカナダに対して異議を申し立て，カナダ法はEC特許権者の権利を侵害していると主張した。特許権保護のための全期間についての保護が確保されていないからであった。パネルは，後発医薬品メーカーが後発品を製造することはTRIPS協定に違反しないとのべた。後発メーカーは特許権者の潜在的競争者であり，政府の販売許可をえるために，特許権者の許可なしに特許期間満了前に特許発明を使用し後発品を製造することはできる。そのようにして，競争者は，特許が終了する日までに後発品の販売許可を獲得しておくことができる。それゆえ特許期間満了前の特許実施例外は合法である。

しかしジェネリック薬メーカーが特許期間中に特許権者の許諾なしに後発品を生産し，備蓄 (stockpiling) しておくことはTRIPSに違反するとパネルはのべた。特許期間中の生産備蓄例外を違法としたのである。

(12) 特許の強制実施

A TRIPS規定

(i) 強制実施ルール

加盟国は，TRIPS協定にしたがい，公共政策のために，特許権者以外の者（国家を含む第三者）による特許の使用を特許権者にむりやり職権で認めさせることができる。ただしこうした強制実施は，ケースバイケースで検討されなければならない。また強制実施は，原則として，第三者（ライセンス希望者）が商業ベースで権利者から許諾をえるための事前協議をつくしたにもかかわらず，合理的な期間内に協議が妥結しない場合にかぎって国家により職権で設定される。

(ii) 強制実施ルールに対する例外

事前協議後の強制実施ルールに対しては例外が認められた。これによると，加盟国は，国家緊急事態その他の極度の緊急事態または公的な非商業的使用の場合には，ライセンス希望者が権利者との間に事前協議を行わなくても，第三者に（権利者の許諾なしに）特許を強制実施させることができる。ただし，特許権者は，強制実施の場合，特許許諾の経済的価値を考慮して，個々の状況におうじて適正な報酬を受けるものとされている。また加盟国は，強制実施の有効性と権利者への報酬に関して，司法審査の機会を確保しなければならない。強制実施の設定範囲と期間は，目的に対応して限定され，とくに半導体技術の場合，強制実施は，限られた目的（公的・非商業的目的と反競争的行為を是正する目的）のためにしか設定できない。特許権者は，また緊急事態の場合は合理的に実行可能なかぎり迅速に通知を受け，公的な非商業的使用の場合も政府が特許を使用するときはすみやかに通知を受けなければならない。強制実施はまた非排他的であるから，権利者もとうぜん使用することができる。要するに，緊急事態等の場合にかぎって，ライセンスを希望する第三者は，権利者との事前協議なしに，適正対価と引き換えに特許の強制実施を行う権利を加盟国からあたえられるのである。

(iii) 開発途上国・後発開発途上国の優遇条項

TRIPSは協定の実施開始日を，開発途上国と後発開発途上国のために延期した。

まず開発途上国に関し，物質特許の導入開始日をに2005以降に引き延ばした。10年の猶予期間を与えたのである (65.4条)。ただしTRIPS協定の原則規定（3条の内国民待遇原則，4条の最恵国待遇原則，5条のWIPO関連手続不適用原則) は猶予の対象とならない。

つぎに後発開発途上国について，上記原則規定以外の規定に関し，柔軟性確保のため10年の猶予期間が与えられた。また後発国が「正当な理由」のある要請をするときは，TRIPS理事会はこの猶予期間を延長することができるとされた (65.1条)。この規定に基づき，TRIPS理事会は2005年の決定で猶予期間を2013年まで延長した。ただし，その前にドーハTRIPS公衆衛生宣言は，医薬品関連規定の適用に関し，猶予期間を2016年まで延長した。

B 医薬品特許の強制実施

(i) 途上国での感染症蔓延

医薬品特許の強制実施は，かねてより開発途上国の最大の関心事項であった。エイズ薬等の特許は先進国企業が独占しているため，途上国での医薬品価格は高くなり，途上国の国民は容易に医薬品を使うことができないからである。また物質特許を2005年から導入する途上国（インド等）は，経過期間中は感染症薬のジェネリック薬（物質特許制度がないため先進国特許権者に特許料を支払わずに生産された同等成分・効能薬）を安価に販売してきたが，経過期間後はそれができなくなる。他方，途上国のなかでも，製薬技術のない最貧国は，特許の強制実施により生産された安価な類似品を輸入することができない。こうした類似品の流通は，強制実施国に限定されるからである。

このため，第5回ドーハ閣僚会議は「TRIPS協定と公衆衛生に関する宣言」のなかで，開発途上国の要望につぎのように応えた。

(ii) 2001年ドーハ宣言

ドーハ宣言（4項）は，まず第1に，TRIPS協定が「加盟国が公衆の健康を保護するための措置をとることを妨げない」とのべた。それゆえ国民に医薬品をつかわせる加盟国の権利を支持するように，協定は解釈されなければならないとされた。

第2に，宣言（5項）は，途上国が，エイズ・結核・マラリア等の感染症に対する医薬品に関し，先進国の特許権者の許諾をえずに，特許の強制実施を行う権利をもちうることを認めた。途上国でのエイズ等の蔓延は，「国家緊急事態その他の極度の緊急事態に相当することがありうる」とされ，緊急事態の認定は各国の判断に委ねられた。それゆえ途上国は緊急時には独自の判断で強制実施権を発動することができる。

第3に宣言（6項）は，製薬分野の生産能力のない途上国のジレンマに言及している。製薬能力のある途上国は，自国の判断で強制実施権を発動しジェネリック薬を生産できるが，製薬能力の不十分な途上国は，ジェネリック薬を生産できないし，また輸入もできないからである。こうしたジレンマに対処するため，宣言はTRIPS理事会が解決策を模索し2002年末までにWTO一般理事会に報告するよう指示した。そこで一般理事会は2003年8月31日，ジュネーヴで，宣言を実施するため決定を採択した。

(iii) 2003年宣言実施決定

宣言実施決定は，製薬能力のない最貧国にジェネリック薬の輸入権をあたえた。最貧国はいずれかの輸出国で製造されたジェネリック薬を輸入する権利をもつ。輸出国は強制実施権を発動してジェネリック薬を生産するすべての第3諸国である。もっともジェネリック薬を輸入できる国は，最貧国にかぎられない。WTO加盟国は，TRIPS理事会に通報しさえすれば，国家緊急時または公的な非商業的使用のためジェネリック薬を輸入できるからである。ただし23の先進国（EC15ヵ国，日米加3国，オーストラリア・ニュジーランド，EEA3ヵ国）は輸入権を放棄した。

(iv) TRIPS新条項

2005年12月6日，WTO一般理事会は，宣言実施決定を盛り込んだTRIPS新条項（31条bis）を恒久化するため，WTO協定の改正案を決定した。改正協定が発効するためには，加盟国の3分の2が改正を批准しなければならない（WTO協定10.3条）。また改正は受諾国についてのみ適用される。しかし改正を受諾した国（日米中韓加EC等）の数まだ十分ではない。さらに一般理事会が加盟国に要請した受諾期限は2005年決定では2007年12月1日までとされたが，そののち2009年末，2011年末に延長された。

前途は多難である。

特許の強制実施を認める医薬品の範囲をエイズ・新型インフルエンザ・重症急性呼吸器症候群，デング熱，黄熱病等感染症に限定すべき（米国見解）か，それとも感染症以外にも拡大すべき（途上国見解）か。安価なジェネリック医薬品の輸出国資格やその受益国資格をどのように定めるのか。安価な医薬品が受益対象国以外に流れないようにするためのセーフガード措置をどうやって構想するのかが未定である。また強制実施権について米国はいぜん強い拒否反応を示している。2002年の炭疽菌事件で安価なコピー薬の緊急輸入が米国議会で議論されたにとどまる。

(v) ドーハ宣言の実施

ドーハ宣言の最初の実施国はルワンダである。同国は2007年7月，WTOへ宣言実施を通報したのち，輸入入札手続にしたがい，カナダ，インド等のなかからカナダからの輸入を決定した。カナダは2003年宣言実施決定を受けて，世界で唯一の実施法（Canada's Access to Medicines Regime. CAMR））を採択していたからである。カナダ政府はこの実施法に基づきトロントのジェネリック薬会社アポテックス（Apotex）に特許の強制実施を与えた。同社は3成分（Zidovudine, Lamivudine, Nevirapine）からなる複合薬（A po-TriAvir）をルワンダ向け輸出用とラベル表示をして，2007年6月に輸出した。もっともアポテックスは2007年9月17日の強制実施ライセンスを得るまでに，関連製薬会社と長い複雑な交渉を余儀なくされた。ルワンダ向け後発薬の価格は，1錠あたり0.4米ドルとされた。これは米国の類似品価格20米ドルの2％に相当する。アポテックスは，カナダ実施法に基づく手続があまりにも厳しく複雑であったため，2度と実施法に基づく最貧国向け輸出をしないと声明した。カナダの後発品メーカーも実施法に消極的姿勢をとった。

(vi) 途上国の戦略

開発途上国や後発開発途上国がAIDS薬不足の苦境を乗り越えるために駆使してきた方法は多様化している。

①製薬能力をもつ途上国の戦略

途上国のなかで製薬能力をもつインドとブラジルはそれぞれ異なった戦略を展開してきた。インドは物質

特許を導入しないことで，先進国のAIDS特許薬を基に，コピー商品を製造してきた。ブラジルは，先進国の特許薬メーカー（Roche）に，特許の強制実施をちらつかせて，特許実施料を大幅に引き下げさせた。
②製薬能力のない後発開発途上国の戦略
　製薬能力のない後発開発途上国は，南南協力（South-South cooperation）を旗印にして，インド（Cipla社）やブラジルの後発品メーカーの直接投資を促し，これらメーカーとの合弁会社を自国内に設立した。ウガンダ（Uganda）がその嚆矢である。2007年に創設されたウガンダの合弁会社は国内需要者向けに低価格のAIDS薬を販売した。他の後発開発途上国（Ghana, Tanzania and Ethiopia）もウガンダの戦略を踏襲した。こうした南南協力は，インド・ブラジルを南のエンジンにしただけではなく，BRICs4カ国（Brazo;, Russia, India, China）の医薬品政策の転向を促した。

(13) 特許実施許諾の反競争的行為に対する規制

　ライセンサー（権利者）がライセンシー（実施権者）に対し自己の特許を実施することを契約によって許諾する場合，こうした特許実施許諾のための契約のなかに，反競争的条項が挿入される場合がある。TRIPS協定（40条）は加盟国が特許実施許諾契約の反競争的条項を規制することを許した。これは知的所有権が反競争的条項によって濫用されることを防止するためである。
　反競争的条項としては，不争義務条項（ライセンシーに対し，ライセンサーの特許の有効性を争わないよう義務づける条項 no challenge clause），相互のグラントバック（改良発明等の相互許諾すなわち改良発明と新規の応用発明について相互に相手方に許諾すること grant back），フィードバック（技術利用の経験をライセンサーに伝達すること），グラントバックの義務条項（技術の改良や新規応用についてライセンサーに非独占的ライセンスをあたえるいわゆるグラントバックをライセンシーに義務づける条項）等がある。
　これらはまた技術移転国際行動規範草案にもリストされている。この草案はしかしながら，ライセンシーの広告・販促活動に対する制限が，ライセンサーの顧客吸引力や名声を保護するため必要ならば許容されるとしている。とくにこうした制限は，登録商標や工業デザインが関連登録に従って適用されることを確保するために必要であるかぎり許容される。しかし，これら要件によって正当化されないパブリシティ（著名人の氏名・肖像）に対する制限は競争へのインパクトに照らして適否を判定されることになろう。そのさいの判定要素として，広告の妨害による市場アクセス制限の有無がある。

4 その他の知的所有権

(1) 半導体回路配置

　半導体の回路配置（layout designs of integrated circuits）は，開発にコストがかかるが模倣は写真により簡単にできる。こうした模倣を規制するため，1989年に半導体集積回路配置に関するワシントン条約が締結された。条約は未発効であり，日本や米国は条約を批准していない。その理由は，この条約のもとでは，模造された半導体をくみこんだ製品の輸入者や販売者に対し，損害賠償権が認められていないためである。そこでTRIPS協定はワシントン条約を補完するため，模造された半導体をくみこんだ製品の輸入者や販売者に対する損害賠償制度を認めた（36条）。

(2) 非公開情報

　協定は，非公開情報（undisclosed information）の保護にもふれている（39条）。いわゆる trade secrets の保護であり，TRIPSはNAFTAに続いてこれを知的所有権として保護した。非公開情報とは，公開されていない秘密の技術上・営業上の情報をいう。製造技術（香水・コーラ・食品の成分・製法等），設計図，顧客リスト，販売マニュアル等がその例である。非公開情報に対する不正行為は，パリ条約（10条2）の不正競争行為に該当するとされる。非公開情報は特許とくらべると技術情報（コーラ・フライドチキン・ハンバーグの製法）を同業他社に知らせない利点をもつが，リバースエンジニアリングには対抗できず，また最低限の保護期間を保証されない短所をもつ。特許製品が，情報公開に服する反面，リバースエンジニアリングに対抗でき20年の保護を受ける長所をもつのと対照的である。
　重要な非公開情報として，たとえば医薬品等の販売の承認申請のさいに政府当局に提出する非公開の試験データがある。一般に医薬品の開発には膨大な費用と長期の開発期間を必要とする（新薬開発には10年以上の歳月と100億円以上の費用を要するとされる）。そこで，開発過程でえられた試験データ等を第3者が別の薬品の製造販売の承認申請のさいに利用できるようにすることは明らかに不当であろう。このため加盟国は，試験データ等を，非公開情報として，不正な商業的使用から保護する義務を負うのである。保護の対象は，医薬品のほか，農業化学品（農薬，肥料，飼料）も含む。
　ちなみに，日本の薬事法では，先発製薬会社の利益を保護するため，非公開データは保護されている。医薬会社は，新薬の承認申請にあたって個々の症例に関する生の非公開データを提出しなければならないため，それらデータは保護されているのである。

第5節　知的所有権の侵害に対する救済手続と経過措置

　既存の知的所有権関連条約は，権利行使（侵害行為に対する救済）についてふれていなかった。TRIPS協定は，このため加盟国の当局が，知的所有権の侵害から救済するため，一連の手続を適用するよう義務づけた。またTRIPS協定の適用のための経過措置が定められている。

1 救済手続
(1) 民事上の救済手続
(i) 公正・公平な手続
司法当局は当事者に対し公正公平な民事手続を適用しなければならない。
(ii) 民事手続と証拠の扱い
権利を侵害された者は民事上の司法手続を開始することができる。もしも一方の当事者が主張をうらづける証拠を提出するならば、司法当局は他方の当事者に関連証拠を提示するよう命ずる。
(iii) 差止命令の発布
司法当局は差止請求訴訟にあたり、権利侵害者に対し侵害を差し止めるよう命ずる。
(iv) 損害賠償の命令
司法当局は、故意または過失による知的所有権の侵害者に対し損害賠償するよう命ずる。
(v) 侵害物品の排除
侵害物品は、流通経路から排除・廃棄される。侵害物品の生産のための部材・道具も流通経路から排除される。

(2) その他
(i) 行政上の手続
行政上の手続の結果、民事上の救済措置がとられる場合（たとえば国境措置）も上述の原則による。
(ii) 暫定措置
侵害発生の防止や証拠保全のため、司法当局は暫定措置を命令することができる。
(iii) 国境措置
権利者の申立に基づき国境措置がとられる。ECは最近この観点から「模倣品対策に関する新戦略と税関の新実施規則」(2004年税関新実施規則本文) と「知的財産権侵害疑義物品に対する税関措置に関する理事会規則」を定めた。
(iv) 刑事上の手続
故意による商標の不正使用と著作物の違法複製に対しては、刑事上の手続が開始され、刑罰が科される。ECはこの目的のため、2006年5月、違反行為に対する刑事罰規定草案を公示した。また中国知的所有権法執行事件で米国が問題としたのは、中国が違反行為に対する刑事罰を執行していないことにあった（後述参照）。

(3) 主要国の紛争
日本の最近の紛争事例だけでも、プラズマ特許、富士通基本特許、サムスン特許使用料支払い拒否等に関する事件がある。

(4) 中国知的所有権法執行事件
A 事実関係
米国は中国の3種類の知的所有権関連措置に対してパネル手続を開始した［巻末表6-2］。第1に、中国は一連の法令（刑法、出版運営規則、放送運営規則、音響映像運営規則、映画フィルム運営規則、電気通信運営規則等）によって、外国著作物の国内での公開流布を禁止していると米国は主張した。これにより、外国著作権者はベルヌ条約が特別に付与した最低限の著作権を中国では享受できない。第2に、知的所有権侵害を理由に中国税関が没収した産品が売却処分されていることであり、米国はその根拠法令 (Regulations of the People's Republic of China for Customs Protection of Intellectual Property Rights; the Implementing Measures for these Regulations; General Administration of Customs Announcement No. 16) を列挙した。第3は、故意の不正商標や著作権侵害に対する刑事手続・罰則の対象数量と価額の水準に関するものであった。中国はこの水準を自国刑法、最高人民裁判所等の解釈によって定めていた。米国は、このような中国措置が、TRIPS協定 (9.1, 14, 41.1, 46, 59, 61 各条)、ベルヌ著作権条約 (5.1条, 5.2条) に違反すると主張した。

B パネル報告
パネルは、まず第1の論点、公開流布禁止著作物の権利保護に関し、中国著作権法 (4.1条) は、ベルヌ条約に違反するとした。たしかにこの条約 (17条) は、同盟国当局が必要と認めるときは、著作物の頒布・上演・展示を取締り、禁止することができると定めた。しかし、TRIPS協定 (9.1条) によりWTOにとりいれられたベルヌ条約 (5.1条) は、同盟国の著作者が内国民待遇をうけるほか、条約により「とくに与えられた権利」(rights specially granted by this Convention) を享受すると明言した。そして条約 (4条) は、映画著作物と建築著作物に関し、同盟国の著作者に対して、著作権保護基準が満たされないときでも、とくに保護を与えなければならないと定めた。したがって、ベルヌ条約は同盟国に対して特定著作権を特別に保護するよう義務づけた。この義務規定に、中国法の公開流布禁止著作物・不保護規定は違反するのである。それゆえ、中国法は、TRIPS協定にも反する。協定 (41.1条) は、知的所有権侵害に対する防止・救済をWTO加盟国に義務づけているが、問題の中国法は協定義務に反するからである。

① 中国当局による著作権侵害物品の処分問題については、パネルは米国がTRIPS違反の立証に失敗したと結論した。TRIPS協定 (59条, 46条第1段) は、著作権侵害物品を、著作者に損害を与えないような方法で、また補償を求めずに、流通経路から排除・廃棄する権利を輸入国に与えた。米国は協定違反の立証をすることができなかった。

② 他方、不正商標商品の扱いに関し、パネルは中国当局の措置がTRIPS協定 (59条, 46条第4段) に違反したことを認めた。協定は、例外的な場合を除くほか、不正商標商品の積み戻し (59条) を認めることができるが、違法商標を除去して流通経路に乗せることはできないとしている。それゆえ、違法商標を除去して商品を流通させる措置はTRIPS協定に反する。

③ 刑事上の対象数量と価額の水準については、米国

が中国の TRIPS 協定 (61条) 違反を立証できなかったと，パネルはのべた。

2 経過措置

知的所有権制度が未整備の開発途上国等に配慮して経過措置 (transitional arrangements) が定められた。WTO 協定の発効日 (1995年1月) から一定期間，加盟国は TRIPS 協定を適用する義務を免除された。先進国の場合は，協定発効日より1年間 (95年12月末まで) 適用義務を免除され，1年後の1996年1月から TRIPS 協定を適用することが義務づけられた。

開発途上国と市場経済への移行国は，TRIPS 協定の適用日から4年間，つまり WTO 発足日の1995年1月から5年間，すなわち1999年12月末まで TRIPS 協定の適用義務を免除された (65条2/3)。したがって，2000年1月から TRIPS 協定を適用するよう義務づけられた。ただし物質特許については1995年1月から10年間，適用義務を免除された (65条4)。後発開発途上国の場合は，1995年1月から11年間，適用義務を免除された (66条1) が，この経過期間は，ドーハ閣僚会議の宣言 (TRIPS 協定と公衆衛生に関する宣言) により，さらに10年間延長された。したがって後発開発途上国は，医薬品に関して，2016年1月まで，物質特許の導入を猶予された。

3 開発途上国の出願受理制度と排他的販売権付与制度

開発途上国は上述のように医薬品等の物質特許の導入にあたり WTO 発足後10年間の経過期間を認められた。しかし，開発途上国は，この間，物質特許に関し，なにもしないでいいというわけではなかった。先進国側は開発途上国に長い経過期間を認めたが，その見返りとして，経過期間のあいだ，開発途上国が，i 物質特許の出願を受理し，ii 物質特許製品の排他的販売権をあたえるよう義務づけた。

(1) 物質特許の出願受理制度

開発途上国は経過期間のあいだ，物質特許を導入する必要はないが，先進国医薬品企業等から物質特許の出願があるときは，出願を受理するための制度を整備しなければならない。このように物質特許の出願を受理するためもうけられる出願受付窓口を比喩的に郵便箱 (mailbox) と呼んでいる。TRIPS 協定は出願受理制度について以下の義務を開発途上国に課した。

(i) 出願受理義務

開発途上国は過渡期間中に物質特許の出願を受理するための制度をもうけなければならない。物質特許制度が樹立されるまえに，ひとまず物質特許の出願を受理するための郵便箱を設置する義務が課せられた。

インド医薬品特許保護事件 [巻末表12-1] でパネルは，開発途上国が経過期間ののちに導入されるはずの物質特許制度をにらんで特許出願の受理制度を WTO 発足後ただちに導入する義務を負うことを確認した。TRIPS 協定 (70条8) によれば，WTO 協定の発効日までに，開発途上国は物質特許の出願受理制度を整備するよう義務づけられているからである。つまり，物質特許の出願を受理するための郵便箱はおいておきなさいという趣旨である。ところが，インドは WTO 協定発効後も郵便箱をおかなかった。このため，米国と EC はインドを相手どって WTO のパネル手続を開始した。パネルは，申立国の主張を認め，インドが郵便箱制度の導入義務に違反したこと，および物質特許導入後，特許付与の要件を審査するにあたり，加盟国は出願日 (協定適用日ではなく) を基準としなければならない，とのべた。インドは上級委員会に上訴したが，上級委員会もパネルの判決を支持した。なお，EC 対インド事件と米国対インド事件の事実と争点は同じであったためパネル報告も同一であった。

(ii) 物質特許導入後，特許付与の要件を審査するにあたり，加盟国は (協定適用日ではなく) 出願日を基準としなければならない (上述インド医薬品特許保護事件)。

(iii) 特許期間は出願日から (特許付与日からではなく) 20年である。ただし出願から特許付与までの経過期間の間，特許製品の排他的販売権があたえられる場合がある。

(2) 排他的販売権制度 (70条9)

開発途上国は物質特許の導入について10年間の経過期間を認められた。このため経過期間のあいだ先進国の企業は，開発途上国で特許製品について特許保護を受けることができない。こうした不都合を緩和するため，先進国が開発途上国に認めさせたのが，排他的販売制度であり，これは事実上の特許保護にほかならなかった。

これによると，開発途上国の行政機関は，経過期間のあいだ，とくに先進国企業が医薬品等を途上国国内で排他的に販売するのを承認することができる。ただし，こうした排他的販売権を承認するためには，問題の医薬品等についてすでに他の WTO 加盟国 (たとえば米国) が特許出願を受理し，特許をあたえさらに販売を承認していなければならない。たとえば日本の医薬品会社がインドで肝炎薬を排他的に販売するためには，この肝炎薬について日本の特許庁が日本特許をあたえ日本での販売を承認していることが条件とされる。

排他的販売権があたえられる期間は限定されている。それは，他の WTO 加盟国での販売承認日から5年間，または販売承認日から特許出願結果 (特許の付与または拒絶) がでるまでの期間のいずれか短い期間とされる。排他的販売権があたえられると，とうぜんのことながら第三者は販売の承認を申請できない。インド医薬品特許保護事件で上級委員会が指摘したように，排他的販売権の付与制度も郵便箱制度と同様，開発途上国は WTO 協定の発効日以降ただちに導入しなければならない。

以上のように，先進国は，開発途上国のために物質特許制度の導入に関し10年の経過期間を認めたが，排他的販売権制度により，結局経過期間を認めないのと同じ結果となった。開発途上国は，経過期間のあい

だ先進国企業の特許製品に排他的販売権を認めることで事実上の特許保護をはかることを強いられたからである。

具体例をあげて開発途上国での排他的販売権制度と物質特許の導入見通しを要約してみよう。いま先進国・日本の医薬会社が2003年1月にインドネシア（郵便箱）で抗癌剤の特許を出願し，同時に排他的販売の承認を申請したとする。インドネシア当局は2004年1月に排他的販売を承認したとすると，排他的販売権は，その日からインドネシアが物質特許制度に基づいて実際に物質特許をあたえる日までつづく。それゆえ，インドネシアが TRIPS 協定の経過期間10年規定に従って，2005年1月に物質特許制度を導入し，同時に抗癌剤の特許を審査し，そのけっか2007年1月に特許をあたえたとすると，排他的販売権は2004年1月から2006年12月末までの3年間認められることになる。そして2007年1月以降は，正式の特許があたえられ，その期間は，特許出願日2003年1月から20年間の2023年1月まで，つまり2007年1月から2023年1月までの16年間となる。

第6節　紛争解決

1　違反申立手続

TRIPS 協定（64条）は，加盟国が TRIPS 協定に違反した措置をとるときは，他の加盟国が違反申立手続を開始できることを定めた。しかし，協定は，非違反申立手続と状態申立手続（第12部「紛争解決手続」）は WTO 発足後5年間（1999年12月末まで）は TRIPS 協定の紛争には適用しないと定めた。それゆえ，今後 TRIPS 協定にこれら手続を適用するかどうかが検討される。

2　米国スペシャル301条

米国の301条手続は，レギュラー301条，スーパー301条，スペシャル301条に3分されるが，スペシャル301条（1988年包括通商競争力法1303条）は，知的所有権の保護が不十分な国に対するレギュラー301条調査の開始について定め，調査期間を原則6カ月に短縮している。1994年ウルグアイ・ラウンド協定法によれば，スペシャル301条手続は TRIPS 協定を遵守する外国に対しても適用される。

インドはすでに1991年4月，スペシャル301条手続のもとで優先交渉国に指定され，1991年5月26日，301条手続を開始された。USTR は，1992年2月，インドの不適切で非実効的な知的所有権保護が不合理であり，特許権保護の領域で米国の通商に負担を課し制限していると認定した。このため米国大統領は1992年4月，インドからの輸入品6000万ドル相当について，一般特恵制度（Generalized System of Preferences. GSP）に基づく特恵待遇（無関税）を停止した。この停止は，主に医薬品・化学品・関連産品に対して適用された。

しかしながら，インドは1994年5月に著作権法に著しい修正をくわえたため，インドの地位は優先交渉国から優先監視リスト国（Priority Watch List）に格下げされた。

また USTR は1996年，スペシャル301条に基づき，中国を優先交渉国に指定する一方，韓国・日本・EU・インドを含む8カ国を優先監視リスト（Priority Watch List）に載せた。

さらにスペシャル301条手続はインド医薬品特許保護事件で適用された。USTR はインドの特許出願受理制度が TRIPS 協定に違反することを理由として1996年7月自発的に調査を開始し，WTO の紛争解決手続に訴え，パネルと上級委員会の勝訴裁定を勝ちとった。

第7節　新しい課題

1　還流 CD の水際取締

日本は税関の水際取締を，関税定率法の輸入禁制品条項（21条）に基づいて行っている。輸入禁制品は，TRIPS 協定が扱う特許権・実用新案権・意匠権・商標権・著作権侵害物品である。

くわえて日本は2004年6月，著作権法を改正し，還流 CD の取締り規定をおいた（113条）。取締りの対象となる還流 CD は，中国等外国でのみ販売されることが表示された CD，現地で低価格販売されている CD，日本への還流禁止の表示がある CD である。改正規定は2005年1月から施行された。

2　植物新品種の保護と育成者権

TRIPS 協定は加盟国に植物品種の保護を義務づけた（27条3）。この保護は，①既存の特許制度，②特別の効果的な制度（sui generis）または，③これらの組合せのいずれかにより行われる。ここにいう植物品種保護のための特別の制度が，国際植物新品種保護条約（UPOV. Union internationale pour la protection des obtentions végétales. International Union for the Protection of New Varieties of Plants）をさすことはいうまでもない。UPOV 条約は WIPO 所管条約からも独立の協定であり，2009年現在のメンバーは67（日本，中国，韓国，米国，EC 加盟諸国等66カ国プラス EU）を数える。ただし，メンバー相互間の条約関係は，関連メンバーが新旧条約（1972年追加条約により修正された1961年条約，1978年改正条約，1991年改正条約）のいずれを受諾したのかに応じて異なる。1961年条約は1カ国（ベルギー）のみを，1978年条約は22カ国（カナダ，中国等）を，1991年条

約は44メンバー（日韓米EC等43カ国とEC）を拘束している。この条約は知的所有権のひとつとして「育成者権」（breeder's right）を創設した。育成者権は，植物の新品種に対する権利であり，3条件が満たされたときにあたえられる。第1に新品種は，既存品種と明確に異なる特性である「区別性」をもつ。第2に新品種は同一繁殖段階の植物体が十分類似した特性をもたなければならない。第3に新品種は，繰り返し繁殖させたのちも変化しない特性をもつことが要求される。ただし特許権と異なり，新規性・進歩性の有無を問わない。

日本は1988年に種苗法を改正し，育成者権を導入した。新品種の育成者は，新品種を国内で登録すると，新品種の輸出，その栽培物と加工品の逆輸入に関して排他的権利をもつ（2005年6月改正法）。これは，他者が新品種を日本国外で栽培し，その栽培品や加工品を日本に逆輸入するには，育成者の許諾を要することを意味する。したがって他者が育成者の許諾をえずに，国外で新品種の栽培物（いちご等の果実，蘭草「ヒノミドリ」，讃岐饂飩用小麦「さぬきの夢」，下剤「信州大黄」等）や栽培物の加工品（蘭草製畳表・座布団等）を生産し，日本に逆輸入するときは，育成者は税関に輸入差止めを求めることができる。育成者権の存続期間は，品種登録日から25年，ただし果樹等の永年性植物にかぎり30年とされている。

なお2009年9月，条約の例外規定が挿入された。

３ 遺伝資源と特許権
(1) 1980年代の植物遺伝資源協定

遺伝資源（genetic material）に対する権利は，過去四半世紀の間に著しく変化した。現在でも国際的に調和された考えはない。これを識者は遺伝資源に関する多重所有権（hyperownership）と呼んでいる。当初の考えは，1980年代の植物遺伝資源協定（International Understanding on Plant Genetic Resources, Food and Agriculture Commission on Plant Genetic Resources）に集約されている。この協定は，植物遺伝資源が人類の共通財産（common heritage of mankind）にあたることを明記した。しかし協定は，資源を保有する開発途上国に利益をもたらさず，資源保存のインセンティヴを減らす欠点を露呈した。これが，考え方の急変をもたらした。資源保有国——とくにラテンアメリカ諸国とアジア諸国（インド，フィリピン，タイ，フィジー）——は伝統知識と遺伝資源への権利を主張しはじめた。

(2) 国連の生物多様性条約と名古屋議定書

国連は生物多様性条約を1992年に採択（1993年発効）し，国家が領域内の自然資源に対して主権をもつことを定めた（15.1条）。また資源国は外国のアクセスに対して事前許可をあたえる権利を認められた（15.5条）。知的所有権者の同意権，知識利用料を衡平に共有することを奨励する規定もおかれた。このように遺伝資源に富む開発途上国に資源主権が認められたけっか，遺伝資源のすくない先進国は遺伝資源産品を自国の特許法によって保護する動きにでた。これにより先進国の先端ハイテク企業は遺伝資源産品に対して排他的権利をあたえられた。とくに米国のバイオ多国籍企業と米国当局との間に強い絆ができた。その例は，米国特許法によるGMO野菜の保護からターミネーター技術（Terminator technology）の保護に及ぶ。後者は，「GMO野菜の2世代目の種子（seed）を殺すバクテリア」（ターミネーター）をGMO遺伝子に挿入し，農家がGMO野菜の種子を備蓄するのをふせぐねらいをもった。遺伝資源から生産された遺伝子組換え産品に対する特許の付与は，米国にはじまりカナダにもひろがった。米国最高裁チャクラバーティ判決は遺伝子組換えの石油洗浄バクテリアに特許保護をあたえることを承認した。その理由は，米国憲法がこうした発明への特許付与をさまたげる規定をもたないからであった。他方，カナダは当初，米国とは異なる立場をとった。カナダの裁判所は，ハーバード大学が発明した癌研究のための遺伝子組換え鼠（oncomouse）に特許をあたえることは，倫理上も法律上も，受けいれがたいと判決した。ところがカナダ最高裁判所はキャノーラ菜種油事件で遺伝子組換え油糧種子が特許の対象となることを認めた。事件の発端は，米国モンサント社が生産した遺伝子組換えキャノーラ・オイルの種子をカナダの農家がモンサント社の同意をえずに使用したことにあった。この種子は，同じモンサント社製の除草剤（the herbicide Round-Up）に対して耐性をもっていた。他の農家から風に乗って飛散したオイルの種子を被告農家は特許使用料を支払わずに使用した，とモンサント社は訴えた。カナダ裁判所は，米国裁判所と同様，遺伝子組換え種子が特許保護の対象となることを指摘した。

(3) TRIPS協定の特許保護対象規定

TRIPS協定（27.3条）は，既述のように，特許の保護対象について，「微生物以外の動植物」やそれらの生物学的生産方法は特許保護から除外することができると定めた。したがって逆にいえば動植物の遺伝子組換え技術と遺伝子組換体は特許保護の対象とすることができる。また特許保護からの除外は任意であるから，動植物を特許対象とすることはTRIPS上禁止されていない。米国は，それゆえ遺伝子組換バクテリア，遺伝子組換え医薬品，遺伝子組換え動植物（作物，鼠）も含めて，特許の対象とした。

４ 特許海賊と伝統的知識
(1) 特許海賊と南北対立

米国は，遺伝資源は自生地（in situ）のものであれ人為的隔離地（ex situ）のものであれ，人間の発明によって変更・分離されれば，自然界の資源ではなくなり，特許保護の対象となるとしてきた。したがって遺伝子組換体は発見ではなく，発明の所産である。換言すれば，公徳にふれないかぎり，遺伝子資源は国連の生物多様性条約にいう人類の共通財産（public domaine）ではないと，米国は主張してきた。こうした基本的観点から米国は，遺伝資源やその伝統的知識（たとえば特定

地域や民族のあいだで長年にわたり使われてきた民間療法等）をもちいた食品・医薬品・医療方法に特許を与えた。遺伝資源国の開発途上国は，米国の特許は遺伝資源の海賊行為にあたるとして，反発を強めた。

伝統的知識をめぐる南北対立はつぎの事例で先鋭化した。

(2) 伝統的知識と南北対立

A インド鬱金事件

鬱金（Curcuma longa, Turmeric）はインド古代のアーユルヴェーダ医学（Ayurvedic medicine）以来数千年にわたり，食品・染料から薬剤にいたるまで，インドではばひろく使用されてきた。これに目をつけて，インドの国籍離脱者は，米国で傷薬用の鬱金薬を製造し米国の特許をえた。インド当局（科学産業理事会）はただちに米奥特許庁に再審査を求めた。その理由は鬱金薬が，傷・発疹の治癒にもちいられてきた伝統的医薬品であり，当該特許は従来技術（prior art）の範囲を超えず，新規性を欠くとする点にあった。インドはその裏付けとして，米国特許法が要求する既存書類（サンスクリット語の古代文献，インド医学学会誌掲載の 1953 年医学論文）を提出した。

米国特許庁は，インド当局の主張にしたがい特許を取り消した。鬱金事件は，開発途上国の伝統的知識に基づく医薬品発明が，従来技術の域をでず新規性に欠けるならば，海賊技術の烙印をおされることを先進国特許庁が認めた最初のケースとなった。

B インド栴檀事件

インド栴檀科の樹木のひとつに，多くの薬効をもつ「ニームの木」（Neem. 学名 Melia azadirachta）がある。その樹液は農作物病原菌を退治する効果をもつ。その種子油は風邪薬・インフルエンザの治癒に役立つ。石鹸に混ぜると，マラリア・皮膚病・髄膜炎にも効く。そこで，米国グレース社（US Corporation W.R. Grace Company）と米国農業省は，疎水性ニーム油をもちいた植物病原菌の対処方法に関する特許を欧州特許庁（European Patent Office. EPO）に出願し，1994 年欧州特許を取得した。これに対し，インド農民と国際NGOは，1995 年，当該特許はインドで長期間認知されてきた伝統的知識の範囲に属し，新規の発明ステップをもたないから，欧州特許の対象とならないと主張した。欧州特許庁は，ニームの薬効を伝統的知識として認め，2000 年 5 月，米国社の特許を撤回した。

C インド・バスマティ米事件

インドの稲「バスマティ米」（Basmati Rice）は，北インドとパキスタンに跨るヒマラヤ山間部で長年にわたり栽培されてきた芳香性長粒米である。バスマティの名称はサンスクリット語「香り高き女王」に由来し，現在 EC では原産地保護名称法に基づく「地理的名称」として保護されている。その切っ掛けを作ったのは，米国での特許紛争であった。1997 年，ライス・テック社（Liechtenstein に本拠をおく Rice Teck の米国子会社）は，バスマティ種とその半矮性長粒種の交雑種について米国の特許をえた。インド政府は米国特許が TRIPS 協定の地理的名称条項に違反するとして，WTO への紛争付託を示唆した。米国特許商標庁は，問題の特許を取り消した。

D 太平洋諸島カヴァ事件

太平洋諸島（Fiji, Vanuatu 等）の原住民は紀元前から胡椒科のカヴァ（Kava. 学名 Piper methysticum Forster）の根を多目的に使用してきた。それは祭祀用の向精神飲料や薬用にもちいられ，品種は百を超えている。最近の先進バイオ企業（スイス，米国，EU，日本）は，その効能に目を向け，さまざまな医薬品を開発し，特許をえた。その嚆矢は，ネッスレを大株主とするフランス企業ロレアル（L'Oreal）であり，同社は前世紀末からカヴァの有効成分を含む養毛剤について，米加 EC 日中諸国で特許をえた。これにつづいて，カヴァの根から有効粉末を調合する方法から用途別カヴァ医薬品にいたるまで，一連の多国籍医薬品メーカー（Willmar Schwabe GmbH, American Home Products, Merck, Pfizer, Rhone Poulenc, SmithKline Beecham, Boehringer Ingelheim, Monsanto）が特許を出願している。太平洋の伝統的知識と遺伝資源も，先進国企業の特許海賊の一例となっているのである。またオーストラリアによるカヴァの大規模栽培とそのバイオ医薬品も，太平洋原住民から遺伝資源を簒奪し，原住民に低コスト労働を強いる元凶となっている。

E アマゾン・アヤフスカ事件

アマゾンのアヤフアスカ（Ayahuasca 医療）は，神聖ハーブ（Banisteriopsis caapi）の樹皮からつくられる酒をつかう幻覚療法である。米国発明家は 1986 年，アマゾンの自宅庭園で採集した Ayahuasca の変種を Da Vine を名づけ，米国特許商標庁から特許を与えられた。変種はとくに花の色が本種と異なるから，新しい変種とみなされると出願者は主張した。アマゾンの原住民団体は，伝統的知識の保護をかかげて米国特許に反対した。当局は 1999 年 11 月の再審査で当該特許を撤回した。しかし発明者は 2001 年当局を説得し，元の特許を復活させた。

F アンデス・キノア事件

アカザ科（Chenopoaceae）のキノア（Chenopodium quinoa Will）は，アンデス民族が紀元前 3000 年から栽培してきた南米特産の食品である。主要生産国はボリヴィア・ペルー等のアンデス高地国であり，キノアの脱穀種子が食用とされる。その伝統品種（Apelawa）に不稔性細胞質（male sterile cytoplasm）をもつがある。これに着目して，コロラド大学教授 2 名は，野生の不稔性細胞質品種と稔性品種（fertile quinoa plants）を交雑して多収穫のハイブリッド種を生産する方法を考案し，1994 年，特許（2011 年失効）をえた。特許権者によれば，問題の不稔性（sterility）は花粉生産にのみ関係し，種子には影響を与えない。またこうした生産方法は，すでに玉蜀黍，甜菜（sugar beet），玉葱の改良ハイブリッドの作出に使用されてきた。本件の特許は，

ハイブリッド種にかぎらず，既存の不稔性品種（Apelawa）に由来するすべてのキノア・ハイブリッド種をカバーした。したがって特許により，権利者の許諾なしに，また使用料の支払いなしに，ハイブリッド種の使用・輸入・販売が禁止される。とくに，当該特許方法をつかって海外で生産されたハイブリッド種は，米国市場へのアクセスを阻まれる。そのねらいは，ハイブリッド種の北米での商業的生産を確立することにあった。しかし，南米，とくにボリヴィアからみれば，米国の特許はいくつかの不都合を生む。第1に，米国で将来キノア市場が発展すれば，米国の多収穫ハイブリッド種がボリヴィア産の伝統的キノア種に代替し，ボリヴィアの輸出利益を減少させる。第2に，特許ハイブリッド種の生産方法により，サポニン・フリー品種（saponin-free varieties）が発明されると，この新品種自体が抗菌力を失い，高額の農薬を必要とするジレンマが生まれる。キノアの種子は苦みの強いサポニンをもつ外皮で覆われている。したがってキノアの種子を食用とするためには，収穫後，サポニン膜を除去するのが習わしである。その作業は時間がかかり，コストが高くつく。とはいえ，キノアはサポニンをふくむからこそ，虫害を免れてきた。それゆえ，サポニン・フリー種は，結局のところ，サポニンのもつ抗菌力と除虫力を失い，高額の農薬を必要とするとボリヴィア科学者は指摘している。しかし前世期末から，伝統的知識の保護の必要性と先進国による特許海賊をめぐる議論が沸騰した。アンデス農民の反米運動と国連総会やFAOでの議論をうけて，発明者の1名は，1998年5月，特許を放棄した。

G ブッシュマン・フーディア仙人掌事件

アフリカの原住民ブッシュマン「サン民族」（the San Bushmen People）はフーディア仙人掌（Hoodia cactus. 学名 Hoodia gordonii）の根を狩猟用の携帯食としてきた。狩猟は長期にわたるため，飢えを凌ぎ乾きを癒すため，仙人掌の根を胡瓜状に切り，飢餓感を克服した。1996年，南アフリカの科学産業研究機関（the Council for Scientific and Industrial Research. CSIR）は，ブッシュマンの伝統食を調査する過程で，フーディア仙人掌に遭遇した。研究機関はその根が食品として安全であるばかりか，食欲抑制効果（appetitie suppressant）をもつことを発見した。そして1997年，機関は，フーディア仙人掌の根からダイエット効能をもつ成分（steroidal glycoside）を単離し，南ア当局から成分特許をえた。特許の使用ライセンスは，研究機関の調査に参加した英国バイオ企業フィトファーマ社（Phytophama）へ許諾され，同社は特許成分に分子P-57（the molecule - P57）の名称を与えた。しかし英国ライセンシーは，特許成分の薬用化に難航した。このため，特許成分の開発権は1998年，英国企業から米国医薬品メーカー・ファイザー社（Pfizer）に高額で譲渡された。この動きを知って，アフリカのブッシュマン「サン民族」は，2001年6月，南ア特許権者（科学産業研究機関）と関連医薬品企業を相手どって南アでの裁判手続に訴えた。その論拠は，本件が，先進国が貧困国の伝統的知識を「代償なしに」奪いとるバイオ海賊にあたることにあった。また，本件特許が国連生物多様性条約に反して，すべての利害関係者（アフリカの最初の発見者，権利者，利用者等）の事前合意をえずに与えられたことも訴状に書きくわえられた。そこで英国フィトファーム社は伝統的知識の原権利者を調査したが，その特定は不可能であった。また南ア特許権者がフィトファームへ語ったところでは，フーディア仙人掌の発見民族はすでに消滅したとされる。しかし，ブッシュマンの法廷弁護人は，本件が，特許海賊に相当することを内外に喧伝し，権利者側に特許使用料から生ずる利益をサン民族へ分配するよう説得した。かくして訴訟当事者は2002年3月利益分配の合意に達した。合意によると，①英国ライセンシーはまず，米国ファイザー社のダイエット・サプリメントの販売から生ずるロイヤルティーをうけとる，②つぎに南ア特許権者は，英国ライセンシーから使用料を受領し，それをサン民族に分配することになった。この決着は，いうまでもなく妥協の産物である。というのは，フーディア仙人掌の伝統的知識がアフリカのいかなる民族または国に帰属するかがかならずしも明らかでないからである。サン民族はアフリカ4カ国（South Africa, Botswana, Namibia, Angola）のカラハリ砂漠（the Kalahari deserts）に住む遊牧民であり，伝統的知識の所有者がサン民族，居住地域国またはアフリカ全体のいずれなのかが究明されていない。またサン民族は伝統的知識を裏付ける文字による資料を残さなかった。フーディア仙人掌を記録する資料は，1937年のオランダ人類学者の論文と南ア研究機関の文書にかぎられた。1937年の論文は，サン民族が砂漠での狩猟用携行食としてもちいるフーディア仙人掌に言及するにとどまった。こうした事情を反映して，サン民族がえる分配利益は，特許使用料に占める比率からみて，少額にとどまった。

第11部 政府調達と地域統合

［要約と視点］

要約

1 商品・サービス分野の政府調達と地域統合

WTOルールのなかで，商品とサービスの双方をカバーする規律は，政府調達協定と地域統合規定である。政府調達協定は，政府が商品やサービスを購入する場合（たとえば外務省や東京都が事務機器を購入したり施設建設のため建設サービスを調達する場合）に従うべきルールを定め，地域統合に関するGATTとGATSの規定は地域貿易協定の締結のためのルールを規定している。

2 政府調達協定

政府調達協定は，日米加ECの4大国を含むWTOの一部加盟諸国の間でのみ締結されており，これら締約国間にしか適用されない。協定は，締約国の中央政府・地方政府・所定政府関係機関が，一定の基準額以上の商品やサービスを調達するときは，自国供給者を締約国供給者よりも有利に扱ってはならないことを定めている。そしてこうした無差別原則にくわえて，政府調達の手続や苦情申立手続，紛争解決手続を詳細に定めた。

3 地域統合

地域統合は，歴史的にみるならば，第2次世界大戦をひきおこした地域経済ブロックの再来にほかならない。また地域統合は，域内の自由化を促進する一方，対外障壁を維持するため，域外国を域内国よりも差別し，この点でGATT/WTOの最恵国待遇原則に反する。このためGATT（24条，24条解釈了解）とGATS（5条）は，自由貿易協定や関税同盟の形成にあたっては，域内貿易の自由化の徹底と対外障壁強化の禁止を要求した。しかし，現実には，関税同盟と自由貿易協定のおおかたは，WTOルール（GATT/GATS）との整合性について厳密な審査を免れている。

視点

1 政府調達と日本

政府調達協定は日本からみて著しい重要性をもっている。第1に，政府調達に関連して日本企業をまきこんだ紛争（米国マサチューセッツ州の制裁，米国でのスーパーコンピュータ事件等）は少なくない。第2に，政府調達問題は他の分野——たとえばダンピング防止措置や制裁措置——に飛び火しやすく政治問題となる可能性が高い。第3に，政府調達をめぐる日本企業の関心はすこしも衰えていない。たとえば日本の輸出志向企業は欧米等の政府調達市場に関心を寄せてきたが，他方日本の一部商社は欧米企業の商品を日本の政府調達市場に投入している。日本の政府調達市場の開放度は，外国企業だけではなく，日本企業の関心事ともなっている。第4に，内外の政府調達市場への参入実績は企業の国際競争力をはかる物差しとなっている。さらには，WTO協定により導入された新しい制度——苦情申立手続，紛争解決手続等——への関心が高まってきた。

2 地域統合と日本

日本はシンガポールとの自由貿易協定（2002年11月発効）ののち，ASEAN諸国，ASEAN10，中南米諸国，スイス等との自由貿易協定を締結し，将来はアジア・オセアニア16カ国（日中韓・ASEAN10・OCEANIA2・インド）からなる東アジア協定（East Asia FTA. EAFTA）やEC，米国との協定も計画している。日本のFTAは商品・サービス貿易の自由化を超える包括的な新時代協定であり，WTOレジームとの整合性をチェックされることになるであろう。この観点から，FTAの対象範囲（農産物その他センシティヴ品目の除外），原産地規則，サービス貿易自由化の条件，新領域の規制が関心をひく。

第1章

政府調達

第1節　政府調達協定の締結経緯

1 政府調達市場の差別性・閉鎖性

政府調達市場は，洋の東西を問わずまた国の大小にかかわりなく差別的・閉鎖的であった。かつて政府が，商品の調達にさいして，国産品と輸入品を無差別に扱い，両者の競争を基礎にして商品を購入した例はまれであった。政府は，多くの場合，国内産業の育成，中小企業の保護，安全保障の確保といった観点から，国産品を輸入品との競争から保護し，国産品を優先的に調達してきたからである。こうしたバイ・ナショナル政策は，サービスの調達市場にも浸透し，また中央政府・地方政府・政府関連機関のすべてのレベルでみられた。

国際経済法　　　　　　　　　　　　　　　　　　413

しかしながら，バイ・ナショナル政策は，効率的な輸入品や外国サービス業者よりも非効率的な国産品と国内サービス業者を優先させるため，結果として，調達コストを上昇させ，また輸入品の市場参入をはばんだ。そこで，GATT/WTO の政府調達協定は，バイ・ナショナル政策がもつ弊害を克服するため，政府調達市場に競争原理を導入し，無差別原則を適用したのであった。

2 政府調達協定の締結経緯

(1) ITO 憲章と GATT

政府調達協定の歴史は，ITO 憲章の起草段階での米国提案に遡る。ITO（国際貿易機関）は GATT の成立に先だって構想された戦後の国際経済機関であり，その憲章の起草過程で米国は政府調達に関する規定を憲章のなかに挿入するよう提案した。この 1946 年提案は，政府調達分野に最恵国待遇と内国民待遇原則を適用することを内容としており，この点で画期的であった。しかし，ITO 憲章は批准されず ITO が流産したため，代わりに GATT が戦後の国際経済機関として国際貿易を規律し続けた。かくして成立した GATT は，政府調達を内国民待遇原則の例外としたため，GATT のもとでは政府が商品の調達にあたって国産品のみを優先的に調達し輸入品を政府調達市場から排除することは合法であった。

(2) OECD 政府調達草案と GATT 政府調達協定

こうした政府調達市場での内外差別に対処するため調査を開始したのは OECD であり，その調査結果は 1976 年の OECD 政府調達草案のなかにまとめられた。そしてこの OECD 草案をベースに GATT 東京ラウンド交渉が開始され，交渉の結果，1979 年の GATT 政府調達協定 (1979 年 4 月作成，1981 年 1 月発効) が締結された。GATT 政府調達協定 (Government Procurement Agreement,GPA) は，従来，内国民待遇原則の例外とされていた政府調達分野にはじめて 2 種類の無差別原則 (最恵国待遇原則，内国民待遇原則) を導入した。しかし，協定は一部の GATT 締約諸国にのみ適用され，また中央政府機関と一部政府関連機関による商品の調達のみが無差別原則に服した。協定はそののち 1987 年 2 月の改正議定書により改正され (1988 年 2 月発効) たが，それは協定の対象となる契約基準額の引下げ (15 万 SDR から 13 万 SDR へ)，調達契約の範囲の拡大 (rental, leasing 契約の追加)，入札手続期間の延長，落札情報の公表等を内容とするものであった。

(3) WTO 政府調達協定

1980 年代後半に開始されたウルグアイ・ラウンド交渉では，多角的貿易交渉 (ダンピング防止協定，サービス貿易協定，TRIPS 等) とは別枠で，一部締約諸国のためのいわゆる複数国間貿易交渉がすすめられた。その交渉結果の 1 つが WTO の改正政府調達協定であった。

これら多角的貿易交渉と複数国間貿易交渉は，1993 年 12 月 15 日に実質妥結し，1994 年 4 月 15 日に WTO 協定がマラケシュで署名された。ただし，多角的貿易協定 (WTO 設立協定，附属書 1-3) が 1995 年 1 月に WTO 発足と同時に発効したのに対し，複数国間貿易協定 (附属書 4) は，政府調達協定を含めて，1996 年 1 月に発効した。WTO 政府調達協定が GATT 協定にくらべて前進した点はつぎのとおりである。

(i) 定の対象領域が商品のほかサービスに拡大した。GATT 協定のもとでは商品の調達のみが協定の規律に服したが，WTO 協定のもとでは，建設サービス，設計コンサルティング・広告・コンピュータ処理・印刷等のサービスの調達も一定の条件のもとに協定の規律に服することになった。

(ii) GATT 協定のもとでは協定の適用を受ける調達主体は中央政府機関と一部政府関連機関にかぎられていた。しかし WTO 協定のもとでは，地方政府機関と他の政府関連機関も協定の適用を受けることになった。

(iii) 協定は一定の基準額以上の契約に対して適用されるが，この基準額が GATT 協定の時代よりも WTO 協定のもとではひきさげられた。このため協定が適用される政府調達契約の範囲が拡大し，これにともない協定のカバーする政府調達市場が拡大した。

(iv) 調達機関が WTO 協定に違反して調達を行う場合，供給者が調達機関を相手どって不服を申し立てる「苦情処理手続」(challenge procedures) が導入された。その結果，たとえば日本では関係企業は日本企業であれ外国企業であれ WTO 協定を直接援用して苦情処理手続の開始を要請することができる。

(v) WTO 協定に関する締約国間の紛争は，WTO 紛争解決手続に委ねられる。この手続は GATT の紛争解決手続に比較して飛躍的に進歩した。

(vi) 日本では，協定のほか自主的措置が併行して適用されているため，無差別原則が適用される政府調達市場の範囲が他国に比して拡大した。

(4) 協定の改正交渉

WTO 政府調達協定はすでに締結時に，情報技術・調達方法の発展に照らして協定を時代に即応させること，協定の適用範囲を拡大すること，残存差別措置を廃止すべきことを定めていた (24 条 7(b) and (c))。この路線にたって改正協定の青写真が 2006 年 12 月，暫定的に示された。そこでは事後的な法的チェック，協定の適用範囲 (調達機関の増加等) の再検討が概観されている。また新協定への開発途上国の加盟を容易にすべきこと，暫定合意に基づく適用範囲の交渉を個別条文ごとにすすめる方針も示された。もっとも 2011 年 10 月げんざいでも数多くの課題が残されている。日本は，政府調達市場の開放に消極的である。建設サービスに関する協定適用の基準額について，その引上げに反対しているし，対象機関から，完全民営化後の JR を除外するよう日本は求めている。日本の JR 除外提案は EU の反発をまねいた。交渉はドーハラウンドとは別

個にすすめられている。

3 WTO 政府調達協定の締約国

WTO 加盟国が 2008 年 12 月現在で 153 カ国を数えるのに対し、WTO 政府調達協定の締約国は EU と EU 27 カ国、オランダ領アルーバ；EFTA 4 カ国、アジア 6 カ国（日本、韓国、シンガポール、香港、中国 [2008]、台湾 [2009]）、北米 2 カ国（米国、カナダ）、イスラエルの 41 カ国を数えるにすぎない。加盟申請国は、中国、アルバニア、ヨルダン、オマーン、パナマ、旧ソ 12 カ国のうちの 4 カ国（アルメニア、モルドバ、グルジア、キルギスタン）である。申請国はインフラ整備土木事業にあたって政府調達協定の適用を必要としているのである。

第 2 節　政府調達協定の無差別原則

1 無差別原則

WTO 協定の根幹は、無差別原則である。GATT（3 条 8）はもともと政府が自己消費のため産品を調達するときは、内国民待遇原則に反して、国産品を輸入品よりも優先的に購入してよい旨を定めていたからである。WTO 政府調達協定はこうした差別的調達慣行から決別するため、2 種類の無差別原則を政府調達市場に導入した（3 条 1 項）。

(1) 内国民待遇と最恵国待遇

協定によれば、各締約国は、協定の適用を受ける政府調達について、他の締約国の産品・サービスまたは産品・サービス提供者に対し、即時にかつ無条件で、つぎの待遇をあたえなければならない。

① 国内産品・サービスおよび国内供給者にあたえられる待遇よりも不利でない待遇、すなわち内国民待遇

② 当該他の締約国以外の締約国の産品・サービスおよび供給者にあたえられる待遇よりも不利でない待遇、すなわち最恵国待遇

(2) 無差別原則の補足

A 協定規定

協定はさらに無差別を徹底させるため、つぎの規定をおいた。

(i) 外資企業に対する差別の禁止

締約国の調達機関は、国内に設立された外資系の供給者を、外資比率に基づいて、国内の供給者より不利に扱ってはならない。外資比率に着目して、外国企業の子会社や関係会社等を政府調達から締め出すことは禁止される（3 条 2 項）。

(ii) 原産地に基づく差別の禁止

締約国の調達機関はまた国内に設立された供給者をその供給する産品またはサービスの原産国に基づいて差別してはならない。ただし、WTO 原産地規則協定の規定に従って原産国とされる国が協定のメンバーであることが条件とされる。したがって国内供給者が WTO 原産地規則上、外国原産とみなされる産品を生産していても、このような原産地判定を基礎にしてこの供給者を差別してはならないことになる（3 条 2 項）。なお WTO 原産地規則協定に基づいて原産地規則が国際的に調和されるときは、それら調和原産地規則が、政府調達分野にも適用される（4 条）。

(iii) 技術仕様による差別の禁止

調達機関が定める技術仕様は、国際貿易に対する不必要な障害となってはならない。それはまた、「デザインまたは記述的に示された特性よりもむしろ性能に着目して」定めなければならない。さらに「適当な場合には」国際規格が存在するときはその国際規格に基づいて技術仕様を定める。入札説明書のなかで、調達の要件として、特定の商標・商号・特許・デザイン・産地・生産者・供給者が特定されてはならない（6 条）。

B 東日本旅客鉄道 IC カードシステム入札事件

この事件のコアは、東日本旅客鉄道が IC カードシステム（自動改札機）の入札にあたり指定した規格が外国入札者に差別的であるかどうかが問題とされた。東日本旅客鉄道は、ソニー規格のシステムを入札条件とし、その結果、米国モトローラ社の入札を不利にしたからである。本件では、モトローラはソニー規格とは異なる規格の改札システムを開発中であった。この規格は国際標準化機関が審議していた国際規格案（ISO/IEC 14443 の TypeB）であった。しかしモトローラはこの国際規格案は世界の多くの国で採用されていたため、事実上の国際規格になっているとみなした。したがって東日本旅客鉄道は、政府調達協定に従い、事実上の国際規格に基づく技術仕様を入札対象とする義務があったとモトローラは主張した。

モトローラの苦情申立を、政府調達苦情検討委員会は、2000 年 10 月 3 日の報告書で却下した。却下の理由は、モトローラ社が苦情申立手続の期間規定に違反したことにあった。同社は、期限の経過後、申立を行っていた。しかし検討委員会はこの手続違反にくわえて、傍論で規格の争点に言及した。委員会によれば、問題の国際規格案は当時審議中であり、まだ国際規格にはなっていなかった。それは一部の国で採用されていたにすぎず事実上の国際規格にもなっていなかった、また国際規格の採用は義務ではなく、機関が「適当」と判断するときに行われるにとどまるとされた。

C 既存の差別的措置・慣行の撤廃交渉

締約国は、開放的な調達をさまたげる差別的な措置や慣行を避け（24 条 7）、また既存の差別的措置や慣行を撤廃するための交渉を行う。

D 私企業への無差別原則の適用

調達機関が、自ら調達を行う代わりに、「附属書 I に掲げられていない企業」、たとえば私企業に対し、「この協定の適用を受ける調達に関連して当該企業が締結

する契約について特定の要件に従ったものであることを求める場合」には，当該要件に対して無差別原則が準用されるのである。それゆえ，たとえば中央または地方の政府機関が，自ら調達を行う代わりに，私企業に基準額以上の調達を委ねるときは，私企業は無差別原則に従って調達を行わなければならない。この規定は，政府機関が私企業に調達を行わせて協定の規定を迂回する試みに対処することをねらいとしているが，私企業に対して直接，義務を賦課している点で注目される（1条3項）。

(3) WTO 政府調達協定の非締約国との関係

WTO 政府調達協定は協定締約国間の権利義務を定めているにすぎない。したがって同協定の締約国は非締約国の産品・サービス・供給者に対して無差別原則を適用する義務を負わない。

産品の調達については，上述の GATT（3条8）に従い，協定締約国は自己消費産品の調達にあたり非締約国の産品を差別することができる。

他方，サービスの調達については，GATS（13条1）に従い，協定締約国は非締約国のサービスを差別することができる。GATS（13条1）は GATT（3条8）に照応しており，サービスの政府調達を最恵国待遇原則・内国民待遇原則・マーケットアクセスの例外としたからである。このため協定締約国は，非締約国（GATS協定国）に対して最恵国待遇原則に基づき協定の規律を拡張適用する義務を負わない。これは協定の非締約国による協定のただ乗りをふせぐためである。

2 連邦バイ・アメリカン法と WTO

米国の連邦バイ・アメリカン法は，政府調達市場での国産品優遇調達を義務づけている。しかし，この差別法は，WTO 政府調達協定の非締約国産品にのみ適用され，協定の締約国産品には適用されないため，WTO 違反とならない。

(1) 連邦バイ・アメリカン法の規定

連邦バイ・アメリカン法（the Buy American Act. BAA.）はもともと 1933 年 3 月 3 日の連邦法により導入されたが，1988 年包括通商競争力法 7001 条により現行の 1988 年連邦バイ・アメリカン法に改正された。1988 年法は米国法典（41巻の10a, 10c, 10d）に規定されている。この規定は，商品調達にあたっての米国商品の優先調達ルールを定めている。サービス調達についてのバイ・アメリカン原則は現在存在しない。

(2) 連邦バイ・アメリカン法の割増ルール

A 割増ルール

連邦政府は国内での公的用途のため（for public use）商品を調達するときは，原則として，バイ・アメリカン法に基づき米国商品を調達しなければならない（規則 25.102）。とくに非防衛目的の政府調達にあたり，米国商品のオファー価格が，一定比率割増しされた外国商品価格を超えないかぎり，政府は米国商品を優先的に購入することを義務づけられている。換言すれば，外国商品は米国商品にくらべ，オファー価格の面で，割増分だけハンデを負うことになる。それゆえ，政府は，米国商品の価格と外国商品の割増価格を比較し，前者が後者を超えないかぎり，米国商品を優先購入するのである。

もっとも，問題の割増価格を超える米国商品のオファーは，「公共の利益に反する」不当な高価格入札とみなされ，バイ・アメリカン法を適用されない。したがって政府はこのような場合は廉価な外国商品を購入することができる。また米国商品の供給量が不十分なときはむろんバイ・アメリカン法は適用されない。要するに，この法律は，米国商品の購入が①公益に反するか，②コスト高となるか，(iii)量的に不十分なときは適用されないのである。

B 割増率

割増率は大別してつぎの3つに分かれる。

(i) 企業規模に基づく割増率

小失業地域の米国大企業（large business）からのオファーがある場合は，外国商品価格は 6 ％割増しされる。それゆえ米国大企業の商品価格が 6 ％割増しされた外国商品価格（つまり外国商品価格の 106％）を超えないかぎり，政府は米国商品の優先購入を義務づけられる。たとえば外国商品と米国大企業商品のオファー価格がそれぞれ 100 と 105 の場合，米国商品価格（105）は外国商品の割増価格（100＋6）を超えないため，政府は外国商品よりも高い米国大企業商品を優先購入しなければならない。

他方，米国小企業（small business）からのオファーがある場合は，外国商品価格は 12％割り増しされる。このため米国小企業の商品価格が 12％割増しされた外国商品価格を超えないならば，米国商品が優先購入される。たとえば外国商品と米国小企業商品のオファー価格がそれぞれ 100 と 111 の場合，米国商品価格（111）は外国商品の割増価格（100＋12）を上回らないため，政府は外国商品よりも高い米国小企業商品を優先購入しなければならない。

(ii) 目的に基づく割増率

米国中小企業の保護，米国労働過剰供給地域（labour surplus）の企業の保護，国家安全保障の目的であれば，外国商品のオファー価格は 6％割増しされる。

また高失業地域の米国企業からのオファーがあるときは，失業対策のため，外国商品のオファー価格は 12％割増しされる。

(iii) 特定部門のための割増率

水道電気公共サービス部門での割増率は 6 ％である。以上により，たとえば水力部門で米国大企業からのオファーがあるときは，大企業 6 ％，水力 6 ％の合計 12％の割増率が適用される。それゆえ，外国企業と米国大企業のオファー価格がそれぞれ 100 と 110 であっても，米国商品価格（110）は外国商品の割増価格（100＋12）を超えないため，政府は高い米国企業商品を購入しなければならない。

(3) 連邦バイ・アメリカン法と米国商品基準

第1章 政府調達

A 現行原産地規則の米国商品基準

バイ・アメリカン法のもとでは，連邦政府は米国商品を優先的に調達することを義務づけられているが，米国商品の基準は，現行法のもとではつぎのように定められている。

(i) 米国部品 50%ルール

米国商品とは「米国製部品の価額が全部品価額の 50%を超える」商品をさす。こうした米国部品 50%超ルールはバイ・アメリカン法に固有の原産地決定基準であり，米国の原産地規則のなかでは数すくない付加価値基準に該当する。

米国商品の判定にあたっては，全部品と米国部品の価額を正確に算定する必要があるが，部品価額には「最終商品への組み込み地への部品の輸送費」のほか課税額が含まれる。

非米国部品（日本部品等）を米国商品の製造に使用することは可能である。しかし，非米国部品の価額は全部品価額の 50%未満としなければならず，このかぎりで，米国商品の製造者は部品調達にあたり米国部品の調達を強いられることになる。換言すれば，米国部品 50%超ルールはローカルコンテント要求にほかならない。

このルールは部品価額のみに着目するため，米国での組立製造経費や利益は無視される。

(ii) 米国生産ルール

米国商品は，米国で最終的に製造されたものでなければならない。米国部品 50%超ルールを満たしても，米国外で最終製造される商品は米国商品とはみなされない。

B 調和原産地規則の米国商品基準

近い将来，原産地規則が調和されたときに，バイ・アメリカン法上の米国商品がどのような原産地決定基準に従って判定されるか，明らかではない。

問題は，バイ・アメリカン法上の米国商品の原産地決定基準として WTO の調和原産地規則が適用されるかどうかである。

この点，調和原産地規則が WTO 政府調達協定の適用を受ける調達（一定の基準額以上の高額調達）に対して適用されることは明白である。WTO の関連協定（原産地規則協定 1 条，WTO 政府調達協定 4 条）によれば，現在国ごとに異なる原産地規則が調和された暁には，調和原産地規則は，WTO 政府調達協定がカバーする調達に対して適用されるからである。換言すれば，調和原産地規則は WTO 協定の対象調達に対して適用される。

逆にいえば，調和原産地規則は，WTO 協定の対象外の調達に対しては適用されない。それゆえ，WTO 政府調達協定の締約国が，調和原産地規則を，協定の対象外の調達に適用しないことは違法ではない。

このようにみてくるならば，かりに米国がバイ・アメリカン法の目的のために調和原産地規則を適用しないとしても，それは許容されるようにみえる。バイ・アメリカン法は，後述するように，WTO 政府調達協定がカバーしない調達（所定基準額未満の調達）——言葉を換えれば WTO ルールの枠外の調達——に対して適用されるからである。

この観点から，米国が，調和原産地規則の導入後，バイ・アメリカン法上の米国商品の原産地判定基準として調和原産地規則を準用するか，または米国部品 50%ルールを維持するかが注目される。

同じことは中国の 2010 年バイ・チャイナ法案についてもいえる。法案は米国法にならって 50% 付加価値基準（10 条）を盛り込んだ。しかし中国は法案を WTO 政府調達協定と抵触しないかぎりで適用すると定めた（22 条）。この約束が守られるならば，協定の適用範囲外でのバイ・チャイナ条項の適用は，米国の場合と同様，WTO に抵触しない。

C 米国商品の証明

入札者による米国商品の自己証明（self-certification）は正確でなければならない。虚偽の証明に対しては罰則が適用される。入札者の自己証明に対して，調達機関が疑義を提起する例はほとんどないが，落札されなかった企業が，落札企業の米国商品証明に対して，不服を申し立てる例はすくなくないとされる。このような不服申立が行われると，調達機関は落札企業の米国商品証明を審査しなければならない。

(4) 連邦バイ・アメリカン法の適用と日本企業

連邦バイ・アメリカン法の適用下で日本企業が入札に参加する場合（たとえば入札価額が WTO 政府調達協定の基準額以下である場合），2 つの選択肢がある。

A 日本商品のオファー

1 つは，日本企業が入札にさいして日本商品をオファーする場合であり，このような場合に日本企業が価格差ルールによって顕著なハンデを負ってきたことはいうまでもない。たとえば1970-80 年代に日本企業の多くが対米輸出に専念していた当時，米国での入札に参加した日本企業は，バイ・アメリカン法のもとで価格差ルールによるハンデを負い，その結果，政府調達市場への参入機会をおおはばに奪われた。

しかし，バイ・アメリカン法の適用下でも，じっさいの入札では米国企業からのオファーがなく，日本商品が落札された例も報告されている。たとえば 1980 年代半ばの米国水力発電部門の入札（水車交換ランナーの入札等）では，バイ・アメリカン法の適用条件がついたにもかかわらず，じっさいには，入札参加企業が非米国企業（日本企業数社，カナダ企業，欧州企業）にかぎられ，最終的に日本企業の日本商品が落札された。もっともこの例は，厳密にいえば，バイ・アメリカン法が適用されなかった事例とみるべきであろう。入札前の段階では，バイ・アメリカン法の適用下とされながら，現実の入札では米国商品はオファーされず，政府は結局バイ・アメリカン法を適用する必要がなかったからである。

B 米国商品のオファー

日本企業は，米国での入札にあたり，日本商品をオファーするほか，米国で製造した米国商品をオファーすることもできる。このような場合，バイ・アメリカン法の適用下で，日本企業の米国商品が落札された例がどの程度あるのか明らかでない。また日本企業の米国商品と米国企業の米国商品が競合する場合，政府が米国企業の米国商品を優先購入しているのかどうかも明らかではない。しかし，このような場合に政府が米国企業の米国商品を優先購入したとしても，落札されなかった日本企業が異議を申し立てる道はせばめられているといえよう。この場合，かりに米国企業の商品が米国商品に該当せず，逆に日本企業の商品が米国商品とみなされるならば，政府はバイ・アメリカン法に基づいて日本企業の米国商品を優先購入すべきであったと，日本企業が主張する余地があるかもしれない。

(5) 鉄鋼バイ・アメリカン規定

米国は上記の一般バイ・アメリカン法のほかに，連邦の高速道路プロジェクト等に固有の特別バイ・アメリカン規定をもっていた。さらに2009年の世界不況は，鉄・鉄鋼・関連製品に関するバイ・アメリカン条項を産み落とした。

A 鉄鋼バイ・アメリカン条項の国産鉄鋼購入義務

2009年2月，米国オバマ大統領は，鉄鋼バイ・アメリカン条項をもりこんだ2009年米国経済回復・再投資法案（American Recovery and Reinvestment Act of 2009, ARRA）に署名した。この条項は連邦が鉄鋼等を公共調達する場合，つぎの3条件のいずれかが満たされないかぎり，国産鉄鋼を調達するよう義務づけた。それは，①国産鉄鋼を購入すると公益に反するか，②国産鉄鋼が数量的に不十分かまたは質的に劣るか，または③国産鉄鋼が高価格でプロジェクト総経費を25％以上上昇させることである。

B 鉄鋼バイ・アメリカン条項とWTO/FTA

条項は，米国が既存の国際協定のもとで負う義務に反してはならない。それゆえ条項は，WTO政府調達協定相手国との関係では適用されない。また米国が自由貿易協定のなかで政府調達に関する内国民待遇義務を定めているときも，条項は適用されない。

C 2010年2月米加暫定合意

米国法は多くの国の批判をうけた。米国はとくにカナダの要請に応じて2010年2月，暫定合意をむすんだ。合意は2011年9月までのあいだ試行的に適用される。これによると，カナダはWTO政府調達協定でカバーされない自国の州・市町村の建設事業・調達市場への米国供給者のアクセスを確保する。他方，米国は，①WTO協定でカバーされた自国37州の調達市場と②鉄鋼バイアメリカン法の調達市場に関し，カナダ企業のアクセスを約束する，というものであった。

第3節　協定の適用範囲

WTO政府調達協定の規定は，所定の調達機関による一定の調達に適用される。

1 調達機関

(1) 3種類の調達機関

協定の適用を受ける調達機関はつぎの3種類に分けられた。
① 中央政府機関（附属書Ⅰの付表1）
② 地方政府機関（付表2）
③ その他すべての機関（付表3）

これら機関の特定は各国間の交渉で行われた。日本，米国およびECが約束した調達機関はつぎのとおりである（表11-1）。

日本の場合，NTT, JR, JTといった旧3公社は民営化にもかかわらず米国とECの要求によりWTO協定によってカバーされることになった。ただしNTTによる「公衆電気通信設備の調達」と「電気通信の業務上の安全に関連するサービスの調達」は協定の適用除外とされた。これら調達は日米NTT協定によりカバーされている。またNTTによる産品一般の調達はWTO協定のほか自主的措置によってもカバーされている。

(2) 附属書Ⅰからの調達機関の削除

締約国は，つぎの条件のもとに附属書Ⅰから調達機関を削除することができる（24条6）。
① 当該機関に対する政府による監督または政府の影響が実効的に排除されたことを理由とすること（たとえば政府関係機関の民営化）
② WTO政府調達委員会に事前に通報すること
③ そのような修正は，当該通報の後に開催される委員会の会合が終了した翌日に効力を生ずること（ただし，当該会合が当該通報の日から30日以後開催されたものであることおよび異議の申立がないことを条件とする）

ただし，異議の申立がある場合には，WTO紛争解決手続（22条に定める協議とパネル手続）に従って問題を検討することができる。附属書Ⅰを修正する提案およびこれにともなう補償的な調整を検討するにあたり，政府による監督または政府の影響の排除による市場開放の効果に考慮を払うものとされている。

(3) 調達機関についての訂正または修正

附属書の「1の付表から他の付表への機関の転記」や「例外的な場合のその他の修正」は，つぎの手続に従って行われる（24条6a）。
① これら機関についての訂正・修正は，「協定に定める相互に合意された適用範囲が変更されることによりみこまれる影響に関する情報」とともに委員会に通報しなければならない。
② 当該訂正・転記のうち，「純粋に形式的または軽微なもの」は，30日以内に異議の申立がない場合に効力を生ずる。
③ 訂正・修正が純粋に形式的または軽微なものでな

第1章　政府調達

表11-1　主要国の調達機関

	日　本	米　国	Ｅ Ｕ
中央政府機関	会計法の適用をうける機関（衆議院，参議院，最高裁判所，会計検査院，内閣，人事院，総理府，公正取引委員会，国家公安委員会，公害等調整委員会，その他各省庁）	連邦政府機関	ECの2機関（EU理事会，欧州委員会）およびEU27カ国の中央政府機関
地方政府機関	地方自治法の適用をうけるすべての都道府県および12指定都市機関	特定州の特定機関	EU27カ国の地方政府機関
その他機関	84の政府関連機関（所轄官庁の監督をうける公庫・公団・事業団等の特殊法人ならびにJR・JT・NTTといった民営化された旧3公社）	Tennessee Valley Authority, エネルギー省の特定電力機関, St. Lawrence Seaway Development Corporation等	除外分野指令93/38号によりカバーされる水道・電気・輸送等の公的当局または公企業

い場合は，委員会の議長は，すみやかに委員会の会合を招集する。委員会は，当該通報のまえの権利および義務の均衡ならびにこの協定に定める相互に合意された適用範囲付き当該通報の前の水準と同等の水準を維持することを目標として，修正の提案と補償的な調整の要求を検討する。当該提案と要求について合意が得られないときは，WTO紛争解決手続（22条）に従って問題を検討することができる。

2　対象調達

協定の適用を受ける調達は「購入または借入れ（購入を選択する権利の有無を問わない）等の方法」をつうじて行う産品またはサービスの調達をさし，それは産品とサービスとをくみあわせたものを含む（1条2項）。

調達される産品とサービスは，協定附属書のなかで除外されていないか明記されているかぎり，また基準額以上であるかぎり，協定によってカバーされる。

(1) 協定附属書のなかで除外されていないか明記されている産品とサービス

A　ネガティヴ・リスト

産品のうち非防衛関連産品（民間産品）は，協定附属書のなかで各国により除外されていないかぎり協定によりカバーされる。逆にいえば，各国は附属書のなかで除外すれば非防衛関連産品の調達を協定の適用除外とすることができる。このような除外リストはネガティヴ・リストと呼ばれ，つぎの2種類に分かれる。

(i) 締約国に共通の適用除外リスト

協定（23条）は締約国に共通の適用除外リストをつぎのように列挙した。

① 自国の安全保障上の重大な利益の保護のために必要と認める措置または情報であって，武器，弾薬もしくは軍需品の調達または国家の安全保障のためもしくは国家の防衛上の目的のために不可欠の調達に関する措置

② 公衆の道徳，公の秩序もしくは公共の安全，人，動物もしくは植物の生命もしくは健康もしくは知的所有権の保護のために必要な措置

③ 心身障害者，慈善団体もしくは刑務所労働により生産される産品もしくは提供されるサービスに関する措置

ただし，これらの措置が「同じ条件の下にある国の間において恣意的もしくは不当な差別の手段となるような態様でまたは国際貿易に対する偽装した制限となるような態様で適用されないこと」を条件とする。

(ii) 各国に固有の適用除外リスト

日本に固有の適用除外リストは，つぎのとおりである。

① 中央政府機関の場合は2種類の調達が協定の適用を除外される。第1は再販売のために調達する産品・サービスまたは販売のための物品の生産に用いるために調達する産品・サービスであり，第2は協同組合または連合会と締結する調達契約（中小企業の保護のための適用除外）である。

② 地方政府機関の場合は，再販売のための調達，販売のための物品の生産に用いるための調達，中小企業からの調達，地方政府機関が経営する鉄道事業関連の調達（「運送における運転上の安全に関連する調達」），地方政府機関が経営する発電，送電または配電に関連する調達が除外された。

③ 政府関係機関の場合は，再販売のための調達，販売のための物品の生産に用いるための調達，中小企業からの調達が除外されたほか，一連のセンシティヴな調達が除外された。それらには，「市場における競争にさらされている日常の営利活動のために締結する契約」，JR各社の行う「運送における運転上の安全に関連する調達」（新幹線のための調達等），動力炉・核燃料開発事業団，理化学研究所が行う「核兵器の不拡散に関する条約の目的または知的所有権に関する国際的な合意に反する情報の公開がもたらされることのある調達」，石油公団等の行う「地質調査および地球物理学的調査に関連する調達」，日本国有鉄道精算事業団の行う「広告サービス，建設サービスおよび不動産に関するサービスの調達」，船舶整備公団の行う「民間会社との共同所有となる船舶の調達」，NTTの行う「公衆電気通信設備の調達および電気通信の業務上の安全に関連するサービスの調達」，JR各社，JT，NTTの旧3公社が行

う建設工事以外のサービスの調達が含まれた。

要するに中央政府であれ地方政府であれ政府関係機関であれ、重要調達の一部は政府調達協定の適用を受けないのである。

B ポジティヴ・リスト

防衛関連産品とサービスは明記されたもののみが協定によってカバーされる。このように各国が受諾する防衛関連産品とサービスのリストをポジティヴ・リストという。

日本は付表1のなかで防衛庁の防衛関連産品のポジティヴ・リストを列挙した。また日本は付表4で一定の受諾サービスを列挙した。それは建設工事、自動車の保守や修理のサービス、その他の陸上運送サービス(郵便の陸上運送除く)、航空運送サービス、クーリエ・サービス、電気通信サービス(電子メール、ボイスメール、情報およびデータベースのオンラインでの検索等)、建築のためのサービス、エンジニアリングサービス、広告サービス等である。そして以上のうち「建築のためのサービス、エンジニアリングサービスその他のサービス」を「建設サービスに関連する建築のためのサービス、エンジニアリング・サービスその他の技術的サービスに限る」と定めた。

C 特殊法人と財政投融資プロジェクト

日本の非効率的な制度の1つとして、特殊法人が行ってきた財政投融資プロジェクトがある。財政投融資制度は、郵便貯金や簡易保険でかき集められた国民の預貯金を、いったん資金運用部資金・簡保資金にプールし、これを原資として、政府(旧大蔵省理財局等)が、住宅・建設・輸送等のプロジェクト向けに投融資し、金利をつけて返済させるものである。歴史的にみると、この制度は、米軍の占領が終了しつつあった1951年3月に、資金運用部資金法に基づいて導入され、戦後の経済復興に貢献した。しかし、1960年代の高度経済成長期ののちも、制度は存続され、これが日本の構造的な癌となった。その理由は、60年代からの経済成長にともない膨張しつづけた郵貯・簡保の資金が、一連の特殊法人(住宅都市整備公団、日本道路公団、旧住宅金融公庫、日本開発銀行等)の非効率的プロジェクトに貸し付けられる悪循環が形成され、これら特殊法人は、競争原理のないプロジェクトに奔走したからである。このため特殊法人は、累積赤字を計上し、この赤字を補填するため、税金と財投資金を政府から受領している。

国際経済法の観点からみると、特殊法人の財政投融資プロジェクトは、WTO政府調達協定の適用対象外におかれている。なぜならば、日本は協定の受諾にあたり、特殊法人のいくつかの重要プロジェクトを適用除外としたからである。たとえば、住都公団がかつて行ってきた分譲住宅建設プロジェクトは、国民への再販売のための資材・建設サービスの調達に該当するため、この建設プロジェクトは内外無差別原則に基づく競争から遮断されていた。したがって住都公団の建設プロジェクトの大半は、同公団の67%子会社である日本総合住生活株式会社によって受注されてきた。

JR各社が行う運送関連の調達もWTO協定の競争原理を免れている。JR新幹線の車両は国産品であり、輸入品が使用された例はない。東京都で地下鉄営業に従事している特殊法人(旧「帝都高速度交通営団」、現民営化「東京メトロ」(財務大臣・東京都株式共有)と東京都運営「都営地下鉄」)も、地下鉄車両の発注にあたり、WTO協定の適用を除外されている。要するに、特殊法人が運送車両や運送サービスに関連して行う調達は、「運転上の安全に関連する」ため、自動的に協定の適用を受けず、随意契約に服することになる。欧米は日本の輸送分野例外が欧米輸送関連企業の対日参入を妨げていると新GPAのもとでも批判している(2011年4月の欧州議会討議等)。

さらに日本は、市場競争のもとにある「日常の営利活動」のため特殊法人が行う調達を協定の適用対象外とした。このため、特殊法人がホテル経営(簡易保険福祉事業団・私立学校教職員共済組合等のホテル)のため行う物品やサービスの調達は、競争入札に服しない。市場競争に服する営利活動のための調達が、競争に服しないのはきわめて異常である。

(2) 基準額以上の産品とサービスの調達

A 基準額

基準額は、各締約国がそれぞれ付表のなかで特定している。主要5カ国の機関別・産品サービス別の基準額はつぎのとおりであり、この数値のなかに各国の妥協の跡がみられるであろう(表11-2)。

B 基準額の実効性と契約の評価

(i) 調達契約の評価

協定は、基準額の実効性を確保するため、調達契約の評価についてつぎの規定をおいた(2条)。

① 協定は、公示の時点で契約の価額が基準額以上の調達契約に対して適用される。

② 評価にあたっては、すべての形態の報酬(特別報酬、料金、手数料および利子を含む)を考慮する。

③ 機関は、この協定の適用を回避するため、評価の方法を選択をしてはならず、また、いかなる調達も分割してはならない。契約分割(splitting)は、過去しばしば行われた慣行であり厳格に禁止されている。

④ 1つの調達のために2以上の契約または区分した契約を締結する場合、つまり分割契約をそれぞれ独立の契約とみるか、単一の契約として統合するかは、つぎの方法による。

(ii) 分割契約の評価

分割契約が単独契約とみなされるときは、当初の契約が締結される会計年度の前会計年度または当該契約の締結前12カ月の間に締結した同種の一連の契約の実際の価額(可能な場合には、当初の契約締結後の12カ月の間の調達数量および調達価額の予想される変動を調整した価額とする)。

分割契約がそれぞれ独立の契約とみなされるとき

表11-2　主要国の調達基準額

	日本	米国	EU	カナダ	韓国
中央政府					
―産品	130	130	130	130	130
―サービス	130	130	130	130	130
―建設サービス	4,500	5,000	5,000	5,000	5,000
―設計コンサルティングサービス	450	130	130	130	130
地方政府					
―産品	200	355	200	355	200
―サービス	200	355	200	355	200
―建設サービス	15,000	5,000	5,000	5,000	15,000
―設計コンサルティングサービス	1,500	355	200	355	200
政府関係機関					
―産品	130	400	400	355	450
―サービス	130	400	400	355	-
―建設サービス	15,000	5,000	5,000	5,000	15,000
―設計コンサルティングサービス	450	400	400	355	450

注）単位は1000SDR（特別引出権）

は、つぎのいずれかの価額を採用する。
① 当初の契約が締結される会計年度または当該契約の締結後12カ月間の複数個別契約の見積価額
② 産品またはサービスの借入契約の場合または総価額を特定しない契約の場合の評価の基礎は、つぎのいずれかの方法を採用する。第1は、期間の定めのある契約の場合は、その期間が12カ月以下ならば、当該期間の契約価額の総額とし、その期間が12カ月を超えるときは（見積残存価額を含めて）、当該期間中の契約価額の総額とする方法である。第2は、期間の定めのない契約の場合は、1カ月あたりの支払金額に48を乗じたものとする。なおこの期間について疑義があるときは、第2の方法が採用される
③ 調達計画が選択権条項を必要とすることを定めている場合は、評価の基礎は、選択権を行使して行う購入を含む最大限の調達価額の総額とする。

日本の公共事業は、多くの輸入品を調達して運営されている。しかし協定の適用を受ける公共調達はあくまでも基準額以上の案件にかぎられる。たとえば、神戸市水道局（地方政府機関）は、浄水過程でベトナム産の無煙炭（Anthracite）を使用しているが、その調達はベトナムに工場をもつ日本企業1社との随意契約に基づいている。調達額が基準額に達しないためである。

第4節　調達手続

協定は調達手続の透明性を確保するため以下の規定をおいた。

1　入札手続

(1) 3種類の入札手続

協定は3種類の入札手続を定めた（7条）。
① 関心をもつすべての供給者が入札を行うことのできる「公開入札手続」（open tendering procedures）
② 機関によって入札を行うよう招請された供給者が入札を行うことのできる「選択入札手続」（selective tendering procedures）
③ 機関が供給者と個別に折衝する「限定入札手続」（limited tendering procedures）

公開入札手続が内外企業の競争を前提とするのに対し、選択入札手続は所定資格のある内外企業の競争を確保しなければならない。他方、限定入札手続はつうじょう「調達機関と国内特定企業との随意契約」に基づくため内外企業の競争を排除する。日本の場合、公共調達は、政府調達協定の適用対象（機関、額）になると否とにかかわりなく、大部分（件数）が随意契約ベースの限定入札に委ねられている。

(2) 選択入札手続

選択入札手続はつぎの条件のもとに行われる（10条）。
① 最適のかつ効果的な国際競争が行われるよう、機関はできるかぎりおおくの国内供給者および他の締約国の供給者を入札に招請する。機関は、公正かつ無差別な方法で、当該手続に参加する供給者を選択する。
② 資格を有する供給者の常設名簿を保持する機関は、当該名簿に記載されている供給者の中から入札に招請される者を選択することができる。いずれの選択においても、常設名簿に記載されている供給者は、衡平な機会をあたえられる。
③ 資格審査手続を完了するために十分な期間があることを条件として、特定の調達計画に参加しようとする供給者であって資格を有すると認められていないものも入札を行うことを認められ、かつ、これらの供給者に対し考慮が払われる。当該計画に参加することを認められる追加の供給者の数が制限される

のは，調達制度の効率的な運用の観点から行われる場合に限られる。
④ 選択入札手続に参加しようとする場合には，テレックス，電報またはファクシミリによって要請することができる。

(3) 限定入札手続

つぎの場合には公開入札と選択入札によらず，一定の条件のもとに限定入札手続を行うことができる。
(i) 公開入札または選択入札におうずる入札がない場合または行われた入札がなれあいによるものである場合，入札の基本的要件に合致していないものである場合，または協定により定められた参加の条件を満たしていない供給者によるものである場合。
(ii) 産品またはサービスが，美術品であるか，特許権・著作権等の排他的権利の保護との関連するかまたは技術的な理由により競争が存在しないときに，特定の供給者によってのみ供給されることが可能である場合。
(iii) 予見できない事態によりもたらされた緊急な理由のため公開入札または選択入札の手続によっては必要な期間内に産品またはサービスを入手することができない場合。
(iv) 機関が供給者を変更することにより既存の供給品もしくは設備またはサービスとの互換性の要件に合致しない供給品もしくは設備またはサービスを調達せざるをえなくなるため，既存の供給品もしくは設備の部分品の交換または既存の供給品の補充，既存のサービスの拡大もしくは既存の設備の拡張のための追加の納入または提供を当初の供給者から受ける場合。この場合「既存の供給品もしくは設備」には，ソフトウェアの当初の調達が協定の適用を受けた場合には，当該ソフトウェアを含む。
(v) 調査，実験，研究または独自の開発にかかわる特定の契約の過程において，かつ，当該契約の対象として，機関の要請により開発された原型または最初の産品もしくはサービスを当該機関が調達する場合。最初の産品またはサービスの独自の開発には，実用実験の結果をとりいれるためにおよび受入れ可能な品質基準に合致する産品またはサービスとして当該産品またはサービスを多量に生産しまたは供給することができることを証明するためにかぎられた生産または供給を行うことを含むことができるが，商業的採算を確立しまたは研究開発の費用を回収するために多量に生産しまたは供給することを含まない。

GATTのトロントハイム（Trondheim）道路通行料金徴収設備事件で，ノルウェーは調査・実験・研究のためという理由で国内産業設備を限定入札し，外国競争者を入札から排除した。米国の提訴を受けて，GATTパネルは，ノルウェーの主張を退け，トロントハイム市の入札は調査・実験・研究目的のためではなかったとして市の限定入札をGATT違反と裁定した。

2 供給者の資格の審査
(1) 協定規定

機関は，供給者の資格の審査にさいし，他の締約国の供給者の間または国内供給者と他の締約国の供給者との間に差別を設けてはならない。協定は資格の審査のための手続について詳細な条件を定めた（8条）。

もっとも重要なのは，入札手続への参加のための条件を，供給者の契約履行能力に限定することである。供給者に要求される参加条件や資格の審査は，国内供給者に有利で外国供給者に不利となってはならない。また，外国供給者の間に差別をもうけるものであってはならない。

1997年の米国マサチューセッツ州事件で，州当局は，ビルマの人権抑圧政権と取引を行う外国企業を州の政府調達から排除した。日本企業やEC企業のなかには，ビルマ政権と取引を行っていた企業があったため，日本とECは米国を相手どってWTO協議を開始した。米国州の行為は，WTO政府調達協定との関係でいうと，入札手続への供給者の資格を契約履行能力に限定するルールに反する点で問題があった。

(2) マサチューセッツ州法の制裁条項

米国マサチューセッツ州を含む21の州は，1996年，ビルマの人権抑圧政権と取引する企業に対する制裁措置を導入した。そこでこのような制裁措置がWTO政府調達協定に違反するかどうか，また米国憲法に抵触するかどうかが争われた。

A 州法の制裁措置と日本・ECのWTO提訴
(i) 州法の制裁措置

1996年のマサチューセッツ州法は，第130章（96年6月25日採択）で，ビルマの人権抑圧政権と取引する企業に対する差別的な制裁措置を規定した。これによると，ビルマの人権抑圧政権と取引する企業は，米国企業であるか外国企業であるかを問わず，調達リストに掲載され，これら企業のオファー価格は州の政府調達市場で10％割増しされ，価格面でおおきなハンデを課されるのである。それゆえ，調達手続にさいして，リスト掲載企業のほか，非リスト掲載企業からも入札があるときは，州政府は非リスト掲載企業のオファー価格がリスト掲載企業の割増オファー価格よりも高くないかぎり，非リスト掲載企業の商品・サービスを優先調達するよう義務づけられた。

(ii) 日本とECのWTO提訴

マサチューセッツ州法に対して異議を唱えたのは日本とECであり，日・ECはともに米国を相手どってWTOの紛争解決手続を開始した。マサチューセッツ州の政府は，WTO政府調達協定によりカバーされているため，州法の制裁規定が協定に抵触すれば，米国連邦政府の協定違反が確定することは明らかであった。そこで問題は，州法の制裁規定がWTO政府調

達協定に違反するかどうかであり、日本はこれについてつぎのように主張した。

B　リスト掲載企業に対する差別

州法は、日本・EC等の特定のリスト掲載企業のみを非掲載リスト企業（他地域企業）よりも不利に扱っており、この点で協定（3条1項）の無差別原則（最恵国待遇原則と内国民待遇原則）に違反する。

C　リスト掲載企業の在米子会社に対する差別

州法の規定は、リストに掲載された外国企業の在米子会社（在米日系企業等）を米国企業よりも差別的に扱っており、協定の無差別原則に違反している。

(i) 外資比率に基づく在米日系企業の差別

問題の州法は、リスト掲載企業の在米子会社をリスト掲載企業との資本関係のゆえに米国企業よりも差別的に扱っている。

このような差別は、「国内に設立された特定の供給者を、当該供給者が有している外国企業等との関係（所有関係を含む）の程度に基づいて、国内に設立された他の供給者より不利に取り扱ってはならない」という協定ルールに反する。外資比率に基づいて国内の外資企業を国内企業より不利に扱うことは協定上、禁止されているのである。

(ii) 原産地判定に基づく在米日系企業の差別

州法はまたリスト掲載企業の在米子会社を現地生産品の原産地判定に基づいて米国企業よりも差別的に扱う点で、協定に反する。

協定によれば、締約国の調達機関は「国内に設立された供給者をその供給する商品またはサービスの生産国に基づいて差別してはならない」とされる。ただし、「WTO原産地規則協定の規定に従って生産国とされる国が協定の締約国であること」が条件とされる。したがって国内の外資系供給者が原産地規則上、協定締約国原産品（たとえば日本原産品）を生産していても、こうした原産地判定を基礎にして外資系供給者を差別してはならないのである。

D　供給者の資格審査

協定（8条）は、つぎにみるように、締約国の調達機関が供給者の資格の審査にさいして他の締約国の供給者のあいだまたは国内供給者と他の締約国の供給者とのあいだに差別をもうけてはならないと定めている。

「入札の手続への参加のためのいかなる条件も、供給者が当該入札に係る契約を履行する能力を有していることを確保する上で不可欠なものに限定されなければならない。供給者に要求される参加のための条件（供給者の資金上、商業上および技術上の能力を証明するために必要な情報、資金上の保証ならびに技術的資格を含む。）および資格の審査は、国内供給者よりも他の締約国の供給者が不利となるものであってはならず、かつ、他の締約国の供給者の間に差別を設けるものであってはならない。供給者の資金上、商業上および技術上の能力は、供給組織の間の法的関係に妥当な考慮を払いつつ、調達機関が存する領域内における供給者の事業活動およびその供給者の世界的な事業活動の双方に基づき判断しなければならない。」

しかし問題の州法は、ビルマの人権抑圧政権と取引を行う外国企業を政府調達市場で差別しており、このような差別は、入札手続への供給者の資格を「当該入札に係る契約を履行する能力を有していることを確保する上で不可欠なもの」に限定しなければならないとするWTO協定の要件に反するのである。

E　最低価格入札者の落札禁止

州法はさらに最低価格入札者を落札することを禁止している点で、協定に違反している。協定（3条4項）は、調達機関に対し、「公共の利益のために契約を締結しないと決定した場合を除くほか」「十分に契約を履行する能力があると決定された入札者であって、最低価格による入札を行ったものまたは……特定の評価基準によりもっとも有利であると決定された入札を行ったもの」を落札者とするよう要求しているからである。

F　米国国内裁判所の判決とパネル手続の停止

(i) 米国国内裁判所の判決

リスト掲載企業30社を含む在米企業は、NFTC (National Foreign Trade Council) という貿易団体を結成し、マサチューセッツ州法の違法性を主張してマサチューセッツの連邦地方裁判所に提訴した。その論拠の1つは、同州法が、対外関係に関する全責任を連邦政府に委ねた合衆国憲法と抵触するというものであった。

地方裁判所は1998年11月、NFTCの主張をいれて州法が違憲であることを判決した。そして、連邦巡回控訴裁判所 (United States Court of Appeals, the First Circuit, No. 98-2304) も1999年6月、つぎの論拠で、州法の違憲を確認した。

① 地裁判決にみるように、州法は連邦政府の対外権限を損なっており、この点で、対外権限を連邦政府に付与した連邦憲法に抵触する。

② 州法はまた連邦憲法の連邦法規優位条項 (Supremacy Clause) に違反する。連邦憲法によれば、連邦の憲法・法律・条約は「国の最高法規」として州の憲法・法律に優位する。これにより、連邦法違反の州法は無効とされるほか、連邦法がある分野で制定されれば当該分野は連邦法により専占され (preempted)、その結果その分野の州法は無効とされる。ところで、連邦議会は、州法導入ののち3カ月して、ビルマの人権抑圧問題に関して制裁法（人権抑圧が行われれば米国企業のビルマへの新規投資を禁止すること）を導入し、当該分野を専占したため、同一問題を扱う州法は無効とされる。

③ 州法はまた対外通商条項(the Foreign Commerce Clause)にも違反する。

(ii) WTOパネル手続の停止

米国地裁の違憲判決ののち、日本とECは、WTO提訴の目的が違憲判決によって達成されていると判断して、パネルに対し手続の停止を要請した（WT/

DS88/5, WT/DS95/5)。パネルは1999年2月，要請に同意し，WTO紛争解決了解（12条12）に従って検討を停止し，1年後に解散された。

3 米加地方政府調達への米加企業参入に関する2国間暫定合意

米国とカナダは2010年2月，米国地方政府調達と前述・鉄鋼関連バイアメリカン法調達へのカナダ企業の参入を認める暫定合意を公表した。合意は2011年9月まで暫定的に適用される。この合意のもとで，米国は鉄鋼関連バイアメリカン法に基づく7件の建設事業へのカナダ製鉄鋼・資材の使用に対してバイアメリカン法にの連邦政府調達（stimulus package）へのカナダ企業の参入を認める

4 その他

協定は，さらに調達計画への参加に対する招請の公示（9条），入札・納入・提供の期限（11条），入札説明書（12条），入札書の提出・受領・開札・落札（13条）調達の効果を減殺する措置（16条）について詳細な規定をおいた。

第5節 苦情申立手続と紛争解決手続

協定はさらに協定の実効性を高めるため，締約国による協定違反がある場合，供給者が苦情申立を行う手続と他の締約国が開始するWTOの紛争解決手続についても定めた。

1 苦情申立手続

(1) 協定規定

政府調達協定（20条）は，供給者が調達の違法性を主張するためWTO協定を援用する機会をあたえた点で画期的といえる。いままで，GATT締約国の裁判所は私人が国内裁判所でGATTルール（GATT本体の規定とGATT協定の規定）を援用することを認めてこなかったからである。換言すれば，GATTルールの直接的効果を主要国の裁判所（EU，日本等）は認めてこなかった。しかしWTO政府調達協定は協定の直接的効果を承認しているかのごとき印象をあたえている。もっともWTO政府調達協定の直接的効果についてはまだ裁判所の判決がくだされていないため，確定的な判断は自制するのが慎重な考え方といえよう。

各締約国は，供給者が締約国による協定違反に対して苦情を申し立てることができるよう「無差別な，時宜を得た，透明性のある，かつ，効果的な手続」を定めなければならない。苦情申立は，つぎのいずれかによって審査される。
① 裁判所
② 検討機関，すなわち調達の結果にいかなる利害関係をも有しない公正なかつ独立した機関であって任期中に外部からの影響を受けない構成員から成るもの

ちなみに，EUはEC司法裁判所を，日本は苦情審査機関（裁判所ではない）をそれぞれ審査機関とした。

検討機関が苦情審査を行う場合，その意見または決定を司法審査の対象とするかどうかは締約国の裁量である。しかし，検討機関の判断を司法審査に委ねないときは，締約国は検討機関が協定の定める一定の手続に従うよう確保しなければならない。とくに参加者に意見をのべる機会をあたえ，手続を公開で行うことが要求される。日本は，苦情申立のために苦情審査機関を設置したが，機関の報告書を司法審査の枠外としている。

苦情申立手続は，つぎの事項を定める。
① 協定違反を是正し，商業上の機会を維持するための迅速な暫定措置に関する事項。
② 苦情申立の正当性につき評価することおよび決定する可能性があること。
③ 協定違反の是正または損害賠償に関すること。ただし損害賠償は，入札の準備費用または苦情申立費用に限定することができる。

(2) 日本の苦情申立手続

日本では，中央政府（国土建設省）と政府関連機関（JR，原子力研究所）の調達に関連して外資企業がいくつかの苦情申立を行った。しかし，苦情が認容されて政府調達が協定違反とされた事例はない。前述・東日本旅客鉄道ICカードシステム入札事件では，苦情申立は申立期限の徒過後提起されたため却下された。

A 日本原子力研究所スーパーコンピュータ入札事件

日本原子力研究所はコンピュータ入札にあたり，富士通からの調達を決定し，日本IBMの入札を不合格とした。IBMの苦情申立を受けて，政府調達苦情検討委員会は2001年12月21日の報告書で，申立を退けた。委員会は，調達機関が一部の手続上の違反を犯したことを認めたものの，コンピュータのデータ転送速度（磁気ディスク装置と主記憶装置との間の総データ転送速度）に関し，IBMの提案システムが調達機関の仕様書の要件を満たさないとして，調達手続の結果を是認した。

B 東京国際空港事件

国土交通省は空港の立体駐車場の新築工事にあたり，日本の大手建設会社（清水，竹中）と共同企業体（大林組・大日本・大末）の入札を受けいれ，韓国資本のロッテ建設株式会社の入札を排除した。苦情検討委員会は，ロッテ社の当事者適格を認めたうえで，同社が「所定の苦情申立期間を徒過した」ことを理由に，申立を却下した。注目に値するのは，委員会が当事者適格の認容にあたり，日韓摩擦を緩和するためつぎの判断を示したことである。
①「政府調達に関する苦情の処理手続」（1995年12月14日政府調達苦情処理推進本部決定）によれば，苦情申

立は，「競争参加資格の確認」を調達機関に申請した供給者と定められている。
② しかし，競争参加資格の確認申請をしていない供給者でも，相当規模の事業者で，相当規模の建設工事の実績をもち，また入札工事への参加希望を具体的行動をつうじて表明しているときは，苦情申立適格をもつ。本件のロッテ社は，建設業法に定める経営事項審査で建築一式1262点と評価されており，大規模建築工事の施工実績をもつ建設業者にほかならない。また同社は本件公告をみて本件工事への参加を意図したが，本件工事の約80％に該当する同種工事の施工実績が競争参加資格要件となっていることを知り，韓国本社との連絡後，自社の施工実績が共同企業体の代表者として，本件競争参加資格に達しないことを認識した。そののち，共同企業体の構成員として本件工事に参加するよう模索したが奏功しなかった。そこで調達機関に対し競争参加資格の条件をみなおすよう求めた。のみならず駐日大韓民国大使館から外務省をつうじて競争参加資格の緩和を要請するなど外形的にも調達手続に参加する意思を明らかにしていた。このため，ロッテ社は（例外的に）当事者適格をもつ。

C JR東日本社宅新築工事事件

JR東日本は社宅新築工事に関し，厳しい入札参加資格を要求し，その結果，日本の大手建設会社（鹿島，大林組）が受注し，外資系企業（オーバーシーズ・ベクテル・インコーポレーテッド）は入札資格を奪われた。苦情申立検討委員会は，2006年1月20日の報告書で，苦情を退けた。委員会によれば，本件工事は，周辺住民の反対が強いため，「近隣住民への適切な配慮と対応」が必要な「困難な作業条件」のもとでの工事にあたる（「公共事業の入札・契約手続の改善に関する行動計画」（運用指針））。したがって工事の過程で，周辺住民との折衝が不可欠となり，工事の管理技術者は住民対応経験をもたなければならない。委員会はそれゆえ，「本件工事の特殊性」にかんがみ調達機関が入札参加資格としてつぎの2つの要件を満たすよう求めることは是認されるとのべた。1つは市街地での工事であるため，近隣住民への配慮と対応をともなう共同住宅建設工事の施工実績をもつこと，もう1つは工事の管理技術者が1年以上の施工経験をもつことである。外資企業はこれら要件を満たさないとされ入札資格を否認された。

2 WTO紛争解決手続

締約国による協定違反があるときは，WTO紛争解決了解（22条）が適用される。

GATTのもとでは，締約国間に紛争が発生する場合，パネルの紛争審査報告書は締約国団の全会一致で採択される仕組みになっていた。このため，報告書の採択が紛争当事国の拒否権によってブロックされる例が跡をたたなかった。たとえば1992年の米国の音波探知地図システム政府調達事件では，敗訴国米国はパネル裁定をブロックしたのであった。

WTOはGATT時代の紛争解決手続の弊害を克服するため，パネル報告書は全会一致で否決されないかぎり紛争解決機関で採択されるという「ネガティヴ・コンセンサス方式」を導入し，またパネル報告書に対する上訴制度（上級委員会）を併設した。政府調達協定は，政府調達分野へのWTO紛争解決了解の適用を原則として認めつつ，了解とは異なる手続を申立理由・パネル手続・報復措置等に関して導入した。申立理由として，違反申立と非違反申立が可能であるが，状態申立は認められていない。政府調達協定のもとでのパネル手続は，紛争解決了解のもとでの手続よりも可能なかぎりすみやかに行われるよう，期限を短縮される。パネルは，紛争解決了解（12条の8および9）の規定にかかわらず，パネルの構成および付託事項が合意された日ののち4カ月以内におよび遅延した場合には7カ月以内に，紛争当事国に対し最終報告を提出するよう努める。その結果，紛争解決了解（20条および21条4）に定める期間についても2カ月短縮するようあらゆる努力を払う。さらに，パネルは，紛争解決了解（21条5）の規定にかかわらず，勧告および裁定を実施するためにとられた措置の有無または当該措置と対象協定との適合性について意見の相違がある場合には，60日以内に決定するよう努める。

紛争解決了解（22条2）のもとでは，パネル報告を実施しない敗訴国に対して，勝訴国はWTOの許可をえて報復措置をとることができる。そしてこの報復措置は，一定の条件のもとに，違反分野（たとえば知的所有権やサービス分野）とは異なる分野（たとえば商品貿易分野）でもとることができる。しかし政府調達協定は，このようなクロス報復措置を禁止した。したがって政府調達協定の違反を理由に，他分野（たとえばサービス，知的所有権）で報復措置をとることは禁止され，また他分野での違反を理由に政府調達協定上の義務を停止することは禁止される。

3 米国政府調達制裁条項とWTO

1988年包括通商競争力法第Ⅶ編（通称Title Ⅶ）は政府調達制裁条項を導入した。これによると，USTRは，GATT/WTO政府調達協定の違反国や米国商品・サービスを政府調達市場で差別する国に対し，制裁措置として，違反・差別国の供給者を米国政府調達市場から排除することができる。この制裁条項は，ウルグアイ・ラウンドにともない修正されたのち96年に失効し，さらに99年に復活した。米国の制裁措置がWTOの紛争解決ルール，とくに一方的報復の禁止原則と抵触するかどうかが問われている。

(1) 旧制裁条項の手続と適用

A 旧制裁条項の手続

当初の制裁条項によれば，米国が制裁措置をとるためには，USTRがあらかじめ制裁対象国を年次報告書のなかで特定することが要求された。この報告書は1990年以降毎年4月30日に議会に対して提出された。

USTRが年次報告書で特定するのは，つぎの国で

ある。
① GATT政府調達協定に違反する政府調達慣行を実施する協定締約国
② 同協定に違反しないものの米国供給者を政府調達市場で差別する国（協定締約国，協定非締約国）

この特定にさいして考慮されるのは，外国がつぎの行為を行ったかどうかである。
③ 競争入札手続の代わりに随意契約や非競争入札手続を適用したか
④ GATT協定によりカバーされる一定基準額以上の調達を複数に分割して，協定義務を回避したかどうか
⑤ 調達公告に応えて入札を行う期間を不適切に短くしたかどうか
⑥ 外国商品が入札に参加できないように技術仕様を定めたかどうか

協定違反国に対しては，USTRは，制裁措置として当該国の商品・サービスを米国政府調達市場から排除することができる。そのさい，米国はGATTの紛争解決手続を開始したか，GATT紛争解決手続の開始後1年以内に手続が終了しないか，違反国が協定義務を履行しないかまたはGATTパネル裁定を履行しないことが要求される。

対米差別国を特定する年次報告書が議会に提出されてから60日以内に，問題の差別的調達慣行が是正されないときは，60日の経過後，大統領は差別的調達慣行を確認し，当該国の供給者を米国政府調達市場から排除する。

ただし制裁措置が米国の公益に反するならば，大統領は制裁措置を緩和することができ，また差別的調達慣行が撤廃されたときは，制裁措置を終了する。

B 旧制裁条項の適用
旧制裁条項のもとでUSTRは，制裁対象国の慣行としてつぎの4つを年次報告書のなかで特定した。
① ノルウェー・トロントハイム市の電子料金徴収機器システム
② ECの公共4分野調達指令（Utilities Directive）
③ 日本の建設設計サービス分野の調達慣行
④ ドイツの重電機器調達

GATT政府調達協定の違反例は，ノルウェー・トロントハイム市の電子料金徴収機器事件のみであった。しかし米国は制裁措置を発動するにはいたらなかった。

GATT政府調達協定に違反しない差別的政府調達慣行が問題となったのは，日本の建設サービス，ECの公共4分野調達指令，ドイツの重電機器であり，米国はECに対してのみ制裁措置をとり，ECも対米制裁を行った。双方の制裁合戦はECの除外分野指令改正により2006年3月にようやく停止された。

(2) 修正制裁条項の手続と適用
制裁条項はウルグアイ・ラウンド後，修正された。しかしこの条項は議会が延長適用を決定しなかったため1996年4月30日に失効した。

修正制裁条項の手続を簡単に概観しておきたい。
A 修正制裁条項の手続
(i) 協定違反国に対する制裁
USTRはつぎの条件のもとに協定違反国に対して制裁措置をとることができる。
① 年次報告書の提出後60日以内にWTO紛争処理手続を開始すること
② WTO紛争処理手続の開始後18カ月以内に紛争解決手続が終了しないか，WTO政府調達協定が遵守されないか，大統領の勧告措置が実施されないか，またはWTOパネル・上級委員会報告が履行されず，その結果WTOが米国に対抗措置を許可すること

制裁措置は旧条項と同様，米国政府調達市場からの協定違反国・供給者の排除という形
をとる。

(ii) 対米差別国に対する制裁
年次報告書の提出後60日以内に，対米差別国が差別を是正しない場合，大統領は当該国の供給者を米国政府調達市場から排除する。

対米差別国がWTO政府調達協定の締約国である場合，その差別はWTO政府調達協定に違反しないが，「協定の対象外の商品・サービスの政府調達に関して米国企業を差別」する行為をさし，差別は米国企業に弊害をもたらししかも顕著に長期間継続していなければならない。WTO政府調達協定の対象外の商品・サービスとは，一定の基準額未満の商品・サービスの調達を意味する。したがってこれら基準額未満の調達に関して米国商品・サービスを長期間，著しく差別したり排除した国は，米国の制裁候補となるのである。

他方，対米差別国がWTO政府調達協定の非締約国である場合は，その差別はつぎのものを含む。
① 米国企業に弊害をもたらす顕著で長期的な差別的調達慣行
② WTO協定が定める透明で競争的な政府調達手続を適用しないこと
③ 政府調達に関する贈収賄行為を禁止していないこと

B 修正制裁条項の適用
WTO政府調達協定の発効後，争われたのはドイツの重電機器調達事件のみである。この事件ではWTO政府調達協定に違反しない差別措置が問題となったが，米国は制裁措置をとらなかった。

(3) 復活条項
失効した政府調達制裁条項は，1999年3月31日の大統領行政命令によって復活した。

復活条項によると，1999, 2000, 2001年の「外国貿易障壁に関する報告書（National Trade Estimate Report）」の提出後30日以内に，USTRは，外国の差別的政府調達の程度をしめす報告書を議会に提出し，この報告書のなかで，WTO政府調達協定の違反国と対米差別国を特定する。しかし，これら協定違反国と対

米差別国に対する制裁については詳細かつ明確な規定をおいていない。

条項によれば，年次報告書の提出後90日以内に，満足のいく解決が行われる場合を除いて，USTRは，1974年通商法（302条b1）の調査を開始し，最終決定を行うこととされている。

問題は，WTO法上，政府調達分野でとられる制裁がWTOに合致するかどうかである。相手国のWTO協定違反に対する制裁がどのような条件のもとに合法とされるのか，また相手国の非違反措置（対米差別措置）に対する制裁がWTO法上合法とされるのかどうかにある。判例法はいまだにない。

(4) 電気通信制裁条項

政府調達制裁条項に基づく制裁と明確に区別しなければならないのは，電気通信貿易条項（1377条）による制裁である。

スーパー301条が，全分野（半導体，農業等）に関する制裁措置を定めるのに対し，電気通信制裁条項は電気通信分野のみに関する制裁措置を定めているが，この制裁は米国政府調達市場からの違反国商品の排除という形態をとらないからである。電気通信分野の制裁措置は，USTRにより，協定違反と認定されたのち1カ月以内にとられ，制裁措置としては，違反国商品に対する関税引上げや数量制限が予定されている。

第6節　FTAの政府調達条項

WTO政府調達協定の未加入国（メキシコ，チリ，オマーン等）が協定加盟国とFTAを締結し，そのなかで政府調達に際し，FTA上の内国民待遇義務を約束する例が増えてきた。これらFTA締結国のうち，WTO政府調達協定の既加盟国（米国）は協定加盟国プラスFTA相手国に対して内国民待遇義務を負う。他方，WTO政府調達協定に未加盟のFTA相手国は，FTA締結国（米国）に対してのみ，FTA政府調達条項の条件（対象産品・サービス，対象機関，基準額）に従い内国民待遇を与える。米国カナダ・メキシコ間のNAFTA，EU・メキシコFTA，チリー韓国FTA，米国オマーンFTA（2009年1月発効）はその代表例である。FTA政府調達条項の適用にあたり，産品の原産地を確定するときは，各FTAの指定規則（NAFTA・マーキング規則，各国非特恵原産地規則）に従う。サービス提供者の原産地もFTAの定める規則により決定される。

FTAの政府調達・内国民待遇条項はWTO複数国間ルールを導入する点でWTOプラスに該当する。しかし，FTA条項は政府調達分野の新しい差別を生みだす。WTO最恵国待遇原則に明白に抵触する。関連国はこの事実を承知のうえで，また第3諸国の黙認のもとに，FTAスパゲッティー現象をいっそう加速しているのである。

第2章
地域統合

地域統合は，経済ブロックであり，WTO上，最恵国待遇原則の例外として，厳格な条件のもとに認められている。

第1節　地域統合の種類

地域統合は，統合の度合いにおうじて，自由貿易地域，関税同盟，共同市場，経済同盟，完全経済統合に分類される。

自由貿易地域は，協定締約国間の貿易の自由化（たとえばNAFTAでの域内関税の引下げ・撤廃）と締約各国による個別対外障壁の維持（たとえばNAFTA 3カ国の個別の対外関税・対外通商政策の遂行）を骨子としている。WTO発足後，地域貿易協定（FTA）の締結が急増していること。現代のFTAが商品・サービス貿易の自由化にくわえて，知的所有権・競争法共助・電子商取引・投資・その他新分野をカバーしていることは，すでに繰り返しのべた。

関税同盟はEU，ECトルコ関税同盟チェコ・スロヴァキア関税同盟，スイス・リヒテンシュタイン関税同盟，将来のMERCOSUR関税同盟の例にみるように，域内での商品・サービス貿易の自由化にくわえて，域外諸国に対する共通関税の設定を内容としている。

共同市場は，関税同盟の基礎のうえに，域内でのサービス・資本・人の自由化をともなう。つづく経済通貨統合は，ECにみるように，経済諸政策の調整，域内中央銀行の創設および単一通貨（EURO）の発行によって実現される。そして，こうした経済統合をベースに，ECの場合は，連邦制に基づく政治統合（欧州合衆国の設立）が志向されている。

第2節　地域統合のWTO整合性

1 争点

地域統合，とくに関税同盟や新時代FTAの推進が，WTOの自由・無差別原則と抵触するかどうかが最大の懸念である。関税同盟やFTAは，商品貿易に関して，域内の自由化（域内関税の低減・撤廃）をはかる一方，域外に対しては対外障壁（対外関税率，原産地規則，輸出入制限・手続等）を維持することを許している。またサービス貿易に関しても，関税同盟やFTAは域内の自由化（相当な範囲のサービス分野での実質的にすべての差別の廃止）を促進するかたわら，域外に対するサービス貿易障壁を許容している。このため，関税同盟とFTAのもとでは，域内構成国は，商品・サービス貿易の両面で，域外国を域内国よりも差別的に扱うことができるのである。要するに，関税同盟とFTAは，WTOの最恵国待遇原則に対する例外にあたる。

このためGATT（24条，24条解釈了解）とGATS（5条）は，差別的な関税同盟とFTAがWTOのもとで正当化されるための条件を厳しく定めた。これによると，関税同盟とFTAは，対外障壁を統合前よりも強化してはならないとされる。また関税同盟の形成にあたっては，一定の補償的調整が認められるが，逆補償は禁止される。

しかし後述するように開発途上国間の地域貿易協定はGATT授権条項に服し，WTO整合性の審査を事実上免れている。

2 商品貿易に関するGATT整合性

GATT（24条5）は，商品貿易に関し，関税同盟と自由貿易協定が正当化される条件として，以下を要求した。

(1) 域内自由化

関税同盟の場合であれ自由貿易協定の場合であれ，域内自由化のため，域内関税とその他の域内通商規則は「実質的にすべての」(substantially all) 域内貿易に関して撤廃されなければならない。ただし，自由貿易協定に関しては，域内のすべての貿易の自由化は要求されていない。それゆえ，自由化により損害を受けるか消滅する産業があるときは，それらセンシティヴ産業（日本の農水産業・繊維産業等）を域内自由化の対象から除外することは，実質的にすべての貿易が自由化されるかぎり，許されるとおおくの国は主張してきた。いくつかの自由貿易協定がセンシティヴ品目（日シンガポール協定の場合の一部農水産品等）を域内自由化の対象から除外したのはこのためである。では，域内自由化が「実質的にすべて」の貿易分野をカバーするかどうかを測定するためにはどのような方法が用いられるのか。その方法として，従来GATTで用いられてきたのは量的基準であり，それは域内自由化は域内貿易量のほぼ90％以上をカバーすればよいとする考えであった。しかしこうした量的基準に対しては，主要分野が自由化されているかどうかに着目する質的基準を提唱する見解もあり，いまだ決着をみていない。

(2) 対外差別強化の禁止

関税同盟と自由貿易協定に共通の条件として，対外的な差別が制度の設立後に，設立前よりも厳しくなってはならないとされている。これは，制度の設立時に，第3諸国に適用される関税その他の通商規則（輸入手続，原産地規則等）が，設立前よりも高度なものとなったり制限的なものとなってはならないことを意味する。この場合，関税は貿易量を考慮した加重平均関税率によって算定され，制度設立の前後の関税率が比較される（GATT 1994の24条解釈了解）。たとえばECが12カ国から15カ国へ拡大したときに，新規に加入した北欧諸国の電子産品の関税率は従来の低率からECの高率の対外共通関税率に引き上げられた。他方，「その他通商規則」をどのように算定するのかについて明確なルールはない。このため，自由貿易地域の創設により，特恵原産地規則（たとえばNAFTAの自動車に関する62.5％付加価値基準）が強化されたかどうかが議論されてきたが，GATT/WTOでの審査は結論をだすにはいたらず，両論併記でおわっている。

(3) 対外差別緩和のための補償的調整

うえにみたように，関税同盟や自由貿易地域の設立によって，対外的な差別や障壁が強化される場合，対外差別の緩和策が講じられなければならない。緩和策として補償的調整（compensatory adjustment）が規定されている。これによると，地域統合──とくに関税同盟の設立と拡大──の結果，関税同盟のある構成国産品（たとえばワイン）の対外関税率が上昇するときは，関税同盟は，域外国（ワインとオートバイの生産輸出国）の輸出利益を考慮して，他産品（オートバイ）の対外関税率を引き下げて補償的調整をはかることができる（24条6）。

例をあげて説明しよう。一般に関税同盟が設立されるときは構成諸国の対外関税率は算術平均され，その平均値が共通関税率となる。このため，構成国によっては産品の対外関税率が関税同盟の設立後，ひきあげられるケースが生じる。たとえばXYZの3カ国が関税同盟を形成する場合，3国のワイン関税率はそれぞれ10％，20％，30％から平均値20％の共通関税率に調和される。しかし国別にみると，X国の関税率は10％から20％に引き上げられ，他方Z国の関税率は30％から20％に引き下げられる。この場合，X国の関税引上げによって域外のワイン輸出国は不利益を受けるが，こうした不利益は，Z国の同一品目の関税引下げによって補償されるかもしれない。このためGATTは，補償的調整について，関税同盟形成の結果，ある構成国産品の関税が引き上げられても，他の構成国の同一産品の関税が引き下げられているならば，そうした関税引下げに「妥当な考慮を払わなければならない」とした。これは同一品目レベルの補償的調整に

ほかならない。

しかし，こうした同一品目レベルの補償では不十分な場合，域外のワイン輸出国は，関税同盟に対し，他品目（オートバイ）の関税引下げ（たとえば10％から5％への譲許）を要求することができる。これが他品目レベルの補償的調整である。これら同一品目と他品目の2段階レベルの補償的調整によって，対外障壁は緩和されるのである（GATT 1994の24条解釈了解5項）。EUは2004年5月の拡大にあたり中東欧の新加盟諸国の関税をEU対外共通関税率にまで引き上げた。このため一部家電製品に対する新加盟国の関税はEU加盟前にくらべて数倍に引き上げられた。そこで日本は2003年11月，EUに他製品（当該家電製品以外の産品）の関税を引き下げるよう要求した。これは，日本がECに求めた他品目レベルの補償的調整の1例である。

(4) 逆補償の禁止

上の場合とは逆に，関税同盟の形成や拡大の結果，関税同盟のある構成国産品（たとえばビール）の対外関税率が引き下げられることもある。この場合，関税同盟は関税引下げによって利益をえる域外国（ビール生産国）に対し，関税同盟の関心品目（たとえば自動車）の関税率を引き下げるよう求めてはならない。このように関税同盟が同盟側の関税引下げを理由に，域外国側の関税引下げを求める行為を逆補償（reverse compensatory adjustments）の要求と呼んでいる。かつてECの拡大にさいし，新規加盟国ギリシャ・スペイン・ポルトガル等の関税率は加盟前の高率関税からECの低い共通関税率に引き下げられた。そこでECは新規加盟国産品の関税引下げを理由に，日本に対して特定産品の関税引下げを行うよう逆補償を求めた。これに対し日本はGATT上，逆補償を提供する義務を負わないとの立場を表明した。したがってGATT時代は，逆補償を要求する関税同盟とその提供を拒否する域外国の間に対立が生じていたことになる。GATT 1994の24条解釈了解（6項）は，この論争に決着をつけ，逆補償の要求を明文で禁止した。

要するに，WTOレジームのもとでは，地域統合の結果，ある産品の対外障壁が引き上げられる場合にのみ，補償的調整が行われ，他方，ある産品の対外障壁が引き下げられるときは，逆補償は行う必要がないのである。なおGATS（5条）もサービス貿易自由化のための地域統合協定が合法化されるための条件として，GATTと類似の条件を定めた。GATSによれば，自由化は相当な範囲の分野を対象とし，また逆補償の要求は禁止された（5条8）。

(5) 妥当な期間内の設立

関税同盟と自由貿易協定は妥当な期間内に設立されなければならない（GATT 24条5c）。妥当な期間は，「例外的な場合を除くほか，10年を超えるべきではない」とされる（GATT 1994の24条解釈了解3項）。10年を超える期間を必要とするときは，協定締約国はWTO物品貿易理事会に対して「十分な説明」を行わなければ

ならない。

3 地域貿易協定のGATT/WTO通報と審査

地域貿易協定は，GATT時代は理事会の審査作業部または貿易開発委員会（Committee on Trade and Development. CTD）へ，またWTO発足後は地域貿易協定委員会（Committee on Regional Trade Agreements. CRTA）へ通報されてきた。ただし協定とGATT/WTOとの整合性の審査は迅速かつ十分には行われていない。そこでWTO一般理事会は，2006年12月14日決定で，協定の透明性を促進するためつぎの要請を行った。ⅰ協定締約国は協定締結意向を早期にWTOへ通知する，ⅱ協定批准直後・特恵待遇適用前に協定全文を通報する，ⅲ WTO関連委員会は通報後1年以内に透明迅速な協定審議を行う。

(1) 通報

1948-1994年のほぼ半世紀間にGATTに通報された地域貿易協定は124件（すべて商品分野）にとどまり，それらはほとんどが地域内貿易協定であった。ところが，1995年のWTO発足後，通報件数は急速に増加した。通報FTAのなかには地域間貿易協定（ECメキシコ協定，米国ヨルダン協定，カナダ・チリ協定，韓国チリ協定，カナダ・イスラエル協定等）やサービス貿易協定（NAFTA，欧州協定，日シンガポール協定，2002年EFTA協定，米国ヨルダン協定，ECメキシコ協定，チリ・コスタリカ協定，EFTAメキシコ協定）がふくまれている。2011年5月の時点でGATT・WTOへ通報されたFTAは489件にたっする。商品協定とサービス協定はそれぞれ切り離されて通報される。これらFTAのなかの358件はGATT 24条に根拠をおく。授権条項に基づく協定は36件である。GATS 5条に基づくサービス協定数は95をかぞえる。2011年5月現在有効なFTAは297にのぼる。注意を要するのは，NAFTA関連FTA，EC関連FTA・日本2国間FTA等が，商品とサービスの貿易を同時にカバーするため，1協定で商品協定1件・サービス協定1件と2件に数えられることである。また新協定のほかに新メンバーの既存協定への加入関連協定も既存協定とは独立に1件と算定される。事前通報されたFTAは多数にのぼるが，大部分が一般理事会の2006年12月決定に基づくものであった。通報されなかったFTAは，中国関連FTAの一部にとどまる。

(2) 審査

GATT時代には27件の審査報告が採択されたが，WTO地域貿易協定委員会は審査報告を18件しか採択していない（表11-4）。WTOでの審査はほとんどが継続中であり，審査報告案は協定のWTO整合性について両論併記の体裁をとっている。WTOで審査対象とされたのは，先進国が当事国の一方となる商品・サービス貿易協定であり，授権条項によってカバーされる開発途上国間の協定は，WTOに通報されてもWTOルールとの整合性について十分な審査を受けていない。1992年にMERCOSUR（南米共同体）がGATT

表11-3 GATT/WTOへ通報された有効協定数（2009年1月）

	加入協定	新協定	計
商品貿易ＦＴＡ（GATT 24条）	2	130	132
商品貿易関税同盟（GATT 24条）	6	7	13
途上国間協定（授権条項）	1	26	27
サービス貿易協定（GATS 5条）	6	55	61
計	15	218	233

表11-4 GATT/WTOでの協定審査（2009年1月）

	授権条項	サービス貿易協定	商品貿易協定	計
審査未請求	3	16	26	45
事実審査未開始	3	6	36	45
事実審査中	1	15	23	39
事実審査終了	11	24	24	59
報告案協議	0	0	19	19
報告採択	1	0	17	18
報告なし	8	0	0	8
計	27	61	145	233

に通報されたとき，MERCOSURの審査作業部をGATT理事会に設置する提案がだされたが，最終的に，審査は理事会ではなく，貿易開発委員会（Committee on Trade and Development. CTD）に委ねられた。WTO発足後は，地域貿易協定委員会（Committee on Regional Trade Agreements. CRTA）で審査が行われることになった。しかし，途上国間の協定は，MERCOSURであれAFTA（ASEAN自由貿易協定）であれ，通報のみが行われ，協定の実質審査はいまだ行われていない。

協定の実施状況の審査も十分に行われていない。GATT 1994の24条解釈了解は，商品貿易協定の実施状況を定期的に物理理事会へ報告するよう定めたが，現実には報告例はない。サービス貿易協定となると，定期的な報告さえ要求していない。授権条項は，途上国間の協定の通報を定めるにとどまる。

第3節 地域統合の効果と新ラウンド

1 地域統合の効果

地域統合の効果は3つある。1つは貿易創出効果（trade creation）である。これは，地域統合の域内自由化により，国内取引が域内の他の構成国からの輸入によって代替されることを意味する。統合の前には，構成国の企業は自国内の高コスト産品（非効率的産品）を調達していたとしても，統合により他の構成国からの輸入関税がゼロになると，国産品に代えて，相手構成国からの低コスト産品（効率的産品）を輸入するようになる。統合による域内自由化は，国内取引の代わりに，構成国間の域内貿易を創出するのである。これは，統合のプラスの効果といえよう。

地域統合の第2の効果は，貿易転換効果（trade diversion）である。これは，経済統合による対外差別の強化によって，域外からの効率性の高い産品の輸入が域内の効率性の低い産品の貿易によって代替される効果をいう。域外産品は域内国の差別的関税に服するが，域内産品は特恵関税待遇を受けるため，貿易の流れは，域外貿易から域内貿易へ転換するのである。

日本はまさにこうした効果に着目して欧米の地域統合を批判してきた。日本のNAFTA批判を取り上げると，その骨子は，NAFTAの創設後，在米日系企業が域外（アジア諸国）から調達していた低価格部品が，域内の高価格部品によって代替されたことにあった。後述するようにNAFTAに進出した日本企業は，完成品についてNAFTA特恵関税を受けるため，NAFTA原産地規則に従って，部品の調達先を域外から域内に切り替えてきた。自由貿易地域の原産地規則は地域内の企業に域内部材を使用するよう強いることで，域外部材を排除する差別的効果をもつ。逆に地域統合の構成国は，域外部材に代替する域内部材を生産し，新しい域内部材産業を育成することができる。同じように，中国・ASEAN協定は，域外からのタイ向け輸出（米国林檎と豪州人参）が域内からの調達（中国からの林檎と人参の輸出）に転換する結果をまねいた。

第3に地域統合のうちとくに自由貿易協定は，貿易偏向効果（trade deflection）をうむ。FTAができても，FTA構成国はそれぞれ異なる対外関税率（MFN関税）を域外産品に適用することができる。これは，域外国に特恵ただ乗り（free-riding）のインセンティヴを与え

る。日メキシコFTAを例にとろう。FTAができる前は，中国企業が大量の機械部品をメキシコに輸出し高額のMFN関税を支払っていたとする。しかしFTAが成立すると，中国企業はメキシコへの直接輸出を停止するかもしれない。むしろ，おおかたの機械産品についてWTO無税譲許を行った日本に機械部品を輸出し，日本でその機械部品の微小加工品をつくるか組立品を完成して，それらを日本原産品としてメキシコに輸出するかもしれない。その狙いはFTA域内特恵関税へのただ乗りにある。貿易の流れは，対メキシコ直接貿易から日本経由のFTA域内貿易に偏向することになる。かりに中国部品が日本で十分な加工を受けなくても，日本での積替え時に虚偽のFTA特恵証明をうけ，メキシコの対外関税を迂回するおそれもある。むろん中国部品が日本で加工されFTA特恵資格をえるときは，貿易偏向による域内経由・間接輸出は，合法である。こうして，FTAは合法または非合法の貿易偏向効果を生みだすのである。FTA特恵原産地規則と証明検査手続が厳格なのは，非合法の貿易偏向・特恵ただのり・迂回に対処するためである。

2 新ラウンドと地域貿易協定

ドーハ第4回閣僚会議（宣言29）は，ドーハ開発ラウンドの課題として，「地域貿易協定に適用される現行WTO規定の規律と手続の明確化および改善」をあげた。ただし，この交渉は，「地域貿易協定の開発の側面」を考慮しなければならないとされた。これは途上国がWTOルール見直しによって地域統合の開発政策を制約されるのを危惧したためである。ラウンド交渉停滞の一因となった。

WTO紛争事例としてトルコ繊維事件［巻末表19-1］やカナダ自動車協定事件［巻末表4-5］がある。

3 地域貿易協定の評価

地域貿易協定の評価をめぐって論争が長期化している。

協定の推進派は，WTOレベルでの貿易障壁の残存を，地域レベルでの自由化により解消するメリットを指摘する。協定は一見したところWTOの無差別原則に反する。しかし，協定を第2次世界大戦前夜の差別錢経済ブロックとみることはできない。協定はかつてのブロックとは異なり，地域地域レベルの商品・サービス・知的所有権の自由化をすすめるだけではなく，WTO枠外の隣接領域で新しい形の統合手段と紛争解決を提供しているからである。俗にいうWTOプラス方式の導入である。端的にいえば，局地的な協定が結ばれれば結ばれるほど，世界的規模の自由無差別多角化レジームと隣接領域へのWTO活動の拡大がすすむ。21世紀初頭の現在，地域協定はWTOの無差別原則に対する例外を構成しても，それは過渡的な現象であり，究極的にはWTOに貢献することになる。

協定の推進派が将来の青写真をひろげるのに対し，協定の批判派は，むしろ現状分析に重きをおいている。地域統合の現況は，薔薇色ではない。第1に，WTOのFTA規定には重大なループホールがある。ひとつはFTAの自由化対象品目の限定である。自由化は協定国間貿易の全品目には及ばない。その範囲はHS品目数のほぼ90％をカバーすれば足りる。これは，協定諸国に自国センシティヴ品目の非譲許を許した。重要なのは，自由化の譲許品目の内容ではない。自由化されない非譲許品目の内訳である。これら非譲許品目は，日本の場合，主に農業・繊維・皮革関連産業に集中する。ひとたび自由貿易地域が10年を経て完成しても，これら聖域は特恵貿易の対象外におかれる。見方を変えれば，締約国は自由貿易協定の締結をつうじて自由化から遮断された鎖国領域を確立することができる。

さらに協定の自由化品目は，特恵無税を無条件に享受するわけではない。これら品目が輸入国の特恵をうけるためには，厳格なFTA原産地規則を満たさなければならない。ここに自由貿易協定の陥穽がある。しかもFTA原産地規則を最終産品が充足するためには，最終産品の製造過程で使用された部品の調達先（国内，協定相手国，第3諸国）・価額を最終生産者が管理し，そのための記録を保持し，さらに輸出国当局から最終産品が原産地証明書を獲得しなければならない。そして輸入国が証明書に疑いをもつときは，証明書の検査手続に従うことが要求される。その結果証明書に誤りがみつかると，輸入国は問題の輸入品への特恵待遇を拒絶することができる。したがって，FTA特恵の恩典にあずかるには，多大なコストを要する。最終生産者が部品の管理に要するコストは，部品調達先が多数にのぼったり，日々変更されたり，部品価額の内訳（国内調達部品・自社製部品・協定相手国部品・第3諸国部品）が確定しがたいときは，とりわけ高くつく。また輸出国の原産地証明の取得費用（政府の場合おおむね無料，商工会議所の場合は有料），証明書の検査手続きに付随する費用を勘案すれば，場合によっては，原産地証明なしに輸出して輸入国にMFN関税率を支払うほうがコスト面で有利となるケースもあろう。FTA特恵制度が発足しながら，日本の中小輸出者が特恵関税を諦め，原産地証明書の獲得におおむね無関心なのはこのためである。ちなみに日本商工会議所は特恵原産地証明のための設備投資を行ったが，投資額を回収できず，赤字を計上したこともある。また商工会議所は多様な輸出品目に関して，部品調達・製造工程・記録保持のノウハウに通暁していない。商工会議所は申請があれば，所定時間内に証明書を交付するが，それは盲判にひとしい。

第12部 紛争解決手続

[要約と視点]

要約

1 GATT紛争解決手続

GATTは裁判所をもたなかったため，加盟国の貿易規制措置がGATTに違反するかどうかは，独立の専門家からなるパネルの判断に委ねられた。パネルはGATTの実践過程で泥縄式に創設された紛争解決機関であり，パネルの報告はGATT理事会で採択されれば効力をもった。しかしパネル報告が採択されるためには敗訴国を含む全GATTメンバーの同意が必要とされたため，重要紛争の報告はいくどか敗訴国の拒否権によってブロックされた。また報告は採択されても，その実施を実効的に監督するメカニズムがGATTにはなかった。

2 WTO紛争解決手続

WTOはGATT手続の欠陥を克服するため，パネル報告に対する上訴制度を創設し，パネル報告や上級委員会報告の採択手続としてネガティヴ・コンセンサス方式を採用した。紛争解決機関が報告を採択し，敗訴国に報告の実施を勧告すると，敗訴国は報告の実施を半ば強制されるメカニズムも導入された。敗訴国が報告を無視してWTO違反を継続すると，勝訴国から制裁を受けるからである。それゆえ，敗訴国は違反措置をWTOに整合させることを強いられるのである。WTOはこの点でGATTにはなかった牙をもったといわれる。

視点

GATT/WTOの紛争解決手続をみるときは，経済摩擦がどのような要因から生じているのか，またWTO手続は一般国際法の紛争解決制度とどのように違うのかに着目する必要がある。

1 経済摩擦の発生と要因

国家間の経済摩擦は，以下の要因から生じている。

(1) 企業間紛争から生ずる政府間摩擦

世界の経済・貿易摩擦のおおかたは，企業間紛争から政府間紛争に発展してきた。たとえば，日米の競争者間の争いが日米政府間紛争に発展した例として，写真フィルムのシェアをめぐる富士写真フィルムとコダック社の紛争，電子タイプライターの市場争奪に関するスミスコロナ社（Smith Corona）と日本ブラザーの紛争，TV市場に関する松下とゼニス社（Zenith）の紛争，カナダ自動車市場の米国ビッグ3と日系自動車メーカーのあいだの紛争，コンピュータの政府調達をめぐるクレイ（Clay）と富士通・日本電気の紛争がある。また日ECの競争者間の争いが日EC摩擦に発展した例として，家電製品（コンパクト・ディスク・プレーヤー等）に関するオランダ・フィリップスと日本企業のあいだの争い，複写機をめぐるゼロックス（Xerox）とリコー・キャノンの争いがある。さらに米EUの競争者間の争いが米EU摩擦に発展した例として，ラム酒商標をめぐる米国バカーディ（Bacardi）とフランス企業の争い［巻末表20-19］，航空機業のEUエアバスと米国ボーイングの紛争等［巻末表9-23, 9-24, 20-57, 20-58］がある。企業間紛争が容易に国家間の紛争に転化するのは，政府が，自国企業の訴えに耳をかして外交的保護権に基づき相手国政府に国際請求を行うことが国際法上許されているからである。

(2) 企業対政府紛争から生ずる政府間摩擦

国家間摩擦はまた企業対政府の紛争からも生ずる。とくに輸入国が国内産業を保護するためにとる保護主義措置は，輸出企業に経済損失をもたらし，輸出国政府との間に紛争をうむ。それは，輸入国の差別的内国税（欧米酒造産業を差別した日本酒税事件Ⅰ・Ⅱ），差別的輸入制度（ラテンアメリカバナナ企業を差別したEUバナナ事件Ⅱ・Ⅲ），差別的輸入免税措置（米系自動車メーカーに有利で日EU自動車メーカーに不利な輸入関税措置），通商政策措置（ダンピング防止措置，相殺措置，セーフガード措置等）についていうことができる。

(3) 国家政策の衝突から生ずる政府間摩擦

国家が国内の環境保全・安全性・公衆衛生・投資保護・安全保障等のためにとる政策は，国ごとに異なっている。これら国家政策は，保護主義的な意図をもたなくても，国ごとに多様に異なっているため，ひつぜんてきに政府間の摩擦をうんできた。輸出国では合法的に販売されている食品（ホルモン飼育牛肉，遺伝子組換え作物，果実・野菜）が輸入国の安全基準を満たさずに輸入を阻止され，政府間摩擦をうみだす例はすくなくない（EUホルモン牛肉事件，日本リンゴ事件Ⅰ・Ⅱ，EU遺伝子組換え体事件）。また投資摩擦や移転価格税摩擦が絶えない。

(4) 産業格差や経済格差から生ずる摩擦

北北摩擦（4大貿易諸国間のダンピング・補助金・セーフガード・知的所有権紛争），南北摩擦（EU・インド間，カナダ・ブラジル間航空機）のほか，南南摩擦（開発途上国と後発開発途上国との格差）もある。これら摩擦は増加の一途をたどっている。

2 WTOと一般国際法の紛争解決手続

(1) 一般国際法の制度

一般国際法上の紛争解決制度（国際紛争の平和的処理方法）は，紛争当事国間の協議手続と第三者の介入手続に大別される。第三者介入手続は，判決手続をともな

第12部　紛争解決手続

表12-1　国際紛争解決手続の比較

		一般国法法の手続		WTOの手続	
協議		協議		協議	
第3者介入・平和的解決	裁判手続	国際司法裁判所 国連海洋法裁判所 国際刑事裁判所 仲裁裁判		司法手続	パネル・上級委員会手続 仲裁（実施期間仲裁，報復規模仲裁） 紛争解決機関の報復許可
	非裁判手続	周旋（便宜提供） 仲介（実質問題の解決提案） 調停		非司法手続	周旋（斡旋） 調停 仲介
国連機関の介入	非強制的措置	同意原則に基づく国連平和維持活動（PKO国連軍）			
	強制的措置	安全保障理事会（平和脅威・平和破壊・侵略行為の認定，暫定措置，非軍事的措置，軍事的措置） 総会（1950年「平和のための結集決議」）			

うかどうかで，裁判手続と非裁判手続に分けられる。裁判手続は，紛争当事国を法的に拘束する義務的判決によって紛争を解決する制度であり，非裁判手続は，非拘束的な手段によって紛争を解決する制度をさす。

裁判手続は，司法裁判と仲裁裁判に分かれる。司法裁判は，第2次大戦後，常設的な国際司法裁判所によって行われてきた。しかし，国連海洋法条約の発効（1994.11.16）にともない，国連海洋法裁判所が設立された。また2003年から個人の国際犯罪を裁く国際刑事裁判所も設立された。

他方，非裁判手続は，第三者介入の形態におうじて，周旋 (good offices)，仲介 (mediation)，調停 (conciliation)，国連機関の介入，地域的機関・地域的取決めの利用に分けられる。周旋は，紛争について一定の影響力をもつ第三者（第3国の大統領，国連事務総長等）が，紛争当事国の交渉をそくしんするため協議の開催地や施設を提供することをさす。たとえば国連事務総長は戦後の領域紛争を解決するためさまざまな便宜を提供してきた。また古くは，米国が日露戦争を解決するため交渉地（ポーツマス）を提供した例もある。仲介は，周旋よりも一歩すすんだ第三者介入の形態である。仲介手続では，第三者は紛争当事国に対し実質問題を解決するための具体的な提案を行うことができる。仲介の例として，米国カーター大統領がエジプト・イスラエル間の紛争を解決するため行ったキャンプ・デーヴィッド合意がある。なお仲介者の提案は原則として非拘束的であるが，レインボー・ウォリアー号事件で国連事務総長が行った仲介裁定は例外的に当事国間の合意により拘束力をもった。調停は，中立の国際調停委員会が行う。調停委員会は，紛争の事実関係を明確にし，紛争当事国の見解を聞いたうえで，紛争解決のための提案を調停報告書にまとめる。しかし，調停の提案は勧告どまりであって拘束力をもたない。国連機関の介入は，機関別にみると安全保障理事会と総会による解決に分かれ，活動別にみると紛争の平和的解決（国連憲章6章），平和維持活動（俗称・国連憲章6章半のPKO国連軍），平和強制（国連憲章7章の強制措置）に分かれる。さらに地域的機関の平和的解決と強制行動も国連憲章に規定されている。

(2) WTOの制度

WTOの制度も協議と第三者介入手続に分けられる。第3者介入は，パネル・上級委員会や仲裁といった準司法機関の手続と周旋・調停・仲介という非司法手続から成る（表12-1）。WTO手続が一般国際法の手続と異なるのは，国際紛争のうち経済摩擦のみを扱い軍事摩擦を扱わないこと，したがって平和的紛争処理に尽きることである。

3　国際司法裁判所とWTOパネル・上級委員会の比較

(1) 国際司法裁判所

国際司法裁判所 (International Court of Justice. ICJ) は強制的な裁判管轄権をもたない。それは国家の合意を基礎とする任意管轄権をもつにとどまる。たとえば国家は一定の法律的紛争（条約の解釈，国際法上の問題，国際義務違反，損害賠償の性質と範囲）について裁判所の管轄を任意に受諾することを宣言することができる（国際司法裁判所規程36条2の「選択条項」または「任意条項」制度）。このような受諾宣言を行った国のあいだで，紛争が発生すると，国際司法裁判所は一方の国の請求を受けて裁判を開始することができる。しかし，受諾宣言を行った国の数は2006年7月現在で国連加盟国数192のうち67にとどまる。しかも国連安全保障理事会で拒否権をもつ5大国のうち，宣言を行っているのは英国1国を数えるにすぎない。また受諾宣言を行っている国は，宣言の有効期間を限定したり，受諾にさまざまな留保をつけている。留保により，受諾宣言国は，受諾対象となる紛争の範囲から特定の紛争（国内事項紛争，国防安全関連紛争，一定期日前の紛争，武力紛争，

領域紛争）を除外することができる。たとえばインドやマルタは武力紛争や領域紛争を受諾対象から除いている。またメキシコ等5カ国は自国の判断で国内事項とみなす紛争を受諾の対象外としている。紛争が国内事項に属するかどうかを国際法に委ねずに自国の裁量にあずけるのである。こうしたいわゆる自動留保は裁判所の強制管轄権を最初から受諾しないのといささかも異ならない。

国際司法裁判所の紛争解決事例もけっしておおくはない。1946年（コルフ海峡事件）から2006年7月までの60年間に136件の紛争が裁判所に付託された。しかし，じっさいに本案判決がだされたのは三十数件に満たないのである。

(2) WTOパネル・上級委員会

WTOのパネルと常設上級委員会は，加盟国の一方的付託で審理を開始することができる。パネル・上級委員会の報告はひとたび紛争解決機関によって採択されると，紛争解決機関の勧告は事実上の半強制力をもつ。敗訴国は勧告を実施しないと，WTOの許可のもとに勝訴国は敗訴国に対して報復を課すことができるからである。

4 FTA紛争解決手続

FTAの紛争解決手続は多様化している。これが世界的規模の紛争解決手続の断片化（fragmentation）を促進している。

(1) NAFTA分層解決手続

NAFTA手続とWTO手続の間には，強い相関関係がある。両者はともに自己完結型ではない。また両者は起草者が想定できなかったほど，重複している。

NAFTAは7種類の紛争解決手続を備えた。まず，締約国の一方がNAFTA違反措置をとり，そのけっか他方の利益を無効化・侵害するとみなされる場合，被害国はWTOタイプのNAFTAパネル手続を開始することができる（20章）。またはNAFTAパネル手続を避け，WTO紛争解決手続を選ぶこともできる。カナダ雑誌事件はその典型例であり，米国はWTO手続を求め勝訴した。そのけっか，NAFTA 20章に基づくパネル件数（Broomcorn Brooms from Mexico等）は停滞している。

その他，金融サービス分野固有の紛争処理手続（14章），ダンピング防止税・相殺関税決定を裁く2国間パネル手続（19章），投資紛争を処理するための手続（11章B），WTOへの紛争付託手続（2002条），仲裁その他紛争解決手続（2022条），私人が提起できる紛争解決手続（環境労働協力サイド協定. Side Agreements on Environment and Labour）がある。

NAFTAの画期性は，国家間紛争のほかに私人対国家の紛争を解決するツールを備えていることにある。それは私的投資者対国家の紛争（11章B），ダンピング防止税・相殺関税決定を扱う2国間パネル判断に対する私人の控訴権（19章），サイド協定に基づく調査手続への私人による紛争付託権に端的にあらわれている。のみならず，ダンピング防止税・相殺関税を処理する2国間パネルは課税当局に事案を差し戻す（remand）ことができる（19章）。そして当局の決定が課税対象企業を満足させないときは，当局は事案を再度，2国間パネルに付託しなければならない。

(2) 日ASEAN包括協定のN紛争解決手続

日ASEAN間の包括協定は日本といずれかのアセアン加盟国の間に紛争が生じたときは，紛争当事国が合意により選ぶ紛争解決手続が適用されると定めた。したがって，日本とアセアン加盟国は，日ASEANメンバー国間の個別2国間協定が定める仲裁裁判所（Arbitral Tribunal）かWTOのパネル・上級委員会手続のいずれかを選択することができる。二者択一の方法がとられ，両者の手続に訴えることはできない。

(3) WTO手続とFTA手続の相関関係

FTAが締約国に紛争解決手続としてWTO手続とFTA手続の選択を許す場合，両者はいかなる優劣関係に立つのか。この関係はFTAごとに異なる。

おおかたのFTAは，紛争当事国が最初に選択した手続に優位性を認める。NAFTAや日本のFTAもこれに倣う。

また他のFTAは，欧阿のFTAにみるように，WTO手続とFTA手続の選択を認めるものの，両者の優劣関係については沈黙している。

EUチリFTAのみはWTO手続の優位性を明記した。

第1章
GATT紛争解決手続

GATT時代の紛争解決手続とその欠陥および特徴を概観してみたい。WTO手続はGATT手続の反省をふまえて誕生したからである。

第1節　GATT本体と東京ラウンド協定の手続

GATTの紛争解決手続は，GATT 1947の本体（第22条・第23条）と東京ラウンド協定にバラバラに規定されていた。WTOは後述するように紛争解決了解という文書のなかに手続を一本化したのである。

1 GATT本体の手続

(1) GATT本体と補足文書

　GATT本体の紛争解決規定（22条, 23条）はあまりにも簡略であったため，締約諸国は，さまざまな補足文書を採択した。それらは，通告・協議・紛争解決・実施監視に関する1979年了解，紛争解決手続に関する1982年閣僚決定と1984年決定，GATT紛争解決手続の改善に関する1989年決定，開発途上国と先進国間の紛争に関する1966年決定である。GATT本体手続の中核をなすパネル手続は，実はこれら補足文書のなかに定められた。GATT本体はパネルに言及していなかったからである。GATTは，このように，簡略な手続規定と，慣行に基づく補足文書を用いて，政府間の貿易摩擦に対処したのである。

(2) GATT本体と補足文書の紛争解決手続

　GATT本体と補足文書が定めた紛争解決手続は，(i) 協議，(ii) パネル審査，(iii) パネル報告の採択とGATT勧告，(iv) 勧告の実施と監督，(v) 報復と脱退手続に分かれた。

　(i) 協　議

　紛争はまずGATT 22条に従って協議に委ねられた。協議は紛争当事国間の政府間交渉であり，伝統的な紛争解決手続である。GATTの実行では，紛争のおおかたは2国間協議によって解決された。

　(ii) パネル審査

　協議で紛争が解決できないときは，3名（5名のときもあった）の専門家から成るパネルという第3者機関が設置され，パネルが国家措置とGATTとの整合性を判断した。初期には同じく専門家から成る作業部会（Working Party）も第3者機関として紛争の解決にあたった。

　(iii) パネル報告の採択とGATT勧告

　パネルの判断は報告（Panel Report）の形にまとめられ，GATTの締約諸国団に送付され，審議・採択に付された。締約諸国団として活動するGATT理事会は，パネル報告を採択すると「適当な勧告」を行った。勧告の内容は，国家措置の内容におうじて異なった。措置が行政行為であるときは，行政行為をGATT規定に合致させるよう勧告が行われた。措置が国内法規であるときは，行政機関にGATT違反行為をとることを義務づける「強制法」だけがGATT違反と判定され，法律改正が勧告された。しかし措置が行政機関にGATT違反行為をとることを許可するにすぎない「任意法」はそれだけではGATT違反とならず，法律改正は勧告されなかった。こうしたいわゆる強制法・任意法理論はWTOでもひきつがれている。

　(iv) 勧告の実施と監督

　敗訴国はGATT勧告を所定期間内に実施するよう要請された。GATTは勧告の実施を確保するため，実施を多国間の監視（multilateral surveillance）のもとにおいた（1979年了解）。またGATT理事会は，定期的に実施措置を審査し，さらに敗訴国は妥当な期間内に実施措置について報告し，また勧告を実施できない理由をのべるよう要請された（1982年決定）。敗訴国が勧告の実施について状況報告（status report）を理事会に提出する制度も新設された（1989年決定）。

　(v) 報復と脱退

　敗訴国がGATT勧告の実施に失敗するときは，さいごの手段として勝訴国による敗訴国に対する報復がとられた。勝訴国は敗訴国に対し差別的な報復措置をとることができた。しかしこの報復は所定の条件を満たさなければならないとされた（GATT 23.2条）。第1に，報復はGATT理事会により許可されなければならず，一方的報復は禁止された。第2に，報復は，敗訴国によるGATT違反措置（正当化されない輸入数量等）の継続が報復を許すのに十分なほど重大でなければならなかった。第3に，報復の程度は，締約諸国団が状況に照らして適当（appropriate）と認めるものに限定されることも要求された。もっとも，GATT 19条が定める「セーフガード措置に対してとられる対抗措置」が，セーフガード措置と実質的に「同等」でなければならないのと対照的に，報復措置は，敗訴国の違反措置と同等である必要はなく，ただたんに適当な程度のものであればよいとされた。第4に，報復措置は，敗訴国に対する譲許その他の義務の停止の形をとることも条件とされた。したがって報復措置は，敗訴国産品のみに対する関税引上げや利益停止等の形態をとることとなった。

　ひとたび報復がとられると，敗訴国は，報復措置がとられたのち60日以内に，GATTからの脱退を締約諸国団に書面により通告することができた。脱退は通告の受理後60日後に効力を生ずるものとされた（GATT 23.2条）。

2 GATT東京ラウンド協定の紛争解決手続

　GATT締約諸国のなかの一部諸国が任意に受諾した東京ラウンド諸協定（ダンピング防止協定，補助金相殺措置協定，技術的障壁協定，関税評価協定，政府調達協定等）は，GATT本体の手続とは異なる手続を採用した。このような一貫しないアプローチはGATT手続の弱点の1つとなった。

(1) GATT本体手続とダンピング防止協定手続の関係

　東京ラウンドのダンピング防止協定（15条脚注14）は，協定の適用から生ずるダンピング関連の紛争に関しては，協定メンバー国が，GATT本体の手続に訴える前に，協定上の手続を完了するよう求めた。同様に，関税評価協定も技術的障壁協定も，協定手続をGATT本体手続に優先させることを定めた。しかし，慣行では，これら協定手続の優先は，奨励的性質をもつにとどまり，義務的ではないことが慣習法的に確認されていた。それゆえ，日本は，EUの迂回防止措置に対してGATT提訴を行ったとき，ダンピング防止協定の手続をとらず，GATT 23条の手続に訴えた。

(2) ダンピング防止協定の紛争解決手続

協定は3段階の紛争解決手続を定めた。

(i) 協　議

ダンピング関連の紛争はまず関係国間の協議に委ねられる。

(ii) ダンピング防止委員会の調停 (conciliation)

協議が合意解決をもたらさず，輸入国が確定ダンピング防止措置をとるか，または輸出者からの価格（引上げ）約束を受諾するときは，紛争当事諸国は，紛争を協定上のダンピング防止委員会の調停手続に委ねることができる。委員会が3カ月以内に詳細な審査ののち合意解決を形成できなかったときは，紛争当事国の一方の要請により，パネルが委員会によって設置される。

(iii) パネル手続

協定上のパネル手続とGATT本体のパネル手続は峻別された。両者は相互に独立のものとみなされた。それゆえ，ひとたび，協定メンバー国が協定手続ではなくGATT本体のパネル手続に訴えると，提訴国は協定上の調停・パネル手続を援用する権利を喪失した。日本がEC迂回防止税事件でGATT本体のパネル手続を開始したとき，この開始後，協定上の調停手続も始動させようとした。しかし日本はひとたびGATT本体手続を開始したため協定の調停手続に訴える権利を否定された。

協定上のパネルが設置されると，パネルは審査ののち報告を作成し，この報告は委員会の採択に委ねられた。

3　GATT時代の慣行

GATT時代の紛争解決事例は，総計220件を数えた。これらはGATT 23条に基づく事例197件とGATT東京ラウンド協定に基づく事例23件に分けられる。

(1) **GATT 23条に基づく紛争解決事例** (197件)

1948年から1994年末までにGATT 23条のもとで197件の紛争が締約国団に付託された。197件のうち，99件は，パネル報告の作成段階にいたらなかったケース（すなわち協議後パネル設置にいたらなかった場合とパネルは設置されたものの提訴が撤回されけっきょくパネル報告の作成にいたらなかった場合）であった。他方，残り98件はパネル報告（または作業部報告）が作成され締約諸国に送付されたケースである。これら98件のうち，81件でパネル報告が締約国団のコンセンサス方式により採択された。しかし，他の17件ではパネル報告は敗訴国の拒否権により未採択とされた。

(2) **GATT東京ラウンド協定に基づく紛争解決事例**
(23件)

GATT時代の紛争のうち，補助金相殺措置事件，ダンピング防止措置事件および政府調達事件のいくつかは，GATT東京ラウンド協定の特別紛争解決手続に委ねられた。GATT時代の補助金相殺措置事件25件のうち，12件はGATT 23条手続に13件は東京ラウンド特別手続に付託され，またダンピング防止措置事件10件のうち，3件はGATT 23条手続に7件は東京ラウンド特別手続に付託された。政府調達事件3件はすべて東京ラウンド特別手続に付された。GATT 23条のもとではパネル報告は締約国団の全会一致により採択されたが，東京ラウンド協定のもとではパネル報告は協定によって設置された関連委員会（補助金相殺措置委員会[SCM Committee]，ダンピング防止措置委員会[ADP Committee]，政府調達委員会[GP Committee]）の全会一致により採択された。したがってGATT 23条のパネル報告と同様，東京ラウンド協定に基づくパネル報告も敗訴国の拒否権にあえば未採択となった。

(i) GATT補助金相殺措置協定に基づくパネル報告
(13件)

補助金相殺関税協定に基づき13件の紛争が補助金相殺措置委員会に付託された。委員会により採択されたパネル報告は6件，敗訴国の拒否権のため未採択となった報告は7件であった。なお補助金事件のうち著名な数例（米国DISC税法，オーストラリア硫酸アンモニウム補助金，EEC油糧種子補助金等）は上記GATT 23条手続に基づいて締約国団に付託された。DISC事件はWTOのもとで外国販売会社事件 (FSC) にひきつがれた。

(ii) GATTダンピング防止協定に基づくパネル報告
(7件)

GATTダンピング防止協定に基づき7件の紛争がダンピング防止措置委員会に付託された。3件のパネル報告が委員会により採択され，残り4件の報告は敗訴国の拒否権にあって未採択となった。なおGATT 23条手続に委ねられたダンピング防止事件として，スウェーデン・ダンピング防止税，ニュージーランド・フィンランド産変圧器，EEC迂回防止措置の3件がある。

(iii) GATT政府調達協定に基づくパネル報告 (3件)

GATT政府調達協定に基づき3件の紛争が付託された。うち2件のパネル報告は政府調達委員会によって採択された（ノルウェー・トロントハイム市料金徴収施設事件を含む）。他の1件は敗訴国のブロッキングにより未採択となった。

第2節　GATT紛争解決手続の欠陥

GATT時代の紛争解決手続はつぎに列挙する多様な欠陥をかかえていた。

1 パネル設置の遅延とブロッキング

パネルの設置が，被告政府の抵抗により遅延することがしばしばであった。またパネルの設置が理事会（締約諸国団の代わりに機能した全メンバー国から成る機関）のポジティヴ・コンセンサス方式によったため，被告政府が反対すればパネルは設置されなかった。

2 パネル手続の遅延とブロッキング

パネルはひとたび設置されても、手続を遅延され、また報告採択をブロッキングされた。

(i) 手続の遅延

パネリストの選定、付託事項の確定、パネル審議の非透明性（非公開の審議と議事録の欠如）、採択手続の遅延といった手続上の欠陥があった。パネル採択手続が遅延された例として、パネル報告の締約国への送付後数年ののちに採択された米国所得税法事件（DISC）とベルギー・オランダ・フランス所得税慣行事件がある。米国所得税法事件パネル報告は、1976年11月に送付され、5年後の1981年12月に採択された。

(ii) 報告採択のブロッキング

パネル報告の採択がポジティヴ・コンセンサス方式に委ねられ、数おくの報告が被告政府のブロッキング（拒否権）により否決された。コンセンサスは、全会一致とは異なり、メンバーの欠席または棄権があっても、成立した。しかし、コンセンサスは全会一致と同様、敗訴国の拒否権を許した。なぜならば、GATT理事会でのパネル報告採択には、敗訴国も出席する権利をあたえられたからである。

GATT本体のパネル手続の場合と同様に、東京ラウンド協定のパネル手続の場合も、パネル報告の採択は、協定によって設置された関連委員会（補助金相殺措置委員会、ダンピング防止措置委員会、政府調達委員会）のコンセンサスに委ねられた。それゆえ、東京ラウンド協定に基づくパネル報告も敗訴国の拒否権にあえば未採択となった。

GATT時代に拒否権を行使してパネル報告の採択をブロックしたのは、米国（米国・スウェーデン産ステンレス鋼管事件、米国・スウェーデン産ステンレス鋼板事件、米国・音波探知地図システム政府調達事件、米国・英仏独産有鉛熱延鋼相殺関税事件）、EC（パスタ輸出補助金事件、地中海柑橘類課税事件、EC加盟国バナナ輸入制度事件、ECバナナ輸入制度事件等）、カナダ（EC産牛肉相殺関税事件）であった。

3 パネル報告の内容

パネル報告は内容からみてすくなからぬ批判を浴びた。

(i) 中立性・客観性の欠如

初期の慣行（1979年了解附属書）では、パネリストはおおかた本国政府の職員から選任されていた。このため、パネリストは政府の指示を受けずに中立の立場で行動するよう求められた（1979年了解）。しかし、パネル報告の内容はときに中立性・客観性を欠くとの批判を受けた。もっとも1984年決定により「非政府パネリスト登録制度」（roaster of nongovernmental panelists）が導入され、1989年決定で登録制度が改善されてからは、パネル報告の中立性に関する批判はしだいに影を潜めた。パネリストは、登録者のなかから紛争当事国によって示唆され、GATT理事会が事務局長との協議のうえ合意により選任するようになったからである。GATT仲裁人が紛争当事者によって指名されたのと異なり、パネリストはGATTが非政府専門家のなかから選任される手続が定着したのであった。

(ii) パネル報告の質

過去のパネル報告のなかには、理論展開が不十分であり、また先例との整合を欠くものがみうけられた。たとえばスペイン・大豆油国内販売措置事件や米国・自動車用スプリング輸入事件では、パネル報告は将来再検討に委ねるとの合意のもとに理事会により未採択とされた。しかしながらパネル報告のおおかたは、先例に明るいGATT事務局法律部の補佐のもとに作成されたため、高い質を誇り、WTOパネル手続でも先例として引用されている。

(iii) 国家主権の尊重

GATTパネルは国家主権の尊重（deference）に重きをおいた。初期の段階からすでにパネルは、行政当局の措置を尊重し、措置を合法とする判断をくだした（1951年の米国セーフガード措置事件等）。そののち、パネルは、とくに国家のダンピング防止措置に関して、ニュージーランドや韓国の措置をGATT違反と判定したものの、米国の大西洋鮭ダンピング防止税・相殺措置事件では、米国の措置をGATT整合的とみなした。パネルは、米国最高裁判所のシェヴロン（Chevron）判決理論にならって、司法当局による行政当局への配慮を行ったのである。

(iv) 救 済

パネルはたとえ国家措置をGATT違反と判定しても、救済措置として、違反国に現状回復や金銭賠償を求めなかった。パネルが予定した救済措置は、措置を将来に向かってGATTに整合させることであった。このため、GATTに違反して国家がダンピング防止税や相殺関税を課した場合でも、違法に課された税が輸入者に返還されたわけではない。少数の事例でパネルは、違法なダンピング防止税の返還を救済措置として予定し、GATT理事会はパネル報告にそって税の返還を勧告したが、課税国（とくに米国）は勧告を実施しなかった。

4 GATT勧告の実施遅延と不十分な実施

パネル報告がGATT理事会により採択され、理事会が勧告をだしても、勧告が敗訴国によって迅速に実施された例はすくなかった。勧告の実施が不十分であると批判された例として、日本・農産物12品目輸入制限事件、EC迂回防止税事件、日本酒税事件Ⅰ、EC油糧種子補助金事件、米国1930年法337条事件、カナダ・アイスクリーム・ヨーグルト輸入制限事件等がある。

5 報復許可と一方的報復

報復はGATT時代に数回にわたって検討されたことがあったが、実際に報復措置がGATTにより許可されたのは1件にとどまる。それは米国の酪農品の輸入制限措置に対するオランダの報復である。締約諸国団は、米国による輸入制限が、GATTに整合せず、他国の報復を受けるに十分なほど重大であると認定

し，1952年，オランダに報復措置を許可した。この報復は，米国産小麦粉の輸入に対する数量制限という形式をとった。報復許可の表決に，米国とオランダは欠席し，表決が成立した。しかし実際にはオランダは対米報復措置をとらなかった。それは，対米報復をしても，米国側の酪農品輸入制限を撤回させる効果をもたないと，オランダが判断したためであるとされている。

5件のケースでは報復が討議されたが，GATT理事会は報復を許可するためのコンセンサスを形成できなかった。報復許可の表決にも，報復を受ける国が参加したためである。これらは，フランス数量制限事件，米国砂糖含有製品事件，米国スーパーファンド法事件，カナダ・アルコール飲料事件，EU油糧種子事件であった。

他方，GATTの許可なしに一方的に報復措置がとられた例がある。EC柑橘類事件で，パネルはECに不利な判断を形成した。ECはパネル判断がパネル先例（非違反申立）に合致しないとしてパネル報告の採択をブロックした。米国は1985年6月，EC産パスタに対する輸入関税をひきあげることで一方的な対EC報復措置をとった。同様にECパスタ輸出補助金事件でも，ECがパネル報告の採択をブロックしたため，米国は対EC制裁を一方的に発動した。米国の制裁に対しECも一方的に対米対抗措置をとった。他方，EC・ホルモン牛肉技術的障壁事件（GATT時代のホルモン牛肉事件）では，パネルが設置されたあと，ECが1989年，ホルモン処理牛肉の輸入を制限したため，米国が対EC報復措置を講じた。

これら一連の一方的措置は，GATT紛争解決手続の限界を示したものといえる。

第3節　GATT手続の特徴

GATTの紛争解決手続を概観して明らかなように，GATT手続はつぎの要素によって特徴づけられていたということができる。

1　協議と準司法的審査の2面性

GATT手続は，政府間協議とパネルによる準司法的審査という2つのメカニズムからなりたっていた。言葉を換えれば，GATTは，伝統的な紛争解決手続である協議と準司法的なパネル審査の2面性をそなえていた。この意味で，パネルは，古代ローマの2面神ヤヌス（Janus）に似ている。見落とせないのは，GATT手続で果たした協議の役割である。協議は，パネル設置に先だって行われたが，パネル設置後も，またパネル報告がGATT理事会によって採択され理事会が勧告をだしたあとも，協議は継続された。そして協議段階で紛争が解決された例とパネル段階および勧告実施過程で協議により紛争が解決された例は，GATTの慣行のなかで過半を占めるのである。GATTがこのように準司法的審査のほかに協議を予定し，紛争は可能なかぎり当事国間で解決させようとする方針をとったことは，GATTの功績の1つに数えられている。GATT手続が欠陥をもったことは事実だが，その反面，ヤヌス的メカニズムによって柔軟な紛争解決を導いたことも評価しなければならない。

2　準司法審査の限界

GATTのパネル報告はそれ自体では拘束力をもたない。パネル報告は理事会によって採択され，理事会が報告にそって敗訴国に勧告をださなければ，報告の内容は実施されない。このため，パネル報告は，国際司法裁判所の判決がそれ自身で拘束力をもつのと異なっている。パネルは裁判所ではなく，あくまでも国家措置とGATTルールとの抵触の有無を判断する準司法的審査機関にすぎないのである。

しかもパネル報告に基づく理事会勧告も，厳密な意味での法的拘束力を欠いた。第1に，勧告の実施に対するGATTの多国間監督はルースであった。それはGATT時代の紛争（ECバナナ事件I・II，日本酒税事件I，ECホルモン牛肉技術的障壁事件，米国所得税法事件，米国有鉛棒鋼相殺措置事件等）が，WTOのもとでようやく解決の糸口をみいだした事実にあらわれている。第2に，敗訴国による勧告の不実施に対して，GATTが勝訴国に報復を許可することも，コンセンサス方式のもとでは非現実的であった。要するに，GATT時代には，GATTルールの違反国に違反を是正させる仕組みを欠いたのである。逆にいえば，ルールはいくつかの事例では拘束力をもたなかった。ルールは破られても，ルールの遵守を違反国に強制する仕組みがなかった。一部の識者の言葉を借りれば，GATTルールは国家が守るべき憲法規定といった性格ももたなかったのである。

さらにGATTパネル報告にあらわれた国家主権の尊重もパネル審査の限界を示したといえなくもない。

第2章
WTO紛争解決手続の新機軸

WTOは，GATT手続の原則を維持しつつ，GATT手続の欠陥を是正するためいくつかの新機軸

を導入した。

第1節　GATT 手続の原則の維持

1　GATT 手続の基本原則の踏襲

WTO の統一的な紛争解決手続を定めた「紛争解決了解」(Dispute Settlement Understanding. DSU) は，WTO 加盟国が従来の GATT 手続の基本原則を踏襲すべきことを定めた (3.1条)。これら基本原則は，GATT 本体 (22条, 23条) の手続運用原則とその補足文書からなりたっていた。そして，補足文書のうち，とくに1979年了解と1989年決定の重要規定は，紛争解決了解のなかに移しいれられた。

また GATT の関連するパネル判例法も WTO 手続のなかで有益な資料とされる。WTO 設立協定 (16.1条) は，別段の定めのないかぎり，GATT (締約諸国団，東京ラウンド協定委員会等) のもとでの決定・手続・慣行が WTO の指針となることを定めたからである。このため WTO のパネル・上級委員会報告は，GATT パネル報告を採択・未採択を問わずに引用し，解釈している。未採択の GATT パネル報告のなかで WTO によって引用されたものには，バナナ事件 I，バナナ事件 II，米国スーパーファンド事件，EC オーディオカセットテープ事件，EC 油糧種子事件等がある。

2　国家主権の尊重

WTO は GATT 1947と同様，国家主権への配慮を忘れなかった。紛争解決了解 (3.2条) は，WTO 紛争解決手続が多国間貿易制度に安定と予見可能性をあたえる中枢となるとのべたあと，WTO 機関の協定解釈権に条件をつけた。

これによると，協定の解釈は，WTO 協定の権利義務に変更をくわえてはならないとされる。したがって，WTO 紛争解決機関 (DSB) がパネル・上級委員会報告を採択してくだす勧告は，WTO 協定の権利義務になにかを追加したり減少してはならないとされる。この規定のねらいは，パネル・上級委員会が協定を自由に解釈し，WTO ルールをダイナミックかつ建設的に発展させる試みを制約することにあった。国際組織の解釈によって国家主権が縮小されるのを，主要国が警戒したのである。

こうした国家主権への配慮は，後述するようにダンピング防止分野でもとられた。WTO ダンピング防止協定 (17.6条) は，パネルによる措置の解釈に関して審査基準をもうけ，パネルが一定の条件のもとに行政当局の措置を尊重するよう求めたからである。

3　協議・準司法審査の2面手続

WTO は GATT 時代の協議・準司法審査の2面手続をひきついだ。WTO の協議はパネル設置後も柔軟に援用することができ，紛争解決手段としての重要性を失っていない。加盟国の交渉は，じっさいパネルへの付託事項，パネリストの選定，パネルが遵守すべき原則の確定，パネル報告の中間審査 (interim review of draft panel report) にみいだされる。

ただし，紛争解決了解 (3.2条) は，WTO 協定の解釈が，国際法上の慣習的規則，すなわち条約法に関するウィーン条約に従って行われるべきことを定め，パネルの準司法的審査手続を助長した。WTO のパネルと上級委員会は，WTO 協定をウィーン条約法条約に従って行っており，条約法条約の解釈に関する判例法が形成されている。

第2節　WTO 紛争解決手続の新機軸

新機軸は，実体面・手続面・機構面のものに大別される。

1　実体面の新機軸

(1) 紛争解決手続の一本化と紛争解決了解の採択

WTO が GATT 手続の欠陥を克服するため断行した改革の1つは，紛争解決手続の一本化であった。GATT の紛争解決手続は GATT 本体 (22条, 23条) の手続と東京ラウンド諸協定の手続に分散されていた。これらは，手続の詳細と加盟国の範囲が異なり，また両者の相関関係と効果も明確ではなく，国家間の摩擦をひきおこした。

WTO は，紛争解決手続を完全に一本化することで，すべての加盟国に対して共通の紛争解決ルールを提供した。この調和手続は，WTO 協定の附属書2の「紛争解決了解」(Dispute Settlement Understanding. DSU) のなかに規定された。

(2) 紛争解決了解

紛争解決了解は，紛争解決手続の原則と詳細をもりこんだ単一の拘束的な文書である。了解は，GATT 時代の補足文書 (1979年了解等) をとりいれたほか，手続を刷新し，WTO ルール違反に対する精妙な抑圧メカニズムを樹立した。このメカニズムは，手続面と機構面の新機軸のなかにあらわれている。

2　手続面の新機軸

(1) ネガティヴ・コンセンサス方式と手続の自動性

WTO 紛争解決了解は，GATT 時代のコンセンサス方式に見切りをつけて，発想を180度転換した。既述のようにパネル報告の採択は，全加盟国の反対 (negative consensus) がないかぎり採択されるいわゆるネガティヴ・コンセンサス方式が導入されたからである。この方式のもとではパネル報告は自動的に採択され，敗訴国は報告の採択をブロックすることができない。もっともネガティヴ・コンセンサスという言葉は WTO 協定のなかのどこにも書かれていない。紛争解

第 2 章　WTO 紛争解決手続の新機軸

決了解は，パネル・上級委員会の報告は，紛争解決機関（DSB）が全員一致で報告を否決する場合を除き，採択されると定めたにとどまる。要するに，全員がノーという場合（ネガティヴ・コンセンサス）にのみ報告は否決され，それ以外のすべての場合は，報告は採択される。GATT 時代は全員がイエスというとき（ポジティヴ・コンセンサス）にのみ報告が採択されていた。この発想の大転換を喧伝するため，テキストの枠外でうまれた言葉がネガティヴ・コンセンサスであった。

ネガティヴ・コンセンサス方式は，紛争解決機関（DSB）のみに適用される意思決定手続である。紛争解決機関は，紛争解決手続の全段階でこの方式に従う。したがって，パネルの設置（6.1 条），パネル報告の採択（16.4 条），上級委員会報告の採択（17.14 条），紛争解決機関・勧告の実施監視（21.6 条），報復許可（22.6 条）にいたる各段階で，紛争解決機関はほぼ自動的に意思決定を行うことになる。もっと具体的にいえば，紛争解決手続は，途中で紛争当事国が相互に満足すべき解決に達したり，または調停や周旋に訴えないかぎり，自動的に進展する。こうした手続の自動性（automaticity）はしかしながら，勝訴国の専横を許すのではないかという危惧が WTO 発足前後に表明された。

(2) 勝訴国の専横に対する歯止め

たしかにネガティヴ・コンセンサス方式は手続の自動進行と勝訴国の独走を許すようにみえる。というのは，パネル報告や上級委員会報告の採択手続には紛争当事国も参加し，見解を記録させる権利をもつことが紛争解決了解（16.3 条）に明記されたからである。これは，勝訴国が報告採択手続に出席して，紛争解決機関がネガティヴ・コンセンサスを形成し報告を否決するのをブロックできることを意味する。GATT のコンセンサス方式が敗訴国による報告採択のブロックを許したように，WTO のネガティヴ・コンセンサス方式は，勝訴国による報告否決のブロックを許すことになる。たしかにもっとも極端な状況として，パネル報告の採択に，勝訴国を除くすべての WTO 加盟国が反対するケースも想定できる。この場合でも，勝訴国は，紛争解決機関がネガティヴ・コンセンサスを形成するのをブロックし，自国に有利なパネル報告を紛争解決機関によって採択させることができる。ネガティヴ・コンセンサス方式は，けっきょく勝訴国の独走を許すおそれがある点で，問題があるとする見方も可能であるようにみえる。しかしこの見解は誤りである。

第 1 に，パネル報告に対して，勝訴国を除くすべての WTO 加盟国が反対する状況はげんじつには想定できない。パネル報告がおおきくバランスを失して WTO 加盟国の大部分の賛同をえないという事態は，WTO のもとでは考えられないからである。

第 2 に，紛争解決了解は，勝訴国の独走に歯止めをかける手続を導入した。パネル報告に対して，敗訴国は上訴し，パネル報告の法解釈を争うことができる。また上訴ののちも敗訴したときは，敗訴国は問題の国家措置を WTO に整合させるため実施措置をとる猶予をあたえられる。そして実施措置が WTO にいぜんとして違反しているかどうかについて，実施パネル・上級委員会手続に訴えることもできる。かりに実施パネル・上級委員会が，実施措置の WTO 違反を指摘し，勝訴国が敗訴国に対する報復許可を紛争解決機関に申請したときでも，敗訴国は，報復措置の程度（金額等）の妥当性について仲裁決定を求めることができる。こうした 3 重の手続的保障（パネル審査段階, 実施パネル段階, 報復段階）が勝訴国の専横をさまたげるのである。

(3) その他の手続的新機軸

紛争解決了解はさらに以下の手続的新機軸を導入した。

(i) 期限設定

紛争解決了解は，1989 年決定の手続改革をおしすすめて，紛争解決手続の各段階に厳格な期限を設定した。原審査段階（協議手続, パネル・上級委員会手続, 紛争解決機関・勧告），実施審査段階，報復段階の手続が迅速にすすむよう細心の注意が払われた。

原審査段階からみていくと，紛争が協議で解決せず，パネル手続にすすむ場合，協議手続とパネル手続はきわめて迅速に展開する。

まず協議手続は，原則 60 日で完結する（もっとも紛争当事国がパネル手続に訴えたくないときは，協議は 2 カ月を超えて続行される）。協議は紛争当事国の一方による協議の要請から開始される。協議が決裂する場合，当事国は，協議の要請後，60 日（腐敗可能商品等の緊急時 20 日）以内に，一方的にパネルの設置を要請することができる。このように協議要請からパネルの設置要請（紛争解決機関によるパネルの正式設置ではない）までの期間は原則ほぼ 2 カ月とされている。

つぎにパネル・上級委員会手続も，すみやかに進行する。パネルの設置からパネル報告の採択までの期間は原則 9 カ月間とされる。しかしパネル報告に対して上訴が行われるときは，パネル設置から上級委員会報告の採択までの期間は原則 12 カ月にのびる。もっとものちにみるように，実際の手続は，原則の期間よりも数カ月長引いている。

実施審査段階の期限規定も厳格である。とくに敗訴国が紛争解決機関・勧告（パネル・上級委員会報告の採択）の実施を怠る場合，実施審査パネル（紛争解決了解 21.5 条）は，敗訴国の実施措置が WTO に合致しているかどうかを審査するため，審査付託後，原則として 90 日以内に報告を加盟国に送付する。実施審査パネルの報告に対して上訴が行われると，実施審査上級委員会は，原審査の場合と同様の期限規定に従って，上訴から 60-90 日以内に，報告を加盟国に送付する。実施審査上級委員会の報告は，これも原審査の場合と同じく，上訴から 90-120 日以内に紛争解決機関によって採択される。しかし実施審査パネル・上級委員会手続も，原審査段階の手続と同じように，実際には，規定の期間よりも数カ月遅延して完了している。

第12部 紛争解決手続

表12-2 WTO紛争解決手続の期限規定

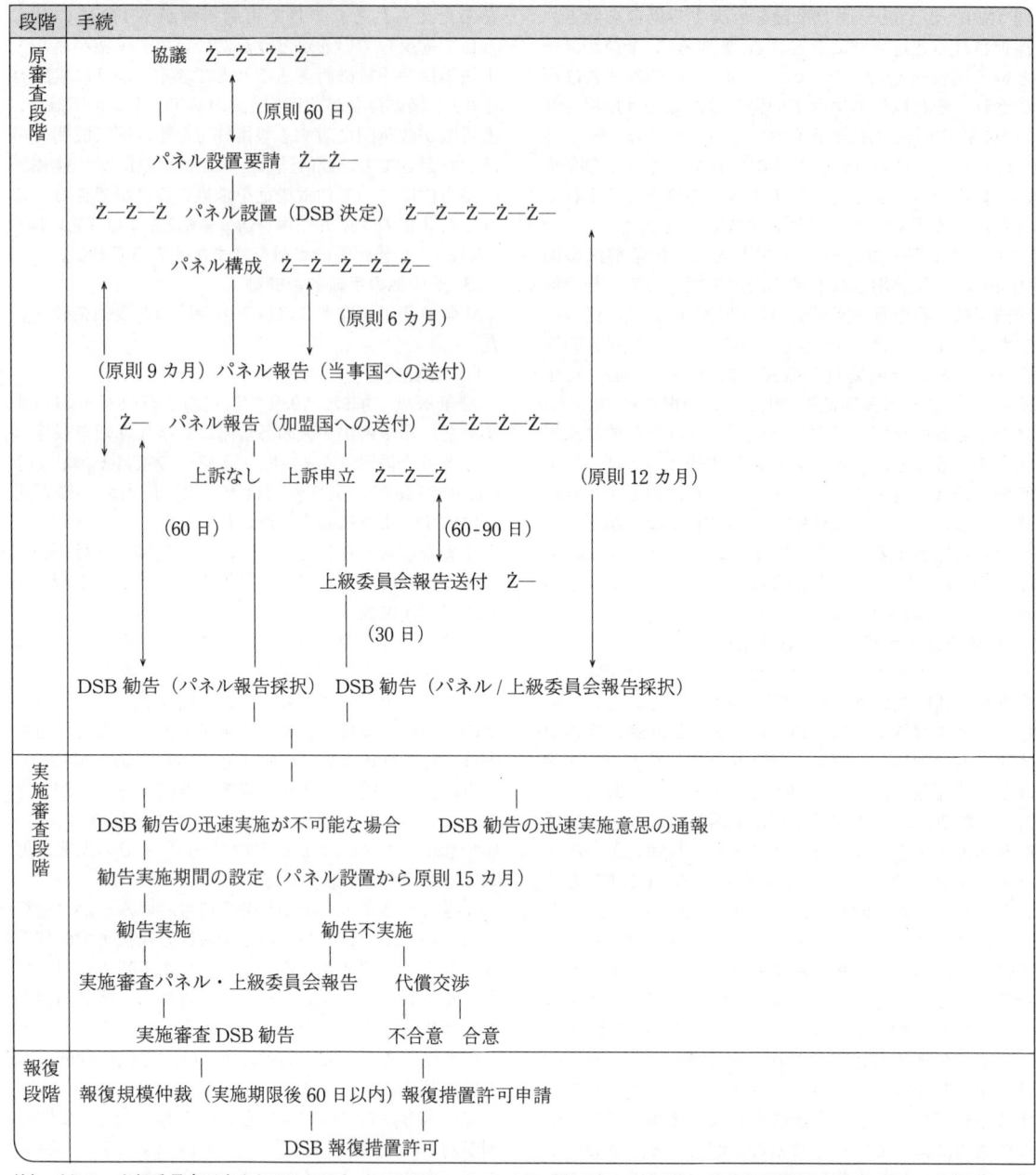

段階	手続
原審査段階	協議 ｜　（原則60日） パネル設置要請 ｜　パネル設置（DSB決定） パネル構成 ｜　（原則6カ月） （原則9カ月）パネル報告（当事国への送付） ｜　パネル報告（加盟国への送付） ｜　　　｜ 上訴なし　上訴申立　　（原則12カ月） ｜　　　　（60-90日） （60日）　　上級委員会報告送付 ｜　　　　（30日） DSB勧告（パネル報告採択）　DSB勧告（パネル/上級委員会報告採択）
実施審査段階	｜　　　　　　｜ DSB勧告の迅速実施が不可能な場合　DSB勧告の迅速実施意思の通報 ｜ 勧告実施期間の設定（パネル設置から原則15カ月） ｜ 勧告実施　　　勧告不実施 ｜　　　　　　　｜ 実施審査パネル・上級委員会報告　代償交渉 ｜　　　　　　　　　｜ 実施審査DSB勧告　　不合意　合意
報復段階	｜　　　　　　｜ 報復規模仲裁（実施期限後60日以内）報復措置許可申請 ｜ DSB報復措置許可

注）パネル・上級委員会が申立を退けた場合（日米写真フィルム事件［巻末表14-2］等），紛争解決機関（DSB）勧告の実施過程で紛争当事国が相互に満足する解決に到達した場合（米国・韓国産DRAMダンピング防止税事件［巻末表20-37］等）は，実施審査問題は立ち消えとなる。

　報復段階の期限規定も多様である。1つには，敗訴国が紛争解決機関・勧告を実施できない場合に行われる代償交渉の期限規定がある。とくに，敗訴国が，勧告実施のため定められた「妥当な期間」内に勧告を実施できないときは，勧告の実施（たとえばWTOに違反する措置の停止）に代えて，代償措置（たとえば勝訴国からの特定輸入品に対する関税の引下げ）を提案することができるが，こうした代償措置について妥当な期間の満了後20日以内に合意が成立しない場合，勝訴国は紛争解決機関に報復措置の許可を申請することができる。また実施審査パネル・上級委員会手続につづく報復規模仲裁に関して，重要な期限規定がおかれている。敗訴国の実施措置が実施審査パネル手続でWTO違反と判定される場合，勝訴国は，違法な実施措置を継続する敗訴国に対して報復措置をとることができる。しかし，このような報復措置に先だって，関係国（つうじょうは敗訴国）が報復の規模（報復金額等）について異議を唱えると，仲裁が60日以内に適当な報復規模を決定

する。仲裁決定を受けて，紛争解決機関は仲裁が認めた規模の報復措置を勝訴国に許可することになる。
(ii) 透明性
紛争当事国は自国見解を公開することをさまたげられない。パネル手続の過程で提出された非極秘情報も他の加盟国の要請におうじて公開することができる。
(iii) 一方的報復の禁止とクロス報復の承認
紛争解決機関の許可をえないでとられる一方的報復が禁止された（23.1条）。紛争解決機関はパラレル報復にくわえてクロス報復を一定の条件のもとに許可することができる。こうした制度は報復の実効性を増すため，米国の主張に基づいて導入された。

3　機構面の新機軸
WTOは機構面では，紛争解決機関（DSB），常設の上級委員会，および仲裁をもうけた。これもGATTとの顕著な相違である。

第3章
WTO紛争解決手続のルールと慣行

紛争解決手続の申立，適用法，審査基準，救済，段階（審査，実施審査，報復）はつぎのとおりである。

第1節　手続の申立

WTO加盟国は，他の加盟国を相手どって，紛争解決手続の申立(complaints)を行うことができる。申立理由，申立国，申立の対象と条件はつぎのとおりである。

1　申立理由
(1) 利益の無効侵害と協定目的の阻害
GATT本体（23条）によれば，国家は，他国の措置や状態によって，自国の利益が無効にされ侵害されたり，またWTO協定の目的がさまたげられるときに，他国に対して申立を行うことができるとされる。GATT上，国家が申立を行うのは，利益の無効化侵害化（nullification and impairment）または協定目的の阻害が認められるときである。

このようなGATTの申立手続は，一般国際法の手続とくらべてかなり特異である。一般国際法では，国家がたとえば武力の先行行使により他国の領域を侵略する場合，侵略国に対して国際法違反を理由として紛争解決手続が開始される。しかし，GATTでは，他国の措置や状態が，国家の利益を損なったり，協定目的を阻害するときに申立が行われる。他国の措置は，かならずしもGATTに違反する必要はない。したがって，GATTの申立手続は，国家の違反措置のほか，国家の非違反措置にも向けられる。また他国が措置をとっていなくても，他国に存在するなんらかの状態が，国家の利益を損なうか，協定目的を阻害すれば，手続は開始される。このようにGATTの申立手続は，国家の違反措置だけではなく，国家の非違反措置や状態に対しても向けられる点で，違反措置に対する一般国際法の申立よりも，スコープがひろい。

GATTの手続は，米国が戦後のITO/GATT起草過程で行った提案を基礎にしている。この手続は，WTOにも，字句を変えずに，踏襲された。

(2) 他国の措置と状態
GATT/WTOの申立は，他国の違反措置・非違反措置・状態が申立国の利益を無効化侵害化したり，協定目的を阻害することを要件としている。したがって，申立はつぎの3種類に大別することができる。

A　違反申立（violation complaints）
他の加盟国がGATT/WTOに違反する措置をとり，そのけっか，自国のGATT/WTO上の利益が無効にされ侵害されるか，または協定目的が阻害される場合に，加盟国は申立を提起することができる。これは，他国の違反措置（たとえば譲許税率の引上げ，数量制限の導入，差別的内国税の適用，ダンピング価格差の誤算に基づくダンピング防止税等）に対して提起されるため，違反申立と呼ばれる。

B　非違反申立（non-violation complaints）
他の加盟国がGATT/WTOに違反しない措置（合法的な国内補助金等）をとったにもかかわらず，利益の無効侵害が生じたり，協定目的の阻害がみられるときも，加盟国は申立を提起することができる。これを非違反申立と呼ぶのは，違反措置がない（つまり非違反である）にもかかわらず申立が提起されるからである。

C　状態申立（situation complaints）
他の加盟国が措置（違反措置，非違反措置）をとっていなくても，その国になんらかの状態が存在する結果，自国の利益が無効にされ侵害されたり，または協定目的が阻害されるときも，加盟国は申立を提起することができる。これは政府の措置に対してではなく，相手国の状態を問題にするため，状態申立と名づけられている。たとえば，輸入国の政府はなんの措置もとっていない場合でも，民間の輸入カルテルや輸入品ボイコットを放置するようなときに，カルテルによる輸入制限状態が生じ，これによって輸出国の利益が無効化侵害化されたり，協定の目的（貿易自由化目的等）が阻害されるおそれがあるかもしれない。

以上から明らかなように，GATT/WTOの申立手続はかなり特異である。手続の核は加盟国がGATT/WTO上もつ利益にある。GATT/WTOでは，加盟国

は貿易自由化や無差別ルールに基づき他の加盟国の市場に商品やサービスを売りこめるという期待利益をもっている。この利益は，とくに他の加盟国が譲許（関税引下げ譲許，サービス自由化譲許等）を行ったときにいっそう大きくなる。たとえばX国がビールの関税を引き下げれば，ビールの大生産国YはX国市場への市場参入を期待するであろう。しかし，X国が譲許ののち，国産ビールを輸入ビールから保護するため，ビール輸入に対し違法な数量制限を課したり，国産ビールに合法的な補助金をあたえたり，または輸入ビールをボイコットする流通業者間のカルテルを容認すると，Y国ビールのX国への市場参入はさまたげられ，Y国の市場参入利益は無効化侵害化されることになる。このような場合，Y国はX国の数量制限（違反措置），補助金交付（非違反措置）または反競争的な市場状態に対して，申立を行うことができるのである。

(3) 利益バランスのための申立

GATT/WTO の申立手続は，起草者によれば，「加盟諸国の利益のバランスを図り」「義務と利益の相互性を確保する」ことをねらいとしている。GATT/WTO は加盟国間の利益バランスを追求するため，利益バランスが時間の経過と状況の変化にともなって損なわれるときは，バランスの立て直しをはかるため，紛争解決手続が開始されるのである。利益バランスは，違反措置がとられる場合のほか，非違反措置がとられたり，状態が維持される場合にも，崩れるおそれがある。

(4) GATT/WTO 申立手続の導入経緯

A GATT への導入

GATT システムの淵源は，国際貿易機関 (ITO) の憲章草案である。米国は，1946年のITO憲章の提案（とくにロンドン準備会合のための提案）のなかで，貿易摩擦を解決するための申立手続として，利益の無効侵害がおきたときの申立手続を提起した。これによると，ITO加盟国は，他の加盟国が憲章規定に「違反すると否とにかかわりなく」ある措置をとり，それによって自国の利益を無効化侵害化するときは，紛争解決の申立を行うことができるとされた。ここに，①他の加盟国のルール違反措置に対する違反申立と，②他の加盟国の「ルールに違反しない措置」（すなわち非違反措置）に対する非違反申立の2つが提案された。そして米国代表はさらにITO設立準備会議（ロンドン会議）の過程で，③「ITO憲章の目的を無効にするか侵害する効果をもつ（加盟国の）状態」に対しても，いわゆる「状態申立」が提起できるよう，追加提案を行った。ITO憲章草案のなかにもりこまれたこれら3つの申立手続（違反・非違反・状態申立）は，数カ月ののちGATT草案のなかに導入された。

B GATT 23条の手続

既述のように，GATT は ITO が設立されるまでの間，暫定的に機能するため構想された。このため，ITO 憲章草案の申立手続は，1947年のGATT設立準備委員会（レイク・サクセス起草委員会 Lake Success Drafting Committee）で，GATT草案のなかに移しいれられた。これを受けて1947年10月，GATT創設のためのジュネーブ会議が開催され，その過程で申立手続のなかに，申立理由として，利益が無効化侵害化される場合だけではなく，「協定の目的の達成が妨げられる」場合が追加された。かくして1947年10月30日に23カ国間で署名されたGATTは，23条1で紛争解決手続をつぎのように規定した。

「締約国は，(a)他の締約国がこの協定に基づく義務の履行を怠った結果として，(b)他の締約国が，この協定の規定に抵触するかどうかを問わず，なんらかの措置を適用した結果として，(c)またはその他のなんらかの状態が存在する結果として，この協定に基づき直接もしくは間接に自国にあたえられた利益が無効にされもしくは侵害され，またはこの協定の目的の達成が妨げられていると認めるときは（紛争解決手続を開始することができる）。」

C WTO での踏襲

WTO は GATT の3種類の申立手続を踏襲した。3種類の申立を定めた GATT 1947 (23条) は GATT 1994 の一部とされたからである。したがって違反・非違反・状態申立のカタログと概念は GATT でも WTO でもすこしも変わらない。

3種類の申立手続は原則として WTO 諸協定から生ずる紛争に適用される。しかし，GATS 紛争については違反申立（GATS 23条）が，TRIPS（TRIPS協定64条）紛争については WTO 発効後5年間は違反申立のみが，また政府調達紛争（政府調達協定22条）については違反・非違反申立が提起される。

(5) 民間の参考意見

GATT/WTO の申立手続は伝統的に民間の介入を排除してきた。しかし WTO 手続の過程で，民間の環境保護団体や消費者団体などの非政府機関が参考意見を提出する慣行が定着してきた。この意見を「友誼的書簡 (amicus brief)」と呼んでいる。また，パネル手続に政府代表のほか実務家（国際弁護士）も参加してきた。さらに一部先進国のなかには，企業が将来のWTOパネル手続を開始する提案を準備している。

2 申立の対象となる国家措置の範囲

GATT/WTO の申立の対象は，加盟国の措置や状態であるが，もっとも重要なのはいうまでもなく加盟国の措置である。国家の措置 (measures) の概念はきわめてひろい。それは，中央政府の措置でも地方政府の措置でもいいし，議会法でも行政府の実施措置でもよく，また行政措置は拘束力の有無を問わない。さらに国家措置は不作為を含む。私人の行為も一定の条件のもとに国家に帰属する。

(1) 中央政府と地方政府の措置

WTO 紛争解決了解 (1.2条, 4.2条注, 22.9条第1段) は，中央政府の措置のほか地方政府（米国州 states, カナダ州 provinces）または地方機関の措置もWTOのルー

ルに服し，紛争解決の申立の対象となることを明らかにしている。地方政府や機関の措置がWTOルールに違反するとパネル・上級委員会が判断し紛争解決機関がその旨の裁定を行うときは，問題の敗訴国はルールの遵守を確保するため利用可能な妥当な措置をとらなければならない（了解22.9条第2段）。しかし，敗訴国の妥当な措置が，地方政府によるルール違反を除去するのに十分でない場合，敗訴国はルール遵守のための責任をもちつづける。それゆえ，勝訴国は，敗訴国と代償交渉を行ったり，代償も成立しないときは，敗訴国に対し，地方政府の義務違反を理由に報復措置をとることができる（了解22.9条第3段）。

商品貿易の場合，GATT 1994（24.12条）は，加盟国が，地域・地方政府によるルール遵守を確保する義務を負うとのべている。同様に，GATT 1994第24条の解釈了解も，加盟国が，GATT商品貿易ルールの遵守について全責任をもち，それゆえ地域・地方政府によるルール遵守を確保するため妥当な措置をとることを強調している。

サービスの場合も同様であり，GATS（1.1条）は，サービス貿易にあたえる加盟国の措置に適用されると定めたうえで，加盟国の措置には，中央政府の措置のほかに，地域・地方政府や機関の措置が含まれるとのべた。さらに，GATS（1.3条）は，中央・地方政府から委任された権限に基づき非政府機関がとる措置にも適用されるとしている。

しかし，知的所有権については，TRIPSは，地域・地方政府の措置にひとことも言及していない。これは，従来，地域・地方政府が，伝統的に，知的所有権を規律してこなかったからであろう。しかしながら，TRIPS協定は，加盟国に工業所有権パリ条約と著作権ベルヌ条約の義務を最低限ひきうけるように義務づけている。これら条約は，同盟国が条約の適用を確保するため必要な措置をとり，国内法に基づいて，条約に効力をあたえるよう求めている。したがって，この要請は，同盟国が地域・地方当局の知的所有権関連措置に関して責任をとることを確認しているとも解釈することができる。とすれば，TRIPS上，加盟国の中央当局のみならず，地方当局もパリ条約・ベルヌ条約上の最低義務の遵守義務を負っているとみることができる。それゆえ，地方当局による義務違反があれば，WTO申立手続の対象となる余地がある。

(2) 法律，行政措置および不作為

加盟国の措置の範囲はひろく，法律，行政措置におよび，さらには不作為も含む。

A 法律

国家の法律そのものが申立の対象となり，WTO違反の裁定を受けるかどうかは，法律が強制法と任意法のいずれに該当するかにおうじて，状況が異なる。行政当局にWTO違反の措置をとることを義務づける強制法はそれ自体でWTO違反と認定される可能性がある。他方，行政当局にWTO違反の措置をとることをたんに許す任意法は，それだけではWTO違反とならない。任意法は，行政当局により実施され，当局が違反措置をとったときに，問題となり，その場合はとられた違反措置のみがWTO違反の判定を受ける。

しかしWTO判例は流動的である。米国鉄鋼サンセット見直し事件で，日本は米国のダンピング防止税サンセット見直しにあたり，ゼロ計算に基づきダンピング価格差を算定したと主張した。そのけっか，米国は課税を撤廃すればダンピングと損害が継続・再発するおそれがあるとして課税を延長した。パネルは日本の主張を退けた。その根拠は，米国のサンセット規定は強制法規でないからWTOダンピング防止協定（2.4条，11.3条）に違反しないとするものであった。上級委員会は2003年12月の報告で，パネル判断を覆した。ダンピング防止協定（18.4条）は加盟国の法令手続の全体がWTOに合致することを義務づけている。それゆえ任意法規も協定違反の可能性があると上級委員会は指摘した。

ところが韓国造船補助金事件［巻末表15-5］のパネル報告（2005年3月）は，米国鉄鋼サンセット見直し事件の上級委員会判断は従来の強制法任意法理論を否定したものとは解釈できないとのべた。それゆえ，パネルは韓国の船舶輸入入銀行法自体が政府所有の輸出入銀行にWTO違反の輸出補助金を交付するよう義務づけているかどうかを検討し，関連法令自体は強制法にあたらずWTOに違反しないと答えた。しかしいくつかの法令実施措置（貸付と保証）はWTO違反（輸出補助金の交付）に該当すると結論した。

B 行政措置

行政当局が法律を実施するためとる措置は，財政的なものでも非財政的なものでもよく，また拘束的な行政規則から非拘束的な行政指導までをカバーする。これら一連の行政措置は，すべてWTO申立手続の対象となる。

(i) 財政的措置と非財政的措置

パネル判例法によれば，申立の対象は，補助金や課税（関税，ダンピング防止税，セーフガード緊急関税等）のような財政的措置にくわえて，非財政的措置におよぶ。GATT時代の日本半導体事件では，市場アクセスに関する日本の検査認証制度，生産・財政・流通構造の相互連結措置等が扱われ，またWTOの日本写真フィルム事件［巻末表14-2］では，日本政府の流通関連措置が扱われた。しかしフィルム事件は上訴されなかったため，上級委員会による判断はくだされていない。

(ii) 行政指導

日本半導体事件のパネル報告は，非拘束的な行政指導は，2つの基準を満たせば，政府の輸出入制限措置（GATT 11条）にあたりGATT違反となるとのべた。その1つは，企業に対してある行為をとるようインセンティヴをあたえるかまたはとらないよう抑止すること（incentive or disincentive）であった。これに対し，フィ

ルム事件のパネルは，このようなインセンティヴ・抑止基準（incentive/disincentive test）は，特定の行政指導が政府措置に該当するかどうかを判断する決め手とはならないとのべた。パネルによれば，非拘束的な行政指導は，拘束力のある措置と「類似の効果」（similar effect）をもてば政府措置に該当するとされた。その理由は，政府の政策や行動が私的当事者によって遵守されるためには拘束力をもつ必要はないことにあった。当時の日本のように，政府と企業が高度に協力している状況のもとでは，政府の非拘束的な政策表明でも拘束的措置と類似の効果を企業に対しておよぼす可能性があるとパネルはのべた。

C 不作為

日本産炭素鉄鋼サンセット見直し事件 [巻末表20-28] で，上級委員会（2004年1月採択）は，紛争解決手続の対象となる国家措置の類型について検討を行った。とくに非強制的措置そのもの（non-mandatory measures as such）がダンピング防止協定の紛争解決手続で審査対象となるかどうかの分析にあたり，上級委員会はまず措置の概念の検討からはじめる。紛争解決了解（3.3条）によると，紛争解決は，加盟国の利益が他の加盟国の措置によって侵害される場合にとられる。この加盟国の措置（a measure）には国家に帰属する「作為または不作為」（an act or omission）が含まれる。これら作為または不作為は，通常は行政機関・執行機関を含む国家機関の措置である，と上級委員会はのべた。EU司法裁判所がEU機関の措置に対して，無効訴訟のほか不作為訴訟を認めるのと同様に，WTOも国家の作為・不作為に対する提訴を認めているのである。

米国・ゼロ計算継続事件 [巻末表20-43] でパネル報告（2008年10月）は上級委員会判断を引用した。

(3) 私的当事者の行為

パネルは過去のケースで，私的当事者の行為も一定の条件のもとに政府に帰属し，けっきょく政府の措置とみなされることを明らかにしてきた。

日本半導体事件では，日本製半導体の第3国向け輸出制限が，企業の行為にすぎず，GATTの申立手続の対象とならないかどうかが争われた。日本政府は，この事件で，問題の輸出制限は，私企業が自己利益のために行った行為であり，このような私的行為は政府の輸出禁止措置に該当しないとのべた。パネルは，日本の主張を一蹴した。パネルによれば，日本では政府により特殊な行政構造が創設されており，これによって私企業はコスト割れ価格で半導体を輸出しないよう最大限の圧力を受けていたと判断された。このため，パネルは，政府と企業の緊密な関係のうえに形成された輸出管理が政府措置とみなされることを明らかにした。

ECデザート用リンゴ輸入制限事件でも，EECのリンゴに関する域内制度が，加盟国政府の措置と生産者グループの行為からなるハイブリッドな性格をおびていたことが指摘された。パネルは政府と企業の行為の総体を違法な政府措置とみなした。

日本フィルム事件のパネルはさらにすすんで，「行為が私的当事者によってとられるという事実は，当該行為が政府措置とみなされる可能性を排除しない」とのべた。パネルによれば，私的当事者の行為は，「政府の十分な関与」（sufficient government involvement）を受けていれば政府措置に該当する可能性があるとされた。そのけっか，私的当事者の行為のいくつかは，政府の関与を認められ，政府措置とみなされた。

3 申立の対象となる国家措置の効力と改正

(1) 措置の効力

国家措置の範囲は以上のようにひろいが，措置が申立の対象となるためには，申立が行われた時点で有効なものでなければならない。廃止された法律，撤回された措置は，たとえそれらが加盟国に損害をあたえたとしても申立の対象とならない。

GATT時代の米国・カナダ産鮪輸入禁止事件では，米国が漁業保存管理法（Fishery Conservation and Management Act）に基づいて課したカナダ産まぐろの輸入禁止措置が挑戦を受けた。しかし，パネル手続の過程で，米国は措置を撤回した。もっとも法律自体は維持された。パネルは，問題の法律（行政当局に違法措置を義務づける強制法）にはふれずに，米国の暫定的な輸入禁止措置は，たとえパネルの審理過程で終了されたしても，GATT（11条）に違反すると結論した。

WTOのもとでの最初のパネル事例となった米国・ガソリン事件 [巻末表20-1] では，一部の措置は，パネルへの付託事項が設定される前に，終了した。このため，その措置は，付託事項のなかに明記されず，パネルの判断を受けなかった。

米国・インド産シャツブラウス事件 [巻末表20-3] では，紛争の対象となった米国の輸入制限措置は，パネルの中間報告が当事者に送付されたあとで，しかし最終パネル報告がだされる前に，撤回された。しかし，パネルは，措置の撤回にもかかわらず，「紛争当事国間に手続終了についての合意がない」こと，およびパネル手続上の「任務に従う」必要があることを理由として，審理を継続しパネル報告を発表した。

アルゼンチン・履物繊維措置事件 [巻末表1-2] では，アルゼンチンの履物輸入制限措置は，パネル設置要請ののちに，しかしパネルが紛争解決機関によって設置される前に，撤回された。措置が撤回された日に，アルゼンチンは暫定セーフガードを発動した。パネルへの付託事項のなかには，したがって問題の撤回された措置が明記された。しかし，パネルは撤回された措置について判断をくだすことを控えた。

(2) 措置の変更

GATT/WTOの申立手続の過程で，申立の対象となった国家の措置が変更される場合，パネルは新旧いずれの措置について判断をくわえるのか。GATTの慣行では，この問題は，紛争当事国の合意いかんにかかっていた。米国・1930年関税法337条事件では，

この米国法はパネルの設置後修正された。パネルは，パネル設置時に有効であった旧法に対して判断をくわえた。

米国・まぐろ輸入制限事件II［巻末表20-48］では，手続過程で行われた米国法の修正の扱いが問題となった。EU・オランダと米国は，パネルが修正後の新法に審査をくわえることで合意に達した。パネルは新法とGATTの抵触について判断をくわえて米国敗訴とする報告を作成した。しかしパネル報告の採択は米国によりブロックされた。

(3) 措置の正当化理由の変更

措置の正当化理由が変更されるときは，変更前の手続とは別に，新しい手続が開始され，そのぶん手続は遅延する。

GATT時代のノルウェー・繊維輸入制限事件で，ノルウェーは香港産繊維の輸入を一方的に制限した。香港は協議を要請したが，協議が失敗したためパネルの設置を求めた。ところが翌月，ノルウェーは，措置の正当化理由を変更し，措置はたんなる輸入制限措置ではなく，GATT（19条）に基づくセーフガード措置であり，正当化されると主張した。そこで香港は再度協議を要請し，これに基づいてノルウェーのセーフガード措置を審査するためのパネルが設置された。

WTOのもとでも，措置の正当化理由が変更されると，新手続が開始され，手続は遅れることになる。しかし，紛争解決了解は手続の遅延をふせぐため期限規定をもうけているため，ノルウェー事件のときのように1年の手続遅延は引きおこされないであろう。

4 申立の条件

申立国はWTOの申立手続を行うためには，法的利益をもつ必要があるか，またWTO申立に先だってあらかじめ（措置がとられる国での）国内的救済がつくされる必要があるのかどうか。

(1) 申立と法的利益

A 法的利益

WTOの申立をするために，申立国は法的利益（legal interest）をもつ必要はない。GATT/WTOは，国家の措置が，「現実の貿易に与える影響」（actual trade effects）について規律しているのではない。それは，商品やサービスの貿易を拡大するため，「競争の機会」（competitive opportunities）を保護することをねらいとしている。WTOのバナナ事件III［巻末表9-2］で，パネルと上級委員会は，WTO紛争解決手続の申立国は，訴えの法的利益をもつ必要はないことを確認した。

B バナナ事件IIIと米国の申立適格

(i) 事実関係

WTOのバナナ事件IIIは，米国が中南米のバナナ生産国4カ国（メキシコ，グアテマラ，エクアドル，ホンデュラス）をひきつれてEUに挑戦したケースである。米国等はEUのバナナ輸入制度がラテンアメリカ諸国産のバナナを不利に扱い，また米国・メキシコ・エクアドルのバナナ卸売サービス業者を不利に扱っているため，GATTとGATSの双方の無差別原則に違反すると主張した。たしかに米国にかぎっていえば，米国資本の多国籍企業チキータは，ラテンアメリカ産バナナのEUでの卸売サービスに従事していたため，米国がGATS違反を理由にEUに申立を行う資格をもつことは否定できなかった。しかし，米国は，ハワイとプエルトリコでわずかなバナナ生産を行い，しかもEUへはほとんどバナナを輸出していなかったため，GATT違反を理由にEUに申立を行ったことは，EUの反発を招いた。EUは，米国はEU向けにバナナを輸出していないから，WTO提訴を行う法的利益をもたない，したがって提訴適格を欠くと主張した。

(ii) パネル報告と上級委員会報告

パネルは，EUの主張を退けた。パネルによれば，紛争解決了解は国家が紛争解決の申立にあたり法的利益をもつことを要求していない。過去のパネル報告にみるように，申立国は他国の措置が貿易に対してあたえる現実の制限効果を立証するよう義務づけられてこなかった。WTOでも，問題なのは，国家措置が競争機会にあたえる影響であり，現実の貿易制限効果ではない。したがって，パネルは，商品またはサービス貿易に関して潜在的な利益をもつ国は，その競争機会を保護してもらうためパネル手続に訴えることができるとのべた。そしてパネルは，「国家が商品またはサービスに関して競争する可能性をもたないと結論することは，一般に困難であろう」とつけくえわた。しかし，パネルは，潜在的利益が申立を行うため不可欠であるとのべたのではなかった。逆に，国家はたとえ関連する貿易に関して潜在的利益をもたなくても，他国の措置に対し申立を行う資格をもつと，パネルはのべた。

上級委員会はパネルの判断を支持した。上級委員会は，GATT（23条）と紛争解決了解（3.7条）に目を向ける。とくに了解の規定は，加盟国が申立に先だって申立が有益である（fruitful）かどうか判断するよう求めている。これは，国家が申立をするかどうかについて自己決定権（self-regulating）をもつことを意味すると上級委員会はのべた。要するに，パネル手続の申立は，WTO加盟国の自己決定の問題であり，申立国は法的利益をもつ必要はどこにもないのである。

パネルが指摘し，上級委員会が支持したように，世界経済の相互依存が高まっている現在，国家は他国の措置によって影響を受けやすくなっている。したがって，どんな国でも他国の措置に対してパネル提訴をする可能性をもつ。それゆえ，EUバナナ事件の申立国にたとえフィリピンがくわわったとしても，フィリピンのEU向けバナナ輸出の大小にかかわらず，フィリピンのパネル提訴適格は認められたであろう。とはいえ，現実に戻ると，WTOのパネル提訴は，莫大なコスト（法律事務所との契約等）を要するため，自国に直接関係しない事件に申立国として割り込むような国家は存在しない。すべてのGATT/WTOケースは，国家

が自国の経済的利益を守るため威信をかけて戦う頭脳ゲームの様相をおびている。

(2) 国内的救済

国家が他国の措置に対して申立を行う前に，申立国の企業や国民が，措置をとる国の裁判所であらかじめ国内的救済をつくすこと(exhaustion of local remedies)も，必要ではない。GATT/WTOの紛争解決手続は政府対政府の紛争を扱うため，私人そのものは，たとえ紛争の原因となっていても，WTO手続には直接関連しない。それゆえ私人による国内的救済は，WTO手続とは別次元の問題であり，国内的救済の完了はWTO手続の前提要件とはされないのである。

5 申立とWTO非加盟国

GATT/WTOの権利義務は加盟国にのみ適用され，非加盟国には適用されない。したがって，非加盟国は，GATT/WTOの紛争解決手続を申し立てることも，申立を受けることもない。これは国際司法裁判所の手続と対照的である。国際司法裁判所では，国連の非加盟国も手続の原告となることも被告となることもまた訴訟参加をすることも可能だからである。

もっともGATT時代には，加盟国が，当時国際的責任をもっていた非締約領域のために紛争を申し立てることができた。ノルウェー・繊維輸入制限事件では，ノルウェーの香港産繊維に対する輸入制限措置に対し，当時香港に対して国際的責任をもった英国がGATT提訴を行った。同様に，オランダも，米国・まぐろ輸入制限事件Ⅱで，オランダ領アンティール諸島(Netherlands Antilles)のためにGATT提訴にふみきった。

第2節 適 用 法

1 法 源

WTO紛争解決手続で適用されるルール(法源)は，主にはWTO協定である。しかしそのほかに，慣習法，過去のパネル報告・上級委員会報告，法の一般原則，関連国際協定，学説などが補足的に援用される。違反申立の場合に，ある加盟国の措置がWTOルールに違反し他国の利益を無効化侵害化しているかどうか，また非違反申立の場合に，ある加盟国の措置がWTOルールに違反していないにもかかわらずなお他国の利益を無効化侵害化しているかどうかを審査する場合，パネルや上級委員会は，WTO協定のほかさまざまな法規を適用して判断をくだすのである。言葉を換えれば，WTOは自前のWTO協定だけで紛争を解決するわけではない。WTO協定のほか関連国際法等に基づいてWTOの紛争解決が行われる。この点に着目して，WTO法は「自己完結(self-contained)」型の法律ではないといわれる。法規のアウトソーシングを厭わないし，アウトソーシングの必要性はますます高まっている。

しかしながら，紛争解決了解は，これらWTO法の種類を特定の条文のなかで列挙しなかった。これは国際司法裁判所規程(38.1条)とのおおきな違いである。規程によると，国際司法裁判所は国際法に従って紛争を解決するときに，4種類の法源を適用する。それは，国家間の約束である条約(世界のほとんどすべての国によって締結された一般国際協定，世界の一部の国によって締結された特別国際協定)，国際慣習法，法の一般原則および補助的手段としての司法的判断や権威ある学説である。WTO法と国際法の法源を比較すると，つぎの2点を指摘することができる。

第1は，WTOの主要な法源は，WTO協定であり，その比重が他の法源を圧しておおきいことである。WTO協定は，特定諸国間に締結された条約，つまり国際司法裁判所規程にいう特別国際協定であり，これは，WTO設立協定とその附属書からなりたっている。

第2に，国際法では，条約とならんで国際慣習法や法の一般原則の役割がおおきいが，WTOではそれらの役割は補助的にとどまっている。

2 WTO協定

国家の措置がWTO協定に違反するかどうかの審査にあたっては，WTO設立協定のほか膨大な附属書の個別協定(いわゆる対象協定と呼ばれる)が適用される。これら多様な協定はつぎの関係にたつ。

第1に，商品貿易協定の場合，13の個別協定が附属書1Ⓐを構成している。それらは商品一般に適用されるGATT 1994，農業や繊維といった個別分野の貿易に適用される協定，非関税障壁に適用される技術的障壁協定や衛生植物検疫協定，通商制裁手段について規律するダンピング防止協定，相殺措置協定，セーフガード協定等である。GATTと他の分野別個別協定が内容面で食い違い不慮の抵触をおこす場合，個別協定がGATTに優先する(附属書1Aに関する解釈のための一般的注釈)。しかしこのような抵触例はまだ生じていない。GATT 19条の事態の予見されなかった発展のけっかという文言がWTOセーフガード協定になくても，WTOセーフガード協定がGATT 19条の一部規定を削除し，協定がGATTに優先するわけではない。GATT 19条とWTOセーフガード協定は，WTO発足後の紛争で同時に適用されるとするのが上級委員会の判断であった。

他方，サービス協定は，WTO発足後，主要国が受諾したルールをともなう。それらは，金融サービス分野の第5議定書，電気通信サービス分野の第4議定書および参照文書である。またTRIPS協定には，エイズ薬に関する2004年合意が含まれる。さらに新規加盟国の加盟議定書やWTOの義務免除決定もWTO協定と一体をなす。第2に，加盟国の措置が同時に，複数の協定と抵触する場合，パネルは措置の審査にあ

たり，複数の協定を同時に適用することができる（ただし必要におうじて訴訟経済のため，一部協定の解釈を省略することができる）。それゆえ，国家の措置が，商品とサービスの貿易の双方に関係するときは，GATT（および他の商品貿易協定）とGATSの双方を適用される。たとえばEUのバナナ輸入制限措置やカナダの自動車協定措置は，バナナや自動車という商品の貿易に対し差別をもたらした点で，GATTの最恵国待遇原則に違反し，また同時にバナナの卸売サービスと自動車の輸入販売サービスに差別をもたらした点で，GATSの無差別原則にも違反すると判定された。バナナ事件Ⅲで，EUは，国家の措置は，GATTとGATSの双方の適用を受けない，GATTとGATSのルールはそれぞれ排他的に適用される，と主張した。パネルはEUの主張を退けた。パネルは「もしもGATSとGATTの適用範囲が相互に排他的である」とすると，換言すれば，「一方のルールを適用される国家の措置は，他方のルールを同時に適用されることはないとすると」，「加盟国の権利義務は損なわれ，GATSとGATTの目的はさまたげられる」とのべた。パネルはさらに，GATTとGATSが別々に適用されることになると，国家はたとえばサービス貿易にも間接的な影響をあたえるような商品貿易措置を採択することで，GATSルールを迂回することができ，また逆に商品貿易にも間接的な影響をあたえるようなサービス貿易措置をとることで，GATTルールを迂回することができる，とつけくわえた。国家の措置は，商品貿易について規律しながら，サービス貿易にも影響をあたえる例がきわめておおい（たとえば特定加盟国からの商品輸入を制限することで，それら加盟国所有企業の輸入販売保守サービス等を間接的に制限する場合）ため，GATTとGATSが同時に適用されなければ，いずれかのルールは迂回され骨抜きにされるおそれがあるのである。

3 慣習法

WTOのパネル・上級委員会が依拠する慣習法は，主にウィーン条約法条約の条約解釈ルールである。他の国際慣習法が法源となるかどうかは議論がある。

(1) ウィーン条約法条約の条約解釈ルール

慣習法は，WTO紛争解決手続のなかで特殊な役割を果たしている。紛争解決了解（3.2条）は，紛争解決の目的は，国際法の解釈に関する慣習法規則に従って，WTO協定の規定を明確にすることにあるとされるからである。このような国際法上の慣習法規則は，1969年に国連で採択されたウィーン条約法条約（31条，32条）のなかにもりこまれている。条約法条約は，まさに国際法の解釈についての慣習法を法典化したものだからである。パネル・上級委員会は，条約法条約の解釈原則をひんぱんに援用しながら，WTO協定の規定を厳密に解釈し，国家措置が協定規定に抵触するかどうかを判定している。とくにWTO協定規定の文言を「文脈によりかつその趣旨および目的に照らして与えられる通常の意味に従い，誠実に解釈する」という原則（条約法条約31条）は国際法を解釈するための慣習規則である。それは，WTOパネル・上級委員会にとって至上のルールとされる。それゆえパネルはインド数量制限事件で，文脈・目的による原則的な解釈方法（条約法条約31条）が曖昧な結果をもたらさないならば，補足的な解釈方法（条約法条約32条）に従い条約の準備作業（交渉過程の文書，交渉経緯）にまでふみこむ必要はないとのべた。

しかし，条約の原則的な解釈方法では条約規定の意味がはっきりしないときは，むろん補足的解釈方法に訴える余地がある。それは，加盟国が特定の約束交渉で行った約束の内容が争点となるときである。このような場合，約束の意味は原則的解釈方法でははっきりしないため，補足的解釈方法により約束の交渉過程に深入りせざるをえない。たとえばカナダ酪農品事件の上級委員会は，農業協定に基づくカナダの約束を解釈するため，約束の交渉過程に目を向けた。同様に，韓国政府調達事件でもパネルは韓国の約束を解釈するため，約束の交渉史をひもといた。

(2) 他の国際慣習法

ウィーン条約解釈ルール以外の国際慣習法がWTOの法源となるかどうかは疑わしい。

(i) 予防原則

予防原則（precautionary principle）をとりあげると，パネルは，EUホルモン牛肉事件［巻末表9-3］で，予防原則がたとえ国際慣習法とみなされるとしても，それはWTO協定の明示の規定には優先しないとのべた。上級委員会もパネルの見解を支持し，予防原則が国際法のなかで占める地位は議論の余地があるとつけくわえた。そして上級委員会は，予防原則は国際環境法のなかの1原則となるとしても，それが国際慣習法の原則としてひろく受けいれられてきたかどうかは明らかでないとのべた。EU遺伝子組換え食品事件でも，パネル中間報告は植物衛生検疫協定の予防原則が国際慣習法にあたるかどうかの判断を避けた。

(ii) 最恵国待遇原則

GATT/WTOの最恵国待遇原則も，それは慣習国際法を法典化したものとはいえない。

商品分野の最恵国待遇原則は，近世以降の特定2国間通商協定のなかで，特定分野（関税率，数量制限等）で適用されたにすぎない。WTO体制下でも最恵国待遇原則をおく一方，数おくの例外を許した。そのけっか，例外が原則と抗争する領域が増えている（FTA協定，ダンピング防止税，相殺関税，衛生植物検疫措置等）。

サービス貿易と知的所有権分野の最恵国待遇原則は，WTO発足にともなって導入された原則である。しかもこれら新領域でも，最恵国待遇原則の違反例（EUバナナ事件Ⅲ，米国ハバナクラブ商標事件）が確認され，またFTAの急増が原則を脅かしている。

かりに最恵国待遇原則が国際慣習法であるとすれば，すべての国家は，WTO加盟国であるかどうかをとわず相互に同等の待遇を受けるはずである。しかし，

じっさいには，WTO 加盟国は，非加盟国を，互恵条約を締結しないかぎり，差別的に扱っている。

(iii) 内国民待遇原則

内国民待遇原則が GATT/WTO 固有のルールであることは明らかである。商品分野の内外無差別は WTO 加盟国間で条件づきで適用されるにすぎない。サービス分野の内外無差別は，積極約束方式によりはじめて意味をもつにとどまる。約束しないかぎり内外差別は WTO 加盟国の自由である。また WTO 加盟国のおおくはサービス分野で内外無差別の約束を履行していない。TRIPS 協定の内外無差別原則は，WTO 固有のもので，従前のパリ条約・ベルヌ条約は内外同一待遇原則を定めていた。

(iv) GATT 締約諸国団の慣行

WTO 設立協定（16.1条）は，既述のように，WTO パネルが GATT 時代の締約諸国団の決定・手続・慣行を指針とするよう定めた。しかし，GATT 締約諸国団の慣行は，国際慣習法にはあたらない。それゆえ，それはパネル審理のため WTO 法の一部とはならない。

4 パネル報告と上級委員会報告

(1) 先例拘束の欠如

採択されたパネル報告や上級委員会報告は，パネル手続で参考にされ，WTO 協定の解釈の補助的手段とされる。しかし，それらは，先例として，のちのパネルや上級委員会を拘束しない。WTO は先例拘束 (stare decisis) の法理をもたないからである。

(i) パネル報告

パネルが，同一または類似の事件で，関連する過去のパネル報告を参照する例はかなり多い。日本酒税事件 II［巻末表 14-1］で，パネルは，GATT 時代の 2 件のパネル報告—採択された報告と採択されなかった報告—を参照し，これら報告が採用した同種産品に関する解釈（いわゆる目的効果理論）を拒絶した。同じようにバナナ事件 III でもまた数おおくのダンピング関連事件（米国 1916 年法事件等）でも，パネルは GATT 時代のパネル報告（未採択のバナナ事件報告，EC・日本産オーディオカセットテープ事件報告等）を参照している。

日本酒税事件 II で，パネルは，GATT 時代に採択されたパネル報告の位置づけについてかなり思い切った考えを表明した。GATT パネル報告はすべて商品貿易に関する判断であるが，これらがはたして WTO 時代の GATT 1994 の一部をなしているかどうかが問題となった。GATT 1994 は，GATT 1947 の諸規定や GATT 締約諸国団の決定等から成ると定めている。では，締約諸国団の決定のなかには締約諸国団が採択した GATT パネル報告が含まれるのかどうか。この点について，パネルは，採択パネル報告が締約諸国団の決定に含まれ，したがって GATT 1994 の不可分の一部となるとのべた。

上級委員会はパネルとは異なり，GATT 時代の採択パネル報告は，GATT 遺産 (GATT acquis) の重要な部分を構成するが，GATT 締約諸国団の決定に該当しないとのべた。上級委員会の真意は，おそらく，GATT の採択パネル報告は，WTO 協定の解釈にあたって参考にはなっても，最終の確定的な解釈とはならないというものであった。なぜならば，上級委員会自身，ひんぱんに GATT パネル報告を参照しており，報告の論理を採用するかどうかはケースバイケースで判断しているからである。したがって，日本酒税事件 II でのパネルと上級委員会の立場は実際にはおおきくかけ離れているわけではない。この事件で，パネルは，GATT パネル報告が GATT 1994 の一部となっているとしながらも，報告は確定的な解釈にはあたらず，それゆえ報告の論理をかならずしも採用する必要はないとのべているからである。これは国際司法裁判所が過去の判例に関してとっている立場とかなり似ているといえる。国際司法裁判所は，「先例としての判決は従うこともできれば否定することもできる，ただし先例を無視することはできない」という立場をとっているからである。

過去のパネル報告は，GATT 時代のものであれ，WTO 時代のもの（サービス貿易や知的所有権関連のものを含む）であれ，法的拘束力をもたない。パネルは，たんに過去のパネル報告に留意し (note)，想起し (recall)，同意し (concur)，または同意しないこともできるのである。

(ii) 上級委員会報告

パネル報告と同様，上級委員会報告も，紛争当事国のみを拘束する。またそれは，拘束的な先例とはならない。過去のパネルや上級委員会がどのような判断をくだそうと，新しい紛争案件で上級委員会は，過去のものとは異なる判断をくだすことができる。また上級委員会の言葉を借りれば，上訴をうけて，パネルの法的判断を支持 (uphold)・修正 (modify)・破棄 (reverse) する権限をもつ。それゆえたとえば，強制法・任意法理論にしても，WTO 協定（16.4条）やウィーン条約法条約（誠実解釈原則）に照らして新しい論理を展開する可能性もある。

(iii) パネルによる上級委員会判例からの離反と上級委員会によるパネル批判

米国はゼロ計算事件 (DS 344) の上級委員会判断を批判した。この事件のパネルは，既述のように上級委員会報告の先例判決を否定し，ゼロ計算を合法とした。これに対し，上級委員会は，パネル判断が WTO 判例法の「一貫した予見可能性のある発展を損なう」としてパネル判断を退けた。この上級委員会報告を受けて，米国は，ゼロ計算の WTO 整合性に関する最終的な解釈権は，上級委員会ではなく，WTO 閣僚理事会の手に委ねられるとしたのである。

(2) 既判力

通常国内裁判所では，本案判決はひとたびくだされると，判決は同一当事者間でまた同一請求について，最終的な拘束力をもつ。こうした既判力 (Res Judicata) について紛争解決了解はふれていない。しかしパ

ネルはいくつかの事件で既判力が事実上WTOでも適用されることを示した。

インド自動車事件でパネルは，既判力についてはじめて言及した。パネルは，既判力をWTOシステムの基幹問題（systemic）としたうえで，既判力がWTO紛争解決手続で適用されるためには，一定要件（同一請求，同一当事者等）が満たされなければならないとのべた。そして本件ではそれら要件が満たされていないため，既判力は本件に適用されないと結論した。

EU・インド産ベッド用品事件では，原審査（パネル・上級委員会報告）ののち実施審査パネルが，既判力に言及した。パネルは「原審査パネル報告のなかで上訴されなかった部分と上訴事項について上級委員会が裁決した部分は，紛争の最終的解決とみなされ，また本件の紛争当事国とパネルによって最終解決として扱われなければならない」とのべた。上級委員会もこのパネル判断を支持した。そして，紛争解決了解（17.14条）が規定するように，紛争解決機関により採択された上級委員会報告は「紛争当事国によって無条件に（unconditionally）受諾され」なければならないとつけくわえた。さらに上級委員会は，パネル報告を踏襲して，上訴されなかったパネル判断部分は紛争解決機関により採択された以上，当該紛争の最終的解決としてとうぜん紛争当事国により受諾されなければならないと強調した。

5 法の一般原則
(1) 法の一般原則

パネルはGATT時代から必要におうじて，テキストの解釈にあたって，法の一般原則を援用してきた。

その１つは，「原則に対する例外は狭く厳格に解釈しなければならない」という一般原則である。たとえば，ダンピング防止法や相殺措置法で使われる同種産品の解釈にあたっては，ことさら厳格な解釈が要求される。それは，ダンピング防止措置が，特定国産品に対して差別的に適用される点で，GATT/WTOの最恵国待遇原則に対する例外をなすからである。同じように，WTOのもとで，米国・下着輸入制限事件［巻末表20-2］のパネルは，繊維協定上の経過的セーフガード措置は例外的制度であり，せまく解釈しなければならないとのべた。

第２に，エストッペル（estoppel）の原則がある。ほんらいコモン・ロー上，ひとが自らの行為によって意思表示を行い，他者がこの表示を信じて利害関係を変更するときは，表示をした者はもはや表示をひるがえすことができない。これは，表示を信頼した第３者を保護するため，表示者が自分に都合よく前言を修正・撤回するのを防止するルールである。表示者が前言に反する行為をとるのを禁止する意味で「禁反言の原則」と邦訳される。この原則は衡平法（equity）にもひろがり，ひいては国際法の一般原則となった。GATT/WTOの文脈では，国家はその行為によりある事実の存在を相手国に表示し，相手国がそれを信じて利害関係を変更すると，表示を行った国は，表示をひるがえすことができない。ただしパネル・上級委員会は，当初，エストッペルという言葉をつかわずに，この原則をひんぱんに適用してきた。GATTの米国・カナダ産針葉樹材事件Ⅱで，パネルは補助金・相殺措置のコンテクストのなかで禁反言の原則を用いた。WTOのパネル・上級委員会も禁反言の原則をしばしば適用している。米国・インド産鋼板事件［巻末表20-21］で，インドは書面手続の過程である主張を放棄したが，ののちにこの主張を復活させた。パネルはインドが主張をひとたび放棄しながら，のちに復活させることは，前言をひるがえすことになり，許されないとのべた。パネルによれば，この事件で，紛争相手国の米国と審理に参加した第３国は，インドが問題の主張を放棄するという前言を信じて，行動したからである。それゆえ，紛争当事国にいちど放棄した主張の復活を許すと，パネル手続に重大な調整をくわえないかぎり，紛争相手国や訴訟参加国は損害をこうむる，とパネルはのべた。EU・インド産ベッド用品事件の実施審査パネルも禁反言の原則を用いた。この事件でインドはEUのダンピング算定方法がWTO協定に反するとして訴えを提起した。その過程で，インドは，EUが前言をひるがえし禁反言原則に違反すると主張した。インドは，EU判例を前言ととらえた。EU域内では，第１審裁判所が，EU当局のダンピング認定方法がEU規則に抵触するかどうかについて判断をくだしていた。ところが，WTOのフォーラムでは，EUは，EU規定と同一のWTO規定について，第１審裁判所とは異なる解釈を展開した。同一内容の規定について，EUは国内判例と異なる見解をWTOで提起した。これはインドによれば，禁反言の原則に抵触するとみなされた。パネルはインドの主張を一蹴した。WTO紛争解決と加盟国の国内判決は次元が異なり，国内判決はWTO手続に影響をあたえないからである。エストッペルという言葉は，しかしEU商標・地理的表示事件［巻末表9-17］のパネル報告（2005年３月）のなかで使用された（estopped）。

第３に，テキスト無用化解釈の回避原則がある。上級委員会は，米国ガソリン事件，日本酒税事件Ⅱ，米国下着輸入制限事件等で，テキスト全体を無用（redundancy or inutility）にするような解釈は避けなければならないという一般原則に言及してきた。

他方，いくつかの典型的な法の一般原則はすでにWTO協定のなかに明文化されている。たとえば紛争解決了解（22.4条，22.6条）が報復措置の程度を無効化侵害化の度合いに限定しているのは，国際司法裁判所でも承認されてきた比例原則（対抗措置は受けた損害と比例しなければならないとするハンガリー・スロヴァキア事件判決）を具現したものということができる。

第４に，国家主権尊重のための緩和解釈原則である。言葉が曖昧で意味の「疑わしいときは緩やかに解釈する」原則（in dubio mitius）をいう。そのねらいは，義

務を負う条約当事国にとって負担がすくなくなるように，言葉を解釈することにある。EUホルモン事件の上級委員会は，国際標準よりも厳しいEUのホルモン規制に関連して，この原則を適用した。そして脚注のなかで緩和解釈原則が法の一般原則と化していることを指摘した。

(2) その他の原則

法の一般原則に該当するかどうか明らかではない重要原則がいくつかある。実効性 (effectiveness)，同時代性 (contemporaneity)，特別法 (lex specialis)，辞書参照の原則である。

実効性の原則は条約の関連規定に実効性をあたえるよう条約解釈を行うことをいう。アルゼンチン履物セーフガード事件でパネルは，セーフガード措置発動の要件として，GATT 19条が予見できない事態の発展を明記したにもかかわらず，WTOセーフガード協定がこの要件にふれていないのは，WTO上この要件が不要とされることを意味すると判断した。上級委員会は，パネルの判断を覆した。上級委員会によれば，パネルの解釈はセーフガード協定の関連協定に実効性をあたえていないとされた。協定規定が実効性をもつように解釈するならば，GATT 19条の予想できない事態の発展という要件は，WTOでも活きているとするのが，上級委員会の実効性原則に基づく結論であった。

同時代性の要件は，一般国際法では，条約規定を条約締結時の「同時代的」意味と状況に照らして解釈することを意味する。しかし，条約のなかの言葉は不変ではなく，時の進化に従って変貌する。それゆえ条約規定は時の経過にともない条約締結時には存在しなかった現代的意味をあたえられることもある。海老亀事件で争われたのは，GATT (20条) 時代の「有限天然資源」が，条約締結時か紛争解決時のいずれに基づいて解釈されるかどうかにあった。上級委員会は，有限天然資源という言葉は，GATT草案が交渉された半世紀前は鉱物資源をさしたとかりに仮定しても，文言上，鉱物資源以外のさまざまな天然資源を含むと判断した。ただし，上級委員会は，GATT草案の準備作業を精査したわけではなかった。それゆえ国際法学者のなかには，上級委員会の判断に異を唱えるものがある。

特別法は一般法に優先するとする原則はウィーン条約法条約には規定されていないが，GATT・WTOの紛争解決ではひんぱんに援用されてきた。EUバナナ事件IIIで上級委員会は，輸入ライセンスの争点はまず特別法としての輸入ライセンス協定に基づいて検討されるべきであるとのべた。この検討は一般法としてのGATT (10条3) に基づく検討に優先するからである。同じように，EUいわし名称事件とEUアスベスト事件のパネルは，特別法のスタンダード協定に基づく検討が一般法のGATT (3条) に基づく検討に優先するとして，EUバナナ事件IIIを引用した。インドネシア自動車事件のパネルも，特別法のTRIMS協定に基づく判断を一般法GATT (3条) に基づく判断に優先させた。SPS協定がGATTに優先することもEUホルモン牛肉事件の原審査パネルが確認している。

辞書参照原則は，上級委員会が米国ガソリン事件から一貫して踏襲してきたルールである。パネルも文言解釈にあたり辞書 (Oxford) を参照した。しかし辞書の定義はおおくの解釈問題をひきおこすことも上級委員会は指摘した。米国ステンレス鋼事件のパネルは，辞書のほか条約の文脈と目的も考慮にいれなければならないと釘を刺した。米国バード修正条項事件の上級委員会も辞書は重要な手引きとなるが，解釈の方向を決定する鍵とはならない (not dispositive statement) と自戒している。

6 関連国際協定

WTO協定のなかで引用された国際協定やWTO加盟国間の国際協定も，WTO協定の解釈に必要な法源となっている。

(1) WTO協定に引用された国際協定

WTO協定は，かなりの数の国際協定を引用している。TRIPSが言及する工業所有権パリ条約，著作権ベルヌ条約，著作隣接権ローマ条約，半導体集積回路ワシントン条約はその代表例である。ウィーン条約法条約の規定のうち，条約解釈に関する規定 (31条, 32条) は，既述のように，国際慣習法の明文化にほかならないが，条約法条約の他の規定もWTO協定の解釈のために重要な法源となっている。パネルが扱った条約法条約の規定には，条約の遡及適用の禁止に関する28条 (EUホルモン牛肉事件)，条約発効前に条約目的を阻害してはならないという18条，条約の誠実履行義務 (pacta sunt servanda) に関する26条 (ブラジル・ココナツ事件，米国下着事件)，同一問題に関する後継条約の適用に関する30条等がある。

しかし，問題は，WTO協定が引用する国際協定は，WTO協定発効時に有効であったものにかぎられるのか，それともWTO発効後改正されるものもカバーするのかである。TRIPS協定は，既存の上述関連諸条約を特定時点に改正されたものにかぎった。たとえばTRIPS協定でいう著作権ベルヌ条約は，1967年7月14日にストックホルムで改正された条約をさす。それゆえ，これら知的所有権関連条約が将来改正されたときは，改正規定はWTO上の権利義務に影響をあたえず，WTO法の法源とならないようにもみえる。しかしこの点は，かならずしも明らかではない。それはNAFTAパネルが類似の問題に直面して興味深い判断をくだしているからである。

NAFTAでは，NAFTA締約国がGATTやGATT東京ラウンド協定に基づいてもった権利を保全するための規定がある。米国農産品に対しカナダが適用した関税が合法かどうかが争われた事件で，1996年12月のNAFTAパネルは，NAFTA (710条) のGATT権利義務保全規定 (GATT 11条の数量制限禁止義務等) は，NAFTA発効時のGATTルールではなく，GATTの

発展ルール（ひいてはWTOルール）をさすとのべた。パネルは、またNAFTAで引用されている国際慣習法は、NAFTA発効時の法ではなく、その発効後発展する法を意味するとつけくわえた。

(2) WTO加盟国間の国際協定

GATT/WTO加盟諸国は、しばしばGATT/WTOに関連して2国間協定等を締結してきた。これら協定がGATT/WTOの多国間レベルでも援用できるのかどうかがいくつかの事件で争われてきた。

(i) 2国間協定

最初の事例は、GATT時代のカナダEC関税譲許再交渉権事件（Canada-European Communities [GATT] Article XXVIII Rights）の仲裁判断（BISD37S/80）であった。仲裁によると、2国間協定は原則としてGATTの多角的紛争解決手続のもとでは援用できない、しかしこれには例外があるとされた。2国間協定が例外的にGATTで援用できるのは、①2国間協定がGATTと密接に連関していて、②協定がGATTの目的と合致しており、しかも、③紛争当事国双方がGATT仲裁手続を要請した場合であると仲裁はのべた。

WTOのパネルは類似の事件で、GATT仲裁と同様の判断を示した。EC鶏肉輸入措置事件［巻末表9-4］で、ブラジルは、ブラジル・EC間の油糧種子協定（Oilseeds Agreement）がWTOパネル手続でも援用できると主張した。パネルは、油糧種子協定がGATTの関税譲許再交渉規定（28条）と関連して締結されたことを理由に、またカナダEC関税譲許再交渉権事件の仲裁判断を引用しつつ、油糧種子協定がWTOパネル判断に必要なかぎりで援用できることを明言した。上級委員会はパネルの判断を支持した。上級委員会は、油糧種子協定が、WTO法の正規の法源（WTO協定、GATT 1994, GATT締約諸国団の決定・手続・慣行等）ではないと断ったうえで、2つの理由をあげて、それがWTO法の「解釈の補助的手段」（supplementary means of interpretation）となると結論した。2つの理由とは、油糧種子協定が、GATT規定（28条）の枠内で交渉されたこと、および本件紛争の争点であるEUの関税割当制度の法的根拠を定めていたことであった。

(ii) 加盟国間の国際協定

他方、GATTパネルは、米国まぐろ輸入制限事件Ⅱ［巻末表20-48］で、GATTの解釈にあたって援用できる国際協定は、すべてのGATT締約諸国によって受諾された協定にかぎられるとする判断をくだした。この事件で、米国は、GATTの解釈のために、絶滅の危機に瀕した野生動植物の保護に関するワシントン条約や他の2国間・複数国間協定を援用したが、それらはすべてのGATT締約諸国によって受諾されたものではなかったため、GATT協定の解釈手段とはされなかった。

EU遺伝子組換え食品事件［巻末表9-18］のパネル報告も、全WTO加盟国を拘束する国際協定のみ（only treaties binding on all WTO members）がWTO協定の解釈にさいして考慮されるとのべた。ウィーン条約法条約は条約の原則的解釈方法として、文脈・趣旨目的に照らした用語の通常の意味にそくした解釈方法（31条1）を指定している。そのさい文脈とともに考慮すべきものとして、当事国間の関係で適用される国際法の関連規則（relevant rules of international law in the relations between the parties）がある（31条3c）。パネルはこうした当事国間の関連国際法規とは全WTO加盟国を拘束する国際協定をさすとした。それゆえパネルによれば、たんなる紛争当事国間の国際協定は、WTO全加盟国を拘束しないためWTO協定の解釈手段とはならない。EUは本件で、生物多様性条約とカルタヘナ議定書をSPS協定の解釈にあたり参照すべきであると主張したが、これら国際協定は、全加盟国どころか全紛争当事国（EU、米国、カナダ、アルゼンチン）を拘束していないから当事国間の関係で適用される関連国際法規にあたらないとパネルは強調した。

では、WTO協定のなかの「用語の通常の意味」（ウィーン条約法条約31条1）をさぐるときにWTO枠外の国際協定を参照できるのかどうか。

WTOの米国・海老亀事件［巻末表20-4］で上級委員会は、GATT一般例外条項にいう「有限天然資源」の解釈にあたり、1982年海洋法条約、生物多様性条約、開発途上国援助決議（越境野生動物の保存条約とともに採択）を参照した。遺伝子組換え事件のパネルも、WTO用語の検討にあたり、辞書のほか、「全WTO加盟国または全紛争当事国を拘束しない他の国際協定」を参照できるとつけくわえた。

(iii) 義務免除の対象となった国際協定

EUバナナ事件Ⅲでは、EUとACP諸国間のロメ協定（Lomé Convention）の扱いが問われた。ロメ協定は、EUのACP諸国産品に対する特恵待遇を定め、そのかぎりでGATTの最恵国待遇原則に反したが、GATT締約諸国団はこうした差別的なロメ協定に義務免除（waiver）をあたえ例外的に合法化した。そしてWTOもロメ協定に義務免除をあたえた。したがって、義務免除自体がWTO法の一部を成しており、それはパネルの審査対象となる。こうした義務免除により、ロメ協定はWTO法のなかにくみこまれたため、パネルは、関連する義務免除とロメ協定について解釈をくだすことができるとされた。

(3) WTOが当事者である国際協定

げんざい、WTOが締結当事者の一方となっている国際協定として、WTO/IMF協定とWTO世銀協定がある。上級委員会は、アルゼンチン・繊維事件［巻末表1-1］で、WTO/IMF協定は、WTOのもとでの加盟国の権利義務に影響をあたえないとのべた。WTO協定はしたがって、これらWTOが当事者となっている協定によっていささかも修正されていないのである。

(4) ソフトロー・タイプの国際文書

WTO協定はハードロー・タイプの国際協定のほか、

ソフトロー・タイプの国際文書も引用している。

ひとつはEUの公的支持輸出信用ガイドライン (Guidelines for Officially SupportedExport Credits) である。相殺措置協定は、ガイドラインに合致する政府の輸出信用が輸出補助金に該当しないことを明言している。

他は国際標準化機関の国際任意規格である。スタンダード協定は、加盟国が基準の採択にあたり、関連国際規格（ISO規格, EU電子規格, CODEX食品規格）に準拠するよう求め、これら国際規格に準拠する加盟国の基準をWTOに整合するものと推定している（EU鰯名称事件）。衛生植物検疫措置協定も、加盟国の検疫措置がとくに3つの関連国際規格（Codex国際食品規格, OIE国際獣疫規格, IPPC国際植物防疫規格）に合致するならば、国家措置をWTOに整合するものと推定している。さらに政府調達協定も、苦情申立手続で入札要件の規格が無差別で国際規格にそくしているかどうかに着目している。それゆえ、WTO枠外の国際標準化機関の規格は、建前は任意的だが、WTO紛争解決手続ではますます重要性を増しているのである。

7 ルールの衝突

WTOはうえにみてきたように紛争解決にあたり多様なルールを適用している。そのため、適用ルールの間に衝突が生じかねない。ひとつはWTOレジームの内部でおきる衝突であり、他はWTO協定と非WTO協定の間の衝突である。

(1) WTOレジーム内のルール衝突

WTOレジームはWTO設立協定と多角的貿易協定（附属書Ⅰ, Ⅱ, Ⅲ）および複数国間貿易協定（附属書Ⅳ）から成る。このレジームの内部でルールの衝突がおきる場合にそなえて、WTOはいくつかの衝突解決条項をおいた。まず、WTO設立協定と多角的貿易協定のいずれか（商品貿易個別協定, GATS, TRIPS, 紛争解決了解等）が衝突するときは、WTO設立協定が勝つとされる（設立協定16条3）。つぎに商品貿易ルールに関し、GATT 1994と個別協定（ダンピング防止協定等）が衝突するときは、個別協定がGATT規定に優先する、とされる（附属書ⅠAの解釈のための一般的注釈）。これは特別法は一般法を破るという考えに基づいている。商品関連個別協定のなかで、ゆいいつ農業協定（21条1）のみは、農業協定とその他WTOルールが衝突する場合は、農業協定がGATT規定とWTO個別協定に優先すると定めた。GATT規定とWTO個別協定は、農業協定に従うことを条件として適用されるのである。上級委員会は、チリ農産物価格帯事件でこのルールを適用した。

しかし多角的貿易協定のなかの特定諸協定が衝突するかどうかは、パネル・上級委員会がケースバイケースで決定する。いままでにルールの衝突が認められた事例はない。その理由は、パネル・上級委員会が、関連するルールの衝突を認めなかったからである。パネル・上級委員会はむしろ関連ルールが両立し重複して適用されると判断してきた。

韓国酪農品セーフガード事件で、上級委員会はGATT 19条とWTOセーフガード協定が重複して適用されることを明らかにした。EUバナナ事件では、GATSとGATTが重複して適用されること（上級委員会）、GATT無差別原則（1条の最恵国待遇原則、3条の内国民待遇原則）と投資関連貿易措置協定・輸入ライセンス協定が重複して適用されること（パネル）が判示された。カナダ雑誌事件（上級委員会）では、カナダがGATS約束表のなかで広告サービスについて市場アクセスを約束していなかったにもかかわらず、広告サービスに対する内国税はGATT内国民待遇原則（3条）から適用免除されないとされた。米国綿花補助金事件［巻末表20-35］の上級委員会（2005年3月）も、相殺措置協定（3.1@条）のローカルコンテント・輸入代替補助金禁止規定と農業協定上の特定規定（6.3条, 附属書Ⅲ・7項）は同一の問題を扱っていないため抵触しないとして、米国の綿花ローカルコンテント補助金が禁止補助金に該当することを明らかにした。

(2) WTOルールと非WTOルールの衝突

WTO法は自己完結型の閉鎖的法律ではないから、WTOの紛争解決事例でWTOルールのほかに非WTOルール（多国間環境協定、カルタヘナ議定書等）も適用される余地がある。その場合、2つのルールの衝突はどのように解決されるのか。パネル・上級委員会は、WTO内のルール衝突問題に関して、衝突回避のための解釈方法を発展させてきた。衝突するようにみえるルールは可能なかぎり整合するように解釈し、それらを重複適用するのである。しかし、かりにこうした整合解釈が不可能なときは、衝突ルールの締結・発効日時を比較して、後法優位の原則に従い、後法のみを適用するであろう。または、特別法が一般法を破る原則に従い特別法を優先適用するかもしれない。

WTO設立にあたりマラケシュで採択された協定のなかに、WTOとIMFの関係に関する宣言がある。これはWTOに別段の定めがないかぎり、GATT 1994と他の商品貿易協定がIMFルールに優先すると明言した。アルゼンチン・履物事件で、アルゼンチンは輸入品に対する3％統計税はアルゼンチン・IMF了解メモランダムのなかで明示的に許可された合法的財政措置にあたると主張した。上級委員会は、上記宣言を引用して、GATT輸入手数料規定（8条）には、IMF関連の例外措置は定められていないから、IMFメモランダムとは独立して、GATT自体に違反すると結論した。

第3節　審査基準

パネルが国家措置の審査のために用いる基準は，一般的なものとダンピング防止法上の特別のものに分かれる。

1 一般の審査基準

紛争解決了解（11条）は，一般的な審査基準（standard of review）をごくおおまかに定めた。これによると，パネルは，国家措置がWTOに適合しているかどうかの審査にあたっては，事案を客観的に評価し（an objective assessment），措置にWTO協定が適用できるかどうか，また措置がWTO協定と整合するかどうかについて客観的な評価を行わなければならない。

パネルが負う客観的評価義務は，米国・下着事件［巻末表20-2］で明らかにされたように，きわめて重要である。第1に，パネルが国家当局の事実認定を全面的に尊重すること（total deference）は，非申立国の事実認定を鵜呑みにすることになり，客観性を欠く。かといってパネルが，国家当局の事実認定に代えて，自ら新審査（de novo review）を行うことができるのか。

ホルモン事件の上級委員会はこの問いに簡明な回答をあたえた。上級委員会は，パネルの審査は，国家主権の全面尊重でも，パネルの新審査でもない。それは，字義どおり客観的審査をさすと述べた。そして客観的審査義務の違反例として，証拠の無視・曲解等のパネルが犯しうる「極度の誤り」（egregious error）をあげた。米国・小麦グルテン事件の上級委員会は，パネルが裁量の限界を超えて行う判断も極度の誤りに該当することを追加した。

2 ダンピング防止法上の特別の審査基準

ダンピング防止協定（17.6条）がダンピング防止措置に固有の審査基準を定め，国家主権を尊重していること，このような行政措置に対する司法機関の配慮が米国判例法（Chevron判決）に淵源をもつこともすでにのべた。

第4節 救 済

1 一般国際法上の損害賠償義務

一般国際法では，国際違法行為を犯した国家は損害を賠償する義務を負っている。常設国際司法裁判所のホルジョワ工場判決（Factory of Chorzow）が指摘するように，国際法の違反国は，損害賠償によって，違法行為から生ずるけっかを可能なかぎり除去し，かつ違法行為が行われなかったならば存在したであろう状態に現状復帰しなければならない。しかしGATT/WTOはこうした損害賠償義務を違反国に課していない。

2 GATTの慣行

GATTでの救済に関する慣行は事例によりまちまちであった。大部分の場合，締約国団は，違法措置をGATTまたは東京ラウンド協定の関連規定に合致させるよう勧告した。この勧告は将来に向かってのものであり，過去に受けた損害に対する救済を求めるものではなかった。

しかしダンピング防止法や相殺措置の分野では，パネルはいくつかの事例（ニュージーランド・フィンランド産変圧器事件等）で違法なダンピング防止税の撤回（revocation）とすでに支払われた税の払戻（reimbursement）を課税国に対して勧告した。しかし，米国はダンピング防止税の撤回・払戻しを拒否し，2件の事例（米国・スウェーデン産ステンレス鋼管事件，米国・メキシコ産セメント事件）でパネル報告の採択をブロックした。

ECも米国と同様の態度をとった。ブラジル・EC産粉乳相殺措置事件で，ECは手続の開始当初は，違法な相殺関税の撤回・払戻しを要求していたが，途中で見解をひるがえし，GATT違反の相殺関税に関しては，措置をGATTに合致させる手段の選択は措置国に委ねるとのべた。

政府調達に関するトロントハイム事件はGATTパネルが遭遇したもっとも困難な事例であった。この事件でパネルは，ノルウェーがトロントハイム市（Trondheim）の無人料金徴収システムの公共調達にあたりGATT東京ラウンドの政府調達協定に違反したと判定した。しかしパネルが判定をくだした時点では，調達契約は完了していた。パネルは，このような既成事実に直面して，パネルは，調達契約の無効と調達手続の再開始を勧告することはできなくなった。米国も過去の損害についての代償交渉を要請してはいないとのべた。そこでパネル判断を受けて，政府調達委員会は，ノルウェーに対し将来の調達をパネル判断に合致させるため必要な措置をとるよう勧告した。

以上から明らかなようにGATTの慣行では，救済は主に違法措置を将来に向かってGATTに適合させることを内容とし，過去の損害の賠償を違反国に要求するものではなかった。したがってダンピング防止税や相殺関税についていえば，国家はたとえGATT違反の課税を行っても税を撤回し払いもどす必要はなかった。違反国からみれば，違法な税は徴収しっぱなしであり，企業からみれば違法な税はとられっぱなしで終わった。

3 WTOの慣行

WTOもGATTの慣行をひきついで，救済措置として損害賠償を違反国に科してしない。違反国は違法措置をWTOに適合すればたりるのである。

第5節 審査・実施審査・報復の3段階手続

1 紛争申立の件数

1995年から2010年末までの15年間にWTOに付託された紛争申立は419件，事案数にして307件におよぶ。これは，GATT時代47年間の紛争数220件の2倍弱である。それはまた，国際司法裁判所の1946年から2009年12月までの60余年間の紛争付託数145件の2倍を超える。WTOの申立件数419件のうち，パネル手続にまですすんだのは156件（原審査パネル報告129件，実施審査パネル報告27件）であった。パネル報告に対しては高い比率で上訴が行われた。上級委員会が2010年末までに送付した報告数は105（原審査上級委報告86件，実施審査上級委報告19件）を数える（表12-3）。

申立件数は，事件番号（WT/DS番号）の数にひとしい。申立には，1国による個別申立（米国が日本に対し提訴した写真フィルム事件等）と2以上の国による合同申立（米国等5カ国がEUに対し提訴したバナナ事件III等）がある。申立は，個別に行われようと合同で行われようと，1件としてカウントされ，単一の事件番号（写真フィルム事件・DS44，バナナ事件III・DS27）をふされる。他方，同一の事案に関して2以上の国が別々に申立を行うときは，たとえ申立日が同じでも，それぞれ独立の事件番号をもつ2以上の申立としてカウントされる。それゆえ，たとえば日本酒税事件IIは，事案としては1件であるが，申立件数は3となる。3カ国が日本に対しそれぞれ別個の提訴を行ったからである。3件の提訴にはそれぞれ異なる事件番号が付けられた。事件番号DS/8のEU申立（1995年6月21日），同DS/10のカナダ申立，同DS/11の米国申立（それぞれ同じ1995年7月7日）である。これら原審査段階の事案307件のうち実施審査段階にまで発展したのは，ほぼ1割の34事案であった。

2 申立領域

WTO統計によると，WTO紛争解決手続で違反を申し立てられた協定は，大部分が商品分野協定であった。とくに上級委員会が1995-2010年の間に扱った違反申立をみると，i 商品分野のGATT 1994（62件），ダンピング防止協定（27件）・相殺措置協定（24件）・農業協定（13件）・セーフガード協定（7件），SPS協定（7件）の違反が主に問われ，ii 新分野のGATS（5件）とTRIPS（3件）の違反が問われたのは少数であった（上級委員会年次報告2010年）。またGATSに関しては，GATS違反のみを理由とする申立はすくなく，申立（バナナ事件III，カナダ自動車協定事件等）のほとんどは商品貿易協定とGATSの双方の違反を理由としていた。中国が被申立国となったケースでは，GATS・GATT・中国加盟議定書の違反が問われた。

3 申立国と被申立国

1995-2010年の申立のうち，申立国の上位8カ国は，米国（97件），EU（82件），カナダ（33件），ブラジル（25件），メキシコ（21件），インド（19件），日本（14件），韓国（13件）であった。被申立国の上位10カ国は，米

表12-3 WTOでの紛争申立件数（1995年－2010年末）

	原審査					実施審査					合計		
	申立件数	事案数	パネル	上級委	上訴比率	申立件数	事案数	パネル	上級委	上訴比率	パネル	上級委	上訴比率
1995	25	16	0	0	—	0	0	0	0	—	0	0	—
1996	39	27	2	2	100%	0	0	0	0	—	2	2	100%
1997	50	31	5	5	100%	0	0	0	0	—	5	5	100%
1998	41	34	12	9	75%	3	2	0	0	—	12	9	75%
1999	30	22	9	7	70%	5	5	1	0	0%	10	7	70%
2000	34	28	15	9	58%	4	4	4	2	50%	19	11	58%
2001	23	20	13	9	71%	5	3	4	3	75%	17	12	71%
2002	37	23	11	5	50%	1	1	1	1	100%	12	6	50%
2003	26	20	8	5	70%	0	0	2	2	100%	10	7	70%
2004	19	18	8	6	75%	5	5	0	0	—	8	6	75%
2005	12	10	17	11	60%	5	3	3	1	33%	20	12	60%
2006	20	17	4	3	86%	6	6	3	3	100%	7	6	86%
2007	13	7	6	3	50%	2	1	4	2	50%	10	5	50%
2008	19	13	8	6	82%	4	3	3	3	100%	11	9	82%
2009	14	9	6	4	75%	1	1	2	2	100%	8	6	75%
2010	17	12	5	2	40%	0	0	0	0	—	5	2	40%
合計	419	307	129	86	67%	41	34	27	19	70%	156	105	67%

注）パネル報告の数は，i. 上訴されずに採択されたパネル報告と ii. 上訴され上級委員会により支持・修正・棄却されたパネル報告の合計である。上訴されたパネル報告の数は，したがって上級委員会が2以上のパネル報告を扱ったときの上級委員会報告の数とかならずしも一致しない。

資料）Appellate Body Annual Report For 2010, WT/AB/15, 18 July 2011; WTO Dispute Settlement Tables and Statistics, in WorldTradeLaw.net より作成

第3章　WTO紛争解決手続のルールと慣行

国（113件），EU（70件），中国（21件），インド（20件），アルゼンチン（17件），カナダ（16件），日本（15件），韓国・メキシコ・ブラジル（各14件）であった。なお対EU70件は，2009年までの対EU67件と2010年以降の対EU 3件の合計をいい，EU加盟国が被申立国になった27件をふくまない。したがってEUとその加盟諸国に対する申立を合算すると97件に達する。

貿易大国の米国とEUが，申立件数と被申立件数で群を抜いていることがわかる。他国の違反措置に異議を唱えるだけではなく，自国も違反措置をかかえこんでいるのである。同じことはインド・日本・韓国のアジア勢についてもいえる。他方，中国の申立・被申立件数がにわかに増えてきた。中国の申立は8件におよび，被申立件数はじつに21件（2004年中国増値税事件，2006年中国自動車部品輸入措置事件等）に達した。この被申立件数は中国が加盟後10年にして米国とEUにつづく第3位の被提訴国となったことを端的に示している。

4　立証責任

(1) WTO原則規定の違反ケース

WTO加盟国が他の加盟国の措置がWTO協定のいずれかの原則規定に違反しているとみなすときは，まず相手国措置がルールにそむくことを立証しなければならない。このため申立国は証拠を提出し，またパネルも関連情報を相手国や専門家から職権で収集することができる（了解13条）。もしも違反に関する証拠が十分に提供され，違反が一見（prima facie, at first sight）明白となるときは，違反の推定が成立する。これを一見違反推定ケースまたは反証なければ違反確定ケース（prima facie case）という。

申立国がひとたび違反の立証に成功すると，こんどは被申立国に反証責任が移転する。被申立国はこのため違反の推定を覆すのに十分な反論を提出しなければならない。これは，米国シャツ事件以来繰り返し上級委員会が指摘してきた違反推定反駁ルール（rebut the presumption）にほかならない。被申立国が反駁に失敗するときに，違反は確定する。

(2) WTO例外条項の援用ケース

上記のように申立国が被申立国の違反措置を追及するのとは異なり，被申立国が自国措置を正当化するためにWTO例外条項を援用するときは，立証責任は変わってくる。この場合，被申立国は問題の措置がGATT例外条項によって正当化されことを立証する責任を負うのである。インド自動車事件でインドは自国の輸入制限措置（GATT11条）が国際収支条項（GATT18条）によって例外的に正当化されるとのべた。パネルはこのようにGATT例外条項が援用されるときは，条項援用国が立証責任を負うことを強調した。米国外国販売会社事件の実施審査上級委員会も，同様の立場をとった。

(3) 国際標準からの離反

衛生植物検疫措置協定（3.1条）やスタンダード協定（2.4条前段）は国家が検疫措置や基準を採択する場合，国際標準に準拠させるよう義務づけた。しかし国家は所定の条件のもとに国際標準から離反して（SPS協定3.3条，スタンダード協定2.4条後段），それよりも厳しい検疫措置や基準を採択することもできる。もっとも，国際標準への準拠義務とそれからの離反は，EUホルモン牛肉事件やEU鰯名称事件で上級委員会が確認したように，原則と例外の関係に立つわけではない。したがっていずれの場合でも立証責任の配分は変わらない。たとえ申立国が相手国の国際標準からの離反に対して違反申立を提起するときでも，離反の違法性を立証する責任は申立国が負う。離反国は，国際標準に基づく措置により，措置の目的を達成することができたはずであると，申立国は立論すればたりる。

(4) 一般特恵制度

EU・GSP事件の上級委員会は，一般特恵制度（GSP）がWTO法のなかで占める特別な地位に配慮してやや特異な判断をくだした。いうまもなく，GSPは先進国が開発途上国に対して一方的に与える優遇制度であり，GATT最恵国待遇原則（1条）の例外をなす。それは1970年の授権条項に根拠をおく。そこで上級委員会は，授権条項が最恵国待遇原則に対する例外にあたることを認めながら，立証責任に関しては，厳しい姿勢で臨んでいる。上級委員会は，EU一般特恵制度事件で，EU制度がGATT最恵国待遇原則のみならず授権条項に違反することを立証する責任は，申立国インドが負うとした。

(5) 非違反申立

WTO申立は違反申立のほかに，非違反申立と状態申立をふくむ。現状では違反申立の件数が圧倒的である（下記参照）。

5　上　訴

(1) 上訴の件数と比率

原パネル報告に対する上訴と実施審査パネル報告に対する上訴は，きわめて高い比率に達している。WTO発足後2010年末までの統計によると，原パネル報告（129件）に対する上訴（86件）の比率は67％であった。実施審査パネル報告（27件）に対する上訴（19件）の比率は70％であった。原審査と実施審査を総計すると，パネル報告（156件）に対する上訴（105件）の比率は67％にのぼる（表12-3参照）。

(2) 相互上訴

パネル報告に対して上訴するのはつうじょうは敗訴国である。しかし，パネル報告の法律解釈について勝訴国が上訴することもできる（上訴作業手続規定23.1条 Working Procedures for Appellate Review Rule 23 (1)）。それゆえパネル報告に対し，紛争当事国双方が相互に上訴する例もすくなくない。2006年7月までに加盟国に送付された上級委員会報告書78件のうち，敗訴国と勝訴国がともに上訴した相互上訴（cross-appeal）の件数は40件に達し，これは全体の51％（40/78）を占める。

6 パネル・上級委員会報告の採択に要した期間

(1) パネル設置からパネル報告・上級委員会報告採択までの期間

パネル・上級委員会手続は実際には規定が定めた原則期間よりも長びいている。

原審査段階のパネル・上級委員会手続をみると，2010年までの統計では，パネル設置からパネル報告採択までに要した期間は，上訴が行われなかったケースにでは，原則の9カ月をはるかに超えた。EU遺伝子組換え食品事件のパネル報告はパネル設置 (2003.8.29) から3年3カ月後 (2006.11.21) に採択された。類例にメキシコ電気通信事件の776日，韓国船舶事件の630日等がある。

上訴が行われた事例では，パネル設置から上級委員会報告の採択までの期間は，原則の12カ月を超過し，5年におよぶケースがあらわれた。EU エアバス事件Ⅰの5年11カ月（パネル設置2005.7.20，パネル報告送付2010.6.30，上級委員会報告送付2011.5.18，DSB 勧告2011.6.1），米国ボーイング事件Ⅱの5年1カ月（パネル設置2006.2.17，パネル報告送付，上訴2011.4.1，）がある。類例に EU アスベスト事件の862日，米国油井管事件の822日，米国・ゼロ計算法慣行事件の781日がみられる。

実施審査段階のパネル手続も長期化している。実施審査パネルの設置から報告送付までの期間は，原則90日の期間を超えた（3カ月超過のバナナ事件Ⅲ等）。また実施審査パネルの設置から実施審査上級委員会報告の採択までの期間も，平均（米国海老亀事件，米国外国販売会社事件，カナダ・ブラジル航空機事件等6件）1年ほどを要し，これも原則（7カ月程度）を超過している。

さらに原審査手続から実施審査（2回）・報復を経たのち，紛争当事国間の政治決着により最終的解決がはかられた事例に EU バナナ事件Ⅲがある。この事件では原審査のパネル設置 (1996.5.8) から最終的な政治解決 (2009.12.15) までに13年7カ月の期間を要した。

(2) 上級委員会報告の加盟国送付から採択までの期間

ひとたび上級委員会報告が作成されると，報告が加盟国に送付されてから紛争解決機関（DSB）によって採択されるまでの期間はきわめて短い。それは，最短で11日（EU・ベッド用品事件，米国バード修正条項事件），ついで13日（米国賭博事件，EU 特恵事件），14日（カナダ航空機事件，カナダ牛乳事件），最長で30日（チリ農産品事件，米国海老亀事件，米国 EU 鉄鋼製品相殺関税事件）であった。

7 交渉解決，迅速仲裁，斡旋，調停，仲介，裁定

(1) 交渉解決

WTO 紛争解決のなかで交渉が占める役割はきわめておおきい。交渉という伝統的な解決手段は WTO の司法的解決（adjudication）に比肩する重要性をもっている。米国・韓国産 DRAM 半導体事件［巻末表20-37］では，米国は敗訴後もパネル報告を遵守しなかったため韓国の要請に基づいて実施審査パネルが設置された。実施審査パネルの過程で，米国と韓国の間に相互に満足すべき解決が成立したため，韓国は実施審査パネルに審理を中断するよう要請し，パネルはこの要請におうじた。これは紛争解決了解 (12.12条) の規定に基づく手続であり，これによるとパネルは当事国の要請におうじて12カ月を超えない期間審理を中断することができるのである。パネルが審理を中断したあと，米韓双方は紛争解決機関宛の書簡によって，米国商務省がダンピング防止税の5年サンセット条項に従って対韓 DRAM ダンピング防止措置を撤回し，相互に合意に達したことを通告した。

(2) 迅速仲裁

紛争解決了解は，紛争解決の代替的手段として迅速な仲裁を用いることを認めている（25条）。WTO の事例では，米国音楽著作権法事件［巻末表20-10］がある。

この迅速仲裁手続と別に，正規の紛争解決手続の過程で，紛争解決機関の勧告の実施期間に関する仲裁や報復措置の規模を定める仲裁が WTO 紛争解決了解に定められている。さらに義務免除決定のなかで紛争解決を仲裁に委ねる例もある。たとえば EU バナナ事件Ⅲののち，WTO ドーハ閣僚会議は EU が ACP 諸国産バナナに有利な待遇をあたえる差別的コトヌ協定に義務免除をあたえ，同時に義務免除の条件を EU が遵守しているかどうかの判断を仲裁手続に委任した。2005年8月と10月の仲裁は，EU の改正バナナ輸入関税率がいぜんとしてラテンアメリカ諸国に有利であり，義務免除の条件に反すると判定した。

(3) 斡旋，調停，仲介

紛争解決了解 (5.3条) によれば，紛争当事国はいつでも斡旋（good offices），調停（conciliation）または仲介（mediation）を要請することができる。これら手続は非公開であり，当事者が望むときは，パネル手続のあいだもパネルと併行してこれら手続を利用することができる (5.5条)。WTO 事務局長は，紛争のあいだ，いつでも斡旋等を行うことができる (5.6条)。斡旋等が協議要請後60日以内に開始されるときは，パネル要請に先だち協議開始日からさらに60日間，紛争当事国は斡旋等の猶予期間をあたえられる。ただし，被申立国が，斡旋が失敗したと合意するときはそのかぎりではない (5.4条)。

8 紛争解決機関の勧告の実施

(1) 紛争解決了解が定める原則的手続

3種類の手続があり，優先順位がつぎのようにつけられている。

(i) 第1優先——敗訴国が提案し紛争解決機関が承認する期間。この承認がないときは，第2優先の期間とされる。

(ii) 第2優先——当事国間の合意による期間（紛争当事国が紛争解決機関勧告の採択後45日以内に合意する期間）。この合意がないときは，第3優先の期間が適用される。

(iii) 第3優先——拘束力ある仲裁決定が紛争解決機関

採択勧告の採択後90日以内に定める期間。

(2) 実行

実行では，実施期間は仲裁が決定するのが通例である。しかし，紛争当事国間の合意で実施期間が決定された例もある。EU・インド産綿ベッド用品では実施期間が合意され，紛争解決機関勧告の採択日（2001.3.12）から5カ月2日，すなわち2001年8月14日とされた（しかしEUの実施措置をめぐってインドが異を唱え，実施審査パネルが2002年7月2日設置された）。インド・自動車事件［巻末表12-3］でも実施期間が合意され，紛争解決機関勧告の採択日（2002.4.15）から2002.9.15までの5カ月間とされた。米国・海老亀事件での実施期間合意（1999.1.21）は13カ月とされた。タイ産プラスチック買物袋事件では，タイ産品への米国ダンピング課税（標的ダンピングがない場合のゼロ計算）の違法性を米国自身がパネル審査過程で認めたため，2010年1月，パネル判定に先だって，将来のDSB勧告の実施期間を6カ月とする2国間合意が結ばれた。

仲裁決定が定めた実施期限が紛争解決機関により延長される例もある。米国1916年ダンピング防止法事件［巻末表20-9］では，仲裁が定めた米国の勧告実施期限（2001年7月26日）は，紛争解決機関により延長された。紛争解決機関は，米国の要請と約束（議会による1916年法の廃止，1916年法に基づく調査案件の終結）に照らして，勧告実施期限を，2001年12月31日または議会休会日のいずれか早い日まで延長したのである。しかし，米国はこの延長期日までに1916年法を廃止しなかった（議会会期の最終日に1916年法の廃止と調査案件の終結のための法案が上程されたが，法案は議会を通過しなかった）。このため，EUは2003年12月，米国1916年法に照応する3倍額賠償規則を定め，この規則に基づく対米報復について報復規模仲裁を求めた。仲裁は2004年2月，EUに損害額相当分の対米報復を許可した。米国議会が1916年法を廃止したのは2004年10月であった。

(3) 勧告の実施審査手続
A 実施審査手続

紛争解決機関は敗訴国に対し違法措置をWTOに合致させるよう勧告する。しかし勧告ののちに敗訴国がとる実施措置がはたしてWTOに適合しているかどうかは，にわかに判定しがたい。そこでWTO紛争解決了解（21.5条）は，実施措置がWTOに合致しているかどうかについてWTO自身が審査を行う手続を予定した。これを紛争解決機関勧告の実施審査手続という。その狙いは実施措置のWTO整合性に関し，審査権をWTOの手にゆだねることにある。それゆえ，加盟国は敗訴国であれ勝訴国であれ実施措置のWTO整合性を一方的に判断することはできない。WTOの一方主義禁止原則はここにも及んでいるのである。とくに勝訴国は，報復措置を許可された場合でも，敗訴国が実施措置をとるならば，報復を中止し，実施審査パネル手続を求めなければならない（米国ホルモン牛肉報復措置継続事件［巻末表20-44］）。

この手続は，パネル段階で終了することもあれば，上級委員会段階にまですすむこともあり，さらには第2次実施審査パネルが召集されるケース（ブラジル航空機事件）もある。第2次実施審査手続は，1回目の実施審査手続ののちも，敗訴国がWTO違反を継続する場合にとられる。これら実施審査パネルや実施審査上級委員会の報告は，最終的に紛争解決機関で採択されなければ，効力をもたない。さいきんまでの実施審査手続はつぎのように分類することができる。

B 実践

1回の実施審査で終了したケースとして，実施審査パネルのみが召集されたケースとしてオーストラリア自動車用皮革事件，オーストラリア鮭事件，EUバナナ事件III，米国DRAMS半導体事件がある。

実施審査パネルに対し上訴が行われ，実施審査上級委員会が判断をくだしたケースには，カナダ航空機事件I，メキシコ異性化糖事件［巻末表16-1］，米国外国販売会社事件，米国海老亀事件がある。

2回目の実施審査が行われたケース

実施措置が1回目の実施審査パネル・上級委員会手続に委ねられたあと，2回目の実施審査手続が行われたケースとして4つの事例がある。

WTOでは，1回目の実施審査手続ののち，敗訴国は実施措置を改正し，再改正措置を採択しなければならない。この場合，再改正措置がWTOに合致しているかどうかについて，2回目の実施審査手続が開始されることがある。その最初の例はブラジル航空機事件にみることができる。またカナダ牛乳事件［巻末表4-4］では，1回目の実施審査パネルは，カナダが酪農品輸出にあたえた輸出補助金を農業協定違反と判定した。しかし上級委員会が，パネル判断を覆したため，勝訴国は，カナダの実施措置がいぜんとして農業協定に違反しているかどうかの判断を求めて，2回目の実施審査手続を開始した。米国外国販売会社事件でも2回目の実施審査が行われた。実施審査パネル・上級委員会IIは，米国の改正実施措置がいぜんWTOに違反していることを確認した。そのけっか，EUが一時停止していた報復措置を復活させた。EUバナナ事件III［巻末表9-2］でも，エクアドルの請求した実施審査IIで，パネルは2008年4月，EU実施措置をWTO違反と判定した。

実施審査手続は2回だけではなく，理論上は，敗訴国の実施措置についてWTO違反の可能性があるかぎり，何回でも繰り返される可能性がある。

C 実施審査のための審査基準

米国ITC調査事件（木材事件VI）［巻末表20-32］は，実施審査パネルが採用すべき審査方法を明らかにした点で注目をひく。この事件の原審査パネルは，米国のカナダ産木材に対するダンピング防止措置と相殺関税措置に関し，米国ITC当局が協定違反の損害認定と因果関係の認定を行ったと指摘した。紛争解決機関は

原審査パネルの報告を採択し米国に措置の是正を勧告した。米国が勧告を実施するためとった措置（損害と因果関係の認定）は実施審査パネルによりWTO整合的と判断された。ところが実施審査上級委員会は，2006年4月，パネル判断を覆し，パネルが米国の主張を批判的に検討せず受動的に受けいれたと結論した。上級委員会によれば実施審査パネルは国家当局の説明を批判的に検討し，検討を徹底させなければならないとされる。この上級委員会結論は，しょうらいの実施審査パネルのための指針となる。

9 相殺措置協定が定める補助金撤回期限

相殺措置協定（4.7条）は，パネルが加盟国の補助金を赤の禁止補助金（輸出補助金等）と認定するときは，パネルが敗訴国に対し遅滞なく補助金を撤回するよう勧告し，補助金を撤回する期限を指示しなければならないと定めている。したがって輸出補助金に関する事案では，仲裁ではなく紛争解決機関が輸出補助金の撤回期限を定めることになる。

実行をみると，紛争解決機関は，事案におうじて，敗訴国の要請を受けて，最初に定めた補助金撤回期限を延長した例もある。たとえば，米国・外国販売会社事件では，紛争解決機関はパネル報告に従い，米国に対し，輸出補助金を2000年10月1日までに撤回するよう勧告した。しかし，紛争解決機関はこの実施期限を米国の要請に従って2000年11月1日までに1カ月間延長した。米国は期限後の2000年11月15日，紛争解決機関勧告を実施するための改正法「外国販売会社廃止・域外収入除外法2000」（FSC Repeal and Extra-territorialIncome Exclusion Act of 2000. ETI Act）を採択した。しかしながら，この改正法も，再改正法（Jobs Act）も実施審査手続のもとでWTO違反とされ，最終的に外国販売会社ルールが廃止されたのは2006年5月になった。

10 報　復

(1) 手　続

A 実施審査ののちの一時的報復

報復は通常実施審査ののち，敗訴国が違反措置を是正しないときにとられる。このため，勝訴国は，まず報復の規模について仲裁決定を求めたのち，紛争解決機関の許可をえて報復に訴える。そして報復措置は「一時的なもの」（temporary）でなければならず，違反措置が撤回されるまでの間，または紛争当事者によるき解決がはかられるまでの間にかぎってとられる（了解22.8条）。

B 原審査段階から報復段階への直行

原審査段階から実施審査段階をへずにいきなり報復段階にすすむ例もある。それは，実施審査段階が不要となる場合であり，たとえば敗訴国が実施措置をとらないケースがそれにあたる。EUホルモン牛肉事件では，EUは紛争解決機関の勧告の実施措置をとらなかったため，勝訴国（米国，カナダ）は，実施審査段階をへずにいきなり対EU報復を要請し，紛争解決機関は報復を許可した。同じように米国1916年ダンピング防止法事件［巻末表20-9］では，米国は紛争解決機関の勧告の実施を怠った（WTO違反とされた1916年法を期限までに廃止しなかった）ため，実施審査段階をへずに，報復段階へ直行した。勝訴したEUと日本は対米報復を要請し，報復規模仲裁がくだされた。

(2) 報復規模仲裁

A 仲裁の報復額決定方法

紛争解決了解（22.6条）は，勝訴国がWTO違反を継続する敗訴国に対してとる報復措置の規模（程度）について，仲裁が決定をくだすことを定めている。仲裁は報復規模をケースバイケースでさまざまな要因を考慮にいれながら決定している。EUホルモン牛肉事件では，WTO違反措置が撤回されたならば実現したはずの輸入額を基礎に報復規模が算定された。カナダ航空機事件IIでは，カナダが供与していた違法な補助金額を基礎に報復規模を算定する方法がとられた。ただし，この補助金額はブラジル（報復要請国）が主張したような貸付総額ではなく，貸付によりあたえられた利益を基礎に算定するのが適当であるとされた。そして仲裁は，こうして計算された補助金額（206,497,305ドル）をさらに20％（41,299,461ドル）増しにして最終的な報復規模（247,797,000ドル＝206,497,305ドル＋41,299,461ドル）を確定した。補助金額を20％増しにしたのは，カナダが補助金を撤回する意向を表明していない事実を重くみて，カナダにWTO遵守をせまるためであった。

米国バード修正事件［巻末表20-25］では，8カ国が報復を要請し，報復として「米国提訴者への特殊関税収入の配分額を基礎に米国産品に対し割増課税を行う」ことを主張した。仲裁判断は，2004年8月31日，この主張を退けた。仲裁によれば，報復額は無効侵害化の額と一致するわけではなく，つぎの手順で決定される。まず「米国が報復要請国産品に課したダンピング防止税・相殺関税額に関する米国当局の公表データ」から「米国が提訴者に配分した直近の年の額」を算出する。これが無効侵害額である。しかし，これがそのまま報復額となるわけではない。無効侵害額に仲裁が決定した「貿易効果指数（trade effect coefficient）」の0.72を乗じた額が報復要請国それぞれの対米報復額である。

B 仲裁件数

仲裁が報復規模を決定した件数は，1999年から2006年までに16に達した。内訳は1999年2件（EUバナナ事件・米国報復，EUホルモン牛肉事件・米加報復），2000年2件（バナナ事件，ブラジル航空機事件・カナダ報復），2002年1件（米国販売会社事件・EU報復），2003年1件（カナダ航空機事件・ブラジル報復），2004年2件（米国1916年ダンピング防止法事件・EU報復，米国バード修正事件・8カ国報復），2007年1件（米国）である。

(3) パラレル報復とクロス報復

実行では，大部分の事例でパラレル報復がとられた。

A パラレル報復

第3章 WTO紛争解決手続のルールと慣行

表12-4 WTOでの報復の要請と許可

報復対象国	報復要請 事件	報復要請国	ー要請日 ー要請規模（年額）・内容	報復許可 報復規模仲裁	DSBの報復許可
EU	バナナ事件Ⅲ（WT/DS27）	米国	1999.1.14 5億2000万米ドル	1999.4.9送付 1億9140万米ドル パラレル報復（商品貿易分野）	1999.4.19
EU	バナナ事件Ⅲ（WT/DS27）	エクアドル	1999.11.8 4億5000万米ドル	2000.3.24送付 2億160万米ドル パラレル報復（商品・サービス貿易分野）とクロス報復（知的所有権分野）	2000.5.18 クロス報復不実施
EU	ホルモン牛肉事件（WT/DS26）	米国	1999.5.17 2億200万米ドル	1999.7.12送付 1億1680万米ドル パラレル報復（商品貿易分野）	1999.7.26
EU	ホルモン牛肉事件（WT/DS48）	カナダ	1999.5.20 7500万カナダドル	1999.7.12送付 1130万カナダドル パラレル報復（商品貿易分野）	1999.7.26
米国	米国外国販売会社事件（WT/DS108）	EU	2000.11.17 40億4300万米ドル	2002.8.30送付 40億4300万米ドル 100％報復関税	2004.3.1
米国	米国1916年ダンピング防止法（WT/DS136）	EU	2002.1.7 米国1916年法と同等規則の対米適用	仲裁	
米国	米国1916年ダンピング防止法（WT/DS162）	日本	2002.1.7 米国1916年法と同等規則「損害回復法案」の対米産品適用意図表明	2004.2.24送付 日本最初の対抗立法	2004年10月米国議会・1916年法廃止可決
米国	米国著作権法110(5)条（WT/DS160）	EU	2002.1.7 121万9900Euro	仲裁付託・選定，手続中断	
米国	米国鉄鋼セーフガード措置（WT/DS248，WT/DS249）	EU，日本	2003.12 米国の措置撤廃後報復見送り		
米国	米国バード修正条項事件（WT/DS217）	日本，EU，韓国等8カ国	2004.1	報復規模仲裁2004.8.31 8カ国に対しそれぞれ対米報復額を決定。無効侵害額掛ける0.72が報復額。	4カ国報復関税 日本の歴史上初の報復措置
米国	米国綿花補助金事件（WT/DS267）	ブラジル	報復	2008.6実施審査上級委員会の米国敗訴報告 2009.8.31補助金仲裁決定はTRIPSまたはGATS分野での報復を許可し報復総額を年間1億4740万ドルとする。	2010米国代償交渉
米国	木材事件Ⅳ（WT/DS257）・Ⅴ（WT/DS264）・Ⅵ（WT/DS277）	カナダ	2004-2005	2006年9月12日2国間包括協定による2国間解決（カナダによる報復要請撤回）	
米国	米国賭博事件（WT/DS285）	アンティグア		2007.12.21クロス報復許可	クロス報復不実施

	米国・ゼロ計算法慣行事件（WT/DS/294）米国米国ゼロ計算継続事件（WT/DS350）	EU	2010	パラレル	
	米国・ゼロ計算サンセット見直し措置事件（WT/DS/322）	日本	2010	パラレル	
カナダ	カナダ牛乳事件（WT/DS103）	米国	2001.2.16 3500万米ドル	仲裁未選定，手続中断	
	カナダ牛乳事件（WT/DS113）	ニュージーランド	2001.2.16 3500万米ドル	仲裁未選定，手続中断	
	カナダ航空機事件II（WT/DS222）	ブラジル	2002.5.23 3億3600万米ドル	2003.2.17送付 2億4779万7000米ドル パラレル報復（商品貿易分野）	
ブラジル	ブラジル航空機事件（WT/DS46）	カナダ	2000.5.10 7億カナダドル	2000.8.28送付 3億4420万カナダドル パラレル報復（商品貿易分野）	2000.12.12
チリ	農産物価格帯事件（WT/DS207）	アルゼンチン	2002.12.17 報復規模仲裁設置		
日本	リンゴ検疫事件II（WT/DS245）	米国			

EUバナナ事件IIIで，米国はEUに対し商品貿易分野での年間1億140万米ドルの報復を許可された。これはEUの商品貿易ルール違反に対する商品貿易分野での報復であり，違反分野と報復対象分野がともに商品貿易分野である点でパラレルとなった。

EUホルモン牛肉事件でのカナダと米国のEUに対する報復も商品貿易分野でとられたためパラレルとなった。ブラジル航空機事件でのカナダのブラジルに対する報復も商品貿易分野でパラレルにとられた。この事件では，ブラジルが商品貿易分野で違法な輸出補助金を交付したため，カナダは同じ商品貿易分野で別協定（GATT，繊維衣服協定，輸入許可手続協定）に基づく報復（100％上乗せ関税の賦課またはWTO義務停止）をとった（表12-4）。

B クロス報復

EUバナナ事件IIIでエクアドルが要求した対EU報復は，知的所有権分野でのクロス報復となった。同様に米国綿花補助金事件［巻末表20-35］でブラジルが提案した報復は，TRIPSやGATS分野でのクロス報復であった。米国賭博事件の仲裁（GATS21条）も，米国のサービス協定違反に対し，アンティグアが知的所有権分野でクロス報復をとることを認めた。アンティグアは，小国が大国に対して報復を行う場合，大国に対する追加関税やサービス分野の報復は実利的ではない，むしろ知的所有権分野のクロス報復のほうが効果的であると主張していた。仲裁はアンティグアの要求をうけいれた。ただし仲裁は対米報復額を2100万ドルとした。この額はアンティグアが求めた34兆ドルの162分の1にすぎなかった。他方，米国は50万ドルの額を提示していた。このように途上国が米国・EUのWTO違反に対し，クロス報復に訴えたことは，興味深い。クロス報復は，そもそも途上国の知的所有権違反に対して米国が報復するために考案したデヴァイスであったからである。

(4) 報復事例と経緯

報復がとられても違反国が措置を是正しない例が増加している。しかし，長い目でみれば，最終的には，報復ののち，違反国が措置を改廃するのが趨勢である。

A EUホルモン牛肉事件

EUは報復許可がくだされたあと，改正ホルモン措置（New Hormones Directive of 2003.9.22）を採択し，2003年11月，米国とカナダに対して報復関税停止のため交渉を要請した。しかし，米国とカナダは報復措置を継続したため，EUは米国カナダの報復継続に対し新しいパネル提訴を行った（2件）。パネルは2008年3月，米国カナダは紛争解決了解に従いEUの2003年実施措置がいぜんSPS協定に違反しているかどうかの判断を実施審査パネルに求めるべきであったとのべた。そしてパネルは米国に対し報復措置継続を正当化する挙証責任を課した。とはいえ，パネルは，EUの実施措置がいくつかの点でWTOに整合しないことを付言した。上級委員会はパネル判断を覆した。報復措置の場合，挙証責任は報復を課された違反国が負うというのが上級委員会の判示であった。したがって，本件ではEUがWTOに整合する実施措置をとったことを立証する責任を負うべきであったとした。

B 米国外国販売会社事件

EUは米国に対する報復措置を許可されたが，米国が適切な法改正を行うまで報復を延期した。しかし米国が法改正を行わないため，2004年3月1日から報

復を実施した。それは報復関税をまず従価5％から毎月1％ずつ増加し、12ヵ月後に17％（5％プラス12％）とするものであった。米国は新しい実施法（JOB法）を採択した。しかしEUはこの実施法もいぜんWTOに違反するとして実施審査手続Ⅱを開始した。実施審査パネルⅡは2005年9月の報告で米国実施法がWTOに違反していることを認めた。実施審査上級委員会Ⅱも米国の違反を認めた。紛争解決機関は2006年3月14日の勧告で米国にWTO違反を是正するよう求めた。そこでEUは2006年5月16日から、報復対象産品を指定し、報復関税16％を通常関税に上乗せして賦課することを表明した。しかし、米国が再改正法を採択したため、EUは2006年5月12日、報復関税をみおくった。

C 米国1916年ダンピング防止法事件

日本はこの事件［巻末表20-9］で、2004年2月、米国1916年法に対応する「損害回復法案」を米国産品に適用する意図を公表した。日本の対抗立法におうじて、米国議会は2004年10月、1916年法を廃止した。これは日本が歴史上はじめて採択した対抗立法であった（「アメリカ合衆国の1916年の反不当廉売法に基づきうけた利益の返還義務等に関する特別措置法」）。対抗立法は、日本企業が米国で1916年法に基づき3倍額損害賠償請求訴訟を受け、米国提訴企業に対し賠償金を支払った場合に適用される。この場合、日本企業は日本で当該米国企業に訴えを提起し、米国で支払った損害賠償金と支障費用を取り戻すことができる。WTO違反の1916年法に基づく損害を回復する道を日本企業に開いたのである。そこで、東京機械製作所は米国での1916年法訴訟で支払った3倍額賠償金を回復するため、日本での提訴を準備した。しかし米国連邦地方裁判所は米国企業の請求を受けて、東京機械製作所に対し日本での損害回復法に基づく提訴を禁止する旨の仮差止め命令をだした。

D 米国バード修正条項事件

米国の敗訴により、日本、EU、韓国、ブラジル、チリ、インドは報復を要請した。日本は2004年11月、鉄鋼金属繊維等371米国産品への報復関税リスト（7700万ドル）を提示した。韓国・カナダ・メキシコ・インドも同時に報復を申請した。報復規模仲裁（2004年8月31日）［巻末表20-25］は、8ヵ国（上記6ヵ国、カナダ、メキシコ）に対しそれぞれ対米報復額を決定した。報復額は無効侵害額に0.72を乗じた額であった。そこでEU、カナダ、日本、メキシコの4ヵ国は2005年報復関税を米国産品に課した。これに対し、米国は2006年2月、バード修正条項の削除規定を採択した（上院2005年12月、下院2006年2月通過）。しかし米国の新法は、2007年10月までに米国に輸入された外国産品に修正条項が適用される規定を挿入した。それゆえ2009年まで米国の提訴者・支持者に対して税収の配分が行われることになる。このため報復国は対抗措置を2009年まで継続して適用する予定である。

日本の報復措置は日本がはじめて発動した対抗措置である。日本はまず2005年9月1日から1年間、米国産品15品目（ベアリング7品目、鉄鋼製品3品目、航行用機器［navigational aircraft system］・機械部品［transmission conveyor belts］・印刷機・フォークリフトトラック各1品目）に対し従価15％の報復関税を課した。しかし米国議会が税収配分を続行させたため、日本は2007年8月から、1年間ずつ、報復を継続した。

E 米加木材事件

一連の木材事件Ⅳ・Ⅴ・Ⅵで、カナダは対米報復の許可をWTOに申請した。米国は報復規模仲裁を求めて応戦した。しかし、米加は2006年9月12日の包括協定により2国間解決をはかった。これによりカナダが報復申請を撤回し、米国も違法措置（ダンピング防止措置と相殺措置）の撤回と徴収税の払い戻しを行った。

(5) 報復の形態

A 米国1916年法事件とミラー報復

報復措置は通常、報復額だけ関税を敗訴国産品に上乗せする形で課される。しかし米国1916年ダンピング防止法事件では、損害額の算定が困難であった。このためEUは米国1916年法と類似の3倍額賠償を米国産品に適用することを主張した。そしてEUは、EUダンピング防止当局が通常のダンピング調査の枠組みのなかで米国ダンピング企業に対し追加的課税を行うとした。その税額はEU企業が受けた損害額の3倍である。それゆえEUの報復は米国裁判所が1916年法に基づいて3倍額賠償を決定するのとは異なった。日本の損害回復法とも異なっていた。

米国はEUの報復に異議を唱えた。仲裁決定（2004年2月）は、EUの報復は無効侵害額と同等でないとした。EUの報復は米国1916年法を映したミラー報復（mirror）であり、EUに輸入される米国産品に無制限に適用されるからである。仲裁は報復措置はそもそも譲許または他の義務の停止でなければならず、それゆえEUのミラー報復案について審査する管轄権をもたないとのべた。

B EUバナナ事件Ⅲと米国の一方的報復

EUバナナ事件Ⅲで米国はWTOルールにそむいて一方的な報復措置をとり、パネルによりWTO違反と判定された。その経緯を追ってみよう。

(ⅰ) EUバナナ事件の原審査

EUバナナ輸入制度は差別的であるとするパネル・上級委員会報告は紛争解決機関により1997年9月25日に採択された。EUが紛争解決機関勧告を遵守するための実施期限は1999年1月1日とされたため、EUはこの期限までにバナナ輸入規則の改正規則を採択した。しかし、米国はEUの実施措置がいぜんWTOに違反していると一方的に解釈した。

(ⅱ) EUバナナ事件の実施審査と米国の報復要請

そこでEUは1998年12月14日、実施措置がWTOに違反しているかどうかの判断をWTOに求めるため、実施審査手続を要請し、これに応えて紛争解決機

関は実施審査パネル（原パネルと同じメンバーのパネル）を1999年1月12日召集した（この実施審査パネルは付託後90日という期限を守って1999年4月12日EUの実施措置がいぜんとしてWTOに違反しているとする報告をWTO加盟諸国に送付した）。ところが，米国は，実施審査手続が終了するのをまたずに，この手続が開始されわずか2日後の1999年1月14日，了解（22.2条）に基づいて対EU報復措置（EU産品に対する5億2000万ドル規模の関税賦課）を許可するよう紛争解決機関に要請した。

EUは，米国の報復要請はあまりにも早急であると反発した。EUは，1999年1月29日，米国が提案する報復規模が妥当であるかどうかの判断を仲裁に求めるため，了解の報復規模仲裁手続（22.6条）を開始した。この手続によれば，仲裁決定は1999年3月2日までにくだされるはずであったが，仲裁は，同3月2日，紛争解決機関決定がだされるまでは仲裁を延期する旨を発表した。そこで米国は翌3月3日，一方的にEU産品に対し報復措置をとった。措置は特定EU産品（コーヒーメーカー等）の輸入清算の停止と100％の報復関税（通常関税に上乗せされる関税）の賦課を内容としていた。米国の見解では，紛争解決了解の規定では仲裁は3月2日に報復規模決定を行うべきであったのにそれが行われなかった，このため米国は3月3日の時点で報復措置をとる権利を保存しようとしたとされた。

報復措置がとられる前は，おおかたのEU産品は通常の輸入保証制度に服していた。輸入者は，保証を提出したあと前年度に支払った関税額に基づく清算を行えばたり，その額は輸入品の価額のわずかを占めるすぎなかった。ところが，報復措置がとられたあとは，輸入者は輸入品価額に基づく額の保証金を提出するよう義務づけられ，その額は前年度支払い関税額に基づく精算金よりもはるかに高額に達した。

(iii) EUバナナ事件の報復規模仲裁と米国の一方的報復

仲裁が当事者に対して報復規模を発布したのは1999年4月6日であり，仲裁は米国がとりうる対EU報復規模は年額1億9140万米ドルとなるとのべた。そこで米国は，仲裁が決定した規模の報復措置をとることを許可するよう紛争解決機関に求めた。紛争解決機関は1999年4月19日，米国に報復措置を許可した。米国は4月19日から，特定EU産品に100％の報復関税を課した。

EUは，米国が紛争解決機関の報復許可決定に先だち，1999年3月3日にとった報復措置が，紛争解決了解の一方主義禁止ルールに抵触するとして，パネル手続を開始した。したがってEUが争ったのはあくまでも米国が紛争解決機関の許可なしに一方的にとった1999年3月3日以降の報復措置であった。なお，米国の報復措置は1974年通商法301条に基づくものであったため，EUは301条に対するパネル提訴とは独立に，301条に基づく3月3日報復措置に対しパネル提訴を行ったのである。

(iv) 米国バナナ報復措置事件のパネル審査

EUバナナ事件は，以上のように，EUバナナ輸入制度のWTO整合性をめぐる一連のパネル・上級委員会報告（審査報告，実施審査報告）のほかに，米国の対EU報復措置のWTO整合性をめぐるパネル手続をもたらした。

米国バナナ報復措置事件［巻末表20-11］のパネルは，米国の一方的報復は紛争解決了解の一方主義禁止ルールに反し，また米国がEUの実施措置を一方的にWTOと判断したことも了解の実施審査手続（21.5条）に抵触すると結論した。上級委員会もパネル判断を支持した。

C 韓国船舶事件とEUの一方的報復

EUは船舶貿易措置事件［巻末表9-12］で韓国の補助金交付に対し一方的報復に訴えた。この報復はEUの「造船関連暫定防御制度規則」（Temporary Defensive Mechanism for ShipbuildingRegulation. TDM Regulation）に基づくものであり，WTO相殺措置協定に規定された措置ではなかった。パネルは2005年6月の報告で，EUが造船規則を一方的に採択し，またこの規則に基づいて一方的報復を行ったから，WTOの一方的措置の禁止原則（紛争解決了解23条1）に違反するとのべた。

D 米国ゼロ計算事件

米国・ゼロ計算法慣行事件（WT/DS/294）と米国ゼロ計算継続事件（WT/DS350）で，EUは2010年DSB許可のもとに対米パラレル報復をとった。同様に，日本も米国・ゼロ計算サンセット見直し措置事件（WT/DS/322）で，対米パラレル報復に訴えた。

E EUホルモン牛肉事件と米国の報復手続き

米加ホルモン牛肉の輸入規制を行ったEUは，WTO原審査段階で，SPS協定違反を宣言され，DSBにより措置を協定整合的にするよう勧告された。EUは勧告を履行するため実施措置をとった。これに対し米国とカナダは，EU実施措置のWTO違反を一方的に認定

実施審査手続をとおさずに一方的に判断し報復を継続したケースに米国・EUホルモン紛争報復継続事件がある。このケースでは，EUは実施措置が，「包括的な危険性評価」（comprehensive risk assessment）に基づく措置にあたるとして，措置の正当化を試みた。そして，米加がEU実施措置を不満とするときは，WTOの実施審査手続を尽くすよう求めた。しかし米国カナダは，実施審査手続を開始せず，一方的に報復措置を（継続）適用した。米加によれば，EU実施措置はWTOの実施審査をまつまでもなく明白にWTOに違反しているとされた。EUは米加の報復を不満として，米加を相手どって報復継続に対する新たなパネル手続を開始した。パネル［巻末表20-44］は，米加の報復は紛争解決了解（23.2.c）の一方主義禁止原則にふれるとのべ，米加が実施審査手続を開始するよう求めた。そして米国国際貿易裁判所と連邦控訴裁判所も，米国輸入者対USTR事件で，2010年10月，米国の報復

は301条の手続規定に違反すると判定した。
11 紛争解決了解の欠陥
(1) 報復の要請時期をめぐる論争
　紛争解決にさいして，敗訴国が紛争解決機関勧告の実施を遅延させる場合，勝訴国は敗訴国による勧告の実施を急がせるため，紛争解決機関に迅速に報復許可を要請するのが，現在までの一貫した傾向である。ただし，バナナ事件Ⅲでは報復許可の要請時期をめぐって米国とEUの間に争いが生じた。米国は迅速な報復許可要請を行ったのに対し，EUは米国に報復許可要請を自制するよう要求した。その背景には紛争解決了解の解釈論争があった。

(2) 紛争解決了解22.6条と21.5条
　論点は，勝訴国が21.5条の実施審査パネル手続が終了するまで22.6条の報復許可要請を自制すべきかどうかに尽きる。

A 米国の迅速報復要請論
　22.6条によれば，紛争解決機関勧告ののち敗訴国が違反措置を勧告に合致させることに失敗する場合，紛争解決機関は当事国の要請を受けて（要請却下の決定を行わないかぎり）実施期限の終了後30日以内に報復の許可をあたえなければならないとされる。したがって22.6条は勝訴国に対して実施期限後30日以内に報復要請を行うことを許可している。米国はこの30日の期限は戦略的に重要であるとみなした。米国の見解によれば，勝訴国は30日以内に報復許可を要請しないならば，報復の権利を永遠に失うとされた。なぜならば，30日以内の報復許可決定は紛争解決機関内部でネガティヴ・コンセンサス・ルールに従って行われるが，30日経過後は，紛争解決機関決定はポジティヴ・コンセンサス・ルールに従って行われるため，敗訴国は報復許可を拒否権によってブロックできるとみるのが米国の解釈であった。

B EUの実施審査パネル手続先行論
　EUは米国の見解に異議を唱えた。EUは問題の糸口はむしろ了解の実施審査手続（21.5条）にあると主張した。この手続によると，勝訴国は，敗訴国の実施措置がWTOに違反しているかどうかの判断を実施審査パネルに委ねることができる。実施審査パネルは紛争解決機関から実施審査を付託されたのち90日以内に報告を送付しなければならない。したがって，もしも実施審査手続が実施期間のさいちゅうにまたはその直後にスタートするならば，紛争解決機関は実施審査パネルが報告をだすまでは報復措置を許可することができない。これは，実施審査手続が終了していないかぎり，勝訴国はたとえ実施期間の終了後であっても報復をとることを自制しなければならないことを意味する。それゆえ，勝訴国は実施審査手続（21.5条）が終了したあと——つまり実施審査パネル・上級委員会が敗訴国の実施措置がいぜんとしてWTOに違反していると判断し，紛争解決機関がこの実施審査報告を採択したあと——でなければ報復措置をとることはできないとEUは強調した。

C バナナ事件Ⅲ
　しかしバナナ事件Ⅲでは，実施審査手続は実施期間が1999年1月1日に終了した直後に開始された。紛争解決機関は，1999年1月12日，EUとエクアドルの要請（1998年12月14日・18日要請）に従い，実施審査パネル（原パネルと同じメンバーのパネル）を召集した。実施審査パネルは付託後90日という期限を守って，1999年4月6日，EUの実施措置がいぜんとしてWTOに違反しているとする報告を当事国に提出し，WTO加盟諸国に1999年4月12日送付した。したがって米国の報復要請（1999年1月14日）は，実施審査手続が（1999年4月12日に）終了する前に，しかも実施審査手続が（1999年1月12日に）開始されてわずか2日後に行われたことになる。EUは米国のこのような報復要請は尚早であり，紛争解決了解（21.5条，22.6条）に違反しているとのべた。

D 政治的妥協
　米EU間の報復要請時期をめぐる対立は，もともと紛争解決了解の規定が矛盾していることから生じているが，当時の事務局長（Renato Ruggiero）はこの対立を仲裁手続によって政治的に解決した。了解（22.6条）の報復規模決定手続によれば，敗訴国が勝訴国の提案する報復規模に反対する場合，問題は仲裁に委ねられ，仲裁手続の間，報復は禁止されるからである。したがって，紛争解決機関がひとたび報復規模問題を仲裁に付託すると，紛争解決機関は勝訴国の報復要請に対し許可をあたえるかどうかの審議を中断することができる。
　EUは事務局長の妥協案をいれ，1999年1月29日の紛争解決機関会合で，米国が提案する報復規模についての仲裁判断を求めた。紛争解決機関は，EUの要請に従い，報復規模問題の仲裁判断を原パネルに送付した。そのけっか，米国の報復要請に対する紛争解決機関の審議は，仲裁が報復規模について判断をくだすまで延期された。仲裁は1999年4月9日，報復規模を決定し，これを受けて，紛争解決機関は1999年4月19日，米国に対して対EU報復を正式に許可した。
　米国の迅速な報復要請から生じた政治的緊張は，以上のような慣行によって一時的に緩和された。法規定（紛争解決了解22.6条）のうえでは，紛争解決機関は，勝訴国の報復要請を受けると，勧告実施期限の終了後30日以内に報復の許可をあたえるとされている。しかし，バナナ事件Ⅲでは，紛争解決機関は，仲裁が報復規模を決定するまで審議を延期する戦術がとられたのである。
　しかし，この問題の背後にある紛争解決了解の規定の矛盾は手つかずのまま放置された。かくして了解の規定の間の矛盾を解決する作業はドーハ開発ラウンドの議題の1つとされた。

(3) 実施審査パネル手続と報復規模仲裁
　米国外国販売会社事件の原審査段階で，紛争解決機関は，2000年3月20日，パネル・上級委員会報告を

採択し，米国に輸出補助金を 2000 年 10 月 1 日までに廃止するよう勧告した。米 EU は，2000 年 9 月 29 日，この紛争のために 2 国間の紛争解決手続を合意し，つぎのように定めた。

(i) 迅速な報復許可要請

EU は，米国が紛争解決機関勧告を実施するためとる措置がいぜん WTO に違反すると考えるときは，実施審査パネル手続 (21.5 条) を開始することができ，また対米報復措置の許可を紛争解決機関に対して要請することができる。換言すれば，報復許可の要請は迅速に行うことができる。

(ii) 報復規模仲裁手続の開始

他方，米国は EU の報復規模について異議を唱えるときは，(実施審査手続のさいちゅうでも) 仲裁手続を開始することができる。

(iii) 実施審査手続の優先

EU の要請に基づき，実施審査パネル・上級委員会手続が開始されるときは，報復規模のための仲裁は，実施審査手続が完了するまで，手続を中断する。したがって紛争解決機関が実施審査パネル・上級委員会報告を採択して，米国の実施措置がいぜん WTO に違反していると結論したあとで，仲裁は報復規模について検討を再開し，決定をくだすことができる。

この合意内容は，米 EU の妥協の産物であろう。EU は，米国が主張していた迅速な報復許可要請を受けいれた (なぜならば EU はバナナ事件Ⅲでは，報復許可要請は実施審査パネル手続の完了まで自制するよう米国に求めていたからである)。他方，米国は，EU の主張にそくして，実施審査手続が完了したあとの報復手続を認めた。したがって，実施審査手続と併行して報復段階の 2 つのステップ―すなわち報復許可要請，報復規模仲裁―が開始されても，仲裁の報復規模決定と紛争解決機関の報復許可は，実施審査手続の完了後にしか行われないことになる。

米国と EU は，合意内容にそくして行動した。

まず，米国が 2000 年 11 月 15 日，紛争解決機関勧告を実施するための改正法を採択すると，EU は 2 日後 (2000.11.17) に実施審査パネル手続を開始し，同時に対米報復許可を紛争解決機関に要請した。これに呼応して米国は，2000 年 11 月 27 日，報復規模仲裁を要請し，紛争解決機関は翌日 (2000.11.28) 報復規模の決定を仲裁に付託した。かくして実施審査段階と併行して報復段階の 2 ステップがうちだされた。

第 4 章
違反申立と非違反申立

第 1 節　違反申立手続

1 違反申立手続のメカニズム

WTO 加盟国は，他の加盟国の WTO 違反に対して違反申立手続を提起することができる。要件として 2 つがあげられる。

① 他の加盟国による義務違反

他の加盟国が WTO に基づく義務の履行を怠ること

② 自国利益の無効化侵害化または目的阻害

他国の義務違反により，自国の WTO 上の利益が直接または間接に無効化侵害化されるか，または WTO の目的の達成がさまたげられること

義務違反があるときは，いちおうの利益の無効侵害 (prima facie nullification of impairment) が推定される。

しかし義務違反があるにもかかわらず，「義務違反措置は貿易に対し有害な効果をあたえていない，したがって他国の利益を無効化侵害化していない」という反証を，違反国が提起することは，理論上は原則として可能である。しかし，このような反証が成功した例は 1 件もない。またこの反証は差別的内国税に関しては提起できない。米国スーパーファンド法事件でパネルがのべたように，差別的内国税は，その税差別によって関連輸入品の輸入に影響をあたえなくても，禁止されるからである。

救済措置としては，違法措置の是正・停止でたりる。

2 加盟国の法律に対する違反申立と強制法・任意法理論

(1) 理　論

パネル判例法で確立したいわゆる強制法・任意法 (mandatory and discretionary legislation) 理論によると，国内法のうち，WTO 違反となるのは，政府に WTO 違反措置をとることを義務づける強制法 (たとえば一定の条件がそろえば政府当局がある WTO 違反措置をとるよう義務づける法律等) にかぎられる。それゆえ国家はこうした強制法を WTO に整合させる義務を負っている。しかし，政府に WTO 違反措置をとることを義務づけず，政府が措置をとるかどうかは当局の自由に委ねているような任意法は WTO 違反とならない。したがって，国家はそのような任意法を改正する義務を負わない。ただし，任意法に基づいて政府がとる WTO 違反措置は，むろん WTO に抵触し，WTO での法的挑戦を受ける。しかし後述するように，この理論は新世紀にはいってみなおされつつある。

(2) GATT パネル事件

A　米国スーパーファンド法事件

米国スーパーファンド法（Superfund Act）は，米国当局（財務省）に，輸入される特定化学物質に対し，内国税を賦課するよう定めていた。この内国税は，パネルも認めたように，国境税調整ルールに基づき，同種の輸入品と国産品に同額課されていたため内国民待遇原則に合致していた。しかし，輸入者が内国税算定のため必要な資料を提出しなかったときは，スーパーファンド法に基づき，輸入品に対して罰則税（penalty tax）が課されることになっていた。この罰則税により，輸入品は同種の国産品よりも重い税に服した。このためパネルは，罰則税を差別的な内国税とみなした。しかしながら，スーパーファンド法はまた同時に，当局が規則の採択により，罰則税を免除する権限をあたえていた。もっとも当局はパネル審査時点でこうした課税免除規則を採択していなかった。このため，パネルは，「スーパーファンド法が当局に差別的内国税を課すよう指示しているのは遺憾である（regrettable）」，しかしこの法律はまた当局に対し規則採択によって税を免除する「可能性を与えている」ため，罰則規定そのものは，GATT違反を構成しないと結論した。要するに，行政当局に差別的内国税の賦課を強制する国内法は，げんじつに適用されたか否かにかかわりなく，GATT（3.2条）違反となるが，行政当局に差別的内国税の賦課を許可するにすぎない国内法は，それ自体では，GATT違反を構成しない，とされるのである。

他方，スーパーファンド法が定めるもう1つの内国税，すなわち石油に対する税は，明白に輸入品に重く国産品に軽く課されたため，差別的内国税に該当すると判断された。

B EC迂回防止税事件

ECが1987年に導入した旧迂回防止規定は，ダンピング防止税の輸入国迂回に対する差別的内国税を規定していた。パネルは，ECが規定に基づいて日本企業に課した迂回防止税を内国民待遇原則違反としたが，規定そのものはGATT違反としなかった。パネルによれば，この規定は，EC当局に迂回防止税の賦課を義務づけていないからであった。規定は，当局が一定の条件が満たされた場合に迂回防止税を課すことを許可したにとどまった。それゆえ，このような任意法はそれ自体ではGATTに違反しない，とパネルはのべた。

C オーディオカセットテープ事件

この事件で，パネルはECダンピング防止規則の非対称的な経費控除規定は強制法であると認定し，この規定がGATTダンピング防止協定に違反することを明言した。しかし，パネル報告はECによりブロックされた。

(3) WTOパネル事件
A 米国301条事件

米国301条はUSTRが外国のWTO違反措置に対し報復措置をとることを定めている。その期限規定によると，米国USTRは，調査開始後18カ月以内に外国が問題の措置を是正したかどうか，いぜんとしてWTO違反の実施措置を維持しているかどうかを認定するとしている。ところがWTOの紛争解決了解は，外国の措置がWTOに違反しているかどうかに関し場合により18カ月を超える期間を許している。したがって301条は米国当局に外国のWTO違反を一方的に認定する権限をあたえており，紛争解決了解に違反するとEUは主張した。

EUの提訴を受けて，パネル［巻末表20-7］は，従来のパネルとは異なる判断をくだした。パネルは，強制法・任意法理論を無条件に踏襲しなかった。EUの主張に従って，任意法であっても，WTO違反となる可能性を認め，本件がそれにあたることを認定したからである。関連するWTO規定を分析し，それが任意法も許容しないかどうかを分析すべきであるとパネルは考えた。しかしながら，パネルは，米国任意法のWTO違反は米国政府のWTO遵守約束（行政当局の見解であるSAA）によって除去されたと結論した。

B 米国1916年法事件とバード修正条項事件

米国1916年法事件とバード修正条項事件［巻末表20-25］では，パネルは，じゅうらいの強制法・任意法理論にたちかえり，問題の規定を強制法とみなしたうえでWTO違反を認定した。

このようにWTOの強制法・任意法理論は，流動的である。とくに301条事件のパネル判断は上訴されなかったため，おおくの議論をうんだ。

C 米国鉄鋼サンセット見直し事件

サンセット見直し事件は上級委員会が任意法も協定違反の可能性をもつと指摘した点で注目をあつめた。この事件でパネルは，米国サンセット規定は強制法規ではないからWTO審査を受けないとして日本の提訴を退けた。しかし上級委員会は2003年12月の報告でパネル判断を覆した。上級委員会によれば，ダンピング防止協定（18.4条）は加盟国の法令手続の全体がWTOに合致することを義務づけているため，任意法規も協定違反の可能性があるとされた。しかしパネルが十分な事実審査を行わなかったため，上級委員会は米国法令がダンピング防止協定に抵触するかどうか判断できないと結論した。これが判例変更の流れをつくるかどうか明らかではない。しかし上級委員会が，過去の単純な任意法強制法理論を修正したことはたしかであるようにみえる。

3 加盟国の法令と措置に対する国内裁判所での提訴

加盟国がWTOに違反する法令や措置をとる場合，影響を受ける企業や私人が国内裁判所に訴えを提起する事例はEUではかなりの数に達している。そこでの争点は，企業が加盟国法・措置の違法性を主張するため，国内裁判所でWTOルールやWTOパネル・上級委員会報告を援用できるかにあった。換言すれば，WTOルールは加盟国の国内法廷で直接効果（direct effect）をもつのかどうかが問題とされた。しか

し，EU 司法裁判所は，1999 年 11 月のポルトガル対理事会判決で WTO ルールの直接効果を否定した。また米国は WTO 実施法 (Section 102 of the Uruguay Round Agreements Act) のなかでさいしょから直接効果を否定している。なお主要国での WTO ルールの直接効果の問題は別書で扱うためここでは詳細にたちいらない。

第2節　非違反申立手続

1　GATT/WTO の非違反申立手続
(1) GATT/WTO の非違反申立と状態申立

WTO の紛争解決手続は，一般国際法の手続にはない特徴をもっている。その1つは，国家が紛争解決にあたって提起する申立が，相手国のルール違反を理由とするいわゆる「違反申立」に限られないことである。WTO のもとでは，相手国の措置がたとえ WTO ルールに違反しなくても（つまり非違反であっても），自国の WTO 上の利益が侵害されるならば，「非違反申立」を提起できるからである。また，相手国のなんらかの状態によって自国の利益が侵害される場合は，「状態申立」に訴えることもできる。このように，WTO の申立手続は，違反申立のほかに非違反申立や状態申立をカバーする点で一般国際法とは異なっている。

(2) 一般国際法と自由貿易協定の非違反申立

GATT/WTO の非違反申立手続はかなり特異である。同様の手続は一般国際法や自由貿易協定では例外的に定められているにすぎないからである。

A　一般国際法の非違反申立

一般国際法のもとでは，国家責任は原則として違法行為から生ずる。しかし，国際法規に違反しない国家の行為から損害が生ずるときに，被害国が加害国に対して非違反申立を行う例がないわけではない。たとえば，公海上で行われる適法な臨検（公海条約 22 条 3）に対する申立，社会改革の一環として行われる外国企業の国有化に対する申立，違法だが正当化される（正確には「違法性を阻却される」）国家の国際違法行為（国家責任条文草案 35 条）に対する申立である。また越境損害を発生させる国家の適法行為に対する申立については，国際法委員会が 1979 年から「国際法により禁止されていない行為から生ずる損害に対する国際責任 (International Liability for Injurious Consequences arising out of Acts not prohibited by International Law)」の検討を開始している。

B　自由貿易協定の非違反申立

自由貿易協定のなかにも非違反申立手続を規定するものがある。たとえば，NAFTA，ヨーロッパ自由貿易地域 (EFTA)，カナダ・イスラエル FTA は GATT/WTO の非違反申立規定を，地域統合から生ずる経済紛争の解決手続の1つとして導入した。しかし，このような例はおおくない。日シンガポール新時代経済連携協定 (142 条) は，違反申立手続（協議手続，協議が妥結しないときは仲裁裁判所の最終拘束的裁定手続）のみを定め，非違反申立手続に言及していない。

2　GATT 非違反申立手続の創設

非違反申立手続は，沿革的にみるならば，第 2 次大戦前の 2 国間協定のなかで創設されたのち，戦後，GATT に導入され，ウルグアイ・ラウンド交渉をへて WTO システムのなかで体系化された。また主要国の国内法も非違反申立手続をそなえている。

(1) 手続の創設

非違反申立手続の淵源は，第 1 次大戦後の 2 国間の貿易協定にまで遡る。1920 年代と 30 年代に数おおく締結された 2 国間の貿易協定は，非違反申立手続を関税引下げ交渉を促進するための手段として導入した。

いっぱんに，2 国間で関税引下げ交渉が行われる場合，交渉国は相手国の関税引下げ約束から自国の通商機会の増大を期待するが，このような期待は，相手国が関税引下げののちにとる「純粋に国内的な措置」によって損なわれる可能性がある。そこで，関税引下げ約束が相手国の国内措置によって骨抜きにされ，相互の譲許バランスが崩れるのを防ぐため，2 国間協定のなかに，国内措置に対する救済手続が規定されたのである。協定によれば，この手続は協定違反の場合だけではなく，「協定に違反しない措置」が「協定によって保護された通商機会」を「無効にする」場合にも開始されることとされた。

当時の非違反申立手続の雛型は，1933 年の「ロンドン通貨経済会議」(Monetary and Economic Conference) の勧告のなかにみいだされる。この会議は，国際連盟の主催のもとに開催されたもので，2 国間の貿易協定のなかにつぎのような協議手続を挿入するよう勧告した。

「本協定の締結後に締約国の一方が導入する何らかの措置が，協定の規定に違反しなくても，協定の目的を無効にしまたは侵害する効果をもつと他方の当事国が認定するときは，措置を導入する国は，他方の国が行う提案を検討するため，または他方の国の提案をうけて友好的調整を行うため，協議にはいることを拒否してはならない。」

1942 年の米国・メキシコ間相互貿易協定も，同様の非違反申立手続をつぎのように規定している。

「一方の政府が採択する何らかの措置が，たとえ本協定の規定に違反しない場合であっても，協定の目的を無効にしまたは侵害する効果をもつと他方の政府が認定する場合，措置を採択する政府は，相互に満足すべき調整を行うために提出される書面による提案に対して，友好的な考慮を払わなければならない。」

これら戦前に存在した非違反申立手続が注目に値す

るのは，貿易協定に違反しない国内措置が協定の目的を無効化・侵害する可能性があるというロジックがすでに確立していたことであり，このロジックは戦後，ITO・GATTの草案のなかに形を変えて導入されていくのである。

(2) GATTへの導入

非違反申立手続は，違反申立・状態申立手続とともにITO憲章草案のなかにもりこまれ，最終的にGATT（23条）に挿入された。

GATTが機能した1948年から1995年末までの間，ほぼ220件の申立が行われたがそのほぼ9割強は違反申立であり，非違反申立は20件に満たなかった。非違反申立を扱ったパネル報告のうち，申立を認容し最終的にGATT締約国団によって採択された報告はつぎの3件にとどまっている。
① オーストラリア硫酸アンモニウム補助金事件の作業部会報告
② ドイツいわし関税率事件のパネル報告
③ EEC油糧種子事件のパネル報告

なおEC・地中海柑橘類事件のパネル報告は，非違反申立を一部認容したが，GATT締約国団によって採択されなかったため先例としての意味をもたない。

他方，つぎの重要パネル報告は非違反申立を棄却した。
① ウルグアイ提訴事件のパネル報告
② EEC果実缶詰事件のパネル報告
③ 日本半導体事件のパネル報告
④ 米国農業義務免除事件のパネル報告

3 GATT非違反申立のメカニズム

GATTパネル手続がつくりあげた非違反申立のメカニズムは以下のように要約することができる。

(1) 非違反申立の目的

EEC油糧種子事件等のパネル報告が一貫してのべてきたように，非違反申立の目的は，関税譲許の効果が非違反措置によって損なわれたときに，被害国に申立権をあたえて「関税譲許のバランスを保護する（protect the balance of tariff concessions）」ことにある。申立権があたえられなければ，締約国は相互に関税譲許を行うインセンティヴを奪われるからである。

(2) 非違反申立の要件

非違反申立が行われるためには，輸入国が非違反措置を適用し，それによって，輸出国のGATT上の利益が無効にされ侵害されなければならない。

(i) 非違反措置の適用

非違反措置は，GATTに違反しない国家措置をいうため，民間の行為は措置の範疇から除かれる。国家措置の範囲はひろく，拘束力のない行政指導も日本半導体事件のパネル報告にみるように一定の基準（後述）を満たせば措置に該当する。

非違反措置の類型は，GATT上合法化される補助金関連の措置のほか，GATT規定により例外的に正当化される措置をカバーする。過去のパネルによれば，GATT一般例外条項（20条＠）の例外理由（人動植物の健康の保護理由）により正当化される健康保護措置や義務免除規定（GATT 25条5）によって正当化される輸入制限措置も，非違反申立の対象とされている。

措置は通常は作為をいうが，不作為が措置から排除されるわけではない。ドイツ馬鈴薯澱粉事件のパネル報告は，加盟国が関税交渉で特定産品の関税引下げを約束したにもかかわらず，約束を履行しないときは，相手国の期待利益が無効にされ侵害されるおそれがあることを指摘している。

(ii) GATT上の利益

輸出国がGATT上もつ利益は，パネル報告によれば，つうじょう，関税譲許（GATT 2条）から生ずるとされる。関税譲許は，国産品と輸入品の競争関係に影響をあたえ，輸入品の競争力を改善させるため，輸出国に対し，輸入国への市場アクセスの改善という期待利益をあたえるからである。換言すれば，輸出国は関税譲許から生ずる利益が輸入国の事後的な措置によって無効にされ侵害されないという期待をもつと考えられる。

しかし，関税譲許は無条件に輸出国に対してGATT上の利益をあたえるわけではない。もしも関税譲許の時点で，すでに利益侵害をもたらすような非違反措置が存在していれば，輸出国はそもそも市場アクセスの改善についての正当な期待利益をもつことができないからである。それゆえパネルは，関税譲許の時点で，輸出国が輸入国の非違反措置を合理的に予見することが不可能な場合にのみ，輸出国のGATT上の利益を認定した。それは原則として，関税譲許ののちに非違反措置が適用される場合をさす。ちなみにパネルがGATT上の利益を認定し，非違反申立を認容したケースはすべて関税譲許ののちに非違反措置が適用された例であった。

GATT上の利益が関税譲許以外の要因から生ずるかどうかは明らかではない。EC・地中海柑橘類事件のパネル報告は，最恵国待遇原則（GATT 1条）のもとで生じる米国の利益を認定し，この利益がECの地中海諸国産柑橘類への特恵関税によって無効にされ侵害されたとのべたが，この報告はGATT締約国団により葬りさられた。

(iii) 利益の無効侵害

非違反措置の適用と申立国のGATT上の利益が立証されても，この利益が非違反措置によって無効にされ侵害されなければ，非違反申立は認容されない。パネルの表現を借りれば，利益の無効侵害が認定されるためには，関税譲許から生ずる「輸入品の競争的地位」または「輸入品と国産品の競争関係」が，予見できなかった非違反措置によって覆された（upset）ことが立証されなければならない。

(3) 非違反申立の認容事例

パネルが認容した非違反申立の典型例をひいてみよう。

(i) オーストラリア硫酸アンモニウム補助金事件

オーストラリアは第2次大戦中から，肥料の供給不足に対処するため，2種類の競合する肥料に対して補助金を供与していた。これら肥料は，硝酸ナトリウム (sodium nitrate) と硫酸アンモニウム (ammonium sulphate) であり，両者は同一の機関をとおして流通され，販売価格も同一であった。このような状況のもとで，オーストラリアは，1947年の関税交渉にさいし，硝酸ナトリウム (sodium nitrate) の関税譲許を約束し，そのけっか，同産品の輸出国・チリに市場アクセス改善の正当な期待をあたえた。しかし，オーストラリアは，関税譲許ののち，硝酸ナトリウム（輸入品）への補助金を廃止し，他方，硫酸アンモニウム（国産品）への補助金を維持する措置をとった。この補助金廃止措置はGATTに違反しないが，こうした非違反措置によって輸出国チリのGATT上の利益が無効にされ侵害されたと作業部会は結論した。

(ii) ドイツいわし関税率事件

ドイツは1951年の関税交渉に臨む前は，culpea 科に属するいわし (culpea pilchardus. sardines)，スプラットいわし (culpea sprattus) およびニシン (culpea harengus) の調製品について30％の輸入関税率を適用していた。しかし，1951年の関税交渉にあたり，ドイツはノルウェーとの交渉でスプラットいわしとニシンの調製品の関税率をそれぞれ25％と20％にひきさげる約束をした。ところが，ドイツはこの関税譲許ののち，一方的に，いわしの調製品の関税率を14％にひきさげたため，ポルトガル産いわしとノルウェー産スプラットいわし・ニシンの調製品とのあいだには，11％（スプラットいわしの場合）と6％（ニシンの場合）の関税率格差が生じた。またドイツは同時に，輸入いわしの調製品に有利で輸入スプラットいわし・ニシンの調製品に不利な輸入課徴金（内国税と同等の課徴金）を導入し，さらに輸入いわしの調製品への数量制限を廃止するかたわら輸入スプラットいわし・ニシンの調製品への数量制限を維持した。パネルは，ドイツの関税譲許によりノルウェーがスプラットいわし・ニシンの調製品について他の競合輸入品（とくにいわしの調製品）よりも不利な待遇を受けないという期待利益をもったことを確認したうえで，こうした利益はドイツの一連の非違反措置によって無効にされ侵害されたとのべた。

(iii) EEC 油糧種子事件

EECは1962年，米国との関税交渉の末，油糧種子（大豆，ひまわり，菜種）の関税をゼロにし，この無税譲許は，1986/87年までの数次の交渉（EU関税同盟拡大にともなうGATT24条6の補償的調整交渉）でも維持された。しかしながら，EECは1966年の菜種・ひまわり共通市場組織規則と1974年の大豆共通市場組織規則により，EU産油糧種子を原料として使用する域内の加工業者（植物油を生産する搾油業者）に対し補助金を交付する制度を導入した。補助金の額は，割高なEU産種子の域内価格と割安な海外種子の世界市場価格との差で

あり，補助金はしたがって域内の加工業者にEU産種子を原料として使用するインセンティヴをあたえた。

パネルはまず米国が提起した違反申立に関して，EECの補助金制度が輸入種子に不利な待遇をあたえるかぎりでGATT（3条4）の内国民待遇原則に違反するとのべたうえで，米国の非違反申立について判断をくだした。パネルによれば，問題の非違反措置は，油糧種子の域内生産者への補助金の供与であるが，EECは域内生産者に直接，補助金を供与していたのではない。EECの補助金は直接には域内加工業者に対しEU産種子の使用を条件として供与されていた。このため，域内種子の生産者価格は輸入価格を超える水準に維持され，こうした仕組みをとおして域内生産者に補助金が還流した。このような生産補助金スキームは，無税譲許から生じた米国の利益を無効にし侵害したと判定された。パネルは違反申立と非違反申立の双方を認容したことになる。

4 WTOの紛争解決了解と慣行

GATTでの慣行は，GATTの諸文書（決定，了解）に明文化されたが，それらは最終的にWTOの紛争解決了解 (DSU., Dispute Settlement Understanding) のなかに統合された。

(1) 紛争解決了解と対象協定

紛争解決了解は，多様な対象協定のもとで発生する国家間紛争に適用され，了解が適用される対象協定として，WTO設立協定，附属書1Aの商品関連協定（相殺補助金協定，ダンピング防止協定，原産地協定，GATT 1994等），附属書1のGATS（サービス貿易協定），附属書1のTRIPS（知的所有権の貿易関連側面協定），附属書2の紛争解決了解，附属書4の政府調達協定等（複数国間協定）が列挙された。

(2) 紛争解決了解の非違反申立規定

紛争解決了解（26条1）は，非違反申立（GATT 1994の23条1b）の前提条件とルールを明記し，これにより非違反申立と違反申立や状態申立の異同を鮮明にした。

A 非違反申立手続の前提条件

非違反申立手続が開始され，パネルまたは上級委員会が裁定と勧告を行うためにはつぎの前提条件が満たされなければならない。

① 問題の非違反措置が「対象協定に抵触しない措置」であることを紛争当事国が認めていること

② パネルまたは上級委員会も同じ趣旨の認定を行うこと

換言すれば，対象協定が非違反申立を認めていると判断されなければ，非違反申立手続は始動しない。この点，GATSは明示に非違反申立を認め，他方TRIPS協定は協定発効後5年間，非違反申立手続を排除したが，商品関連協定がすべて非違反申立を認めているかどうかは明らかではない。商品関連協定のうち，非違反申立を明示に認めたのは，農業協定（19条），貿易関連投資措置協定（TRIMS.8条），原産地規則協定（8条），輸入許可手続協定（6条），船積み前検査協定（7

条，8条），セーフガード協定（14条），GATT 1994（23条）等にかぎられている。それゆえ，将来，パネルと上級委員会は，他の商品関連協定（ダンピング防止協定等）が非違反申立を認めているかどうかについて判断をくだすことになるであろう。なおWTOの一部加盟国の間に適用されている複数国間協定についてみると，政府調達協定（22条2）が，違反申立のほかに非違反申立を認め，申立手続に紛争解決了解を適用しているのが注目される。

状態申立の場合も，対象協定が状態申立を認めているかどうかの判定が行われなければ，申立手続は開始されない。ちなみにGATSや政府調達協定は非違反申立を認めたものの状態申立については触れず，また商品貿易協定も上記諸協定を除いては状態申立を許容するかどうかは明らかでない。

　B　非違反申立手続のルール

非違反申立が対象協定のもとで認められると判断される場合，手続はつぎのルールに従ってすすめられる。

　(i) 立証責任

非違反申立を提起する国は「申立を正当化するための詳細な根拠」を提示しなければならない（了解26条1a）。非違反申立の立証責任は申立国に課されており，状態申立の場合も同様である（了解26条2a）。

これは違反申立の手続と対照的である。違反申立の場合は，違反措置があれば「反証がないかぎり」（prima facie）無効侵害の推定が生ずるため，この推定を覆すための反証責任は被申立国に課されている（了解3条8）。

　(ii) パネル報告の採択手続

非違反申立に関するパネル報告や上級委員会報告は，全会一致で否決されないかぎり紛争解決機関により採択される。敗訴国は単独では報告の採択をブロックすることができないのであり，これを俗にネガティヴ・コンセンサス方式と呼んでいる。この方式は，違反申立に関する報告の採択手続と同じである（了解16条4，17条14）。

状態申立の場合は，別であって，状態申立に関するパネル報告や上級委員会報告は，1989年4月12日付けのGATT決定の手続に従い，ポジティヴ・コンセンサス方式により採択される。それゆえ，紛争解決機関でWTO加盟国のいずれか1国（とくに敗訴国）が報告に反対すれば，報告の採択はブロックされる（了解26条2）。

　(iii) パネル報告の効果

非違反申立をパネルまたは上級委員会が認容する場合，非違反措置を適用した加盟国は，「当該措置を撤回する義務を負わない」。ただし，この場合，パネルまたは上級委員会は，紛争当事国に対して「相互に満足すべき調整」を行うよう勧告しなければならない（了解26条1b）。

これに対し，違反申立の場合は，申立が認容されると，パネルまたは上級委員会は違反国に対して措置をWTO協定に「適合させるよう勧告」しなければなら

ない。パネルまたは上級委員会はまた，違反措置をとる国が「勧告を実施しうる方法を提案」することもできる（了解19条1）。

違反申立と非違反申立の最大の相違点は，パネル報告の効果が非違反申立の場合に著しく制限されていることであり，これはGATTのもとでのパネル報告によって繰り返し指摘されてきた。オーストラリア硫酸アンモニウム補助金事件の作業部会報告は，非違反申立が認容されても，被申立国は非違反措置を「撤回または制限」する必要はないとして，紛争当事国に対し満足すべき調整を行うよう勧告した。またEEC油糧種子事件のパネル報告も，非違反措置を適用したEECに措置の撤回を要求せず，「侵害を除去するための方策を考慮する」ようEECに勧告したにとどまった。

　(iv) 勧告・裁定の実施

非違反申立を認容するパネルまたは上級委員会の報告が紛争解決機関によって採択され，紛争解決機関が勧告または裁定を行っても，勧告・裁定がすみやかに実施されない場合があり，こうした不慮の事態にそなえて了解はつぎのように定めた。

① この場合，紛争当事国間の合意がないかぎり，仲裁（arbitration）が「実施のための妥当な期間」を定める。仲裁はこの期間設定にあたって，いずれかの当事国の要請に基づき，「無効にされまたは侵害された利益の程度」について決定することができ，また「相互に満足すべき調整を行う方法および手段を提案する」ことができる。ただし，仲裁の提案は紛争当事国を拘束しない（了解26条1c）。これと対照的に，違反申立の場合に，実施のための期間を定める仲裁の決定は拘束力をもっている（了解21条3）。

② 非違反申立に関する紛争解決機関の勧告と裁定が「妥当な期間内に実施されない」ときは，代償が「紛争の最終的解決としての相互に満足すべき調整の一部」とされる（了解26条1d）。これは，違反申立の場合には，違反措置を協定に適合させるため，勧告と裁定の完全実施が最優先され，代償は一次的な手段とされるのと対極をなしている（了解22条1）。

　(v) 勧告・裁定の不実施と制裁

違反申立の場合は，勧告・裁定が実施されず，また要請におうじて行われる代償交渉で合意が成立しないときは，申立国は違反国に対して制裁をとるための承認を紛争解決機関に申請することができる（了解22条1）。紛争解決機関はネガティヴ・コンセンサス方式に従って制裁を承認する（了解22条6）。

しかし，非違反申立の場合，勧告・裁定が実施されず，代償交渉も頓挫し，相互に満足すべき調整が行われないときに，申立国が被申立国に対して制裁をとれるかどうかは明らかでない。オーストラリア硫酸アンモニウム補助金事件の作業部会報告はかつて「GATT 23条のもとでの締約国団の最終的権限」は被害国に制裁を承認することであるとのべ，非違反申立の場合にも制裁が可能であることを示唆したが，紛争解決了

解は非違反申立の場合の制裁には言及していないからである。したがって，非違反申立の場合に，申立国が紛争解決機関の承認を得て被申立国に対し差別的な制裁をとれるのか，または申立国のとりうる制裁は，非差別的な譲許の撤回にかぎられるのかは今後の争点となるであろう。

もっとも，対象協定のなかでGATSのみは，非違反申立の場合に申立国による制裁を一定の条件のもとに認めている（23条3）。

(3) 対象協定の個別手続

紛争解決了解がパネル手続を基礎とする一般的な非違反申立手続を定めるのに対し，対象協定の1つである補助金相殺措置協定は個別の非違反申立手続を定めている。

同協定は，相殺措置の対象とならないいわゆるグリーンの補助金として，一定の基準を満たす研究開発補助金，地域開発補助金および環境補助金をあげているが，これら補助金がその合法性にもかかわらず他の加盟国の国内産業に対して「回復しがたい損害を生ずるような著しい悪影響を及ぼしている」ときは，被害国は非違反申立を提起することができるのである（8.2条，9.1条）。そのため，関係国間で協議が行われ，協議によっても解決できない場合，紛争は補助金相殺措置委員会に付託される。委員会は，悪影響の証拠を検討し，悪影響が存在すると認定するならば，補助金の交付国に対して「当該悪影響を除去するような方法で制度を修正することを勧告する」ことができる。この勧告が6カ月以内に実施されなかったときは，委員会は，被害国に対して「当該悪影響の性格および程度に応じた適当な対抗措置」をとるよう承認することになる（9.4条）。

5 日米フィルム事件と非違反申立

(1) 事実関係と争点

フィルム事件の発端は，米国コダック社製カラー写真フィルム（と印画紙）の日本での販売シェアの伸び悩みにあった。統計によれば，カラー写真フィルムのシェアは，米国ではコダック7割強，富士1割であるのに対し，日本ではコダック1割弱，富士7割に逆転していた。

しかし日本は，フィルムの輸入を制限する措置をなにひとつとっていなかった。フィルムに関する日本の関税率はゼロであり，またフィルム輸入に関して日本は非関税措置をとっていなかった。日本サイドにWTO違反の措置は存在しなかった。

そこで米国は，違反申立よりも非違反申立に力点をおいてつぎのように主張した。

(i) 非違反措置の存在

米国によれば，米国製フィルムの日本市場へのアクセスは，日本の流通制度によってさまたげられているとされた。日本では，国産フィルムは系列店の流通経路をとおして小売店にまで販売されているが，外国製品は日本の流通経路にアクセスすることができない。こうした排他的な流通制度は，日本政府の長期にわたる一連の措置によって創設されたと米国は主張した。これら措置は，それ自体はWTOに違反しない「非違反措置」に該当する。

(ii) 利益の無効侵害

日本は数次のラウンド交渉でフィルムの関税率を漸進的にゼロにひきさげ，これによって米国に市場アクセスの期待利益をあたえた。しかし米国の期待利益は，日本政府の非違反措置によって無効にされ侵害された。

それゆえ，パネル手続の争点は，GATTに違反しない日本政府の措置が，その非違反にもかかわらず，米国のWTO上の利益を無効にし侵害しているかどうかに集中した（表12-5）。

(2) パネル判断

パネル［巻末表14-2］は米国の非違反申立を退けた。

米国が日本政府の非違反措置のなかでもっとも関心を払った措置は，日本国内の流通に関してとられた8種類の措置であった。これら措置は，①日本の製造業者・卸売業者・小売業者の間に垂直的な統合関係を創設し，これによって写真材料市場に単一ブランドの流通システムを築いた，②このような排他的な流通システムは輸入品の市場アクセスをさまたげ，米国の期待利益を無効にし侵害したと米国はのべた。パネルは米国の主張が非違反申立の要件を満たすかどうかを詳細に検討し，米国の主張をすべて退けた。

A 非違反措置の存在

パネルはまず米国が主張した8種類の流通関連措置のうちつぎの3つを政府の非違反措置として認定した。
① 1967年閣議決定「対内直接投資等の自由化について」
② 通産省企業局の1970年写真フィルム取引条件適正化指針
③ 流通システム化推進会議の1971年流通システム化基本方針

表12-5 カラー・フィルムの出荷数量（本数）によるシェア

	1989	90	91	92	93	94	95
富士	71.8	72.0	73.1	74.6	73.8	69.1	65.7
Konica	19.1	19.0	18.5	18.6	18.0	18.2	20.1
Japan Kodak	9.1	8.9	8.2	6.4	7.5	8.2	10.0
Japan Agfa	−	0.2	0.2	0.3	0.7	4.6	4.2

注）各社提出資料に基づき，逆輸入品を含まない。OEM，PB用の売り上げを含む。

第4章 違反申立と非違反申立

注目に値するのは，パネルが政府措置のなかに流通システム化推進会議という準政府機関の指針を含めたことである。この機関は，産業界・学識経験者・政府職員から構成されていた。しかし，この機関は通産省により設置され，指針の作成を通産省から委託されていた。また指針の公表は通産省の上層部により承認され，通産省が指針の実施を確保するため民間と協力する旨を表明していた。このためパネルはこの機関の指針を政府措置とみなしたのであった。

B 関税引下げによる市場参入の期待利益

日本はフィルム（と印画紙）の関税引下げをつぎのラウンド交渉で行ってきた。

① 1967年のケネディー・ラウンド交渉（白黒フィルムに関し30％から15％へ譲許）

② 1979年の東京ラウンド交渉（白黒フィルムに関し15％から7.2％へ，カラー・フィルムとカラー印画紙に関し40％から4％へ譲許）

③ 1994年のウルグアイ・ラウンド交渉（白黒とカラーのフィルムに関し無税譲許）

しかし，流通関連措置はすべて1960年代か1970年代初頭に採択された。関税譲許との関連でみれば，措置は1967年のケネディー・ラウンド交渉の前後に採択されていた。つまり措置は，東京ラウンド交渉やウルグアイ・ラウンド交渉の時点ではすでに存在していた。それゆえ，米国が，東京ラウンド交渉とウルグアイ・ラウンド交渉での関税譲許から生ずる市場アクセスの期待利益をもたないことは明白であった。このため検討の焦点は，米国がケネディー・ラウンド交渉の関税譲許の時点で，問題の措置を合理的に予見できたかどうかにしぼられ，パネルはつぎのように認定した。

(i) ケネディー・ラウンド交渉ののちに採択された措置

3つの政府措置のうち，1970年指針と1971年指針はケネディー・ラウンド交渉ののちに採択されたため，米国は1967年の関税譲許の時点でこれら措置を知らず，また措置の採択を事前に予見することができなかった。このためパネルは米国がケネディー・ラウンドの関税譲許から生ずる市場アクセスの期待利益をもつことを認定した。ただし日本は当時，白黒のフィルムと印画紙に関して関税率をそれぞれ30％と25％から15％と12.5％に譲許したにとどまったため，米国の期待利益は白黒のフィルムと印画紙に関してのみ生じ，カラーのフィルムと印画紙に関しては生じなかった。

(ii) ケネディー・ラウンド交渉の前に採択された措置

政府措置のなかでケネディー・ラウンド交渉の前に採択された措置は1967年閣議決定であり，この閣議決定が官報に公示されたのは，交渉終了日（1967年6月30日）に9日先だつ1967年6月21日であった。パネルはこのような特殊な状況下では，米国が措置の効果を予見しラウンド終了間際の数日間に個別産品の関税交渉を再開することは非現実的であるとして，米国は1967年閣議決定を当該関税譲許の時点では合理的に予見できなかったと結論した。

C 利益の無効侵害

パネルは，米国は3つの政府措置をケネディー・ラウンド交渉の関税譲許の時点では合理的に予見できなかったと判定したが，これら措置のけっか，米国の期待利益が無効にされ侵害されたかどうかについては，無効侵害を否定した。つまり非違反措置と期待利益の認定段階では米国の主張を一部認めたが，さいごの無効侵害の認定段階で，米国の主張を退けた。

D 諸措置の一体化

パネルは，うえにみた流通関連措置のほか他の措置（大店法と8種類の販売促進措置）についても無効侵害があるかどうかを検討し，結局すべての措置（流通関連措置，大店法，販売促進措置）がいずれもそれぞれ単独では無効侵害をもたらさないことを確認した。では，これら措置は一体化されれば，無効侵害をもたらすのかどうか。

米国は，日本の諸措置はたとえ個別では無効侵害をもたらさなくてもセットにされれば無効侵害をひきおこしていると主張した。これに対し，日本は諸措置はそれぞれ単独に無効侵害をひきおこさないならば，諸措置の一体化は無効侵害をもたらさないと反論した。パネルは単独では無効侵害を構成しない措置が一体化されたときに競争状態に悪影響をあたえる可能性を否定しなかった。しかしパネルは，米国は本件で一体化理論を立証するための詳細な根拠を提出しなかったとのべ，米国の主張を退けた。

(3) パネル報告の採択と課題

A パネル報告の採択と各国見解

WTO紛争解決機関は，1998年4月22日，パネル報告を採択したが，この採択にあたり，米国，日本およびEUはパネル報告についてそれぞれ異なる評価をくだした。米国は本件の敗訴国としてパネル報告を批判し，パネルが一体化された措置の効果を審査せず，企業行動についてもふみこんだ検討をくわえなかったことに不満を表明した。これとは対照的に，日本は勝訴国としてパネル報告の成果を強調した。日本政府によれば，パネル報告は，非違反申立を慎重に審査しそれが例外的救済方法であることを確認した点で，また申立国のGATT/WTO上の期待利益に関し，期待利益を覆す非違反措置が関税譲許の時点で合理的に予見しえたかどうかという明確な基準を採用した点で評価できるとされるのである。

しかし，日本はまた同時に重大な懸念を表明している。第1は，パネルが政府措置の範囲についてあまりにもひろい解釈を行ったことである。パネルは私的当事者に帰属するはずの行為を政府措置とみなし，その根拠として政府の関与をあげた。日本政府はそれゆえ，パネル報告の論旨は将来慎重に取り扱う必要があるとのべた。日本政府によれば，パネルの見解を認めれば，

政府は政府がコントロールできない私的当事者の行為について責任を負うことになりかねないからであるとされた。

第2に日本政府はパネルが非違反措置と無効侵害の間の因果関係について僅少以上の寄与があればたりるとしたことを批判した。パネルの因果関係の認定基準は、高くないし、また厳格ではない、それゆえ将来濫用されるおそれがあると日本政府はつけくわえた。

EUは日米両国とは異なる視点から見解をのべた。それは競争政策の視点である。いうまでもなく、競争政策は現行のWTO紛争解決手続の対象範囲にはいっていない。また「制限的商慣行に関する1960年GATT締約諸国団決定」も反競争的慣行についての協議を規定しているとはいえ、WTOの管轄権外におかれている。このため主要国はWTOの管轄権を拡大して競争法をWTOルールのなかにとりこむべきかどうかを議論してきた。EUはこのような状況を背景にして、WTOが競争政策ルールを必要としていることに言及した。EUによれば、企業の反競争的慣行は顕著な市場閉鎖効果をもち貿易自由化の利益を否定するため、WTO加盟国は競争当局間の緊密な協力と共通ルールに基づいて反競争的慣行に対処すべきであるとされるのである。

B 課　題

フィルム事件のパネルが、非違反申立の要件についてくだした判断は括目に値しよう。

パネルは、措置の概念についてきわめて広義の解釈をとり、また措置と無効侵害との間の因果関係を緩めることで、非違反申立の間口をひろげたからである。しかし、その反面、パネルはEU判例をひきつつ、国家の流通販売規制の自律性を一定の条件のもとに認めた。

もっとも、ここで注意を要するのは、フィルム・パネルの判断が上訴を受けなかった事実であり、上級委員会が今後、別の事件で、パネル報告の判断をどの程度修正するかが注目される。

非違反申立に関する課題は、多岐にわたっている。その1つは、非違反申立の枠内で競争政策を扱うことができるかどうかという論点である。フィルム・パネルは、政府による反競争的慣行の黙認が、非違反申立の対象となるかどうかにはふれなかった。それは米国が非違反申立の提起にさいして、非違反措置のなかに一連の積極的な措置のみを列挙し、政府の黙認には言及しなかったからである。この問題は、それゆえ将来のパネルの課題であり、また新ラウンドで「貿易と競争」の個別イシューの1つとする余地もあるように思われる。

ちなみに、この争点をめぐって学説はきびしく対立しており、敢反競争的慣行に対する政府の黙認のうち、たんなる消極的行為（不作為）は非違反申立の対象とならないが、政府の積極的行為、たとえば輸入カルテルに対する適用除外の付与等は、非違反申立の対象となるとする見解もあれば、柑積極的行為は輸入カルテル等の「奨励または支持」(encouragement or support) に該当するかぎりWTOセーフガード協定 (11条3項) にふれ、むしろ違反申立の対象となる、それゆえそれ以外の黙認が非違反申立の対象となるかどうかは国家間の交渉マターとされるとする見解が提起されている。

非違反申立についてはさらに、申立の効果（申立が認容されても非違反措置の撤回は要求されないこと）を強化すべきか、非違反申立は関連協定に反しないダンピング調査 (WTOダンピング防止協定に合致したダンピング調査の反復等)、原産地規則 (WTO協定上厳密な規律に服さない自由貿易協定の特恵原産地規則等)、政府調達に対して提起できるのか、それとも曖昧な非違反申立手続に代えて違反申立手続を強化・改善すべきかという課題も政府と企業の重要な関心事項となるであろう。

なおパネル・上級委員会は、EUアスベスト事件で加盟国の健康保護措置が非違反申立手続の対象となるかどうかを扱った。EUは、この事件で健康保護のためカナダ産危険アスベストの輸入を禁止する措置はGATTの一般例外条項 (20条) により正当化され非違反申立手続の対象とならないと主張した。EUはその理由として、健康保護措置の場合は、輸入国が問題の産品について関税引下げの約束を行っても、輸出国は輸入国への市場参入利益を期待できないからであると述べた。パネルはEUの主張を退け、健康保護措置も非違反申立の対象となりうることを認めた。ただし、本件でカナダは非違反申立のための立証をすることができなかったとしてパネルは非違反申立を認容しなかった。

EUは健康保護措置が非違反申立の対象となりうるとしたパネル判断を不服として上訴した。上級委員会は、EUの上訴を退けた。上級委員会は、EU油糧種子事件と日本フィルム事件を引用しつつ、パネル判断を支持した。

第13部 隣接領域とWTO

[要約と視点]

要 約

貿易の自由化と促進は，必然的に隣接領域との軋轢をひきおこす。とくに競争，環境，通貨金融，国際課税との調整が緊急の課題とされている。

1 貿易と競争

貿易と競争の関係は，2つある。1つは上述の通商政策措置（ダンピング防止税，相殺関税，セーフガード措置）の競争制限効果をどう扱うかという難問である。もう1つは，国際競争協定の締結課題である。

WTOの貿易ルールは，GATS参照文書を除き，国家の貿易障壁のみを扱い，私人の貿易障壁には適用されない。これはWTOの弱点のひとつといえよう。そこで国際的な競争制限行為を規律するためのルールつくりが検討されている。WTO競争協定または複数国間協定に焦点をしぼって将来の課題を整理する必要がある。

2 貿易と環境

WTOの第2のアキレス腱は，貿易と環境の衝突である。自由貿易は一方において環境産業（衛生・省エネ家電・低燃費車・フロン代替財・植物性素材部材等と関連サービス）を発展させ，環境保全に貢献した。しかし，貿易は他方において環境破壊の元凶ともなっている。輸出国工場の排気ガス・廃水，それらの越境汚染，熱帯資源の伐採，エコシステムの悪化が，貿易促進からうまれたことも否定できない。では持続可能な発展を確保しつつ，貿易と環境をどう調整すればよいのか。OECDやWTOでの議論を洗いなおさなければならない。

3 貿易と通貨金融

戦後経済体制は，IMF・世界銀行の通貨金融制度とGATT/WTOの貿易制度のうえに樹立された。通貨金融と貿易は，経済発展と安定化に不可欠のツールであり，密接な関係にたつ。とくにIMF変動相場制のもとでの為替変動や為替操作は貿易に決定的なインパクトをあたえている。貿易に従事する企業は，WTO枠外の通貨金融制度にも目を向けることをつねに強いられている。

4 貿易と国際課税

通貨金融と同様，国際取引に適用される国際課税ルールも，WTOの枠外にある。国際課税ルールは，各国直接税（個人所得税，法人税等）の2重賦課を避けるためのルールと企業の租税回避をふせぐためのルールから成る。これら国際課税ルールは，国連機関やOECDで主に扱われてきた。企業は，WTOの貿易ルールのほか，国際課税ルールにも着眼して国際課税摩擦を回避するよう求められている。

視 点

1 国際競争協定の締結構想

国際競争協定の締結交渉は北北対立と南北対立のため暗礁にのりあげている。このため国際的な競争制限行為は主要国が自国競争法を域外適用するか，2国間・複数国間の競争共助のもとにおかれている。こうした現状を改善するための方策を探りつつ国際競争協定草案を検討する時期にきている。

2 環境保全と貿易の促進

貿易と環境の対立は古くて新しい問題である。歴史を遡ると，貿易は環境破壊の犠牲のうえに進展してきた。ヨーロッパ文明は巨大建築や造船をともなったため，原生林の資源は，古代貿易の過程で紀元前後に消滅した。日本の環境破壊も奈良時代にはじまる。仏教文化と律令制度の導入は，巨大建造物や耕作のために自然林の伐採をともなった。万葉集のなかに数おおく萩の花（Lespedeza bicolor）が登場するのは，原生林が大規模に破壊されたことを示している。原生林はひとたび伐採されると，その跡地に二次林が形成され，林床に萩等が繁殖するからである。このいみで環境破壊は文明が支払った代償であるといってさしつかえない。

しかし近代以降の環境破壊はおおむね国家や企業の私利私欲のためにもたらされてきた。環境を保全・改善しつつ貿易を促進するためにどのような人知が必要とされるのか見直しを要する。

3 日本とIMF・世界銀行

日本はIMFと世界銀行に1952年に加盟し，おおくの恩恵を受けた。第1は，世界銀行からの巨額融資である。日本は世界銀行からの融資を背景に，新幹線や基幹道路，巨大ダムを建設し，戦後の急成長をとげた。第2に，IMFのもとでの固定相場制が日本の復興と発展を可能にしたことも否定できない。1ドル360円の固定相場は，超円安であり，日本産品のドル建て輸出価格を低くしたため，日本産品の海外輸出は増加の一途をたどった。

他方，日本はIMF・世界銀行の加盟国としておおくの義務をひきうけるようになった。

IMFとの関係では，日本は当初，14条国として国際収支を理由に為替制限を維持することができた。しかし，日本は，1964年以降，為替制限を撤廃する義務を受諾し，いわゆるIMF 8条国に移行した。これにともなって，GATTでも国際収支擁護のための輸入数量制限を禁止されたことはすでにのべた。また日本は1990年代から，IMF・世界銀行の第2位出資国となり，先進国としての義務をひきうけている。とく

国際経済法 475

に，両組織の融資について，日本は融資条件を定める立場にまわった。

1985年のプラザ合意による円高是正は，日本の輸出に決定的な影響をあたえた。合意ののち，ドル建て輸出価格が上昇したため，対米輸出は減少し，日本企業の北米現地生産が増加した。また日本企業のアジア中国投資が増加し，日本の対米一辺倒の貿易に代わり，日中，日アジア貿易が増加しはじめた。

そして1990年代からのバブル崩壊と円相場や人民元操作は，日米と日中の関係を緊張させている。そのインパクトはきわめて広範であり，製品・素材・部材の輸出入からダンピング課税・相殺関税・セーフガード措置の分野にいたるまで，ほとんどすべての貿易分野を揺さぶりつづけている。その概要をスケッチしておくことも欠かすことはできない。

4 国際課税制度と輸出入価格

国際課税制度は各国課税当局間の2国間条約や国内法に委ねられている。にもかかわらず国際課税制度は，企業の貿易活動，とくに輸出入価格の設定におおきな影響をあたえる。企業はプライシング対策の観点からWTOルールのみならず国際課税ルールにもふれないよう細心の注意を払う必要がある。

5 文化，人権その他

WTOは，文化，人権，宗教，労働，governanceについて多くを語らない。しかし，寡黙にして，急所をついている。

(1) 文化と公益保護

GATTの文化関連規定は，フィルム上映割当(4j条)，一般例外条項(20条)である。とくに重要なのは一般例外条項の公徳保護規定である(20条a)。中国出版物事件で中国は出版物輸入規制を正当化するため公徳保護目的(20条a)を援用した。これはGATT・WTO史上はじめて公益規定が文化保護の正当化理由として用いられた事例である。パネルは，中国が，WTO加盟議定書の違反を一般例外条項の公益保護を理由に正当化できるとする建前を確認する。ただし，この建前は，加盟議定書とGATTとの間に明確な関連性(a clear link)がある場合にかぎられるとした。そしてパネルは，本件で，中国がこの点の立証に失敗したとして，中国の主張を退けた。また一般例外条項は「美術的，歴史的または考古学的価値のある国宝」を保護するため(20条f)国家がとる貿易規制を合法化している。これも自国文化の海外流出を防ぐための例外措置である。しかし一般例外条項の但書きの条件をクリアーするかどうかの検討はケースバイケースで困難を極めるであろう。

GATS(14条a)もGATTの公益保護条項を踏襲した。「公衆の道徳の保護」の維持のため必要な規制措置を例外的に許したのである。それだけではなく，「公の秩序」を維持するための規制措置も許したが，この例外は「社会のいずれかの基本的な利益に対し真正かつ重大な脅威がもたらされる場合にかぎり」適用するとしている。

商標・商号・言語に関連して文化保護の視点が要請されることはいうまでもない。また米国・越境賭博事件も賭博の公徳性にかかわる問題を提起した。

TRIPS協定(27条2)は，既述のように，加盟国が「公の秩序または善良の風俗」を守るのに必要なときは，発明を特許の対象から除外することができるとした。ただし，この除外は，「単に当該加盟国の国内法令によって当該実施が禁止されていることを理由として」行われてはならない。

WTOの枠外ではUNESCO文化表現多様性保護促進条約(Convention on the Protection and Promotion of the Diversity of Cultural Expressions)が締結された。条約にいう文化表現(culture expression)とは「個人・グループ・社会の創造性から生ずる文化的内容の表現」(4条3)をさし，象徴的意味・芸術性・文化的価値をもつ。この条約は文化面の孤立した条約ではなく，むしろ過去の関連国際協定の延長線のうえに立つ。UNESCO・欧州審議会の文化関連条約は，テクノロジーを使って創造された文化的商品(たとえば音響産品等の教育・科学・文化資料)の自由貿易を謳う。そして古くは1950年のフィレンツェ条約が文化的商品への差別的内国税を禁止した。これを引き継いで，欧州審議会の2000年12月ストラスブール条約は文化的多様性の確保に言及し，また2001年11月のUNESCO宣言は文化的多様性に関する規定をおいた。

世界文化遺産の保護については，1972年11月のUNESCOパリ条約，2003年10月のNESCO条約，2000年の欧州審議会フィレンツェ条約(「無体文化遺産保護に関する欧州景観保護協定」)がある。

国連も経済的社会的文化的権利に関する社会権規約，市民的政治的権利に関する自由権規約をもつ。しかし，これら規約は拘束力をもたない。UNESCO文化保護条約も，拘束力を欠く。条約違反に対する制裁がないからである。それゆえ違反措置に関する紛争解決手続もない。それは勧奨的な政治的マニフェストにとどまる。さらに致命的なのは，条約が文化的創造を保護するための知的所有権にふれていないことである。知的所有権は創作とイノヴェーションをうながすため，文化的な知的創造に関する排他的権利を創作者に認める。それにより知的文化の多様性を確保し，創作へのインセンティヴを企業に与えるのである。UNESCO条約は，音響メディアサービスの保護にも言及している。このサービス部門は技術進歩が一目了然としており，文化的多様性に満ち，それをいかに保護すべきかが焦眉の急とされているからである。

では文化表現が商品とみなされる場合，輸出国または輸入国が文化保護をかざしてその国際貿易を規制すると，GATTの無差別原則や数量制限禁止原則との抵触が生ずるであろう。またWTO補助金相殺協定との衝突もおきる。

(2) 人 権

WTOの諸協定が人権関連条項をもつことはひろくしられている。まずTRIPSは，特許海賊，伝統的知識，特許医薬品（AIDS薬）へのアクセス問題を扱う。政府調達協定は参加国の政府調達が無差別原則（最恵国待遇原則と内国民待遇原則）に整合することを義務づけている。したがって政府調達にあたり，外国企業の在米子会社（在米日系企業等）を米国企業よりも差別的に扱ってならない。ところがマサチューセッツ州法は，ビルマの人権抑圧政権と取引する日欧企業を差別した。日・EUはともに米国を相手どってWTOの紛争解決手続を開始したが，パネル手続は政治的配慮から中断された。TRIMs（貿易関連投資措置協定）が規制する投資措置も人権違反をひきおこす。投資企業は開発途上国を公害逃避地とするからである。その例は，既述のように枚挙にいとまがない。

(3) 宗　教

GATT・GATS・TRIPSの一般例外条項（とくに公益保護）は宗教にもおよぶ。宗教は，特定の商品（酒・煙草・自動車等），サービス・知的所有権（映画上映・書籍販売等）の輸入を遮断する。ASEAN・イスラム圏をみれば明らかであろう。

(4) 労　働

WTOダンピング防止協定・相殺関税協定・セーフガード協定は，労働を理由とする規制にふれている。これら規制は，労働組合によるダンピング提訴制度，低労働コスト国からの低価格輸入に対するダンピング・相殺関税・セーフガード措置制度，FTA協定の労働関連規定をふくむ。さらにGATSは労働統合市場（5条の2），労働サービスの開放を約束表になかに記載するよう求めている

(5) WTO governance

governanceの定義はかならずしも統一されていない。しかし，それは通常組織のすべての利害関係者が組織の統治に参与することをいう。トップの独裁を否定して，利害関係者の自由発言を許すのである。それゆえ，WTOで行われてきた先進国間の密室合意（green room agreement）を排除する。ドーハラウンド中に行われた密室協議はgovernanceにそむく。その他WTO協定委員会の慣行がgovernance違反として途上国により批判されつづけている。

第1章
貿易と競争

第1節　企業の私的障壁

WTOは貿易自由化のために国家の貿易障壁について規定した。しかし貿易を制限する企業の私的障壁にはふれていない。たしかにWTOはいくつかの競争規定をもっている。商品貿易分野では，ダンピング防止協定（3.5条）が，ダンピング調査当局に対して損害認定にあたり企業の競争制限行為を考慮するよう義務づけている。スタンダード協定は，加盟国に自国の基準認証団体が輸入品を差別するよう奨励しないよう要求している。セーフガード協定（11.1条）は，加盟国の政府当局に対し，民間企業が輸出自主規制に走ることを支持・推奨しないよう，釘を刺している。サービス貿易分野のGATS（8条）は，加盟国が自国のサービス企業に独占権をあたえる場合，その企業が独占力の濫用をしないように規制する義務を課している。GATS参照文書も電気通信分野の支配的事業者による反競争的行為を加盟国が防止するよう義務づけている。また知的所有権分野ではTRIPS（40条）が，加盟国当局に知的所有権のライセンスに関する制限的条項について立法を行う権限をあたえている。

しかしWTOは（ITO憲章とは異なって）企業の反競争的行為そのものにはふれていない。それゆえ，WTOは，各国の競争法や地域間協定でもカバーできない反競争的行為に対して無力である。たとえば多国籍企業が締結する国際的な競争制限行為（国際カルテル，輸出カルテル等）や企業の垂直的制限・排他的取引等は，WTOルールを免れている。それらはまた各国競争法にも地域間協定の規制にも容易に服しない。このため，国際的な競争制限行為を規制するための多角的協定，とくにWTO競争協定の締結の是非が，過去10年のあいだ議論されてきた。

第2節　シンガポール閣僚宣言とWTO作業部会

WTOでの論議は，1996年12月のシンガポール閣僚宣言（20項）を受けて開始された。閣僚はこの宣言のなかで，「貿易と競争政策の相関関係」に関する作業部会を設置することに合意した。これを受けて作業部会は毎年WTO一般理事会に報告書を提出してきた。閣僚宣言は，貿易と競争政策の相関関係に関する争点の一例として企業の反競争的慣行をあげた。作業部会の年次報告は，1997年から2001年まで5回にわたって提出された。

まず1997年報告は，大別してつぎにみる3種類のチェックリストを指摘した。

① 貿易と競争政策の目的・原則・概念・範囲・手段

の関係とこれらと開発・経済成長との関係
② 貿易と競争政策に関する既存手段（各国法令，WTO規定，関連諸協定）の分析
③ 貿易と競争政策の相関関係（企業の反競争的慣行が国際貿易にあたえる影響，国家独占や規制が競争と国際貿易にあたえる影響，知的所有権と競争政策の関係，投資と競争政策の関係，貿易政策が競争にあたえる影響の5点）

1998年以降の報告は，97年報告のチェックリストに関する各国見解と討議内容を整理しているが，年を追って内容に変化が生じた。98年報告は，企業の国際的反競争慣行（輸出カルテル，国際カルテル等）の貿易歪曲効果についての活発な議論を収録した。

1999年報告は，98年12月の一般理事会決定に従い，以下の討議内容を整理した。
① WTOの基本原則（最恵国待遇，内国民待遇，透明性）と競争政策の関連性
② 技術協力分野を含む加盟国間協力・通報の促進方法

③ WTO貿易促進目的への競争政策の貢献
④ 貿易と競争政策の相関関係に関して加盟国が提起したその他の議題

とくに，企業の反競争的行為については，ECが多角的な競争ルールに関して説明を行った。

2000年報告では，貿易と競争に関する論争は活発に行われなかった。それは，1999年末（11月30日から12月3日まで）のシアトル閣僚会議が失敗したからである。会議決裂の一因は新ラウンドの議題にダンピング防止措置を含めるべきかどうかにあった。日本等は包含を主張した。しかし，米国は反対の姿勢を崩さなかった。

2001年報告でも，企業の反競争的行為に関し，EUが再び検討の必要性を指摘した。そして国際カルテルが開発途上国の利益を損なうことも強調された。そしてこの観点は2001年11月のドーハ閣僚会議宣言のなかにとりいれられた。

第3節　国際競争協定の締結構想

国際競争協定の締結が必要とされる理由は多岐にわたる。そのひとつは，国境横断的な競争制限行為に対する効果的なアプローチが存在しないことである。

1 既存アプローチの限界

反競争的行為は，場合により，行為地の国家領域外に有害な効果をもたらす。こうした国際的な反競争的行為は従来5種類のアプローチによって扱われてきた。一方的・2国間，地域的，複数国間，多角的アプローチである。しかしこれらは多国籍企業の大規模な反競争的行為には対処できなかった。

(1) 一方的アプローチ

EUや米国のように，一定の条件のもとに，自国競争法を外国の反競争的行為（たとえば日本企業が日本で締結したカルテル）に適用する例がある。効果主義に基づく競争法の域外適用である。これによれば，外国で行われた反競争的行為は，自国に効果をあたえるならば，欧米競争法の適用対象となる。

しかし米国はさらにすすんだ域外適用論を展開した。米国司法省は，1994年10月の域外適用ガイドライン案のなかで，外国企業が外国でむすぶ反競争的行為に対し，行為が米国に効果をおよぼす場合だけではなく，米国の輸出に影響をあたえる場合でも，外国の反競争的行為に対し自国反トラスト法を適用できるとのべた。それゆえ外国の反競争的行為は，米国市場に効果をあたえなくても，米国の輸出者に効果をあたえるならば，反トラスト法が域外適用される。そのねらいは，米国輸出者を外国の反競争的行為から保護することにある。富士コダック事件にみるように，米国政府には，米国製品の対日輸出をはばむ元凶は日本市場の反競争性（日本企業の排他的取引慣行，公正取引委員会の慣行黙認）にあるとする考えが根強い。しかし，米国の輸出促進型・域外適用論は，WTOの立場からみると，WTOが禁止した一方的措置（WTO紛争解決了解23条）に類似している。また，米国の輸出促進型・域外適用論は，開発途上国をヒットする先進国での反競争的行為に関心を払っていない。

EUは，効果主義に基づく競争法の域外適用を維持している。そして，EU企業の輸出を阻止する外国の慣行に対しては通商法の1つである貿易障壁規則3286/94号（米国通商法301条のEU版）によって対処している。日本はノーディオン事件で効果主義に基づきカナダ事業者の反競争的行為に独占禁止法を適用した（1998年9月3日勧告審決）。この事件では，放射線医薬品の原料を国際的に供給するカナダ事業者が日本企業との間に排他的購入契約が私的独占（独占禁止法3条前段）にあたるとされた。

他方，域外適用を避ける政策もある。

1つは域外適用を自制する消極的礼譲（negative comity）である。米国はいくつかの基準（外国政策との衝突の程度等）を比較考量して，反トラスト法の域外適用を自制している。ケースバイケースのいわば合理の原則（rule of reason）に基づく消極的礼譲といえよう。

もう1つは積極的礼譲（positive comity）である。米国は反トラスト法の域外適用を控え，その代わりに外国の競争当局（日本公正取引委員会）に外国競争法（日本独占禁止法）を外国事業者の反競争的行為（日本企業が日本で締結したカルテル）に適用するよう求めるのである。

(2) 2国間協力アプローチ

輸出入国の競争当局が2国間協定で競争法適用に関し協力する方法も以下のように数多くとられてきた。
① 競争法執行に関する協力・共助協定（1976年米国ドイツ協定，1982年米国オーストラリア競争共助協定，米国カ

ナダ協定，米国 EC 協定，1999 年米国イスラエル協定，1999 年日米競争共助協定，1999 年米国ブラジル協定，1998 年米国カナダ協力協定，2002 年日本シンガポール協定等）

② 1994 年 IAEAA (International Antitrust Enforcement Assistance Act) に基づく 2 国間競争執行協定（米国オーストラリア IAEAA 協定等）

(3) 地域統合アプローチ

関税同盟や自由貿易地域のような地域統合が，参加国間または第三諸国との間で競争法を適用する例もおおい。

① EU 競争法および EU が締結した FTA 競争政策規定（EU 南アフリカ FTA，EU メキシコ FTA，EU-中東欧諸国ヨーロッパ協定，EU-ACP コトヌ [Cotonou] 協定等）

② MERCOSUR 競争政策

③ NAFTA 競争規定

④ ANZCERTA

⑤ CARICOM 第Ⅷ附属書

⑥ 2001 年カナダ-コスタリカ FTA 競争政策規定（CCRFTA. 2001.4 署名，2002.11 発効）

(4) 複数国間アプローチと多国間アプローチ

OECD や APEC は複数国間で反競争的行為に対応している。

他方，多角的アプローチは，1948 年の ITO・Havana 憲章草案に遡る。これに 1953 年の国連制限的商慣行協定案，UNCTAD 制限的商慣行規定 (UNCTAD Bangkok Declaration, the 4th UNCTAD Review Conference Declaration)，1960 年の GATT 制限的商慣行協議取決め決定 (1960 Decision on Arrangements for Consultation on RBP) が続いた。WTO では GATS 電気通信第 4 議定書「参照文書」が作成された。

2 国際的な反競争的行為のタイプ

国際的な競争制限行為は EU によればつぎの 3 つに分けられる。

(i) 国際市場に反競争的効果をあたえる慣行

国際市場に競争制限効果をあたえる行為としてあげられるのは，2 以上の多国籍企業による価格設定または市場分割に関する国際カルテル，合併，支配的地位の濫用等である。たとえば米国司法省が 1990 年以降訴追した反トラスト刑事事件の 25％は国際カルテルであり，これらカルテルは 20 以上の国の企業に影響をあたえたとされる。OECD の Hard Core Cartels 報告書 2000 によれば，最近摘発された国際カルテルは米国取引の 100 億ドル以上に関係している。

(ii) 輸入品の市場アクセスをさまたげる慣行

輸入品の市場アクセスをはばむ競争制限行為には，市場を分割する輸入カルテル，支配的地位の濫用（民営化企業による濫用を含む），並行輸入の阻止，Import facilities の統制，外国競争者に対して市場を閉鎖する垂直的制限等が含まれる。一般的な管轄権ルールのもとでは，こうした輸入カルテル等には輸入国の競争当局のみが競争法を適用するのが通常であり，輸出国の競争当局が自国競争法を域外適用する場合は限定されている。

(iii) 行為が企図され締結された国とは異なる国で効果が生ずるような競争制限行為

たとえば，輸出カルテルや合併が代表例である。

3 既存アプローチの限界と弱点

既存アプローチは上述の国際的な競争制限行為に効果的に対処できない弱点をもっている。

(1) 一方的・2 国間・地域的アプローチの限界

一方的・2 国間・地域的アプローチはいずれも有益であり，将来にわたって継続されるべきであるが，これらは世界からみて統一性のある一貫した解決策を提供しないし，またすべての問題に対する適切な回答となっていない。

2 国間協力アプローチは，競争当局間の緊密な執行協力を育成するのに有益であるが，適用範囲がかぎられている。たとえば，日本シンガポール協定の競争政策規定は，両締約国が，それぞれの国内法令に基づいて，競争制限行為に対応し国内法令の範囲で協力を行うと定めるにとどまっている。この協力は，相手締約国の企業に関する競争法の執行についての通報，および執行活動と競争制限行為に関する情報交換という形をとり，礼譲についての言及はない。また協力の対象は，シンガポールが競争法規をもつ電気通信・ガス・電力の 3 分野に限定されている。

さらに 2 国間協力はすくなからぬ行政コストをともなうため，多くの開発途上国も含めた 2 国間アプローチはコスト面からみてむしろ開発途上国の利益を損なうおそれがある。

地域統合アプローチも，地域統合参加国の競争政策を程度の差こそあれ調和し地域内の反競争的行為の抑圧に有益であるが，そのスコープは局地的であり，域外国企業をまきこんだ国際カルテル等に対しては有効ではない。

(2) 開発途上国の救済

EC が強調するように，国境横断的な競争制限行為の最大の犠牲者は開発途上国であるが，既存アプローチは開発途上国の救済に奏効していない。

(3) 貿易・投資の自由化と規制緩和から生ずる利益

GATT/WTO は，今日までに貿易・投資の自由化を促進してきた。またこれと歩調をあわせて，世界の主要国は競争を阻害する政府規制の緩和のためさまざまな方策をとってきた。しかしこれら自由化と規制緩和から生ずる利益は，国境横断的な競争制限行為によって減殺されている。ところが，国際的競争制限行為は，既存アプローチのもとで野放しにされており，これが自由化と規制緩和の成果を損なっている。ひるがえっていえば，既存アプローチは，国際的競争制限行為に対して効果がないため，自由化と規制緩和の成果を水泡に化すのである。

第4節　開発途上国への配慮

国際競争協定の導入が要請される第2の理由は，国際的な競争制限行為から開発途上国を救済する必要があるからである。国際競争協定がなければ，開発は促進されない。また世界秩序がますます不安定になる。テロを存続させるおそれもある。この意味で，貿易と競争政策の関係は，現在開発と切り離して考えることはできない。

1 国境横断的な競争制限行為が開発途上国にあたえる影響

国際的な競争制限行為が開発途上国にあたえる影響はきわめて甚大である。

(1) 国際市場に反競争的効果をもたらす慣行の影響

国際市場に反競争的効果をあたえる国際カルテル等は，主に先進国企業間で締結され，開発途上国企業を含む潜在的新規参入者に消極的効果をもたらす。また国際カルテルは，競争法が未整備な市場または，国際的な競争共助協定に参加していない市場，すなわち主に開発途上国の市場を標的とする傾向にある。

(2) 市場アクセスを阻止する慣行の影響

市場アクセスをさまたげる輸入カルテル等は，同じように開発途上国に対しきわめて有害な効果をもたらす。このようなカルテルは，開発途上国の生産者による新規参入をさまたげるからである。また逆に，開発途上国で同様の競争制限行為が行われるときは，げんじつには，最終商品よりも中間生産物（intermediate products）の市場アクセスをさまたげるカルテル等が締結されるため，開発途上国企業は国際競争力をもつ当該商品を生産することができない。

(3) 輸出カルテル等の影響

行為の締結国とは異なる国で有害な効果をうむ輸出カルテルや合併も，多国籍企業等によって実施される場合，損害を受けるのは多くの場合，開発途上国である。たとえば2以上の多国籍企業が開発途上国向けにある産品を輸出するときに，価格または数量に関して輸出カルテルを締結すると，輸入国の開発途上国は輸出カルテルを摘発するための情報を容易にえることができず，当該輸出カルテルの犠牲となる。同様に，たとえば先進国の大市場で行われる合併は，開発途上国に設立された合併当事企業の子会社等の支配的地位を確立・強化する効果をもたらす。

2 開発途上国の救済

(1) 技術支援

開発途上国を救済するための競争政策分野での技術支援（technical assistance）は，従来，複数国間・多角的・2国間レベルで行われてきた。たとえばUNCTADや世界銀行（World Bank）による多角的レベルの援助，OECDのような複数国間レベルの援助，2国間レベルで先進国が供与している支援（EUのCOMESA向け支援，日本のアジア諸国向け支援等）があげられよう。しかしこれら技術支援にはさまざまな欠陥（支援のinitiativeがad hocに行われ支援の不要な重複がみられること，競争法の発展段階が異なる国に対し需要におうじた適切な援助が供与されていないこと）が報告されており，技術支援のみで開発途上国の競争政策上の課題が解決されるわけではない。

(2) 人材養成

開発途上国のための人材養成（capacity building）も地域レベルまたは2国間レベルで部分的に行われている。しかし，このようなcapacity buildingは，むしろ異なる地域や開発の程度が異なる国を包含したより広範なレベルで行うほうが，実効性が高いとECは主張する。

(3) 国際競争協定と開発途上国の救済

開発途上国を競争政策面で救済する従来の方策には限界がある。とくに開発途上国を国際的な競争制限行為から救済するためには，国際競争協定の締結が不可欠であるとECは結論している。

第5節　国際協定締結のメリットと批判的見解

国際協定締結の必要性は，ECのほか，さまざまな識者によっても指摘されている。そしてこれら国際競争協定締結・支持派は，協定締結のメリットが，開発途上国のみならず先進国・中進国にも均沾されることを強調している。

1 国際競争協定締結のメリット

(1) 国内競争政策原則の国際化

国内競争政策の基本原則は無差別性，透明性，hard-core cartelsの禁止である。とくにhard-core cartelsは国内競争法に対する重大な違反を構成している。これら基本原則をもりこめば，国際競争協定は貿易と投資の自由化による利益が国際的な競争制限行為によって損なわれ歪曲されるのを防止できるであろう。

(2) 競争当局間の広範な協力関係の構築

国際協定協定は，国際的な競争制限行為に対処するための国内競争当局間の協力のための実効的な枠組みを作りだすことができる。競争当局間の協力は，個別案件ごとの協力のほかに一般的な情報と経験の交換を含む。このような広範な協力関係を築くためには，2国間アプローチや地域的アプローチでは十分ではない。

(3) 国内競争法の衝突の回避

多角的な競争協定が存在しない状況下では，各国の競争法規やその運用にズレが生じている。また国境横断的な競争制限行為に対して，関係競争当局が異なる対応をとり，各国競争法の衝突がおこりかねない。し

第1章　貿易と競争

かし，hard-core cartels や競争当局間の協力関係に関する多角的協定が締結されれば，各国競争法の抵触と衝突は部分的に回避されることになる。

(4) WTO 統一競争政策の推進

多角的競争協定のうちもっとも望ましいのは WTO 競争協定である。WTO の既存協定のうち，競争政策に関連した規定は GATS や TRIPS 等にみられるが，その規定対象と範囲はかぎられている。このため WTO でより広範かつ統一的な競争政策ルールが策定されれば，各国競争法の衝突が避けられるだけではなく，競争当局間の協力が世界レベルで育成され，国際的な競争制限行為も効果的に抑圧されることになる。さらに WTO 競争協定は，各国の通商当局と競争当局の協調を促進する利点をもつ。通商当局と競争当局の協調は，WTO が力点をおく規制緩和問題や競争政策と外国投資政策・知的所有権政策の間の相乗効果を高めることにもなる。

2 WTO の貿易・競争 WG の検討

WTO 自体による競争政策への取組みは，1997 年のシンガポール閣僚会議での決議以降，競争貿易 WG (Working Group) のなかで行われている。WG の検討成果は，国際カルテルや国際独占企業による市場支配を含む私的な反競争的行動を規制することは WTO の目的と合致する点の確認である。しかし，WG は WTO 競争協定の導入の是非と協定内容についてむろん合意に達していない。とくに開発途上国（インド等）は強制的な WTO 競争協定の導入に反対している。義務的協定は，開発途上国の開発計画や産業政策の実施を制約するおそれがあるとされるからである。

3 国際競争協定締結に対する批判的見解

識者のなかにも，たとえ協定が実体規定を含んでも，hard-core cartels 以外はけっきょくは合理の原則（rule of reason）によって判定されることになり，規定の実効性に疑いがあるとする者がすくなくない。

米国の 1997 年 ICPAC 報告書（The International Competition Policy Advisory Committee）も WTO 競争協定の締結に消極的な見解を表明した。ICPAC は米国司法長官が政府向けの提言のため設置した検討機関であり，ICPAC が WTO 競争協定の締結に疑義を呈した理由は，協定交渉過程で競争政策が歪曲されるおそれがあること，WTO パネル手続を介して WTO が各国規制権限に干渉する危惧があること，現在の開発途上国に競争法の導入を強制するのは適当ではないことにあった。ICPAC が適切と考えるメカニズムは非拘束的で非公式な取決めである。この取決めには積極的礼譲，合併関連法規の調和，適用除外分野の見直し，多国籍企業による合併規制の見直し，電子商取引の規制，国際カルテル規制の検討，紛争調停と援助がカバーされる。米国政府は ICPAC 提案に基づき国際競争ネットワーク（ICN．International Competition Network）を構築したが，これは多角的競争協定とはほどとおい機構である。

ちなみに参照文書が将来の WTO 競争協定のモデルとなりうるかどうかについては否定的な見解が提起されている。

参照文書は後述するように，支配的地位をもつ主要サービス提供者による特殊な反競争的行為を対象としている。これはおそらく電気通信分野では民営化された旧国営独占企業による支配的地位の濫用行為が政府当局者の最大の関心事となっていたからであろう。支配的地位をもたない企業による反競争的行為は重要視されなかったようにみえる。

また参照文書は，救済手続について，きわめて不十分な規定しかおかなかった。主要サービス提供者による反競争的行為についてはいかなる救済手続もなく，相互接続紛争のみについて簡略な国内救済を定めたにとどまる。参照文書の救済手続は政府調達協定や TRIPS 協定が定める国内救済手続よりも杜撰であり，詳細さを欠いている。

第6節　国際競争協定の締結形態と内容

1 ドーハ閣僚会議宣言

2001 年 11 月 14 日，カタールの首都ドーハで採択された第 4 回 WTO 閣僚会議は宣言のなかで（23-25 項），新ラウンドの議題の 1 つとして貿易と競争政策の関係をとりあげ，WTO での作業・交渉日程と基本方針を次のように定めた。

(1) 作業・交渉日程

第 5 回閣僚会議が 2 年以内に開催されるまでの間，貿易・競争政策作業部会（the Working Group on the Interaction between Trade and Competition Policy）は，つぎのテーマに焦点をあてて検討を継続する。

(i) 透明性，無差別性および手続の公正性を含めた中核的な原則（core principles, including transparency, non-discrimination and procedural fairness）

(ii) hard-core cartels に関する規定

(iii) 任意協力（voluntary cooperation）の形態

(iv) capacity building をとおして開発途上国の競争機関を漸進的に強化するための支援

この検討にさいして，開発途上国と後発開発途上国のニーズやこれらニーズに対処するためにあたえられるべき適切な柔軟性に対し十分に配慮するものとされる。

(2) 第 5 回閣僚会議後の交渉

第 5 回閣僚会議では，まず，明確なコンセンサスにより，交渉形態をどのようにすべきかが決定される。これは全会一致で交渉形態を決定することを意味し，一国でも反対があれば，決定が成立しない。この決定を基礎に，交渉が行われることになる。

(3) 基本方針

　宣言は，貿易と競争政策を検討するうえで，開発途上国への配慮を強調している。宣言によれば，競争政策は国際貿易のみならず「開発への貢献を強化する」からである。したがって，競争分野での技術協力とcapacity buildingの強化が必要であるとされる。

　さらに宣言は開発政策と緊密な多国間協力がもつ意義を開発途上国が明確に評価できるように，競争分野での技術協力支援の強化が不可欠であるとのべている。そして，このため，UNCTADを含めた他の関連政府間機関との協力や地域的・2国間のチャンネルをとおした活動を唱導している。

　ECの欧州委員会競争総局は，ドーハ閣僚宣言を次のように積極的に評価した。
① 貿易・競争・開発に関するEC提案の骨子が国際的に承認されてドーハ宣言にもりこまれた。
② ドーハ宣言まではWTO競争協定の締結について消極的・懐疑的な見解を表明する開発途上国等もあったが，宣言により，これら諸国（とくにインド，香港）もはじめて協定の交渉と締結に合意したとECは解釈している。
③ 新ラウンドの成果は，競争協定も含めて，一括受諾方式（single undertaking）に委ねられる。

2　国際競争協定の締結形態と内容

　ドーハ閣僚宣言に基づく作業と交渉がどのような成果をもたらすか予断を許さないが，かりに国際競争協定が交渉されるなりゆきとなった場合，協定の形態と内容としてはさまざまな選択肢が考えられよう。
① 拘束力の有無

　協定の形態としては，非拘束的な宣言形式か拘束的な協定形式か，カルテル禁止とcore principlesのみを拘束的とし協力規定等を非拘束的とするかが考えられる。また取決め内容を加盟国の競争法執行にあたっての協力（情報交換，積極的礼譲，開発途上国支援等）にしぼり，取決めを非拘束的とする代案も否定できない。
② 複数国間協定か多角的協定

　加盟したい国のみが任意に加盟する複数国間協定か，WTO全加盟国を拘束する多角的協定かの選択もある。
③ 段階的規定

　上記4テーマと他の必要テーマを一挙に定めるべきかどうか。それとも，第1段階でまず，カルテル（国際カルテル，輸出カルテル，輸入カルテル）の禁止とcore principlesについて規定し，第2段階で垂直的制限や合併等の規制を導入する方法も考えられる。
④ 紛争解決手続

　協定に拘束力をもたせるときは，協定違反があるときの紛争解決手続をどのように定めるのかが問題となろう。協定違反に対してパネル・上級委員会手続が適用されるのかどうかをつめる必要がある。

　逆に，カナダ−コスタリカFTAが予定するピア・レビュー方式も紛争解決に代わる方策として考慮の余地がある。またWTOの貿易政策検討制度（TPRM）をモデルとした単なる意見交換制度も選択肢の1つとなる。

　さらにパネル手続きを適用するときは，パネルへの申立て理由として，違反申立・非違反申立・状態申立が規定されるかどうか，開発途上国のための配慮規定をどのように定めるべきか，新時代FTA（とくにカナダ−コスタリカFTA，CARICOM等）の競争規定を参考にすべきか等，今後の検討を要する。

　いずれの方式が適当かは，拘束的な多角的協定に難色を示す開発途上国や米国の出方によるであろう。協定への参加国をひろく確保しようとすれば，非拘束的な協定案が浮上するが，非拘束的協定の競争規定は執行共助にかぎられることになろう。

第2章
貿易と環境

第1節　貿易が環境にあたえるインパクト

　貿易と環境は複雑な関係にたっている。貿易が環境保全に役立つ場合もすくなくはない。たとえば，先進国は，環境に優しい産品を輸出したり環境浄化サービスを提供して，他国の環境を改善することができる。環境保全商品のカテゴリーは技術進歩にともない著しく増加した。ガソリン車に代わるハイブリッド車，エタノール車，燃料電池車，電気自動車から，風力発電機器，太陽光発電装置，低水量水洗トイレ，石化製品に代替する植物性素材（家電製品用特殊フィルム，自動車内装用），アスベストやフロンの代替材，新バイオマスにいたるまで多様である。環境サービスには，汚水処理サービス，廃棄物処理サービス，衛生サービス，排気ガス処理サービス，騒音除去サービス，植林技術サービス，風力発電サービス等がある。しかし環境サービスの貿易が円滑に行われるためには，輸入国が環境サービスの自由化を約束表のなかに明記していなければならない。以上にくわえて，知的所有権貿易による環境の改善例も増えている。たとえば防疫・殺菌・油濁除去・省エネ等の特許技術や水道用浄化膜の方法特許の使用を，先進国特許権者が海外事業者に許諾する例がある。

　しかし問題は，貿易が環境を破壊する場合である。

貿易の環境破壊はどのような要因からおきるのか，WTOは環境保護のためにどのような役割を果たしているのか，WTO枠外の環境保護メカニズム（多国間環境協定，環境標準等）はなにか，俯瞰してみよう。

第2節　貿易と環境破壊

貿易の促進が環境破壊をひきおこす要因は，OECDの検討によれば2つある（OECD, The Environmental Effects of Trade, 1994）。市場の失敗（market failure）と規制の失敗（intervention failure）である。

1　市場の失敗

市場は，政府の介入を受けなければとうぜん自由で競争的になる。しかし，自由市場は，ときに資源の利用・配分・保存を非効率的にすることがある。自由放任経済のもとでは，資源の持続的な活用と保全を犠牲にして，企業が私利益の追求を最優先させるからである。いわゆる市場の失敗がおきる。

市場の失敗はとくに環境浄化費用等の社会的費用を企業が負担しないことから生ずる。企業利益を重視する結果，企業が環境保全コスト（有毒廃棄物処理費用，地球温暖化削減費用等）を産品価格のなかに内部化（internalize）しないと，環境は荒廃する。換言すれば，環境コストの外部化は，水質汚染，温室化，酸性雨，オゾン層破壊をひきおこす。同じように農薬規制がないと，過度の農薬使用により，食品と土壌がダメージを受ける。また飼料の規制がなければ，狂牛病とクロイツフェルト・ヤコブ病が蔓延するであろう。

先進国企業が環境汚染産品の生産工場を環境基準の低い開発途上国に移転させる場合，市場の失敗は容易に環境破壊をうむ。この場合，企業は汚染を先進国から開発途上国へ横流しすることになる。こうした開発途上国は公害逃避地（pollution havens）と揶揄されている。

公害逃避地はいくつかの悲劇をうんだ。たとえばマレーシアのアジア希土会社（ARE. The Asian Rare Earth）事件がある。この会社は1979年，三菱化成（現在の三菱化学）の35％出資を受けてマレーシア北部の村に設立された。会社は，錫廃鉱石「モナザイト」（monazite）から電子産業用希土（rare earth）を精製し，この精製過程で周辺環境を汚染した。被害住民の損害賠償請求訴訟に敗れた会社は，1994年工場閉鎖に追い込まれた。同じ例は，インドの米国ユニオン・カーバイド社（Union Carbide）事件にもみられる。この米国会社は1984年，農薬生産のため，インドに合弁会社を設立し，ボパール市で殺虫剤の生産をはじめた。ところが殺虫剤の原料が配管洗浄水との化学反応により有毒ガスを噴出させ多数の周辺住民を死亡させた。

日本商社が行っている開発輸入も，環境破壊を誘発するおそれがある。日本商社は農産物や繊維製品の生産を開発途上国に委ね，低価格産品を日本に輸入してきた。この場合，関係会社が，現地環境基準の欠如や弛緩にかこつけて，環境保全を怠るならば，市場の失敗による公害輸出の誹りを免れないであろう。

2　規制の失敗

政府は市場の失敗を理由にさまざまな規制を行ってきた。市場の失敗は規制の導入・強化の口実となる。しかしこうした政府規制も環境破壊をひきおこしかねない。一次産品の高関税制度と補助金政策は環境破壊をもたらす「規制の失敗」例である。

いくつかの先進国は自国の水産加工業や木材産業を保護するため原料の水産物や丸太に低い関税を課し，他方加工産品に高い関税を適用するタリフ・エスカレーションを採用してきた。このような関税制度は，開発途上国輸出国の環境破壊（海老養殖のためのマングローブ林の伐採，熱帯雨林の破壊等）や水産資源の乱獲を招くおそれがあるとされる。

また農産物輸出国の補助金政策が輸出国自身の環境を損なうこともある。たとえば，米国の砂糖補助金は，砂糖黍栽培のため，米国南部沼沢地（Everglades）のエコシステムに壊滅的な影響をあたえた。

さらに政府がエコシステムの価値評価を誤ったりエコ資源の所有権制度を適切に樹立しない場合，これら規制の失敗はかくじつに環境破壊を増幅させる。

3　不可避的な環境破壊

環境破壊は市場の失敗と規制の失敗のほか，貿易自体から不可避的に発生する現象が憂慮されている。たとえば日本は世界最大の食糧輸入国であり，食糧輸入によって輸出国の水資源を枯渇させ農薬汚染を助長させてきた。また世界人口の増加と開発途上国の貧困は，先進国の新バイオ技術を発展させ，新技術農産品の貿易がエコシステムに打撃をあたえている。これら貿易がうむ不可避的な環境汚染は，輸出入国の環境規制の手に余る難題である。不可避的環境破壊を抑圧する国際ルールづくりが必要となろう。

第3節　WTOの規定と活動

WTOは国際貿易の自由化と促進をつうじて環境破壊の首謀者となっているという批判がある。しかしこの考えは誤りである。WTOは環境保護の観点から貿易を規制するルールを定めており，特別の検討委員会での検討を継続しているからである。

1　WTOの環境関連規定

WTOは貿易の自由化と促進を標榜しながら，環境の保護にも注意を喚起している。WTO設立協定はまず前文で，加盟国が留意すべき基本原則の1つとして環境の保護をあげた。これによると，加盟国は「経済

開発の水準が異なるそれぞれの締約国のニーズおよび関心」にそって「環境を保護しおよび保全し」また「そのための手段を拡充すること」に「努め」なければならない。さらにWTO協定に附属された関連協定は、商品貿易・サービス貿易・知的所有権の3分野で、所定の条件のもとに環境を害する貿易措置をWTO違反と明記した。

商品貿易分野では、GATT 1994, スタンダード協定（TBT協定）、衛生植物検疫措置協定（SPS協定）、相殺措置協定がそれぞれ貿易措置と環境保護の調整について言及している。

まずGATT 1994の一般例外条項（20条）は輸入国の衛生環境と天然資源の保護のための貿易制限措置を例外的に合法とした。GATT 1994は昔のGATT 1947を字句を変えずに踏襲したため、環境の概念をせまくとらえ、また環境を明確に定義づけることを怠った。環境のコンセプトはきわめてひろい。それは地球全体の環境（オゾン層、大気、海洋、水等）、南半球の熱帯雨林、輸出入国の自然環境、人動植物の健康衛生、生物多様性、植生、森林・河川・海洋連鎖を包含するからである。しかしGATTは、一般例外条項のなかで、ⅰ人動植物の健康保護（20条）と、ⅱ有限天然資源（20条ⓖ）というかぎられた環境のみに着目し、それらを保護するための貿易措置を条件づきで合法とした。肝要なのはこの条件（20条柱書き）である。これによると加盟国は環境保護のための貿易制限措置をとる場合、同様の条件のもとにある加盟国の間に差別をもうけたり、または国際貿易の偽装された制限を行ってはならないとされる。この解釈がWTO上級委員会の判例法（海老亀事件等）によって発展してきたことはすでにのべた（詳細につき後述第5節参照）。他方、個別協定をみると、スタンダード協定（前文、2.2条等）は環境保護を含む「正当な目的」のための基準規格を一定の条件のもとに合法とした。衛生植物検疫措置協定は、輸入国が衛生環境を保護するため危険農産物等の輸入規制を行う権利を厳格な条件のもとに認めた。相殺措置協定は、環境保全のための所定・環境補助金をWTO発足後5年間にかぎって許容した（8.2条）。もっとも経過期間が徒過した現在、これら環境補助金は一定の条件を満たせば赤の輸出補助金または黄色の国内補助金に該当する可能性もある。

サービス貿易分野にも、GATT規定を下敷きにした一般例外条項がある。GATS（14条b）は加盟国が人動植物の健康保護のため、サービス貿易を制限する措置を例外的に合法としているからである。知的所有権分野でも、環境保護のための特許例外をもうけている。TRIPS協定（27.2条）によれば、加盟国は公序良俗に反する発明を特許の対象から除外することができる。そして協定は、公序良俗の概念のなかに、人動植物の生命健康の保護と「環境に対する重大な損害の回避」を含めた。

2 WTO貿易環境委員会

WTOは発足後、貿易と環境の関係を検討する特別機関として、貿易環境委員会（Committee on Trade and Environment）を一般理事会のしたに設置した。したがってこの委員会は一般理事会の管轄下で、物品理事会・サービス理事会・TRIPS理事会と同じランクに位置づけられ、WTOの全加盟国をメンバーとした。その任務は持続可能な発展のため貿易と環境措置のポジティヴな相関関係を促進するためのルールづくりについて適切な勧告を行うことにあった。しかし、委員会の検討は重要な成果をうまなかった。このためドーハ閣僚会議の最終宣言は、貿易と環境の作業プログラムを採択した。プログラムは、検討作業の内容として、WTOルールと多国間環境協定の関係、環境関連商品とサービスに対する貿易障壁の削減、漁業補助金をかかげた。

第4節　国家の環境関連貿易措置とWTO整合性

国家が環境を保護するためにとる貿易措置は、WTOの特殊用語で「環境関連貿易措置」（environment-related trade measures）と呼ばれる。これは、2種類に分かれる。第1は、非経済的手段による措置であり、もう1つは経済的手段による措置である。前者には環境保護基準、包装規制、ラベル規制、リサイクル規制等がはいる。後者には環境税、排出課徴金、環境補助金等が含まれる。いうまでもなくWTO加盟国が環境保護を理由にとる貿易規制措置は、WTOルールに合致しなければならない。措置のWTO整合性を素描してみよう。

1 環境保護のための基準規格

スタンダード協定は、最終産品の基準規格のほか、原料から最終生産にいたる過程の生産方法・工程（PPM）の基準規格をカバーする。それゆえ、輸入国が産品とその生産方法・工程について、法令の形式で強制的な環境保護基準を定める場合、輸入品は問題の基準に合致しないかぎり市場参入をはばまれる。また輸入国が産品とその生産方法・工程について、任意的な環境保護規格を定めている場合も、規格が例外的に強制力をおびるならば、規格に適合しない輸入品は市場にアクセスできない。

とくに重要なのは、生産方法・工程についての基準がもつ貿易制限効果である。まぐろ事件や海老亀事件で扱われたのはまさに鮪や海老の漁獲方法という生産方法であった。鮪捕獲にさいしてイルカを保護したり海老捕獲にあたって希少な海亀を保護することはたしかに地球環境資源の保全につながる。こうした環境保護を名目とする生産方法を国内法で定めることも国家の自由裁量にはいる。しかし、その生産方法を国産品

のほか，輸入品にも適用すると，生産方法の基準に合致しない輸入品は輸入を阻止される。では，このような輸入制限措置はWTOと整合するのかどうか。この点について，WTOがスタンダード協定によりカバーされる生産方法・工程は，産品の性質に関連した (related) ものにかぎられるとしていることはすでにのべた。つまり産品の性質に影響をあたえたり産品の性質に反映される生産方法・工程のみが，スタンダード協定を適用され，協定整合性を問われる。したがって，漁獲方法についていえば，問題漁法が魚の性質になんらかの影響をあたえるときにかぎって，輸入国は，その漁法に従わずに捕獲された魚の輸入を合法的に禁止することができる。漁獲方法が魚の性質に影響をあたえないならば，その漁法に従わずに捕獲された魚の輸入を制限することはできない。強制的な漁法に従って自国漁船が捕獲した魚とその漁法によらずに外国漁船が捕獲した魚は，同じ性質をもち，前者が安全で後者が危険となるわけではないからである。ただし，ここにみた生産方法の相違を理由とする輸入制限措置は，達成すべき環境保護目的に比例する必要最小限の措置でなければならない。

　ポイントは，生産方法・工程が最終産品の性質に影響をあたえるかどうかの判断にある。この判断がケースバイケースで異なることも既述のとおりである。牛肉輸入を例にとれば，飼育・屠殺方法に関する基準を理由に，外国産牛肉の輸入を制限することが合法かどうかは，飼育・屠殺方法が牛肉の性質に影響をあたえるかどうかによって決まる。外国産生卵の輸入を鶏の飼育方法（ケージ飼いか放し飼いか）に関する法令によって制限することができるかどうかも，鶏飼育方法が卵の性質に影響をあたえるかどうかにかかっている。羽ばたきもできないほどせまい籠で飼育された鶏の卵はサルモネラ菌に犯される比率が高いかどうか，放し飼い鶏の卵は安全かどうかについての科学的検討がものをいうのである。同じように，輸入野菜が過度の農薬使用によって変質しているかどうか，輸入クローン体がクローン技術をうけて性質に変異をうけるかどうか，紛争の火種は無数にある。

2 包装容器規制とラベル規制

　国家の包装容器規制は，鉛・水銀・カドミウムを含む包装材料の使用禁止，再利用不能容器の使用禁止，リサイクル物質を含まない包装材料の使用禁止，容器回収デポジット制度，包装容器回収リサイクル制度等を数える。これら規制のための輸入制限措置がWTOに合致するかどうかはスタンダード協定およびGATT無差別原則（最恵国待遇原則，内国民待遇原則）に基づいて判定される。

　エコラベル (Eco-labels) は，環境に優しい商品 (environmentally friendly products) の生産と消費を促進するため，消費者に商品の特性や生産方法・工程 (PPM) が一定の環境保護水準を満たしていることを知らせて，消費者の商品選択を容易にする役割をはたす。これには，政府の制度（日本エコマーク，EUラベル，ドイツ Blue Angel）と民間制度（米国 Green Seal, Green Cross, スウェーデン Good, Environmental Choice 等）があるが，これらエコラベル規制に基づく貿易措置もGATT無差別原則とスタンダード協定に照らしてWTO整合性を判定される。それゆえ，強制的なラベル表示要求は，差別的に適用されたり，正当な目的の達成に比例しない貿易制限効果をもったり，透明性の原則（協定附属書3の適正実施規準 [Code of Good Practice]）に反して公告されないときはWTO違反となる。任意的エコラベルも同様である。GATT時代のまぐろ事件Ⅰで，パネルは，イルカ安全ラベル (Dolphin Safe) が漁獲方法 (PPM) に関する任意規格にあたりGATT整合性を認めた。ただしエコラベル機関が生産者にラベル使用権をあたえる場合，このような付与手続は，スタンダード協定の適合性評価要件に合致しなければ協定違法となるであろう。

　米国特定酪農品マーキング規制COOL法はこの観点から注目を集めた。米国法案は牛肉の原産地表示を義務づけた。カナダはこれに反発した。もしもカナダ産の牛が米国へ輸入され屠殺後牛肉パックされる場合，牛肉はカナダ産と表示され，米国産牛肉より不利に扱われるおそれがある。カナダはWTO提訴のための協議を求めた。米国はカナダの主張を認め，米国への輸入後早急に屠殺されるカナダ産牛（およびメキシコ産牛）の牛肉が米国産牛肉に混入されるときは，混合牛肉を「米国産」と表示できることを最終法令のなかで定めた。2009年1月，カナダはWTO提訴を撤回した。

3 共通環境資源を保護するための貿易措置

　共通環境資源を保護するための貿易措置もみおとすことはできない。歴史を遡ると，ワシントン条約が成立する前に，いくつかの国は，共通環境資源としての野生動植物を保護するため，一方的な輸入規制措置を講じた。たとえば北極熊，あざらし (seals)，らっこ (sea otters) といった海洋哺乳類の輸入が禁止された。WTOのもとでは，共通環境資源保護のための一方的な貿易措置は，無条件に許容されない。措置がWTOと整合するためには，貿易歪曲効果が最小であり，地球環境全体の共通資源に関係し，限定された期間に内外無差別に適用され，さらにGATT一般例外条項の条件を満たさなければならない。

4 環境保護のための輸出制限措置

　資源保存または有害産品規制のための輸出制限はWTO上どのように規制されるのか。GATT規定によると，輸出制限は，輸出税の形をとれば許可されるが，輸出数量制限の形態をとると，原則として禁止される。ただし輸出数量制限が例外的に許可される場合としてつぎの2つがある。

　第1は，食料または国民生活に不可欠な農産品の危機的不足を防止するためとられる輸出数量制限と貿易産品の分類・格付・販売基準の適用のために必要な輸

出数量制限である（GATT 11条）。ただし，これら輸出制限は，数量制限の無差別適用原則（GATT 13条）に従って，WTO加盟国に対し無差別に適用されなければならない。

第2はGATT（20条）の一般例外条項に基づく輸出数量制限である。人動植物の健康保護のための輸出制限（20条ｂ），資源保存のための輸出制限（20条ｇ）および国際商品協定の義務を実施するための輸出制限（20条ｈ）である。これら輸出制限は，一般例外条項の条件（20条柱書き）をみたすかぎり，特定国をねらいうちにして差別的に適用してもかまわない。ただし資源保護や資源の持続可能な開発のための輸出制限は，達成すべき環境保護目的に比例した最小限の措置でなければならない。GATT時代，米国は丸太の輸出を禁止したが，これは，資源保存のための合法的措置というよりは，国内加工産業（製材業）を保護するための措置にあたると批判された。またインドネシアによる未加工の丸太や半加工木材の輸出禁止措置も，EUとの協議の結果，廃止され，輸出税制度に切り替えられた。輸出税は輸出数量制限よりも貿易制限効果のちいさい措置にあたるからである。

有害産品規制のための輸出制限はどうか。WTO加盟国はGATT一般例外条項（20条ｂ）に基づき，国内市場での販売を禁止した有害産品に関し，人動植物の健康保護を理由として，輸入と輸出の双方を禁止することができる。しかし，国家は輸出を禁止する義務を課せられてはいない。そこでGATT時代の作業部会（working group）は，有害産品規制のための輸出制限についての決議を採択した。これによると，加盟国は，輸出の禁止・制限を望まないならば，事務局に当該産品・措置・理由を届け出るものとされる。事務局はこの届出を他の加盟国に送付する。これを受けて他の加盟国は当該産品の輸入を許可するかどうかの判断を行う。

5 環境税

国家が環境保護のためにとる経済的手段のうちもっとも重要なのは環境税である。その雛型，発展，WTO上の要件を整理してみよう。

(1) 雛型と発展

環境税の雛型は1920年に英国経済学者ピグー（Arthur Pigou）が提案したピグー環境税（Pigouvian tax）にまで遡る。上述のように，市場経済は，政府規制がなければ，コストの内部化に失敗するおそれがある。製造者が生産過程でうまれる汚染物を処理する手間（汚染物の安全な廃棄処理等）を省けば，汚染処理コストは商品価格に内部化されず，他者に転嫁される。いわゆるコストの外部化が生ずる。この弊害を防ぐためには，コスト外部化の防止救済策が必要となる。一案として，汚染者に汚染処理コストを負担させるための課税措置がある。こうしたピグー構想は環境税を生む母胎となった。かくして煙草税，炭素税等の内国税が生みだされた。

これら内国・環境税はおおよそ3つのカテゴリーにわけられる。

第1は産品税（product charges）である。たとえば環境汚染産品（有害化学品，燐酸塩含有洗浄財，重金属入り電池，回収不能容器）への課税，環境に優しい産品（無鉛ガソリン）への軽減税を含む。第2に排出税（emission charges）がある。これは大気・水中・土壌への環境汚染物質の排出または騒音排出に対する課税をいう。第3は行政税（administrative charges）である。行政サービス費用をカバーするため上述の環境保護基準の適用に関連して課される。

(2) WTOの要件

環境税は各国が任意に導入する内国税である。GATTもWTOも環境税について特別の規定をおいているわけではない。それどころか，GATTパネルは米国スーパーファンド事件で環境税の基盤をなす汚染者負担原則は，OECDの合意であり，GATTのルールではないと述べた。しかしながら，環境税は内国税にあたるため，GATT・WTOの一般的な内国税ルールに服するのである。

A 輸入品のみへの課税の禁止

環境税を同種の国産品には課さず輸入品のみに課すことは禁止される。このような環境税は内国税ではなく，輸入税に該当する。この輸入税は通常関税に上乗せされて賦課されるため，輸入品が関税譲許品目であるならば，輸入品の関税負担は，譲許税率を上回ることになる。これは関税譲許原則に反する（GATT 2条1）。この場合，環境輸入税の税収入がたとえ環境改善目的のために使用されても，環境輸入税が禁止されることに変わりはない。たとえば，先進国が，輸入木材（熱帯木材）にのみ環境税を賦課し，その税収入を，天然資源の持続可能な発展を追求する開発途上国に還流しても，こうした環境輸入税は禁止される。

B 内国民待遇原則と国境税調整

環境税は輸入税としてではなく，内国税としてならばとうぜん賦課することができる。ただしそれは，内国税に関する2つの基本ルールに適合しなければならない。

第1は内国民待遇原則である。加盟国は，同種の国産品と輸入品への内国税の賦課にあたり，内外無差別ルールに従うよう義務づけられている。したがって国産品に重く同種の輸入品に軽い「差別的内国税」を賦課することはできない（GATT 3条1項・2項）。内国税は内国民待遇原則に合致するかぎり，課税目的を達成するための必要最小限の税になることを要求されない。比例原則は，一般例外条項（GATT 20条）に関連して意味をもつにすぎない。したがって，加盟国が差別的内国税を一般例外条項に基づいて正当化する場合にかぎり，健康保護や資源保全といった環境保護目的に比例した必要最小限の税となることが要請されるのである。

第2に環境税は国境税調整ルールに従わなければな

らない。貿易品目はことごとく，内国税に関するかぎり，環境税であれ酒税であれ，輸入国の内国税のみを賦課される。産品は，輸出段階で輸出国の内国税を払いもどされ，輸入段階で輸入国の内国税を課される。輸出国での免税・還付ののち，輸入品は輸入国の内国税を課される。そうでなければ，輸入品は輸出国と輸入国の内国税を2重に課されることになる。こうした内国税の2重課税を回避するため，輸入国課税原則が適用される。要するに輸出国免税と輸入国課税のセットを国境税調整ルールと呼んでいる。

このルールのもとで，輸入国は，同種の国産品と輸入品に対して同額の内国環境税を課すことができる。税額が同一である以上，環境税は国産品に対しては部材段階で，輸入品に対しては最終産品段階で課すこともできる。米国スーパーファンド事件にみるように，環境税は，とくに部材価額を基礎に税額が算定されるときは，国産品には部材段階で輸入品には産品段階で課すことが可能である。

たとえば加盟国が二酸化炭素の排出量を削減するため，石化製品に対して環境税を課すとする。この場合，石油からの製品生産過程で二酸化炭素が排出される。この環境汚染を浄化する費用を捻出するため国家は汚染発生原料に対して環境税を課すことができる。したがって国産の石化製品は原料消費段階で課税される。他方，同種の輸入石化製品は製品段階で環境税を課される。輸入品はそれ自体は輸入国の環境を汚染していなくても，輸入国は国産品と同額の環境税を国境税調整ルールにそくして輸入品に課すことができる。もっとも輸入国は同種の国産品と輸入品に製品段階で同額の環境税を課すこともむろん可能である。煙草に対する環境税の賦課も可能である。煙草は国産品であれ輸入品であれ喫煙段階で環境を汚染する。このため国家は同種の国産煙草と輸入煙草に対し最終製品価額に基づく環境税を課すことができる。

しかし環境税の導入は産品価格を上昇させるため課税国は国際的な価格競争力を失うと懸念する見方もあるであろう。しかし，それは誤りである。なぜならば，国家は環境税の対象となる国産品が輸出されるときは，国境税調整ルールにのっとり環境税を免除するか，徴収額を払いもどすことができるからである。

C ガス削減税とinput

WTOの観点からもっとも興味をひくのは温室効果ガスを削減するための環境税導入の可否である。この場合，環境税は生産過程で消費されるエネルギー燃料に対して課される。この燃料は消費後，最終産品のなかに残留しない。スーパーファンド税が最終産品にくみこまれたinputsに課され，国境税調整ルールに整合したのとは状況が異なる。WTOの国境税調整ルールは，生産過程で消耗され最終産品のなかにくみこまれないinputsには適用できないのである。このネックをどう解決するかは今後の課題とされている。

以上のようにWTOの環境税規制は内国税ルールに集約される。環境税とくに炭素税については，WTO枠外の京都議定書（後述）でくわしく扱われている。

(3) 環境税と相殺関税協定

WTO補助金相殺関税協定は，環境税をめぐる議論を再燃させた。

協定の付属書Iは，相殺関税の対象となる輸出補助金を例示しているが，そのなかで，輸出品の生産工程で消費されるinputへの「前段階の累積的な間接税」の輸出還付・減免は，輸出補助金には該当しないとのべた。累積的間接税とは，税額控除を行う仕組みのない多段階にわたる間接税をいう（協定付属書Ⅰ注）。これを受けて，付属書Ⅱの「生産工程におけるinputの消費に関する指針」は，inputを「生産工程において輸出品にくみこまれ，これと一体をなしているinput，生産工程において用いられるエネルギー，燃料および油ならびに輸出品をえる過程で消費される触媒」と定めた。そして，これらinputへの前段階の累積的な間接税の輸出還付・減免は，間接税払戻し制度（輸出還付制度）の枠内で許容されるとした。したがって，これら規定は，産品の生産工程で消費されるエネルギー・石油等への課税（たとえば炭素税），国境税調整ルールに従って，輸入品にも適用する道を開いているかどうかの議論がおきた。しかしながら，協定付属書の関連規定は，ウルグアイ・ラウンド交渉時の紳士協定にすぎず，当時，ラウンド交渉者の間には，「エネルギー・燃料への課税に関する規定は，前段階の累積的間接税をいぜんとして適用する一部国家のために導入されたもので，炭素税等を国境税調整ルールに基づいて適用しようとする先進諸国家のために挿入されたものではない」という合意があったとされる。

6 環境補助金

(1) OECDと環境補助金

OECDは，環境補助金の交付を，汚染者負担原則または環境コスト内部化原則に対する例外とみなした。したがって，inputが産品に物理的にくみこまれる場合にのみ，国内inputへの課税を国境税調整ルールに従って輸入品に適用することができるとした。ただしinputが産品に物理的にくみこまれないときは，国内inputへの課税——たとえば炭素税，排出税等——を国境税調整ルールに従って輸入品に適用することはできないとされた。

OECDの汚染者負担原則によれば，汚染者は，汚染規制コストを全額負担すべきであり，貿易を歪曲する環境補助金を政府から交付されてはならないとされる。換言すれば，汚染者負担原則は，環境補助金を排除する。

しかし，補助金が交付されないと「国家または地域の社会的・経済的な政策目的が損なわれる」ときは，例外的に環境補助金の交付が認められる。ただし，こうした環境補助金は，いくつかの条件に合致しなければならない。第1に，環境補助金は社会経済上の深刻

な困難に直面する特定経済部門（産業，地域，施設等）に限定される。第2に特定の過渡的期間に限定される。第3に国際貿易と投資に重大な歪曲をもたらしてはならない。

また特定目的のための補助金——たとえば研究，新公害統制技術の実験奨励，新公害抑制施設の開発のための補助金——は，汚染者負担原則とかならずしも抵触しないとされた。

(2) WTOと環境補助金

WTO補助金相殺関税協定は，既述のように経過期間にかぎって，相殺関税の対象とならない緑の補助金として一定の環境補助金を指定した。1つには，特定性をもたない環境補助金があり，他は特定性をもっても所定の条件を満たす環境補助金であった。しかしこれら環境補助金は，緑の補助金規定の全体が失効した現在では協定の条件さえそろえば赤または黄色の補助金となるおそれがある。

WTO農業補助金も，農業分野の補助金に言及している。協定は，国内補助金に関し，その段階的削減義務を定める一方，「貿易歪曲効果が皆無か極小の国内補助金」を削減の対象外とした。そして協定（付属書2）は削減対象外補助金のなかにつぎの3種類の環境補助金を含めた。

① 環境計画に基づく支払
② 農業資源使用中止計画をつうじた構造調整援助
③ 環境計画のもとでの研究に対する補助金，インフラストラクチャー・サービスのための補助金。

これに関連して日本政府のエコ減税補助金は，内国税減免という形の補助金にあたるとして　米国は日本を批判した。日本の政策は，低公害車（エタノール車，電気自動車，電池自動車，ハイブリッド車等）への自動車税の減税をとおして環境を浄化することにあった。米国は，日本の措置が，海外のガソリン自動車を内国税の面で差別すると主張した。

7 環境ダンピングと環境補助金に対する措置

環境規制が緩やかな国で環境保全コストを内部化しない低価格産品が製造され，それが環境規制の厳しい国に輸入される場合，こうした低価格輸入はダンピング輸入または補助金付き輸入とみなされるのかどうか。輸入国は環境ダンピング防止税または環境相殺関税を課すことができるのかが問われている。

(1) 環境ダンピングと環境ダンピング防止措置

WTOダンピング防止協定は，環境ダンピングの概念と環境ダンピング防止税についてひとこともふれていない。協定は価格ダンピングのみを対象としているからである。それゆえ環境ダンピング防止税は明白にWTO違反となる。

(2) 環境補助金と相殺措置

環境コストを内部化しない低価格産品の輸入は，補助金つき輸入ととらえることができるのかどうか。環境保護派の一部は，環境補助金に対する相殺措置の導入を支持している。その理由は，相殺措置の新設は，環境コストの製品価格への内部化（internalization of environmental costs）を促進するからであるとされる。この考えによると，環境補助金には，政府が環境保護のため積極的に供与する明示的な補助金（overt subsidy）と政府の黙示的な補助金（implicit subsidy）がある。後者は，政府が環境規制を導入しないかまたは環境基準を緩やかにする政策から生ずるとされる。環境規制がないか弱いと，生産者は環境保全コストを産品価格に含めず，これにより産品の輸出価格を低めることができるからである。このような低価格輸出は，政府の暗黙の補助金政策をバックに可能となるとされる。

しかし，黙示的補助金に対する相殺関税措置は，WTOのもとでは許容されない。環境基準の相違から発生するコスト節減（cost savings）またはコスト優位性（cost advantage）は，相殺関税協定上の補助金に該当しないからである。

8 環境改善産品へのダンピング防止税・相殺関税の賦課

環境改善を目的とする産品に対しても，主要国当局は特殊関税を賦課している。EUは，上述のように（第5部），2009年3月，米国産バイオ燃料に対して暫定ダンピング防止税と暫定相殺関税を併課した。バイオ燃料のEUユーザーは，こうした課税は石化燃料への依存を減少させるEU環境政策に反すると主張した。EU当局はこの主張を退けた。当局によれば，環境政策は不公正取引慣行を正当化しない，この慣行を許すと将来のEUバイオ産業が危機に立たされるとされた。

第5節　GATT一般例外条項の解釈

加盟国の環境保護措置は，くりかえしのべたようにGATT規定に違反してもGATT一般例外条項（20条）によって救われる余地がある。注目に値するのは，条項の解釈がGATTからWTOへの変遷にあたりおおきな転換を遂げたことである。

1 GATTパネル

米国はイルカ保護を名目にしてキハダまぐろをイルカとともに捕獲している船籍国からのまぐろ輸入を禁止した。そして措置を正当化するためGATT一般例外条項を援用した。GATTパネルは鮪事件I・IIで米国の主張を退けた。米国の措置は，環境保護を目的としない輸入数量制限（GATT 11条）であり，GATT一般例外条項によっても正当化できないとパネル（未採択）は述べた。また加盟国は環境保護措置を自国領域を超えて一方的に域外適用することはできないと判示した（事件I）。

2 WTOパネル・上級委員会

WTOはGATT一般例外条項の解釈を数件の環境

事件で扱った。米国はガソリン事件［巻末表20-1］で大気汚染防止のため米国に有利で南米産油国に不利な精製用ガソリンの販売基準を定めた。米国の基準は内外差別的な法令・要件（GATT 3条4）にあたるが，このGATT違反措置は環境保護目的を追求している。それゆえ措置は一般例外条項の正当化目的，つまり有限天然資源の保存目的（GATT 20条g）を満たす。しかし措置は一般例外条項の柱書きの要件を満たしていない。それゆえ米国のGATT義務違反は一般例外条項によって救済されずWTO違反にあたると上級委員会はのべた。他方，ECアスベスト事件［巻末表9-7］では，フランスが健康保護のため有害アスベストの輸入を禁止する基準は，環境保護に必要な措置であり一般例外条項（GATT 20条b）により正当化されると判定された。フランスの基準は，上級委員会によれば，アスベストの生産販売輸入を禁止しながら国産代替材の生産販売を許しているが，危険アスベストと安全代替材は同種産品ではないから，両者の異なる扱いはそもそも内外差別に該当しないのである。衛生環境を損なうアスベストを，国産品と輸入品を問わずに，禁止すること自体は合法的な環境保護措置にあたるとするのが上級委員会の基本的な考えであった。そして米国海老亀事件［巻末表20-4］は，WTOがGATT未採択パネルから決別する一打を放った。ひとことでいえばWTOは環境保護と貿易の関係に関する思考方法を海老亀事件で確立した。

この事件で，米国は希少動物資源（海亀）をまきぞえにした海老漁をする国からの海老にかぎって，輸入を制限した。この輸入制限措置が，資源保護を理由とする例外措置として，GATT一般例外条項により正当化されるかどうかが問われた。原審査段階の上級委員会は，米国措置が輸入数量制限措置（GATT 11条）にあたり，一般例外条項の環境保護目的も柱書きの要件も満たさず違法であると結論した。

問題は上級委員会が一般例外条項の柱書きをどう解釈するかにあった。柱書きによれば，GATT違反の輸入制限措置は一般例外条項の環境保護目的を追求しても，①恣意的差別，②不当差別または，③偽装された貿易制限となってはならないとされる。これら柱書きの要件は，上級委員会によれば，4つの原則を表明している。第1は，加盟国が一般例外条項を援用する権利と利害関係諸国の権利の双方を秤にかけて加盟国間の権利のバランスをはかる原則である。第2に，一般例外条項の援用は制限的であり所定条件に合致しなければならない。第3に国際法の信義誠実原則にそむいてはならない。第4に一般例外条項の濫用は禁止される。条約上の権利は善意に行使されなければならないからである。したがって柱書きは，GATT 20条の交渉史から明らかなように，一般例外条項の援用を制限的・要件付きとしている。柱書きは実体的・手続的な例外濫用抑止ルールにほかならない。

こうした前提にたって，上級委員会は米国の海亀保護措置が恣意的で不当な差別に該当するとのべ，柱書きの要件を満たさないと結んだ。上級委員会によれば，米国の措置が恣意的差別にあたるのは，措置が「厳格で柔軟性を欠きしかも包括的」だからである。措置は輸出国での漁獲条件を考慮にいれていない。また米国当局は輸入海老の認証にあたり，通告・証拠集め・聴聞について公正（fairness）で適正な手続（due process）を適用しなかった。

そもそも条約義務の例外に関して，GATTは適正手続の基本原則に従うよう加盟国に要求している。ところが米国はこの要求に反した。さらに，米国の措置は不当な差別にも該当すると上級委員会はつづける。措置は他国での漁獲条件を無視して米国プログラムをおしつけたし，同様の状況下にある諸国に異なる段階的な導入期間を適用したからである。また米国が海亀保護に関し関係諸国と真剣に交渉しなかったことも不当な差別にあたると上級委員会はつけくわえた。海亀という地球資源の保護は国際的な協力なしには達成できないからである。

偽装された貿易制限については，ガソリン事件の上級委員会がすでに判断をくだしていた。ガソリン事件で上級委員会は恣意的差別，不当差別，偽装制限の3者が相互に関連していること，偽装制限は隠蔽されたか不通告の貿易制限や差別につきるのではなく，合法的な目的を追求する振りをしてじつは恣意的・不当差別をもたらすすべての貿易制限措置を含むことを指摘していた。そのさいの着眼点は，問題の貿易制限が，一般例外条項を濫用したり非合法に利用する目的をもつかどうかにある。一般例外条項の濫用目的があれば，偽装された貿易制限が認定されることになる。

海老亀事件の原審査判断を受けて米国は措置を改正した。改正措置は海亀の保護策なしに海老漁を許す外国については，その国からの海老輸入を従来どおり禁止した。しかし，海亀の保護策を講じて海老漁をさせる外国に関しては，その国からの海老の輸入を許可した。また米国は措置により影響を受ける関係国と交渉し，海亀保護のための技術的援助を関係諸国にあたえた。かくして2001年の実施審査で上級委員会は，米国の改正措置がGATT（11条）違反の輸入数量制限にあたるものの一般例外条項によって例外的に正当化されると明言した。

このようにGATT時代のまぐろ事件パネルの論理は，WTOの海老亀事件判断で否定された。環境関連貿易措置は，たとえGATT違反の措置（1条の最恵国待遇原則違反，3条の内国民待遇原則違反，11条の輸入数量制限禁止原則・違反，その他すべてのGATT規定違反）に該当しても，①一般例外条項のいずれかの環境保護目的を追求し，目的の達成に比例した貿易制限効果の最小の措置であり，しかも②柱書きの要件を満たすならば，例外的に正当化されるのである。柱書きは，一般例外条項の目的を達成するための措置で，恣意的・不当な差別とならず，また例外の濫用目的をもたない

GATT違反措置を，例外的にWTO整合的とした。こうした例外措置は域外にも合法的に適用することができる。

ブラジル再製タイヤ事件のパネル判断（巻末表3-3のパネル判断，2007年6月）は，ブラジルが再製タイヤの輸入を環境保護を理由に制限した措置のWTO整合性を扱った。ブラジルは再生タイヤは蚊を発生させ疫病のもとになるとして，EUからの輸入再生タイヤを規制した。パネルはブラジルの措置がGATT一般例外条項（20条）により正当化されるとのべた。

米国の原産地表示法（COOL），EUの化学物質規制（REACH法），EUの化粧品規制，EUの環境改善・政府調達法（環境改善を目安として，機械・自動車の政府調達にあたり，ハイブリッド車を優先調達するルール）も貿易対環境のイシューを際立たせた。

第6節　WTO枠外の環境保全

1　多国間環境協定とWTO

WTOの枠外で，数おおくの多国間環境協定（MEA. Multilateral Environmental Agreements）が，野生動植物保護・生物多様性・温暖化防止等を目的に締結されてきた。これら多国間環境貿易協定をWTO上級委員会は積極的に評価し，WTO紛争処理手続きのための法源のひとつとしている。

しかし多国間環境貿易協定のいくつかは協定メンバーに環境保護のための貿易制限措置を所定の条件のもとに許容している。たとえば有害廃棄物の越境移動と処分の規制に関するバーゼル条約（1989年）は，有害廃棄物の生産国が自国で廃棄物を処理する原則を定めたが，廃棄物の国外輸出を厳格な条件のもとに認めた。この場合，廃棄物生産国は廃棄物の越境移動を行うときは，移動通過国に事前に通報し，その同意をえなければならない。輸入国は廃棄物の越境移動に対して貿易制限措置をとる権利をもつ。しかし，OECD加盟国から非OECD加盟国への廃棄物輸出は1995年のバーゼル条約改正により全面禁止されている。また条約加盟国と非加盟国のあいだの廃棄物の輸出入が禁止されている（4条5）。他方，野生動植物の保護に関するワシントン条約（1975年）は，条約目的を達成するための輸出入規制を定めた。日本の経済省が輸入公表のなかにこの規制を詳説していることは上述のとおりである。さらに，自然・天然資源の保護に関するASEAN協定，オゾン層破壊物質に関するモントリオール議定書（1987年）も環境保護のための貿易制限措置を輸入国にあたえている。そこで2つの争点が浮上する。

ひとつには，WTO加盟国が同時にこれらWTO枠外の多国間環境協定にも参加している場合，加盟国が多国間協定に基づいて環境保護のための貿易制限措置をとるとしよう。この措置はWTOに整合するのかどうか。回答は簡明である。この措置は，GATT一般例外条項（20条）の条件に合致するならば，WTO上も合法となる。したがって措置は環境保護目的に比例した貿易制限効果のもっともちいさい措置でなければならない。

つぎに，多国間環境協定のメンバー国が，協定に基づいて，協定の非加盟国に対して貿易制限措置をとる場合はどうか。この場合，措置がWTOに合致するかどうかは状況におうじて異なる。たとえばオゾン層破壊物質に関するモントリオール議定書をとりあげることができる。この協定は，議定書メンバー国間の貿易に関し，各メンバー国は2000年までにオゾン層破壊物質の生産・消費を制限する方法について裁量権をもつと柔軟に定めた。しかし，議定書の非メンバー国との貿易に関しては，メンバー国は議定書発効後ただちに非メンバー国からのオゾン層破壊物質の輸出入を禁止するよう義務づけた。議定書はメンバー国に有利で，非メンバー国に不利な差別待遇を定めたのである。ではWTOにもモントリオール議定書にも参加している国が，議定書に参加していないWTO加盟国に対して差別措置を適用することはWTO上も許されるのか。答えはノーである。議定書に基づく差別措置は，WTO上明白に最恵国待遇原則に違反するからである。もしも加盟国が差別措置をWTOのもとで合法化する必要がある場合は，措置をGATT一般例外条項の条件に合致させるか，WTOの義務免除（設立協定9.3条）を受けなければならない。なおカルタヘナ議定書とWTOの関係（上述）はここに繰り返さない。

2　国連の地球環境保護政策

国連は地球全体を視野にいれて，グローバルな環境保護措置を国家にとるよう多様な方策をつくしてきた。問題は環境保護が地球的規模の死活問題であり，究極的には環境悪化が人類を存亡の危機に陥れていることにある。地球・森林・生物種の破壊は，つまるところ人類の免疫力を弱めわが身を滅ぼすという認識が根底にあるのである。環境破壊が人の自滅行為とならないように，環境保護のための貿易制限も不可避となるであろう。国連の環境保護政策とWTOルールを再点検する時代にはいっていることは否定できない。

（1）リオ宣言

1972年の国連人間環境会議（ストックホルム会議）ののち，国連は1992年6月，リオ・デ・ジャネイロで，地球環境保護にはじめてとりくんだ。それは地球温暖化，オゾン層破壊，森林伐採，砂漠化，生物多様性の保全をカバーするため「持続可能な開発」（sustainable development）を基本理念とした。リオ宣言は法的拘束力をもたないが，その具体的な行動計画はアジェンダ21のなかに盛り込まれた。アジェンダ21の背景には，地球環境保全は先進国と途上国の共通課題とする先進

国の主張とそもそも環境破壊は先進国によって引き起こされたから環境保全よりも開発を優先すべきとする途上国の反論があった。そこでアジェンダは環境保全と開発推進を両立させつつ、地球環境保全の責任を先進国と途上国に分掌させ、途上国優遇原則も維持する方針を立てた。こうした基礎のうえにつぎの措置がとられた。

(2) 気候変動枠組条約

地球温暖化防止のため温室効果ガス（二酸化炭素、メタン、フロン、亜鉛化窒素）の排出を規制するため気候変動枠組条約（United Nations Framework Convention on Climate Change）が1992年5月採択され、1994年に発効した。枠組条約はハード・ローというよりも、目的達成のため指南原則を定めた。これら原則は、世代間衡平、人類共通関心事項、国別責任、持続可能開発権、予防原則をふくむ。ただし付属書Iの先進国グループのみは、ガス排出規制に関する資料・目的達成計画を作成し提出する約束を負った。

この枠組条約のもとで締結されたのが京都議定書である。

3 京都議定書の国際的ガス排出量取引制度と主要国の実施措置

(1) 京都議定書の国際的ガス排出量取引制度

枠組条約のもとで1997年12月、温室効果ガスの排出を抑制するため京都議定書（Kyoto Protocol to the United Nations Framework Convention on Climate Change）が締結され、2005年2月発効した。先進工業国（議定書付属書Iの37ヵ国）は2008年から2012年までのあいだに温室効果ガスの排出量を目標数値までに削減する義務を課された。削減量は1990年（または例外的に1995年）当時の排出量の5.2％であり、日米EUの場合それぞれ6％、7％、8％とされた。他方、開発途上国は削減義務を負わない。温室効果ガス（Greenhouse Gas）は二酸化炭素、メタン、亜酸化窒素等6種類をいう。排出量削減のための手段として、植林によるクリーン開発や吸収源活動のほか、削減量取引と共同実施制度が創設された。

排出量取引（Emissions Trading）は、排出限度枠（cap）の未使用分の売買をいう。政府または産業団体が企業に排出限度を課すと、企業は、排出許可証を交付され、相応する炭素クレジット（emission credits）を獲得する。限度を超えて排出した企業は限度を超えずに排出した企業から余剰のクレジットを買い取ることができる。この売買はEU域内にみるように限度枠の超過国と未消化国の間でも行われる。

共同実施（Joint Implementation）は、投資国と受入先進国により進められる。投資国が受入国で排出量を削減すると、その削減量（Emission Reduction Unit）が取引される。

(2) 主要国の国内排出量取引制度

A EUの措置と炭素遺漏

EUは域内・排出量取引制度の導入にあたり新しい問題に直面した。それは、産業用排出量に限度枠（caps of industrial greenhouse gases emissions）を設ける国と設けない国が存在するいじょう、限度設定国の企業が限度を設けない国へ投資を移転すると、炭素遺漏（Carbon leakage）が起きることであった。そこでEUの委員会は炭素遺漏の危険性にさらされている産業分野リストを公表したが、問題は解決していない。また排出権取引が金融サービスとみなされれば、GATSとの整合するかどうか。こうした難問がある。

B 米国の措置

米国7州はすでに排出量限度枠・未使用排出量競売制度（carbon cap-and-trade plan）を導入していた。これが功を奏したため、他の有害ガスの削減に対しても同様の措置をとることを検討している。

(3) 炭素税の導入

A 炭素税の導入裁量

地球環境保護のための経済的手段は、国際的または国内的な排出量規制につきない。それは、国別の炭素税（carbon tax）もふくむ。前者は排出量取引をつうじて温室効果ガスの量的削減を間接的に目指すが、現実にはガスの排出量は年を追って増えている。これに対し、後者はガス消費者への課税をつうじて炭素排出を直接的に抑制するねらいをもつ。しかしながら、炭素税の導入は各国の裁量にゆだねられており、その導入を促す国際ルールも存在しない。

現在一部の国が自主的に課している炭素税は、化石燃料の炭素含有量を基準に燃料使用者に課される新しいタイプの内国間接税である。課税は、化石燃料使用者に炭素排出の削減インセンティヴを与える。課税により化石燃料の使用者は利益を減らすからである。燃料需要者は化石燃料に換えて、環境負荷のちいさい代替燃料を使うよう強いられる。そして政府は、炭素税の税収を環境対策にあてることができる。この仕組みが地球温暖化の元凶となる二酸化炭素（CO_2）の排出量を抑制することになる。課税対象の化石燃料は石炭・石油・天然ガスとこれらに由来するガソリン・軽油・灯油・重油におよぶ。

EUの委員会は2011年4月の提案により、2013年から炭素税を導入するよう義務づけるプランをしめした。しかし、提案に先だって、フランスは炭素税を違憲と判断した。

B フランス炭素税事件

フランスの炭素税導入案は違憲訴訟に発展した。フランス憲法評議会（Conseil constitutionnel）は2009年12月29日の決定により、2010年1月から導入予定の炭素税（17ユーロ／トン）を無効とした。その理由は、平たくいえば、税が排出源の産業には課されず、主に家計を叩く点で、憲法等の平等原則・環境保全原則に反することにあった。評議会によれば、ガス排出量の過半が課税を免れる。まず火力発電所、国内1,018施設（精油所、セメント工場、コークス製造所、航空輸送、遠距離輸送）が完全に非課税とされている。これは、排

表 13-1　炭素税の導入経緯

国際交渉・協定	国内法
気候変動枠組条約国際交渉（1990）	北欧 3 カ国の炭素税導入
気候変動枠組条約（1992 採択，1994.3 発効）地球サミット（リオデジャネイロ，1992.6）	EC 3 カ国（丁蘭英）の炭素税導入
京都議定書（1997 採択，2005.2 発効）	独伊英 3 カ国の炭素税導入・改正
	EC 炭素税最低税率導入指令（2003.10 公布，2004.1 発効）蘭国内法改組強化（2004）
	EC 域内排出量取引制度（ETS）の開始（2005）
	独国内法改組強化（2006），仏炭素税導入（2007）
	スイス炭素税導入（2008）
	日本・地球温暖化対策導入・基本決定（2010.12.16 政府閣議決定「平成 23 年度税制改正大綱」
	EC 委員会提案（2011.4）の炭素税導入義務化プラン

出ガスの93％が，免税されることを意味する。したがって課税の標的はエンジン用燃料等にかぎられる。政府はこの決定をうけて改正法案を2010年初頭に提出した。

C　日本の政策

日本政府は，2010年12月の閣議決定（2011年度税制改正税制大綱）により，地球温暖化対策税（環境税）の導入にふみきった。これは，既存の石油石炭税をひきあげ，増税部分を炭素税とする形をとる。増税は2011年10月から3年半にわたり段階的に行われる。課税対象は，原油・石油製品，ガス状炭化水素，石炭である。課税収入は一般会計からエネルギー対策特別会計に繰り入れられる。使途は，新エネルギー・省エネルギー対策，石油開発・備蓄等にあてられ，これにより炭素排出量を徐々に減らすのである。

D　炭素税導入反対国

米国や中国は炭素税の導入にいぜんとして消極的である。米国北部諸州は既述のよう，排出権取引制度を実施しているが，炭素税の導入にはいたっていない。

(4) その他の新世代環境保全措置

A　電力自由化をつうじた環境保全制度

排出取引制度，炭素税制度のほかに，新しいタイプの国内制度が樹立された。それは，主要国の電力自由化をつうじた環境保全制度である。電力は従来国家により自然独占されてきた。これは多様な電力がその由来（原子力発電，天然ガス発電等）を問わずに国家の手に牛耳られてきたことをいみする。端的にいえば，とくに環境保全電力（風車・太陽光電力）の売買も国家に一任されてきたことになる。しかしこうした電力売買の国家独占はさいきん急速に自由化されてきた。EUを皮切りとする，米国，韓国，日本等での電力の自由化である。

日本を例にとると，電力のうちとくに環境保全電力設備（太陽光発電パネル等）をもつ家庭に，自宅設備により生産された電力を売買する権利を認めた。これにより家庭レベルにも環境改善のインセンティヴが与えられた。

EUはすでに電力指令（1997年）と改正指令（2003年）により，加盟国に電力自由化と環境保全をそくしんするよう求めた。加盟国の対応措置は，国ごとに積極派（英国，北欧，ドイツ）と消極派（フランス）に分かれている。しかし，国家措置が電力自由化をつうじた環境保全にじっさいに寄与したかどうか，評価はさまざまである。

B　石油代替燃料と燃料自動車への内国税減免と貿易救済措置

(i) 石油代替燃料や燃料自動車への内国税減免

主要国がさいきん導入したバイオ燃料・自動車への間接税減免は，日本等で導入された。バイオ燃料対応自動車への日本の減免措置があげられる。しかしこれが国際摩擦を招いた。米国は，日本による減免対象自動車の基準規格が日本固有のもので，日本規格に適合しない米国自動車は日本市場で税の減免を受けることができないと主張している。

(ii) 石油代替燃料と燃料自動車へのダンピング防止税・相殺関税

既述のように，EUでは，域内菜種油由来のバイオ燃料は米国産大豆由来のバイオ燃料と混合して域内販売されていた。EUの政策が，環境保全燃料の低価格販売をねらった環境浄化にあることはいうまでもない。そころが，EUは2009年3月，米国産品に2種類の貿易救済措置（暫定ダンピング防止税と暫定相殺関税）を束ねて賦課した。これがWTOと整合するかどうか，決着がついていない。

4　国連生物多様性条約と遺伝子資源

A　生物多様性条約

遺伝子資源の規制は1992年の生物多様性条約にゆだねられた。これにより遺伝子資源を保有する途上国等のの主権，資源利用利益の共有，バイオテクノロジーの安全性の確保が定められた。米国は，遺伝子資源の開発に関する知的所有権を強調し，条約に反対し国連環境開発会議での調印を拒んだ。他方，規制対象の生物種・生息地リスト案は，途上国の反対を受け削除さ

れた。

B 名古屋議定書と遺伝資源

生物多様性条約の主要10カ国は，名古屋会議で，遺伝資源由来の医薬品等の利益配分に関する議定書を作成したが，遺伝資源の病原体の扱いをめぐり，南北間の対立はとけていない。とくにインドネシアは，鳥インフルエンザの感染症の拡大を機に，変異ウイルスをもつ検体を，ワクチンを開発する先進国に提供することを拒んだ。途上国は，遺伝資源を先進国に供給すると，先進国は新しい特許ワクチンを高い価格で途上国に売りつけることになる。したがって，遺伝資源がもたらす利益を配分するルールができないかぎり，途上国は利益に与れないのである。このジレンマが南北対立の根底にある

C 森林伐採の規制

森林は，生物多様性の宝庫であり，遺伝資源を蓄え，地球温暖化を防ぐほか，自然災害を抑制する貯水力をもつ地球的規模の環境である。このため森林の伐採を規制し，その減少を食い止めるために，国連地球サミットは森林原則声明を採択した。

5 生物多様性条約と特定外来生物法

(1) 生物多様性条約と日本の特定外来生物法

A 特定外来生物法

日本の特定外来生物法日本は生物多様性条約に基づき，日本固有の生態系を維持し，在来種の消滅を防ぐため，2004年6月，特定外来生物法を施行した（「特定外来生物による生態系等に係る被害の防止に関する法律」）。この法律は，海外の特定外来生物（Invasive Alien Species. IAS）の輸入による国内損害を防止するねらいをもつ。こうした損害には，生態系の破壊と固有種の減少，人動植物への脅威，農林水産品の損失がふくまれる。適用対象は，人為的な特定外来生物の輸入にしぼられる。したがって，自然現象（海流，飛来）による外来生物の侵入は法律の適用対象外である。

B 特定外来生物の輸入禁止原則

環境省は法律に基づき環境破壊の実績をもつかもつおそれのある海外生物を特定外来生物として指定することができる。特定外来生物は生きているものにかぎられる。しかし，個体のほか卵・種子・器官をカバーする。これら特定外来生物の輸入は原則禁止である。ただし，学術研究等の目的に使用される場合にかぎり，所定手続ののち輸入が例外的に当局により許可される。これら特定外来生物は，動物界と植物界に2分され，前者には哺乳類（アライグマ・マングース等）・鳥類（ガビチョウ等）・爬虫類（カミツキガメ等）魚類（バス等）・両生類（オオヒキガエル等）・クモ類（ハイイロゴケグモ）・甲殻類（ザリガニ等）・昆虫（テナガコガネ等）・軟体動物（イガイ等）がはいる。他方，植物界では，12種（菊科4種，その他8種）が特定外来種に指定された。これら12種は4つのカテゴリーに分けられる（表13-1参照）。

① 幕末または明治初期から輸入され野生化した外来種，すなわち観賞用のオオキンケイギク（Coreopsis lanceolata），オオハンゴンソウ（Rudbeckia laciniata），ボタンウキクサ（Pistia stratiotes, Water lettuce）
② 合鴨・水稲栽培農法のため輸入されたが在来種の駆逐や遺伝子撹乱のおそれを指摘されたアカウキクサ（Azolla cristata）
③ 他の植物（大豆等）に混入して不慮に輸入されたのち，日本で野生化したミズヒマワリ（Gymnocoronis spilanthoides），ナルトサワギク（Senecio madagascariensis），アレチウリ（Sicyos angulatus）
④ 日本への侵入・野生化の経緯が不明のオオカワヂシャ（Veronica anagallis-aquatica），ナガエツルノゲイトウ（Alternanthera philoxerioides），ブラジルチドメグサ（Hydrocotyle ranunculoides）

注目されるのは，特定外来種が日本の開国・産業発展・貿易拡大・富裕化と軌を一にして国内を席捲した事実である。

C 未判定外来生物の審査

環境破壊の有無が判然としない生物もある。環境破壊の疑いがあるか，または実態不明の外来生物である。これらは，未判定外来生物（Uncategorized Alien Species. UAS）と呼ばれ，2段階の手続をへて輸入の許可が決定される。まず輸入者は，未判定外来生物の輸入にあたり事前に主務大臣に対して届け出を行う。これを受けて，主務大臣は審査を行う。審査ののち，環境破壊のおそれがないと判定される場合にかぎり輸入が許可される。植物分野で未判定外来種にあげられたのは，チドメグサ（Hydrocotyle）のなかの2種（Hydrocotyle bonariensis, Hydrocotyle umbellata）にとどまる。

(2) 種類名証明書の提出制度

A 種類名証明制度の目的と対象

輸入生物のチェックにあたって困難をきわめるのは，輸入品が特定外来生物か未判定外来生物か安全生物かを判別する作業である。法律は，こうした判別を確実・容易にするため，輸入者に輸入生物の種類名証明書を植物検疫所と税関に対して提出する義務を課した。

種類名証明は，特定外来生物と同属のすべての生物種に適用される。通常同属の生物種は，特定外来生物のほか数多くの近似種をふくむ。輸入者はそれゆえつぎの3つの場合に同属生物種の種類名証明書を提出しなければならない。

① 特定外来生物を例外的理由（学術研究目的等）に基づき当局の許可をえて輸入する場合
② 未判定外来生物を当局の審査・許可ののち輸入する場合
③ その他すべての同属種を輸入する場合

これは輸入者に重い負担をしいる。輸入者は，動物であれ植物であれ，分類上，特定外来生物と同じ属にはいるすべての同属種の輸入にあたって，種類名の第三者証明を求めるコストを支払うからである。しかし，危険な特定外来生物や未判定生物を違法行為（虚偽申告，偽造証明等）をとおして迂回輸入する試みを遮断す

るためには，コストの輸入者負担ルールは不可欠といえよう。

B 種類名の学名表記

生物の種類名はラテン語の学名により表記される。学名は属名に種小辞（epithet）を組み合わせた2名法（binominals）にしたがう。組合せ方法は，国際植物命名規約（International code of botanical nomenclature）と国際動物命名規約（International code of zoological nomenclature）の統一ルールに準拠する。植物を例にとると，たとえば菊科のオオハンゴンソウ（Rudbeckia）は，種小辞の違いにより，アラゲハンゴンソウ（Rudbeckia hirta），ミツバオオハンゴンソウ（Rudbeckia triloba），オオハンゴンソウ（Rudbeckia laciniata），トウゴウギク（Rudbeckia fulgida）等にわかれる。これら同属植物のうち，日本が特定外来生物に指定しているのは，オオハンゴンソウ（Rudbeckia laciniata）のみである。したがって，オオハンゴンソウの輸入は原則禁止されるが，その同属近似種は輸入が許される。それゆえ同属のトウゴウギクの個体や種子を輸入することは自由である。ただし同属近似種の種類名証明書が輸入種に添付されなければならない。この証明書は外国政府機関等が発行したものに限定される。輸入者・輸出者の自己証明は通用しない。観賞用のハルシャギク属（Coreopsis）や稲作用のアカウキクサ（Azollaceae）を輸入するときも同様である。

C 未判定外来生物の種類名証明と審査

未判定外来生物に指定された生物種の輸入にあたっては，種類名証明書の提出にくわえて，上述のように輸入の可否に関する審査が要求されている。それは植物分野ではチドメグサ属（Hydrocotyle）の場合である。この属については，輸入が原則禁止されている特定外来種1種（Hydrocotyle ranunculoides）のほか，2種の未判定種（Hydrocotyle bonariensis, Hydrocotyle umbellata）が指定された。未判定種の輸入は，むろん輸出国の学名証明と輸入国の審査の双方を要求される。その他同属近似種（たとえばHydrocotyle vulgaris）の輸入が学名証明のみを求められることはくりかえすまでもない。

D 罰則

特定外来生物法の違反に対しては，きびしい罰則が定められている。個人の違反については懲役3年以下または300万円以下の罰金が課される。法人の違反に対しては1億円以下の罰金が徴収される。

(3) 世界の外来生物規制

外国も日本と同様の規制を行ってきた。しかし規制

表13-2 特定外来生物と未判定外来生物のリスト（植物にかぎる）

科	属	特定外来生物	未判定外来生物	種類名証明書の添付が必要な生物
キク Compositae	Coreopsis（ハルシャギク）	Coreopsis lanceolata（オオキンケイギク）	なし	ハルシャギク属の全種
	Gymnocoronis（ミズヒマワリ）	ミズヒマワリ（G. spilanthoides）	なし	ミズヒマワリ属の全種
	ルドベキア Rudbeckia	オオハンゴンソウ（Rudbeckia laciniata）	なし	オオハンゴンソウ属の全種
	Senecio（キオン（サワギク））	ナルトサワギク（Senecio madagascariensis）	なし	キオン属の全種
ゴマノハグサ Scrophulariaceae	Veronica（クワガタソウ）	オオカワヂシャ（Veronica anagallis-aquatica）	なし	クワガタソウ属の全種
ヒユ Amaranthaceae	Alternanthera（ツルノゲイトウ）	ナガエツルノゲイトウ	なし	ツルノゲイトウ属の全種
セリ Apiaceae	チドメグサ Hydrocotyle	ブラジルチドメグサ（H. ranunculoides）	H. bonariensis H. umbellata	チドメグサ属の全種
ウリ Cucurbitaceae	アレチウリ Sicyos	アレチウリ	なし	アレチウリ属の全種
アリノトウグサ Haloragaceae	Myriophyllum（フサモ）	オオフサモ（M. aquaticum）	なし	フサモ属の全種
イネ Poaceae	スパルティナ Spartina	スパルティナ・アングリカ（S. anglica）	なし	スパルティナ属の全種
サトイモ Araceae	Pistia（ボタンウキクサ）	ボタンウキクサ（Pistia stratiotes）	なし	ボタンウキクサ
アカウキクサ Azollaceae	Azolla（アカウキクサ）	アゾラ・クリスタータ（A. cristata）	なし	アカウキクサ属の全種

の対象となる外来生物は国により異なる。生態系は国と地域におうじて相違するからである。したがってある国の在来種は，その国の生態系を支える有用種であっても，他の国に輸出されると，輸出先国の生態系を乱す侵略種に変貌するケースがすくなくない。たとえば，日本では有用植物とされているカズラ，クスノキ，ビワ，スイカズラ，ケンポナシ，イタドリ等は，外国では侵略種リストに掲げられている。葛（Pueraria）はいうまでもなく，日本で古来より食用・薬用・繊維・工芸等に利用されてきた。米国や南米は，葛の強靱性に着目して，鉄道線路等の砂留として日本産葛を輸入した。しかし葛は輸出先国で野生化し競合在来種を駆逐した。それゆえ生物多様性条約の締約国会議は葛を有害陸地植物の代表例とみなしてきた。ちなみに米国での葛の侵略に対比されるのは，斜面緑化用に輸入された北米産イタチハギ（別名黒花槐 Amorpha fructiosa, false indigo）の日本での蔓延である。しかしイタチハギの規制は日本その他では行われていない。

有害水生植物にいたっては，南米産のホテイアオイ（Eichhornia crassipes）・オオフサモ（Myriophyllum aquaticum）・ミズヒマワリ（Gymnocoronis spilanthoides）・ブラジルチドメグサ（Hydrocotyle ranunculoides），アフリカ原産のボタンウキクサ（Pistia stratiotes）等が侵略種リストにあがっている。これら浮遊水草は繁殖力が旺盛で，河川や湖沼を短期間で覆いつくす。そして，他の水生生物を絶滅させ，漁業に被害をあたえている。

(4) 侵略可能性の判定と WTO
　A　侵略性の判定と予防措置
問題は，かなり深刻である。

輸入外来種が在来種を駆逐し固有の生態系を損なうかどうかの判定方法がないからである。この判定は，長期にわたる広範囲の調査をベースとするため，困難をきわめるのである。また政府の最終判定に疑義が提起される場合もある。たとえば特定外来生物に指定された大金鶏菊に関し，専門家の一部は異議を唱えている。海外動植物の侵略可能性を判定する作業はたやすくない。またこの判定を誤ると，貿易が縮小するおそれがある。逆に回復不能の事態（在来種の消滅等）を招きかねない。そこで生物多様性条約の締約国会議は環境保護の観点から予防措置の重要性をくりかえし指摘してきた。

　B　WTO 紛争解決手続と科学進歩
WTO は特定外来生物の輸入規制問題をまだ深く掘り下げていない。それゆえ，WTO 加盟国が生物多様性条約に基づいて特定外来生物の輸入を禁止する場合，措置が予防的なものであれ事後的なものであれ，WTO の紛争解決手続に付託されるケースがでてくるであろう。とくに輸入者が外来生物を観賞用または産業用の目的で人為的に輸入する場合，特定外来生物の輸入規制は WTO のフォーラムでも扱われる。その場合，生物多様性条約に起源をおく特定外来生物の輸入禁止措置や予防措置が，WTO に整合するかどうかが争点のひとつとなる。輸入国が特定外来生物規制法に基づいて，国内の同種生物または競合生物を保護するため，外来生物の輸入を制限するときは，まず外来生物が国内生物と同種であるかまたは競合するか，外来生物はその危険性のゆえに同種産品とはみなされないかどうかの問題が浮上する。外来生物と国内生物の間に同種性・競合性が認められるときは，GATT 内国民待遇原則（3条）の違反にあたるかどうかが問われるであろう。かりに違反がみとめられても輸入禁止措置が GATT 一般例外条項（20条）によって救われるかどうかも争点となる。また同時に措置が SPS 協定の要請（科学的根拠，危険性評価，比例原則，予防措置の要件等）に合致するかどうかという難問がたちはだかっている。

問題の難しさを侮ってはならない。南米原産のシチヘンゲ（Lantana camara）をとりあげよう。この花卉は日本のほか世界各地で観賞用に栽培されてきた。木の花は直径数ミリにみたない。丈も低い。どこにも凶暴性はみえない。しかしじっさいにはアフリカや熱帯アジアの生態系を破壊している。観賞花卉でさえ環境が異なれば侵略者に変わるのである。同じことは他の花卉（アフリカ原産オステロスパーム Osteospermum ecklonis, Blue-and-white Daisybush等）についても，また外来のペット・昆虫・魚類についてもいえる。

しかし科学はまた別の観点から問題の解決策を提供しつつある。特定外来生物に指定された植物のなかには，産業利用が可能な植物が数多くふくまれている。たとえば，米国フロリダ州が環境破壊生物に指定した熱帯原産のトウアズキ（Abrus precatorius, Rosary pea）は東南アジアでは漢方薬として使用されてきた。またさいきんの研究はトウアズキが抗エイズ性をもつことを明らかにした。同じように日本で特定外来生物とされているナガエツルノケイトウは同属のヒユ科植物（Amarantaceae）をふくめて抗ウィルス効果を立証された。ボタンウキクサも薬効性と産業利用性について研究がすすめられている。このようにみてくるならば日本産の葛も侵略地で産業資源（バイオマス，医薬，繊維等）に利用される余地もある。葛の産業利用技術が外国で伝承されれば，葛は外国にとっても有用な資源となる。外来生物規制は，このように，環境・貿易・科学・産業の諸分野から多角的に検討されるべき課題となっている。

日本にはほぼ5200種の植物が存在する。

在来種は4000（80％）を数えるが，日本の固有種（シラネアオイ [Glaucidium]，トガクシショウマ [Ranzania]，フキ [Petasites]，ワサビ [Eutrema]，ウド [Aralia]，コウヤマキ [Sciadopitys]，ブナ [Fagus crenata]，ニホンブナ [Fagus japonica]，ハナノキ [Acer pycnanthum]，ツガ [Tsuga sieboldi]，ナギ [Podocarpus nagi]）はすくない。

帰化植物（naturalized plants）は 800-1200 種とみつもられている。まず有史前の帰化植物がある。米，里芋，（ナズナ [Capsella bursa-pastoris]，ヤエムグラ [Galium aparine])、ヒマラヤ原産桜がその例である。有史後は大和政権時代の帰化植物、安土桃山・南蛮貿易により出島経由でもたらされた南米・北米・欧州産植物、明治維新後の帰化植物にわけられる。

外来生物の歴史をたどると、問題の複雑さがよくみえる。

第3章
貿易と金融通貨

金融通貨は貿易とならび世界経済を構成する巨大な柱である。戦後の国際金融通貨体制は1944年7月のブレトン・ウッズ（Bretton Woods）会議で、創設され、このためにIMF（国際通貨基金）と世界銀行（World Bank, International Bank for Reconstruction andDevelopment, IBRD, 国際復興開発銀行）が活動している。ブレトン・ウッズ体制の創設と変容のプロセスをふりかえり、金融通貨と貿易の関係をみてみよう。

第1節　ブレトン・ウッズ体制の樹立

ブレトン・ウッズ体制の一翼を担うIMFは、通貨に関する国際協力と為替の安定と自由化をつうじて雇用の維持と所得の増加をはかることをねらいとしている。他方、世界銀行は、戦争で打撃を受けた先進国経済の復興援助と開発途上国の開発援助に力点をおいた。こうしたIMF/世銀体制は、第2次世界大戦が戦前の通貨金融システムに起因していたことに対する反省の念からうまれた。戦前の主要工業国は世界恐慌ののち国際収支の悪化と失業増大に対処するため、自国通貨の為替相場を競争的に切り下げて、輸出を増加させ輸入を制限した。為替切下げによるダンピング輸出と輸入制限は、近隣窮乏化をもたらし、これが経済摩擦をうみ、軍事衝突をひきおこした。その教訓を生かしてIMF世銀体制が創設され、前世紀後半に変貌をとげた。

1　IMF

IMFは国際連合の専門機関（本部ワシントン）として1945年12月に設立され、1947年3月に業務を開始した。加盟国数は2008年現在で185にたっする。出資割当総額は、IMF協定により5年ごとにみなおされるが、それは約1453億SDR（1996年末）とされている。

IMFの組織は、総務会、理事会、専務理事である。総務会は、加盟国の財務大臣または中央銀行総裁によって構成される。理事会はワシントンの常設機関であり、加盟国代表からなる。また暫定委員会が、1974年総会決議によって創設され、重要事項を扱っている。さらに10カ国蔵相会議の役割もみおとすことはできない。これは大口貸出しに対処するため、1962年の資金増加を決定した主要国会議であり、60年代以降の通貨金融改革に寄与した。

IMFの意思決定は、加重表決方式であり、これは国連、WTO等の1国1票主義とは異なっている。加重表決のもとでは、各国は基本票250票にくわえて、出資割当額（クォータquota）に比例した票数をもつ。日本の出資額は2002年現在で、米国につぐ2位である。主要国の票数比率は、1位の米国が17.16％、2位の日本が6.16％、3位のドイツが6.02％、4.5位のフランスと英国がそれぞれ4.97％となっている。IMFでは重要事項の議決は通常85％の同意を必要とするため、米国、EC、開発途上諸国はそれぞれ実質的な拒否権をもっていることになる。

加盟国はIMF14条国と8条国に分けられた。14条国は協定上、戦後の過渡期に国際収支の悪化を理由として例外的に為替制限の維持を認められていた国をいう。これに対し8条国は、協定どおり、為替制限を除去する義務を受諾した国をさす。日本も1964年に8条国に移行した。

IMFの最大の活動は加盟国に対する融資である。融資は、国際収支が悪化した加盟国に対して行われる。加盟国が国際収支の赤字を計上する場合、IMFは国際収支の均衡が回復するまでのあいだ、国際収支の赤字を補填するため融資を行う。この場合、借入国は自国通貨とひきかえに、交換可能通貨を購入する形で、3年から5年の融資を受けることができる。ただし、IMFは融資の条件として、借入国が一定の財政金融政策や通商政策をとるよう要求することができる。

こうした融資条件は、経済的なものから政治的なものにまでおよんでいる。この意味でIMFは、融資条件をとおして、融資申請国の内政に介入する権限をもっている。たとえば、韓国は1997年のアジア経済危機にさいして深刻な外貨準備不足に陥り、IMFに緊急資金支援を求めた。IMFは、総額570億ドルという史上最大規模の融資を行う一方、融資条件として、韓国が一定の構造政策を実施し、また対日輸入制限措置を撤廃（輸入先多角化制度の廃止）するよう要求した。同様にIMFは、2000年2月、インドネシアへの融資（2000年2月以降35カ月間で総額50億ドル）の条件として、銀行再建と民間不良債権問題の解決を要請した。

2　世界銀行

世界銀行も国連の専門機関の一つである。加盟国数はIMFと同様、2001年現在で183カ国である。

機関として、総務会と理事会がある。総務会は各加

盟国の任命総務で構成され，最高の意思決定機関にあたる。しかし，総務会は年1回の開催を原則とするため，実質の業務は理事会により行われている。理事会は本部ワシントンの常駐理事から成り，総裁が理事会議長を努める。

意思決定は，IMFと同様，加重表決により行われる。加盟国の投票権は基本票250票に出資額相応の票数をくわえた票数を基礎としている。この投票権は，2002年げんざい，1位の米国が16.41％，2位の日本が7.87％，3位のドイツが4.49％である。

日本は，1952年8月，西ドイツとともに世界銀行に加盟し，60年代まで巨大プロジェクト（電力，新幹線，鉄鋼，道路，第4黒部ダム等）の融資を受けた。

IMFの短期融資とは異なって，世界銀行は長期の融資を行う。世銀の資金源は主に日米欧と中東の資本市場からの中長期借入れである。融資の対象は，高収益率がみこまれるプロジェクトにかぎられ，プロジェクトは政府（または政府保証を受けた民間企業）が推進するものでなければならない。融資期間は15年から20年（据置期間3年から5年）の長期にわたり，融資の金利は世銀の支払借入金の金利に照らして変動する。

しかし，世界銀行の融資は，商業ベースであるため，途上国の借入意欲をそいだ。途上国にとっては，世銀の融資条件と世銀への返済条件が厳しすぎるのである。そこで1960年12月に，国際開発協会（International Development Association. IDA），いわゆる第2世界銀行が創設された。第2世銀は，政府のみへの返済期間50年（据置期間10年）の無利子融資を行う。融資の原資は，主に一部先進加盟諸国からの拠出金である。

他方，途上国の民間部門への融資のために，世銀の姉妹機関として，国際金融公社（International Finance Corporation. IFC）が1956年7月に設立された。

第2節　IMFの変容

GATTがWTOへ変容したように，IMFも当初のブレトン・ウッズ固定相場制からキングストン変動相場制へ推移した。

1　ブレトン・ウッズ固定相場体制

IMFは，為替相場の安定と為替制限の撤廃をはかるため，固定為替相場制度を採用した。為替相場を安定させるため，加盟国は金（および金との交換できる米ドル）を基準に平価を設定し，平価の上下1％以内に為替相場を維持するよう義務づけられた。これを固定相場制といい，その変更は，基礎的不均衡がある場合にのみ例外的に許可された。1ドルの法定平価は金1/36オンスであり，米国連邦準備銀行は外国の中央銀行に対してドルと金の交換を保証した。そして米国以外の国は自国通貨とドルとの交換比率を定めた。要するに米国は金ドル交換性を保証し，米国以外の国は自国通貨のドル交換比率を定めた。これら2段階の通貨交換性（convertibility）は，IMF体制の維持に不可欠であり，これにより，固定為替相場のもとで外国為替取引が行われた。

実行をみると，西欧諸国はIMF体制のもとで随時，為替相場を変更した。しかし，金ドル法定平価は1968年初頭まで維持された。

2　固定相場制度の崩壊とブレトン・ウッズ体制の終了

ブレトン・ウッズ体制下では，国際流動性の供給源はもっぱらドルであり，このため，米国の国際収支は赤字に転じ，ドルの信用は低下した。こうしたジレンマに対処するため，IMFは1967年，補完的な準備資産としてSDR（Special Drawing Rights 特別引出権）を創設した。しかし，米国は，ベトナム戦争と財政赤字により，国際収支の赤字を増幅させ，ドル危機に陥った。

1971年8月，米国のニクソン大統領はドルと金の交換性を停止し，またドル切下げと同じいみをもつ10％輸入課徴金を導入した。これがいわゆるニクソン・ショックであり，この時点で，ブレトン・ウッズ体制の基幹はもろくも崩れた。そして各国の為替相場は市場の実勢におうじて変動する全面フロート制（float）に突入した。もっとも，変動相場制は緊急避難的な措置とみなされ，1971年12月にはワシントンのスミソニアン博物館での合意（Smithonian Agreement）を基礎に固定相場制が息を吹きかえした。しかしながら，固定相場制はほんの束の間であり，西欧諸国と日本は1973年春までに変動相場制に移行した。かくしてドルと金の交換性は公式に停止され，ブレトン・ウッズ体制は終焉した。

3　キングストン体制による変動相場制の採用

変動相場制が公認されるのに時間は長くかからなかった。1975年11月，フランス・ランブイエで開催された先進国首脳会議は，変動相場制を当分のあいだ採用することで妥協に達した。そして1976年にジャマイカ・キングストンで，IMF暫定委員会は変動相場制の採用に関する協定改正案を作成した。この改正案は1978年4月に発効した。これにより，IMFは，変動相場制を公式に認知した。同時に金の役割を縮小してSDR本位制をとり，またしょうらい固定相場制に復帰する条件（85％の同意）を定めた。

IMFはキングストン体制に基づいて保有していた金を売却し，売却収益を開発途上国への援助にまわした。IMFの途上国支援は，また1979年に創設された補足融資，累積債務解消のための緊急措置，冷戦終結後の旧ソ連構成国や東欧諸国への融資，メキシコ通貨危機（1982年）後の中南米諸国への融資，アジア通貨危機後のアジア諸国支援等にみることができる。

またIMFは1985年のプラザ合意（ニューヨーク・プラザホテルでの5カ国蔵相会議の合意）によって，ドル高是正のための日米欧協調介入を定めた。これにより，円

高ドル安が誘導され，日本からの製品輸出が（ドル建て販売価格の上昇により）不利となったため，日本企業の海外進出が加速された。以後，日本企業の中国アジアでの現地生産，北米での自動車生産，日本からの輸出品の高級化（高級車輸出等）がすすんだ。

第3節　為替レートと輸出企業

通貨金融のうち，通商にもっともおおきな影響をあたえるのは，為替レートである。

1　為替相場と日本の輸出企業

日本の輸出企業が IMF の固定相場制のもとで輸出利益をえたことはすでにのべた。しかし，IMF が変動相場制を採用したあとも円安下の輸出促進はつづき，日本輸出企業は莫大な収益をあげた。

もっとも，1985年9月のプラザ合意により，ドル高が修正されると，円高が進行し，日本の輸出はドル建て価格の上昇のため不利となった。これが日本企業の海外現地生産を加速させた。なお円高のもとでは日本の輸入は円建て価格の低下により有利となった。

しかし2002年からの一時的な円安・ドル高（1ドル130円台）はふたたび日本の輸出をそくしんした。日本政府はこうした円安を黙認し，製品輸出を増加させた。輸出増による企業収益は，銀行への債務返済を可能にし，その結果，銀行の不良債権が部分的に縮小した。

とはいえ，ドル高は諸刃の剣であった。米国のドル高政策は，日本等低金利国から米国へのマネー流入を加速させた。この金余りを背景に，銀行は信用度の低い貧困層向け貸付（subprime lending, predatory lending）を行い，それを小口証券化して，信用度のある債権にみせかけ投資家へ売りつけた。サブプライム貸付の借手は，不動産価格の上昇を期待してローンを組んだが，不動産価格は上昇しなかった。そのため貸付返済の延滞が多発し，多数の不動産が差押えられ，不動産価格はますます下がった。金融機関は貸し倒れにあい，株価は下落し，ドル安となった。これが2007年の金融危機，2008年10月からの世界不況をもたらした。これに対処するため，米国連邦準備制度理事会（FRB）は銀行向け短期金利を2004年から引き上げたが，銀行の長期金利は金余りのため上がらずドル安は是正されなかった。ちなみに FRB 理事長グリーンスパンはこの予期せざる事態を謎（conundrum）と呼び，米国金融政策が失敗に帰したことを認めた。

米国の政策失敗と世界不況は日本を直撃した。2008年には1ドル86円の円高・ドル安となり日本の輸出企業は大損失をうけた。とくに自動車会社は日本国内の部品調達比率が高く，完成車輸出におおはばに依存しているため，円高は，完成車の輸出利益を減少させ，また内外での完成車の需要減にともない完成車生産を急減させた。トヨタが歴史上初の赤字を計上した背景には，輸出依存・部品国内調達・完成車需要と生産の減少にくわえて円高・ドル安があった。同様に，テレビ用液晶パネル企業も，国内生産体制と円高下の輸出損失を味わった。日本企業のなかで液晶パネルの海外生産を行っている大手は，韓国でサムスン電子と共同生産しているソニーにかぎられている。このためシャープは上海広電との提携（対中売却か日中合弁企業の設立）により，旧世代パネルの生産を中国に委託するかたわら新世代パネルの国内生産を維持する方向を模索しつつある。

為替変動による損失を回避する対策は，輸出企業ごとに異なる。生産拠点・部品調達先・提携先を多様化する方法もあれば，主要輸出先との自由貿易協定の締結や協定相手国への進出の加速策もある。またこれらと適切な決済通貨の選択，WTO・IMF の協力促進，WTO のもとでの保護主義抑圧も要請される。

2　為替相場と欧米のダンピング提訴

為替レートの上下は，日本からの欧米向け輸出品の現地販売価格を上下させる。為替レートの変動で，欧米現地価格が下がり，欧米当局によりダンピングを認定された例はかなりの数に達する。

一例として，シマノの自転車ハブギアに対する EU のダンピング課税例があげられよう。シマノは自動車ハブギアの世界の大手であり，EU 向けに製品を円建てで輸出していた。ところが，2000年春からユーロが130円から90円まで低下したため，円建て換算の現地販売価格は低下した。これによりシマノ製品の現地販売価格は，EU 生産者（米国会社のドイツ100%子会社）の販売価格よりも低くなり，price undercutting を発生させた。これが対日ダンピング提訴をひきおこしたとされる。

為替相場の変動はまた関税評価や移転価格税制との関連で重要性をもっている。

3　人民元の操作

中国人民元のドル為替レートは米国を脅威に陥れている。人民元の為替レートは中国製品の対米輸出価格を低め，中国産品の米国市場への流入を増大させたからである。

そこで米国は2003年6月，人民元の切上げを要求した。切上げは，通貨の価値を上昇させることを意味する。米国によれば，人民元の対ドル相場を固定させるため人民銀行の為替介入が必要であるとされた。

米国は元の為替レートは中国産品の対外輸出価格を低くし，貿易摩擦をひきおこすことを強調した。中国の国際収支をみると，当時，経常収支も資本収支も黒字が維持されていた。本来ならば，大量のドル建て資金の流入は人民元の切上げにつながる。しかし，外為集中政策を採っている中国では，人民銀行（中央銀行）は毎日のようにドル買い・元売りの為替介入を受けて

いる。その結果，人民元の対米ドル相場は8.28元のレベルに維持されている。同時に，中央銀行が管理する外貨準備は急増し，2003年末現在で，4032億ドルに達しているとされた。

当時，もし人民元為替相場が米国の要求におうじて切上げされたならば，中国完成品の輸出価格は上昇し，日米欧への輸入価格がはね上がり，日米欧企業にとって中国完成品の輸入はさほどの脅威をもたらさなかったはずである。しかし，その反面，人民元の切上げは，中国部材の日米欧向け輸出価格も上昇させ，そのけっか，中国部材に依存する日米欧完成品メーカーは部材調達面で不利となったことも否定できない。通貨切上げはプラスの側面とマイナスの側面をもつのである。

中国人民元の操作問題はますます米国の批判を強めている。元の対米為替レートにより中国産品の対米輸入は米国企業に損害をあたえているというのが米国の一貫した趣旨である。米国はこのため対中相殺関税措置法案を検討したり，ダンピング防止調査の過程では中国を非市場経済国と認定し差別的なダンピング価格の算定方法（代替国方式）を維持している。米国の対中通商政策の根底に，人民元の為替レート問題があることを失念してはならない。

第4節　IMFとGATT/WTO

1 IMF融資条件とGATT/WTO

IMF加盟国は，すでにのべたようにIMFの融資条件を満たすため必要な措置や調整措置をとる。しかしこれら措置は，WTO上級委員会がアルゼンチン履物事件で強調したように，GATT/WTOに整合しなければならない。前述の「WTOとIMFの関係に関する宣言」は，WTO商品貿易協定，とくにGATTに別段の定めがないならば，GATTはIMF関連ルールに優先すると述べている。それゆえアルゼンチン・履物事件の上級委員会はこの宣言に基づき問題の財政措置（アルゼンチンの3％輸入統計税）はアルゼンチン・IMF了解メモランダムで許されているが，GATTの輸入手数料規定（8条）に抵触するとした。国家はまた，GATTの為替制限規定（15条）にしたがい，為替措置によってGATTの趣旨を損なったり，貿易措置によってIMFの趣旨を損なうことを禁止されている。さらに国家は，IMFのもとで，不公正な貿易利益をえるために通貨操作を行うことを禁じられている。

2 WTOとIMFの衝突と協力

(1) 衝　突

IMF金融政策とWTO通商政策はつねに衝突の芽をはらんでいる。2009年1月，IMFは世界金融機関の損失が2兆2000億ドル（ほぼ200兆円）に達すると予想した。この損失を回避するためには，世界規模で各国政府が金融機関を支援しなければならない。支援の柱は，国家が金融機関の株式を購入する公的資本の注入である。その注入額は，2009年初頭の100兆円から200兆円台に倍増させることをIMFは示唆した。金融面からみれば，経済低迷は，不良債権を存続させ，また証券化商品をはじめとする不良資産の値下がりを加速する。では公的資金の注入で万事ことが運ぶのかというとかならずしもそうではない。第1に，注入をうける金融機関が再生すれば，公的資金は国に返済されるべきだが，それは保障のかぎりではない。第2に，注入をうけても金融機関が損失を計上するときは，国民の預金額が目減りする。そのうえ注入が行われると，政府の財政支出が膨らみ，赤字国債発行額が増え，長期金利が上がる。金融機関の損失を補填するための公的支援は，財政悪化の悪循環を引き起こしかねない。しかも公的支援は，WTO補助金ルールに抵触してはならない。金融支援策のWTO整合性が問われるのである。

(2) 協　調

IMFとWTOは相互補完的に機能し，協調することが望ましい。国際金融システムが健全に働けば，国際貿易も躍動する。そして貿易の流れがスムースになれば，収支不均衡と金融危機は避けられよう。こうした観点からIMFは，WTOドーハラウンドを進展させるため，2004年4月，貿易統合メカニズム（Trade Integration Mechanism. TIM）を創設した。これは新しい融資制度ではなく，既存の融資制度の利用をより予見可能性の高いものにするための政策手段である。収支バランスが貿易自由化により影響をうけるIMF加盟国が利用しやすいようにメカニズムが運営される。

3 人民元操作とGATT・IMF

ではWTO加盟国が，上記のGATT・IMF規定にそむいて通貨操作を行うとどのような規律を受けるのか。米国下院議員は2007年1月，中国の人民元操作に対する制裁法案（Currency Harmonization Initiative through Neutralizing Action (CHINA) Act of 2007 [H. R.321]）を提出し，人民元操作に対する制裁システムを提案した。法案によると，中国がGATT・IMFルールにそむいて人民元操作を行うならば，米国財務省は制裁を課すとされる。制裁は，既存の輸入税にうわのせされる追加税のかたちをとる。追加税の額は操作割合にひとしい。制裁の根拠は米国通商法301条にある。同じように日本の円安操作を自動車対米輸出の増加要因とみなし，円安操作に対する報復措置を求める声もワシントンで高まっている。

第4章
貿易と国際課税

国境を超えた取引に適用される国際課税ルールは，主に所得課税（個人所得税，法人税等）に関する2重課税排除のためのルールと租税回避の規制ルールから成る。

第1節　二重課税の排除と租税条約

1　二重課税の発生

日米等主要国の所得税・法人税法によれば，居住者や内国法人は，本国（居住地国）では全世界の所得（つまり国内源泉所得と国外源泉所得）に対して課税される。他方，外国ではその国（源泉地国）で生じた所得（国外源泉所得）に対して課税される。このため，外国での同一の所得について居住地国と源泉地国の課税を二重に受けることになる。

2　モデル条約の二重課税排除方式

二重課税を排除するため，先進国間のOECDモデル条約（1963年，1977年，1992年，1994年改訂）や先進国と開発途上国との間の国連モデル条約（1979年）は標準的なルールを定めた。そして，これらを範にして2国間の租税条約が数おおく締結されている。

モデル条約は，二重課税排除の方式として，外国税額控除方式（Credit method）と国外所得免除方式（Exemption method）を定め，いずれの方式を採用するかは各国の裁量に委ねた。前者は，居住地国で居住者や内国法人が全世界所得に課税されるときに，外国で国外源泉所得に課された税額（外国税額）を居住地国での所得税・法人税額から控除する方式をさす（OECDモデル条約23条B）。これに対し，後者は，居住地国が内国法人・居住者の国外源泉所得に対する課税権を放棄する方法をさす（OECDモデル条約23条A）。この点，日本は，従来より国内法（所得税法95条，法人税法69条）で外国税額控除方式を採用してきたため，日本が締結した租税条約は，外国税額控除方式の適用を確認的に定めた（日米条約5条，日中条約23条）。このため，内国法人が外国支店の開設をつうじて国外で事業活動を行う場合，外国支店の所得に対する外国での法人税額は居住地国の法人税額から控除され，これによって同一所得に対する居住地国と源泉地国の課税権の競合（2重課税）は精妙に排除されるのである。ただし，控除には限度額があり，外国の税率が居住地国の実効税率より低いときは，外国税額は全額控除されるが，外国の税率が居住地国の実効税率を超えるときは，外国税額は居住地国での課税相当額しか控除されない。つまり外国の超過税率に相当する課税額は控除されない。

3　間接税額控除

こうした外国支店の所得に関する外国税額控除（直接税額控除）と並行して，外国子会社の所得についても間接的な外国税額控除（間接税額控除）が認められている。これは，内国法人が外国子会社をつうじて国外で事業活動を行い，この外国子会社から国外所得の一部を配当として受領するときに適用される。この場合，外国子会社の所得に課された外国法人税額のうち，当該配当の額に対応する税額は，内国法人が間接的に納付した外国法人税とみなされ，内国法人への法人税額から控除されるのである（法人税法69条4項）。控除の適用対象となる外国子会社は，日本の法令では内国法人が発行済み株式総数または出資金額の25％を所有する子会社（および内国法人が子会社をつうじて25％の株式を所有する孫会社）とされるが，日米租税条約等は，親子会社の持株比率を25％から10％に緩和し，間接税額控除の適用範囲を2国間ベースで拡大した（日米条約5条1項）。また外国子会社が外国孫会社から配当を受け，この外国子会社が内国親会社に配当をあたえる場合も，孫会社の所得に課された法人税額のうち，子会社への配当額に対応する税額は，子会社の納付した外国法人税額とみなされ，最終的に間接税額控除の対象とされる（租税特別措置法68条の4）。なぜならば，このような子会社のみなし外国法人税額に子会社の所得に課された外国法人税額をくわえた税額のうち，子会社から親会社への配当額に対応する税額は，内国親会社の納付した外国法人税額とみなされ，これが親会社の法人税額から控除されるからである。

4　外国減免税額控除

外国税額控除に関連していまひとつ指摘すべきは，先進国と開発途上国との間の租税条約のなかに挿入された外国減免税額控除（tax sparing credit）である。この制度のもとでは，開発途上国が投資の誘致や経済開発の促進のため外国企業に対して減免税措置を講ずるときは，先進国は，措置の実効性を確保するため，開発途上国での減免税額をあたかも外国で実際に賦課された税額とみなして外国税額控除の対象とするよう義務づけられている。日本はこの種の控除を中国，韓国，シンガポール等17カ国との租税条約（日中条約23条4等）のなかで認めた。

5　補足規定

租税条約は以上のほか，非居住者である条約相手国企業への課税関係（すなわち日米租税条約の場合は米国企業に対する日本での課税関係および日本企業に対する米国での課

税関係)を明確にするため，相手国企業が恒久的施設(支店，事務所，工場，建設作業，代理人等)を当該国内にもつ場合にのみその国内源泉所得を課税対象とすること，および事業所得・国際運輸業所得・不動産所得・利子所得・配当所得・使用料・譲渡収益等についての課税関係の詳細，ならびに無差別ルール・情報交換・相互協議等を定めている。なお，租税条約と国内法の規定が競合するときは，租税条約の規定が国内法に優先して適用され，また租税条約の規定は日本に関するかぎりは実施法令なしに国内で直接適用されている。(参考までに，租税条約の実施に関する法令として「租税条約の実施に伴う所得税法，法人税法及び地方税法の特例」に関する法律・法律施行令・省令がある)。

第2節　租税回避の規制

主要国の税法は，二重課税の排除のほか，租税回避の規制のために，さまざまなルールを導入してきた。

1　移転価格税制

第1は，移転価格税制である。これは，法人が国外の関連会社との間に産品・無体財産・サービス等の輸出入取引を行うときに，独立当事者間価格とは異なる取引価格を設定することで，国内の課税所得を国外に移転する行為に対して適用される。このような租税回避は，法人が国外関連者への輸出にさいして，独立当事者間価格よりも低い価格で輸出し，これによって輸出国国内の課税所得を圧縮する場合に，また法人が国外関連者からの輸入にさいして，独立当事者間価格よりも高い価格で輸入し，これによって輸入国の国内課税所得を減少させる場合に生ずる。租税回避が認定されると，課税当局は，法人と国外関連者との取引価格(つまり関連当事者間の移転価格)を独立当事者間価格にひきなおし，課税所得を増やして税の追徴を行うことができる。1995年7月のOECD移転価格税制ガイドラインによれば，独立当事者間価格の基本的な決定方式は，独立価格方式(関連者間取引と比較可能な非関連者間の取引価格を調整をくわえて採用する方式)，再販売価格方式(再販売価格から関連経費・利潤を控除して独立当事者間価格を算定する方式)，原価方式(製造原価に利潤を積み上げて独立当事者間価格を算定する方式)の3種類であり，米国が採用する利益方式(比較対象企業の利益を基礎に調査対象企業のみなし営業利益を算定し，当該取引価格の利益がみなし営業利益の幅にはいっていれば当該取引は独立企業間価格で行われたものとみなす方式)やその他方式はさいごの手段として適用されるにすぎないとされている。

そこで2004年，日本は租税特別措置法施行令(39条の12第8項)を改正し，上記・OECDガイドラインが定めるその他方式として，4つをつけくわえた。ひとつは取引単位営業利益方式(Transactional Net Margin Method 国外関連取引での棚卸資産の買手[再販売業者等]の売上営業利益率を算出する方式)，第2は総原価利益率方式(国外関連取引での棚卸資産の売手[製造業者，輸出業者等]の総原価売上利益率を算定する方式)，その他準用方式である。毎年100件程度の課税が行われている。

では，課税当局が移転価格税制に基づいて税を追徴すると，相手国の当局はどのような対応を強いられるのか。この場合，相手国が追徴税に対応する税を還付しないならば，同一の所得に対して2つの国の法人税が2重に課されることは避けられない。そこで，租税条約は，この種の二重課税を排除するため，課税当局が相手国当局と相互協議を行い，合意に基づいて税の還付に関する対応的調整を行う手続を定めた(日米租税条約25条)。日本企業が米国の移転価格課税を受けたのち日米相互協議に基づいて日本で法人税の還付を受けた例は，すくなくない。注目すべき移転価格税法として，我が国租税特別措置法第66条の4のほか，米国の関連法規(内国歳入法482条とその実施規則，外資系企業の報告・記録保持義務に関する内国歳入法6038⒜条の財務省規則，事前価格合意と相互協議手続の歳入手続規定，過小納税に対する罰則に関する内国歳入法6662条)やEU加盟国の個別法規およびEUの1990年仲裁協定(未発効)がある。

2　タックス・ヘイブン対策

租税回避はまた，タックス・ヘイブン(租税避難所)への子会社設立によっても行われる。内国法人や居住者が税の軽いタックス・ヘイブンに子会社等を設立して，そこに課税所得を留保すると，本国での法人税が簡単に回避されるからである。タックス・ヘイブンの定義は日米欧主要国ごとに異なるが，日本法はこれを法人の所得に対して課される税が存在しないか，または所得に対して課される税の額が所得金額の25％以下であるような国または地域と定めた(租税特別措置法施行令39条の14)。こうしたタックス・ヘイブンに内国法人等が外国関係会社(内国法人等が，単独または合同で，直接または間接に50％超の株式を保有するような外国法人)を設立する場合，外国関係会社の留保所得の一部は内国法人の所得に合算され我が国法人税を課されるのである(租税特別措置法66条の6)。法人税を課される外国関係会社の留保所得の額は，外国関係会社の発行済み株式等の5％以上を直接または間接に保有する内国法人の保有株式に対応する部分の金額である。もっとも，外国関係会社が独立企業としての実体をそなえ，またその所在地国で事業活動を行うことに関して十分な経済的合理性をもつときは，租税回避は認定されず，タックス・ヘイブン対策はとられない(租税特別措置法66条の6⑶)。

3　過少資本税制

租税回避はさらに，外国企業による資金調達スキームをつうじて行われる。通常，多国籍企業が外国に子会社を設立して進出する場合，子会社の資金調達にあたっては，親会社からの借入(他人資本)を多くし，株

主からの出資（自己資本）を少なくする方が得策とされる。というのは，各国の会計・税務上，借入金（会計上の負債）の支払利子は経費または損金として控除され課税所得を減少させるのに対し，自己資本に対する支払配当は税引き後の利益処分として扱われ所得の計算上は経費とならず，課税所得を減少させないからである。したがって，このように，子会社が資金調達にさいし，外国親会社からの借入を多くし自己資本を過少にすると，課税所得は支払利子の形で親会社のある国へ移転され，子会社のある国の租税が回避されることになる。そこで日米欧主要国の税法は，国内の外資系子会社等の資本構成に着目して，国外関連会社（親会社等）からの借入金が自己資本を異常に超過しているときは，借入金の支払利子を損金とはみなさない旨を定めた。日本法のもとでは，在日外資系子会社等が国外支配株主等に借入利子を支払う場合，国外支配株主等に対する平均負債残高が，その在日子会社等に対する国外支配株主等の資本持分の3倍を超えていれば，国外支配株主等からの借入金は自己資本を異常に超過しているものとみなされ，国外支配株主等に事業年度中に支払われる利子のうち，当該超過額に対応する部分の額は，所得金額の計算にあたり損金には算入されない措置がとられるのである。ただし，平均負債残高が事業年度の自己資本額の3倍以下であれば，ここにみた過少資本税制は適用されない（租税特別措置法66条の5，同法施行令39条の13）。

4 トリーティ・ショッピング

さいごに，トリーティ・ショッピング（Treaty Shopping）による租税回避行為もみおとすことができない。これは，2国間の租税条約の恩典（源泉徴収税率の減免，特定所得の非課税等）をえるため，条約締結国以外の第3国の居住者が，当該条約締結国でのトンネル会社設立等をつうじて租税の減免をはかる行為をいう。その規制は，最近，欧米各国の租税条約や日本・ルクセンブルク間の1992年租税条約（25条）のなかに規定されはじめており，今後の展開が注視される。

第3節 企業のプライシングと法規制

企業のプライシングは，さまざまな法的規制に服している。

ひとつは，関税評価法である。関税評価法は，輸入品への関税の賦課にあたって，「課税標準となる産品価格」を公平に評価するためのルールであり，税関当局は，これにより，輸入品の価格を審査・評価し，必要におうじて価格修正を行う。それゆえ，企業が関税額を軽減するため輸入品価格を実際よりも低く申告するときは，税関当局は，関税評価法に従って，産品価格をひきあげ関税額を増やすことができる。

第2に，ダンピング防止法による規制がある。ダンピング防止法のもとでは，企業が，国内価格よりも低い価格で商品を輸出し，輸入国の産業に損害をあたえるならば，輸入国当局は，このような低価格輸入をダンピングとみなし，これにダンピング防止税を賦課することができる。これら関税評価法とダンピング防止法——すなわち通商法——による規制は，産品の低価格輸入に着目する点で一致している。

第3に，国内税法の1つである移転価格税制による規制がある。この制度のもとでは，法人が，国外関連者からの輸入価格を高めに設定し，これによって国内の課税所得を圧縮し，国外に課税所得を移転するときは，税務当局は，法人と国外関連者との取引価格（つまり関連当事者間の移転価格）を適正水準に引き下げ，課税所得を増やし税の追徴を行うことができる。また移転価格税制は，法人の国外関連者への輸出取引にも適用され，法人が国外関連者へ通常よりも低い価格で輸出して課税所得を国外へ移転する場合，税務当局は，輸出価格を適正水準に引き上げて，課税所得を増やし税の追徴を行うことになる。要するに，移転価格税制は，高価格輸入と低価格輸出をつうじた課税所得の国外移転に対処するための税法規定にほかならない。

第4に，競争法規の規制がある。競争法規は，通商法規や移転価格税制とは異なって，すべての価格設定を「有効競争の維持と消費者保護の観点」から問題とする。それゆえ，競争法のもとでは，価格は，いっぱんに，低すぎると略奪的価格の疑いを受け，高すぎると不当価格とみなされ，また企業間のカルテル価格であれば，高低にかかわりなく，違法とされる。

もとより，企業がこれらプライシング規制をにらんで適正価格を設定することは，容易ではない。

まず，1つのプライシング規制（たとえばダンピング規制）を確実にクリアーするような価格設定は，やさしくない。

また，すべてのプライシング規制をクリアーするような価格設定は，さらにおおくの困難をともなう。なぜならば，1つの規制をクリアーするプライシングは，他の規制にふれる可能性があるからである。たとえば，ダンピング課税を回避するためのやや高価格の輸出は，状況しだいで，移転価格税制や競争法の規制にふれるおそれがある。また逆に移転価格税制や競争法の規制を回避するためのやや低価格輸出は，ダンピング規制を受けかねない。さらに，プライシング規制は，国ごとに異なるため，たとえば米国のダンピング規制に対する対応策は，ECのダンピング規制に対する対応策として準用できない。

では，企業が，一連のプライシング規制にふれないように，適正な価格を設定するには，いかなる方策が必要とされるのか。4つのプライシング規制法規，つまりWTOの関税評価法とダンピング防止法，WTO枠外の国際課税制度（とくに移転価格税制）と競争法の内容と相関関係を不断に検討する必要がある。

むすび

　WTOを創設したウルグアイ・ラウンドは，史上最大の国際会議であった。125カ国が7年半の交渉に参加し2万2000ページの国際文書が調印された。おそらくこれを凌ぐ多国間会議は今後も開催されないであろう。しかしWTOが発足して12年目の現在，WTOは多くの挑戦を受けている。たしかにWTOはIT関税引下げ，貿易紛争の解決，サービス分野の新文書（第4議定書，第5議定書，参照文書），エイズ薬問題で画期的な役割を果たした。しかしその反面，いくつかの挫折も味わった。批判の矢面にもたたされている。WTOが直面する問題と課題を整理してむすびに代えたい。

1 南北問題

　WTOの前進をはばむ最大の要因のひとつは南北対立である。WTOは協定のなかにさまざまな開発途上国優遇条項をもりこんだ。しかし開発途上国はこれに満足しなかった。事態は逆である。一部先進国の主導に対し開発途上国と後発開発途上国は異議を唱えている。また先進国の農業保護は開発途上国から一次産品の輸出機会を奪った。開発途上国は先進国に対する不信をつよめている。

　開発途上国対策にWTOは失敗したといって過言ではない。ドーハ開発ラウンドの頓挫はその端的な象徴である。先進国は農業を保護するため，重要品目の関税障壁を高く定め，同時に補助金政策を維持してきた。しかもそれを許す巧妙な仕組みがWTO農業協定のなかにはじめから書きこまれている。農業協定は，関税率の設定形式を自由にしているし，農業補助金を温存させているからである。関税率の形式は従価税・従量税・複合税・選択税・関税割当のいずれでもいい。それゆえ先進国が重要農産品について定めた従量税は，従価換算すると，高率に達するのである。また関税割当と価格支持による国内農家の保護は先進国農業政策の基幹となっている。そして高関税率によって保護された先進国の農産品は，補助金の恩恵を受けて途上国市場に雪崩れこむ。途上国が先進国の農業鎖国と補助金政策に異議を唱えるのは当然である。

　こうした南北対立は，農業分野の自由化をはばんでいるだけではない。それは新課題（競争，環境，労働，人権等）の議論もさまたげている。さらにWTO枠外の政情不安とテロの激化も南北問題に一脈を発している。

　この意味で新世紀のWTOは開発アジェンダから逃れることはできない。

2 保護貿易主義と自由貿易主義の境界

　GATT/WTOの最大の目的は保護貿易主義の抑圧と自由無差別貿易の促進にある。しかし保護貿易主義は，新世紀にはいってもWTOを翻弄しつづけてきた。そして国家が国際貿易を規制するためにとる措置は，どこまでがWTO整合的で，どこを超えるとWTO違反の保護主義となるのか，その境界がみえにくくなっている。その理由は多岐にわたる。

　1つには，科学技術の進展にともない，未知の新製品がWTO貿易体制のもとで世界市場を席巻していることにある。遺伝子組換え食品の流通，ターミネーター技術への特許付与，多国籍企業の輸出戦略は，輸入国の環境や生態系を変え，生物多様性を損なっている。そこで遺伝子組換え食品の輸入を環境や健康の保護を理由に規制することがWTO上のどのように扱われるのかが問われている。しかし，新技術の危険性を科学的に証明し，新製品の輸入制限を正当化するのは至難のわざである。狂牛病はその一例にすぎない。一部科学者の見解によれば狂牛病は牛の飼育方法からうまれた。牛に肉骨粉をあたえた共食い飼育が，採用ののち数十年して，狂牛病を発生させた。狂牛病は人間がうみだした新しい災厄である。しかし数十年前の時点でだれが肉骨粉の飼育方法が危険性をもたらすことを科学的に証明できたであろうか。とすれば遺伝子組換え食品の危険性を現代科学者のだれが科学的に立証できるのか。ストレートにいえば，新食品の輸入制限のうち，どれが科学的証拠に基づく合法的輸入規制で，どれが科学に基づかない違法な輸入規制なのか。危険性の評価はどの程度ものをいうのか。科学とはなにか。納得のいく回答はでていない。

　保護主義と自由主義の線引きは，従来の通商政策措置の分野でも困難になっている。ダンピング課税のゼロ計算ははたしてWTOのもとで絶対的に禁止されているのかどうか，決着はついていない。セーフガード関税はダンピング課税よりも望ましいとする推定も実証されていない。それどころかWTO発足後のセーフガード課税は保護主義の色彩を強めている。WTO統計によると1995年から2010年上半期末までの通商政策措置の発動数は，ダンピング分野で2433件，相殺措置分野で143件，セーフガード分野101件であった。そして措置の発動国が旧来の米国EUからインド・中国・台湾等のアジア諸国に変わりつつある。

　通常の関税が引き下げられても，貿易の自由化がすすむわけではない。関税引下げは，通常関税以外の輸入障壁を増やす場合がすくなくない。これら非関税障壁は，輸入品の通関段階から国内販売までのすべての過程にみられる。それは，通関段階での特殊関税（ダンピング防止税，相殺関税，セーフガード関税，報復関税），

原産地判定，マーキング要求，関税分類，関税評価，課徴金につきない。輸入品への差別的・保護的内国税の適用にもおよぶ。また輸入国の基準認証，検疫措置，国内規制も非関税障壁として機能する。とくに国内規制は，輸入品の輸送・配分・混合・使用・流通・販売の全段階で適用される。要するに，輸入品が輸入国の水際から国内消費者に届くまでのすべての過程に非関税障壁がある。どの国も競争力のある分野では市場を開放している。しかし競争力のない分野では，関税障壁を残存させたり，また関税障壁を漸減しても非関税障壁を維持し新設するのである。

もっとも保護主義と自由主義がどこの国にも混在している。国家は保護主義と自由主義の二面性をじょうずにつかいわけている。2つの仮面は，国際貿易という舞台のうえでつかう不可欠の小道具である。ここに国家の本質がある。

WTO発足後開始された非特恵原産地規則の統一交渉や迂回防止措置の起案交渉をみると事情がよく分かる。どちらの交渉も開始後12年をすぎながら袋小路にはいって行き詰っている。その理由は，これら交渉が，ダンピング防止措置という保護貿易主義の手段と緊密に関係しているからである。ほんらい協定によれば，非特恵の調和原産地規則は，ダンピング防止措置を含むすべての非特恵目的のために適用されるはずである。しかし，米国は非特恵調和原産地規則はダンピング防止措置とは切り離すde-coupling論を展開してきた。日本の電子機器業界も，WTOで，半導体分野での韓国・台湾の勃興をまえに米国のde-coupling論を支持する意向を表明した。日本政府はde-coupling論を公式には否定した。とはいえ，日本の一部省庁に衛生植物検疫措置についてde-coupling論を肯定する動きがあることはみのがせない。日本はWTOではde-coupling論を否定しながら，国内にde-coupling論の支持派をかかえているのである。国家はけっして一枚岩ではない。国家の政府見解と業界意見は，保護主義と自由主義の間を振り子のように揺れ動いている。保護主義と自由主義の境界がしだいにぼやけてきているのが世界経済の現状である。

3 WTOと国家主権

WTOは世界150カ国（2007年1月加盟予定のベトナムを含む）から成る国際組織である。しかしそれは超国家機関（supranational organization）ではない。またWTOルールは紛争解決手続をつうじて憲法的性格をもつが，WTO自体が「加盟国から与えられた権限を行使する国際組織」であることに変わりはない。それゆえWTOは国家主権との絶えざる緊張を強いられている。

たとえばWTO紛争解決手続の実際をみると，WTOの司法審査がいつかの限界に直面していることが分かる。それは国家主権の尊重，任意法・強制法理論，敗訴国によるWTO法遵守の遅延，大国によるWTO司法審査の批判にあらわれている。

しかしここにWTOの弱点をみいだすのは誤りである。WTOが存続するためには，国家主権への配慮が不可欠だからである。それはむしろWTOの知恵といえるかもしれない。貿易大国が摩擦のすえWTOから脱退する最悪のシナリオを回避するためには，主権尊重の原点にふみとどまる必要がある。

4 WTO法の改正

新課題の扱いとは別に，既存WTO法の見直しと改正が焦眉の急とされている。紛争解決了解の規定の改正，国家貿易（とくに輸出補助金と絡んだ輸出国家貿易）の規律，サービス貿易協定とTRIPS協定の再検討，FTA規定の見直し等がある。とくに重要なのはFTA規定であろう。WTOは無差別原則の例外としてFTAを条件づきで認めた。しかし個々のFTAがWTOの条件を満たしているかどうかの審査は行われていない。にもかかわらずFTAは激増している。FTAがWTOの無差別原則と貿易自由化原則を無意味にしないよう，早急の検討を要する。

さらに，WTO法を現実の貿易体制に即応させるようなルール改正も欠かすことができない。現在の世界貿易は，異なる産業（農業と工業等）の間のいわゆる産業間貿易（inter-industry trade）から，同一または同種の産業（自動車産業等）のなかの産業内貿易（intra-industry trade）へ移行している。日系自動車会社と欧米自動車会社の間の部品の相互供給，日系電子企業と中国電子企業の間でのハイテク部品の供給やOEM供給，米国ボーイング社とECエアバス社との間の貿易があげられよう。とくに日本と東アジアの貿易に着目すると，日本の資本集約型ハイテク産品と東アジア諸国の労働集約型ローテク産品の間に垂直的な産業内貿易がみられる。また自動車メーカーの多国籍企業は，NAFTA3カ国に立地する関連会社の間で企業内貿易（intra-firm trade）を促進している。さらに半導体産業では前工程企業と外国の後工程企業の間で工程間貿易（inter-processing trade）が行われている。

他方，国際分業の発達もめざましい。液晶ディスプレー（Liquid Crystal Display）の分野では，偏光膜メーカー，フィルムメーカー，電子基盤，ガラス等の製造はアジア系寡占企業によって分業され，最終組立者はこれら素材をくみたてるだけである。それはテレビであれ，コンピュータであれ異ならない。FTA域内の生産も，ASEAN，汎欧州，NAFTAにみるように域内での産業内貿易と国際分業を，原産地規則（累積制度）をつうじて推しすすめてきた。しかし，こうした産業内貿易と国際分業から発生する摩擦の回避策やそのためのWTO法の見直しはまだ充分に検討されていない。世界の大企業をみると，ある産品については貿易摩擦をひきおこしながら，他の産品については産業内貿易や工程間貿易を行っている。同業者は一方でライバル関係にたちながら，他方でコスト削減のための協力関係を築いているのである。

以上にくわえて，FTAの乱立にともなう一般特恵

むすび

制度の形骸化,貿易がもたらす生物多様化への打撃,貿易促進と文化保護の対立,人権問題,WTOガバナンスなど点に取り組む必要がある。

5 WTO判例法の進展

WTO法の核は,法律解釈である。言葉をどう解釈するのかに止めを刺す。猿が木の枝をつかむように,法学者はみえない言葉をつかむ。そして言葉のなかにさまざまなニュアンスの相違をみいだす。

商品貿易ルールのなかの同種産品の概念は文脈におうじて,関連市場におうじて多様に異なる。同じ言葉が異なる文脈のなかでつかわれると意味が違ってくる。スポーツという言葉のなかに賭博がはいるのか。措置という言葉はどれほどひろく解釈できるのか。政府から民間への委託や指示とはなにか。利益の移転はどう噛み砕くことができるのか。

言葉は時代にともない社会の変化にそくして大きく変わる。立法者の意思や起草当時の背景とは無関係に言葉はしぜんに意味を変えていく。法律の言葉は,この点で日常会話の言葉と同様,時代の変遷におうじて変容するのである。状況の変化にそくして言葉が変容すれば,言葉の解釈も変わってくる。

WTOの永遠の課題は,言葉の解釈とその柔軟な解釈変更である。WTO判例法が叡智の集積となるためには,判例の法解釈が,言葉をとりまく世界情勢の流れを適切に映した鏡とならなければならない。発足後暦を一巡したWTOに課された課題はますます重くなっている。

6 パーセプション・ギャップ

世界がどれほどせまくなっても,言葉の世界は1つにはならない。WTOでは英語が事実上の共通言語になっているが,英語のキーワードが世界で同じように解釈されているわけではない。逆に,英語の解釈が国家間のパーセプション・ギャップを際立たせている。国,民族,宗教,文化が異なれば,言葉の解釈に相違がでるのは当然である。たとえば公正貿易(fair trade),適正手続(due process),同種産品(like products),差別(discrimination)といったベーシックな言葉ほど,認識のズレは深い。こうしたギャップをどう埋めていくか,これもWTOが摩擦抑止のために負う責務の1つである。

■（巻末表）WTO 紛争事例■

　1995年から2011年7月までに，WTO申立が行われた紛争事例のうちパネル設置手続にまですすんだのは159件であった。被申立国別にみると，米国59件，EU28件，カナダ9件，韓国7件，アルゼンチン・日本・メキシコ各6件，インド・中国5件，ブラジル各3件等である。貿易大国4カ国（米国，EC，カナダ，日本）の被申立措置（計97件）だけでパネル設置総件数のほぼ7割弱（97/159）を占めた。

　まず，WTO紛争事例の一覧を被申立国のアルファベット順にかかげる。つづいて，事例ごとに，申立・事件番号，審査手続の経緯（原審査，実施審査，報復，仲裁）を列挙する。本文中でたとえば巻末表1-1とあるのはアルゼンチン繊維事件をさす。

事例一覧

1. 被申立国　Argentina（6件）
1-1. アルゼンチン繊維事件，Argentina-Textiles
1-2. アルゼンチン履物事件，Argentina-Footwear Safeguards
1-3. アルゼンチン牛革事件，Argentina-Bovine Hides
1-4. アルゼンチン陶磁タイル事件，Argentina-Floor Tiles
1-5. アルゼンチン桃缶詰事件，Argentina-Peach Safeguards
1-6. アルゼンチン鶏肉事件，Argentina-Poultry AD Duties

2. 被申立国　Australia（3件）
2-1. オーストラリア鮭事件，Australia-Salmon
2-2. オーストラリア皮革事件，Australia-Leather
2-3. オーストラリア林檎火傷病事件，Australia - Apples

3. 被申立国　Brazil（3件）
3-1. ブラジル・ココナツ事件，Brazil-Coconut
3-2. ブラジル航空機事件，Brazil-Aircraft
3-3. ブラジル再生タイヤ事件　Brazil –Retreaded Tyres

4. 被申立国　Canada（9件）
4-1. カナダ医薬品特許保護事件，Canada-Pharmaceuticals
4-2. カナダ雑誌事件，Canada-Periodicals
4-3. カナダ特許保護期間事件，Canada-Patent Term
4-4. カナダ牛乳事件，Canada-Milk/Dairy
4-5. カナダ自動車協定事件，Canada-Autos
4-6. カナダ航空機事件Ⅰ，Canada-Aircraft
4-7. カナダ航空機事件Ⅱ，Canada-Aircraft II
4-8. カナダ小麦輸出事件，Canada-Wheat
4-9. カナダ・ホルモン報復継続事件，Canada - Continued Hormones Retaliation（20-45．米国・ホルモン報復継続事件）

5. 被申立国　Chile（2件）
5-1. チリ酒税事件，Chile-Alcohol
5-2. チリ農産物価格帯事件，Chile-Agricultural Products（Price Band）

6. 被申立国　China（5件）
6-1. 中国自動車部品輸入事件
6-2. 中国知的所有権保護実施措置事件
6-3. 中国・出版物音響映像事件，China - Productions and Audiovisual Products
6-4. 中国・補助金事件，China - Grants, Loans, and Other Incentives
6-5. 中国・稀少鉱物輸出規制事件，China- Export Restraint

7. 被申立国　Colombia（1件）
7-1.Colombia ‐ Indicative Prices

8. 被申立国　Dominican Republic（1件）
8-1. ドミニカ共和国煙草事件，Dominican Republic-Cigarettes

9. 被申立国　EC/EU（28件）
9-1.EC帆立貝事件，EC-Trade Description of Scallops
9-2.ECバナナ事件Ⅲ，EC-Bananas III
9-3.ECホルモン牛肉事件，EC-Hormones
9-4.EC冷凍鶏肉事件，EC-Poultry
9-5.ECコンピュータ関税分類事件，EC-Customs Classification
9-6.ECバター製品事件，EC-Butter
9-7.ECアスベスト事件，EC-Asbestos
9-8.EC・インド産ベッド用品事件，EC-Bed Linen
9-9.EC鰯事件，EC-Sardines
9-10.EC管継手事件，EC-Pipe Fittings
9-11.EC一般特恵制度事件，EC-GSP
9-12.EC鶏肉分類事件，EC-Chicken Classification
9-13.EC船舶貿易措置事件，EC-Vessels Measures
9-14.EC関税分類行政事件，EC-Customs Matters
9-15.EC・韓国製DRAM相殺措置事件，EC-DRAM（ハイニックス事件）
9-16.EC砂糖輸出補助金事件，EC-Sugar
9-17.EC商標・地理的表示事件，EC - Geographical Indications

(巻末表) WTO 紛争事例

9-18. EC 遺伝子組換食品事件，EC-GMO
9-19. EC・ノルウェー産養殖鮭ダンピング防止措置事件，EC - Farmed Salmon
9-20. EC・IT 品目関税待遇事件，EC - IT Items
9-21. EC・中国産ファスナー確定ダンピング防止税事件 European Communities - Definitive Anti-Dumping Measures on Certain Iron or Steel Fasteners from China
9-22. EC・米国産鶏肉殺菌処理事件 European Communities - Certain Measures Affecting Poultry Meat and Poultry Meat Products from the United State
9-23. EC エアバス事件 I　EC - Airbus I
9-24. EC エアバス事件 II　EC - Airbus II
9-25. EU and a Member State - Seizure of Generic Drugs in Transit 409
9-26. EU 後発医薬品事件　EU a Member State - Seizure of Generic Drugs in Transit
9-27. EU 中国産履物ダンピング防止税事件　EU - Anti-Dumping Measures on Certain Footwear from China
9-28. EU アザラシ事件　EU - Seal

10. 被申立国　Egypt（1件）
10-1. エジプト鉄筋事件，Egypt-Steel Rebar

11. 被申立国　Guatemala（2件）
11-1. グアテマラ・セメント事件 I，Guatemala-Portland Cement I
11-2. グアテマラ・セメント事件 II，Guatemala-Portland Cement II

12. 被申立国　India（5件）
12-1. インド特許保護事件，India-Patent Protection
12-2. インド数量制限事件，India-Quantitative Restrictions
12-3. インド自動車事件，India-Automotive
12-4. インド追加税事件，India- Additional Duties
12-5. インド輸入ワイン・スピリッツ課税事件，India- Wine

13. 被申立国　Indonesia（1件）
13-1. インドネシア自動車事件，Indonesia-Automobile

14. 被申立国　Japan（6件）
14-1. 日本酒税事件 II，Japan-Alcoholic Beverages
14-2. 日本写真フィルム事件（富士コダック事件），Japan-Photographic Film
14-3. 日本リンゴ検疫事件 I，Japan-Apples I
14-4. 日本リンゴ検疫事件 II，Japan-Apples II
14-5. 日本海苔輸入割当事件 Japan - Laver Quotas
14-6. 日本 DRAM 相殺関税事件，Japan - DRAMs CVDs

15. 被申立国　Korea（7件）
15-1. 韓国酒税事件，Korea-Alcoholic Beverages
15-2. 韓国酪農品事件，Korea-Dairy
15-3. 韓国政府調達事件，Korea-Government Procurement
15-4. 韓国牛肉事件，Korea-Beef
15-5. 韓国船舶事件，Korea - Commercial Vessels
15-6. 韓国・インドネシア製紙事件，Korea-Paper from Indonesia
15-7. 韓国・カナダ産牛肉輸入措置事件 Korea - Bovine Meat

16. 被申立国　Mexico（6件）
16-1. メキシコ・米国産異性化糖事件，Mexico-High Fructose Corn Syrup（HFCS）
16-2. メキシコ電気通信事件，Mexico-Telecommunications
16-3. メキシコ長粒米事件，Mexico - Rice
16-4. メキシコ・ソフトドリンク税事件，Mexico-Soft Drink
16-5. メキシコ・鉄鋼管事件，Mexico - Steel Pipes
16-6. メキシコ・オリーブ油事件，Mexico - Olive Oil

17. 被申立国　Philippines（1件）
17-1. フィリピン蒸留酒税事件 Philippines - Taxes on Distilled Spirits

18. 被申立国　Thailand（2件）
18-1. タイ・鉄鋼ダンピング防止税事件，Thailand-Iron from Poland
18-2. タイ煙草措置事件，Thailand - Cigarettes

19. 被申立国　Turkey（2件）
19-1. トルコ繊維事件，Turkey-Textile
19-2. トルコ米輸入措置事件，Turkey - Rice

20. 被申立国　United States（59件）
20-1. 米国ガソリン事件，United States-Reformulated Gasoline
20-2. 米国下着事件，United States-Underwear
20-3. 米国シャツ/ブラウス事件，United States-Shirts and Blouses
20-4. 米国海老亀事件，United States-Shrimp
20-5. 米国・韓国産 DRAM 事件，United States-DRAMS from Korea
20-6. 米国外国販売会社事件，U.S.-Foreign Sales Corporations
20-7. 米国 301 条事件，United States-301
20-8. 米国・英国産有鉛棒鋼事件，United States-Lead and Bismuth Carbon Steel
20-9. 米国 1916 年法事件，U.S.-1916 Act
20-10. 米国音楽著作権法事件，U.S.-US Copyright Act
20-11. 米国バナナ報復措置事件，United States-Certain Products from the European Communities

20-12. 米国小麦グルテン事件, U.S.-Wheat Gluten
20-13. 米国ラム肉事件, United States-Lamb
20-14. 米国・韓国産鋼板薄板事件, U.S.-Stainless Steel Plate
20-15. 米国・日本産熱延鋼事件, U.S.-Steel Products from Japan
20-16. 米国・鋼線材線管事件, U.S.-Steel Wire Rod and Line Pipe
20-17. 米国・パキスタン産綿糸事件, United States-Cotton Yarn from Pakistan
20-18. 米国輸出制限解釈事件, United States-Export Restraints as Subsidies
20-19. 米国ハバナクラブ商標事件, United States-Havana Trade Mark
20-20. 米国・韓国産線管事件, United States-Line Pipe from Korea
20-21. 米国・インド産鋼板事件, U.S.-Steel Plate from India
20-32. 米国・ドイツ産薄板相殺関税事件, U.S.-Carbon Steel Flat Products from Germany
20-23. 米国遡及課税事件, United States-Section 129
20-24. 米国・EC産鉄鋼製品事件, U.S.-Certain Products from the EC
20-25. 米国バード修正条項事件, U.S.-Byrd Amendment
20-26. 米国・カナダ木材事件Ⅲ, U.S.-Softwood Lumber Ⅲ
20-27. 米国繊維原産地規則事件, United States-Rules of Origin for Textiles
20-28. 米国・日本産炭素鉄鋼事件, United States-Carbon Steel Flat Products from Japan
20-29. 米国鉄鋼セーフガード措置事件, U.S.-Steel Safeguards
20-30. 米国・カナダ木材事件Ⅳ, U.S.-Softwood Lumber Ⅳ
20-31. 米国・カナダ木材事件Ⅴ, U.S.-Softwood Lumber Ⅴ
20-32. 米国カナダ木材事件Ⅵ, U.S.-Softwood Lumber Ⅵ
20-33. 米国・油井管サンセット見直し事件, U.S.-OCTG Sunset Reviews
20-34. 米国・油井管ダンピング防止措置事件, U.S.-Anti-Dumping Measures on Oil Country Tubular Goods
20-35. 米国綿花補助金事件, U.S.-Cotton

20-36. 米国越境賭博サービス事件, U.S.-Gambling
20-37. 米国・韓国DRAM事件（韓国ハイニックス社事件), U.S.-DRAMS from Korea
20-38. 米国・ゼロ計算法慣行事件, U.S.-Zeroing
20-39. 米国・日本産鉄鋼ゼロ計算サンセット見直し事件, U.S.-Zeroing Sunset
20-40. 米国・エクアドル産海老ゼロ計算事件, US - Shrimp from Ecuador 20-42. 米国・タイ産海老事件, US - Shrimp from Thailand
20-41. 米国・タイ産インド産海老担保事件, US - Customs Bond, US - Shrimp from Thailand
20-42. 米国・メキシコ産ステンレス鋼ゼロ計算事件, US - Stainless Steel from Mexico
20-43. 米国ゼロ計算継続事件, US-Continued Zeroing
20-44. 米国・ホルモン報復継続事件, US-Continued Hormones Retaliation（4-9. カナダ・ホルモン報復継事件）
20-45. 米国農産品補助金事件, U.S. - Agricultural Subsidies
20-46. 米国・中国産未塗装板紙ダンピング相殺関税仮決定措置事件, US- Preliminary AD and CVD on Chinese Paper
20-47. 米国・中国産品ダンピング防止税・相殺関税2重賦課事件, US-AD and CVD on Chinese Products
20-48. 米国・メキシコ捕獲鮪・海豚安全表示事件Ⅱ, US-Tuna Ⅱ（Mexico) 381
20-49. 米国・ブラジル産オレンジダンピング見直し事件, US-Orange juice from Brazil
20-50. 米国・買物袋事件, US - Carrier Bags
20-51. 米国原産地表示義務事件, US-COOL
20-52. 米国・中国産鶏肉検疫措置事件 United States - SPS Measures against Chinese Poultry
20-53. 米国・中国製乗用車タイヤ経過的セーフガード事件, US-Tyres from China
20-54. 米国・韓国産品ゼロ計算事件, US-Zeroing for Korean Products
20-55. 米国・ベトナム産海老ゼロ計算事件, US-Zeroing for Vietnamese Shrimp
20-56. 米国丁子煙草輸入禁止事件, US-Clove Cigarettes
20-57. 米国ボーイング事件Ⅰ, U.S. - BoeingⅠ
20-58. 米国ボーイング事件Ⅱ, US. - BoeingⅡ
20-59. 米国・タイヤ経過的セーフガード措置事件, US-Tyres

事例概要

1. 被申立国　Argentina (6件)

1-1. アルゼンチン繊維事件，Argentina-Textiles

［正式名称］アルゼンチン履物繊維衣服輸入措置 (Argentina-Measures Affecting Imports of Footwear, Textiles, Apparel and Other Items)

［申立・事件番号］米国申立・WT/DS56

［事実関係］アルゼンチンは履物繊維衣服の輸入が国内産業に損害をあたえたと認定してセーフガード措置を導入した。米国は措置がGATTに違反すると主張してパネルに提訴した。

Ⅰ　原審査

［手続］パネル（1997.11.25報告送付），上級委員会（1998.3.27報告送付），DSB（1998.4.22報告採択）

［結論］アルゼンチンの措置はGATTに違反する。

［理由］－アルゼンチンが履物繊維衣服に対して課したセーフガード措置は，特別従量税の形をとった。

この従量税は，従価換算すると，アルゼンチンの譲許従価税率35％を超えているためGATT（2条）の譲許原則に違反する。

－また3％の統計税は適切なサービス経費の額を超えておりGATT（8条）の手数料額原則に違反する。

1-2. アルゼンチン履物事件，Argentina-Footwear Safeguards

［正式名称］アルゼンチン履物輸入セーフガード措置（Argentina-Safeguard Measures on Imports of Footwear）

［申立・事件番号］EU申立・WT/DS121

［事実関係］アルゼンチンは履物の輸入に対しセーフガード措置を発動した。措置の対象はECを含む履物輸出国であったが，アルゼンチンが加盟している地域貿易組織・MERCOSUR（南米共同体）の構成諸国（ブラジル等）は，措置の対象から除外された。ECは措置がGATTとセーフガード協定に違反するとしてパネル手続を開始した。

Ⅰ　原審査

［手続］パネル（1999.1.25報告送付），上級委員会（1999.12.14報告送付），DSB（2000.1.12報告採択）

［結論］アルゼンチンの措置はGATTとセーフガード協定に違反する。

［理由］－履物輸入に対するセーフガード措置とMERCOSUR域内国の措置からの除外はセーフガード協定に違反する。

－セーフガード措置を発動するためには輸入急増がGATT 19条の予期しえない発展の結果であることを立証しなければならない。

－措置はGATT 19条とセーフガード協定の双方を適用される。

1-3. アルゼンチン牛革事件，Argentina-Bovine Hides

［正式名称］アルゼンチン牛革輸出／皮革製品輸入措置（Argentina-Measures Affecting the Export of Bovine Hides and the Import of Finished Leather）

［申立・事件番号］EU申立・WT/DS155

［事実関係］アルゼンチンは牛革の輸出と皮革製品の輸入に関して一定の措置を適用した。ECは措置がGATTに違反すると主張してパネルに提訴した。

Ⅰ　原審査

［手続］パネル（2000.12.19報告送付），上訴なし，DSB（2001.2.16報告採択）

［結論］措置は一部合法，一部違法である。

［理由］－アルゼンチンの牛革輸出制度はGATT 11条の輸出制限には該当しない。

－しかし，皮革製品の輸入への課税は国産品に軽く同種の輸入品に重く課される点で差別的内国税（GATT3.2条）にあたり違法である。

Ⅱ　実施審査

［手続］実施期間仲裁決定（2001.8.31：実施期間を12カ月12日とする）

1-4. アルゼンチン陶磁タイル事件，Argentina-Floor Tiles

［正式名称］アルゼンチン・イタリア産陶磁製床タイル確定ダンピング防止措置（Argentina-Definitive Anti-Dumping Measures on Imports of Ceramic Floor Tiles from Italy）

［申立・事件番号］EU申立・WT/DS189

［事実関係］アルゼンチンは，イタリア産陶磁製床タイルの輸入に対し，サンプリング調査を行いダンピング防止税を賦課した。イタリアはアルゼンチンの課税が，ダンピング防止協定の定める証拠規定（6条）等に反すると主張してパネル手続を開始した。

Ⅰ　原審査

［手続］パネル（2001.9.28報告送付），上訴なし，DSB（2001.11.5報告採択）

［結論］措置は協定上の証拠関連規定（6条）等に違反する。

［理由］アルゼンチンの課税措置は正常価額の算定にあたり輸出者が提供した情報と輸出価格を無視し，またその理由を輸出者に説明しなかった点で，ダンピング防止協定（6.8条，附属書Ⅱ）に違反する。同国はまたサンプリング調査の対象とされた個々の輸出者ごとにダンピング価格差を算定しなかった点で協定(6.10条)に違反する。同国は正常価額算定のため，価格比較に影響をあたえるすべての差異を適切に考慮にいれなかった点で協定（2.4条）にも反する。さらに同国は確定措置適用に関する決定の基礎となった重要な事実を輸出者に開示しなかったため協定（6.9条）にも抵触している。

［勧告］アルゼンチンはダンピング課税を協定に合

致させるよう要請する。

1-5. アルゼンチン桃缶詰事件，Argentina-Peach Safeguards

［正式名称］アルゼンチン桃缶詰セーフガード措置事件（Argentina-Definitive Safeguard Measure on Imports of Preserved Peaches）

［申立・事件番号］チリ申立・WT/DS238

［事実関係］アルゼンチンは，桃缶詰の輸入に対し最低従量税による確定セーフガード措置を課した。チリはアルゼンチンの措置がGATT19条とセーフガード協定の要件を満たしていないとしてパネルの設置を求めた。

Ⅰ 原審査

［手続］パネル（報告送付2003.2.14），上訴なし，パネル報告採択（2003.4.15）

［結論］アルゼンチンの措置はGATT19条とWTO協定に違反する。

［理由］アルゼンチンは，セーフガード措置をとるためのいくつかの要件に反した。予見しえない発展の結果，輸入の絶対的または相対的増加，損害のおそれの要件を満たしていない。

1-6. アルゼンチン鶏肉事件，Argentina-Poultry AD Duties

［正式名称］アルゼンチン・ブラジル産鶏肉ダンピング防止措置（Argentina-Definitive Anti-Dumping Duties on Poultry from Brazil）

［申立・事件番号］ブラジル申立・WT/DS241

［事実関係］アルゼンチンは2000年7月，ブラジル産鶏肉の輸入に対しダンピング防止税を課した。ブラジルはアルゼンチンの措置がダンピング防止協定に違反するとしてパネル手続を要請した。

Ⅰ 原審査

［手続］パネル（設置2002.4.17），パネル（報告送付2003.4.22），DSB（報告採択2003年5月19日）

［結論］アルゼンチンのダンピング防止税はダンピング防止協定に違反する。

［理由］アルゼンチンの措置は，調査開始を正当化するための十分な証拠の認定，損害認定，個別ダンピング価格差の算定，価格調整等の協定ルールに反した。

［勧告］アルゼンチンの協定違反の程度にてらし措置の撤回を勧告する。

2. 被申立国　Australia（3件）

2-1. オーストラリア鮭事件，Australia-Salmon

［正式名称］オーストラリア鮭輸入措置（Australia-Measures Affecting Importation of Salmon）

［申立・事件番号］カナダ申立・WT/DS18

［事実関係］オーストラリアは鮭の輸入措置をとったため鮭の輸出国・カナダはパネル提訴を行った。

Ⅰ 原審査

［手続］パネル（1998.6.12報告送付），上級委員会（1998.10.20報告送付），DSB（1998.11.6報告採択）

［結論］措置はSPS協定に違反する。

［理由］－パネルは，オーストラリアの太平洋鮭に関する熱処理要件が危険性評価（risk assessment）に基づいていないから衛生植物検疫措置協定（5.1条）に違反すると判断した。しかし熱処理要件は，パネルへの付託事項にはいっていないし，また輸入品に適用されていないから，パネル判断は誤りである。

－上級委員会は，先例（米国ガソリン事件，カナダ定期刊行物事件，EC鶏肉事件，米国海老亀事件）で，パネル判断を覆したときに，「法的分析を完結し，紛争を解決する」ため，しばしばパネルが扱わなかった法的争点について判断をくわえてきた。本件でも上級委員会は，パネル手続で明らかになった事実関係に基づいて，法的分析を完結する。

－正しい法的争点はむしろ，オーストラリアによる生鮮・冷蔵・冷凍鮭の輸入制限措置がWTOに合致するかどうかにある。この点，上級委員会は，オーストラリアの鮭輸入禁止措置は危険性評価に基づかない点で衛生植物検疫措置協定（5.1条）に反すると認定する。危険性評価にあたっては，輸入により進入・蔓延するおそれのある病気を特定し，進入・蔓延のおそれのある蓋然性を評価しなければならないが，こうした評価をオーストラリアは怠った。

Ⅱ 実施審査

［手続］実施期間仲裁決定（1999.2.23：実施期間を8カ月とする），実施審査パネル（2000.2.20報告送付），上訴なし，DSB（2000.3.20報告採択）

［結論］実施措置は衛生植物検疫措置協定の無差別原則（2.3条，5.5条）に反していないが，協定の危険性評価原則と比例原則に違反している。

［理由］－オーストラリアは，DSB勧告を遵守するため実施措置を採択し，熱処理を受けていない鮭の輸入を禁止した。ただし，熱処理を受けていなくても，消費者向けの切身鮭は輸入が許可された。切身鮭は輸入できるが，鮭本体は輸入できない。オーストラリアによれば，これは，輸入鮭が国内で消費者向けに加工されると，加工場からの廃棄物で衛生が害されるためであるとされた。

－オーストラリアはたしかにWTO勧告に従いリスク評価を行った。しかし，実施措置は危険性評価に基づいていない。それゆえ措置は，衛生植物検疫措置協定（5.1条，2.2条）に違反する。

－実施措置はまた，保護の水準を達成するために必要である以上に貿易制限的である。なぜならば，本件では，目的達成のための貿易制限効果のちいさい他の措置が存在するからである。それゆえ実施措置は，衛生植物検疫措置協定の比例原則（5.6条）にも違反する。

2-2. オーストラリア皮革事件，Australia-Leather

［正式名称］オーストラリア自動車用皮革補助金 (Australia-Subsidies Provided to Producers and Exporters of Automotive Leather)

［申立・事件番号］米国申立・WT/DS 126

［事実関係］オーストラリア政府は，1997年3月，自動車用皮革の唯一の国内製造企業（持株会社とその100％子会社 Howe）に対して補助金をあたえる契約と融資を行う契約を締結した。補助金は，契約締結時とそののち2度にわたり，企業が所定の業務目標を達成していることを条件に交付されることとされた。他方，融資は15年間にわたり，最初の5年間は無利子で6年目以降は利子つきで行われる予定であった。これら措置は，政府が他の助成プログラムから自動車用皮革を除外することに対する見返りとして，企業の商業的生き残りを助けるため行った「政治約束」に基づいていた。米国は，オーストラリアの補助金供与契約と融資契約は相殺措置協定で禁止された赤の輸出補助金にあたると主張してパネル手続を開始した。

I 原審査

［手続］パネル（1999.5.25 報告送付），上訴なし，DSB（1999.6.16 報告採択）

［結論］オーストラリアの措置は WTO に違反する。

［理由］－オーストラリア政府と私企業との間の補助金供与契約に基づく支払いは禁止された輸出補助金に該当する。

－しかし政府と私企業の間の融資契約は輸出と関係がないため輸出補助金に該当しない。

［勧告］オーストラリアは禁止された補助金供与契約を相殺措置協定（4.7条）に従って DSB 勧告の採択後90日以内に撤回しなければならない。

II 実施審査

［手続］実施審査パネル（2000.1.21 報告送付），上訴なし，DSB（2000.2.11 報告採択）

［結論］オーストラリアの実施措置は WTO に違反している。

［理由］－オーストラリア政府は DSB 勧告を実施するため，受益者（Howe）に補助金の部分的な返還を要求した。またこの部分的返還と同じ日に，政府は，受益者（Howe の持株会社）に新たな融資を非商業的条件で行った。

－政府の実施措置のうち，輸出補助金の部分的返還は，相殺措置協定に違反する。政府は DSB の補助金撤回勧告に従って受益者に対し補助金を全額返還させなければならない。

－政府による新融資は，補助金の部分的返還と連携しており，補助金返還を無効にするものである。それゆえ新融資は，補助金撤回勧告にそむく。

2.3 オーストラリア林檎事件，Australia - Apples

［正式名称］オーストラリア・ニュージーランド産林檎火傷病事件（Australia - Measures Affecting The Importation Of Apples From New Zealand)

［申立・事件番号］ニュージーランド申立・WT/DS 367

［事実関係］オーストラリア動植物検疫局は2007年3月，(i) 1908年検疫法に基づくニュージーランド産品林檎輸入に関する政策と(ii)ニュージーランド産品林檎輸入のリスク分析最終報告書に明記された植物検疫の適用に関する政策を決定した。ニュージーランドは，リスク分析最終報告書に基づくオーストラリアの措置（火傷病関連措置を含む）は SPS 協定に違反するとしてパネル設置を求めた。

I 原審査

［手続］パネル（2010.8.9 報告送付），上級委員会（2010.11.29 報告送付）

［結論］オーストラリアの措置は SPS 協定に違反する。

3. 被申立国　Brazil（3件）

3-1. ブラジル・ココナツ事件，Brazil-Coconut

［正式名称］ブラジル・乾燥ココナツ相殺措置（Brazil-Measures Affecting Desiccated Coconut）

［申立・事件番号］フィリピン申立・WT/DS 22

［事実関係］ブラジルは輸入乾燥ココナツに相殺措置を課した。ココナツ輸出国のフィリピンはパネル手続を開始した。

I 原審査

［手続］パネル（1996.10.17 報告送付），上級委員会（1997.2.21 報告送付），DSB（1997.3.20 報告採択）

［結論］ブラジルの相殺措置調査はそもそも WTO ルールを適用されず，WTO 違反の問題は生じない。

［理由］ブラジルの措置は，WTO 発効前に開始された。それゆえ措置は，WTO の相殺措置ルール（GATT 1994 第6条）を適用されない。

3-2. ブラジル航空機事件，Brazil-Aircraft

［正式名称］ブラジル航空機輸出融資計画（Brazil-Export Financing Programme for Aircraft）

［申立・事件番号］カナダ申立・WT/DS 46

［事実関係］ブラジル政府は，1991年6月の輸出促進計画（PROEX）に基づいて，航空機輸出をそくしんするため，利子補給による助成を行った。利子補給は，輸入者に航空機の購入資金を融資する貸付銀行に対して行われた。これにより，輸入者は貸付銀行への返済利子の一部を，軽減された。つまり輸入者が貸付銀行に返済する利子が8％であるとすると，政府による利子補給――たとえば3％――によって，輸入者は実質的に5％の利子を貸付銀行に返済すればたりた。カナダは，ブラジルの利子補給は，輸入者に利益をあたえる輸出補助金であるとしてパネル手続を求めた。

［推移］原審査段階のパネル・上級委員会報告はブラジルの措置が WTO に違反することを認めた。実

施審査段階の一回目のパネル・上級委員会報告もブラジルの実施措置がいぜんWTOに抵触することを認定した。これを受けてカナダはブラジルに対する報復措置を申請し、DSBはカナダの報復措置を許可した。しかし報復許可とほぼ同時にブラジルは再改正措置を採択したため、カナダは報復を自制して、ブラジルの再改正措置がいぜんWTOに違反するかどうかの判断を、2回目の実施審査パネルに求めた。このパネルは、ブラジルの再改正措置はもはや輸出補助金に該当しないことを確認した。本件は実施審査手続が2度行われた点で、また報復措置が許可された点で、さらにカナダ航空機事件と連動したブラジル・カナダ提訴合戦の一環をなしている点で注目に値する。

I 原審査

［手続］パネル（1999.4.14報告送付）、上級委員会（1999.8.2報告送付）、DSB（1999.8.20報告採択）

［結論］ブラジル政府が航空機の輸出をそくしんするため行っている利子補給はWTOに抵触する。

［理由］－ブラジルの利子補給は、相殺措置協定上、禁止された赤の輸出補助金に該当する。

－この輸出補助金は、協定の「相当な利益」条項（附属書1k）によっても正当化できない。またそれは開発途上国条項（27条）によっても正当化できない。

［勧告］DSBは、ブラジルが協定（4.7条）に従い、輸出補助金を遅滞なく、DSB勧告後90日以内に廃止するよう勧告する。

II 実施審査

［手続］実施審査パネル（2000.5.9報告送付）、実施審査上級委員会（2000.7.21報告送付）、DSB（2000.8.4報告採択）

［結論］ブラジルの実施措置（改正PROEX）はいぜんWTOに違反する。ブラジルは原審査段階のDSB勧告の実施に失敗した。

［理由］－ブラジルは実施措置に基づき禁止された輸出補助金を供与しつづけている。

－ブラジルの実施措置は、「相当な利益」条項によっても正当化できない。

III 報復

［手続］報復規模仲裁（2000.8.28）、DSB報復措置許可（2000.12.12）

［報復措置］ブラジルがWTO違反の輸出補助金を廃止していないため、DSBはカナダがブラジルに対して報復措置をとることを許可した。

IV 実施審査II

［手続］実施審査パネルII（2001.7.26報告送付）、上訴なし、DSB（2001.8.23報告採択）

［結論］再改正措置はもはやWTOに違反していない。

［理由］措置は輸出補助金に該当しないし、違法措置を義務づけていない。措置に基づく利子補給はまたOECD取決めの利子規定と合致しているから輸出補助金に該当しない（相殺措置協定の安全条項）。

3-3. ブラジル再生タイヤ事件 Brazil -Retreaded Tyres

［正式名称］ブラジル再生タイヤ輸入措置（Brazil - Measures affecting imports of retreaded tyres）

［申立・事件番号］EU申立・WT/DS332

［事実関係］EUは使用済み自動車用ゴム製タイヤの再生品（HS 4012）をブラジルに輸出していた。ブラジル政府は2000年11月の措置により、MERCOSUR加盟国を除く外国からの再生タイヤの輸入を、健康・環境保護等を理由に禁止した。タイヤの構成部分は、滑り止めの溝をつけた接地面のトレッド（tread）、タイヤ内の充填空気圧を保つ外形強度カーカス（carcasseまたはケーシングcasing）、カーカス保護のためのタイヤ両側面「サイドウォール」（side wall）等からなる。再生作業は、磨滅したトレッドの交換、サイドウォールの取換え、ビード（bead）により空気圧を保ちつつ行う整形（remolding, bead to bead）をいう。しかしブラジルは再生タイヤは蚊を発生させ熱病を蔓延させるため、GATT一般例外条項の健康保護目的を理由として、輸入制限を行った。

I 原審査

［手続］パネル（2007.6.12報告送付）、上級委員会（2007.12.3報告送付）、DSB（2007.12.17報告採択）

［結論］ブラジルの措置は、GATT（11条1項）違反の輸入制限にあたり、GATT一般例外条項、とくに人動植物の健康保護（20条b）によっても正当化されない。またブラジルがMERCOSUR協定に基づき、域内国からの輸入を許しながら、域外国からの輸入を禁止する差別的扱いは、GATT一般例外条項・柱書の恣意的差別にあたり、WTO違反を構成する。

［理由］－ブラジルは措置を正当化するため、再生タイヤは熱病源になるから、EC産品の輸入制限はGATT一般例外条項の健康・環境保護目的を満たすと主張した。パネルと上級委員会は、本件の輸入制限はたしかに健康保護目的に必要であり暫定的にのみ正当化されるとのべた。

－しかし上級委員会は、MERCOSUR例外は域内国優遇・域外国差別のゆえにGATT一般例外条項柱書の恣意的・不当差別に該当するとしてパネル判断を覆した。またMERCOSUR例外は一般例外条項柱書の擬装制限にもあたるとしてパネル判断を切り捨てた。上級委員会はまたブラジルが裁判所の差止命令に基づき中古タイヤの輸入を禁止した措置を無条件にGATT一般例外条項柱書の不当差別・擬装禁止にあたるとみなし、一般例外条項による正当化を否定した。

－再生タイヤの輸入禁止に関連する科料に関し、パネルはGATTの輸入数量制限禁止条項（11条1項）に反するとした。しかも、ブラジルはこの科料が一般例外条項（20条b、20条d）により正当化できることを立証できなかった。ブラジルの禁輸措置を定める

法律自体もGATTの内外規制に関する内外無差別待遇原則（3条4）に違反する。さらにブラジルは，この法律が一般例外条項の健康保護条項（20条b）により正当化されることを立証できなかった。このパネル判断部分は上訴されず，上級委員会は判断をくわえなかった。

4. 被申立国　Canada (9件)

4-1. カナダ医薬品特許保護事件，Canada-Pharmaceuticals

［正式名称］カナダ医薬品特許保護 (Canada-Patent Protection of Pharmaceutical Products)

［申立・事件番号］EU申立・WT/DS114

［事実関係］カナダは医薬品の特許期間が終了したあと，後発医薬品メーカーがコピー製品をただちに販売できるようにするため，後発医薬品を特許期間中に製造し備蓄することを認可した。このような特許期間中の特許製品の製造備蓄は特許権侵害を構成しないとカナダ法は定めた。

Ⅰ　原審査

［手続］パネル（2000.3.17報告送付），上訴なし，DSB（2000.4.7報告採択）

［結論］カナダの措置は一部TRIPSに違反する。

［理由］カナダ法は，後発医薬品メーカーが先発特許の満了前に後発品を製造することを認めた。これは，特許権者の排他的権利に対してカナダが定めた例外にあたる。この例外はTRIPS（30条）の要件を満たしているから，WTOに整合する。しかし後発品の備蓄 (stockpiling) を許すカナダ法は，排他的権利に関するTRIPS規定（28.1条）と整合しないし，またTRIPS（30条）が許す「排他的権利に対する限定的な例外」にあたらず，WTOに違反する。

Ⅱ　実　施

［手続］実施期間仲裁決定（2000.8.18）：6カ月

4-2. カナダ雑誌事件，Canada-Periodicals

［正式名称］カナダ定期刊行物措置 (Canada-Certain Measures Concerning Periodicals)

［申立・事件番号］米国申立・WT/DS31

［事実関係］カナダは，米国から輸入される米国雑誌のカナダ版である分割掲載雑誌 (split run periodicals) のみに物品税を課した。この物品税はカナダの国内雑誌には賦課されなかった。

Ⅰ　原審査

［手続］パネル（1997.3.14報告送付），上級委員会（1997.6.30報告送付），DSB（1997.7.30報告採択）

［結論］カナダによる分割掲載の定期刊行雑誌への物品税は内外無差別原則に反し違法である。

［理由］輸入分割掲載雑誌と国産雑誌は直接競合産品であるため，両者の税差別は保護的内国税に該当する。

4-3. カナダ特許保護期間事件，Canada-Patent Term

［正式名称］カナダ特許保護期間 (Canada-Term of Patent Protection)

［申立・事件番号］米国申立・WT/DS170

［事実関係］カナダ特許法は1989年10月1日以前に出願された発明について特許保護期間を17年としていた。

Ⅰ　原審査

［手続］パネル（2000.5.5報告送付），上級委員会（2000.9.18報告送付），DSB（2000.10.12報告採択）

［結論］カナダ特許法は特許保護期間を後20年としておらずTRIPS協定に違反する。

Ⅱ　実　施

［手続］実施期間仲裁決定（2001.2.28）：10カ月

4-4. カナダ牛乳事件，Canada-Milk/Dairy

［正式名称］カナダ牛乳輸入／酪農品輸出 (Canada-Measures Affecting the Importation of Milk and the Exportation of Dairy Products)

［申立・事件番号］米国申立・WT/DS103，ニュージーランド申立・WT/DS113

［事実関係］カナダ政府は加工酪農品（バター，チーズ等）の輸出を助成するため，酪農品の原料牛乳について特異な価格制度を導入した。原料牛乳は，この制度により政府機関をとおして，政策的な価格で，酪農業者に販売された。まず原料牛乳が国内市場向け酪農品の生産に使われるときは，牛乳は州機関をとおして高価格で酪農業者に販売された。こうした価格支持政策によって，牛乳生産農家は所得を保証された。他方，原料牛乳が輸出向け酪農品の生産に使われるときは，牛乳は連邦政府機関をとおして市場価格よりも低い価格で酪農業者に販売された。換言すれば，カナダの輸出酪農品は，原料牛乳を低価格で現物支給されることで，低い価格で海外に放出された。米国とニュージーランドは，カナダの輸出は，原料の安価な現物支給をつうじて輸出補助金を受けて行われており，しかもこの補助金つき輸出は，カナダがWTOで約束した輸出補助金削減義務に違反していると主張して，パネル手続を開始した。

［推移］カナダの措置は原審査パネル手続で農業協定違反の輸出補助金と判定された。このためカナダは違反措置を廃止・是正したが，あらたな実施措置を導入した。この実施措置は，実施審査段階のパネル手続に委ねられた。1回目の実施審査上級委員会は，実施措置が農業協定に抵触しているかどうか判定することができないと結論した。それは，上級委員会がパネルの判断基準を覆し新しい判断基準を示したからであった。上級委員会は新しい判断基準に関する情報（原料牛乳の総原価）をもっていなかった。それゆえ，上級委員会は結論をくだすことができなかった。国内裁判所と異なり，上級委員会はパネルへの差戻し権をもたな

いため，米国とニュージーランドは，2回目の実施審査パネル手続を開始した。その結果，2回目の実施審査上級委員会は，カナダの実施措置が新基準のもとで農業協定に反する輸出補助金に該当する，と結論した。2006年12月現在で，2度の実施審査が行われたのは，カナダ牛乳事件，米国外国販売会社事件，ブラジル航空機事件の3件である。

Ⅰ　原審査

［手続］パネル（1999.5.17報告送付），上級委員会（1999.10.13報告送付），DSB（1999.10.27報告採択）

［結論］カナダは農業協定に違反する輸出補助金を供与している。

［理由］－原料の安価な現物支給は，輸出加工品への輸出補助金にあたる。
－原料の現物支給は農産物輸出への政府の支払にあたり，それは農業協定上，削減約束の対象となる輸出補助金の一種（9.1@条）に相当する。なぜならば，支払の概念は広く，資金の供与のほかに，低価格の現物支給（やサービス提供）を含むからである。低価格の現物支給は，経済価値からみれば，資金の供与と異ならない。このため，政府による低価格の原料支給は，加工農産物への輸出補助金に該当する。
－カナダは輸出補助金つきの輸出を，約束水準を超えて行っていたため，協定の約束遵守義務（3.3条，8条）に違反する。
－カナダはさらに牛乳（fluid milk）の輸入に関し，WTOで譲許した関税割当の一次税率数量枠を小額輸入（1件あたり20カナダドル）に限定したためGATTの関税譲許義務（2.1@条）に違反する。

［勧告］カナダが措置を農業協定とGATT 1994に合致させるよう勧告する。

Ⅱ　実施審査

［手続］実施期限合意（2001.1.31を実施期限とする旨当事者間で合意），実施審査パネル申立（米国，ニュージーランド2001.12.6），実施審査パネル（2001.7.11報告送付），実施審査上級委員会（2001.12.3報告送付），DSB（2001.12.18報告採択）

［結論］カナダの実施措置がいぜんWTOに違反しているかどうか判断できない。

［理由］－カナダはDSB勧告を実施するため，原料牛乳に関する既存の輸出補助金制度を一部廃止，一部是正した。ところが，カナダは商業輸出牛乳の販売制度を創設し，これが実施審査パネル手続の対象となった。この新制度のもとでは，輸出加工用の牛乳は，国内加工用の牛乳とは異なり，政府機関をとおさずに販売された。国内加工用の牛乳は従来どおり政府の価格支持を受けたが，輸出加工用の牛乳は，牛乳生産者と酪農加工業者の間で売買された。
－パネルは，カナダの実施措置はいぜん輸出補助金に該当すると判定した。パネルによれば，輸出品の原料牛乳が国内市場向け産品の価格よりも低い価格で現物支給されれば，輸出品のための支払援助があるとされた。しかし，上級委員会は，パネル判断を覆し，支払は輸出品の原料が原価割れで販売される場合に認定されるとのべた。
－しかし上級委員会は，本件の牛乳生産原価について必要な情報をもたないため，本件で原価割れ販売が行われ輸出者への支払援助が行われたかどうか判定できない。それゆえ上級委員会は，本件でカナダが輸出補助金を農業協定に反して供与したとするパネル報告を覆した。

Ⅲ　報　復

［手続］報復申請（米国・ニュージーランド申請，2001.2.16），報復規模仲裁の中断（仲裁未選定）

Ⅳ　実施審査Ⅱ

［手続］パネルⅡ（2002.7.26報告送付），実施審査上級委員会Ⅱ（2002.12.20報告送付），DSB（2003.1.17報告採択）

［結論］カナダは農業協定に反して輸出補助金を供与した。

［理由］－商業輸出牛乳は牛乳生産者から酪農加工業者に対し，原価（平均生産コスト）割れで販売された。このため，酪農品輸出に対する支払が牛乳生産者によって行われた。
－しかし牛乳生産者の支払は政府の国内価格支持政策によって実現されたため，それは農業協定上，削減約束の対象となる輸出補助金に該当する。牛乳生産者は，牛乳を輸出加工向けに販売するときは，原価割れ販売を行って，損失を計上した。しかし，この損失は，国内加工向けの販売利益によって埋め合わされた。政府の国内価格支持は，余剰利益による損失の埋め合わせという内部相互補助を可能にした。
－カナダは酪農品の輸出補助金つき輸出を年次数量水準を超えて行い，農業協定の輸出補助金削減義務（3.3条，8条）に違反した。

4-5. カナダ自動車協定事件，Canada-Autos

［正式名称］カナダ自動車産業措置（Canada-Certain Measures Affecting the Automotive Industry）

［申立・事件番号］日本申立・WT/DS139，EC申立・WT/DS142

［事実関係］カナダは1965年の米加自動車協定に基づいて在加米系Big Threeが輸入する自動車に対してのみ関税を免除し，在加日系自動車会社や在加EC系自動車会社による自動車輸入に対しては関税を賦課した。このため，日系・EC系等の在加自動車会社は，商品・サービス貿易上，在加米系自動車会社よりも差別された。日本とECは，カナダを相手どってパネル手続を開始した。

Ⅰ　原審査

［手続］パネル（2000.2.11報告送付），上級委員会（2000.5.31報告送付），DSB（2000.6.19報告採択）

［結論］カナダの措置は，WTOに違反する。

［理由］カナダは1965年の米加自動車協定に基づい

て在加米系 Big Three が輸入する自動車に対してのみ関税を免除し，日 EC 自動車会社による輸入には関税を賦課している。この差別的措置は，商品貿易上の最恵国待遇・内国民待遇原則・輸出補助金禁止原則に反し，またサービス貿易上の内国民待遇原則に反する。

Ⅱ　実　施

［手続］実施期間仲裁決定（2000.10.4：実施期間を8カ月とする），カナダの実施措置（2001.2.18）

4-6. カナダ航空機事件Ⅰ，Canada-Aircraft

［正式名称］カナダ民間航空機輸出措置（Canada-Measures Affecting the Export of Civilian Aircraft）

［申立・事件番号］ブラジル申立・WT/DS 70

［事実関係］カナダ政府機関は，さまざまな助成や融資を自国の民間航空機会社に対してあたえていた。ブラジルは，それら助成措置が相殺措置協定で禁止された赤の輸出補助金に該当すると主張してパネル提訴を行った。

Ⅰ　原審査

［手続］パネル（1999.4.14 報告送付），上級委員会（1999.8.2 報告送付），DSB（1999.8.20 報告採択）

［結論］カナダの助成措置は一部，赤の輸出補助金に該当し WTO 違反である。

［理由］カナダの一部政府機関が民間航空機輸出に関してあたえた補助金は輸出を条件として供与されたため，相殺措置協定で禁止された輸出補助金に該当する。

－カナダ当局とカナダ技術提携団（Technology Partnerships Canada. TPC.）が民間航空機にあたえた資金は輸出補助金に該当する。

－しかし，カナダ輸出開発会社（Export Development Corporation. EDC.）が補助金に該当する資産注入を民間航空機会社資本に対して実際に行ったことをブラジルは立証できなかった。政府担当者のたんなる一般的な言明だけでは，証拠がないかぎり，補助金供与を裏づけるのに十分でない。

Ⅱ　実施審査

［手続］実施審査パネル（2000.5.9 報告送付）実施審査上級委員会（2000.7.21 報告送付），DSB（2000.8.4 報告採択）

［結論］改訂措置も WTO に違反する。

4-7. カナダ航空機事件Ⅱ，Canada-Aircraft Ⅱ

［正式名称］カナダ地方航空機輸出信用融資保証（Canada-Export Credits and Loan Guarantees for Regional Aircraft）

［申立・事件番号］ブラジル申立・WT/DS 222

［事実関係］事件Ⅰと異なり，事件Ⅱでは地方航空機への助成措置が問題となった，

Ⅰ　原審査

［手続］パネル（2002.1.28 報告送付），上訴なし，DSB（2002.2.19 報告採択）

［結論］カナダの地方航空機への助成措置は WTO 相殺措置協定に違反する。

［理由］－輸出信用保証プログラム自体は非強制的であるため WTO に違反しない。

－しかし，特定地方航空機への助成措置は相殺措置協定で禁止された赤の輸出補助金に該当する。

－輸出補助金は遅滞なく，90 日以内に廃止しなければならない。

Ⅱ　報　復

［手続］報復申請（ブラジル申請，2002.5.23），報復規模仲裁付託（DSB 付託決定，2002.6.24），報復規模仲裁（仲裁決定 2003.2.17 送付）

4-8. カナダ小麦輸出事件，Canada-Wheat

［正式名称］カナダ小麦輸出・輸入穀物措置事件（Canada-Measures Relating to Exports of Wheat and Treatment of Imported Grain）

［申立・事件番号］米国申立・WT/DS 276

［事実関係］カナダ国家貿易企業による小麦の輸出入措置が GATT 国家貿易企業規定に合致しているかどうかが争われた。

Ⅰ　原審査

［手続］パネル（2004.4.6 報告送付），上級委員会（2004.8.30 報告送付），DSB（2004.9.27 報告採択）

［結論］カナダの小麦輸出制度は GATT（17条1）の国家貿易企業ルールに違反していない。

［理由］GATT は国家貿易企業が無差別原則にしたがって行動し（17条1@），輸出にさいし他の加盟国の輸入企業（本件では米国輸入者）に適切な競争機会をあたえるよう義務づけた（17条1@）。米国はカナダが GATT 規定に違反していることを立証できなかった。

4-9. カナダ・ホルモン報復継続事件，Canada - Continued Hormones Retaliation（20-45. 米国・ホルモン報復継続事件と同一）

［正式名称］カナダ米国・EC ホルモン紛争報復継続事件（Canada/United States - Continued Suspension of Obligations in the EC - Hormones Dispute）

［申立・事件番号］EC 申立・WT/DS 321

［事実関係］［手続］［結論］係争中，20-46 事件参照

5. 被申立国　Chile（2件）

5-1. チリ酒税事件，Chile-Alcohol

［正式名称］チリ酒税（Chile-Taxes on Alcoholic Beverages）

［申立・事件番号］EU 申立・WT/DS 87, 110

［事実関係］チリは国産酒と輸入酒に対して異なる税を課していた。EC はチリの酒税が GATT の内国民待遇原則に違反するとしてパネル設置を要求した。

Ⅰ　原審査

［手続］パネル（1999.6.15 報告送付），上級委員会（1999.12.13 報告送付），DSB（2000.1.12 報告採択）

［結論］チリの酒税は内国民待遇原則に違反する。
［理由］チリの酒税は国産酒に軽く直接競合する輸入酒に重く課されているため保護的内国税に該当する。
Ⅱ 実 施
［手続］実施期間仲裁決定（2000.5.23：実施期間を14カ月9日とする）

5-2. チリ農産物価格帯事件，Chile-Agricultural Products (Price Band)
［正式名称］チリ農産物価格帯/セーフガード措置 (Chile-Price Band System and Safeguard Measures Relating to Certain Agricultural Products)
［申立・事件番号］アルゼンチン申立・WT/DS 207
［事実関係］チリは自国農産物を保護するため価格帯制度を導入し、また小麦等にセーフガード措置を課した。隣国アルゼンチンはチリを相手どってパネル手続に訴えた。
Ⅰ 原審査
［手続］パネル（2002.5.3報告送付），上級委員会（2002.9.23報告送付），DSB（2002.10.23報告採択）
［結論］チリの農産物措置はWTOに違反する。
［理由］ーチリの価格帯制度は農産物に関する非関税障壁であり，最低輸入価格または可変輸入課徴金に類似した国境措置にあたる。この措置は，本来通常の関税に転換されるべきものであるから，農業協定4.2条の関税化原則に違反している。
ーまたチリの小麦等セーフガード措置はGATT 19条とセーフガード協定の要件を満たさず違法である。
Ⅱ 報 復
報復規模仲裁（2002.12.17設置）
Ⅲ 実施審査
［手続］パネル（2006.12.8報告送付），上級委員会（2007.5.7報告送付），DSB（2007.5.22報告採択）
［結論］チリの実施措置はいぜんWTO違反を構成している。
［理由］ーチリが価格帯制度を改正してとった実施措置は，いぜん国境措置であり，それはWTO農業協定（4.2条の脚注1）に定められた「可変輸入課徴金および最低輸入価格」に類似している。それは通常の関税ではない。このパネル解釈を上級委員会は承認した。
ーチリーは非関税障壁を維持している。したがってチリーは農業協定（4.2条）に違反した。協定は，加盟国が，農業分野の市場アクセスを確保するため，関税化原則にしたがって通常関税に変更すべき非関税措置を維持・新設・復活してはならないと定めているからである。。チリは結局原審査のDSB勧告を実施することに失敗した。上級委員会はこのパネル判断を支持した。

6. 被申立国 China （3件）

6-1. 中国自動車部品輸入事件
［正式名称］「中国・自動車部品輸入措置事件」"China - Measures Affecting Imports Of Automobile Parts"
［申立・事件番号］EU申立・WT/DS 339，米国申立・WT/DS340，カナダ申立・WT/DS 342
［事実関係］中国は法令により自動車関連の従価関税率を，完成品25％，部品10％としていた。しかし，自動車用部品のうち，つぎの条件を満たすものは完成車とみなされ，部品の輸入段階ではなく自動車組立後の段階で25％の税に服した。第1に，輸入部品が国内での自動車組立のためのキット（CKD or SKD kits）として輸入されること，第2に，これらキットは(i)車体とエンジン，(ii)車体またはエンジンのいずれかと3以上のサブアッセンブリー，(iii)車体・エンジン以外の5以上のサブアッセンブリーのいずれかであること，第3にキット価額が完成車価額の60％以上を占めることであった。キットの供給国がどこであっても，供給者がだれであれ，また輸入積荷が一度であれ数度であれいっさい問題とならない。しかも税を課されるのは，中国国内の完成品メーカーのみであり，(輸入者でも)部品メーカーでも部品加工者でもなかった。米国・EC・カナダは中国を相手どってパネル手続を開始した。
Ⅰ 原審査
［手続］パネル（2008.7.183報告送付），上級委員会（2008.12.15.報告送付），DSB（January 12, 2009.1.12報告採択）
［結論］中国の自動車部品に対する輸入措置は，差別内国税にあたり，また国内規制上の内外差別にあたるため，GATT内国民待遇原則に反する。
［理由］ーパネルは，完成車とみなされる輸入部品へ課される税は，輸入段階ではなく，国内での組立後に課されるため，内国税（GATT3条2項）に該当し，通常関税（GATT2条1項b）ではないとした。しかもこの税は，輸入部品に対し，同種の国産部品よりも重く課されるから，差別的内国税（GATT3条2項）にあたる。その過程でパネルはGATT時代のEC迂回防止税パネル裁定を引用した。またこの内国税は部品輸入後の国内規制にあたるため，国内規制に関する内国民待遇原則（GATT3条4項）にも違反するとつけくわえた。上級委員会はこのパネル判断を支持した。
ーしかし中国の措置は，中国のWTO加盟作業部会報告にある中国の約束には違反しなかった。
［遵守］2009年9月，中国は差別的内国税をWTOに合致させた。

6-2. 中国知的所有権事件，China - Intellectual Property Rights
［正式名称］中国知的所有権保護実施措置事件 (China - Measures Affecting the Protection and Enforcement of Intellectual Property Rights)
［申立・事件番号］米国申立・WT/DS 362

［事実関係］米国は中国の3種類の知的所有権関連措置に対してパネル手続を開始した。第1は，中国での公開流通が国内法令で禁止された（輸入）著作物に対する著作権・著作隣接権の保護執行を無にしていることである。中国は一連の法令（刑法，出版運営規則，放送運営規則，音響映像運営規則，映画フィルム運営規則，電気通信運営規則等）によって，外国著作物の国内での公開流布を禁止している。これにより，外国著作権者はベルン条約が特別に付与した最低限の著作権を中国では享受できない。公開流布禁止著作物の権利保護が確保されていない。第2は，知的所有権侵害を理由に中国税関が没収した産品が売却処分されていることであり，米国はその根拠法令（Regulations of the People's Republic of China for Customs Protection of Intellectual Property Rights; the Implementing Measures for these Regulations; General Administration of Customs Announcement No. 16）を列挙した。第3は，故意の不正商標や著作権侵害に対する刑事手続・罰則の対象数量と価額の水準に関するものであった。中国はこの水準をj国刑法，最高人民裁判所等の解釈によって定めていた。米国は，このような中国措置は，TRIPS協定（9.1, 14, 41.1, 46, 59, 61各条），ベルン著作権条約（5.1条，5.2条）に違反すると主張した。

Ⅰ　原審査

［手続］パネル（2009.1.26報告送付），上訴なし，DSB（2009.3.20パネル報告採択）

［パネル結論］中国措置はベルン条約とTRIPS協定に違反する。

［理由］一まず第1の論点，公開流布禁止著作物の権利保護に関し，中国著作権法（4.1条）は，ベルン条約に違反する。たしかにこの条約（17条）は，同盟国当局が必要と認めるときは，著作物の頒布・上演・展示を取締り，禁止することができると定めた。しかし，TRIPS協定（9.1条）によりWTOにとりいれられたベルン条約（5.1条）は，同盟国の著作者が内国民待遇をうけるほか，条約により「とくに与えられた権利」(rights specially granted by this Convention) を享受すると明言した。そして条約（4条）は，映画著作物と建築著作物に関し，同盟国の著作者に対して，著作権保護基準が満たされないときでも，とくに保護を与えなければならないと定めた。したがって，ベルン条約は同盟国に対して特定著作権を特別に保護するよう義務づけた。この義務規定に，中国法の公開流布禁止著作物・不保護規定は違反するのである。それゆえ，中国法は，TRIPS協定にも反する。協定（41.1条）は，知的所有権侵害に対する防止・救済をWTO加盟国に義務づけているが，問題の中国法はこの協定義務に反するからである。

―中国当局による著作権侵害物品の処分問題については，パネルは米国がTRIPS違反の立証に失敗したと結論した。TRIPS協定（59条，46条第1段）は，著作権侵害物品を，著作者に損害を与えないような方法で，また補償を求めずに，流通経路から排除・廃棄する権利を輸入国に与えた。米国は協定違反の立証をすることができなかった。

―他方，不正商標商品の扱いに関し，パネルは中国当局の措置がTRIPS協定（59条，46条第4段）に違反したことを認めた。協定は，例外的な場合を除くほか，不正商標商品の積み戻し（59条）を認めることができるが，違法商標を除去して流通経路に乗せることはできないとしている。それゆえ，違法商標を除去して商品を流通させる措置はTRIPS協定に反する。

―刑事上の対象数量と価額の水準については，米国が中国のTRIPS協定（61条）違反を立証できなかったと，パネルはのべた。

6-3. 中国・出版物音響映像事件，China - Publications and Audiovisual Products

［正式名称］中国・出版物音響映像娯楽産品の貿易権と流通サービスに影響を与える措置事件（China – Measures Affecting Trading Rights and Distribution Services for Certain Publications and Audiovisual Entertainment Products）

［申立・事件番号］米国申立・WT/DS363

［事実関係］米国は，音響映像産品に関する中国措置が中国WTO加盟議定書，GATT1994に違反するとしてパネル審査を求めた。米国の主張は大別して4つある。第1に，中国は中国企業と外国企業・個人に対し，劇場用フィルム・出版物・家庭用音響娯楽産品（DVD, video cassettes）・録音機を輸入するための貿易権（Trading Rights）を与えていない。これは，中国がWTO加盟後3年以内に若干の例外品目（上記品目は含まれない）を除き貿易権を企業に与えるとした加盟議定書の約束に反する。この約束にもかかわらず，中国は，上記音響映像産品の輸入権を中国の国営企業（全株国営，部分国営）と国家指定企業に与えた。第2に，中国は出版物・家庭用映像産品・録音機の流通サービスに関し，外国サービス提供者の市場アクセスを差別的に制限している。これは中国加盟議定書のサービス関連約束にそむく。第3に，中国は劇場用輸入フィルムの流通を制限している。これは，GATT（3条4項）の内国民待遇原則と中国の加盟議定書約束に抵触する。第4に，中国は輸入録音機に国産品よりも不利な流通機会を与えている。これもGATT内国民待遇原則と中国加盟議定書約束に合致しない。

Ⅰ　原審査

［手続］パネル（2007.11.27設置，2009.8.12報告送付），上級委員会（2009.12.21報告送付）

（Ⅰ）中国加盟議定書・作業部会報告書との抵触についてパネルはつぎのように抵触を認め，上級委員会もパネル判断を支持した。

―中国はWTO加盟議定書（5.1/5.2）と作業部会報告書（83/84）の義務に違反した。

－中国政府機関はいくつかの意見（4条）に従い外国投資会社が関連出版物・音響製品を輸入するのを禁止し議定書・報告書にそむいた。
－中国は出版規則により，中国設立企業（国営企業を除く）の輸入貿易権を否定した。また出版物輸入者の範囲を国営企業に限定し非国営企業を排除した。さらに新聞・定期刊行物の輸入貿易権を輸入者に差別的に与えた。これら中国の措置は議定書・報告書の義務に違反する。
－中国は劇場フィルム規則（30条）により，在沖外国資本企業に対し貿易権を非差別的な方法で与えなかった。これは議定書・報告書の義務にそむく。
－中国はまたフィルム企業ルール（the Film Enterprise Rule, 16条）に基づき，外国投資企業に貿易権を与えず議定書・報告書に違反した。中国で登記されていない外国企業と外国人に対しても当該ルールは報告書規定に抵触する。
－中国の2001年音響産品規則（Audiovisual Products Regulation）は最終産品の輸入権を外国投資企業に非差別的に与えるべき報告書規定に反した。外国企業への産品輸入権の否定も無差別原則を定める報告書規定に抵触する。さらに中国は音響製品輸入ルール（Audiovisual Products Importation Rule）により最終製品の無差別輸入権を外国投資企業から奪い報告書規定に反した。
－中国は音響関連流通ルール（Audiovisual [Sub-] Distribution Rule）を維持して，産品流通に従事する中外合弁企業の輸入権を否定した。これは議定書・報告書の義務違反を構成する。

i　I GATT 一般例外条項について，上級委員会はパネル判断を部分的に修正した。

パネルは，GATT 一般例外条項（20条a）が公徳保護のための輸入制限を一定の条件のもとに許容している。中国は文化保護のための貿易制限は公徳保護を狙いとすると主張した。

しかし，中国の上述措置が公徳保護のため必要であると立証できなかった，とパネルはのべた。パネルによれば，中国出版規則のなかの国家計画要件は公徳保護に貢献するが，本件では「合理的に利用可能な代替措置」（a reasonably available alternative）がないので，中国の当該要件は公徳保護に必要とみなされる。中国は，WTO 加盟議定書の違反を一定の条件がそろえば GATT 一般例外条項の公益保護を理由として正当化することができる。それは，加盟議定書と GATT との間に明確な関連性（a clear link）があることをいう。しかし，本件ではパネルが指摘したように，中国は公益保護の必要性があることを立証できなかった。

ii　GATS 違反

中国関連規定のもとでは，国内サービス提供者は，資金支払いをして輸入出版物の卸売に従事することができる。しかし，WTO 加盟国の同種サービス提供者を含む外国投資企業はこうした卸売に従事することを禁止されている。これは中国の内国民待遇約束（GATS 17条）と整合しない。

中国関連規定のもとでは，国内サービス提供者は市場での販売を行うことを条件として輸入出版物の卸売をすることができる。他方，同種の外国サービス提供者はそれができない。これも中国の内国民待遇約束（GATS 17条）に反する。

iii　GATT 違反
－中国の輸入出版物規制は GATT 内国民待遇原則（3.4条）に違反する。
－中国の出版物流通ルール（Publications (Sub-) Distribution Rule）は出版物市場ルール（Publications Market Rule）とあわせ読むと，外国投資企業は輸入出版物を中国国内で流通させることができない。この差別は，輸入品と同種国内産品の市場での競争条件を（輸入品に）不利に変更するおそれがあるため，商品の国内流通に関する内外無差別原則（GATT 3条4）と抵触する。

6-4. 中国・補助金事件 China-Grants

［正式名称］中国助成貸付事件（Grants, Loans and other Incentives）

［申立・事件番号］米国申立・WT/DS 387，メキシコ申立・WT/DS 388，グアテマラ申立・WT/DS 390［事実関係］

［推移］米国によれば，中国は広範な産品（家電製品，繊維製品および衣料品，農産品，金属製品，化学製品，薬品）について国内生産者に助成金，貸付等を供与していた。米国はWTOでの協議を求めた。中国は輸出補助金を廃止する合意を米国とむすび，2009年12月補助金制度を廃止した。パネル手続を尽くさずに紛争が解決された。

6-5. 中国・輸出規制事件，China-Export Restraint

［正式名称］中国稀小金属輸出規制事件（: China -Measures related to the exportation of various raw materials）

［申立・事件番号］米国申立・WT/DS 394，EU 申立・WT/DS 395，メキシコ申立・WT/DS 398

［事実関係］中国は資源輸出を制限した

I　原審査

［手続］パネル（報告送付 2011.6.5），上訴（2011.8.31）

［パネル結論］中国の輸出数量制限は GATT に違反する。また中国の特定輸出税は加盟議定書に違反する。

［パネル理由］－中国の輸出割当は，bauxite・coke・fluorspar・silicon carbide・zinc に関し GATT（11.1条）に違反し，GATT 一般例外条項（20条b）の人動植物の生命健康の保護に必要な措置によって正当化されない。
－輸出税を課された品目は，中国加盟議定書（Para. 11.3）によってカバーされない。他原料（zinc scrap・magnesium scrap・manganese scrap）への輸出税も

GATT 一般例外条項（20条b）によって正当化されない。

7. 被申立国　Colombia（1件）

7-1. コロンビア指標価格事件

［正式名称］コロンビア・指標価格・入港制限措置事件（Colombia - Indicative Prices and Restrictions on Ports of Entry）

［申立・事件番号］パナマ申立・WT/DS366/

［事実関係］パナマは，コロンビアの2種類の輸入関連措置がWTOに違反するとしてパネル設置を求めた。第1は，指標価格（Indicative prices）制度である。コロンビアは関税の賦課にあたり，WTO関税評価協定の輸入価額算定方法によらず，自国が一方的に定める指標価格に基づいて輸入品の価格を決定している。それゆえ輸入品価格が輸出国の低いFOB価格で表示されているときは，FOB価格ではなく指標価格を輸入品の価格としている。第2に，コロンビアはパナマからの繊維衣服（HS 50-64）にかぎって，指定2港を入港地としている。しかもパナマ産品だけは，コロンビアへの入港に先立つ15日前に，輸入申告書の提出を義務づけられている。義務違反があるときは特別規定により商品の留置が行われる。パナマ溌コロンビア経由第3国向けの通過（Transit）商品も同様の措置に従うため，コロンビアの措置は，GATT（5条）の通過商品自由無差別待遇原則にも反する。こうした措置はパナマ製品に対する差別的な輸入制限措置でありGATTの輸入制限禁止原則（11.1条）と最恵国待遇原則（1.1条）に抵触する。

Ⅰ　原審査

［手続］パネル（2007.10.23設置，2009年3月現在で報告未送付）

8. 被申立国　Dominican Republic（1件）

8-1. ドミニカ共和国煙草事件, Dominican Republic-Cigarettes

［正式名称］ドミニカ共和国・煙草輸入国内販売措置事件（Dominican Republic-Measures Affecting the Importation and Internal Sale of Cigarettes）

［申立・事件番号］ホンジュラス申立・WT/DS302

［事実関係］ドミニカ共和国が煙草の輸入販売に関してとっていた一連の措置がWTOに違反しているどうかが問われた。

Ⅰ　原審査

［手続］パネル（2004.11.26報告送付），上級委員会（2005.4.25報告送付），DSB（2005.5.19報告採択）

［結論］ドミニカ共和国の国内規制，とくに納税スタンプ要件は，国産品に有利に輸入品に不利に働くためGATT内国民待遇原則（3条4）に違反する。

［理由］―ドミニカは輸入煙草に過渡的課徴金［transitional surchage］（輸入品CIF価格の2％）と通貨交換手数料［foreign excnage fee］（輸入品価額の10％）を課している。この税額はGATT譲許税率を超えており，譲許原則（2条1b第1段）に違反する。

―ドミニカは，納税スタンプを輸入煙草の包装に押し，この押印が「ドミニカ共和国の領域内で地方税務当局の監視下で行われた」ことを表示している。しかし，納税スタンプの押印要件は，国内販売・提供・購入・分配・使用に関し，輸入品を同種の国産品よりも不利な立場におき，GATTの国内規制無差別原則（3条4）に抵触する。ドミニカ政府はこの措置が税関行政に必要であり，それゆえGATT一般例外条項（20条d）によって正当化されると主張したが，その立証に失敗した。

―他方，ホンジュラスはドミニカの保証金要件（bond requirement）が輸入品に同種国産品よりも不利な待遇を与える国内規制にあたり，GATTの国内規制無差別原則（3条4）反すると主張した。この主張を支持したパネル判断を上級委員会も認容する。

Ⅱ　実施　仲裁（2005.8.29当事者間合意成立により実施期間設定不要）

9. 被申立国　EC/EU（28件）

9-1. EC帆立貝事件, EC-Trade Description of Scallops

［正式名称］EC帆立貝商品記述（EC-Trade Description of Scallops）

［申立・事件番号］カナダ申立・WT/DS7，ペルー申立・WT/DS12，チリ申立・WT/DS14

Ⅰ　原審査

［手続］相互に満足すべき解決（1996.7.5）パネル（1996.8.5報告送付），DSB（報告未採択）

［結論］フランスの帆立貝に関する正式名称と取引記述がスタンダード協定2条とGATT1条・3条に反するかどうかについて審理しない。

9-2. ECバナナ事件Ⅲ, EC-Bananas III

［正式名称］ECバナナ輸入制度（EC-Regime for the Importation, Sale and Distribution of Bananas）

［申立・事件番号］5カ国（エクアドル，グアテマラ，ホンジュラス，メキシコ，米国）合同申立・WT/DS27

［事実関係］ECは，GATT時代のバナナ報告Ⅱをブロックしたあと，ラテンアメリカの提訴5カ国のうち4カ国（グアテマラを除く）とバナナ枠組協定（BFA）を締結し，4カ国に有利な輸入割当を行った。またECはACP産バナナのための無関税輸入とラテンアメリカ産バナナのための高関税輸入という差別措置を合法化するため，ACP特恵制度についてGATT義務免除（Lome waiver）を獲得した。こうした状況変化ののち，米国とバナナの最大輸出国エクアドルを含む5カ国は，ECバナナ輸入制度がGATTとGATSの無

差別原則に違反すると主張してパネル提訴を行った。米国は主要バナナ輸出国ではないが、ラテンアメリカ産バナナは米国（とメキシコ）の多国籍企業により中南米で栽培され、そこから企業の輸出・流通販売サービスによってEC市場へ投入されていた。

［推移］ECはパネル手続で敗訴したため、バナナ輸入規則の改正を行ったが、この実施措置も実施審査パネルでGATT/GATS違反と判定された。実施審査パネル報告は1999年5月6日DSBにより採択された。つづいて、米国とエクアドルはECに対して報復措置をとることを、それぞれ1999年4月と2000年5月に、DSBにより許可された。しかし、2001年4月11日の米国EC了解、同年4月30日のECエクアドル了解、同年12月18日のACP特恵（Cotonou協定）ドーハ義務免除、同年12月19日のEC改正バナナ共通輸入規則の採択ののち、EC新制度（歴史的ライセンス制度）が発足し、米国とエクアドルの報復措置は停止された。ECはバナナ輸入制度を2006年1月から純粋な関税措置に切り替える約束をした。とはいえ、ドーハ義務免除仲裁は、2005年ECが義務免除の条件に違反したことを認めた。またECは2006年1月からふたたび差別的なバナナ輸入制度を導入したためラテンアメリカ諸国がECと実施審査協議を行ったが協議は妥結しなかった。そこで米国とエクアドルが実施審査手続IIを開始した。実施審査IIは2008年12月、EC措置をWTO違反と認めたが、ECは2008年1月から一方的なACP優遇措置をEC・ACP自由貿易協定に切り替えた。紛争は最終的に2009年12月15日の米EC間の政治決着により達成された。原審査（パネル・上級委員会）のパネル設置（1996.5.8）から、実施審査I（パネル）、報復、コトヌ協定義務免除仲裁I・II、実施審査II（パネル・上級委員会）、EC・ACP経済連携協定を経て、米EC決着にいたるまでに13年7カ月を要した。

I 原審査

［手続］パネル（1996.5.8設置、1997.5.22報告送付）、上級委員会（1997.9.9報告送付）、DSB（1997.9.25報告採択）

［結論］ECの共通バナナ輸入制度は商品貿易に関するGATTとサービス貿易に関するGATSの双方の無差別原則（最恵国待遇原則、内国民待遇原則）に違反する。

［理由］－カナダ雑誌事件で確認されたように、国家の貿易措置は、商品貿易のほか関連サービス（卸売サービス等）に関連するときは、GATTとGATSの双方の規律を適用される場合がある。

(1) GATT違反－商品貿易に関し、ECはバナナ輸入を規制するため関税割当制度を導入した。この制度の特恵関税は合法だが、関税割当の国別配分が差別的である。

－関税割当制度の特恵関税からみると、ACP産品は特恵関税を受ける反面、ラテンアメリカ産品は高関税に服している。しかし、関税面の差別は、GATT（1条）の最恵国待遇違反だが、ACP特恵がGATTで1994年12月に義務免除されたため正当化される。

－しかし、関税割当の国別割当は最恵国待遇原則に違反する。第1に、この国別割当は、ラテンアメリカ産バナナに不利でACP産バナナに有利である。第2にラテンアメリカ産品への国別配分も平等ではなく、BFA4カ国産品には有利だが他国産品には不利となっている。

－国別配分はさらにラテンアメリカ産品に不利でEC域内産品に有利である点でGATT（3.4条）の内国民待遇原則にも違反している。

(2) GATS違反－サービス貿易面でもEC制度は、バナナの卸売サービスに関し、米国/ラテンアメリカ所有サービス企業に不利でACP所有サービス企業に有利であり、GATS（2条）の最恵国待遇原則に反する。それはまたEC所有サービス企業に有利で第3諸国所有サービス企業に不利であるからGATS（17条）の内国民待遇原則にも抵触する。

(3) その他－WTOパネル提訴に関し、提訴国は法的利益（legal interest）をもつ必要はない。米国はバナナ輸出国ではないが、ECのGATT違反を理由にパネル提訴資格をもつ。

II 実施審査I

［手続］実施期間仲裁決定（1998.1.7：実施期間を15カ月1週間とする）、実施審査パネル（エクアドル申立、1999.4.12報告送付）・実施審査パネル（EC申立、1999.4.12報告送付）、DSB（1999.5.6報告採択）

［結論］ECの実施措置はいぜんとしてGATTとGATSの無差別原則に違反している。

［勧告実施方法の示唆］実施審査パネル（エクアドル申立）はECが実施措置をWTOに整合させるため、3つの選択肢を示唆した。その1つは、純粋な関税措置であり、関税割当を関税措置に切り替えれば、国別数量割当は不要となるとした。ただし関税措置のもとでACP産バナナに特恵待遇をあたえるときは、WTO義務免除かEC・ACP自由貿易協定の締結が必要となるとされた。

III 報復

［手続］報復規模仲裁（米国申立、1999.4.9決定）、DSB報復許可（米国の対EC報復、1999.4.19許可）報復規模仲裁（エクアドル申立、2000.3.24送付）、DSB報復許可（エクアドルの対EC報復、2000.5.18許可）

［報復停止］相互合意解決（2001.7）、ドーハ閣僚会議によるコトヌ協定の義務免除決定。

IV コトヌ協定義務免除仲裁（Arbitrations）I・II

［正式名称］ACP-EC Partnership Agreement Arbitration ("Banana Tariffs Arbitration") I.II.

［申立・事件番号］第1次申立・ブラジル、コロンビア、コスタリカ、エクアドル、グアテマラ、ホンジュラス、ニカラグア、パナマ、ヴェネズエラ、WT/L/616 第2次申立・ブラジル、コロンビア、コスタリ

カ，エクアドル，グアテマラ，ホンジュラス，ニカラグア，パナマ，ヴェネズエラ，WT/L/625

［手続］ドーハ閣僚会議（義務免除条件），義務免除仲裁Ⅰ（2005.8.1），義務免除条件不遵守（EC違反），義務免除仲裁Ⅱ（2005.10.27）

［結論］EC措置はWTOに違反する。

［理由］ECはドーハ閣僚会議が定めた義務免除の条件に従っていない。

V　実施審査協議

［正式名称］ECバナナ輸入制度コトヌ協定（EC-Banana Import Regime and ACP-EC Partnership Agreement）

［申立・事件番号］3カ国（Honduras, Panama and Nicaragua ホンジュラス，パナマ，ニカラグア）・WT/DS27/62

［手続］実施審査協議（2006.1），パネル未設置

［事実関係］ECは2006年1月からバナナ輸入に対する純粋な最恵国関税制度を導入し，バナナ関税を譲許するはずであった。ECはこの約束を果たさず，ラテンアメリカ産バナナに一律176ユーロ／トンの関税率を定め，ACP諸国産バナナには無関税輸入枠（無税輸入枠を超えると176ユーロ／トン関税）を認めた。ECはACP諸国産バナナに対する優遇措置についてWTOの義務免除を受けることができなかった。そこでラテンアメリカ諸国は2006年初頭，ECとWTOでの実施審査協議を開始した。

VI　実施審査Ⅱ

［正式名称］EC - Regime for the Importation, Sale and Distribution of Bananas, Second Recourse to Article 21.5 of the DSU by Ecuador

［申立・事件番号］米国申立・WT/DS27/AB/RW/USA，エクアドル申立・WT/DS27/RW2/ECU

［手続］パネル（2008.4.7報告送付），上級委員会（2008.11.26報告送付），DSB（2008.12.11報告採択［エクアドル］，2008.12.22［米国］）

［事実関係］ECは2005年11月29日の理事会規則（Council Regulation 1964/2005）で実施措置を採択した。これによると，ACP諸国産バナナは，年間77万5000トンまでは1次関税ゼロであり，この数量を超えると176ユーロ／トンの2次関税率を課される。しかしラテンアメリカ産バナナは数量に関係なく一律176ユーロ／トンの関税に服する。米国とエクアドルはEC実施措置がいぜんGATT違反にあたるとして2回目の実施審査手続を開始した。

［結論］ECの実施措置はGATT無差別待遇原則（1.1条，13条）と関税譲許原則（2.1条）に反し，例外的に合法化することもできない。

［パネル理由］EC実施措置は，ACP諸国産バナナに有利でラテンアメリカ産バナナに不利に働いている。これはGATTの最恵国待遇原則（1.1条）と関税割当の無差別配分原則（13条）に反するほか，関税譲許原則にも反している。しかも，ECは差別的措置を例外的に合法化するための義務免除をえていない。

− ACP諸国産バナナに対する1次関税ゼロの恩典は，同種のラテンアメリカ産バナナには与えられていない。これはACPに有利でラテンアメリカに不利であるから，最恵国待遇原則に違反する。

− ACP諸国への1次関税ゼロ恩典は，2005年末まではドーハ義務免除決定により例外的に合法化されていた。しかし，義務免除が2006年1月に失効したのち，同様の義務免除はくだされなかった。したがってECは差別的なバナナ関税制度を合法化することはできない。

− ECがACP諸国産バナナに与えた1次関税ゼロの関税割当は，関税割当の無差別適用原則（13.1条）と割当方法（13.2条柱書，13.2d条）に反した。1次関税枠は，すべての実質的な利害関係者との合意に基づくか，合意が成立しないときは過去の代表的期間の輸入シェアにしたがって，輸出諸国に割り当てるよう定められているからである。

− ECはWTOでバナナ関税割当を220万トンまでは1次関税率75ユーロ／トンに譲許した。それにもかかわらず，ECはラテンアメリカ産バナナへのMFN関税率を一律176ユーロ／トンと定めた。これは譲許関税率75ユーロ／トンを超えているからGATTの関税譲許原則（2.1b条）にそむく。

［上級委員会理由］−上級委員会も，いくつかの点でパネルがあげる理由とは異なるとはいえ（albeit for different reasons），EC実施措置は関税割当の無差別適用原則（13.1条）と割当方法（13.2条）に反するからパネル判断を支持する。

− EC関税割当制度はそもそも2002年12月までに撤廃されず，関税再交渉手続が終了するまで効力をもちつづけた。パネルといくつかの点で理由は異なるとはいえ，この措置を関税譲許原則（2.1b条）違反とするパネル判断を上級委員会は支持する。

− ECの一方的な差別的措置は，2006年1月から2007年12月まで維持された。しかし措置は，2008年1月に廃止され，双務的なEC・ACP経済連携協定（Economic Partnership Agreements .EPAs）に切り替えられた。したがって現行のEC・ACP自由貿易協定のもとで，ACP諸国産バナナは無関税・無枠のFTA特恵を受けてEC市場に輸入されている。たしかに過去の一方的差別措置はWTOに違反したが，それはすでに存在しない（no longer in existence）。上級委員会は米国の申立については，消滅した違反措置について勧告をくだすことを断念する。エクアドルの申立についてはECが措置をWTOに整合させるよう勧告する。

VII　FTAへの切換えとGATT整合性の確保

ECは，ACP諸国への優遇制度をWTOに整合させるため，2008年，EC・ACP経済連携協定（Economic Partnership Agreements .EPAs）の締結に踏み切った。カリブ海諸国のためにECカリブ海諸国協定（CARIFORUM）が結ばれている。しかしこれはEC-ACP自由貿易にほどとおくバナナ紛争に影響を与えなかった。

Ⅷ　EU-US/Latin America 最終政治解決

［合意］バナナ貿易一般合意「Geneva Agreement on Trade in Bananas」WT/L/784，15 December 2009，General Council，17-18 December 2009

2009年12月15日，紛争当事国国間でバナナ紛争は終結をみた。これによると，EUはMFNバナナ関税率をまず初年度(2009.12.15-2010.12.31)に176 Euro/mtから一挙に148 Euro/mtまで引下げ，毎年徐々に引下げたのち，最終年度(2017.1.1)までに114 Euro/mtとする。他方，米国側は引き換えにWTO提訴を取下げる。またECはラテンアメリカ産バナナとの競争激化を緩和するためACPバナナ輸出諸国に2億ユーロまでの資金援助を行う。

9-3. EUホルモン牛肉事件，EC-Hormones

［正式名称］EUホルモン牛肉・牛肉製品措置（EC Measures Concerning Meat and Meat Products (Hormones)）

［申立・事件番号］米国申立・WT/DS26，カナダ申立・WT/DS48

［事実関係］EUは成長ホルモンを投与されて飼育された牛の肉と肉製品の輸入・販売を禁止した。カナダと米国は，EUの禁止措置が衛生植物検疫措置協定（2条，3条，5条），技術的障壁協定（2条），GATT（1条，3条，11条）に違反するとしてパネル手続を開始した。

［推移］EU措置は原審査の段階で，衛生植物検疫措置協定に違反すると判定され，EUはDSB勧告を15ヵ月以内に実施する義務を課された。しかしEUは実施措置をとらなかったため，実施審査パネル手続をへずにいきなり報復規模仲裁決定がくだされ，米加はDSBにより報復措置をとることを許可された。米国カナダは報復関税をEU産品に賦課した。これに対し，EUは実施措置をとり，米国カナダに対し報復停止のため交渉解決を開始した。

Ⅰ　原審査

［手続］パネル（米国申立，1999.8.18報告送付）パネル（カナダ申立，1997.8.18報告送付），上級委員会（1998.1.16報告送付），DSB（1998.2.13）

［結論］EUの禁止措置は衛生植物検疫措置協定の危険性評価規定（5.1条）に違反する。

［理由］－EUはSPS協定違反を検討する前にGATT違反を検討すべきであると主張したが，パネルは逆に特別法優先原則に従いEU措置がSPS協定に違反するかどうかをまず審査した。EUは特別法優先審査に対し上訴しなかった。
－EUは国際標準よりも厳しい衛生措置をとった。この措置は，国際標準と一致しないが，国際標準に「基づいて」いるから協定（3.1条）と整合する。
－また措置は，恣意的・不当で差別的または偽装された貿易制限に該当しないから，協定（5.5条）に違反しない。
－しかしEUの措置は，危険性評価に基づいていない点で協定（5.1条）違反を犯した。

Ⅱ　仲裁

［手続］実施期間仲裁決定(1998.5.29：実施期間を15ヵ月とする)，EC実施措置なし，実施審査パネル手続なし

Ⅲ　報復

［手続］報復規模仲裁（EU申立，1999.7.12決定），DSB報復許可（米国の対EU報復，1999.7.26許可），DSB報復許可（カナダの対EU報復，1999.7.26許可）

Ⅳ　実施

EUは，改正措置（2003 Directive）として，6種類のホルモンのうち，6番目のoestradiaol 17は発癌性物質（carcinogen）であるため永久的に輸入を禁止するとした。しかし，他の5種類のホルモンについては暫定措置（5.7条）を発動した。そのうえでECは2003年11月米国カナダに対し報復関税停止のため交渉解決を希望した。しかし米国カナダは報復関税を2006年9月現在でも継続賦課したている。

Ⅴ　米加の報復継続と新事件

ECは米国カナダの報復措置に対して新たなWTO提訴を計画した。まずECは，2005年の米国通商障壁に関する報告書で，米国が報復を継続するためにはECの2003年実施措置がいぜんWTOに違反するかどうかについてWTO実施審査紛争解決手続をつくさなければならないと主張した。にもかかわらず米国がWTO実施審査手続を開始しないまま一方的に報復を継続することは紛争解決了解に違反するとのべた。また米国カルーセル条項（Carousel Clause）に基づく報復対象産品の盥（たらい）回しはWTOに違反するとつけくわえた。そこでECは最終的に米国とカナダの報復措置継続に対し，新パネル審査手続を開始した（米国カナダ・ホルモン報復継続［WT/DS320，WT/DS321］事件）。しかしパネルは米国がホルモン紛争の枠外で開始した新しいパネル手続は紛争解決了解の手続ルールに違反するとし，同時にEC改正措置がWTOに反しているとのべた。そして新手続きの上級委員会は2008年10月，紛争が解決するまで米国はECに対して報復措置をとることができるとした。このため，ECは2008年12月，本件ホルモン紛争（WT/DS26，WT/DS48）の枠内に立ち帰って，実施審査手続の協議を開始した。

Ⅵ　実施審査Ⅰ

［手続］協議（2008.12.22EUの対米加協議要請），2国間「覚書（Memorandum of Understanding. (MoU)）」による紛争解決案（2009年5月）

［覚書内容］覚書署名の4年後，米国はECが所定の条件を満たせば対EU報復措置を停止する。第1に，ECは米国牛肉の輸入にあたり殺菌洗浄（pathogen washes）を禁止しているが，この禁止を4年後に解除する。第2に，EUは，4年後，ホルモン飼育をしていない米国産高級牛肉に対し，45000トンの無関税輸入枠を認める関税割当制度を採用する。

2009年5月の米EU覚書「ホルモン飼育牛肉事件」

目的：米国の対EU報復措置の撤回
内容：米国は対EU報復を次の条件のもとに撤回する。
　(1)　第1段階の報復継続
　EUはまず最初の3年間，自然飼育された米国産牛肉の輸入を一定の条件のもとに許可する。輸入は2万トンまでをゼロ関税とする関税割当制度に服する。米国は一定額の報復をEUに対して継続することができる。この間，双方は覚書開始後すくなくとも18カ月間，WTOでの紛争解決手続を自制する。紛争解決パネルが開始されても，パネルが暫定報告書を送付するまでは，またEU関税割当制度が実施されて4年間が経過するまでは，手続を中断する。
　(2)　第2段階の報復撤回
　覚書署名から4年が経過した時点（2013年5月）で米国は条件づきで報復を撤回する。第1に，EUは，牛肉の病原菌を除去するための方法として，米国が採用してきた微生物洗浄方法（antimicrobial washes, pathogen reduction treatments）を禁止してきたが，この禁止を解除しなければならない。
　第2にEUは4年後，自然飼育された上質の米国産牛肉の輸入を関税割当のもとにおき，年間4万5000トンまでの輸入関税をゼロとする。上質牛肉とは穀物飼育された30カ月未満の未経産雌牛（heifers）か去勢雄牛（steers）の肉をさす。なおEUは最恵国待遇原則にしたがい，上質のホルモン・フリー牛肉の輸入を他の輸出国にも適用する。
　以上の条件が満たされないときは，覚書は終了し，報復は継続される。
　第2段階は1年間とする。第2段階の開始後6カ月以内に，米国とEUは関税割当制度を拡張するか，報復を継続するかについて協議する。
［米国国内裁判所での米国報復関税の返還訴訟］

9-4.　EU鶏肉事件，EC-Poultry

［正式名称］EU鶏肉輸入措置（EC-Measures Affecting the Importation of Certain Poultry Products）
［申立・事件番号］ブラジル申立・WT/DS69
［事実関係］ブラジルは，ECの鶏肉輸入に対する関税割当制度に挑戦した。
　Ⅰ　原審査
［手続］パネル（1998.3.12報告送付），上級委員会（1998.7.13報告送付），DSB（1998.7.23報告採択）
［結論］EUの鶏肉輸入関税割当制度は差別的でありGATTに違反する。
［理由］EUは鶏肉輸入に対する関税割当制度を無差別原則（GATT 13条）に基づいて運用しなければならない。

9-5.　EUコンピュータ関税分類事件，EU-Customs Classification

［正式名称］EUコンピュータ機器関税分類（EC-Customs Classification of Certain Computer Equipment）
［申立・事件番号］米国申立・WT/DS62, 67, 68
［事実関係］ECはコンピュータ関連機器に関しウルグアイ・ラウンドのさいに関税譲許を行った。ところがそののち機器の関税分類を変更したため，特定機器は米国等が予想していたよりも高い関税率に服することになった。米国はECによる関税分類の変更は，GATTの関税譲許原則（2条）に抵触すると主張してパネル手続を求めた。
　Ⅰ　原審査
［手続］パネル（1998.2.5報告送付），上級委員会（1998.6.5報告送付），DSB（1998.6.22報告採択）
［結論］EUのコンピュータ関連機器に関する関税分類の変更はGATT（2条）に違反しない。
［理由］EUは譲許税率よりも不利な関税待遇を輸入機器にあたえることでGATTの関税譲許原則に違反していない。米国はECの違反を立証するため十分な証拠を提出することを怠った。

9-6.　EUバター製品事件，EC-Butter

［正式名称］EUバター製品措置（EC-Measures Affecting Butter Products）
［申立・事件番号］ニュージーランド申立・WT/DS72
　Ⅰ　原審査
［手続］相互に満足すべき解決（1999.11.11）パネル（1999.11.24報告送付，認定なし），DSB（報告未採択）

9-7.　EUアスベスト事件，EC-Asbestos

［正式名称］ECアスベスト禁止措置（EC-Measures Affecting Asbestos and Asbestos-Containing Products）
［申立・事件番号］カナダ申立・WT/DS135
［事実関係］ECは環境保護のため建築資材アスベストの製造販売輸入を禁止した。カナダはECの措置がWTOに違反するとしてパネル手続を求めた。
　Ⅰ　原審査
［手続］パネル（2000.9.28報告送付），上級委員会（2001.3.12報告送付），DSB（2001.4.5報告採択）
［結論］ECの措置はWTOに抵触しない。
［理由］－フランスによるアスベストの製造販売輸入の禁止措置は強制的な基準にあたり，スタンダード協定の適用を受ける。しかし，上級委員会は，適切な根拠をもちあわせていないため，フランス基準がスタンダード協定に違反するかどうかの判断をつくすことができない。
－国内規制に関するGATT内国民待遇原則に関しては，同種性の判定基準として健康安全を採用することができる。同種性判定のための4基準のひとつ「産品の特性」のなかには，産品の危険性が含まれる。健康安全にとり危険な商品とそうでない商品は，同種産品ではなく，別種の産品に該当する。フランスが危険アスベストの輸入を禁止し，国産代替材の販売を許可しても，両者は同種産品ではないから，内外差別にはあたらない。パネルは，輸入アスベストと国産代替材を同種産品とみなし，フランス措置を

GATT内国民待遇原則（3条4）に反するとしたが，上級委員会はこのパネル判断を覆す。
— しかしフランスのアスベスト輸入禁止措置は，人の生命健康保護のために必要な措置であり，GATT一般例外条項（20条⒜）により正当化される。輸入禁止措置よりも貿易制限効果のちいさい代替措置はないからである。
— 加盟国の健康保護のための輸入禁止措置は，GATT一般例外条項によって正当化されても，非違反申立手続の対象となる。しかし本件でカナダが必要な立証ができなかったため，カナダの非違反申立は却下される。

9-8. EU・インド産ベッド用品事件，EC-Bed Linen

［正式名称］EU・インド産綿ベッド用品ダンピング防止税（EC-Anti-Dumping Duties on Imports of Cotton-Type Bed Linen from India）
［申立・事件番号］インド申立・WT/DS141
［事実関係］EUはインド産綿ベッド用品に対しダンピング防止税を賦課した。インドはとくにEUによるダンピング価格差の算定方法がダンピング防止協定に抵触するとしてパネル手続を要請した。
Ⅰ　原審査
［手続］パネル（2000.10.30報告送付），上級委員会（2001.3.1報告送付），DSB（2001.3.12報告採択）
［結論］EUのダンピング価格差の算定方法は協定に違反する。
［理由］— EUはダンピング価格差の算定にあたりネガティヴ・ダンピングをゼロとするいわゆるゼロ計算方式（zeroing）を採用した。この方式はダンピング価格差の算定方法を定めた協定のルール（2.4.2条）と協定が要求する公平な価格比較の原則（2.4条）に違反する。
— EUはインド国内の正常価額の構成にあたり同業他社の経費・利益を採用した。その過程でEUは正常価額構成に関するWTO協定ルール（2.2.2ⅱ条）に違反した。
［勧告］EUは措置を協定に合致させるよう勧告する。
Ⅱ　実施審査
［手続］勧告実施期間合意（2001.4.26），実施審査パネル送付（2002.11.29），上訴（インド，2003.1.8），上級委員会（2003.4.8報告送付），DSB（2003.4.24報告採択）
［結論］EU実施措置は一部WTOに違反する。
［理由］EUは個別に審査しなかったインドの生産者・輸出者からの輸入量に関し，これら輸入をすべてダンピング輸入とみなし客観的審査に基づくダンピング輸入量を決定する義務を怠った（ダンピング防止協定3.1条・3.2条違反）。EUは損害認定のための経済的要素についての情報（協定3.4条）をもっていた。
［推移］輸入企業イケアは，本件WTO判断を根拠にして，ダンピング防止税の払い戻しを当局に要求した。英国当局はこれを拒否した。そこで英国高等裁判所は先決的判決をEU司法裁判所に求めた。EC司法裁判所のイケア判決はWTO判断がEUで直接効果をもたないと宣言した。

9-9. EU鰯事件，EU-Sardines

［正式名称］EU鰯商品記述（EC-Trade Description of Sardines）
［申立・事件番号］ペルー申立・WT/DS231
［事実関係］ECは缶詰用の鰯の商品名称として北東大西洋，地中海，黒海で捕獲される種類の鰯のみを採用し，これをECの強制的基準とした。このため，東太平洋近海産の鰯を捕獲し缶詰として輸出していたペルーはEC向けの輸出をさまたげられた。ペルーはECの商品記述が技術的障壁に関するスタンダード協定に抵触すると主張してパネルの判断を求めた。
Ⅰ　原審査
［手続］パネル（2002.3.29報告送付），上級委員会（2002.9.26報告送付），DSB（2002.10.23報告採択）
［結論］ECの措置はスタンダード協定に違反する。
［理由］鰯の商品記述に関する国際任意規格（Codex Standard 94）は，EUがその目的を達成するため不適切で非実効的なものではない。それゆえECはスタンダード協定に従って基準を国際任意規格に準拠させるべきであった。EUはこの協定義務に違反した。

9-10. EU管継手事件，EU-Pipe Fittings

［正式名称］EU・ブラジル産可鍛鉄管継手ダンピング防止税（EC-Anti-Dumping Duties on Malleable Cast Iron Tube or Pipe Fittings from Brazil）
［申立・事件番号］ブラジル申立・WT/DS219
［事実関係］EUはブラジル産管継手の輸入に対しダンピング防止措置を課した。ブラジルはこの課税がダンピング防止協定に違反するとしてパネル設置を求めた。
Ⅰ　原審査
［手続］パネル（2001.7.24設置，2001.9.5構成，2003.3.7報告送付），上級委員会（2003.6.22報告送付），DSB（報告採択2003.8.19）
［結論］EUの措置は一部を除きWTO協定に違反しない。
［理由］— EUは，損害認定に際して一部証拠の公開を怠り協定（6.4条，6.2条）に違反した（パネル，上級委員会支持）。
— EUはダンピング価格差を算定するため正常価額加重平均と取引ごとの輸出価格を比較していわゆるゼロ計算を行った。これはWTO協定（2.4.2条）に違反する（パネル，非上訴）ことをそれをEU自身が認めた。
— しかし損害価格差算定のためのゼロ計算は，price undercuttingに関するWTO協定（3.1条，3.2条）に違反しない（パネル，非上訴）。
［推移］EUは2004年3月，ダンピング価格差をゼ

ロ計算をつかわずに算定しなおした。しかし、措置はサンセット条項により2005年8月、撤廃された。

9-11. EU 一般特恵制度事件，EU-GSP

［正式名称］EU-Conditions for the granting of Tariff Preferences to Developing Countries

［申立・事件番号］インド申立・WT/DS246/R

［事実関係］EUは，2002年1月から2004年12月までの2年間のGSP制度について理事会規則を定め，そのなかで麻薬生産取引防止取決めを挿入した。この取決めは特定12カ国産品（パキスタンと中南米11カ国）についてのみEUへの輸入関税率をゼロとしていた。インドは12カ国のなかに含まれていなかった。インドはEU・GSPの麻薬取決めの内容と実施が，インドを差別する点で，GATTの最恵国待遇原則に違反すると主張した。

I 原審査

［手続］パネル（2003.12.1報告送付），上級委員会（2004.4.7報告送付），DSB（2004.4.20報告採択）

［結論］EUの措置はGATT無差別原則に違反する。

［理由］－授権条項はGATT最恵国待遇原則（1条1）に対する例外である。挙証責任については，最恵国待遇違反を主張するため授権条項を援用する責任はインドにある。しかし麻薬取決めを授権条項のもとで正当化するため麻薬取決めが授権条項の条件を満たしていることを立証する責任はEUにある。

－パネルは，授権条項は同様の状態にあるすべての開発途上国に対し無差別待遇を規定していると強調した。それゆえ先進国が授権条項に基づいてあたえる特恵は一定の選別された開発途上国に対してではなく，開発途上国一般に対して同等にあたえられなければならない。特定国に対する差別はGATT一般例外条項（20条）の生命健康保護規定によっても正当化できないと判定した。これは授権条項に関する最初のパネル判断となった。その根拠は，1960年代から70年代初頭にかけてのUNCTADでのGSP制度交渉史にある。上級委員会はパネル判断を覆し，授権条項の無差別待遇条項はすべての開発途上国を同等に扱うよう義務づけてはいないとした。たしかに同様の状態におかれた（similarly situated）開発途上国は無差別に扱わなければならない。しかし，EUの麻薬取決めは同様の状態におかれた開発途上国に特恵待遇をあたえるための客観的で透明な基準に基づいていない。EUは特定12カ国が同様の状態にあり特恵待遇をえることができるという客観的透明基準を立証できなかった。EUはけっきょくGATTの実質的無差別原則に違反した。

9-12. EU 冷凍鶏肉分類事件，EU-Chicken Classification

［正式名称］冷凍骨抜き鶏肉関税分類事件（European Communities-Customs Classification of Frozen Boneless Chicken Cuts）

［申立・事件番号］ブラジル申立・WT/DS269，タイ申立・WT/DS286

［事実関係］EUは2002年，塩水漬けの冷凍鶏肉（frozen boneless chicken cuts impregnated with salt）の関税分類を変更した。当初、この鶏肉は、関税分類番号「HS0210.90.20」の「塩蔵または塩水漬けにした」（salted, in brine）鶏肉に分類され、その関税率は従価税「15.4%」であった。他方、あらたな関税分類番号「HS02.07.41.10」は、冷蔵または冷凍（chilled or frozen）の鶏肉をカバーし、輸入関税は従量税「1024ECU/ton」に服し、さらにWTO農業協定（5条）の農業特別セーフガード措置の対象となった。こうした関税分類番号の変更は関税負担の上昇をもたらし、鶏肉輸出国（ブラジルとタイ）に打撃をあたえた。なぜならば、新しい関税番号の従量税「1024EUU/ton」は1997-2003年度の輸入実績をもとに従価換算するとほぼ40-60%となり、当初の関税率「15.4%」をおおきく上回ったからである。また鶏肉は塩水漬けであるため当初の関税分類のほうが適切であったと鶏肉輸出国は指摘した。ECは、問題の鶏肉は長期保存のための塩蔵処理を受けていないから、塩蔵品とはいえない。それゆえ塩蔵鶏肉から冷蔵冷凍鶏肉への関税分類番号の変更は正当されできると反論した。輸出国側はEUの関税分類番号変更がWTO上合法かどうかについてパネル手続に訴えた。

I 原審査

［手続］パネル（2005.5.30報告送付），上級委員会（2005.9.12報告送付），DSB（2005.9.27報告採択）

［結論］ECの関税分類番号の変更は違法である。この変更によりECが課した関税率は譲許税率を超えておりGATT譲許原則（2条1a，2条1b）に反する。

［理由］ウィーン条約法条約の文言解釈ルールに従うと、本件の所定塩分（1.2%から3%まで）の塩水漬け冷凍鶏肉はEUが当初から指定していた塩蔵鶏肉「HS02.10.90.20」に分類される。

9-13. EU 船舶貿易措置事件，EC-Vessels Measures

［正式名称］EU・商船貿易影響措置事件（European Communities-Measures Affecting Trade in Commercial Vessels）

［申立・事件番号］韓国申立・WT/DS301

［事実関係］ECは2000年6月、韓国との間に「公正で透明な条件を再建するための世界造船」に関する合意（Minutes）を締結した。しかし韓国は合意のなかの価格約束を守っていないとして、EUは造船分野の対抗措置を造船暫定防御メカニズム規則により採択した。これは韓国が造船分野に補助金をあたえ低価格で船舶を輸出販売し、これによってEU産業が損害を受ける場合に、EU造船に直接補助金をあたえることを内容としていた。ただし規則の適用期間は、ECが韓国を相手どって提起した韓国商船補助金事件（Korea-

Commercial Vessels）の提訴日から手続終結日までの期間にかぎられた。なお EU 規則ののち，欧州委員会は加盟諸国（Denmark, France, Germany, the Netherlands, Spain）が規則に従い造船分野に国家援助をあたえることを許可した。韓国は，EU 造船暫定防御メカニズム規則とこれに基づく EU 加盟諸国への国家援助供与の許可決定が WTO に違反するとしてパネル手続を開始した。

［背景］この事件は EU 韓国摩擦の典型例である。両国は提訴合戦を行った。EU は韓国の船舶輸出が補助金つきであると主張し対抗措置を採択した。韓国が EU 措置の違法性を訴えた事件が本件である。これに対し，後述する韓国船舶輸出補助金事件は，EU が韓国の船舶輸出補助金に対して提起したパネル判断である。

Ⅰ 原審査

［手続］パネル（2005.4.22 報告送付），上訴なし，DSB（2005.6.20 報告採択）

［結論］EU 規則は GATT 無差別原則と WTO 補助金相殺措置協定には違反しない。しかし，EU は対抗措置を WTO の紛争解決手続に訴えずに採択した。これは紛争解決了解（23.1条）が禁止する「一方的報復の禁止」原則に反する。

［理由］─ EC 規則に規定された国家援助は，「国内生産者のみに対する補助金」（GATT 3条8@）に該当するため，EC 規則と加盟国の国家援助は，GATT の内国民待遇原則（3条4）に違反しない。また EU 規則にいう補助金は GATT 内国民待遇原則（3条4）の対象ではなく，それゆえ最恵国待遇原則（GATT 1条）に規定された3条2-4項の内国民待遇問題でもないため最恵国待遇原則にも違反しない。

① EU 規則は補助金協定（32.1条）の特別の措置（specific action）であるが，この措置は補助金に対抗する（against）ためのものではない。それゆえ EC 規則と国家援助は補助金協定に違反しない。

② しかしながら EU 規則は EU 自身認めているように WTO 紛争解決手続によらずに採択された。したがって EU 規則と加盟国の国家援助は WTO の許可なしにとられた一方的報復であり，紛争解決了解にふれる。

9-14. EU 関税分類行政事件，EU-Customs Matters

［正式名称］EU 関税評価・分類行政事件（European Communities-Selected Customs Matters）

［申立・事件番号］米国申立・WT/DS 315

［事実関係］EU は理事会規則・共同体関税法典（Community Customs Code, Council Regulation 2913/92），委員会規則・実施規則（Implementing Regulation, Commission Regulation 2454/93），EC 統合関税率表（TARIC）および関連措置に基づいて関税業務を遂行している。しかし EC の関税評価や関税分類についてはかねてより批判があいついでいた。米国は EC の関税関連行政措置が WTO に違反するとして訴えを提起した。

Ⅰ 原審査

［手続］パネル（2006.6.16 報告送付），上訴（米国 2006.8.14, EC 2006.8.28），上級委員会（報告送付 2006.11.13），DSB（報告採択 2006.12.1）

［パネル結論］EC 関税業務制度それ自体（as such）が WTO に違反するという米国の訴えは却下する。しかし，EC 加盟国の特定関税業務は，バラツキがあり関税法令措置の Blackout drapery lining 一律・公正・合理的実施義務（GATT 10条3@）に反する。

［パネル理由］─ EC 関税業務制度はそれ自体（as such）全体として WTO に違反するという訴えは，そもそもパネル付託事項のなかにはいっていない。こうした訴えは受けいれられない。

─ 液晶ディスプレー（Liquid crystal display）に関する EC 加盟国の関税分類は国により異なり，関税業務の一律・公正・合理的実施義務（GATT 10条3@）に反する。

─ 米国 2002 年特許製品・安眠用「遮光熱カーテン内張りフィルム」（Blackout drapery lining）の関税分類（とくにドイツ税関当局の分類）は一律ではなく，関税業務の一律実施義務（GATT 10条3@）にそむく。

─ GATT（10条3@）は WTO 加盟国が関税事項に関する行政上の措置をすみやかに審査・是正するため司法裁判所・調停裁判所・行政裁判所とそれらの手続を設定しなければならないとしている。EC はこの義務に違反していない。

［上級委員会］パネルは，EC 税関が行った LCD monitors に関する関税分類は，GATT（10.3a条）の一律性の原則に反すると結論した。この判断を上級委員会は支持する。もっとも一律性の原則は，「行政手続の一貫性（uniformity of administrative processes）」を要求するわけではないと上級委員会はのべた。しかし他のパネル判断を上級委員会は覆した。

9-15. EU・DRAM 相殺措置事件，EU-DRAM

［正式名称］EU・韓国産 DRAM 相殺措置事件（European Communities-Countervailing Measures on Dynamic Random Access Memory Chips from Korea）

［申立・事件番号］韓国申立・WT/DS 299

［事実関係］EU は 2003 年 8 月，韓国の DRAM 輸出企業ハイニックス社（Hynix）に対し，確定相殺関税を賦課した。韓国政府がハイニックス社に対し5つの助成プログラムをとおしてあたえた補助金は，従価 34.8％であった。確定相殺関税はこの補助金額 34.8％とされた。韓国は，EU の相殺関税が補助金相殺措置協定と GATT に違反すると主張しパネル設置を求めた。

［背景］世界トップシェアの韓国 DRAM 産業に対し，危機感を強めたのは，EU，米国，日本である。EU の相殺措置と併行して米国も同様の相殺措置

［巻末表20-37］をとり，これら相殺措置はWTOに整合していると判定された。日本も相殺措置をとったが，日本DRAM相殺関税事件［巻末表14-6］では日本の相殺関税がWTO協定に違反すると判定された。最終的には日米欧は見直し調査のすえ措置を2007-2009年に廃止した。

　Ⅰ　原審査

［手続］パネル（2005.6.17報告送付），上訴なし，DSB（2005.8.3報告採択）

［結論］EUの相殺措置はいくつかの韓国助成プログラムに対するものであるかぎり，補助金相殺措置協定に合致しておりWTO整合的である。

［理由］韓国政府がハイニックス社再建のため行った助成プログラムは政府の補助金に該当し，韓国企業に利益をあたえ，特定性をもっている。それゆえECの補助金認定はWTO協定に適合している。ECはその他相殺措置賦課のための要件を満たしている。

9-16. EU砂糖輸出補助金事件，EU-Sugar

［正式名称］EU・砂糖輸出補助金事件（European Communities-Export Subsidies on Sugar）

［申立・事件番号］オーストラリア申立・WT/DS265，ブラジル申立・WT/DS266，タイ申立・WT/DS283

［事実関係］EUのアキレス腱は砂糖である。そこで高コストの域内砂糖産業を低価格の域外砂糖産業から保護するためいくつかの政策（本文参照）が実施されてきた。オーストラリア，ブラジル，タイはEUの砂糖輸出補助金が農業協定に違反するとしてWTO提訴に走った。

　Ⅰ　原審査

［手続］パネル（2004.10.15報告送付），上級委員会（2005.4.28報告送付），DSB（2005.5.19報告採択）

［結論］EU砂糖輸出補助金制度はWTO農業協定に違反する。

［理由］EUは域内甜菜農家を保護するための内部相互補助（cross-subsidization）により，余剰利益をうみだし，これを原資として域内甜菜の輸出を可能にした。これは輸出補助金に該当する。そしてこの輸出補助金は農業協定（3.3条，8条）に反してECが約束した削減水準を超えた。

9-17. EU商標・地理的表示事件，EU - Geographical Indications

［正式名称］EU農業食糧商標・地理的表示保護事件（EC-Protection of Trademarks and Geographical Indications for Agricultural Products and Foodstuffs）

［申立・事件番号］米国申立・WT/DS174，オーストラリア申立・WT/DS290

［事実関係］EUは農産品の地理的表示と原産地指定を保護するため関連する規則を採択していた（1992年理事会規則［Council Regulation 2081/92 of July 14, 1992］，2003年理事会修正規則［Council Regulation 692/2003 of April 8, 2003］，実施諸規則）。オーストラリアと米国はEU規則のいくつかの規定がTRIPS協定とGATT等にふれるとしてWTO手続を求めた。

　Ⅰ　原審査

［手続］パネル（2005.3.15報告送付），上訴なし，上級委員会（2005.4.20報告採択）

［結論］EC規則は，部分的にTRIPSに違反するが，この違反はTRIPSのもとで正当化される。規則のいくつかの規定はまた部分的にTRIPS協定の内国民待遇原則（3.1条）とGATTの内国民待遇原則（3条4項）に抵触する。

［理由］EC規則は地理的表示と従前の商標を並存させているかぎりでTRIPS協定に反する。EC規則のもとでは，登録商標の権利者は，混同を生じさせるおそれがある地理的表示の使用をさまたげる排他的権利を奪われるからである。協定16.1条によれば，登録商標の権利者は，権利者の許諾を受けていない第3者が，問題の登録商標と同一または類似の標識を使用して混同を生じさせるおそれがある場合，第3者の標識使用を防止する排他的権利をもつと定めている。このような場合，第3者が同一の標識を使うときは，混同を生じさせるおそれがあると推定される。ただしこうした排他的権利は，いかなる既得権も害してはならず，また加盟国が標識使用に基づいて権利を認める可能性に影響をあたえないとしている。しかしこの違反はTRIPS協定の例外規定（17条）により正当化される。例外規定によれば，加盟国は商標権者と第3者の正当な利益を考慮することを条件として，商標権につき限定的な例外（記述上の用語の公正な使用等）を定めることができるからである。

他方，ここではTRIPS協定24条の例外規定は適用されない。24条3はTRIPS協定の適用にあたり加盟国はWTO発効日の直前にあたえていた地理的表示の保護を減じてはならない，としているが，これは適用されない。また24条5も適用されない。

9-18. EU遺伝子組換食品事件，EU-GMO

［正式名称］EC・遺伝子組換え食品承認販売事件（European Communities-Measures Affecting the Approval and Marketing of Biotech Products）

［申立・事件番号］アルゼンチン申立・WT/DS291，カナダ申立・WT/DS292，米国申立・WT/DS293

［事実関係］ECは米国と異なり遺伝子組換え食品に対しきわめて慎重な対応をとってきた。遺伝子組換え食品が栽培・輸入・販売されるためにはECの承認制度をパスしなければならない。そこでECはとくに米国からの遺伝子組換え食品の流入を阻止するため，過去の一定期間，承認手続を凍結した。これは事実上のモラトリアムであった。またEC加盟6カ国も一方的な輸入禁止措置をとった。

［推移］EC措置と加盟国の措置はパネルにより

SPS 協定違反とされた。このため EC は実施措置を 2008 年 1 月 11 日を期限として採択するよう迫られた。しかし，フランスは同日，EC が栽培を許可した唯一の遺伝子組替え玉蜀黍 M810 についてセーフガード措置を導入し輸入禁止を表明した。

　米国は対 EC 報復を延期した。また EC は 2008 年の改正緊急措置で，米国では承認済みであるが EC では未承認の遺伝子組換米の追跡のために，米国が EC 向け輸出前に長粒米の事前検査をするよう義務づけた。2009 年 7 月の米欧会談の課題のひとつは，EC 緊急措置の撤回条件にしぼられた。

Ⅰ　原審査
　［手続］パネル (2006.9.29 報告送付)，上訴なし，DSB（報告採択 2006.11.21）
　［結論］EU と加盟 6 カ国の措置は衛生植物検疫措置協定に反する。
　［理由］－EU による承認手続の遅延は，食品の検査承認手続を不当に遅延させ，協定義務に違反する（付属書@1@，協定 8 条）。なお，EU が 1999 年 6 月から 2003 年 8 月まで行った事実上の承認凍結は衛生植物衛生検疫協定上の SPS 措置に該当しなかった。協定が定める SPS 措置（付属書@1）は，有害動植物・食品等の上陸をふせぐための関連する「要件または手続」を規定していなければならない。しかし EC 措置はこれら要件または手続を定めていなかった。
　－EC 加盟諸国の輸入禁止措置も予防措置ルール (5.7 条) と危険性評価ルール (5.1 条) に違反する。

Ⅱ　仲裁
　［手続］仲裁 (2008.2.8 米国要請，February 18, 2008.2.18 中断)

9-19. EU・ノルウェー産養殖鮭ダンピング防止措置事件，EU - Farmed Salmon

　［正式名称］EC・ノルウエー産養殖鮭ダンピング防止措置事件（EC - Anti-Dumping Measure on Farmed Salmon from Norway）
　［申立・事件番号］ノルウェー申立・WT/DS 337
　［事実関係］EU はノルウエー産養殖鮭に対しダンピング防止措置をとった。暫定税率は，損害を与えない価格（a non-injurious price）を基礎に，また確定税率の損害を与えない価格を基礎にして，最低輸入価格（minimum import prices）と固定税率を組み合わせた形で採択された。ノルウェーは EU 措置が，調査・ダンピング・損害・因果関係に関し，ダンピング防止協定に違反したとしてパネル手続を開始した。

Ⅰ　原審査
　［手続］パネル (2007.11.16 報告送付)，上訴なし，DSB (2008.1.15 報告採択)
　［結論］EU 措置は WTO に違反する。
　［理由］－EU はダンピングと損害の因果関係の調査にあたり，ダンピング以外の要素が国内産業に与えた影響を適切に審査しなかった。それゆえ，こえら要因をダンピング輸入に帰してはならないという因果関係規定 (3.5 条) に違反した。
　－ノルウェーは，EU がダンピング価格差を超えるダンピング防止税率を課したため協定 (9.3 条) に違反したと主張した。EU は当初調査のダンピング価格差に相当する従価税率を超えるダンピング防止税率が徴収されないようにするための方法を採用しなかったからである，とノルウェーはのべた。パネルはノルウェーは主張を裏付ける立証に失敗したとのべた。
　－EU の固定税率は，課税当局はダンピング価格差を超えるダンピング防止税を課してはならないとする協定の要件 (9.1 条, 9.3 条) に違反するとノルウェーは主張した。パネルはノルウェーの主張を退けた。
　－協定 (6.4 条) によれば，調査当局は，利害関係者が秘密でない関連情報を閲覧できるようにするため，閲覧機会を適時に与えなかければならないとしている。EC はこの協定義務に違反したとパネルは結論した。

9-20. EU・IT 品目関税事件，EU - IT Items

　［正式名称］EU と加盟諸国・情報技術産品関税措置事件（European Communities and Its Member States - Tariff Treatment of Certain Information Technology Products）
　［申立・事件番号］米国申立・WT/DS 375，日本申立・WT/DS 376，台湾申立・WT/DS 377
　［事実関係］EC は 1996 年 12 月の情報技術協定により特定 IT 品目（フラットパネルディスプレー [flat panel displays]，通信機能つきセットアップボックス (set-top boxes)，コンピュータ用インプット・アウトプット・ユニット [input or output units of automatic data processing machines]，複写機）の関税率をゼロにすることを約束した。この約束は 1997 年 7 月に発効した。ところが，EC は一連の EC 機関措置によって関連品目への関税賦課を行った。EC 措置は GATT の関税譲許原則 (2.1a 条, 2.1b 条) に反し，申立諸国の GATT 利益を無効化・侵害しているとして，日米台湾はパネルの設置を要請した。論点は　多機能機器が ITA 条約がカバーする既存電子機器の派生ヴァージョンにすぎないのか，逆にいえば既存機器への機能の追加は既存機器を ITA 条約の対象範囲から除外するのかにあった。輸出国側は EC を相手どって GATT 違反を理由に WTO に提訴したが，提訴理由は ITA 違反にあったのではない。ITA は WTO の一協定ではない。それは，対象電子機器の輸入関税をゼロにするための輸出入締約国間の約定 (pact) であった。

Ⅰ　原審査
　［手続］パネル (2008.8.19 設置，2010.8.16 報告送付)，上訴なし，DSB (報告採択 2010.9.21)
　［結論］措置は GATT に違反する。
　［理由］－多機能電子機器（multifunction machines. MFMs）は，ITA 条約によりカバーされ EU への輸入

にあたり無関税待遇をうけると輸出国側は主張した。しかしEUが反論したように，機器はITA条約のなかに明記されていないから関税を賦課することができる。

9-21 EU・中国産ファスナー・ダンピング課税事件 WT/DS397/1

［正式名称］EU・中国産ファスナー・ダンピング課税事件（EC – Definitive Anti-Dumping Measures on Certain Iron or Steel Fasteners from China）

［申立・事件番号］中国申立・WT/DS397

［事実関係］EUは，中国産品に関するダンピング課税を非市場経済国方式にしたがって行った。そのため，全輸出者は一律の課税をうけた。

I 原審査

［手続］パネル（報告送付2011.12.3），上級委員会（報告送付2011.6.15），DSB（2011.7.28）
［結論］措置はGATTに違反する。
［理由］EC課税は，差別的でありWTO協定に違反する。

9-22 EU・米国鶏肉事件，EU- Poultry Products

［正式名称］EC・米国産鶏肉殺菌処理事件（EC - Certain Measures Affecting Poultry Meat and Poultry Meat Products from the United States）

［申立・事件番号］米国申立・DS389

［現状］パネルは設置されたが，パネリストが2009年11月以降も決定されていない。

9-23. EU エアバス事件 I EU - Airbus I

［正式名称］EC―民間大型航空機貿易措置事件 I（European Communities And Certain Member States - Measures Affecting Trade In Large Civil Aircraft）

［申立・事件番号］米国申立・WT/DS316

［事実関係］ECと加盟4カ国（英仏独西）は，ほぼ40年にわたり，大型航空機を製造するエアバス（Airbus SAS）社に対し，5種類の補助金を与えてきた。

　i　加盟4カ国が旧エアバス社による大型民間航空機の設計・開発に対して与えた2系列の「研究開発金融」（Launch Aid），すなわち「市場金利よりも低い金利による助成」と「販売成功時にのみ発生する貸付返還義務制度」（したがって販売が成功しなければ返還義務のない貸付）。

　ii　ECと加盟諸国が欧州開発銀行（European Investment Bank. EIB）をつうじて交付した大型民間航空機の設計・開発その他目的のために与えた「設計開発貸付」（Design and Development Financing Loans）。

　iii　ECと加盟諸国が与えたエアバス社の施設・インフラの開発・拡大・品質改善のためのインフラ関連助成金（Infrastructure and Related Grants）。

　iv　ECと加盟諸国が与えた「研究開発金融等から生じた負債の免除」と「資本注入や助成金（政府所有銀行と政府監督銀行をつうじて行われた援助をふくむ）の交付」からなるエアバス再編措置（Corporate Restructuring Measures）。

　v　ECと加盟諸国がエアバス支援のためにあたえた航空額関連の研究・開発・展示会への研究開発助成（Research and Development financial contribution）。単独または共同の販売促進展示会 た研究デザイン開発助成等である。

これら補助金はWTO相殺関税協定に反するとして米国がパネル手続を開始した。

I 原審査

［手続］パネル（2005.7.20設置，2010.6.30報告送付），上訴（2010.8.12EC, 2010.8.19米国），上級委員会（2011..5.18報告送付），DSB（2011.6.1報告採択）輸出補助金，黄色補助金　パネル部分的に認定

9-24. EU エアバス事件 II，EU - Airbus II

［正式名称］EU - 民間大型航空機貿易措置事件 II（European Communities And Certain Member States - Measures Affecting Trade In Large Civil Aircraft, Second Complaint）

［申立・事件番号］米国申立・WT/DS347

［事実関係］ECとその加盟諸国は，エアバス（Airbus）社への助成措置が第2提訴で整理された。これら措置は研究開発助成，欧州開発銀行助成，施設建設開発等への助成，損失補填・減免税，政府所有・支配企業による助成，航空機関連研究開発補助金に及ぶ。そして措置は相殺関税協定のほかGATT内国民待遇原則（3.4条）とWTO設立協定（16条1項）が定めるWTOによる旧GATT慣行決定遵守ルールにも反すると米国は主張した。

I 原審査

［手続］パネル（2006.5.9設置，2009年3月現在で報告未送付）

9-25. EU and a Member State - Seizure of Generic Drugs in Transit 409：未決

9-26. EU 後発医薬品事件　EU a Member State - Seizure of Generic Drugs in Transit：未決

9-27. EU 中国産履物ダンピング防止税事件　EU - Anti-Dumping Measures on Certain Footwear from China：未決

I 原審査

［手続］パネル（2011.10報告送付）

9-28. EU アザラシ事件　EU - Seal 3.25. EU and a Member State - Seizure of Generic Drugs in Transit 409：未決

10. 被申立国　Egypt (1件)

10-1. エジプト鉄筋事件，Egypt-Steel Rebar

［正式名称］エジプト・トルコ産鉄筋確定ダンピング防止措置（Egypt-Definitive Anti-Dumping Measures on Steel Rebar from Turkey）

［申立・事件番号］トルコ申立・WT/DS211

［事実関係］エジプトはトルコ産鉄筋の輸入に対しダンピング防止税を賦課した。トルコはエジプトの課税がダンピング防止協定の損害要件と情報関連規定等に反すると主張してパネル提訴を行った。

Ⅰ 原審査

［手続］パネル（2002.8.8報告送付），上訴なし，DSB（2002.10.1報告採択）

［結論］エジプトの課税は協定に反する。

［理由］エジプト当局は損害認定のための資料収集にあたり協定（3.4条）が要求している調査項目（生産性，資金流出入・雇用・賃金への影響，資本調達能力，投資への影響）を評価するのを怠った。エジプトはまた入手可能情報に基づく課税決定の規定（6.8条）に違反した。なぜならば，エジプトは，調査に必要な情報に関し，トルコの輸出者2社から必要な情報を受領しながら，2社が必要な情報を提供しなかったと認定して，入手可能情報に基づく課税決定をくだしたからである。このため，トルコ企業2社は，追加説明を行う機会を奪われた。

［勧告］エジプトは措置を協定に合致させるよう勧告する。

11. 被申立国　Guatemala (2件)

11-1. グアテマラ・セメント事件Ⅰ，Guatemala-Portland Cement Ⅰ

［正式名称］グアテマラ・メキシコ産ポートランドセメントダンピング防止調査（Guatemala-Anti-Dumping Investigation regarding Portland Cement from Mexico）

［申立・事件番号］メキシコ申立・WT/DS60

［事実関係］グアテマラは，国内唯一のセメント生産者の提訴に基づきメキシコ産セメントに対しダンピング防止調査を開始し，確定ダンピング防止税を賦課した。

Ⅰ 原審査

［手続］パネル（1998.6.19報告送付），上級委員会（1998.11.2報告送付），DSB（1998.11.25報告採択）

［結論］パネルはメキシコのダンピング防止調査が十分な証拠に基づかずに開始されたとしてメキシコに課税の撤回を勧告したが，上級委員会はパネル裁定を覆した。上級委員会は，メキシコのパネル設置要請は審査対象となる措置（確定税・暫定税・約束）を明記していないから，パネルへの付託事項となる事件はない，したがって本案の審査は行わないと結論した。

11-2. グアテマラ・セメント事件Ⅱ，Guatemala-Portland Cement Ⅱ

［正式名称］グアテマラ・メキシコ産グレーポートランドセメントダンピング防止措置（Guatemala -Definitive Anti-Dumping Measures on Grey Portland Cement from Mexico）

［申立・事件番号］メキシコ申立・WT/DS156

［事実関係］メキシコはセメント事件Ⅰで手続上のミスにより敗訴した。このため，メキシコは再度，グアテマラの同一のダンピング課税に対してパネル手続を開始した。メキシコは，グアテマラの手続は十分な証拠なしに開始されたため，WTOが措置の撤回と徴収された税の払戻しを勧告するよう求めた。

Ⅰ 原審査

［手続］パネル（2000.10.24報告送付），上訴なし，DSB（2000.11.17報告採択）

［結論］グアテマラの措置はWTOに違反する。

［理由］グアテマラはダンピング防止調査を開始する前に，輸出国メキシコ政府に対し調査開始を通知しなかったため，協定（5.5条）に違反する。またグアテマラは調査開始のための十分な証拠（ダンピング，損害，因果関係）なしに調査を開始したため，協定（5.3条）が要求する調査開始のための十分な証拠の具備という要件に違反する。

［勧告と勧告の実施方法の示唆］グアテマラは措置を協定に合致させるよう勧告する。とくに十分な証拠なしに調査を開始した措置に関しては，勧告実施のための方法として，とられた措置を撤回することを示唆する。

12. 被申立国　India (5件)

12-1. インド特許保護事件，India-Patent Protection

［正式名称］インド医薬品化学肥料特許保護（India-Patent Protection for Pharmaceutical and Agricultural Chemical Products）

［申立・事件番号］米国申立・WT/DS50, EC申立・WT/DS79

［事実関係］インドはTRIPS協定発効後も，医薬品等の物質特許に関し出願受理制度（いわゆるmail box制度）等をもうけていなかった。米国はインドの制度がTRIPS協定が定める開発途上国条項に反するとしてパネルの設置を要求した。

Ⅰ 原審査

［手続］パネル（1997.9.5報告送付/米国申立），パネル（1998.8.24報告送付/EC申立），上級委員会（1997.12.19報告送付/米国申立），上訴なし（EC），DSB（1998.1.16報告採択/米国申立），DSB（1998.9.2報告採択/EC申立）

［結論］インドはTRIPS協定に違反している。

［理由］TRIPS協定は開発途上国による物質特許の導入について一定の猶予を認めている。しかし開発途上国は，物質特許の保護に関して出願受理制度をもうけ，また特定医薬品等に対する排他的販売権を付与するよう義務づけている。インド特許制度はこれら義務規定に反し違法である。

12-2. インド数量制限事件，India - Quantitative Restrictions

［正式名称］インド農業繊維工業産品数量制限（India-Quantitative Restrictions on Imports of Agricultural, Textile and Industrial Products）

［申立・事件番号］米国申立・WT/DS90

［事実関係］インドはGATT時代から継続してきた農業繊維工業産品に対する輸入数量制限をWTO発足後も維持していた。米国はインドの措置がWTOに整合しないとしてパネル提訴にふみきった。

I　原審査

［手続］パネル（1999.4.6報告送付）,上級委員会（1999.8.23報告送付）,DSB（1999.9.22報告採択）

［結論］インドの数量制限はWTOに整合しない。

［理由］インドの措置,GATT（11条）で禁止された輸入数量制限にあたる。それはまた,国際収支擁護のため例外的に許容される数量制限（GATT 18条⑪）にもあたらず,けっきょく正当化できない。

12-3. インド自動車事件, India-Automotive

［正式名称］インド自動車部門措置（India-Measures Affecting the Automotive Sector）

［申立・事件番号］EC申立・WT/DS146, 米国申立・WT/DS175

［事実関係］インドは自国自動車産業を保護するため輸入制限措置をとってきた。米国とECはインドの措置がGATTのルールに違反すると主張してパネルの判断を求めた。

I　原審査

［手続］パネル（2001.12.21報告送付）,上訴ののち口頭手続過程でインド上訴撤回,上級委員会（本案について審理なし2002.3.19報告送付）,DSB（2002.4.5パネル報告採択）

［結論］インドの措置はGATTに違反する。

［理由］インドは自動車産業保護のためインド国産化によるローカルコンテント要求を行い,また貿易均衡義務に基づく輸入制限措置をとった。これらは,それぞれGATTの内国民待遇原則（3条4項）と輸入数量制限禁止原則（11条）に違反する。

II　実　施

［手続］実施期間合意（2002.7.18）

12-4. インド追加税事件, India - Additional Duties

［正式名称］インド・米国産品追加税特別追加税事件（India - Additional And Extra-Additional Duties On Imports From The United States）

［申立・事件番号］米国申立・WT/DS360/R

［事実関係］インドの輸入課税制度は,世界に類をみない。輸入品は基本関税にくわえて追加税や特別追加税を課される。しかしこれら追加税・特別追加税が輸入税か内国税同等課徴金（GATT2.2a条）にあたりGATTに整合するかどうか,明らかではない。米国は,インドの追加税・特別追加税を,輸入税とみなした。そして追加税はアルコール飲料に関して,また特別追加税はアルコール飲料や機械産品に関して,譲許税率を超える輸入税負担を輸入品に課しており,WTO譲許原則に反するとしてパネル手続を開始した。インドはこれら追加税・特別追加税は,輸入税ではなく,輸入品に対する内国税同等課徴金にあたるから正当化されると応酬した。

I　原審査

［手続］パネル（2008.6.9報告送付）,上級委員会（2008.10.30報告送付）,DSB（2008.11.17報告採択）

［結論］インドの追加税と特別追加税が,WTOに違反するかどうか上級委員会は審査を完了することができない。インドの対輸入アルコール飲料税が,関税または内国税同等課徴金にあたりGATT（2条,3条）上合法かどうか,証拠不足のため確定的な判断ができない。したがって上級委員会はDSBがくだすべき勧告を提示することもできない。

［理由］－関税（GATT2.1b条）に関し,パネルは関税はそもそも輸入品にのみ課され,同種の国産品には課されないから本質的に差別的であると述べた。上級委員会はパネル解釈を退け,関税は,輸入国の国内に同種産品がある場合は差別的だが,国産品がないときは財政目的をもつにすぎないと修正した。

－GATTの関税譲許規定（2条）のなかには内国税同等課徴金（a charge equivalent to an internal tax）に関連する規定（2.2a条）が含まれている。これによれば,輸入国は,輸入品に対し水際で,同種の国産品に課される内国税に照応する課徴金を課すことができる。いわゆる輸入課徴金（import charge）であり,輸入国は,同種の国産品に課される内国税と同等の（equivalent）税を,輸入課徴金の名のもとに,関税とは別に,輸入品に対して課すことができる。では輸入品への課徴金が同種国産品への内国税に相当するかどうかの判定はどのように行うのか。上級委員会はこの判定は,輸入課徴金と内国税の相対的役割を質的な比較方法（qualitative comparison）に基づいて行うだけではなく,それら税の効果と額（effect and amout）を量的な比較方法（quantitative considerations）に基づいて行わなければならないとした。しかし,パネルはこの判定に際して質的比較のみを行い量的比較を行わなかったとして,上級委員会はパネル判断の誤りを指摘した。

－パネルは,以上のようにGATT（2.1b条, 2.2a条）の解釈を誤った。こうした誤りに基づいて,パネルは,インドのGATT違反を米国は立証できなかったと結論した。上級委員会はそれゆえ誤ったGATT規定の解釈に基づくパネル判断を覆した。

－上級委員会はパネル判断を覆し,証拠を審査した。しかし上級委員会は分析を完結することができなかった。それゆえ上級委員会はDSBの勧告を示すことができない。

－とはいえ上級委員会はつぎの2点を付言した。第1に,追加税は,同種国産品への内国税を超える税負

担を輸入アルコール飲料に課すならば，そのかぎりでGATT（2.2a条）の内国税同等課徴金にはあたらず違法となるであろう。第2に，輸入アルコール飲料や機械産品等への特別追加税は，同種国産品への内国税（販売税，付加価値税，地方税等）を超える税負担を輸入品に課すならば，そのかぎりでGATT（2.2a条）の内国税同等課徴金に該当しないであろう。
─米国は，もしも追加税と特別追加税が，内国税同等輸入課徴金ではなく，内国税にあたるとすれば，輸入品に不利に同種の国産品に有利に課される差別的内国税となると主張した。しかしパネルは米国がこの点の立証を怠ったとして判断をくださなかった。

12-5. インド輸入ワイン・スピリッツ課税事件

［正式名称］インド・ワイン課税事件（India - INDIA - MEASURES AFFECTING THE IMPORTATION AND SALE OF WINES AND SPIRITS FROM THE EUROPEAN COMMUNITIES）

［申立・事件番号］EC申立・WT/DS DS352

［事実関係］インドの輸入ワインに対する内国税が差別的かどうかが問題となった。

Ⅰ 原審査

［推移］パネルの設置後，ECは2007年7月審査中断を申請した。パネルはECから審査再開の要請がなかったため，2008年7月休止した。

13. 被申立国　Indonesia（1件）

13-1. インドネシア自動車事件，Indonesia-Automobile

［正式名称］インドネシア自動車産業措置（Indonesia-Certain Measures Affecting the Automobile Industry）

［申立・事件番号］EC申立・WT/DS54，日本申立・WT/DS55, 64，米国申立・WT/DS59

［事実関係］インドネシアは自動車産業を振興し，国民車を生産するためさまざまな措置に訴えた。それは，輸入部材よりも国産部材を使用するよう奨励するローカルコンテント要求であり，そのために減免税措置がとられた。また韓国キア車を国民車のモデルとするため韓国車と韓国製部材に対しては免税措置を講ずる一方，日米ECの自動車と部材は免税を受けなかった。日米ECはインドネシアの措置が差別的であるとしてパネル手続を開始した。

Ⅰ 原審査

［手続］パネル（1998.7.2報告送付），上訴なし，DSB（1998.7.23報告採択）

［結論］インドネシアの自動車産業措置は，差別的であり，GATTとTRIMSに違反する。

［理由］─インドネシアが自国自動車産業を育成するため免税恩典により行ったローカルコンテント要求はTRIMS協定に違反する。
─関連する内国税は内国民待遇原則に背き差別的内国税に該当する。
─韓国車のみに関税・内国税を免除し，日米車等に高い関税と内国奢侈税を課し，さらに韓国産部品にのみ関税を免除するのは，WTO加盟国の同種産品を無差別に扱うよう要求する最恵国待遇原則に違反する。

Ⅱ 実施

［手続］実施期間仲裁決定（1998.12.7）12カ月

14. 被申立国　Japan（6件）

14-1. 日本酒税事件Ⅱ，Japan-Alcoholic Beverages

［正式名称］日本酒税（Japan-Taxes on Alcoholic Beverages）

［申立・事件番号］EC申立・WT/DS8，カナダ申立・WT/DS10，米国申立・WT/DS11

［事実関係］日本の酒税はGATTの時代から他国の批判を浴びていた。GATTパネルは日本の酒税法がGATTの内国民待遇原則に違反すると認定した（巻末表1-1.128）。WTO発足後，米国，EC，カナダは再度日本の酒税法と内国民待遇原則の抵触についてパネルの判断を要請した。

Ⅰ 原審査

［手続］パネル（1996.7.11報告送付），上級委員会（1996.10.4報告送付），DSB（1996.11.1報告採択）

［結論］日本の酒税は，GATT（3.2項）内国民待遇原則に違反する。

［理由］─国産焼酎とウォッカは同種の蒸留酒である。日本の酒税はウォッカに高く焼酎に低く課されている。このような酒税は差別的内国税に該当する（上級委員会支持）。
─国産焼酎とウイスキー・ブランデー・ジン・ラム・リキュール等蒸留酒は同種ではないが競合代替品である。それゆえ，焼酎とウイスキー等蒸留酒に同様に課されていない日本酒税は保護的内国税にあたり禁止される。
─GATTの差別的内国税の禁止ルールは，目的効果理論を採用していない。この理論はGATT時代に適用されたが，WTOではとることができない。

Ⅱ 実施

［手続］実施期間仲裁決定（1997.2.14：実施期間を15カ月とする），相互に満足すべき解決・代償（1997.7.15）

14-2. 日本写真フィルム事件（富士コダック事件），Japan-Photographic Film

［正式名称］日本写真フィルム印画紙措置（Japan-Measures Affecting Consumer Photographic Film and Paper）

［申立・事件番号］米国申立・WT/DS44

［事実関係］日本の写真フィルム市場は，シェアでみると，富士製品8割，米国コダック製品1割，残り1割がコニカ，アグファ等で占められていた。ところが米国市場ではコダック8割富士1割であり，また欧

州市場でもコダックが高いシェアを占めていた。日本市場で米国製品のシェアが低いのは，日本政府が流通措置等をつうじて，米国製品の対日市場参入をはばんでいるからであると米国政府は主張した。もっとも日本は写真フィルムや印画紙に関し，輸入関税をゼロにし，数量制限もとっていなかった。それゆえ争点は，流通措置等のそれ自体はWTOに抵触しないいわゆる「非違反措置」によって，米国の市場参入利益が無効にされ侵害されたかどうかに集中した。そこで米国はこうした非違反申立により対日パネル提訴を行った。

Ⅰ　原審査

［手続］パネル（1998.3.31報告送付），上訴なし，DSB（1998.4.22報告採択）

［結論］日本の措置は米国の利益を無効にし侵害していない。日本の措置はWTOに整合している。

［理由］－米国は日本がWTOに違反しない非違反措置によって米国製フィルム・印画紙の日本市場へのアクセスをさまたげ，米国の利益を無効にし侵害したと主張している。しかし，日本のこれら非違反措置（流通措置，大店法規制，販売促進措置）は米国利益を無効にし侵害していない。

－日本の流通措置は輸入品に対し不利な待遇をあたえていないから内国民待遇原則（GATT 3.4条）に違反しない。

－日本はまた貿易規則の公表義務（GATT 10.1条）を怠っていない。米国の主張は根拠を欠いている。

14-3. 日本リンゴ検疫事件Ⅰ，Japan-Apples Ⅰ

［正式名称］日本農産品検疫措置（Japan-Measures Affecting Agricultural Products）

［申立・事件番号］米国申立・WT/DS76

［事実関係］日本はリンゴ等に寄生する害虫「コドリン蛾病」の国内侵入を阻止するため，輸入リンゴに対し品種ごとの厳しい検疫措置をとっていた。リンゴの輸出国・米国は，日本の措置が衛生植物検疫措置協定に違反する非関税措置にあたると主張してパネルの判断を求めた。

Ⅰ　原審査

［手続］パネル（1998.10.27報告送付），上級委員会（1999.2.22報告送付），DSB（1999.3.19報告採択）

［結論］日本のリンゴ検疫措置は衛生植物検疫措置協定に違反する。

［理由］－日本の措置は科学的根拠に基づいていないため衛生植物検疫措置協定にそむく。

－協定（5.7条）によれば，科学的根拠に基づかない検疫措置も一定の条件のもとに暫定的にとることができるとされるが，日本は，合理的な期間内に措置をみなおさなかったため，措置はけっきょく正当化されない。

－日本はさらに措置の内容について公表しなかったため，協定（7条）の透明性原則に反する。

14-4. 日本リンゴ検疫事件Ⅱ，Japan-Apples Ⅱ

［正式名称］日本リンゴ輸入措置（Japan-Measures Affecting the Importation of Apples）

［申立・事件番号］米国申立・WT/DS245

［事実関係］日本は米国産リンゴの輸入を火傷病に関連して制限してきた。火傷病は米国東部の風土病であり，日本では発生していない。そこで日本は米国火傷病の侵入を阻止するため，米国2州（オレゴン，ワシントン）以外からの輸入禁止，米国火傷病汚染果樹園からの輸入禁止，対日輸出品に対する年3回の米国検疫，収穫後処理産品の扱い等を米国に要求した。米国は日本の措置がGATTの輸入制限措置禁止規定（11条），農業協定，植物衛生検疫措置協定に違反するとしてパネル手続を求めた。

Ⅰ　原審査

［手続］パネル（2003.7.15報告送付），上級委員会（2003.11月26報告送付），DSB（2003.12.10報告採択）

［結論］日本の措置はWTO違反を構成する。

［理由］措置は十分な科学的証拠に基づいていないためSPS協定（2.2条）に違反する。措置はまた危険性の評価に基づかず（協定5.1条違反），衛生保護目的に必要以上の措置である（協定5.6条違反）。

Ⅱ　実施審査　パネル（2005.6.23報告送付），上訴なし，DSB（2005.7.20報告採択），日米相互合意解決（2005.8.30通報）

14-5. 日本海苔輸入割当事件 Japan - Laver Quotas

［正式名称］日本・焼海苔味付海苔輸入割当事件（Japan - Import Quotas on Dried Laver and Seasoned Laver）

［申立・事件番号］韓国申立・WT/DS323

［事実関係］日本は韓国製の焼海苔と味付海苔を輸入割当制度のもとにおいている。この措置は，輸入数量制限にあたる点で，GATT（11.1条）と農業協定（4.2条）に違反すると韓国は主張した。また日本の割当措置は部分的で非合理的な方法によって行われているためGATTの貿易規則・合理的実施ルール（10.3条）と輸入ライセンス協定（1.2条，1.6条）に反するとつけくわえ，パネルの設置を求めた。

Ⅰ　原審査

［手続］パネル（2006.2.1報告送付）

［結論］日本措置のWTO整合性について判断をくだす必要はない。

［理由］紛争当事国は2006年1月23日，パネル報告が送付される前に，相互に満足すべき解決に達した。

14-6. 日本・韓国製DRAM相殺関税事件，Japan - DRAMs CVDs

［正式名称］日本・韓国製DRAM相殺関税事件（Japan - Countervailing Duties on Dynamic Random Access Memories from Korea）

［申立・事件番号］韓国申立・WT/DSS336

［事実関係］DRAM半導体はかつて日本の主要産業であった。しかし韓国・台湾等の進出と併行して，

日本企業は半導体製造から徐々に撤退し，新世紀初頭の国内メーカーはエルピーダ社（Elpida Memory）とマイクロン日本（Micron Japan）の2社となった。そこへ韓国製品が流入してきた。日本は2004年8月，韓国製DRAMに対する相殺関税調査を開始し，2006年1月，ハイニックス社（Hynix Semiconductor）に対し27.2%の相殺関税を賦課した。韓国は日本の措置が相殺関税協定とGATT（6.3条，10.3a条）に反するとしてパネル手続を開始した。

Ⅰ　原審査

［手続］パネル（2007.7.13報告送付），上級委員会（2007.11.28報告送付），DSB（2007.12.17報告採択）

［結論］日本の措置は部分的にWTOに違反する。DSBは措置の是正を勧告する。

［推移］日本は事件後，再調査ののち2009年，相殺措置を廃止した。

［理由］－日本当局によれば，韓国政府は，2002年再生プログラムにより，民間団体にハイニックス社支援のための援助を与えるよう委託・指示した，これが相殺関税協定上の政府補助金にあたるとされる。パネルはこうした委託・指示に関して客観的な判断をくださなかったと上級委員会はのべた。したがって，日本当局による委託・指示に関する認定は相殺関税協定（1.1a(1)(iv)条）に反するとしたパネル判断を上級委員会は覆す。

－韓国の2002年再生プログラムはハイニックス社に利益を与えたと不適切に認定することで，日本当局は相殺関税協定（1.1b条，14条）に違反したとパネルは判断した。上級委員会はこのパネル判断を支持する。

－パネルは，日本当局による利益額の算定方法は日本の法令に規定されていなかったと判断し，日本が相殺関税協定（14条柱書）に違反したと判断した。上級委員会はこのパネル判断を退けた。

－パネルは，日本が補助金を受けていない輸入にも相殺関税を賦課したと判断した。これは，補助金利益配分に関し，課税当局は認定補助金額を超える相殺関税を課してはならないとする協定（19.4条）に反するとパネルはのべた。上級委員会はパネル判断を支持した。

－日本の利益認定は協定（1.1b条，14条）に合致するとパネルは判断した。この判断に誤りはないと上級委員会はのべた。

－日本は特定の金融機関を利害関係者として扱い，入手可能な事実を使用したが，これは協定（12.7条，12.9条）に違反しないとパネルは判定した。上級委員会はこのパネル判定を支持する。

－日本は，輸入が補助金交付の効果により国内産業に損害を与えていることを個別に示さなかったが，これは協定（15.5条，19.1条）違反とならないとパネルは判断した。上級委員会はパネル判断を支持する。

Ⅱ　実施審査

［手続］パネル（韓国設置申立，2008.9.23設置），パネル手続中断（2009.3.4韓国による中断要請），日韓交渉

［実施措置］日本は，2008年9月にハイニックス半導体製品に対する相殺関税率27.2%を9.1%に引き下げた。しかしこれは韓国を満足させなかった。日韓交渉のすえ，日本はWTO勧告を履行するため，2008年10月，利害関係者の申請を受けて事情変更の有無についての調査を開始した。そのけっか，2009年4月，調査対象期間中の「補助金の利益が存在しない」ことを確認し，補助金についての事情の変更があったとして，相殺関税を廃止した。

15．被申立国　Korea (7件)

15-1．韓国酒税事件，Korea-Alcoholic Beverages

［正式名称］韓国酒税（Korea-Taxes on Alcoholic Beverages）

［申立・事件番号］EC申立・WT/DS75，米国申立・WT/DS84

［事実関係］韓国の酒税は国産酒（Soju）に低く輸入酒に高く課せられていた。EUと米国は韓国酒税がGATTの内国民待遇原則に違反するとしてパネル手続に訴えた。

Ⅰ　原審査

［手続］パネル（1998.9.17報告送付），上級委員会（1999.1.18報告送付），DSB（1999.2.17報告採択）

［結論］韓国の酒税はGATTの内国民待遇原則に違反する。

［理由］－韓国は国産品に低く直接競合する輸入品に高い税を課しており，両者の税額差は僅少額以上であるため，この酒税は国産品に保護をあたえるような保護的内国税にあたり違法である。

－他方，提訴国は，韓国国産のSojuと輸入ウォッカが同種産品であり，韓国の酒税が差別的内国税に該当することを立証できなかった。

Ⅱ　実施

［手続］実施期間仲裁決定

15-2．韓国酪農品事件，Korea-Dairy

［正式名称］韓国酪農品確定セーフガード措置（Korea-Definitive Safeguard Measure on Imports of Certain Dairy Products）

［申立・事件番号］EU申立・WT/DS98

［事実関係］韓国は酪農品の輸入に対し確定セーフガード措置を発動した。酪農品の輸出国であるECは韓国に対しGATT（19条）とセーフガード協定の違反を理由とするパネル申立を行った。

Ⅰ　原審査

［手続］パネル（1999.6.21報告送付），上級委員会（1999.12.14報告送付），DSB（2000.1.12報告採択）

［結論］韓国のセーフガード措置はWTOに違反した。

［理由］－韓国は重大な損害の認定にあたってすべての関連する損害要因を審査しなかったため協定(4.2a条)に違反する。
－当局はセーフガード措置をとる前にGATT（19条1a）が定める予見しえない発展の結果，輸入急増したことを立証する義務を負っている。
－当局は協定（5.条）にしたがって措置が損害を除去し調整を容易にする目的と比例するよう確保しなければならない。
－当局は協定（5.1条）に基づき措置がどのように必要なのかを説明する義務を一般的に負っているわけではない。しかし，当局は，措置として数量制限を適用するときにかぎり，特別の説明を行う義務を負う。

15-3. 韓国政府調達事件，Korea-Government Procurement

［正式名称］韓国政府調達措置（Korea-Measures Affecting Government Procurement）
［申立・事件番号］米国申立・WT/DS163
［事実関係］韓国は仁川国際空港の建設のため政府調達を行った。米国は韓国の政府調達がWTO政府調達協定に違反すると訴えてパネル設置を要求した。

I 原審査

［手続］パネル（2000.5.1報告送付），上訴なし，DSB（2000.6.19報告採択）
［結論］韓国はWTO政府調達協定に違反していない。
［理由］政府調達協定は，協定の適用を受ける調達主体として，本件で問題となった韓国仁川国際空港計画の調達機関（New Airport Development Group）を明記していない。また米国は非違反申立のための要件を立証できなかった。

15-4. 韓国牛肉事件，Korea-Beef

［正式名称］韓国牛肉輸入措置（Korea-Measures Affecting Imports of Fresh, Chilled and Frozen Beef）
［申立・事件番号］米国申立・WT/DS161，オーストラリア申立・WT/DS169
［事実関係］韓国は国産牛肉を保護するため輸入牛肉の販売に関して規制措置をとった。牛肉輸出国のオーストラリアと米国は韓国に対し，GATT，農業違反を理由とするパネル手続を開始した。

I 原審査

［手続］パネル（2000.7.31報告送付），上級委員会（2000.12.11報告送付），DSB（2001.1.10）
［結論］韓国の措置はGATTと農業協定等に違反する。
［理由］－韓国が国産牛肉と輸入牛肉についてそれぞれ異なる販売制度を設けていることは，GATTの内国民待遇原則(3.4条)に違反し，GATT 20条⒟によっても正当化できない。
－牛肉販売制度はさらに他のGATT諸規定や農業協定にも違反する。
－牛肉に対する国内助成額は農業協定に違反して誤って計算された（しかしパネルが依拠した計算は不適切な方法に基づくものであったため，上級委員会はパネルの違反認定を覆した）。

15-5. 韓国船舶事件，Korea - Commercial Vessels

［正式名称］韓国・船舶貿易措置事件（Korea-Measures Affecting Trade in Commercial Vessels）
［申立・事件番号］EU申立（WT/DS273）
［事実関係］韓国・EU間の造船補助金提訴合戦の一翼である。上述のように韓国は船舶貿易措置事件［表34］でECを提訴した。これに対しECはこの事件で韓国に応戦したのである。問題は，韓国が造船分野で補助金相殺措置協定に抵触する赤の輸出補助金または黄色の国内補助金を供与したかどうかにあった。
韓国輸出入銀行設立法（Act Establishing the Export-Import Bank of Korea, KEXIM）とその実施法令によると韓国輸出入銀行は資本財の輸出にあたり輸出者に低金利で融資する権限をあたえられている。このため銀行が造船企業にあたえた個別融資プログラムがWTO協定で禁止された補助金にあたるかどうかが問われた。

I 原審査

［手続］韓国（2005.3.7報告送付），上訴なし，DSB（2005.4.11報告採択）
［結論］韓国輸出入銀行法のもとで，問題の融資プログラムそれ自体（as such）は利益をあたえるものではないことを命令するものではない。それゆえ融資プログラムそれ自体は相殺措置協定と抵触しない。しかし，輸出入銀行がじっさいに造船会社にあたえた特定の融資と貸付保証は，赤の輸出補助金に該当する。他方，黄色の補助金は供与されなかった。
［理由］融資プログラムそれ自体とじっさいの融資措置は異なる。プログラムそれ自体は利益供与を命令（mandate）していないから協定に違反しない。他方，特定の融資措置は輸出を条件にあたえられる禁止された輸出補助金に該当する。

15-6. 韓国・インドネシア製紙事件，Korea-Paper from Indonesia

［正式名称］韓国・インドネシア製紙ダンピング防止税事件（Korea-Anti-Dumping Duties on Imports of Certain Paper from Indonesia）
［申立・事件番号］インドネシア申立・WT/DS312
［事実関係］韓国はインドネシア製紙に対しダンピング防止税を賦課した。

I 原審査

［手続］パネル（2005.10.28報告送付），上訴なし，DSB（2005.11.28報告採択）
［結論］韓国のダンピング防止税は一部，ダンピング防止協定に反する。
［理由］韓国措置は，構成正常価額の計算，損害認定，情報扱いに関してダンピング防止協定に違反した。
［勧告］インドネシアは韓国の違法ダンピング措置

の撤回を勧告するよう求めた。しかし，こうした勧告をするかどうかは例外的な裁量行為に属する。それゆえパネルは紛争解決了解の原則（19条）にしたがい措置撤回の勧告を行わない。

Ⅱ　実施審査Ⅰ

［手続］パネル（2007.9.28報告送付），上訴なし，DSB（2007.10.22報告採択）

［結論］韓国はDSB勧告を実施するため新規ダンピング防止手続を開始し，再決定を行った。この実施措置はいぜん協定違反を含んだ。

［理由］－韓国はインドネシアの製紙企業，とくにSinar Mas Group傘下のIndah Kiat社とPindo Deli社を含む生産者に対し，再決定を行ったが，上記2社のダンピング価格差は原決定と同一であった。この韓国の再決定は，入手可能情報の扱いに関する協定義務にそむいた。協定（6.8条，付属書Ⅱの7項）によれば，課税当局が入手可能情報とくに二次的情報源からの情報（information from secondary sources）に基づいて決定を行うときはとくに慎重に行わなければならないと定めている。韓国再決定はこの要請に違反した。

－韓国の再決定は，当初調査と実施段階調査からなる結合調査の枠組みのなかで行われた。それゆえ，協定（6.2条）が定めるように，この統合調査手続には，利害関係をもつすべての当事者が自己の利益を擁護するための十分な機会を与えられなければならない。ところが，利害関係者にあたるSinar Mas Groupは利益擁護のため意見書を提出する機会を与えられなかった。当該グループはとくに協定（3.4条）が列挙する損害要素の評価に関するコメントを提出できなかった。パネルは韓国が統合調査の過程で犯したミスを協定（6.2条）違反とした。

－他方，韓国が調査過程で韓国産業からの新しい情報を受領したとされる点について，協定の証拠関連ルール（6.1.2条，6.2条，6.4条，6.5条）違反があったかどうかの争点があった。インドネシアは韓国の協定違反を主張したが，パネルは違反の立証にインドネシアが失敗したと結論した。

15-7. 韓国・カナダ産牛肉輸入措置事件，Korea-Bovine Meat

16. 被申立国　Mexico（6件）

16-1. メキシコ・米国産異性化糖事件，Mexico-High Fructose Corn Syrup (HFCS)

［正式名称］メキシコ・米国産異性化糖ダンピング防止調査事件（Mexico-Anti-Dumping Investigation of High Fructose Corn Syrup (HFCS) from the United States）

［申立・事件番号］米国申立・WT/DS 136

［事実関係］メキシコは米国産の異性化糖（High Fructose Corn Syrup, Isoglucose）に対しダンピング防止調査を開始した。米国はメキシコの調査に異議を唱えてパネル手続を開始した。

Ⅰ　原審査

［手続］パネル（2000.1.28報告送付），上訴なし，DSB（2000.2.24報告採択）

［結論］メキシコの調査は損害認定に関しダンピング防止協定に違反している。

［理由］－メキシコ国内産業が当局に対して行った調査開始の申請は協定（5.2条）に合致していた。調査の開始も，十分な証拠に基づいており協定（5.3条）に整合していた。

－しかし損害のおそれの認定にあたり，損害のおそれに固有の要素（3.7条）のみを審査し，損害の認定要素（3.4条）を適切に審査することを当局は怠った。

－また輸入が国内産業全体にあたえる影響の審査にあたり，当局は砂糖黍を産業ユーザーに売る市場のみに着目し，家計に売る産業を無視したため，協定の定める損害認定（3.1条，3.2条，3.4条，3.7条）を誤った。

［勧告］メキシコは措置を協定に合致させるよう勧告する。

Ⅱ　実施審査

［手続］実施審査パネル（2001.6.22報告送付）実施審査上級委員会（2001.10.22報告送付），DSB（2001.11.21報告採択）

［結論］メキシコの実施措置はいぜん損害認定に関する協定義務に違反している。

［理由］損害のおそれの審査にあたって当局が輸入の著しい増加の蓋然性があると認定したことは協定（3.7i条）に違反する。ダンピング輸入が国内産業にあたえる影響の可能性についての当局の判断は協定の損害認定規定（3.1条，3.4条，3.7条）に違反する。

［勧告］メキシコは措置を協定に合致させるよう勧告する。

16-2. メキシコ電気通信事件，Mexico-Telecommunications

［正式名称］メキシコ電気通信サービス措置事件（Mexico-Measures Affecting Telecommunications Services）

［申立・事件番号］米国申立・WT/DS 204

［事実関係］メキシコは電気通信法によって国内の大電気通信会社に電気通信事業の権利をあたえていた。この会社の接続料金は米国企業に高く国内企業に低かった。そこで米国は，メキシコがGATSと参照文書の義務に違反しているしてパネル手続を求めた。本件はGATS参照文書と加盟国措置の抵触が争われる最初の事例となった。

Ⅰ　原審査

［手続］パネル（2004.4.2報告送付），上訴なし，DSB（2004.6.1報告採択）

［結論］メキシコの措置はWTOに違反する。

［理由］メキシコ措置は，参照文書に違反するだけではなく，GATS電気通信付属書（5@）にも抵触する。

Ⅱ 実施 米墨合意（2004.6）

16-3. メキシコ長粒米事件，Mexico - Rice

［正式名称］メキシコ・長粒米／牛肉確定ダンピング防止税事件（Mexico-Definitive Anti-Dumping Measures on Beef and Rice）

［申立・事件番号］米国申立・WT/DS 295

［事実関係］メキシコは2002年6月，米国産長粒米に対して確定ダンピング防止税を課した。米国はメキシコの損害認定方法がWTO協定に違反するとしてパネル手続に訴えた。

Ⅰ 原審査

［手続］パネル（2005.6.6報告送付），上級委員会（2005.11.29報告送付），DSB（2005.12.20報告採択）

［結論］メキシコのダンピング課税はWTOダンピング協定に違反する。

［理由］メキシコは，調査対象期間の選定を誤り，そのけっか実証的な証拠（positive evidence）に基づいて損害認定を行う義務（協定3.1条）を怠った。そしてこうした期間選定により，メキシコの損害認定は協定（3.2条, 3.4条, 3.5条）に抵触した。

16-4. メキシコ・ソフトドリンク税事件，Mexico-Soft Drink

［正式名称］メキシコ・ソフトドリンク税事件（Mexico-Tax Measures on Soft Drinks and Other Beverages）

［申立・事件番号］米国申立・WT/DS 308

Ⅰ 原審査

［手続］パネル（2005.10.7報告送付），上級委員会（2006.3.6報告送付），DSB（2006.3.24報告採択）

［結論］メキシコの甘味ソフトドリンク用甘味料に対する内国税と国内規制はGATT内国民待遇原則（3条）に違反する。

［理由］－税差別上，メキシコ国産甘蔗糖（cane sugar）と米国産甜菜糖（beet sugar）は同種の産品であるから，。同種の国産品には課されず低く輸入品に重く課されるメキシコ間接税は差別的内国税にあたる。また－－税差別上，メキシコ国産甘蔗糖と輸入異性化糖は直接競合産品にあたるため，である。国産品には課されずに軽く輸入競合品に重く課される内国税は保護的内国税に相当すあたる（3.2条）。

－国内規制上，国産甘蔗糖と輸入異性化糖は同種産品とみなされるため，同種輸入品に対するメキシコ国内規制も内国民待遇原則に違反する（3.4条）。

Ⅱ 実施措置

この事件は発生以来，2006年末で12年におよぶ。メキシコは2006年7月，WTO勧告を遵守する約束を米国との間に交わした。この誓約に基づき2006年12月，メキシコ議会は異性化糖に対する内国税20%を廃止する法案を採択した。

16-5. メキシコ・鉄鋼管事件，Mexico - Steel Pipes

［正式名称］メキシコ・グアテマラ産鉄鋼管ダンピング防止税事件（Mexico – Anti-Dumping Duties on Steel Pipes and Tubes from Guatemala）

［申立・事件番号］グアテマラ申立・WT/DS 331

［事実関係］メキシコ経済省は，グアテマラ産鉄鋼管にダンピング防止税を賦課した。調査の申請者は1社（Hylsa）であり，調査に応じたグアテマラ企業も1社（Tubac）であった。暫定税は，Tubac社の関連品目に対し3.41％から12.82％，他社に対し25.83％から26.59％とされた。確定税は，一律5.87％とされた。グアテマラはメキシコ措置が協定に違反するとしてパネル手続を開始した。

Ⅰ 原審査

［手続］パネル（2007.6.8報告送付），上訴なし，DSB（2007.7.24報告採択）

［結論］メキシコのダンピング課税はWTOに反する。

［理由］－メキシコ経済省（Economía）は，ダンピング防止調査の開始にあたり十分なダンピングと損害の証拠がないにもかかわらず，調査を開始した。これは調査開始にあたって，課税当局はダンピングと損害の十分な証拠を評価しなければならないとする協定（5.3条）に違反する。それゆえ，メキシコ当局は，調査申請を却下すべきであった。また調査を開始すべきではなかった。

－入手可能情報の使用にあたり経済省は協定義務（6.8条, 付属書Ⅱの3, 5, 6, 7）に反した。

－経済省は調査対象期間を過去3年間のそれぞれ半期（1-6月）のみにしぼり，その間の情報に基づいて損害決定を行った。これは協定の損害関連規定（3.1条, 3.2条, 3.4条, 3.5条）に反する。また経済省は実質的な証拠（positive evidence）に基づいて損害の客観的審査を行い，国内産業に関する代表的で一貫したデータを収集分析することを怠った。これにより協定の損害認定規定（3.1条）は踏みにじられた。さらに経済省は，ダンピング以外の要素に基づく損害をダンピング輸入に帰してはならなないという因果関係分析にあたり輸出減少の扱いを誤った。ここにも協定義務（3.1条, 3.2条, 3.4条, 3.5条）違反が認められる

－以上によりパネルはDSBがメキシコにダンピング防止措置を撤回するよう示唆することを求めた。

16-6. メキシコ・オリーヴ油事件，Mexico - Olive Oil

［正式名称］メキシコ・EU産オリーヴ油確定相殺措置事件（Mexico – Definitive Countervailing Measures On Olive Oil from the European Communities）

［申立・事件番号］EC申立・WT/DS 341

［事実関係］メキシコはEC産，とくにスペイン・イタリア産のオリーヴ油の輸入に対して相殺関税を賦課した。ECはとくに損害がないにもかかわらず相殺措置が課されたとしてパネル手続を開始した。

Ⅰ　原審査

　［手続］パネル（2008.9.4報告送付），上訴なし，DSB（2008.10.21報告採択）

　［結論］メキシコ措置はGATT（16条）とWTO相殺関税協定に違反する。措置はとくに協定が要求する損害認定要件に反する。

　［理由］ー経済省は秘密情報に関する「秘密でない要約」の提出に関する協定（12.4.4条）義務に違反した。

ー調査は開始後18カ月を超えて行われた。これは調査を原則1年以内とし例外的に18カ月未満とする協定（11.11条）の定めに反する。

ー損害調査の期間は部分的に一定期間（2000年度から2002年度までの間の4月から12月まで）に限定され，協定（15.1条）違反がみられる。協定によれば，損害認定は「実質的証拠」に基づき「客観的に」行われなければならないからである。

ーしかしパネルは国内産業関連規定についての協定違反の主張は退けた。

17. 被申立国 Philippines（1件）

17-1. フィリピン蒸留酒税事件 Philippines - Taxes on Distilled Spirits

　［正式名称］フィリピン・蒸留酒税事件（Philippines - Taxes on Distilled Spirits）

　［申立・事件番号］EU申立・WT/DS396，米国申立・WT/DS403

　［事実関係］

　Ⅰ　原審査

　［手続］パネル（2011.8.15報告送付）

　［結論］

　［理由］

18. 被申立国　Thailand（2件）

18-1. タイ・鉄鋼ダンピング防止税事件，Thailand-Iron from Poland

　［正式名称］タイ・ポーランド産鉄鋼＠型鋼ダンピング防止税（Thailand-Anti-Dumping Duties on Angles, Shapes and Sections of Iron or Non-Alloy Steel and H-Beams from Poland）

　［申立・事件番号］ポーランド申立・WT/DS122

　［事実関係］タイはポーランド産の鉄鋼と＠型鋼に対しダンピング防止税を賦課した。ポーランドの要請でパネルが設置された。

　Ⅰ　原審査

　［手続］パネル（2000.9.28報告送付），上級委員会（2001.3.12報告送付），DSB（2001.4.5報告採択）

　［結論］タイの措置は部分的に協定に違反している。

　［理由］ータイ当局の調査は，十分な証拠に基づく調査申請を受けて，かつ十分な証拠に基づいて開始されており協定（5.2条, 5.3条）に合致している。タイによる調査申請に関する口頭の通告は協定（5.5条）に適合している。

ー当局は協定（3.4条）が列挙する15の損害要素を審査しなければならない。それゆえタイ当局による価格の効果とダンピング輸入が国内産業にあたえる影響に関する認定は協定の要件（3.1条, 3.2条, 3.4条, 3.5条）に違反している。

　［勧告］タイが措置を協定に合致させるよう勧告する。

18-2. タイ煙草措置事件，Thailand - Cigarettes

　［正式名称］タイ・フィリピン製煙草関税財政措置事件（Thailand - Customs And Fiscal Measures On Cigarettes From The Philippines）

　［申立・事件番号］フィリピン申立・WT/DS371

　［事実関係］タイの煙草市場のシェアは，国産品8割，輸入品2割からなりたっていた。国産品は，タイ財務省管轄下のタイ煙草専売公社（Thai Tobacco Monopoly）の独占に委ねられていた。輸入品は，米国フィリプモリス社のフィリピン子会社が製造し，タイ子会社が輸入販売するマルボロ（Marlboro and L&M）であった。タイ税関は，フィリピン産煙草の関税評価にあたり，取引価額方式から控除方式に切り替え，関税徴収額を引き上げた。フィリピンは，タイの輸入煙草に対する措置がWTO関税評価協定等に違反するとしてパネル手続を求めた。

　Ⅰ　原審査

　［手続］パネル（2010.11.15報告送付），上級委員会（2011.6.17報告送付）

　［結論］タイの措置はWTOに違反する。

19. 被申立国　Turkey（2件）

19-1. トルコ繊維事件，Turkey-Textile

　［正式名称］トルコ繊維衣服輸入制限（Turkey-Restrictions on Imports of Textile and Clothing Products）

　［申立・事件番号］インド申立・WT/DS34

　［事実関係］トルコはEUとの関税同盟に基づき，インド産繊維製品に対し輸入数量制限を設定した。この制限がなければ，EUは対印繊維クオータの迂回を防止するためトルコからの製品輸入を全量制限せざるをえなくなるとされた。

　Ⅰ　原審査

　［手続］パネル（1999.5.31報告送付），上級委員会（1999.10.22報告送付），DSB（1999.11.19報告採択）

　［結論］トルコの対印数量制限はWTOに違反する。

　［理由］ートルコの数量制限はインドのみを標的とする点でGATT（11条, 13条）が禁止する差別的数量制限にあたり，また繊維協定（2.4条）にも抵触する。

ートルコはこの数量制限はトルコEC関税同盟に基づく制限でありGATT（24条）によって正当化されると主張したが，インド産品に対する数量制限は関税同盟に必要ではなく正当化されない。

19-2. トルコ・米輸入措置事件，Turkey - Rice

[正式名称] トルコ・輸入米措置事件（Turkey - Measures Affecting the Importation of Rice）

[申立・事件番号] 米国申立・WT/DS334

[事実関係] トルコは米の輸入を関税割当制度のもとにおいていた。割当数量内の輸入に対しては，一定期間のあいだ，MFN譲許関税率4.5%よりも低い関税率が適用された。割当数量外の輸入（out-of-quota imports）はMFN関税率に服した。しかし1次税率を享受するためには，輸入者は輸入ライセンスを政府から取得し，指定数量の国産米を購入するよう義務づけられた。さらに輸入者は，割当数量外の輸入に関し，政府から管理証明書を取得する義務を課された。輸入者が割当数量を超える輸入を譲許関税を支払って輸入するときは，当局に管理証明書を提出しなければならないことになった。くわえて，トルコは2003年9月から異なる期間ごとに，問題の証明書を否認またはその発給を停止する決定を行った。また慣行上，輸入許可を恣意的に行い，輸入を制限した。米国はトルコの米輸入に関する措置がWTOに違反するとしてパネル手続に訴えた

I 原審査

[手続] パネル（2007.9.21報告送付），上訴なし，DSB（2007.10.22報告採択）

[結論] トルコ措置はWTOに違反する。

[理由] ―トルコは割当量を超える輸入に対して輸入管理証明書（Certificates of Control）の取得を義務づけている。これは通常の関税に転換すべき非関税措置に該当し，農業協定（4.2条）の関税化原則に違反するとパネルは結論した。

―トルコは，割当数量内の輸入について国産品購入を義務づけていたが，この義務は失効した。GATTの内国民待遇原則（3.4条）違反はもはや存在しないとパネルはのべた。

20. 被申立国 United States（59件）

20-1. 米国ガソリン事件，United States-Reformulated Gasoline

[正式名称] 米国改質／在来ガソリン規格（United States-Standards for Reformulated and Conventional Gasoline）

[申立・事件番号] 2カ国（ブラジル，ヴェネズエラ）合同申立・WT/DS2

[事実関係] 米国はガソリンによる環境汚染を防止するためガソリン輸入に関して品質規制措置をとった。ガソリン輸出国のブラジルとベネズエラは米国の措置が外国ガソリンを差別するためGATTに違反すると主張してパネル提訴を行った。これがWTOでの紛争解決事例の皮切りとなった。

I 原審査

[手続] パネル（1996.1.2報告送付），上級委員会（1996.4.2報告送付），DSB（1996.5.20報告採択）

[結論] 米国の措置はGATTに抵触し違法である。

[理由] ―米国は空気清浄化のため可能なかぎり高い規格を採用する権利をもっている。ただしその規格は外国からの輸入品に対して差別的であってはならない。本件の措置は外国ガソリンに国産ガソリンよりも不利な待遇をあたえておりGATT（3.4条）の内国民待遇原則に違反する。

―措置はGATT 20条@の有限天然資源の保存のための措置であるが，20条柱書きの要件に抵触し，けっきょく正当化できない。

20-2. 米国下着事件，United States-Underwear

[正式名称] 米国・綿化繊下着経過セーフガード措置（United States-Restrictions on Imports of Cotton and Man-Made Fibre Underwear）

[申立・事件番号] コスタリカ申立・WT/DS24

[事実関係] 米国は繊維協定に基づいてGATT未統合品目であった綿と化繊の下着の輸入に対し経過的セーフガード措置を発動した。輸出国の小国コスタリカは大国・米国を相手どってパネルの設置を要求した。

I 原審査

[手続] パネル（1996.11.8報告送付），上級委員会（1997.2.10報告送付），DSB（1997.2.25）

[結論] 米国の経過的セーフガード措置は繊維協定に違反する。

[理由] ―輸入国が経過的セーフガード措置をとるためには，輸入が輸入国の同種または直接競合する産業に重大な損害またはそのげんじつのおそれをあたえることを立証しなければならない。重大な損害のおそれを輸入国が立証するためには，「措置がなければ，損害がちかいしょうらい発生する可能性が高い」ことを証明する必要がある。しかし米国はこの証明ができなかったため協定（6.1条）に違反する。

―協定上（6.6@条），措置の対象産品が第3国で加工され加工品が再輸入される場合，措置をとる国は再輸入に対してより有利な待遇をあたえなければならないが，米国はこの義務を怠った。

―GATTの透明性原則（10.2条）にしたがい国家は一般的に適用される貿易措置を公表しなければならないが，公表措置は特定の国家に影響をあたえる措置を含むが，特定企業を名宛人とする措置をカバーしない。

―経過的セーフガード措置は極力控えめに適用すべきであり，したがって措置を遡及的に適用することはできない。米国が措置を協議要請日にまで遡って適用したことは協定に違反する。

20-3. 米国シャツ／ブラウス事件，United States-Shirts and Blouses

[正式名称] 米国・インド産毛織シャツ／ブラウス経過的セーフガード措置（United States-Measure Affecting Imports of Woven Wool Shirts and Blouses from India）

[申立・事件番号] インド申立・WT/DS33

［事実関係］米国はインド産毛織シャツ/ブラウスに対し経過的セーフガード措置を発動した。インドの要請でパネルが設置されたが、米国は問題の経過的セーフガード措置をパネル最終報告の発布前に撤回した。しかしパネルは措置と繊維協定との整合性について審査を行った。

Ⅰ　原審査

［手続］パネル（1997.1.6 報告送付），上級委員会（1997.4.25 報告送付），DSB（1997.5.23 報告採択）

［結論］米国の措置は繊維協定に違反する。

［理由］－米国は輸入が重大な損害をもたらしたことおよび損害と輸入の間に因果関係があることを立証できなかったため協定（6条）に違反する。

－米国は，また協定が認める制限以上の制限を繊維製品に課してはならないという協定のルール（2.4条）にも違反している。

－上級委員会が支持するように，パネルは紛争解決了解（11条）の司法節約（judicial economy）に従い当事者が提起したすべての主張を審査する必要はなく，解決に必要となる主張のみを審査することができる。

20-4. 米国海老亀事件，United States-Shrimp

［正式名称］米国海老輸入制限（United States-Import Prohibition of Certain Shrimp and Shrimp Products）

［申立・事件番号］4 カ国（インド，マレーシア，パキスタン，タイ）合同申立・WT/DS58

［事実関係］米国は地球環境保護の見地から絶滅の危機に瀕した海亀5種（ⅰ赤海亀（loggerhead; Caretta caretta），ⅱ姫海亀（Kemp's ridley; Lepidochelys kempi），ⅲ青海亀（green; Chelonia mydas），ⅳ長亀（leatherback; Dermochelys coriacea），ⅴ玳瑁（hawksbill; Eretmochelys imbricata））を漁船による捕獲・絶命から救うための法令を制定した。これは米国の漁船がエビの捕獲にあたって海亀を巻き添えにするのをふせぐため，網にかかった海亀を脱出させる装置を漁船につけることを義務づけた。そして，外国漁船については，漁船が海亀脱出装置なしにエビを捕獲した場合，エビの輸入を禁止した。これに対し，米国へエビを輸出しているタイ・マレーシア等アジア諸国は米国のエビ輸入制限措置がWTOに違反しているとしてパネルの設置を求めた。

［推移］パネルと上級委員会は米国の輸入制限措置を違法としたため，米国は措置をWTOに整合させるための実施措置を採択した。この実施措置がWTOと整合するかどうかについて，実施審査パネル・上級委員会は，実施措置はGATT違反の措置だが例外的に正当化されると結論した。

Ⅰ　原審査

［手続］パネル（1998.5.15 報告送付），上級委員会（1998.10.12 報告送付），DSB（1998.11.6 報告採択）

［結論］米国のエビ輸入禁止措置は，生産工程・方法（PPM）に基づく技術的障壁であり，GATTに違反し例外規定によっても正当化できない。

［理由］－米国の措置はGATTの数量制限禁止原則（11条）に違反する。

－措置はGATT 20 条の一般例外条項によって正当化できない。

－なおパネル手続には原則として政府のみが参加し，政府は自国見解に非政府組織の助言者書簡（amicus curiae）を添付することができるが，非政府組織自らも助言者書簡を提出することができる。

Ⅱ　実施審査

［手続］審査実施期間合意（1999.1.21）13カ月実施審査パネル（マレーシア申立）（2001.6.15 報告送付），実施審査上級委員会（2001.10.22 報告送付），DSB（2001.11.21 報告採択）

［結論］米国の実施措置はGATTに違反する措置であるが例外的に正当化される。

［理由］米国の実施措置はいぜんとしてGATT（11条）違反の輸入制限措置に該当する。しかし措置は，GATT 20 条ⓖの有限天然資源の保護のための措置であり，しかも20 条ただし書の要件を満たすから 20 条によって正当化される。米国は 20 条にしたがって，本件のような一方的措置をとる前に関係輸出国と交渉する善意努力義務を果たさなければならない。米国は海亀保護協定を交渉しさえすればよく協定を締結する義務はない。米国は交渉義務を果たすかぎりで実施措置を 20 条に基づいて正当化することができる。

20-5. 米国・韓国産 DRAM ダンピング防止措置事件，United States-DRAMS from Korea

［正式名称］米国・韓国産1メガ以上 DRAM 半導体（United States-Anti-Dumping Duty on Dynamic Random Access Memory Semiconductors (DRAMS) of One Megabit or Above from Korea）

［申立・事件番号］韓国申立・WT/DS99

［事実関係］米国ダンピング防止法令は，ダンピング課税の撤回についていわゆる3年ゼロ撤回規定（three zeroes revocation）をおいていた。これによると，外国企業への課税ののち3回の年次見直しが行われ，3年連続で外国企業によるダンピングがなく，ダンピング再発のおそれもないことが立証されれば，ダンピング課税が撤回される。米国当局はこの規定に従って，韓国半導体企業の対米輸出に関し，年次見直しを行い，1年目と2年目の見直しでダンピングなしの認定を行った。しかし3年目の見直しにあたり，米国当局はダンピング再発のおそれがないことが韓国企業により立証されていないとして，課税の撤回を拒否した。韓国は米国の3年ゼロ撤回規定そのもの（法規自体）と規定に基づく課税継続措置の双方がWTOに違反すると主張してパネル手続を開始した。

［推移］パネル手続ののち，米国の実施措置がいぜんとしてWTOに違反すると主張して韓国は実施審査パネル手続に訴えた。しかし，実施審査パネルの設置後，韓国は米国と相互に満足すべき解決に達した。

このため実施審査パネル報告は米韓合意による紛争解決に言及して本案審理を行っていない。

Ⅰ　原審査

［手続］パネル（1999.1.29 報告送付），上訴なし，DSB（1999.3.19 報告採択）

［結論］米国の3年ゼロ撤回規定はWTOに違反する。

［理由］―米国の規定は，別段の反証がないかぎりダンピングは再発するおそれがあり，したがってそのようなときは年次見直しで課税が継続される。ところがダンピング防止協定（11.2 条）は，当局が課税の見直しに際して，課税の継続がダンピングを相殺するため必要であるかどうか，課税が停止されると損害が再発するおそれがあるかどうかを調査するよう義務づけている。それゆえ当局が見直しにあたって課税を継続すべきかどうかを決定するときは，課税継続の必要性を裏づける積極的な証拠に基づかなければならない。米国の規定は，「提示された証拠」（adduced evidence）に基づいて課税を継続するのではなく，反証がなければダンピング再発のおそれがあると推定して課税を継続するものであり，ダンピング防止協定（11 条）に違反する。米国の推定規定は，協定の証拠要求規定と明らかにあいいれない。それゆえ推定規定（商務省規則）そのものが協定に違反する（筆者注―ただし強制法・任意法理論の適用に関するパネル判断は明succeed さを欠いている）。

―3年ゼロ撤回規定に基づく本件の3年次見直し決定も協定（11.2 条）に違反する。

―当局はダンピング課税額の評価（9.3 条）にあたって2％の僅少ルール（5.8 条）を適用する義務を負わない。

［勧告］韓国は，3年ゼロ撤回規定の廃止と見直し決定による課税措置の撤回を要請したが，パネルは，米国に対し規定を協定に合致させるよう勧告するにとどめる。

［勧告実施方法の示唆］米国は勧告実施のため多様な方法に訴えることができるため，勧告実施方法は示唆しない。

Ⅱ　実　施

［手続］実施期間合意（1999.5.19）6 カ月相互に満足すべき解決（2000.9.21）実施審査パネル（2000.11.7 報告送付，認定なし）

20-6. 米国外国販売会社事件，U.S.-Foreign Sales Corporations

［正式名称］米国外国販売会社免税制度（U.S.-Tax Treatment for "Foreign Sales Corporations"）

［申立・事件番号］EU 申立・WT/DS108

［経緯］この事件は GATT 時代に遡る。米国は 1971 年の国内国際販売会社（Domestic International Sales Corporation, DISC）制度を定めたが，これは 1976 年の GATT パネルにより違法な輸出補助金と認定された。このパネル報告は 1981 年に採択された。米国は 1984 年，DISC 制度を外国販売会社（FSC）制度により代替した。EC は FSC も GATT に違反すると抗議をしたが，ウルグアイ・ラウンド交渉の開始により提訴を控えた。WTO 時代になって実効的な紛争解決制度のもとで 2006 年事件はいちおうの終息をみた。

［事実関係］米国の法人税は，原則として米国企業の全世界での所得に対して賦課されていた。しかしこれには抜け穴があって，それが外国販売会社免税制度であった。この制度によると，米国親会社が国外の租税逃避国（tax haven）に「外国販売会社」（FSC）という子会社を設立し，この子会社をとおして米国産品を輸出すると，輸出利益や輸出関連サービス利益には法人税が免除された。これは，日 EC 等外国会社が，米国業務活動に関連した国外源泉所得に米国の法人税を課されるのと対照的であった。EC は米国の外国販売会社免税制度が WTO に違反するとしてパネル提訴を行った。

Ⅰ　原審査

［手続］パネル（1999.10.8 報告送付），上級委員会（2000.2.24 報告送付），DSB（2000.3.20 報告採択）

［結論］米国制度は輸出補助金にあたり相殺措置協定と農業協定の双方に違反する。

［理由］―外国販売会社に対する法人税の免除は，政府が企業にあたえた補助金であり，しかも輸出を条件としてあたえられるため輸出補助金にあたる。

―この輸出補助金は，非農業産品の輸出に対してあたえられる場合，相殺協定（3 条）によって禁止された赤の輸出補助金とみなされる。

―他方，補助金は，農産品の輸出に対してあたえられる場合，農業協定（9.1 条）に明記されていない「削減約束の対象とならない輸出補助金」に該当する。この種の輸出補助金は，農業協定の迂回禁止規定（10.1 条）に服する。迂回禁止規定によると，加盟国は，削減対象外の輸出補助金を利用して，輸出補助金ルール（約束品目に関する輸出補助金削減ルール，非約束品目に関する輸出補助金禁止ルール）を迂回してはならないとされる。ところが，米国法は，禁止される迂回を可能にしているため，農業協定に違反する。米国は，約束品目である小麦に関しては自国の年次数量水準を超えて輸出補助金を交付し，非約束品目に関しては削減約束の対象となる輸出補助金を交付することで，ルールを迂回した。

［勧告と実施期限］米国はパネル報告を実施するため相殺措置協定（4.7 条）に従って赤の禁止輸出補助金を遅滞なく 2000 年 10 月 1 日までに廃止しなければならない。米国はまた農産品貿易に関しては補助金を農業協定上の義務に合致させなければならない（したがって農業輸出補助金に関してはかならずしも全面的に廃止する義務を負わない）。

Ⅱ　実施審査Ⅰ

［手続］米 EU 合意（2000.9.29 紛争解決手続合意），米国（2000.11.15 改正法署名），EU（2000.11.17 実施審査パネル手続開始，対米報復許可要請），米国（2000.11.27 報復規模仲裁要請），DSB（2000.11.28 報復規模仲裁付託），米 EC

（2000.11.28 2国間紛争解決手続合意に基づき仲裁に実施審査パネル手続が完了するまで仲裁手続を中断するよう要請），実施審査パネル（2001.8.20報告送付），実施審査上級委員会（2002.1.14報告送付），DSB（2002.1.29報告採択）

［結論］米国がパネル・上級委員会報告を実施するため採択した改正法もいぜんとしてWTOに違反する。

［理由］米国は外国販売会社法を廃止し域外所得除外法（ETI）を制定したが，この改正法のもとでも，輸出補助金制度は維持されている。この制度は，国外源泉所得に対する2重課税の防止のための措置として正当化できない。改正法はまた農業補助金をつくりだしている。さらに改正法が定める外国産品・労務の制限は輸入品よりも国産品を使用するインセンティブをあたえているためGATTの内国民待遇原則（3.4条）にふれる。米国が旧外国販売会社制度に基づく支払いを停止していないことは輸出補助金撤回義務にそくしたDSB勧告の遵守違反を構成する。

Ⅲ　仲裁

［手続］仲裁手続開始（2002.1.29），報復規模仲裁（2002.8.30）

［仲裁内容］ECが提案した年40億4300万米ドルまでの米国産品に対する100％上乗せ関税は相殺協定（4.10条）にいう適切な対抗措置である。この対抗措置は米国の違法行為と比例しないことはない。

Ⅳ　報復

［経緯］米国議会は旧法（外国販売会社法，域外所得除外法）を廃止し，新しい実施法「米国雇用創出法2003年」（American Jobs Creation Act of 2003 [HR 2896]；Jumpstart Our Business Strength Act [S.1637]）を制定しようとしたが，制定は遅延した。ECは米国議会が旧法を廃止するまで報復措置をとらないことを約束した。しかし旧法の迅速な廃止がないため，ECは新実施法がすみやかに制定されないならば2004年3月に報復措置を発動する旨を2003年11月強調した。米国は2004年6月に廃止し，2004年10月，米国雇用創出法を採択した。

Ⅴ　実施審査Ⅱ

［手続］パネル（2005.9.30報告送付），上級委員会（2006.2.13報告送付），DSB（2006.3.14報告採択）

［結論］米国の米国雇用創出法の過渡期間規定はWTOにいぜん違反している。

Ⅵ　報復

［経緯］米国による措置是正（再改正法採択），EC（2006.5報復関税見送り），紛争決着

20-7. 米国301条事件，United States-301

［正式名称］米国1974年通商法301条（United States-Sections 301-310 of the Trade Act of 1974）

［申立・事件番号］EU申立・WT/DS152

［事実関係］米国301条は米国の利益を害する国に対する報復措置を規定しておりGATT時代には日本等が報復（半導体摩擦による対日3品目100％関税等）を受けた。WTO時代になって，日本が自動車部品事件で，またECがホルモン飼育牛肉事件で，301条に対しパネル提訴をしようとしたが，いずれも撤回された。しかしECバナナ事件で米国が対EC報復にでようとしたため，ECは対抗して301条に対するパネル提訴を行った。ECは301条が一方的報復を禁じた紛争解決了解に反すると主張した。

［推移］パネルはECの主張を退けて301条がWTOに抵触しないと判定した。このパネル報告をECは受けいれ，上訴なしに，報告はDSBによって採択された。

Ⅰ　原審査

［手続］パネル（1999.12.22報告送付），上訴なし，DSB（2000.1.27報告採択）

［結論］301条はWTOに抵触しない。

［理由］一紛争解決了解（23条）は国家の一方的報復を禁止している。国家は，了解のもとでは，WTOの判断に先立って外国の措置がWTOに違反していると認定することを禁止され，またWTOの許可なしに外国に報復措置をくだすことを禁じられている。ところが301条はタイトな期限規定をおいているため，米国政府がWTOの判断・許可をえる前に一方的にWTO違反の認定と報復措置の決定を行うことを可能にしている。301条はそれゆえ一見したところWTOルールにそむく。しかしながら，301条のWTO違反は，米国政府の約束（SAA）によって除去された。この約束は，政府が301条手続を適用するときは，WTOの事前の判断・許可ののち，外国政府のWTO違反を認定し，また外国に対して報復をとるとのべているからである。したがって301条は紛争解決了解の一方主義禁止ルールに抵触しない。

―とはいえ，米国が将来，政府約束をとりさげるときは，301条はWTO違反を構成する。

20-8. 米国・英国産有鉛棒鋼事件，United States-Lead and Bismuth Carbon Steel

［正式名称］米国・英国産有鉛棒鋼相殺関税（United States-Imposition of Countervailing Duties on Certain Hot-Rolled Lead and Bismuth Carbon Steel Products Originating in the United Kingdom）

［申立・事件番号］EU申立・WT/DS138

［事実関係］英国政府は国営鉄鋼企業BSCに対して補助金をあたえたが，この国営企業はそののち複雑な経緯をへて民営化された。そしてこの間に民営企業による米国向けの輸出が行われ，これが米国の相殺関税の対象とされた。米国商務省は，旧国営企業に交付された補助金は民営化により民営企業に当然移転したとみなし，民営企業からの輸入品に相殺関税を課した。ECは米国の補助金利益・移転理論に基づく相殺関税は，相殺措置協定に抵触すると主張してパネルの設置を要請した。

Ⅰ　原審査

［手続］パネル（1999.12.23報告送付），上級委員会

（2000.5.10報告送付），DSB（2000.6.7報告採択）

［結論］米国の相殺措置は協定に反し違法である。

［理由］－補助金相殺措置に関するパネルの審査基準は紛争解決了解（11条）のなかに規定されている。したがってダンピング防止税の審査基準（ダンピング防止協定17.6条）は相殺措置事件には適用されない。

－米国当局は移転理論に基づいて国営企業への一回かぎりの補助金（non-recurring subsidy）は，国営企業の民営化にともない民営企業に移転したと推論したが，このような推論は相殺措置協定（10条）に違反する。本件では，旧国営企業に交付された補助金の利益は，民営化ののち，民営企業に移転しなかった。したがって本件では，相殺措置協定（1条）にいう補助金はそもそも存在しない，それゆえ米国の相殺関税は違法である。

20-9. 米国1916年法事件，U.S.-1916 Act

［正式名称］米国1916年ダンピング防止法（U.S.-Anti-Dumping Act of 1916）

［申立・事件番号］EU申立・WT/DS136，日本申立・WT/DS162

［事実関係］米国は，GATT/WTOのダンピング防止協定を実施するため1930年関税法のなかに詳細なダンピング防止法を定めているが，こうした本来のダンピング防止法にくわえて，いわゆる1916年ダンピング防止法（「1916年歳入法」）がある。この法律は，米国の国内産業を破壊し害する略奪的意図をもってダンピング輸入をする者に対し，罰金や懲役を科し，さらにダンピングの被害者に被害額の3倍の損害賠償請求を認めることを内容としている。したがって，ダンピング輸入が国内の同種産品の産業に実質的な損害をあたえる場合に，ダンピング価格差を超えない限度でダンピング課税をする本来のダンピング防止システムとは異なるのである。ECと日本は，米国の1916年ダンピング防止法そのもの（適用措置ではなく法律自体）がWTOに違反するとみなしパネル手続を始動させた。

［推移］パネルと上級委員会は米国1916年法がWTOに違反することを認め，DSBは米国に対し法をWTOに合致させるよう勧告した。しかし米国議会はDSB勧告を期日までに実施するため法を改正するにはいたらなかった。日本とECはDSBに対し対米報復措置の許可を求めた。日ECが申請した対米報復は，日ECが米国産品に対し1916年法と類似の3倍額賠償規定を適用することであった。

I 原審査

［手続］パネル（EU申立，2000.3.31報告送付），パネル（日本申立，2000.5.29報告送付），上級委員会（2000.8.28報告送付），DSB（2000.9.26報告採択）

［結論］米国の1916年ダンピング防止法はWTOに反し違法である。

［理由］－ダンピング防止法そのものを，ダンピング防止措置とは別に審査することは可能である。

－米国の1916年法はダンピングに対抗するための措置としてダンピング防止税とは異なる措置を規定している。これはダンピングに対抗するための措置としてダンピング防止税のみを規定するGATTルール（6.2条）と協定（18.1条）に違反している。協定（18.1条）はダンピングに対処するためダンピング防止税以外の特別の措置をとってはならないと定めている。

－1916年法はまた損害を立証するための要件を定めていないためGATT（6.1条）に反する。さらに1916年法は手続要件を欠いており，ダンピング防止協定（4条，5条）に抵触する。

［勧告］米国が1916年法をGATT（6条）と協定に合致させるよう勧告する。

II 実施

［手続］実施期間仲裁決定（2001.2.28：実施期間を10カ月とする），DSB実施期間再延長

III 報復

［手続］報復申請（EC・日本申請，2002.1.7）

［推移］日本は対米報復措置として損害回復法を制定した。ECは米国1916年と類似の対抗立法を制定した。

日本企業は損害回復法に基づき日本での損害回復訴訟を企図しているが，米国裁判所は日本での提訴の仮差止め命令をくだした。事件は落着していない。

20-10. 米国音楽著作権法事件，U.S.-US Copyright Act

［正式名称］米国著作権法110（5）条（U.S.-Section 110（5）of the US Copyright Act）

［申立・事件番号］EC申立・WT/DS160

［事実関係］米国は1998年の著作権法の改正により，音楽著作権の制限・例外を導入した。これによると，音楽著作物は，家庭での私的目的のために利用されたり，また一定の業務のための利用されるときは，著作権者の同意なしに利用できることとされた。ECは，米国の改正著作権法が定めるこれら家庭例外と業務例外がTRIPS協定（13条例外）に抵触すると主張してパネルの設置を求めた。

I 原審査

［手続］パネル（2000.6.15報告送付），上訴なし，DSB（2000.7.27報告採択）

［結論］米国著作権法110.5条は部分的にTRIPS協定に違反する。

［理由］米国著作権法が定める音楽著作権に対する例外のうち，家庭例外はTRIPS協定（13条例外）に合致している。しかし，業務例外はTRIPS協定と抵触する。

II 実施

［手続］実施期間仲裁決定（2001.1.15：実施期間を12カ月とする）

20-11. 米国バナナ報復措置事件，United States-Certain Products from the European Communities

［正式名称］米国・対EU産品輸入措置 (United States-Import Measures on Certain Products from the European Communities)

［申立・事件番号］EU申立・WT/DS165

［事実関係］ECバナナ事件で，ECが敗訴したあと，ECはDSB勧告を実施するためバナナ規則を改正した。これに対し，米国は，1999年3月3日，ECの実施措置がWTOにいぜん違反していると解釈し，DSBの許可をえる前に報復措置をとった。米国は日本写真フィルム事件では一方的な対日制裁を控えたが，バナナ事件では一方的な報復措置をとった。ECは，米国の報復措置を不満としてパネル手続を開始した。

なお米国の報復措置は1974年通商法301条に基づく措置であったため，ECは，301条に対するパネル手続と併行して，本件の301条措置に対しパネル手続を開始した。

Ⅰ 原審査

［手続］パネル (2000.7.17報告送付)，上級委員会 (2000.12.11報告送付)，DSB (2001.1.10報告採択)

［結論］米国の報復措置はWTOに違反する。

［理由］－米国の報復は一方的に行われたため紛争解決了解の一方主義禁止ルールに反する。

－米国がECの実施措置を一方的にWTO違反と判断したことも了解の実施審査手続 (21.5条) に抵触する。

－ECが報復遅延戦略 (delay tactics) に訴えてDSB審議を遅らせることができた事実は，米国の措置の違法性を治癒 (cure) しない。

20-12. 米国小麦グルテン事件，U.S.-Wheat Gluten

［正式名称］米国・EC産小麦グルテン確定セーフガード措置 (U.S.-Definitive Safeguard Measures On Imports of Wheat Gluten from the European Communities)

［申立・事件番号］EU申立・WT/DS166

［事実関係］米国ITCは小麦グルテンの輸入に対しセーフガード調査を開始し，国内産業への重大な損害の発生を認めた。小麦グルテンは主に製パンやペット食品に使用され，製造過程でグルテンと澱粉に分離されたのち，廃水等もエタノール生産とペット業界等で再利用されていた。米国国内企業4社を救済するため，米国当局は1998年6月，数量制限の形式で確定措置を課した。数量枠は3年間にわたり個別供給国に割り当てられたが，カナダと米国の通商協定相手国および開発途上国は措置の対象から除外された。ECは，措置の対象国のひとつとして，米国の措置がGATT (19条) とセーフガード協定に違反すると主張し，パネル手続を開始した。

Ⅰ 原審査

［手続］パネル (2000.7.31報告送付)，上級委員会 (2000.12.22報告送付)，DSB (2001.1.19報告採択)

［結論］米国の措置はセーフガード協定に違反する。

［理由］－米国ITCによる輸入急増の認定はGATTと協定に合致していた。

－しかし，ITCの因果関係認定は協定 (4.2条) に違反した。

－またカナダを損害調査の対象に含めながら，措置の対象から除外したことは，協定のパラレリズム (2.1条，4.2条) に抵触した。

20-13. 米国ラム肉事件，United States-Lamb

［正式名称］米国ラム肉セーフガード措置 (United States-Safeguard Measures on Imports of Fresh, Chilled or Frozen Lamb Meat from New Zealand and Australia)

［申立・事件番号］ニュージーランド申立・WT/DS177，オーストラリア申立・WT/DS178

［事実関係］米国は1999年7月，ラム肉の輸入急増が米国産業に損害をあたえたと認定して確定セーフガード措置を関税割当 (3年間) の形で発動した。ラム肉の輸出国であるオーストラリアとニュージーランドは措置がWTOに整合しないとしてパネル設置を要求した。

Ⅰ 原審査

［手続］パネル (2000.12.21報告送付)，上級委員会 (2001.5.1報告送付)，DSB (2001.5.16報告採択)

［結論］米国の措置はGATT (19条) とセーフガード協定に違反する。

［理由］－米国ITCはGATT (19条) の要件に反して，輸入の急増が予見しえない発展の結果生じたことを立証しなかった。

－本件では，ラム肉輸入によって損害を受ける国内産業は，ラム肉生産者 (肉裁断処理業者，包装業者) であるが，ITCは米国の国内産業の範囲にラム肉生産者のほかに生きた子羊の飼育者を含めた。ITCによる国内産業の拡大解釈は，協定 (2.1条，4.1c条) に反する。

－ITCによる損害のおそれの認定も因果関係の基準もそれぞれ協定 (4条，4.2b条) に反する。

20-14. 米国・韓国産鋼板薄板事件，U.S.-Stainless Steel Plate

［正式名称］米国・韓国産ステンレス鋼板コイル/薄板ダンピング防止措置 (U.S.-Anti-Dumping Measures on Stainless Steel Plate in Coils and Stainless Steel Sheet and Strip from Korea)

［申立・事件番号］韓国申立・WT/DS179

［事実関係］米国は韓国産鋼板/薄板に対しダンピング防止税を賦課した。米国はこの調査にあたり，調査対象期間中にアジア経済危機のあおりで韓国ウォンが切下げられた事態をふまえ特殊な方式でダンピング価格差をはじきだした。韓国は米国の方式に異を唱

えてパネル提訴を行った。

I　原審査

[手続] パネル (2000.12.22 報告送付)，上訴なし，DSB (2001.2.1 報告採択)

[結論] 米国の措置はダンピング防止協定に違反する。

[理由] ―米国商務省が鋼板の調査に関して行った為替レートの扱いは協定 (2.4.1条) に適合していたが，薄板の調査に関して行った為替レートの扱いは協定に違反した。
―鋼板と薄板の調査に関する支払い未受領販売の扱いは協定 (2.4条頭書) に違反した。
―ダンピング価格差の算定にさいし，加重平均正常価額と加重平均輸出価格を比較するため採用されるマルチ平均方式 (multiple averaging) そのものは，協定 (2.4.2条) に違反しない。しかし，本件で商務省が行ったマルチ平均方式の適用は，協定に違反している。
―米国が本件のダンピング防止措置を撤回すべきであるとする韓国の要求は却下される。

[勧告] 米国は確定ダンピング防止税を協定に合致させるよう勧告する。

[勧告実施方法の示唆] 勧告は米国確定税の撤回を示唆するよう求めたが，本件で米国が協定にそくしてダンピング認定を再検討した場合，ダンピングがない結論に達するのかどうか明らかでない。税の撤回は，適正なダンピング認定が行われればダンピングがゼロとなる場合に示唆することができる。本件では税の撤回が勧告実施のための唯一の方法とは結論できないため，パネルは税の撤回の示唆を求める韓国の要請におうずることはできない。

20-15. 米国・日本産熱延鋼事件，U.S.-Steel Products from Japan

[正式名称] 米国・日本産熱延鋼ダンピング防止措置 (U.S.-Anti-Dumping Measures on Certain Hot-Rolled Steel Products from Japan)

[申立・事件番号] 日本申立・WT/DS184

[事実関係] 米国商務省は対日熱延鋼ダンピング防止調査にあたり，すべての日本輸出者を調査対象とするのは非実際的であると考え3大企業 (川崎製鉄 [NKKを統合し現在JFE]，NSC [新日本製鉄]，NKK [日本鋼管]) のサンプリングをもとにダンピング調査を行った。しかも商務省は3社の調査を部分的に利用可能な事実に基づいて実施した。ITC が損害認定を行ったのち，商務省は1999年6月，最終課税決定を採択し，日本企業のダンピング価格差を川崎 67.14%，NSC 19.65%，NKK 17.86%，他社 29.30%と定めた。日本は米国当局の措置 (商務省のダンピング認定とITCの損害認定) と米国関連法規がダンピング防止協定と GATT に抵触すると主張してパネル提訴を行った。

I　原審査

[手続] パネル (2001.2.28 報告送付)，上級委員会 (2001.7.24 報告送付)，DSB (2001.8.23 報告採択)

[結論] 米国の対日ダンピング防止税と関連法はダンピング防止協定に違反し違法である。

[理由] ―米国商務省は，ダンピング認定にあたり，NKK と NSC が必要な情報を妥当な期間内に提出するのを怠ったため利用可能な情報に基づいてダンピング認定を行った。しかし商務省による利用可能な情報の適用は本件の状況下では協定ルール (6.8条，附属書II.7) に違反している。また商務省が川崎製鉄の輸出価格の算定にあたって川崎に「不利な」(adverse) 利用可能な事実を採用したことも協定に抵触する。不利な事実を採用できるのは調査に協力しない企業に対してだけであり，調査協力企業は不利な事実を適用されないからである。
―サンプリングにより調査対象とされた3社以外の他のすべての企業 (all others) に対するダンピング価格差の算定に関し，関連する米国法とその適用は協定に違反した。協定 (9.4条) はサンプリングから漏れた他社のためのダンピング価格差の算定にあたり，利用可能な事実に基づいて算定されたサンプリング企業の価格差を採用してはならないとしているが，米国法と本件での適用は協定の要請に反するからである。ちなみに米国法は他社のための価格差の算定のなかに利用可能な情報に部分的に基づいて算定された価格差を含めるよう義務づけている。また本件で商務省は利用可能な情報に基づいて算定された3社の価格差を用いて他者のための価格差を算定した。
―米国は正常価額の算定にあたり，輸出者の関連会社向け販売価格 (加重平均) が非関連会社向け販売価格 (加重平均) の99.5%以上でなければ―換言すれば，ほぼ同一でなければ―通常の商取引の正常価額とはみなさなかった。そして関連者向け販売価格が非関連者向け価格の99.5%未満であるときは，関連者が非関連の独立ディーラーに販売したときの再販売価格を正常価額とした。このような99.5%慣行は協定の許容しうる解釈に該当せずWTO違反である。
―国内産業への損害認定については，米国法が国内産業を主に外売市場にかぎり自家消費生産 (captive production) を除外していることを日本は問題とした。しかしこの規定は全体としての国内市場を調査するよう要求する協定の要求と抵触しない。しかしながらこの法規の本件への適用は協定に違反した。
―他方，ITC は本件で2年間のデータを審査して損害を認定したが，この審査は本件の状況下で協定の損害ルール (3条) と整合していた。また本件の米国当局の措置は，貿易規則を統一的に公平にかつ妥当に運営するよう要求する GATT (10.3@条) の要請に合致していた。さらに米国の危機的状況に関する法令と本件への適用は協定 (10条) に適合していた。
―因果関係　上級委員会はパネル判断を覆した。

[勧告] 米国が措置を協定に合致させるよう勧告する。

[勧告実施方法の示唆] 日本はパネルに措置の撤回と税の払戻しを示唆するよう求めたが，パネルは日本の要求を退けた。上級委員会も示唆を行っていない。

Ⅱ 実施

[手続] 実施期間仲裁決定 (2002.2.19：実施期間を15カ月とする)

20-16. 米国・鋼線材線管事件，U.S.-Steel Wire Rod and Line Pipe

[正式名称] 米国・鋼線材線管確定セーフガード措置 (United States-Definitive Safeguard Measures on Imports of Steel Wire Rod and Circular Welded Carbon Quality Line Pipe)

[申立・事件番号] EC-WT/DS214

[事実関係] 米国は鉄鋼線材と線管の輸入に対し確定セーフガード措置を発動した。ECは，米国のセーフガード規定 (1974年通商法201条) が輸入急増と損害の間の因果関係の立証に関しWTOセーフガード協定に抵触していると主張した。またECは，米国のNAFTA実施法は，NAFTA域内国の産品をセーフガード措置の対象から除外することを許しているため，WTO協定の要求するパラレリズム (調査対象産品と措置対象産品の間のパラレリズム) に違反すると主張し，パネルの設置を求めた。

Ⅰ 原審査

[手続] パネル設置 (2001.9.10)，パネル未構成，手続中断

20-17. 米国・パキスタン産綿糸事件，United States-Cotton Yarn from Pakistan

[正式名称] 米国・パキスタン産綿糸経過的セーフガード措置 (United States-Transitional Safeguard Measure on Combed Cotton Yarn from Pakistan)

[申立・事件番号] パキスタン申立・WT/DS192

[事実関係] 米国はパキスタン産綿糸をいまだGATTに統合していなかったため，その輸入に対して経過的セーフガード措置をとった。パキスタンは米国の措置が繊維協定に違反すると主張してパネルに提訴した。

Ⅰ 原審査

[手続] パネル (2001.5.31報告送付)，上級委員会 (2001.10.8報告送付)，DSB (2001.11.5報告採択)

[結論] 米国の措置は繊維協定に違反する。

[理由] −米国は輸入が国内の同種産品または直接競合産品の産業に重大な損害をあたえたかどうかの認定にあたって，国内産業の範囲をせまくとらえた。米国は国内産業の範囲を綿糸を生産し販売する外販企業にしぼり，綿糸を生産したあと社内で消費する自家生産 (captive production) 企業を除外したからである。このような国内産業の画定は繊維協定 (6.2条) に違反する。

−米国がパキスタン産綿糸の輸入が損害をもたらさなかったかどうかを審査しなかったことは協定の損害認定ルール (6.4条) に違反する。

20-18. 米国輸出制限解釈事件，United States-Export Restraints as Subsidies

[正式名称] 米国輸出制限／補助金待遇措置 (United States-Measures Treating Export Restraints as Subsidies)

[申立・事件番号] カナダ申立・WT/DS194

[事実関係] 米国相殺関税法の政府解釈 (Statement of Administrative Action. SAA) によれば，外国の輸出制限は相殺措置協定にいう外国政府の財政的貢献にあたり補助金とみなされるとしている。カナダは米国相殺関税法はWTOルールに違反すると主張しパネル手続を開始した。

Ⅰ 原審査

[手続] パネル (2001.6.29報告送付)，上訴なし，DSB (2001.8.23報告採択)

[結論] カナダの提訴は却下される。

[理由] −米国相殺関税法の政府解釈は誤りであり，輸出制限は財政的貢献にあたらず相殺措置の対象とならない。しかしながら，米国相殺関税法は輸出制限を補助金とみなすことを義務づけていないから，WTOルールに違反しない。

−加盟国の法令は，WTO違反措置を当局に義務づけていれば違反措置がとられなくてもただちにWTO違反となる。しかし加盟国の法令はWTO違反措置を当局に義務づけていなければ，違反措置がとられないかぎりWTOに違反しない。

20-19. 米国ハバナクラブ商標事件，United States-Havana Trade Mark

[正式名称] 米国1998年包括歳出予算法211条 (U.S.-Section 211 Omnibus Appropriations Act of 1998)

[申立・事件番号] EC申立・WT/DS176

[事実関係] 米国の1998年包括歳出予算法211条は，キューバが1959年以降接収した資産に関連した商標・商号に関し，キューバ・キューバ国民・他の諸国民 (EC企業等) が登録・更新するためには，原権利者の同意を必要とすると定めた。この規定の背景には，ラム酒のハバナクラブ商標をめぐる米国企業とフランス企業の争いがあり，米国企業のロビイングによって規定が予算法の付帯条項として追加されたのであった。フランス企業は211条が仏キューバ合弁企業のハバナクラブ商標権を否定し，合弁企業の対米市場進出をさまたげる意図をもつとして，EC当局に対米パネル提訴を要請した。EC当局はこの要請に応えて，211条とTRIPS協定との抵触を理由にパネル提訴を行った。

Ⅰ 原審査

[手続] パネル (2001.8.6報告送付)，上級委員会 (2001.1.2報告送付)，DSB (2002.2.1報告採択)

[結論] 米国211条は部分的にTRIPS協定に抵触する。

[理由] −TRIPS協定は明示に商号について規定していないが，解釈上，商号もカバーする。

－米国211条は原権利者の同意がなければキューバ接収資産関連の商標・商号登録を否定している。このような商標登録の否定は，TRIPS協定（15.1条）と抵触しない。それは協定（15.2条）が認める「他の理由」に基づく商標登録の否定にあたるからである。211条の商標登録否定は，また商標に関するパリ条約の規定にも合致している。
－211条は，商標に関し，キューバ企業にのみ適用されるため，内国民待遇原則（TRIPS協定3.1条，パリ条約2.1条）と最恵国待遇原則（TRIPS協定4条）に反する。措置がWTOの一加盟国に影響をあたえるならば，措置はすべてのWTO加盟国にも等しく適用されなければならない。

20-20. 米国・韓国産線管事件，United States-Line Pipe from Korea

［正式名称］韓国産環状溶接炭素線管確定セーフガード措置（United States-Definitive Safeguard Measures on Imports of Circular Welded Carbon Quality Line Pipe from Korea）

［申立・事件番号］韓国申立・WT/DS202

［事実関係］米国は炭素線管の輸入が国内産業に損害をあたえていると認定し確定セーフガード措置をとった。措置は，各輸出国からの輸入に関し，9000トンを超える部分に対し従価税（初年度19％，2年次以降漸減）を3年間課すものであった。課税対象はNAFTA構成国（カナダ，メキシコ）を除くWTO全加盟国とされた。韓国は米国の措置がGATTとセーフガード協定に違反すると主張してパネル手続を開始した。

I 原審査

［手続］パネル（2001.10.29報告送付），上級委員会（2002.2.15報告送付），DSB（2002.3.8報告採択）

［結論］米国のセーフガード措置はWTOに違反する。

［理由］－米国の措置は，関税割当という関税措置であり，GATT（13条5項）の無差別適用原則に服する。米国の措置は，輸入割当を供給国別に配分するさいGATT（13.2条）の配分ルールに背いた。セーフガード措置として数量制限がとられる場合のルール（セーフガード協定5.1条2段落，5.2@条）は関税措置に属する関税割当には適用されない。米国がセーフガード調査の段階でNAFTA構成国を調査対象として損害認定をしながら，措置をとる段階でNAFTA構成国を措置の対象からはずしたことは，セーフガード協定（2条，4条）のパラレリズム要件に反する。逆に米国が措置の対象から開発途上国を除外しなかったことは，開発途上国への措置の適用を禁止した協定規定（9条）に反する。

II 実施

［手続］実施期間仲裁決定（2002.7.26：当事者間に合意がなく期間未設定）

20-21. 米国・インド産鋼板事件，U.S.-Steel Plate from India

［正式名称］米国・インド産鋼板ダンピング防止／相殺措置（U.S.-Anti-Dumping and Countervailing Measures on Steel Plate from India）

［申立・事件番号］インド申立・WT/DS206

［事実関係］米国商務省（DOC）は1999年3月，インド産炭素鋼板に関するダンピング防止調査を開始したが，調査協力企業は1社（Steel Authority of India Ltd. SAIL）にとどまった。調査開始後，SAIL社は中断協定（suspension agreement）の締結を求めたため，商務省は協定の締結のための協議を行ったが，協議は失敗し，中断協定は締結されずに終わった。そして，つづく調査の過程で，商務省は，SAIL社が調査に非協力的であると判断し，同社の提出したデータの採用を拒絶した。かくして99年12月の最終課税決定では，商務省は，入手可能な情報に基づいてのみダンピング価格差を算出し，SAIL社に対し非協力企業のための最高ダンピング税率（72.49％）を課した。SAIL社はこの課税を不満として米国国際貿易裁判所（U.S. Court of International Trade）に訴えを提起し，商務省の情報扱いが米国法令の誤った解釈に基づいていると主張した。裁判所は商務省の法令解釈を支持したが，事件を商務省に差し戻し，商務省にSAIL社の扱いについて説明するよう求めた。裁判所は商務省の回答を承認した。こうした国内裁判所での手続と独立に，インド政府は米国を相手どってパネル提訴を行った。

I 原審査

［手続］パネル（2002.6.28報告送付）上訴なし，DSB（2002.7.29報告採択）

［結論］米国のダンピング防止措置はダンピング防止協定に違反する。

［理由］－商務省は本件でSAIL社の提出した米国国内販売情報を，情報の有用性について説明せず，これを頭から無視して，入手可能な事実のみに基づいて調査を行った。このような商務省の行為は，企業が必要な情報を妥当な期間内に提出しなかったり，当局の調査を著しくさまたげる場合にのみ，当局が入手可能な事実に基づいて調査を行うことができるとする協定のルール（6.8条，附属書II.3）に違反する。
－しかし，入手可能な事実の使用に関する米国の法令規定は，文言上，商務省に協定（6.8条，附属書II.3）を義務づけていないから，協定違反とならない。
－他方，協定は，先進国が開発途上国産品に対してダンピング防止措置をとる場合，開発途上国の特殊な状況に特別の配慮を払わなければならない（15条前段）としているが，この規定は，インドの主張とは逆に，加盟国に特別の措置をとるよう「特別または一般的な義務」を課してはいない。
－また協定は，先進国が開発途上国産品に対しダンピング課税を行う前に，協定が定める建設的な救済の

可能性（possibilities of constructive remedies）を模索しなければならない（15条後段）としているが，本件で米国は中断協定の協議によってこうした建設的な救済の可能性を模索したから，インドの主張とは逆に米国の措置は協定に違反しなかった。

［勧告］米国は措置を協定に合致させるよう勧告する。

［勧告実施方法の示唆］インドは米国によるダンピング価格差の再計算と必要なときは税の撤回を示唆するようパネルに求めた。パネルは勧告の実施手段の選択は敗訴国に委ねられているため，実施手段を示唆する必要はないとのべた。

20-22. 米国・ドイツ産薄板相殺関税事件，U.S.-Carbon Steel Flat Products from Germany

［正式名称］米国・ドイツ産耐食炭素鋼薄板相殺関税（U.S.-Countervailing Duties on Certain Corrosion-Resistant Carbon Steel Flat Products from Germany）

［申立・事件番号］EC申立・WT/DS213

［事実関係］米国商務省は，ドイツ産炭素鋼薄板に関する相殺関税のサンセット見直し（課税後5年後課税を撤回するかどうかを決定するための見直し）にあたり，課税を撤回すると補助金が継続・再発するおそれがあると判断し，課税を継続することを決定した。この商務省決定は，課税撤回後再発すると予測される補助金の規模（0.54%）とともに米国ITCに送付された。ITCも相殺措置の撤回は国内産業への損害をひきおこす可能性があるとみなし，米国はけっきょく相殺措置を撤回しないことを決定した。ECは相殺措置のサンセット見直しに関する米国の法令と措置が相殺措置協定とWTO協定（16.4条）に違反すると主張してパネル手続を開始した。

I　原審査

［手続］パネル（2002.7.3報告送付），上級委員会（2002.11.28報告送付）

［結論］米国関連規定は相殺措置協定（21.3条）に違反しないが，本件の商務省決定は協定に違反する。

［理由］－当初調査のための1％僅少基準はサンセット見直し規定のなかに含意されていない。上級委員会は含意されているとみたパネル判断を覆す。その結果，米国相殺関税法のなかの0.5％僅少基準は協定に反しない。米国が本件で1％僅少基準を適用しなかったとしても協定に違反しなかった。

－相殺措置協定（21.3条）はサンセット見直しの職権開始について証拠基準を含んでいない。それゆえ米国法がこのような基準をもたなくても協定違反とならない。

－米国サンセット見直し規定そのもの（課税後5年後の見直しにあたり補助金交付が継続するか再発する可能性があるかについて当局が決定する規定）は，任意規定であるから，パネルが採用してきた強制・任意法理論（mandatory or discretionary doctrine）に従い，協定に違反しない。

－しかし本件で商務省が補助金交付の継続・再発の可能性について行った決定は，十分な事実によって裏づけられていないため協定に違反する。

［勧告］米国はパネルがWTO違反と判断した措置をWTOに合致させなければならない。

20-23. 米国遡及課税事件，United States-Section 129

［正式名称］米国・ウルグアイラウンド協定実施法129条（U.S.-Section 129(c)(1) of the Uruguay Round Agreements Act）

［申立・事件番号］カナダ申立・WT/DS221

［事実関係］米国のウルグアイラウンド協定実施法129条はダンピング防止税と相殺関税の税額評価方式について規定している。この規定はいわゆる遡及方式（retrospective）を定め，輸入への課税額は，輸入品が米国領域にはいったあと，年次行政見直しで確定され，輸入日に遡って課される仕組みになっている。それゆえ見直しでは過去1年間の輸入に関し，ダンピングがあったかどうか補助金が交付されたかどうかが調査され，調査の結果，過去の輸入に対して最終税率が適用される。またこの見直しは，次年度の見直しが行われるまでの間に行われるはずの将来の輸入に関して，輸入者が支払うべき供託金も定めることとしている。

I　原審査

［手続］パネル（2002.7.15報告送付），上訴なし，DSB（2002.8.30報告採択）

［結論］米国法はWTOに違反していない。

［理由］カナダは，米国法がダンピング防止法と相殺措置法に関連するGATT（6条），ダンピング防止協定（1条，9.3条，11.1条，18.1条，18.4条），相殺措置協定（10条，19.4条，21.1条，32.1条，32.5条），WTO設立協定（16.4条）に違反することを立証できなかった。

［勧告］申立国敗訴のため勧告は行わない。

20-24. 米国・EC産鉄鋼製品事件，U.S.-Certain Products from the EC

［正式名称］米国・EC産鉄鋼製品相殺措置（U.S.-Countervailing Measures Concerning Certain Products from the EC）

［申立・事件番号］EC申立・WT/DS212

［事実関係］EC6カ国の旧国営鉄鋼会社は国営時代に加盟国政府から1回だけの補助金を交付されたが，のちに民営化された。米国商務省は，民営化にともない旧国営企業が受領した補助金は民営企業に帰属したとみなし，EC民営企業の対米輸出品に相殺関税を課した。米国商務省は，上述の英国有鉛棒鋼事件では，民営化により補助金利益は民営企業に当然移転するとみなし，民営化企業からの輸入品に相殺関税を賦課した。しかしこのような当然移転理論は，棒鋼事件のパネル・上級委員会報告でWTO違反とされたため，商務省は同一法人理論を採用した。同一法人理論によ

ると，民営化企業が旧国営企業の業務・施設・資産を引き継ぐと，民営企業と旧国営企業は同一法人とみなされ，旧国営企業への補助金利益は民営企業に残留すると判断される。それゆえ，商務省は，EC民営企業に補助金があたえられていると判定し，ECから輸入される鉄鋼製品に相殺関税を課した。ECは商務省の措置と米国の関連国内法規が相殺措置協定に違反すると主張してパネル手続を求めた。

Ⅰ 原審査

［手続］パネル（2002.7.31報告送付），上級委員会（2002.12.9報告送付），DSB（2003.1.8報告採択）

［結論］米国商務省の相殺関税はWTOに違反する。しかし関連国内法規はWTOに抵触しない。

［理由］―民営化のための国営企業の売却が独立当事者間価格で行われると，国営企業がうけた補助金利益は消滅し，民営化企業にはいっさい補助金は帰属しないのかどうかが問題となる。このようなときは，補助金利益は消滅すると推論され，輸入国当局は輸入品に対し相殺関税を賦課することはもはやできない。しかし，この推論は反証が可能である。

―米国商務省の同一法人理論は相殺措置協定に抵触する。民営企業が国営企業の業務・施設等をひきつぐ場合，事案によっては，補助金利益が消滅することもあるからである。

―米国国内法規は，民営化のための国営資産売却が独立当事者間価格で行われても，民営化により，国営企業が受けた補助金利益は消滅すると，商務省が一律に認定する義務はないと定めている。パネルは強制・任意法理論に基づき，米国国内法規は，立法経緯等に照らすと，行政当局にWTO違反の行為を義務づけると解釈した。しかし上級委員会はパネル判断を覆し，国内法規は，商務省に特定の認定を義務づけていないと判定した。

20-25. 米国バード修正条項事件，U.S.-Byrd Amendment

［正式名称］米国・2000年継続ダンピング補助金相殺法（U.S.-Continued Dumping and Subsidy Offset Act of 2000）

［申立・事件番号］9カ国（オーストラリア，ブラジル，チリ，EC，インド，インドネシア，日本，韓国，タイ）合同申立・WT/DS217，2カ国（カナダ，メキシコ）申立・WT/DS234

［事実関係］米国は2000年10月28日施行された2000年継続ダンピング補助金相殺法により，現行ダンピング防止法（1930年関税法第7部）に新規定754条（発案議員の名前をとってバード修正条項Byrd amendmentと呼ばれる）を挿入した。この修正条項によると，ダンピング防止措置手続や相殺措置手続を提訴した国内産業や提訴を支持した利害関係者は，徴収されるダンピング防止税や相殺関税を配分されることになった。この配分は，継続するダンピングと補助金を相殺する目的をもっている。

［推移］米国条項は最終的にWTO違反となり，WTOでは決着がついた。このため米国議会は2006年2月バード修正条項の廃止法を承認した。しかし2007年7月までの経過期間までは税関に税の分配を許した。2007年10月，修正条項は正式に期限切れとなったが，期限切れの実施が遅れ，2010年ふたたび条項に基づく税の配分が告知された。他方，米国国内でも国際貿易裁判所は，2006年7月18日，NAFTA加盟2カ国（カナダ，メキシコ）産品に関して，条項に基づく税収配分を禁止する差止め命令をくだした。そして連邦巡回控訴裁判所は，2008年2月25日，米国税関に対し，国内産業への配分税額を回収するよう判示した。その理由は，NAFTA加盟国への条項の適用が米国NAFTA実施法（408条）に違反するためとされた。NAFTA実施法によれば，NAFTA発効後の改正ダンピング防止条項（まさしく本件のバード条項）は，当該条項に特段の定めをするときにかぎって，NAFTA加盟国からの輸入品に適用される。しかしバード条項は特段の定めをおいていなかった。連邦最高裁判所は，控訴裁判所の判決を審理することを拒否したため，控訴裁判決が最終的に確定した。ところが，米国は，2009年2月，米国経済回復再投資法案を採択し，そのなかにバード修正条項に基づく分配金の返還の禁止をもりこんだ。この法律は米国税関に対して分配金の返還を要求しないよう定めた。つまり法律は，裁判所とは異なる立場をとった。裁判所は，分配金をNAFTA違反としたのに対し，法律は，分配金を米国企業が保持することを許したからである。カナダとメキシコの被提訴者は，米国法が米国企業に不公正な競争上の有利性を与えると批判する可能性がある。

Ⅰ 原審査

［手続］パネル（2002.9.16報告送付），上級委員会（2003.1.16報告送付），DSB（2003.1.27報告採択）

［結論］米国バード修正条項はWTOに違反する。

［理由］―ダンピング防止協定（18.1条）や相殺措置協定（32.1条）が定めるように，ダンピング輸入や補助金に対抗するため加盟国がとれる措置はGATTが定めるダンピング防止税と相殺関税に限定され，米国修正条項の税配分を含まない。税配分はダンピング・補助金に対する特別の行動（specific action against）になりGATT上許容されない。

―修正条項は，ダンピング防止協定（5.4条）と相殺措置協定（11.4条）の国内産業のための提訴要件の価値を損なっている。

―修正条項は，相殺措置協定（5@条）にいう有害な効果をもつ特別の補助金に該当するとするメキシコの主張は受けいれることができない。

［勧告］米国は修正条項をWTO（GATT，ダンピング防止協定，相殺措置協定）に合致させるよう勧告する。

［勧告実施方法の示唆］米国が勧告を実施するためのもっとも適切かつ効果的な方法として修正条項を廃

止することを示唆する。
II 実施
条項見直し期限2003年12月27日，米国実施失敗
III 報復
［経緯］日本，韓国，EU，カナダによる対米関税引上げ報復の検討（2004.1）

［報復規模仲裁］仲裁（2004.8.31送付）は，関係8カ国（Brazil, Canada, Chile, the European Communities, India, Japan, Korea, Mexico）に対しそれぞれ対米報復額を決定した。各国の対米報復額は，「米国が提訴者に配分した直近の年のダンピング防止・相殺関税額」に「貿易効果指数の0.72」を乗じた額である。

［手続報告］DSB（2004.11報復許可），米国バード修正条項削除（上院2005年12月，下院2006年2月通過），報復継続（2007年10月の条項正式廃止まで報復関税賦課可能）

［日本の報復］日本は報復の継続意思を表明（2006.8）し，1年づつ延長，2009.8さらに米国産ベアリングに対する報復関税を賦課した。

20-26. 米国・カナダ木材事件III，U.S.-Softwood Lumber III

［正式名称］米国・カナダ産針葉樹木材暫定相殺措置（U.S.-Preliminary Determinations with respect to Certain Softwood Lumberfrom Canada）

［申立・事件番号］カナダ申立・WT/DS236

［事実関係］カナダ州政府は，木材伐採業者とのあいだに立木保有使用契約（stumpage agreements）をむすび，この契約に基づいて，木材伐採業者に立木という商品と関連サービスを低価格で提供した。これは政府が行う財政的貢献にあたると米国は主張した。米国はこのためカナダから輸入される針葉樹木材に対し暫定相殺措置を課した。米国の相殺措置は相殺措置協定に反するとして，カナダはパネル手続を開始した。

I 原審査

［手続］パネル（2002.9.27報告送付），上訴なし，DSB（2002.11.1報告採択）

［結論］米国の措置は部分的に協定に合致しているが，部分的に協定に違反している。米国は協定に違反したかぎりで，カナダの協定上の利益を無効にし侵害した。

［理由］ーカナダ州政府は木材伐採業者との立木保有使用契約により業者に対して立木という商品を安く提供した。これは政府の財政的貢献にあたる。
ー他方，米国の補助金額の計算方法と危機的状況の認定も協定に違反した。

［勧告］米国は措置を協定に合致させなければならない。

20-27. 米国繊維原産地規則事件，United States-Rules of Origin for Textiles

［正式名称］米国繊維製品原産地規則（United States-Rules of Origin for Textiles and Apparel Products）

［申立・事件番号］インド申立・WT/DS243

［事実関係］米国は，WTO発足後，従来の繊維製品原産地規則に修正をくわえた。この修正はEC産業（スカーフ，ネクタイ分野の染色加工産業等）に影響をあたえたため，ECは対米協議を行い，米国規則を再修正させた。しかし最終的に採択された米国規則は，繊維製品の輸出国であるインドの不満を買った。インドは，米国の再修正規則が通商政策を追求しており，また国際貿易を制限している点で原産地規則の規律に違反すると主張してパネル設置を求めた。

I 原審査

［手続］パネル（2003.6.20報告送付），上訴なし，DSB（2003.7.21報告採択）

［結論］インドは米国規則がWTO違反であることを立証できなかった。

［理由］ーインドは米国規則がWTO原産地規則協定（2条@）に反して，通商政策目的を追求するためもちいられたことを立証できなかった。
ー「国内産業を輸入競争から保護するための」目的や「ある加盟国からの輸入を他国からの輸入よりも優遇する」目的は，「原則として」「原産地規則を援用できない通商目的に該当すると考えることができる」。
ーインドは米国措置がWTO原産地規則協定（2条@）で禁止された制限的・歪曲的な効果をもたらすことを立証できなかった。
ーインドは米国措置がWTO協定（2条@）で禁止された加盟国間の差別をもたらすことを立証できなかった。この差別は，「密接に関連した」（closely related）産品の間で成立するのではなく，同一の産品の間で成立する。

20-28. 米国・日本産炭素鉄鋼事件，United States-Carbon Steel Flat Products from Japan

［正式名称］米国・日本産耐食炭素鋼製品ダンピング防止措置サンセット見直し（United States-Sunset Review of Anti-Dumping Duties on Corrosion-Resistant Carbon Steel Flat Products from Japan）

［申立・事件番号］日本申立・WT/DS244

［事実関係］米国は1993年8月，日本産耐食炭素鋼製品に従価36.41%のダンピング防止税を課した。そして1999年9月，米国は自発的に確定税のサンセット見直しを行い，既存の課税を継続した。その理由は，既存の課税を撤回すると，ダンピングが再発し損害が継続するおそれがあるからであった。日本の米国の対日課税の継続がWTOルールに違反するとしてパネル手続を始動した。

I 原審査

［手続］パネル（2002.5.22設置，2003.8.14報告送付），上級委員会（2003.12.15報告送付）

［事実関係］米国の日本産鉄鋼ダンピング防止税のサンセット見直しで，ゼロ計算に基づきダンピング価格差を算定したと，日本は主張した。その結果，米国

は課税を撤廃すればダンピングと損害が継続・再発するおそれがあるとして課税を延長した。

［結論］米国法令がダンピング防止協定に抵触するか判断できない。

［理由］－パネルは米国関連サンセット規定は強制法規でないからWTO審査を受けないとした。米国の措置は協定規定（2.4条，11.3条）に違反しないと結論した。

－しかし上級委員会はパネル判断を覆した。ダンピング防止協定（18.4条）は加盟国の法令手続の全体がWTOに合致することを義務づけている。任意法規も協定違反の可能性がある。とはいえ本件ではパネルの関連事実認定が欠けている。このため，上級委員会は見直し手続でのゼロ計算に関する日本側主張の分析を完了することができない。分析を完了するには十分な事実関係が明らかにされていない。したがって上級委員会は本件の審理を継続できない。

20-29. 米国鉄鋼セーフガード措置事件，U.S.-Steel Safeguards

［正式名称］米国鉄鋼産品輸入確定セーフガード措置（U.S.-Definitive Safeguard Measures on Imports of Certain Steel Products）

［申立・事件番号］EC申立・WT/DS248，日本申立・WT/DS249，韓国申立・WT/DS251，中国申立・WT/DS252，スイス申立・WT/DS253，ノルウェー申立・WT/DS254，ニュージーランド申立・WT/DS258，ブラジル申立・WT/DS259

［事実関係］米国は2002年3月，鉄鋼輸入に対し確定セーフガード措置を発動した。日中韓ECを含む関係8カ国は個別に，米国措置が協定に違反するとしてパネル手続を開始した。

Ⅰ　原審査

［手続］パネル（2003.7.11報告送付），上級委員会（2003.11.10報告送付），DSB（2003.12.10報告採択）

［結論］米国のセーフガード措置は，GATT 19条1とセーフガード協定に違反する。

［理由］－予見できない発展の立証がなされていない。

－個別セーフガード措置について，予見できない発展に関する理由のある結論が政府によりだされていない。

－パラレリズムの要件を満たしていない。

－米国ITCも特定産品（tin mill products and stainless steel wire）に関する輸入増加を立証していない。

［経過］米国措置は原審査でWTO違反を認定された。米国は2005年3月まで2年間発動する予定だった措置を，2003年12月5日前倒し撤廃した。ECと日本は米国が措置を継続すれば米国産品（繊維，ジュース，鉄鋼製品，革製品等）に報復関税を発動する予定であったが，米国の措置撤廃声明を受けて，2003年12月，対米報復を見送った。

20-30. 米国・カナダ木材事件Ⅳ，U.S.-Softwood Lumber Ⅳ

［正式名称］米国・カナダ産針葉樹材確定相殺関税事件（United States-Final Countervailing Duty Determination With Respect To Certain Softwood Lumber From Canada）

［申立・事件番号］カナダ申立・WT/DS257

［事実関係］米国は2002年3月カナダ産の針葉樹材に対し最終相殺措置を課した。カナダは米国の措置が相殺措置協定とGATTに違反するとしてパネル提訴を行った。

Ⅰ　原審査

［手続］パネル（報告送付2003.8.29），カナダ上訴，上級委員会（報告送付2004.1.19），DSB（報告採択2004.2.17）

［結論］米国の確定相殺関税は補助金相殺関税協定とGATTに違反する。

［理由］－現物支給を政府の財政的貢献とみなした米国当局の判断はWTO協定に違反しない。

－米国は利益額の算定にあたり，カナダの市場価格をつかわず，米国国内価格を採用した。輸出国の私的価格が輸出国政府の支配的役割によって歪められているときは私的価格以外の基準を用いることができる。しかし米国当局の利益認定が協定に合致していたかどうかの法的分析を完結することは不可能であった。それゆえ利益認定に関する米国の判断が協定に整合していたかどうかについて上級委員会は判断をくだすことができない。

－丸太（logs）の非関連当事者間販売に関する利益移転分析（a pass-through analysis）を米国当局は行わなかった。これは協定（10条，32.1条）とGATT（6条3）に違反する。しかし木材（lumber）の非関連当事者間販売に関する利益移転分析（a pass-through analysis）を米国当局が行わなかったとするパネル判断を上級委員会は退ける。

Ⅱ　実施審査Ⅰ

［手続］パネル（報告送付2005.8.1），カナダ上訴，上級委員会（報告送付2005.12.5），DSB（報告採択2005.12.20）

［結論］米国措置のいくつかはWTOに違反している。

［理由］－米国実施措置に緊密に関連したいくつかの措置について，パネルはさらに審査を行うことができる。

－パネルは審査のなかで利益移転分析を行った。利益移転分析に関するかぎりパネルの審査は紛争解決了解の実施審査手続（21.5条）の範囲にはいると上級委員会は判断する。

－パネルが実施審査で行った利益移転分析について米国は争っていない。

Ⅲ　報復申請と2国間解決

米国とカナダは，木材事件Ⅳ・Ⅴ・Ⅵの一括解決をはかるため，2006年9月12日，包括協定（comprehensive

agreement) をむすび10月から実施した。これにより，ⅰカナダが対米報復要請を撤回するのとひきかえに米国が報復規模仲裁要請を撤回し，またⅱ米国が所定条件のもとに課税措置（ダンピング防止税・相殺関税）を撤回し徴収税を払い戻すのとひきかえにカナダが輸出規制（一律輸出税の賦課または輸出限度枠つき輸出税の賦課のオプション制度）を行う2国間解決がはかられた。

Ⅳ　米加2国間仲裁手続

米国とカナダは2国間木材紛争を解決するため，2006年，WTOの枠外で2国間仲裁手続協定（2006 US-Canada Softwood Lumber Agreement. SLA）を締結した。協定はカナダの木材安売りを抑制するためカナダの対米月間輸出額が最低額（USD 355 per thousand board feet (MBF)）を超えないよう要求した。この額が最低額を下回ると，カナダの輸出者は(i)高率の輸出税と幅のある輸出限度量か(ii)低率の輸出税と厳格な輸出限度量のいずれかに服することを選択しなければならない。

カナダはこの制度を2007年1月から適用する義務を負ったが，適用を2007年7月まで延期した。2008年3月，仲裁裁判所はカナダが2国間協定に違反したことを認めた。

ロンドン仲裁裁判所（London Court of International Arbitration tribunal.LCIA）はカナダが2007年上半期の割当の適正な計算に失敗したとしてカナダば2国間協定に違反したことを認めた。そして仲裁はカナダに協定違反による補償的救済を1カ月以内につくすよう決定した。この補償的救済はカナダが米国向け軟材に対して10％の追加的輸出税を課し，その税額が総計5480万米ドルに達するまで続けられる。カナダが30日以内に救済措置をとらないときは米国は2国間協定パネルが定める方式と額に従って追加的課徴金をカナダ産軟材に賦課することができる。これに対しカナダは協定違反を治癒するため補償に十分とカナダが定めた3666万米ドルを米国に支払うと通報した。しかしこれは米国を満足させず，2国間協定の別の手続で審理されている。

20-31. 米国・カナダ木材事件Ⅴ，U.S.-Softwood Lumber Ⅴ

［正式名称］米国・カナダ産針葉樹材確定ダンピング決定（US-Final Dumping Determination on Softwood Lumber from Canada）

［申立・事件番号］カナダ申立・WT/DS264

［事実関係］米国はカナダ産木材のダンピング認定にあたり，ECがインド産ベッド用品事件で採用したのと同じ計算方式を採用した。これは，木材をいくつかのモデルに分類し，モデルごとに加重平均正常価額と加重平均輸出価格を比較し，総合段階では，ネガティヴ・ダンピングをゼロとしてダンピング価格差のみを加重平均するものであった。

Ⅰ　原審査

［手続］パネル（2004.4.13報告送付，個別意見添付），上級委員会（2004.8.11報告送付），DSB（2004.8.31報告採択）

［結論］米国の措置はダンピング防止協定に違反する。

［理由］米国ダンピング算定は，モデル内では加重平均対加重平均方式を適用しながら総合段階でゼロ計算をもちいる点で，WTOダンピング防止協定に反する。

［個別意見］協定が定める例外的な加重平均対取引方式（個別意見はこれをECでつかわれてきた「取引ごとの方式」(a transaction-by-transaction) と呼んでいる）は，ゼロ計算を許す。ましてや原則的な加重平均対加重平均方式のもとでもゼロ計算は禁止されていない。ダンピング防止協定の審査基準（17.6 ⅱ条）に照らし，2つ以上の許容できる解釈があるならばその1つに基づく国家措置（ゼロ計算）は合法である。ゼロ計算は協定の価格差算定規定（2.4.2条）にも「公平な価格比較の原則」（2.4条）にも違反しない。

Ⅱ　実施審査

［経緯］米国は，原審査の違法裁定を受けて，実施措置を採択した。米国は，ダンピング価格差の算定方式を，加重平均対加重平均方式から取引対取引方式（a transaction-to-transaction method）に変更した。そして取引対取引方式の過程でゼロ計算を採用した。これは，輸出者別・ユニット別に，対応する国内取引と輸出取引をつきあわせ，個別取引ごとに正常価額と輸出価格の比較（transaction-specific comparisons）を行い，さいごに個別ダンピング価格差（ダンピング，ネガティヴ・ダンピング）を合算（aggregation）する操作からなりたっていた。問題は，米国がさいごの合算段階で，ダンピング輸出のみを合算し，ネガティヴ・ダンピング輸出を無視したことにあった。カナダは米国の実施措置が，いぜんWTOに違反するとして実施審査パネルの設置を要求した。

［手続］パネル設置（2006.4.3報告送付），上級委員会（2006.8.15報告送付），DSB（報告採択2006.9.1）

［結論］実施審査パネルは，取引対取引方式のもとでのゼロ計算は，ネガティヴ・ダンピングによるダンピングの相殺に対処するもので協定規定（2.4.2条）に違反しないとのべた。実施審査上級委員会はパネル判断を覆した。上級委員会は，取引対取引方式のもとでのゼロ計算は協定規定（2.4.2）条に違反すると明言した。

［理由］－取引対取引方式のもとでゼロ計算を行うことは，加重平均対加重平均方式のもとでのゼロ計算（ECインドベッド用品事件）と同様，違法である。なぜか。協定規定（2.4.2条第1段）は，取引対取引方式によるダンピング価格差（margins of dumping）は，正常価額と輸出価格（export prices）の比較（a comparison）により行われると定めている。協定は輸出価格をわざわざ複数にしているため，多くの輸出取引（multiple transactions）を対象としていることが分かる。また比較は単数であるため，多くの取引の合算をともなうことも示唆されている。しかも複数形の輸出価格は，すべて

の個別取引比較（all of the results of the transaction-specific comparisons）の結果が（ダンピング取引であれネガティヴ・ダンピング取引であれ）ダンピング価格差の最終合算に含まれることを意味する。くわえて輸出価格と正常価額は原則として現実価格をさす。それゆえ，取引対取引方式で，ネガティヴ・ダンピング取引のみをゼロとするのは，実際の輸出取引を変更し無視する（altered or disregarded）点で許されない。

―さらに，取引対取引方式のもとでも，加重平均対加重平均の場合と同じように，ゼロ計算をつかうことは正常価額と輸出価格を公正に比較する原則（協定2.4条）に反する。ネガティヴ・ダンピング取引を人為的に無視することは，ダンピング計算を歪める（distort）からである。

―加重平均対取引方式（協定2.4.2条第2段）でゼロ計算が禁止されるのかどうかは，仮定のシナリオである。米国は本件で，局地的ダンピングに対して加重平均対取引方式をつかう場合，ゼロ計算が許されないと，ダンピング価格差の算定結果は，加重平均対加重平均方式にあたりゼロ計算を使わないのと同じ結果になる。このためダンピング防止協定が例外的なダンピング価格差算定方法として明記した加重平均対取引方式を無意味なもの（inutile）にするとのべた。上級委員会は，米国の主張を退けた。むしろ正しい問いはつぎのようになる。加重平均対取引方式でゼロ計算が許されるかどうかというよりも，本件では，原則的な加重平均対加重平均方式または取引対取引方式でゼロ計算をつかって，輸入国の調査当局は局地的ダンピングを捕捉することができるか。そうであれば，例外的な加重平均対取引方式が無意味になるのではないか。

Ⅲ　報復申請と2国間解決

カナダは対米報復をWTOに申請したが，2006年9月12日包括協定（表91参照）により紛争は2国間で解決された。

20-32. 米国カナダ木材事件Ⅵ，U.S.-Softwood Lumber Ⅵ

［正式名称］米国・カナダ産針葉樹材ITC調査事件（United States-Investigation of the International Trade Commission in Softwood Lumber From Canada）

［申立・事件番号］カナダ申立・WT/DS 277

［事実関係］カナダは，米国による木材関連のダンピング調査と相殺措置調査に異議を唱えた。木材事件Ⅵの争点は，米国通商措置の損害調査過程で米国ITCが判断を誤ったどうかにしぼられた。

Ⅰ　原審査

［手続］パネル（2004.3.22報告送付），上訴なし，DSB（2004.4.26報告採択）

［結論］米国ITCの損害調査はWTOに違反する。

［理由］―米国ITCはカナダ産木材に関するダンピング調査と相殺措置調査にさいし損害認定を誤った。この点でダンピング防止協定（3.7条）と相殺措置協定（15.7条）に違反する。

―米国は因果関係の認定にあたりダンピング防止協定（3.5条）と相殺措置協定（15.5条）に違反した。

Ⅱ　実施審査

［手続］パネル（2005.11.15報告送付），上級委員会（2006.4.13報告送付），DSB（2006.5.9報告採択）

［結論］米国の実施措置がWTOに違反するかどうかは現段階では判断できない。

［理由］パネルは米国の実施措置は損害認定・因果関係に関し協定規定に違反しないと判断した。しかしパネルは審査基準を誤った。しかし，必要な事実がないため，米国措置が協定に違反するかどうか判断できないと上級委員会は判断する。

Ⅲ　報復申請と2国間解決

カナダは対米報復をWTOに申請したが，2006年9月12日包括協定（表91参照）により紛争は2国間で解決された。

20-33. 米国・油井管サンセット見直し事件，U.S.-OCTG Sunset Reviews

［正式名称］米国・アルゼンチン産油井管ダンピング防止税サンセット見直し事件（United States-Sunset Reviews of Anti-Dumping Measures on Oil Country Tubular Goods from Argentina）

［申立・事件番号］アルゼンチン申立・WT/DS 268

［事実関係］ダンピング課税ののち5年以内に，調査当局は，サンセット見直しを行う。課税を撤廃すると，ダンピングと損害が存続するか再発する可能性があるかどうかを「合理的な期間内に」検討するのである。アルゼンチンは米国のサンセット見直し規定と実行に対してWTO提訴を行った。

Ⅰ　原審査

［手続］パネル（2004.7.16報告送付），上級委員会（2004.11.29報告送付），DSB（2004.12.17報告採択）

［結論］米国サンセット法令のある規定はそれ自体（as such）でダンピング防止協定（11.3条）に違反する。しかし，米国ITCが本件のサンセット見直しで行った認定は同協定（11.3条）に合致する。

［理由］―米国関連法令（Sunset Policy Bulletin）の一部規定（Section Ⅱ.A.3）はたしかにWTO紛争解決手続の審査対象となる措置に該当する。しかしこの規定がそれ自体でダンピング防止協定（11.3条）に違反するかどうかについては，パネルが十分な分析を怠ったため，上級委員会として判断できない。

―米国法令のなかの肯定的・みなしウェーバー規定（affirmative and deemed waiver provisions）はそれ自体（as such）でダンピング防止協定（11.3条）に違反する。またみなし規定はそれ自体である場合には協定（6.1条，6.2条）に反する。

―見直しのための損害認定は，損害再発の可能性，累積基準に関し，当初調査のための損害認定と異なる。

とくにサンセット見直しのための損害再発の可能性の認定にあたり、調査当局は予想されるダンピング輸入の効果を累積することができる。
― 米国法令が定める「合理的に予測できる期間内」(within a reasonably foreseeable time) に損害再発の可能性をみなおすという基準と本件見直しでの基準の適用は協定に合致している。

Ⅱ 実施審査

[手続] パネル（2006.11.30 報告送付），上級委員会（2007.4.12 報告送付），DSB（2007.5.11 報告採択）

[パネル結論] 米国のサンセット見直し改正規定はWTOに違反したとはいえない。本件での米国当局の見直し措置は一部，ダンピング防止協定に反する。

[理由] 米国の改正関連規定 (Section 751 (c) (4) (B) of the statute, Section 751 (c) (4) (A) of the statute, Section 351.218 (d) (2)) は、ある場合には商務省が課税後5年のサンセット見直しの際に，「適切な事実根拠に基づき，ダンピングが継続・再発する可能性があるという根拠のある決定」を行うことをさまたげる点でダンピング防止協定（11.3条）に違反する。それゆえ改正規定はそれ自体で協定のサンセット見直しルール（11.3条）に反するとパネルは結論した。しかし上級委員会はパネルの解釈には誤りがあるとしてパネル判断を覆した。
― 商務省は当初見直し期間に関する新しい事実を発展させることで見直しルール（11.3条、11.4条）に違反しなかったとパネルは判断した。上級委員会はパネル判断を支持する。
― ダンピング防止税を撤廃するとダンピング・損害が存続または再発する可能性があれば、サンセット見直しでダンピング課税は5年の期限を超えて延長適用される。この審査に際して輸入数量を当局は分析するが、商務省による輸入数量の調査は十分な事実的根拠を欠き、可能性判断に関する協定規定（11.3条）に反した。
― 米国は関連情報を輸出者に知らせなかったため、認定にあたり依拠すべきこれら2つの情報に関し協定（6.4条）に違反した。
― 米国商務省はまた、提訴者が提出した特定の書面によるコメントに関し、守秘義務を怠ったため協定（6.5.1条）にそむいた。

Ⅲ 仲裁

[手続] 仲裁（アルゼンチン要請，2007.6.4 仲裁付託，2007.6.21 仲裁中断）

20-34. 米国・油井管ダンピング防止措置事件，U.S.-Anti-Dumping Measures on Oil Country Tubular Goods

[正式名称] 米国・メキシコ産油井管ダンピング防止措置事件（United States-Anti-Dumping Measures on Oil Country Tubular Goods (OCTG) from Mexico）

[申立・事件番号] メキシコ申立・WT/DS282

[事実関係] 米国の油井管ダンピング防止措置について、メキシコはアルゼンチンとは別の角度から挑戦した。

Ⅰ 原審査

[手続] パネル（2005.6.20 報告送付），上級委員会（2005.11.2 報告送付），DSB（2005.11.28 報告採択）

[結論] 米国措置は、損害とダンピングの間の因果関係の認定と累積基準に関し、協定に違反していない。しかし米国サンセット法令それ自体と協定との整合性に関し、パネルは客観的な事実評価を行うことを怠った。

[理由] ― サンセット見直しにあたって課税当局は損害のおそれとダンピングのおそれの間の因果関係を立証する必要はない。
― サンセット見直しに関し、ダンピング認定に誤りがある場合でも、それは損害認定にも誤りがあることを意味しない。
― 米国のサンセット見直し規定（Section Ⅱ.A.3 of the Sunset Policy Bulletin）がそれ自体で協定（11.3条）に違反するというパネル判断を上級委員会は覆す。パネルが客観的評価を怠ったからである。

20-35. 米国綿花補助金事件，U.S.-Cotton

[正式名称] 米国陸地綿補助金事件（United States-Subsidies on Upland Cotton）

[申立・事件番号] ブラジル申立・（WT/DS267）

[事実関係] ECの砂糖補助金と同様、米国も陸地綿に関して補助金をあたえていた。ブラジルは米国補助金が補助金相殺措置協定に違反するとしてパネル手続を開始した。

Ⅰ 原審査

[手続] パネル（2004.9.8、6.18 報告送付），上級委員会（2005.3.3 報告送付），DSB（2005.3.21 報告採択）

[結論] 米国の綿花補助金のうち、国内補助金は農業協定に違反し、輸出補助金は補助金相殺関税協定に違反する。

[理由] ― 米国が陸地綿生産者に所定条件づきであたえた国内補助金（ある産品の生産を制限し、他産品を生産することを条件に与える支払）は、農業協定（13条⒜）の平和条項でカバーされた削減対象外の緑箱補助金（とくに「生産に関連しない収入支持 [decoupled income support]」）（農業協定付属書Ⅱ，6）にあたらず、農業協定に違反する。
― 他方、米国は国産の陸地綿を使用するユーザーに対して補助金を交付している。これは、輸出を条件にあたえられている輸出補助金（農業協定9条1⒜）にあたり、農業協定（3.3条、8条）と補助金相殺関税協定（3.1⒜条、3.2条）に違反する。

Ⅱ 実施審査

[手続] 実施審査パネル（2007.12.8 報告送付），上級委員会（2008.6.2 報告送付），DSB（2008.6.20 報告採択）

[結論] 米国の実施措置のうち、農業輸出信用プログラムは相殺関税協定・農業協定に反する輸出補助金

にあたり，また米国農家への国内補助金は他の加盟国の利益に著しい害を与える黄色補助金に相当する。

　［理由］－パネルは，米国がDSB勧告を実施するため採択した改正輸出信用プログラム（GSM 102 program）は，輸出補助金に該当すると判断した。この輸出信用は政府が輸出信用保証の長期的運営から生ずる経費と損失を補填するには不十分な料率で運営されれば，輸出補助金となることが相殺関税協定附属書Ⅰ（j）に明記されている。政府は，輸出者への補助金を，輸出信用保証料率を低く設定する方法で与えることができるからである。

－米国はこのように改正輸出信用プログラムを採択して，DSB勧告を実施を怠った。この米国実施措置は，(i)輸出補助金の禁止（3.1a条）と維持（3.2条）を定めた相殺関税協定，(ii)自国譲許表の約束に反する農業輸出補助金を禁止し（8条）また農業輸出補助金の削減約束の迂回を防止する（10.1条）農業協定に反する。

－米国はまた陸地綿生産者へ国内補助金を交付することで，他の加盟国（ブラジル）の利益に対し重大損害（著しい害．5.c条）を与え，他の加盟国の綿花価格を著しく押し下げた（相殺関税協定6.3c条）。米国はこのような黄色補助金を一定の措置（marketing loan, counter-cyclical payments）によって交付し，DSB勧告の遵守を怠った。このパネル認定を上級委員会は支持する。かくして米国は，他の加盟国の利益に悪影響（adverse effects）を与える国内黄色補助金を廃止すべき義務（相殺関税協定7.8条）に違反した。

　Ⅲ　仲裁（ブラジル要請）

　［手続］仲裁（ブラジル要請，2008.10.1設置）

　Ⅳ　仲裁（米国要請）

　［仲裁の正式名称］米国・陸地綿補助金事件（US - SUBSIDIES ON UPLAND COTTON, Recourse to Arbitration by the United States under Article 22.6 of the DSU and Article 4.11 of the SCM Agreement）

　［申請・事件番号］米国・WT/DS267/ARB/2

　［手続］補助金仲裁（2009.8.31仲裁決定送付），DSB（2009.11.19報復許可）

　［結論］仲裁人の決定（DECISION BY THE ARBITRATOR）

　［理由］米国実施措置はいぜんとして赤の輸出補助金と黄色の重大損害補助金にあたることが実施審査で確定した。このため，ブラジルは報復措置をとることができる。ブラジルの報復案は米国からの輸入品に対する高関税の賦課，米国サービス提供者のブラジル・サービス分野への参入制限または米国権利者への知的所有権保護の停止からなる。報復額は，赤の補助金に対して2006年会計年度にかぎり1億4770万ドル（補助金協定4.11条），黄色補助金に対して年額1億4770万ドルである（補助金協定7.10条）。

　［推移］米国は，報復額がおおきすぎると異議を唱え，2010年初旬，代償交渉にはいった。これによると，ブラジルが報復を停止すれば，米国はブラジルに利益をあたえる代償措置（エタノール関税54% per gallonの引下げ，ブラジル産織物使用ハイチ産衣服の対米輸入増加案等）を講ずるとされる。

20-36. 米国越境賭博サービス事件，U.S.-Gambling

　［正式名称］米国・越境賭博サービス措置事件（United States-Measures Affecting the Cross-Border Supply of Gambling and Betting Services）

　［申立・事件番号］アンティグア・バーブーダ・WT/DS285

　［事実関係］アンティグアは賭博サービスのオンライン提供を行っている。しかし米国はGATS約束表のなかで「その他の娯楽サービス（スポーツを除く）」(other recreational services (except sporting))の越境サービスを自由化するかたわら，連邦法・州法で賭博サービスの越境的提供を禁止していた。アンティグアは米国の措置がGATS違反にあたるとしてWTO提訴を行った。

　Ⅰ　原審査

　［手続］パネル（2004.11.10報告送付），上級委員会（2005.4.7報告送付），DSB（2005.4.20報告採択）

　［結論］米国措置はGATSルールに反する。

　［理由］－米国がGATS約束表のなかで自由化を約束した「その他の娯楽サービス（スポーツを除く）」のなかには「賭博」が含まれる。

－賭博サービスの禁止を公徳公序の保護を理由にGATS例外規定（14条）により正当化することはできない。ただし例外規定（14条柱書）は例外措置が恣意的・不当な差別の手段となるようにまたはサービス貿易に対する偽装制限となるように適用してはならないと釘を刺している。米国はこうしたGATS上の要件を満たしていない。

　Ⅱ　実施審査

　［手続］パネル（2007.3.30報告送付），上訴なし，DSB（2007.5.22報告採択）

　［結論・理由］米国はDSB勧告を遵守するための実施措置を採択していない。したがって米国は勧告遵守義務を怠った。これは仮結論（preliminary conclusion）である。

　Ⅲ　報復

　［手続］報復許可要請(2007.6.21)，仲裁付託(2007.7.24)，仲裁決定（2007.12.21報告送付）

　［事実関係と推移］米国の実施措置はGATSに違反していると実施審査パネルは結論したため，アンティグアは対米報復をWTOに申請した。

　他方，米国は，サービス協定（21条）の約束撤回手続に従って，賭博サービスの約束を撤回するかわりに，他の利害関係国に補償的調整をはかることを提案した。そして，米国はEC・日本・カナダとの間では補償的調整の交渉に奏功した。

　［結論］－DSBは米国に対するクロス報復を許可

する。アンティグアは米国権利者に対する知的所有権を否認できる。

［理由］－米国は競馬賭博サービスについてのみ無制限の越境市場アクセスを提供するという対案をを提示した。これは米国が本件のDSB勧告を遵守するという推定を反映する。したがってアンティグアの無効侵害された利益を反映するとみなすことができる。
－対米報復額を2100万ドルとする。
－本件の報復を同一賭博分野で認めたり，GATS協定の他のサービス分野で認めることは実利的ではないというアンティグアの主張は支持することができる。したがってアンティグアがTRIPS協定上の義務を停止する形でクロス報復をとることを仲裁は認める。

［推移］実際にはクロス報復はとられなかった。

20-37. 米国・韓国 DRAM 相殺措置事件 (韓国ハイニックス社事件)，U.S.-DRAMS from Korea

［正式名称］米国・韓国産 DRAM 相殺関税調査事件 (United States-Countervailing Duty Investigation on Dynamic Random Access Memory Semiconductors from Korea)

［申立・申立番号］韓国申立・WT/DS296

［事実関係］韓国政府は半導体メーカー・ハイニックス社 (Hynix) の再建を目的として，債権者3グループに助成委託を行った。債権者グループは，公的機関 (Aグループ)，政府単独株主企業・政府筆頭株主企業 (Bグループ)，民間企業 (Cグループ) に分かれた。米国は，BCグループによる助成は政府からの委託または指示 (entrustment or direction) をうけた政府補助金とみなし，ハイニックス社製 DRAM に対して相殺措置を課した。韓国は米国措置を不服として WTO 手続に訴えた。

I 原審査

［手続］パネル (2005.2.21報告送付)，上級委員会 (2005.6.27報告送付)，DSB (2005.7.20報告採択)

［結論］パネルは米国相殺措置を補助金相殺措置協定違反とした。しかし上級委員会はパネル判断を覆した。

［理由］－政府は補助金を受益企業に直接供与しなくても，民間企業をとおして受益企業に補助金を交付することができる。民間企業に対し受益企業に補助金をあたえるよう委託したり指示するのである。
パネルは，韓国政府からの委託または指示があったとする十分な証拠はない (つまり韓国政府は民間企業をパイプ役にして受益企業に補助金をあたえた形跡はない) として，米国の補助金認定と相殺措置を協定違反と判断した。しかしながら，パネルは委託・指示の解釈を誤った。委託を政府からの権限委任，指示を政府からの命令と狭くとらえた。しかし委託と指示の概念はもっとひろい。パネルは委託・指示がないことだけを理由にして米国の補助金認定を違法とみなしたのであるから，上級委員会はパネル判断を覆す。
－しかし米国の補助金認定が協定と整合するかどうかについて，上級委員会は結論をだすことを拒む。
－パネルはまた米国の利益認定と特定性認定が協定に違反するとした。上級委員会はこれらパネル判断も覆す。

［推移］米国は利害関係者の申請を受けて見直し調査ののち，2008年8月，相殺措置を廃止した。

20-38. 米国・ゼロ計算法慣行事件，U.S.-Zeroing

［正式名称］米国・EC 産品ゼロ計算法慣行事件 (United States-Laws, Regulations and Methodology for Calculating Dumping Margins ("Zeroing")

［申立・申立番号］EC 申立・WT/DS294

［事実関係］米国は，EC 産品に対して15件の当初ダンピング調査と16件の見直し (鉄鋼，パスタ，ベアリング，化学品等) を行い，その過程で関連米国法令に基づき，また慣行にしたがいゼロ計算を行った。

EC は米国を相手どってWTO違反を追求した。パネリストはニュージーランド (Crawford Falconer)，ドイツ (Hans-Friedrich Beseler)，米国 (William Davey) の出身者3名により構成され，ニュージーランド人が議長を務めた。パネルはつうじょう紛争当事国以外の第3国国民から構成されるが，紛争当事国が別段の合意をすれば，紛争当事国民を含むことができる (紛争解決了解8条3)。

I 原審査

［手続］パネル (2005.10.31報告送付，個別意見添付)，上級委員会 (2006.4.18報告送付)，DSB (2006.5.9報告採択)

［結論］課税後の見直し調査でゼロ計算を採用することは協定規定に違反する。

［理由］パネル多数派は，見直し段階でのゼロ計算は協定規定 (2.4.2条，2.4条) に反しないとした。個別意見はゼロ計算が局地的ダンピングに対処する場合には許されるとした。上級委員会はパネル報告を覆した。見直し手続でゼロ計算をつかうと，ダンピング価格差は過大に算定され，じっさいのダンピング価格差を超えるからである。それゆえゼロ計算は協定 (9.3条) と GATT6条2に反する。

II 実施審査

米国 USTR は2006年8月，DSB に対して2007年4月までに勧告を実施する意向を通知した。そしてUSTR は2006年12月，下院宛の書簡のなかでゼロ計算の方法を変更する旨を明記した。しかし，米国通商法の弱体化に反対する上院保守派はダンピング計算方法の変更は議会の権限事項であり行政の権限を超えると反対した。

［手続］パネル (2008.12.17報告送付)，EC上訴 (2009.2.13)，米国上訴 (2009.2.26)，上級委員会 (2009.5.14報告送付)，DSB (2009.6.11報告採択)

［パネル結論］米国実施措置は WTO に合致していない。

［パネル理由］－実施審査パネルが扱ったのは9件

の後続行政見直しと5件の後続サンセット見直しであり，そのうちのいくつかはゼロ計算を使用したためWTO に違反する。
- ダンピング防止調査の当初決定にくらべ，ダンピング輸入量は変更した。この変更を考慮して米国当局は損害決定を再考しなければならなかった。ところが米国はこの再考を怠ったため，米国の損害調査はWTO に抵触する。

Ⅲ　報復　パラレル2010

20-39. 米国・日本産鉄鋼サンセット見直し事件，U.S.-Zeroing Sunset

［正式名称］米国・ゼロ計算／サンセット見直し措置事件（United States-Measures Relating to Zeroing and Sunset Reviews）

［申立・申立番号］日本申立・WT/DS322

［事実関係］日本はかねてより欧米当局のゼロ計算に異議を唱えてきた。本件で日本は米国が採用してきた2種類のゼロ計算方法と見直しでのゼロ計算に挑戦した。

Ⅰ　原審査

［手続］パネル（報告送付 2006.9.20），上訴（日本 2006.10.11，米国 2006.10.23），上級委員会（2007.1.9 報告送付），DSB（2007.1.23 報告採択）

［結論］上級委員会は米国が当初調査と定期見直し・新規参入者見直し・サンセット見直しで採用したゼロ計算は WTO ダンピング防止協定に違反すると結論した。パネルは，米国の当初調査でのゼロ計算は協定に違反するが，見直しでのゼロ計算が協定に反することを日本は立証できなかったとしたが，上級委員会はパネル判断を覆した。

［理由］- ゼロ計算手続はそれ自体 WTO 審査の対象となる措置にあたる。
- 日本の主張によれば，ゼロ計算には2つのタイプがある。ひとつは個別モデル段階では加重平均対加重平均方式を採用し，最終的な総合段階で，特定モデルのネガティヴ・ダンピングをゼロとみなす方式である。これを日本はモデル間総合段階ゼロ計算（model zeroing procedures）と呼んでいる。もうひとつは，シンプル・ゼロ計算（simple zeroing procedures）である。シンプル・ゼロ計算のもとでは，加重平均対取引方式または取引対取引方式の採用にあたり，まず加重平均ダンピング価格差を算定し，これら多様なダンピング価格差を総合する段階で個々のネガティヴ・ダンピング価格差がゼロとみなされる。したがっていずれも調査対象産品の最終ダンピング価格を算定するときに，最終の総合段階でゼロ計算をする点では同じである。
- 米国商務省は，当初調査の段階で，モデル間総合段階ゼロ計算（model zeroing procedures）を維持し適用した。これは協定規定（2.4.2条）に違反する。
- 当初調査でのシンプル・ゼロ計算（simple zeroing procedures）について，パネルはそれが協定規定（2.1条，2.4.2条），GATT（6条1，6条2），WTO 設立協定（16条4）に違反しないと判断した。上級委員会はこのパネル裁定を否定した。とくに取引対取引方式のさいのゼロ計算について，上級委員会は，それが協定規定（2.4.2条）に抵触するとのべ，米国・カナダ木材事件Ⅴの実施審査上級委員会判断を再確認した。ただし，懸案の標的ダンピングに対処するための加重平均対取引方式（weighted average-to-transaction）でゼロ計算が許容されるかどうかについては結論をくださなかった。
- 定期見直し，新規参入者見直しでのシンプル・ゼロ計算は協定関連規定，GATT，WTO 設立協定（16条4）に反しないとパネルはのべた。上級委員会はパネル判断を覆した。
- 事情変更見直しとサンセット見直しでのゼロ計算については，日本はそれが協定に反することを立証できなかったとパネルはのべた。上級委員会はパネル判定を覆した。

Ⅱ　仲裁

［手続］仲裁（2008.1.21 仲裁付託，2008.6.9 仲裁中断）

Ⅲ　実施審査Ⅰ

［手続］パネル（2009.4.24 報告送付），上級委員会（2009.8.18 報告送付），DSB（報告採択）

［結論］米国が見直し手続で輸入者ごとに行ったゼロ計算は，WTO にいぜん違反している。

［理由］- 米国が実施措置として輸入者別に行ったダンピング価格差の見直しは，ゼロ計算に基づいているから，ダンピング防止協定（2.4条，2.4.2条，9.3条）と GATT（6.2条）に違反する。
- 米国は当初調査，定期見直し，新規参入者見直しのための取引対取引方式にゼロ計算手続それ自体をいぜん規定している。この手続を廃止せず存続させている米国は，DSB の勧告を遵守しなかったことで協定と GATT に違反した。
- GATT（2.2b条）は譲許関税に上乗せされて課されるダンピング防止税を，最恵国待遇原則に対する例外のひとつとして明文で合法化した。しかし，米国の清算命令はこの GATT 規定にそむくため，合法的ダンピング課税にあたらず GATT 違反と判定される。

Ⅳ　報復

米国は，DSB 勧告にそむいて，ゼロ計算規定を維持し，またゼロ計算の行政慣行を継続した。日本はこのため WTO の許可をえて，2010年，対米報復措置をとった。これは米国からの特定輸入品に対するパラレル報復となった。

20-40. 米国・エクアドル産海老ゼロ計算事件，US - Shrimp from Ecuador

［正式名称］米国・エクアドル産海老ダンピング防止措置事件（United States - Anti-Dumping Measure On

Shrimp From Ecuador)

［申立・事件番号］エクアドル申立・WT/DS 335

［事実関係］米国はエクアドル産海老に対しダンピング防止税を賦課した。課税率は，米加木材事件Vや米国ゼロ計算事件で採用されたのと同じ方式で計算された。モデル段階では加重平均正常価額対加重平均輸出価格方法が使われ，総合段階では，ネガティヴ・ダンピング・モデルを一括無視するゼロ計算方式である。

I 原審査

［手続］パネル（2007.1.30 報告送付），上訴なし，DSB（報告採択 2007.2.20）

［結論・理由］米国のゼロ計算はダンピング防止協定（2.4.2条）に違反する。

20-41. 米国・タイ産インド産海老担保事件，US - Customs Bond, US - Shrimp from Thailand

［正式名称］米国・タイ産海老措置事件（United States - Measures Relating to Shrimp from Thailand [DS343]），米国・ダンピング防止税対象商品税関担保命令事件（United States - Customs Bond Directive for Merchandise Subject to Anti-Dumping/Countervailing Duties [DS345]）

［申立・事件番号］タイ・インド申立・WT/DS343, WT/DS345

［事実関係］2005年2月，米国商務省は，タイ・インド等産冷凍海老に対し確定ダンピング防止税を課した。タイとインドは米国が徴税を確保するため定めた担保制度に対してパネル手続を求めた。それは米国が2004年の税関規則で導入した担保制度（Enhanced Continuous Bond Requirement. EBR）である。この制度にしたがい，タイ・インド産海老の輸入者は，輸入段階で，供託金の支払いを要請された。またダンピング認定の過程で，タイ産品とインド産品はゼロ計算に基づき，ダンピング価格差を算定された。

I 原審査

［手続］パネル（2008.2.29 報告送付），上級委員会（2008.7.16 報告送付），DSB（2008.8.1 報告採択）

［結論］米国の担保制度規定は，強制法ではないからWTOに違反しない。しかしその適用措置はWTOに抵触する。また米国のゼロ計算はWTOに反する。

［理由］－米国の改正担保規定それ自体は，任意法にあたる。それゆえ，ダンピング防止協定（1条，18.1条）と相殺関税協定（10条，32.1条）に違反しないとパネルは判定した。上級委員会はパネルを支持した。

－しかし，規定に基づく供託金支払い要求は，担保として「妥当な」ものではないから，GATT付属書I「注釈」（6条2と3の注釈1）に反する。また本件担保はGATT例外条項（20条d）によって正当化されない。それはまたダンピング防止協定上許される措置ではないから，協定（18.1条）の禁止する「ダンピングに対する特別の行為」にあたる。さらに供託金は，暫定ダンピング防止税と同時に徴収され，ダンピング価格差を超える額となるため，協定（7.2条）にふれる。

－米国がダンピング課税にさいして適用した加重平均対加重平均方式のゼロ計算は協定（2.4.2条）に違反する。

20-42. 米国・メキシコ産ステンレス鋼ゼロ計算事件，US - Stainless Steel from Mexico

［正式名称］米国・メキシコ産ステンレス鋼確定ダンピング防止措置事件（United States - Final Anti-Dumping Measures on Stainless Steel from Mexico）

［申立・事件番号］米国申立・WT/DS 344

［事実関係］米国はメキシコ産ステンレス鋼のダンピング見直し手続きでゼロ計算を採用した。メキシコは米国措置の違法性を主張してパネル手続を開始した。

I 原審査

［手続］パネル報告（2007.12.20 送付），上級委員会（2008.4.30 送付），DSB（報告採択 2008.8.1）

［結論］ゼロ計算はWTOに違反する。

20-43. 米国ゼロ計算継続事件，US-Continued Zeroing

［正式名称］米国・ゼロ計算方法継続適用事件（US - Continued Existence and Application of Zeroing Methodology）

［申立・事件番号］EC 申立・WT/DS 350

［事実関係］上述のダンピング見直し事件（DS 322）のWTOパネル・上級委員会は，日本の申立をうけて，米国がダンピング見直しにさいしてゼロ計算を行うことをWTO違反と判定した。にもかかわらず，米国はEC産品に対するダンピング見直し調査でゼロ計算を継続適用している。そこでECは米国の対ECゼロ計算の存続がWTOに違反するとして，2006年11月から2007年2月にかけてWTO協議を開始した。協議で合意をみなかったため，DSBは2007年6月，パネルを設置した。

I 原審査

［手続］パネル（2008.10.1報告送付），上級委員会（2009.2.4報告送付），DSB（2009.2.19報告採択）

［結論］米国措置はWTOに違反する。

［理由］－パネルは，過去3件の米国ゼロ計算事件——EC・日本・メキシコ産品の定期見直し際して適用した3件のゼロ計算事件（ゼロ計算法慣行事件［巻末表20-38］，ゼロ計算サンセット見直し事件［巻末表20-39］，メキシコ産ステンレス鋼事件［巻末表20-43］）——と決別した。したがって，シンプル・ゼロ計算方法は許容しうる協定解釈のひとつではない。パネルは過去の上級委員会判断に従い見直し手続でのシンプル・ゼロ計算をWTO違反とした。上級委員会はパネル判断を歓迎した。

－ECは，米国が37件の定期見直しのうちの7件でシンプル・ゼロ計算がもちいたことを立証できなかったとパネルは裁断した。しかし上級委員会はパ

ネルの判断の誤りを指摘した。上級委員会によれば，米国は5件の見直しでシンプル・ゼロ計算を採用しWTOダンピング防止協定（9.3条）に違反したとされる。かくして上級委員会は米国措置のWTO違反に関する判断を完結した。
- パネルは米国が8件のサンセット見直しで協定（11.3条）に違反したとしたが，米国はパネル判断が客観的評価を誤り紛争解決了解（11条）に抵触したと上訴した。上級委員会は，この米国上訴を退け，パネル判断を採用した。
- 米国は18件の調査でゼロ計算方法を継続使用した。ゼロ計算方法の継続はWTOで挑戦できる国家措置に該当すると上級委員会はのべた。そして18件の調査のうちの4件に関し，ゼロ計算の継続問題の分析を完結し，それら継続措置が協定（9.3条，11.3条）とGATT（6.2条）に反すると結論した。
- ダンピング防止協定（17.6ii第2段）は，ウイーン条約法条約の条約解釈ルールの適用により，解釈上，一定のの幅が生ずる可能性を認めている。そのようなときは，その幅にはいる解釈は許容され，効果を与えられなければならないと上級委員会はつけくわえた。

Ⅱ　報復

EC　2010年2月対米報復要請，米国・ゼロ計算法慣行事件 WT/DS294 とあわせて2事件報復

Ⅲ　米国実施措置

2010年12月，米国DOCは国内法の改正案を提出した。改正は，(i)行政見直しでのダンピング価格差の算定にあたりゼロ計算を廃止し，加重平均対加重平均方式を採用すること，(ii)ダンピング調査のため取引対取引方式によりダンピング価格差を計算するときはゼロ計算を用いないことを骨子とした。しかし，改正案はゼロ計算の完全放棄をうたっていない。それどころか，特別の状況下では，ケースバイケースでゼロ計算に逆戻りする（revert back to）権利を留保した。

20-44. 米国・ホルモン報復継続事件，US-Continued Hormones Retaliation（4-9. カナダ・ホルモン報復継事件と同一）

［正式名称］米国カナダ・ECホルモン紛争報復継続事件（Canada/United States - Continued Suspension of Obligations in the EC - Hormones Dispute）

［申立・事件番号］EC 申立・WT/DS321

［事実関係］ホルモン牛肉事件でECは米加国産ホルモン飼育牛肉の輸入を健康保護を理由として禁止したが，WTOパネル・上級委員会はECの措置がSPS協定に反すると結論した。その結果，米国とカナダから報復措置をうけた。そこでECは，2003年，実施措置を採択し，米国とカナダに実施審査手続を開始するよう求めた。しかし米加は，実施審査手続を開始しなかった。EC実施措置はWTOの審査をまつまでもなくWTO違反にあたる。それゆえ対EC報復を継続するというのが米加の共通解釈であった。ECは米加の報復継続を不満として，報復継続に対する新規のパネル手続を開始した。ECによれば，カナダと米国は，WTO紛争解決了解の実施審査手続（23.1条，23.2a条）に基づき，EC実施措置がDSB勧告に合致しているかどうかの実施審査をWTOに仰ぐべきであるとされた。米加の報復継続は，実施審査をとおさない国家の一方主義でありWTOに違反するというのがECの持論であった。

Ⅰ　原審査

［手続］パネル（2008.3.31 報告送付），上級委員会公聴会（上訴作業手続の規則 16(1) に従い採択した追加的手続に基づく口頭手続過程での公聴会），上級委員会（2008.10.16 報告送付），DSB（2008.11.10 報告採択）

［結論］ECがWTO違反とみなされた禁輸措置を除去したかどうか，また米加の報復が合法かどうかを明らかにするため，遅滞なく，EC実施措置のWTO整合性についての実施審査手続きを開始すべきである。このため上級委員会はDSBが紛争当事国に実施審査手続を開始するよう勧告することを求める。

［理由］- 米加がWTO実施審査手続を経ずに，EC実施措置をWTO違反とみなし，ECに対し報復措置をとるのは違法であるとパネルは判断した。パネルによれば，ECは，SPS協定（5.1条と5.7条）にそむいて，暫定予防措置を科学的根拠に基づきまた必要な手続にしたがい実施しなかった。ECは要するにSPS協定に違反する措置を撤回したと立証することはできなかった。ECは紛争解決了解（22.8条）にしたがって米加の報復措置を停止させるため，解決策を提供するか，相互に満足すべき解決をはかるべきであった。しかし，このような解決策は提供されなかったし，相互解決も成立しなかった。それゆえ，ECは米加が了解のルール（22.8条）にそむいて報復措置を継続したと立証することはできなかった。他方，米加にも非がある。そもそも紛争解決了解は一方主義を禁止している。敗訴国の実施措置がWTOに整合するかどうかの判断を勝訴国は一方的に行うことはできない。本件で米加は紛争解決了解に従い実施審査手続を開始してEC実施措置のWTO整合性を争うべきであった。この手続を無視して，米加が報復を継続したのもWTO違反に該当する。とはいえEC実施措置はいくつかの点でWTOに整合していないとのべた。上級委員会はこのパネル判断を退けた。ただし上級委員会は本件の場合，報復に先立ち実施審査手続をつくすべきことを指摘した。

- EC実施措置は oestradiol-17β の禁止に関してSPS協定（5.1条）に違反している。なぜならばECは協定が要求する状況に応じた適切な危険性評価を行っていないとパネルはのべた。しかし上級委員会はこのパネル判断も覆した。とはいえ上級委員会は危険性評価についての判断を行わなかった。

- ECはまた他の5種類のホルモン（progesterone, testosterone, zeranol, trenbolone acetate and melengestrol acetate) に関して協定 (5.7条) が定める予防措置をとるための要件を満たしていないとパネルは判断した。上級委員会はここでもパネル判断を否定し, 予防措置に関する最終判断を行わなかった。そもそも, 本件の新規パネル手続は意味がないというのが上級委員会の判断であった。新規パネル手続ではなく, じゅうらいのホルモン事件の実施審査手続を開始すべきであると上級委員会はのべた。

20-45. 米国農産品補助金事件, U.S. - Agricultural Subsidies

［正式名称］米国・農産品国内支持輸出信用保証事件 (U.S. - Domestic Support And Export Credit Guarantees for Agricultural Products)

［申立・事件番号］ブラジル申立・WT/DS365, カナダ申立・WT/DS357

［事実関係］米国は自国農産品に国内支持を与え, また農産品輸出に輸出信用保証を行っている。ブラジルとカナダは米国の農業補助に対しWTOの補助金協定と農業協定との抵触を理由にパネル手続を求めた。

I 原審査

［手続］パネル (2007.12.17設置, 2011年7月現在でパネリスト未決定, 審理中断中)

20-46. 米国・中国産未塗装板紙暫定措置事件, US- Preliminary AD and CVD on Chinese Paper

［正式名称］米国・中国産未塗装板紙ダンピング相殺関税仮決定措置事件 (United States - Preliminary Anti-Dumping And Countervailing Duty Determinations on Coated Free Sheet Paper from China)

［申立・事件番号］中国申立・WT/DS368

［事実関係］米国は中国産の未塗装板紙に対しある品目には暫定ダンピング防止税を他品目には暫定相殺関税を課した。中国は2007年9月, 米国を相手どって協議手続を開始したが, パネル設置には至らなかった。

20-47. 米国・中国産品ダンピング防止税・相殺関税2重賦課事件, US-AD and CVD on Chinese Products

［正式名称］米国・中国産品確定ダンピング防止税・相殺関税事件 (United States – Definitive Anti-Dumping and Countervailing Duties on Certain Products from China)

［申立・事件番号］中国申立・WT/DS379

［事実関係］米国は, 2010年8月, 中国製鉄鋼製品 (Circular Welded Carbon Quality, Circular Welded Carbon Quality Steel Pipe)・一般道路外ゴムタイヤ (Pneumatic Off-the-Road Tires)・パイプ管 (Light-Walled Rectangular Pipe and Tube)・積層編バッグ (Laminated Woven Sacks) に対してダンピング防止税と相殺関税を2重に賦課した。中国はとくに同一産品に関し, 米国が非市場経済国扱いのダンピング防止措置のみならず相殺関税を2重に賦課したことを不服として, 2008年12月パネルの設置を要請した。

［推移］パネル・上級委員会は米国の2重カウントをWTO違反とした。ただし非市場経済国の国営企業が民間企業に助成を肩代わりしてもらうときは, 助成は政府により行われたものとみなされることを指摘した。この事件では, 米国の2重カウント方式はWTO違反とされたが, 2重カウントさえなければ米国の相殺措置は合法とされる余地もあった。パネルは民間企業への助成委託をつうじた国家援助が補助金に該当する可能性を認めたからである。米国が本件パネル結論を本質的な米国勝訴判断と声明したのはこのためである。本件は国営企業をつうじてエネルギー分野で助成を与えている中東諸国の関心をひいた。また非市場経済国からの安価な輸入を阻止するためダンピング課税と相殺関税の2重賦課を望む先進国・開発途上国双方にインパクトを与えた。

I 原審査

［手続］パネル (報告送付 2010.10.22), 上級委員会 (報告送付 2011.3.11), DSB (報告採択 2011.3.25)

［申立・事件番号］中国申立・WT/DS379

［結論］中国は2重課税がWTO相殺措置協定・GATTに違反することを立証できなかった。それゆえ, パネルは米国措置がダンピング・相殺関税の2重賦課にあたるかどうかを審査する必要性はないとした。上級委員会は, パネル判断を覆した。2重救済 (double remedies) は, 非市場経済国方式に基づくダンピング防止税と相殺関税の同時賦課によって, 同じ国家補助を2回相殺する行為にあたる。それは, WTO相殺措置協定によって禁止されないとした。

20-48. 米国・鮪事件II, US-Tuna II (Mexico)

［正式名称］米国・メキシコ捕獲鮪・海豚安全表示事件 (US - Measures Concerning the Importation, Marketing)

［申立・事件番号］メキシコ申立・WT/DS381

I 原審査 (未決)

20-49. 米国・オレンジ事件, US-Orange juice from Brazil

［正式名称］米国・ブラジル産オレンジダンピング見直し事件 (United States - Anti-Dumping Administrative Reviews and Other Measures Related to Imports of Certain Orange Juice from Brazil)

［申立・事件番号］申立・WT/DS

I 原審査 (未決)

20-50. 米国・買物袋事件, US - Carrier Bags

［正式名称］米国・タイ産プラスチック買物袋ダンピング防止措置事件 United States – Anti-Dumping Measures on Polyethylene Retail Carrier Bags from Thailand

［申立・事件番号］タイ申立・WT/DS383

［事実関係］米国はタイ産買物袋に対するダンピン

グ価格差の算定に際し，ゼロ計算を採用した。タイはこのゼロ計算は，確定判例法（カナダ産木材，エクアドル産海老・タイ産海老事件）によりダンピング防止協定（2.4.2条第1段）に違反するとしてパネル手続を開始した。ゼロ計算は標的ダンピングに対する措置（2.4.2条第2段）ではなかったため協定違反は明白であり，米国もパネル手続の過程で違反を認めていた。

 I 原審査

［手続］パネル設置（2009.3.20），2国間合意（2010.1），パネル（報告送付2010.1.22），上訴なし，DSB（報告採択2010.2.18）

［推移］タイ産プラスチック買物袋事件では，タイ産品への米国ダンピング課税（スポット・ダンピングがない場合のゼロ計算）の違法性を米国自身が認めたため，2010年1月，パネル判定の直前に，将来のDSB勧告の実施期間を6カ月とする二国間合意が結ばれた。

20-51. 米国原産地表示義務事件，US-COOL

［正式名称］米国・原産地表示事件（United States - Certain Country of Origin Labelling (COOL) Requirements）

［申立・事件番号］申立・WT/DS384

 I 原審査（未決）

20-52. 米国・中国産鶏肉検疫措置事件 United States - SPS Measures against Chinese Poultry

［正式名称］米国・中国産鶏肉輸入規制事件（US - Certain Measures affecting imports of Poultry From China）

［申立・事件番号］中国申立・WT/DS392

［事実関係］米国は中国産の鶏肉輸入を禁止した。中国は米国措置がWTO整合性を欠くとしてパネル手続を開始した。

 I 原審査

［手続］パネル（2010.9.29報告送付），上訴なし，DSB（2010.10.25報告採択）

［結論］米国の中国産鶏肉の検疫・輸入禁止措置はSPS協定とGATTに違反する。

［理由］―米国措置は，SPS協定の要件を満たさない。米国は，対中措置に関し，危険性の評価（5.1条，5.2条）を行わなかった。さらに米国は措置を十分な科学的証拠（2.2条）なしに継続し，解禁・承認手続を不当に遅延させた（SPS協定附属書C.1.a）。

―米国の対中差別措置はGATTの最恵国待遇原則（1.1条）と輸入数量制限禁止原則（11.1条）にも違反する。

―米国はSPS協定違反をGATT一般例外条項の健康保護理由（20条b）により正当化することを怠った。

［DSB勧告］DSBは，パネル判断に対する上訴が行われなかったため，パネル報告を採択した。しかし米国措置はすでに失効していたため，DSBは米国に対し措置をWTOに整合させるよう求める勧告はくださなかった。米国下院はパネル判断を見越して，2009年4月，2010年度農業歳出予算法案（Agriculture Spending Bill）を採択し，そのなかに中国産家禽の輸入禁止措置を解除する文言を盛り込んだ。予算法は2009年10月承認された。

20-53. 米国・中国製乗用車タイヤ経過的セーフガード事件，US-Tyres from China

［正式名称］中国産乗用車・軽トラック用タイヤ輸入措置事件（Measures Affecting Imports of Certain Passenger Vehicle and Light Truck Tyres from China）

［申立・事件番号］中国申立・WT/DS399

 I 原審査

［手続］パネル（報告送付2010.12.13），上訴（通告2011.5.24），上級委員会（送付2011年9月5日）

［結論］米国措置は要件を満たし中国WTO加盟議定書に合致している。

20-54. 米国・韓国産品ゼロ計算事件，US-Zeroing for Korean Products

［正式名称］米国・韓国産品ダンピング・ゼロ計算事件（United States - Use of Zeroing in Anti-Dumping Measures Involving Products from Korea）

［申立・事件番号］韓国申立・WT/DS402

 I 原審査

［手続］パネル（2011.1.18報告送付），上訴なし，DSB（2011.2.24報告採択）

［結論］米国ゼロ計算はWTO協定に違反する。

20-55. 米国・ベトナム産海老ゼロ計算事件，US-Zeroing for Vietnamese Shrimp

［正式名称］米国・ベトナム品海老ダンピング・ゼロ計算事件（United States - Anti-Dumping Measures on Certain Shrimp from Viet Nam）

［申立・事件番号］ベトナム申立・WT/DS404

 I 原審査

［手続］パネル（2011.7.118報告送付），上訴なし，DSB（2011.報告採択）

［結論］米国の中国産鶏肉の検疫・輸入禁止措置はSPS協定とGATTに違反する

20-56. 米国丁子煙草禁止法事件，US-Clove Cigarettes

［正式名称］（US- Measures Affecting the Production and Sale of Clove Cigarettes）

［申立・事件番号］インドネシア申立・WT/DS406

［事実関係］インドネシアは世界最大の丁子煙草生産国である。これに対し米国は，メンソール煙草以外の煙草の輸入を禁止した。インドネシアは米国措置がTBTに違反するとして提訴した。

 I 原審査

［手続］パネル（2011.1.18報告送付），上訴なし，DSB（2011.2.24報告採択）

［結論］米国措置はTBT協定に違反する。

―措置はTBT協定がカバーする強制的な基準（technical regulation）に相当する。

―米国は輸入丁子香煙草に対し国産メンソール煙草よりも不利な待遇を与えた（TBT2.1条違反）

－丁子香煙草の禁止が，若年層の喫煙を抑制する法的目的の達成に必要である以上に貿易制限的であることを，インドネシアは立証できなかった。インドネシアはこの点で，米国がTBT協定（2.2条）に違反することを立証することはできなかった。
－米国は措置のWTO通報義務（2.9.2条）に違反した。

20-57. 米国ボーイング社事件 I, U.S. - Boeing I

［正式名称］米国・大型民間航空機措置事件（United States - Measures Affecting Trade in Large Civil Aircraft）

［申立・事件番号］EU申立・WT/DS317

［事実関係］米国は大型民間航空機とくにボーイング社（the Boeing Company）とボーイング社との合併前のダクラス社（McDonnell Douglas Corporation）に対し輸出補助金を与えているとして，EUはパネル手続を開始した。

I　原審査

［手続］パネル（2005.7.20設置，2009年3月現在で報告未送付）

20-58. 米国ボーイング事件 II, US. - Boeing II

［正式名称］(United States - Measures Affecting Trade in Large Civil Aircraft, Second Complaint)

［申立・事件番号］EU申立・WT/DS317，WT/DS353

［事実関係］20-48事件の第2提訴がECにより行われた。

I　原審査

［手続］パネル（2006.2.17設置，2011.3.31最終報告送付），上訴（2011.4.1通告）

［パネル結論］パネルは米国の補助金につき，いくつかの国内補助金を肯定した。また米国の研究開発補助金は，ECに対する著しい害を与える国内補助金（5c条）にあたるとした。この補助金は第3国市場からのEC機（200席から300席）の輸出に代替し輸出を制限するおそれがある（6.3b条）。さらに旧経過的法規（ETI Act, AJCA）に基づく輸出補助金を認定した。

20-59. 米国・タイヤ経過的セーフガード措置事件, US-Tyres

［正式名称］中国産乗用車・軽トラック用タイヤ輸入措置事件（Measures Affecting Imports of Certain Passenger Vehicle and Light Truck Tyres from China）

［申立・事件番号］中国申立・WT/DS399

I　原審査

［手続］パネル（報告送付2010.12.13），上訴（通告2011.5.24），上級委員会（2011年7月現在未送付）

［結論］米国の措置は中国加盟議定書の要件を満たし合法である。

■（巻末参考表）GATT紛争解決事例（1948-1994）■

　GATT時代の紛争解決事例は，総計220件におよぶ。これらはGATT23条に基づく事例197件とGATT東京ラウンド協定に基づく事例23件にわけられる。

　Ⅰ　GATT23条に基づく紛争解決事例
　Ⅱ　GATT東京ラウンド協定に基づく紛争解決事例
　1．GATT補助金相殺措置協定に基づくパネル報告
　2．GATTダンピング防止協定に基づくパネル報告
　3．GATT政府調達協定に基づくパネル報告

Ⅰ　GATT23条に基づく紛争解決事例（197件）

　1948年から1994年末までにGATT23条のもとで197件の紛争が締約国団に付託された。197件のうち，99件は，パネル報告の作成段階にいたらなかったケースである。他方，残り98件はパネル報告（または作業部報告）が作成され締約諸国に送付された。これら98件のうち，81件でパネル報告が締約国団のポジティヴ・コンセンサス方式により採択された。他の17件ではパネル報告は敗訴国の拒否権により未採択とされた。

巻末参考表Ⅰ　GATT23条紛争事例

事件名	申立国	協　議	報告の送付	報告の採択（締約国団）(BISD)
1．キューバ・領事税（Cuba - Consular taxes）	Netherlands	19 Jul 1948, CP.2/9		24 Aug 1948, II/12
2．インド輸出戻し減税（India - Tax rebates on exports）	Pakistan	21 Feb 1949, CP.3/6		24 Aug 1948, II/12
3．キューバ譲許表（Report of Working Party 7 on the Cuban schedule）	United States	9 Sep 1948, CP.2/W/13	13 Sep 1948, CP.2/43	14 Sep 1948, CP.2/SR.25
4．ブラジル内国税（Brazilian internal taxes）	France	25 Apr 1949, CP.3/SR.9	27 Jun 1949, CP.3/42, II/181	30 Jun 1949, CP.3/SR.30
5．キューバ繊維（Report of Working Party 8 on Cuban textiles）	United States	14 May 1949, CP.3/SR.12	10 Aug 1949, CP.3/82	未採択
6．米国・対チェコ輸出制限（United States - Restrictions on exports to Czechoslovakia）	Czechoslovakia	30 May 1949, CP.3/33		8 Jun 1949, II/28
7．米国特恵マージン（United States - Margins of preference）	Cuba	9 Aug 1949, CP.3/SR.38		9 Aug 1949, II/11
8．オーストラリア硫酸アンモニア補助金（Australian subsidy on ammonium sulphate）	Chile	27 Jul 1949, CP.3/61	31 Mar 1950, CP.4/39, II/188	3 Apr 1950, CP.4/SR.21
9．フランス皮革輸出制限（France - Export restrictions on hides and skins）	United States	7 Oct 1950, CP.5/1/Rev.1		
10．フランス数量制限（France - Quantitative restrictions）	Belgium	7 Oct 1950, CP.5/1/Rev.1		
11．英国購入税免除（United Kingdom - Purchase tax exemptions）	Netherlands			
12．米国羽毛帽子セーフガード措置［セーフガード譲許税率撤回］（United States - Withdrawal of a tariff concession under Article XIX）	Czechoslovakia	7 Nov 1950, CP.5/22	27 Mar 1951, CP/106	22 Oct 1951, CP.6/SR.19
13．米国・対中譲許撤回（United States - Withdrawal of concessions negotiated with China）	Haiti			
14．ベルギー家族手当（Belgium - Family allowances (Allocations familiales)）	Norway, Denmark	19 Sep 1951, CP.6/25 and Add.1	6 Nov 1952, G/32, 1S/59	7 Nov 1952, SR.7/14
15．米国・酪農品制限（United States - Restrictions on dairy products）	Denmark	21 Sep 1951, CP.6/28		
16．米国・酪農品制限（United States - Restrictions on dairy products）	Netherlands	19 Sep 1951, CP.6/26	7 Nov 1952, L/61, 1S/62	8 Nov 1952, SR.7/16

国際経済法　　　565

（巻末参考表）GATT 紛争解決事例（1948-1994）

事件名	申立国	協　議	報告の送付	報告の採択（締約国団）(BISD)
17. ベルギー・ドル地域輸入制限（Belgium - Restrictions on imports from the dollar area)	United States	22 Oct 1951, CP.6/50		
18. ギリシャ譲許表・輸入税引上げ（Schedule XXV - Greece - Increase of import duties)	United Kingdom	3 Sep 1952, L/15	30 Oct 1952, G/25, 27; 1S/51	3 Nov 1952, SR.7/13
19. ドイツ鰯輸入（Treatment by Germany of imports of sardines)	Norway	4 Sep 1952, L/16	30 Oct 1952, G/26, 1S/53	31 Oct 1952, SR.7/12
20. ギリシャ特別輸入税（Special import taxes instituted by Greece)	France	27 Sep 1952, L/26	31 Oct 1952, G/25, 1S/48	3 Nov 1952, SR.7/13
21. パキスタン・麻輸出税手数料（Pakistan - Licence fee and duty on exports of jute)	India	3 Oct 1952, L/41		
22. 米国乾燥無花果セーフガード措置（United States - Article XIX action on dried figs)	Greece			
23. 米国乾燥無花果セーフガード措置（United States - Article XIX action on dried figs)	Turkey			
24. フランス輸出入統計税（France - Statistical tax on imports and exports)	United States	7 Nov 1952, L/64		
25. 米国食用堅果輸入制限（United States - Import restrictions on filberts)	Turkey	13 Aug 1953, G/46/Add.3		
26. ブラジル補償譲許（Brazil - Compensatory concessions)	United States United Kingdom	15 Sep 1953, G/46/Add.4		
27. 米国オレンジ輸出補助金（United States - Export subsidies on oranges)	Italy	5 Oct 1953, SR.8/12		
28. フランス特別一時輸入税（France - Special temporary import tax)	Italy	29 Jul 1954, L/213		17 Jan 1955, SR.9/29, 3S/26
29. スウェーデン・ダンピング防止税（Swedish anti-dumping duties)	Italy	29 Jul 1954, L/215, 4 Nov.54, SR.9/7	23 Feb 1955, L/328, 3S/81	26 Feb 1955, SR.9/37
30. トルコ輸入税輸出割戻し（Turkey - Import taxes and export bonuses)	Italy	30 Jul 1954, L/214		
31. ペルー・チェコ産品輸入禁止（Peru - Embargo on imports from Czechoslovakia)	Czechoslovakia	4 Oct 1954, L/235		
32. ギリシャ輸入奢侈税（Greece - Luxury tax on imports)	Italy	5 Oct 1954, L/234		
33. 西ドイツ石炭輸入制限（West Germany - Import restrictions on coal)	United States	11 Oct 1954, L/242		
34. フランス輸入印紙税（France - Customs stamp tax on imports, increase to 2 per cent)	United States	13 Oct 1954, L/245		
35. ベルギー石炭輸入制限（Belgium - Import restrictions on coal)	United States	26 Oct 1954, L/258		
36. ドイツ・馬鈴薯澱粉（German import duties on starch and potato flour)	Benelux	26 Oct 1954, L/260	7 Feb 1955, W.9/178, 3S/77	未採択
37. フランス輸入印紙税（France - Customs stamp tax on imports, further increase to 3 per cent)	United States	26 Sep 1955, L/410		1 Nov 1955, SR.10/5
38. 米国・ハワイ州輸入卵規則（United States - Hawaiian regulations affecting imported eggs)	Australia	28 Sep 1955, L/411		
39. イタリア医薬品売上税（Italy - Turnover tax on pharmaceutical products)	United Kingdom	11 Oct 1955, L/421		
40. イタリア・チーズ輸入税（Italy - Import duties on cheese)	Denmark			
41. フランス・自動車税（France - Auto taxes)	United States	16 Nov 1956, SR.11/16		
42. 西ドイツ・印刷売上税（West Germany - Turnover tax on printing)	Netherlands	16 Nov 1956, SR.11/16		
43. ギリシャ・LPレコード譲許税率引上げ（Greece - Increase in bound duties on LP phonograph records)	West Germany		9 Nov 56, L/580	未採択

（巻末参考表）GATT紛争解決事例（1948-1994）

事件名	申立国	協議	報告の送付	報告の採択（締約国団）(BISD)
44. 米国・鶏肉輸出補助金（United States - Export subsidy on poultry）	Denmark	16 Nov 1956, SR.11/16		
45. チリ・自動車税（Chile - Auto taxes）	United States	16 Nov 1956, L/599		
46. 英国・助成卵輸出（United Kingdom - Export of subsidized eggs）	Denmark			
47. イタリア・輸入農業機械差別待遇（Italy - Discrimination against imported agricultural machinery）	United Kingdom	24 Oct 1957, SR.12/5	15 Jul 1958, L/833, 7S/60	23 Oct 1958, SR.13/8
48. フランス・輸入農業機械差別待遇（France - Discrimination against imported agricultural machinery）	United Kingdom			
49. 米国・洗濯鋏セーフガード措置（United States - Article XIX action on spring clothespins）	Denmark, Sweden			
50. フランス・小麦粉輸出援助（France - Assistance to exports of wheat and wheat flour）	Australia		20 Nov 58, L/924, 7S/46	21 Nov 1958, SR.13/20
51. イタリア・穀粉輸出援助（Italy - Assistance to exports of flour）	Australia			
52. イタリア・船舶板金国内生産優遇措置（Italy - Measures in favour of domestic production of ships plates）	Austria			
53. 英国・装飾陶器特恵マージン引上げ（United Kingdom - Increase in margin of preference of ornamental pottery）	West Germany		19 Mar 1959, SECRET/105	未採択
54. ウルグアイ・GATT23条提訴（Uruguayan recourse to Article XXIII）	Uruguay	23 Nov 1961, L/1647	15 Nov 1962, L/1923, 11S/95	16 Nov 1962, SR.20/13
55. 英国・バナナ特恵マージン引上げ（United Kingdom - Increase in margin of preferences on bananas）	Brazil		11 Apr 1962, L/1749	未採択
56. フランス輸入制限（France - Import restrictions）	United States	3 May 1962, L/1899	14 Nov 1962, L/1921, 11S/94	14 Nov 1962, SR.20/10, 11S/55
57. 対カナダ馬鈴薯輸出（Exports of potatoes to Canada）	United States	9 Nov 1962, SR.20/8	16 Nov 1962, L/1927, 11S/88	16 Nov 1962, SR.20/13, 11S/55
58. 米国EEC鶏肉交渉（US/EEC negotiation on poultry）	EEC		21 Nov 1963, L/2088, 12S/65	未採択
59. イタリア行政統計手数料（Italy - Administrative and statistical fees）	United States	1 Dec 1969, L/3269		
60. ギリシャ・対ソ連特恵関税割当（Greece - Preferential tariff quotas to the USSR）	United States	16 Apr 1970, L/3384		
61. EEC食用リンゴ・セーフガード措置（EEC - Emergency action on table apples）	Australia	28 Apr 1970, C/M/62		
62. デンマーク穀物輸入制限（Denmark Import restrictions on grains）	United States	14 Sep 1970, L/3436		
63. ジャマイカ特恵マージン（Jamaica Margins of preference）	United States	18 Sep 1970, L/3440	20 Jan 1971, L/3485, 18S/183	2 Feb 1971, C/M/66
64. EEC輸入補償税（EEC Compensatory taxes on imports）	United States	30 Jun 1972, L/3715		
65. 英国綿織物輸入制限（United Kingdom Import restrictions on cotton textiles）	Israel	1 Sep 1972, L/3741	26 Jan 1973, L/3812, 20S/237	5 Feb 1973, C/M/84
66. フランス輸入制限（France - Import restrictions）	United States			
67. 英国ドル地域割当（United Kingdom Dollar area quotas）	United States	17 Oct 1972, L/3753	20 Jul 1973, L/3891, 20S/236	30 Jul 1973, C/M/89
68. 米国所得税法（United States Income tax legislation）（WTOの米国・外国販売会社事件［巻末表67］に発展）	EEC		12 Nov 1976, L/4422, 23S/98	7 Dec 1981, C/M/154, 28S/114
69. ベルギー所得税慣行（Income tax practices maintained by Belgium）	United States		12 Nov 1976, L/4424, 23S/127	7 Dec 1981, C/M/154, 28S/114
70. フランス所得税慣行（Income tax practices maintained by France）	United States		12 Nov 1976, L/4423, 23S/114	7 Dec 1981, C/M/154, 28S/114

国際経済法

（巻末参考表）GATT 紛争解決事例（1948-1994）

事件名	申立国	協議	報告の送付	報告の採択（締約国団）(BISD)
71. オランダ所得税慣行（Income tax practices maintained by the Netherlands）	United States		12 Nov 1976, L/4425, 23S/137	7 Dec 1981, C/M/154, 28S/114
72. EEC・関税同盟補償的調整（EEC Adequacy of compensation in Article XXIV:6 negotiations）	Canada			
73. カナダ卵輸入割当（Canadian import quotas on eggs）	United States		12 Dec 1975, L/4279, 23S/91	17 Feb 1976, C/M/112
74. EEC・加工果実野菜最低輸入価格・許可・保証金計画（EEC Programme of minimum import prices (MIPS), licences, and surety deposits for certain processed fruits and vegetables）	United States	29 Mar 1976, L/4321	4 Oct 1978, L/4687, 25S/68	18 Oct 1978, C/M/128
75. EEC・桃梨缶詰許可保証金（EEC - Licenses and surety deposits on canned peaches and pears）	Australia	30 Mar 1976, L/4322		
76. EEC動物飼料蛋白質措置（EEC Measures on animal feed proteins）	United States	27 Apr 1976, C/M/113	2 Dec 1977, L/4599, 25S/49	14 Mar 1978, C/M/124
77. カナダ関税譲許撤回（Canada Withdrawal of tariff concessions）	EEC	2 Nov 1976, L/4432	28 Apr 1978, L/4636, 25S/42	17 May 1978, C/M/125
78. 日本・絹撚糸輸入措置（Japan Measures on imports of thrown silk yarn）	United States	26 Jul 1977, L/4530	3 Mar 1978, L/4637, 25S/107	17 May 1978, C/M/125
79. EEC・麦芽大麦輸出払戻し金（EEC - export refunds on malted barley）	Chile	1 Nov 1977, L/4588		
80. ノルウェー・繊維製品輸入制限（Norway Restrictions on imports of certain textile products）	United Kingdom (for Hong Kong)	17 May 1978, C/M/125; 13 Jul 1979, L/4815	24 Mar 1980, L/4959, 27S/119	18 Jun 1980, C/M/141
81. 日本・皮革輸入措置（Japanese measures on imports of leather）	United States	20 Jul 1978, L/4691	16 Mar 1979, L/4789	6 Nov 1979, C/M/135
82. EEC・砂糖輸出払戻し（EEC Refunds on exports of sugar）	Australia	25 Sep 1978, L/4701 18 Oct 1978, C/M/128	25 Oct 1979, L/4833, 26S/290	6 Nov 1979, C/M/135
83. EEC・砂糖輸出払戻し（EEC Refunds on exports of sugar）	Brazil	14 Nov 1978, L/4722	7 Oct 1980, L/5011, 27S/69	10 Nov 1980, C/M/144
84. 米国・相殺関税適用（United States - Application of countervailing duties）	EEC	13 Dec 1978, L/4745		
85. EEC・チリ産リンゴ輸入制限I（EEC Restrictions on imports of apples from Chile (I)）	Chile	19 Jun 1979, L/4805	31 Oct 1980, L/5047, 27S/98	10 Nov 1980, C/M/144
86. 日本・皮革輸入措置（Japan's measures on imports of leather）	Canada	26 Oct 1979, L/4856	20 Oct 1980, L/5042, 27S/118	10 Nov 1980, C/M/144
87. スペイン・大豆油国内販売措置（Spain Measures concerning the domestic sale of soyabean oil）	United States	1 Nov 1979, L/4859	17 Jun 1981, L/5142	未採択
88. 日本・米国煙草輸入制限（Japan Restraints on imports of manufactured tobacco from the United States）	United States	8 Nov 1979, L/4871	15 May 1981, L/5140, 28S/100	11 Jun 1981, C/M/148
89. 米国・カナダ産鮪輸入禁止（United States Prohibition of imports of tuna and tuna products from Canada）	Canada	25 Jan 1980, L/4931	22 Dec 1981, L/5198, 29S/91	22 Feb 1982, C/M/155
90. スペイン・未焙煎コーヒー豆関税（Spain Tariff treatment of unroasted coffee）	Brazil	29 Feb 1980, L/4948	27 Apr 1981, L/5135, 28S/102	11 Jun 1981 C/M/148
91. EEC・カナダ産牛肉輸入（EEC Imports of beef from Canada）	Canada	26 Mar 1980, C/M/139	23 Jan 1981, L/5099, 28S/92	10 Mar 1981, C/M/146
92. EEC・米国産鶏肉輸入に対するEEC指令の英国による適用（EEC United Kingdom application of EEC directives to imports of poultry from the United States）	United States	8 Aug 1980, L/5013	3 Jun 1981, L/5155, 28S/90	11 Jun 1981, C/M/148
93. 米国・相殺関税（Panel on United States countervailing duties）	India	29 Sep 1980, L/5028	30 Sep 1981, L/5192, 28S/113	3 Nov 1981, C/M/152
94. EEC・ギリシャ加盟・可変課徴金（EEC - Accession of Greece - Relevance of variable levies to Article XXIV）	Australia			

（巻末参考表）GATT 紛争解決事例（1948-1994）

事件名	申立国	協　議	報告の送付	報告の採択（締約国団）(BISD)
95. 米国・ビタミンB12課税（Panel on vitamins [US duties on Vitamin B12]）	EEC	30 Mar 1981, L/5129	18 Jun 1982, L/5331, 29S/110	1 Oct 1982, C/M/161
96. EEC・果物缶詰生産補助金（EEC - Production subsidies on canned fruit）	Australia	11 Jun 1981, C/M/148		
97. 米国・自動車用スプリング輸入（United States Imports of certain automotive spring assemblies）	Canada	30 Sep 1981, L/5195	11 Jun 1982, L/5333, 30S/107	26 May 1983, C/M/168
98. EEC・対香港産品数量制限（EEC Quantitative restrictions against imports of certain products from Hong Kong）	United Kingdom			
(for Hong Kong)		7 Dec 1981, C/M/154	1 Jul 1983, L/5511, 30S/129	12 Jul 1983, C/M/170
99. EEC・果実缶詰干し葡萄生産補助（EEC Production aids granted on canned peaches, canned pears, canned fruit cocktail and dried grapes）	United States	19 Mar 1982, L/5306	20 Feb 1985, L/5778	未採択
100. カナダ・外国投資審査法（Canada Administration of the Foreign Investment Review Act）	United States		25 Jun 1983, L/5504, 30S/140	7 Feb 1984, C/M/174
101. EEC・砂糖制度（EEC - Sugar regime）	Argentina, Australia, Brazil, Colombia, Cuba, Dominican Rep., India, Nicaragua, Peru, Philippines	8 Apr 1982, L/5309		
102. EEC・地中海産柑橘類課税（EEC Tariff treatment of citrus products from certain mediterranean countries）	United States	18 Jun 1982, L/5337	7 Feb 1985, L/5776	未採択
103. フィンランド・履物輸入国内規則（Finland Internal regulations having an effect on imports of certain parts of footwear）	EEC	28 Sep 1982, L/5369		
104. スイス・食卓葡萄輸入（Switzerland - Imports of table grapes）	EEC	8 Oct 1982, L/5371		
105. EEC・VTR輸入制限（EEC - Import restrictive measures on video tape recorders）	Japan	21 Dec 1982, L/5427		
106. 日本・皮革輸入措置（Panel on Japanese measures on imports of leather）	United States	5 Jan 1983, L/5440	2 Mar 1984, L/5623, 31S/94	15 May 1984, C/M/178
107. 米国・製造条項（United States manufacturing clause）	EEC	8 Mar 1983, L/5467	1 Mar 1984, L/5609, 31S/74	15 May 1984, C/M/178
108. 日本・無効侵害状態（Japan Nullification and impairment of benefits and impediment to the attainment of GATT objectives）	EEC	8 Apr 1983, L/5479		
109. 米国・ニカラグア産砂糖輸入（United States Imports of sugar from Nicaragua）	Nicaragua	15 May 1983, L/5492	2 Mar 1984, L/5607, 31S/67	13 Mar 1984, C/M/176
110. 米国・機械裁断煙草関税分類United States - Tariff reclassification of machine-threshed tobacco	EEC	30 Sept 1983, L/5541		
111. EEC・新聞印刷用紙（EEC Panel on newsprint）	Canada	12 Jan 1984, L/5589	17 Oct 1984, L/5680, 31S/114	20 Nov 1984, C/M/183
112.	チリ・酪農品輸入措置（Chile - Import measures on certain dairy products）	EEC	14 May 1984, L/5653	
113. カナダ・金貨販売措置（Canada Measures affecting the sale of gold coins）	South Africa	3 Jul 1984, L/5662	17 Sep 1985, L/5863	未採択
114. ニュージーランド・フィンランド産変圧機輸入（New Zealand Imports of electrical transformers from Finland）	Finland	11 Jul 1984, C/M/180	19 Jun 1985, L/5814, 32S/55	18 Jul 1985, C/M/191
115. EEC・牛肉子牛肉制度運用（EEC - Operation of beef and veal regime）	Australia	26 Oct 1984, L/5715		
116. 米国・EC産鋼管輸入禁止（United States - Prohibition of imports of steel pipe and tube from the EC）	EEC	10 Dec 1984, L/5747		

国際経済法　　　　　　　　　　　　　　　　　　　　　　　　　　569

(巻末参考表) GATT 紛争解決事例 (1948-1994)

事件名	申立国	協議	報告の送付	報告の採択（締約国団）(BISD)
117. カナダ・アルコール飲料輸入流通販売 (Canada Import, distribution and sale of alcoholic drinks by provincial marketing authorities)	EEC	12 Feb 1985, L/5777	5 Feb 1988, L/6304, 35S/37	22 Mar 1988, C/M/218
118. 米国・砂糖含有産品輸入制限 (United States Restrictions on imports of certain sugar containing products)	Canada	1 Mar 1985, L/5783		
119. 日本・履物輸入数量制限 (Japan Quantitative restrictions on imports of leather footwear)	United States	12 Mar 1985, C/M/186		
120. 米国・対ニカラグア通商措置 (United States Trade measures affecting Nicaragua)	Nicaragua		13 Oct 1986, L/6053	未採択
121. 米国・綿製枕カバー寝台シーツ輸入制限 (United States - Restrictions on imports of cotton pillowcases and bedsheets)	Portugal	2 Sep 1985, L/5859		
122. EEC・子アザラシ皮輸入禁止 (EEC - Ban on importation of skins of certain seal pups and related products)	Canada	19 Dec 1985, L/5940		
123. 米国・非飲料用エチルアルコール措置 United States - Measures on imports of non-beverage ethyl alcohol	Brazil	13 May 1986, L/5993		
124. 日本・農産品12品目輸入制限 (Japan Restrictions on imports of certain agricultural products)	United States	15 Jul 1986, C/M/201	18 Nov 1987, L/6253, 35S/163	2 Feb 1988, C/M/217
125. 日本・鰊ポラックすり身輸入制限 (Japan Restrictions on imports of herring, pollack and surimi)	United States	24 Oct 1986, L/6070		
126. 米国スーパーファンド (United States Taxes on petroleum and certain imported substances)	Canada EEC Mexico	27 Oct 1986, C/M/202 10 Nov 1986, L/6093	5 Jun 1987, L/6175, 34S/136	17 Jun 1987, C/M/211
127. 米国・税関ユーザー手数料 (United States Customs user fee)	Canada EEC	27 Oct 1986, C/M/202	25 Nov 1987, L/6264, 35S/245	2 Feb 1988, C/M/217
128. 日本酒税I (Japan Customs duties, taxes and labelling practices on imported wines and alcoholic beverages) [推移] WTOの日本酒税事件II [巻末表46] に発展した。	EEC		13 Oct 1987, L/6216, 34S/83	10 Nov 1987, C/M/215
129. カナダ・ウラニウム輸出制限 (Canada - Restrictions on exports of uranium)	United States	12 Dec 1986, L/6104		
130. 日本半導体貿易 [日米半導体協定] (Japan Trade in semi conductors) [推移] 米国は日本産半導体のダンピング輸入を規制するため日米半導体協定を締結した。日本はこの協定に基づいて半導体の第3諸国 (EC, 香港等) 向け輸出に関し価格引上げ規制を実施した。日本産の低価格半導体に依存していたECのユーザー産業は日本の輸出規制がGATTに違反するとして, EC当局に対日パネル提訴を要請した。パネルは日本の輸出規制がGATT (11条) の輸出入数量制限の禁止原則に違反すると判定した。	EEC		24 Mar 1988, L/6309, 35S/116	4 May 1988, C/M/220
131. カナダ・鰊鮭輸出措置 (Canada Measures affecting exports of unprocessed herring and salmon)	United States	20 Feb 1987, L/6132	20 Nov 1987, L/6268, 35S/98	22 Mar 1988, C/M/218
132. 米国・小型旅客機税改革法 (United States Tax reform legislation for small passenger aircraft)	EEC			
133. 米国・対日一方措置 (United States - Unilateral measures on imports of certain Japanese products)	Japan	21 Apr 1987, L/6159		
134. 米国・1930年関税法337条 (United States Section 337 of the Tariff Act of 1930)	EEC	29 Apr 1987, L/6160	16 Jan 1989, L/6439, 36S/345	7 Nov 1989, C/M/237
135. インド・アーモンド輸入制限 (India Import restrictions on almonds)	United States	17 Jun 1987, C/M/211		
136. EEC・EEC拡大 (EEC Enlargement of EEC)	Argentina			
137. 米国・自動車電話337条措置 (United States - Section 337 action on cellular mobile telephones)	Canada	15 Sep 1987, L/6213		

(巻末参考表) GATT 紛争解決事例 (1948–1994)

事件名	申立国	協　議	報告の送付	報告の採択（締約国団）(BISD)
138. EEC・ホルモン牛肉技術的障壁［第3国食肉輸入指令］(EEC Directive on third country meat imports) ［推移］WTOのECホルモン牛肉事件［巻末表24］に発展した。	United States	29 Sep 1987, L/6218		
139. 日本・針葉樹材輸入関税 (Japan: Tariff on imports of spruce, pine, fir, (SPF) dimension lumber) ［推移］日本は唐檜 (spruce)・松 (pine)・樅 (fir) といった針葉樹の寸法材には8％の輸入関税を課し，他の木材には関税を課していなかった。カナダは日本の関税措置は，カナダ産の針葉樹材に関税を課しながら同種の他の木材には関税を課していないから，GATTの最恵国待遇原則 (1.1条) に違反すると主張した。パネルはカナダの主張を退けた。この事件は日本がGATTパネル手続で勝訴した最初のケースであった。	Canada	18 Nov 1987, L/6262	26 Apr 1989, L/6470, 36S/167	19 Jul 1989, C/M/235
140. 米国・ブラジル産品関税引上げ輸入禁止 (United States - Tariff increase and import prohibition on Brazilian products)	Brazil	27 Nov 1987, L/6274		
141. ノルウェー・リンゴ梨輸入制限 (Norway Restrictions on imports of apples and pears)	United States	9 Mar 1988, L/6311	19 Apr 1989, L/6474	21 Jun 1989, C/M/234
142. スウェーデン・リンゴ梨輸入制限 (Sweden Restrictions on imports of apples and pears)	United States			
143. 韓国・牛肉輸入制限 (Republic of Korea Restrictions on imports of beef)	United States	11 Mar 1988, L/6316	24 May 1989, L/6503, 36S/268	7 Nov 1989, C/M/237
144. 韓国・牛肉輸入制限 (Republic of Korea Restrictions on imports of beef)	Australia	22 Mar 1988, L/6332, C/M/218	24 May 1989, L/6504, 36S/202	7 Nov 1989, C/M/237
145. 韓国・牛肉輸入制限 (Republic of Korea - Restrictions on imports of beef)	New Zealand	27 Apr 1988, L/6335	24 May 1989, L/6505, 36S/234	7 Nov 1989, C/M/237
146. EEC・ギリシャ・アーモンド輸入制限 (EEC Prohibition on imports of almonds by Greece)	United States	22 Mar 1988, C/M/218		
147. 日本・牛肉柑橘類輸入制限 (Japan Restrictions on imports of beef and citrus products)	United States	29 Mar 1988, L/6322		
148. 日本・牛肉輸入制限 (Japan Restrictions on imports of beef)	Australia	8 Apr 1988, C/M/219		
149. 日本・牛肉輸入制限 (Japan - Restrictions on imports of beef)	New Zealand	2 May 1988, L/6340		
150. 米国・葡萄品質規格 (United States - Quality standards for grapes)	Chile	22 Apr 1988, L/6324		
151. EC油糧種子事件 EEC・油糧種子補助金 (EEC Payments and subsidies paid to processors and producers of oilseeds and related animal feed proteins) ［推移］ECは域内の高価格な油糧種子を域外の低価格産品から保護するため，域内油糧種子を使用する搾油業者に補助金を交付する制度を創設した。油糧種子の輸出国である米国はECの補助金制度に対し，違反申立 (GATTの内国民待遇原則違反) と非違反申立を提起した。パネルは米国の主張をほぼ認め，非違反申立も認容した。この事例は非違反申立が奏効した数少ないケースの代表例に数えられる。	United States	22 Apr 1988, L/6328	14 Dec 1989, L/6627, 37S/86	25 Jan 1990, C/M/238
152. EEC・デザート用リンゴ輸入制限 (EEC Restrictions on imports of dessert apples - Complaint by Chile)	Chile	22 Apr 1988, L/6329	18 Apr 1989, L/6491, 36S/93	22 Jun 1989, C/M/234
153. EEC・リンゴ輸入制限 (EEC Restrictions on imports of apples)	New Zealand	27 Apr 1988, L/6336		
154. EEC・リンゴ輸入制限 (EEC Restrictions on imports of apples - Complaint by the United States)	United States	4 May 1988, C/M/220	9 Jun 1989, L/6513, 36S/135	22 Jun 1989, C/M/234

（巻末参考表）GATT 紛争解決事例（1948-1994）

事件名	申立国	協議	報告の送付	報告の採択（締約国団）(BISD)
155. 米国・砂糖関連義務免除品目輸入制限（United States Restrictions on the importation of sugar and sugar containing products applied under the 1955 Waiver and under the Headnote to the Schedule of tariff concessions)	EEC	16 Jun 1988, C/M/222	22 Jan 1990, L/6631, 37S/228	7 Nov 1990, C/M/246
156. 米国・砂糖輸入制限（United States Restrictions on imports of sugar)	Australia		9 Jun 1989, L/6514, 36S/331	22 Jun 1989, C/M/234
157. EEC・迂回防止規則（EEC Regulation on imports of parts and components)	Japan	8 Aug 1988, L/6381	22 Mar 1990, L/6657, 37S/132	16 May 1990, C/M/241
158. 米国・ブラジル産品輸入制限（United States Import restrictions on certain products from Brazil)	Brazil	24 Aug 1988, L/6386		
159. 米国・EC産品関税引上げ（United States Increase in duty on certain products from the European Community)	EEC			
160. 米国・カナダ産アイスクリーム輸入禁止（United States - Import prohibition on ice cream from Canada)	Canada	9 Dec 1988, L/6444		
161. カナダ・アイスクリーム／ヨーグルト輸入制限（Canada Import restrictions on ice cream and yoghurt)	United States		27 Sep 1989, L/6568, 36S/68	5 Dec 1989, SR.45/2
162. EEC・銅クズ輸出制限（EEC Restraints on exports of copper scrap)	United States	8 Jun 1989, L/6518	5 Feb 1990, DS5/R, 37S/200	20 Feb 1990, C/M/238
163. 米国・EEC油糧種子補助金／1974年通商法決定（United States - Determination under Sections 304 and 305 of the Trade Act of 1974 in respect of the EEC's subsidies for producers and processors of oilseeds and animal-feed proteins)	EEC	18 Jul 1989, DS2/1		
164. EC・油糧種子補助金（EC - Subsidies for producers and processors of oilseeds)	Canada	1 Sep 1989, DS3/1		
165. フィンランド・リンゴ梨輸入制限（Finland - Restrictions on imports of apples and pears)	United States	18 Sep 1989, DS1/2		
166. 米国・カナダ産豚肉相殺関税（United States Countervailing duties on fresh, chilled and frozen pork from Canada)	Canada	28 Sep 1989, DS7/1	18 Sep 1990, DS7/R, 38S/30	11 Jul 1991, C/M/251
167. ブラジル・農産品等輸入制限（Brazil Restrictions on the import of certain agricultural and manufactured products)	United States	11 Oct 1989, DS8/1		
168. チリ・酒税（Chile - Internal taxes on spirits)	EEC	8 Nov 1989, DS9/1		
169. タイ・紙巻煙草輸入制限／内国税（Thailand Restrictions on importation of and internal taxes on cigarettes)	United States	3 Jan 1990, DS10/1	5 Oct 1990, DS10/R, 37S/200	7 Nov 1990, C/M/246
170. EC・GATT28条再交渉権（Canada/EC - Article XXVIII rights)	Canada	12 Jan 1990, DS12/1		
171. 米国・ブラジル産大豆輸出措置（United States - Measures under the Export Enhancement Programme affecting soya-bean exports by Brazil)	Brazil	9 Feb 1990, DS13/1		
172. EEC・羊肉輸入制限／課徴金（EEC - Restrictions and charges on imports of ovine meat)	Chile	23 Mar 1990, DS15/1		
173. ノルウェー・リンゴ梨輸入制限（Norway - Restrictions on imports of apples and pears)	United States	17 May 1990, DS16/1		
174. カナダ・アルコール飲料輸入販売（Canada - import, distribution and sale of certain alcoholic drinks by provincial marketing agencies)	United States	4 Jul 1990, DS17/1	16 Oct 1991, DS17/R	18 Feb 1992, C/M/254
175. 米国・ブラジル産履物差別待遇（United States Denial of most favoured nation treatment as to non rubber footwear from Brazil)	Brazil	28 Sep 1990, DS18/1	10 Jan 1992, DS18/R	19 Jun 1992, C/M/257
176. 米国・鮪輸入制限I（United States Restrictions on imports of tuna)	Mexico	5 Nov 1990, C/M/246	3 Sep 1991, DS21/R	未採択

（巻末参考表）GATT 紛争解決事例（1948-1994）

事件名	申立国	協議	報告の送付	報告の採択（締約国団）(BISD)
177. EEC・豚肉牛肉輸入制限（EEC Restrictions on imports of pork and beef under the third country meat directive）	United States	8 Nov 1990, DS20/1		
178. インドネシア・譲許品目輸入制限（Indonesia - Import restrictions and charges on bound items）	United States	8 Feb 1991, DS22/1		
179. 米国・アルコール飲料措置（United States Measures affecting alcoholic and malt beverages）	Canada	11 Feb 1991, DS23/1	16 Mar 1992, DS23/R	19 Jun 1992, C/M/257
180. 米国・鮭相殺関税/ダンピング防止措置（United States - Countervailing duty and anti-dumping actions on salmon）	Norway	18 Apr 1991, DS24/2		
181. EEC・コーングルテン飼料措置（EEC - Measures affecting imports of corn gluten feed）	United States	17 Sep 1991, DS26/1		
182. EEC・非経済的理由通商措置（EEC Trade measures taken for non economic reasons）	Yugoslavia	13 Jan 1992, DS27/1		
183. 米国・鮪輸入制限II（United States Restrictions on imports of tuna, "Tuna/Dolphin II"）	EEC Netherlands	20 Mar 1992, DS29/1 10 Jul 1992, D33/1	10 Jan 1994 DS29/R	未採択
184. 米国・港湾維持手数料（United States - Harbour maintenance fees）	EEC	21 Feb 1992, DS30/1		
185. 米国・輸入自動車税（United States Taxes affecting imported automobiles）	EEC	20 May 1992, DS31/1	11 Oct 1994, DS31/R	未採択
186. EEC・油糧種子譲許再交渉権（EEC Negotiating rights of Argentina in connection with the renegotiation of oilseed concessions by the European Communities）	Argentina			
187. アルゼンチン・EC産酪農品相殺関税（Argentina - Countervailing duties on dairy products from the EC）	EEC	7 Dec 1992, DS35/1		
188. アルゼンチン・ギリシャ産桃缶詰相殺関税（Argentina - countervailing duties on canned peaches from Greece）	EEC	6 Jan 1993, DS36/1		
189. ECバナナ事件I EEC・バナナ輸入制度I（EEC Member states' import regimes for bananas） ［推移］ECのバナナ輸入制度は1993年に共通化されるまでは加盟国ごとにバラバラであった。加盟国は，少数（ドイツ等）を除いてラテンアメリカ産バナナに対し数量制限を設定していた。ラテンアメリカのバナナ輸出国の提訴をうけて設置されたパネルは，EC各国のバナナ輸入制度がACP諸国（ECの旧植民地）産品に無関税でラテンアメリカ産品に高い関税を賦課している点でGATT（1条）の最恵国待遇原則に違反すること，およびEC各国の数量制限がGATT（11条）の数量制限禁止原則に違反すると判定した。パネル報告の採択はECによりブロックされた。	Colombia, Costa Rica, Guatemala, Nicaragua, Venezuela		3 Jun 1993, DS32/R	未採択
190. ECバナナ事件II EEC・バナナ輸入制度II（EEC - Import regime for bananas） ［推移］ECは1993年のバナナ共通輸入規則によって，従来の国別バナナ輸入制度を統一バナナ制度に調和した。しかしEC共通輸入規則はACP諸国に有利でラテンアメリカ諸国に不利な差別的制度であった。パネルは，ECバナナ輸入制度がGATTの無差別原則に違反すると結論した。ECはGATT締約諸国団によるパネル報告の採択をブロックした。この事件は，WTO発足後のバナナ事件III［巻末表23］に発展した。	Colombia, Costa Rica, Guatemala, Nicaragua, Venezuela		11 Feb 1994, DS38/R	未採択
191. EEC・リンゴ輸入制限（EEC - Restrictions on imports of apples）	Chile	16 Jun 1993, C/M/264		
192. EEC・チリ産リンゴ輸入課徴金（EEC - Charges on imports of apples originating in Chile）	Chile	29 Jun 1993, DS41/1		
193. EEC・輸入牛精液販売規則（EEC - Regulations affecting the sale of imported bovine semen in Italy）	Canada	16 Jul 1993, DS42/1		

国際経済法　　　　　　　　　　　　　　　　　　　　　　　　　　　　　　　　573

(巻末参考表) GATT 紛争解決事例 (1948-1994)

事件名	申立国	協　議	報告の送付	報告の採択（締約国団）(BISD)
194. 米国・煙草輸入販売措置 (United States - Measures affecting the importation and internal sale of tobacco)	Argentina, Brazil, Colombia, El Salvador, Guatemala, Thailand, Zimbabwe Chile Canada EEC	7 Sep 1993, DS44/1 8 Sep 1993, DS44/2 27 Sep 1993, DS44/4 6 Oct 1993, DS44/3		
195. EEC・レモン相殺課徴金 (EEC - Countervailing charges on lemons)	Argentina	20 Jun 1994, DS45/1		
196. 米国・ガソリン (United States - Standards for reformulated and conventional gasolines) ［推移］1994年にGATT23条手続に委ねられたが，1995年のWTO発足後，WTO手続に切り替えられた。この事件は，WTOの最初のパネル・上級委員会報告の対象となった。	Venezuela			
197. ポーランド・EC産自動車輸入優遇制度 (Poland - Import regime for automobiles originating in the EC) ［推移］1994年にGATT23条手続に委ねられ，WTO発足後，WTO手続に切り替えられた。まず1995年9月にWTO協議に付され，96年7月，申立国インドとポーランドとの間の合意により解決された (WT/DS19 - Poland - Import Regime for Automobiles)。	India			

II GATT 東京ラウンド協定に基づく紛争解決事例 (23件)

　GATT 時代の紛争のうち，補助金相殺措置事件，ダンピング防止措置事件および政府調達事件は，GATT 東京ラウンド協定の特別紛争解決手続に委ねられた。GATT 時代の補助金相殺措置事件25件のうち，12件は GATT 23条手続に13件は東京ラウンド特別手続に付託された。ダンピング防止措置事件10件のうち，3件は GATT 23条手続に7件は東京ラウンド特別手続に委ねられた。政府調達事件3件はすべて東京ラウンド特別手続に付された。GATT 23条のもとではパネル報告は締約国団の全会一致により採択されたが，東京ラウンド協定のもとではパネル報告は協定によって設置された関連委員会（補助金相殺措置委員会 SCM Committee，ダンピング防止措置委員会 ADP Committee, 政府調達委員会 GPCommittee）の全会一致により採択された。したがって GATT 23条のパネル報告と同様，東京ラウンド協定に基づくパネル報告も敗訴国の拒否権にあえば未採択となった。

1. GATT 補助金相殺措置協定に基づくパネル報告 (13件)

　補助金相殺関税協定に基づき13件の紛争が補助金相殺措置委員会に付託された。委員会により採択されたパネル報告は6件，敗訴国の拒否権のため未採択となった報告は7件であった。なお補助金事件のうち著名な数例（米国 DISC 税法，オーストラリア硫酸アンモニウム補助金，EEC 油糧種子補助金等）は GATT 23条手続に基づいて締約国団に付託された。

巻末参考表 II-1 　GATT 相殺措置パネル事例

事件名	送　付	採択（補助金相殺措置委員会）
1. EEC小麦粉輸出補助金事件 (EEC - Subsidies on export of wheat flour)	21 Mar 1983, SCM/42	未採択
2. EECパスタ輸出補助金事件 (EEC - Subsidies on export of pasta products)	19 May 1983, SCM/43	未採択
3. 米国・カナダ産木材事件I ［正式名称］米国・カナダ産針葉樹材相殺関税調査事件 (United States - initiation of a countervailing duty investigation into softwood lumber products from Canada)		13 Jun 1987, SCM/83

574　　　　　　　　　　　　　　　　　　　　　　　　　　　　　　　　　　　　　　国際経済法

（巻末参考表）GATT 紛争解決事例（1948-1994）

事件名	送付	採択
［推移］カナダでは，木材伐採業者は森林を所有するカナダ州政府との間に立木伐採契約（stumpage agreements）を締結し，優遇価格で立木の供給をうけていた。米国はこの立木提供がカナダによる補助金の交付にあたると認定しカナダ産針葉樹材に対し暫定相殺措置を課した。カナダの要求により設置されたパネルは，審理の途中で米加間に輸出規制を内容とする了解覚書が締結されたため，任務を終了し，その旨の報告を提出した。		
4. カナダ・EEC産牛肉相殺関税事件（Canada - Imposition of countervailing duties on imports of manufacturing beef from the EEC）	13 Oct 1987, SCM/85	未採択
5. カナダ・米国産コーン相殺関税事件（Panel on Canadian countervailing duties on grain corn from the United States）		26 Mar 1992, SCM/140
6. 米国ワイン産業定義事件（United States - Definition of industry concerning wine and grape products）		28 Apr 1992, SCM/71
7. 米国・カナダ産木材事件Ⅱ ［正式名称］米国・カナダ産針葉樹材輸入措置事件（United States - Measures affecting imports of softwood lumber from Canada） ［推移］米国はカナダ州政府が立木伐採契約をつうじて民間に補助金を供与していると判定しカナダ産木材に15％の暫定相殺関税を賦課した。カナダの要請によりパネルが設置されたが，審理の過程で，米加間に1986年了解覚書（Memorandum of Understanding, MOU）が締結され，相互に満足すべき解決（カナダの対米輸出規制）が成立したため，パネルは任務を終了した。しかし，86年覚書による輸出規制が2001年に失効したあと，WTOであいついで針葉樹材事件が再発した。GATTパネル事件が，WTOパネル事件に発展したケースとしては，他に日本酒税事件，ECバナナ事件，米国有鉛熱延鋼事件等がある。		27 Oct 1993, SCM/162
8. ドイツ・エアバス事件 ドイツ・ドイチュエアバス為替レート制度（German exchange rate scheme for Deutsche Airbu）	4 Mar 1992, SCM/142	未採択
9. オーストラリア・グラスチェリー事件 オーストラリア・仏伊産グラスチェリー相殺措置Australia - imposition of countervailing duties on imports of glace cherries from France and Italy in application of the Australian Customs Amendment Act	28 Oct 1993, SCM/178	未採択
10. 米国・ノルウェー産鮭事件 米国・ノルウェー産大西洋鮭相殺関税事件（United States - Imposition of countervailing duties on imports of fresh and chilled Atlantic salmon from Norway）		28 Apr 1994, SCM/153
11. ブラジル・EEC産粉乳相殺関税事件（Brazil - Imposition of provisional and definitive countervailing duties on milk powder and certain types of milk from the EEC）		28 Apr 1994, SCM/179
12. 米国・英独仏産有鉛熱延炭素鋼相殺関税事件Ⅰ（United States - Imposition of countervailing duties on certain hot-rolled lead and bismuth carbon steel products originating in France, Germany and the United Kingdom） ［推移］WTOの米国・英国産有鉛棒鋼事件［巻末表69］に発展した。	15 Nov 1994, SCM/185	未採択
13. 米国・ブラジル産履物相殺関税事件（United States - Countervailing duties on non-rubber footwear from Brazil） ［推移］この事件のパネル報告は，WTO発足前にGATTに付託されたため，WTO発足後の1995年6月，GATT時代のポジティヴ・コンセンサス方式に従って採択された。		13 Jun 1995, SCM/94

2. GATT ダンピング防止協定に基づくパネル報告（7件）

GATT ダンピング防止協定に基づき7件の紛争がダンピング防止措置委員会に付託された。3件のパネル報告が委員会により採択され，残り4件の報告は敗訴国の拒否権に会って未採択となった。なおGATT23条手続に委ねられたダンピング防止事件として，スウェーデン・ダンピング防止税，ニュージーランド・フィンランド産変圧器，EEC迂回防止措置の3件がある。

巻末参考表Ⅱ-2　GATT ダンピング防止協定パネル事例

事件名	送付	採択
1. 米国・スウェーデン産ステンレス鋼管事件（United States - Imposition of anti-dumping duties on imports of seamless stainless steel hollow products from Sweden）	20 Aug 1990, ADP/47	未採択
2. 米国・メキシコ産セメント事件（United States - Anti-dumping duties on gray portland cement and cement clinker from Mexico）	7 Sep 1992, ADP/82	未採択
3. 韓国・米国産ポリアセタル樹脂事件（Korea - Anti-dumping duties on imports of polyacetal resins from the United States）		27 Apr 1993, ADP/92

（巻末参考表）GATT 紛争解決事例（1948-1994）

4. 米国・スウェーデン産ステンレス鋼鈑事件（United States - Anti-dumping duties on imports of stainless steel plate from Sweden）	24 Feb 1994, ADP/117	未採択
5. 米国・ノルウェー産大西洋鮭事件（United States - Imposition of anti-dumping duties on imports of fresh and chilled Atlantic salmon from Norway）		27 Apr 1994, ADP/87
6. EC・日本産オーディオカセットテープ事件（EC - Anti-dumping duties on audio tapes in cassettes originating in Japan） ［推移］パネル報告は，WTO発足前にGATTに付託されたため，1995年4月，GATT時代のポジティヴ・コンセンサス方式に委ねられた。その結果，ECのブロッキングに会い，未採択に終った。	28 Apr 1995, ADP/136	未採択
7. EC・ブラジル産綿糸事件（EC - Imposition of anti-dumping duties on imports of cotton yarn from Brazil）		30 Oct 1995, ADP/137

3. GATT 政府調達協定に基づくパネル報告（3件）

　GATT 政府調達協定に基づき3件の紛争が付託された。うち2件のパネル報告は政府調達委員会によって採択された。他の1件は敗訴国のブロッキングにより未採択となった。

巻末参考表 II-3　GATT 政府調達協定パネル事例

事件名	送　付	採　択
1. 付加価値税（Value-added tax and threshold）		16 May 1984, GPR/21, 31S/247
2. 米国・音波探知地図システム（United States - Procurement of a sonar mapping system by the U.S. National Science Foundation）	April 23, 1992 GPR. DS1/R	未採択
3. ノルウェー・トロントハイム市料金徴収施設（Norway - Procurement of toll collection equipment for the city of Trondheim）		13 May 1992, GPR.DS2/R, 40S/319

主要参考文献と WEB サイト

1 主要参考文献
(1) 主要雑誌
Journal of World Trade, Kluwer Law International.
Journal of International Economic Law
Law and Business Review of the Americas (formerly Nafta: Law and Business Review of the Americas)
World Trade and Arbitration Materials

(2) 関連専門誌
European Competition Journal
Kings Law Journal
European Law Reports
Law and Financial Markets Review
Irish Yearbook of International Law
Law and Humanities
Journal of Private International Law
Legal Ethics
Journal of Corporate Law Studies
Journal of Media Law
Law, Innovation and Technology
Judicial Review
Legisprudence
Oxford University Commonwealth Law Journal
Transnational Legal Theory

(3) 著書
Simon Lester et al. World Trade Law : Text, Materials and Commentary, 2011
Christian Joerges and Ernst-Ulrich Petersmann, Constitutionalism, Multilevel Trade Governance and International Economic Law, 2011
Stefan Kröll, Loukas A Mistelis and Maria del Pilar Perales Viscacillas, The United Nations Convention on Contracts for the International Sale of Goods, 2011
Christiana Fountoulakis, Set-off Defences in International Commercial Arbitration
 A Comparative Analysis, 2010
Marcílio Toscano Franca Filho, Lucas Lixinski and María Belén Olmos Giupponi The Law of MERCOSUR, 2010
Jan Dalhuisen, Dalhuisen 3 Volume Boxed Set, 2010
Donatella Alessandrini,Developing Countries and the Multilateral Trade Regime: The Failure and Promise of the WTO's Development Mission 2010
Matsushita, Shoenbaum & Mavroidis, The World Trade Organization, 2006, Oxford
John H. Jackson, World Trade and the Law of GATT, The Michie Company (1969)
Pierre Didier, WTO Trade Instruments in EU Law, Cameron May, London (1999)
John H. Jackson, The World Trading System, Second Edition, The MIT Press (1997)
Terence P.Stewart (ed), The World Trade Organization, American Bar Association, 1996
Michael J. Trebilcock & Robert Howse, The Regulation of International Trade, Routledge,London and New York (1995)
Raj Bhala, International Trade Law: Theory and Practice, Second Edition, Lexis Publication, 2001
Peter Buck Feller, U.S. Customs and International Trade Guide, Second Edition, Vol. 1, 2000,Lexis Publishing
Terence P.Stewart, The GATT Uruguay Round: A Negotiating History (1986-1992), Kluwer
Jacques H.J.Bourgeois et al (eds), The Uruguay Round Results, College of Europe, European Interuniversity Press, Brussels (1995)
OECD, The New World Trading System: Readings, OECD (1995)

Bernard Hoekman & Michel Kostecki, The Political Economy of the World Trading System: The WTO and Beyond, Oxford University Press (2001)

WTO, Analytical Index: Guide to GATT Law and Practice, WTO, Geneva (1995)

Ivo Van Bael & Jean-Fran?ois Bellis, Anti-Dumping and other Trade Protection Laws of the EC, Third Edition, CCH Europe, Oxfordshire (1996)

Kenneth W.Dam, The GATT Law and International Economic Organization, The University of Chicago Press, Chicago and London (1970)

John H..Jackson and William J.Davey, Legal Problems of International Economic Relations, West Publishing Co. (1986)

2 WEBサイト

WIPO（世界知的所有権機関）　http://www.wipo.int/
WTO（世界貿易機関）http://www.wto.org/
経済産業省（旧通商産業省）　http://www.meti.go.jp/
対外経済政策総合サイト
http://www.meti.go.jp/policy/trade_policy/index.html
Inside US Trade　http://www.insidetrade.com/secure/wto_iust.asp
WorldTradeLaw.net - The Online Source for World Trade Law
http://www.worldtradelaw.net/

〈著者紹介〉
小室程夫（こむろ のりお）
〈主要研究テーマ〉
WTOの法体系
〈経　歴〉
1947年　函館市生まれ
1973年　京都大学法学部卒業
　　　　京都大学大学院法学研究科

　　　　防衛大学助手，同講師，同助教授，同教授
1994年　神戸大学法学部教授
2000年　神戸大学大学院法学研究科教授
〈主要研究業績〉
『国際経済法（新版）』（東信堂，2007年）
『ゼミナール国際経済法入門』（日本経済新聞社，2003年）
『国際経済条約法令集』（東信堂，2002年）
ASEAN and Preferential Rules of Origin, in The Journal of World Inverstment & Trade, Werner Publishing Company, Vol.7, Nr.6, October 2004, Geneva, pp.709-758

国際経済法

2011(平成23)年12月26日　第1版第1刷発行

3343-8：P640 ¥5700E-012：010-002

著　者　小　室　程　夫
発行者　今井貴　稲葉文子
発行所　株式会社　信　山　社
編集第2部

〒113-0033 東京都文京区本郷6-2-9-102
Tel 03-3818-1019　Fax 03-3818-0344
info@shinzansha.co.jp
東北支店 〒981-0944 宮城県仙台市青葉区小平町11番1号
笠間才木支店 〒309-1611 茨城県笠間市笠間515-3
Tel 0296-71-9081　Fax 0296-71-9082
笠間来栖支店 〒309-1625 茨城県笠間市来栖2345-1
Tel 0296-71-0215　Fax 0296-72-5410
出版契約2011-3343-8-01011 Printed in Japan

Ⓒ小室程夫，2011　印刷・製本／東洋印刷・渋谷文泉閣
ISBN978-4-7972-3343-8 C3332 分類329.630-c001 国際経済法 AT55K

JCOPY 〈(社)出版者著作権管理機構 委託出版物〉
本書の無断複写は著作権法上での例外を除き禁じられています。複写される場合は，そのつど事前に，(社)出版者著作権管理機構（電話03-3513-6969, FAX 03-3513-6979, e-mail: info@jcopy.or.jp）の許諾を得てください。

信山社　理論と実際シリーズ

時代の要請に応える　実践理論　理論から実際を　実際から理論を
インタラクティブな視座により新しい道筋を示す

企業結合法制の実践
中東正文　3,570円(税込)

事業承継法の理論と実際
今川嘉文　3,780円(税込)

輸出管理理論
国際安全保障に対応するリスク管理・コンプライアンス
田上博道・森本正崇　4,410円(税込)

農地法概説
宮崎直己　3,990円(税込)

国際取引法と信義則
加藤亮太郎　3,780円(税込)

生物多様性とCSR　企業・市民・政府の協働を考える
宮崎正浩・籾井まり　3,990円(税込)

生物遺伝資源へのアクセスと利益 — 生物多様性条約の課題
(財)バイオインダストリー協会　生物資源総合研究所 監修
磯崎博司・炭田精造・渡辺順子・田上麻衣子・安藤勝彦 編
4,515円(税込)

特許侵害訴訟の実務と理論
布井要太郎　3,990円(税込)

労働法判例総合解説シリーズ
競業避止義務・秘密保持義務　石橋洋　2,500円　　団体交渉・労使協議制　野川忍　2,900円
休憩・休日・変形労働時間制　柳屋孝安　2,600円　　不当労働行為の成立要件　道幸哲也　2,900円

刑事訴訟法判例総合解説シリーズ
上訴の申立て　大渕敏和　2,900円　　　　　　　　迅速な裁判／裁判の公開　羽渕清司　2,200円

〒113-0033 東京都文京区本郷6-2-9-102　東大正門前　TEL03-3818-1019　FAX03-3818-3580
笠間来栖支店　〒309-1625 茨城県笠間市来栖2345-1　TEL0296-71-0215　FAX0296-72-5410
笠間才木支店　〒309-1611 茨城県笠間市笠間515-3　TEL0296-71-9081　FAX0296-71-9082

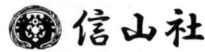

信山社
http://www.shinzansha.co.jp

国連人権高等弁務官事務所 著
特定非営利活動法人 ヒューマンライツ・ナウ 編訳
阿部浩己 監訳

〈監訳者〉
阿部浩己（あべ こうき）
〈翻訳者〉
安孫子理良（あびこ りら） 伊藤和子（いとう かずこ）
枝川充志（えだがわ みつし） 須田洋平（すだ ようへい）

市民社会向けハンドブック
国連人権プログラムを活用する

A Handbook for Civil Society

A5変・並製・216頁　2,800円（税別）　ISBN978-4-7972-5586-7　C3332

国際人権保障のための実践マニュアル

国連人権高等弁務官事務所によって作成された、国際人権保障の実践ツール。実用マニュアルとして、主要人権条約や国連人権理事会の下に設置されている数々の機関とその手続を説明。使用すべき言語、金銭的なサポートなど、具体的問題に合わせて、担当部署へのメールアドレス等も多数掲載。国連の人権システムを知り、活用するために最適の書。

【目　次】
まえがき… 阿部浩己
◆ 序　文
はじめに
Ⅰ　国連人権高等弁務官事務所の紹介
Ⅱ　OHCHR フェローシップ・プログラムおよび研修プログラム
Ⅲ　国連人権高等弁務官事務所の刊行物および参考資料
Ⅳ　人権条約機関
Ⅴ　国連人権理事会
Ⅵ　特別手続
Ⅶ　普遍的定期審査
Ⅷ　人権侵害に関する申立ての提出
Ⅸ　基金および助成金

〈著者〉
国連人権高等弁務官事務所
Office of the United Nations High Comnissioner for Human Right（OHCHR）

国連人権高等弁務官のポストは、1993 年 6 月の世界人権会議の最終文書として採択された「ウィーン宣言及び行動計画」の勧告に基き、同年 12 月 20 日に第 48 回国連総会決 48/141 により創設された。人権高等弁務官事務所は、同弁務官を長とし、国連事務局の人権担当部門として機能する。（外務省HPより）

【好評関連書】

国連 経済社会局 女性の地位向上部 著
特定非営利活動法人 ヒューマンライツ・ナウ 編訳

◆ 女性に対する暴力に関する立法ハンドブック ◆

A5変・並製・132頁　2,000 円（税別）　ISBN978-4-7972-5587-4　C3332

具体的立法事例と包括的立法への示唆

林　陽子 編著
弁護士（アテナ法律事務所）・女子差別撤廃委員会（国連条約機関）委員

女性差別撤廃条約と私たち

四六変・並製・200頁　1,800円（税別）　ISBN978-4-7972-3285-1　C3332

現代選書 5 ／ 国際社会の法的センシビリティー

「女性差別撤廃条約」とは何か。最前線でかつ国際的に活躍している執筆陣が、その実務経験を活かし、女性達の問題に関わる中で、条約が実際に活かされればどのような変化が期待できるのかを考察し、条約の認知・普及をはかる。実際の国内事例を掲げながら、条約との溝（ギャップ）を明らかにし、世界市民としての開発や平和の問題にも触れる。「条約をまず知るために」身近な事例から学ぶ最適の書。

発行：信山社
SHINZANSHA

山田中正先生傘寿記念
◆**変革期の国際法委員会**　村瀬信也＝鶴岡公二 編
・1992年から2009年まで17年間の長きにわたって、国際法委員会の委員を務められ、同委員長にも就任、2001年から2008年まで越境帯水層に関する特別報告者として条文草案をまとめ、また、国連代表部でも精力的に活動してきた、山田中正（やまだ ちゅうせい）大使の傘寿を記念した論文集。第一線の執筆陣が一同に集った、国際法理論の到達点を示す待望の書。

◆**国際法論集**　村瀬信也 著（近刊）

◆**コンパクト学習条約集**　芹田健太郎 編集代表

プラクティスシリーズ
◆**プラクティス国際法講義**　柳原正治・森川幸一・兼原敦子 編

内田久司先生古稀記念論文集
◆**国際社会の組織化と法**
　柳原正治 編
・国際社会の組織化が急速に進行する現状において、旧来の伝統国際法がどのような変容を迫られているか。現代の国際組織、国際社会が直面している問題、また近世・近代における国際法の基本問題などを分析した12論文を収録（1996年刊）。

栗山尚一先生・山田中正先生古稀記念論集
◆**国際紛争の多様化と法的処理**
　島田征夫・杉山晋輔・林司宣 編著
・外交官として日本外交の礎を築き、現在も第一線で活躍している、栗山尚一、山田中正両氏の古稀を記念した論文集。「紛争処理の制度的展開」「現代国際紛争の諸相」の2部構成。国際紛争の解決を多様な観点から論じる（2006年刊）。

林司宣先生古稀祝賀
◆**国際法の新展開と課題**
　島田征夫・古谷修一 編
・国際犯罪の抑圧、世界平和と人権、国際機構と国際協力の3軸を中心に、国際法の最新の論点とその解決策をさぐる。日本を代表する外交官として多大な役割を果たした林司宣の古稀を祝賀する論文集（2009年刊）。

信山社

ブリッジブック国際人権法
芹田健太郎・薬師寺公夫・坂元茂樹 著

国際人権法の基礎を一冊に凝縮。歴史と展開、その可能性を説明し、基礎理念を分かりやすく提示した、好評テキスト。

ヨーロッパ人権裁判所の判例
〈編集〉戸波江二・北村泰三・建石真公子・小畑 郁・江島晶子

解説判例80件に加え、概説、資料も充実
来たるべき国際人権法学の最先端

◆ドイツの憲法判例〔第2版〕
ドイツ憲法判例研究会 編　栗城壽夫・戸波江二・根森健 編集代表
・ドイツ憲法判例研究会による、1990年頃までのドイツ憲法判例の研究成果94選を収録。ドイツの主要憲法判例の分析・解説、現代ドイツ公法学者系譜図などの参考資料を付し、ドイツ憲法を概観する。

◆ドイツの憲法判例Ⅱ〔第2版〕
ドイツ憲法判例研究会 編　栗城壽夫・戸波江二・石村修 編集代表
・1985～1995年の75にのぼるドイツ憲法重要判決の解説。好評を博した『ドイツの最新憲法判例』を加筆補正し、新規判例を多数追加。

◆ドイツの憲法判例Ⅲ
ドイツ憲法判例研究会 編　栗城壽夫・戸波江二・嶋崎健太郎 編集代表
・1996～2005年の重要判例86判例を取り上げ、ドイツ憲法解釈と憲法実務を学ぶ。新たに、基本用語集、連邦憲法裁判所関係文献、Ⅰ～Ⅲ通巻目次を掲載。

≪好評関連書≫
◇19世紀ドイツ憲法理論の研究　栗城壽夫 著
◇ドイツ憲法集〔第6版〕　高田敏・初宿正典 編訳

◆フランスの憲法判例
フランス憲法判例研究会 編　辻村みよ子編集代表
・フランス憲法院（1958～2001年）の重要判例67件を、体系的に整理・配列して理論的に解説。フランス憲法研究の基本文献として最適な一冊。

信山社

講座 国際人権法 1　国際人権法学会15周年記念
◆**国際人権法と憲法**
　編集代表　芹田健太郎・棟居快行・薬師寺公夫・坂元茂樹

講座 国際人権法 2　国際人権法学会15周年記念
◆**国際人権規範の形成と展開**
　編集代表　芹田健太郎・棟居快行・薬師寺公夫・坂元茂樹

講座 国際人権法 3　国際人権法学会20周年記念
◆**国際人権法の国内的実施**
　編集代表　芹田健太郎・戸波江二・棟居快行・薬師寺公夫・坂元茂樹

講座 国際人権法 4　国際人権法学会20周年記念
◆**国際人権法の国際的実施**
　編集代表　芹田健太郎・戸波江二・棟居快行・薬師寺公夫・坂元茂樹

潮見佳男 著
プラクティス民法 債権総論〔第3版〕

木村琢麿 著
プラクティス行政法

山川隆一 編
プラクティス労働法

最新刊
大村敦志 著　**フランス民法**
潮見佳男 著　**債務不履行の救済法理**
潮見佳男 著　**不法行為法 II**（第2版）

信山社